アラン『定義集』講義

米山優

まえがき

　大学で哲学と哲学史を主に教え始めてからもう36年以上も経ちました．はじめのうちは，講義で使うテクストも，講義草案も，それこそ手探りの状態でした．いわゆる概論風の教科書を使ったのですが，教えている自分の方で，どうにも満足がいかない．そういう書物に記されている文章には，読者の心を摑むような力が無いように感じたのです．力のある散文がどうしても欲しかった．そこで，自分の専門として研究してきたドイツの哲学者ライプニッツとは別に大学院の頃から読み続けていたアランの文章に思い至ったのです．彼はフランスのリセ(lycée, 高校)で哲学を教えていた人物です．彼の書く文章に不思議な魅力を感じ，大学院時代から私はずっと読み続けてきました．最初に，小林秀雄訳の『精神と情熱とに関する八十一章』(東京創元社，1978)を大学の「哲学」講義の教科書に使うことを考えました．しかし，今度は，私自身がアランの文章に負けてしまうのではないかという危惧を抱きます．それほど，行間を埋めつつ解説をしなくてはならない文章なのです．飛躍が多いということもできるのですが，とにかく，くどくど説明せずに読者に思索を促し，一見すると論理の飛躍に見えるものを読者本人に跳び越えさせようとするかのようなのです．しかし，そういう書物を使って講義することの辛さを知りつつ，また，小林秀雄の，見事な日本語ではあるけれども誤訳を含む文章をいちいち訂正しながら，半年間の講義を終えたとき，私の心は決まりました．〈私は，毎年，アランの本を教科書に使うのだ〉，と．それから，『幸福論』(宗左近訳，［現代教養文庫］社会思想社，1965)，『デカルト』(野田又夫・桑原武夫訳，みすず書房，1971)，『人間論』(原亨吉訳，［アラン著作集 4］白水社，1960)，『諸芸術の体系』(桑原武夫訳，岩波書店，1978)，『人生論集』(串田孫一編，白水社，1964)，『プラトンに関する十一章』(森進一訳，［筑摩叢書］筑摩書房，1988)，『感情　情念　表徴』(古賀照一訳，［アラン著作集 3］白水社，1981)，『芸術についての二十講』(安藤元雄訳，［アラン著作集 5］白水社，1983)など，それこそ立て続けに教科書として用いてきたのでした．そして，2017年の春学期，名古屋大学における定年退職前の最後の講義に至るまで，10年あまりにわたって用いてきたのが，『定義集』なのです．

　短くて数行，長くて20行程度のいわゆる定義を，毎週，たったひとつだけ取り上げて，徹底的に吟味したのでした．学生さんたちには，予習をしてもらうために，最初は『定義集』(森有正訳，みすず書房，1988)を買ってもらっていました．しかし，2003年に岩波文庫で神谷幹夫さんの訳が出版されたので，そちらに移行しました．理由は，

学生さんの費用的負担がその方が軽かったからにすぎません．講義では，両者の訳を私が検討し，その上で私自身の訳を提示しつつ，註解を施したのです．「哲学」の講義ですから，関連した基礎知識を埋め込みながら進むには適切なテクストだとつくづく感じたものです．講義の仕方も次々に進化したと言っていいでしょう．受講生の多くは大学1年生の学生さんたちで，しかも4月から7月までの講義ですから，まずフランス語を読める人はいません．それでも原語を欲しいという学生さんにはコピーを渡して，必死に辞書を引くことを促したのです．講義中には，PDF化した原語のフランス語をパソコンからプロジェクタでスクリーンに映し，訳語との比較対照から説き起こすこともしばしばでした．毎週の授業開始時に配るプリントは，私自身の翻訳と，関連した語彙の入っているアランの文章を他の著作からピックアップしたものから始めました．この資料作成に役立ったのが，以下の資料です．

　修士の学位論文を書く際に，専門的にまずは研究する哲学者として選んだライプニッツに関する〈読んだ資料からの抜き書き〉を，私はB6判の，いわゆる「京大型カード」と呼び慣わされていた情報カードを用いてつくり始めていたのですが，それはだんだん拡大して，専門のライプニッツの本に限らず，すべての本の〈抜き書きデータベース〉へと成長します．アランの本も例外ではありません．初めは，こうして紙のカードとして構築が始まったものですが，枚数が増えたことによる検索の不便さからコンピュータ上のカード型データベースへと移行します．それを講義資料の作成に際して，検索し，プリントをつくるのです．この作業の効率化のために，データベース作成に関しては音声入力を用いるようになり，作成した（アラン以外の）多くのデータベースをも検索するためにカード型データベースからコンマ切りテクストファイル（csv）としてすべてを読み出して「マルチファイル検索」のできるエディタ（現在使用しているのは，Jedit Ω）で検索するようになります．こうしたデータベースの作成と検索を実行してみると，それまでは明確に意識されなかったことが明るみに出てきました．テクスト間のリンク構造です．種々のテクストがいろいろな仕方で結びついていることがだんだん見えてくるのです．間テクスト性（intertextualité）と言ってもいい．森訳は，少なくともこの『定義集』の内部でのリンクを強く意識しながら訳していました．実際，彼の翻訳では，ある定義の中に他の箇所で定義される言葉が入っていると，それに原語のフランス語を挿入して，読者がそれを意識できるようにしよう，という配慮が見られます．相互参照（クロス・リファレンス）を強く意識していたと言うべきでしょう．そして，実を言うと，こういう事態を明確にし，読解や執筆に役立てようとするものこそ，現在では皆が，ウェブ・ブラウザを使用する際に，

知らぬ間に使っている「ハイパーテキスト」というシステムです．

　ハイパーテキストとは，全てのテキストが互いに関係している「動的リファレンス・システム」だ．電子的に，間テキスト性(インターテキスチュアリティ)を有するにとどまらず，全てのテキストのテキストなのであり，スーパーテキストとなっているのである．[001]

こんなことを言うと，アランから遠く離れたお話のように聞こえるかも知れません．しかし，そうではない．彼は，散文(prose)についての深い考察の中で，非常に近いことを述べているのです．

　真の散文は決して自分を束縛することなく，仮定し，試みる．このように散文は提出し，説明するのであるから，ここでは，結論を証明するのが原理なのか，それとも原理を証明するのが結論なのか，もはやわからないくらいである．そしてひとつの思想においては，・一・要・素・が・他・の・す・べ・て・の・要・素・を・確・保・す・るというのが，また観念は説明されたかぎりにおいて，それ自身によって証明されているというのが，事実である．このことは散文がその独特の方法によって見事にきわだたせることである．けだし散文芸術のすべては，各部分がその所を得，相互に支持し合うに至るまで，読者の判断を定着させないでおくことにあるのだから．そして昔の人がこれを束縛を解かれた文章〔style délié〕(ステイル・デリエ)と呼んだのは，こうして散文の読者は自由であって，勝手に歩み，好きな時に立ちどまり，好きな時に歩みかえす事実を巧みにいい現わしたものである．[002]

「すべてはいっしょに考えられねばならぬ」[003]とアランは言うのです．〈一挙に〉と言ってもいい．継起的に辿られてきた事柄が一挙に直観へと移行するような，そんな趣きがあります．

　こうしたことを考えつつ，私は，単に〈私による翻訳と抜き書き資料〉にすぎなかった講義用プリントを，ついに〈講義草案そのもの〉へと変化させます．私が講義で話す口調そのものである資料が学生さんに配られることになったのです．上述のリンク構造を明確に意識した散文そのものを渡すことにしたのです．ハイパーテキストが，リンクを辿って一気に別のところへ飛んだりするのは，繰り返しますが，インターネットのウェブ・ブラウザで経験済みの方がほとんどでしょう．ネット・サーフィンをしている間にも，確認のために，もとに戻ったりする．本を読むときだって，同じはずです．そのことを私は講義草案にまで及ぼすことにしたのです．関連箇所

[001]──マイケル・ハイム『仮想現実のメタフィジックス』p.41．これから多くの引用を行ないますが，その仕方は，著者・書名・ページ数に限ります．しかも，何回も同じ書物が登場しますが，それに略号を用いることはしません．すぐにどの書物だか分かるようにするためです．出版社と出版年については巻末の文献資料をご覧ください．
[002]──アラン『芸術論集』p.156〔傍点引用者〕
[003]──同書，p.154

にリンクをつけるような気持ちで，何度でも戻ってみるということです．プリントされる講義資料には，その授業で扱われる定義に関連しつつ別の箇所への参照が頻繁に行われるわけで，同じ箇所が指示されることも結構ある．それは繰り返しプリントに登場するということです．本書の各定義の解説においても，そういう方針は変わりません．むしろ，それによってこそ，ある文章が別の側面から照らし出されるという事態を大事にしたのです．講義草案の中でのリンク構造，講義草案から引用文献へのリンク構造を意識したのです．いや，それだけではない．毎時間の授業終了前の10分ほどを使って，学生さんたちに，講義に関する感想・質問・批判・次回からの講義への要望をリアクション・ペーパーないしリアクション・メールとして提出してもらったのです．それを毎週，全部読み，その中から抜粋して引用し，私のコメントを加えて，それもプリントしました．しかも，書いてもらった文章の中から，講義中に取り上げてコメントするのが望ましいと私の判断したものについては，個人情報を削除した上で抜粋しながら，ワープロにコピペしてプリントを作り，次回の講義で配って，そのうちいくつかについては解説をするのです．これが，どういうことを意味するかはおわかりですよね．学生さんの思索の営みと，私自身の思索の営みとの間にも，リンク構造を付け，それを授業という場において発展させようということなのです．それをアクティブ・ラーニングと呼ぶかどうかは，私にとってはどうでもいいことです．しかし，そう言われたことはありましたし，FD（Faculty Development）での報告を求められたこともありました．

　さて，こんな風に言うと，何か新しいことでも私が始めたのかと思う方がいらっしゃるかも知れませんが，実はこのスタイル，基本的には，非常に古くからのヨーロッパにおける講義のやり方を基礎にしたものです．講義というのはドイツ語では die Vorlesung といいます．「読み上げる」・「読んで聞かせる」という意味を持つ vorlesen という動詞の類縁語である女性名詞です．英語の lecture は，ラテン語の lect-（読む）＋ -ure（動作の名詞語尾）に由来すると辞書にはあります．そして，この語源は，lectum < legere(lego) つまり「読む」という言葉に由来します．ちなみに古代ギリシア語でも λέγω は「言う，語る」という意味を持ちますし，*Greek-English Lexicon* には，**recite** what is written という意味も載っています．まさに〈書かれていることを朗読する，声に出して言う〉ということです．recite が recital（リサイタル）という語の類縁語であることを考えてください．言うならば独演会ですね．

　こういう講義の概念に関連しては，中世の大学で，未だ本（教科書）が印刷されていないときのことも考えなければなりません．活版印刷術がまだ発明されていないのですから，本は筆写するしかな

★004──古典（古代）ギリシア語を読むためのギリシア語−英語辞典ですが，すでに版権の切れた1924 Liddell & Scott edition がiPhone用のアプリにあります．紙の辞典にはない，単語のリンクも利用できて便利です．ラテン語−英語辞典もあって，ともに数百円です．私は iPad mini を使っていますが，これは多言語の辞書を持ち歩くには欠かせないものです．他にも，英語・フランス語・ドイツ語・イタリア語・ポルトガル語・スペイン語の辞書などを入れてあります．

い時代でした．その頃の講義というものは，教師が自分のノートや著作，あるいは他の人の著作を読んできかせ(vorlesen)，そしてコメントを加えたのです．つまり「朗読」が基本なのです．それを学生がそれこそ速記するわけです(速記するといっても，そもそも安価な紙はないわけですから，書くというよりも素速く記憶したのでしょうね)．そんな昔の話だけではなく，私が1996年の1月から1年間ほど客員研究員として滞在したイタリアのシエナ大学の美学講座では，結構，大学の講義はそういうものでした．日本では学生は，ちょっとした単語・キーワードや言い回しだけしかノートとして取らないのが普通ですが，向こうでは，文章として取るのです．そうした営みを〈ただ教師が読んでいるのを書くだけじゃないか！　そんなのは古色蒼然，中世的な話だ！〉なんて断定してしまうのは，ちょっと考えが浅い．聴き，書き，それを観るといういくつもの感覚を使ってテクストと結びつくところに，身につくという事態があると私は考えます．日本などでいえば，写経というものを思い出してもいい．

　そんなことを前提として，少し言葉遊び的にvorlesenを拡大解釈してしまいましょう．現在では，印刷やコピーなどが簡単にできますから，実際の講義の直前にでも講義草案は受講者の人数分そろえることができます．本当は，前の週あたりまでに講義草案のプリントを作って，受講者に配付し前以て〔vor〕読んで〔lesen〕おいてもらうのが一番良いと私は思っていましたが，それはなかなか難しい．一つの講義が終わった後に次の週の講義草案を創るからです．テクストにあらかじめ触れておいてもらえば，講義でさらに教師が読み上げる〔vorlesen〕のを聴きながら，その読み方において強調されるところなどに注目することで理解はさらに深まるはずではあります．そこまでは無理でも，つまりたとえ授業開始時にでも，テクストを手にできれば，それを見ながら学生さんはテクストに集中できるし，教師も，読み上げる際に訪れることのあるインスピレーションを頼りに，口頭で必要な説明を付け加えることもできる．その説明がきちんとテクストに入り込み易いのも，パワーポイントのようにスライドを並べただけのプレゼン資料や単なる箇条書きなどではなく，散文としての講義草案あってこそのことでしょう．

　そういう事情はともかく，配られたプリントには書き込みもできますし，後でもそのままで読めるわけで，復習も楽です．実際，大学での講義に関する単位の認定は，講義時間の2倍の自習時間を前提として与えられるのはご存知でしょうか？　それを容易にするにはやはりテクストが散文という形で用意されていることが望ましいと私は考えたのです．もちろん，パワーポイントなどだけを使った講義との対比でこういうことを言っているわけです．ただただささらさらと見事に流れていく講義がよい講義なのかどうかには大いに議

論の余地があると思うのです．実際，"PowerPoint is Evil."と言った人がいました．私は，パワーポイントやキーノートなどのプレゼンテーション・ソフトは，大抵の場合，説得の道具だと思っています．まさに会社の企画会議でその企画を通すとか，そんな感じのです．それに対して，散文は考えさせるものだと思います．思考の道具だと思うのです．説得は，相手を思考させないかも知れません．また，相手の思考を促すことは説得とは違います．講義は，洗脳でも説得でもなく，思考を促すものでありたいと私は思ったのです．アランのこの『定義集』ほど，そのことを実現するのに相応しいものはないと，私は今でも思っています．

　しかしながら，それでもアランの散文はそう簡単には理解できない．だからこそ，リアクション・ペーパーなどの存在が効いてきます．授業開始後の30分程度はリアクションからの抜粋とそれに対する私のコメントの解説に割かれるようになりました．これが学生さんたちの理解を深めたことは明らかでした．さらに言えば，こういう作業を導入することで，シラバスに書き込んだ通りの，はじめから決まった内容について，ただの詰め込み式講義をしないですみました．学生さんのリアクションを参考にしながら講義を一緒に創っていくものだとの実感が，教える教員・教わる学生の双方に生まれてきたのです．当然，臨機応変にいろいろな話題に飛ぶことができて，講義内容はどんどん拡がるのでした．

　さて，これから，この本で展開される記述は，こういうことを前提としています．10年以上にわたって行われた講義ですから，上に述べたように講義手法そのものが変化したわけで，それを一冊の本にまとめるに当たっては，もちろん，到達点からの見直しが必要でした．アルファベットのA，つまりABATTEMENTから始まった講義でしたから，このあたりはまだ，さきに述べたように，定義の拙訳と抜き書き資料しかなかったわけです．本書の執筆のためには，それを見直し講義草案調に書き改めなければなりませんでした．また名古屋大学の講義は，「諦め(RÉSIGNATION)」までで終わってしまいましたので，その後は，学生さんたちの顔を想像しながら，講義草案を新たに書き足したわけです．苦しいけれども，同時に楽しい作業でした．こうした作業がこんなにもいろいろな発見をもたらしてくれる人物はアラン以外にはいないような気がします．その意味で，この本は，私が「書く喜び」を十分に味わいながら，できあがったものだと言えます．アラン自身が『精神と情熱とに関する八十一章』の「まえがき」に書いた思いは，いまの私の思いでもあるのです．引用しましょう．

まえがき　007

もっとも，この本が哲学の商売人の手に渡ってとやかく言われるとなれば，そう思っただけで書いたときの私の生き生きとした喜びはだいなしになるだろう．喜びというものがたんとない今日のような時代では，書く喜びというものが書物をつくる充分の理由だ，私にはまあそう思われたのでした．[★005]

(Mais si ce livre tombait sous le jugement de quelque philosophe de métier, cette seule pensée gâterait le plaisir que j'ai trouvé à l'écrire, qui fut vif. En ce temps où les plaisirs sont rares, il m'a paru que c'était une raison suffisante pour faire un livre.)

──定義するとはどういうことか？

私たちは，普段，言葉を使うときに，自分の使っている言葉の意味を知っていると思っていますよね．知っている，分かっているから，言葉は通じるのだと思っているはずです．日常生活がスムーズに営まれているときには，ことさら言葉の定義など求めません．けれども，ひとたび何か問題が起こったとき，〈実は，お互いに全然分かってなどいなかったんだ〉と愕然とすることがありませんか？ 友人の間でもいい，夫婦の間でも，親子の間でも，そんなことは起こりませんか？ そんなときには，どうしたらいいのでしょうか？ 起こってしまった問題の解決のためには，いろいろな方策があることと思います．ここで試みようというのは，そのうちのひとつでしかありません．それは，その言葉を知ろうとすること，さらに言えばその言葉を知ろうとする努力を出発点として全般的に〈知ることを愛すること〉です．そして，実はこの〈知ることを愛する〉営みをこそ，古代ギリシアの人々は「哲学」と呼んだのです．古代ギリシア語で哲学という言葉は，φιλοσοφίαというのですが，これはまさに「愛する」(φιλέω)と「知」(σοφία)からきた言葉なのです．そして，その際に大切にしなければならないのは，持ち上がった問題にどう対処するかに関わる，「善く生きる」ことではないかと私は思うのです．大切なのは，「ただ生きるということではなくて，よく生きるということ(οὐ τὸ ζῆν περὶ πλείστον ποιητέον ἀλλὰ τὸ εὖ ζῆν)」[★006]だと思うのです．もちろん，〈善い〉とはどういうことなのかの，徹底的な吟味をも含めてです．ソクラテスのやろうとしたことが，そういうことだったのだと思います．

そうした営みの中で，ソクラテスは「定義」を求めたのだと解釈する人もいるようです．例えば，(ソクラテスは本を書かなかったので)プラトンの著作から引用しておくと，次のように言いながらね．ちなみに，プラトンは次に掲げるような話し言葉で書かれた対話という形で哲学を書いたのです．主たる登場人物がソクラテスで，その対話相手の名前，例えばクリトンが，『クリトン』対話篇という本の名前になるのが普通です．

★005──アラン『精神と情熱とに関する八十一章』pp.1-2
★006──プラトン『クリトン』48B, p.133

徳とは何であるかということは，ぼくにはわからないのだ．君のほうは，おそらくぼくに触れる前までは知っていたのだろう．いまは知らない人と同じような状態になっているけれどもね．だがそれでもなおぼくは，徳とはそもそも何であるかということを，君といっしょに考察し，探求するつもりだ．[★007]

　「君のほうは，おそらくぼくに触れる前までは知っていたのだろう」というのはどういうことかというと，さきほど述べたように，〈私たちは，普段，言葉を使うときに，自分の使っている言葉の意味を知っていると思い込んで〉いるわけで，ソクラテスにことさら「～とは何か？」ときかれなければ，知っているのだと思い込んでいられたからです．その〈思い込み〉がソクラテスの質問によって，打ち砕かれる．

　例えば「人間」「赤」も，眼前のものが人間であるかないか，赤いか赤くないかを区別できればよいので，これら日常言語の場面で「人間とは何か」「赤とは何か」と一義性の定義を問われると，日常言語の使用法そのものが破壊される．[★008]

　ここで，井上忠氏はまるでソクラテスが「定義」を求めたかのような言い方をしています．けれども，次のような事実があることは少なくとも念頭に置いた方がいいでしょう．

　「定義」を表わすギリシア語「ホリスモス」はプラトンの全著作中にただの一度も出てこないし，「ホロス」(動詞形ホリゼスタイ)もソクラテスの問との関連では一度も使われていない．[★009]

　いずれにせよ，ソクラテスが例えば「徳とは何であるか？」といった問いに対する答えを，人々に聞き回ったことは確かです．その答えを，上に問題としたように，「定義」という名で呼ぶかどうかは別として，皆が認めるような答えを求めたのです．けれども，返ってきた答えを吟味するとソクラテスはそれに満足できない．そこで彼は，(暫定的な)答えをくれた人と一緒に，さらに考えようとしたのでしょう．たとえ，即座に正しい答えに行きつけなかったとしても．

　さて，これからフランスの哲学者アランが，それこそ自分なりに，つまりさきほどの話で言えば暫定的に定義した文章を読んでいきます．何もここで，その言葉の決定的な定義という答えを提示しようというのではありません．いや，そもそも，プラトンに登場するソ

★007──プラトン『メノン』80D, p.275
★008──井上忠『超＝言語の探究
　　　──ことばの自閉空間を打ち破る』
　　　p.36〔傍点引用者〕
★009──藤沢令夫『プラトンの哲学』
　　　p.79

クラテスも実は「定義」を求めたのかは定かでないのと同じような事情はアランにもあるわけです。アランの諸著作に「定義」という言葉は結構出てくるのですが、この『定義集』という著作そのものの成立事情については微妙なところがあるのです。神谷幹夫氏の「訳者覚書」には次のように書かれています。

> Bibliothèque nationale de France〔フランス国立図書館〕には le fichier ALAIN（カードボックス・アラン）と記された奇妙な箱、頑丈そうに出来た木の箱があった。中には数百の厚紙カード（縦一五センチ×横一一センチ）、すなわちアランの手稿 manuscrit があって、二六四枚のカード（二六四語）はすでに完成されていたが、五〇〇枚余のカード（約五〇〇語）についてはタイトルのみで、中身は空白のままだった。…〔中略〕…完成された二六四枚のカードについてはアラン『定義集』のタイトルで、アランが亡くなってからモーリス・サヴァン Maurice Savin の手によって刊行されている（ガリマール社、一九五三年一月二十三日刊）。[★010]

　これを読む限り、アラン自身が『定義集』という形の本の出版を考えていたとまでは言えそうにないのです。さらに言えば、こうしてカードに書かれた文を「定義」と言っていいかどうかについても、少なくとも一定の留保が必要だということです。こういうことを十分に念頭に置いた上で、これから私はアランというひとりの哲学者が種々の言葉について真剣に考えてみた痕跡を見ようというわけです。それを出発点に、私たちがその努力を引き受けて発展させればいいのです。フランス語の大きな辞書で「定義」（Définition）を引いてみると、関連した箇所の説明として次のように書いてあります。

> Analyse sémantique d'un mot par l'indication de son genre prochain et de ses traits spécifiques, et/ou par sa mise en relation avec un ou plusieurs autres mots du discours ou de la langue. [★011]

　私の試訳をつけておくと、次のようになります。

> 近い類と種的諸特徴の指示に従い、そして／あるいは言説のまたは言語の、ひとつまたは他のいくつかの語と関連させる事による、ある一つの語の意味論的な分析。

　難しい表現ですね。しかし、この辞書が語っているのは、要するに次のようなことです。例えば、「人間」を定義するときに、それを〈「理性的」な「動物」〉とするもの。「動物」が「近い（最も近い）類」だし、人間と

[★010] ── アラン『定義集』（神谷幹夫訳、岩波文庫）p.7
[★011] ── TLFi（Trésor de la Langue Française informatisé）〔http://atilf.atilf.fr/〕iPadやiPhoneでネットにつながっていれば引ける無料のアプリ（Dictionnaire de Français TLFi）もあります。

動物とを区別するとしたら、それは「理性」が備わっているかどうかなのだ、というわけです。それを、普通、次のようにまとめます。

定義＝最近類＋種差
つまり、人間＝動物＋理性的である

Homo = Animal + rationale
（Homo est animal rationale）

まあ、これはとても形式的な説明ですが、以下のお話にも少しは関連してきます。しかしながら、そんな形式論理的な定義の話ではなくて、アランの『定義集』について、私としては、次のように考えたいのです。アランは、最初に、何らかの言葉を自分なりに説明するならこうなるという形で、いわばその言葉にとっての自分なりの「理想」を書いていると私は思います。しかしながら、一般的にどんな言葉にせよ、普通それを人が使う場合には、それほどのことを考えずに使っている。ですから、辞書的な定義をするのだったら、〈この言葉はこのように使われている〉という言わば事実を記述すればそれで済むわけですが、それならまさに辞書を作ることに他ならないのであって、わざわざ哲学的な仕事として「説明（あるいは定義）」を書くまでもないわけです。ある言葉を皆が理解できるという前提の上で、その言葉が持ちうる理想を語るということをアランはめざしていると私は考えたい。定義とも解されうる散文を、普通の語彙で書くことで、〈ああ、その言葉をそういう風に考えることもできるかも〉と言わせるような思想を形成するのです。そのためには、辞書的な語感説明は前提となります。それを知った上で、さらにそこから思想を形成するのです。アランが以下の「定義」中で使っている言葉のフランス語としてのニュアンスを仏和辞典などの辞書だけでなく確かめるために、私はフランス語の類語辞典を使用しました。いくつかの類語辞典を参照しましたが、主として本書の本文中でも引用するのは、次のものです。私としては、気に入っています。

Henri Bénac, *Dictionnaire des synonymes*, Hachette, 1981

さて、アランの『定義集』の日本語訳は二つあります。森有正訳（みすず書房、1988）と神谷幹夫訳（岩波文庫、2003）です。ただし前者は全訳ではありません。訳者が途中で亡くなってしまったのです。しかし、よい翻訳です。後者は全訳ですが、訳文には私にとって賛成できないものが結構あります。私は、上記二つの翻訳を参照しながら、自分の訳をつくり、提示することにします。

また，これから多くの引用文を掲載しますが，原本が同じでも二種類の別の訳本から引用する場合があります．訳文の好みに応じて，そういう対応をしたのです．また，場合によっては，和訳があってもそれを用いず，あえて私が自分の訳を付けた場合もあります．このような点は，註をご覧いただければ，分かるようになっています．

●──註解とはどういうものか？

　今では流行らなくなってしまった感がありますが，私は「註解」というものはとても大事なものだと考えています．西洋思想の歴史を観てみると，実は，多くの註解本が書かれてきたことに気づきます．代表的なものとして少々掲げておけば，トマス・アクィナスが『聖書』の中のいろいろな書についての註解や，アリストテレスの諸著作についての註解を書いているのは周知のことでしょう．フィレンツェ・ルネサンスに大きな影響を与えたマルシーリオ・フィチーノには，プラトンの『饗宴』『パイドロス』『イオン』や『パルメニデス』そして『ピレボス』についての註解があります．『饗宴』註解と『ピレボス』註解については，邦訳がありますので容易に入手できます[★012]．それがかなり自由な註解であることは一読すればすぐに分かるはずです．また，古代の新プラトン主義者プロティノスが自分をプラトンのあたかも註解者であるかのように位置づけていることも『エンネアデス』に少しでも目を通せば誰にでも納得できる底の事柄です．私も，とても彼らには及ばないにしろ，アランという人物について，その真似事をしてみたいと思ったのです．日本では，今道友信氏がダンテの『神曲』について註釈書を書いておられます．その中から，興味深い文章を引用しておきましょう．

> ついでながら，古典の註釈書の文化の違いについて，付言しておく．いま紹介したイタリア・ダンテ学会のウーリコ・ホエプリ版の『神曲』を見ると，頁のうちの半分以上が註釈で占められている．日本の書物にも稀にはそういうことがあるが，克明な研究をもとにして作られた外国の研究書は，このように註釈のほうが長いページのものが多い．われわれも長い学問の歴史を持っている国の一つであるが，このような分厚い註釈書を出そうという出版社がなかなかない，あるいは学者のほうもそういう努力をしない傾向がある．この点は，西洋の学問の伝統にもう少し学ぶべきところではないかと思う．とともに，そのような学者の自戒ばかりではなく，出版社や一般の社会人，さらに文部科学省などが心を入れかえて，社会の表面に漂っているあぶくの泡のようないわゆる文化人を助けるのではなく，本格的

★012──マルシーリオ・フィチーノ『恋の形而上学──フィレンツェの人マルシーリオ・フィチーノによるプラトーン『饗宴』注釈』左近司祥子訳, 国文社, 1985；マルシーリオ・フィチーノ『『ピレボス』注解──人間の最高善について』左近司祥子・木村茂訳, 国文社, 1995

研究者の本格的研究書や思索の世界的水準の書物の出版に協力してもらいたいものである．これでは売れないとか学者の自己満足とか拒否的態度をとる前に，ほんものを見分ける目とまがいものを切りすてる勇気とほんものを援ける心意気を養ってもらいたい．それが文化というものであろう．[013]

かつて本居宣長は，「本当に勉強しようと思ったら，一つの本の註釈をつけることから始めよ」（『うひやまふみ』）と言ったが，それは真なることだと思う．本居宣長の『古事記伝』には，よくもこれほどと思うほど詳細な註がついている．そういう例が日本にもある．いまの日本に，学者と同時に出版社も社会人も，また特に学生層が知的努力を重ね，難しい研究書で精神をきたえる気風を養い，分厚い註釈書が出版できるような風土がなければ，本当の文化国にはなれないように思う．[014]

今道氏が，そもそもアリストテレスの『詩学』について詳細な註を付した翻訳を出されていることも忘れてはならないでしょう．実を言うと，私自身，本書を執筆しながらも，〈今の日本でこの本が出版にまでこぎつけうるのだろうか？〉という思いを抱きながら仕事を始めたのです．一方で，アランという人は大学人ではありませんでしたし，パリのソルボンヌ大学に対して辛辣な言葉を残すぐらい哲学の学界からは距離を置いていた人物ですから，日本のアカデミックな職域の人たちからは重要視されていません．他方で，『幸福論』というベストセラーで日本でも一般の人々にはある程度知られています．私がめざしたのは，ある意味で両者を結ぼうとする試みではあるけれども，またある意味では両者からそっぽを向かれかねない種類の本であることは，お読みになればすぐに納得していただけることでしょう．ともあれ，執筆中の本書の出版を待ち望んでいる声が聞こえてきたことからして，この種の書物を求めておられる読者も少なからず存在するとの感触があってこそ，執筆を継続できたのでした．註釈という事柄の大事さを現代の日本の社会が理解してくれることを望んで，ここまで進んできたのです．みなさんの何かの役に立つことを願ってやみません．

さて，最初の言葉からして，私は訳語を変えたいと思います．原語は，**ABATTEMENT**，既存の訳語は「落胆」です．「落胆」という日本語についてはみなさんそれなりのイメージを持っておられることでしょう．そこを出発点としていろいろ考えてみるわけです．ただし，私の訳語は「落胆」ではなくて，**意気消沈**です．私の訳を提示することから始めましょう．

★013──今道友信『ダンテ『神曲』講義』pp.167-168
★014──同書, p.168

まえがき　　013

目次

まえがき——002

A 022

ABATTEMENT［意気消沈］ 022
ABSOLU［絶対的］ 024
ABSOLUTION［罪の赦し］ 026
ABSTRACTION［抽象］ 028
ACCABLEMENT［打ちひしがれていること］ 037
ACCIDENT［事故］ 038
ACCORD［応和］ 039
ADMIRATION［讃嘆］ 041
ADORATION［崇敬］ 045
AFFECTATION［ひけらかすこと］ 046
AFFECTION［情感］ 051
AFFLICTION［悲嘆］ 053
AGNOSTICISME［不可知論］ 055
ALARME［警戒］ 058
ALLÉGRESSE［快活さ］ 060
ALTRUISME［他人本位］ 062
AMBITION［野心］ 067
ÂME［魂］ 069
AMITIÉ［友情］ 073
AMOUR［愛］ 076
AMOUR-PROPRE［自尊心］ 080
ANGE［天使］ 082
ANGOISSE［苦悶］ 083
ANIMALITÉ［動物性］ 087
ANXIÉTÉ［動揺］ 089

APATHIE［無感動］ 091
APPÉTIT［欲求］ 093
APPLICATION［専念］ 096
ARROGANCE［尊大］ 097
ASSOCIATION DES IDÉES［観念連合］ 099
ASSURANCE［保険］ 105
AUDACE［大胆］ 106
AVARICE［ケチ］ 108
AVEU［自白］ 110
AVIDITÉ［貪欲］ 113
AVILISSEMENT［品位の低下］ 113

B 116

BAPTÊME［洗礼］ 116
BAVARDAGE［おしゃべり］ 118
BEAU［美］ 120
BEAUTÉ［美しさ］ 122
BÉNÉDICTION［祝福］ 124
BESOIN［必要］ 127
BÊTISE［愚かな事柄］ 128
BIEN［善］ 131
BIENFAISANCE［慈善］ 133
BIENSÉANCE［行儀のよさ］ 135
BIENVEILLANCE［好意］ 138
BILIEUX［胆汁質の人］ 140
BRUTALITÉ［粗暴さ］ 142

C 144

- CALOMNIE［中傷］ ... 144
- CARACTÈRE［性格］ ... 146
- CHARITÉ［博愛］ ... 148
- CHÂTIMENT［罰］ ... 152
- CHRÉTIEN［キリスト教徒］ ... 155
- CHRISTIANISME［キリスト教］ ... 160
- CHUTE［堕落］ ... 163
- CIVILISATION［文明］ ... 167
- CIVILISER［文明化すること］ ... 170
- CIVILITÉ［市民性］ ... 173
- CŒUR［心（しん）］ ... 176
- COLÈRE［怒り］ ... 180
- CONCORDE［和合］ ... 182
- CONCUPISCENCE［現世欲］ ... 184
- CONFESSION［告解］ ... 187
- CONFIANCE［信頼］ ... 189
- CONSCIENCE［意識］ ... 191
- CONTRITION［痛悔］ ... 194
- COURAGE［勇気］ ... 196
- COURROUX［憤怒］ ... 200
- COURTOISIE［慇懃］ ... 201
- CRIME［重罪］ ... 203
- CROYANCE［信念］ ... 205
- CRUAUTÉ［残酷さ］ ... 208

D 210

- DÉFI［挑発］ ... 210
- DÉFIANCE［不信］ ... 212
- DÉLATION［密告］ ... 215
- DÉMON［デーモン］ ... 216
- DÉSHONNEUR［不名誉］ ... 218
- DÉSINTÉRESSEMENT［無私無欲］ ... 220
- DÉSIR［欲望］ ... 223
- DÉSOBÉISSANCE［不服従］ ... 227
- DÉSORDRE［無秩序］ ... 231
- DESPOTISME［専制主義］ ... 236
- DESTIN［運命］ ... 240
- DEVIN［占い師］ ... 244
- DEVOIR［義務］ ... 249
- DÉVOUEMENT［忠誠］ ... 252
- DIABLE［悪魔］ ... 255
- DIALECTIQUE［弁証法］ ... 258
- DIEU［神］ ... 263
- DISGRÂCE［失寵］ ... 267
- DISSIMULATION［隠すこと］ ... 270
- DISSIPATION［散漫］ ... 274
- DOGMATISME［独断論］ ... 277
- DROIT［法律］ ... 281
- DROITURE［実直］ ... 285

E 288

- ÉGALITÉ［平等］ ... 288

ÉGOÏSME［エゴイズム］ ... 291
ÉLOQUENCE［雄弁］ ... 294
ÉMOTION［情動］ ... 299
EMPORTEMENT［高ぶり］ ... 302
ÉNERGIE［エネルギー］ ... 305
ENFER［地獄］ ... 309
ÉPICURISME［エピクロス主義］ ... 312
ESPÉRANCE［希望］ ... 314
ESPIONAGE［スパイ行為］ ... 317
ESPOIR［期待］ ... 320
ESPRIT［精神］ ... 322
ESTHÉTIQUE［美学］ ... 324
ESTIME［尊敬］ ... 326
ÉTERNEL［永遠な］ ... 328
ÉVOLUTION［進化］ ... 330
EXERCICE［練習］ ... 333

F   336

FABLE［寓話］ ... 336
FANATISME［狂信］ ... 338
FATALISME［宿命論］ ... 342
FATALITÉ［宿命］ ... 346
FAUTE［間違い］ ... 350
FAVEUR［気に入ること］ ... 354
FEINTE［ふりをすること］ ... 356
FÉLICITÉ［仕合わせ］ ... 359
FÉTICHE［フェティッシュ］ ... 362
FIDÉLITÉ［忠実さ］ ... 367
FLATTERIE［へつらい］ ... 370

FOI［信仰］ ... 372
FORTUNE［財産］ ... 376
FRANCHISE［率直さ］ ... 378
FRIVOLITÉ［ふざけること］ ... 381
FUREUR［激昂］ ... 383

G   387

GAUCHERIE［ぎこちなさ］ ... 387
GRAVITÉ［重々しさ］ ... 390

H   393

HABITUDE［習慣］ ... 393
HAINE［憎しみ］ ... 397
HARDIESSE［果敢さ］ ... 400

I   402

IDÉAL［理想］ ... 402
IDOLÂTRIE［偶像崇拝］ ... 404
IMAGINATION［想像力］ ... 407
IMBÉCILE［軽薄さ］ ... 410
IMITATION［模倣］ ... 413
INSTINCT［本能］ ... 416
INTRÉPIDITÉ［豪勇］ ... 420
IVRESSE［酔うこと］ ... 422

J   424

- JALOUSIE[嫉妬] ……… 424
- JEU[遊び] ……… 427
- JUSTICE[正義] ……… 429

L   432

- LÂCHETÉ[卑怯] ……… 432
- LAIDEUR[醜さ] ……… 434
- LARMES[涙] ……… 436
- LOGIQUE[論理] ……… 439
- LOI[法] ……… 442
- LOTERIE[宝くじ] ……… 444
- LUXURE[猥褻] ……… 446
- LYMPHATIQUE[粘着質] ……… 448

M   450

- MACHIAVÉLISME[マキャベリズム] ……… 450
- MAGNANIMITÉ[度量の広さ] ……… 452
- MAÎTRISE[支配] ……… 457
- MALÉDICTION[呪い] ……… 460
- MATÉRIALISME[唯物論] ……… 463
- MÉDISANCE[悪口] ……… 468
- MENSONGE[嘘] ……… 472
- MÉPRIS[軽蔑] ……… 474
- MÉRITE[功労] ……… 479

- MEURTRE[殺人] ……… 481
- MIRACLE[奇蹟] ……… 485
- MIRAGE[蜃気楼] ……… 489
- MISANTHROPIE[人間嫌い] ……… 492
- MORALE[道徳] ……… 495
- MORTEL[死をもたらすもの] ……… 497

N   500

- NAÏVETÉ[素朴さ] ……… 500
- NÉCESSITÉ[必然性] ……… 502
- NÉGLIGENCE[無頓着] ……… 506
- NERVEUX[神経質] ……… 508

O   511

- OPTIMISME[楽観主義] ……… 511
- ORGUEIL[傲慢] ……… 516

P   520

- PAILLARDISE[諧謔] ……… 520
- PAIX[平和] ……… 524
- PANTHÉISME[汎神論] ……… 527
- PÂQUES[復活祭] ……… 531
- PARADIS[天国] ……… 533
- PARDON[赦し] ……… 538
- PASSION[情念] ……… 544

PATIENCE[忍耐]	549
PATRIE[祖国]	552
PÉCHÉ[罪]	561
PÉNITENCE[苦行]	566
PENSER[思考すること]	570
PESSIMISME[悲観主義]	576
PEUR[恐怖]	582
PHILOSOPHIE[哲学]	587
PIÉTÉ[敬虔]	590
PLAISIR[快感]	597
PLATONISME[プラトン主義]	601
POÉSIE[詩]	606
POLÉMIQUE[論争]	612
POLICE[警察]	617
POLITESSE[礼儀]	620
POSITIVISME[実証主義]	624
POSSESSION[所有]	630
PRÉCIPITATION[速断]	634
PRÉDESTINATION[予定説]	638
PRÉDICTION[予言]	643
PRÉJUGÉ[予断]	646
PRÉMÉDITATION[予謀]	649
PRÉSAGE[前兆]	652
PREUVE[証明]	655
PRIÈRE[祈り]	660
PROGRÈS[進歩]	665

R 669

RÉFLEXE[反射]	669
REGRET[心残り]	673
RELIGION[宗教]	676
REMONTRANCE[戒め]	684
REMORDS[後悔]	687
RENOMMÉE[名声]	691
REPENTIR[悔い改め]	695
RÉPRIMANDE[叱責]	700
RÉPROBATION[糾弾]	704
REPROCHE[非難]	708
RÉSIGNATION[諦め]	710
RÉSOLUTION[決断]	715
RÊVE[夢]	716

S 718

SACREMENT[秘蹟]	718
SAGESSE[知恵]	721
SANGLOT[嗚咽]	723
SANGUIN[多血質の人]	726
SCEPTICISME[懐疑主義]	729
SENTIMENT[感情]	732
SÉRIEUX[真面目さ]	735
SERVILITÉ[卑屈さ]	737
SINCÉRITÉ[誠実さ]	739
SOCIALISME[社会主義]	742
SOCIÉTÉ[社会]	748
SOLIDARITÉ[連帯]	751
SOMMEIL[睡眠]	753
SOMNOLENCE[半睡状態]	756
SOPHISTE[ソフィスト]	760

SORCELLERIE［魔法］	763
SOTTISE［愚かさ］	766
SOUHAIT［願い］	768
SPIRITUALISME［唯心論］	770
SPONTANÉITÉ［自発性］	776
SUBLIME［崇高さ］	780
SUGGESTION［示唆］	784

T 787

TÉMÉRITÉ［無謀］	787
TEMPÉRAMENT［体質］	791
TEMPÉRANCE［節制］	796
TEMPS［時間］	800
THÉOLOGIE［神学］	807
THÉOSOPHIE［神智学］	812
TIMIDITÉ［臆病］	815
TOLÉRANCE［寛容］	818
TORTURE［拷問］	819
TRAGÉDIE［悲劇］	822

U 826

UNIVERSALITÉ［普遍性］	826
URBANITÉ［都会人らしさ］	830
USURE［暴利］	833
UTILITARISME［功利主義］	837

V 841

VALEUR［価値］	841
VANITÉ［虚栄］	843
VÉLLÉITÉ［淡い望み］	846
VÉNIEL［赦されうる］	848
VERTU［徳］	850
VICE［悪徳］	854
VIOLENCE［暴力］	856

Z 859

ZÈLE［熱意］	859

講義を終えて──862

● 引用文献──865
● 索引──875

凡例

●本書は，アランの遺稿を書物として出版した Alain, *Définitions*, Gallimard, 1953を全訳し，それに詳細な註解を付したものです．

●註解本文中のゴシック体の事項はアラン『定義集』の定義語を，ゴシック体の数字は定義語の講義はじまりページを指します（関連する他の定義語への参照を促したものです）．

●他の書物からの引用箇所を明記するために付した註の中では，著者と書名と当該ページだけを記し，出版社と出版年に関しては巻末の「引用文献」にまとめて記しました．

●短い引用を「 」で囲み註解本文に埋め込んだ場合を除いて，長い引用文は少々字下げすることで本文と容易に区別できるようにしてあります．

●「 」は註解本文中に取り込んだ短い引用文や引用語などを表すために用い，〈 〉は引用文ではなく主に著者が強調したい主張や概念を表すために用います．また［ ］は，定義を訳す場合に，読者が理解しやすいようにするために私が説明的な訳者挿入を入れ込むときに主として使いましたが，それと同時に，ある程度フランス語などの原語をご存じの方にはニュアンスを知りやすくするために，定義文中および註解本文中に原語を挿入するためにも用いました．要するに，私の老婆心からの挿入部分です．

●フランス語の類語辞典からの引用に関しては，原文に続けて私が試訳を付しておきました．

アラン『定義集』講義

A

ABATTEMENT
意気消沈 — それは思いがけぬ〔inattendu〕一つのショックに続いて起こる状態であり，打ちひしがれていること〔accablement〕とは明白に異なる状態である．後者の状態は次第に蓄積されて起こる．意気消沈は自然なものであり，時〔temps〕の流れに委ねることが必要だ．それは休息の時なのである．

「落胆」や「意気消沈」，「意気阻喪」，「打ちひしがれていること」といった言葉を国語辞典などで引いてみると分かるのですが，そこには明確な違いがあまり読み取れません．けれども，アランはここで例えば，「意気消沈」(abattement)と**「打ちひしがれていること(ACCABLEMENT)」(▶p.037)** とを明確に区別しようとします．ここが，大事なのです．区別するためには考えなければならないからです．次のような一節がアランにあります．

> もろもろの観念をもつということは，たいしたことではない．肝心なことはそれらを適用すること，つまりそれらの観念によって究極的な差異まで思考することである．諸観念がこのように道具や手段でしかないような人には，すべては新鮮であり，すべては美しい．
> ★001

「観念〔idée〕」という言葉が難しかったら，〈考え〉でも結構です．要するに，ある言葉で理解している事柄です．それでは，そうした内容を区別するためのヒントはどこにあるのでしょうか？ 「まえがき」で記した，フランス語の辞書(TLFi)による説明で言えば，「種差」の探求です．その点で重要なのは，この定義の中に登場する「思いがけぬ」(inattendu)という言葉でしょう．このフランス語は，in(否定の言葉)＋attendre(待つ)という成り立ちをしています．つまり，〈それを予期して待つということがない〉というニュアンス(微妙な意味合い)を持つ言葉です．日本語の「思いがけない」とか「思い設けぬ」という感じです．ここで「ガッカリ」という日本語を使ってみましょう．すると，出来事にガッカリしてしまうことはよくあるわけですが，その出来事がどういう状況の中で起こったか，つまりはいろいろな出来事がこれでもかというように続いて起こりガッカリしてしまうのか，それとも突然起こった一回限りの出来事にガッカリしてしまうのかということに違いがあり，それを言葉で区別することをアランはフランス語の語感を使いながらここでやってみようとしているのです．要するに，このabattementは後で定義するaccablementとは違って，「思いがけぬひとつのショック」に続いて起こる状態だというのです．accablementを私は「打ちひしがれていること」と訳すのですが，それを，それこそ何回も打たれて，「次第に蓄積されて起こる」状態と考えると，アランのこの区別に納得が行くはずです．もちろん，「落胆」「意気消沈」「意気阻喪」「打ちひしがれていること」などのいくつもの日本語が，ここまでの区別を含んでいるかどうかはかなり疑問です．しかしながら，フランス語による区別を参考にすることによって考えが進むのであれば，やってみる必要があるでしょう．訳語としては，確かに，「落胆」でもいいのですが，訳語の選択というものは，以上のようなことを考慮すべきだと私は考えています．それに，「落胆」という言葉自体が「胆」という現代人には少し難解な言葉を含んでいることを考慮して，

「意気消沈」としました．

　定義の後半はどうでしょう？「意気消沈は自然なものであり，時の流れに委ねることが必要だ」とあります．「自然なもの」というのはどういうことでしょう？　ショックを受ければ，人間は心だけでなく身体をもそのショックによって引き起こされる言わば〈混乱状態〉に陥るのが普通である，ということでしょう．その混乱状態に陥ったままで，やたらに何とかしようと努力しすぎると，かえって混乱を助長するだけということはあるはずです．それゆえにこそ，アランは，まずここで，「時の流れに委ねることが必要」と書くのであり，「休息」こそが相応しいというのです．「時は苦痛の癒し手」(ὁ χρόνος ἰατρὸς τῶν πόνων.) という古代ギリシアの言い方があります．「時間薬（ぐすり）」ですね．自然に起こったことは自然に治っていく場合が多い．かえって人間の作為が過ぎると，それこそ自然治癒を妨げかねないとでも言っておきましょうか．もっとも，完全に癒えるために自然で十分かどうかについては議論の余地があると私は思います．情念が，癒えることを拒否するということもありうるからです．〈時がすべてを流す〉と信じることを，時として人は拒否してしまうので[*002]，「時間の拒否」と言うべきでしょう．「**時間 (TEMPS)**」(▶p.800) を止めてしまいたいのです．しかし，それにもかかわらず，時は流れる．人間の欲望にはお構いなく．人間は，不可能なことを欲望してしまうわけです．自然に反するがために，自分の首を絞めるような．

　情念は時間の拒否であるが，ここでは情念は，時間を認識することが自己喪失につながるかもしれない，ということを予感しているように思われます．[*003]

では，どうしたらいいのでしょう？　いずれにせよ，デカルトも，出来事によって引き起こされる情念について次のように書いていたのでした．

　精神は何か他のことに強く注意を向けることによって，小さな音を聞いたり，小さな苦痛を感じたりせずにおれるが，同じ方法では雷鳴を聞くことや手を焼く火を感じることをおさええないと同様に，精神はほんのちょっとした情念にはたやすくうちかつうるが，きわめてはげしい強い情念には，血液と精気との激動がおさまってしまうまでは，うちかつことはできない．この激動が力を発揮している間，意志のなしうるせいいっぱいのことは，その激動の生む結果に心を従わせず，それの促す身体運動のいくつかをおさえるということだけである．[*004]

アランもスピノザ (1632-77) を援用しながら次のように言います．

　情念は，私たちの哲学者〔スピノザ〕によれば，つねに世界のショックから生ずるものであり，また，私たちが逆らいさえしなければ，私たちの本来の健康さがすぐこれをいやしにかかるのである．たしかに，情念の最も悪いところは，私たちがそれを自分の本性のなんらかの欠陥に関係づけて，これを不治と判断することである．それを実際どおり外来のものと判断するやいなや，私たちは自己をそれからいやしはじめるのである．[*005]

例えば，ある出来事に腹を立てた場合に，その腹を立てたという原因・理由を出来事ではなく自分の性格にでも関連づければ，上の引用のように，外なるものを内なるものと判断してしまって誤る

A

[*001]──アラン『教育論』p.198〔傍点引用者〕

[*002]──小椋佳の「時」という歌にまさにそういう歌詞が出てきます．

[*003]──フェルディナン・アルキエ『永遠への欲望』p.32

[*004]──ルネ・デカルト『情念論』(『方法序説・情念論』) p.131〔傍点引用者〕

[*005]──アラン『人間論』p.304〔傍点引用者〕

わけです．ここに判断という言葉が出てきていることは重要です．判断は意志〔volonté〕に関わることであって，おそらく意志は自然ではない．言い方を換えれば，自然は意志の領域まで介入できない．意気消沈した人間は，自分を，詳しく言えば自分の意志を信じられなくなっているのです．しかし，アランは次のように言います．

いかなる善も，いかなる慣例も，自分を信じない人間にとっては，すべて死物同然だ．それゆえ，第一の，そしておそらく唯一の忠告は，意気消沈し屈伏した人間に，こういう意志の発出を目ざめさせてやることだ．善の源泉とは，このようなものだ．★006

ではどうやって意志の発出点を目覚めさせるのでしょうか？　私は芸術がヒントだと思います．

芸術は，おそらく，現実的な意欲の最高の模範であろう．なぜならば，すべては霊感によるが，霊感は統御されねばならないからである．自然に反して詩を作るわけにはゆかぬ．だがまた，自然は詩を作りはしないのだ．★007

「考えるとは意欲することなのである」★008というアランの言葉があります．そうだとすれば，まさに〈定義する〉という営みは，考えることである限り，意欲する営みでもあるのでしょう．そしてそれは「芸術」に近いところに位置するのかも知れません．自然は，定義などしないのですから．

ABSOLU
絶対的 – それは，純粋で，分離され，混じり気が無く，従属も関係もないものについて言われる．この意味で，絶対的安全保障，絶対的無欲，絶対的絶望などと言われるのである．絶対は相対に対立する．絶対的運動とは関係や座標系などから独立して現存する運動のことである（そのような運動は決して無いと言えよう）．相対的運動とは，不動と想定された諸点との関わりに対するという意味で相対的なのである．もしこれら諸点が運動していると，さきの運動は静止に変わることもありうるであろう．もし地球を不動のものとするならば，天体現象は太陽の運動〔mouvement〕によって説明され，太陽を不動とすれば，地球の運動によって説明される．道徳に対する絶対的なものの関係は，一つの絶対的価値を人が求めるということに由来する．絶対的価値〔valeur〕，言い換えれば臆見や状況に依存しない価値である（ここでは悪徳〔vice〕であるものがあそこでは美徳〔vertu〕であるといった懐疑的なテーゼとは対立する）．泥棒に対して約束を守るチュレンヌは，そのことで，絶対的な誠実さに近づいている．

ここでは「絶対的（な）」という形容詞をアランは定義しようとしています．「絶対的」などという言葉はよく使うはずです．〈「絶対に」嫌だ！〉なんていう副詞で使うかも知れませんね．いずれにせよ，その「絶対的」とか「絶対に」は，どういうことなのかを考えてみようというわけです．「絶対的」を『デジタル大辞泉』で引いてみると，次のように記載されています．「他の何物ともくらべようもない状態・存在であるさま」．分かったような，分からないような説明です．日本語としては，もともと仏教用語として使われ

ていたようで，初めは「絶待」と書き「他との比較対立を絶していること．他に並ぶもののないこと」と意味していたようです〔親鸞『教行信証』1224年〔正しくは，顕浄土真実教行証文類〕，『日本国語大辞典』より〕．

そこでアランの定義を検討してみましょう．最初に，「純粋〔pur〕で，分離され〔séparé〕，混じり気が無く，従属も関係もないもの〔sans mélange, dépendance ni rapports〕について言われる」とあります．何らかの物事について「絶対的」かどうかを問う場合，何かが混じり込んでいれば，必ず，当の

混じり込んでいるものの多寡やその混じり方に依存する部分が出てきてしまうことは分かりますよね？　だからこそ、「純粋」でなければならないし、「分離」されていなければならない．まとめれば、「混じり気が無く、従属も関係もないもの」でなければ「絶対的」と言えないというのは分かりますよね．つまり条件付きであっては「絶対的」ではないというのです．こう考えるのはもっともなことだと私は思います．すぐあとに掲げられる例は、実際、わかりやすい．「絶対的安全保障」「絶対的無欲」「絶対的絶望」などです．最後の「絶対的絶望」は笑っちゃうぐらいにもっともですよね．〈条件付き絶望〉なんて考えただけでもおかしい．

こうして、「絶対」は「相対」に対立する．そもそも「絶対的」の語源は、ラテン語の ab + solvere から来ています．ab は「〜から」という意味だし、solvere は luere という動詞、つまり「解き放つ」という動詞から来ており、全体として「絆から解放される」という意味なのです．それに対して、「相対」は、さきにも使ったフランス語の大きな辞書 *TLFi* によると次のようになっています．

> Qui est évalué par rapport à un autre élément, à un repère, à un système de référence. (他の一要素、一座標、一参照体系との関わりで評価されるもの．)
> ★009

はっきりと、〈他のものとの関わり〉が前面に出ていることがわかりますよね．

定義の続きでは「絶対的運動」が挙げられ、そういうものは存在しないと断言されます．物理学史を考えてみれば、ニュートンが絶対時間・絶対空間を想定し、そこに同時に言わば絶対的運動のようなものを想定していたのに対し、アインシュタインの一般相対性理論に至って、〈時空の曲がり具合と、物質の存在〉とが密接に関わりあっていることが示されるわけです．

「絶対的」ではないわけですね．もっとも、私たち人間には、どこかを止めないと何かを理解することが極めて困難なので、止める．それこそがアランの定義の中の次の言葉、「相対的運動とは、不動と想定された諸点との関わりに対するという意味で相対的なのである．もしこれら諸点が運動していると、さきの運動は静止に変わることもありうるであろう」ということになる．天動説と地動説の話もその線で理解しています．

さて、アランはこうした議論を道徳の話にまで持っていきます．どんなふうに関わるのか？　それは、「一つの絶対的価値を人が求めるということ」に関わるわけです．「臆見や状況に依存しない価値」があるのかという問題です．例えば、カントはそういうものの存在を信じています．「道徳律」の話です．カントは次のように書きました．

> くりかえし、じっと反省すればするほど常に新たにそして高まりくる感嘆と崇敬の念をもって心をみたすものが二つある．わがうえなる星の輝く空とわが内なる道徳律
> 〔der bestirnte Himmel über mir und das moralische Gesetz in mir〕とである．
> ★010

では「道徳律（道徳法則）」とはどういうものか？　次の解説がわかりやすいかも知れません．

カントによれば道徳律は行為が幸福をもたらすかどうかというごとき行為の結果を全く顧慮することなく、絶対的にその遵奉を人に要求するものであった．すなわち正しい行為はそのもたらす結果によって正しいのではなく、ただ道徳律に合致するが故に正しいのである．かくて道徳律は質料的な実践的原理と全く異ると言わねばならない．質料的な実践的原理は幸福を得ることを目的とし、この目的を達成するための手段と

★006──アラン『思索と行動のために』p.379〔傍点引用者〕
★007──アラン『人間論』p.30〔傍点引用者〕
★008──アラン『幸福論』p.114
★009──*TFLi*．電子書籍アプリなので、ページづけはありません．
★010──イマヌエル・カント『実践理性批判』(「〔世界の大思想〕カント下」) p.133

025

してかくかくの行為をせよと命ずる．ここに成り立つ命令は「もし幸福たらんと欲すれば，何々すべし」という仮言的命令(hypothetischer Imperativ)であるにすぎない．すなわちそれは「もし……ならば」という条件づきの命令であり，この条件を認めない人に対しては命令たり得るものではない．しかるにこれに対して道徳律は無条件の絶対的な命令である．それは何等か他の目的のための手段についての命令ではなく，道徳律そのものを目的としこの目的の実現を命ずるのである．それはただ「何々すべし」と命ずる定言的命令〔kategorischer Imperativ〕なのである．★011

かくしてカントは実践理性の根本法則，すなわち道徳律を次のように表現する．それは「汝の意志の格率が常に同時に普遍的立法の原理として妥当し得るように行為せよ」(Handle so, dass die Maxime deines Willens jederzeit zugleich als Prinzip einer allgemeinen Gesetzgebung gelten könne.)★012

だからこそ，アランはこの定義の最後で「泥棒に対して約束を守るチュレンヌは，そのことで，絶対的な誠実さに近づいている」と書くのです．「泥棒」を相手にするなら約束を破ってよいということにはならないというわけです．「泥棒」に対してさえ誠実であること．それは「相対的」ではない「絶対的」な在り方なのです．そんなことができるのか？ そう問う人はすでに疑っている．しかし，アランは次のように書きました．

> 盗人(ぬすびと)は万人の不信によって言いわけを得たことになる．盗人を信用することもできるではあろう．けれども，実行はむずかしい．まず，なんの不安もいだかず，信頼してかからねばならない．そして，信頼していることを相手に信じさせねばならない．このような奇蹟は，大きいものも小さいものも，率直な態度によって成功する．『レ・ミゼラブル』中のビアンヴニュ司教は有名だ．これは小説にすぎないと言われるであろう．けれども，私は或る薬剤師のことを思い出す．この人は，伝票をだして金(かね)を受けとる仕事に，あらゆる不誠実の名人である前科者を使っていた．それでいて，一度もだまされなかったのである．★013

ABSOLUTION
罪の赦し

――これは審判を下す者の宣告である．誰も罪の赦しを自分に宣告することはできない．そこで各人は自分を断罪し，それによって自分をなぐさめている．ちょうど怠け者が次のように言うように．「私は何にも向いていない．私は何もできないだろう．私は何にもなれないだろう」，と．断罪は自責の念〔repentir〕を消してしまう．罪の赦しは過ちを悔いること〔remords〕を前提としている．そして過ちを悔いることとは，自責の念を受け容れていることなのである．それゆえ，罪の赦しは傲慢な自己断罪とは反対のものである．罪の赦しは自分を信じ込んでしまうことに対する禁止である．

この absolution という言葉は，法的な意味と宗教的な意味とを合わせて備えています．森訳も神谷訳も，どちらかと言えば法的なニュアンスを連想させるような訳語，つまり「赦免」を使っています．もちろん，「赦免」という言葉が宗教的な意味で使われないというわけではなさそうなのでそれでもいいのですが，私はあえて「罪(PÉCHÉ)」(▶p.561)という言葉が前面に出るような訳語にしました．要するに，私は宗教的なニュアンスを強く意識して訳しているわけです．最初の一文を「これは審判を下す者の宣告である」と訳したのもそれが理由です．「審判」という，容易に「最後の審判」を連想できるような訳語を使ったのです．続く「誰も罪の赦しを自分

に宣告することはできない」というのも、味わうべき言葉です。他の著作でアランは「だれもがすぐに自分を断罪してしまう」と書いています。この「断罪」が「それによって自分をなぐさめている」とされるのが重要です。〈自分とはこういうものだ〉と決め込んでしまうのは、実は楽なのです。あとはその出来上がった姿を演じればいいわけですから。あえて自分を変えたり、それこそ克己したりする必要がない。だからこそ、アランは即座に「怠け者」の例を挙げるのです。実に相応しい。〈自分という者はそんなものだと決まっているんだから、仕方がないじゃないか！〉というわけです。「**宿命論**（FATALISME）」（▶p.342）ですね。しかし、アランは次のように言う。

> 宿命論は、私たちの心の罪を許す抽象的な理論なのである。

もちろん、真に赦しを得ているのではなく、この定義の続きにあるように、「断罪」によって、「**自責の念**〔repentir〕」「**悔い改め**（REPENTIR）（▶p.695）」を消してしまっているだけです。罪を観ないで済むように、覆い隠しているだけです。しかし、実を言うと、これは単に自分だけでやることでもない可能性がある。他人が誰かを決めつける場合です。教師が生徒を「落ちこぼれ」呼ばわりすれば、その生徒は「落ちこぼれ」を演じるようになる。次のような話です。

> 子供はむろんのこと、大人でさえも、過ちを犯すとそこに宿命を読みとろうとする傾向があまりに強い。さらに、審判者の権威がそこに加われば、人々は自分に絶望してしまうし、自分がこういう人間であると他人が信じ、自分でも信じている姿を、夢中

になってあらわすようになる。われわれは、ここでもっとも隠微な情念にふれる。

アランが「もっとも隠微な情念」と呼んでいるものを、何と名づけたらいいでしょうか？「マゾヒズム」とまで言ってもいいかも知れません。自分の在り方を他人に規定され、それを自分のものとして着込んでしまうからです。その有り様を、悔いることなく、そこに居座るわけです。しかし、「罪の赦しは過ちを悔いることを前提としている」。別にマゾヒズムそのものが罪だとか言っているのではありませんよ。そうではなくて、自分の在り方を自分で決めず、そもそも決めることなどできないという居直りの構造を過ちと言いたいのです。ですから、マゾヒズムに限った事柄ではないのです。そうした「過ち」を悔いるには、自分が決め込んでいること、そしてあえて言えば「怠け者」であることに気づかなくてはならない。自分に責めがあるのではないかと問うことができなくてはならない。〈過ちを犯す〉、〈誤謬を犯す〉ということは、自分で自分を欺くことなのだと気づく必要がある。アランは次のように書きました。

> se tromper とは美しい動詞である。これは être trompé、すなわち欺かれるということとは、まったく別のことである。自らを欺くとは能動である。およそ情念というものは誤謬であると、ストア派の人たちはいった。

この道を行けば、この定義に出てくる「自己断罪」は「**情念**（PASSION）」（▶p.544）であることに気づくでしょう。そしてそれが「**傲慢**（ORGUEIL）」（▶p.516）であることにも。自分で自分を断罪し、赦しなど得られるはずがないと信じ込んでしまうからです。

★011──岩崎武雄『カント』p.196〔傍点引用者〕
★012──同書、p.197
★013──アラン『人間論』p.254
★014──同書、p.251
★015──同書、p.248
★016──アラン『思索と行動のために』p.263〔傍点引用者〕
★017──アラン『神々』p.80

実は，治療を拒むことこそ唯一の悪なのである．そして，絶望のなかでのこの確信こそは，まことに傲慢というものであり，傲慢とは，だから，自分のことを実際以上に悪く考えることであろう．★018

その確信は揺るがされなけれなばらない．だからこそアランは，この定義の最後で，「罪の赦しは自分を信じ込んでしまうことに対する禁止である」と書いたのでしょう．

ABSTRACTION
抽象 － これは，無限に〔infiniment〕複雑で絶えず変化している具体的な対象に直面した際の単純化である．行動の必要〔nécessités〕であるにせよ，あるいは知性の要求であるにせよ，この単純化はとにかく私たちに課せられているものである．そして対象の一要素を，何も分離などできないのに分離したものとして，何も留まってなどいないのに恒常的なものとして，考察するような単純化である．

「抽象的」という言い方はよく使われますよね．〈哲学は抽象的な概念ばかり出てきてわからない〉とかいう言い方でね．では，なぜ「**哲学**〔PHILOSOPHIE〕」（▶p.587）は〈抽象的な概念〉ばかり使うように見えるのでしょうか？ 日常生活では抽象的な言葉は使わないのでしょうか？ そんな問いを立ててみるといい．実際には，日常生活においてだっていくらでも使われているとアランは言っているのです．日常生活でも抽象を使っているとして，それはなぜなのかを問うてみる．そうすると，それが人間の思考や行動には不可欠であることがわかる．そうなれば，哲学のやっていることも，普段，誰でもが日常生活でやっていることとつながっていることが追々わかってくるはずです．

さて，「概念」〔notion〕などというと，もう難しく感じてしまいますが，そもそも言葉には「抽象」というものがつきものなのです．例えば「赤い」とか「赤」という言葉がありますね．〈今日の夕焼けは見事に赤い〉とか，「赤鉛筆」とか，「柿右衛門の赤」とかいうときに，それらの「赤さ」はみな同じでしょうか？ むしろ千差万別の〈赤っぽい〉ものを単純化して「赤」という言葉で代表させるというか，まとめてしまっているというのが実情ではないでしょうか？ 具体的なものどもは，みな「無限に〔infiniment〕複雑で絶えず変化している」のにもかかわらず，単純化して処理しているのではないでしょうか？ 千差万別の〈赤っぽい〉ものにすべて別の名前をつけるわけにはいかないからです．そんなことをしては，複雑すぎて，言葉を使って行動も思考もできない．単純化せざるをえないのです．「行動の必要であるにせよ，あるいは知性の要求であるにせよ，この単純化はとにかく私たちに課せられている」のです．それが抽象というものだとアランは言う．ベルクソンという哲学者に言わせると次のようになります．

> いかなる命題であろうと，それは概念を記号化する〔symbolisent〕語から成っているのであって，社会生活や人間の知性に相対的な〔relative〕ものである．★019

> 大多数の一般観念についていえば，それらを産み出したのは社会と個人の利益であり，会話と行動の要請なのである．★020

言わば抽象によって成立する単語・概念・一般観念なしには，日常生活さえ営めないというわけです．これをもっと一般化して言うと，次のようになります．

知性と言語は行動のために，あるいは実践的な利益のために，形成されかつ機能する．それゆえ主知主義者たちは，実在を思考し認識するにあたって，必然的に，実践的な思惟方法で思考し認識せざるをえない．[★021]

この引用に登場する「主知主義」というのは，簡単に言えば，知性が行為とか生活を規定するという考え方です．では，いったい，この場合，もう少し詳しく言うと私たちは言葉を使って，つまり概念を使って，何をやっているのでしょうか？　例えば，今，お酒に酔っ払って真っ赤な顔をしている人がいたとします．「彼は（顔が）赤いね」と私が言うことは可能です．そのとき「赤い」という言葉・概念を使って私たちは何をしているのかということです．「彼は……」といういろいろな規定の仕方はそれこそ無限にあるでしょう．「彼は大学の先生である」とか，「彼はもう還暦を過ぎている」，「彼には一人娘がいる」など……．それどころか，お酒を飲んでいないときには赤くもない．それこそ「無限に複雑で絶えず変化している具体的な」彼について，今，たまたま酒を飲んでいるから「彼は赤い」などという規定がされたりしているだけなのです．他のこととは分離されて，取り出されているだけなのです．そもそも当の「彼は赤い」ということだって，お酒と，それを飲むに至っている状況から分離できません．酔いがさめれば，赤くはないのです．「彼は赤い」という言明は，場合によると何か独立して存在するもののように思えたりするかも知れませんが，実を言えば，その言明を取り巻く状況下にありつつも，それをあえていったん無視した場合に，そんなふうに独立してもありうるように思えるに過ぎないのです．「対象の一要素を，何も分離などできないのに分離したものとして，何も留まってなどいないのに恒常的なものとして，考察する」と

はそういうことでしょう．今度は，〈なぜそんなふうに分離したり，恒常的と観たりするのか？〉と問うてみましょう．それは，〈現に今そこにあるそういう一事態をクローズアップしている〉というのが答えです．それも，そういう状況において「彼は（顔が）赤いね」と私が言うことで，何らかの行動が促されるというか，予想されるからです．具体的に言えば，「もう，飲ませすぎてはいけない」とか……．それを少し難しくいうと次のようになる．

　　ある概念を対象へ貼りつけることは，その
　　対象がわれわれに示唆すべき行動なり態度
　　なりの種類を精確な言葉で表わすことなの
　　である．[★022]

「赤い」という概念を彼に貼り付ける(これこそ，まさにクローズアップすることですよね)ことで，「飲ませすぎない」という**示唆(SUGGESTION)**(▶p.704)される行動を準備しているわけです．

さて，少しこの言葉の語源を見てみると，抽象する(abstraction)は，ラテン語のabstrahoという言葉から来ていて，abs(〜から)＋traho(引き離す)という語源を持ちます．引き離すというけれども，誰が引き離しているのでしょうか．その引き離し方には，確かに，言葉を使って意思疎通するという大前提がある以上，社会的なもの，つまりは他人と共通のものとなるということは必ず伴います．けれども，あくまで自分が引き離しているという側面に固執するならば，個人の営みを強調することもできる．大森荘蔵という哲学者は次のように書きました．

　　わたくしは他人の言葉を，わたくしが与え
　　た意味において了解し，またそれ以外の了
　　解の方法はない．そして，他人が同じ言葉

★018──アラン『思想と年齢』p.35［傍点引用者］
★019──Henri Bergson, *L'évolution créatrice*, p.291
★020──H. Bergson, *La pensée et le mouvant*, p.64
★021──中田光雄『ベルクソン哲学──実在と価値』p.55
★022──アンリ・ベルクソン『形而上学入門』（[「世界の名著」ベルクソン]）p.84

にいかなる意味を与えているかを知らないし、またそれを知らないで了解しているのである．つまり、わたくしは日常言語を私的言語〔それを英語でprivate languageといいます〕として使っており、それ以外の使い方はない．しかも、私的言語として使うことによって他人と交信しているのである．[★023]

「赤い」という言葉でさえそうなのです．

彼の言う赤い印象と私の印象とが同じであるか違うのかを決めるためには、その二つを較べてみなければならない．そのためには、私は彼の印象をとにかく知らなければならない．だが、これはできない相談である．他人の知覚を私が知覚するわけにはいかない．私が彼の知覚を体験するためには私は彼にならなければならず、それは私が私である限り不可能なことである．[★024]

さらに言えば、「柿右衛門の赤」という言葉はすでに日本語として定着しているとしても、その色を言葉で他人にわかるような仕方で語れるかどうかというと、どうもできそうにない．そういう事態に、このあたりは関わっているのです．私がまさにその「柿右衛門の赤」である部分がある有田焼を目の前にして、私のこころに現れているその「赤」を何とか人々に共通の言葉で表わそうとしてもできず、ただ「柿右衛門の赤」としか言いようのないところに追い込まれたりするのです．言い換えれば、「柿右衛門の赤」はどう説明されてもわれわれが自分でそれを見るまでは、結局満足しないのであって、それを井上忠という哲学者は、「〈現場満足言語〉のレヴェル」[★025]と呼びました．言語にはいろいろなレベルがあるというわけです．次の引用には「〈こころ〉言語」という言い方が出てきますが、それは要するに、心に立ち現れてくる事柄を言葉にして表そうとする場合の「心」を他人の心からは隔絶された私のものとして捉えた上での言葉遣いとでも

言っておきましょうか．「純粋に〈こころ〉言語であるかぎり、それはあくまでも〈わたし〉言語としての閉鎖性格を免れることはできない」といった底の言語のあり方です．私の心に積み重なった記憶と共に使われるこの言葉を、心の中で凝縮重層する言語という意味で、以下では「縮重する〈こころ〉言語」と表現しているのです．

縮重する〈こころ〉言語では、一語はその背景にあらゆる可能性の文脈を予想させ、それらの文脈のどの一義性でも表現できない多義性の広裘を担うとともに、また従来のどの流通言語にも掬えない〈わたし〉だけへの立ち現われを表現しようとする（勿論、一度表現されれば、それは公共共有の言葉の財産となる）．例えば「柿右衛門の〈赤〉」の場合がこれである．[★027]

何かを人々に共通の言葉で述べようとすると、できないという、「〈述べ〉の〈弱さ〉」[★028]がある．だから現場に連れていって、指し示すことで解決しようとする．〈うまく言葉では言えないんだけど、これなんだよ！〉というわけです．

さて、今度は、「赤」という概念の地位というか、その存在の仕方というか、そういうものを問題にしてみましょう．赤という概念は、どこかに在るのか、という問いにしてもいい．どのような「赤いもの」にも当てはまるようなそういう「赤」という何かが存在するのか、それともただ人為的なものとして〈赤という言葉〉があるだけなのか、と言ってもいい．さきほど触れた「〈述べ〉の〈弱さ〉」に注目してみるならば、やはり言葉があるだけのように見えるかも知れません．そして、実を言うと、私たちはこうした問いを立てることで、即座に、ヨーロッパ中世の**神学(THÉOLOGIE)** (▶p.807)における「普遍論争」へと足を突っ込んでしまうことになるのです．その際、言葉があるだけと考えるのが、その論争におけるの「唯名論」の立場です．そして、それに対立したのが「実在論」で

す．後者は，ひとことで言ってしまえば，「普遍」なるものが実在すると考える立場です．そして，この立場は，中世をも飛び越えて，はるか古代ギリシアの哲学へと私たちを誘うことになる．ソクラテスの問いに，であり，プラトンのイデア論に，です．

ソクラテスは，「……とは何であるか？」と問い，その答えを求めたのでした．例えば，「敬虔とは何か？」「正義とは何か？」「美とは何か？」というふうに．プラトンの『エウテュプロン』という本(対話篇)では，まさに，この「**敬虔(PIÉTÉ)**」(▶p.590)についての議論が展開されます．対話相手のエウテュプロンが自分の父を「**殺人(MEURTRE)**」(▶p.481)の罪で訴えると息巻いていることを発端にして，敬虔とはどういうことかの議論が始まり，彼が〈まさに今，自分のしていることこそ「**神(DIEU)**」(▶p.263)に敬虔なことなのだ〉と主張しはじめるのです．

 ソクラテス さあそれでは言ってくれたまえ，敬虔とは何であり，また不敬虔とは何であると君は主張するのかね．
 エウテュプロン しからば申しましょう．敬虔とは，私が現在行なっているまさにそのこと，すなわち，問題が殺人であれ，聖物窃取であれ，また別の何かそういった類のことであれ，罪を犯し，不正を働く者を，それがたまたま父親であろうと母親であろうと，あるいは他の誰であろうとも，訴え出ることであり，これを訴え出ないことが不敬虔なのです．[029]

それに対して，ソクラテスが「敬虔なことは他にもたくさんあると主張するのだろう」と確認し，それを認めるエウテュプロンに対して，次のように言うことになる．

 ソクラテス それでは覚えているかね．ぼくが君に要求していたのは，そんな，多くの敬虔なことのうちのどれか一つ二つをぼくに教えてくれることではなくて，すべての敬虔なことがそれによってこそ，いずれも敬虔であるということになる，かの相〔εἶδος, ἰδέα〕そのものを教えてほしいということだったのをね．[030]

議論はさらに続くのですが，それは措き，「抽象」に関わらせて考えてみましょう．エウテュプロンは，ソクラテスの問いに対して，現に今，自分のしていることこそが敬虔なことであるとまず応えたのでした．具体例で答えたわけですね．しかし，ソクラテスは満足しない．なぜでしょう？　具体例をいくら挙げたところで，「かの相」には到達しないだろうという事情があるのです．いや，初めのうちは，むしろそうやってイデアに到達しようとプラトン自身が考えていたようではあります．いわゆる「範例イデア論(パラデイグマ)」という最初のイデア論がそれでした．そしてそれは，例の〈述べ〉の〈弱さ〉に関わっていたのです．「柿右衛門の赤」の例でもわかるように，何かについて述べることでは，その事柄を理解させることができず，その物事の前に行って直接に指し示すことによってしか，分からせることができないという弱さです．「ソクラテスの問いに応え，名の弱さを補うために，プラトンが最初の答えとして提案したのが，「範例イデア」言語であった」[031]というわけです．「突如として」立ち現われる，例えば美自体との出で遭いこそ究極と考えていた(『饗宴』210E2-6)とされる所以です．ひとことで言えば，

---

[023]──大森荘蔵『言語・知覚・世界』p.193〔傍点引用者〕
[024]──同書, pp.13-14〔傍点引用者〕
[025]──井上忠『哲学の現場──アリストテレスよ語れ』p.296
[026]──井上忠『モイラ言語──アリストテレスを超えて』p.83
[027]──井上忠『超＝言語の探究──ことばの自閉空間を打ち破る』p.37

[028]──井上忠『哲学の現場──アリストテレスよ語れ』p.300
[029]──プラトン『エウテュプロン』5D-E, p.14
[030]──同書, 6D, pp.16-17
[031]──井上忠『モイラ言語──アリストテレスを超えて』p.9〔傍点引用者〕
[032]──同書, p.12

突如としてイデアそのものに出会うことができると考えたのです．言わば，具体的なものとしてイデアが現れるというか，普遍が目の前に現前するというか……．こうした考えが必ずしも突飛なことではないのは，次のようなことを考えればわかるのではないでしょうか．一目惚れといったような形で，「激しい恋を経験している若者（若者だけではない？）が，この相手こそ最高，最愛のパートナーだと断じ，これ以降はもう別の恋などありえないと思い込むほどに出会った相手に固執し，すべての事柄をそこに収束させるようにして永遠化するとでもいう事態を思い描いて」★033みるのです．こうして，現に今，目の前にあることによって出会えたイデアは，永遠な〔「永遠な(ÉTERNEL)」（→p.328）〕ものとなる．現在というこの出会いの一瞬間が永遠化されると言ってもいい．けれども，このやり方はどうもうまくいかない．次のような事情があるからです．

われわれが現実に出あう個々の事例をどれほど集めてみても，そのどれひとつとして，定義通りの理想的な等しさや円を完全に具現しているわけではないのだから，その集積から直接得られた知識は，仮設によってそれらの個々の事例と同じレベルにとどまるはずのものであって，個物と普遍，感覚されるものと思考の対象にしかならないものとの間の断層は，依然説明されないままに残るであろう，──少くともこの断層を，たとえば「抽象する」というような語によって置きかえることを拒み，どこまでもまともに納得を求めようとするかぎりは．★034

この引用の最後に，今回の定義に関わるところの「抽象する」話が出てくることに注意してください．藤沢令夫氏は「抽象する」などといって，個物と普遍との間に横たわる問題が解決するわけではないといっているのがわかるでしょう．そこには，ある種の飛躍が要求されているよう

に思われるのです．そこからが問題です．

その飛躍をあっさりと抽象とか帰納とかいった言葉で埋め，もしくは，たとえば人間が歩くのは歩行能力があるからであり，計算ができるのは計算能力があるからだと答えるのと同じように，人間には普遍的な知識を感覚的個物とは別に把握するための能力がもともとそなわっているのだというふうに考えて，それに「抽象能力」とか「発想能力」とかいった名前をつけてすませておく方が，無難かもしれない．ただしかし，問題は，どちらがわれわれにより遠くまで考えさせるかという点にあり，説明する（λόγον διδόναι）という言葉の原義にかえって，どちらがより多くのロゴスをあたえるかという点にある．想起説★035を考えたプラトンのモチーフの一つも，この考え方がわれわれの仕事と探求への意欲を鼓舞するということにあったのであるから．★036

ここにも「抽象」が登場しましたね．抽象の話に持ち込んで，イデアを否定する立場など，ごく普通にあるものです．しかし，藤沢氏はそういう話に持ち込むのはマズイと言っている．普遍は，いやイデアは，存在するのだとすることが，私たちの仕事と探求への意欲をどれだけ鼓舞するかを考えてはどうだろうというのです．イデアなど無い，と言ってしまうことが，私たちをどれだけガッカリさせるかと言ってもいいでしょう．「理想(IDÉAL)」（→p.402）が消えるのです．どちらの立場が善く生きることにつながるであろうか，と問うてみるのです．その問いに真摯に向きあうならば，抽象という話題は，理想に関わる問題でもあることがわかるはずです．抽象という単純化は，理想化をまで射程に含めうる営みだったと言っておきましょう．

しかしながら，こういう方向とは，全く反対に進むように思われる説があります．大学院に

おける私の指導教官だった黒田亘先生の説なのですが，次のようなものです．「赤」という概念はポストや口紅や，熟したトマトや唐辛子に，要するにいっさいの赤い対象に適用可能な概念ではあっても，この適用可能性(applicability)が，抽象という心理的な過程を経て成立するとは言えないというのです．★037 理由はこうです．

　私たちの問題が「赤」という特定概念の抽象であるかぎりは，多くの直接的所与から抽象によって選別されるという，その特徴の何であるかが確定されなければならない．だがそれを確定するためには，「赤」という言葉，あるいはそれと同義であることを約束された別の記号を使わなければならない．つまり，抽象の結果としてはじめて成立するはずの「赤」という概念を実際に適用しなければならない．★038

「赤いもの」の集まり(集合)をつくる，つまりそういうものを取り集めるための基準は「赤」という概念そのものだろうということです．抽象という営みによって成立すると言われている「赤」という概念を，当の抽象する営みよりも前に使っているではないかというのです．要するに，初めから「赤」という概念を立ててしまっているのに，それを後から手に入れるかのように主張する事態がある，密輸入しているではないか，というわけです．さて，どうしましょうか．問題は，おそらくこれが黒田先生の仰ったように「心理的な過程」であるかどうかです．

井上忠氏ならアリストテレスのヒュポケイメノン(ὑποκείμενον)を参考にしながら「先言指定」という彼独自の術語を使って説明するかも知れません．述べる以前に何かが指定されていると

いう事態をそれは語っています．その事態を，以下に述べることになりますが，「言語機構」として捉え，「心理」という個人に傾斜しがちな言い方よりも「**論理**(LOGIQUE)」(▶p.439)の問題としてクローズアップするのです．実体とか属性とか偶有性といったヨーロッパの伝統的な形而上学的術語を駆使しながら，それを「論理」「言語」の問題として彼なりに捉え直すのです．井上氏が「白」という言葉についてアリストテレスを敷衍(ふえん)しながら語っているところをみましょう．

　一般分類語「白」は，個々の「白い」例から成立するのではなく，これらに先立つのである．★039

分類語というのは，「例えば「犬」とか「白」が，その細かい内包よりも，犬であるか，犬でないか，白いか，白くないか，を区別分類できさえすれば言語として使用できる段階」のことです．★040 ですから，言語には，他の段階，他のレベルがあるということが示唆されていることを忘れないでください．その一般分類語「白」が何か特定の「白いもの」から離れて存在するのではない．「なにものの白でもない「白」，なにかある先言指定のうちにおいて有るのではない「白」そのもの，現場言語の裡で，それだけで一義な「説明式」をもつ「白」そのものは，無い」★041 というのです．「白」だけが独立してあるのではない，というわけです．「白いもの」という在り方で，「白」はあるということ．当の物の内に属する形で存在するということです．「有るのは，指示されるだけの「特定のある白」であり，これらに先立ち，そこから派生によってそれぞれを「白い」と言わせる「名」だけである」．★042 こう言われます．ここだけ見ると，まるで「唯名論」を語っているよう

★033──拙著『情報学の展開──情報文化研究への視座』p.10
★034──藤沢令夫『プラトン「パイドロス」註解』pp.47-48［傍点引用者］
★035──私たちの魂は輪廻するのであって，死後イデア界へと行き，そこで諸々のイデアを観るけれども，またこの世界に落ちてくるときに忘却の河の水を飲まされて，全て忘れてしまう．しかし，例えば美しいものに出会って美のイデアを想い出すといったふうに，イデアは想起されるのだという説です．
★036──同書，pp.49-50［傍点引用者］
★037──黒田亘『経験と言語』p.66
★038──同前
★039──井上忠『哲学の現場──アリストテレスよ語れ』p.160
★040──井上忠『究極の探究──神と死の言語機構分析』p.9
★041──井上忠『哲学の現場──アリストテレスよ語れ』p.160
★042──同前

に思われるのですが，必ずしもそうではない．次のように言われるからです．

> 日常流通言語の現場にあたっては，内属性については，直截にその「何であるか」を説明する方式を発見することは困難であり，たんにそれぞれ当の内属性を担うもの(「先言指定」)の例を挙示することによって了解される(例えば「白」は，「雪が白い」，「白鳥が白い」など，「何が白いか」の例を挙示することによって了解される)に対して，実体の場合には，その「何であるか」を，直截に，つまり言葉の現場性を崩すことなく了解する方式，そのいみでの一種の定義(「説明式」)が成立している…〔後略〕★043

この，「実体の場合」とはどういうことでしょう？ かなり難解なのですが，次の引用から解明していきましょう．

> この現場を離れず，しかも「何であるか？」の問いに，日常言語の水準のなかで答えうる一群の言葉が現われる．それが述定性の言葉であり，実体の述語である．例えば「人」…〔中略〕…ここでは，「白」の場合と異なり，「ソクラテスは人だ」「プラトンは人だ」……と例を挙げて説明しなくても，「人」と「二本足の動物」との顕在する同一性が，「人」の現場述語性を破壊することなく，「何であるか？」の試練に耐えさせている．★044

では，「実体の述語」ではなく，何が実体なのか，と苛立つ人もいるでしょう．引用では「人」が実体の例として掲げられています．実際，井上氏はアリストテレスの次の考え方を確認します．

> われわれが日常第一に実体と考えるのは，「この・ある・人」「この・ある・馬」のごとき個体である，と表明した(『範疇論』2ª13)．★045

アリストテレスにとって，実体とは，こうした個体なのです．プラトンが普遍的なものとしてのイデアを称揚したのに対して，です．実際，この点をめぐる二人の違いは決定的です．後にそのことについては触れます．個体が実体であると主張することにはなっているアリストテレスにとって，言わば本当に大事であったのは，次のことだと井上氏は言います．

> 議論は，何が実体なのかではなく，実体とは何であるか，換言すれば実体を成立させる機構は何か，あるいはわれわれが実体を実体として把握するとき作動している先言指定機構はどのような仕組みになっているのか，との問いにおいてだったのである．★046

しかし，どうしてそんな問いを立てるのかと訝る人もいるでしょう．井上氏は，ここから，私たちが，生き，存在することの「根拠」への問いへと進むのですが，それは今は措きます．いずれにせよ，言語の機構として，実体の言葉と内属性の言葉とは異なるということです．ちなみに「内属性」[inherence]とは，さきに挙げた「白」の例でも分かるように，次のようなものであることを確認しておきましょう．

> 内属性は「先言指定のうちにおいて有る」ものであり，それは「(a)なにかのうちに，それの部分としてではなく，あり，かつ(b)それがそのうちに有る当のなにかから離れては有ること不可能な」ものと言明されている(1ª24-25)．★048

> 白は必ずなにものか〈においてある〉のでなければならない．この〈においてある〉性格を「内属性」と呼び，それがそこ〈においてある〉ものを内属性に固有の先言指定と言う．そして内属性「白」に固有の先言指定は，さしあたりまず〈もの〉である．★049

そして，実体は，「あるなにかが予め指定さ

れていて，それのうちにおいて有るのでない」すなわち「内属性でない」とされる。実体語は実は〈摑み〉の言葉であって，内属性の語は実は〈述べ〉の言葉だというわけです。実体語を(例えば「人」を)使ったとき，私たちは，当の実体(人)を摑んでいるのだというわけです。この〈摑み〉の言葉についても，少しは引用しておかなければなりません。

　これらの物個体を物個体として成立させている言語機能を〈摑み〉と呼ぶ。普通，言語は，それに先立って存在する事実を写し描くとばかり想われがちであるが，言語機能には，むしろ事実そのものを構築する働きがあり，言語があってはじめて事実も成立するという面が見落されてはならない。言語が一切機能していない場合の「事実」は，言葉で描きようもない。〈摑み〉はなんとも捉えどころのない言語化以前の実在を個体化して把握し，われわれの生活基盤としての物個体の地平そのものを成立させる言語機能である。言語を発語・発話され，述べ立てられる言葉だけに勝手に限局して考えているからこそ，安易に事実が言語に先立つと想われがちであるが，一語も発せず黙々と独り畑を耕す農夫の現場でも，「鍬」「鋤」「大根」「一畝」などなどが〈摑み〉の言葉として既に働いているわけである。

　こうして，実体の言葉と内属性の言葉とを区別した上で，次のように言われます。

　　内属性は…〔中略〕…それ自体で見ればなんら付帯性ではありません。ただ〈述べ〉の言葉となったときには，もはや本来の内属性ではなく，付帯性となるわけです。

　「付帯性」というのは「偶有性」とも言い換えうるものですが，それこそ〈たまたま持つ性質〉とでも言っておきましょうか。さきに私が掲げた例で言えば，「彼は（顔が）赤い」という〈述べ〉は，確かに彼に内属している性質ではあるのですが，たまたま酒を飲んだからなのです。

　さて，こうして井上氏はアリストテレスを読み解きながら，「プラトンにおいて〈こころ〉の探究こそ哲学の途であったが，アリストテレスは物の自然をこそ哲学探究の正面に据えた」とし，「それはまさに〈こころ〉個体の閉鎖性から解放された公共性の地平，われわれが日々の生活で言うまでもなくなによりも有るものと先言措定している物個体，そのいみでの実体の地平に，知識の基盤を定位しようとするものであった」というのです。

　しかし，これは，日常生活に伴ったある明証の一次元を前提とするということではないでしょうか？　それを疑うことなど必要ないのでしょうか？　実はそういう懐疑をこそ実行しなければならないとデカルトは考えたでしょう。彼の懐疑は，欺く神という仮説まで導入しながらの次のような懐疑だったからです。

　　それは或る明証の次元に服さざるを得ぬかに思われるがゆえに服さぬふりをするという，意志的な，作為された，いわば自然に反して導入される懐疑である。明証的事実を前にして〈実際には〉それを受け容れぬことが如何に不可能であるにもせよ，〈権利上は〉

★043──同書，p.169〔傍点引用者〕
★044──同書，pp.157-158
★045──井上忠『モイラ言語──アリストテレスを超えて』p.18
★046──井上忠『哲学の現場──アリストテレスよ 語れ』p.330〔傍点引用者〕
★047──井上忠『哲学の刻み 2──言葉に射し透されて』p.25
★048──井上忠『哲学の現場──アリストテレスよ 語れ』p.158
★049──同書，pp. 338-339
★050──同書，p.169
★051──同書，p.216
★052──井上忠『超＝言語の探究──ことばの自閉空間を打ち破る』p.11
★053──井上忠『哲学の刻み 2──言葉に射し透されて』p.199
★054──同前，また『哲学の現場──アリストテレスよ 語れ』p.336
★055──井上忠『モイラ言語──アリストテレスを超えて』p.48
★056──同前〔傍点引用者〕

035

それが常に可能なのである．それゆえ，この仮説はわれわれが自らに何ものをも強いることのないように，新たな明証全体を意識的に創出しようとする，いわば〈純粋にア・ポステリオリな〉営為であり，心理的事実を吟味する〈思弁〉を支持して「認識」そのものを基礎づける〈形而上学的〉懐疑である．[★057]

実はアリストテレスの師であったプラトンその人が，当の懐疑に近いことを遂行していたように私には思えます．まさにイデア論に関わってです．次の一文はそのことを明確に語ります．

「個物xはイデアΦを分有することによってFである（Fという性質をもつ）」というこの記述方式においては，個物xが記述の主語としての重責を担っていて，あたかも，イデアΦを分有し性質Fをもつということに先立ってまず個物xが，その当の主体として確在していなければならないかのように記述される．ひいてはまたこのxの突出によって，xとFとΦのうち，基本的な区別はまず――FとΦとの間にではなく――一方におけるxと，他方におけるF・Φとの間に引かれることになり，イデア論にとって肝心かなめの重要な区別であるF（感覚される性質）と，それがあってこそFがありうるところのΦ（思惟されるイデア）との区別が，このx（物・個物）とF・Φ（性質・本性）との間に引かれる区別の陰にかくれて，不明確になることがどうしても避けられないのである．

そしてこのように，FとΦとの区別でなく，xとF・Φの区別が前面に出るために，この「分有」用語の記述方式は，物・個物(x)とその性質(F)との区別を安定した基本枠とする常識的思考にたちまちからめとられ，類同化される可能性がきわめて大きい．[★058]

藤沢氏によれば，プラトンはこの「分有」用語の記述方式の重大な欠点に気づいており，それを打ち消す「似像（にすがた）」用語の記述方式を導入していたのだというのです．[★059]

この「似像」用語の記述方式によれば，日常語で例えば「これ(x)は菊(F)である」と語られる事態は，正式には，

「場のここに〈菊〉のイデア(Φ)がうつし出されて(F)いる」，

あるいは，

「〈菊〉のイデア(Φ)の似像が場のここに受け入れられて，菊(F)として現われている」

と記述されることになる．また「この菊は美しい」は，

「〈美〉のイデア(Φ)が場のここ（「菊」の知覚像が現われている所）にうつし出されて(F)いる」，

あるいは，

「〈美〉のイデア(Φ)の似像が場のここ（同右）に受け入れられて，美(F)として現われている」

となるだろう．[★060]

ところが，アリストテレスはこれら二つの記述方式を全く理解していない．

きわめて教訓的というか，興味ぶかいのは，アリストテレスがプラトンの〈場〉を，アリストテレスの独自の概念〈質料〉と同一視し，しかもこれを「(イデアを)分有するもの」と呼んでいることである（『自然学』IV.2.209b11-13,35）．つまり，プラトンの〈場〉について見られたすべて以上のようなモチーフは，自身の概念の道具立てに導かれて思考するアリストテレスの理解の外にあり，きれいさっぱりと無視されているのである．[★061]

実際，アランも「アリストテレスは模倣と分有とのあいだの重要な相違をつかんでいたとは思われない」と記しているのです．[★062] もちろん，ここで

「模倣」と訳されているものの原語は，imitationであり〔「模倣(IMITATION)」〔►p.413〕〕，「似像」の話なのです．アランは，次のようにまで書いています．

　このアリストテレスの盲目は思想の歴史における醜聞〔scandale〕である．アリストテレスはプラトンの言葉を聞きながら，心のなかではすでに他の哲学をたどっていたのではないだろうか．それは自然の哲学であっ

て，そこから見れば，イデアも数も人為的な表象にすぎない．[★063]

ヴァチカンにある，あのラファエロの《アテナイの学堂》の真ん中で，上を指さすプラトンと，地上を大事とすべく前に腕を差し出しているアリストテレスを，私などは想い出してしまいます．

ACCABLEMENT
打ちひしがれていること ─ これは大小さまざまの多くの不幸に出会うことに由来する，希望のない悲しみの状態である．打ちひしがれていることに対しては次の格律が提案されうる．即ち，「一度にただ一つのこと〔を為せ〕」．

　この語は，すでに「意気消沈(ABATTEMENT)」（►p.022）の定義の中に出てきていましたよね．「意気消沈」は「打ちひしがれていること」とは違う，という言い方においてです．今度は，「打ちひしがれていること」を定義しているわけで，さらに「意気消沈」との違いがはっきりすることでしょう．「これは大小さまざまの多くの不幸に出会うことに由来する，希望のない悲しみの状態である」と定義は書き始められています．「大小さまざまの多くの」とあります．「意気消沈」のところをもう一度参照してみてください．そこには「思いがけぬひとつのショックに続いて起こる状態」とありました．こちらは「ひとつの」です．〈多と一〉の違いがありますね．次々といろいろな不幸に見舞われた場合，人はどうなることがありうるのかと考えているのです．ボクシングで，一発だけアッパーカットを食らったぐらいなら，自然となんとかなるかも知れないけれども，何回もジャブ，フックそしてアッパーカットを次々に食らうと，こたえる．これは主として肉体へのショックですが，心に

だってさまざまな多くの不幸が打撃を与えると，打ちひしがれてしまうことなど，当然，考えられる．これでもかといわれるような攻撃に，どうしようもなくなってしまうわけです．「希望のない悲しみの状態」とでも言うべきものに陥ってしまう．時の流れに任せるという休息の作用による自然治癒では追いつかないかも知れないような……．「意気消沈」に関する私の解説で芸術の話をしました．そこで私は「完全に癒えるために自然で十分かどうかについては議論の余地がある」と思うという趣旨のことを書きました．まさにその話がここで効いています．さまざまな多くの不幸に次々と見舞われたとき，それぞれが違った不幸なのですから，多くの対応の仕方をしなければならず，自分の限界を越えてしまうといったことが起こりうる．自分の無力さとでも言うべきものが痛いほど感じられてしまうわけです．そんな状況にあっても，あえて自分の力を再確認するためには，何か一つのことを成し遂げるという経験が必要だとアランは考えるのです．それゆえにこそ，この定義

★057──福居純『デカルト研究』pp.84-85
★058──藤沢令夫『プラトンの哲学』p.159〔傍点引用者〕
★059──同書，pp.160-161，194-196
★060──同書，p.195
★061──同書，p.196
★062──アラン『イデー（哲学入門）』p.38
★063──同前

の後半には、それを語ってきた格律が掲げられる。「一度にただ一つのこと〔を為せ〕」ということです。芸術作品はそもそも、自分の情念を整える営みという出自を持つわけです。次のような言葉があります。

> 救いがまったくなければ、それは芸術の死であろう。事実そうした例が多い。自分自身の作品となるはずの切実な不幸、想像力の責苦、重過ぎる後悔などを感じない人は、始めから傍観的な観客なのであって、あとから観客になるというものではない。★064

そんな芸術作品ができればそれに越したことはないのですが、普通の人にはできません。しかし、そんなに大げさなことではない。人によれば、俳句・和歌・川柳などにするかも知れません。絵手紙にするかも知れません。編み物の一作品を完成させるかも知れません。それでいいのです。多くの攻撃に曝された自分でも何かを成し遂げるということがまだできるという確認が大事なのですから。そんな自由が私にはある、という実体験が必要なのです。自分を襲ってきたさまざまな不幸を、繰り返し思い出し、反芻するのではなく、全身全霊を使った何事かをすることが大事なのです。不幸であるということは、何もできないということに近い。頭の中で不幸が渦巻いているのです。

> 大小にかかわらず不幸というものは、思考がどうどうめぐりをし完全に役に立たぬという感情によってくりひろげられる。★065

> もうすんでしまった不幸に立ちかえるのは、このうえなくまずい旅行だ。★066

こうした自分の混乱したとも言うべき思いのあり方を整えるには、秩序だった行動をすることが直接に効果があるのです。いいですか？「思い」を整えるのに、「行動」をするのですよ。思考を統御するのに、身体を使うのです。何かを実際に創り出すということは、そういうことでしたよね？

ACCIDENT
事故
— これは、予測不可能〔imprévisible〕で、起こりそうもない〔improbable〕ように思われる出来事のことである。例えば、一台の自動車が列車とちょうど同じ時刻に踏切にさしかかること。一発の弾丸が飛行士の頭を吹き飛ばすこと。そこで人は宿命〔fatalité〕を責める。あたかもその出来事が確率法則への挑戦でもあったかのように。そしてこうした考えには多くのもっともなところがある。宿命論〔fatalisme〕は起こってしまったことについては私たちを慰めてくれる。だからといって私たちの用心深さを減ずることになってはならない。

「予測不可能〔imprévisible〕で、起こりそうもない〔improbable〕ように思われる出来事」と言っています。この言い方自体には「悪い」というニュアンスがありません。それこそ、たまたま起こった出来事といった感じです。けれども、挙げられる例は悪い事例です。踏切事故とか、もしかしたら銃の暴発かもしれないような。なぜでしょうか？　出来事の良い悪いを判定する人間の側の態度にこそ、この定義の中心があるからではないかと思います。だからこそ、話は即座に「宿命（FATALITÉ）」（→p.346）へと移行する。責める対象としてです。「宿命」というものがあり、私たちはそれに翻弄されたのだ、といって責める。自分たちにはどうしようもなかったことなのだ、というわけです。想定外であったのだから仕方ないじゃないか、と。確かに、起こってしまったことは、元に戻せないのですから、元に戻そうなどという無駄な努力をするよりも、これからのことを考えた方がいい。次のようには言えるでしょう。

過去に期待をかけるのは，過去を嘆くのと全く同様愚かなことだ．できてしまったことなら，それに安んじうるのがいちばん立派であるし，それを生かしえないのが一番醜悪なのである．★067

しかし，その不幸な事故が起こってしまった原因・理由，そして責任については十二分に検討しなければならないでしょう．「宿命論(FATALISME)」(►p.342)を口実にして，その努力を怠ることは

許されない．そのへんを曖昧にしたとき，私たちは自分というものを見失い，堕落するのだと思います．この定義はそういう事態を戒める．珍しくアランが「……してはならない」という書き方をしているのも，実に興味深いことです．

あらゆる行為において，確かさと強さを与えるものは真の原因の認識だからである．人間が彼の所有するすべてのものを所有し，自己自身をも所有するのは，分別ある努力による．★068

ACCORD

応和 – これは自然な協調〔entente〕であり，和合〔paix〕であって，意志には何も負っていないものである．

accordを，森訳は「一致」とし，神谷訳は「同意」としています．「一致」ならまだしも，「同意」だと，定義の内容に反するように私には思えます．なぜなら「意志には何も負っていない」と記してあるのですから．また，「一致」としなかったのは，そうしてしまうと何か〈一つになる〉ようなニュアンスが含まれてしまう気がして，それを避けたかったのです．「応和」ならば，対応するようなしかたで和していると，とれるでしょうからね．フランス語でも，音楽用語ならば，「和音」と和訳できる原語になっています．「協和音」と「不協和音」という言い方があります．例えば，ド・ミ・ソという「(協)和音」を考えてみれば，ドとミとソという三つの別な音が，別でありながら協和する(調和する)わけですね．一つになってしまうわけではない．ententeを神谷訳のように「合意」とは訳さず，また森訳のように「相互諒解」とも訳さなかったのは，そういう理由によります．「和合」と訳したpaixも，森訳・神谷訳共に「平和(PAIX)」(►p.524)としていますが，それではあまりに人間的な，つまりは

意志的なニュアンスが入りすぎるように私は思うのです．もう少し，「自然な」と言われていることについて考えてみるべきではないでしょうか？ では，この「応和」には，より具体的にはどんな場面で出会うことができるのでしょう？ いくつかの引用で，それを確かめましょう．まずは次の文章です．詩の話です．

> 体から出た歌と，精神から出た意味とが，互いに少しも無理を強いることなく一致し合う〔s'accordent〕のです．というよりもむしろ，両者は互いに助け合うのです．思考はあたかも，あらかじめ調整されたこの響きと反響の形式を待って，はじめてのびのびした表現を得て立ち現われるかのようだし，肉体はあたかも，この音楽によって思考を生み出しながら，ひたすら自分自身の幸福と素朴な欲求だけを追っているかのようです．★069

この引用で私が傍点を付したところは，それこそ「応和する」と訳した方がぴったりするだろ

★064──アラン『芸術について』p.42
★065──アラン『思索と行動のために』p.375〔傍点引用者〕
★066──同書, p.416〔傍点引用者〕
★067──アラン『幸福論』p.74
★068──アラン『人間論』p.141
★069──アラン『芸術についての二十講』p.35〔傍点引用者〕

039

うことは，今回の解説からすれば分かると思います．この応和は，自然なものであって，人間の「知恵(SAGESSE)」(→p.721)をも含めた作為を以ては到達できない．「美(BEAU)」(→p.120)とは，次の引用にあるように，実はそのようなものだとアランはいうのです．

> 美は，言い方を変えれば，私たち自身のうちに高いものと低いものとの一致〔accord, 応和〕を感じさせるのであって，それを知恵によって探し求めてもたいてい無駄です． *070

アランのこの考え方の基本にあるのは，カントが『判断力批判』という書物において展開した思想です．「美が想像力と悟性の自由な働きのうちにおける応和〔accord〕から結果する」という「あの有名なことば」という言い方をしています．*071 実際，この引用箇所の直前でアランは次のようにそれを表明していました．

> 知的な手続きと肉体の本性とのあいだに一致〔accord，くどいようですが応和と訳した方がいい〕が認められ，それがカントをして，美は外部に目的をもたない一つの合目的性を内包している，と言わしめたのです． *072

いわゆる「目的なき合目的性」〔eine Zweckmäßigkeit ohne Zweck〕というものです．この「合目的性」がどのようなものであるのかについては，カントの当時の用法に注意した次の文章を参考にするとさらに分かりやすいと思います．

> 十八世紀の言語使用では「合目的性」は，…〔中略〕…多様なものの諸部分が一つの統一へと調和していることのすべてに対する一般的表現として用いられる．その際，この調和が何に基づき，いかなる源泉から由来するかは問われない．この意味で「合目的性」という言葉は，ライプニッツが彼の体系の中で「調和〔ハルモニー〕」という表現で示した概念の，

その書き換えとドイツ語への翻訳とを表わしているにすぎない． *073

もっとわかりやすい説明をしておくと，カントは主として有機体についてこの「目的なき合目的性」を語るわけですが，それを具体的に述べている箇所があるのです．次の箇所です．

> 花，たとえばチュウリップなどが美しいとされるのは，それを知覚するときに，ある種の合目的性——判定においてまったく何の目的にもかかわらせられぬところの——が見出されるからである． *074

アランは，こうした有機体に注目したカントの美学を下敷きにして，それを芸術作品の分析に応用していると言っていい．彫刻という芸術についても，事情は同じようなものであることをアランは語ります．

> 人は自分の望むものを彫り上げるのではない．むしろ事物の望むものを彫り出すと言うべきであって，そこからあの，非人間的な素材と人間的な̇し̇る̇し̇とのひそかな一致〔union〕が生まれ，事物が̇し̇る̇し̇を巧みに支えたり事物が̇し̇る̇し̇をつくり出したりする，そういう奇蹟的な出遇いへの讃嘆の念も生まれるのです． *075

ここでは「非人間的な素材と人間的な̇し̇る̇し̇」との間にあの「ひそかな一致」〔cette intime union〕が生じるという．これが「応和」の別の表現であることは明白でしょう．こうした分析の姿勢は，諸芸術の最後に位置づけられる「散文」においても変わりません．

> 美しい散文には，鋭い筆致，表現の幸福，思いがけぬ驚きがあるが，それは，これらのものが示されるのはつねに観念によってである，という条件つきである．散文の秘

密のひとつは，語の結びつきと観念の綿密な吟味との間の思いもうけぬ応和，ただそれのみによって喜ばすことにある．[076]

語は言わば物質的なものであり，観念は言わば思考的なものです．つまり，ここで語られているのは心身間の調和(応和)であることは，もはや縷々説明するまでもないでしょう．

ADMIRATION
讃嘆 — これは，観衆，聴衆あるいは読者における，崇高なもの〔sublime〕への感情〔sentiment〕である．讃嘆というものの主要な点は，それが人類と私たち自身に対して好意的な態勢に私たちを置く〔disposer〕ことである．人間嫌い〔misanthropie〕とは讃嘆に対する警戒のことである．

日本語では「讃嘆」に近い言葉で「讃美」というものがあり，それほど区別されていないように思われますが，「讃美」をフランス語でいうと glorification になり，優れて「神〔DIEU〕」(▶p.263)に関わるものなので，さしあたっては区別しておくべきでしょう．もちろん，神をどのように考えるかによるわけで，日本では「自然を讃美する」という言い方は普通ですが，神と自然とをこのように近いところに置くことは，おそらくキリスト教的には，汎神論的な異端に近いところに位置すると思われるからです．

それはそれとして，何かを褒め讃えるという話に今回の定義では注目しています．あたりまえのことですが，「讃嘆」は，当の褒め讃えている人の感情です．演劇の観衆であれ，音楽の聴衆であれ，書物の読者であれ，自分が出会っている作品である崇高なもの〔「崇高さ〔SUBLIME〕」(▶p.780)に向かっての「感情〔SENTIMENT〕」(▶p.732)〕です．単なる「感動〔émotion〕」「情動〔ÉMOTION〕」(▶p.299)とは区別した方がいい．感動というのは，どちらかというと与えられるものであり，それに対して感情は抱くものである，とでも言っておきましょうか．前者は受動的，後者は能動的，という違いがあります．崇高なものを目の前にして心打たれるという受動は，当然，最初にあっていい．けれどもその心打たれた私の在り方を，私自身が能動的に捉え返して，当の崇高なものを褒め讃えるという段階にまで進む．讃嘆という事柄においては，そういうことまで理解する必要があるのでしょう．ある物事を「崇高なもの」とし，崇高という感情を抱く場合には，こうした私への向き直りとでもいう動きがある．次のようなわけです．

> 崇高とは観想された力のなかにあるのではなくして，このものを観想する力への，つまり現存する精神，内なる精神への，復帰のなかにある．[077]

実を言うと，こういう考え方は，またしてもカントの，特に『判断力批判』を念頭に置いてアランが語っているところなのです．少し，カントに寄り道してみましょうか．美と崇高との区別をしながら，次のように語られます．

> 自然の美しいものに対しては，われわれはそれの根拠をわれわれの外部に求めねばならないが，しかし崇高なものに対してはそ

★070──同書，p.34
★071──アラン『芸術論集』p.97
★072──アラン『芸術についての二十講』p.34
★073──エルンスト・カッシーラー『カントの生涯と学説』pp.305-306
★074──I. カント『判断力批判』(『[世界の大思想]カント 下』) p.200
★075──アラン『芸術についての二十講』p.198
★076──アラン『芸術論集』p.152 [傍点引用者]
★077──アラン『神々』pp.260-261．ちなみに「観想する」というのは，フランス語では contempler，古代ギリシア語では θεωρέω という言葉で，後者は θεωρία という名詞があります．翻字すると theoria で，まさに「理論」ですね．「理論」は「実践」に対する言葉です．すなわち，ここでは何かをする(実践する)というのではなく，観る(観想する)という対比を考えて欲しいのです．

041

の根拠をわれわれの内部に，しかも崇高性を自然の表象へ持ち入れる思考態度〔Denkungsart〕に求めねばならない．★078

崇高と判定されるものは，対象であるよりも，むしろ対象を評価するときの心情の状態なのである．★079

注目点が「思考態度」とか「心情の状態」といったところにあるのがわかりますね．そして実を言うと，こういう考えを基礎にして，カント的な崇高の捉え方は，さきほどさしあたっては区別しておいた「讃嘆」と「讃美」について，前者から後者への通路とでもいうべきものを指し示すことさえ可能に思えます．その理由となりうる引用を見ましょう．

崇高なものとは，それを表象することが心情をして自然の不可到達なことを理念の表出〔Darstellung von Ideen〕として考えるように規定するような対象（自然の）である…〔後略〕★080

自然は，われわれの美〔直感〕的判断において，…〔中略〕…われわれの力〔unsere Kraft〕（自然ではないもの）をわれわれの内部に喚起するかぎり崇高と判定されるのである．★081

理念という難しい言葉が出てきていますが，それの解説はまずは措くとして，とにかく自然が到達できないものへと向かわせるような自然の対象として「崇高なもの」が捉えられていることは確かでしょう．しかも，そこを起点にして，最終的に向かうのは「われわれの力」なのです．ざっくり言ってしまえば，普通に私たちが言う自然つまり私たちの外にある自然でもなく，さらに私たちの自然つまり身体といったものをも越えて，精神へと向かわせるのです．

崇高性は自然のどのような事物にも含まれているのではなくて，われわれがわれわれの内なる自然に優越し，このことによってまたわれわれの外なる自然（われわれに影響をふるうかぎりにおいての）にも優越していることを意識しうるかぎりにおいて，ただわれわれの心情に含まれている．★082

〈向かわせる〉という言葉を私はここで使いました．実を言えば，この言葉こそ，さきほどその説明を保留しておいた「理念」というものに関わるのです．ドイツ語で Idee といい，フランス語でも idée であり，「理想」と訳すことも可能なのがこの言葉です．古代ギリシア語のイデア〔ιδέα〕とも関わらせることができる言葉です．たとえ現実の世界においてそこにまで到達できないとしても，それを立てておくことによって，人がそこへと向かうことを課するような考えです．実在ではない，理想，そして価値の話です．

観念とは理想だ．そして日常使われていることばの意味で理想とは，完全なものであると同時に，実在しないものである．価値とは，精神に属するものであり，実在といっしょにしてはいけない．われわれは，与えられているものでなんとかしなければならない．だが，尊敬のかけらもいらない．尊敬に値するものは，ただ精神がわれわれに提供するものだけである．つまり精神こそが唯一の価値である．価値は実在するとか，実在には価値があるという主張くらい致命的な錯誤はない．この取り違えは，あらゆる宗教がおかしており，真の宗教的精神をあやめる．たとえばキリスト教は，精神と，精神の保持者たる人間との崇拝なのであるが，神は実在すると主張するがゆえに，いつも自らを裏切っている．だから聖職者が，どんな力，どんな権威，どんな富にも，真の価値はないと教えていながら，じっさいにはこれらを支持していることは，人も知るとおりである．★083

カントにおいては，神もそういう仕方で「理念」として位置づけられます．「理想(IDÉAL)」(►p.402)であり，「価値(VALEUR)」(►p.841)です．もっとも敬虔主義のキリスト教徒だったカントは，そういう神の存在(実在)を，信じるという形で保持していたでしょうけれども．いずれにしても，讃嘆についての考察が崇高なものを介して，ついには神といった理念を立てさせることによって，讃美の議論に結びつくこともありうるということです．そのへんを少し跡づけてみましょう．

上の引用にあった「優越」を，見事に理解し，それを生きることができるならば，その生は崇高の域に達するでしょう．外なる自然を厭うわけでもないのにその自然というものに優越し，また内なる自然を切りすてるわけでもないのに，それを超え出た生き方です．自足した生でしょう．次のように．

> 自己に足りていること，したがって社会を必要とせず，しかも非社会的でない，つまり社交を逃げるのでないことは，欲望の超越がすべてそうであるように，崇高なものへ接近することである．[★084]

さて，ここまで来れば，アランがなぜこの「讃嘆」の定義で「人類」について，そして「人間嫌い(MISANTHROPIE)」(►p.492)について述べているのかがわかるはずです．讃嘆が，「人類と私たち自身に対して好意的な態勢に私たちを置く〔disposer〕」とは，まず以て上述のような優越，あえて言えばレベル分けをした上で，私たち自身の内なる高きものに達することを促すからでしょう．disposer というフランス語を私は「態勢に置く」と訳しました．ヨーロッパ中世哲学の用語に dispositio というラテン語の術語があります．現代のフランス語や英語で言えば disposition です．

その意味合いは，〈妨げるものが無ければ，ある事物が実現するように準備が整っていること〉です．今の話で言えば，私たち自身の内なる高きものに到達すべく準備が整っていればこそ，各人は「自己に足り」ることもできる．しかも，自己に足りているのですから，「社会(SOCIÉTÉ)」(►p.748)を必要とはしないかも知れないけれど，かといって忌避するにも及ばない．なぜなら，何も「自己に足りている」のを私だけと限定する必要もないわけで，そういう自足した人々の集まりこそ，優れた意味での社会というでしょうし，社交もそういう社会では見事な仕方で成立するでしょうから．そういう言わば社会的存在をアランは，おそらくオーギュスト・コント〔Auguste Comte〕を念頭に置きながら，「人類〔humanité〕」と呼ぶのです．実際，コントは「人類」こそが「大いなる存在」〔le Grand-Être〕であるとしていたのです．そう言うに価する「社会」とはどんなものか？ 次の言葉はそれを物語っています．

> 芸術家と聖者と賢人は，いつの時代にも，自己に従って考え，おせじをいわず，ほめられることを求めず，規約で会を作ることをしない人間の典型を与える．しかしまたかれらだけが尊敬を受ける人間でもある．かれらはこの三者で人類をつくっている．なぜならこの断固とした社会否定自体によってかれらは直ちに社会をなすのだから．[★085]

ご存知の方もいらっしゃるかも知れませんが，こうした「人類」をこそ崇拝の対象にしたのがオーギュスト・コントの「人類教」でした．上の引用では芸術家と聖者と賢人しか掲げられていませんが，それは簡略化するためです．もっと普通のことを考えてもいいと私は思っています．誰しも〈偉大な〉と言われうるところを持ってい

★078──I. カント『判断力批判』p.208
★079──同書, p. 215 〔傍点引用者〕
★080──同書, p. 225 〔傍点引用者〕
★081──同書, p. 220
★082──同書, p. 222
★083──ジョルジュ・パスカル『アランの哲学』p.219
★084──I. カント『判断力批判』p.232
★085──アラン『芸術について』pp.285-286 〔傍点引用者〕

043

たりするものなのですから，そこに注目すればいいのです．

　コントはまず現在における協力関係だけでは社会を定義するのに十分ではないことを認めた．社会を形成するのは過去から現在への繋がりである．だが事実的な繋がりでも，動物的な繋がりでもない．**人が人と交わり社会をなすのは，人が人から相続するのではなく，人が人を記念するからである．記念するとは，死者たち，しかも最も偉大な死者たちのうちにあった偉大なるものを甦らせることである．**★086

　別に世間的に偉大とまでは言われえないにしても，亡くなった親の偉大さに気付き，思い出し，手を合わせることなど普通にあることでしょう．それは「**祈り（PRIÈRE）**」（▶p.660）であり，記念することなのです．「祈りとはつまり，より高い次元で人間を問うこと」★087 という言葉があります．そしてその時，親は人類の構成員となる．いわゆる偉人は，多くのこういう讃嘆を受けてきた者なのです．

　コントは感嘆すべきことを言った．時の試練を経た古代の作家たちは，自分たちひとりでなく，目に見えない讃美者たちの無限の行列に支持され，ささえられて，読者の前に姿を現わすのだ，というのである．古代の作家を読むとき，わたしは大ぜいの仲間といっしょである．まさにこうした意味で，古代の作家の中には全人類がふたたび生きているのだ．★088

　ここでは，古典を研究する意味と，「**宗教（RELIGION）**」（▶p.676）とが一つになっているとさえ言いうるかも知れない．

　我々の持つ価値や力は，すべてこの偉大な死者への信仰から生まれる．偉大な祖先と交す日常の対話を指して「古典研究〔humanité〕」と名づけているのは適切なことだ．偉大な祖先というより，もっと完璧な存在，つまり精神そのもの，しかも伝説が述べるように死によって純化された精神との対話である．★089

　ユマニテ〔humanité〕，言い換えるとわれわれを人間にするもの，それは生きている過去なのだ．なぜなら人間社会は協同によって定義されるのではないからだ．これなら獣にも存在する．そうではなくて，経験と過去の創造とを同化する能力によって定義されるからだ．それはコントの「主観的連続性」であり，追悼であり，教養──すなわちわれわれの内なるユマニテ──を成している偉大な作品の崇拝である．だから人間の絆は，まず経済的なものではなく，歴史的，宗教的なものである．★090

　ところで，死によって純化されるとはどういうことでしょう？　次のようなことです．

　人間に固有なのは，追想によって崇拝することだ．不機嫌や欠点や隷従を忘れて死者に最もよく報いるこの友情の思考によって，死者は浄化される．こうして死者が自分の体を飛び越して，よりよい生を始めるということは，厳密に真実である．★091

　このあたりを，まさに伝説というものに関わらせて述べている箇所があります．

　愛は，心を慰めることをひたむきに求めながら，──これこそ死者を敬う所以である──死者のうちにあった可死的なもの，つまり彼等ではないものを葬り，これに反して，美点や格言，さてはまた，画家の天才が時として生者自身のうちに発見するあの顔貌の深みを集め，構成するのである．だから，愛は絶え間なく歴史を殺し，伝説を育むのだ．そして，伝説 légende という

この語がどんなに美しく、また充実しているかに注意したまえ。伝説とは、言うべきことであり、言うに足ることである。[*092]

légende というフランス語が legendum というラテン語に由来し、「言うべきこと」「言うに足ること」という意味を持っていることを確認しているのです。しかし、なぜ死者なのでしょう？ それはこういう事情です。

生きている人に感嘆するのは容易でないことは私も認める。本人自身が私たちを失望させるのだ。だが、その人が死ぬやいなや、態度はきまる。子としての敬虔が、感嘆する〔admirer〕喜びに従ってその人をたてなおすのであり、この喜びこそ本質的な慰めなのである。[*093]

このように考察を進めてくれば、「讃嘆」という言葉のこの定義の最後の部分、「人間嫌いとは讃嘆に対する警戒のことである」という指摘も理解されるに至る。「人間嫌い」になるにも、多くの理由があったことでしょう。上の引用で言えば、生きた人間への「失望」を重ねてきたのでしょう。そして、そのために伝説への飛躍を警戒する。歴史の事実にうずくまる。〈だって、それが事実だったじゃないか！〉というわけです。讃嘆するには、あまりに辛酸を嘗めてきたというべきでしょうか？ しかし、人は諦めなければ死なないとスピノザは言いました。あえて、失望・絶望から身を立て直す必要がある。讃嘆はその手段なのです。そしてそれは讃美にまで至る可能性を持つ。なぜなら事情は次のようなものだからです。

芸術は、身を立て直すことから始まる一つの反省にそって、私たちをととのえるのです。私たちは自分の行動についての説明を自分に求める。それがつまり感情となり、したがって宗教となるのでしょう。[*094]

ADORATION

崇敬

— この感情〔sentiment〕は讃嘆〔admiration〕ではない。讃嘆はいつでも一種の平等性〔égalité〕と合致〔correspondance〕を前提としている。それに対して、崇敬は崇敬されるものを同類より高いところに持ち上げるのであり、それに似ようなどとは希望しないのである。人は自分には全く不可能だと感じるような完全さや優雅さを崇敬するのである。

森訳では「讃美」としています。実際、この定義では、「**讃嘆**（ADMIRATION）」（▶p.041）との区別を語っているわけで、その訳も不可能ではありません。ただ、adoration と glorification との違いを考えてみるべきではあると思います。さきにも説明しましたように、glorification は優れて「**神**（DIEU）」（▶p.263）に対してのことなのです。もちろん、adoration は神について言えないかという と、そういうわけではないのですが、神以外にも使われるということ。要するに、少し広い適用範囲があるということです。「崇敬」という訳語を選んだのも、その「崇敬」の「敬」、すなわち「敬う」という語のニュアンスを大事にしたかったところがあります。『デジタル大辞泉』を引くと、「うやまう」の用法解説に次のような文章があります。

★086──アラン『教育論』pp.234-235〔傍点引用者〕
★087──アラン『思索と行動のために』p.182
★088──アラン『芸術について』pp.121-122
★089──アラン『裁かれた戦争』p.169〔傍点引用者〕
★090──オリヴィエ・ルブール『人間的飛躍──アランの教育観』p.54. 次のような言葉もあります。「ユマニテの崇拝とは、われわれ一人ひとりの、われわれを人間にしてくれるものすべてに対する感謝の気持なのだ（cf. Propos sur l'éducation, 70）」（同書, p.55）
★091──アラン『宗教論』pp.167-168〔傍点引用者〕
★092──アラン『思想と年齢』pp.324-325
★093──アラン『人間論』pp.108-109〔傍点引用者〕。原亨吉氏が「感嘆する」と訳した言葉は、原語では admirer であり、まさに「讃嘆する」と訳してもいい言葉なのです。
★094──アラン『芸術についての二十講』pp.185-186

045

「敬う」は，対象を高位のもの，上位のものとして礼を尽くす意で，「神仏を敬う」などのほか，「老人を敬う」「恩師を敬う」のように身近な相手にも向けられる．「崇(あが)める」は「神(祖先)を崇める」のように，絶対的な存在を拝むようにする意．類似の語に「尊ぶ」がある．「尊ぶ」は対象の価値を認めて大切にする意で，「神(祖先)を尊ぶ」のほか，「各人の自由意志を尊ぶ」「拙速を尊ぶ」のように抽象的なものに関しても広く用いる．

この用語解説にもあるように，「尊」の字の入った「尊敬」という訳語も候補にはなりうるように思われるけれども，実際には，「尊敬(ESTIME)」(▶p.326)という語の含むニュアンスがある主体に対してのことであるため，この定義の最後の文に合わないことがわかります．

定義の冒頭で，崇敬という感情は讃嘆ではないという区別がまず語られます．理由は，「讃嘆はいつでも一種の平等性〔égalité〕と合致〔correspondance〕を前提としている」ということです．それに対して，崇敬される対象は，崇敬する主体とはレベルが違うと解されるわけです．すなわち，同類と認められないほど高いところに持ち上げており，似ようなどとはおこがましいほどだとい

うことです．そうした区別を立てておいて，しかもその区別され，持ち上げられた対象，あるいはその対象の持つ諸々の完全さや優雅さを，自分には不可能と断じながら大切にするということです．その対象が，現にこの世に実在している人物であることもありましょうし，さきに述べたような「死によって純化された」死者であることも不可能ではない．さらには，神がその対象になったときには，それこそ実在しているものに対する強烈な批判の素地を「崇敬」は創ることになります．

> この世のなにも正しくない．どんな対象も神ではない．だが正しい人間とは，いつも正しさを思い，たえずこれを守り，またこれを求める者である(…)．そのような人間は，物の秩序を信用しないし，判断の矛先はつねに，既存の，敬されている正義の攻撃に向かい，実在しない手本にならって，この正義を正す．道徳的判断のこの炎(ほむら)，破壊せんとするこの熱意，ただ愛されるだけでなんの飾りもない，なんの権勢もない神に対するこの崇拝，これこそ宗教がよって立って生き，よみがえる所以のものである．(*P. R.*, LVII[一九二三年一二月二〇日]; *PL*, I) ★095

AFFECTATION
ひけらかすこと

— これは，私たちの性格〔caractère〕や〔種々の〕愛着〔affections〕を表わす際に，わざとすることである．しかしまたそれは，私たちがそうであるとひけらかす事柄が，何らかの点で，私たちの自然的なところにつながっているという条件の下においてのことである．偽善はひけらかすことではない．しかし人がすでに偽善者である時には，偽善をひけらかすことができる．すでに率直であるときには率直を，すでに無教養であるときには無教養を，すでに軽薄であるときには軽薄をひけらかすことができる．人は自然で単純であることをひけらかすことさえできる．

森訳も神谷訳も「衒(てら)い」としています．もちろんそれでも構わないのですが，残念ながら，もしこの言葉を大学の講義で使ったりしたら，即座に何人かの学生たちがスマホを取り出して意味を調べ始めるという光景が思い浮かびます．可能ならばそういうことなくしてもわかってもらえるような言葉を訳語にしたいとは思うのです．そこで「ひけらかすこと」としました．実際，

『デジタル大辞泉』では，次のようにあります．

　　てらう【衒う】
　　　自分の学識・才能・行為などを誇って，言葉や行動にちらつかせる．ひけらかす．

　まあ，そういうことです．また，興味深いことに，フランス語の *TLFi* で affectation を調べてみると，その説明のひとつにアランのまさにこの定義がそのまま掲げられていたりします．実は，abstraction を引いたときにも，同じようにそのままアランの定義が解説の一部に掲げられていたりして，驚いたものです．

　ちなみに，「衒い」という言葉が使われている熟語として「衒学者」という言葉があります．フランス語では pédant で，形容詞は pédantesque です．日本語では，英語の pedantic の訳語のペダンティックをよく使います．まさに学をひけらかすような人の言動を，こういうのです．〈こんなことも知らないのか！〉みたいな態度で他人に接する人のことですよね．自分が何かを知っているということを，力として使い，聴く相手を圧迫している．学者や教師によくあるタイプです．それゆえ，ある訳者はアランの使うこの言葉を「教師臭い」と訳していたりします．

　　論理の関係というものは，真の散文においては調子外れになることに気がつくはずである．論理関係を使いすぎることは教師臭いのである．しかし，うまく名付けたものだが，この教師気質というのは，趣味に対する罪などとは別のものである．これは，一冊の本の冒頭は，その結末によって明らかにされ説明されえない，とする今なおあまりにも一般化されている誤謬に関するものである．つまり根本において精神の怠惰であり，懐疑の恐怖にほかならない．じじ

つ，人は思考の苦労をもうしなくてもすむようにと，何か議論の余地のない原理をさがし求めるのがつねである．そして科学さえもが，やがてこの論証的形式をとるのである．★096

　少々脇道に逸れて，上の引用を参考にしつつ「衒学的」ということについて説明をしておきましょう．興味深いのは，この引用文が「**論理**（LOGIQUE）」（▶p.439）というものに関わらせて語られていることです．しかも「誤謬」と関連づけられながらです．論理というと，むしろ正しい判断や推論のために使われるものと理解されているのが普通でしょう．しかし，それがかえって誤謬を犯すときもあるとアランは言っているのです．どんな誤謬でしょう？「一冊の本の冒頭は，その結末によって明らかにされ説明されない，とする今なおあまりにも一般化されている誤謬」とアランは書いています．しかもそれを，「根本において精神の怠惰であり，懐疑の恐怖にほかならない」とまで言う．どういうことでしょうか？　もちろん，すぐに続く文「人は思考の苦労をもうしなくてもすむようにと，何か議論の余地のない原理をさがし求める」がヒントです．ヨーロッパの伝統的な学問のうち，それこそきちんと論理的に秩序づけられた形で大事にされてきた学問としてのユークリッド（エウクレイデス）幾何学を考えてみればわかりやすいはずです．★097 小学校や中学校でやる「図形」の話です．周知のように，それは最初に概念を「定義」し，いくつかの「公準（要請）」を提示し，「公理」といった「議論の余地のない原理」を立て，それらを基にして多くの定理を演繹的必然性と共に論証していくのです．★098 要するに，「定義」と「公準」と「公理」が認められた時点でユークリッド幾何学の体系は決定し，いうならばできあがっている．終わっているのです．「定理」の証明は，「定義」「公準」「公理」の内容を種々の形で言い換えたに

★095 ── G. パスカル『アランの哲学』p.309
★096 ── アラン『芸術論集』pp.155-156
★097 ── 古代ギリシアで知られていた種々の幾何学的事柄を，エウクレイデスがまとめて体系化したものです．

★098 ──「演繹」というのは，与えられた命題から論理的な形式によって推論し，結論を導き出すもので，「帰納」に対するものです．ですから，帰納とは，個々の具体的な事例から一般的原理・法則などを導き出すことです．

047

過ぎない．だからこそアランは次のように書くのです．

> 論理学とは，一つあるいはいくつかの命題から，対象を考えずただ言葉だけによって新しい言い方を引き出すには，どうしたらいいかを検討するものだ…〔後略〕[★099]

実際，大森荘蔵氏がそのことについて次のように述べています．

> 論理法則に従うという意味で「論理的」ということはすなわち「正しく言い換える」ことに他ならず，論理学とは言い換えの規則集に他ならない．だから論理的に推論しても前提に述べたこと以外に新しいことは全く発言されていない．つまり論理的推論は事実についての情報を何一つ付け加えないのである．[★100]

論理学では「いろいろな命題の等価関係のみ」[★101]が問題なのであって，それを枚挙するのは容易であったとアランは言います．実際，アリストテレスがいわゆる「形式論理学」を創始し，しかもひとりでほぼ完成してしまったことについてアランは書いています．要するに，物事を語るときに従う論理的な形式には，形式そのものだけで，それこそ真(正しい)とか偽(間違っている)ということがすでに決まっているものがありそうだという事態を見出したわけです．

> アリストテレスは言説（discours＝ディスクール）[ロゴス]だけで時々決まっているように見えることにおそらく驚いて，ロゴスのみに依存しているすべての証明を体系化しようと試みた．彼はそれに成功したのだ．それ以上にうまくは出来ない．ロゴスからかならず言えることと絶対言えないことをすべて知っている研究を，論理学と呼んでいる．[★102]

論理学の基礎をおくためには最も単純な若干の命題しか必要としない．しかし，そこには物が欠けているので，そこに注意した最初の思想家があの無内容な諸形式をたちまち枚挙してしまった．[★103]

論理を使って，例えば相手を論破するということは，こうした無内容な諸形式を使って，有無を言わさぬ演繹的論証を提示することで，相手をその結論へと強制的に引き連れていくことです．〈だって，論理的にこうなるじゃないか!!〉というわけです．論理は強制する．それは雄弁家が，人を誘導するその仕組みを形式的に整序したものなのです．それゆえに，アランは次のように考える．

> 打破されることのないものと想定された一つの原理から出発する証明，議論または演繹，要するに論理のすべての方法は，この論理という言葉がよく表わしているように，もともと雄弁の方法に属するという考え方…〔後略〕[★104]

だからこそ，学者や教師は論理を使う．説得や教育の必要からそうした論理に頼る．〈しかし，それは聴く者を考えさせるだろうか？〉，と問うてみましょう．有無を言わせず引き連れられていくとき，聴く者は思考などしているだろうか，と．おそらく，していない．ここにアランが「精神の怠惰」「懐疑の恐怖」を語る機縁があるのです．考えなくても論理的な必然としてそうなっている，それに疑いなど抱く必要は無い，というわけです．しかしながら，さきの引用には，「論理の関係というものは，真の散文においては調子外れになる」と書かれていたことに注目してください．「真の散文」が遂行するのは演繹的論証などではないとアランは考えていそうですよね．では，散文は何をするのでしょう？　それこそ，考えさせるのです．

雄弁が時間のうちに展開されるものであり，またそれだけの理由によって，原理から帰結

への進行を強要するという事実を考慮外においても，そうなのである．これに対して，真の散文は，もっぱら思想させるもの…〔後略〕

散文は，…〔中略〕…歩みの中断だの，反復だの，唐突な表現だのが，われわれに，くりかえし読むこと，あるいは思索することを命ずる．散文は時間から解放されている．雄弁の一種にほかならぬ形式的な議論からも自由だ．真の散文は，けっしてわれわれを圧迫しない．

真の散文のねらいは，説得や証明にではなく，人をして考えさせるところにあるのだ．

こうした考え方こそは，衒学的な態度を排除した人間関係の前提となるでしょうし，そういうところにしか「思考」〔「思考すること（PENSER）」（→p.570）〕は無いと言っておきましょうか．そういうことを見事に述べているのが次の文章です．

真の散文は決して自分を束縛することなく，仮定し，試みる．このように散文は提出し，説明するのであるから，ここでは，結論を証明するのが原理なのか，それとも原理を証明するのが結論なのか，もはやわからないくらいである．そしてひとつの思想においては，一要素が他のすべての要素を確保するというのが，また観念は説明されたかぎりにおいて，それ自身によって証明されているというのが，事実である．このことは散文がその独特の方法によって見事にきわだたせることである．けだし散文芸術のすべては，各部分がその所を得，相互に支持し合うに至るまで，読者の判断を定着

せないでおくことにあるのだから．そして昔の人がこれを束縛を解かれた文章〔style délié〕と呼んだのは，こうして散文の読者は自由であって，勝手に歩み，好きな時に立ちどまり，好きな時に歩みかえす事実を巧みにいい現わしたものである．

この文章ほど，「一冊の本の冒頭は，その結末によって明らかにされ説明されえない，とする今なおあまりにも一般化されている誤謬」をきちんと説明しているものもないでしょう．真に考えるためには形式論理に頼りすぎてはいけないとまで言えそうなのです．そして懐疑が重要だと．論理的な必然に身を委ねるのではなく，懐疑する．そこにこそ思考が成立するのです．

もしも私たちが，計算機が計算するように思考するならば，私たちの想念中には〔dans nos pensées——「私たちの思考の中には」とも訳せる〕，なだれや洪水中におとらぬ必然性があろう，という点に注意したまえ．私たちは人が熱をもつように意見をもつことであろう．結局，なんらかの想念が証明され，不敗のものとなるならば，もはやそれは想念ではあるまい．私は或る日ラニョーの講義を聞きながら，ほとんどあっけにとられたことを思い出す．その日，彼は自己の天才に身をゆだねつつ，不敗の証明はもはや想念ではなく物であろうということを，ついに発見したのである．この結論は拒否と抵抗とを要求する．思考するとは，拘束を拒み，おのおのの物のまえで，つかのまのピュロンとなることである．どのような想念も，強い懐疑によるのでなければ強くない．

★099──アラン『思索と行動のために』p.188〔傍点引用者〕
★100──大森荘蔵『思考と論理』p.78
★101──アラン『思索と行動のために』p.188
★102──アラン『アラン，カントについて書く』p.15
★103──アラン『芸術論集』p.57
★104──アラン『諸芸術の体系』p.6〔傍点引用者〕
★105──同書, p.7
★106──アラン『思索と行動のために』p.416
★107──アンドレ・モーロワ『アラン』p.99
★108──アラン『芸術論集』p.156〔傍点引用者〕
★109──古代ギリシアの懐疑派の重要人物です．アランはここで，懐疑の大事さを言っているわけで，ピュロンという人物にそれを代表させているのです．
★110──アラン『人間論』p.321〔傍点引用者〕

049

「必然性〔NÉCESSITÉ〕」（→p.502）に身を委ねることで思考が消える．そんなことがありうるというわけです．しかし，まさにそういう態度に身を投ずることによって，相手を論破することのできるような力を獲得したりする．言わば，魂を物に売り渡すがゆえの力の獲得です．そんな力を行使するということはどういうことなのかを，この「ひけらかすこと」の定義は示してくれると私は思っています．

さて，長い長い脇道もこのへんにして，定義の内容に戻りましょう．以上の説明を基礎にすれば，さほど難しくはない．短い説明で済んでしまいます．

「私たちの性格〔caractère〕や〔種々の〕愛着〔affection〕を表わす際に，わざとすること」とあります．何らかの「性格〔CARACTÈRE〕」（→p.146）を自覚している場合，また自分の大事にしている事柄がある場合，それが意識せずにも自ずと言動に表れるということはあるでしょう．しかし，「ひけらかす」ことは，そういうことではない．「わざとすること」です．「わざとすること」と私が訳した部分の原語は"ce qui est voulu"で，直訳すれば，意志された事柄という意味です．意識して，そうしようと決めてなされること．積極的にそれに身を投じることです．なぜそんなことをするかについて，アランは述べていませんが，そういう人物がいることは誰しも知るところでしょう．そして，この定義のなかで中心的な役割を演じている指摘が続きます．「わざとする」にしても，「それは，私たちがそうであるとひけらかす事柄が，何らかの点で，私たちの自然的なところにつながっているという条件」が大事な点だというのです．そうであるからこそ，偽善ということにそれとして注目している限りでは，まだひけらかすことではない．根っからの偽善者とでも言うべき人もいるかも知れず，その〈根っからの〉つまり「自然的なところ」から出てくる行為をそのまましている限りでは，ひけらかすことではない．それに加えて，その「自然的なところ」を意識し，自覚した上で，そうであることをことさら意志的に強調するような仕方で行為するなら，それはひけらかすことになる，とアランはいうのです．「人がすでに偽善者である時には，偽善をひけらかすことができる．すでに率直であるときには率直を，すでに無教養であるときには無教養を，すでに軽薄であるときには軽薄をひけらかすことができる」というのは，そういうことでしょう．あえて言えば，確かにわざとらしい振舞いなのですが，「人は自然で単純であることをひけらかすことさえできる」という指摘を読めば，自然さをひけらかすようないやらしさもありうるということです．興味深いですね．

最後に，この〈自然さをひけらかす〉ことに近い実例を日本の陶器に観てみましょう．楽茶碗です．

> 私たちは，轆轤を用いて茶碗を丸く引くことが出来る．だが，その丸さをさらに否定するためには，手造りにするに如くはない．かくして出来あがったものが「楽」である．形・口縁・高台など，すべて規則を嫌って曲形にする．ゆがみ・凸凹・箆目・傷など「楽」に見られるあらゆる不整形は，完備を否定しつくそうとする意識の現れである．この意慾は日本の陶磁器に大きな影響を与え，まったく他国には見られない変形を器物に与えるにいたった．[111]

> 「楽」は正しく完全なるものを否定する意識の創作である．しかし，わざと形をゆがめることは造作ではないか．わざと高台をあらあらしく削り出すのは作為ではないか．[112]

> 趣味を露わに見せた「楽」は吾々を自由にさせない．「之でもか之でもか」と云っているようで，作為が騒がしい．之に反し「井戸」は静かではないか．「事もなし」という趣きがおのずからそなわっている．之にひきかえ「楽」は，「事がある事がある」とでも云っ

ているように騒がしい.[113]

AFFECTION
情感 – 私たちの思考〔pensées〕,私たちの企図〔projets〕,私たちの決心〔résolutions〕の中で,何ほどかの度合いにおいて愛〔amour〕や憎しみ,喜びや悲しみを帯びているすべてのものである.メランコリーは一つの情感である.羨望は一つの情感である.幻滅は一つの情感である.

「思考」と訳したのは原語では pensée〔s〕,すなわち,デカルト哲学について述べる際によく使われる「思惟」とも訳せる場合がある言葉です.ラテン語で言えば,cogitatio です.それに続く「企図〔projets〕」も「決心〔résolutions〕」も含めて,これらの言葉には能動的な意味合いが強い.そういうものが,「何ほどかの度合いにおいて愛や憎しみ,喜びや悲しみを帯びて」しまうときに「情感」と言われるのだというのです.そして,「メランコリー」「羨望」「幻滅」が定義の中で例として挙げられている.この例示を参考にして,私は,この定義を,能動(action)と受動(passion)という対概念で解釈していこうと思います.まず確認しておきたいのは,アランが次のように書いたことです.

　　要は,思考というりっぱな名称を,魂の刻印をもつものだけにとどめておきさえすればいい.こうして,われわれの秩序立った認識は思考に属する.われわれの選択され,同意され,磨かれた愛情は思考に属する.われわれの決意や誓いは思考に属する.これに反して,気分の動きは断じて思考には入らない.本能の反応は断じて思想には入らない.疲労も思考ではない.[114]

「何ほどかの度合いにおいて愛や憎しみ,喜びや悲しみを帯びて」しまうとき,〈それを厳密な意味での「思考」と呼んでいいか?〉,という問いが立ちます.要するに,〈受動的になってしまっていないか?〉,ということです.「思考」や「企図」,「決心〔résolutions〕」「**決断**(RÉSOLUTION)」(→p.715)〕などは,もともと能動性への傾きの強い概念なのに,それらが受動的(情念的)な色彩を帯びてしまうのではないか.デカルトが『情念論』で述べたように,「**情念**(PASSION)」(→p.544)とは「精神の受動〔passion〕」であって,その際,能動の位置に立つのは身体なのです.もっとも,アランも文脈によって pensée の意味合いを狭くも広くも用いていると思われます.例えば,次のような箇所は「思考」という言葉を用いながら,それを広い意味でとっているのでしょう.

　　だれでも知っていることだが,怒りとか,愛とか,野心とか,吝嗇とかの情念は,思考の調子が狂うところに成立する.人はもはや思考を検討せず,導きもせず,ただ信じ込み,あとを追って行くだけとなり,思考は進展しなくなると同時にすべていばらのようにとげとげしくなってしまう.…〔中略〕…調子が狂うということは,厳密にはわれわれの思考の中で起こるのではなく,身体の領域の中で起こるのだから…〔後略〕[115]

この引用の最後の部分でもわかるように,身体の領域で調子が狂い,それに引きずられるようにして「思考の調子」が狂って情念となるとされているわけです.厳密な意味では「思考」というに値しない「情念」の段階に落ちる.そういう

★111──柳宗悦『柳宗悦コレクション 2 もの』p.298
★112──同書,p.302
★113──同書,p.369
★114──アラン『思索と行動のために』p.382
★115──アラン『芸術について』p.36〔傍点引用者〕

051

ことです。「何ほどかの度合いにおいて〔d'un degré quelconque〕」という言葉でもわかるように、そこには度が語られている。「思考」といわれるものにしても、そこにまとわりついている受動性の度合いがあると言ってしまいましょうか。その受動性から自由になっている最高度をこそデカルト的な厳密な意味での「思考」なのだとは言えるのでしょう。

さて、もういちどこの定義で掲げられている例を見てください。「メランコリー」であり、「羨望」であり、「幻滅」です。どちらかと言えば、ネガティヴな、それこそ情念の例のようにも思えますよね。**恐怖(PEUR)**（▶p.582）という情念について述べた次の文章は、それこそ「情感」の正体について理解するにうってつけのものです。

> 恐怖は危険の存在を信じさせ、怒りは敵の存在を信じさせる。怒りの理由づけが、怒りのあとであれこれなされるのは、恐怖の理由づけが、恐怖のあとであれこれなされるのと同じである。ということは、その場合、われわれのいだく思考が、いわば受け身のものであり、意志の抑制を免れているものであることを意味している。ここからデカルトが人間の情感を述べている論文の、『情念論』という、意味の深い題が生まれる。じじつ、体が秩序なく反応するとき、魂は受難する、すなわち魂は受け身になる。[★116]

そういう状態に陥っている思考の働きこそが実を言うと想像力と呼ばれるのです。知性ないし悟性〔entendement〕と区別される、「**想像力(IMAGINATION)**」（▶p.407）です。

悟性と想像力との違いは、だから、明らかである。悟性とは、対象と体との関係よりも、対象の、本来の性質のほうに注意を向ける思考である。想像力とは、対象の本来の性質よりも、対象が引き起こしうる身体的情感のほうに気を配る思考である。[★117]

想像するとは、ふつうの意味において、きわめて現実的な感応をもとにしながら、まちがった観念をいだくことをいう。もっと一般的にいうと、想像力とは情感にゆだねる思考である。[★118]

そして実を言うと、この情感の話は宗教というものにまで及ぶ射程を持っています。思考と呼ばれるものの度合いに応じて世界も異なるとでも言いましょうか。

> どんな情念にも宿命論的なところがある。それは、行動することをあきらめるからだ。人間がいとも簡単に情念に駆られるのは、自分の考えを統御する難しさ、すなわち考える難しさによる。考えることは疑うことだ。信じるほうがずっとやさしく、ずっと気楽である。こちらは自然の動きである。宗教は、情感に従って世界を形作るこの想像力の強さによって、かなり説明がつく。神々は、われわれの諸情念の産みの子である。お伽噺、伝説によってわれわれが見る世界は、あるがままの世界ではなく、われわれが望む、あるいは恐れるがままの世界なのである。宗教での信心とは、まさに適切な表現であり、われわれの情感に応じる。だからこそ宗教はお伽噺なのである。[★119]

宗教はお伽話じゃない、とあなたは反論するでしょうか？　真実である、と息巻くでしょうか？　落ち着いてください。宗教はお伽話であるがゆえに意味に満ちているとアランは言うのです。

「宗教は」とわたしは彼にいった、「ひとつのお伽話のようなもので、すべてのお伽話とおなじく意味に満ちている。で、一篇のお伽話が真実であるかどうかというような

ことを，だれも問うたりせぬものだ」と．[120]

AFFLICTION
悲嘆 ― 悲しみのより際立った一つの度合いであって，一連の不幸に，ただし人間の悪意〔malice〕に由来するというよりもむしろ自然的な不幸（病気，心身の障害，死別）に由来するものである．

　悲しみにも度合いがあるというのは，わかるでしょう．ただ，興味深いのは，アランが「深い悲しみというものは，常に肉体の病気に由来する」[121]と述べることです．この定義にもそれは表われていて，悲嘆の原因は「自然的な不幸」だというのです．例として挙げられる「病気」「心身の障害」「死別」は，確かに「人間の悪意」が第一義的には問題にならない．しかし，「悲しみのより際立った一つの度合い」が，なぜことさらに「自然的な不幸」と関連づけられるのか？「人間の悪意に由来する不幸」には，そんな際立った度合いは無いのか？　そんな問いが立ちます．後者の問いに関しては，おそらく，アランは「そうではない」と応えると予想します．そうではなくて，ここで定義されているフランス語の affliction は少なくとも「自然的な不幸に由来する」ものに関して主として使われる言葉だと言いたいのでしょう．「人間の悪意に由来する不幸」にも，「悲しみのより際立った一つの度合い」はありうるけれども，ここではそれとの対比で「悲嘆」を定義していないに過ぎない．そんなふうに思えます．「悲しみ」を語るに際して，それが「人間の悪意」に由来するか，それとも「自然的な不幸」に由来するかで，言葉を区別するようなことが，日本語の語感に存在するのかどうか，私にはわかりません．さきに触れたフランス語の辞典 *TLFi* を引いてみても，affliction という名詞の基になるような動詞 affliger にそういう自然的なものへの傾向があるとも言いがたい．そうだとすれば，ここではむしろアランが「悪意〔malice〕」というものをどう考えていたかを見てみる必要がありそうです．なかなか難しいのですが少しやってみます．

　まず，アランが「悪意」がないと語るものは何かを確認しておきましょう．それは，「純粋な実存」としての「海〔mer〕」です．海という「この流動体は岩や泥土よりもよく普遍的機械性の動揺をあらわしている」[122]という．「**動揺**（ANXIÉTÉ）」（▶p.089）というのは，まさに揺れ動きで，留まることがないことを言いたいのです．土や泥なら，一定の時間は形を保ったままでいるけれども，海の水には保持される形など無い．すぐに形を変えてしまうわけです．

　　純粋な実存についてなんらかの観念をもとうとするならば，ながめるべきはむしろ海である．ここでは，一つの形が他の形を消し，一瞬が他の瞬間を消す．波に話しかけようとしても，はやそれはなくなっている．すべてこれらはゆれ動いており，何をめざすでもない．[123]

　　この全面的な無関心は自信を与える．なぜなら，私たちにたいして悪意もなければ善意もないこの動揺のまえでは，宿命という観念は消えてしまうから．[124]

　二番目の引用に「この全面的な無関心」とあり

---

[116] ── G. パスカル『アランの哲学』p.170〔傍点引用者〕
[117] ── 同書, pp.85-86〔傍点引用者〕
[118] ── 同書, pp.169-170〔傍点引用者〕
[119] ── 同書, p.171〔傍点引用者〕
[120] ── アラン『神々』p.104
[121] ── アラン『幸福論』p.22
[122] ── アラン『人間論』p.186
[123] ── 同書, p.307
[124] ── 同書, p.308

ます．海は私たちの船を難破させようなどとは思っていない．たとえ嵐によって高波が立とうとも，それは自然法則に従った必然的な仕方で揺れ動く「純粋な実存」でしかない．海には意図など無いのです．確かに，そういう難船という事態を神話的に捉える心持ちからは，そこに何らかの存在（神々）の意図を探りたくもなるでしょう．海の動きにも背後に神々の計らいを読み取ってしまうのが，神話的思考なのです．海にも，背後の神々の意図として，悪意や善意を語ることができるようになってしまう．

　　神話的世界と理論的世界の差異を把握して，これを記述するために，神話が主として知覚するものは，客観的特性ではなくて**相貌的特性**(physiognomic characters)だということができる．自然は，経験的または科学的意味においては，「一般法則によって決定される限りの事物の存在」として定義できるが，このような「自然」は，神話においては存在しないのである．神話の世界は劇的な世界である——行為の世界であり，力の世界であり，相闘う勢力の世界である．自然のあらゆる現象において，神話的世界は，これらの勢力の衝突に注目する．神話的知覚にはつねに，このような情動的性質が入り込んできている．見られたり，感じられたりするものはみな，特別な雰囲気——悲喜，苦悶，興奮，昂揚沈鬱の雰囲気——によって，とりまかれている．ここでは，「物」を死んだもの，または感情的無色（無記）のインディファレントものとして語ることはできない．すべての物は，好意か悪意をもつものであり，友情か敵意を抱くものであり，親しみか気味悪さを示すものであり，誘惑的，魅惑的また反撥的，威嚇的なものである．我々は，この人間経験のエレメンタリーな形態を，容易に心に浮べることができる．なぜならば文明人の生活にさえ，それは決して，もとの力を失わず存続しているからである．激しい情動

的興奮状態にあるならば，我々もまた，あらゆるものについて，劇的な概念をもつのである．それらの物は通常の姿を示さない．それらは突如，その相貌を変化する．それらは，我々の熱情すなわち愛情または憎悪，恐怖または希望の，特殊な色彩を帯びている．我々の経験の，この本来の傾向と科学によって導入される真理の理想との間の対照は，極度に大きいものといえよう．[★125]

　　古代ギリシアの叙事詩，ホメーロスの『イリアス』などを見れば明らかなように，人間的な事象（この詩の場合はトロイア戦争）の進み行きの背後にはいつも神々の意図が語られるのです．もちろん，自然の背後にもそれは語られる．ギリシア悲劇も，そういう神々の定める運命と人間とのせめぎ合いであったことは周知のことです．そして人間はその「**運命**（DESTIN）」（►p.240）には勝てない．『オイディプス王』を読めば分かるはずです．しかし，何もそんなふうに考えるのは古代の人たちばかりではない．現代でもいくらでもありうる考えです．

　　　　山も庭も動き入るるや夏座敷

というような句には，ほとんど「我」を空じた人へ向かって，突然，眼前の凡山が異相をもって迫ってくるさまがよく出ていると感じる．

　　それゆえ，原始心性との関係は別としても，「接触本能〔ある他者に，まず触覚的に，次に視覚的に触れようとする本能〕のうちに働いている生得的汝」とブーバーならよぶであろうこのような相貌的知覚という現象学的事実は認めねばならないであろう．あるいは，「自然の意趣」とも「自然の人間的意図」ともベルクソンのよぶ事実，自然が何かしら意図をもって人に迫ってくると感じられる現象的事実の存在自体を否定することは不可能であろうと思う．ただし，ベルクソンが人間精神の基本的機能の一つとして「仮構的機能」とよぶこの種の精神活動が，仮想的行為の場

として空間を知覚する精神とは別種のものであろうと考えるのである．また，その起源については，世界の意味を無に帰する知性の誕生とともに，生きる元気をそがれる危険に直面した人間に対し，間髪を入れず自然が与えた補償的機能であり，生命現象であるとするベルクソンのひたむきな交感的洞察には，ただ敬意を表するしかない．たとえ，自然の相貌がときに悪意に充ちていようとも，世界から見放されてはいないという確信が生命体として必要であったのだ．[126]

芭蕉の『おくのほそ道』での一句を機縁にしたこの文章は，いわゆるアニミズム的な態度とでもいうものを現代の人々にも認めようとする姿勢があります．近代以降，ヨーロッパで発展してきた自然科学的思考にとっては，自然の中に，実質的には，魂〔anima〕を認めません．生物の営みをも，結局は物質の振舞いとして記述するのが理想とされているのです．「世界の意味を無に帰する知性の誕生とともに，生きる元気をそがれる危険に直面した人間」と中村氏は書いていますが，確かに，ヨーロッパ的「知性」は，「**キリスト教(CHRISTIANISME)**」(▶p.160)とも関わりながら，アニミズムを排除してきました．実を言えば，アランも，デカルト的な考え方を基礎にして，アニミズムとは別の立場を採ります．そして，人間の知性を駆使して生きてみようとする．もちろん，「情念の哲学者」と言われるほどのアランですから，知性一辺倒の話をするわけではなく，心身関係をとことん考慮した生き方を提示するわけです．難船に関わって言えば次のように．

> およそ知性の切れ味は，刃物の切れ味と同様，それが自己自身のなかに集まり，不撓の必然性から身をひくところに生ずる．母岩にまじった粗金(あらがね)の粒と，サーベルのあの刃とは，遠くへだたっている．散漫な精神についても同様である．舟の乗客は嘆き，祈る．だが水先案内人は，実存〔海という現実の存在のこと〕をあるがままにとって行動するのである．[127]

ここには確かに，海という自然がもたらしそうな不幸を前に為す術もなく嘆く乗客と，嘆く無意味を知悉しつつ当の自然の動きを介して窮地を脱するという自らの意図を実現しようという水先案内人が描かれています．

> 思考し意欲する術は，航海の術に似ている．人間は大洋より弱いにかかわらず，横断に成功する．波や流れを利用するのだが，彼の望むがままに利用するのではない．流れや波の望むがままにでもない．[128]

「悲嘆」の定義は，まず以て自然がもたらしうる不幸を確認し，その上で，それでも生きていくことを意欲するのなら，それは航海の術のように，現実の存在を見据えた行動によってでしかありえないことを，暗に示唆しているのかも知れません．「人間の悪意」については，同日の論ではないと言いたいのでしょう．

AGNOSTICISME
不可知論
— これは知らずにいるということを，諦めて受け入れている人間の状態である．例えば，神〔Dieu〕，来世そして魂〔âme〕というものがあるのかどうか知らずにいる，あるいは物そのもの〔les choses en soi〕とは何なのかを知らずにいて，私たちの感覚に及ぼす結果によってしかそれを知らないといったように．不可知論はほとんど懐疑論者

★125——E. カッシーラー『人間——シンボルを操るもの』pp.168-169〔傍点引用者〕
★126——中村良夫『風景学入門』pp.137-138〔傍点引用者〕
★127——アラン『人間論』p.186〔傍点引用者〕
★128——同書，p.30

の立場に近い．不可知論者の姿勢が懐疑論者の姿勢よりも穏やかであるという以外には．懐疑論者は何ものも証明などできないということを飽きることなく証明しようとする．不可知論者は，普通，動揺したりはせず，よく分からない事柄や不確かな事柄のせいで他人を不安がらせるようなことはしないよう心掛けている．そしてそのことが憎しみや野心〔ambitions〕や貪欲〔avidités〕を鎮めることになるのである．不可知論者の道徳は独断論者の狂信〔fanatisme〕と反対に，節度と平和〔paix〕という性格を持つ．

　最初の文を，森訳は「これは，知ることができないと諦めている人間の状態である」と訳しています（神谷訳もほぼ同様です）．しかし，原語では "se résigner à ignorer" なので，「……できない」という否定のニュアンスは含まれていません．そのため，私は「これは知らずにいるということを，諦めて受け入れている人間の状態である」と訳したのです．日本語では「不可知論」という言葉が定着してしまっているため，その「不可」をどうしても強く読んでしまいがちなのです．もっとも，agnosticisme という言葉の語源からして，ἀ（否定辞）＋γνωστικός（知的に把握できる）なので，否定的なニュアンスが漂うことは確かです．いずれにせよ，ここではアランの冒頭の文が否定的な言葉を使っていないことを確認しておきたいのです．なぜこのことにこだわるかというと，「知ることができない」と言ってしまうと，そのできないということについての理由づけが問われるだろうからです．けれども，アランのこの定義は，そういうところまで踏み込まない立場を「不可知論」と呼んでいるようだからです．例を見てください．「神〔Dieu〕，来世そして魂〔âme〕というものがあるのかどうか知らずにいる，あるいは物そのもの〔les choses en soi〕とは何なのかを知らずにいて」とあります．知ることができる・できないという議論に立ち入らずに「知らずにいる」ことに甘んじるのです．「私たちの感覚に及ぼす結果によって」知られることぐらいは，確かだと言っていいじゃないか，物の本体とかはわからなくてもいい，というわけです．「感覚論」という立場があり，人間の認識は「感覚」によるのだと主張します．確かに感覚は直接的で確実のように思えてしまう場合がある．それに較べれば思考などは努力を必要とし，面倒に思われるのかもしれない．五感による喜びに，つまり感覚的快楽に身を委ねたくなる人が多いのもそれなりの理由はあります．けれども，「感覚は欺く」と言った人もいるのです．感覚によるのだけではない認識というものがあるのだと．プラトンは『テアイテトス』の中で，「果たして知識と感覚は同一のものであるのか，それとも別のものであるか」という問いと共に，そういう探究を精緻に展開します．デカルトは「われわれの感覚がわれわれをときには欺くゆえに，私は，感覚がわれわれの心に描かせるようなものは何ものも存在しない，と想定しよう〔supposer〕とした」と述べ，「方法的懐疑」と後に言われるようになる大胆な懐疑を実行して，徹底的な認識批判を展開します．もちろん，欺かれずに確かな認識に行き着くためにです．また，そういう考えを，精緻な認識論へと練り上げて，「人間は何を知りうるか？」という問いを突きつめるために，カントはいわゆる「批判哲学」を遂行します．『純粋理性批判〔Kritik der reinen Vernunft〕』という書物のなかで，人間の知りうることと，知りえないことを，その認識成立の根拠を解明しながら，分けようとするのです．「批判」という日本語のニュアンスに惑わされて，それを「非難」に近いところで理解してはいけません．そうではなくて，Kritik の語源である古代ギリシア語のκρίνωが「分ける」という意味だということを念頭に置けばいいのです．そういう立場からカントは，「物自体〔Ding an sich〕」の存在は認めた上で，それは認識できないと結論づけます．定義の中に出てきた「物そのもの」とは，まさにこのことです．そうしたものについて，認識で

★129

★130

056

きないのに，その存在を認めるなんておかしいという議論はもちろん成り立ちます．けれども，カントは，とにかく，そう主張したのです．そして，この定義における不可知論者も同じような姿勢です．そして，それは懐疑論者と近いとは言えるけれども，「懐疑論者の姿勢よりも穏やか〔paisible〕である」という点で違うというのです．paisible は la paix（平和）に類縁の言葉です〔「平和（PAIX）」（▶p.524）〕．言い方を換えれば，懐疑論者はある意味で戦闘的なわけです．どういう意味でしょう？　「懐疑論者は何ものも証明などできないということを飽きることなく証明しようとする」というところにもちろんその理由があります．すべてを疑っているのです．そのため，疑わない人たちに対して苛立つ．そういう人たちを攻撃しようとする．〈なんでそんなに「穏やか」な態度でいられるのか？〉，そう糾弾するのです．〈すべてのことが疑わしくなって，自分自身，どうしたらいいのか狼狽えているのに，君たちはなぜのほほんとしていられるのか？〉，そういうわけです．こうして，懐疑論者は，おそらくカントの立場にも噛みつくでしょう．

　さて，この懐疑論者の立場について，少し考えてみてください．「何ものも証明などできないということを飽きることなく証明しようとする」とありますが，もしその「証明（PREUVE）」（▶p.655）が成立したらどうなるでしょうか？「何ものも証明などできない」ということが証明できたら，その証明は実はできないことが明らかになりませんか？　批判の矛先は自分に返り，自分の立場を壊すのです．「懐疑論の自殺論法」と言います．まだ，他人の意見に疑いをぶつけているだけなら何ということはないため，〈本当にそうかい？〉とか言いながら，それこそ喜々として自分の「動揺（ANXIÉTÉ）」（▶p.089）を投げつけ，「他人を不安がらせる」のです．しかし，ことが自分に及べば，黙らざるをえない．自分のことを棚に上げている限りで攻撃的になれる

のです．その立場は，「すべては疑わしい」「何も確実なものはない」などという見解を，疑わしくない，確実なものとして，疑わないからこそ成立したものなのです．自分の立場は確保した上で，ことあるごとに，あるいは気が向いたときに，疑ってみせるわけです．そうすれば，自分は何も決断しなくてもいいからです．そういう立場を，デカルトの「方法的懐疑」と区別して「懐疑論者の懐疑」と言うことがあります．

　「理にかなった」懐疑とは，「疑う主体」が傷つかぬように庇護されている条件のもとでなら，あらゆることについて疑うことができる，それゆえ疑わぬこともできる，という意味であろう．それこそは，デカルトが自らの〈方法的懐疑〉と区別した，いわゆる〈懐疑論者の懐疑〉ではなかったか．言い換えるなら，それはわれわれが或る閉じられた場所の中に在って，その外部へ越え出ることができぬという事実を，ありとあらゆる問いを発することによって間接的に説明してみせるような行為と言えよう．これは実は，われわれの日常の生き方そのものの姿なのではあるが，デカルトふうに否定的に表現するなら，「疑うためにだけ疑い，いつも不決断でいるふりをする」態度ということになろう．[131]

　〈方法的懐疑〉の一例として先に挙げた〈塔の知覚〉をもう一度例に採れば，当の知覚への懐疑が，〈塔が在る〉ということを前提したうえで，〈塔は円く在るかも知れないし四角く在るかも知れない〉と主張しているにすぎぬとすれば，いわゆる〈懐疑論者の懐疑〉に他ならない．それは〈疑う〉という主体の無力を通して，対象の〈存在〉の絶対性を浮かび上がらせるような事態を語るものである．[132]

　そんな懐疑論者としてではなく生きようとす

★129──プラトン『テアイテトス』163A, p.58
★130──R. デカルト『方法序説』（『方法序説・情念論』）p.42
★131──福居純『デカルト研究』p.77〔傍点引用者〕
★132──同書, p.79〔傍点引用者〕

るなら，ソクラテスのように，自分は知らないという在り方を受け止めて，その上で探究を始めなければならないのではないでしょうか？ 彼で言えば，例えば「敬虔そのもの」は存在するのか，存在するとすればそれは何であるのか，と探究の道を歩み始めることでしょう．モンテーニュで言えば，疑わしさに苛まれながらも，「私は何を知るか？〔Que sais-je?〕」と問い，人々の意見に進んで耳を傾けることでしょう．アランは次のように書きました．

> むしろわたしは，モンテーニュ流に，ひとの語るところはすべて，ごく些少の細部にいたるまでも，これを信じるようにしたいと思う．ただし，つねに留保つきでであり，信じがたいものと信じうるものとに対して，おなじ不信を，お望みなら，おなじ信頼を保持してである．これは問題を開いたままにしておくことである．[*133]

懐疑論者は，問題を開いたままにはしていなかったのではないでしょうか？ 「何も確実なものはない」と決めつけていた．そこに閉じこもったのです．実は，閉じこもることさえできないのに．信じ込んだのです．しかし，「知られること最も少ないものこそ，最も固く信じられるものである」[*134]（モンテーニュ）というのが実情でしょう．ソクラテスも，モンテーニュも，デカルトも，知ろうとしたのです．知ることを愛したのです．それこそが「**哲学**(PHILOSOPHIE)」(▶p.587)でした．懐疑論者でさえ持つかもしれない「**狂信**(FANATISME)」(▶p.338)とはほど遠いものです．けれども，それは，「知らずにいるということを，諦めて受け入れている人間の状態」ではない．その意味で，彼らは不可知論者ではないのです．定義の最後には，「不可知論者の道徳は独断論者の狂信〔fanatisme〕と反対に，節度と平和〔paix〕という性格を持つ」とあります．それでは，アラン自身は不可知論者の立場を良しとしたのでしょうか？ そうではなさそうなことは，デカルト直系のアランとしては明らかだと私には思えます．アランは諦めてはいない．次のように書くほどなのですから．

> あり得る唯一のあやまりとは何か．おそらくそれはあきらめというものでしょう．[*135]

ALARME
警戒

— これはまさしく兵営や都市〔ville〕の状態であり，各人が始めはなぜだか知らずにただただ不穏なざわめき〔rumeur〕によって目覚め，武装している時の状態である．それゆえ，この語は個人の突然の目覚め，自分の中にすべての闘争機能が騒然として準備をしている個人の目覚めを正に指している．心臓はより速く打ち，呼吸は短くまた速度を増し，筋肉は緊張したり動いたりする，それも明白な理由なしにである．彼を警戒状態に投げこむのはしばしば一つの叫び声である．しかし，普通，この叫び声の結果である混乱しか彼は認識していないのである．自分の名前を呼ばれた人は警戒そのものによって目覚め，彼が自分の名前を聞くのは正にその時なのである．

語源的に見ても，イタリア語の all'arme，フランス語で言えば aux armes，つまり〈武器を取れ〉という意味に由来する言葉です．そういう確認をしておけば，アランがこの定義の冒頭で，「兵営や都市の状態であり，各人が始めはなぜだか知らずにただただ不穏なざわめきによって目覚め，武装している時の状態である」と書くのを理解するのは容易でしょう．la rumeur を，森訳は「流説」と訳していますが，そう訳すと「噂」のような感じが強くなり，少し限定されてしまいます．神谷訳は「不穏なざわめき」としており，その方がぴったりするでしょう．

「始めはなぜだか知らずに」という箇所が重要です。周囲のざわめきなどで人が目覚めるとはどんな状態かということを考えてみなければなりません。実際，アランはそのように話を進めます。「個人の突然の目覚め」に焦点を絞るのです。すると，「自分の中にすべての闘争機能が騒然として準備をしている」状態が見えてくる。目覚めたとしても，まだ周囲の状況を理解しているわけではない。ざわめきが与えた刺激によって身体的には目覚めてはいても，思考はまだそれについていけていない。要するに，なぜ目覚めたかは分かっていないのです。しかし，身体は刺激にもう反応している。それをアランは記述します。「心臓はより速く打ち，呼吸は短くまた速度を増し，筋肉は緊張したり動いたりする」という事態です。「それも明白な理由なしにである」とアランは付け加えます。当然です。それこそ身体はすでに動き出してはいても，思考によって統御されているわけではありませんから，混乱状態を呈するのです。どうすればいいのかわからない。思考によって，あるひとつの行動へと身体の動きがまとめられていないからです。そういう状態を表わしているのが，この「警戒」という事態です。思考は，身体の動きに遅れている。それが，「自分の名前を呼ばれた人は警戒そのものによって目覚め，彼が自分の名前を聞くのは正にその時なのである」ということなのです。

「理由」が次第に明らかになり，それへの対処法が考えられるに至れば，少なくとも「混乱状態」はおさまってくる。その「理由」の探求も，対処法も思考によらなくてはなりませんよね。思考が立ち上がってこなければ，対処のしようがないのです。認識が，身体的レベルに留まるならば，対処までは届かない。それこそ，「彼を警戒状態に投げこむのはしばしば一つの叫び声である。しかし，普通，この叫び声の結果である混乱しか彼は認識していないのである」と

いうレベルです。叫び声とて，何かを知らせるひとつの言語とは捉えられます。いや，身ぶりであっても言語として機能する場面があります。「身ぶり言語」とでもいうものです。次のように。

兵士が戦場でやったように，物陰にかくれ，地べたに伏せることは，全員を地べたに伏せさせる…〔中略〕…身ぶり言語の最初の段階はそのようなものです。理解するとは，最初は模倣以上の何ものでもない。私たちは模倣から始めるのであって，社会関係の本質はそうしたもの，すなわち行動と行動とのあいだ，ひいては感情と感情とのあいだの，絶えざるコミュニケーションなのです。そこで，こうして模倣された行動が何を意味しているかが，次の問題となります。たとえば，なぜ逃げるのか？　何が危険なのか？　どんな敵がいるのか？　これまでの例で示したのは，そうした疑問を提起することすら想定しないような理解の仕方でした。どうやって，その次に，行動を素描したものとしての身ぶりが対象を指示するようになるのか，これは言語の歴史に属する問題です。[136]

アランは次のようにも書いています。

原因のない恐れ，純粋な警戒状態が，だから，例外なくすべての私の想念〔pensée, 思考のことです〕の最初の状態なのであろう。[137]

もちろん，この引用にある「原因のない」というのは，原因が特定されていないという意味です。そうした状態を踏み越えなければ，認識は見事なものとならないのです。「叫び」や「身ぶり言語」なら動物も使っているでしょう。私はそういうものを〈動物的な徴〉と呼んだことがあります。[138]〈人間的な徴〉と区別するためにです。[139]

---

[133]──アラン『神々』p.18〔傍点引用者〕
[134]──アラン『人間論』p.331
[135]──アラン『彫刻家との対話』p.39
[136]──アラン『芸術についての二十講』p.53
[137]──アラン『人間論』p.210
[138]──拙著『モナドロジーの美学──ライプニッツ／西田幾多郎／アラン』p.264
[139]──拙著『情報学の展開──情報文化研究への視座』p.84

なぜ〈動物的な徴〉と呼ぶのかの理解に資するために，拙著から少し引用します．アランがダーウィンについて触れている，面白い箇所です．

櫛でたてがみを掻いてやると嚙みつく馬の例である．性悪な馬だなどと腹を立てずに，「牧場でたてがみを掻きあっている二頭の馬を観察するやいなや，万事が氷解する」★140 とアランは言う．自分自身では痒い所を掻けない馬は同類のところへ行き，相手となる馬の身体部位で自分の掻いて欲しいところに対応する箇所を嚙むことで痒い箇所を知らせ，自分も嚙んでもらう，というのが事の真相のようである．それを〈馬の言語〉と言おうが，どう言おうが，名前はどうでも良い．とにかく，人間が櫛でたてがみを掻いてやったことを徴として馬が理解し，それに応じてとった行動の結果が人間に嚙みつくという事態である，という解釈を私たちなりに提出できる．要するに，牧場の二頭の馬は徴を理解しあっており，さきの嚙みつく馬は，馬と人間の間にもそれを使用したのだ，と私は言いたいのである．しかしどういう意味で理解したのか．それは，すでにおわかりと思うが，模倣するという意味で，あるいは同じ徴を送り返すという意味で，である．★141

ここにはまだ〈動物的な徴〉と〈人間的な徴〉との区別はありません．次のような事態なのです．

理解するとは，何よりもまず，模倣することである．…〔中略〕…模倣するとは行動することであり，思考することではない．この意味で理解するのは，思考することではない．この時，人間の言葉は動物の言葉と区別されない．ここを進めば，動物は思考しないということは充分理解される．しかし，人間が思考するということは理解されないのである．★142

理解するというと即座に思考の問題だと誤解しがちな人々に対する強い警告をすらこの引用は含みます．それは，人間の言葉が動物の言葉と区別されないような具体的な場面についての，そういう人々の考察の不十分さについて警告しているのです．ひとことで言えば，そこでは動物的な徴の正体が見定められていない．★143 もちろん，〈動物的な徴〉だからといって人間が持たないわけではありません．理解するということが，「**模倣**〔IMITATION〕」（▶p.413）するという行動に留まる場合には，人間もまたその程度の徴しか用いないのです．そうしたものを越えて，あえて人間の言語へと到達するとはどういうことなのかを考える必要があるのだと私は思います．知的な作業というものがあるとしたら，それはこの〈動物的な徴〉を「中止し，あるいは短縮してから」★144 初めて生じるものなのです．徴〔signe〕が観念〔idée〕と呼ぶに値するのはこういう迂路を経てのことなのです．★145 警戒から，落ち着いた思考へ，この定義はそんなことまで「**示唆**〔SUGGESTION〕」（▶p.784）していそうなのです．

ALLÉGRESSE
快活さ – これは思考を伴わぬ情動〔émotion〕であり，十分に栄養が足りていて，エネルギー〔énergie〕に満ちていることから起こるものである．例えば，『若きパルク』の散歩は快活そのものである．快活さを他の種類の歓びから区別するものは，考えが浮かぶと同時に行動がなされるというところである．人は自分が非常に見事にやれると知っていることに関しては快活である．人が学ぶ事については快活ではない．〔誰かと〕共にである場合にも快活ではない．例えば，ダンスでは快活ではない．そこには注意，羞恥，服従，克服された欲望〔désir〕，消された思考がある．快活は用心〔précaution〕というものをしていない．

森訳は「愉悦(の念)」,神谷訳は「歓喜・愉悦」としていますが,私は「快活」と訳しておきます.

アランの思想には,「感情(SENTIMENT)」(▶p.732)と「情念(PASSION)」(▶p.544)と「情動(ÉMOTION)」(▶p.299)〔訳者によっては「感動」としている場合がある〕とを区別するところがあります.この区別の重要な点は,それが心身問題〔problème âme-corps〕との関わりで位置づけられているところです.「感情」と日本語でいえば,〈感情的になるなよ!〉といった意味合い,情念といえば「情熱」といったポジティヴな意味合い,感動といえば〈感動的な作品だ〉というようなやはりポジティヴな意味合いが漂っています.しかしアランがこれらのフランス語で言い表そうとしていることは,それとは少々異なります.その点を理解するように努めましょう.

まず,「情動」とは,身体的なレベルの話であること.そして「情念」とは「情動」に人間の知的活動が加わっていること(ただし,それだけで即座にその時には人間は理性的であるとは言えません.なぜなら情念は何らかの思いに囚われて精神が受動的になっている状態だからです),「感情」とは,それに対して,精神が能動性を手に入れて,私を揺さぶる単なる思いではなく,見事に〈冷静な思考〉を成立させている場面なのですから.「感動・情念・感情という,あの美しい上昇系列[146]」という言葉があります.次の引用を見てください.

> まったく道理の通っていない言葉や,うわべだけ辻褄をあわせた言葉,それは情念の働きなのである.いみじくも名づけられた情動が筋肉のあいだを駆けぬけるやいなや,人間の肉体という機械はたちまち,ふるえたり,走りだしたり,許しもなく動悸をうったりする.そのため,叫び声をあげたり,なんの意志もないのに記憶のひだに従って言葉を口走ったりする.[147]

典型的な例では,冷静さを失い,「なんの意志もないのに」と言われるように,自分を統御しているとは思えない状況が語られているのです.そうは言っても,人間は単なる動物ではないのですから,いわゆる知的活動をそういう場面でもしているようにみえる.けれども,当の活動が何の統御もされていない限り,広い意味でもうそれは動物の活動と変わりはない,いやむしろ物質の,あるいは機械の振舞いと大差はないと,アランは考えるのです.だからこそ,彼は「思考を伴わぬ情動」と書くわけです.実際,この引用では「人間の肉体という機械」という言い方までされています.

もちろん,この「快活さ」という定義では,それがポジティヴな場面において述べられているわけですが,そこにあるのは身体的レベルでの,いうなら〈軽快なノリ〉として語られている.思考を伴っていないという点に注目するならば,人間ではなくむしろ機械を例として挙げればわかりやすいかも知れません.〈今日はウチの車はよく走るねえ!〉といった調子がいい感じを思い浮かべればいいでしょう.「十分に栄養が足りていて,エネルギー〔énergie〕に満ちていることから起こる」という部分など,〈整備が行き届いていて,ガソリンも満タンだ〉みたいな感じです.

ポール・ヴァレリーの『若きパルク』という詩にアランは言及するのですが,私は解説をするほどにはよく知らないので,ここでは触れません.

さて,定義の続きの部分は重要です.「快活さを他の種類の歓びから区別するものは,考えが浮かぶと同時に行動がなされるというところ」という部分です.躊躇いが無い.だからこそ,「人は自分が非常に見事にやれると知って

★140──アラン『人間論』p.34
★141──拙著『情報学の展開──情報文化研究への視座』pp.84-85
★142──アラン『思想と年齢』p.327
★143──拙著『情報学の展開──情報文化研究への視座』p.85
★144──アラン『人間論』p.223
★145──同前
★146──アラン『芸術についての二十講』p.114
★147──アラン『感情 情念 表徴』p.216

061

いることに関しては快活」なのです．しかし，人が学ぶ事については快活ではない．考えなければならないからです．「意識は躊躇ないしは選択を意味する[★148]」というベルクソンの言葉があります．「私たちの行動の一つが自発的なものでなくなり，自動的なものになったときには，どんなことが起こるでしょうか．意識がそこから退いてしまうでしょう[★149]」という言葉もあります．行動がスムーズにいかないときほど，〈考える〉という営みをしなければならなくなるはずです．ひとことで言えば，悩むのです．行動がスムーズにいくときは悩まない．次のようなことです．

> 可能性のひとしい行動がいくつとなく描かれながら実際行動にはならぬ(たとえば思案にけりがつかぬような)ばあいぬ，意識の度は強い，実際の行動が可能なたった一つの行動である(夢遊病あるいはもっと広く自動的な類いの活動におけるような)ばあいには，意識は無くなる．[★150]

ですから次のようなことなのです．

> 生物の意識は潜勢的な活動と現実の活動との算術的な差であると定義できよう．意識は表象と行動とのあいだのへだたりの尺度である．[★151]

快活さは，まさにこの算術的な差が，ほぼゼロということです．だから考える必要もなく，意識せずとも上手くいくわけです．ところが，他人と一緒にいるとそういうわけにはいかない．ダンスでは，相手に合わせようと意識しなければなりません．それだけでなく，多くの場合，男女が手を取り合って行うことに対する，そしてそれを公衆の面前ですることに対する「羞恥」もあるかも知れない．そこには恋愛に伴う「欲望〔DÉSIR〕」(►p.223)さえあるかも知れない．それらは「消された思考」となってダンスを踊るカップルに寄り添っているのです．いうならば，思考は頭をもたげるけれども，意志的にそれを統御する形で消されるのです．「村の踊りは恋愛の儀式である[★152]」というアランの言葉があります．統御された表現を獲得するのです．踊りは，大抵の場合，一定の振舞いを繰り返します．そのことを念頭に置いて次の文の意味を考えてみてください．

> こうした規則正しい動きがくり返されることで，愛は思考されるようになる．愛は保証を得て，口ごもらなくなるのです．[★153]

振る舞い方を学ぶと言いましょうか．欲望をすら，そのありうる表現にもたらすのです．

しかし，快活はそうではない．そもそもそんなところに持ち込む必要がない．そんな努力無しに，行動が遂行されるのです．だからこそ「快活さは用心〔précaution〕というものをしていない」と言えるのです．用心すれば，意識の強度は増すでしょう？　躊躇は思考を立ち上がらせるのです．

ALTRUISME
他人本位 — これは自分本位〔égoïsme〕の反対である．それは他のものたち(他人)のことを考え，彼らが何を考えているか，どんな感じを抱いているか，何を希望しているか，何を望むだろうか，何を望むに違いないか，何を我慢できないに違いないか，などといったことを自問するような心的傾向〔disposition〕である．それは他のものたちの位置に身を置き，そういうものたちのように感じること〔共感, sympathie〕であり，従って，他のものたちが表明する，あるいは表明するだろうと想定される讃嘆〔admiration〕や非難によって激しく心を動かされるものである．この種の友情〔amitié〕が無ければ，この世に社会〔société〕などというものは全く存在しない．この友情は組織しようとする意志とはかな

り違うものである．こうした意志は他のものたちを考えはするが，彼らの感情を考慮してなどいないのである．国王は合理的でありながら，それでいて他人本位でないことがありうる．そして時として他人本位がその国王を合理的であることに背かせることがあり，それは世論が改革に反対しているが，そうは言っても当の改革が有益であると彼が見定めているときである．

神谷訳は「愛他主義」としています．「愛 (AMOUR)」(▶p.076) という言葉が入ることを，私は，少し強すぎるというか，少し意味を限定しすぎるのではないかと考えます．森有正氏は「他人本位」と訳しており，私はこちらを採りたい．確かに，「他人本位」も愛が無いと成立しないようなことなのかも知れないのですが．この altruisme というフランス語の言葉自体はそれほど古いものではなく，どうも，オーギュスト・コント (Auguste Comte) の造語らしいのです．*TLFi* も語源を1852年に置き，"ensemble des penchants bienveillants de l'individu (個人の，好意的な諸傾向の総体)" とし，"A. Comte, *Catéchisme positiviste*〔『実証主義教理問答』〕, p.60 : La prépondérance habituelle de l'***altruisme*** sur l'égoïsme, où réside le grand problème humain, y résulte directement d'un concours continu de tous nos travaux, théoriques et pratiques, avec nos meilleures inclinations.〔自分本位に対する**他人本位**のいつもの優位性，そこに人間的な大問題があり，それは，私たちの最善の諸傾向を伴った，理論的そして実践的な，私たちのすべての仕事の連続的な協力から直接的に帰結する．〕"という文章を引いています．また，H. Bénac の『フランス語類語辞典』には次のような記述があります．

> **Altruisme,** terme récent créé par A. Comte, implique un sentiment d'amour pour autrui, résultant soit instinctivement des liens qui existent entre les êtres, soit de la réflexion et de l'abnégation individuelle et désigne, en morale, une théorie du bien avec pour point de départ l'intérêt de nos semblables, en tant que tels, comme but de la conduite morale.〔**他人本位**，A. コントによって創られた最近の言葉，他人に対する愛という感情を含み，その感情は，諸々の存在者の間に現存する繋がりから本能的に帰結するものであったり，あるいは熟慮や個人的な〔自己〕放棄から帰結するものであったりする．そして，それは道徳においては，出発点として私たちの同類たちへの好意を伴った，善の一理論を指す．そのようなものとして，道徳的な振舞いの目標としての善の．〕

こちらの類語辞典では，実際，「他人に対する愛という感情を含み」という説明がなされているように，「愛他主義」でもいいかも知れないのですが，飽くまで「含み」というところを大事にして，私は「愛他」そのものとは区別し，とにかく，他人のあり方を本位として考える主義だろうと解しました．「自分本位〔égoïsme〕の反対」なのです．「自分本位」は，égoïsme が原語で，まさに日本語でも使われる「**エゴイズム (ÉGOÏSME)**」(▶p.291) なのですが，この『定義集』の中でこの言葉もアランは定義しています．しかも，日本語に強く伴っている「利己主義」という悪い意味だけに偏るのではない仕方で，それを説明していきます．ここでも，あまり，善悪にこだわることなく，できるだけニュートラルな前提からこの言葉を考察したい．アランのこの定義を読むとそんな気がします．とにかく，この altruisme の定義で大事なことは，他人の立場に身を置いて考えてみるということです．それがとても重要なことであるのは，言うまでもありません．

★148──H. ベルクソン『創造的進化 上』p. 181
★149──H. ベルクソン『意識と生命』(『『世界の名著』ベルクソン』) p.146
★150──H. ベルクソン『創造的進化 上』p. 181〔傍点引用者〕
★151──同書，p.182
★152──アラン『神々』p.134
★153──アラン『芸術についての二十講』p.28
★154──Henri Bénac, *Dictionnaire des synonymes*, p.460〔傍点引用者〕

063

塩野七生氏は，こんなふうに書きます．

　他人の立場になって考える，とは，だから，不幸になりたくない男にとっては，良書を熟読するよりも，心しなければならない課題ではなかろうか．妥協をすすめているのではない．それにこれは，妥協ではない．人間という存在を，優しく見るか見ないかの問題である．[★155]

相手が「何を考えているか，どんな感じを抱いているか，何を希望しているか，何を望むだろうか，何を望むに違いないか，何を我慢できないに違いないか，などといったことを自問する」ことができるほどにまで，です．アランは，次のようにも書いていました．

　考えるとは他人の思考に注意を払うことだ．他人の思考を認めることであり，そのなかに自分を認めようとすることである．[★156]

さらに言えば，次のような事態があるのです．

　アランはこう言っていた——「人がよく考えられるのは，他人の思考についてだけだ．」[★157]

「絶対の他在における自己認識」といったヘーゲル的なニュアンスまで読もうとすれば読めそうな引用ですが，とにかくそういう心的傾向〔disposition〕こそが，他人本位だとアランは言い，またそれを「共感〔sympathie〕」ともこの定義では言い換えています．ソクラテスの対話を，とことん好意的に取るならば，こうなるのではないかと私は思います．ですから，そこに「普遍的精神」を観て取ることさえ可能でしょう．

　プラトンはこの恐れを知らない男〔ソクラテスのこと〕のうちに普遍的な精神を見て，それに触れた．だからその後プラトンの最上の思想には，ソクラテスが立会人，また証

人でなくてはならなかったのである．[★158]

そして，次のようにまで言うのです．

　奴隷の子供がソクラテスから幾何学のことをきかれて，はじめ性急に愚かな答えをしたとき，ソクラテスは意に介せずに，こう言った．「おまえはそんなことを考えてはいない．それはおまえの考えではないよ．」すなわち，彼は相手に自分自身の精神を貸し与えたのである．そして，ひとりの人間を確認するとは，一精神を確認するということでなければ，何を意味するのか．[★159]

「確認する〔reconnaître〕」という言葉をここでアランは使っています．〈承認する〉という訳語にしてもいい言葉です．人間と人間とが相互に相手を認めるという意味で承認する場面は，「精神」の場面ではないか，というのです．しかし，そこで注意してほしいのは，いま扱っているaltruismeの定義の続きに「従って，他のものたちが表明する，あるいは表明するだろうと想定される讃嘆〔admiration〕や非難によって激しく心を動かされるものである」と彼が書くことです．この「讃嘆（ADMIRATION）」（▶p.041）や「非難によって激しく心を動かされる」という部分に注目すれば，他人本位がアランによって手放しで肯定されているわけでもなさそうだと私は感じます．「激しく心を動かされる」こと自体を彼は肯定するのだろうかということです．ストア派の哲学にかなり関心を寄せているアランからすれば，しかもストア的なアパテイア（ἀπάθεια）を知り尽くしているはずのアランからすれば，またそのストアにも大きな影響を受けているはずのデカルトから一番多くを学んだアランであれば，必ずしも肯定しないのではないかと私は思うのです．[★160]

　少し，ストアについて書いておきましょう．ストア派は，古代ギリシアのヘレニズム期に起こった学派の一つで，キプロス島のキティオン出身の人ゼノン（正しくは，ゼーノーン Ζήνων）が創

始者とされています．基本的な考え方は，快や不快に心を動かされないことで「心の平安」（ἀπάθεια アパテイア）を得ようとするものですが，彼については資料が断片的にしか残っていないので，はっきりわかりません．ἀπάθεια というのは否定辞ἀが πάθος（パトス）についた上で抽象名詞化したもので，πάθος とは，まさにフランス語で言えば passion つまり「情念（PASSION）」（►p.544）です．ストア派は，情念を去ることで，心の平安を得ようとしたのでしょう．情念という意味での受動を去る．情念（受動）という事態を見据えて，能動へと向き直るとでもいいましょうか……．要するに，アランも〈心を必要以上に動かされないこと〉をめざしていたのではないかということです．逆から言えば，〈どうしたら，人は心を必要以上に動かされてしまうか？〉と問うてみることができる．当然，自己統御ができていないからなのでしょうが，どうしたらそうなるのか？　熟考してみなければなりませんよね．今回の定義との関わりで考えてみましょう．次のように解釈してみるのです．〈他人本位も自分本位も，「本位」を立てることで，かえって自己統御を欠くことになるのではないか？〉，と．〈他人にしろ，自分にしろ，放っておいてもそこにあるような，何か頼るものを立ててしまうと，そうなるのではないか？〉，と．他人にしろ，自分にしろ，言わば実体的なものを吟味もなく立ててしまうと，すぐにそれに寄っかかるというか，ぶら下がるというか，そんなふうにして，自分の思考・言動を委ねてしまうことになる．いわゆる「利他主義」が「利己主義」の裏返しにしかならないような事態というのは，こうした従属というか依存というか，そういうものに身をあずけることに基づいた反転ではないのか？　いずれにせよ，自分の存在をさえも疑うような意志的なデカルトの方法的懐疑を念頭に置くならば，そんな立脚点を立てるのは，安易なのではないか，ということです．アラン自身は，ここでは，そういった点に深入りしていません．けれども，その彼が，話題をここで「社会（SOCIÉTÉ）」（►p.748）へと転換していくのは示唆的です．なぜなら，デカルトこそは，私以外の「我」の存在，つまり他我の存在問題には積極的に触れず，社会についても積極的に発言しなかった哲学者ではなかったでしょうか．アランは，デカルトについて，次のような印象的な言葉を残しています．

　　ほとんど乱暴にすべての政治を拒んだこの人物のうちには，確乎たる懐疑が残っていた．[161]

今回の定義は「この種の友情〔amitié〕が無ければ，この世に社会〔société〕などというものは全く存在しない」と続くのです．そういうことを真剣に考えざるをえない社会に生まれた哲学者がいます．オーギュスト・コントです．おそらくデカルトなら語らなかった「社会」を，言い換えれば語らなくても済んだ社会を，語らずにはいられない状況に追い込まれたのがオーギュスト・コントだったのでしょう．コントは，フランス革命の理想と現実を見据えながら，それによって引き起こされた混乱期を乗り切るための思想を彫琢しようとします．『社会再組織に必要な科学的作業のプラン（*Plan des travaux scientifiques nécessaires pour réorganiser la société*）』を書き，「社会学（sociologie）」という学問を創始した哲学者だったからです．次の引用が参考になるでしょう．コントの『実証哲学講義』に関する文章です．

　　『実証哲学講義』六巻は，フランス革命のバイブルと言われる，十八世紀後半のディドロやダランベールによる『百科全書』三十数

---

[155] 塩野七生『男たちへ——フツウの男をフツウでない男にするための54章』p.240〔傍点引用者〕
[156] アラン『思索と行動のために』p.356
[157] フェルナン・ブローデル『都市ヴェネツィア——歴史紀行』p.52
[158] アラン『イデー（哲学入門）』p.23〔傍点引用者〕
[159] アラン『人間論』p.261
[160] 実際に，若い頃に，薄いけれどもちょっとしたストア研究文書まで出しているわけですからね．Alain, *La théorie de la connaissance des stoïciens*, PUF, 1891 (publié en 1964)
[161] アラン『思想と年齢』p.305

巻を敵として書かれたものである．コントは，或る時期の師匠であったサン−シモンの影響によって，フランス革命の無意味な流血，その後のナポレオン戦争の混乱を徹底的に批判し，フランス──ヨーロッパ──に新しい統合を打ち樹てるのを一生の仕事としていた．[★162]

「敵として書かれた」とは何とも激しい言い方ですよね．『百科全書』は，まさに『社会契約論』を書いたあのジャン＝ジャック・ルソーも関係していたほどの，「進歩的知識人」たちによって執筆されたものであったはずです．それがどうして「敵」になるのでしょう？　当時の科学的・技術的な知識の最先端を集めた百科事典であったはずなのに……．ここからは，私の解釈を提示してみましょう．『百科全書』が，いわば〈寄せ集め〉であって，体系的でない，とコントは考えたのだと私は解釈してみます．百科事典といった程度では，それを「百科全書派」と称して学問的な立場だと主張したところで，単なるバラバラな知識が集まっているにすぎない，とコントは考えたのではないか？　それこそ，社会という場面で言えば，個人が自分は自由だと言って勝手に振る舞うような，社会の無政府状態と変わりがないではないか……，と．だからこそ，詳しいことはまた機会にしますが，コントは学問に階層を考え，その間の関係を解明しようとしたのだと私は思います．そして，ついに『実証政治学体系──人類教を創設するための社会学概論』(Système de politique positive — traité de sociologie, Instituant la Religion de l'Humanité)で「人類教」という宗教を創り出す．それは，感情に基礎を置くものでした．あえて言えば，単に精神というか理性に基礎をおくものではなかったのです．アランの弟子のモーロワは次のように書きます．

人間社会について誰よりもすぐれた語り手であったオーギュスト・コントは，社会の基礎を自然の必要事の上に置くことの重要

性を悟っていた．感情は情念に，情念は欲求に結びついたものでなければならない．そして制度は感情の上に基礎を置くものでなければならない．逆もまた真であって，感情は，持続するためには制度によって強化されなければならない．[★163]

定義の続きでアランが「**友情（AMITIÉ）**」（▶p.073）と「組織しようとする意志〔volonté organisatrice〕」とを区別し，しかも「組織しようとする意志」は「感情を考慮してなどいない」というのはなぜかを解釈するのに，以上の事柄は資すると私は思います．人間というものを理解しようというとき，人は往々にして〈頭（理性）〉と〈腹（欲望）〉だけで考えてきたのではないか？　アランは，時に，そう批判します．理性を重視するか，あるいは「**欲望（DÉSIR）**」（▶p.223）を重視するかしか，人間にはない，と人は思いがちだというのです．近代人はそう考えてしまう，と．何が忘れられているのか？　「気概〔la colère〕」です．「**怒り（COLÈRE）**」（▶p.180）と訳すことさえできるものです．「他人本位」ということが，ただただ「**精神（ESPRIT）**」（▶p.322）の，つまり「理性」の事柄ならば，合理的であることは，他人本位と一致したりするでしょう．けれども，必ずしも，そうではない．実際，今回の定義の中には「国王は合理的でありながら，それでいて他人本位でないことがありうる」と述べられます．しかし，その説明をさらに追ってみると，次のようにある．「それは世論が改革に反対しているが，そうは言っても当の改革が有益であると彼が見定めているときである」，と．国王が，世論には見えていないことを見通し，国民にとって（つまり国王からすれば他人にとって）有益である，と判断するときだというのです．どんなふうに「有益」なのでしょうか？　国のあり方にとって，有益ということでしょう．国民にとって，あるいは国のあり方にとって，有益だと判断するのは国王自身です．つまり本位としては国民ではなく，国王自身です．しかし，そう判断する理由は？　やはり知

066

的判断なのではないでしょうか？　そこでは，知性ではない，国民の「感情(SENTIMENT)」(▶p.732)がどれほど考慮されているでしょうか？　コントは，そういう知的判断の不十分さを，人間の構造に観．フランス革命の移り行きに観たのではないか？　アランは，それに気づいた．だからこそ，次のように，書けたのではないでしょうか？

　　近代の分析は一般にあの第三の項すなわち気概〔colère〕を忘れて，人間をただ欲望と理性だけで組み立てることに努めている．それは名誉を忘れることであり，愛と戦いの双子の戯れを忘れることである．[★164]

　　人間をエゴイズムによって説明しようとした者は，えせモラリストである．いい換え

ると，人間はたんに頭と胃ではなくて心臓でもあることが理解できなかったへぼ心理学者である．パスカルには申しわけないが，天使と獣が人間のすべてではないのだ．それどころかふつうの人間の本質的な部分でもないのだ．オーギュスト・コントによれば，キリスト教の誤りは，神の救いがなければ人間は生まれつきエゴイストであると信じていることだ．人間にほんもののエゴイストなどめったに存在しないのは，ほんとうに理性をそなえた人間がめったに存在しないのと同じである．[★165]

　理性信仰にも，落とし穴がある，というわけです．

AMBITION
野心 ── これは怒りという情動〔émotion〕から生まれる一つの情念〔passion〕である．怒り〔colère〕という情動は私たちの行動が抵抗に出会うときに生じる．しかし野心という情念は，いかなる情念もがそうであるように，私たちの欲望〔désirs〕を妨げたり，あるいは，ただそういう欲望を全然重視していないと私たちがみているような人々に対してしか嵩じない．その時，私たちは説得しようという欲望と強いようという欲望との間で引き裂かれる．恋の中には野心があることがわかろう．また野心が他のものたちを尊重すること〔estime〕を含んでいることもわかるだろう．なぜなら彼らに認められることを誇りに思うからである．しかしながら，彼らを強いる限り，彼らを軽蔑していることになる．そしてこの苛立たしい矛盾が野心という情念を定義するのだ．野心を乗り越える感情〔sentiment〕というものは，誓いによって自分の同類を愛し，尊敬することに由来する．そしてそのことが彼〔同類〕の目を開かせる．博愛〔charité〕はこの気高い野心にふさわしい名である．

　この定義にも，アランが慎重に区別している三つの概念が出てきています．「**情動(ÉMOTION)**」(▶p.299)と「**情念(PASSION)**」(▶p.544)と「**感情(SENTIMENT)**」(▶p.732)です．日本語において，「感情」という言葉は，〈感情的になるな！〉というような言い方に表われているように，マイナスのニュアンスが深く付きまとっているのですが，アランを読むときには，この点，もう少しポジティ

ヴに受け取らなければならない事情があることに注意してください．「情動」は思考というよりは身体レベルのメカニックな動き，「情念」はそれに思考が関与はしても身体に振り回されている場合，そして「感情」は思考が自己を取り戻し身体の動きをも統御できているような独立した境位とでも言っておきましょうか．そのことを念頭に置いて，以下を読み進めてください．

★162 ── 清水幾太郎『昨日の旅』p.122〔傍点引用者〕
★163 ── A. モーロワ『アラン』p.76〔傍点引用者〕
★164 ── アラン『イデー(哲学入門)』p.99〔傍点引用者〕
★165 ── G. パスカル『アランの哲学』p.156〔傍点引用者〕

野心は「怒りという情動から生まれる」とアランは言います。「**怒り**(COLÈRE)」(►p.180)のフランス語原語は colère で，この言葉は，別の文脈では「気概」と訳した方がいい場合があります。さきの「**他人本位**(ALTRUISME)」(►p.062)の定義に関する解説の中でもそのことには触れておきました。そこでも，情動と情念と感情との関わりについては示唆しておきましたが，この野心というものの定義の中では，この三つを順次上昇していくとでもいう動きが観て取れます。冒頭部分で，まず，情動から情念が生まれる姿が描き出される。「怒りという情動は私たちの行動が抵抗に出会うときに生じる」というのです。「行動が」です。実例を考えてみましょう。私たちが何気なくやっている習慣的行動，例えば，靴を履くという行動を挙げてみましょうか。私の場合，毎回，靴紐を結び直すという行動を取るのですが，それが突如切れたとする。靴が履けなくなるわけですよね。〈ちぇっ，何だよ，こいつは！〉なんていう怒りが生じたりする。普段なら，何の障害も抵抗もなく遂行されてしまう行動が遂行できないことに対する怒りです。靴紐という物体に怒りをぶつけたところで何にもならないのに，八つ当たりする。自分の思い通りに行かないからです。普段，私たちは物の機械的連関に従ったり，それを利用したりしながら，何の支障もなく習慣的行動を成し遂げてしまう。つまり，ことさら物の振る舞いに心を向けることもないのです。けれども，ひとたびそこに支障が生ずると，当の物のメカニズムが眼の前に突きつけられる。思い通りにならないものとして。もちろん，そこで怒っても，物は知らん顔です。逆に物に懇願しても同じです。物には説得は効かない。「鉛や銅は説得のきくものではない」「ナット，小石，クローバーは説得できない」とアランは書きました。[★166][★167]物は，ただ，そこにある。そういう物のあり方について冷静に観察し，辛抱強く実験し，

広い視野で理論を創り，具体的に利用するのが，長い歴史を通じて人間のしてきたことです。しかし，今，たった一本の靴紐が切れただけで，冷静さを失い，我慢もせず，自分のこの不運に固執し，代替案を考えることも一瞬はできずに，当たり散らす。怒りという情動とはそんなものです。それがさらに嵩じて，いろんな理屈をこねくり回して，自分の状況を悪化させるに至るなら，それはもう怒りが情念という段階に到達していることを示す。「情念とは思考を加えられた感動であって，言い換えると，予見され，期待され，欲求され，嫌悪された感動である」[★168]からです。ここで「思考を加えられた感動」と訳されている言葉は原語では "l'émotion pensée" で，〈思考された情動〉とも訳せるものなのです。自分の行動が抵抗に遭う，その抵抗がたとえ靴紐一本であっても，場合によっては怒りまで生じさせてしまう。それは，雨が降っていることに文句を言う人間だって同じです。次の文は，私の結構好きな文です。今の話に関連しています。

　小雨が降っているとする。あなたは表にいる。傘をひろげる。それでじゅうぶんだ。「またしてもいやな雨だ」などと言ったところで，なんの役に立とう。雨粒や雲や風がどうなるわけでもない。そんなことを言うくらいなら，「ああ，結構なおしめりだ」となぜ言わないのか。[★169]

さて，ここまでは物が相手でした。今回の定義の続きをよく読んでください。次のようにあります。「野心という情念は，いかなる情念もがそうであるように，私たちの欲望〔désirs〕を妨げたり，あるいは，ただそういう欲望を全然重視していないと私たちがみているような人々に対してしか嵩じない」，と。野心は人間が相手なのです。言い換えれば，場合によっては説得の効くものが相手なのです。人間も，物に劣らず，「私たちの欲望を妨げたり」でき

るし，そもそも自分が抱いている「欲望(DÉSIR)」(▶p.223)に相手が何の関心をも示さない場合さえある．私が抱いている「欲望を全然重視していない」ことまであるわけです．それが，人によると，気にくわない．気にくわないから，説得しようとするわけです．「その時，私たちは説得しよう〔persuader〕という欲望と強いよう〔forcer〕という欲望との間で引き裂かれる」ことになる．「説得しよう」としている限り，人は相手を人間として，つまり思考能力を持つものとして認めている．しかし，一方で，私の思い通りにしたいのであれば，相手を物のように扱いたい，手玉に取りたいのでもある．アランがすぐ「恋の中には野心があることがわかろう」と指摘するのも分かりますよね．恋の駆け引きとはそんなものではないでしょうか？（私はよく知りませんが……笑）「また野心が他のものたちを尊重すること〔estime〕を含んでいる」というのも，その線で理解できるでしょう．尊重しているからこそ，恋の成就をも願う〔尊敬(ESTIME)〕(▶p.326)．「認められることを誇りに思う」というのも，分かるはずです．もっとも，恋に限定する必要は全然ありませんが．しかし，「彼らを強いる限り，彼らを軽蔑していることになる」というのは，まさに物のように相手を扱うからですよね．

讃辞を出す蓄音機を愛する人はあるまい．人が征服しようとするのは同類なのである．正確に言えば，同類中の秘められた自由な部分，これを人は追求するのである．★170

こうして，「この苛立たしい矛盾が野心という情念を定義する」とアランは言う．〈裸のままの野心〉においては，相手を人間として扱うか，物として扱うか，という二つの選択肢の間で人は引き裂かれているのです．それが情念に翻弄される人間の姿です．「どんな情念のなかにも必ず野心は存在する」とアランは，実際，書きました．★171 しかし，そこにそういう〈裸のままの野心〉を乗り越える感情というものが，場合によっては，登場する．そういうものを持てる者に幸いあれ，です．その名は「博愛(CHARITÉ)」(▶p.148)です．〈慈愛〉と訳してもいい．それは「誓いによって自分の同類を愛し，尊敬する」のです．誓うとは，〈……する〉ことを誓うことです．次の言葉を吟味してみてください．

だれでも，な̇に̇か̇であることを誓うのではなく，な̇に̇か̇をする，あるいは，な̇に̇か̇を欲̇す̇る̇ことを誓うのだ．★172

私たちの想念の美しい部分は意欲された部分であり，誓われた部分である…〔中略〕…これと対照して，強いられた想念はついに怒りにほかならぬことが認められるのだ．★173

説得し，強制するのではないのに，その感情は「彼（同類）の目を開かせる」のです．美しいと言うべきです．〈裸のままの野心〉はこうして，「気高い野心」へと変貌を遂げる．それでも，それを野心という名で呼び続けるべきかどうかを私は知りません．ただ，そこには「他の者たちを尊重する」ことがしっかりと保存されているのは確かでしょう．博愛には隣人が存在するのです．孤立し，自己完結するわけではない．考えてみるべき事柄です．

ÂME
魂 ― 魂，それは身体を拒否するところのものである．例えば，身体が震えるときに逃げるのを拒否するもの，身体が苛立つときにひっぱたくのを拒否するもの，喉が渇いている

★166――アラン『人間論』p.143
★167――アラン『プロポ 2』p.222
★168――アラン『芸術についての二十講』p.115
★169――アラン『幸福論』p.193
★170――アラン『人間論』pp.217-218
★171――アラン『思索と行動のために』p.307
★172――同前，p.397〔傍点引用者〕
★173――アラン『人間論』p.291

069

ときに飲むことを拒否するもの，身体が欲望しているときに取ることを拒否するもの，身体が恐れているときに放棄するのを拒否するものである．これらの拒否は人間の事実である．完全な拒否は聖性である．従ってしまう前に吟味することは智慧である．そして拒否するこの力が魂なのだ．狂人はいかなる拒否する力も持たない．彼は〔その意味では〕もはや魂を持っていないのである．狂人は意識〔conscience〕をもはや持っていないと言われるが，それは正しい．ひっぱたくためにせよ，逃げるためにせよ，ただただしゃべるためにせよ，自分の身体に絶対的に屈する者は，自分のすることも，自分の言うことも，もはや知ってはいないのである．自分の自らに対する対立によってしか，人は意識というものを持たない．例，アレクサンダー大王が砂漠を横断したとき，兜（かぶと）一杯に入った水を献上された．彼は礼を言い，それを全軍の前で地面に流してしまった．広量〔magnanimité〕〔というべきである〕．魂，言いかえれば大きな魂なのだ．卑しい魂というものはなく，ただ人は魂を欠くだけなのだ．この美しい語は一つの存在を意味するのではなく，常に一つの行為を意味している．

二元論の面目躍如と言っておきたいと思います．最近は，二元論と言えば批判の対象でしかないと思っている人々が，学生をも含めて，多すぎる．〈そういう人たちは，一体，デカルトを超えた何を考えることができて，何を言うことに成功しているというのか？〉などと憤慨してみたくなるような，この定義です．冒頭から，強烈な言い方が私を迎えてくれました．「魂，それは身体を拒否するところのものである」，とは．「拒否する〔refuser〕」というのです．〈区別する〉などという，中立的な，生やさしいものではない．きっぱりと距離を置いています．〈受け入れない〉と言っているのです．もちろん，何かが提示されてこそ，それを受け入れないことがありうるわけで，この定義では「身体を拒否する」といっているのですから，身体的な秩序において生じることを受け入れないといっているのです．アランの例示は，その説明には十分でしょう．「身体が震えるときに逃げるのを拒否する」とアランが書くのは，身体が震えると，ほぼ必然的に，言い方を換えれば，まるで身体のメカニズムによって自然に，さらに言えばほぼ反射的に，逃げだすのが常なのに，そうしないことがあるとしたら，それはどういうことなのか，と彼が問うているからです．「身体が苛立つときにひっぱたく」のも，「喉が渇いているときに飲む」のも，「身体が欲望しているときに取る」のも，「身体が恐れているときに放棄する」のも，すべて，同じように，ほぼ必然的だし，自然だし，言うならば反射的でしょう．しかし，それを拒否する人間がいることも，また，事実です．「これらの拒否は人間の事実である」とアランはいうのです．大抵の人には拒否できなくても，拒否できる人がいることもまた事実なのです．こうした事実を，心理学的な統計手法における例外事例として処理すれば，大切なものが失われてしまう．実際，そんな方向に，現代の学問は傾いているかのように見えます．アランが，心理学を〈危険な学問〉と呼んでいることに注意しましょう．

心理学が科学のうち最も危険なものとしてあらわれるのは，つぎの点においてである．多くの人が身体不自由になったとしても，そうならなかった人に関係はない．ところが，感情の領域においては，人が信ずることはやがて真となるのである．愛はつかのまの幻想であると法律にうたうならば，そのことは想念のなかにも書きこまれるであろう．なぜならば，自分を悪く考える以上に容易なことはないからである．これは坂であり，物のショックは絶えず私たちをそこへ連れこむのだ．失望は説得によって固まる．もしもきみが或る子供にたいして，おまえはばか

だとくりかえすならば，子供は実際そうなるであろう．また腹のすわった男でも，その人をばかと判定する陰謀にながく抵抗しうるかどうか，わかるものではない．ところで，私がこの手段によって彼をだめにした場合，反対に信用と信頼をよせた場合より，彼は本当に彼らしくなるであろうか．[174]

上に掲げられた諸例で語られる拒否などほとんど不可能であると心理学が統計的なデータを楯に主張するとき，そして人がそんなふうにして諦めてしまうとき，人は〈坂を下り始める〉わけです．〈そんなこと普通はできっこない〉と．アランだってそのことは百も承知です．だからこそ，「完全な拒否は聖性である」と述べる．そんな境位が滅多にありえないことを認めた上で，「従ってしまう前に吟味する」ような「智慧」を持とうとあえて意志する．それが真っ当な人間ではなかろうか，と考える．狂人ではなく，です．そして「拒否するこの力」こそが「魂」なのであるとすれば，「魂」は放っておいてもそこに転がっているようなものではない．持とうと意欲しなければ，持てないものなのでしょう．狂人にはそれができない．いや，こうした狂人の姿が，自分には遠いものだと思ってはいけない．「情念 (PASSION)」(→p.544) に翻弄されている人間は狂人そのものなのですから．

　　自己を愚者や狂人の大家族の一員として認める者こそ，さいわいだ．その人は思考することを知るのである．[175]

想念の機械的な進み方は彼ら〔狂人〕においても私たち各人の場合と大きくはちがわないと私は言いたい．ただ彼らにあっては，至上のものがないために，機械的関連が幅をきかすのである．彼らは意欲することができないのだ．[176]

実際，アランは「判断し意欲する力を世間がなんと呼ぼうと勝手である．ただし，私はそれを魂と名づける」と言っていました．[177] 人間が意欲を失ったとき，それは限りなく狂人に近づくことになるとも言えるのです．意志的に生きようという意欲を失い，何かに身を委ねてしまう．信じ込んで身をあずけてしまうのです．

狂人とは，頭に浮かぶすべてのことを信じ込む人間である．われわれには奇怪な，自分とは縁がないように思われるこの精神状態も，もしわれわれの空想の多様性とわれわれの夢の支離滅裂ぶりを考えてみるならば，それほど意外とは思われないはずである．眠っているあいだ，われわれはすべてを信じ込む．めざめる，意識を取りもどすとはどういうことか．それは信念を投げ捨てることだ．否と言うことだ．出現した観念に対抗して考えることだ．疑うことだ．[178]

「思考するとは拒否することだ」[179] ともアランは記していました．しかし，そうしないことはいくらでもある．「想念の機械的な進み方」なんて，自分が情念を抱いているときにはいくらでも経験しているはずです．夢もそうだとアランは言うのです．情念に関して言うなら，怒っているときに，相手の悪いところを，どんどんと思い出していくなどという動きは，まさにその典型でしょう．意志的に思い出しているのではなく，自分の意志とは関わりなく放っておいても思い出されてきてしまうといった感じです．ボールが壁に衝突するとはね返るのと同じように，まさに「機械的関連が幅をきかす」のです．「売り言葉に買い言葉」とはよく言ったものだとは思いませんか？　こうして，上の引用に出てくる「至上のもの」こそが「魂」であることがわかるで

★174──アラン『人間論』pp.297-298〔引用者改訳・傍点引用者〕
★175──同書，p.288
★176──同書，p.282〔傍点引用者〕
★177──アラン『感情 情念 表徴』p.143
★178──アラン『プロポ 1』pp.92-93〔傍点引用者〕
★179──アラン『宗教論』p.157

071

しょう．それが欠けているとき，人はまさに「魂を持っていない」のであって，「自分の身体に絶対的に屈する」のです．魂を失って，言わば〈物となる〉のであって，そこに思考をアランは認めない．「自分のすることも，自分の言うことも，もはや知ってはいない」のです．思考とは，単なる〈思いの動き〉とは違うのです．放っておいても心に浮かぶ思いとは違うのです．そういう点を次の文章は見事に言い切っている．

> 要は，思考というりっぱな名称を，魂の刻印をもつものだけにとどめておきさえすればいい．こうして，われわれの秩序立った認識は思考に属する．われわれの選択され，同意され，磨かれた愛情は思考に属する．われわれの決意や誓いは思考に属する．これに反して，気分の動きは断じて思考には入らない．本能の反応は断じて思想には入らない．疲労も思考ではない．[★180]

アランはここで「**意識(CONSCIENCE)**」(▶p.191)というものについての大事な指摘を以て，以上の議論を締めくくります．「自分の自らに対する対立〔une opposition de soi à soi〕によってしか，人は意識というものを持たない」，と．自分の身体も，自分であることには変わりません．心身合一体（心と身体とが結びついている存在者）として自分を理解する限りは，そのはずです．しかし，その〈自分の身体〉が，〈自分の心〉を，言わば裏切ろうとする．裏切るという言葉で私が表現したいのは，自分が到達しうる〈高み〉〔ἀκμή〕から自分を引き下ろすような動きを，身体がするからです．人間を物にしてしまうからです．心は，つまり思考は，吹っ飛んでしまう．思考ではなく，物体のメカニックな運動が支配するのです．次のようなことです．

> 一たんわれわれが〔意識的に〕われわれの思想を形づくることを止めてしまうと，そこにあるのはもはや思想ではなく，それは運動である．[★181]

次のように言ってもいい．

> じつは，意志的なものでない意識などというものはなく，また意志的なものでない思想などというものもない．[★182]

この「事実」を過酷なまでにアランは表現したことがあります．次の例です．

> 完全な奴隷状態は自分を認識しない．モロッコで，すでに両眼をえぐられ，挽臼(ひきうす)をまわすためにつながれていた捕虜の一将校が見つかったとき，彼はとっくにすべての意識の光を失っていた．だとすると，われわれは大なり小なり自分の勝利についてのみ意識をもつということになる．たとえば，ひとが絶対的に屈服した恐怖は認識されないのだ．これは経験的事実である．[★183]

もしかしたら，ここに「**道徳(MORALE)**」(▶p.495)を語る機縁を摑むことさえできるかも知れません．

> 意識がつねに道徳次元のものであることは，意識がつねに，あるべきはずのものの名において，いまあるものを拒むからだ．至らなさの感情によってのみ，自意識というものがありうるのだ．この感情のないものを無意識と呼ぶのはきわめて適切である．したがって，もしかしたら，極言して「自分を責めないで自分を認識することはない」(*Histoire de mes pensées* in A.D., p.190)とまでいわなければならないのかもしれない．[★184]

> 当然ながら意識には，われわれのけっして到達できない理想像が含まれているからだ．しかし，あるがままの自分を受け入れる人間はおそらくいないだろう．自分を認識するということは，いつも，自分を裁くとい

うことなのだ．そしてこの裁くということの裏にある発想が，人間の模範という発想である．この意味で意識〔良心〕とは，ルソーがあえていったように，誤りをおかさない．なぜならわれわれは，自分の行いが，自分のいだいている模範にどの程度かなっているのか，つねにわかっているからだ．対外的な義務については，たとえば給料が正当かそうでないかということなら，いつでも議論できる．しかし，自分の内面的な姿勢については，自分が直接承知していることであり，まちがいはありえない．それはその場合，問題がただ，精神に従って自己統御しているか，本能とか情念とかにゆずっているか，ということだけであるからだ．★185

この定義は，アレクサンダー大王の例で終わります．「広量〔magnanimité〕」の例示です．この言葉はラテン語の magnanimitas に由来します．まさに魂(anima)の大きいこと(magnus)，〈度量の大きいこと〉です〔「度量の広さ(MAGNANIMITÉ)」(▶p.452)〕．見事に身体を拒否している．少しの躊躇もない．こうして「魂」とは，人間の持ちうる「高み」を，つまりは「理想(IDÉAL)」(▶p.402)を表す言葉なのです．だからこそ「卑しい魂という

ものはなく，ただ人は魂を欠くだけ」なのです．卑しい理想などなく，理想を欠くだけのように．それはなぜか？ それは魂は，「一つの存在を意味するのではなく，常に一つの行為を意味している」からです．

> 魂とは，けっして発見されるべきものでもなければ，叙述されるべきものでもない．それはまったく，くりかえし行なうべきものである．★186

魂は，現働なのです．現に働いていることなのであって，意志が半分働くことがありえないように，〈するか，しないか〉，そしてそれに応じて〈あるか，無いか〉だけなのです．「勇気(COURAGE)」(▶p.196)が必要なのです．

> 私が行なうこと，自己に関するのはそれだけだ．だが，自分のうちにはなんにも残らない．習慣や才能だけを当てにするのは，他人を当てにすることにほかならぬ．自己のうちに残されるのは勇気だけである．だが，これをふるいたたせ維持することが必要だ．これを対象化し，これを愛そうとしたら最後，そんなものはなくなる．★187

AMITIÉ
友情
――これは自分に対する自由で幸福な約束である．そしてそれは自然な共感〔sympathie naturelle〕を，前以て年齢や情念〔passions〕，ライバル意識や利害そして偶然をも超えて，揺ぎのない和合へと変えるものである．それ〔友情〕は通常は表現されることがないが，その結果を人は見て取るし，それに絶対的な信頼を置いている．そしてそれはどんな策略もない会話や判断の自由を可能にする．反対に，条件付きの友情など人を喜ばすことはできない．

〈自分に対する約束〉であることに注意してください．約束というものについて少々考えてみましょう．約束は，意志的にするものです．自然にできてしまうものではありません．そして，

★180――アラン『思索と行動のために』p.382〔傍点引用者〕
★181――アラン『デカルト』p.140
★182――アラン『神々』p.142
★183――アラン『わが思索のあと』p.287
★184――G. パスカル『アランの哲学』p.212
★185――同書，pp.212-213
★186――アラン『思索と行動のために』p.379
★187――同書，p.303

073

それは正しいとか間違っているとかいうものでもない．次の大森荘蔵氏の指摘は，約束というものについてかなり見事な表現を獲得しています．

> オックスフォードの哲学者オースティンは，ものの言い方の中に真偽を云々できない種類のものが数多くあることを明瞭に指摘した人である．例えば約束や誓いの言葉である．「明日必ず参ります」という約束，「神かけて嘘は申しません」という誓い，これらに真偽をいうことは場違いである．それらは真でもなければ偽でもない．約束や誓いはただ守られるか破られるかなのである．私は，一回きりの事件についての確率を言う言葉もまたそれに類するものだと言いたいのである．それらは約束や誓いと同様に，真だとか偽だとか言えない．また，あれかこれかといった確率抜きのきっぱりした予言のようには当たったとか外れたとも言えない．一回きりの事件についての確率的予言は未来に対する心構えの表現なのであり，それについては程度を含んでの成功失敗を言うことだけができるものなのである．簡単にいってしまえば，それらは来るべき人生への賭けの表現なのである．★188

せっかくなので，もう少し紹介しておくと，次のようなこと．

> 文の具体的場面での具体的使用には，真偽を言うことが不可能な，或る一群のものがあるのである．そしてオースチン〔オースティン〕は，この一群のものを「パフォーマティブ」(performative)と名づけたのである．
>
> パフォーマティブには，…〔中略〕…問い，感嘆，命令の他にも，契約，訴え，誓い，警告，保証，命名，約束，挨拶，判決，布告，等々，非常に多くのものがある．これらは全て，それ自身が何らかの意味で一つの行為――何かを行う(perform)こと――になっているので，「パフォーマティブ」と名づけられたのである．★189

もちろん，このようなことを言うのには，それと対比されるものが考えられているのであって，それにも触れておきましょう．

> これに対しオースチンは，言明のように何かについて述べている(stateしている)もの，それゆえそれについて真偽が言えるもの，を「コンステイティブ」(constative)と名づけている．言明の他に，記述，陳述，報告なども，コンステイティブであると言えよう．★190

さて，この区別は維持できるでしょうか？ それが，実際，問題とされました．その結果は次のようなもの．

> オースティンが提示した「事実確認的」(constative)な発話と「行為遂行的」(performative)な発話という区別は，真・偽が言えるか言えないかを一応の基準としていて，ほぼ前述の「記述的」と「評価的」との区別に対応するものであるが，言語の考察をより基本的な行為論全般のコンテクストのなかへ移行させる効力をもっている．そういうコンテクストのなかでオースティンは，こうした区別が実際には精査に堪えうるものではなく，最終的には成立しえないことを示した．表層的にはある事実を述べているだけのように見える発話文(事実確認的発話)も，「私はこのことを君に約束する」といった，当の発言そのものが約束という行為にコミットすることにほかならないような発話文(行為遂行的発話)と，その素性において全く異種的・異質的であるとはいえないと認定されたのである．これまで金科玉条として通用してきた，「事実」との照合による真・偽が言えるかどうかという区別基準そのものも，同じ精査によって大幅に相対化された．★191

さあ，大変なことになりましたね．以上の紹介は，主として英米系のいわゆる日常言語学派といわれる人たちの話だったのですが，今はその学派そのものが消滅したとも言えそうな状況です．言語分析という手法は，今でも大きな影響をいろいろな哲学派に与えていますが，それだけでは済まないという認識は広まっていると言うべきでしょう．今の話題について言えば，〈約束する〉ということと〈事実を確認する〉ということとが，そんなに明確に区別できないということです．大森荘蔵氏風に言えば，「来るべき人生への賭け」と〈眼の前の事実の認識〉とが明確には分けられないということです．それにもかかわらず，私たちはそれらを区別できるものとして生きてきた．なぜでしょう？　それは，「事実」と言えば，ことが済むように考えてきたからではないでしょうか？　いわば，「事実」というものを吟味無しに立てて，それに寄り掛かって生きてきたからではないでしょうか？　事実認定に，意志など関わりないとしてきたからではないでしょうか？　そういうことについて，再考すべき時が来ているのです．

今回の定義に戻りましょう．友情は，繰り返しますが，放っておいてもそこにあるとか，雨のようにどこからか降ってきたり，植物のように自然に生えてくるといったものではない．意志に基づいて成立させるものなのです．自由意志に基づいて．だからこそ，アランは冒頭で「これは自分に対する自由で幸福な約束である」と書いたのです．さて，〈自由で〉はいいとしても，なぜ〈幸福な〉なのでしょうか．それは，私の好む言い方にすれば，〈人間の高みを救い出す〉からだと思います．いろいろな障害を越えて人間同士の間に意志的に成立させられる〈高み〉の一

つが友情だからでしょう．放っておいても自然に惹かれ合うということは，ある．アランがこの定義で「自然な共感〔sympathie naturelle〕」と書いているものです．しかし，それを友情は「前以て〔d'avance〕年齢や情念，ライバル意識や利害そして偶然をも超えて」，「揺るぎない和合〔accord inaltérable〕」へと変える．「自然な共感」は，言わば移ろいやすい．「どの感情にも，かげりがあり，疲労の時機がある」．ライバル意識や利害の対立が生じてしまうこともありうる．それにもかかわらず，私は相手に対して好意を抱き続けると，前以て，自分に約束し，誓うのです．そういう意志的な「**決断**（RÉSOLUTION）」（▶p.715）がなければ，「揺るぎない和合」は成立しない．それを成立させるものこそ友情だとアランはいうのです．注意しなければならないのは，友情は両者を似たもの同士にするのではないということ．むしろ「欠かすことのできない相違点ゆえに生まれる友情は，なんと快いものだろう」と言うほど，相違があって構わないということです．同じ見解を持たないものは友人になれないなどという狭い了見ではないのです．アランは会社経営にさえ，そのことを観ています．

　一つの会社が相反するふたりの人間によって成功することが多いからである．わたしの知っているある大企業は，たえず対立して譲ることのないふたりの違った性分の持ち主によって設立されたが，一方は製造に適し，他方は販売に適していた．販売が得意なほうの人物は，説得の術を心得ているばかりか，説得に弁舌を振るうのが好きである．彼は自然の礼儀作法をいわば身に付けていて，商談においては忍耐強さを示すが，また，そのような振る舞いが好きでもある．もう一方の製造にたずさわるほうの

★188——大森荘蔵『流れとよどみ——哲学断章』pp.14-15〔傍点引用者〕
★189——黒崎宏『科学と人間——ウィトゲンシュタイン的アプローチ』p.247
★190——同書, pp.247-248
★191——藤沢令夫『哲学の課題』p.163
★192——アラン『人間論』p.297
★193——アラン『芸術に関する101章』p.213

人物は，ひとに気に入られようなどとは考えない．感覚を持たない物質が相手だからである．また，代数や図面を使って自己自身と話すことしかしない．もし一方が，協調の精神にもとづいて，他方の真似をすることに熱心だったら，ふたりの協力関係はこれほど価値を発揮しなかったはずだ．[*194]

相違を認め，相違を愛しさえすること．これはその相違に基づいて共通の精神を見出すことなのかも知れませんよ．

相違や比喩や神話をのりこえて最後にそこに共通の精神を見いだすことができなかったような者は，およそ考えることを知らないのだ．[*195]

友情というものは「通常は表現されることがない」，言葉で表すことなど普通はしない．むしろ，〈ねぇ，ねぇ，君と僕は友だちだろう！〉なんていう人物ほどあてにできないものはない．友情の名で，相手に何事かを要求してくるからです．アランは恋に関して次のように述べていました．

恋人たちは約束に訴える．たしかに約束は美しくて神聖なものだが，約束の名で要求する者は約束を無にする者だ．強制するや否や，それがどんなに小さなことでも，きみには生気のぬけた体だけしか残らない．[*196]

そんな人物は，すぐに正体が知れる．もはやそこに友情などないのです．それとは逆に，たとえ表現などされずとも，「その結果を人は見て取る」し，だからこそ「それに絶対的な信頼を置いている」わけです．友情が「どんな策略もない会話や判断の自由を可能にする」のは，そこに相手を利用しようなどという意図が微塵も隠れていないことが感得されるからでしょう．それとは反対に，相手を利用しようという思いが隠れているのが，アランの言う「条件付きの友情」なのであって，そんなものを喜ぶ人など誰もいない．

この友情に関する考察は，思いの外に広い射程を持つものであって，歴史についての考察にさえ私たちを誘うもののようです．次のように．

愛されるにも，感嘆されるにも，道は一つしかない．すなわち，自由な者をのみさがし，尊ぶことであり，抵抗するもの，反対するものを愛することであり，虚栄心にかられてするような，つかのまの戯れであってはならない．じつを言えば，ここには，古今にわたって実際のまじめな宗教であったものが見いだされるのである．なぜならば，神学的探求は，結局，自由意志こそ神の最高の属性であり，神を模倣するとは，自己を自由にし，自由なものをあがめ，地上に半神たちを住まわせることに成り立つと考えるにいたったからである．これは非常に大きな結果を生む．なぜならば，このとき人は自己の対等者に君臨しようとするからである．これが，なんら例外なくすべての社会の基礎なのである．恐怖と腐敗はついに表面にすぎなかった．自由と友情を発見するまで掘りさげぬかぎり，人は歴史の外観を記すにすぎない．[*197]

AMOUR

愛 ― この言葉は一つの情念〔passion〕と一つの感情〔sentiment〕とを同時に意味している．恋〔amour〕の始まり，そしてそれを実地に体験するたびごとに，それは常に一人の人物の現存ないしは記憶に結びついた一種の快活さ〔allégresse〕である．人はこの快活さを恐れることもありうるし，そして常に幾らかは恐れてもいる．その快活さは他人に依存している

からである．少し考えるだけでも，この恐怖は増大してしまう．この恐怖は一人の人物が思い通りに私たちを幸福で満たすことも，私たちからいかなる幸福を奪い取ることもできるということに由来する．そこで，いくつもの愚かな企てが生まれる．私たちの側からこの人物に権力を振るおうとしてしまうのである．そして〔それによって〕この人物自身が味わう情念のいろいろな動きは，もう一方の〔つまり私たちの方の〕状態をさらにもっと不確実なものにしないわけがない．徴の交換〔échanges〕は一種の狂気にまで至り，そこに憎しみ〔haine〕，この憎しみに対する後悔〔regret〕，恋に対する後悔，ついには思考や行動の実に多くの常軌を逸した事態が入り込んでくる．結婚と子どもがこの沸き立った状態を終わらせる．いずれにせよ，愛する勇気〔courage〕（自由意志の感情）が私たちをこの惨めな情念の状態から引き離す．多少とも明示的な誓いによってである．忠実であろうという誓いである．言い換えれば，疑いにおいて好意的に判断すること，愛される対象の中に新たな完全性を発見すること，そしてこの対象に相応しいものになろうという誓いである．この愛は，愛の真実であって，おわかりのように，身体から魂〔âme〕へと高まり，魂を生まれさせさえして，それを愛自身の魔法によって不死のものとなすのである．

フランス語の amour は「愛」も「恋」も指すのです．いや，日本語の「恋愛」もフランス語に訳すとすれば amour でしょう．「恋」と「愛」に区別は語れるのでしょうか？ 学生さんたちにきいても，区別などきちんと考えたことがないという応えがほとんどです．古代ギリシア語において，例えばプラトンでは友愛（φιλία）と恋（ἔρως）そして特にキリスト教との関係では，恋（ἔρως）と博愛（ἀγάπη）という区別を語ることがあります．エロース（恋）の方は，プラトンがその著『饗宴』の中で見事に表現したように，〈自らに欠けているものを追い求める〉というところがある．少しプラトンから引用しておきましょう．そこでは「原始的両性具有人間」（ἀνδρόγυνος）の神話が語られます．かつて人類には，男性でも女性でもあり，二つの頭と，四本の腕と四本の肢を持っている二重の存在がその一部をなしており，彼らは異常な能力と，神々を攻撃しようと望むほどの高慢さとの持主であったという神話です．そこで，ゼウスは彼らを二つに切り離して力を弱める決心をします．こうして，私たちの誰もが，もう一方のものの「割符」（σύμβολον）だということになる．そんなわけで，大昔から，一方の他方に対する愛，すなわち，それによって私たちの最初の本性がふたたびまとめられる愛，そしてその意図が，二つのものでただ一つのものを作りこのようにして人間の本性を癒す（ἰάσασθαι τὴν φύσιν ἀνθρωπίνην）医者となることにあるところの愛，これが人間の心に植えつけられたという神話です．片方では，完全ではない．欠けているからこそ，求め合うのです．ところが，友愛（φιλία）について語るときには，この欠如が主題化されることはないように感じられます．その説明の中で上と同じ愛（ἔρως）という言葉が登場してもです．むしろ「徳性において似たもの同士」か「相反するもの同士」かが友愛に関して主題となるのです．キリスト教的な博愛（ἀγάπη）はどうでしょう．「徳性において似たもの同士」か「相反するもの同士」かは問題になりません．「敵をも愛しなさい」というのですから．もちろん，欠如から生じる衝動のようなものでもありません．むしろ，溢れ出る泉のように豊かだか

★194──アラン『プロポ 2』p.202〔傍点引用者〕
★195──アラン『思索と行動のために』p.125
★196──アラン『宗教論』p.248〔傍点引用者〕
★197──アラン『人間論』p.218
★198──プラトン『饗宴』189E, p.47
★199──同書, 191B, pp.50-51
★200──同前
★201──プラトン『法律』837A-B, p.482

らこそ，隣人を，また敵をも，愛するのでしょう．こうした区別は，フランス語の amour に入り込んでどんな影響を与えているのでしょうか？　アランが今回の定義の冒頭で「この言葉は一つの情念〔passion〕と一つの感情〔sentiment〕とを同時に意味している」と書くことにそれは関連していると私は思います．

　この定義において「一つの情念」といっているのは「恋」のことであり，「一つの感情」といっているのは「愛」のことでしょう．エロースとアガペーとの区別が「恋」と「愛」との区別になると私は言いたいのです．アランは，この定義で，「恋」から「愛」への移り行きさえ描き出そうとしているように私には思えます．ですから，私は amour の訳語をさえ，「恋」から「愛」へと変えていくことになる．最初，アランは「恋の始まり(départ de l'amour)」から語り始めるのです．「それは常に一人の人物の現存ないしは記憶に結びついた一種の快活さ〔allégresse〕である」という．「**快活さ(ALLÉGRESSE)**」(▶p.060)の定義は先回の講義で触れましたが，そこでは「思考を伴わぬ情動〔émotion〕」と言われています．「思考を伴わぬ」というところが大事です．先取りして言っておけば，「愛」には思考が関わってくるだろうと私が考えているからです．繰り返しますが，「快活さ」はまだ「情動」です．思考を伴っていないのです．しかし，それについて考え始めるとどうなるか？　「恐れることもありうるし，そして常に幾らかは恐れてもいる」という状態へと移行する．「恐れ」という「情念」が生じるわけです．なぜでしょう？　当の「快活さは他人に依存しているから」です．そういう事実に気づいてしまう．その事実を考えれば考えるほど「恐怖は増大してしまう」のです．私の幸福は相手に完全に依存しているという事態です．そういう事態に何とかして対処したくなる．そこから「幾つもの愚かな企てが生まれる」わけです．自分が相手に依存しているという事態を逆転させようとして，「権力を振るおうとしてしまう」のです．しかし，それは無駄なこと．恋しているのは自分の方なのですから．変な行動を取れば，自分の方が，恋を失うかも知れないという「不確実な」状況に追い込まれるのです．こうして，両者の間の，言葉を代表とする「徴の交換〔échanges〕」は冷静さを失い，「一種の狂気にまで至り」つく．そうなれば，恋したことそのものが自分を苦しめていることに傷つき，相手を憎むことにまでなりうる．恋しているからこそ，「**憎しみ(HAINE)**」(▶p.397)まで生じてしまう．しかし，それでも恋しているという事態は消しようもないのですから，そこに加えて「後悔〔regret〕」〔「**心残り(REGRET)**」(▶p.673)〕までが生じたりするのです．こういう「思考や行動の実に多くの常軌を逸した事態」，「この沸き立った状態」を終わらせるのは，結婚と子どもだとアランは言う．結婚という制度と，子どもという実在が，不安定な情念を，「愛」という感情へと育むというのです．結婚の誓いが沸き立ちを鎮め，しかし「愛」を成長させる．なぜ，そしてどんなふうにしてでしょう？　それを観てみましょう．「誓い」がキーワードです．まず，次のことを確認しましょう．

　　誓いはけっして自由意志を束縛するものではない．それどころか，われわれに自由意志の使用を促すものだ．だれでも，なにかであることを誓うのではなく，なにかをする，あるいは，なにかを欲することを誓うのだ．[202]

だからこそ，「完璧な愛や幸福については，誓うことができるというだけでなく，誓わねばならない」のでしょう．[203]

　　およそ誓いというものは，情念に反する．結婚が披露されるのも，結婚にともなってすすんで親戚関係や友人関係という新しいきずなが結ばれるのも，みずから欲した仕事の成就を助けるためにほかならない．[204]

　「自ら欲した仕事の成就を助ける」とは，もっと具体的にいうとどういうことでしょう？　愛

という「感情」を作り上げるということだと，私は言いたい．

　真の感情は作りあげられるものだ．だから，宗教が夫婦に，欲望と希望の時に誓いを求めることに定めたのは賢明だった．立会人が，社会の制約が，起るべき風波に対するわが身の援護となるのである．★205

　アランはこの定義の中で「愛する勇気〔courage〕（自由意志の感情）が私たちをこの惨めな情念の状態から引き離す」と書いていました．「感情」が「情念の状態から引き離す」のです．それは定義の最後に出てくるように，「身体から魂へ〔âme〕と高まり，魂を生まれさせさえ」するものなのです．子どもの存在は，それを助ける．「ヘーゲルが言ったように，夫婦の合一は，始めは観念的であるが，子供において実在に移る」★206のです．次の指摘は，やはり美しい．

　相異なるものの調和は，生物的な気質の水準には見いだされない．礼儀はこの調和にずいぶん寄与するけれども，結婚生活には礼儀が欠けすぎているのがつねである．深い教養はまれだ．それは時間の成果なのだ．…〔中略〕…結合はやがて分離に達する．誓いはこれにたいするすぐれた予防法ではあるが，水と油をまぜうる魔術はないのである．
　親子のきずなは，これよりはるかに強い．ここでは自然が誓いを支えている．★207

　夫婦は別れられるかも知れないけれども，子どもは別れられないのです．

　離婚は子供のなかでは起こりえないわけで

あり，夫婦はじつに子供のなかに，自分たちの生命を越えたところで自分たちが結合され，からみあっているのを見る．★208

　そういう事態を，アランは「子供は〔夫婦間の〕相違などものともせず，夫婦を消化してしまうのだ」と述べました．「うちわ喧嘩がどのような結果を生もうと，和解はこの子供のなかでつねにできており，目のまえに生きているのである」★210と．

　さて，アランはなぜ「魂を生まれさせさえして，それを愛自身の魔法によって不死のものとなす」とまで言うのでしょうか？　「不死」とは，大変なことですよね．それは，「死」が物体的秩序のものだと言いたいのです．「精神は，あきらめないかぎり，おのずから死ぬことはない」からです．実際，アランは次のように書きました．

　スピノザは力強く言う，人間は決して死ぬことはない，みずから短刀を自分の胸に向けるか，もっと強力なもう一つの手がかれの手をねじるのでなければ，と．ここにこそ，このきびしい哲学において，希望と勇気の中心があり，自愛の真の基礎がある．★212

　どういうことでしょう？　次のようにも書いています．

　スピノザは，何人も自己の本性の結果として死ぬのではなく，一存在が自己自身を滅したように見える場合も，これを実在から追い出すのは常に外的原因である，と力説した…〔後略〕★213

　彼〔スピノザ〕こそ，すべての人間はそれ自身によって不死であり，すべての死は外的

★202──アラン『思索と行動のために』p.397〔傍点引用者〕
★203──同書，p.396
★204──同書，p.397〔傍点引用者〕
★205──A. モーロワ『アラン』pp.77-78〔傍点引用者〕
★206──アラン『思想と年齢』p.252〔傍点引用者〕
★207──アラン『人間論』p.48
★208──同書，p.49
★209──同前
★210──同前
★211──A. モーロワ『アラン』p.44
★212──アラン『芸術について』p.219
★213──アラン『思想と年齢』p.322〔傍点引用者〕

であると断じた唯一の人である．なぜならば，彼によれば，生きている人のうちに，もしなんらか死の原理，それも生命自体による死の原理があるならば，その人はただの一瞬も生きてはいまいからである．だから，彼は外的な原因によってしか死にえないのであり，熱もまた砲弾と同じく彼にとって外的なのである．彼を消耗ないし破壊するものは，つねに外的なショックないし摩擦なのである．ここから人は，人間の極度のもろさと極度のかたさとを，同じ一つの見方で把握することができる．★214

おわかりでしょうか？　スピノザに関わるこれらの引用が，身体とか物質についての記述であることに注意してください．そういった外的なメカニズムによって，身体的な死は確かに語れます．そしてスピノザのいわゆる「心身並行論」からすれば，そこには全体としての死が訪れます．ただし，あくまでも外からもたらされたものとしての死であって，それは自分の本性から来るものではない．デカルトの場合は，彼が心身二元論を『省察』において立てたとき，この著作の第一版における題名は，『神の存在と霊魂の不死性とを論証する第一哲学についての，ルネ・デカルトの諸省察』だったのです．第二版で確かに『神の存在，および人間的霊魂の身体からの区別を論証する第一哲学についての，ルネ・デカルトの諸省察』に変えられてはいるのですが，デカルトの意図の中に「霊魂の不死性」があったことは確かでしょう．心身二元論は，「魂(ÂME)」(→p.069)と身体とが，別の秩序であることを論証しようとしたのです．しかも，スピノザのように，並行してもいない．言い換えれば，身体の崩壊というものが，すなわち魂の死ではないということです．

「身体から魂へと高まり，魂を生まれさせ」るのだとすれば，それは不死という事態へと一歩踏み出したことになるのでしょう．

AMOUR-PROPRE
自尊心 – 人が自分を全然愛さず，自分に対して刺々しくなっている．そういうものが自尊心である．その人は〔自分への〕非難を迎えにいってしまっている．彼は次のように言う．「俺について人が何を考えているかぐらい分かってるさ」，と．称賛など，彼を決して満足させない．それは不幸な愛〔amour〕なのだ．

自尊心は，自分を愛することとは違うということです．自分を愛することは，自尊心を持つことほど簡単ではない，と言っておきましょうか．「自分に対して刺々しく」なるようでは，自分を愛することなどできない，と．しかし，とにかく，自分を愛することは，次の引用にあるように，きっと「困難だが美しいこと」なのです．言い方を換えれば，この困難に立ち向かわなくては，自分を愛することはできない．では，どんな困難が待っているのでしょうか？　次の引用をよく読んでみてください．

誰も自分自身を選びはしない．自分の親を選んだわけでもない．しかし，共通の知恵は，確かに，親を愛さなくてはならぬと告げるのである．同じ道を通って，私は言おう，自分自身を愛さなくてはならぬ，これは困難だが美しいことだ，と．エゴイストと言われる人たちも，自分自身に満足しているのをかつて私は見たことがない．むしろ，彼等は，自分に満足させてくれと他人に督促(せが)んでいるのだ．利己的な支配の下では，支配しているのは常に憂鬱であることに注意したまえ．ここで，屈託したお偉方のことを考えてみるとよい．それにひきかえ，自分自身と睦む人々のうちには，

何という徳があることか．彼等は，周囲の人間の世界を暖める．美しい火と言おうか．ひとりでも燃えるであろうが，人々はそこで暖まるのだ．カトリシズムは，このことを個人の救いという説によって，苛酷なまでに力強く表現している．…〔中略〕…何人も，他人に対して，自分自身を救う以上によいことは為し得ない．★215

「自分に満足させてくれと他人に督促(せが)んでいる」とあります．自分自身で自分に満足できるように努力しているようには見えない．エゴイストというくらいですから「自分」〔ego〕中心のように思えるのに，「中心」ということを思い間違えている．愛することができていないほどなのですから．自分を愛するには，おそらく自分を救うことができなくてはならない．では，救うとはこの場合どういうことでしょうか？　おそらく，次のようなことです．自分は愚かなこともするが，素晴らしいこともする．その素晴らしいことの方を自分の基準に採るということです．愚かなことは，事実そのような言動をしたことを心に留めておかねばならないにしても，あえて許してやることです．非難されることに自分の基準を置くのではなく，素晴らしいことに基準を置くのです．それこそが，自分を大事にしてやることでしょう．「非難を迎えにいって」はならない．この部分，森訳は「すすんで非難に立ち向う」とし，神谷訳も「非難にあえて立向かう」としています．原語は，Il va au-devant du blâme で，直訳すれば「非難の前に進み出てしまう」ということです．〈自分から非難というものにわざと身を曝しに行く〉という感じと私は受け取り，「その人は非難を迎えにいってしまっている」と訳しました．これに類したことを，アランは頻繁に述べます．「精神薄弱状態においては，たしかに，想像力が苦しみを迎え

に行っている」★216とか，「自発的な地獄おち(damnation volontaire)★217」なんていう厳しい言い方までしているのです．次に掲げるような堂々巡りに身を投じてしまっている．

　いずれにせよ，人は自分が愚かであることにいらだち，また，愚かになるであろうと自分で知っており，愚かになろうとほとんど誓っていることにいらだつ．★218

どうしてこういう堂々巡りが起こるのでしょう．自己完結しているからです．閉じているからです．自分で推測・想定しておいて，そうに違いないと断定する．「俺について人が何を考えているかぐらい分かってるさ」とはまさにそういう言葉に他なりません．おそらくは，自分の犯した失敗に自ら深く傷ついて，それを事ある毎に反芻しているのでしょう．反芻し，後悔しているのでしょう．しかし，しなければならないのは後悔ではなくて，反省です．誤りにうずくまるのではなく，そこから出発しなければならないのです．

　徳とは英雄的な自己愛だ…〔中略〕…つまり，なんぴとといえども他人の完全さによって自分を救うことはできないし，彼は自分の誤謬からこそ真理を作り出すべきであり…〔後略〕★219

その自己完結には，外から入り込む余地がない．他人がその人を称賛したところで，耳など貸さないのです．「称賛など，彼を決して満足させない」のは，そのためです．自尊心は，自分を愛しているかのようでいて，実際には，自分を貶(おとし)めている．自分を高める可能性を塞いでいるのです．開いていない．〈俺のことなど，放っておいてくれ！〉と言わんばかりに，半分，自暴自棄になっている．それをしも，自分を愛することなのだと言うとすれば，それはやはり

★214──アラン『人間論』pp.303-304〔傍点引用者〕
★215──アラン『思想と年齢』p.389〔傍点引用者〕
★216──アラン『人間論』p.282〔傍点引用者〕
★217──同書, p.250
★218──同書, pp.268-269
★219──アラン『教育論』pp.193-194

「不幸な愛〔amour〕」と言うべきでしょう．自尊心は，自分を高く評価したいところから生じるのでしょう．けれども，自己完結に陥っていけば，「人間嫌い〔MISANTHROPIE〕」（▶p.492）になるだけです．

人間は自分を高く評価したいと思うところから，どうしても，憂うつで人間ぎらいになるものである．[220]

ANGE

天使 – それは，使い，幸福な使い，待望される者，歓迎される者である．天使は決して年老いてはいない．天使は学者ではない．ただただ彼は新たな時〔temps nouveaux〕を告げに来るのである．天使は決して裁かない，天使は決して許したりもしない．彼は歓びと共に〔avec bonheur〕与える．彼がもたらすものは証拠ではなく，一つの知らせ〔nouvelle〕である．あなたの髪を直すのと同じくらい当たり前の仕方で彼は言う，「そうではないのですよ．あなたは呪われてもいないし，悲しくもない．あなたは無用でもないし，勇気〔courage〕がないのでもない．そのことを私は知っているからこそ，あなたに言うのですよ．でも，あなた，あなたは〔そういうことについての〕正しい知らせを持っていない〔mal informé〕のです」．天使は議論をしない．

　ange はギリシア語の ἄγγελος を語源として持ちます．そして，それは「告げ知らせる者」の意です．そして，Liddell and Scott の *A greek - English Lexicon* では，最初に "messenger" と出てきます．使者であり，伝達者です．では天使は，このアランの定義では，なぜ「幸福な」と言われ，「待望され」，「歓迎される」のでしょうか？　それは，〈よい知らせ〉をもたらすからでしょう．天使ガブリエルによるマリアへの受胎告知を念頭に置けばいい．確かに，宗教的な事柄です．しかし，アランのこの定義を宗教的な話だけに限定して読むのは，少々もったいない．私としては，人間が，天使のように振る舞うときだってある，と考えたい．そんなことをも念頭に置きながら読んでいきましょう．

　「天使は決して年老いてはいない」とアランは書きました．なぜでしょう？　〈年老いる〉とはどういうことなのか，老人とはどんな存在なのか，ということについて考えてみなければなりません．長く生きていれば，いろいろな経験をします．その経験の多さにあぐらをかいて，どんな出来事が起ころうとも，これまでの経験で処理できると思った途端に，その人は閉じる．年老いる．〈どうせ過去に起こったあの出来事

の変奏だろう〉といった調子です．そうなれば，もう，何か本当に新たなものが出現しても，それに気づくことすらできない．その経験をどのように受け取るかで，人は老け込むかどうかが決まるのでしょう．次のように．

　或る意味では，私たちはまさに，物の跡形がつけられる蠟の板である．傷跡は侮辱の印である．侮辱の思い出であるとも言える．出来事が組織を押しつけ，あるいはひき裂いた．自然は，縁飾りの花のように，ゆがみにそって編んでゆく．大きいもの小さいもの，見えるもの見えないものをとりまぜて，人間にびっこをひかせ，つまずかせ，よろめかせ，まばたきさせ，顔をしかめさせる，この種の印のなんと多いことか．おかげで，人は思い出においてもつまずき，観念までが顔をしかめる．これは経験の打擲(ちょうちゃく)である．人間はこれによって彫りこまれ，小さくされ，すりへらされる．こうして老いるわけである．[221]

　経験に負けて，「観念までが顔をしかめ」てしまう．笑顔で新たなものを迎えることができないのです．「体系は老人の仕事である」[222]ともアラ

ンは書きました．学問的世界でも，ひとたび体系を作ってしまうと，どうしても人はそれですべてを割り切りたくなる．過去の延長線上で処理しようとするのです．当の体系に合わぬものは排除にかかる．体系に凝り固まってしまう．教条主義とか，正統と異端とか，そんな話題について調べてみれば，そんな人間の歴史など，いくらでも眼の前に浮かんできます．その意味でも「天使は学者ではない」というひとことは示唆的です．人間の側のそんな事情にはお構いなく，天使は「新たな時を告げに来る」のです．それは，学者や老人が，自分の理論や経験に照らして，何事かが当の理論や経験の体系に入りうるか否かを裁いたり，許可したりするのとはまったく違う．ただ知らせにくるのです．天使がもたらすのは，「新たな時〔temps nouveaux〕」であり，「一つの知らせ〔nouvelle〕」です．裁いたり，許したりするのとは違うのは，その振舞いからして，そうでしょう．裁判官のように法服を着るわけでもなく，ただ「あなたの髪を直すのと同じくらい当たり前の仕方で〔simplement〕」天使は言う．「そうではないのですよ」，と．あなたは思い違いをしているだけだと．〈自分で，「呪われて」いたり，「悲し」かったり，「無用」であるかのように，また「勇気〔courage〕がない」かのように思っているみたいだけど，そうではないことを私は知っている〉，と．「あなたは〔そういうことについての〕正しい知らせを持っていない」と私が訳したのは，mal informé という原語です．〈間違った情報を得ている〉ということで

しょう．私などは，こういう言い方に出会うと，〔天使ではなく〕イエスの福音を思い浮かべてしまいます．新約聖書「マタイによる福音書」の「山上の垂訓」に出てくるあの「……と言われてきた……しかしわたしはあなた方に言っておく」（Ἠκούσατε ὅτι ἐρρέτη …ἐγὼ δὲ λέγω ὑμῖν）や「ヨハネによる福音書」の中の「私はあなた方にはっきり言っておく」とか「まことに，まことに，わたしはあなた方に告げます」とか訳される言葉（Ἀμὴν ἀμὴν λέγω ὑμῖν）を思い出すのです．間違った教えによってあなた方は道を踏み外している，といったような．

もちろん，仏教で言うような，相手を折伏する〔悪人・悪法を打ち砕いて，迷いを覚まさせること〕というような話ではない．あくまで，穏やかに，当たり前の仕方で，自分で袋小路に迷い込んでいる人に，まるでヒントを与えるかのように，「知らせ」をもたらすのです．「天使は議論をしない」のは，そのためでしょう．次の言葉は作家についてアランが書いた言葉ですが，この点，示唆的です．

> 説得しようとそれほど腐心してはならぬ．私たちの要請に服しない想念は想念でないと，私たちは考えすぎる．恐れたもうな．この変化する内面では仕事がつづけられている．論拠がむだなことはない．理性は，拒否により，沈黙により，一種の無頓着によって，万人が現にあずかっているものなのだ．作家たる者は，だから，夜番のように，正しい合図をすませたら去ってゆくがよい．★223

ANGOISSE
苦悶 – 極度の注意の結果である．それは息を止めるほどのものであり，そういう結果に注目すれば，もっとひどくなる．解決法は，動物のように呼吸することである．そしてそれは溜息である．

私は翻訳という作業するとき，例えばフランス語を日本語へと翻訳しようというとき，語の選択に困り，次のような行動をとるときがあります．当のフランス語の訳語となりそうな日本

★220──アラン『人間論』p.252
★221──アラン『人間論』p.202〔傍点引用者〕
★222──アラン『思想と年齢』p.401
★223──アラン『人間論』p.130

083

語から，逆にそれに対応するだろうフランス語を辞書で引いてみるのです．この定義の場合もそうでした．森訳も神谷訳も angoisse を「苦悩」と訳しているのです．しかし，私はこの「苦悩」という訳語と，実際の定義内容を見比べたとき，「苦悩」では少し軽すぎる訳語ではないかと感じたのです．そこで，「苦悩」を和仏辞典で引いてみるわけです．すると，angoisse は出てこない．出てくるのは souffrance とか douleur です．こうして，私は〈自分で考えてみなければならないな〉と思ったのです．「苦悩」よりも重そうな言葉を探しました．自分の記憶だけでなく，類語辞典などを使って．「苦悶」「煩悶」「懊悩」……．結局，私は「苦悶」を採ったのです．自分の語感の問題ですが．

さて，それでは，フランス語の例の類語辞典ではどんな説明がしてあるか，見てみましょう．

Angoisse, en termes de médecine, grande anxiété accompagnée d'oppression et de palpitation, suppose, au moral, un état assez bref, mais très douloureux, dans lequel une grande crainte d'un mal ou d'une aggravation de son mal s'accompagne d'une vive affliction, d'un poids sur le cœur. (苦悶，医学用語で，心臓の圧迫感と動悸を伴う激しい不安であり，精神的には，次のような状態を予想させる．かなり短い状態ではあるが非常に辛く，そこには或るひとつの痛みや自分の痛みの悪化が，激しい悲嘆，心の重圧感を伴っている．)[224]

Angoisse, au fig., vive inquiétude qui serre le cœur, s'accompagne d'affliction. (苦悶，比喩的な意味で，心臓を締めつけるような激しい不安であり，悲嘆を伴う．)[225]

また，*TLFi* では，少し古い用法としながらも，次のような記述があります．

Sensation de resserrement, douleur physique localisée.（締めつけられる感じ，局部的な身体の苦痛）[226]

こうした辞書的な説明では，かえってフランス語の一般的な語感が分かるはずです．どうも「心臓」〔「心(CŒUR)」(▶p.176)〕という身体の一部が激しく締めつけられて，苦しむという感じが強い．実際，定義でも「息を止めるほどの」と書かれています．しかし，大事なのは，今回の定義の冒頭の一文，「極度の注意の結果である」という箇所でしょう．「極度の」という表現には，〈度を越した〉というニュアンスが含まれているように私には思えます．言い換えれば，〈必要以上の〉ということです．「注意しないということは注意することに劣らず難しい」[227]のであって，別にみずからしたいわけでもない注意を私たちはしてしまうことがある．例えば，次の引用のようにです．

後悔は人をしなやかにしない．後悔の欠点は，自分のことをあれこれと考える点にある．怒りに怒りをぶつけたのでは，なんにもならない．まずこの私が穏やかに考えるべきである．そうすれば，いやな思いは遠ざかる．この種の思いは，すべて喉をつまらせた注意の所産なのである．[228]

「喉をつまらせた注意(attention étranglée)」です．誰だって喉を詰まらせれば，焦ってしまい，どうしてもそこにばかり注意が向いてしまう．そういうことを表わしたい比喩的表現でしょう．咳が続くときも同じです．咳が出ることを気にすればするほど，咳は激しくなる．そんなときにはどうしたらいいのでしょう？　アランは，ここにこそ，心身の区別の議論を応用します．次のようにです．

咳はこれを機械的なものと考えれば，操作することができる．だが，ひとたびそこに思い出や予見とともに，思考のともなった怒りをもってくるならば，焦燥は運動へと駆り立て運動は焦燥を悪化させるという規則

によって，咳はいっそう激しくなる．これに反して，たとえば唾をのみ下すような，咳を排除する運動のほうは，直接に効果がある．[229]

例えば，のど飴を舐めることによって，少しは状態が改善するというわけです．〈飲み込むという動作〉と〈咳をするという動作〉とは身体のメカニズム的に両立しないからです．そういう場面に，意志的に，できる限り身体を持ち込めばいい．意志はそんなふうにして使うものだというのです．逆から言えば，咳という身体的な状態に，ただ心だけで対処しようとしてもダメだということです．身体をうまく使わなければならない．次の引用を十分に吟味すべきです．

> 情念にかられている人々は，適当に規制された姿勢や動作には最も激烈な情念をすら和らげる力があり，けっきょくすべての情念を鎮めてしまうなどということを決して信じようとしない．しかしわれわれの力は正にここに存するのである．われわれの意志が何の仲介もなく，何の内的障害もなしに直接働きかけるのは，われわれの筋肉の活動に対してなのだから．だがその代わり，われわれはただ思想のみをもって筋肉の嵐に抵抗するとき全く無力である．[230]

定義に戻りましょう．今回の定義で言う「極度の注意」とは，確かに精神・心理的な苦悩から始まっているとしても，それは身体に影響を与えてしまって，「息を止めるほど」にまでなっているのですから，みずから好んでする注意ではないですよね．心から発しているにもかかわらず，身体の激しい作用に，言わば伝達されるというか，伝染している．そして今度はその身体の方が，逆に，心を引きずる．アランは「注意の結果」という言い方をしています．原因が心的なものであっても，結果は身体にあらわれている．その結果は現に体験されているわけですから，当人がそれに注目するのは簡単です．こうして，心身の影響関係に取り込まれた堂々巡りが始まる．だからこそ，「もっとひどくなる」わけです．嵩じていくわけです．どうしたらいいのでしょう？

アランは，解決法を簡潔に提示しています．それは「動物のように呼吸する」ことであり，「溜息〔soupir〕」だ，と．なぜ「動物のように」なのでしょうか？　ここに私はデカルト的な考えを読み込みます．あの「動物機械論」をです．〈動物は思考しない〉とデカルトは考えたのです．それを応用して，ここでは〈考えずに，深呼吸せよ〉と言っているのだと私は思います．そもそも次のようなことだ，と．

> つまらぬ事柄が重大事に見えるのは，われわれの注意が向けられるときだけだ．そんなものは，純然たるメカニズムに由来するのだから，メカニズムに送りかえしてしまえばまったく消え失せる．[231]

「機械論」は，フランス語ではまさに「メカニズム〔mécanisme〕」に他なりません．人間も，身体という意味では，メカニズムであり，機械なのです．いま心臓がどきどきするのは，たとえ心の動きという原因に端を発した結果であるにしても，とにかくメカニズムによる動きだ，と割り切るのです．そして当のメカニズムを操作しようとするのが賢明だ，と．〈息を詰まらせているのだから，それをわざわざ思考の方に翻訳せずに，ただ深呼吸しなさい〉ということです．身体から思考へのこの翻訳を始めてしまえば，事態は悪化するばかりなのです．まず，そういう堂々巡りの動きを遮断しなければならない．そして，メカニズムに送り返すのだ，と．

---

[224]——H. Bénac, *op.cit.*, p.958〔傍点引用者〕
[225]——*Ibid.*, p.893〔傍点引用者〕
[226]——*TFLi*〔傍点引用者〕
[227]——アラン『プロポ 2』p.284
[228]——アラン『人間論』p.232〔傍点引用者〕
[229]——アラン『思索と行動のために』p.235〔傍点引用者〕
[230]——アラン『芸術論集』p.101〔傍点引用者〕
[231]——アラン『思索と行動のために』p.366〔傍点引用者〕

アランは，こうした苦悶を，ノイローゼという事態として考察し，それを国家にまで拡大して考えています．

> 国家はすぐノイローゼになる．だがノイローゼ患者とは何だろう．それは考えこむ人間である．つまり，知識があり，自分の意見や感情に細心の注意を払う人である．注意を払うという意味は，自分の意見や感情の見物人になるということだ．ここにこそ，自分の意見を自主的に選び，積極的に持とうとする代りに，ただ確認しようとする狂気が存在する．★232

「ただ確認しようとする狂気」こそ，「注意」が度を越したときに生じることでしょう．それをまず遮断して，そこから癒えるにはどうしたらいいでしょうか？　私は，純粋なメカニズムとはどんなものかを納得し，その上でさらに，メカニズムが産みだしえないものを目の当たりにする，という二つのことが一番いいと思っています．心身間の堂々巡りではなく，メカニズムがそれだけで動いている場面とはどんなものか，そしてそれとは全く違う形で人間の産み出すものとはどんなものかを観るのです．前者の典型はアランが「純粋な実存」と呼ぶ「海」であり，後者は「芸術」なのです．

> 純粋な実存についてなんらかの観念をもとうとするならば，ながめるべきはむしろ海である．ここでは，一つの形が他の形を消し，一瞬が他の瞬間を消す．波に話しかけようとしても，はやそれはなくなっている．すべてこれらはゆれ動いており，何をめざすでもない．★233

> この全面的な無関心は自信を与える．なぜなら，私たちにたいして悪意もなければ善意もないこの動揺のまえでは，宿命という観念は消えてしまうから．★234

> 海は私たちに悪意なんか持っていない．もちろん，善意も．海はただそこにあり，メカニックに動いているだけ．たとえ海上で嵐に遭ったところで，海が私たちに攻撃を仕掛けているのではないのです．私たちはその嵐をそのまま受け取って，自分たちの方で何とかするしかない．それが知性あるもののすることでしょう．

> およそ知性の切れ味は，刃物の切れ味と同様，それが自己自身のなかに集まり，不撓の必然性から身をひくところに生ずる．母岩にまじった粗金(あらがね)の粒と，サーベルのあの刃とは，遠くへだたっている．散漫な精神についても同様である．舟の乗客は嘆き，祈る．だが水先案内人は，実存をあるがままにとって行動するのである．★235

人間は，身体という「不撓の必然性から身をひく」ことが必要なときがある．そんなことをアランはこの定義で言おうとしているような気が私にはします．身を引いて，利用するのです．もちろん，必ずしも自分の思うがままになるわけではない．しかし，「**必然性**(NÉCESSITÉ)」(▶p.502)のなすがままでもない．

> 思考し意欲する術は，航海の術に似ている．人間は大洋より弱いにかかわらず，横断に成功する．波や流れを利用するのだが，彼の望むがままに利用するのではない．流れや波の望むがままにでもない．★236

そして，実は，ここに意志というものの大事さがクローズアップされると私は思います．メカニズムとしての自然的な物を前提として，それと折り合いを付けながら人間としてのある種の創造を行なう．それが，芸術でしょう．「自然に反して詩を作るわけにはゆかぬ．だがまた，自然は詩を作りはしないのだ」とアランは書きました．そうした人間の芸術活動がうまく行く★237

とき，次のようなことが起こるのです．

　美というものが，私たちを形而下において，肉体においてとらえ，肉体のしこりをほぐして解放し，それによって上部にある精神をも解放した上，何ものにも縛られない自由な判断力の自覚を与える，そういう美との直接的な接触こそが，理性や，信仰や，友情や，愛情などによる別種の慰めから「芸術」を区別するところなのです．…〔中略〕…われとわが力で身を縮め息をつまらせていた人間の形を元に戻してくれるのです．[★238]

ANIMALITÉ
動物性 — 〔闘牛に使われるような，去勢していない〕雄牛，〔それは〕動物性の象徴．理性は雄牛に対しては何もできない．反対に，合理的に計算されたことは，その計算とは反対の反応を引き起こしてしまう．〔剣の〕切っ先は雄牛を全く止めない．雄牛を怖がらせることなどできない．雄牛に，十分に理解された自分の利害を把握させるなどできないのである．だからこそ，人間は自分自身の情念〔passions〕を前にして激怒することにもなる．知恵〔sagesse〕も彼を激昂させることにしか役立たず，彼が自分自身に絶望するようにさせることにしか役立たない．人間が理不尽になるのは理性のいろいろな試みによってこそなのである．二人の人がいた場合，各々は相手の方が間違っていると相手に対して証明しようとする．そしてそのことが相手を激昂させ，その反射によって自分が激昂する．なぜなら彼は次のように考えるからである．「俺が理に適った話をすればするほど，やつはますます怒る」．そこから間接的な手段の必要性が生じる．見たところ理に適わぬ手段である．例えば，間違っている人に対して大幅に譲歩し，その人の詭弁を正しいものと認めるといった（理に適ってはいないが効果的な或る種の外交交渉をみよ）．焼き栗売りは，何も売ったことのない人より情念というものをよく知っている．

　「動物性」を，雄牛に代表させています．動物性を象徴するものとしての雄牛です．森訳はストレートに「闘牛」と訳しているのですが，牛の方よりも競技の方がさきに頭に浮かんでしまうので，それは採りませんでした．しかし，実際に，闘牛のシーンをアランが思い浮かべたこと自体は「切っ先」という言葉が出てくるのでも明らかでしょう．雄牛は，動く布で興奮を煽られ，最後には剣で刺され，殺されてしまうのです．その間の状況を思い浮かべてください．人間の中の「動物性」，つまりは〈身体の暴れる動き〉を明確に理解するためにです．アランは「理性は雄牛に対しては何もできない」と書きます．こ

れは，もちろん，闘牛士が牛に対している場面を思い浮かべていいのです．実際，そこで，「（剣の）切っ先は雄牛を全く止めない」し，「雄牛を怖がらせることなどできない」のですから．しかしながら，ここに「合理的に計算されたことは，その計算とは反対の反応を引き起こしてしまう」とも書かれています．牛が計算能力を持っているわけでもなさそうですから，この辺から，人間における心と身体の対峙に話を持っていくことができると私は思うのです．心がいくら計算しようとも，それに反した反応を身体は返してくる．身体は身体で独自の，要するに機械的な反応をするからです．次のような言葉

★232──アラン『裁かれた戦争』p.116〔傍点引用者〕
★233──アラン『人間論』p.307
★234──同書，p.308
★235──同書，p.186〔傍点引用者〕
★236──同書，p.30〔傍点引用者〕
★237──同前
★238──アラン『芸術についての二十講』p.42〔傍点引用者〕

は，そのことを物語っている．

> バラのとげはひっかからない．慎重を欠く者が，無茶な逃げ方をして自分で自分をひっかくのである．馬を殺す人は，その胸先を刺して，そのまましっかりしておりさえすればよい．筋肉というこの力づよい機械が，跳びあがる動きによって，自分で自分を切りこむのである．★239

「自分で自分を」と繰り返されています．こういう事態を冷静に見つめることのできないのが，動物性の姿なのです．だからこそ，牛に関して言えば「雄牛に，十分に理解された自分の利害を把握させるなどできない」のと同じように，人間に関して言えば「人間は自分自身の情念を前にして激怒することにもなる」のです．その限りでは，大した違いは無い．人間には「**知恵**(SAGESSE)」(▶p.721)と言われる理性的な判断があるようには見えても，実際には，頭を使いつつ自分の首を絞めるようなことしかしなかったりする．人間が，自分の動物性に足を掬われ，理性がまともな働きをすることができない場面です．こういう事柄について，デカルトは『情念論』の中に，上述のような激しい動きを「**情念**(PASSION)」(▶p.544)として見定め，見事な叙述を残しています．かなり長いのですが，引用してみましょう．

> 精神が情念を安全には支配できぬようにしている理由は何か
> 　しかも精神がその情念を急に変えたりおさえたりできないようにしている特殊な理由があり，この理由のゆえに私は，右に情念の定義において，情念が精気のある特殊な運動によって，ひき起こされるのみならず，また「維持され強められる」といったのである．その理由とは，ほとんどすべての情念が，心臓のうちに起こるなんらかの激動〔émotion〕を，したがって，すべての血液と精気とのうちに起こるなんらかの激動を

ともなっており，その結果，この激動がやんでしまうまで，情念は，われわれの思考に現前することをやめないということである．それはちょうど，感覚の対象が，それがわれわれの感覚器官にはたらきかけている間は，われわれの思考に現前しつづける，のと同じである．
　そして，精神は何か他のことに強く注意を向けることによって，小さな音を聞いたり，小さな苦痛を感じたりせずにおれるが，同じ方法では雷鳴を聞くことや手を焼く火を感ずることをおさええないと同様に，精神はほんのちょっとした情念にはたやすくうちかちうるが，きわめてはげしい強い情念には，血液と精気との激動がおさまってしまうまでは，うちかつことはできない．この激動が力を発揮している間，意志のなしうるせいいっぱいのことは，その激動の生む結果に心を従わせず，それの促す身体運動のいくつかをおさえるということだけである．たとえば，「怒り」の情念が，人を打とうと手をあげさせるとき，意志は通常その手をおさえることができる．「恐れ」の情念が脚を刺激して逃げようとさせるとき，意志はその脚をとどめることができる，など．★240

アランは，そういう事態を次のように記述します．

> 他人から無礼な仕打ちをうけた人間は，まずそれが無礼であることを確認するため，あれこれといろいろな理屈を考えだすことだろう．かれは事態を悪化させる事情をさがしだそうと努め，そしてそれを見つけ出すことだろう．先例をさがそうと努め，そしてそれを見つけだすことだろう．かれはこう言うに違いない．これこそおれの正当な怒りの原因だ．おれは断じて怒りを静めて楽になろうとは思わない，と．これが最初の瞬間である．その次に理屈がやってく

る．人間というものは驚くべき哲学者なのだから．そして人間をもっと驚かすのは，理性が情念に対してなんらの力ももちえないということである．[★241]

　そんなことが続けば，人は自分に絶望してしまう．次のような事態だからです．

　機械的に動かされる心理状態においては，最も陰気で，意気阻喪した，絶望的なものこそ，常に最も説得力を発揮する…[後略][★242]

　頭を使えば使うほど，そんな心理状態は，さらに悪い方に向かうのです．「人間が理不尽になるのは理性のいろいろな試みによってこそ」だということです．アランが続いて掲げる，二人の人の例は，解説を要しないでしょう．その際，次のことを肝に銘じる必要があるのです．

　注目すべきことだが，ひとは，道理にささえられ，明瞭な言葉で表わされた意見に対しては，無言の意見に対するよりも強く抵抗するものだ．[★243]

　相手が間違っていることを論理的に証明することによって説得しようとする人がいるけれども，それが，多くの場合，成功しないのは上のような理由によるのです．そして，大事なのは，アランがそこから「間接的な手段の必要性〔la necessité des moyens indirectes〕」を語ることです．これもまた心身二元論の応用です．心身分離の効用です．

　情念の惨劇のほとんどすべては，あまりに急いで高度の治療法を試みることに由来する．子供たちに対してと同様，マッサージをしたり，たたいたり，散歩につれ出したりすればそれでこと足りるのに，理屈をこねまわすのばかげている．このように徴候を思考の高みからひきおろし，物として考えることで，私はそれらを自分の意志による行動の領域に入れるのだ．[★244]

　焼き栗売りにとっては，お客と議論することが主要な目的ではないですよね．焼き栗が売れればいいわけです．逆の言い方をすれば，売れなければ何にもなりません．だからこそ，お客の情念を手玉に取ることを心得ている．どのようにしてか？　譲歩することです．相手の詭弁を気に掛けず，売れることだけを考えるのです．推論が正しいとかどうだとかは，焼き栗を売るにはむしろ邪魔であることの方が多い．もちろん，推論を利用することだってできる．相手の言うことを，もっともだというふうに，繰り返したりしながら．お客の情念は，お金を生み出すもとといったぐらいしか考えないのが，何かを売ったことのある人間のしたたかな心理でしょう．

ANXIÉTÉ
動揺 －
苦悶〔angoisse〕に似た恐れの一種である．しかし生理的な情動〔émotion〕の感じられることが苦悶より少ない点で苦悶とは異なっている．もっとも医者はいつでもそうした情動を見抜くことができるのだが．苦悶は〔主として身体に現われた〕不調である．動揺は，それを経験する者には，精神〔esprit〕の一つの状態のように思える．そこでは恐れる諸理由は，説明の付かない力を伴って出現してくるのである．何を恐れているのか知らない時でさえ，動揺はやはり根底において血液循環の乱調に規定されている精神の一つの状態である．しかし動揺する人はそれについて何も知らない．

★239──アラン『人間論』p.273〔傍点引用者〕
★240──R.デカルト『情念論』pp.130-131〔傍点引用者〕
★241──アラン『幸福論』p.62〔傍点引用者〕
★242──アラン『裁かれた戦争』pp.123-124〔傍点引用者〕
★243──アラン『幸福論』p.243
★244──アラン『思索と行動のために』p.381〔傍点引用者〕

心配とか不安とかを表すフランス語はたくさんあります．appréhension < inquiétude < anxiété < angoisse という感じで強さがあるようです．他にも peur, crainte といった語もあります．このへんで，少し区別を試みた方がいいかも知れません．Bénac の類語辞典を見てみます．では，まず，crainte から．

> **Crainte** : Idée d'un danger, d'un mal à venir dont on est menacé et sentiment pénible d'aversion pour ce mal. (**Crainte**：それによって脅かされる何らかの危険，何らかの悪いことがやってくると考えることであり，その悪いことを嫌悪する辛い感情．)

> *Crainte* et **Appréhenson** désignent un état purement intellectuel, sans trouble émotif, …(*Crainte* も **Appréhenson** も，純粋に知的な状態を指し，情動的なトラブルは無く…)

> Avec l'idée d'une émotion pénible, mais modéré, produite dans l'âme par l'idée d'un danger, **Inquiétude**, perte du calme, de la sérénité, absence de repos causée par *l'appréhension*. (辛いけれど穏やかな情動という観念を伴い，危険という考えによって心の中に産み出された**不安**[**Inquiétude**]は，冷静や平穏さを欠き，*appréhension* によって引き起こされた，安らぎの欠如である．)

> **Peur**, état émotif assez violent, très subjectif, qui ne repose pas comme *l'inquiétude* ou *l'alarme*, sur la réflexion, mais est dû à une sorte de faiblesse, souvant lâche, ou à de simples imaginations. (**Peur**, 十分に激しい，非常に主観的な情動的状態であり，それは *inquiétude* や *alarme* のように内省に基づくものではなく，一種の弱さに，しばしば臆病さに基づくものであるか，あるいは単なる想像に基づくものである．)

これらの辞書的な説明でも分かるように，知的であるかどうか，情動とどのように関わっているか，などといったことが，単語によって異なるようです．crainte も appréhenson も，純粋に知的な状態を指すのに対し，inquiétude には情動という観念が伴っている．peur は非常に主観的な情動的状態と言われています〔「恐怖(PEUR)」(▶p.582)〕．こうして appréhension < inquiétude < anxiété < angoisse という程度の差は，中心が知的なものから情動的なものへの変遷をも含んでいるのでしょう．実際，本書の「**苦悶(ANGOISSE)**」の定義(▶p.083)で語られていたように，それは「息を止めるほどの」身体的変状が区別の指標でさえあったのです．そこで，次のような訳語を提案してみます．appréhension (懸念) < inquiétude (不安) < anxiété (動揺) < angoisse (苦悶) という訳語です．だんだんと平静さを失って，身体的な乱れ，つまり情動が激しくなるという意味合いです．crainte (恐れ)は，さきに述べましたように，知的な側面が勝っているので，appréhension と同様の位置に来ます．しかし，peur (恐怖)は，かなり激しい情動的状態ですから，anxiété と angoisse との間に位置づけることもできるかも知れません．

さて，アランは「苦悶〔angoisse〕に似た恐れの一種である」と書き始めました．この crainte (恐れ)は知的な側面が勝っているのでした．しかし，当然のことですが，苦悶よりいくら少ないとはいえ，生理的情動が関わっているのであって，そうしたものを見抜くことは患者の身体的な状態を見ることに慣れている医者にとって難しいことではない，とアランは続けます．けれども，普通の人間にはそれを感知することはできないかも知れず，それゆえに，動揺を，身体の問題ではなくて，精神の問題だ，と考えてしまいがちなのでしょう．定義にあるように，医者ならぬ患者の位置にいる人には，「精神の一つの状態のように思える」というわけです．もっとも，いくら知的な側面が勝っているにしても，「何を恐れているのか知らない」ときだってあるというのです．実は自分の身体の乱調を無意識に恐れているということだってありそうなわけです．

そういう「精神〔esprit〕の一つの状態」は，しかし，「根底において血液循環の乱調に規定されている」と言うべきなのです．「**精神**(ESPRIT)」（▶p.322）は，身体の動きに対して受動的になっているわけです．しかしそういうことに気づく者は少ない．そういう自分の受動性を見据えて，そこから能動性へと向き直るということができない．心身関係に関わる事態だということに気づかないからです．動揺が「精神の一つの状態のように思え」ている限りでは，精神が直接に精神に対処しなければならないかのように，思われてしまう．しかし，それは困難です．いや，困難であるどころか，かえって動揺を嵩じさせてしまう．こうして，打つ手が見つからない．「説明の付かない力」に対処できないように思われるのです．精神が，身体を介して，精神自身に働きかけるなどということが解らないからです．そういう，ただただ精神が，自分自身を見やっている状態は，恐れをもたらすのです．

> われわれが，自分自身の動きをもはや調節できなくなるや否や，自分の動きそのものを恐れるようになる…〔後略〕★250

さきに，Bénacの類語辞典でpeur(恐れ)の記述を確認したとき，「あるいは単なる想像に基づくものである」という言葉が出てきたのを憶えているでしょうか？　この想像というものと，身体との関わりは密接です．それを十分に吟味する必要があるのです．次のように．

> 想像上の危険に耐えきれる人間など，一人だって，あるものではないのだ．それに，ほんとうをいえば，すべての恐怖は，想像のなせるわざである．恐ろしいものがわれわれをとらえるとき，それは，もはや恐怖ではなく，苦痛なのである．恐怖とか心配とか嫌悪とかいったものは，すべて，われわれに属するものであって，われわれの気のもちかたひとつに，かかっているのである．実在の事物は，それらとは，なんの関係もない．すべてのドラマは，われわれのからだのうちにある．われわれの命令なしに，さらには，われわれの命令に逆らって，たくさんの行動を始めたりおさえたりする，われわれのからだのうちに．★251

APATHIE
無感動 ── 言葉の〔語源的な〕意味そのままで言えば，情念〔passion〕が無いことである．あるいはもっと一般的には感受性〔sensibilité〕が欠如していることであり，そういう事態が人をして何事にも興味を持たないようにさせ，そのため，考えるために〔pour penser〕せよ，行動するために〔pour agir〕せよ，どんな仕方の運動にも身を置き得ないようにさせてしまう．そして，ここに含まれている観念は次のようなものである．すなわち，活動〔activité〕というものは，それがどんなものであっても，関心をそそる諸々の理由〔motifs piquants〕と低級な利害〔intérêt d'ordre inférieur〕とを前提とするということ，というのも高級な諸理由〔motifs supérieur〕は，最初，私たちをその気にさせず〔inertes〕に，無関心〔indifférents〕のままにしておくのである．例えば，一つの有益な工場も，〔試しに〕隣りの或る惨めな人を驚かせ〔てみるか，といった何ということもない思いつきを実現する〕るというただそのことのために発展することがある．羨望が詩人に拍車をかけたりもする．そういうわけで，無感動は徳〔vertu〕ではないのである．あるいはそれはすべての徳を消し去る一つの徳である．

★245──『小学館 ロベール 仏和大辞典』
★246──H.Bénac, *op. cit.*, p.202
★247──*Ibid.*
★248──*Ibid.*
★249──*Ibid.*
★250──アラン『芸術について』p.75
★251──アラン『芸術に関する101章』p.187〔傍点引用者〕

「言葉の〔語源的な〕意味そのままで言えば、情念〔passion〕が無いことである」という冒頭部分は、古代ギリシア語の語源にまで遡った話です。apathie は、ἀπάθεια つまり ἀ (否定接頭辞) + πάθος (情念) なのです。古代ギリシアの思想で、このアパテイアを称揚したのはストア派です。禁欲主義という言い方で有名な派です。それを、いわば「**理想**(IDÉAL)」(►p.402)としてめざすのであって、この派にとっては、「**徳**(VERTU)」(►p.850)だと言っていいでしょう。この定義の最後で、このあたりが効いてきます。「**情念**(PASSION)」(►p.544)が無いこと、それは悲しみや怒り、そして羨望など、いろいろな激しい心の動きに惑わされない状態だからです。そのため、「不動心」などと訳される場合もあります。

　　　態度が不動心〔ἀπάθεια〕に近づけば近づくほど、人は力に近づくのである。悲しみというものがひとつの弱さであると同様に怒りもまたしかり、すなわち双方とも傷を受けることであり、降参することなのである。★252

人によってはそれを理想とする状態なのですから、善いことのように思われます。けれども、次のような半面もあるとアランは指摘する。〈感受性の欠如〉という半面です。何か非常に悲しかったり苦しかったりすると、そういうものを感じることに耐えがたいために、〈もうたくさんだ！〉といった思いと共に、時として、感受性そのものを殺してしまいたくなる。受苦を避けようと、感受性の扉を閉じてしまうとでも言いましょうか。何も見ない、何も言わない、何も聴かない、みたいな仕方で、結局は「何事にも興味を持たないようにさせ」、「どんな仕方の運動にも身を置き得ないようにさせてしまう」というわけです。傷つきたくなくて、関わりを断つ。しかし、「人は要求の高に比例して苦しむもの」★253というのも、また本当でしょう。高い理想を追う者ほど、傷つくのかも知れません。「スチューデント・アパシー」という言葉があります。「アパシー」とは、まさにいま私たちが検討しようとしている定義の言葉そのものなのですが、通常「無気力」と訳されます。「スチューデント・アパシー」とは、「学生の無気力症候群」と言われるものなのです。いろいろ言われますが、ここでは、定義に即して、少々アラン哲学的な側面から観てみましょう。若者は、諦めきった大人と較べれば、多くの場合、理想に燃えている。特有の全能感と共に、高い理想を追う場合が結構ある。しかしながら、世の中の現実は、それと大きく掛け離れていることを知って、「全能感」から、深い「無力感」へと投げ返されてしまうのです。いったんは理想に燃えて行動しても、即座に行動から離れてしまう。まさに〈やる気を無くす〉わけです。この〈投げ返し〉が起こってしまうにあたっては、理想に燃えるがゆえの、重大な見落としがある、とアランは言いたいのでしょう。どういうことかというと、「理想」ですから、どんなものであれ、現実と較べれば〈高いレベル〉をめざしていますよね。その〈高いレベル〉の事柄と対比される、〈低いレベル〉の事柄の軽視がそこにはあるのです。アランは、例まで挙げてこのことを説明しています。「ひとつの有益な工場も、〔試しに〕隣りの或る惨めな人を驚かせ〔てみるか、といった何ということもない思いつきを実現す〕るというただそのことのために発展することがある」、という例です。ある工場を建てて事業をするという場合に、必ずしもはじめから〈世の中の役に立とう〉だとかいう高い理想で以て人は動くものではないというのです。「〔試しに〕隣りの或る惨めな人を驚かせ」てみようかといった、「低級な」動機・理由だって、ありうるというのです。そういう「低級な」理由は、言わば手の届くところにあるからこそ、人を時として簡単に動かすのです。それに対して、「高い理想」、「高級な諸理由」は、必ずしも人を動かさない。一見して、高嶺の花だからです。こうして、それらは「私たちをその気にさせず〔inertes〕に、無関心〔indifférents〕のままにしておく」ことになる。「羨望が詩人に拍車をかけたりもする」のも、羨ましいというかなり直接的な思いが、その詩人に

〈おれも見事な「詩(POÉSIE)」(▶p.606)を創ってやる〉と思わせるのは比較的簡単だからです.

ストアもある種の理想主義者たちの思想でしょう. 理想主義だからこそ, 傷つく. 私は, そこに若ささえ感じます. もちろん, いい意味での. しかしながら, それによって立てられる「無感動」は〈徳であるか？〉, と問われたら, 微妙です. もし, 自分の指導理性に閉じこもることによってこそ, その「無感動」という「徳」を成立させようというのなら, あまりに孤独です.

私の自由意思にとって隣人の自由意志は無関係の事柄である. それは彼の息と肉が私に無関係なのと同様である. たとえ我々がいかに特別にお互い同志のために作られているとしても, 我々の指導理性〔ト・ヘーゲモニコン〕はそれぞれ自己の主権を持っているのである. さもなければ隣人の悪徳は私のわざわいとなってしまうであろう. しかし神はこれを善しとせず, 私を不幸にする自由を他人に与えぬようにして下さった. [★254]

その「徳」の成立のために, (他の)「すべての徳を消し去る」かもしれないというのです.

徳とは, どこにあるものなのでしょうか？

他人との関わりにおいてこそ生じる徳というものは, どんなもので, どのように成立させたらいいのか？

この定義は, そんなことを問いかけて終わっているように私には思えます.

APPÉTIT
欲求 ― それは自然な欲望〔désir〕である. 言い換えれば, 〔欠乏感などから生ずる〕要求〔besoin〕によって決まり, 精神の混ざり込んでいない〔sans mélange d'esprit〕欲望である. 例えば, 権力への欲求は一つの野心〔ambition〕を定義する. それも, 実に〔悪い意味で〕ナイーヴで, 体質〔tempérament〕にしか由来せず, 傲慢さ〔orgueil〕も軽蔑〔mépris〕も含んでいない野心である. 金銭への欲求というものは, 金銭のことなどそれほど考えもせずにただ稼ぎ, 貯める, という一種の吝嗇〔avarice〕である. 欲求はなんともナイーヴなものなのだ.

この「欲求」(appétit)を, 森訳は「嗜欲」, 神谷訳は「欲しがること」と訳しています. 「嗜欲」という言葉は, 今日の人々にはあまりピンとこない言葉になってしまっていると思います. 「嗜」という漢字そのものが, 「嗜好品」とかいう場合にしか, あまり見かけることがない. 「欲しがること」というと, 確かに解りやすいのですが, 子どもっぽい状況を連想してしまう. そこで, もっと一般的な「欲求」という言葉を選ぶことにしました.

さて, その「欲求」をアランは「自然な欲望〔désir〕である」と書きます. 当然, 「**欲望(DÉSIR)**」(▶p.223)には自然ではない欲望もあると考えているわけです. そこで, この「自然な」ということの意味合いを説明しなければなりません. 実際, アランは言い換えをすることで, 説明を付け加えます. 「〔欠乏感などから生ずる〕要求によって決まり, 精神の混ざり込んでいない」というふうに. ここで「要求」と私が訳したのは, besoin〔「**必要(BESOIN)**」(▶p.127)〕なのですが, 私としても, 時として, むしろこの言葉の方を「欲求」と訳したくなったりしますし, 森訳と神谷訳では「必要」と訳されています. 実際, "les besoins élémentaires de l'homme" などという言葉は, 「人間の基本的欲求」と訳されるのが常だからです. 「睡眠欲」「食欲」「排泄欲」といういわゆる「生理的欲求」がそれで, 場合によると, 「性欲」も入れられます. それはそうなのですが, Bénac の類語辞典には, 次のような記述があることに私としては注意したい.

★252 ― マルクス・アウレリウス『自省録』p.191
★253 ― アラン『人間論』p.185
★254 ― マルクス・アウレリウス『自省録』p.141

Manger est une nécessité, fumer un besoin.[255] (食べることはひとつの必需であるが、煙草を吸うことはひとつの要求である．)

要するに、「睡眠欲」「食欲」「排泄欲」は、特殊な場合を除き生命維持のためにも必ず満たされなければならないという意味で「必需」なのですが、「煙草を吸うこと」はそうではないということです．フランス語で nécessité と besoin とをどのように区別する場面があるのだとすれば、それに応じた訳語を当てたいのですが、これがなかなか難しい．前者を「生理的欲求」として、後者を「心理的欲求」とすれば、区別はつくのですが、訳語として説明的にすぎることはぬぐえない．そこで、仕方なく、「必需」と「要求」という仕方で区別し、besoin の方に「要求」という語をあてたわけです．appétit は「自然な欲望」ではあるけれども、必需ではないということになります．確かに「食欲」も「〔欠乏感などから生ずる〕要求」によって決まるのではあるけれども、それは「必需〔nécessité〕」にあたるという区別をしたい．実際、アランは定義の続きで「権力への欲求」や「金銭への欲求」を挙げるのですが、それが上述のいわゆる「生理的欲求」と区別されることは自明でしょう．ですから、この「欲求」の定義で語られるのは、「生理的欲求」ではないにしても「自然な欲望」なのです．いや、〈自然になってしまった欲望〉と言うべきかもしれません．確かに、「体質〔TEMPÉRAMENT〕」(►p.791)には由来しているかもしれないけれども、それを基礎に、〈習い、性となってしまった〉ようなあり方です．

森訳も神谷訳も、この tempérament を「気質」と訳しているのですが、「気質」にあたるフランス語を私は humeur の方にしたいので、「体質」という訳語を採用します．実際、アランはこの二つを並べ、区別して使うのです．「体質」では、ほとんど身体的な側面が語られると言っていいでしょう．この定義でも「精神の混ざり込んでいない〔sans mélange d'esprit〕」という表現が登場し

ていました．その上で、「権力への欲求」という一例を説明するのですが、それが「一つの野心〔ambition〕を定義する」という．しかも、「傲慢さ」〔「傲慢〔ORGUEIL〕」(►p.516)〕も「軽蔑〔MÉPRIS〕」(►p.474)も含んでいない、「実に〔悪い意味で〕ナイーヴで、体質〔tempérament〕」にしか由来しない野心です．この「ナイーヴ」という言葉には、少々注意が必要です．日本語では「素朴な」と訳されたりもして、どこか良さそうなニュアンスが漂うからです．例えば、『デジタル大辞泉』などをみると、「飾り気がなく、素直であるさま．また、純粋で傷つきやすいさま」とある．なんとなく、良さそうな雰囲気ですよね．しかし、フランス語ではそうではない．仏和辞典を引いても、もちろん上述と同じような記述もあるのですが、一方で、「お人よしの、ばか正直な、世間知らずの」という訳語も出てくるのです．日本人の「素朴な」という言葉に関わるプラスのイメージは、おそらく、日本人が子どもというものについて抱く、どちらかというと肯定的なイメージが影響しているのでしょう．日本人は、子どもには子どもの世界があるといったことを、どこかで信じているように私は思います．それに対して、ヨーロッパでは、むしろ〈子どもは小さな大人〉で、きちんとした大人に育て上げなければならない、未熟なものなのです．少しそのへんについて寄り道をしておきましょう．次のような言い方があります．

> 端的に言って、大衆文化はそれぞれの社会における主流（メインストリーム）の文化となることができ、その社会の「大人」（両親となり家族を形成するという意味での大人）が容易に予想し知ることのできる文化である．これに対してサブカルチャーはそうした両親や大人の文化から予想もつかず、ときとして嫌悪感や道徳＝精神的な危機感をあおるような文化である．[257]

いうならば、文化というものそのものが主として〈大人のもの〉と理解されているところがあ

るのです．実際，次のようなオマケまでついているのです．

フランスでは共働きが一般的で，たとえば九五年の統計では，二十四歳から二十九歳の女性の七八・九％が，四十歳から四十四歳では七九・四％が働いているという数字がある。
その結果，子供は自宅で一人で過ごすことが多い．都会のレストランは犬はOKでも子供を歓迎しないので，夜，映画や食事に出かけるのも夫婦二人で，子供は家に残される．さらには，自宅でも居間は大人の場所だからといって，子供が入るのを禁止する親もいる．特にパリには子供が自由に遊べる場所は少なく，レストランや劇場だけでなく美しく整備された公園も大人のためのものだ．だれもが「子供でいるのは損だ」という思いを抱くようで，早く大人になるのが願らしい．[255]

そして，大人になるには，大人の振舞いを身につけなくてはならない．子どもっぽい振舞いは未熟として排除されるのです．新幹線の中で子どもが走り回るのを黙って見逃している雰囲気が日本にはあるけれども，それは欧米では顰蹙を買うところでしょう．ナイーヴという言葉には，そういう雰囲気がまとわりついているのです．

さて，定義の説明の続きに戻ります．
「野心(AMBITION)」(→p.067)の話をしていたのでした．欲求の一例として「権力への欲求」をアランは掲げ，それが一つの野心を定義すると述べていたのでした．野心というと，多くの人は，何か，かなり精神的なものを思い浮かべるかも知れないけれども，「権力への欲求」はそれとは違うものだとアランは言いたいのです．「金銭への欲求」という例の方がもっと分かりやすいかも知れません．

「金銭のことなどそれほど考えもせずに」という言葉に注目すればいいのです．それなのに「ただ稼ぎ，貯める」という一種の「吝嗇[avarice]」〔「ケチ(AVARICE)」(→p.108)〕のことだというのです．

しかし，なぜこんなことが起こるのでしょう？アランが「吝嗇とかの情念」について，「思考の調子が狂うところに成立」し，しかもその「調子が狂うということは，厳密にはわれわれの思考の中で起こるのではなく，身体の領域の中で起こる」と語ることがヒントになるでしょう．〈ケチな人は，昔，貧乏で苦しんだ経験を持つ〉ということが言われたりします．[259] もしそれが正しいとすると，その経験によって，「調子が狂って」しまったのだというわけです．それも「身体の領域」で．〈習い，性となる〉ことを，例えば〈身体化される〉と言ってしまうと分かりやすいかも知れませんね．何らかの行動が，自動的に発動するようになってしまう．〈妨げられなければ発動してしまう傾向〉という意味での，態勢〔ディスポジション〕ができてしまうと言い換えてもいい．NaïfをBénacは次のように説明していたことが示唆的です．

> **Naïf**, qui, ..., retrace la nature sans réflexion ni méthode apparente, ou avec une grâce inspirée par un sentiment spontané. (**ナイーヴ**……思慮も，明確な方法もなく，あるいは放っておいても生じるような一つの感じによって思いつかれたある恩寵と共に自然をなぞるものであって……)[260]

このような説明でもわかるように，そこには，精神による制止や懐疑の働きは介入していないのです．「自然な欲望」という時の「自然な」という言葉をそのように解してみる必要があるということです．ひとことで言えば，さほど称揚すべきものではないということです．「欲求はなんともナイーヴなものなのだ」というこの定義

★255──H. Bénac, *op.cit.*, p.619
★256──例えば，アラン『人間論』p.256参照．
★257──上野俊哉・毛利嘉孝『カルチュラル・スタディーズ入門』pp.108-109
★258──安達功『知っていそうで知らないフランス──愛すべきトンデモ民主主義国』p.197
★259──アラン「芸術について」p.36[傍点引用者]
★260──H. Bénac, *op.cit.*, p.617

095

の最後の言葉は，こういうニュアンスで理解しなければならないでしょう．

APPLICATION
専念 – これは内省〔réflexion〕無き注意であり，隔たりを欠いている．対象こそが専念を決定してしまう当のものである．人は対象のすべての部分においてまで対象と合致してしまおうと望む．それは〔対象から距離をおいて，眺め，考えてばかりいる〕傲慢な人にあっては徳〔vertu〕であるが，あえて望みはしないでいて，しかも実行すると誓う人にとっては〔その距離を無くしてしまうという意味で〕一種の悪徳〔vice〕である．専念は一種の思考〔penser〕の拒否である．「私は，しかるべく，ギロチンにかける」．役人仕事とは専念への誓約である．

applicationの動詞に当たるものがappliquer です．これをまた別の名詞にするとappliqueという単語があります．みなさんもたぶんご存知の日本語「アップリケ」です．手芸でよく使う言葉ですよね．いろいろな形に切り抜いた布を縫い付けたり，貼り付けたりする手法です．要するに，ぴったりとくっつける，重ね合わせることです．このあり方を，人間の心の状態，思いのあり方に持っていって考えると，今回の定義はわかりやすいでしょう．冒頭から，検討してみます．

「これは内省〔réflexion〕無き注意であり，隔たりを欠いている」と始まります．森訳も神谷訳もréflexionを「内省」と訳さずに，「反省」と訳しています．もちろん，それでもいい．けれども，「反省」という語にまつわりつく〈悪いことをして，反省しています〉というニュアンスを，ここでは避けてみたかったので「内省」としました．「注意」がキーワードになっているのはお分かりでしょう．内省というものが伴っていない注意は，隔たりを欠いている，というのです．そこで，何らかの「内省」というものが生じるとはどういうことかを考えてみてください．「内省」という語は「内観〔introspection〕」と同じ，とも『デジタル大辞泉』は述べます．心理学では，実験心理学が盛んになる前には「内観心理学」というものが行われていたのです．「自分の意識やその状態をみずから観察すること」です．観察するのですから，それを眼の前に置くというか，そういう状況が必要ですよね．それこそが，「隔たり」でしょ

う．実際問題として，例えば，何かを見るには，その何かが眼にピッタリくっついていたら，見えない．その何かが見えるには，眼球からのある程度の距離が必要なわけです．これは知覚の場面ですが，「意識（CONSCIENCE）」（▶p.191）の場面でも同じでしょう．自分を観察するには，自分を言わば対象化して，ある程度の隔たりを持ったものとして設定しなければならない．ところが，何かに専念している人間は，この隔たりを無くしているわけです．夢中になっているときは，他のことなど，眼に入りませんよね．もちろん，このこと自体が悪いのではない．ベルクソンのように，そうした事態を「直観〔intuition〕」として，哲学の方法の中心に置く人もいたくらいです．

> 直観は，それゆえ，まず意識を意味するが，それは直接な意識であり，見られた対象とほとんど区別のない視覚であり，接触であり，いや合致ですらある意識である．[261]

そして大事なのは，ベルクソンは，こういう哲学的なあるいは形而上学的な直観に到達するには，多くの場合，非常な努力が必要であることを認めるのですが，アランのこの定義ではそこまでは考える必要がなさそうなことです．要するに，日常的な場面では，大抵，〈知らぬ間に，夢中になっていた〉とかいうのが普通で，〈夢中になりたくて，意識してその状態に置いた〉ということは，無いとは言いませんが，少ないと思います．何が言いたいのかというと，「専念」と

いう状態が成立する場合，大抵は，対象の方が人を決定してしまうということです。対象が魅力的であったりする場合が，典型です。〈気がついたら，その美しい対象の虜になっていた〉みたいな話です。気がつけばいいのですが，気がつきもしないで，夢中のままだったりする。夢見心地で，当人は幸せかもしれませんが……。そしてただ，「対象のすべての部分においてまで対象と合致してしまおうと望む」といったことが起こる。恋なんかは，まさにそのものでしょう。

さて，アランは続いて，興味深い考察を記します。この同じ専念というものが，ある人にとっては「**徳**(VERTU)」(▶p.850)であり，別の人にとっては「**悪徳**(VICE)」(▶p.854)だというのです。少々解釈が必要でしょう。私は次のように解釈し，訳者の補足として説明を付加しておきました。対象との「隔たり」との関わりで，両者を区別してみようというわけです。定義に出てくる「傲慢な人〔l'orgueilleux〕」とは，こういう側面からすると，どういう人かを考えてみたのです。こちらは，対象からの隔たりに安住する人と考えてみました。どういうことかというと，傲慢な人というのは，自分が他の者たちよりも優れていると思い，距離を置いている人だと捉えるのです。そこで，「対象から距離をおいて，眺め，考えてばかりいる」という補足を加えました。専念することは，（傲慢である）自分には，（本当は望んでいるのに）相応しくないと決め込み，そう

いうことに身を投じようとしないのです。しかし，もし専念に身を投じれば，自分が普段は手に入れられないような〈ある種の見事な状態〉を手に入れることもできようという意味で，「徳」とみなすことができる。それに対して，「あえて望みはしないでいて，しかも実行すると誓う人〔celui qui ne veut pas oser et qui jure d'exécuter〕」という少々回りくどい言い方でアランが指そうとした人というのは，私は，この定義の最後に例示されている役人のことだと思います。「私は，しかるべく，ギロチンにかける〔Je guillotine comme il faut.〕」という言葉は，首切り役人として，〈自分としてはあえて望んでいるわけでもないが，それでも自分の役目であるから実行する〉という言葉でしょう。もし人をギロチンにかけるのが好きで，それに熱中するなんていう人がいたら，たとえ自分が傍観者の立場にあっても，ちょっと嫌ですよね。役人だから仕方がなくやっているというのならまだしも……。いずれにせよ，最後の「役人仕事とは専念への誓約である」という言葉は，きちんと当該の仕事を遂行するには，嫌だとかどうだとかいうことをあえて考えずに，専念することでしょう。直前にある，「専念は一種の思考の拒否である」とはその意味です。役人は，そういう仕方での専念を誓うわけです。言わば，考えないこと，思考の拒否を誓っているわけですね。この事態を一般化すると，かなり辛辣な話になりますが，頷いてしまう私がここにいます。

ARROGANCE
尊大 ― これは〔横取りして〕我がものとすること〔C'est arroger〕，言い換えれば自分のために要求することである。これは自分のことで他の人々が掛かり切りになるようにしようとする心的傾向〔disposition〕であり，そしてそれは他の人がどんなに懇願しようと〔そんな他の請願者のことなど〕考慮さえしない。この言葉の正しいニュアンスは次の如くである。この言葉は眼の前に拡げられている〔en étalage〕ある種の怒り〔colère〕を表現している。そしてその怒りは，好意を与えてくれる人々に対しても，好意を期待している人々に対してと同様に，働きかけようとするものである。尊大はそれゆえ，ほとんど成功しないし，ほとんど常に滑稽で

★261 ── H. Bergson, *La pensée et le mouvant*, p.27

ある．

　この定義を一読した後に，尊大，高慢，傲慢，驕傲など，いろいろと訳語の候補は挙がってくるのですが，初めはどうもしっくりこない気がしました．森訳は「思いあがり」とし，神谷訳は「尊大・思い上がり」としています．確かに「思い上がり」というのは，可能な限り易しい訳語を採用するという態度としてはいいかも知れません．しかし，とにかく，定義の内容を吟味してから訳語を決定することにしようとして，熟読し始めると，冒頭の"C'est arroger"で最初から引っ掛かりました．そのため，いろいろと調べているうちにiOS用のイタリア語の語源辞典（Mondadori Education SpA, 2010, l'Etinologico）の中に次のような内容があることに行き当たったのです．

arroganteはラテン語のarrogareからきており，"attribuirsi qualcosa che non è proprio〔自分のものではない何ものかを自分のものとする〕"という記述です．これはまさにアランの定義の冒頭部分"C'est arroger"に他なりません．『ロワイヤル仏和中辞典』でもs'arrogerは「不当に手に入れる，勝手にわが物とする」とあります．そこで，私は「〔横取りして〕我がものとすること」と訳すことにしたのです．しかも，重要なのは，アランはこれをすぐに「自分のために要求すること」と言い換えていることです．少々分かりにくいかも知れませんが，次のような発言として理解してみましょう．〈それは私の物だからよこしなさい〉，と．何であれ，欲しい物は自分のものだとしてしまうようなあり方を示します．しかし，どういう理由で，そんな要求がそもそもできるのでしょうか？　ここからやっと，尊大，高慢，傲慢〔「傲慢（ORGUEIL）」（▶p.516）〕，驕傲そして思いあがりという日本語と少し関連が付いてきます．何らかの地位や家柄そして才能などを理由として，自分は他の者よりも優れているのだから皆は自分に貢ぎ物をするようにすべてを与えて当然だ，という態度がここでは考えられているのです．歴史上の権力者には，そういう態度を

とった者が実際にいたように思えますよね．そして，アランは次のように続けます．「自分のことで他の人々が掛かり切りになる〔occuper〕ようにしようとする心的傾向〔disposition〕」である，と．例えば，「育児に掛かり切りになる」という言い方がありますよね．幼児はそれを意識して要求しているわけではないでしょうが，確かに，抱き癖をつけてしまえばベッドに置いただけで泣き出します．掛かり切りにならざるをえなくなる．それと大して変わらないことを大人が要求する場合があるというのが，この定義です．王様は，臣下に対して，掛かり切りを要求するのです．次のエピソードはそれに関連しそうで興味深いものです．

　　ルイ十四世は，彼に近づく人びとのうえに，一見説明不可能に思われる驚くべき権力をふるった．それは，起きるにつけ，寝るにつけ，便器を用いるにつけ，ことごとに彼が定めた規律に由来するものだった．それらの規律を強制することができたのは彼が権力を持っていたからだと言ってはならない．逆に，彼自身が規律だったからこそ権力が持てたのだと言うべきなのである．側近のだれもが，自分がなにをなすべきかをほとんどつねに心得ていた．[★262]

次のアランの言葉も浮かんできます．

　　真の圧制とは「尊大」にほかならぬ．[★263]

　さて，次に〈懇願する人たち〔solliciteurs〕〉が，定義の中では登場します．彼らは，例えば，何かをして欲しいと頼みにくるわけです．けれども，尊大な人は，耳を貸そうとはしない．考慮に値するとは考えない．なぜなら，偉いのは自分なのであって，他の者たちは自分の言う通りにしていればいいと考えているのですから．しかしながら，そういう人物の態度をすんなりと

受け容れてしまう人などいるでしょうか？　私は，いないと思います．たぶん，多くの人がそのように考えるからこそ，尊大な人の要求は必ずしも実現しない．しかし，当の尊大な人は，自分では当たり前と信じていることが実現しないのですから「怒り〔COLÈRE〕」(➡p.180) を抱くようになる．それが定義の後半です．

「この言葉の正しいニュアンスは次の如くである」と始まる文章がそれです．「この言葉は眼の前に拡げられている〔en étalage〕ある種の怒り〔colère〕を表現している」，と．「眼の前に拡げられている〔en étalage〕」というのは，例えば〈商品が客の眼の前に見やすく並べられている．陳列されている〉といったイメージです．まさに見せるために並べられているのです．ことさらに怒りを展示している．隠そうなどとはしていないのです．統御など利いていない．言わば，もう，ある種の情念的状態なのですから，人を選ばず，食って掛かっていく．「その怒りは，好意を与えてくれる人々に対しても，好意を期待している人々に対してと同様に，働きかけようとする」というのは，王様で言えば，臣下にも，懇願する人にも，という意味でしょう．こういう人には付き合いきれませんよねぇ．「尊大はそれゆえ，ほとんど成功しないし，ほとんど常に滑稽である」とはその意味でしょう．アランは，次のようなことも書いています．「意地悪な人〔méchants〕」についての自分の見解を書き記している箇所です．今回の定義と関わりがつきそうです．

> 意地悪な人間〔méchants〕と私が言うのは，猫かぶりのうまいずるい人のことではない．過激な人，情念に身をゆだねきっている人，欲望だけから判断する人，何かをたえず他人に強要しながらそれに気づかない人，自分に対してだれも敬意を払ってくれないと本気になっていきまく人，そういう人のことである．
> ★264

ASSOCIATION DES IDÉES

観念連合 — これは私たちの諸観念〔考え〕の機械的な推移〔cours〕を説明するような，私たちの精神〔esprit〕の一種の法則〔loi〕である．夢想とか，半睡，夢〔rêve〕，そして要するに意志的な思考がもはや遂行されないすべての場合に見出される推移がほぼそれに該当する．見たところ，諸観念〔idées〕はその類似性によって，あるいはそれらが普通に見出される近接性によって，つながりあっている（リンゴ，オレンジ，地球．機械〔machine〕は習慣〔coutume〕の力によって蒸気機関〔machine à vapeur〕を引き出す．帽子〔Chapeau〕は城〔Château〕を考えさせる．男爵〔Baron〕は気球〔Ballon〕を，等々）．もしもっと近くから眺めてみると，次のことが解る．即ち，観念の連鎖の大部分は実際には語の連鎖，言い換えれば運動の連鎖であるということだ．ちょうど，一歩が他の一歩を引き出し，ピアニストの一つの運動が他の運動を引き起こすのが見られるようにである．観念のすべての連鎖は，それがジェスチュアのなかであれ，脳の中であれ，運動の継起の結果であると考えることは理に適っている．〔だが〕これは推測に過ぎない．観念連合の事実は一つの観念が，しばしばいかなる合理的な脈絡も無く，ただただ〔時間的にまず〕先行し，〔現に今〕了解され，〔次の瞬間に〕再現されるという繰り返しの効果によって，他の観念を考えさせるところに存する．この種の結びつきは迷信〔superstition〕と呼ばれる．

まず，idée という哲学用語，つまり普通は「観念」と訳される言葉に慣れてもらった方がいいでしょう．プラトンの「イデア」も idée と訳されるわけで，そこには少々注意すべき事情があ

★262──アラン『プロポ 1』p.359
★263──アラン『思索と行動のために』p.417

★264──アラン『感情　情念　表徴』p.152

るからです．プラトンの場合，彼のいわゆるイデア論が主張していたことは，諸々のイデアが「イデア界」に，つまり私たちからは離れたところに実在すると解釈されるのが普通です．イデア論をプラトンが実は後年放棄したのだという解釈もあるのですが，それは今は措きます．その上で，このイデア論の主張を検討してみると，イデアはこの感覚界とは別の世界であるイデア界に実在するという主張です．この場合，観念は，近代以降の哲学的な言い方をすれば，意志からは独立した実在であることになります．実際，「観念実在論」と言われもしたのです．もちろん，アランの次のような言葉はよく銘記しておくべきです．

　　　イデアが存在し，ものであること，イデアは事物のように限定しあい，ぶつかりあい，混じりあい，事物のように相似し，相違し，さらに事物のように併置されていること，一言でいえば，イデアは事物が存在するように存在すること，こういう想定はあまりに性急なイデア論である．★265

　しかしながら，イデアをこのように実在とみなすことにどんな問題があるにせよ，ヨーロッパ近世の哲学では，デカルト以降，マルブランシュという神学者・哲学者の例外的なプラトン的な主張もあるのですが，概して観念は私の意識において現われるものです．そして，そのように「意識（CONSCIENCE）」（▶p.191）において現われるのなら，〈その観念を私たちが生まれながらに持つのか否か？〉という問題をめぐって，いわゆる大陸合理論とイギリス経験論との間で議論が戦わされたと，哲学史の教科書を開けば出てくるでしょう．観念は生得(本有)的か，それともすべて〈経験〉から来るのか，というふうに，その論点はまとめられます．

　さて，今回の定義の中で，アランは，プラトン的な話をしているのではなく，上述の区別で言えば，デカルト以降の話をしています．「観念連合〔association of ideas〕」という話は，イギリス経験論でよく出てくる話なのです．どちらかという

と大陸合理論的な姿勢を採るアランが，わざわざこの術語の定義をするところは興味深いですね．そこには批判的な叙述がありそうな気がします．実際，定義の冒頭部分からして，アランはこの「観念連合」に対して，ある種の辛辣さを抱きながら筆を進めているように思うのです．それはどういう点なのかの説明から始めましょう．

　「これは私たちの諸観念〔考え〕の機械的な推移を説明するような，私たちの精神〔esprit〕の一種の法則〔loi〕である」とアランは書き始めています．「機械的な推移」というのが，この点です．そして，それに従って諸々の観念が推移していく場合に，ある種の「法則〔LOI〕」〔「法〔LOI〕」（▶p.442）〕を語ることができるというわけです．以下に見るように，どんなふうにして諸観念が結びついていくかに関わる法則です．ここに「推移」と私が訳したのは，原語では cours で，それこそ「流れ」です．私たちの考え・思いが，機械的に流れていく場面があるというのです．もちろん，それに対するものとしての〈機械的ではない〉推移をアランは想定しているわけです．それについての議論はこの定義の中ではあからさまに展開されることがないので，深追いはやめますが，定義の続きに「夢想とか，半睡，夢〔rêve〕，そして要するに意志的な思考がもはや遂行されないすべての場合に見出される推移がほぼそれに該当する」と記されることからも，意志が関わる観念の推移こそが，〈機械的ではない〉推移であろうことは予想がつくでしょう．放っておいても機械的に実現する推移ではなく，意志的な統御の下で秩序立って進む推移です．「いわゆる観念連合によって支配されているこのような思考は，まるで指導されてもいなければ，整頓されてもいない」★266，ということです．指導し，整頓するのは，意志です．それゆえにこそ，「思考とは意志的なものであることを知ることが必要だ」★267というわけです．いや，そもそも「じつは，意志的なものでない意識などというものはなく，また意志的なものでない思想〔pensée，「思考」と訳していい〕などというものもない」★268のです．そういう対比を見事に書

き記している二つの文章を引用しましょう．

わたしがデカルトのものとする別の立場，従われることも少なく，従われるように意を用いることも少ない別の立場は，完全な注意をもって形づくられなかった想念〔penséeなので，「思考」と訳していい〕はもはや想念にはあらずとする見解にしたがって，きっぱりと裁断する．たとえば，三と二の和は四と一の和と同一であるが，わたしがこの点に注意しない場合は，ただそのままの記号，機械的な言葉にすぎず，要するに，「三たす二は五」と口にする身体の運動にほかならない．そして，考えずにこれを口にした場合，もしわたしがそれでも計算をしているのだと主張するなら，食料品店の計算器がその内部で計算をおこなっていると言い張るようなものだ．[269]

要は，思考というりっぱな名称を，魂の刻印をもつものだけにとどめておきさえすればいい．こうして，われわれの秩序立った認識は思考に属する．われわれの選択され，同意され，磨かれた愛情は，思考に属する．われわれの決意や誓いは思考に属する．これに反して，気分の動きは断じて思考には入らない．本能の反応は断じて思想には入らない．疲労も思考ではない．[270]

〈「気分の動き」だって，思いが動くのであって，思考だろう！〉と考えたくなる人はきっといるでしょう．しかし，アランはそれを認めない．それは思考ではない，と決めるのです．次の文章は，デカルトについて語りながら，その決断を，「選択する」という言い方ではっきり主張している箇所です．

デカルトは，彼の気分のなかでは彼はメカニックなものでしかないということを選択する．そしてこう定めたことによって，私たちの情念は事物の領域に帰せられる．[271]

これは自分の生き方の問題です．どこかに転がっているような真理に寄り掛かって主張される事柄ではありません．いや，むしろ，デカルトは，そしてアランは，真理をすら，自分の「決断(RÉSOLUTION)」(▶p.715)において受け入れること，さらにいえば，自分で構築すべきことを主張しているのでしょう．実際，アランは高校生たちに向かって「真実というものは個別的であり，決して体系的なものではなく，それ故絶えず目覚め，瞬間ごとに真理を見きわめ，構築する必要のあること」を説いたと言います．「あらゆる観念はまず共通なものであり，最初は他人の意見として自己のなかに入りこむのであって，真理として入りこむのではない」[273]という言葉も彼は残しています．

実を言うと，デカルトが方法として述べたのもそういう〈秩序だった推移〉，〈意志に基づいて，みずから創りあげていく推移〉を大事にすることでした．「方法的懐疑〔doute méthodique〕」と，後年，呼び慣わされるようになるこの積極的な懐疑の下，「方法は直観の対象である単純なものを発見することと，秩序に従ってそれを配列することを同時に目指している」[274]と言われる所以です．そういう決意とでも言うべき営みの中で，デカルトは，はっきりと，「最も単純で最も認識しやすいものからはじめるべきこと」[275]と述べていました．

---

[265] ──アラン『イデー（哲学入門）』p.37
[266] ──アラン『思索と行動のために』p.375
[267] ──同書, p.169
[268] ──アラン『神々』p.142
[269] ──アラン『プロポ 2』p.103〔傍点引用者〕
[270] ──アラン『思索と行動のために』p.382〔傍点引用者〕
[271] ──アラン『イデー（哲学入門）』pp.165-166〔傍点引用者〕
[272] ──白井成雄「ラニョーとアラン」（アラン『ラニョーの思い出』）p.175〔傍点引用者〕
[273] ──アラン『思索と行動のために』p.243
[274] ──F.アルキエ『デカルトにおける人間の発見』p.38〔傍点引用者〕
[275] ──R.デカルト『方法序説』p.28

101

デカルトにとって単純性とは，一つの要素の単純性なのではない．それは事物のなかにあるのではない．事物を把握する精神の働きにある．神の観念は，私が神を把握するその心の働きは，他のいかなる働きにも還元されえないという意味で，一つの単純本性である．同様に円であるかぎりの円の，それ自身に固有で他に還元できない，ある把握が存在する．★276

そうした単純なものを，自分の意志の統御の下で，自ら秩序を創りつつ，秩序立てていくのです．秩序はどこかに転がっているのではないのです．おそらく，ヒュームのいわゆる「恒常的連接〔constant conjunction〕」という「**習慣**(HABITUDE)」(▶p.393)のようなものによって成立するものでもないでしょう．次の引用をよく吟味してください．

> 観念の最善の秩序は自然のなかにあたえられていて，私たちはその秩序を発見しさえすればよいように思われるが，それはおそらく悪い祈りであり，いわゆる被造物の礼拝であって，創造主を礼拝することではない．このように観念を事物から規定することについてけっして誤らなければ，そしてそういう規定は想像によるものであることがわかるなら，自然学者の思考にも驚くべき自由が推測されるだろう．★277

秩序が自然の中にすでに与えられているとか，放っておいても自然に習慣によってできあがってくるのであれば，私たちはそれを創るわけではないことになります．そういう考え方を，デカルトを借りつつ，アランは批判しているのです．そんなアランの批判に対しては，〈だって落下の法則という事実を，人間が創ったとでもいうのか？〉といった反射的な反批判が加えられるかも知れない．こうして「**論争**(POLÉMIQUE)」(▶p.612)が始まることになるでしょうが，ここではそこに深入りすることを避けます．次の引用だけを示しておくことにしましょう．

> 君は人類が科学に酔い痴れたここ二，三世紀の申し子なのだ．確かに外的必然を知らねばならない．まず外的必然に従わなければこれを巧みに利用することはできない．だが私の見るところでは，この純粋に技術的な〔原語はindustrielleなので，「工業的」の方がいいかも知れません〕ものの見方が精神を麻痺させてしまったのだ．なぜなら，精神に対しすべてを事実として捕えるように命じ，判断者ではなく記録係であるように命じたからである．★278

意志に基づく判断が必要なのに，ただ，すでにあるとされたものを記録することだけしかしていない，というわけです．こうした議論を近代認識論として全面的に展開したのがカントの『純粋理性批判』でした．そこに語られるカントのいわゆる「構成主義」こそが，そういう素朴に見える事実に対する認識主観の側からの介入というか寄与とでも言うべきものを見事に語ったのでした．

イギリス経験論においても，ジョン・ロックではまだ「内省〔reflection〕」的なものの考え方が確保されており，デカルト的な端緒は消されていません．けれども，だんだんそれが消されていくプロセスをたどるように私には思えます．そして，観念があるということは，意識に，現に今，現われることだというふうに傾いていく．内省によって，すでにあるものが取り出されていくというのではなくて．もちろん，ロック自身も，本有観念を否定する場合の議論としては，次のように書くのですが……．要するに，初めからあるのなら，最初に知られるだろうというわけです．

> もしなんらかの生得〔本有〕真理があるとすれば，この真理は必然的におよそ考えられ

るものの最初でなければならず，心に現われる最初のものでなければならない．[279]

バークリになれば，"esse is percipi"，つまり存在するとは知覚されることだ，というわけですから，知覚されないものは存在とは認められない．そして，ヒュームでは「印象〔impression〕」が語られ，「観念」は，その印象の色あせた像のごときものとして理解される．そして，ある観念が，自然にというか，自ずと，別の観念を思い起こさせることを「観念連合」として語るわけです．「類似」とか，「近接」とか，「因果」を語りながらです．実際，アランもその線に沿って叙述を進めており，この三つの言葉を定義の中で用いているのです．前二者については，「見たところ，諸観念はその類似性によって，あるいはそれらが普通に見出される近接性によって，つながりあっている」というわけです．「リンゴ，オレンジ，地球」はその丸さという類似によって，「機械〔machine〕と蒸気機関〔machine à vapeur〕との結びつき」は「習慣〔coutume〕の力によって」，「帽子〔Chapeau〕と城〔Château〕」は音の類似によって，また，「男爵〔Baron〕と気球〔Ballon〕」も同じです．アランは，こうした結びつき・連鎖〔enchaînements〕の実態はどのようなものであるかを，理論的に考察しようとします．そして次のように指摘する．「観念の連鎖の大部分は実際には語の連鎖，言い換えれば運動の連鎖である」，と．とても重要な指摘です．「観念の連鎖」というのは，デカルト・アラン的には，慎重にことを進めるならば〈意志的決断に基づく秩序づけ〉でありうると考えられるのだけれども，「大部分は〔la plupart de〕」，「語の連鎖，言い換えれば運動の連鎖」だというのです．アランはそれを否定はしない．しかしながら，すべてがそうだとも言わないでしょう．〈意志的決断に基づく秩序づけ〉を認める限りは，です．いずれにせよ，長い間，心理学はその圏域で動いていたのです．

十七世紀および十八世紀のほとんどすべての科学的心理学は，この圏域を動いていた，——つまり意識の「単純な」諸要素を設定し，それらが特定の観念連合による結合体へとまとめあげられる規則を発見しさえすれば，心的なものの本質を露呈しうると期待したのである．ただ一人の思想家だけが，この流れから遠ざかっていた，…〔中略〕…ヘルダーがその人である．彼は言語の起源に関するその著書や『人間の魂の感覚作用と認識作用』という著書において，はじめてある新たな道を切り拓いた．彼は，純粋な哲学的基礎づけに際しては，統覚の統一としての意識の統一というライプニッツの概念に依拠している．だが，同時にヘルダーは，おのれ自身の道を歩むうちに明らかになってきた具体的な認識や洞察のすべてによってこの概念を豊かにしてゆく．[280]

さて，それでは「語の連鎖」が，どうして「運動の連鎖」に言い換えうるのか，今度は考えてみてください．関連して，いろいろな問いが立ちます．〈「観念」と「語」とは，どう区別されるのか？〉 さらには，〈「観念」と「運動」とはどのように区別されるのか？〉 観念は，近世以降においては，いわゆる意識に現われるものでしたね．デカルト風に言えば，「思惟の様態〔cogitandi modus〕」，すなわち〈思考の，或るあり方〉です．思考が，或る様態〔mode〕をとっているという事態です．例えば，帽子〔Chapeau〕という観念は，思考という働きが，帽子〔Chapeau〕と呼び習わされている対象を思い浮かべるにせよ，知覚するにせよ，とにかくそれに何らかの仕方で関わるという形で，今，或るあり方を採っているということでしょう．

★276——F. アルキエ『デカルトにおける人間の発見』p.39〔傍点引用者〕
★277——アラン『イデー（哲学入門）』p.178〔傍点引用者〕
★278——アラン『裁かれた戦争』p.131〔傍点引用者〕
★279——ジョン・ロック『人間知性論（一）』p.66
★280——E. カッシーラー『シンボル形式の哲学（三）』pp.73-74

では、「語」はどうでしょう？ その思考という働きが関わっている対象を表現するために創られたレッテルとでも言っておきましょうか．言い換えれば，思考の働きそのものでは決してない．あえて言えば，その思考の働きを，当の働きの対象で代表させるかのようにしつつ，しかし対象とは別の音声的・視覚的な何ものかとして定着させることではないでしょうか？ 帽子〔Chapeau〕という対象は，帽子〔Chapeau〕という語ではないわけですから．しかし，それでは，そういう「語」が，どうして「運動」なのか？

ここで最大限の注意を払わなければならないのは，「運動〔mouvement〕」は「思考の働き」ではない，ということです．次の言葉が決定的でしょう．

　　一たんわれわれが〔意識的に〕われわれの思想を形作ることを止めてしまうと，そこにあるのはもはや思想ではなく，それは運動である．★281

ここで「思想」と訳されているのは，penséesです．「思考」の複数形です．さきほど，「想念」という訳語もpenséeにはあったことを思い出しておいてください．いずれも，「思考」なのです．言い換えれば，ここは，「思考ではなく，運動である」といっている部分なのです．それでは，どんなふうに，「思考」と「運動」とは区別されるのでしょうか？ 次の引用を見てください．

　　あらゆる運動は思考されている．ここに運動が思考に対する関係がある．★282

運動というものは，思考されてこそ存在するのであって，そこから独立にあるわけではないというのです．そのようにアランが運動を理解していることは，「運動というものについての思考がなくてはまったく運動など存在しないのに，どうして運動が思考するだろうか？」★283という言葉を見ても明らかでしょう．だめ押しをしておきましょう．

思考するもの〔ce qui pense〕は，大きくもなく小さくもなく，近くもなく遠くもなく，内部にもなく外部にもなく，運動してもおらず休止してもいない，と言おう．なぜなら，思考するものはこれらすべての関係を思考し，これらすべての関係とその項を含んでいるのだから．何ものも精神の外にはなく，何ものも精神から遠くにはない．★284

運動を思考する働きと，運動とは違うということです．「運動というものはけっしてあるがままのものではなく，それどころか，それはつねに，変化をわれわれに示すために組み立てられるひとつの体系にほかならない」★285とすれば，組み立てられた体系と，さらにその内部で語られる運動とは，また当の体系を組み立てている思考とは別物だということです．この思考というものを，人は往々にして忘れてしまう．唯物論者ルクレティウスを掲げながらアランが指摘するのも，そのことです．

　　ルクレティウスは，これらの物の建設者と偶像の破壊者とを全然忘れている．つまり，深淵の上にまず単純な運動を張りめぐらし，あたかも綱がそのなかにあるすべての宝物をとらえ，引きよせるように，これをためし，複雑化して，ついに宝物の目録をつくるあの精神を忘れている．ここで彼は，機械論が本来自由の証明であること，と同時に，自由の手段と器具であることを忘れていた．★286

こうして，自由を忘れ，（機械的な）運動に身を委ねるのが「大部分」の場合だとアランは言うのです．この定義でも，議論は，その「大部分は」という場面に焦点を当てて展開されていました．今回の定義に掲げられた例を追いましょう．「ちょうど，一歩が他の一歩を引き出し，ピアニストの一つの運動が他の運動を引き起こすのが見られるように」，とあります．人は歩

104

くときに，一歩一歩を意識して歩くわけではないでしょう．ピアノを弾くときにも，どの指を次にどの鍵盤上に置くかなどとことさら意識していては演奏などできません．その意味では，習慣づけられることによって無意識となった運動に身を委ねるのが日常だと言いましょう．そうであればこそ，「観念のすべての連鎖は，それがジェスチュアのなかであれ，脳の中であれ，運動の継起の結果であると考えることは理に適っている」ようにも見えるわけです．ついに，ここに，「因果」が語られるわけです．しかしながら，アランはそれを一蹴する．「これは推測に過ぎない」，と．こんなふうに因果を語ることによって，思考は機械論に埋没してしまうことになる．実は，さきにルクレティウスについて引用したように，機械論の建設者を忘れてしまうのです．カント風に言えば，因果のカテゴリーを用いて現象的対象を構築する認識主観を忘れて，現象そのものの中に埋没するとでも言っておきましょうか．推測に身を委ねてしまうことは，諸観念の機械的な流れがすべてだとしてしまい，それから身を引くこともできずに，それだけを信じることに他ならない．それは迷信〔superstition〕なのです．

ASSURANCE
保険 – これは偶然の支配〔loterie〕の反対である．皆が，各人に対して偶然による損失を償うために協力する．例えば，若死，長患い，交通事故，盗難，火災などである．保険は，不幸という偶然の支配に際して，誰も損をしないようにするものである．

まずは，ドイツの哲学者・数学者ライプニッツ(1646-1716)の保険制度について珍しく日本語で書かれた文章を引用しておきましょう．

> 保険の制度は，偶然の存在を知り，しかもそれを全体として引き受けることが社会にとって必要不可欠であるということを理解しながら，それでもどの特定の人間にその不運が降りかかるかを十分に予測できない人間が，全員で不運を分担することによって不利を最小限に食い止めるための制度であろう．[287]

例えば，交通事故の後遺症により労働能力が一部失われた場合などの損害賠償額の算出方法のひとつとして，収入に一定の労働能力喪失率を乗じて，労働能力喪失期間に対応するライプニッツ係数を更に乗じて，逸失利益の現価を算定します．ライプニッツ係数表というものがあるのです．

アランもこの定義で述べているように，不幸に対する対処法の一つが保険なのです．この対処法がなければ「不幸という偶然の支配」に際して，私たちの，ふたたび歩み出そうという基盤の一つが確保されないのです．不幸が生活を完全に壊してしまう．人は不幸に足をすくわれて落ち込んでいくのです．そこに現れるのは，済んでしまったことを嘆いたり，〈こうだったらよかったのに！〉と，いろいろ思い巡らすという事態だったりします．しかし，そのような〈過去を嘆くこと〉や〈過去への期待〉は，次にあるような「どうどうめぐり」を招来します．思考が空回りを始めて，役に立たなくなってしまうのです．

大小にかかわらず不幸というものは，思考がどうどうめぐりをし完全に役に立たぬと

★281──アラン『デカルト』p.140
★282──Alain, *Lettres sur la Philosophie première*, p.50
★283──*Ibid.*, p.49
★284──*Ibid.*, p.48
★285──アラン『思索と行動のために』p.38
★286──同書，p.166
★287──佐々木能章『ライプニッツ術──モナドは世界を編集する』p.190

105

いう感情によってくりひろげられる。[288]

　そしてついには思考を断念するといったことが起こってしまうのです。しかしそれこそより大きな不幸をもたらすことになる。「精神が自己放棄をする時にこそ、最大の不幸が訪れる」[289]というわけです。次のようになってしまう。

　　情念の、いや悪徳さえもの根本はこの屈辱、すなわち、何もできぬということであり、何もできぬと判断して絶望を最高度にしてしまうこと[290]…〔後略〕

　とにかく、絶望的なものほど、説得力があるのですよ。

　　深く隠されてはいるが、その効果の程は十二分に知られている一つの法則がある。それはおよそ自分の抱きうる最も陰気で、恐ろしく、絶望的なものこそが、これまた最も説得力を持っているという法則である。恐怖の例が示すように、強烈な感情に襲われた場合がこの最上の証拠となる。自己恐怖の感情は、自己嫌悪の感情同様、説得力がある。[291]

　そして、自暴自棄になって犯罪に走ったりすることもありますよね。

　　犯罪もまた、確実な不幸めがけて走るようなものである。待ちきれないで、とびだすのである。恐れは戦いを避けさせるもので

なく、かえってそこへ駆りたてることが、ここからまたしても理解される。[292]

　こうした事態に立ち至らないようにするためには、せめてふたたび歩み出すための有利な条件、物質的な、身体的な条件を整えることが望ましいのは言うまでもないでしょう。保険もその一つなのです。宗教でさえ、そうした身体的な知恵を利用しているといった方がいい。

　　あらゆる宗教は、おどろくべき実践的な智恵を含んでいる。たとえば、不幸な人がその不幸を否定しようとしてむなしく苦心するためにかえって自分の不幸を倍加する反抗の運動をおさえて、宗教は、不幸な人を跪かせ、頭を両手でいだかせる。あれこれお説教するより、これの方がましなのである。この体操は、想像力の過激状態をおさえ、絶望あるいは憤怒の作用をしばしば中断するから、体操こそ秘訣だ。[293]

　保険は、偶然とのある種の戦いです。偶然をぬぐい去ることこそが、思考の出発点なのかもしれませんね。

　　自分自身に耳を傾けるという、この美しい作業によって、人間は、偶然というものをぬぐい落とすのである。人間は、自分自身を確認することができるように、自分自身を始めるのだ。これこそは、おそらく、最初の思想であり、真理の最初の形式であろう。[294]

AUDACE
大胆 ─ これは〔人が〕現に動いている際の勇気〔le courage en mouvement〕である。しばしば、恐怖〔peur〕というものは、精神〔esprit〕全体を占めてしまうような一つの行動によってしか乗り越えられないものである。そして、この行動が始まるや否や、そこから可能なことと不可能なことについてのより正しい見通し〔vue〕が生じてくる。ナポレオンの騎兵隊は、人が不可能と判断する道によってしばしば到着した（モスクワやクラン〔Craonne〕の戦い）。[295] 大胆は、大胆な人を安心させ、用心深い人を不安にする。大胆と無鉄砲〔témérité〕との間には、わずかな違いしかない。大胆とは、統制のとれた無鉄砲であり、時として意志的

106

に解き放たれた無鉄砲である．大胆の中には，奔放〔hardiesse〕の中におけるよりも多くの精神が宿っている．大胆はむしろリーダーの資質である．

　le courage en mouvement を「〔人が〕現に動いている際の勇気」と私は訳しました．森訳は「運動における勇気」ですし，神谷訳は「動いている勇気」としています．もちろん，両者とも誤訳などではありません．けれども，少し解りにくいかなとは思います．少しでも解りやすくするために，こうしました．

　しかし，すぐあとに〈恐怖を乗り越える〉という話が出てくるのはなぜでしょう？　それは，「恐怖(PEUR)」(▶p.582)を抱いている場合，行動を躊躇することなど普通だからでしょう．恐怖を抱いて，行動しないでいては，当の恐怖は募るばかりで，乗り越えられないことが多い．行動しなければならないのです．しかし，そもそも，「勇気(COURAGE)」(▶p.196)がない人・用心深い人は，それができない．そして，いろいろ思い巡らす．それを断ち切って，とにかく思い切って一歩を踏み出さなければならない．用心深い人は，考えてばかりいるのですから．そして，考えていても，失敗する可能性ばかりが頭に浮かんでしまうものなのですから．自分は，いま念頭に置いていることを実現したいのか否か？実現したいのなら，行動によって，その臆病な〈思い巡らし〉を乗り越えなくてはならないのです．「精神全体を占めてしまうような一つの行動」が必要なのです．そういう行動が，否応なしに，事柄に対処する思考を促すのです．行動しなくては働いてこない思考が現われると言いましょう．それゆえ，「大胆」というのも，思考無しなのではなく，現に行動することによって明らかになってくるものに基づいた思考を前提としているのです．

　アランが「現に動いている際の」と述べるのはそのせいです．それは，〈人間が実際に行動している際の〉という意味なのです．アランは少し後で，「この行動が始まるや否や，そこから可能なこと不可能なことについてのより正しい見通し〔vue〕が生じてくる」と書いています．行動しないでいるときではなく，まさにいま行動しているときに働いている勇気をアランは「大胆」と定義しているわけです．そこには，現実的な行動の条件を目の前にした判断が生じているのです．繰り返しますが，行動してみなければわからないことなど，いくらでもあるはずです．つらつら頭で考えているだけでは見えてこない条件というものも，あるのです．だからこそ，その条件を目の前にするためにも，行動しなければならないのです．手をこまねいていては，何も実現しない．現実的な見通しが立たないからです．この点はかなり重要で，アランはバルザックの小説について触れながら，興味深い一節を残しています．

> 現実〔le réel が原語なので，「現実的なもの」と訳してもいい〕とは，可能なことでもなければ，不可能なことでもない．それは，わずかの間に，正確に，これが可能，これが不可能と決定する事実の状態なのである．★296

　現場に身を置いていればこそ，この〈現実的なもの〉を把握することができる．何が可能であるか，何が不可能であるかを，しっかり把握できるのです．ナポレオンは，行動する人であったからこそ，「人が不可能と判断する道によってしばしば到着した」のでした．ナポレオンは，現に対象を，条件を目の前にして考えた

★288──アラン『思索と行動のために』p.375
★289──アラン『裁かれた戦争』pp.154-155
★290──アラン『思想と年齢』p.33
★291──アラン『裁かれた戦争』p.122
★292──アラン『人間論』p.273
★293──アラン『幸福論』p.61〔傍点引用者〕
★294──アラン『芸術に関する101章』p.251〔傍点引用者〕
★295──「クラン」であって，地元では「クラオン」とは発音しない．
★296──アラン『バルザック論』p.60

107

からです．それによって，対象を目の前にしないで「不可能」と判断する人々を超えたのです．次のような言葉があります．

> 具体的な対象がなければ着実に有効にものを考えることができないのだと知らなければならない．ロダンが作った，あのしっかりと目をひらいた物に直結した「考える人」を思い描いてほしい．そこにあるのは新しい観念なのである．目を閉じて考える人がなんと多いことであろう．何もせずに考える人がなんと多いことであろう！ ★297

大胆な人は，この秘密を知っている．自分が大胆であるならば，ナポレオンがどのように行動したのかを知って，〈確かに，そういうものなんだよねぇ〉と自分の経験から納得するのです．そして，自分が大胆であることに，安心する．間違ってはいないのだ，と．ところが，「用心深い人」には，それができないのです．大胆に行動することがほとんどないわけですから．そ

して，とことん追い込まれ，「窮鼠猫を噛む」といった仕方で，「無鉄砲」が始まるのです．「大胆」は，この「無鉄砲」とは違う．アランが定義を続けて，「大胆とは，統制のとれた無鉄砲であり，時として意志的に解き放たれた無鉄砲である」というのも，これでわかるでしょう．「大胆」は，一見すると，「無鉄砲」に見えるかも知れないのですが，実は統制が取れているのです．なぜなら，状況をきちんと把握しているからです．対象・状況・条件をきちんと把握していればこそ，意志の発動も思い切ってできる．それを「意志的に解き放たれた無鉄砲」とアランは言いたいのでしょう．しかも，それは「奔放〔hardiesse〕」〔「**果敢さ〔HARDIESSE〕**」（▶p.400）〕ではない，とアランは言う．行き当たりばったりではない．それこそ「より多くの精神が宿っている」のが，「大胆」ということだというのです．現場に身を置くことによって，大胆に行動するのがリーダーでしょう．現場にも行かずに参謀本部に居座って命令を出しているだけなのは，ボスというものです．全くの別物なのです．

AVARICE

ケチ－それは恐れ〔peur〕という情動〔émotion〕から帰結する情念〔passion〕である．それは年齢や病気によって弱った者たちにありがちなものであり，彼らにあっては恐れ〔colère〕は怒りに変化しない．怒りなら〔ケチではなく〕何らかの種類の野心〔ambition〕に導くだろう．ケチな人は恐れており，恐れを抱くことを恐れている．そこから彼は防護手段，予防策，そして備蓄をため込むことになる（金は一種の備蓄である）．ケチの中には，予見の術と秘蔵の術とが入っている．一種の野心もまたそこには入っている．というのもケチな人は，他の人々を支配しようとするからである．しかし同時に彼は他の人々に全然信頼を置いていない．ケチには際限がない．なぜなら，実際，人はいつでも心配することが可能だからである．ケチな人を救う思想は秩序と予見の思想であって，博愛的な決断〔résolution〕によって彼が可能な限りで自分の周囲に拡げうる秩序と予見の思想である．こうしてその後，安全というものの基本的諸原理を手に入れて，彼は秩序と仕事を愛し，最後には図書館，病院，協同組合，保険〔assurances〕そしてそれに類するものを創設したりもする．しかし，この博愛的感情〔sentiment〕は，用心〔précatuion〕しなければという反射的動きの力〔puissance des réflexes〕によって，ふたたびケチへと舞い戻ってしまうことがしばしばある．

森訳も神谷訳も，avariceの訳語を「吝嗇〔りんしょく〕」としています．しかし，この語自体を大学の講義で使ってもほとんどの学生はその意味を知りません．授業中に皆がスマホで意味を確かめ始めるのが普

通です。それならば、もう少し解りやすい訳語を選んだ方がいい。それで「ケチ」としました。

　ケチは「恐れという情動〔l'émotion de la peur〕」から帰結する情念であるというふうにして、今回の定義が始まります。「情動(ÉMOTION)」(▶p.299)と「情念(PASSION)」(▶p.544)とを区別しつつ、アランはいろいろなことを語ります。この本でも私は繰り返しその説明をするつもりですが、ここでも大雑把に確認しておきます。「情動」とは、ほとんど身体的な激しい動きです。そして「情念」とは、それに思考が向けられて、思考そのものが引きずられている状態です。例えば、この定義に登場する「恐れ」〔恐怖(PEUR)〕(▶p.582)の情動について言うと、何かのショックが外から与えられたときに、身体はそれに即座に反応してしまうのはわかるでしょう。突然、近くで、大きな音がしたりすると、身体がとにかくビクッとして、恐れを抱きますよね。ああいう感じです。その原因が何であるかは、まだわかっていないけれども、とにかく恐れるという状態です。繰り返しますが、身体が即座に反応しているのです。原因の探求が始まって、それが特定されれば、それなりにホッとする。原因の探求というものは思考に基づいて進むわけですよね。そして、それに備える手段を整えるのもある種の思考あってのことです。情動に思考が加わっても、しかし、まだ情動によってもたらされた恐れに引きずられて思考が進むことなどいくらでもある。アランは、ケチというものを、そういうものだと定義しているのです。頭を使って考えてはいるのだけれども、根柢において、恐れに引きずられている。そういう状態です。それは身体の激しい状態に引きずられているという受け身の〔passif〕状態なのですから、情念〔passion〕と呼ばれるに相応しい。その意味で、ケチは情念なのです。こうした、情動から情念への移行に際しても、身体的条件は大きく影響を与えることをアランは指摘します。ケチが、どういう者たちにありがちかという指摘のもとにです。それは「年齢や病気によって弱った者たちにありがちなものであり、彼らにあっては恐れは怒りに変化しない」と彼は書きます。言い方を換えれば、強い者にあっては、恐れは「怒り(COLÈRE)」(▶p.180)に変化し、ついには何らかの種類の「野心(AMBITION)」(▶p.067)に導くだろうというのです。しかし、弱いものにあっては、怒りに変化できず、その結果、野心というよりはケチに導くというのです。言わば、攻撃に出ずに、防御に向かうのです。人は恐れているとき、大胆な行動に出ることによって、それを克服することもある。実際に、「大胆(AUDACE)」(▶p.106)の定義では、そのように語られていましたよね。それができるならば、恐れは乗り越えられてしまうのです。けれども、弱いものにはそれができない。恐れは、克服されずに、伏流のように流れ続けるのです。ということは、機会あるごとに、恐れという情動は作用を及ぼしうることになります。ケチをそういう状態だと考えてみてください。アランが「ケチな人は恐れており、恐れを抱くことを恐れている」と記す意味が少しは明らかになるでしょう。だからこそ、事あるごとに、恐れというその情動の噴出に備えようとして、防御策を練ろうとする。それが、「彼は防護手段、予防策、そして備蓄をため込むことになる（お金は一種の備蓄である）」という文となるのです。そういういろいろな手段を練るには、確かに思考を働かせている。「予見の術と秘蔵の術」をつくりあげるほどには、です。そうではあるのですが、根柢においては、情動に揺り動かされている。それは消せないのです。

　面白いことに、アランはここで、さきにケチと対比するかのように「野心」を位置づけたのにもかかわらず、ケチには「一種の野心」も入っているとまで言います。どういうことでしょう？　確かに、恐れが乗り越えられて野心に移行することはできなかった。野心は、恐れを克服する

★297――アラン『感情　情念　表徴』p.214〔傍点引用者〕

109

ことによって成立するくらいですから，統御の力を持つ．強いわけです．ケチはそこまでは行けない．しかしながら，ケチな人も，恐れに対して自分でいろいろな防御策を創りあげたならば，それで一種の力を手に入れてしまうのです．それこそ，アランがここで「一種の野心」を語る所以でしょう．例えば，備蓄されたお金は力を持つというのは明らかなことだと思います．お金で他人を支配しようというのは，やはり一種の野心と言える．そういうわけです．しかし，自分自身はそれほど強くないのだとすれば，どこかに防御の心が残る．ドンと構えることができないのです．疑心暗鬼になったりする．自分が弱いからこそ，「他の人々に全然信頼を置いていない」からです．こうして，安心立命の境地には到りつかない．それゆえにこそ，備蓄をさらに増そうとするのです．「ケチには際限がない」のは，そのためです．「実際，人はいつでも心配することが可能だからである」というのは，そのことを見事に言いあらわしているとは思いませんか？

では，ケチから癒える手段はないのか？　恐れを克服できないその人物を救う思想は無いのかというと，それはある，とアランは書くわけです．「博愛的な決断〔résolution〕によって彼が可能な限りで自分の周囲に拡げうる秩序と予見の思想」です．恐れという身体的状態は，それなりに激しい状態なのですから，それとは反対の「秩序と予見」を周囲に拡げることは，そういう激しい状態を鎮めるのに役立つというわけです．それこそが「安全というものの基本的諸原理」です．「基本的諸原理」と訳したのは，フランス語の原語では les éléments です．古代ギリシアの幾何学的な業績をまとめ上げた例のユークリッド（エウクレイデス）の『原論』も，Éléments です．その意味を汲み取って，「基本的諸原理」と訳してみました．要するに，それに従って，種々のものが構築される基本中の基本です．ケチな人は，そこで安心の基となるものを手にして，現実に移そうとします．それこそが，「図書館，病院，協同組合，保険〔assurances〕そしてそれに類するものを創設したりもする」という事態です．しかしながら，もう一度思い出して欲しいのは，恐れは伏流のように，潜在しているということです．それゆえ，「用心〔précaution〕しなければという反射的動きの力〔puissance des réflexes〕によって，ふたたびケチへと舞い戻ってしまうことがしばしばある」ということになるのです．

AVEU
自白 ── これは同類〔semblable〕の前で認められた過ち〔faute〕である．自白無しには，裁く者にとって過ちは存在しない．というのも彼は動機を知らないからである．違反しかない．

まず，「同類」と訳した語について説明する必要があるでしょう．原語では，le semblable です．そのまま訳せば，〈似ているもの〉ということになります．まあ，しかし，大抵は，人間のことを指しています．一例を挙げておきましょう．

すべての存在は，自分の同類を愛し，自分の同類を捜し求める．これは月並みなことだ．が，おそらく，つまるところは，真理なのである．しかし，その最初の瞬間がむつかしいのだ．ヘーゲルは，ここでも，言葉少なに，しかし力強く，自己自身に対して生まれる思想のたどる宿駅を，明らかにしている．認知．それは，思考する人間が，もう一人の思考する人間を発見する瞬間である．★298

問題は，〈「思考する人間」を，探し求めるとか，発見するとかいっても，どうやってなのか？〉ということです．そこが，今回の定義「自白」の重要な部分に関わっていると私は思うのです．

例えば，〈星や海を眺めるときのように，単

なる観察の対象として出会うことなのか？〉 そ
れとも、〈別の仕方があるのか？〉 これはかな
り重要な問題です．相手をどのように捉えるか
という問題なのです．物体を捉えるのと、「**精
神(ESPRIT)**」(▶p.322)を捉えるのとでは、おそらく
違う．さらに言えば、たとえ相手が人間であっ
ても、それを物体(身体)として捉えるか、精神
として捉えるか、という違いが出てくるでしょ
う．例えば、交通事故で気を失っている負傷者
に、外科医は、もちろん声をかけることもする
でしょうが、とにかく身体的な処置をすること
を急ぐでしょう．それに対して、内科医が、患
者と対話を進めながら治療を進めようとする
のとは、少々異なることになります．ベルクソン
風に、外から眺めるか、内に入り込んで直観し
ようとするか、の違いと言ってもいい．アラン
が、プラトンの『メノン』という対話篇を念頭に
置いたであろう、次のような文章があります．

> 奴隷の子供がソクラテスから幾何学のこと
> をきかれて、はじめ性急に愚かな答えをし
> たとき、ソクラテスは意に介せずに、こう
> 言った．「おまえはそんなことを考えてはい
> ない．それはおまえの考えではないよ．」
> すなわち、彼は相手に自分自身の精神を貸
> し与えたのである．そして、ひとりの人間
> を確認するとは、一精神を確認するという
> ことでなければ、何を意味するのか．[★299]

思考を、そして精神を、発見し・確認するこ
とこそが、同類を承認することなのでしょう．
しかし、初めからストレートにそこまで行ける
のかどうか．これはかなり疑問です．むしろ、
生理的なとでも言うべき地盤に立って、そこか
ら登っていくことが必要なように私は思います．
実際、そのようなところまで降りていけば、ア
ランにおいて「同類」が語られるのは、人間同士

だけではないと私は解釈します．「徴」の交換が、
そこで話題になるからです．例えば、

> おそらく、われわれは、同類がやっている動
> 作を目にした場合に、それに対して疑惑をい
> だきながらも、ある有益な習慣に従って、そ
> の動作をくり返すように仕向けられているか
> らだろう．勇気が感染しやすく、恐怖もまた
> 感染しやすい、といわれるゆえんである．笑
> いにしても涙にしても、こんなふうに伝わる
> ものであり、かくして、あらゆる制限を越え
> て、大きくひろがっていくのである．[★300]

ここでも、「われわれ」と言っている限りは人
間同士のようにも思われるのですが、内容的に
は「**恐怖(PEUR)**」(▶p.582)も挙げられています．例
えば、一羽の雀が飛びたつと、多くの場合、他
のすべての雀も飛びたつという状況を考えてみ
ればいい．こういうことを理解してもらった上
で、次の引用はとても重要です．

> 理解するとは、何よりまず、模倣すること
> である．…〔中略〕…模倣するとは行動する
> ことであり、思考することではない．この意味
> で理解するのは、思考することではない．こ
> の時、人間の言葉は動物の言葉と区別されな
> い．ここを進めば、動物は思考しないとい
> うことは充分理解される．しかし、人間が思
> 考するということは理解されないのである．[★301]

私はこうしたレベルの徴を〈動物的な徴〉と呼
んだことがあります．[★302] 〈人間的な徴〉と区別する
ためにです．今回の定義「自白」で、当の自白す
る人間の使う「徴」は、優れて〈人間的な徴〉、言
い換えれば「言語」であることがとても重要だか
らです．この〈動物的な徴〉という術語の理解に
資するであろう面白い例を、アランはダーウィ

★298──アラン『芸術に関する101章』p.213〔傍点引用者〕
★299──アラン『人間論』p.261〔傍点引用者〕
★300──アラン『芸術に関する101章』p.89

★301──アラン『思想と年齢』p.327〔傍点引用者〕
★302──以下の論述に関連することを、さらに詳しく述べたのが、拙著
『情報学の展開──情報文化研究への視座』のp.84以下です．

ンから引いています。櫛でたてがみを掻いてやると嚙みつく馬の例です。性悪な馬だなどと腹を立てずに、「牧場でたてがみを掻きあっている二頭の馬を観察するやいなや、万事が氷解する」とアランは書きます。自分自身では痒いところを掻けない馬は同類のところへ行き、相手となる馬の身体部位の自分の掻いて欲しいところに対応する箇所を嚙むことで痒い箇所を知らせ、自分も嚙んでもらう、というのが事の真相のようです。それを〈馬の言語〉と言おうが、どう言おうが、名前はどうでもいいでしょう。とにかく、人間が櫛でたてがみを掻いてやったことを徴として馬が理解し、それに応じてとった行動の結果が人間に嚙みつくという事態である、という解釈を私たちなりに提出できるのです。要するに、牧場の二頭の馬は徴を理解しあっており、さきの嚙みつく馬は、馬と人間の間にもそれを使用したのだ、と私は言いたいのです。しかしどういう意味で理解したのか。それは、すでにおわかりと思いますが、模倣するという意味で、あるいは同じ徴を送り返すという意味で、です。

さて、このような議論を前提として、定義を読み進めてみましょう。「同類の前で認められた過ち」とあります。「過ち」の原語は faute です〔**間違い(FAUTE)**（▶p.350）〕。例の類語辞典には次のような記述があります。

> ***Faute***, toute action mauvaise à quelque degré que ce soit, parce qu'elle offense les prescriptions de la morale, de la religion, les usages, les convenances. ★305 (**過ち**, どんな行為であれ、何らかの程度で、悪い行為。なぜならその行為は、道徳や宗教や慣例や礼儀作法の命令に違反するからである。)

この辞書的な定義にもあるように、他人から見れば(つまり現象としてみれば)、ある行為が「道徳や宗教や慣例や礼儀作法の命令に違反する」という事態は、大方、わかります。しかしながら、それが当事者の責任を問うべき事態かどうかは、そのままでは必ずしも明らかではない。

法律用語でいう、あの心神喪失という事態もありうるからです。この「心神喪失」という事態は、さきほど述べた〈気を失っている状態〉に近いものだからです。そこにおいては、自分の行為の結果について判断する能力を完全に欠いていたわけですから、「裁く者」は、当人の動機を問うことそのものができないことになります。逆から言えば、「裁く者」に対して、いや、もっと一般的に「同類」の前で、過ちを認めるということは、その行為についての善悪を判断できたということを示しつつ、その行為の動機について語りうるということです。動機と行為との連関を認めるということは、こうして語りうることを前提としているのであって、〈動物的な徴〉のレベルで可能なことではないのです。もちろん、そういうレベルから完全に切り離されるということはないのでしょうが、「自白」という事態の中で用いられる言語が、主としてそういう場面にはないことはわかりますよね。「裁く者」が、相手の「動機」を理解するのは、あくまで知的な理解でしょう。生理的な理解ではなくて。「裁く者」にとって、「動機」を知ることがないとしたら、「違反しかない」とアランが書いた理由はこれでわかると思います。ここで言われる「違反」とはどんなものか、ダメ押し的にあの類語辞典で確認しておきましょう。原語は、infraction です。

> ***Infraction***, terme surtout juridique, ne se dis que des engagements, des règlements, des lois, qu'on ne respecte pas, sans pour cela les rendre caducs: *Infraction à un régime médical. Infraction aux règles morales admises*. ★306 (**違反**, 特に法律上の用語、契約、規則、法律についてしか言われない。それらが尊重されていないのである。だからといって、それらが無効となっているわけではない。)

AVIDITÉ

貪欲 — 保持するよりも，むしろ，取ろうとする欲望〔désir〕である．浪費癖と共にあることが非常に多い．自分は何を持っているのかを忘れてしまうこととともまた結び付いている．

「保持するよりも，むしろ，取ろうとする欲望〔désir〕」とあります．保持する方の「**欲望**（DÉSIR）」（▶p.223）は，「**ケチ**（AVARICE）」（▶p.108）でしょう．ケチの定義と見比べることによって，この定義はより明確になると思います．貯めるという欲望ではなくて，とにかく取ってくる〔prendre〕欲望なのです．というより，「取る」という事柄自体が主要な内容であるような欲望です．〈何のために取ってくるか？〉などと考えてもいない．ですから，取ってくるものそのものにはそれほど興味は無い．「浪費癖と共にあることが非常に多い」のは，そのためです．Bénacの類語辞典では次のようにあります．

> **Avidité** : Besoin insatiable d'acquérir des biens terrestres. *Avidité* implique une sorte de brutalité dans la jouissance. [★307]（**貪欲**：物質的な財を手に入れようとする飽くことを知らない欲求．貪欲は，享受する際の一種の粗暴さを含んでいる．）

> **Avidité** : cupidité insatiable, surtout de richesse et d'honneurs, et besoin d'en jouir avec une sorte de brutalité. [★308]（**貪欲**：飽くことを知らない激しい欲望，特に富や名誉についての．そして一種の粗暴さと共にそれを享受する欲求．）

この二つの箇所にある説明には少々違いがあります．前者では対象が「物質的な財」に限定されているのに対して，後者では「富や名誉」という言い方で，〈非物質的な事柄〉にも触れているのです．それは，一見すると，大きな違いのようにも思えます．しかしながらそれらを享受するという視点から観ると，それほどの違いは無い．どちらも「一種の粗暴さ」〔「**粗暴さ**（BRUTALITÉ）」（▶p.142）〕が語られるのです．この事態を，私なりに解釈してみましょう．「物質的な財」にしろ，〈非物質的な事柄〉にしろ，それを手に入れた者には，それに相応しい振る舞い方とでも言うべきものが考えられるのではないかということです．それらの物事を持つ者の品位とでもいいましょうか．「取る」に際しても，それなりの品位はもちろん要求されるでしょうが，持つ物事に相応しい振舞いを身につけていないとき，それは醜いものとなる．「浪費」が生じるのも，そういうときでしょう．「取る」ことにしか興味が無く，それをどのように使うかを念頭に置かない．それどころか，「自分は何を持っているのかを忘れてしまうこと」だってある．しかし，〈それは，富を不正に使うことではないのか？〉と問うことすらできるかと思います．アランは次のような言葉を残しています．

> 人々は富の不正な分配を弾劾（だんがい）するが，多くの金持がやっている富の不正な使用を非難しない．だが，不正な使用こそ，真の，そして唯一の不正なのだ．[★309]

AVILISSEMENT

品位の低下 — 売りに出ているものは，安っぽい〔vil〕．そしてその自然な拡張によって，それは大したものではない．品位の低下というものは，一人の人間が自分を売るにつれて価格を下げるに伴って当の人間の中に起こってくる変化である．奴隷は品位を

★303 ── アラン『人間論』p.34
★304 ── 同前
★305 ── H. Bénac, *op. cit.*, p.379
★306 ── *Ibid.*, p.1007
★307 ── *Ibid.*, p.81
★308 ── *Ibid.*, p.173
★309 ── アラン『思索と行動のために』p.354

落とされた〔se trouve avili〕者である。しかし自らの品位を落とすということ〔s'avilir〕はさらに悪いことである。それは献身とか，友情〔amitié〕のすべての結果とかに公然と値段を付けることである。こうして，売られた献身〔dévouement〕に向けて誠実に努めることは，さらにもっと人の品位を落とす〔avilit〕。高邁とか独立とかの外見に利害が混入するときはすべて，人は品位の低下の度を下降していくのである。

"Est vil ce qui à vendre..." と定義は始まります。この vil を，森訳は「卑しい」と訳し，神谷訳もそれを踏襲しています。とても訳しにくい言葉だと私も思います。しかし，何かこの訳語には違和感を私は感じました。「卑しい」という日本語は，人間について言われるものだと思うのです。確かに，定義の続きを読む限り，そこで語られているのは，主として人間の話です。けれども，定義の冒頭で，アランはもっと一般的なことから説き始めているように，私には思えたのです。要するに，物品について語り始めているのではないかということです。そこで「安っぽい」と訳してみました。そもそも，「売りに出ているもの〔ce qui à vendre〕」は，その物品を売る当人にとっては，（少なくとも他の物事との比較においてではあるにしても）「価値〔VALEUR〕」（►p.841）がないからこそ，売りに出されるのです。極端な例を用いれば，誰かが破産しそうな場合，その人が持っていた骨董品にたとえ他の者から観ればかなりの価値があったとしても，自分が食いつなぐとか，負債を返すといった事柄に比して，手許に置く価値が無くなってしまったからこそ，売りに出されるのです。そういう価値づけを，売りに出されるというその時点で当の物品は担ってしまうがゆえに，その売りに出される場面に置かれた物品には「安っぽい」雰囲気が漂うことになる。同じ物品が博物館とか美術館に置かれている場合と比較してみればいいのです。

アランは，続けて「その自然な拡張によって」と記します。この言い方も，私が議論を物品から始めていることに有利に働くと思うのです。そして「それは大したものではない〔ce qui ne vaut pas cher〕」という言い方も，上述した比較の議論を念頭に置けば，すんなりと受け入れられるはずです。売る当人にとっては，くどいようですが他の事柄と比較してにせよ，〈価値が高くない〔ne vaut pas cher〕〉のです。

これに続いて，アランの議論は，〈物品を売る〉という一般的な事柄から，〈自分を売る〉ことへと転換しているのだと考えられないでしょうか？ しかも，この転換が定義の中心部分となっているようにさえ私には思えます。次のように書かれます。「品位の低下というものは，一人の人間が自分を売るにつれて価格を下げるに伴って当の人間の中に起こってくる変化である」，と．もちろん，物品に関するこれまでの話は，ここに応用できます。何らかの理由があって，自分を売らなければならない状況に人間が追い込まれた場合，ということです。それがどんな状況なのかをアランはここではまだ明確には語りません。しかしながら，〈自分が売られる〉という場面は明確に語っているのです。「奴隷」です。戦争などに敗れて，生命を奪われるよりは生きることを選んだのかも知れない．そんなふうに生きるよりも，むしろ死を選ぶということもあったでしょう。とにかく，そこには，生きることに関わる自分自身の価値づけを下げても，あえて生きようと思った者もいるでしょう．もっとも，そもそもそんな風な思考をも消えてしまったのかも知れない．まさに奴隷にならんとしているときに，思考するだけの自由がその人にあったかどうかが疑問だからです．人間が完全に屈服してしまうときに関する，次のような興味深い文章があります．

完全な奴隷状態は自分を認識しない．モロッコで，すでに両眼をえぐられ，挽臼をまわすためにつながれていた捕虜の一将校

が見つかったとき，彼はとっくにすべての意識の光を失っていた．だとすると，われわれは大なり小なり自分の勝利についてのみ意識をもつということになる．たとえば，ひとが絶対的に屈服した恐怖は認識されないのだ．これは経験的事実である．おそらく，いわゆる純粋感覚にしても，ひとはこれに絶対的に屈服しているわけだから，同様に認識されないと考えるべきだろう．[★310]

　そんなふうにして，それこそ人間が機械のようになってしまうことだってありうるのです．こうして，人間が，物品のように，売られたのです．この場合，自分が売ったのではない．売られたのです．奴隷商人にとって，奴隷は，持ち主のために働く機械といった物品として，いやもう少しマシかも知れない言い方をするなら，家畜やペットと同じように見なすことができたからこそ，売ることもできたのです．古代ギリシアにおいても，自由民に対して，奴隷は手仕事をする存在として扱われていましたし，古代ローマでは闘う見世物のための「グラディアトル(gradiator)」という奴隷が存在したことも，周知のことです．ずっと後の奴隷貿易の事実は言うまでもありません．日本でいえば，シベリア抑留という例を考えてもいいかも知れない．要するに，多くの人々が死んだ，強制労働です．それでも生きるために耐えた人物を私は実際に知っています．自分の品位などということを語る余地など無いかのような……．

　「しかし」，とアランは続けます．奴隷とは違って，「自らの品位を落とすということ〔s'avilir〕」があって，それは「さらに悪いことである」，と．では，具体的には，それはどういうことなのでしょう？　ここから，アランはかなり興味深い議論を展開します．「公然と値段を付ける」という話をするのです．何に値段を付けるのでしょうか？　「献身〔dévouement〕」〔「忠誠〔DÉVOUEMENT〕」

(▶p.252)〕や「友情(AMITIÉ)」(▶p.073)の〕「すべての結果とかに」，です．なぜ，そういうものに「公然と値段を付ける」ことが，「自らの品位を落とす」ことになるのでしょう？　この点には，解釈が必要です．私は，次のような解釈を提示したい．とにかく，まず，「値段を付ける」ということについて考えてみるのです．

　ひとことで言って，それは「交換」の論理を持ち込むことになる．しかし，それによって，毀損されるものもある．商売は，等価交換を原則とします．商品と値段(価格)とが，等価のものとされて，交換されるのです．商品を渡すのなら，代価を受け取るのが，権利だと考えるからです．しかし，「献身」とか「友情のすべての結果」とかは，代価を求めて成立したものではなかろうとアランは考えたのだと思います．だからこそ，次の引用のように，「夫婦の社会」を例に挙げつつ彼は，それが権利によって成立しているものではない，交換によって成立するものではないと指摘します．この点，夫婦を，法律的な契約関係と規定すること自体の危うさまで指摘できる，と私は思います．実際，法律問題にまで，以下の引用で，アランは触れているのです．

　　権利の観念は交換から生まれたものであり，夫婦の社会には根本的に無縁なのであって，この社会に入りこむのはたんに医者としてにすぎない．[★311]

　　夫婦に特有であり，彼らにとって内面的な正義──呼びこたえる愛情から生まれ，機能と相違に基礎をもった正義，要するに，哲学者の言葉によれば，貴族政治的な正義にくらべれば，商人の正義はじつに粗末なものである．そして，立法者の薬は，食物とくらべた場合の医者の薬に似ている．…〔中略〕…薬は病人にはよいが，人が生き，人が喜ぶのは，食物によるのである．[★312]

★310──アラン『わが思索のあと』p.287
★311──アラン『人間論』p.62

★312──同前

115

配偶者が不貞を犯して離婚にまで至る際には，法的な処理として，慰謝料請求といった「商人の正義」が入り込んでくることがある．しかし，それは，夫婦の生活が破綻しているから，別々になって生活するにあたって必要な「**正義**（JUSTICE）」（▶p.429）です．夫婦が共に生活を維持している限りは，入ってくることのない正義です．つまり，健康が破綻しているから薬が必要なのであって，健全な夫婦には薬は必要ない．美味しい食事をして，共に喜ぶのです．そこに，値段を付けるという話は浮かんでこない．確かに，ここには，ある種の価値づけが語られているでしょう．「貴族政治的な正義にくらべれば，商人の正義はじつに粗末なもの〔grossière〕である」というのですから．しかし，ここでは，〈確かに「商人の正義」だけでは成立しないものもある〉というふうに理解してもらえばいいと私は思います．あえて言えば，〈それを超えたものもあるだろう〉ということです．理想と言ってもいい．「献身」や「友情」も，「下種の勘繰り」とでもいう姿勢から観れば，打算にしか見えない．そんなものです．

　では，定義の続きは，どういう意味でしょう？　「売られた献身に向けて誠実に努めることは，さらにもっと人の品位を落とす」という文です．上述の議論の延長上で私は解釈してみます．「売られた献身」，つまり〈値段を付けられた献身〉は，すでに「**理想**（IDÉAL）」（▶p.402）から転げ落ちている．その転げ落ちること自体の是非を問わずに，転げ落ちたあり方を誠実に推し進めてしまうわけですから，その程度は増してしまうと言うべきでしょう．「高邁とか独立とか」いった高みに，少しでも商人の正義が入り込めば，下降の動きが生じてしまうのです．それゆえにこそ，アランは最後に，「人は品位の低下の度を下降していく」と書いたのでしょう．

B

BAPTÊME
洗礼 — これは一つの秘蹟（儀式）〔sacrement〕である．それによって子どもは（あるいは〔カトリックにとっての〕外部者は），彼に何も負っていない人々によって，公式に〔solennellement〕，意志的に，そして精神的な意味で，要するに高邁な仕方で，家族同様に扱われるようになるのである．

　「洗礼」も「**秘蹟**（SACREMENT）」（▶p.718）も，キリスト教の，それもカトリックでの用語に代表させて訳しました．宗派によっていろいろの訳語があるようですが，ここでは詳しく触れません．この定義の解釈も，その線に沿って行うつもりです．

　まず，カトリックにはどんな秘蹟があるかというと，七つあります．洗礼，堅信，聖体，改悛（ゆるし），婚姻，叙階，終油です．いずれも，神の霊的恩恵を外的な見える形で表わす儀式などのことで，キリストによって定められた恩恵を受ける方法とされています．カトリック教徒の場合，生まれてそれほど経たない時に，教会に幼児を連れていき，実際に，少し水を注ぐ形で洗礼が行われます．幼児洗礼といいます．その際に立てられる代父（それこそ，英語でいえばgod-fatherなのです）・代母がこの定義の前提になっているように私には思われます．代父母というものは，洗礼の立会人であるだけでなく，後々の教会に関わる宗教生活において相談相手などの役割を演ずる人物たちです．代父の場合，義父

などがなる場合があるようですが、おそらく血のつながりのない人物が求められるのでしょう。「彼に何も負っていない人々」というのは、代父・代母を含めた、そういう血縁とは別の集団が念頭にあるからだと私は解釈します。しかも、そういう集団のなかで「家族同様に扱われるようになる」のです。このようにすこし説明的に訳したのは、短いひとこと、すなわち、adopté です。森訳も神谷訳も「受け入れられる」と訳している言葉です。しかし、adopter というのは、日常生活においても、「養子や養女にする」という、かなり強い意味を持つ言葉なのです。「受け入れる」では、ちょっと弱い。家族のようになることなのですから。しかし、この家族は、「精神的な意味[d'esprit]」におけるものであって、血縁といった身体的なものではない。霊的と言ってもいいものです。そういう意味で「家族同様に扱われるようになる」とはどういうことなのかを、アランはこの定義で語ろうとしているのでしょう。

まず、「公式に」と言われます。森訳も神谷訳もこの原語である solennellement を「厳かに」と訳しています。この訳語だと、その厳かさの内容があまり示唆されないように私は思います。例のフランス語の類語辞典には次にようにあるのです。

> Solennellement > solennel—fait dans les formes, et surtout devant beaucoup de témoins, avec un éclat qui entraîne l'authenticité. (solennel ──作法に則って為されるありかた、そして特に多くの証人の前で、真実性を導く輝きと共に為されるありかた。)

確かに厳かなのですが、そこに、正式とか公式といった、承認のニュアンスをもっと読み込む方がいいと私は判断しました。

そして、洗礼、受ける方も授ける方も、その遂行が強いられたものではなく、「意志的に」選び取られたものである必要がある。「要するに高邁な仕方で」とまとめられるようなあり方だからです。「高邁の徳[générosité]」を称揚したのはデカルトでした。それを受け継ぎ、それをさらに種々の場面で語ろうとしたのがアランでした。彼は、デカルトが「決して自由意志を失うまいという堅い決意と合したこの感情を、高邁の心と名づけた」と述べます。物体の運動のように、自由を語れず、機械的、必然的な振舞いではない。ここにも二元論という立場を採るデカルトやアランの特徴的な考え方が表れています。

> デカルトは自由な本質をもつ彼自身の精神との対立をとおして、対抗者を定義したのだ。世界とは惰性であり、可能なすべての物理学はそこから出てくる。

自由な「**精神**(ESPRIT)」(➡p.322)が集まって、物体的・身体的な秩序におけるものではない霊的な集団を形づくる。これがおそらくカトリック教会の理想的なあり方なのでしょう。もちろん、身体を無視するのではない。それどころか、教会そのものが「キリストの体」なのですから。さらにまた、次のようにも言われました。「あなたがたはキリストの体であり、また、一人一人はその部分です」「わたしたちは、キリストの体の一部なのです」、と。これらの言葉で語られているのは、しかし、個々人に閉じた身体的な秩序ではないことは明らかでしょう。むしろ、身体の有機的組織と働きを念頭に置いて、その健康的なあり方を語ろうとしているように私には思えます。調和的なあり方と言ってもいい。部分が傷つけば、それを治そうと体全体が協力して働く。そんなあり方です。そういうあり方を、そういう集団を、そういう「**社会**(SOCIÉTÉ)」

B
★001──H.Bénac, *op. cit.*, p.640
★002──アラン『デカルト』p.82;『わが思索のあと』p.284
★003──アラン『わが思索のあと』p.278〔傍点引用者〕
★004──新約聖書「コロサイの信徒への手紙」1-24
★005──新約聖書「コリントの信徒への手紙」12-27
★006──新約聖書「エフェソの信徒への手紙」5-30

(→p.748)を，意志的に，創り出さんがための，儀式が必要だというわけです．

次の引用は，この定義を振り返る上で，非常に適切だと私は思います．

> そして，思考の大胆さを高邁の心と名づけたのも同じ人〔デカルト〕である．この語は私たちを教えてくれる．私たちは慈愛からそれほど離れていないのだ．実際，デカルトにおける意志の秩序は，まさしく第三の秩序なのであり，パスカルがあのとおりみごとに述べた慈愛なのであって，これは諸精神の社会全体と，諸精神を結びあわせる愛の全体とを含んでいる．なぜならば，観念を作る能力を自己のうちに確認することは，アルキメデスが私たちより知識が少なかったにしても，この能力自体は彼においても変わらなかったと確認することであり，また，人がどれほど無知に見え，無力に見えようとも，この能力は万人において変わらないと想定しようとすることだからである．この観念は人を平等にする．人間は人間にとって一個の神なのである．[*007]

「家族同様に扱われるようになる」とは，そういうことなのです．

BAVARDAGE
おしゃべり

— これは会話の機械的な仕組みである．〔相手に〕言葉を奪われないようにするために沈黙を充たす必要〔nécessité〕がある，ということがおしゃべりの中に見出されるものである．そしてそれは，切迫するこの不断の心配によって，何でもいいから言葉を発し，しまいには疲れ果て，ついには諦めて〔人の言うことを〕聞くようになる．

冒頭で「機械的な仕組み」と訳したのは，la mécaniqueです．「力学」とも訳せる言葉です．森訳では「メカニックと化したもの」としています．確かにそうなのですが，少し，読者を置いていってしまっている訳のように私は思います．「メカニック」という言葉のイメージが簡単には浮かばない嫌いがあるからです．神谷訳は la mécanique de la conversation で一括して「無意識的な会話」としていますが，少し訳しすぎだと私は思います．では，そもそも la mécanique とは何を，どうして私が「機械的な仕組み」と訳したのかを説明します．次のような事情があるのです．

私は，以前，イタリアのモンテプルチャーノにある語学学校で学んだことがあるのですが，その授業で非常に驚いたことがあります．それは，イタリア人の会話の仕方についてです．私たち日本人は，会話をするとき，相手が話し終わるのを待つ傾向があります．しかし，イタリア人たちの会話では，人が話し終わるのを待ってはいけないと言われたのです．恋人同士ならなおさらである，とまで．なぜだと思いますか？「話し終わるのを，待たれたら，寂しい」というのです．沈黙などあってはならない．自分の話していることに，きちんと絡んできてくれていないというか，やりとりが密接でないというのです．本当に驚きました．会話の内容も大事だけれども，会話というものは人間と人間とが絡み合うというか，そういうかなり身体的なものに近い営みでもあるということを，思い知らされた気がしました．この定義では，そうした側面をアランがどのように捉えているかが仄見えている．私が今しがた〈身体的なものに近い営み〉と書いたのが，その正体です．「おしゃべり〔bavardage〕」は「対話〔dialogue〕」ではない．Διάλογος，つまり〈ロゴスを分け持つ〉といった精神的なことなどでは，到底ないということです．ある言葉が，次の言葉を呼び出してしまうような，その場の連想に任せて話題がどんどんと転換してしまうような会話のあり方であって，決してロゴス（論理，理性）によって秩序立て

118

られたものではない．いや，「**論理**(LOGIQUE)」(►p.439)を使っているようではあっても，それが人を高めるというあり方になっていない．社交界での会話はそんなものでしょう．

　　長年にわたってサロンをひらいていた，さる貴婦人が，私にこういったものだ．「会話を生き生きとはずませるためには，遊び半分に反論するよう心がけることが必要です．ところが，そんなことをしていた日には，判断力を狂わせてしまうのです」と．この言葉は，ひとが考える以上に真実である．しかしながら，このことを認める人は少ない．それほど，交際の楽しみというものは，大きいものである．[★008]

定義に戻ります．この定義ではある一人がただだしゃべっているシーンをアランは描いていますよね．「〔相手に〕言葉を奪われないようにするために沈黙を充たす」と書いている．そしてそこに「切迫するこの不断の心配」を見ている．この人物は，「〔相手に〕言葉を奪われない」ほどにしゃべりたいのです．なぜでしょう？　多くの場合，自分の正しさを，論理もなにもかなぐり捨てて，主張したいからではないでしょうか？　次のような状況もそれに似ています．

　　忘れてはならないことだが，何かを見たと信じて逃げ出した人間は常に雄弁であり，他人が反対すると腹を立てることが多いのだ．[★009]

自分の言いたいことは，とにかく，すべて言ってしまいたいというようなノリです．相手が，それを理解しているかどうかは二の次です．相手からの反論などとんでもないのです．そもそも，そんなものを聞く耳を持っていない．疲れ果てるまでは．怒った人間もそうです．「**情念**(PASSION)」

(►p.544)に囚われた人は次のように振る舞う．

　　情念にかられた人が得意の言辞を辿ってゆく場合には，眼の前や手許にある事物から不断に新材料を借りるというのが普通なのであり，この新材料が彼にとって暗喩となるのである．[★010]

そういう新材料を燃料として，情念は燃えさかるとでも言いましょうか．しかし，「怒りのあとには，そのつづきである疲労が，別の規制者としてあらわれる」とアランは書きました．もっと詳しく書けば，次のようなことです．

　　われわれのすべての行動は，熱中と，疲労と，代償作用とによって規制されている．子どもは走っているうちに目覚めて，ますますよく走る．口論している人間はしゃべっているうちに熱中してくるし，喧嘩している人間はなぐっているうちに熱中してくる．情念に駆られた人間は，われとわが身を掻きむしるように，考えているうちに苛立ってくる．集会でもこのように増大する喧騒が観察される．しかし，結局のところ，もしこう言ってよいなら，疲労がそれら爆発的な動きに打ち克ってしまう．一種の眠りが麻痺させ，こわばりを解いてしまうのだ．いちばん使われていなかった筋肉が代わりに介入してきて，代償作用によってわれわれの動きと想念とを規制するのはこのときである．[★012]

つまるところ，人が他の人の言うことを聞くようになり，さらに言えば，考えるようになるのは，肉体の動きが落ち着いたあとでしかないのでしょう．そうなってこそ，「会話」は，「おしゃべり」から，まともな「対話」になる．機械

★007──アラン『人間論』p.325〔傍点引用者〕
★008──アラン『芸術に関する101章』p.110〔傍点引用者〕
★009──アラン『芸術について』p.12
★010──アラン『思想と年齢』p.32〔傍点引用者〕
★011──アラン『人間論』p.30
★012──アラン『プロポ 2』p.155

的なものに身を任せるのではなく，理性が会話を導くからです．もし，そういうところまで行きたければ次のようにするしかない．

> 真の人間的な付き合いにあっては，そもそもものはじめから，機械的なものをすべて捨て去るすべを知らねばならない．★013

機械的に反応するような会話をしていたのでは，対話にはならない．沈黙さえもが必要なのです．

> あえて沈黙さえすれば，すべての判断は熟考され，精神は美を旨とするにいたる．これこそ唯一の態度であり，教養と呼ばれてきたものなのである．★014

スペインの哲学者オルテガも，同様な考察を見事な指摘へとまとめ上げています．

> もし話すということが，とりわけ沈黙によって構成されていることに気づくようでなければ，言語活動という驚嘆すべき現実を根本から理解することはできない．多くの事柄を言うことをあきらめることのできない者は，話すこともできないであろう．★015

フランスの哲学史家ジャン・ブランは，プラトンに触れながら沈黙と饒舌との中間にロゴスを位置づけています．

> ロゴスは，ちょうど愛(erōs)のように，人間と神々との間にあって，一方から到来したものを他方に伝達する仕事を委ねられた，一種の媒介者である．それは沈黙(ロゴスが死ぬ場合)と饒舌(ロゴスが堕落する場合)の中間にあって，豊かであると同時に貧困である．★016

沈黙は「ロゴスが死ぬ場合」なのかは，かなり疑問ですが，言いたいことはわかります．沈黙と言葉に関わるこういう考察は，多くの人々がしているもので，次の文章は，それを易しく，しかも考えさせる仕方で表現しています．

> 心の中に所有するとは，つまり記憶することであるが，それを不用意に言葉にして喋ってしまうと(つまり形式化すると)，今度はその言葉(形式)だけが記憶に残って生きながらえ，美しいものの記憶が消えてしまう．美はそれほどに脆いものなのだ．しかし，そもそも記憶自体も脆いものであって，言葉にしないで所有しているつもりの美しいものの記憶もまた，やがては消えてしまうだろう．そういうとき，言葉という形式をまとわせておけば，その美しいものの記憶をよみがえらせるための，開けごまの呪文のようなものになるかもしれない．ここに，美しいものをめぐって，沈黙することと言葉にすることとの間のジレンマがあるのである．その解決のための方法は，いつかは決定的な言葉にするにしても，それをぎりぎりまでのばすことだろう．そしてその間に，何度も何度も，沈黙したままで「美しいもの」を(書くべき対象を)思い出すことだろう．言葉にしないで対象を(美しいものの記憶を)何度も思いだすことは，いわば美しい壺のまわりをぐるぐると見てまわるようなもので，それまで気づかなかった面も見えるようになり，その書くべき対象に奥行きが出てくるようになるということだ．★017

BEAU
美 – いかなる判断よりも前に，好ましいと私たちにあらかじめ告げるような，人や物の様子である．美しい詩句は，それが表現している思想の正しいに違いないことを私たちに告げ知らせている．美しい顔は，何らかの醜い考えを〔その下に〕想定することを私た

ちに思いとどまらせる．美しい行動と呼ばれるものは，それが理性や正義〔justice〕に基づいているかどうかということの判別されうる前に，そのあり方によって人を魅了するような行動である．こうして，美という感情〔sentiment〕の中には，説明されたり証明されたりした思想に似た何か普遍的なものがあるのだが，まずはそうしたものだとは微塵も気づかれるということがない．

　美はどのようにして捉えられるのでしょうか？　**美学**(ESTHÉTIQUE)（▶p.324）という学問が哲学の一領域としての地位を手に入れるのは，カントの直前で，それほど古いことではありません．1750年，バウムガルテン(Alexander Gottlieb Baumgarten)が『美学〔Aesthetica〕』を出版したことが機縁です．そして，それは古代ギリシア語のαἴσθησιςという言葉を基としています．どういう意味かというと，「感覚」のことです．その意味では，〈美は感覚によって捉えられる〉と大雑把に言ってしまうことができます．問題は，そう言ってしまったとき，「感覚」「感性」が哲学の長い歴史の中で，どのように位置づけられてきたかについて理解する必要があることです．「知性」とか「理性」とか言われる，思考の能力との違いを強調されて，低い位置に置かれてきたのではないか，ということです．また，「感性」は「想像力（構想力）」「**想像力**(IMAGINATION)」（▶p.407）といったものとはどのように関わるのか？　実際，バウムガルテンにおいては「感性的認識」に関わる美学は，「下位認識能力を扱う学」と位置づけられた上で，議論が展開されたのです．こういう文脈を念頭に置いて，今回の定義に登場する「判断」，「理性」，「説明」そして「**証明**(PREUVE)」（▶p.655）という言葉に注意してください．そして「思想〔pensée〕」という言葉にも．最後のpenséeというフランス語は，「思考」と訳すことも可能です．この定義の中では「説明されたり証明されたりした思想」という言い方で，〈思考の連なりが或る種の秩序を持った，一つのまとまり〉というニュアンスを読み取って，「思想」と訳しました．

　定義の冒頭から，説明しましょう．「いかなる判断よりも前に，好ましいと私たちにあらかじめ告げるような，人や物の様子である」と書かれます．「判断よりも前に」感じられるというのです．感じ取られるということです．「詩句」を〈美しいなぁ〉と感じるのは，〈これこれこのような見事な言葉の使い方がしてあって，見事に韻が踏んであって……〉などということを理解するよりも前のことだろうというのです．アランは，「**詩**(POÉSIE)」（▶p.606）の最初の効果について，次のように書きました．

　　詩の最初の効果，詩の意味がわかってこないうちからもうあらわれる効果とは，からだにしなやかさを返してくれるという好意に充ちた恩寵の効果だ，と言ってもいいだろう．★018

しかも，その感覚によって，ついには思想にまで導くとアランは言うのです．

　　詩は，雄弁もそうだが，まず喜ばせておいて，その喜びによって思想に導く．★019

　　詩句においてはハーモニーが意味に先だって存在しているのだということを，理解する必要がある．★020

　詩句の美を感じ取れるならば，その詩句が知的な意味として表現している思想は，正しいに

★013——アラン『思索と行動のために』p.366
★014——アラン『人間論』p.207
★015——ホセ・オルテガ・イ・ガセット『個人と社会——《人と人びと》について』p.300
★016——ジャン・ブラン『プラトン』p.92
★017——東宏治『ムーミンパパの「手帖」——トーベ・ヤンソンとムーミンの世界』pp.225-226
★018——アラン『文学折りにふれて』p.19〔傍点引用者〕
★019——アラン『芸術論集』p.152〔傍点引用者〕
★020——アラン『芸術について』p.100〔傍点引用者〕

121

違いないことがわかる, と. ですから, この〈わかる〉というのは, もちろん, 証明されることによってわかるのとは, 違います. 言わば,〈感覚的に, その正しさがわかる〉, ということです. 次の引用のように, 「趣味が判断に先だつ」と言ってもいい.

> われわれの地上的な本性に従えば, 趣味が判断に先だたなければならないのだ. しかしこの偉大な考えは, カントがその天才によって教義に仕立て上げたものであり, あやまちを犯すまいとするわれわれの代数学的方法からははるかに遠いのである. ★021

思考によって筋道立てて理解するという知り方ではなくて, 直接に, あえて言えば, 一挙に知るということです. 趣味というものはそういうものです. ヘーゲルは次のように講義したようです.

> 美的感覚を養うには教育が必要であり, 養成された美的感覚は趣味と呼ばれるが, それは, 教育のなかで獲得される美の理解力ないし識別力であるとともに, 同時に, 物を直接に感覚する力でなければなりません. ★022

美の現れとは, そういうものだとアランは言うのです. むしろ,〈あなたには, そういうことは無いのか?〉と彼は問いかけているのです.「美しい顔」の例にしても,「美しい行動」の例にしても……. 「美しい顔」については, もっと詳しく, 次のように書くことまで彼はしています.

> 美しい顔とは, ものを忘れうる, また自分を忘れうる力強さの証拠のようなものである. いやしくも, 美しい顔といわれるもので, そこに偏見の皆無, あらゆるものに対するまた自分に対する許し, どんな役割を

も演じようとしないところに由来するいつも若いあの若々しさ, を読みとりえないようなものが一つでも挙げられるだろうか, 疑わしい. ★023

こういうことを, アランは人間が普遍的に感じ取るものだと考えている. だからこそ, 彼は定義の中で「美という感情の中には, 説明されたり証明されたりした思想に似た何か普遍的なものがある」と書くのです. 言い換えれば, 普遍的ではあるけれども, 「美は証明されることのないもの」と彼は言おうとしている. 大聖堂を例として掲げた次のアランの文章そのものが美しいと私は思います.

> 大聖堂は, 自分が美しいことを証明したりはしない. しかも, そのなかに足を踏み入れるならば, 人々の声といわず, 態度といわず, 身ぶりといわず, すべてが, 知らぬまに変わってしまうものなのだ. 芸術作品の特質は, 美などというものよりも, 現実感と力強さとにある, と私はいいたい. それは, とりもなおさず, 美というものが証明できないことを意味している. ★025

アランの『諸芸術の体系』は, 最後の第10巻が「散文」であり, そこにまで, この議論はずっと効いているのです. 次のように.

> 真の散文のもつ美の瞬間は, 美しい音楽が証明を伴わず, ミロのヴィナスが証明を伴わぬという意味において, 証明を伴わぬ真理を提供するものであることを指摘することができる. ★026

〈この普遍性を感得できる者に幸福あれ!〉, とでも言っておきましょうか.

BEAUTÉ
美しさ
— 醜さ〔laideur〕というものは皆,〔次のことから生じる. すなわち,〕優雅さに欠けるこ

と〔disgrâce〕，小心〔timidité〕，激昂〔fureur〕，時機を逸した試み，そして自分自身に逆らった試みから生じる．例えば，殴りたいと思っていないときに殴るということ，そういうことは筋肉組織を，そしてまた神経組織〔の調子〕を乱すことになる．流れるような，そして反動を伴わない行為のためには，神経の種々の命令に整合性がなければならない（そしてそれら神経の諸命令は恐らくリズミカルなものである）．補強するということが必要なのであって，それは筋肉について言えば，各部分がすべての部分を助けるということを意味する．例えば，斧で〔次々と薪などを〕割るには，まず脚と膝と腰を〔揺らがないように〕しっかりと〔固定〕しなければならない．まさに腕を〔斧を振り下ろすために〕準備しながらである．この準備とは，まずは神経的な探査であり，〔次々と現れる〕諸効果がリズミカルに蓄積していく間には調和〔を実現していくこと〕である．最初は抵抗の全然ないところからである．あたかも何の重みもかかっていないかのような．さて，人間的な形がこの至る所に拡がった意志を表わす限り，人間的な形は美しい．

「美しさ」を定義するにあたって，それと対になる「**醜さ**(LAIDEUR)」(▶p.434)から説明が始まっています．そちらの方が目につきやすいからでしょう．アラン自身，「醜悪さが蔓延するおそれがあり，醜悪さは，あらゆる大通りをふさぐ勢いである」★027とまで，書くことがあります．だからといって彼は，斜に構えて世間を眺めたり，諦めたりしているのではありません．むしろ，理想をすら語る人なのです．醜さや誤り〔「**間違い**(FAUTE)」(▶p.350)〕からこそ，立ち上がる必要があることを強調するような人です．「君の欠点から，いや，君の悪徳からも，それに似た徳を作り出したまえ」★028と書く人なのです．ゲーテを引きながら，次のような力強い言葉を記す人物なのです．

> 彫像作者にとってのモデルはギリシャの彫像ではない，それは人間である．ギリシャの競技者は一つの完全な解決だが，しかし人間の数だけ多くの解決があるに違いない．もう一度ゲーテを引用しなければならない，「すべての人間はその場所において永遠である」と．よろしいか，すべての人間は，だ．

もしも諸君が本質を見いだすならば，もしも諸君が人間をまっすぐに立たせるものを見いだすならば，決して醜いものはない．★029

では，この「人間をまっすぐに立たせるもの」とは何なのでしょうか？　今回の定義で語られる「美しさ」の内容こそが，そういうものなのだと私は思います．アランは，人間がまっすぐに立っている状況を，歌い手の姿に見ています．

> 歌は，人体という建築が救われたことを表現し，まっすぐに立った，気品のある体形を表現している．本当の歌い手には，神のような立ち姿が，きっとみとめられるものだ．自分を同じ状態に保ち，自分を模倣し，自分に聴き入っているこの叫びは，なんと力強いか．これは，思いどおりに開始し，変転し，もとにかえり，そして終結する叫びなのだ．★030

歌っている人間を統治しているのは，まさに人間の全体なのである．そして，過不足なく引きしまり，過不足なくたわみなが

★021──同書，p.103〔傍点引用者〕
★022──ゲオルク・ヴィルヘルム・フリードリヒ・ヘーゲル『美学講義（上）』p.38〔傍点引用者〕
★023──アラン『諸芸術の体系』p.96
★024──同書，p.5
★025──アラン『芸術に関する101章』p.143
★026──アラン『諸芸術の体系』p.9
★027──アラン『芸術に関する101章』p.150
★028──アラン『思想と年齢』p.394
★029──アラン『芸術について』p.223〔傍点引用者〕
★030──アラン『文学折りにふれて』p.15〔傍点引用者〕

123

ら，持ち場を守らず，持ち場にふんばっていないような筋肉はひとつもない．これが歌というものの表現していることである．[*031]

　この二つの引用は，今回の定義との関連で，十分に吟味するに価する文章です．そのことを念頭に置きながら，定義を読み進めましょう．「例えば，殴りたいと思っていないときに殴るということ，そういうことは筋肉組織を，そしてまた神経組織〔の調子〕を乱すことになる」とある．まさに「筋肉」の議論が登場していることに注意してください．「殴りたいと思っていないときに殴る」のは，自分の筋肉を，自分で統御できていないということですよね．意に反して，言わば反射的に殴っている．時機を逸し，自分自身に逆らって，殴っている．「人間の全体」が調和的に動いていない．神経の種々の命令に整合性が無いのです．流れるような優雅さを欠いている．身体の一部が，全体に逆らって動いてしまっていると言ってもよい．いくつかの筋肉が，持場を守らず，持場にふんばっていないのです．だからこそ，そこには，見事な歌い手が表わすような「神のような立ち姿」がない．美しくない．醜いのです．実は，「病気」をも，こうした考え方との関連で語ることができます．ヘーゲルの哲学について考察しながら，アランは次のように記すのです．

　　病気は欠如として，部分の独立と全体の統
　　一とのあいだの矛盾にほかならない．[*032]

　さて，美しさが，こうして，身体的組織の調和・整合性において語られていることに注意してください．こういう整合性や調和において美しさを創り出す方策へと話がつながるからです．アランは，それを「補強〔renforcement〕」という考え方と共に語ります．「筋肉について言えば，各部分がすべての部分を助けるということ」で

す．一部分が勝手に動き出すのとは対照的ですよね．「斧で〔次々と薪などを〕割る」例をアランは掲げます．なぜ私が〔次々と薪などを〕という訳者挿入をあえてしたのかについては，少々説明が必要かも知れません．次のような文の構造を私は読み取ったからです．まず〔d'abord〕脚と膝と腰を〔揺らがないように〕しっかりと〔固定〕しなければならない．当の脚と膝と腰が，腕との間で〔斧を振り下ろすために〕整合的に働くように準備するのです．この準備とは，まずは〔d'abord〕神経的な探査なのです．そして，「最初は抵抗の全然ないところから」試みを出発させなければならない．うまくいく保証など無い．身体の整合性を求めつつあえて始められたその試みは，〔割られるべき薪という〕物体的な抵抗にあいます．しかし，かえってそれゆえにこそ，自分の身体というこれまた物体的なものとの間で，物体的なもの同士で創り出される整合的なあり方の模索が可能となる．ひとつの機械論的なシステムが成立してくると言ってもよい．斧を使って薪を割るというこのシステムは，一個の身体全体としての整合的な動きをするからこそ，流れるように持続可能であり，薪を，リズミカルに，次々と，割っていくことができるのです．私が「〔次々と現れる〕諸効果がリズミカルに蓄積していく間には〔pendant〕調和〔を実現していくこと〕である」と訳したのは，この「まずは」と「次々と現れる……間には」とを対比させたかったからです．そこには，身体という一個のまとまりと同時に，その身体が関わる物質的対象との，システムとしての調和ができあがってくるということです．そして，その調和は美しい．人間の身体がそういう調和の下にある場合こそ，「人間的な形は美しい」というのです．そして，重要なことは，そのシステムを作動させているのは，私の意志であるということ，それを決して忘れずに，アランは最後に添えるのです．

BÉNÉDICTION
祝福 — これは，文字通り，善いこと〔bien〕を言うことである（呪詛，それは悪いことを言うこ

124

とである).それゆえ,祝福というものは,将来について,現在について,そして過去についても,子どもや,息子や,兄弟や,同類に向かって,相手を善良で自由であると判断していると言い,相手を信頼している〔confiance〕と言い,すべて次第に良くなるだろう,と言うことである.そのすべてというのは,ただ相手に〔現に〕属していることだけでなく,相手の企ても,なのである.もっとも,相手のそれらの企てが誉められるべきものであるとしての話だが.祝福はそれゆえ,博愛〔charité〕の結果である.祝福はまた博愛の一つの手段であり,それは自然に,叱責や非難〔reproches〕の後に,あるいは別離に際して,起こってくる.祝福というものは,それが状況から独立し,そして独立しようとしており,そして揺るぎない信仰を肯定するということによって,厳粛なものである.決まり文句:「父と子と聖霊との御名によりて」というのはとても明快な意味を持っている.元気づけながら次のように言うのである.「私は君を祝福する.なぜなら君は自由な精神〔esprit〕に参与しているから」,「私は君を祝福する.なぜなら君は,本性上,私の兄弟だからであり,そして私は人間というものが精神に仕えうるものと信じているからである」,「私は君を祝福する.なぜなら君は徳〔vertu〕と理性とが,それらの反対物と同様に可能である世界に,宿命〔fatalité〕などというものは全然存在しない世界に存在するのだから」.

bénédictonはラテン語のbene + dicereに由来します.まさに〈善く〉+〈言う〉という意味なのです.そのことをアランは冒頭で述べているわけです.それに対して,malédictionは,male + dicereで,〈悪く〉+〈言う〉ことなのです.ちなみに,ディズニーのアニメ映画『眠れる森の美女』に登場する魔女の「マレフィセント〔Maleficent〕」は,ラテン語的な語源から言うと,male + ficent〔facere(する)という動詞から来ています〕で,〈悪を〉+〈為す者〉の意味なのです.

さて,「相手を善良で自由であると判断していると言い,相手を信頼していると言い,すべて次第に良くなるだろう,と言う」のですが,興味深いのは,それを現在だけに限定していないことです.「将来について,現在について,そして過去についても」,そういうことを言う.なぜでしょうか? 解釈してみましょう.現在についての話は,さほど説明の必要もない気がします.〈今,現在,私はあなたを信頼している〉というのですから.では,過去はどうでしょう? みなさんがご自分の過去に思いを致してみれば明らかだと思うのですが,人は,過去に自分がしたことに「後悔〔REMORDS〕」(▶p.687)の念を持つことなどざらにあることですよね.そういうものに苛まれているとさえ言える人など,いくらでもいる.そういう過去についても祝福するなどということができるのでしょうか? できるとアランは考えていると思います.例えば,この『定義集』の中の「天使〔ANGE〕」の定義(▶p.082)を見てごらんなさい.その中でアランが天使に語らせている言葉には,次のようにあります.

「そうではないのですよ.あなたは呪われてもいないし,悲しくもない.あなたは無用でもないし,勇気がないのでもない.そのことを私は知っているからこそ,あなたに言うのですよ.でも,あなた,あなたは〔そういうことについての〕正しい知らせを持っていない〔mal informé〕のです」

アランは,この文が出てくる定義の中で「天使は決して許したりもしない」とも書いています.ですから,上の引用は許しの言葉ではないのです.そうではなくて,いま自分が過去を引

★031――同前〔傍点引用者〕

★032――アラン『イデー(哲学入門)』p.259〔傍点引用者〕

きずりながら，〈自分は呪われたのだ〉とか，〈あんなことをしてしまった自分は無用なのだ〉「勇気(COURAGE)」(▶p.196)がなかったのだ〉とか，人は考えがちなのですが，それは「正しい知らせを持っていない」だけなのだ，と告げ知らせるのです．キリスト教的には「福音」を知らないということでしょう．けれども，もっと世俗的に解釈してみましょう．どういうことかというと，上に述べたような自分を責める考え方には，何か思い違いがないかということです．自分で，自分を，必要以上に貶めてはいないかということ．いわば後悔という負のスパイラルに巻き込まれて，自暴自棄になってはいないかということ．そうなってしまえば，〈自分では，もうどうしようもなかったのだし，どうしようもないのだ〉というところに行き着いてしまう．それこそ，「宿命論(FATALISME)」(▶p.342)です．それをこそ破砕しようというのが祝福なのではないでしょうか？　定義の後半で，「自由」の話が登場し，「宿命(FATALITÉ)」(▶p.346)との対比で語られるのは，そのためだと私は解釈します．また，だからこそ，定義の冒頭近くですでに，過去についても，「相手を善良で自由であると判断している」とも言えるのです．

「祝福はそれゆえ，博愛〔charité〕の結果である」とアランは書きます．「博愛(CHARITÉ)」(▶p.148)とは，チャリティですね．チャリティ・コンサートなどというときには，「慈善コンサート」と訳しますね．ですから，慈愛と訳してもいい．いずれにせよ，自分には欠けたものを相手から獲得しようというエロース的な愛ではなく，自分が持っているもの，自分が知っているものを，さらに言えば，自分から溢れ出るものを注ぎかけるような愛，それが博愛です．〈負のスパイラル〉に陥っている相手に，〈君は思い違いをしている．君は宿命に翻弄されているのではない．君は自由なのだ〉と語りかけるのが祝福なのでしょう．自分が自由であることを知るがゆえに，相手をも自由だと信じようとする言葉こそ，祝福の言葉なのであり，またそれゆえにこそ，その祝福が相手を自由にできる．

祝福が「博愛の結果」であると同時に，「博愛の一つの手段」と言われるのは，そのためです．それをアランは，キリスト教以前のプラトンにまで観ています．プラトン的な愛，つまりプラトニック・ラブについて，次のように書くのです．

　　愛する相手が自由で幸福であれと，天性に従って成長し，特長を生かし，他人から支配されずに行動できるようにと，願う愛…〔後略〕 ★033

そもそも自由でない「愛(AMOUR)」(▶p.076)は愛ではない，とアランは言うのです．

　　自由のない愛は愛ではないということに気がついた．自由のない，と私が言うのは，自分を自由なものと信ぜず，また他人をも自由なものと信じない，という意味である． ★034

そういう愛は知性を超えている．そういう愛を手にするには，知性だけでは足りないのです．

　　平和の精神には知性以上の何ものかが必要である．それはいわば知性に先んずる光明とでもいったもの，つまり慈愛である．すなわち他者の自由を求め，願い，愛することである．知性の取り決めは力の作用を排除した純粋な形でなされるべきだが，それと共に，人間を人間として遇したいという意志が，知性の取り決めを超えて君臨しなければならない．なぜなら，知性の取り決めは，感謝とか尊敬に比べれば矮小なものにすぎないものだから． ★035

現状がどうであるかということも，もちろん大事です．しかし，「理想(IDÉAL)」(▶p.402)を語ることも大事です．祝福は，状況をも超える．定義の中では，「それが状況から独立し，そして独立しようとしており，そして揺るぎない信仰を肯定するということによって，厳粛なものである」と言われているのです．ここに言う「信仰

(FOI)」(►p.372)をキリスト教的な信仰と読む人もいるでしょう．しかし，「自由」への信仰と読むこともできる．実際，アランはデカルトの言う「高邁の徳」(générosité)について次のように述べていたのでした．

> 高邁な心とは，自分が現に自由であることを知り，将来もそうであることを確信するとき体験される情念あるいは感情である．[★036]

そして，実を言えば，それが「**宗教**(RELIGION)」(►p.676)にまでつながる可能性を否定しない．

デカルトの「高邁」を論じながら，アランは「デカルトの宗教」という言い方をしていました．それは，「人間は自分自身で自分を救済できるし，そうしなければならない．それによってのみ神はそこに現れる」(I/159)とする「宗教」です．[★037]

こう解釈すれば，「**キリスト教**(CHRISTIANISME)」(►p.160)の次の決まり文句，すなわち「父と子と聖霊との御名によりて」へと，アランが話をつなげることも不自然ではなくなるでしょう．そうは思いませんか？

BESOIN
必要 ── それは何らかの欠乏を感じ，それを考えないではいられない人間の状態である．〔それに対して〕欲望〔désir〕にはもっと自由がある．欲望はしばしば思考の純粋な結果であり，まずは夢想によって養われるのである．しかしながら欲望はしばしば必要に変化する．特に，欲望されたものを手に入れ，ふたたびそれを失ったときにはそうである．例えば，非常に報酬のいい職，それをまずは必要というよりは欲望として人は持つものである．しかし，この職をもし手に入れてしまうと，その時，もしそれを失った場合にはその欲望を必要と感じることになる．こうして自然ではない必要が無数にあるのだ．

ここで定義される言葉である besoin については，「**欲求**(APPÉTIT)」の定義(►p.093)の中で，「**欲望**(DÉSIR)」(►p.223)との区別も含めて，一度，触れておきました．森訳と神谷訳は，今回の定義の言葉の方を「欲求」と訳していることを注意しておきたいと思います．そのため，「欲求」の定義の方も参照してくださるとありがたいと思います．もっともその文脈では「要求」と私は訳しておいたのですが，ここでは，その「欲求」との対比も付けながら，説明していきます．

「欲求」は，その定義のところで見たように，「自然な欲望」であると言われています．そして，その「自然な」ということの意味するところは，「〔欠乏感などから生ずる〕要求によって決まり，精神の混ざり込んでいない」ということです．ところが，今回の定義では，この「**精神**(ESPRIT)」(►p.322)が混ざり込んでいるところがポイントなのです．ただ，「何らかの欠乏を感じ，それを考えないではいられない人間の状態」というだけならば，「欲求」と区別されるところはないのですが，そんな状態になってしまうにあたって，精神が関わってくる話を，この定義はしているのです．「欲求」の方は，「ナイーヴ」という言い方を使いながら，身体的な側面として説明されていました．今回は，その点が少々違うのです．また「欲望」もこの定義の中に登場しています．しかも「しばしば思考の純粋な結果」という言い方で，精神的な領域の話が，ここでも強調され

[★033]──アラン『感情 情念 表徴』p.30〔傍点引用者〕
[★034]──アラン『わが思索のあと』p.289
[★035]──アラン『裁かれた戦争』p.155
[★036]──アラン『わが思索のあと』p.284〔傍点引用者〕
[★037]──合田正人『心と身体に響く，アランの幸福論』p.142〔I/159：Alain, *Idées*, Flammarion, 1983, p.159〕

ます．言わば，考えるに十分なだけの自由があるのです．いや，「夢想」すらできる余裕がある．ところが，その余裕が失われ，考えは広がることなく，一点に戻ってしまうとでもいうべき事態が起こりうる．欲望が必要に変化するときです．アランは，具体例を挙げながら，それを説明します．報酬のいい職業をいったん手にしてしまい，それを失ったときの例です．いったん手にしさえしなければ，そもそも欲望どまりであって，必要に変化することはなかったのだ，というのです．すなわち，はじめから「〔欠乏感などから生ずる〕要求によって決まり，精神の混ざり込んでいない」という意味での「自然な」ものではないということです．それにもかかわらず，それはまるで「自然な」もののように感じられてしまう．まるで「欲求」のように感じられてしまうということです．

このような心理は，まわりにいくらでもある．経済学を勉強した人ならば，「賃金の下方硬直性」とか「支出の下方硬直性」とかいう言葉をきいたことがあるはずです．家計で言えば，〈一度した贅沢は忘れられない〉ため，支出を控えることが難しいということです．これはアランの例に沿った話ですが，実を言うと，消費支出そのものが，財〔「財産(FORTUNE)」(▶p.376)〕やサービスの供給者側から創られるという側面もある．〈ニーズを掘り起こす〉などという言い方がされますが，要するに，金を使わせようということです．テレビのコマーシャルなどで消費が煽られるという例を挙げれば十分です．コマーシャルを見ると，買いたくなってしまう．見なければ，欲しくなどなかったのに，というわけです．無数にある「必要ではない欲望」を，たまに吟味するに越したことはなさそうですね．自分には，本当に，何が必要なのか？　「欲求」を越えて，「欲望」のままに振る舞うと，いつの間にか「必要」にがんじがらめになるものなのかも知れませんね．

BÊTISE
愚かな事柄
－ 私たちの動物(私たちの身体)，それが躾(しつ)けられていない場合に，自ずとやってしまうようなまさにそういう事柄である．愚かな事柄は，それが行動においてよりも言葉においての方が不快感を与える．そして人は誰でも，言葉というものがしばしば一人歩きするのを知っている．もしそのことをよく理解するなら，愚かな事柄が人を傷つけることはもはやあるまい．それは人を笑わせるものなのである．

「私たちの身体」を「私たちの動物」と言っているところがまず面白いですよね．人間の中の動物です．人間も，身体というものとしてそれを捉えるのならば，動物なのです．つまり〈人間も動物〉です．しかしながら，〈人間は動物でしかない〉のではありません．それは，動物を超えるものを持とうとするか否かによるのです．その〈超えるもの〉こそが思考であり，意志である，とデカルトなら言うでしょう．アランもその見解を受け継ぎます．言い換えれば，私たちは，意志の使い方次第では〈人間になり得る動物〉なのです．逆から言えば，〈放っておいても人間である〉のではない，ということです．法

律的な意味での「人権」といった話をするならば，〈どうであろうと，とにかく人間は人間だ〉などと言いたくもなるでしょう．それはわかります．権利ということを主張する際には，そうならざるをえないのかもしれない．けれども，もし私たちが，〈人間としての振る舞い方〉とか，〈人間的な生き方〉とかいうことを考える場合，そういう権利関係だけでことが済むように私には思えないのです．私たちは，〈人間になる〉必要があると考えてはいかがでしょうか？　ジョルジュ・パスカルの言葉を借りれば「人間は誇り高い動物である．すなわち，たんなる動物であることを拒む★038」というわけです．もしそれがで

きない者は，何か思い違いをしているのだ，と．

　自分自身のなかで，動物である自分自身に征服されるのは過ちである．もし，過ちを感じないとか，ときにはそれを自慢することさえ考えるなら，それは目まいのしている人間が，目まいを感じないとか，あるいはこのわれを失った興奮状態に圧倒されたことを誇りにしているとか考えるのと同じことになる．★039(*Min*, XL［一九二五年一月五日］; *PL*, I)．

それゆえにこそ，アランは，次のように書いて，そうした状態から抜け出す出発点を定めようとするのです．

　本来人間のものである自己超越と脱皮とがある．私は魂を身体から分離せねばならぬと言った．人間を動物から分離せねばならぬと言っても同じことである．★040

もちろん，〈分離して，それでお終い〉，などと言っているのではありません．そこを出発点として「魂(ÂME)」(→p.069)「精神(ESPRIT)」(→p.322)が身体を統御することをめざすことになる．『省察』の中で，心身分離の議論から心身結合へと進んだデカルトが，エリザベートに請われたという事情はあるでしょうが，ついには『情念論』を書き，この身体統御の道筋を付けたのも，もっともな話なのです．それは，今回の定義で言えば，人間が動物を躾けることに他なりません．定義の中で私が「躾けられて」と訳した言葉の原語はdresserという動詞の過去分詞であるdresséです．森訳や神谷訳は「訓練されて」と訳していますが，優れて人間について言われていることを考慮すれば「躾けられて」の方がいいかなと思います．もちろん，ペットの動物を躾けるという言葉の使い方はできるのでしょうが，人間に使うこ

との方が多いような気がするからです．それに，この「躾」という和製漢字，つまり国字は，〈身を美しくする〉というイメージを喚起しますので，その点でも適切なのではないでしょうか．実際，愚かな事柄は，美しいとは思えませんから．アランは，パリのノートルダム大聖堂にあるような怪物形の樋嘴(ひはし)〔gargouille〕を例に挙げながら，興味深いことを記しました．

　ひはしを飾る怪物は，身震いするほど，人間の顔によく似ている．ギリシアの神も，われわれみんなを慰めてくれるほど，人間の顔によく似ている．これらは，二つながら，自然の模倣であり，ともどもに，真実である．怪物のほうは，人間の身体が動物であることを，それなりに，表現している．神のほうは，思索する体を意味している．一方は信用しないように，われわれにすすめる．そして，事実，信用してはならないのだ．他方は，信用するように，われわれにすすめる．そして，事実，信用しなければならないのだ．まさに，二つの手本である．一方では，肉体は，見放されている．他方では，肉体は，音楽と体操とにしたがって，救われている．一方からは，魂が，切り離されている〔séparée〕．他方においては，魂が，和解せしめられている〔réconciliée〕．★041

この引用の最後近くでアランが「音楽と体操とにしたがって」と書いているように，実は，芸術こそが，人間を「愚かな事柄」から立ち上がらせるものだと私は思います．そういう話へと移行しましょう．分離から和解へと話がつながるのです．

「私たちの動物(私たちの身体)」が躾けられていない場合に，「自ずとやってしまう」ような事柄をアランは「愚かな事柄」と定義しているのですが，この「自ずとやってしまう」というのが重要

★038──G. パスカル『アランの哲学』p.155
★039──G. パスカル『アランの哲学』pp.213-214〔傍点引用者〕
★040──アラン『わが思索のあと』pp.286-287〔傍点引用者〕
★041──アラン『芸術に関する101章』pp.194-195〔引用者改訳・傍点引用者〕

な点です．原語は de lui-même で，森訳も神谷訳も「ひとりでに」と訳しています．〈自動的に〉とか，〈(意志が絡まないという意味で)自然に〉というニュアンスを感じ取ってもらえれば結構です．意志的にではなく，〈やってしまう〉事柄なのです．こういう事情は，アランが定義の続きで言葉と行動とに触れ，「愚かな事柄は，それが行動においてよりも言葉においての方が不快感を与える」ということの理由にも関連しそうです．行動よりも言葉の方に，人はストレートに相手の意志を推測してしまいそうだからです．言葉は，意志によって秩序づけられてこそ発せられるものだと人は考えがちなのです．しかし，実は，そうとも限らないのです．言葉が言葉を呼んでしまうというか，そういう事態がある．定義の中での「言葉というものがしばしば一人歩きする」という事態です．アランは次の例を掲げて，それをわかりやすく説明しています．

> 少女は，ほんのつまらぬことで祖母と衝突して，しまいには，私も死んでしまいたいなどと言いだす．祖母に可愛いがられていた姉が墓に葬られてからまもなくだったのだ．私だったら，思いがけない物音がたまたま意味をもったのだと考えて，一笑に付すだけだ．★042

口喧嘩の末に，とうとうとんでもないことを言い始めてしまう例です．少女は，本気でそんなことを思ってなどいないにもかかわらず，言葉が口をついて出る．そんなことです．意志的では全然ないのです．興奮した人間というものは，そういうもの．

> まったく道理の通っていない言葉や，うわべだけ辻褄をあわせた言葉，それは情念の働きなのである．いみじくも名づけられた情動が筋肉のあいだを駆けぬけるやいなや，人間の肉体という機械はたちまち，ふるえたり，走りだしたり，許しもなく動悸をうったりする．そのため，叫び声をあげたり，なんの意志もないのに記憶のひだに従って言葉を口走ったりする．★043

この「なんの意志もないのに記憶のひだに従って言葉を口走ったりする」という事態が，今回の定義の「愚かな事柄」そのものであることは明瞭でしょう．「諸君が諸君の思考の舵をとることをやめるやいなや，舌を動かすだけでひとりでに愚かしさが出てくる」という事態です．

> 鋤が故鉄の音を響かせ，剣が鳴り，風が音をたて，扉がきしみ声をあげるように，興奮すると人間も話という雑音をたてるのである．そんなものを理解しようと試みる人を，そしてそれを理解したと思い込む人を，私はあわれだと思う．理解すべき何物もそこにありはしないのだから．★045

「ひとりでに」出てきてしまうものには，そんなものが多いのです．しかし，芸術は，おそらく「ひとりでに」できるものではない．意志によるものです．確かに，人間は，すべてを思う通りにしながら芸術作品を創り出せるわけではありません．自然に従わなければならない．けれども，アランは次のように言うのです．

> 自然に反して詩を作るわけにはゆかぬ．だがまた，自然は詩を作りはしないのだ．★046

あえて自らを統御し，「愚かな事柄」ではなく，〈美しいもの〉を創り出さなければならないのです．「情念(PASSION)」(▶p.544)に翻弄されていたのでは，それができない．

> 情念はすべて高邁なものとなるであろうが，それはみずからを救おうとする絶えざる活動をつうじてであり，この活動がなければ，興奮した人間は動物にすぎないことをみとめねばならぬ．★047

人間は考える．そして自分自身の動物性に服従することに甘んじない．ここからして，あらゆる病気を複雑にする激情が生まれる．そこから人間が癒えるには，魂の偉大さによるほかはない．★048

以上の事柄を理解するならば，定義の最後の部分の読解は簡単です．「愚かな事柄が人を傷つけることはもはやあるまい」というのも，それが相手の本来のあり方ではなくて，いま，たまたま調子が悪いだけだと理解できるからです．笑えば済むことなのです．

BIEN
善

― これは義務〔devoir〕というものの標語〔formule〕である．しかし，これは皆に共通な標語であり，各人の振舞いを外的効果に基づいて規制する．例えば，病院を建てるのは善い．それゆえ，人はこの手段によって自分の義務を果たしていると確信する．しかしながら，復讐するということは，それが義務であることだってありうるとしても，善いと人は言わないだろう．それは，この義務からすべての種類の悪が結果として起こる危険があるということなのである．こうして善は共通の善を意味するようになる．言い換えれば，誰もそれを非難しない事柄を意味するようになる．そこから病院とか，図書館とかその他の施設を，意味するようになる．一人の女性が，無知な人々を読書によって教育し，本を集め，それらを保存することなどに自分の時間〔temps〕を費やすのを義務と考えるなどということも，もっともだ．知らず識らずの内に彼女は図書館を建てることになり，そしてそれは一つの善である．しかし，この例に従って，一つの図書館を建てる博愛家が，自分の義務をなすことや，義務を認識することからさえ遠く隔たっていることだってありうるのだ．こうして善は，真の博愛〔charité〕無しに，自然に，金と使用人によって為されていくことになる．そこから，善というその語が，財へと拡大されるのが解ろう．

冒頭部分の訳には少しこだわってみました．森訳は「これは義務の方式である」とし，神谷訳も「義務の形式である」としています．それに対して，私が「方式」とか「形式」という語を避けたのは，以下の理由によります．まず，Bénacの類語辞典で見ると，次のようにあるのです．

> **Formule**, expression vigoureuse et condensée en termes qui définissent une idée... (**標語**，ある一つの観念を定義する，諸語へと凝縮された力強い表現……) ★049

私の解釈は，「善」というものを，こうした凝縮した表現と捉える方向なのです．アランが例として挙げている「病院を建てるのは善い」という言い方は，「善」とか「善い」という力強い表現で断定することで，人々をそういう方向へと促す効果を持つ．「標語」というものは，そういうものでしょう．「方式」とか「形式」とかでは，このニュアンスが出てこない．「善」という一語を，一種の標語と捉える立場を私は採るのです．〈それは善である〉と表現することで，「義務(DEVOIR)」(→p.249)に見える事柄の中においても，区別を語ろうとするのです．義務であっても，善とは言わないことはある．

★042――アラン『思索と行動のために』p.366〔傍点引用者〕
★043――アラン『感情 情念 表徴』p.216〔傍点引用者〕
★044――同書，pp.277-278
★045――同書，pp.216-217〔傍点引用者〕
★046――アラン『人間論』p.30
★047――アラン『わが思索のあと』p.287〔傍点引用者〕
★048――同書，p.298〔傍点引用者〕
★049――H. Bénac, *op.cit.*, p.365

131

実際、アランは「復讐するということは、それが義務であることだってありうるとしても、善いと人は言わないだろう」と指摘するのです。

それでは、「これは皆に共通な標語であり、各人の振舞いを外的効果に基づいて規制する」とは、どういうことでしょうか？「皆〔tous〕」というのは誰で、「共通〔commune〕」とはどういう意味であるのかの慎重な検討が必要だと私は思います。〈善悪の判断などというものは、結局は個人の問題だ〉などと言う人さえいるでしょうし、その対極として〈人類に普遍的な道徳判断というものがある〉と主張する人もいるでしょう。そういう問題に、ここで私たちは近づいてしまっているのです。アランは次のように書いています。

> 自分の良心のなかにとどまって絶対に自分の救いのことだけしか考えないのは、非人間的なことだからである。またその反対に、社会を神化し、社会が課することを義務として規定し、内的な省察を抹消すること、これはすべて内的な道徳性を抹消することである。★050

「皆」なんてものは問題にしないのだというような、徹底した個人への居直りも、**社会**(SOCIÉTÉ)(▶p.748)を絶対化することもできない。そう考えた方がいいのではないでしょうか？このへんにかなりこだわった人にフランスの哲学者アンリ・ベルクソンがいます。少し寄り道してみましょう。『道徳と宗教の二つの源泉』という書物の中で、そういう議論を全面的に展開しました。以下のようなことです。例えば地域社会といった程度のものから国家といった程度のものまで、ある社会というまとまりを前提とすると、実際問題として、「善」はこの定義の中でアランも書いたように「共通なもの」と思われ、義務〔devoir〕ないし責務〔obligation〕という形で「各人の振舞いを外的効果に基づいて規制する」ことをベルクソンも認め、それがどのように社会を閉じさせてしまうかという議論へとつなげる

のです。それに従わないと、制裁まで加えられそうなのです。〈皆、そうなんだから〉とか〈みんなに共通だよ〉という形で、人に何らかの振舞いを、吟味の要など無いかのごとく、認めさせようとしているという事態がここにはあり、それにベルクソンは検討を加えようとするのです。次のように実に簡潔な表現を彼はします。

> 義務を守るということは、最も普通な場合〔ケース〕だけをとれば、何のことはない、なすに任せること、ないしは放っておくことすら定義できよう。★051

> 要するに、われわれが社会的義務の底に認めえた社会的本能は——本能というものは他のものに比べて不変である——、どれほど広大な社会であるにせよ、やはり一個の閉じた社会を目指している。★052

〈みんながそうしているんだから、それでいいんだよ！〉などと言ったときに、個人はどうなるかという問題です。アランもまた、それを救済と絡めて、次のようにまで言うのです。

> 普通の道徳などというものは、われわれを禍から遠ざけてくれるが、同時にわれわれを救済からも遠ざける…〔後略〕★053

しかしながら、アランは、この定義の中では、この点を深追いしていません。日本風に言えば、世間的に人々がどんなふうに振る舞うかという話から、善が「財」という意味で使われるような過程を叙述するのです。定義に戻りましょう。

世間が「善」だと断定するものに従っていれば、「自分の義務を果たしていると確信」できるわけです。しかし、さきほども触れたように、「しかしながら、復讐するということは、それが義務であることだってあり得るとしても、善いと人は言わないだろう」と続く。戦争などを例に採れば明らかなように、報復が兵士としての義

務である場合さえあっても，個人として，それが善であるとはどうしても思えないような場合，かえって「善」が，いかに社会と連動しているかが顕わになる．そうなったとき，個人の心の中では，「この義務からすべての種類の悪が結果として起こる危険があるということ」が意識される．その意識から逃れ出るには，どんな方策があるでしょうか？　「共通だ」ということに寄りすがることがありうるのです．「善〔bien〕」を「共通の善〔bien commun〕」に読み替えていく．〈己を虚しゅうして社会に同化する〉のです．それが賢明なのかも知れません．しかし，それでいいのかと，アランはこの定義の最後で問うことになります．まずは読み進めましょう．

　（その社会における「共通の善」に身を委ねているならば）「誰もそれを非難しない」ことになりますよね．「病院を建てるのは善い」という例をアランは冒頭近くで挙げていました．定義はそれに戻っていきます．そのように言われるに至る筋道を辿りながらです．「一人の女性が，無知な人々を読書によって教育し，本を集め，それらを保存することなどに自分の時間〔temps〕を費やすのを義務と考えるなどということも，もっともだ」という箇所です．こうして「知らず識らずの内に彼女は図書館を建てる」ことになるわけです．自分で，やっていることが，結果的に〈図書館を建てる〉という善となるわけです．しかし，「この例に従って，一つの図書館を建てる博愛家が，自分の義務をなすことや，義務を認識することからさえ遠く隔たっていることだってありうる」，とアランは書く．なぜでしょう？　自分の行為が結果的に善となるのではないからです．

善だと言われていることを，吟味もなくそのまま受け継いで，自分で善とはどういうことかと関わらせて義務について考察することもなく，財力に任せて〈善と言われている事柄〉を遂行することは可能だからです．そうであればこそ，アランは，「こうして善は，真の博愛〔charité〕無しに，自然に，金と使用人によって為されていくことになる」と書くに至る．博愛というものを抱くこともなく，自然に（つまり，あえて自分が意志的な努力を伴うこともなく，放っておいても実現するような仕方で），「金と使用人によって」，いわゆる善がなされていく．善〔bien，英語で言えばgood〕が「財」〔biens，英語で言えばgoods〕へと拡大するのはこのようにしてだというわけです．

　しかし，善は個人によって捉え返されなければならない．こうベルクソンは考えます．

　　少数の選ばれた魂は，集団の限界内にとどまっていないで，のみならずまた，自然の確立した社会の連帯性に甘んじてもいないで，愛の躍動〔élan d'amour〕に包まれて人類全体を目指して進んだ．このような魂の出現は，そのつど，あたかも唯一の個体からなる新しい種の創造とも言うべきものであり，ここで生の推進力は，人類の総体に対して一挙に得られるべくもなかった成果に，——長い間隔をおきつつ特定の個人のうちで——達したのである．[★054]

　ベルクソンが念頭に置いていたのは，「**キリスト教〔CHRISTIANISME〕**」（▶p.160）の神秘主義者たちでした．

BIENFAISANCE
慈善 ——〔この言葉は〕善〔bien〕〔という言葉〕から派生しており，その〔善という言葉の〕意味全体を表現している．なぜなら，慈善とか慈善家という言葉は，高邁な感情〔sentiment〕のいかなる概念をも排除するからである．それは世間一般に受け入れられた標語〔formule〕に従って財

★050——アラン『イデー〔哲学入門〕』pp.286-287
★051——H. ベルクソン『道徳と宗教の二つの源泉』（『〔世界の名著〕ベルクソン』）p.230
★052——同書，p.243〔傍点引用者〕
★053——アラン『諸芸術の体系』p.208
★054——H. ベルクソン『道徳と宗教の二つの源泉』p.308〔傍点引用者〕

133

〔biens〕を管理することにすぎない．無料診療所という組織は慈善の結果である．しかしそれは自分の休息時間を病人の看護に費やすような，財産の無い人の献身的な奉仕〔dévouement〕とは何の関わりもないものなのだ．

　冒頭にあるように，この定義は善と深い関わりを持っています．その「**善**(BIEN)」の定義(▶p.131)に出てきていた formule という単語がやはり出てきているのです．善の定義とそれに対する私の解釈を参照してほしいのですが，ここでもやはり formule は，一応，「標語」と訳しておきます．bienfaisance というのは，語の成り立ちからして，〈善を為す〉つまり〈faire du bien〉なのであって，当の bien とは何であるかに依存します．Bénac の類語辞典の記述を見てみましょう．

> **Bienfaisance** : disposition à faire du bien surtout socialement, ou qualité de celui qui l'accomplit réellement, mot créé au xvii siècle...　★055 〈慈善〉：特に社会的な善をなす気持ち，ないしは実際にそれを遂行する人の美点．17世紀に創り出された言葉……〉

　さきの善の定義の中には，「外的効果」とか「真の博愛無しに」という言葉まで登場して，言うならばかなり辛辣な定義が下されていたのです．その感じはこの慈善の定義にも響いています．「高邁な感情〔sentiment〕のいかなる概念をも排除する」という箇所です．どういうことでしょうか？　そのすぐ後に「世間一般に受け入れられた標語〔formule〕に従って財〔biens〕を管理する」という言葉が続くのがヒントです．それは，〈自分で判断を下しているわけではない〉のです．要するに，自分とは関わりのないところでできあがった仕方で行動することにすぎない．善の定義のところにあった「善は，真の博愛無しに，自然に，金と使用人によって為されていくことになる」というのと近いですよね．ここでは，自分でやっているわけですらない．そもそも，「高邁の徳〔générosité〕」とはどういう感情だったでしょうか？　「もし徳が傾向性に従うなら，それはもはや徳ではないのである」★056 というアラン

の言葉があります．「高邁の徳」も「傾向性」に従うことを潔しとしないという意味合いを含んでいるでしょう．しかも高邁とは「自由意志を失うまいという堅い決意と合したこの感情」★057 でした．「思考の大胆さ」★058 でもありました．要するに，できあがった手続きを進めているだけでは，そこには自由意志も思考の大胆さも語る余地なく，「傾向性」に身を委ねているだけなのです．確かに「共通の善」を為しているのではあるのでしょうが，そこでは心が消えている．〈官僚的に処理〉されているだけの場合もありうる．それがたとえ「無料診療所」というポジティヴなニュアンスを伴った慈善の仕事であろうとも，です．

　それに対して，財産の無い人は，自分の休息の時間を，つまり本来なら休みたいし，そうするのが普通である〔つまり傾向性に従えばそのようになる〕のに，あえて意志的にその「**時間**(TEMPS)」(▶p.800)を捧げるのです．それは，自分の自由意志に従って，現に今，決断しつつなされる行為なのです．

　富める者が自分の富の僅かな部分を慈善事業に使うということと，貧しい者がそのなけなしの金の一部を他人のために使うのとでは，意味合いがどのように違うでしょうか？　この定義でいう「慈善」は，まさにその違いを示唆するものでしょう．慈善を「自分の休息時間を病人の看護に費やすような，財産の無い人の献身的な奉仕とは何の関わりもない」と言い切ってしまうところなど，むしろ清々しいとさえ私は思います．

　さきほど，〈官僚的に処理〉するということを書きましたので，少しそれに関連づけて話を展開してみましょう．その官僚的な動きを先鋭に示してみるために，それを機械などに関して述べたこんな引用から．

　これまで機械や人工知能などは，いずれも

限定された情報が入力してくることを前提にしてつくられてきた．このためにシステムの内部を，あらかじめ一義的に規定してしまうので，まだ規定されていない情報が入ってきたときには処理できない．また，機械といわないまでも，システムの内部での情報処理の方法があらかじめ細かく規定されている「官僚的組織」にも，これと似た性質が出現する．^{★059}

そして，機械のみならず，人間も機械的な動きをすることはいくらでもあるわけで，それを官僚的と言うことだってできるのです．

われわれの場合でも，食や性に関する基本的機能つまり「動物的機能」は，特定の限定された状況下で，きわめて「官僚的」な手続きに従って進行する．つまり，機能が生じる状況と，機能の進行の手続きに厳重な規定があり，変更の余地がまったくない．ゆえにそこでは，思考の必要もない．^{★060}

こういう状況の危なさには思いを致しておいた方がいいと，私なんかは思います．養老孟司氏が次のように言うようにね．

要するに，末期的なんですよ，はっきりいえばね．十九世紀のロシア帝国もそうだし，ハプスブルグ家もそうだと思うけれど，ある種の官僚的な大帝国ですよね．日本はそこまでいっていないけれども，やはりどこか似たようなところがあって，この社会はある種の病気じゃないかという気がするんです．^{★061}

慈善という言葉に伴うかも知れない空々しさのようなものがあるとは思いませんか？　それをアランが言い当てているとは思いませんか？　誰もが「徳(VERTU)」(▶p.850)を見失っていながら，慈善活動というものが行われているような……．そこには，内面が失われ，外面だけが作動しているといった……．

BIENSÉANCE
行儀のよさ
— 着席して参加する儀式〔cérémonie〕における良い態度，そして，広義には，行列の中におけるそれである．

面白い言葉をアランは定義しているものだなと思いました．まず，一般的な，辞書的な定義から見てみましょう．Bénacでは，次のようになっています．

> **Bienséance**：convenance aux usages de la société．^{★062}（**行儀の良さ**：社会の慣例に適合していること．）

TLFiでも，当たり前のことですが，よく似た説明です．

A: Qualité de ce qui répond aux normes morales d'une société donnée.（与えられたひとつの社会の道徳的規範に応じたものの性質．）

B: (Qualité de) ce qui est conforme aux usages de la politesse.（礼儀の慣例に適合したもの［の性質］．）

両者にはっきり共通していることは，既存の社会の慣例に適合した態度であると説明してい

★055──H. Bénac, *op.cit.*, p.105
★056──アラン『わが思索のあと』p.297
★057──アラン『デカルト』p.82
★058──アラン『人間論』p.325
★059──清水博『生命と場所——意味を創出する関係科学』pp.152-153〔傍点引用者〕
★060──養老孟司『唯脳論』p.84〔傍点引用者〕
★061──養老孟司・森岡正博『対話　生命・科学・未来』p.156（養老孟司氏の発言）
★062──H. Bénac, *op.cit.*, p. 187

135

るところでしょう．アランは，それを具体化して「着席して参加する儀式における良い態度」とか，「行列の中におけるそれ」と述べるわけですが，確かにイメージは湧きやすいですよね．日本人である私としては，儀式のみならず，いろいろなことを思い浮かべます．むしろ行儀の悪い例ですが，新幹線の中を走り回っている子どもとか，朝礼の時にフラフラしている生徒とか……．〈それのどこがいけないんだ!?〉なんて言われそうですね．いや，良い悪いは，おおかた「社会(SOCIÉTÉ)」(▶p.748)によって決まっているというか，押し付けられるものだということですよ．従わなければ制裁すら受けそうなものとしてね．〈そんな決めつけはやめてほしい．礼儀などというものは，外的な事柄だ！〉と言い返されるかも知れない．その通りです．ベルクソン風に言えば，「閉じた社会」に対応した振舞いの規則です．「善(BIEN)」(▶p.131)の定義のところでもアランは，それが「各人の振舞いを外的効果に基づいて規制する」と書いていました．「慈善」の定義のところでは「高邁な感情のいかなる概念をも排除する」とまで記していたのです．行儀が良いとか，礼儀正しいなどということは，その程度のことだと唾棄することも不可能ではない．しかし，待ってください．外面を整えることが，内面を解放することもあるかも知れない．実際，アランは「外的なものを整え，これに形を与えるのは，人間にとってもっとも内面的なこと★063」と書いています．「結局のところ，情念に勝つのは外的な秩序だけである★064」とまで書く．こういう点に関わる考察を見事に展開した人物としてアランはオーギュスト・コントを評価しているのです．コントの格言「外によって中を律せよ〔Régler le dedans sur le dehors〕★065」を，アランは『イデー』においてコントを語り始める冒頭近くに記しています．そして次のように位置づけるのです．

　〔中と外についての〕その格言はまずこの〔コントの〕体系の全体を支配する知識論のすべてを照らし，しかもまた厳しい倫理説と，あの信仰の再発見の手段の一つを意味するからである．★066

アランの弟子であるアンドレ・モーロワが，アラン自身の文を埋め込みながら書き綴った『アラン』という本の中に登場する次の文章もわかりやすい．

　人間社会について誰よりもすぐれた語り手であったオーギュスト・コントは，社会の基礎を自然の必要事の上に置くことの重要性を悟っていた．感情は情念に，情念は欲求に結びついたものでなければならない．そして制度は感情の上に基礎を置くものでなければならない．逆もまた真であって，感情は，持続するためには制度によって強化されなければならない．★067

実を言うと，こういう考え方はアランの芸術論との関わりにおいても語れるのです．建築の話を彼がするときです．人間が創り出した「美(BEAU)」(▶p.120)が人間自身を救う場面です．

　建物の中で人は，正しい行動，中庸をえた，節度のある行動によって，みずからを感じ，みずからを測り，みずからを経験する．感情はそこに証人をみいだす．★068

　大聖堂は，自分が美しいことを証明したりはしない．しかも，そのなかに足を踏み入れるならば，人々の声といわず，態度といわず，身ぶりといわず，すべてが，知らぬまに変わってしまうものなのだ．芸術作品の特質は，美などというものよりも，現実感と力強さとにある，と私はいいたい．★069

作品は，圧倒的なリアリティを持ってそこにある．そのことが大事なのであり，建築物こそがそれを見事に実現するというのです．いや建築にとどまらず，諸芸術の体系の最初に置かれ

た「踊り〔danse〕」から，「詩(POÉSIE)」(➡p.606)や音楽について語るときにまで，さらに言えばすべての芸術において，人間が作品によって救われるということは当てはまるのです．「救いがまったくなければ，それは芸術の死であろう」★070 とアランは書くぐらいなのですから．

> 踊りが，リズムと拍子によって既に記念建造物であり，既に絵様帯〔フリーズ〕であると同様に，声自体も，韻律の規則により，詩句の句切りにより，半諧音（アソナンス）によって，持続し得るものとなる．精神はこの時，性急と補償の法則にしか規整されぬとも言うべき独白のうちに迷い入るどころか，不変な独白のうちに確立され，朗読者と感嘆者の厖大な行列と睦み交しつつ，人間的な礼儀に合致し，こうして，孤独のうちでさえ再び自己を見出すのである．この孤独の朗読こそ本質的な祈りであるとオーギュスト・コントは言ったが，彼はこれ以上深いことは言わなかった．祈るとは，だから，人間的なモデルに従って自分自身に話しかけることであり，こうして，孤独を社会とすることであろう．★071

この最後に登場する「祈り(PRIÈRE)」(➡p.660)とは「より高い次元で人間を問うこと」★072 と言われるくらいで，アランにとっては本質的な重要さを持ちます．芸術と祈りとを関連づけて述べた次の指摘が重要なのです．

> 人間の情念が芸術を規定するのではない．逆に芸術が人間を規定するのだ．建築の法則によって人間は芸術から，自分よりも美しく，自分よりも思慮深い自分自身の姿を教えられる．それゆえ，真の立像はすべて祈りを求め，つねに祈りを得る．(PRE,LXXI〔一九二四年五月二八日〕; PL, I) ★073

こうした考察の道筋を辿っていけば，私たちは，さらには伝統の話まで展開することも可能です．

> 身体の構造によっておこなうものにかんしては，われわれは思考せずにそれをおこなう．しかし，しるし〔signe〕をまえにして，宗教と礼拝とによっておこなうものにかんしては，われわれは真の注意をもってそれを思考するのだ．これは蜜蜂たちにおいてはけっして見られないものである．それが見られるためには，古い巣が礼拝の対象とならなければならない．要するに，コントの有名な表現にしたがえば，死者が生者を支配しなければならない．ただし，ここをよく理解していただきたい．遺伝される構造によってではなく，神殿，道具，図書館といった衣装によって．伝統はものであって，観念ではないのだ．★074

これは保守主義でしょうか？ いや，そうではないと思います．次の文章はそれを物語る．

> 秩序は低次のものである．それは必要にすぎない．必要には警戒こそ要求されるが，尊敬は要求されない．こう言ったのはおそらくオーギュスト・コントだけ．他の連中は，秩序の創造者である一つの霊を想定して，かならず秩序をありのまま崇拝するように逆戻りしてしまうからだ．★075

確かに，「儀式は集団的な礼儀」★076 です．そこに

★063——アラン『思索と行動のために』p.376
★064——アラン『イデー〔哲学入門〕』p.338
★065——同書，p.314
★066——同書，p.315
★067——A. モーロワ『アラン』p.76〔傍点引用者〕
★068——アラン『芸術について』pp.194-195〔傍点引用者〕
★069——アラン『芸術に関する101章』p.143〔傍点引用者〕
★070——アラン『芸術について』p.42
★071——アラン『思想と年齢』pp.336-337〔傍点引用者〕
★072——アラン『思索と行動のために』p.182
★073——G. パスカル『アランの哲学』p.317
★074——アラン『プロポ 1』p.330〔傍点引用者〕
★075——アラン『プロポ 2』pp.137-138〔傍点引用者〕
★076——A. モーロワ『アラン』p.83

何が起こっているのかを考えることが大事なのです．

踊りと儀式によっても，共通の思想は共通の対象を得る．つまり，構成された態度を保ち，リズムある動きをする人間の身体そのものである．だから，身体なくしては，観念もない．[77]

こういう観点から〈行儀のよさ〉を考察してみると，そこには新たな観念が浮かび上がってくるかも知れませんね．

BIENVEILLANCE
好意 — これは誰かと最初に出会ったときに示される一種のオプティミズム（楽観主義）〔optimisme〕である．オプティミズムと同じように，好意は，本性〔nature〕と意志とに同時に由来するものである．好意的な人は，〔自分の方からは〕不機嫌〔になってしまうこと〕を避けようとし，〔また相手から〕決して不快にさせられないように心構えをする．それどころか，その上に，彼はこうした賢明な態勢を繰り返し採ろうとし，それをよいことだと判断している．彼はどんな人にも信頼を置くべきだということを認めているし，そう考えることこそ，相手がもし長所〔mérite〕をもっているとしたら，それを当の相手が示してくれる唯一の手段だと見定めている．好意は，それゆえ，小心〔timidité〕に対する治療薬である．自分自身においても，また他人においてもだ．好意の中にはいくらかの快活さ〔allégresse〕がある．

オプティミズムについては，「楽観主義（OPTIMISME）」（▶p.511）の定義も参照してください．そこには faveur（好意的態度）という言葉が出てきて，今回の定義との関連を確認できます．

今回の定義では，好意の由来からアランは説き起こしているので，まずその点を見ましょう．「好意は，本性〔nature〕と意志とに同時に由来する」といいます．本性〔nature〕という言葉は少々難しいですね．仏教用語から来た「ほんしょう」という読み方をする言葉とは，少し意味がずれているので注意してください．哲学用語の場合，まずは古代ギリシア語の「ピュシス（φύσις）」の訳語として理解されます．そのままカタカナで示されるか，あるいは「自然」ないし「本性」と訳されます．それ以降，その解釈を基礎にいろいろな議論が展開されますが，ここでは〈おのずから備わっているもの〉とでもいう意味で理解しておいてください．好意に関して説明すると，そこには，まさに初めから，自ずから存在しているという側面と，意志して創り出さなければならない側面とがあるということです．もともと〈人懐こい〉というような人もいそうですよね．そういう人は〈本性的に，〔他人に〕好意を抱いている〉とでも言うべき人なのです．しかし，それでも，たとえそういう態度を示しても，全然良い反応が返ってこなかったら，ガッカリするかも知れませんし，傷ついてしまうかも知れません．アランがここであえて「意志」の話を出してくるのは，そんな仕打ちに遭っても，それでもあえて好意を維持するには，それ相応の意志が必要であることを語りたいのだと私は思います．それは，オプティミズムもそうで，能天気なオプティミズムはそう簡単に維持できるわけではない．それでもあえてオプティミズムを採るという場合には，強烈な意志が必要なのです．放っておけば，人は，多くの場合，ペシミズム〔「悲観主義（PESSIMISME）」（▶p.576）〕に移行してしまうものです．だからこそ，アランは次のように断言するのでした．

悲観主義は気分に由来し，楽観主義は意志に由来する．[78]

余り注目されていないことだが，オプティミズムが意志の所産であるのに対し，ペシ

ミズムは人間が意欲を喪失した際、ただちに陥る自然な状態である。その深い理由は、好い加減な思いつきを厳しく監視し、自己に誓いを立て、順序立てて行動をする自己統御こそが、あらゆる幸福の源泉であると共にその条件だからである。人間は身体の動きに流されてしまうと、自分がどれ程陰気な自動人形に堕してしまうか、十分自覚してないのだ。[★079]

悲観主義の本質は、単純な不機嫌もほうっておけば悲しみやいらだちに変る、という点にある。[★080]

さて、そういう、あえて言えば〈意志して選び取ったオプティミズム〉のある種の具体的な例を「誰かと最初に出会ったときに示される」例としてここでは提示していることになります。人は信念を持って好意を示すということがありうるのです。

信念はひとつの積極的な考えとなる。信念とは、楽観主義にほかならない。念のためにいえば、意欲的な楽観主義であって、行きあたりばったりの楽観主義ではない。[★081]

最初の出会いという時点でも「好意的な人は、〔自分の方からは〕不機嫌〔になってしまうこと〕を避けようとし、〔また相手から〕決して不快にさせられないように心構え」をしているわけです。〈心構えをする〉と私が訳したのは、se préparer à というフランス語で、直訳的には〈準備する、用意する〉という意味です。ここでは、まさに意志的に心を整えておくというニュアンスが含まれていると私は思ったのです。誰かと初めて会うときに、例えば、その直前に別の用件とか何ら

かの理由で不機嫌に陥っていたとしても、これから会うその人の前で自分の不機嫌を引きずっているのは好ましくないですよね。好意的な人は、そういう不機嫌〔気分, humeur〕をそのままに放置しないように意志的に努力するのです。あたかもチャンネルを切り替えるように、自分の気分を切り替えるのです。気分をそのままに表現するのではない礼儀正しい振舞いをしようとするからこそ、気分そのものが変わるのです。

気分の動きにすぎぬものは、表現の機会がなくなれば、たちまち感じられなくなるものである。[★082]

どうしてそんなことになるのかの理由は、心身分離に基づく、「**精神**(ESPRIT)」(▶p.322)による身体の統御ということが可能だからだ、と言っておきましょう。そして、それはデカルトが、そしてアランが、めざそうとしたことのひとつです。

気分というものを他の観点から、すなわち、ただ運動として、あるいはむしろ運動の支配としてとらえることが必要だ。[★083]

放っておいても陥るような気分というものは、物体が壁にぶつかったら跳ね返るような運動と違うものではないと捉えるのです。もし、そう捉えられるなら、むしろ当の運動法則を利用して、その気分を統御することも可能だろうという方向に舵を切る。そうしようと繰り返し努力するのです。「こうした賢明な態勢を繰り返し採ろうとし、それをよいことだと判断している」からこそ、そういうことが可能になるのです。「実践的な、支配〔統御, gouvernement〕の方法としての二元論」[★084]がここにはあるのです。ここにアランは偉大さを見ています。

★077──アラン『思想と年齢』p.327〔傍点引用者〕
★078──アラン『幸福論』p.278
★079──アラン『裁かれた戦争』p.122
★080──アラン『幸福論』p.269
★081──アラン『思索と行動のために』p.378〔傍点引用者〕
★082──アラン『幸福論』p.118
★083──アラン『思索と行動のために』p.234〔傍点引用者〕
★084──同書, p.384

偉大な諸精神は，それらに固有の，そしてそれらが自己の気分の癖のなかに見いだすもろもろの困難を克服することにしか専心しないものである．[*085]

ここまでは，自分の不機嫌の話ですが，出会う相手とのまさに出会いの中でも不機嫌に陥らないように努力するということがありうるのです．今回の定義で言えば，「〔また相手から〕決して不快にさせられないように心構え」をするという部分がそれで，相手をどう受けとめるかにまで，努力は及びうるということです．定義の続きの部分にも出てくるのですが，あえて「どんな人にも信頼を置くべきだ」と考えることによってです．そうであってこそ，「相手がもし長所をもっているとしたら，それを当の相手が示してくれる」ことになる．相手に失望しないように努めるし，失望しないですむ長所を見せるのです．

オプティミズムとは，失望させない，失望しないという固い決意〔parti-pris〕だと定義することができる．それは気分の拒否である．気分はいつも悪い．ペシミズムは，自分の思考を統御できなくなった途端，われわれ

は，悲しみ，退屈，不安，怒りのほうに傾くという意味で，われわれにとって自然のものなのだ．[*086]

そして，それはそれほど難しいものではないとアランは断言するのです．

最悪の気分と最良の気分とのあいだには，ほんのわずかな距りしかない．一日に別の色合いを与えるためには，ときには，姿勢を変え，ある身ぶりや言葉を抑制するだけで十分だ．[*087]

こういう振舞いができるならば，自分についても，他人についても，「小心〔timidité〕に対する治療薬」となる〔「臆病〔TIMIDITÉ〕」（►p.815）〕．あえて，一歩を踏み出せるのです．確かに，本性上人懐こい人には，この目標は到達しやすいかも知れません．それこそ，好意を支えている本性・自然に恵まれているからです．「好意の中にはいくらかの快活さがある」と最後にアランが指摘する部分も，その生まれつき快活な人には簡単に手に入ることでしょうからね．しかし，意志の部分もあることを忘れないでほしいと，私は思うのです．

BILIEUX
胆汁質の人

— 背が低く，筋肉が貧弱で，体毛は褐色で縮れており，顔色は薔薇色と黄色の中間，自分自身のことにかまけており，不機嫌になりやすく，陰気である．それゆえ，情愛は深く，疑い深い．友だちや，自分の計画に対しては忠実である．真面目さと優れた注意力によって他の人々に優っている．なぜなら，いったん彼の興味を抱いた事柄は彼にとって聖なるものであるというのが，彼の法則〔loi〕だからだ．胆汁質の人の情念〔passions〕の一つは根に持つ傾向〔l'esprit de rancune〕であり，人々の想い出が彼の社交の徳〔vertu〕であることがわかる．

「胆汁質の」などと言われると，日本人の多くは，意味が分からなくて，困ってしまうのではないでしょうか．そのため，私も初めは「気むずかしい人」と訳してみたのですが，やはり，

この言葉の長い歴史を踏まえると，それも適切ではない気がして，この訳語にしました．とにかく，ヨーロッパにおいては，いわゆる気質を分類するようなときに結構使われる言葉なので

す．古代ギリシアのころから，人間の気質を分けるときに使われてきた区別があり，その一つなのです．他に，「多血質」「粘液質」「憂鬱質」があります．ヒポクラテスやガレノスの医学的な考察の中に登場するのです．血液・粘液・黄胆汁・黒胆汁という四つの体液によって，気質・「**体質**（TEMPÉRAMENT）」（▶p.791）に影響が及ぼされると考えられていたのです．まるで血液型占いとか性格判断とかに近いような，こういう概念をどうしてアランは定義するのかについては，考えておかなければなりません．アランは，占いなどというものを問題にしてもいないと思います．否定的な意味で取り上げるときはあります★088が．しかし，気質というものについては，かなり触れることがあるのです．彼が気質についてどのように書いているかを掲げておきましょう．

　　　私が気質〔humeur〕と呼ぼうとしているのは，本来生物学的なもの，すなわち，形態だの，力強さだの，体質だの，年齢だのであり，と同時に，これらすべてを変える風土や食べ物などのような環境からのさまざまな働きかけにほかならない．★089

　注意してほしいのは，日本語として「気質」と訳されている言葉の原語がhumeurであることです．これは「気分」と訳されることもある単語なのです．しかも仏和辞典を引くと，まさに上述の「体液」という意味でもある．アランは，気分を，身体的なものと考えていました．というか，身体へと押し返したと言った方が適切でしょう．デカルトに倣いつつ，気分に左右されるよりもそれを身体（事物）の領域へと押し返して，操作（統御）の対象として考えようとしたのです．

　デカルトは，彼の気分のなかでは彼はメカニックなものでしかないということを選択する．そしてこう定めたことによって，私たちの情念は事物の領域に帰せられる．★090

　「選択する〔choisir〕」と言われているのは重要です．そのように意志的に決める．決断することによって，それを操作の対象とするということだからです．そして操作するからには，それをよく知らなければなりません．事物にも，それぞれの特徴といったものはあるでしょう．素材があってこその作品です．人生という作品を自分なりに創り出すにしても，自分というものの，素材としての，あり方を知っておくのは無意味ではない．それをやってみるのが，気質の分類ではないでしょうか？

　さて，定義に戻ると，「胆汁質」に分類される人の特徴が掲げられています．「背が低く，筋肉が貧弱で，体毛は褐色で縮れており，顔色は薔薇色と黄色の中間，自分自身のことにかまけており，不機嫌になりやすく，陰気である」云々．なんだか，漢方薬を処方してもらう際の，身体的・精神的傾向が掲げられているみたいな感じで，長い歴史の中で観察されてきた，ほとんど統計的な傾向かとさえ思えます．信じるか信じないかは，あなた次第でしょうが，当たるも八卦，当たらぬも八卦とでも言っておきましょうか．しかし，次にアランは「それゆえ〔donc〕」という言葉を使います．「それゆえ，情愛は深く，疑い深い．友だちや，自分の計画に対しては忠実である．真面目さと優れた注意力によって他の人々に優っている」，と．この「それゆえ」でつながれている文に関しては，少なくとも関連を説明する必要があるでしょう．「自分自身のことにかまけており〔occupé de lui-même〕」がヒントだと思います．柴田翔の小説『贈る言葉』に，「いつも思いが自分の心の中へ深く戻って行く他はない人間の持つ，あの一種沈んだ視線」★091という表現がありました．アラン

★085──アラン『教育論』p.198
★086──G. パスカル『アランの哲学』p.265〔傍点引用者〕
★087──アラン『プロポ 1』p.224
★088──例えば，アラン『思索と行動のために』pp.372-373
★089──同書, p.227
★090──アラン『イデー（哲学入門）』pp.165-166〔傍点引用者〕
★091──柴田翔『贈る言葉』p.128

のこの定義を見ると，そんな言葉を私は想い出してしまうのです．そんな人間は快活であるというよりは「不機嫌になりやすく，陰気」だろうな，ということです．というか，むしろ，私は過去の自分のことを思い出しているのですが……．自分を観察し，自分の心の「醜さ(LAIDEUR)」(▶p.434)みたいなものに嫌悪感を抱き，自分は最低だと思うがゆえに，他の人に憧れる．しかし，その人を信じ切れもしない．「情愛は深く，疑い深い」わけです．しかしながら，そうであればこそ，自分はできる限りマシになろうとも考える．「友だちや，自分の計画に対しては忠実」なのです．その意味では「真面目さと優れた注意力によって他の人々に優っている」こともあろうか，というのは実感としてわかる，と言っておきましょうか．「いったん彼の興味を抱いた事柄は彼にとって聖なるものであるというのが，彼の法則〔loi〕」というのも，なるほどと言うしかありません．ただし，私は「背が低く」もなく，「体毛は褐色で縮れて」もおらず，「顔色は薔薇色と黄色の中間」でもなさそうですが……．

「胆汁質の人の情念〔passions〕の一つは根に持つ傾向〔l'esprit de rancune〕」なのもわかり易いですよね．思いはいつも自分の心のなか深くに戻っていくわけですから．「人々の想い出が彼の社交の徳〔vertu〕である」と私が訳したのは，"le souvenir des personnes soit sa vertu de société"で，森訳も神谷訳も「人々の想い出が彼の社会的な徳である」という意味で訳しているのですが，もう少し説明的な訳がよかろうと考えました．sa vertu de société をどう解釈するかです．société をそのまま「社会(SOCIÉTÉ)」(▶p.748)と取らずに，交際，付き合い，社交という意味で取ってみたのです．何か一定の社会を前提とした話ではなく，付き合いという場面の設定だと解釈します．思いはいつも自分の心のなか深くに戻っていくような人間にとって，人との付き合いにおいても，その重要な部分は「想い出」というものだろうと私は考えたのです．〈重要な部分〉とか〈最善の部分〉とは，その事柄の頂点とされる部分ですよね．実を言えば，古代ギリシア語古典哲学以来，「徳(ἀρετή)」「徳(VERTU)」(▶p.850)とはそういうものではないかと私は思っているのです．

BRUTALITÉ
粗暴さ

― 最初の一撃がうまくいかないと，その一撃は殴りかかろうとした当の人間に返ってきて，その人をいらだたせる．そこから二番目の打撃がさらにもっとうまくいかないことになる．嚙みつこうとしている犬が，こういう事態を見せつけてくれる．粗暴さはそれ自身に影響を及ぼすものなのであって，ついでに他のものに影響を及ぼす．そしてこのことは殴り方のうちに見て取れる．それは醜いのだ．犯罪〔crime〕のなかにある手際の悪いところを理解しなければならない．刃物で20回も刺しているということは，たった1回の迅速で十分な一撃よりも殺意が少ないことを証明している．しばしば諸情念〔passions〕の反応は，粗暴なものである．歪める〔tordre〕という所作，身をよじるという所作によって，そうなのである．それは，自らに対する拘束，隷属化の試みなのである．（歯を食いしばること，手を傷つけること，喉をからしたりすること）．できないという怒り〔fureur〕．暴君は粗暴ではないということを指摘しておく．彼は迅速に命令を下す．殺人者が粗暴さを以て行動する限り，勝負にはならない．

「土壺にはまる」という表現があります．最低の状態に行き着くということです．アランは，この「粗暴さ」の定義でそのメカニズムを語りま

す．「当の人間に返ってきて」とか，「それ自身に影響を及ぼす」という表現に注目してください．この定義は「粗暴さ」の定義なので，殴りか

かる例が掲げられていますが，〈焦り〉〈焦燥〉という例の方が，この自分に戻ってくるというメカニズムを理解するにはいいかも知れません．アランは「焦燥は運動へと駆り立て運動は焦燥を悪化させるという規則[★092]」を語ります．要するに，〈ますます……ことになる〉という構造です．何かがうまくいかないと，焦り，苛立ち，事態をますます悪化させるのです．この構造はいろいろなところに現われる．しかも，思考が絡むとそれこそ大変なことになる．アランは「戦争では，なぜ戦争するのか理解しえないところから，人はますます狂乱する[★093]」と書いています．現にいま自分がやっていることに不満であればあるほど，人は苛立つのです．

> 愚かしく滑稽に苦しんでいると思うと，ますます憤慨されてくる．…〔中略〕…いらだつべきでないという理由によって，ますますいらだつわけだ．そこで，人々はとかく，小さな苦しみに耐えきれぬところから，大きな苦しみに飛びこむのである．[★094]

粗暴というのは，この苛立ちが嵩じていく様を見事に示しているでしょう．「嚙みつこうとしている犬」が例に挙げられているように，ほとんど思考は問題にならない．人間で言えば，思考は吹っ飛んでしまっているとでもいう事態なのです．身体のメカニズムというレベルで事柄が嵩じていく姿です．そして「それは醜い」とアランは言う．思考は，身体のメカニズムに負けて，その働きを失なってしまっている．「人間がたんなる傲慢によって思考を拒むときは，みずから好んで獣に堕しているのである[★095]」と言われるように，自分を統御しようなどとは，もう少しも思わなくなっているからです．

しかしながら，こういった〈ますます〉の構造は，必ずしもネガティヴな場面だけではないこ

とも知っておくべきでしょう．アランの話を学生さんにしていると，たまに，「アランは情念を否定しているのですよね」と言われることがあるのです．もちろん「否定する」ということをどのように理解するかによるわけですが，少なくともデカルトに同意して，次のように書くことには注意しておいてほしいのです．

> 愛は，おのれが愛するものをますます愛することによって，たえずおのれを救ってゆく．デカルトは，善用することができないような情念は存在しないと言ったが，それはこのためである．[★096]

さて，今回の定義の続きでアランは「犯罪のなかにある手際の悪いところ」に触れます．だんだん「情念（PASSION）」（▶p.544）が嵩じていって粗暴さは際立つことになるのであって，何回も刺すということは，その嵩じていく姿そのものだというのです．初めは殺意などそれほど無くとも，殺してしまうということがある．身体の動きに翻弄されるようにして，そうなってしまう．その際の身体のあり方を，アランは粗暴さを表現するのが「歪める〔tordre〕という所作，身をよじる〔se tordre〕という所作」だといって説明します．もっと具体的には「歯を食いしばること，手を傷つけること，喉をからしたりすること」，と．「手を傷つけること〔se meurtrir les mains〕」というのが少々理解しづらいかもしれませんが，se tordre に「（絶望して）両手をよじる」という意味があり，そのへんと関連させて読めば，ある種の納得に至るでしょう．

定義の最後では，こういう意図せずに行き着いてしまったとでも言うべき「殺人者」のあり方と，暴君のあり方が対比されます．初めから殺意を抱いているような暴君は，粗暴でない．それこそ，冷徹に，また「迅速に」，殺害命令を出

★092──アラン『思索と行動のために』p.235
★093──アラン『人間論』p.252
★094──同書，p.269
★095──同書，p.252
★096──アラン『プロポ 2』p.189〔傍点引用者〕

すだけです．上に述べてきたような，情念のどたばたの中で殺害に至ってしまうような殺人者とは，比較にもならない．暴君では，思考が吹っ飛んでいないのです．『ゴルゴ13』という劇画がありますが，スナイパー(狙撃者)を描いた漫画です．彼は，冷静に，ただ，ライフルを発射するだけです．身をよじることもない．彼は，粗暴ではないのです．

C

CALOMNIE
中傷 – 中傷は，ありふれた人間嫌い〔misanthropie générale〕に基づいて人が行う想定〔supposition〕である．想像上の行為についての中傷とは嘘〔mensonge〕のことである．しかし，動機に関わる中傷は人間嫌いそのものとちょうど同じくらいもっともらしいものである．中傷は決して止むことがなく，自ずと下降する．ついには人間全体を否認するにいたる．中傷の毒は，決して誰もそれから逃れられないことが分かっているところにある．

　森訳は「讒謗(ざんぼう)」，神谷訳は「誹謗」としています．『デジタル大辞泉』によると，前者は「人をあしざまに言うこと」であり，後者は「他人を悪く言うこと」です．私は「中傷」という訳語を採用しました．参考までに，「中傷」を『新明解国語辞典(第四版)』で引いてみると，「根拠の無い悪口などを言って，他人の名誉を傷つけること」とあり，「誹謗」は「他人の悪口を言うこと」とあります．また，「誹謗中傷」と「非難」や「批判」とはどう違うかというと，**非難(REPROCHE)**｜(▶p.708)は「他人の欠点や過失を取り上げ，それは悪いと言って責めること」であり，「批判」は，「物事のいい点については正当に評価・顕彰する一方，成立の基盤に関する欠陥については徹底的に指摘・検討し，本来どうあるべきかを論じること」されています．「誹謗中傷」が，「嘘」まで含むような，言わば事実から離れて存立しているものなのに対して，「非難」や「批判」は，一応は事実に基づいてなされるようなニュアンスがあるでしょう．そういう日本語のニュアンスをも含めて，読み進めてみましょう．

　定義冒頭の一文からして，森訳と神谷訳では，感じが違います．森氏は「讒謗は，人が，すべての人間に対する人間嫌いの結果，設定する想定である」と訳し，神谷氏は「誹謗は漠然とした人間嫌いから出た想定である」と訳しています．分かれ道は，général の訳し方です．人間嫌いを，〈一般的なもの〉とするのか，〈漠然としたもの〉と訳すかです．私は，森氏に近いのですが，〈ありふれた〉としました．一般的よりは全体というニュアンスが薄く，でもよくあるものというふうに捉えたのです．「**人間嫌い(MISANTHROPIE)**」(▶p.492)そのものもアランは定義しているので，そちらも参照してください．また，「想定」とはどういうものかの検討も必要です．原語のsupposition は，動詞にすればsupposerで，想定するとか推測するという意味です．訳語として「推測」を選ぶことも可能なような言葉なのです．要するに，中傷は，想定することに基づいており，推測することに基づいているのです．つまり，事実かどうかは分からぬままに，そのように想定し，推測することです．それも人間嫌いに基づいてそうしている，とアランは言う．では人間嫌いとはどういうことなのか？　少し検討しておきましょう．どうして人は人間嫌いになってしまうのかについて，アランは次のよう

に書いています.

　　　私がしばしば考えたところでは,情念にかられた不正な愛と解される人間ぎらいは,多くは,人の言う言葉を気にしすぎることにもとづいている.[001]

　「人の言う言葉を気にしすぎる」ということは,言われたことについてあれこれ考えるということでしょう. 実際に言われたことについて,つらつら考えては,その理由を推測するのです. 注意して欲しいのは,その場合,考える対象が言葉であることです. 眼の前にある事物ではないということ. 具体的な対象を相手にする実験とかという,いわゆる科学的な手段は,そこにはおそらく無いということ. だからこそ,推測というものは危ないもので,「つねに無鉄砲なもの〔toujours téméraires〕」[002]であるという. ひとことで言えば,推測し過ぎてしまうのが常なのです.「観念によって人を観察ばかりしていると,いつでも自分が人を推測しすぎていることに気がつくだろう」[003]とアランが書くように,観察は自分の思いの中にある言葉や観念によって支配され,推測は止めどなくなるものなのです.「推測」と「仮説」とを区別しましょう. 次の引用が役立ちます.

　　　火星に人が住んでいると想定するのは推測であり,地球は回ると想定するのは仮説である. 物体における重さという観念は推測であり,引力という観念は仮説である. ところで科学とは,まさに推測に代えて仮説を立てることにある. これは,現象の内奥の本性よりも現象の法則を求めることである. われわれはとかく,物の内に秘められた力を想像しがちであるという意味で,当然ながら皆,物神崇拝者である.[004]

　この物神崇拝者としての私たちのあり方こそが,人間嫌いの一源泉だと言ってしまいましょう. 自分を傷つける言葉を容易に口にするような出所として相手の存在を想定するのですから. それが想定されてしまえば,〈ひとたび私を傷つけた言葉〉はいくらでも理由づけされ,さらなるそういう言葉の可能性を含む存在は,嫌悪の対象となるのです. ここで,Bénacの類語辞典を見てみると,calomnierが載っています.

　　　Calomnier, imputer faussement à quelqu'un ce qui nuit à sa réputation et à son honneur.[005]（**中傷する**,誤って誰かに,その人の評判や名誉を傷つけることをかぶせること.）

　「誤って」なのです. 誤謬を犯しているのは,中傷している人の方なのです. もう,誤謬を犯してしまう理由はこれまでの叙述でわかりますよね. それこそ,物神崇拝〔「フェティッシュ（FÉTICHE）」（→p.362）〕の心持ちなのです. あるかないか分からないものを,あるとして想定してしまう. そういう心持ちです. それによって,止めどなくなった推測はとうとう「想像上の行為についての中傷」まで始めてしまう. これが「嘘(MENSONGE)」(→p.472)というものです.

　さて,定義の続きの文章はわかりますか?「動機に関わる中傷は人間嫌いそのものとちょうど同じくらいもっともらしいものである」という文章です. これまでの説明の延長線上で考えてみてください.「動機に関わる中傷」とはどんなものでしょう?　具体例を自分で考えださなければ,はっきりしませんよね. ここでは,ここまで話題としてきた〈私を傷つけるような言葉を誰かが発する動機〉というものを考えてみましょう. それは,〈あの人が私を嫌いだからだ〉とか,〈あの人は私に嫉妬しているんだ〉とか,いろいろな動機を挙げることができるかも知れませんが,それ

---

[001]──アラン『わが思索のあと』p.240
[002]──アラン『神々』p.85
[003]──アラン『思索と行動のために』p.312
[004]──G. パスカル『アランの哲学』p.98〔傍点引用者〕
[005]──H. Bénac, *op.cit.*, p. 581

は，やはり，私の想定であり，推測です．実際に相手がそうならば，この〈私を傷つけるような言葉〉が発せられるのは，実にもっともらしいものとなるのです．人間嫌いも，同じくらいもっともらしいのは，そういう相手が想定されれば，私が相手を嫌うのももっともだと考えるところにある．この是認は，自動的に起こりそうになるくらい，あたりまえのことに見えるのです．〈事実，そうでしょう！〉と言いたくなるくらいにです．しかし，それは，「悲観主義〔PESSIMISME〕」（▶p.576）がもっともらしく，「楽観主義〔OPTIMISME〕」（▶p.511）がそうでないのと同じように，意志から遠ざかったあり方だと言いたい．あえて愛するということがないのです．そうであればこそ，「中傷は決して止むことがなく，自ずと下降する」のです．そして，「ついには人間全体を否認するにいたる」のです．それは簡単なことからです．だから，中傷は蔓延する．「決して誰もそれから逃れられない」ほどに．

さきの引用に人間嫌いを「情念に駆られた不正な愛」とアランが述べたものがありました．「愛〔AMOUR〕」（▶p.076）です．人間嫌いになるには，何らかの願望があって，しかしながらそれが満たされないという構造がありそうですね．あるべき何かが無い．そう考えた者は，〈どうせ初めから無いのさ！〉という処理の仕方を採りがちです．〈人間なんて，偉そうなことを言ったって，大したことはないものさ！〉というわけです．人間が嫌いになる．それは人間を（そして自分を）愛そうとして，裏切られたからです．人間を（そして自分を）高く評価しようして，裏切られたからです．人間の（そして自分の）強さを求めて，それを得るのに失敗したからです．そしてもう信じない．それが人間嫌いなのでしょう．信じる意志が欠けてしまっているのです．そして，推測に基づいて確認しようとする知の働きだけが残っている．

CARACTÈRE
性格 – これは，私たちにはよく知られている人に関して，私たちが下す判断であり，しかもこの判断は，私たちに可能な限り，皆の判断と一致させながら下される．こうして私たちは言う．「彼は怒りっぽい，しかしじきに収まる」，あるいは「彼は若いケチンぼで，しゃべることすら惜しむ」とか，「彼は何でも欲しがる」とか，「彼はふざけていて〔frivole〕，怠惰だ」といった具合に．性格というものはそれゆえ，その言葉が意味しているように，外から押しつけられるものである．そして私たちが自分自身の〔propre〕性格を自分自身で〔nous-même〕判断するというときは，いつだって，私たち自身を素描するような世間の言い分に主として従っているものである．だから，無愛想だと思われている人が無愛想になったり，残忍だと思われている人が残忍になったり，自惚れが強いと思われている人が自惚れが強くなったりするものなのである．

それゆえ，性格の中にはひけらかし〔affectation〕といったものがあり，ある役割を演じてしまおうという配慮がある．しかしながらこの役割は私たちに良く合うように選ばれており，あの自然的な部分はずっと性格の中にはある．そんなわけで，人は自分の性格を勝手に変えることはできないが，だからといって人はその性格に絶対的に閉じ込められているなどと信じるのはなおさらもっともらしくない．なぜなら世間の言い分などというものは大いに変わりうるものだし，役割だって変わりうるのだから．私たちの自然的なところと合致する性格など，いつだって一つとは限らないのである．

誰かの性格について云々するには，その人とある程度の付き合いが必要でしょう．その人について，（しかも，多くの場合，その人のいないところで）判断を下すのです．それはそれなりの経験

146

をその人と共有しているからこそ下されるものではあります。そして，それを聴いた人は，〈そうだよねぇ，彼はこの前こんなこともしていたしねぇ……〉なんていうふうに，皆で確認され，固定されていく。こうして，〈あの人は，そういう人だ〉という言わばレッテルができあがるわけです。アランが，例をいろいろ挙げているように。そして，「性格というものはそれゆえ，その言葉が意味しているように，外から押しつけられるものである」とまとめられる。この一文は，「その言葉が意味しているように」という指摘と共に，少し説明が必要かも知れません。アランはcaractèreの語源について触れているのです。というのも，caractèreは，ギリシア語のχαράσσω，つまり〈押し付ける〉とか〈刻む〉といった言葉から来ているのです。しかも，他人が誰かの性格について云々言うだけでなく，自分自身で自分自身の性格を判断するときさえ，人は「世間の言い分に主として従っている」ものなのです。「子供にあってもまた大人にあっても，人間の本性というものは容易に他人の判断どおりに仕立てられるものだ」と言われるほどに，です。「だから，無愛想だと思われている人が無愛想になったり，……」と例が挙がっていますよね。そこには，「性格とは，文字どおりには，そとから受けた印のことである。もちろん，跡形は，それを受ける側にも依存する」★007といった事態があるのです。だからこそ，アランは「ひとに向かって，決して顔色がわるい，などといってはならない」★008とまで言うのです。性格などという話より前に，現にいま，相手にそういう影響を与えること自体が好ましくないだろうということ。他人がいて，それに自分が応じるということがあってこそ，性格は語られるのです。次のようなことです。

ロビンソン★009は，ひとりでいたかぎり，よい性格にしろ，悪い性格にしろ，およそ性格をもたなかったと私は思う。性格は意見〔opinion〕によって作られるのである。★010

性格は，決めつけという要素を含む。そういう事柄については，健全な疑いこそ相応しい。モンテーニュはそういうことを実行した人でした。

モンテーニュの『エセー』(Essais)は個人の新「哲学」を創出した。個々の人間を個々の人間の〈ままに〉──その人のあらゆる奇癖，偶有性，特性とともに──描くことが理論的関心事を有しうるであろうことは，ルネサンス以前の哲学ではけっして認められなかった。人間描写はむしろ──テオフラストスの『人さまざま』(Characteres)のように──類型性ないしは「性格の型」の端緒となった。モンテーニュはあえてこの伝統と手を切ろうと，しかも自分がしていることに充分に気づきながら，この縁切りを全うしようとする最初の思想家である。★011

しかしながら，外からのそういう決めつけに応じてしまう私がいたりするわけです。ヴィクトル・ユゴーの小説『レ・ミゼラブル』のジャン・ヴァルジャンについても，そう言えそうですよね。

ジャン・ヴァルジャンは，自分を見る他人の目に従って，自分は悪人であると思い込み，悪人を演じるにいたったのである。★012

実際，アランは，「性格の中にはひけらかし〔affectation〕といったものがあり，ある役割を演じてしまおうという配慮がある」と定義を続け

★006──アラン『教育論』p.42
★007──アラン『人間論』p.256
★008──アラン『幸福論』p.109
★009──もちろん，ロビンソン・クルーソーのこと。
★010──アラン『人間論』p.253
★011──E. カッシーラー『シンボルとスキエンティア──近代ヨーロッパの科学と哲学』p.25
★012──G. パスカル『アランの哲学』p.267

147

ます．「**ひけらかすこと**(AFFECTATION)」(▶p.046)もこの『定義集』の中で定義されていますから，参照してください．その定義の中には，今回の定義とよく似た，次のような表現が見られます．

> 人がすでに偽善者である時には，偽善をひけらかすことができる．すでに率直であるときには率直を，すでに無教養であるときには無教養を，すでに軽薄であるときには軽薄をひけらかすことができる．

要するに，〈世間がそのように私を観るのなら，そうなってやる！〉というわけです．世間が誰かに「落ちこぼれ」とレッテルを貼ろうとすれば，その人はあえて「落ちこぼれ」になってみせるかも知れないのです．確かに，その人には，そのように言われそうになる理由の一端はあるのでしょう．「あの自然的な部分はずっと性格の中にはある」のです．けれども，わざわざその決めつけに自分を合わせなくてもいいでしょう．「世間の言い分などというものは大いに変わりうるものだし，役割だって変わりうる」のなら，「自然的なところと合致する性格」として，別のことを選ぶのは不可能ではないのです．それは「いつだって一つとは限らない」のですから．

　要するにわたしは，よろこんで，それぞれのひとの美徳と悪徳とは，そのひとに結びつき根づいたもので，衣服のように脱ぎ捨てることができないというアリストテレス流の考え方を，徹頭徹尾追求しようとしているのである．それゆえに，コインが擦り減ってゆくようにひとりの人間の凹凸を擦り減らし，要するに，平均的人間に少しでも余計に似るように，その人間を磨き減らしてゆく作業に同意するわけにはいかない．逆に，自己からあらゆるものを生み出すこと，自己に固有の本性を十全なかたちで伸ばすことを期待している．自己自身のそとに跳び出すことも，他人の美徳を借用することもできないからだ．赤毛なら赤毛として生き，赤毛の美徳を持つべきなのだ．[★013]

せっかくですから，ベルクソンの自我論にも触れて，少し補足しましょう．彼は，他からの決めつけを去り，自分自身に成り切るところに自由を語りました．

> 二つの自我があることになり，その一方の自我は他方の外的投影のようなもの，その空間的で，いわば社会的な表象だ…〔中略〕….たいていの場合，われわれは自分自身に対して外的に生きており，われわれは自分の自我については，その色あせた亡霊，等質の空間に純粋持続が投ずる影しか見ていない．[★014]

> 基本的自我〔le moi fondamental〕のさ中においてさえも，一種の寄生的自我〔un moi parasite〕が形成され，それがたえず前者を侵蝕する．多くの人々がこのようにして生き，真の自由というものを知らずに死ぬ．[★015]

要するに，社会的自我〔le moi social〕と個人的自我〔le moi individuel〕との区別です．[★016] どちらを基本にして，あなたは生きたいのでしょうか？

CHARITÉ
博愛 ─ これは，同類〔le semblable〕を対象とするときの信仰〔foi〕である．博愛は，反証などといったものによって揺るがされうるものではない．それゆえにこそ，博愛は，狂人の内にある人間性を，重度の知的障害者，犯罪者，不幸な者の内にある人間性を尊ぶ．しかし博愛はまた金持ち，権力者，軽薄な者，不正な者，酔っ払い，粗暴な者，嫉妬する者，羨望する者における人間性をも尊ぶ．博愛は，その者たち皆を好意的に判断するための，

その者たちを助け，なによりもまずその者たちを愛するための，方策を探す．博愛というものは，それが一つの信仰であり，言い換えれば意志的で，前もってあらゆる種類の失望に抗して確信されているということを知らない限りは，よく理解されないだろう．

神谷幹夫氏は「慈愛」と訳し，森有正氏は「慈悲」と訳しています．慈悲だと，ほんの少しですが，慈悲の心をもって相手に対する存在の方が〈上〉にあるかのようなニュアンスが私には感じられるので，それは採りませんでした．そういう私の心の動きは，〈弥陀や菩薩の慈悲に縋（すが）る〉といった仏教的な言い方を考えてみるといいでしょう．悟りをひらいた仏のもたらす慈愛というようなことが，私の頭をよぎったのです．慈愛も訳語としてはいいでしょうが，むしろ慈悲と共通な〈慈〉という語を避けて「博愛」としてみました．

さて，同類とは，この場合，人間のことです．時として人は，狂人や知的障害者と対比して，自分の方を上に置いて考えたりしないでしょうか？　自分と同じ人間であることを忘れかけるのではないでしょうか？　それに対して，今は健常に思考することを妨げられている人にも思考の可能性を想定すること，そこに博愛は成立しているのです．他人だけではありません．自分を然るべき仕方で愛するためにも，この想定は必要です．自分が怒り狂ったり，深く悲しみに沈んだりして，まともに思考できない事態に陥ることなど，幾らでもあることなのですから．そういう自分を，狂人と区別することなどできないでしょう．我に返って，自分の至らなさを恥じ，自己嫌悪に陥ることだってあるでしょう．それにもかかわらず，自分がまともになりうることを信じてやらなければならない．そういうことです．アランがこの定義の中で「**信仰（FOI）**」（▶**p.372**）と書いているのは，そのためです．「意志的で，前もってあらゆる種類の失望に抗して確信」しなければならないというのです．自分について言えば，次のようなことです．

怒りがきみのうちに病気のように頭をもたげるときには，わざと笑うという試みだけでもしてみたまえ．じつを言えば，怒りにまったく身をゆだねる者，吐き気や歯痛を待つように怒りを待つ者は，狂人である．そして，どうにもならぬ宿命という感じがあらゆる種類の狂気に共通しているということは，深い事実である．いずれにせよ，健康な人間は自分の体を支配することを欲し，また，支配しうることを確信する．不覚をとっても，また，不覚をとったことを恥じつつも，彼はなお信ずる．なお信じようとする．ここに意志の発条（ばね）が認められるのだ．★017

そして，この自分への信仰無くしては，他人を助けることなど思いもよらないのです．「自分に見切りをつける人間は人の助けにはなりえない★018」のです．しかし，同類としての人間を愛そうとしても，例えば，アランが掲げた「金持ち，権力者，軽薄な者，不正な者，酔っ払い，粗暴な者，嫉妬する者，羨望する者」を愛そうとしても，往々にして容易ではありません．相手のそういうあり方そのものに疑問を持つことがありうるからです．自分との違いがまずは目立つのです．そして，その違いに足を取られるようにして，同類であることを拒否しようとさえするかも知れない．しかし，相違点をきちんと承認し，その上で愛することを考えなければならないのでしょう．

★013──アラン『プロポ 2』pp.200-201〔傍点引用者〕
★014──H. ベルクソン『時間と自由』（『ベルクソン全集 1』）p.211
★015──同書，p.154

★016──H. ベルクソン『道徳と宗教の二つの源泉』pp.225-226
★017──アラン『人間論』p.140
★018──アラン『感情 情念 表徴』p.163

149

すべての存在は，自分の同類を愛し，自分の同類を捜し求める．これは月並みなことだ．が，おそらく，つまるところは，真理なのである．しかし，その最初の瞬間がむつかしいのだ．ヘーゲルは，ここでも，言葉少なに，しかし力強く，自己自身に対して生まれる思想のたどる宿駅を，明らかにしている．認知．それは，思考する人間が，もう一人の思考する人間を発見する瞬間である．認知の直後に，戦闘が起こる．これには，最初は驚かされる．腹だたしくさえ感じられる．ひとは，この点に，ドイツ流の「戦争の形而上学」をみようとする．しかし，よくよく検討してみる必要がある．それは，最初の瞬間にすぎない．その瞬間には，相違点が，まだ気づかれていないのである．[*019]

　見事だと思います．同類が発見される場面として認知を設定し，「もう一人の思考する人間を発見する瞬間」を取り出すのですが，直後に戦闘が起こるという．その理由は，私と同じく思考する人間が，私とは別の思考をするからです．反論を提出するからです．同じだと即自的に（つまりは，素朴に）思っていた相手が離反するからです．まだ，相違点を知り，それを承認することができていないために，戦いだけが生じるのです．そこからさらに上なる段階（総合的段階）とでも言うべきものを産み出さなければならないのに，それがまだできない．違いを認めた上で，共に安らぐことができない．もし，そういう新たな段階に到達できたなら素晴らしいのに．アランは「欠かすことのできない相違点ゆえに生まれる友情は，なんと快いものだろう」[*020]と述べます．その段階へと上昇するには，単に知性だけでは無理なのかも知れない．そして次のようにアランが言うように，ここに charité が登場するのです．

　　平和の精神には知性以上の何ものかが必要である．それはいわば知性に先んずる光明とでもいったもの，つまり慈愛である．すなわち他者の自由を求め，願い，愛することである．知性の取り決めは力の作用を排除した純粋な形でなされるべきだが，それと共に，人間を人間として遇したいという意志が，知性の取り決めを超えて君臨しなければならない．なぜなら，知性の取り決めは，感謝とか尊敬に比べれば矮小なものにすぎないものだから．[*021]

　私がこの定義の註解の冒頭に述べた訳語選択の理由を思い出してください．そこに〈上下関係の拒否〉がありました．そうした傾向をアランが持っていたことを裏付けるような文章を掲げておきます．

　　私は精神に話しかける．それになんどか話しかける，深く眠った人にたいするように．精神は夢のなかで私に答え，見当ちがいの答えをする．もしきみが会話の浅い楽しみしか求めないのであれば，この試験はきみに優越感を与えるにたる．だがその優越感は，眠っている人を揺りおこしてみないかぎり，不確かだ．これは神様かもしれぬ，神様がぼくをからかっているのかもしれぬ，とこう考えるがよろしい．精神に思いをいたすやいなや，優越感は消える．[*022]

　そして，とても重要なことなのですが，アランは，この charité をデカルトが述べた「高邁の徳」と近いものだと考えているのです．

　　そして，思考の大胆さを高邁の心と名づけたのも同じ人〔デカルト〕である．この語は私たちを教えてくれる．私たちは慈愛からそれほど離れていないのだ．実際，デカルトにおける意志の秩序は，まさしく第三の秩序なのであり，パスカルがあのとおりみごとに述べた慈愛なのであって，これは諸精神の社会全体と，諸精神を結びあわせる

愛の全体とを含んでいる．なぜならば，観念を作る能力を自己のうちに確認することは，アルキメデスが私たちより知識が少なかったにしても，この能力自体は彼においても変わらなかったと確認することであり，また，人がどれほど無知に見え，非力に見えようとも，この能力は万人において変わらないと想定しようとすることだからである．この観念は人を平等にする．人間は人間にとって一個の神なのである．[★023]

デカルトの『方法序説』の第一部の冒頭にある「良識はこの世で最も公平に配分されているものである」[★024]という言葉も，その線上で解釈すべきなのでしょう．そして，それは「反証などといったものによって揺るがされうるものではない」とアランは書きます．私は，それこそ，アランが人間をそのように理解したのだと思うのです．次の言葉のように．

> 証拠よりまえに，期待し信ずること．期待し信ずることが証拠になる．要するに，自分についても他人についても，秩序立てて，つねに勇気があり力強いと考えること．これが人間としての原動力だ．[★025]

なぜ，「狂人の内にある人間性を，……金持ち，……における人間性を」尊ぶのでしょうか？　それはもうおわかりですよね．それこそ，そういう種々の者たちが平等であると想定するからでしょう．いや，想定しなければならないのでしょう．

> 与えそして想定する愛…〔中略〕…の真の名は慈愛であり，この愛への精励は美しい平等へと到達する．権威を排除する平等ではなく，それどころか真の権威に欠くべからざる平等だ．[★026]

なぜ「真の権威に欠くべからざる」と言われるのでしょうか？　私は次のように考えます．人間をどういうレベルで捉えるかについての問題だと思うのです．人間の素晴らしさ・高みとでもいったものを維持しているところに権威というものは成立しています．それは，意志的に努力せずとも成立するようなものではありません．人間が敗北したところに平等を見るのではなく，勝利したところに平等を見たいのなら，こういう権威は欠くべからざるものだとアランは言いたいのでしょう．次のいくつかの文章はその権威というものについて語っているものと解せると私は思います．

> 信仰だとか，期待だとか慈愛だとかを学ぶにはどうしたらいいか．もっともすぐれた典型的人間を讃美し，まねする以外に方法があろうか．[★027]

> 人間本性は美の助けがないと，いつでも面目を失う．それゆえ，偉大な著者たちだけが，人間が自分を人間としてみることができる鏡である．[★028]

> 私たちの思考や感情は，さまざまな英雄の像にならって人間の形をとる…〔後略〕[★029]

そういう人間の高みを，相手が誰であれ想定すること．それこそが，相手を好意的に判断するための前提でしょう．そうあってこそ，人間は同類であるということを，自分も相手も承認するに至

★019──アラン『芸術に関する101章』p.213〔傍点引用者〕
★020──同前
★021──アラン『裁かれた戦争』p.155〔傍点引用者〕
★022──アラン『人間論』pp.261-262〔傍点引用者〕
★023──アラン『人間論』p.325〔傍点引用者〕
★024──R.デカルト『方法序説』p.8
★025──アラン『思索と行動のために』p.378
★026──同書，p.387
★027──同書，p.256〔傍点引用者〕
★028──同書，p.254
★029──アラン『芸術についての二十講』p.116

るのです．人間になると言ってもいい．

たんに母親と教師のたゆまぬ好意によって，はじめて子供はあえて人間になろうと試みる．★030 〔後略〕

そういう「好意(BIENVEILLANCE)」(►p.138)は，意志的にしか維持することはできないでしょう．だからこそ，アランは次のように言うのです．

真の愛とは，最良のものを見ぬく術でなかったら，いったい何であろうか．意志的なもののみが真の愛だ．★031

慈悲〔charité〕と呼ばれる，あの純粋な愛は，意志的なものである．そうした愛は，勇気にみちたものである，とさえ，私はいいたい．打算ずくめの愛，相手になんらかの値うちを期待するような愛は，みじめな愛である．だが，母親は，子どもに値うちがあるなどという期待はかけないものだ．母親は，勇気をふるって希望する．誰かに向かい，勇気をふるって希望をつなぐこと，それこそが，愛するということだ．こうした高邁な宝をもたぬ感情は，横隔膜よりも下に位置し，したがって，けっして，誓いな

どたてたりはしない．★032

老婆心から説明しておけば，「横隔膜よりも下に位置し」とは，「欲望(DÉSIR)」(►p.223)にしか過ぎないという意味です．

以上述べてきたことが，どんなに難しいことかぐらいは，私もわかっています．実際，次のような事態なのですから．

これ〔神を信じ，神を愛すること〕はやさしい．神は目に見えないからである．だが，彼らとは異なる私たちの，さらに力づよい方法，すなわち，人間を愛し人間を信ずる方法は，はるかにむずかしい．人間は目に見えるからである．★033

生きている人に感嘆するのは容易でないことは私も認める．本人自身が私たちを失望させるのだ．だが，その人が死ぬやいなや，態度はきまる．子としての敬虔が，感嘆する喜びに従ってその人をたてなおすのであり，この喜びこそ本質的な慰めなのである．★034

あえて，意志して，愛することを選ばなければならないのでしょう．

CHÂTIMENT
罰 – これは浄化である．罰と刑罰〔peine〕には大きな隔たりがある．刑罰は，苦痛な，そして強制された状態でしかない．それは，恐怖〔peur〕によって，そして見せしめによって効果を発揮するだろうようなものであって，もっとマシなやり方が無い場合のものである．罰はずっと深く，罪人によって望まれるような内的変革を目指している．罰は決して強制されたものではない．それは受け入れられ，求められさえしているものである．咎められるべき意志の帰結として，受け入れられ，求められさえしているものである．そして同時に一種の欲望〔désir〕や貪欲〔avidité〕，陶酔〔ivresse〕，怒り〔colère〕，つまり当の過ち〔faute〕を産み出したものを排除する新しい準則〔régime〕として，受け入れられ，求められさえしているものである．

châtiment と peine とはフランス語でも同義語として扱われるくらいの言葉ですから区別はかなり難しいのです．アランは，ここで，それを

あえて言えば，内的なものと外的なものという区別に持ち込んで説明しているように思えます．大雑把に言ってしまえば，〈過ちゆえに変化が

認められるもの〉と,〈ただ過ちを(許さずに)責めるもの〉との違いとなりましょうか.いずれにせよ,ここでは,アランがこの二つの概念から何を考えたのかが重要だと思います.

定義では,まずpeineが説明されます.「苦痛な,そして強制された状態」でしかなく,「恐怖(PEUR)」(►p.582)によって,そして「見せしめによって効果を発揮するだろうようなもの」という.しかし,効果とはなんでしょうか? 実際,peineの用例を見てみると,神学的な文脈で「地獄の責め苦〔les peines de l'enfer〕」が出てくるわけです.もっとも,そのすぐそばで"Châtiment infligé par Dieu à ceux qui ont commis une faute"とあり,châtimentが登場してしまう.地獄に落とされてしまった者には,救いは無いのです.ダンテの『神曲』に登場する「地獄の門」に刻まれた一文の最後は"LASCIATE OGNI SPERANZA, VOI CH'ENTRATE(ここに入る者望みを棄てよ)"とある.この文脈で見る限り,刑罰を受けることによって更生するといった話ではないわけです.効果は,飽くまでも,報復感情に近いものとなる.ところが,罰の方は,そうではない.過ちを犯した者に対して強制されたものではなく,「受け入れられ,求められさえしているもの」なのです.定義の冒頭にあるように,浄化〔purification〕が求められているのです.純粋〔pure〕にすることが求められているのです.では,いったい,何から浄化されるのでしょうか? 確かにこの定義の最後の部分には,「欲望〔désir〕や貪欲〔avidité〕,陶酔,怒り〔colère〕,つまり当の過ち〔faute〕を産み出したものを排除する」という箇所があります.過ちを産み出したものを排除し,それとは別の体制〔régime〕に移行するわけです.régimeとは,何らかの規則・秩序・法が支配している状態のことですが,「欲望〔DÉSIR〕」(►p.223),「貪欲〔AVIDITÉ〕」(►p.113),「陶酔」「酔うこと〔IVRESSE〕」(►p.422),「怒り〔COLÈRE〕」

(►p.180)といったものが〈支配〉している状態は望ましいものではないでしょう.罰によって,そういうものから浄化されるというのです.しかしそれは容易なことではありません.そうした過ち(つまり主として情念と呼ばれるもの)から解放されるのは容易なことではないのです.もちろん,生きている限り人間が「情念(PASSION)」(►p.544)を持たないことはありえないでしょう.問題は,情念を持ちつつも,それに全面的に身を委ねないこと,せめて情念を善用することを目ざすか否かであり,それによって生き方は大きく変わります.要するに「過ちを産み出したものを排除する新しい準則」を望むかどうかです.その排除に抵抗し,旧制度〔ancien régime〕に留まろうとする者たちは多いでしょう.そういう場合には,もっとマシなやり方がないので,その過ちを抑止する別の策が求められざるをえない.それが刑罰なのです.

では,どうして人は抵抗するのでしょうか? どうして旧体制に留まろうとするのでしょうか? それは,〈そういう傾向を人間は持っている〉という他はないのかもしれません.そういう傾向をとことん吟味し,そこからの浄化を目ざそうとした哲学者のひとりがソクラテスでした.

かれ〔ソクラテス〕の全努力は,自然事実を根拠と想い,既成の習俗・倫理・思想を行為の依拠すべき規準と誤る立場を徹底して浄化し,ひとを他ならぬ自己の根拠へと直面させ,そのゆえの無知に耐えつつ,自分をその根底から,ひたすらに根拠の作品と刻むにあった.
★037

なぜソクラテスの問いは,ひとびとの言葉を痺れ鱏(えい)のごとく痺れさせ,口籠らせたのか.それはかれの問いが,言葉の日

★030――アラン『わが思索のあと』p.241
★031――アラン『思索と行動のために』p.395
★032――アラン『芸術に関する101章』p.159〔傍点引用者〕
★033――アラン『人間論』p.283〔傍点引用者〕
★034――同書,pp.108-109〔傍点引用者〕

★035――TLFi
★036――今道友信『ダンテ『神曲』講義』p.163前後を参照.
★037――井上忠『哲学の現場――アリストテレスよ 語れ』p.22〔傍点引用者〕

常使用の方向と真っ向から対立し，それの逆転を強要する底のものだったからである．「何か？」と問われるまでは，われわれはその言葉を自由に使え，したがってそのいみで確かに知っていたのである．しかるにかれの尋問は，われわれの言葉の自然を否定し，言葉の捌く明るみを無視して，われわれがまったく知らないレヴェルで言葉を創造，いな虚構せよ，と命ずるに等しい．★038

　中世キリスト教の教父哲学の代表者アウグスティヌスは，「**時間**(TEMPS)」(▶p.800)に関して同じような言い方をし，そこから時間の探究を始めます．時間論の古典です．

　ではいったい時間とは何でしょうか．だれも私にたずねないとき，私は知っています．たずねられて説明しようと思うと，知らないのです．★039

　さきの引用において，井上氏は，「自然事実を根拠と想」うことからの浄化がソクラテスの目ざしたものだと記していました．この論点は重要です．ソクラテスが無駄なことをしていただけかを問うことだからです．多くの人が旧体制に留まろうとするのは〈そういう傾向を人間は持っている〉からだと言ってしまい，新体制に移行させようなどというのは〈お節介〉な話だと考える人もいるかも知れないからです．ソクラテスは，他人の変革を強要したわけではないように私には思えます．自分が何も知らないことに気づいてしまったとき，彼は探究を始めたのでした．デルポイの神殿に掲げられた「汝自らを知れ」〔γνῶθι σεαυτόν〕という言葉を胸にです．無知という状態にありながら生きることが〈善く生きること〉ではないように彼は考えたのでしょう．彼は人間の自然の傾向には反したかもしれません．では，それはなぜなのであるかを語ること．それこそが重要なのではないでしょうか？　古代ギリシアには，「肉体は墓場

〔σῶμα σῆμα〕」という考え方があります．罪を犯した「**魂**(ÂME)」(▶p.069)は，ふたたび牢獄のような肉体へと落ちてくると考えたわけです．これは刑罰なのでしょうか？　それとも罰なのでしょうか？　プラトンが何を言いたいのかについて，アランのこの定義や井上氏の見解を基に考えてみるといいでしょう．「自然事実を根拠と想う」ことは，肉体へと落ちている人間が，次に引用するような魂の翼を持つことを諦め，肉体・物体こそが根拠だと居直ることではないのでしょうか？

　魂は全体として，魂なきものの全体を配慮し，時によりところによって姿を変えながら，宇宙をくまなくめぐり歩く．その場合，翼のそろった完全な魂は，天空たかく翔け上って，あまねく宇宙の秩序を支配するけれども，しかし，翼を失うときは，何らかの固体にぶつかるまで下に落ち，土の要素から成る肉体をつかまえて，その固体に住みつく．つかまえられた肉体は，そこに宿った魂の力のために，自分で自分を動かすようにみえるので，この魂と肉体とが結合された全体は『生けるもの』と呼ばれ，そしてそれに『死すべき』という名が冠せられることになったのである．けれども，これを『不死なる』と呼ぶいわれは，じゅうぶんな推理をへた根拠にもとづくかぎり，少しもない．ただしかし，われわれは，神というものを——それを見たこともじゅうぶんに考えたこともないままに——何か不死なる生きものというかたちで，すなわち，魂をもち，肉体をもち，しかも両者は永遠に結合したままでいるというかたちで，その姿を作り上げるのである．★040

　罰は，僅かな希望を残したまま，肉体を持って現世に生きる人間の求めるものなのかも知れませんね．

CHRÉTIEN
キリスト教徒 – キリスト教的な精神〔esprit〕は，権力者〔puissances〕というものに対する軽蔑〔mépris〕を含んでおり，等しく救われるに値するものとしてすべての魂〔âmes〕への尊敬を含んでおり，要するにあらゆる次元の誘惑を前にしての人間というものの弱さの自覚によって，貧しさと労働とを選びとることを含んでいる．

　この定義は，chrétien を形容詞と取れば，森訳のように「キリスト教的」と訳せます．ここでは神谷訳と同じく名詞と取っておきます．

　権力者と訳した puissances は，単に「力」と訳すことも可能な言葉です．この名詞がここでは複数で使われていること，複数の場合，例文として権力者という意味が多いので，権力者としておきました．

　アランは聖書などに関わって，「**価値**（VALEUR）」（▶p.841）と力との対比をよく語ります．有名な「カエサルのものはカエサルへ，神のものは神に返しなさい」という表現もそれに関わっています．もちろん，よく知られているように，この言葉は，イエスを陥れようとしたファリサイ派やヘロデ派の罠に対して巧みにイエスが答えたものですけれど．その〈力と価値の分離〉について，少し引用しておきましょう．

　　聖書のあの謎のような一連の文字から作り出されるべき最後の観念，それは，精神は何もできない，という観念である．このようにして力と価値の分離が達成される．力は少しも価値をもたず，精神は少しも力をもたない．

　人は何でも力として用いてしまうもので，例えば知識でさえそうなのです．衒学者は，そうやって力を行使する．無知の者に「**恐怖**（PEUR）」（▶p.582）を与えるのです．定理を一つよけいに知っているために〔他人を〕軽蔑しようとする人々を見かける．彼らはこうして，文章を三行読んだということで，人々の精神に一種の恐怖を植えつける．

　しかし，この文章には次の指摘が続きます．

　　だが，さらに三行よけいに読んだ別の人がすぐさま見つかるもので，これには限りがない．これまた悪しき無限である．

　人はこうして「悪しき無限」，つまり無際限〔indéfini〕に足を取られていく．無限〔infini〕には到達しないのです．力の競争は終わらない．価値は，そういう秩序とは別の次元にあるとアランは言うのです．弱さの中に，価値がある．例えば，次のように言うのです．

　　多くの聖書のたぐいのなかには，自分が受けとるものしか与えなかった，弱々しく，裸で，無一物な神の姿が，はっきりと痛ましく見えている．それは笞（むち）うたれ，磔（はりつけ）にされた神であり，けっして強制せずに要求し期待する神であった．だが同時にそれは，神のあらゆる徳は祈りのなかにあるかのように，哀願するならば必ずききとどけてくれる神であり，復讐の神ではなくて慰めの神であった．

★038──同書, p.40
★039──アウグスティヌス『告白』p.414
★040──プラトン『パイドロス』246B-D, p.180
★041──新約聖書「マタイによる福音書」22-21,「ルカによる福音書」20-25,「マルコによる福音書」12-17
★042──アラン『芸術について』p.197〔傍点引用者〕
★043──アラン『人間論』p.324
★044──同前
★045──アラン『思索と行動のために』p.282〔傍点引用者〕

復讐は，力の行使でしょう．そこには，やられたら，やりかえすといった，無際限の繰り返しが待っている．もし，その中に身を投じてしまえば，無限は消える．神は消えてしまうのです．遠藤周作は，イエスの生涯をたどりながら，〈奇蹟を起こさない神〉を見出していくのですが，それは，いま述べた線で考えていくことができる．少し，そこに寄り道してみましょう．イエスが十字架上で息絶える場面を描写した長い引用から．

　　イエスの十字架の両側には二人の政治犯の十字架がたてられた．一行に加わってきた衆議会の主だった者が証人として十字架の下にたち，大祭司カヤパもそれにくわわっていた．福音書によるとこれら議員たちや見物人たちは次々とイエスに侮辱的な罵声をあびせかけた．彼等だけではなく左右の政治犯の一人も同じようにイエスに話しかけた．…〔中略〕…
　　「あなたはメシヤではないか．では自分と我々とを救ってくれ」
　　…〔中略〕…たしかなことは，彼はここでも（ガリラヤやその他の地で病人を癒し，死者も生きかえらせたと言われるのに）全くの無力，無能しか見せられなかったということである．受難物語を通してイエスは全く無力なイメージでしか描かれていない．なぜなら愛というものは地上的な意味では無力，無能だからである．二人の政治犯たちは政治犯である限り，効果と能力あることを求めつづけた筈である．なぜなら政治とは力と効果を要求することだからだ．イエスはこの十字架で無力であることによって，愛のシンボルに愛そのものになっていったのだ．
　　「主よ，彼等を許したまえ．彼等はそのなせることを知らざればなり」
　　イエスの乾いた唇からやがて洩れた言葉はこれだった．日本人の我々にはおそらく嫌味に聞えるかもしれぬこの言葉の翻訳は

拙劣さのゆえにイエスの素直な気持を素直に伝えてはおらぬ．イエスは「愛のなかった」人間たちをここで必死にかばおうとする．彼等は「愛がない」のではない．愛の出しかたが下手なのです．愛が何かをまだよく掴んでいないのです．この句はそういう意味なのだ．[★046]

　十字架上でイエスはどんな言葉を言うか．エルサレムの外にひそみ，師がどのように恨みつつ死ぬかを怖れていた弟子たちは，処刑場に出かけた女たち――イエスの母マリアやマグダラのマリアなどの口から，すべてを教えられた．そして彼等はイエスが自分を苦しめた者たち，自分を見棄てた弟子たちに恨みや憎しみの言葉を一度も口に出さなかったことを知ったのだ．出さなかっただけではなく，自分たちに神の怒りのおりることも求めはしなかったことも知ったのだ．いや，それだけではない．罰を求めるどころか，弟子たちの救いを師が祈ったことを知ったのである．「父よ，彼等を許し給え．彼等，その為すことを知らざればなり」と．

　これを聞いた時弟子たちは衝撃を受けた．このようなことがありえるとは彼等には夢にも考えられなかった．彼等が考えもしなかった愛の言葉をイエスは言ったのである．十字架上での烈しい苦痛と混濁した意識のなかで，なお自分を見棄てた者たちを愛そうと必死の努力を続けたイエス．そういうイエスを弟子たちははじめて見たのである．[★047]

　現実には「奇蹟（MIRACLE）」（▶p.485）を行わず，無力であったイエス．イエスが捕まり自分たちに危害が及ぶのを恐れてほとぼりの冷めるまでエルサレム市中にすら入らなかった弟子たち．この弱虫であった彼らが，「イエスの死後，なぜ目覚め，たち直り，イエスの真価を初めて知ることができたのか，なぜ彼等が内部的な変貌をとげて，弟子

から使徒に変ることができたのか」という謎を遠藤周作は解こうとしています．もう一つの謎と共にです．そのもう一つの謎とは，「イエスがなぜ，弟子教団から神格化されたかという問題である．なぜ現実においてあれほど無力であり，みじめそのものの死を遂げた一人の男が彼を見棄てた弟子たちから救い主(キリスト)として考えられるようになったかという問題である．なぜ現実においては弟子たちの夢や希望を挫折させた師が，その弟子たちから死後，逆に愛のメシヤとして仰がれるようになったかという問題」です．

この謎を解く手掛かりこそ，弟子たちが伝え聞いた，以下のようなイエスの最期の姿であったと遠藤周作は推測します．

　　イエスは何を語るだろうか．彼等は待っていた．そして遂にその日の午後イエスの最後の言葉を知った時，それは彼等の想像を越えたものであった．
　　「主よ，彼等を許したまえ．彼等はそのなせることを知らざればなり……」
　　「主よ，主よ．なんぞ我を見棄てたまうや」
　　「主よ，すべてを御手に委ねたてまつる」
　　十字架上での三つの叫び――この三つの叫びは弟子たちに烈しい衝撃を与えた．

　　イエスは弟子たちに，怒りの言葉をひとつさえ口に出さなかった．彼等の上に神の怒りのおりることを求めもしなかった．罰を求めるどころか，弟子たちの救いを神にねがった．

　　そういうことがありえるとは，弟子たちには考えられなかった．だが考えられぬことをイエスはたしかに言ったのである．十字架上での烈しい苦痛と混濁した意識のなかで，なお自分を見棄て裏切った者たちを愛そうと必死の努力を続けたイエス．そういうイ

エスを弟子たちは初めて知ったのである．

それだけではない．イエスは彼の苦痛，彼の死にたいして沈黙を守りつづけている神にたいしても詩篇二十二のダビデの歌から始まり，その三十一に続く全面的信頼の言葉を呟きながら息を引きとったのである．「主よ，主よ．なんぞ我を見棄てたまうや」という言葉は決して絶望の叫びではなかった．それは「すべてを御手に委ねたてまつる」という信頼の呟きにつながる始まりにすぎぬ．弟子たちはこの詩篇を熟知していたから，イエスがどういう気持であったかが，よくわかったのである．

到底，それは普通の人にできることではありませんでした．いや，決して絶対にできないのではありません．ですが，まずできないのです．人間の為し得る極限を示すようにしてイエスは人間として死んでいきました．しかしその行動はほとんど神的であったのです．遠藤周作は言います．「彼は生前，現実のなかで無力であり，ただ愛だけを話し，愛だけに生き，愛の神の存在を証明しようとしただけである．そして春の陽ざし強いゴルゴタの丘で死んだ．それなのに彼は弱虫たちを信念の使徒に変え，人々からキリストと呼ばれるようになった．キリストと呼ばれるようになっただけでなく，人間の永遠の同伴者と変っていったのである」，と．キリスト者でなくとも，私たちも時として苦しいときに，自分の出会った師を思い出しながら，〈彼ならこんな場合どうするであろうか〉と問わないでしょうか？　遠藤周作はこうして人の心に宿ることを「復活」の意味ととらえているのです．アランは，ソクラテスとプラトンとの間にこれと似た結びつきを見ています．

死んだソクラテスは完全に姿を現わした．

★046――遠藤周作『イエスの生涯』pp.209-210〔傍点引用者〕
★047――遠藤周作『キリストの誕生』pp.18-19
★048――遠藤周作『イエスの生涯』p.227
★049――同書，p.228
★050――同書，pp.243-244
★051――遠藤周作『キリストの誕生』p.226

157

プラトンはもはや彼自身であるだけではなく，彼のなかに反対者をもつことになり，彼は長い年月にわたって，彼自身以上に彼であるこの反対者とひそかに話しあったのである。★052

「宗教(RELIGION)」(➡p.676)の根本にまで達する問いがここには含まれていると私は思います。価値と力の話に戻りましょう。アランは『宗教論』の中でも，次のように述べています。ここでも，知識が力となってしまう場面に触れています。

精神的権能のだれにも見える第一の特徴は，富の拒否である。それは力を拒否することのひとつの例にすぎない。力にはさまざまな種類があるし，誘惑の悪魔は巧みに変装することを心得ている。ある種の知識も現世的な力に帰着する。おそらく学識もそうだし，欠落のない記憶，論敵を負かす技術などもそうだ。それは語り方で十分にわかる。★053

「力を拒否すること」には決然たる意志が必要なのでしょう。私たちの自然な傾向は，復讐をしたいし，権力を可能なら持ちたいと考えるようなものなのでしょう。そういう傾向に逆らうためには選択が必要なのです。

意志の欠如。これは救いを自分の外に求める待機の病いから生まれる。だが意志するだけで十分なのだ。キリスト教は決然たる意志によって，一つの選択によって，つまり非暴力によって力を服従させたのだ。★054

それに対して，むしろ政治的な権力を握って，そこから人間を救うことを願った動きが実際にあったわけですし，現にあります。マルクス主義に代表されるような立場です。アランはマルクスからも多くを学びながら，最終的にはそういう立場と袂を分かちます。

社会主義は，きわめて政治的なものである。その点で，あらゆる政治的なものへの蔑視を秘めたキリスト教精神とは，真向から対立する。そして政治の本質は，思想を変えるために，その情況を修正することにある。★055

その方向は〈強さ〉を求めたと言ってもいいかもしれません。問題は，その〈強さ〉が，意志の強さ，つまり価値を求める「精神(ESPRIT)」(➡p.322)の強さというよりは，政治的な力を求める物質的(制度的)な強さなのではなかったかということです。人間は意志によって(愛によって)変革されるということを信じず，例えば下部構造(生産関係等)の転覆によってこそ変革されるのだと考える人もいるわけです。しかし，そういう立場は，意志の問題ではない部分を過大に評価してはいないでしょうか？

人間のなかの愚かしさはその人間本来のものではない。虚栄もしかり，邪悪もしかり。こういう激しい感情のあらわれは，外側の事件に出会ったおりの人間の弱さをしめすものにすぎない。諸君が諸君の思考の舵をとることをやめるやいなや，舌を動かすだけでひとりでに愚かしさが出てくる。悲しむためには，そして敵と迫害者をひき寄せるためには，意志を働かす必要はない。ほめられて得意になるためにも，非難されて怒るためにも，意志を働かす必要はない。★056

もちろん，そういう〈意志の問題ではない部分〉とは，実を言えば，自然な部分なのです。しかし，そういう自然な動きに身を任せれば，私たちは物事を悲観的に見るようになるのが関の山です。実際，価値を信じる精神の意志的な働きよりも，放っておいても生じてしまうような事柄を整え(変革し)ようと人は長い間してきているのではないでしょうか？　しかしそれは虚しい努力かも知れない。「愛は自然的なものではない」★057のですから。自然的なものの拒否という視点もあるとは思いませんか？

自然的かつ自発的に生きることへの拒否，および，みずからを認め，拒み，あるいはつくりなおすために自己に頼るという考えは，まさしく，対立や拒否や判断のなかではたらく意識によって人間を完全なものにする，と．ここに，自己意識に関する記述的な探究をも含めたあらゆる探究の秘密がある．★050

もちろん，この引用でいう「自発的」とは〈主体的〉というのとは全然違います．上に〈放っておいても生じてしまう〉と書いたような意味ですから注意してください．

さて，アランは今回の定義の中で「すべての魂〔âmes〕への尊敬」と述べています．「神〔DIEU〕」（▶p.263）への「信仰〔FOI〕」（▶p.372）を強調して，同類としての人間を軽視するようなことがあってはならない．そう考えるのでしょう．実際，「キリスト教〔CHRISTIANISME〕」（▶p.160）の歴史を観ても，その堕落の事実は眼を覆うばかりだとも言えるでしょうし，世俗的な力を行使したことも数え切れない．アランは，フランス人ですから幼児洗礼を受けたキリスト者ではあったわけでしょうが，教会には行かなくなってしまった人物です．いろいろキリスト教への批判も記しています．もちろん，大いに評価をした上で，です．そういうコンテクストの文章も紹介しておきましょう．本来あるべきキリスト者の姿とでも言うべきものです．

> ひとりの貧しい男に自分のマントを施すキリスト教徒にむかって，異教徒がそのふかい叡智のままに判じていう．「あれは神様だと，きっと君はそう思ったのだね．」「ちがうよ，」とキリスト教徒が答える，「あれはひとりの人間だと，ぼくはそう思っただ

けだよ」と．★059

そしてもっと厳しくキリスト教について書いている代表的な文章は以下のもの．

> ただ人間のみ．これ以上偉大なものは他に存在しない．正義，文明，祖国，神，試練，犠牲などという彼らの思想は，すべてその根源までさかのぼると，唯一つ，意志する決意に帰着する．キリスト教徒など私の眼中にはない．私はストア主義者のみを，それも，深い悲しみにつつまれながらもそれと気どられないようなストア主義者のみを尊敬する．★060

ジョルジュ・パスカルの以下の文章は，この定義を振り返るのに最適かも知れません．

> 観念〔イデ〕とは理想〔イデアル〕だ．そして日常使われていることばの意味で理想とは，完全なものであると同時に，実在しないものである．価値とは，精神に属するものであり，実在といっしょにしてはいけない．われわれは，与えられているものでなんとかしなければならない．だが，尊敬のかけらもいらない．尊敬に値するものは，ただ精神がわれわれに提供するものだけである．つまり精神こそが唯一の価値である．価値は実在するとか，実在には価値があるという主張くらい致命的な錯誤はない．この取り違えは，あらゆる宗教がおかしており，真の宗教的精神をあやめる．たとえばキリスト教は，精神と，精神の保持者たる人間との崇拝なのであるが，神は実在すると主張するがゆえに，いつも自らを裏切っている．だから聖職者が，どんな力，どんな権威，どんな富にも，真の価値はないと教えていながら，

★052──アラン『イデー〔哲学入門〕』p.26
★053──アラン『宗教論』pp.271-272〔傍点引用者〕
★054──アラン『裁かれた戦争』p.166〔傍点引用者〕
★055──アラン『ラニューの思い出』p.53
★056──アラン『感情 情念 表徴』pp.277-278
★057──アラン『幸福論』p.115
★058──アラン『思索と行動のために』pp.226-227〔傍点引用者〕
★059──アラン『神々』p.199
★060──アラン『裁かれた戦争』p.79

じっさいにはこれらを支持していることは、人も知るとおりである。[061]

CHRISTIANISME
キリスト教 – これは十字架にかけられた精神〔esprit〕を崇拝すること〔culte〕である。そしてそれは精神と諸権力との対立，諸権力に反対する態度決定を含意している。権力を行使しながら同時に自分の精神（一つの身体の境遇に結びついている精神，それが魂〔âme〕である）を救うことはできないというのはキリスト教の格率である。金持ちでしかも正しくあるということはできないというのは，もう一つの格率である。すべての魂は等しく尊いというのもまた別の格率である。傲慢〔orgueil〕や，怒りなどに我を忘れること〔emportement〕はいつだって魂を危険に陥れるというのも，もう一つの格率である。

「キリスト教徒（CHRÉTIEN）」の定義（➡p.155）のところで説明したようなイエスのあり方に影響されて，使徒たちは伝道に身を投じていったのでしょう。使徒たちは師の言動を心にしっかりと留め，それを思い出しながら生きたのでしょう。イエスの受難は〈価値と力〉の分離を十字架において見届けるものでもあった。力など無く，身体と結びついていた（つまり受肉した）「**精神**〔ESPRIT〕」（➡p.322）が眼の前で，まさにイエスを取り巻く様々な力によって十字架に架けられ，死んでいったのを見たのです。しかし，イエスは復活する。遠藤周作はそれについて考えた。永遠に，人間の，同伴者となることを，信じた。そういう意味での復活を信じた。イエスが到達し得た〈高み〉を，受けとめた弟子たちが保存しようとしたのです。崇拝はそういうところに成り立つ。崇拝というと，現今，悪いイメージばかりですが，もう一度，それについて考えてみる必要があると思います。イエス一人ではなく，一般化して，それを人類とすれば，次のようになる。

ユマニテ〔Humanité, 人類〕，言い換えるとわれわれを人間にするもの，それは生きている過去なのだ。なぜなら人間社会は協同によって定義されるのではないからだ。これなら獣にも存在する。そうではなくて，経験と過去の創造とを同化する能力によって定義されるからだ。それはコントの「主観的連続性」であり，追悼であり，教養——すなわちわれわれの内なるユマニテ——を成している偉大な作品の崇拝である。だから人間の絆（きずな）は，まず経済的なものではなく，歴史的，宗教的なものである。[062]

これはオーギュスト・コントが「社会学」の創始と共に考えた「人類教」というものの考え方に則っています。崇拝の対象は「人類」なのです。そして，それは物事を理解するという場面でさえ，根本的に重要だと考える。この点について，いくつか引用します。

理解は崇拝によってのみ行われる。崇拝がなければ，人は〔対象を〕変えてしまうであろう。[063]

太陽系に手をつけ，そのどこかを変えることができたならば，けっして天文学は生まれなかったろう。すべてを天文学的に静観〔観想〕せねばならぬ，すべてを，男たらしをも，大臣をも，——ここに天文学の大きな教訓がある。すこしでも手をのばすたびに，一つの真理が飛びさるのだ。[064]

知ろうとするならば，きみはまず天文学者となり，それからは忍耐によって天文学者でいるがよい。敬意によって，とさえ言いたいところだ。そして，できるだけ，すべてのものを天文学的に考察したまえ。これが

「考察する」という語の古い意味なのである.

　興味深いのは,アランが「すべてのものを天文学的に考察したまえ」といっている部分です.手を伸ばして実験したりせずに,ひたすら考察する必要が,どんなものについてもあるということ.観察とはそういうことだろうというのです.ですから,次のような面白い指摘にもなる.

　　きみが変えうるものは,きみにはよくわからないのである.もしきみが政治家ならば,きみには人間がわからないであろう.また,多くの女性を誘惑するならば,きみには女性がわからないであろう.[★066]

　この観察の術の習得を怠ると,学問のバランスまでがおかしくなるのです.コントがめざしたであろう「百科全書的精神」はこのバランスを大事にする.種々の学問を学ぶ中で,このバランスを習得しなければならない.

　　百科全書的な秩序に従っていかにして精神が形成されるかがわかるだろう.…〔中略〕…数学は私たちに推理を教え,天文学は観察の術を,物理学は実験の策を,化学は分類の術を,生物学は比較の方法を,社会学は総体的な精神を教える.[★067]

　ですから,次のようなことになる.

　　研究者が計算のむずかしさによる厳格な予備訓練をしていない場合には観察の精神が推理を損なうということは,容易に理解されよう.同じように,実験の術をあまり急

いで始めると,天文学だけが私たちに教える純粋な観念を弱くするだろう.[★068]

　そして,次の重要な指摘が,意味を持つことになるのです.

　　現代の諸学問は,出来事を変化させるために武装されすぎ,熱心になりすぎている.[★069]

　実際,現代の学問は実験が幅をきかせていると言っていいでしょう.そして,それに基づくコントロールを最優先している感がある.

　　いまの文明,科学産業文明は,大きな目標として,まず長く生きたい,それにできるだけ快適に生きたい,快楽多く生きたいというのが基本的にあって,まずこれらをどうやって実現するかということで進んできた.さらにそれに加えて「したいことをしたい」という,私はこれを「コントロール欲望」と最近呼んでいるんですが,世界とか環境とか自分自身を,自分の設計図の枠内でコントロールしていきたいという基本的な欲望があって,テクノロジーによってそれを達成しようとしてきた.[★070]

　ここでイエスや,これまでの人類における死者というものについて考えてみてください.死者については私たちが直接に変化させることなど何もできないということを少し考えてみてください.また世界をコントロールしようというのが,私たち生者の〈愚かな欲望〉かも知れないことも考えてみてください.実際,次のようなことを言う人々もいるわけです.コントは「人類

どできませんからね.考えるしかできないのです.

★061――G.パスカル『アランの哲学』p.219〔傍点引用者〕
★062――O.ルブール『人間的飛躍――アランの教育観』p.54〔傍点引用者〕
★063――アラン『思想と年齢』p.207〔傍点引用者〕
★064――アラン『人間論』p.36
★065――同書,p.311.フランス語の「考察する〔considérer〕」という言葉の語源は,ラテン語のconsiderareで,それはcum〔と共に〕+sidus〔星〕なのです.人間が,手を付けて,星の位置を変えることな

★066――同書,p.310
★067――アラン『イデー〔哲学入門〕』p.327〔傍点引用者〕
★068――同前〔傍点引用者〕
★069――アラン『思索と行動のために』p.110
★070――養老孟司・森岡正博『対話　生命・科学・未来』pp.102-103〔森岡正博氏の発言〕

161

は，生者よりも死者で成り立っている〔L'Humanité se compose de plus de morts que de vivants〕」★071という言葉を残し，またイギリスのある保守主義者は次のように考える．

> チェスタトンによる"コロンブスの卵"めいた大発見とは，「国民」のほとんどすべてが実は死者であるという事実である．少なくとも，"何ものにも制限されることがない最高権力"という仰々しいものを所有しているのは死者であり，その別名を伝統という．「伝統とは，民主主義を時間の軸にそって昔に押し広げたものにほかならぬ」ということをよくわかっていればこその庶民であり，そうした庶民性の意義をよくわかっていればこその知識人である．「選挙権の時間的拡大」によって成り立つのがチェスタトン流の民主主義であり，そこにおいては伝統という名の死者が主権者となる．★072
>
> 世の裏面，それは，伝統を汲みとるという意味において，「死者の民主主義」(チェスタトン)が成り立つ世界である．民主主義を生者の領域のみならず死者の領域にまで押し拡げようとするとき，保守の立場がうまれてくる．主権在民の思想は，生者の民主主義だけを奉ずるという点で，とことん革新の立場に与(くみ)するのであり…〔後略〕★073

アランは，言わば急進主義者です．能天気な保守主義者ではありません．けれども革命に酔うような人間でもない．次のような指摘があります．

> アランがコントと違うところは，言葉の，歴史的・形而上学的意味において，ラジカルな彼の個人主義にある．すなわち，「個人主義はラジカリズムの基本である」(PO 17〔*Politique*, P.U.F. 1962, p.17〕)．★074

市民はおのれの側において不撓不屈でありつづけること，精神において不撓不屈であり，警戒心で武装し，隊長の計画や理由にかんしてつねに疑念をいだきつづけることをのぞむ．たとえば，行きすぎた服従によって，戦争は不可避であるとかあったとか，税金はちゃんと正確に計算されているとか，支出についてもそうだとか，その他同様けっして信じないことを．隊長の行動にかんして，それ以上に彼の言辞にかんして，洞察に富んだ，決然とした，仮借なき監視をおこなうことを．権力みずからが批判されていることを知るように，おのれの代表者たちにたいして，抵抗と批判のおなじ精神を伝えることを．なぜなら，尊敬とか，友情とか，思いやりとかがそんなところから忍び込めば，正義や自由は失われ，安全自体も失われるからだ．急進的(ラジカル)精神とはこのようなものだ．この精神はよく名づけられているが，愛さずに服従することを知らない弱い人びとからはまだ理解されていない．★075

崇拝し，服従はするが，自由を放棄しない，そういう精神です．自由は秩序を前提として行使されるのです．

頭のなかでどんなにりっぱなことを思いめぐらしたところで，まず服従することからはじめねばならない．オーギュスト・コントの言葉にしたがえば，進歩は先立って存在する秩序の上にはじめて成り立つものだからだ．★076

この場合，既存の秩序を無視したりするような無謀な振舞いはせず服従するが，精神の自由は確保する．そういうあり方です．ソクラテスが，見事にその手本を見せている．

尊敬と確固たる秩序にはかるがるしく抵触してはならないものであることをよく知

ソクラテスは，あえて巧みな自己弁護を避けた．おそらく彼がその命を代償にしても最後に残したかった忠告とは，精神は当然秩序から生じるのだから，秩序がありそうもない肉体への服従は精神の自由を犠牲にする，ということだったのだろう．この精神の破滅について思いをめぐらせたのがプラトンである．[077]

定義に戻りましょう．こうして，「真の宗教とは死者の崇拝のことだ[078]」と言われることになる．

我々の持つ価値や力は，すべてこの偉大な死者への信仰から生まれる．偉大な祖先と交す日常の対話を指して「古典研究〔humanités〕」と名付けているのは適切なことだ．偉大な祖先というより，もっと完璧な存在，つまり精神そのもの，しかも伝説が述べるように死によって純化された精神との対話である．[079]

まとめましょう．〈価値と力〉の分離は，この定義の中でも，「権力を行使しながら同時に自分の精神を救うことはできない」とか，「金持ちでしかも正しくあるということはできない」という仕方で，明確に主張されます．しかしながら，それと同時に重要なのは，「**傲慢**(ORGUEIL)」(▶p.516)や「怒りなどに我を忘れること〔emportement〕」〔「**高ぶり**(EMPORTEMENT)」(▶p.302)〕は「いつだって魂〔「**魂**(ÂME)」(▶p.069)〕を危険に陥れる」という指摘も，実は，その〈価値と力〉の分離の議論の延長上にあることをしっかりと理解することです．それは上述のソクラテスの例を吟味してくだされればわかることですが，肉体の動きには「**価値**(VALEUR)」(▶p.841)はないにもかかわらず，それに服従してしまうとき，精神の自由は損なわれる．価値は消えるということなのです．

堕落 CHUTE – 情念〔passions〕，必要〔besoins〕，疲労によって常に引きずられている精神〔esprit〕の自然な動きである．〔アダムの〕堕罪〔chute〕と〔イエスによる〕贖罪という有名な比喩は，私たちのすべての瞬間を表現している．それらの瞬間は落下〔chutes〕と回復なのだ．そして実際，神－人〔l'homme-dieu〕はこの険しい人生というものにおいて従うべきモデルなのである．

森訳も神谷訳もbesionを「欲求」と訳していますが，私はそれに従いません．理由は，この『定義集』にもある「**必要**(BESOIN)」(▶p.127)の定義によります．その定義を参照してもらえば分かるように，それ無しではいられない物事に関わっているのが「必要」〔besoin〕というものです．例えば，アランからではないのですが，次の引用は，この点について具体的に考えるヒントとなるでしょう．

愛はしばしば，われわれの心にとって必要となってしまったある存在の打ち勝ちがたい現前の習慣であるにすぎない．[080]

恋をして，両思いになり，しかもそののち振られてしまった人間のことを考えてみるといい．相手が常にそばにいてくれることが「**習慣**(HABITUDE)」(▶p.393)となってしまい，そうでなくてはいられない状態に陥っていたのに，相手は去ってしまい，もういない．深く落ち込み，容易に立ち直ることができません．それでも，〈時による癒し〉に

★071──清水幾太郎『昨日の旅』p.141
★072──西部邁『ニヒリズムを超えて』p.69
★073──西部邁『批評する精神』p.325
★074──O. ルブール『人間的飛躍──アランの教育観』p.28
★075──アラン『プロポ 1』pp.376-377〔傍点引用者〕
★076──アラン『思索と行動のために』p.417
★077──アラン『小さな哲学史』pp.25-26〔傍点引用者〕
★078──アラン『宗教論』p.285
★079──アラン『裁かれた戦争』p.169〔傍点引用者〕
★080──F. アルキエ『永遠への欲望』p.28〔傍点引用者〕

身を任せることができればまだしも，未練で一杯になり，ストーカーになってしまったりすることだってありえます．もう，理性的な振舞いなどできないのです．〈もうどうにでもなれ〉といった感じで，むしろ不幸に飛びこんでいくかのようになってしまうのです．自暴自棄です．今回の定義にも「落下〔chutes〕」という表現が出てきますよね．次の引用は実に示唆的です．

　　けちな頭には狂乱があり，一種の反逆があり，また，自発的な地獄落ちとも言うべきものがある．[★081]

それはやはり，人間が落ちてしまっている状態と言うべきです．自分でも何が何だかわからなくなっているかも知れません．自分を見失っているのです．そこからは，やはり，立ち直らなければならないのでしょう．「人はみずから立ち直ったときにのみ，自己を知ることができる」[★082]のですから．

しかし，立ち直るとはどういうことでしょうか？　さしあたって，自己統御を回復すること，とでも言っておきましょうか．実は，「思考」ということも，厳密に考えていけば，意志的に決断して統御するときにこそ，維持されるものなのです．それは身体の動きに引きずられることではなく，心（魂）を取り戻すことでもあるのでしょう．そうでない場合には，身体に引きずられた心の動き〔言い換えれば情念〕はあるとしても，思考などといった名に値するものは無い，というのがアランの立場です．ここに，疲労という話も位置づけることができます．

　　要は，思考というりっぱな名称を，魂の刻印をもつものだけにとどめておきさえすればいい．こうして，われわれの秩序立った認識は思考に属する．われわれの選択され，同意され，磨かれた愛情は思考に属する．われわれの決意や誓いは思考に属する．これに反して，気分の動きは断じて思考には入らない．本能の反応は断じて思想には入らない．疲労も思考ではない．[★083]

どの感情にも，かげりがあり，疲労の時機がある．だが，人間はこうした瞬間に，喜ばしい勝利と再開のときより真実であるかどうか，これを知るのはまさに容易ならぬことである．スピノザならば，例のきびしい態度で，弱気や悲しみは私たちの力ではなく，幸福こそノーマルなもの，つまり規則を与えるものだということを，公理としてかかげるであろう．このたくましい思想は人を驚かせる．およそ思想は人を驚かせるのである．生理学者や医者は思想を信じない．彼らはこの〔思想との〕離婚を行うことから始めたのである．人間がすべっているときに人間から出てくることを，彼らはじつにうまく観察する．人間はそのように作られているのだ，と彼らは言う．私ならむしろ，人間はそのようにこわされていると言うだろう．[★084]

私たちは，身体を持っている以上，疲れから全面的に解放されることはないでしょう．心が身体的な疲れによって大きく影響されることは，疲れて不機嫌になってしまうことが往々にしてあるのをみても，自然なことです．問題は，その〈自然さ〉に対してどんな態度を採るかということなのです．上の引用にあったように，疲れではなく「喜ばしい勝利と再開」の方を基準に採るという態度選択を，少なくとも，私は選択します．それは，ある意味では自然に反した努力を選び取ることなのです．これまた前に引用したことのある文章，すなわち「愛は自然的なものではない」という文を思い出してください．[★085]「愛（AMOUR）」（▶p.076）は，もっと意志的なものなのです．次の引用も示唆的です．「自然な思考には狂気がある．なぜ狂気になったのかと問うのではなく，逆の問いを考えるべきである」[★086]，と．要するに，〈正常であるとはどういうこと

なのか？〉、〈正常でありうるのはどのようにしてか？〉、そういった問いです．また、〈放っておけばそうなってしまうような自然な心の動きとどのような関わりがあるのか？〉といった問いの重要さに思いを致すべきなのでしょう．もちろん、なぜ狂気になったのかをあえて述べてみれば、それは今回の定義にまさに表われているような「落ちる」ことの理由を問うことにはなります．「**情念**（PASSION）」（▶p.544）、必要、疲労が例に挙がっていたのでした．

> 人間が「落ちる」のは、障害物、つまり外部世界とその世界の一部をなす他人たちと、そして事物の一断片である自分自身の肉体とを、測定しそこなったがための結果である．[★087]

「測定」という言葉が出てきました．測定とはラテン語ではmensuraです、しかもこの語がmens、すなわち「精神」や「思考（力）」と訳されうるものと言語的に非常に近い位置にあるのです．アランの次の言葉も、今度はフランス語で言葉遊びをしながらそのことを語っています．

> 考える penser とは計る peser ことである．想像するとは落ちることである．[★088]

「考える」と「想像する」とが、対比されていることに注意してください．「思考」と「想像」は別物だと言いたいのです．私たちは「想像を思考ととり違えやすい」のですから．しかも、想像することが「落ちる」ことと捉えられている．これはどうしてなのでしょうか．その答えをあえて簡単に言ってしまえば、さきに述べたように、「思考」には意志的な統御が伴っているが、「想像」は放っておいても生じてしまう自然な類の心の動きだということなのです．「**想像力**（IMAGINATION）」（▶p.407）について、アランは一般の語感よりは厳しい評価を下していると言っていいでしょう．〈想像を自由に羽ばたかせる〉などと日本語でなら肯定的に言うような場面について疑ってかかっているわけです．次の引用がそれを明示しています．

> 想像力には、その場にある事物から得られる映像〔image〕を実際に変形する力がないとすれば、ましてや、その場にない事物を呼び出す力などまったくないと言わなければならないのです．[★090]

では、想像力の実情とはどのようなものでしょうか？　アランはそれについて、しばしば語ります．

> 精神がまず、またつねに身体の変化と転移を表現し、まず気分の動きに従ってのみそれをつなぎ合わせるということであって、それが想像することである．[★091]

> 身体には混乱、精神には誤謬があって、それが相互に養い合う、これこそ想像力のまことの姿である．[★092]

> 想像力とは、単に、また主として、精神のもつ静観的な力などではなく、身体の混乱と同時に精神の中へ入ってくる誤謬と無秩序のことを言うのである．[★093]

なかなか厳しい言葉ですよね．こういう事柄をもっと具体的に見てみないと納得されにくいかも知れません．想像力と結びつけて説明される

★081──アラン『人間論』p.250〔傍点引用者〕
★082──アラン『思索と行動のために』p.227
★083──同書, p.382〔傍点引用者〕
★084──アラン『人間論』p.297〔傍点引用者〕
★085──アラン『幸福論』p.115
★086──アラン『イデー（哲学入門）』p.264
★087──A. モーロワ『アラン』p.21〔傍点引用者〕
★088──アラン『思想と年齢』p.371〔傍点引用者〕
★089──アラン『イデー（哲学入門）』p.186
★090──アラン『芸術についての二十講』p.14
★091──アラン『イデー（哲学入門）』pp.173-174〔傍点引用者〕
★092──アラン『諸芸術の体系』p.17
★093──アラン『芸術論集』p.62

「恐怖(PEUR)」(►p.582)という具体例は説得的です．

恐怖を見れば理解できるように，恐怖においては想像力の周知の作用は，攣縮(れんしゅく)，身震い，ほてりと悪寒(おかん)，動悸(どうき)，窒息といった，身体そのものの疑いえぬ知覚にまず結びついているが，その原因らしい思いこみの対象の心像(イマージュ)は，全く無限定な，いまにも消え失せそうなものであることが多い．★094

さて，それでは，人間が各瞬間に高みから落ち，ふたたび高みに昇るのは，いったい何によってなのでしょうか？　アランは先ほど述べたように「想像」との対比の下に「思考」を立てて，それを意志的なものとしていました．その思考こそ，この再上昇の枢要をなすことになるのかも知れません．哲学者らしい考え方です．あのパスカルもまた，この人間の思考を重視して有名な「考える葦」の例を語ったのでした．

人間はひとくきの葦(あし)にすぎない．自然のなかで最も弱いものである．だが，それは考える葦である．彼をおしつぶすために，宇宙全体が武装するには及ばない．蒸気や一滴の水でも彼を殺すのに十分である．だが，たとい宇宙が彼をおしつぶしても，人間は彼を殺すものより尊いだろう．なぜなら，彼は自分が死ぬことと，宇宙の自分に対する優勢とを知っているからである．宇宙は何も知らない．

だから，われわれの尊厳のすべては，考えることのなかにある．われわれはそこから立ち上がらなければならないのであって，われわれが満たすことのできない空間や時間からではない．だから，よく考えることを努めよう．ここに道徳の原理がある．★095

このように記したパスカルが，また，当の「思考」から「愛」へは無限の距離があることを語ったのでした．

あらゆる物体の総和も，あらゆる精神の総和も，またそれらのすべての業績も，愛の最も小さい動作にもおよばない．これは無限に高い秩序に属するものである．

あらゆる物体の総和からも，小さな思考を発生させることはできない．それは不可能であり，ほかの秩序に属するものである．あらゆる物体と精神とから，人は真の愛の一動作をも引き出すことはできない．それは不可能であり，ほかの超自然的な秩序に属するものである．★096

また，正統的な「キリスト教(CHRISTIANISME)」(►p.160)によれば，原罪を犯したアダムにより，それ以降の人間は「神(DIEU)」(►p.263)の恩寵によってしか救われないとされます．意志がそもそも曲げられてしまっているというか，壊れてしまっているというか，そういうふうに考え，どうしても悪を選んでしまうというのです．カトリックでは，人間が自分の自由意志で救いへと近づけると考えすぎることはペラギウス派の異端と言われます．プロテスタントになれば，救霊予定説と言われるもので明らかなように，救われる人間は自由意志の行使とは関わりなく，決まっているとさえ言われることになります．思考とか人間の自由意志をあまりに称揚しすぎるのは，「哲学(PHILOSOPHIE)」(►p.587)ならぬ神学では御法度ということになるでしょう．やはり「信仰(FOI)」(►p.372)が第一なのですから．この点，哲学者は「宗教(RELIGION)」(►p.676)からみれば異端的な考え方に近づくことはよくあるわけです．デカルトが「高邁の徳」を掲げ，自由意志を大切にしたこと自体，正統的カトリックの教義からすればペラギウス派の異端になる可能性すらあったのです．もちろんヨーロッパの長い歴史の中で幾らでもこの種の異端は見つかるわけで，次の引用にあるような立場も現にあったわけです．

ふつうのキリスト教では，人間は天地創造

の意味を知ることができず，ひたすら贖罪によって救われるのであるが，カバラ的な異端の教義によれば，人間は知識〔ソフィア〕によって宇宙の秘密に迫り，神とひとしく小規模な創造を行うことができるとされる．これがつまり，正統キリスト教とカバラ的異端との決定的な違いであって，古代末期に栄えたアレクサンドリアのグノーシス派というのも，アダムの罪をみとめず，知識による一種の実現（たとえば錬金術）を信じた点で，このカバラ派に近い関係をもっている．
[★097]

堕落からどう立ち直るか？　それは容易ならぬ問題なのです．

CIVILISATION
文明 – 法律〔lois〕，慣習，意見，判断の一つの総体である．それは，他のところでは吟味もなく驚きもなく受け入れられているような慣行を，〔自分たちのところでは〕ありえないこととし，ほとんど理解しがたいものにする．例えば，奴隷制，子どもの去勢，拷問，魔法使いの処刑．文明というものは中庸を得た道徳が最善のものであるということを意味するのではなく，幾人かのモラリストたちのエネルギッシュな活動によって風習が変化させられたということを意味するだけである．それゆえ，私たちの西洋文明が戦争も政治的情熱〔passions politiques〕も緩和しないし，その結果，苦痛〔を与えること〕がいまだに説得の手段として採られていることに人は驚く．例えば，諸都市への空爆によって一国の抵抗を粉砕したり，あるいは政敵を抹殺したりすること，そしてそれと同時に拷問の古い形を習俗の変化によって廃止する，などといったことはごく当たり前なのだ．このことは，文明というものが，判断することを免除してしまう盲目的な慣習として定着するところからきている．これには利点も無くはないが，重大な不都合も無くはない．

　この定義には「モラリスト〔moralistes〕」という言葉が登場しますが，それは，フランス文学ではよく使われる用語で，人間についての鋭い洞察をし，それを文章に表す人々を指します．例えば，代表格としてはモンテーニュ，パスカル，ラ・ロシュフコー，ラ・ブリュイエールといった人たちがいますが，デカルトや，まさにアラン自身がそのうちに数えられたりもします．上の定義の要点は，モラリストたちの活動によって，風習が変化し，人々の行動がある程度変わることです．しかしそれは確かに幾人かのモラリストたちによる吟味によって生ずることではあっても，皆がモラリストであるわけではありません．ですから，基本的なところで自分が考え，判断するという努力をこうしたモラリストたちに任せて，それに乗っかって行動している限り，上述の例にあるような奇妙なことが起こらざるを得ません．どういうことかというと，一方で「諸都市への空爆によって一国の抵抗を粉砕したり，あるいは政敵を抹殺したり」しながら，他方で「拷問の古い形を習俗の変化によって廃止する」などといった，ちぐはぐな振舞いがまかり通るということです．「苦痛〔を与えること〕がいまだに説得の手段として採られていること」という視点で見る限り，同じわけですから．アランは定義の冒頭で，文明を「法律〔lois〕，慣習，意見，判断の一つの総体」と書いていました．その総体がどのようにしてできあがってくるかが問われるのです．そして，文明が「判断することを免除してしまう盲目的な慣習」として定着するとき，慣習というものは一見すると〈より良識に基づいたもの〉になるかの

★094――同前〔傍点引用者〕
★095――ブレーズ・パスカル『パンセ』p.204
★096――同書, p.396
★097――澁澤龍彥『黒魔術の手帖』p.36

167

ように見えます．しかし，各人が〈より良識に基づいたもの〉になったわけではないでしょう．判断をしようとしていないのですから．次の引用にあるような，「むきだしの情念」はさし当たって隠れるのですが，無くなったわけではないのです．

　文明，あるいは教育と言っても同じことだが，その眼目は魂のむきだしの情念を飼いならし馴致することにある．★098

もし，人類の「進歩(PROGRÈS)」(▶p.665)などということを信じるなら，次のような考え方を基にしてしか，それは語れないのでしょう．

　風習と，制度と，それぞれの状況で破りがたい必然性に応ずる行動の方法とによって秩序を規定すべきであり，それらの必然性の直接の認識から生ずる発想によって進歩を規定すべきである．★099

発想(invention)が主題となります．私たちが本当にもっとマシになろうと思うなら，見事に考えて新たな発想を次々に生みだし，それによって自分たちを救っていくほかはないのだと思います．問題は，その考えるということそのものに落とし穴があるように思われることです．そうした点に関わるものとして，ここでは判断と推理との違い，そして「論理(LOGIQUE)」(▶p.439)というものに注目しましょう．論理といっても，形式論理学といった狭い意味でのそれではなくて，弁証法的論理も含みます．実際，アランはヘーゲルの弁証法的論理を評価しつつ，次のように書いたのでした．

　ヘーゲルの論理の魂は，判断であって推理ではなく，すなわち秩序に従う思考の発想である．★100

判断と推理との違いが問題なのです．どう違

うのでしょう？　アランは次のように言います．

　悪評頻りな推理という名は，上から下に向う想念に任せておいて，判断は常に下から上に向い，刻々に幼さから円熟に向う，と言おう．★101

少し，側面から上の議論を補強しておくと，次のようなことになる．

　文明の動脈硬化を防ぐには，創造的な参画社会化の他には道がなかろう．そのためには，トップダウンとつりあいのとれるぐらい，ボトムアップの道を開拓し，あるいは補強しなければならない．★102

要するに，疑わずに認めてしまうような事柄を前提として，そこから論理的にズルズルと結論を引き出していくという演繹的推理は，当の前提を揺り動かすことをしません．しかし判断をするということは，当の前提となる命題の場面には意志的な働きが入っていることを人々に知らせます．意志の発動が言わば自動的になってしまっているような推理から眼を覚ますには判断という場面に注目する必要があるわけです．判断が意志に関わることであるのを知る必要がある．

　〔デカルトは〕判断は意志に関することで，悟性に関することではないと言い，したがって，普通には人が知性と呼びたがるものを高邁と呼ぶに至ったのである．★103

観念の成立そのものに，意志が関わっているということです．

　私はストア派に教えられ，また私の師であるラニョオに教えられて，観念を作り支えるのは意志であることを，かなり早く理解し得た．★104

判断というものは，放っておいても成立する

ようなものではないのです．論理学を学として創始したのは古代ギリシアの哲学者アリストテレスです．学としての論理学を自分で創始し，ほとんど完成させてしまったのが彼なのです．

> 論理学の基礎をおくためには最も単純な若干の命題しか必要としない．しかし，そこには物が欠けているので，そこに注意した最初の思想家があの無内容な諸形式をたちまち枚挙してしまった．★105

この引用でも解るように，まさに内容を欠いた形式だけでわかる事柄をアリストテレスは明確に取り出したのです．そして，そうだとすれば，形式論理学とは，まさに言い換えの話なのだということをここに確認しておきましょう．

> 一般に論理学と呼ばれている純粋な修辞学が扱うのは，いろいろな命題の等価関係のみである．あるいは，言葉の多様性のもとでの意味の一致，と言いかえてもいい．★106

> 論理学とは，一つあるいはいくつかの命題から，対象を考えずただ言葉だけによって新しい言い方を引き出すには，どうしたらいいかを検討するものだ…〔後略〕★107

これは，別に奇異でも突飛でもない見解です．現代日本の哲学者・大森荘蔵氏の叙述をダメ押し的に掲げます．

> 論理法則に従うという意味で「論理的」ということはすなわち「正しく言い換える」ことに他ならず，論理学とは言い換えの規則集に他ならない．だから論理的に推論しても前提に述べたこと以外に新しいことは全く発言されていない．つまり論理的推論は事実についての情報を何一つ付け加えないのである．★108

さて，記号論理学の形成に大きな役割を演じたヴィトゲンシュタインが，前期の自分の哲学を自己批判し，後期の哲学を切り開いていったのは知られています．その後期の代表的な説としての言語ゲーム論は，今回の「文明」の定義との関連でも，注目に値します．

> 論理学の拡張を通じて，ヴィトゲンシュタインの〈言語ゲーム〉理解は，ますます社会科学の領分に接近していく．なぜなら，①言語ゲームを記述すること(論理学)は可能かもしれないが，それは言語ゲームに根拠を与えることとは異なる，②論理学は，もとの言語ゲームに与えることのできる独自の根拠をもたない，③(論理学を含めて)言語ゲームはどれも，日常的なふるまい・慣習を最終的な根拠として自らを支えている，とされるからである．言語ゲームを秩序づけるものは，《習慣》《制度》《規範》と規定されるにいたった．
> 彼の理解は，人間の固有領域(文化・制度・……)がその外部からなんの基礎づけも与えられないまま宙空に浮かんでいる，という酷薄な認識にいきつく．〈言語ゲーム〉を通じたこの理解は，基本的にみて，文化の相対主義と言えよう．★109

「文化」と「文明」とは，厳密には区別する必要があるでしょう．しかし，ここでは，今回の定義における「文明」を，今の引用の「文化」と重ね

★098──アラン・ブルーム『アメリカン・マインドの終焉──文化と教育の危機』p.69
★099──アラン『イデー(哲学入門)』p.352〔傍点引用者〕
★100──同書，p.255〔傍点引用者〕
★101──アラン『思想と年齢』p.391〔傍点引用者〕
★102──川喜田二郎『KJ法──渾沌をして語らしめる』p.553
★103──アラン『教育論』p.83〔一部，引用者改訳〕
★104──アラン『思想と年齢』p.338
★105──アラン『芸術論集』p.57〔傍点引用者〕
★106──アラン『思索と行動のために』p.188〔傍点引用者〕
★107──同前〔傍点引用者〕
★108──大森荘蔵『思考と論理』p.78〔傍点引用者〕
★109──橋爪大三郎『言語ゲームと社会理論──ヴィトゲンシュタイン・ハート・ルーマン』p.51〔傍点引用者〕

ることは決して無理ではないと私は思います．この定義の中でも，ある種の相対主義は語られている．それを，すぐに〈相対主義だからいけない！〉とか言って，切り捨てないでほしい．アランは，相対主義に居直ることなど考えてもいません．むしろ，そこから〈考える〉というこ

と・〈吟味する〉ということを出発させようとしているのです．文明を，「判断することを免除してしまう盲目的な慣習として定着する」ことだけに甘んじてはならないのではないか，と問いかけているのです．

CIVILISER
文明化すること
— これは風習〔coutumes〕を課することであって，そのことは別の風習を廃止することを前提としている．そして，この移行には種々の危険がある．文明〔civilisation〕というものは風習によって支持されてしか通用しない．風習を尊重し，そして知恵〔sagesse〕を教える方が良い．可能ならば．

　文明化することが，別の風習を廃止することを前提とし，しかも危険があるといいます．どういう危険でしょうか？　ここでは，現代の私たちを支配しているといってもいい西洋文明が，どういう風習を課し，どういう風習を廃止してきたのかを見て，その危険について考えてみることにしましょう．次の引用は一つのヒントを与えているように思います．

> 人間を animal rationale（理性的動物）と定義する代りに，animal symbolicum（シンボルの動物——象徴的動物）と定義したい．このように定義することによって，我々は人間の特殊の差異を指示できるのであり，人間の前途にひらかれている新たな道——文明への道——を理解しうるであろう．★110

　「理性」で人間を定義したのではわからない事柄を，ここでエルンスト・カッシーラーは「シンボル」という語で語ろうとしています．しかもそれを「**文明**（CIVILISATION）」（▶p.167）と絡めて述べているのです．しかし，そもそも，西洋の近代文明は「理性」を基に発展して生きたのではないのでしょうか？　なぜ，いまさら，「理性」の代わりに「シンボル」ということを言う必要があるのでしょうか？　カッシーラーはここで，「理性」中心に発展してきた西洋文明に伴うある種

の危険を感じ取っているのだ，と私は思います．アランとしては，今回の定義で，どこまで私が以下に述べるようなことを考えていたかはわかりませんが，私としてはこの短い定義を出発点にして，このあたりを考えてみる他はありません．

　哲学史的な基礎知識を少々書いておきましょう．カッシーラーは，20世紀に「新カント主義」という流れの中で哲学研究を続け，「シンボル形式の哲学」という独自の立場を築いた人物です．数学や物理学にも造詣が深く，アインシュタインの相対性理論についての本もあります．ちなみに，私の専門としてきたライプニッツの哲学についての研究書，*Leibniz' System in seinen wissenchaftlichen Grundlagen*, Marburg, 1902も著しています．さて，新カント派の基礎であるカントは，三批判書といわれる『**純粋理性批判**』『**実践理性批判**』『**判断力批判**』を中心に批判哲学という体系を作ろうとした人です．人間の理性はどのようなことができるかについて明確に範囲を確定して，それを超える領域については「**信仰**（FOI）」（▶p.372）を確保しようという態度を持っていました（「信仰に場所を譲るために理論を制限しなければならなかった」とはカントの有名な言葉です）．

　要するに，認識批判です．近代の認識論のある見事な形を提示したと言ってよいでしょう．批判〔Kritik〕とは，その語源であるギリシャ語のκρίνωが分けるという意味であったように，範

囲を分けることを意味しています．『純粋理性批判』は，数学と自然科学を手本にしながら，それら学問と同じように哲学を確固とした学問にしようという意図があります．その意味では，数学・自然科学というものを確実に進歩しつつある学問の典型とし，そこに倣うために，ともするとその範囲に留まろうとする嫌いがある．そのカントの考え方では狭すぎるとして，カッシーラーはカントの方法を十分に参考にしながらも，それを拡張します．「理性の批判は文化の批判となる」[111]のです．

　『シンボル形式の哲学』を構想した動機…〔中略〕…『実体概念と関数概念』（一九一〇）以来，数学的，自然科学的認識をモデルにした認識理論を構築し，それを精神科学の諸領域に適用しようとしたが，それがうまくいかないことに気づき，認識理論の原理的拡大を試み，「精神の表現形式についての一般的理論」を形成する必要を感じるようになった．いわばカントのおこなった「コペルニクス的転回」を論理的な判断機能だけにとどめず，精神の形態化作用のあらゆる方向に関して遂行し，「理性批判」を「文化批判」にまで展開することによって，言語・神話・宗教・芸術・科学的認識といった多様な文化的所産の形成のそれぞれにおいて働いている「内的形式」を明らかにし，それら形式相互の関係を全体的に展望しうるような立場を確立しようとする，これが本書の基本的意図なのである．[112]

　もちろん，「文明」と「文化」とは違う言葉ですから注意が必要ですが，ここでカッシーラーが述べている「文化の批判」は，多くの非西洋的な文化にも目配りをしてはいるにせよ，自分の育った「西洋の文化」で理解される「人間」というものを中心に据えた文化についての話なのです．言わば，西洋文明的な文化をかなり広い射程で検討したわけです．ただ，それが，いわゆる「多文化主義」への足掛かりをつける立場に移行したのは確かだとしても．

　純粋な認識機能と並んで，言語的思考の機能，神話的・宗教的思考の機能，芸術的直観の機能についても，いかにしてこれらすべてにおいて，まったく特定の形態化——世界の形態化というよりはむしろ世界への形態化，つまりある客観的な意味連関，ある客観的な直観的全体像への形態化——がおこなわれるのかが明らかになるような仕方で，それらを理解することが肝要なのである．[113]

　なぜことさらこのようなことが目指されなければならないかというと，これまで，西洋近代文明（文化）では，「純粋な認識機能」，言い換えれば「科学的認識」のみが重要視されてきたからなのです．そして，重要視されるものとされないものとのギャップは，これまで表面に出ることなく言わば抑圧されてきたわけですが，それがそうはいかなくなった．そういうところに目を向けて，今一度，物事を考えなおしてみる必要が出てきたと言っていいでしょう．

　神話的世界と理論的世界の差異を把握して，これを記述するために，神話が主として知覚するものは，客観的特性ではなくて**相貌的特性**（physiognomic characters）だということができる．自然は，経験的または科学的な意味においては，「一般法則によって決定される限りの事物の存在」として定義できるが，このような「自然」は，神話においては存在しないのである．神話の世界は劇的な世界であ

★110──E. カッシーラー『人間──シンボルを操るもの』pp.66-67〔傍点引用者〕
★111──E. カッシーラー『シンボル形式の哲学（一）』p.31
★112──同書，p.482（木田元「訳者あとがき」より）
★113──同書，p.31

る──行為の世界であり，力の世界であり，相闘う勢力の世界である．自然のあらゆる現象において，神話的世界は，これらの勢力の衝突に注目する．神話的知覚にはつねに，このような情動的性質が入り込んできている．見られたり，感じられたりするものはみな，特別な雰囲気──悲喜，苦悶，興奮，昂揚沈鬱の雰囲気──によって，とりまかれている．ここでは，「物」を死んだもの，または感情的無色（無記）のものとして語ることはできない．すべての物は，好意か悪意をもつものであり，友情か敵意を抱くものであり，親しみか気味悪さを示すものであり，誘惑的，魅惑的また反撥的，威嚇的なものである．我々は，この人間経験のエレメンタリーな形態を，容易に心に浮べることができる．なぜならば文明人の生活にさえ，それは決して，もとの力を失わず存続しているからである．激しい情動的興奮状態にあるならば，我々もまた，あらゆるものについて，劇的な概念をもつのである．それらの物は通常の姿を示さない．それらは突如，その相貌を変化する．それらは，我々の熱情すなわち愛情または憎悪，恐怖または希望の，特殊の色彩を帯びている．我々の経験の，この本来の傾向と科学によって導入される真理の理想との間の対照は，極度に大きいものといえよう．★114

アランがこの「文明化すること」という語の定義で，「別の風習を廃止すること」と言ったとき，それをあえて解釈して提示してみると，上の引用に登場する「人間経験のエレメンタリーな形態」とか，神話的意識とか，そんなものが具体例の一つとして掲げうるかも知れません．実際，アランは『神話学入門〔Préliminaires à la mythologie〕』なんていう文章も書いているのです．いずれにせよ，科学は，こうしたエレメンタリーなものを，主観的だとか，幼稚だとか，形而上学的だとか言って，排除してきました．物質の探究に仕事を局限したのです．実際，科学者は「物質世界に関する知識の研究者」だというのが，scientistという言葉が1834年に造語された時の理解だったのです．さらにこれが嵩じれば，物質すら超えて，厳密性・精密性の「理想（IDÉAL）」（▶p.402）であるかのような数学に行き着きます．デカルトやライプニッツは数学を基礎にした学の統一を目指す「普遍（数）学」の理想を語りました．近代の科学文明はそういう線で発展したのです．そういう姿勢には，やはり，かなり警戒すべきだとは私も思います．

> 科学それ自体は唯物的でもなんでもない．それは物質を対象とするというだけの話で，すべてが物質で割切れるという世界観とはおのずから別箇のものである．が，科学文明を既成品として拝領したところでは，その錬金術的効力にただもう眼がくらんで，物質が，それを扱う科学が，人間や世界の難問のすべてを解決しうるかのように勘ちがいする．★115

そして科学の専門分化が突っ走っていくと，次のようになる．

> 今日の科学技術の問題は部分的分析の単位がたがいにつながらなくなってきたということにありますが，それは合理的な科学があてはまる範囲を，それぞれの分野科学者がせばめすぎたからでした．世界観を無視した科学は"魂のない廃墟"になることだってあるのです．★116

科学自体がそうであるとき，それに乗っかった文明はどうなるのでしょう？ 次のようになるのではないでしょうか？

> 正確に言えば，産業文明にせよ企業文明にせよ，実は近代社会を構成するいわば「下部構造」としての物質的条件に関わるだけ

のものではない．産業文明とは，いってみれば，その物質的条件を「上部構造」にまで持ち上げた社会なのである．なぜなら，それは，人間生活の物質的条件に対しおそらくは歴史上初めて，自由と平等という観念の実質内容を付与したのであり，そうすることによって，物質的生活を政治的争点と化し，社会の中心的な価値観にしてしまったからである．この価値観に哲学的重みを与えたものが功利主義であり，そのプラグマティックな表現が快楽主義であった．★117

〈そうしたところに，本当の意味での文明などあるのか？〉という問いを立てることも可能でしょう．スペインの哲学者オルテガもそういう問いを立てていたのです．

私はこの試論においてある種のタイプのヨーロッパ人を描き，彼の態度，特に彼がそのなかで生まれた文明そのものに対する態度を分析しようと努めてきた．私がそうせざるをえなかったのは，その種の人物が古い文明を相手に戦う新しい文明を代表する者ではなく，単なる否定，寄生虫的実体を内に秘めた否定を行なう者だからである．大衆人は他の人びとが建設し蓄積したものを否定しながら，自分が否定しているものによって生きているのである．★118

長い迂回をしつつ話を進めてきましたが，ここで，アランの定義を振り返ってみましょう．〈科学文明が風習を尊重しただろうか？〉と問うてみるといい．〈科学文明が知恵を教えただろうか？〉とも問う必要があるでしょう．「知恵(SAGESSE)」(▶p.721)は知識〔conaissances〕ではないでしょう．アランがコントについて触れつつ記した次の文章を心に留めておいてください．

知の真の理由は，しばしば小さなものに満足するむなしい好奇心ではなく，しばしば低い情念の関心をひくにすぎない物質的進歩への配慮でもない．知ることの真の理由は知恵そのものであり，人類全体にとって理にかなった未来を組織化することである．★119

そういう知恵は次のような考え方では手に入れられないことでしょう．

おのおのの学問が絶対に自律的であって，それ自身で充足し，それを知る人にとっては普遍的な知恵の代わりになるものだという無政府的な観念…〔後略〕★120

CIVILITÉ
市民性 — 都市生活や都会風の生き方に固有の礼節〔politesse〕の一種である．農民は例えば歓待するといった場合や，家族的，宗教的あるいは政治的な儀式においては，深い礼節を身につけている．しかし彼らは市民性を知らない．市民性というのは歩道上での徳〔vertu〕である．知り合いではない人たちに対する徳であり，それを以て人は大勢で通行するのである．この徳にとっては，よそ者というものはいない．

civilitéを，神谷幹夫氏は「礼節・礼儀作法」と訳し，森有正氏は「嗜み」と訳しています．確かにこのフランス語は訳しづらい言葉です．しかし，幸いにして，私の知り合いの著した書物の

★114——E. カッシーラー『人間——シンボルを操るもの』pp.168-169〔傍点引用者〕
★115——福田恆存『常識に還れ』p.176〔傍点引用者〕
★116——松岡正剛『花鳥風月の科学——日本のソフトウェア』pp.197-198
★117——佐伯啓思『産業文明とポスト・モダン』p.4〔傍点引用者〕
★118——J. オルテガ・イ・ガセット『大衆の反逆』p.248
★119——アラン『イデー〔哲学入門〕』p.340〔傍点引用者〕
★120——同書, p.330

中に英語でcivilityというものについて考えている箇所がありました．それを引用しながら，理解を深めていきたいと思います．アランの定義は，農民と都市生活者との対比を行って，そこにcivilitéを位置づけていますが，今日の世界は，それをもっと広大な領域の問題として提起しつつあるわけで，まさにそういうことについて書かれている文章を以下で引用するのです．

　ぼくの，とりあえずの答えは，こうだ．エグジログラフィ〔後述します〕を読むことによって，われわれは集合的に，ある新しいシヴィリティを探っているのだ，と．シヴィリティ．丁寧さ，礼節，市民性，公民性．それ自体ははかなく，いかにも頼りない言葉だ．ぼくがいおうとしているのは，ただ一つの，そうと決めてしまえば他の所属可能性を排除することになるような固い所属の仕方の，対極にあるものだ．このシヴィリティとは，ある国籍への所属を前提として語られる国際主義とは，異なっている．[121]

　ここで，エグジログラフィとはどういうものか，少し説明しておいた方がいいでしょう．次のようなものです．

　どこかに旅しようとしまいと，英語を手がかりにして見えてくる風景を，まだまだ探ってみたいと思う．そのための最良の指針となってくれるのが，外国人・移民・亡命者の英語，特にそういった人たちによって書かれた文学言語ではないかと，ぼくは考えている．なぜ「文学」か，というと，人が何かを理解するには時間がかかるからだ．異質な世界との衝突の意味，「世界」そのものの複数性をよく考え，それを自分にとって不自由を強いられる言葉で手探りで綴ったのが，かれらの文学だ．これを「エグジログラフィ」(エグザイルつまり亡命／流浪の記述)と呼ぶことにしよう．[122]

「エグジログラフィ exilography」という新しい名称を使ってもいいだろう．ノンフィクションかフィクションか，散文か詩か戯曲かを問わず，移民や亡命者といったすべての異郷生活者(エグザイル)たちによる，流浪の経験そのものを記述しようとする文学のことだ．

　別の名でそれを呼ぶなら，ディアスポラの文学．ディアスポラとは元来「四散すること」を意味するギリシャ語で，故郷を離れて分散して生きるユダヤ民族の全体がそう呼ばれた．[123]

　要するに，農村生活のような，誰もが知り合いであるような集団の中での，安定した生活に伴った行動パターンではない人間の振る舞い方を促すもの，それを市民性と言ってもいいでしょう．農民が，自分の土地にかなりの程度縛りつけられているのは確かでしょう．農民には，知らない人と交流しなければならないような**必然性(NÉCESSITÉ)**｜(▶p.502)はあまりありません．ところがcivilitéというのは，そういう場面こそが問題になるところに成立するのです．要するに，「知り合いではない人たちに対する徳」なのです．そこでは，「正しさ」そのものも，知り合いのもの同士で通用する〈文句なしの〉というわけにはいかない．都市では，知り合いでない者たちが，歩道上で行き交う．知り合いでないからと言って，「よそ者」扱いすればことが済むわけでもない．知り合いでない者たちが共に暮らすのが都市というものでしょう．近代市民社会が成立した時のあり方は，農村からの労働力としての人々の流入というものを伴っていたことは周知の事柄です．アランの定義は，そういう事柄を背景にしているのです．

　さて，それではアランの時代と，私たちの時代とは同じでしょうか？　どうも少し違うように思われます．確かに，古代ギリシアの都市国家(ポリス，πόλις)のような小さな単位が，アレク

サンダー大王のマケドニアによって壊されて、コスモポリスが生まれたという事実はありました．しかし，その後もイタリア中世の都市国家〔コムーネ，comune〕にせよ，ドイツ中世の領邦国家〔Territorialstaat〕にせよ，小さな単位でまとまりつつ，人は都市生活を営んできました．それが，現代に至って，一気に拡大する．その時に，都市というもの，市民性というものが，変質するだろうと考えるのはもっともな話です．その点を私たちは考えてみなければならないのでしょう．

　伝統的には，こうしたシヴィリティ(他人に対してそれが「正しい」とは断言できない「正しさ」をもって臨むこと)は，コスモポリタニズム(世界市民主義)と呼ばれてきた．けれどもコスモポリタニズムという用語は，すでにあまりに色褪せてしまった．それはきわめて堅固な「私」が，普遍的で惑星的で避けがたく抽象的な，一個の「都市」に所属すると主張する．その惑星的都市——ぼくの呼び方でいえばエキュメノポリス——を背後から支えているのは，いうまでもなく世界化した資本＝物質＝情報流通だ．コスモポリタニズムという用語を避けてぼくがそれを「新たなシヴィリティ」と呼ぶのは，それが個々の一回かぎりの状況の中で，その場で，異邦人どうしの交渉の中で，探られなくてはならないからだ．

　それをホスピタリティの原則といってもいい．[★124]

　このホスピタリティという言葉に注目しておいてください．まさに「歓待」なのですが，civilitéにとって「よそ者というものはいない」のは，この歓待がベースにあるからでしょう．確かに農民も「歓待するといった場合や，家族的，宗教的あるいは政治的な儀式においては，深い礼節を身につけている」のでした．しかし問題は，農民か，旅をする人間かどうかということです．情報の哲学者の代表格であるピエール・レヴィは，旧約聖書に登場するソドムの話について，次のように記します．

　　ソドムの罪とは何だろうか？　歓待〔ホスピタリティ〕の拒絶である．ソドムの人々は異邦人たちをもてなすどころか，彼らをもてあそぼうとした．ところで歓待とは，何よりも社会的な絆の作法を，相互性という形態に基づいて理解された一つの社会的な絆を表している．主人(hôte 客)とは，迎える人でもあり迎えられる人でもある．そして，誰でも次には，異邦人となりうるのだ．[★125]

ホスピタリティが，新たに問い直されなければならない．地球規模へと拡大した人間社会の中での，新しい市民性のためにです．

　　ぼく自身の場所に帰ろう．エグジログラフィの翻訳者としてのぼくの作業に意味を求めるとしたら，それは異質なさまざまな声を「自国語」の中に反響させ，声の担い手たちの生の軌跡を，ある新しいシヴィリティのための，テクスチュアルな基礎へと織り上げてゆくこと以外にはない．このテクスチュアルな土台にふれるためには，だれもが自分の伝記や国家的・民族的おいたちの枠からわずかに踏みだして，その踏みだした素足に思い切って体重をかけてみなくてはならない．その土台がきみを支えてくれるという保証は，まるでない．けれどもその危険な賭けによってはじめて，われわれは集合的に，「何一つ共有しない者た

★121——管啓次郎『コヨーテ読書——翻訳・放浪・批評』pp.100-101〔傍点引用者〕
★122——同書，pp.54-55〔傍点引用者〕
★123——同書，p.87
★124——同書，pp.101-102〔傍点引用者〕
★125——ピエール・レヴィ『ポストメディア人類学に向けて——集合的知性』p.55〔傍点引用者〕

175

ちの共同体」(アルフォンソ・リンギス)のための，いままさに出現しつつある倫理を探ることができるのだと思う。★126

〈社会的つながり〉をどんなふうに考えていくかにこの問題は密接に関わっています．しかもインターネットを代表とするような情報基盤は，単に「歩道上での徳」ではないような，〈ネットワーク上の徳〉とでも言うべきものを要求していると言っていいでしょう．それは〈情報的なつながり〉，一般化して言い換えれば〈知のつながり〉の中での「徳(VERTU)」(▶p.850)なのです．ピエール・レヴィは次のように書いています．

　　知への関わりに基づいて社会的な絆を打ち建てることは，結果として，脱領土化された市民性(civilité 作法)の拡大を推進することになるが…〔後略〕★127

そして実をいうと，都市景観をどのように創っていくのかといった問題にまでも以上のこ

とは関わっていることがわかります．

　見知らぬ人どうしの挨拶が都市的に洗練された作法になるのは当然のことであろう．この作法が都市空間における造形的表現にも反映されていく．古くから都市共同体が営まれている町では，この作法がよく発達し，信じられている．民家の窓辺や軒下に花を置くならわしは，ヨーロッパでは広く行きわたっていて，ときには半ば法的強制力さえもつが，こうした風景に接すると，何かしら，挨拶を受けたように感じられる．わが国でも，門前の路地を掃き清めたり水を打ったりする風習は，これに相当するのであろう．いまではこの慣習はしだいに消えつつあるが，正月に門松を飾る風習にその名残りが見られる．★128

　地球規模の文明・文化を深く考えなくてはならない私たちにとって，この「市民性」というものは非常に重要な概念であると私は思います．

CŒUR

心(しん) ― これは優しさと勇気〔courage〕との座であり，まず第一には力と生命とを供給する臓器〔つまり心臓〕である．その結果，それは，ごく僅かのトラブルもとても強く感じ取ってしまうことになる．それゆえ，いくらかでも心のある人は，ある他の者たちの，あるいはある他者の，苦しみと歓びを分かち持つことができる．そしてそれは愛〔amour〕のしるしの一つである．しかし，いくらかでも心ある人はまた，その他の者たちに，あるいはその他者に，自分自身の力でできるすべてのことを伝えようとする．それは守ることであり，助けることであり，結局のところ勇気づけることである．なぜならそれよりも美しい贈り物はないからだ．この二つの意味は愛を説明している．実際，愛というものは，単に優しさだけにあるわけではなくて(また弱さのうちだけにあるのでもなく)，常に，はっきりと述べられかつ揺らぐことのない確信〔foi〕を含んでいる．言い換えれば，自由で確固とした何ものかを含んでいるのである．そのことは，幸福な誓いによってしか十分に表現されない．この意味で，愛するためにはまず何よりも勇気が必要である．感受性だけではかなり危ういものである．

　cœurの訳語選びには，本当に困りました．cœurは臓器としての「心臓」も意味するし，「心がこもった」とか「心ない」とかいう意味での

「心」をも表わすフランス語です．森氏は「心情」と訳し，神谷氏はそれに従っているようです．私は，どうも「心情」では，上述の意味の後者し

か表現できないので,しかたがなく「心(しん)」を訳語として使ってみることにしました.言い方を変えれば,日本語にはフランス語のcœurに相応しい訳語が無いのではないかと私は考えているわけです.イメージとしては,「心・技・体」の「心(しん)」ですし,心臓の「心(しん)」ですし,心情の「心(しん)」ですし,また「心(こころ)」でもあるのです.いずれにせよ,一つの言葉を使うときに,それに伝統的にまつわりついている意味を安易に振り落とし,ただただ一義的に語ろうとすることが正しい態度だとは,私は思っていません.この点,科学という分野やそれに近いところで展開される哲学で使われる言葉遣いが,明らかさや厳密さやを求める余り,「一義性」をばかり求めすぎているように私は思うのです.例えば,一時代も二時代も前のことにはなるけれども,次のように言われる事柄を十分に検討しない哲学もあったということです.

> 現代の論理実証主義的言語学は,とりわけライプニッツ的普遍記号学(characteristica universalis)の理念を受け継いで,論理的に明確な一義性を付与された科学的人工言語から成る記号世界としての言語世界の学的体系化を企てているが,その際,それはその体系化を記号相互の純粋に論理的な関係の理論としての統辞論,記号とそれらが意味しようとするものとの関係の理論としての意味論,記号とそれらを使用する人間との関係の理論としての語用論という順序で進めてゆこうとする.しかし,この操作が可能となるには,「言語一般」の機能が論理的に判断される以前に,まず確実に機能する言語が作り出されていなければならないから,明らかに,論理的シンタクスは意味論を,意味論は語用論をそれぞれ前提していることになる.★129

言葉を使うという場面でどんな理解を当の言葉について持っているかということについて,アランは,次のような,かなり厳しい見解を披瀝しています.

> コントがしばしば註釈している,あのクールCœurという単語を,例に引きたい.クール(クラージュ)は,勇気を意味する.クール(アムール)は,愛を意味する.クールは,空っぽの筋肉(心臓をいっている)を意味する.もしも,あなたが,この単語を,一どきに三つの意味にとらないならば,あなたは,まずい書き方をしていることになる.★130

その「まずい書き方」をまずいとは感じなくなっている人々が多い.どうしてなのでしょう? アランは〈教養の無さ〉が問題だと言っています.

> 教養の効果の一つは,日常の言葉を尊敬するようになるということである.学者は,専門語(jargon)を話す.そして,ワット,アンペア,エントロピーなどといった用語によって,非のうちどころのない明晰さに到達する.注目すべきことは,作家は,こうした手段によっては,明晰さを求めないということである.作家は,エッセーや詩の冒頭に,自分の発明した,あるいは定義した語彙についての,語釈をつけたりはしない.★131

むしろ,多義性を積極的に取って考えていく必要があると考えられるわけです.例えば,カッシーラーが新カント派の哲学から出発しながら,それを超え出て独自の「シンボル形式の哲学」を形成するに当たっての着想にもそうい

★126──管啓次郎『コヨーテ読書──翻訳・放浪・批評』p.102〔傍点引用者〕
★127──ピエール・レヴィ『ポストメディア人類学に向けて──集合的知性』p.37
★128──中村良夫『風景学入門』pp.159-160〔傍点引用者〕
★129──上村忠男『ヴィーコの懐疑』p.163〔傍点引用者〕
★130──アラン『芸術に関する101章』pp.271-272〔傍点引用者〕
★131──同書,p.270〔傍点引用者〕

う側面がある．

語につきまとっている内的な多義性は，けっして言語の単なる欠陥ではなく，言語にひそんでいる表現能力のもつ本質的・積極的な契機なのである．なぜなら，その多義性においてこそ，まさしく語の限界が，存在者の限界と同様に固定されたものではなく，流動的なものだということが証示されているからである．いわば自己自身の限界を繰りかえし突破してゆく動的・多形的な言語のうちにのみ，豊かな世界形成的ロゴスがおのれの鏡像を見いだすのである．[132]

いずれにせよ，いわゆる文科系と理科系などという言い方で表わされるような場面での人々の対立が，それこそ〈文化の違い〉とまで表現されて，ずっと続いてきたことは大学に身を置いてみればすぐにわかることです．

二つの文化が並置され，二つの集団，二つの共同体が二つの語族のことばを話している．子供の頃から早々と科学を教えこまれた者たちは，歴史や芸術に，言語の所産，時間の所産に類似する可能性のあるものを，自らの思考や生活や共通行動から排除する習慣がある．知識はあるが教養のない彼らは，人々，その人間関係，その苦痛，死すべき運命を忘れ去るよう教えこまれる．子供の頃から早々と文学を教えこまれた者たちは，人文科学と呼ぶようとり決められたものの中に投げこまれていて，その中で彼らは永遠にこの世界を見失っている．夢や辞書の中を除けば，樹木も海もなく，雲も陸地もない所産があるばかりだ．教養はあるが知識のない彼らは，対象を欠いた言い争いに熱中していて，賭けた物やフェティッシュや取引きの品物以外のものはまったく知らなかったのである．私が恐れるのは，知識も教養もないパラジット〔寄生者〕という第三者によってずっと以前からかっさらわれている所有物をめぐってのみ，この二つの集団が交戦しているのではないかということである．[133]

もちろん，こうした対立を越えるところにしか，これからの学問の方向はないのではないかと私は思います．日本の多くの大学でいわゆる「文理融合」系の教育研究が叫ばれたのもそのためです．ことは哲学というものの位置づけにも関わっています．特に日本では哲学についてのイメージは良くない．〈なんで哲学なんてやるの？〉とか，〈哲学なんて，難しい言葉ばかり使ってわけのわからないことを言い募るけど，一体何なの？〉といった声に押されて，哲学自身が，身を潜めようとするかのように，人文科学という領域に位置づく一つの科学であるかのように理解しようとする傾向すらあるのです．私はそれには，反対です．次の引用のように．

わたしがプラトン哲学の神秘的とも評されそうな部分にまで言及したのは，今日の思想傾向として，いわゆる科学主義あるいは実証主義がわれわれの知性活動，あるいはおよそ知的なものを今日の専門科学の総体（トータル）に等しいと措いて，これ以外の知識を認めず，言わば科学者にあらずんば知者にあらずということで，知的なもの，知性の全世界を科学的知識だけで独占しようとする一元論の立場に対して，知識の世界，知性一般に対応する世界をもっと広く考えようとするものであり，諸科学と区別される哲学の立場を確保しようとするものなのだ．ということは，哲学を専門科学の一つと認めてもらって，辛うじてその存在を保持しようとする試みもないではないが，それは哲学の自殺みたいなものであって，むしろ哲学は専門科学の一つ，例えば精神科学などではないことをはっきりさせなければならないからだ．[134]

さて、アランの定義に戻ることとしましょう。「いくらかでも心のある人」が、「苦しみと歓びを分かち持つ」ことができるのと同時に、「自分自身の力でできるすべてのことを伝え」るという。この「二つの意味」が問題なのです。「自分自身の力でできるすべてのこと」とは、他人の代わりにものごとをやってしまうことでしょうか？　どうもそうではない気がします。「守ること」、「助けること」、「勇気づけること」は、〈代わりにやってしまうこと〉ではないでしょう。助けるということに関するアランの次の見解はこのあたりについてのヒントを含んでいるでしょう。

> 私が自分のうちから成長させるもの以外は絶対に自分のものとはならない。こういう種類の勇気、こういう種類の経験、これこそが真の自己愛である。相手がこういう自己愛をもてるようにと手助けすることはできる。他人に対するこれ以外の奉仕はおそらくありえない。[★135]

利己主義〔「エゴイズム（ÉGOÏSME）」（→p.291）〕でもなく、利他主義でもない心の持ちようがあり、それこそこの定義でアランが言いたかったことのように思えます。利己主義は他人を消去してしまうし、利他主義は自分を消去してしまいます。そういう立場ではないのです。自分を愛することが、他人を愛し・助けることにつながる回路を確保するとでも言いましょうか。

> われわれが他人の幸福を考えねばならないのは当然だが、自分を愛してくれる人たちのためになし得る最善事は、やはり自分が幸福になることだ、ということは十分にいいつくされていない。[★136]

人間のわざわいはすべて、私が自分自身を救わないで、他人を隷従や不正や暴力から救うことに身を投ずるということから生ずる。[★137]

私が他人を助けるとしたら、それは自分自身を支配することによってであり、ほかに方法はない。[★138]

ベルクソン哲学を念頭に置きながら、もっと一般的に次のように言うことも可能でしょう。

> 創造とは単に自分自身を強める創造ではなく、他人の行為を強化しうる創造である…〔後略〕[★139]

いずれにせよ、他人に助けてもらおうとしても、ほとんど無駄だと考えた方がいいとアランは考えているでしょう。この意味で、非常にストイックな考えです。

> 人は自分自身の外へとび出すこともできないし、他人から美徳を借りてくることもできはしないのだから。[★140]

しかも、この手助けのゆえに相手に恩を売ったかのように考えるようでは、まだまだ全然駄目なのでしょう。ストア派の哲学者で、ローマ皇帝であったマルクス・アウレリウスの言葉を引いておきましょう。自分に対して言い聞かせている文章です。

> ある人は他人に善事を施した場合、ともすればその恩を返してもらうつもりになりやすい。第二の人はそういう風になりがちではないが、それでもなお心ひそかに相手を

★132——E. カッシーラー『シンボル形式の哲学（一）』p.105〔傍点引用者〕
★133——ミシェル・セール『北西航路――ヘルメス V』pp.9-10〔傍点引用者〕
★134——田中美知太郎『哲学談義とその逸脱』p.89〔傍点引用者〕
★135——アラン『感情　情念　表徴』p.164〔傍点引用者〕

★136——アラン『幸福論』p.270
★137——アラン『宗教論』pp.195-196
★138——同書, p.195
★139——澤瀉久敬「ベルクソン哲学の素描」（『〔世界の名著〕ベルクソン』）p.22
★140——アラン『感情　情念　表徴』pp.161-162

負債者のように考え，自分のしたことを意識している．ところが第三の人は自分のしたことをいわば意識していない．彼は葡萄の房をつけた葡萄の樹に似ている．葡萄の樹はひとたび自分の実を結んでしまえば，それ以上なんら求むるところはない．あたかも馳場(はせば)を去った馬のごとく，獲物を追い果(おお)せた犬のごとく，また蜜をつくり終えた蜜蜂のように．であるから人間も誰かによくしてやったら，〔それから利益をえようとせず〕別の行動に移るのである．あたかも葡萄の樹が，時が来れば新に房をつけるように．[141]

それは，言うならば〈しなやかな強さ〉，〈弱さを押しつぶさない強さ〉とでもいうものを必要としているのでしょう．

さて，以上のことからして，アランの定義の最後の部分の訳語が決まってくると思います．「感受性だけではかなり危ういものである」という部分です．森氏が「感傷」と訳し，神谷氏が「やさしい思い」と訳した sensibilité は，感覚という受動的な意味合いを含み持つ言葉なので，まず「やさしい思い」では，その受動性が消えそうになり，「感傷」と訳したのでは，あまりにも突き放しすぎている感じがします．それで，「感受性」としてみました．そういう受動的な思いだけでは，愛するということには足りないだろうと考えるわけです．最後にこのあたりに関わるいくつかの引用をしましょう．

> わたしは君を助けるだろう．だが，君を助けるだろうものは，君自身である．というのも，自由な人はただ自由な人をしか愛することはできないから．[142]

> 愛する者の善を望み，それゆえ愛する者をより良き者たらしめ，愛する者を価値に従って変化させようと努力している能動(アクション)(行動)としての愛があるとすれば，対象が現にあるがままであり続けることを欲し，対象を価値そのものの尺度と見なす受動(パッション)(情念)としての愛もあるのである．[143]

COLÈRE
怒り — 怒りは抵抗する力や企てる力を見つめること〔revue〕である．それは恐怖〔peur〕の結果として自然に生じる．そういうわけで，臆病な人たちはしばしばかなり滑稽な怒りをみせる．そういうのが怒りの最も低いものである．それは恐怖に続いて起こる反射〔réflexe〕をほとんど出ないものである．しかしそこには常に恐怖から帰結する大なり小なりの屈辱感が結びついており，また〔怒りの方向へと反射的に動き出してしまった勇気，つまり〕統御されぬまま辛抱せず動いた勇気〔courage〕の様々な徴を増加させる一種の喜劇が結びついている．怒りが人の欲する程度を越えてしまうと，隷属状態にあるという憤激と，恐らく自己への恐怖がそれに加わる．そのことがしばしば怒りを途方もない点にまで高じさせる．そんなとき，怒りを鎮めるためには疲労しかない．

冒頭の訳にはかなり苦労しました．revueという単語の訳が，難しいのです．森訳はそれを「展覧」と訳し，神谷訳は「顕示」と訳しています．これら二つの訳語は，アランが，普段，怒りについて述べることと照らし合わせるとあまり適切だとは私には思えませんでした．私は「見つめること」と訳しました．以下では，その理由を示しつつ，かなりアクロバティックなものですが，私の解釈を述べます．

まず，〈抵抗したり企てたりできる力〉があるからこそ怒りは生じると私は思うのです．無気力な者は怒りさえも持てないと言っておきましょうか．この定義に登場する「臆病な人たち」は，無気力ではないのだと思います．ただ，臆

病であるがゆえに、自分の持つ力を表に出すことができないだけです。それでも、ある事態に直面してそれに「抵抗する力や企てる力を見つめること」はできるのです。無気力な人は、それをすらしないでしょう。どうでもいい、と思うでしょう。それに対して、臆病な人は、見つめつつも、我慢するのです。しかも、怒りは「恐怖〔peur〕の結果として自然に生じる」とアランは言っています。そうだとすると、些細なことにでも「**恐怖**（PEUR）」（▶p.582）を抱く人は、自然に、容易に、怒りを抱くということもわかるでしょう。「臆病な人たち」とは、そういう人たちなわけです。それでも彼らの状態は、怒りを抑えることが差し当たってはできる状態です。その状態をアランは「恐怖に続いて起こる反射」という「怒りの最も低いもの」として例示しています。

『幸福論』のなかに「人が恐怖をいだくときには、怒りから遠くはない」★144という言葉があります。例えば、あなたの友人が前を歩いていることに気づいて、あなたがその友人の知らぬ間に近づき、ドンと背中を叩いたとしましょう。その友人は、驚いて後ろを振り返るでしょうが、その顔はすでに少し怒りに近いものを浮かべているはずです。そんなふうに、怒りの最も低い段階は簡単に起こる。その友人は、突然ドンと背中を叩かれた理由を知らないので、差し当たっては、攻撃姿勢には移らずに、自分を維持しているわけです。つまりは、自分を抑えている。これは友人同士の他愛のないやりとりでしかないのですから、〈いや、ごめんごめん〉で済むことです。怒った方も、何かばつが悪い感じで終わることができる。しかし、その場合でも、恐怖から怒りへの移行を果たしつつあった自分への屈辱感は残るのです。「そこには常に恐怖から帰結する大なり小なりの屈辱感が結びついて」いますし、まさにその〈ばつの悪さ〉に現われているような

「〔怒りの方向へと反射的に動き出してしまった勇気、つまり〕統御されぬまま辛抱せず動いた勇気の様々な徴を増加させる一種の喜劇」が演じられている。半分怒ってはみたものの、それをどう収めていいものやら、困るような中途半端で苦笑いしてしまうような振舞いが生じるわけです。

ところが、怒りは、こんなことでは終わらないような場面にも、いくらでもある。人間のもっと複雑な心の動きの下に生じたりして、怒りが募るという場合もあるのです。そんな場合、怒りは深刻なものとなる。次のような怒りです。

> 最も深刻な怒りとは、自分が怒っていることへの怒りであり、自分が怒り狂うだろうと自覚することへの怒り、怒りが嵐のように体内に湧き上るのを感じる怒りである。★145

この怒りは、まだ、爆発は免れている。けれども、その寸前です。「怒りを制御できぬ苛立(いらだ)たしさからこそ、最も恐るべき怒りが生まれてくる」★146というその臨界点にある。この点を超えたとき、怒りは制御不能となるのです。「隷属状態にあるという憤激」へと変わる。そして、「自己への恐怖がそれに加わる」のです。「われわれが、自分自身の動きをもはや調節できなくなるや否や、自分の動きそのものを恐れるようになる」からです。

要するに、既にこうなったときには「**精神**（ESPRIT）」（▶p.322）は主導権を失ってしまい、それに代わって身体が主導権を手に入れてしまうのです。身体が能動的〔actif〕となり、精神が受動的〔passif〕となる。それが「**情念**（PASSION）」（▶p.544）なのです。そうなってしまったら、身体のエネルギー切れを待つ他はなくなるのです。「そんなとき、怒りを鎮めるためには疲労しかない」★147と言われるのは、そのためです。

★141──マルクス・アウレリウス『自省録』pp.64-65〔一部、表記を改めた〕
★142──アラン『神々』p.264
★143──F. アルキエ『永遠への欲望』pp.79-80
★144──アラン『幸福論』p.12
★145──アラン『裁かれた戦争』p.68
★146──アラン『感情 情念 表徴』p.61
★147──アラン『芸術について』p.75

181

CONCORDE
和合

― 和合は時の経過と共に感じ取られる応和〔accord〕であって，またそれは将来に向けての信頼〔confiance〕を与えるものである．和合は，応和と同じように，自発的であり，理屈など気にも留めない．

　この定義の理解のためには，「**応和（ACCORD）**」（►p.039）の定義も参照してください．
　参考のために，まず，Bénacのフランス語類語辞典からconcordeの説明を引いておきましょう．

> **Concorde**, union des cœurs et des volontés entre individus ou peuples, qui produit entre eux la paix : La concorde est un besoin du cœur humain (Lamartine)★148 〔和合，個人間あるいは人々の間での心や意志の結合であり，それは彼らの間に平和をもたらす．例文：和合は人の心の一つの必要〔欲求〕である．〔ラマルティーヌ〕〕

　アランの定義では前面に出ていない内容がここには書かれています．つまり「個人」とか「人々」という限定です．人と人との間に成立するものとしての和合，それは「**友情（AMITIÉ）**」（►p.073）という「**愛（AMOUR）**」（►p.076），夫婦間の愛，そして親子の間の愛といったものをまずは念頭に置いて良いでしょう．そして言い方を変えれば，アランの定義は，和合を人と人との間にしか考えないという限定を外しているとも言えます．以下で少々述べることですが，実をいうと，人間の間の和合さえも，〈自然〉を介することで，確かなものとなる場面もあるのです．例えば，次の引用はそのへんの議論への導入となりうるでしょう．

> ヘーゲルが言ったように，夫婦の合一は，始めは観念的であるが，子供において実在に移る．★149

> 相異なるものの調和は，生物的な気質の水準には見いだされない．礼儀はこの調和にずいぶん寄与するけれども，結婚生活には礼儀が欠けすぎているのがつねである．深い教養はまれだ．それは時間の成果なのだ．…〔中略〕…結合はやがて分離に達する．誓いはこれにたいするすぐれた予防法ではあるが，水と油をまぜうる魔術はないのである．
> 　親子のきずなは，これよりはるかに強い．ここでは自然が誓いを支えている．★150

　ここには，今回の定義でも「時の経過」が触れられているように，「**時間（TEMPS）**」（►p.800）の問題まで触れられています．いずれにせよ，言うまでもないことでしょうが，子どもという現実の存在者が，夫婦の間の「思い」といった「観念的」なあり方としての愛情を超えて，確固としてそこに存在しているということです．以下の引用はそのことをさらに述べている箇所です．

> 離婚は子供のなかでは起こりえないわけであり，夫婦はじつに子供のなかに，自分たちの生命を越えたところで自分たちが結合され，からみあっているのを見る．★151

> 子供は〔夫婦間の〕相違などものともせず，夫婦を消化してしまうのだ．★152

> うちわ喧嘩がどのような結果を生もうと，和解はこの子供のなかでつねにできており，目のまえに生きているのである．★153

　人と人との間の和合にも自然が大きく関与するかも知れないという議論を，ここで全面的に展開することはやめておきます．ここでは「**応和（ACCORD）**」（►p.039）という話題を次のような場面，つまり「**美（BEAU）**」（►p.120）という場面でも語りうることに注目したいのです．次の引用で，「一

致」と訳されているのが，応和〔accord〕です．

　　美の一つの性格…〔中略〕…それは自然と精神との一致，それも頼りない証明における一致ではなく，具体的な対象における一致です．^{★154}

そしてこの美といった場面が，人と人との間の和合とはいかに違うかをもアランはきちんと意識しています．

　　美というものが，私たちを形而下において，肉体においてとらえ，肉体のしこりをほぐして解放し，それによって上部にある精神をも解放した上，何ものにも縛られない自由な判断力の自覚を与える，そういう美との直接の接触こそが，理性や，信仰や，友情や，愛情などによる別種の慰めから「芸術」を区別するところなのです．^{★155}

そうはいっても，上の方の引用に出てくる「友情」を広い意味で解釈して，物と人間との間にも考えるとすれば，次のような言い方さえできます．そして，そうなれば，「和合」というものが人と人との間を超えて成立する場面に定位することが可能となるでしょう．

　　美をつくるものは，健康で，自由で，断定的で，大胆な，歓喜の衝動だ，というふうに，私は考えたくなるのである．美をつくるものは，人間と物との友情である，といってよいかもしれない．^{★156}

さて，さきの引用に出てくる「自然」と「**精神（ESPRIT）**」（▶p.322）というものは，デカルト的な「延長」（物体の本質）と「思惟」（思考の働き），さらにくだいた言い方をすれば，「もの」と「こころ」といった実在的に区別される二つの存在者のことと考えていいですし，それらが，完全に本質を異にするにもかかわらず一致する，ないし出会う場面にこそ美があるといいたいわけです．それは，単に頭（思考）だけの範囲における一致，つまり証明における一致などとは違う．だから「理屈など気にも留めない」という言葉も出てくるわけです．この〈気にも留めない〉と私が訳した言葉の原語は"se moquer de"で，神谷訳のように「嘲笑する」とも訳せるような，もっと簡単に言えば〈馬鹿にする〉といった感じの言葉です．森訳は「理屈を超えている」と訳しています．とにかく，「もの」と「こころ」といった，本質を異にする二者は，まさにその差違ゆえに最初は対立するとでもいう状態にありがちなわけですが，むしろそういう対立があってこそ，それを超えたところには美も成立するのです．「**情念（PASSION）**」（▶p.544）という苦しみがあってこそ，それを整えた末に美も見いだされるのはそのためです．悩んだり苦しんだりせずに超えていくことはできないでしょう．

　　自然の力と精神の力とのこの対立こそ，人間を，その利害についての関心や，その心配や，その情念をはるかに越えて，崇高の状態に投げこむものである．^{★157}

この対立に関しては，精神に対して現われてくる対立者としての物質（素材，材料）こそが重要だというアランの指摘も十分念頭に置いてみる必要があります．

　　美なるものは一方において知的に理解しうる形式を予想するが，また抵抗にとみ，反

★148──H. Bénac, *op.cit.*, p. 981
★149──アラン『思想と年齢』p.252
★150──アラン『人間論』p.48〔傍点引用者〕
★151──同書, p.49
★152──同前
★153──同前
★154──アラン『芸術についての二十講』p.155
★155──同書, p.42
★156──アラン『芸術に関する101章』p.98〔傍点引用者〕
★157──アラン『芸術について』p.170〔傍点引用者〕

逆的でさえある材料をも予想するように思われた.[158]

人は, 抵抗に遭えば, 苛立ち, もがき, 苦しむのが常でしょう. しかしそれは抵抗に出会わないよりはきっといいのです. 悩み苦しむ者こそが手に入れうるものもきっとあるのです.

美を探求する人が最初から浄化されているとすれば大いに不都合だと言えるでしょう. 私の思うには, 何か極端に恐ろしい目に遇いそうな不幸の動きのなかにまずはまりこんでみなければ, 美を鑑賞することも創造することもできません. 要するに, 美というものは, 感情を, つまり救済された感動を, 内容としてもっていなければならないのであり, それにはまず険悪な騒乱としての感動があって, それがやがて沈静と解放に変ることが前提となります.[159]

その乗り越えの際, 「理屈」だけではどうにもならない, ということが重要でしょう. 先に「証明における一致ではない」とも言われていたことを思いだしてください. 次の言葉もそのあたりのことを語っています.

美は, 言い方を変えれば, 私たち自身のうちに高いものと低いものとの一致を感じさせるのであって, それを知恵によって探し求めてもたいてい無駄です.[160]

また, さきに出てきた「証明における一致ではなく, 具体的な対象」というのは, 〈自分の身体そのもの〉である場合も, 〈造形芸術としての芸術作品〉である場合もあるでしょう.

芸術はその根源において人体の訓練であり, また, アリストテレスが望んでいるように, 情念の下剤である. ところで, 情緒を訓練するにはふたつの方法が考えられる. ひとつは我々の肉体を, その運動と音声を訓練する方法であり, そこから, 舞踊, 唱歌, 音楽, 詩といった第一系列の芸術が生れる. もうひとつは, 情緒に対象をあたえるために世界を造形する方法であって, 建築, 彫刻, 絵画, 素描などはそれに属する.[161]

いずれにせよ, 芸術とか美とかいう事柄が, 心と身体との関わりの問題, つまり心身問題といったものに密接に関わって展開されうることがわかるでしょう. 心身問題を先鋭な形で目の当たりにさせてくれる「詩(POÉSIE)」(▶p.606) というものについて, もうひとつだけ引用して終わりましょう.

〔詩においては〕体から出た歌と, 精神から出た意味とが, 互いに少しも無理を強いることなく一致し合うのです. というよりもむしろ, 両者は互いに助け合うのです. 思考はあたかも, あらかじめ調整されたこの響きと反響の形式を待って, はじめてのびのびした表現を得て立ち現われるかのようだし, 肉体はあたかも, この音楽によって思考を生み出しながら, ひたすら自分自身の幸福と素朴な欲求だけを追っているかのようです.[162]

応和とは, そういうものでしょう.

CONCUPISCENCE
現世欲
– これは, 貧しさ, 不十分さ, 欠乏に由来する欲望〔désir〕である. 昔のモラリストたちは現世欲的欲望(それはまた欲求〔appétit〕とか必要〔besoin〕とも言いうるだろう)を短気な欲望と対立させた. 怒りっぽい人は, 力が有り余っていることとか, 運動の必要とかによって欲望する. 熱狂というもの〔emportement〕は, このレベルに位置する諸情念〔passions〕の法則

184

〔loi〕である．例えば，金銭欲の強い人というのは，どんどんと財貨〔biens〕を貪るのだが，それは特に彼がそうした財貨を獲得することができると感じるがゆえなのである．それに対して，ケチな人が貪るのは，実を言うと，その人が欠乏しているからでしかなく，そしてその人が自分のことを年老いており，弱いと考えているからでしかない．野心〔ambitions〕にもまた二つある．一つは貧窮に由来するものであり，それは支えを求めている．もう一つは傲慢〔orgueil〕と怒り〔colère〕とに由来するもので，それは隣人を放っておくことができない．愛〔amour〕にもまた二つある．一つは必要と弱さに由来し，保護を求めている．そしてもう一つは反対に庇護することを望む．

〔concupiscenceという〕この古い言葉は，腹を胸部に対立させるように，欲望を怒りに対立させる．怒りからは野心が生じる．現世欲は野心無しの欲望を指している．例えば，愛のあの低い部分をさしている．それは愛などでは全然ないのだ．現世欲には，それゆえ，自負もなく，いかなる虚栄〔vanité〕もない．食い道楽は，例えば，しばしば儀式と友情〔amitié〕によって現世欲を超え出てしまう．現世欲は食欲に似ている．しかし現世欲はそこに当の現世欲を連れ戻すような一つの思考を付け加える．

今回の定義となる言葉の和訳は，森訳は「欲情」ですし，神谷訳は「肉欲」です．けれども，定義を読めば解るように，concupiscence の例として金銭欲や食欲まであがっているからには，両者の訳は必ずしも相応しいとは思えません．そこでいつものように，フランス語の類語辞典を見てみましょう．ちなみに，語源的には教会ラテン語の concupiscentia であり，con-〔前置詞 cum からきた接頭辞で，(1)共に，(2)一点に，集まって，(3)強意，完結，をしめす〕+ cupere〔望む〕の合成語です．

Concupiscence, terme théologique, tendance de l'âme, que condamne la loi divine, vers toutes les jouissances charnelles (de nos jours, surtout les jouissance sexuelles).★163（神学用語．神の法が非難するところの魂の傾向，すべての肉的享楽へとむかう傾向である〔日常的な，特に性的な享楽〕．）

Concupiscence, terme surtout religieux, inclination violente (et non attachement de fait) aux plaisirs défendus, surtout à ceux des sens et spéc. de l'amour.★164（特に宗教的な術語．禁じられた快楽への激しい傾向(実際には到達していない)，特に官能的快楽，とりわけ愛欲への傾向．）

さて，定義本文の説明に入りましょう．まずはモラリストの説明から．以前にも少し書きましたが，もう一度提示しておきます．モラリストとは，人間観察者，習俗の観察者のことを言い，古代ギリシアで言えば，テオプラストスの『人さまざま』という作品に典型的に表われているような，人間の心理・行動などを観察して凝縮した文章に記した人たちをいいます．フランス文学には，この特徴が顕著で，ラ・ブリュイエール，モンテーニュ，パスカル，ラ・ロシュフコーなどが代表者です．デカルトをそれに含めても良いですし，アランも含めることは可能です．他にもいわゆる心理小説と言われるものを書いた人々を思い浮かべても良いでしょう．ウジェーヌ・フロマンタンの『ドミニック』，バンジャマン・コンスタンの『アドルフ』，ラ・ファイエット夫人の『クレーヴの奥方』，レイモン・ラディゲの『肉体の悪魔』や『ドルジェ

★158——アラン『諸芸術の体系』p.vi〔傍点引用者〕
★159——アラン『芸術についての二十講』p.38〔傍点引用者〕
★160——同書, p.34〔傍点引用者〕
★161——A. モーロワ『アラン』p.93〔傍点引用者〕
★162——アラン『芸術についての二十講』p.35〔傍点引用者〕
★163——H. Bénac, op.cit., p.173
★164——Ibid., p.872

ル伯の舞踏会」、ラクロの『危険な関係』などきりがありません。アランがここで誰をさして「昔のモラリスト」と言っているのかはわかりませんが、それは大したことではないでしょう。内容について、考えていきます。

〈欠乏による欲望〉と〈有り余っていることによる欲望〉があるというわけです。「ケチな人」は前者であり、「金銭欲の強い人」とここで言われている人は後者です。「金銭欲の強い人」はその人がそうした財貨を獲得することができる、つまりその力が有り余っているから貪るというわけです。それに対して、「ケチな人」は、たとえ今は欠乏していなくとも、〈欠乏の記憶〉だけでも貯めこむのです。日本での戦時体験者が、どうしても食事を残すことができないという例もこれにあたるでしょう。しかも、その人が歳をとっていればなおさらだということがわかります。「**ケチ**（**AVARICE**）」（▶p.108）の定義も参照してください。

「腹を胸部に対立させるように……」というのは、わかりますか？　プラトンによれば、「**魂**（**ÂME**）」（▶p.069）の理知的な部分は頭部に、欲望的な部分は下腹部（肝臓のあたり）に、そして気概的部分は心臓のあたりに宿るとされました。つまり、胸の部分に「気概」（原語はcolèreなので、「怒り」とも同じ言葉）を位置づけたわけです〔「怒り（COLÈRE）」（▶p.180）〕。そのあたりをプラトンから引用しておきましょう。

　　神的なものについては、神自身が、その製作者となったのですが、死すべきものの誕生のほうは、その製作を、自分が生み出した子供たち（神々＝天体）に命じたのでした。そこで神の子らは、父に倣って、魂の不死なる始原を受け取ると、次には、そのまわりに死すべき身体をまるくつくり〔＝頭〕、それに乗りものとして身体全体を与えたのですが、またその身体の中に、魂の別の種類のもの、つまり死すべき種類のものを、もう一つつけ加えて組み立てようとしました。ところがこの種の魂は、自分のうちに恐ろしい諸情態〔情念のこと〕を、必然的に蔵しているものなのです。――まず第一には、「快」という、悪へと唆す最大の餌．次には「苦」、すなわちわれわれをして善を回避させるもの．なおまた「逸り気」とか「怖れ」とかいう、思慮のない助言者たち．宥め難い「怒り」．迷わされやすい「期待」――と言ったものがそれです．しかし神々は、これらのものを、理をわきまえない感覚と、敢て何にでも手を出したがる情欲と混ぜ合わせて、魂の死すべき種族を構成したのですが、これは止むをえない必然によるものだったのです．

　　そして、まさにこれらの諸情念によって、かの神的なもの（理性）を――万止むを得ない場合は別としても、さもない限り――穢すことになっては、と、神々は憚って、この、〔魂の〕死すべき種族を、神的なものから離して、身体内の別の住居に住まわせたのです．そして、その隔離のためには、頭と胸の間に「頸」を介在させることによって、この両者を仕切る境界となる峽部をつくったのでした．こうして、神々は、胸、あるいは、いわゆる「胸郭（トラクス）」の中に、魂の死すべき種族を縛りつけようとしたのです．そして、この種の魂の中にも、本来的にすぐれたものと、劣ったものとがあるので、…〔中略〕…この胸郭の腔所にも改めて、その真ん中に隔壁として「横隔膜」を置き、そうすることで、これに仕切りを入れたのでした．さて、魂のうち、勇気と血気をそなえた、負けず嫌いの部分は、これを、頭に近く、横隔膜と頸の間に住まわせました．魂のこの部分が、理性の言葉のよく聴ける位置にいてくれて、〔もう一つの〕欲望の種族の方が、城砦（アクロポリス）から指令されたことや言われたことに、どうしても自発的に従おうとしない時、前者が、かの理性の側に与して、ともに、この欲望の種族を力ずくで抑えることができるようにというわけなのです．

要するに，人間を三つの部分に分けているわけです．もちろん，上の語り口は，プラトン一流の神話的な語り口です．しかし，そこからいろいろな事柄を考えることのできる含蓄に富んだ箇所だと思います．けれども，近代以降，その豊かさを忘れてしまったとアランはいうのです．

次は「野心無しの欲望」と言われることについて，考えてみます．そのためにはアランによる「野心(AMBITION)」(▶p.067)の定義をまず参照してください．それを前提として，説明します．

現世欲は「野心無しの欲望」であるとアランは言っています．つまり怒りから来る「欲望(DÉSIR)」(▶p.223)ではないというのです．そして「例えば，愛のあの低い部分をさしている」と．もちろん，その部分とは性欲にほかなりません．そして「それは愛などでは全然ない」．また，性欲が怒りに由来するとは確かに言えないでしょう．しかし上の野心の定義にもあるように，「恋の中には野心がある」．性欲だけであれば動物と変わらないわけですが，人間の恋にはそれを超えたものがあるといいたいのでしょう．野心は「他のものたちを尊重することを含んでいる」し，「認められることを誇りに思う」からです．さて，そうだとすれば，怒りといったものを通してこそ成立する欲望の方が，たとえそれが欠乏に由来しているとしても，人間的と言えるのかも知れません．「短気な欲望」とは，もちろん怒りに近いところに，つまり気概に近いところにあるのですから，ただただ力が有り余っているだけの動物的な欲望より上位にあるわけです．アランの定義にあるように，そこには自負も「虚栄(VANITÉ)」(▶p.843)もあるかも知れない．でもそれは欲望よりは理性に近いところにあるのです．いうならば現世欲的欲望は，身体の動きそのものに近いわけです．しかしそれでも，当の現世欲的欲望でさえも，往々にして人間に抱かれる限り，それ自らを超え出てしまう．「食い道楽は，例えば，しばしば儀式と友情〔amitié〕によって現世欲を超え出てしまう」というわけです．「現世欲は食欲に似ている」といわれ，食欲なら動物にも同様にあるでしょう．しかし現世欲とはやはり人間の抱くものなのであって，「現世欲はそこに当の現世欲を連れ戻すような一つの思考を付け加える」と言われるように，それでも人間の規定としての「思考」が入り込んでいるというわけです．

concupiscenceがもともと神学用語であり，理性を持つはずの人間が向かってしまいがちな傾向とされたのは，そこに動物と人間との根本的な差違を見ながらのことだったと私は解釈します．

CONFESSION
告解 — これは，裁定者の前での自由な告白〔aveu〕であり，〔告白者当人が〕自分自身をホッとさせ，また公正に裁定される必要〔besoin〕に基づいている．裁定者は質問するが，医者のように，求めに応じてのことである．私が，説教をすることをあまりに楽しんだといって自らを責める（ポール・ロワイヤルに見出される例だ）．すると裁定者は，私が自分を責めるのは何を根拠にしてか，自分がやった，あるいはやろうとしている説教についてどのように考えているのか，どんな思いで〔説教を〕組み立てているのか，何を目指して〔説教を〕するのか，等々を知ろうとする．裁き手はいつだって自分である．しかし，裁定者によってバランスをとられている．彼は次のように言ってくれるであろう．私の危惧は，いくらかの傲慢〔orgueil〕を含む自己愛〔amour de moi-même〕と，少々過大な自己満足の色合いを帯びた自分の救いへの気遣いとに由来するのだと．自分の友人に，皮肉とは何である

★165——プラトン『ティマイオス』69C, p.127／70D, pp.129-130　　★166——同書, 69C-70A, pp.127-128〔傍点引用者〕

と考えているか，羨望がそれには大いに関わっているのではないか，とたずねる一人の友人を想定してみよう．もし私の友人ジュヴェナルが，自分の絵の鮮明さは主として罪深い好奇心から来ているのではないかと私に問うたとしたら，私には言うべき多くのことがあろう．

ここで定義されている「告解」は，もともとカトリックの教義に定められているいわゆる「告解の秘蹟」をイメージできないと解りづらいでしょう．告解の「**秘蹟**（**SACREMENT**）」（▶p.718）では，神父が神の代理として信徒の罪を許します．アランのこの定義に「説教」に関わる議論が出てくるのも，これで納得がいくはずです．最初の例で告白しているのは聖職者でもありえそうなことがわかります．

欧米のキリスト教国を旅すると，教会に次のような告解用の小さな部屋が置いてあることに気づきます（下写真）．機会があったら確かめてみてご覧なさい．

またポール・ロワイヤルというのが出てくるのは，フランスで，ちょうどデカルトやパスカルと同時代に盛んだったポール・ロワイヤル運動のことです．いうならば〈カトリックの中のプロテスタント〉とでもいうべき運動で，腐敗した教会〔さらに具体的に言えばイエズス会的なあり方を批判して〕に純粋さ・厳正さを取り戻そうとしたものです．ネーデルラントのコルネリウス・ヤンセンが生涯の研究の成果として完成させた著作『アウグスティヌス――人間の本性の健全さについて〔*Augustinus ; humanae naturae sanitate*〕』が，彼の死後に発表されます．この書物ではアウグスティヌスの恩寵論をもとに，人間の自由意志の無力さ，罪深さが強調されています．いわゆる「ジャンセニスム〔Jansénisme〕」の成立です．この運動がアントワーヌ・アルノー〔Antoine Arnauld〕というパリ大学の神学者らを介してフランスに波及して論争が起こります．ジャンセニスムにカルヴァン派に似た匂いを嗅ぎ取ってパリ大学の教授会はアルノーに異端宣告をするのです．このあたりに関わるデカルトとパスカルとの態度の違いを戯曲化したのが，『デカルトさんとパスカルくん――劇的対話』という本です．実際，パリのオペラ座で上演された演劇台本がこれなのです．読んでごらんなさい．

アルノーの姉妹がいたパリ郊外のポール・ロワイヤル女子修道院がジャンセニスムの本拠地となります．父の死を機縁に妹ジャクリーヌがその修道院に入ったパスカルはその運動に深く荷担します．実際，ジャンセニスムへの批判に反論して『プロヴァンシアル〔*Les Provinciales ou les lettres écrites par Louis de Montalte, à un Provincial de ses amis, & aux RR. PP. Jésuites: sur le sujet de la Morale & de la Politique de ces Péres*〕』を執筆しているのです．また，しだいに科学的研究にも世俗的生活にも虚しさを感じるようになり，彼はポール・ロワイヤルの一員となります．遺稿（というか草稿段階）となって残されたキリスト教護教論が有名な『パンセ〔*Pensées*〕』となって出版されます．

アランの「告解」の定義に戻りましょう．実際にカトリックの教会で行われることは，神父が信者の告白〔**自白**（**AVEU**）〕（▶p.110）〕を聴き，それに対する許しを，「**神**（**DIEU**）」（▶p.263）に代わって与えるわけですが，そのやり方は，小さな過ちならば，〈「主の祈り」を10回唱えなさい〉とかそういう指示を与えることによって行われます．「裁き手はいつだって自分である」と書かれるよ

うに，自分一人で，後悔したり，自己嫌悪に陥ったりして，いわば自らを責め，傷つけるに至るのが，人間の常なのです．だからこそ，裁定者が必要な場合があり，それによってバランスを取ることができることもあるのです．

さて，「告解」の定義の後半に出てくる例について考えてみましょう．「皮肉とは何であると考えているか，羨望がそれには大いに関わっているのではないか」とたずねる友人は，自らがその皮肉を述べたことを悔い，それをきいてくれる友人に告白しているという場合があるでしょう．聞き手となった友人は，その告白を裁定者のように聴き，質問し，バランスをとってあげるのではないでしょうか？

「自分の絵の鮮明さは主として罪深い好奇心から来ているのではないか」と問う友人はどうでしょう？

静物画(例えば，食物を描いたもの)を鮮明に描く人は，なぜそうするのでしょうか？

「**キリスト教**(CHRISTIANISME)」(▶p.160)には「大食」という「大罪」があります．あまりにそういう欲へと身を任せてしまっているからこそそういう絵をかくのでしょうか？

きっと，聞き手のアランは「どんな根拠で罪深いなんて思うんだね？」と問うのではないでしょうか？

裸体画にも同様な問いが立つかも知れません．「淫欲」ですね．このあたりの事情はケネス・クラークという有名な美術史家が『ザ・ヌード』[★168]という書物でほんの少しだけ触れていました．読んでごらんなさい．

CONFIANCE

信頼 ― 信頼とは，信仰〔foi〕の一つの程度であるが，信仰についての反省を欠いている．これは，平穏で友情のこもった感情〔sentiment〕の結果であり，また人を好意的に判断しようとする態勢〔disposition〕の結果である．信頼の低い程度というものもあり，それは無頓着〔négligence〕と悲しい思いへの恐れ〔peur〕とからだけ生まれてくる．これらすべての程度というものは〔それなりに〕良い〔bon〕ものではあるが，博愛〔charité〕と信仰とによる高度の信頼だけが奇蹟〔miracles〕を生み出す．なぜなら，それは証拠〔preuves〕を待たず，証拠に反してさえ信じるからである．それは騙そうという気を萎えさせる．例えば，もし人が相手の言うことを完全に，全面的に信じるなら，嘘つきはもはや嘘をつけない．もしすべてのものが委ねられると，泥棒はもはや盗むことができない．美しい魂〔âme〕という試練がここにある．なぜなら，ほんの少しの疑いでもあれば，そういう経験は無くなってしまうからである．『レ・ミゼラブル』の初めをよむこと．

「信仰についての反省を欠いている」と言われています．自分が信じているということを深く考えてはいないということでしょう．「**宗教**(RELIGION)」(▶p.676)についても言えることで，例えば「**愛**(AMOUR)」(▶p.076)に満ちた行いをする人々を，カトリックは「潜在的なキリスト者」という言い方さえします．遠藤周作(彼はカトリックの信者でした)の『わたしが・棄てた・女』[★169]に出てくるミツという女性はそんな規定さえできる人物だと思います．読んでごらんなさい．

「信頼の低い程度」(あるいは低い程度の信頼)というのは，それほど気にせずに信頼しているとか，〈信頼が無いなんて悲しいじゃない！〉といったほどの思いから発して，まあ信頼しておこうと

★167 ── ジャン=クロード・ブリスヴィル『デカルトさんとパスカルくん ── 劇的対話』(竹田篤司・石井忠厚訳, 工作舎, 1989)

★168 ── ケネス・クラーク『ザ・ヌード ── 理想的形態の研究』(高階秀爾・佐々木英也訳, ちくま学芸文庫, 2004)

★169 ── 遠藤周作『[新装版]わたしが・棄てた・女』(講談社文庫, 2012)

いった感じでしょう．それでも信頼しないよりはマシかも知れないという意味で，「良い」と言われているのです．しかし高度の信頼だけが「奇蹟(MIRACLE)」(▶p.485)を生み出す．その高度の信頼そのものが稀なものでしょうし，奇蹟は滅多に起こりません．だからこそ人は普通，そこまでの信頼を他人に置かない．イタリアでよく言われる言い方に「他人を信じることは良いことだが，信じないのはもっと良いことである〔Fidarsi è bene, non fidarsi è meglio〕」というのがあります（実はムッソリーニの言葉らしい）．その程度のところで留まるのが常識的な線なのでしょう．だからこそ，その稀な高度の信頼に出会うと感動したりもする．『レ・ミゼラブル』に出てくるシーンもそうした思いを私たちに起こすでしょう．

　　盗人は万人の不信によって言いわけを得たことになる．盗人を信用することもできるではあろう．けれども，実行はむずかしい．まず，なんの不安もいだかず，信頼してからねばならない．そして，信頼していることを相手に信じさせねばならない．このような奇蹟は，大きいものも小さいものも，率直な態度によって成功する．『レ・ミゼラブル』中のビアンヴニュ司教は有名だ．これは小説にすぎないと言われるであろう．けれども，私は或る薬剤師のことを思い出す．この人は，伝票をだして金を受けとる仕事に，あらゆる不誠実の名人である前科者を使っていた．それでいて，一度もだまされなかったのである．[170]

こうした奇蹟を起こすには，できそうもないと思ってもあえて意志する必要があるのでしょう．「意志」こそが主題なのです．

　　これは一個の信仰であること，すなわち，意志的なものであり，あらゆる種類の失望にたいしてあらかじめ保証されていることを知らぬかぎり，charité〔博愛〕を正しく理解したとは言えない．[171]

今回の定義の中で，「それは証拠〔preuves〕を待たず，証拠に反してさえ信じる」と書かれているように，意志は「証拠」〔「証明(PREUVE)」(▶p.655)〕に反してさえ発動する必要があったりするのです．

　　意志は，一貫した行動によってのみ証明されるものである．だから，まず意欲せねばならず，或る意味では，無償で意欲せねばならないのである．デカルトは「高邁に」と言った．これにまさる言葉はない．なんの証拠もなく，あらゆる証拠に反して意欲するのである．だが，訓練をうけた知性は証拠をさがし，意欲しうる確信がつくのを待ったりする．これは救いようがない．なぜならば，意欲することを意欲しない者には，〔不利な〕証拠はいくらでもあらわれるし，全力をあげて試みることをしない者には，試みはなんの役にもたたぬことがすぐ明らかになるからである．[172]

ここに，「事実」だとか「証拠」だとかについて深く考えてみる必要が生じます．そういうものについて，どういう態度を採るべきかということです．信頼など理想に過ぎないという人がいます．そういう人に対しては，「理想(IDÉAL)」(▶p.402)だからこそ，あえて信頼するのだと応えるほかはない．

　　種々の証拠の助けを求めず，松葉杖にたよらず，一人で歩くがよい．君自身の内心の指示に従い，主権者として決定を下すがよい．現実ではなく，理想が問題となる時は，このように振舞わねばならない．[173]

そういうことができないとき，人は証拠を探す．

　　物事をほっておけば必然的に機械仕掛と暴力の次元に陥るだろう．精神のみが平和を築きうるが，しかしそれも意志が伴った場合で

ある．ところが多くの人々はこの点を理解していない．彼らは事実を証拠として学ぶ．この場合は，我々の方から同意を与える必要はない．存在する事物に従って学ぶのだ．[★174]

理想は存在ではない．しかし，理想なくしては思考さえない，と言わなければならないのかも知れませんよ．実際，アランはこうした考察を正に思考の条件として考えていることが解ります．

証拠をこえ，いや証拠に反してさえ決然と敢行しなければ思考も意見も，夢想さえありえないことがわかる．[★175]

こうした事柄は，決して，日常生活と遠いところにあるのではなく，例えば，自分がどんな職業を選ぶかということにさえ関わって言え

ることです．自分を信じること，自分に信頼を置くこと，これこそが条件です．

証拠よりまえに，期待し信ずること．期待し信ずることが証拠になる．要するに，自分についても他人についても，秩序立てて，つねに勇気があり力強いと考えること．これが人間としての原動力だ．[★176]

やってみる前に自分を知ろうとしたがる．ここから，次々に職業を変え，自分にはなんの才能もないなどと思う，あわれな連中があらわれるわけだ．[★177]

いってみれば，優柔不断の話です．優柔不断は，実はおのれを見失って，外なるものに支配されている状態なのだとアランは考えているのです．

CONSCIENCE
意識 — これは自分自身に還ってくる知のことであり，人格そのものを中心としている知のことである．そしてそれは，決断し，自らを裁く〔判断する〕覚悟ができているものである．この内的な運動はいかなる思考の中にもある．なぜなら，「自分は何を思考しなければならないか？」ということを最終的に自分に問うことをしない者は，思考するとは言われ得ないからである．意識というものは，常に，暗々裡には道徳的なもの〔implicitement morale〕である．そして不道徳とは，いつだって，自分の頭に浮かぶことを思考しようとは全然せず，内的判断を先延ばしにしようとするところに存する．自分自身についてのいかなる問いも自分自身に対して立てようとしない人々は，無自覚な人々〔inconscients〕と呼ばれるが，もっともなことである．反省を欠いているいろいろな意見やあらゆる生活の知恵〔savoir-faire〕についての〔あえて反対するような〕意見を排除しないもの，言い換えれば，自らを認識し，自らを判断するようにさせる，自己自身への退去，それこそまさに意識というものである．

ルソーは，良心というものは，人がそれを問いつめるかぎり決して誤らないものだと言ったが，もっともな言い方である．例：あのような状況において私は卑怯だっただろうか？　もし私がそれをよく見ようとするならば，それは判るだろう．私はあのような処理において正しかっただろうか？　私は自らに問うだけでよい．しかし，そういうことを私は他人任せにしたがるのである．一般的に言って，内的な隷属状態というものは，

★170——アラン『人間論』p.254〔傍点引用者〕
★171——同書, p.263〔訳註, 『定義集』CHARITÉの文言の一節〕
★172——同書, p.244〔傍点引用者〕
★173——アラン『裁かれた戦争』p.136〔傍点引用者〕
★174——同書, p.166〔傍点引用者〕
★175——アラン『思索と行動のために』p.378〔傍点引用者〕
★176——同前〔傍点引用者〕
★177——同前〔傍点引用者〕

借り物の格率によって頭が一杯になっていないかぎり，非常に鋭敏に感じとられるものなのである．

考え，認識するという営みは，どこに向かうのでしょうか？　普通，自らとは区別される対象へ向かうように思えます．しかし，その対象が自分自身である場合というものを考えてみるのです．言い方を変えれば，多くの場合，私たちの認識の働きは対象へと没入していってしまい，還ってきません．お昼が近づいて，今，あなたの頭の中を食物がよぎるとします．この段階では，あなたの思いは現われる食物の姿などに寄り添って動いていきます．あなたの注意はこの本の内容から離れ，食物のイメージへと引きよせられていくのです．そこで，さらに，自らすすんで〈何を食べようかな？〉といったふうに，食物へと思いを積極的に移してしまうことだって可能です．しかし，その時，あなたは，例えば定義の中にあるように「自分は何を思考しなければならないか？」などと問うているでしょうか？　いないでしょう．そのようなことをことさら問うことなく，思いが心のなかを流れていく場合，それを，思考しているといっていいでしょうか？　ダメなのではないでしょうか？　自ら進んで，食物へと思いを移した場合は微妙ですが，そうでない場合は，ただただ放っておいてもイメージが浮かんできてしまうという意味で，あえて言えば，考えさせられているようなものです．受動的なのです．それは思考と言えないのではないか？　逆から言えば，能動的に選んでこそ思考なのだという立場がありうるわけです．この能動性を手放さないためには，たとえ頭をよぎってくるものであっても，それを意志的に捉え返す必要があるでしょう．それこそが，〈自分の頭に浮かぶことを思考〉することだと私は考えます．「思考するとは拒否することだ」[178]というアランの言葉もこうした文脈で理解すべきです．

〈単なる意識〉と〈反省〉との違いもここにある．判断するとは，ですから〈単なる意識〉を乗り越え

ることでもありましょう．意志が必要なわけです．そうであるがゆえに，人格が関わってくるし，覚悟が必要なわけですね．ただただ流れ去っていく思いを引き留め，吟味する．それこそが，自らを統御することであり，そのために自らに還ってくる必要があるのです．意識とは，そういう運動だと言っていいでしょう．conscience が「意識」とも「良心」とも訳しうるのは，こうした事態を考えてみれば判るでしょう．対象に夢中になってしまえば，意識は失せる．これが，その反対の事態です．

「意識というものは，常に，暗々裡には道徳的なもの〔implicitement morale〕である」と言われるのも，そこには，自らの責任において，「自分の頭に浮かぶことを思考しようとは全然せず，内的判断を先延ばしに」してはならないとアランは考えるからでしょう．

ところが，判断をするに際してさえ，自らに還ろうとしない人々がいるのです．他人任せにする人です．これは予想以上に広まっていて，ある事態に直面して，どうしたらいいのかを自らに問うことをせず，〈普通はどういうふうにするものであるのか？〉といった情報を他に求めようとする．そこに自らを見失う糸口があるのです．「反省を欠いているいろいろな意見やあらゆる生活の知恵〔savoir-faire〕についての〔あえて反対するような〕意見」を立てようとはしないのです．「自己自身への退去」がなく，一般に埋没しているのです．

さて，こういう解説を前提とした上で，この意識の定義と関連する引用を吟味しましょう．

通常の意味での〈反省〉に対立させられた〈意識〉の概念はといえば，〈われわれが自らのうちに自然発生的な仕方で経験する，それ自体は不分明な心理的事実〉に他ならなかった．[179]

192

さきに，私が〈ただただ放っておいてもイメージが浮かんできてしまう〉と述べたことを思い出してください．この程度でも，気を失っているわけではありませんから，普通は〈意識のある〉状態だとされます．それは，あえていえば，ボヤーッとしていても可能な類のあり方です．しかし，この「意識」はまだ「自己意識」ではありません．さらには，後に述べる「自己認識」では到底あり得ません．

　例えば，われわれがものごころつくというとき，それは同時にそれ以前の世界を一つの闇として立てることだからだ．このいわば〈自然の闇〉は，われわれが自己の生成に関する原因を尋ねるならばその系列を無限に溯行せざるを得ぬ，ということの心理的な表現であった．この意味で意識とは，対象を既知の要素と未知の要素との複合体として捉えること，対象の所与性ないし仮説性を確認することに他ならない．ヘーゲルが「意識」を即自的なるものとして，「自己意識」から区別したのも，この意味においてである．★180

　精神は自らを物体から分離することによって〈自己意識〉たり得るが，同時に物体を精神から分離しなければ〈自己認識〉たり得ない，ということである．精神は〈思惟する事物〉として〈懐疑〉に支えられている以上，自らのうちに自らを超えるもの，言うなら〈自らの他者〉を，本質的に含むのであって，当の〈他者〉を純粋に取り出すこと，つまり他者の存在証明をすることによって，自らの存在を確立しなければならない．★181

　アランの定義に出てくる言葉そのものに戻りましょう．彼は，「自分は何を思考しなければならないか？」ということを最終的に自分に問うことをしない者は，思考するとは言われえないと言います．そういう問いを，自分で立てない者は，自分を見失うというのです．次の引用は芸術家についての話ですが，一般的にも言えると私は思います．

　　芸術家が自分自身を見失うことがあるとすれば，それは自分自身をあえて信ずることができなかったからです．自分が何を考えているかを他人にたずねたからです．★182

　アランは「いったいどうして，道徳意識とは意識そのものであることを，理解しようとしないのか」★183とまで書きます．確かに，「借り物の格率によって頭が一杯になって」いては，意識を道徳的なものとして捉え返すことはできないのでしょう．「自分自身に還ってくる」こともなく，「人格そのものを中心と」することもないからです．人間が欠けてしまうのです．

　　尊敬だの，取引だの，計算だのといった意見の特徴は，それが借り物だというところにある．みんながみんなから借りていて，まるであの有名な信用危機のときのようだし，めいめいが他人を見ならうものだから，結局は誰のものでもない一つの意見が全員に行きわたるのです．情けない話ではありませんか．人まねをし，挨拶をし，お世辞を言い，調子を合わせる．合わせてもむなしい．そこには人間が欠けています．★184

★178──アラン『宗教論』p.157
★179──福居純『デカルト研究』p.114
★180──同書，p.51
★181──同書，p.112

★182──アラン『芸術についての二十講』p.270〔傍点引用者〕
★183──アラン『思索と行動のために』p.336
★184──アラン『芸術についての二十講』pp.269-270〔傍点引用者〕

CONTRITION

痛悔 — 最も高い程度の悔い改め〔repentir〕をさす宗教的表現である．痛悔は，根底においては恐れでしかないような不完全な痛悔〔attrition〕に対立するものである．その宗教的な考え方によれば，不完全な痛悔はそれ自身によっては魂〔âme〕を純化することができないのである．少なくともそれにはこの不十分さについての感情〔sentiment〕そのものが付け加わらなければならない．そしてそのことが，彼の運命を教会の仲介に委ねるようにさせるのである．どんな意味で，秘蹟が不完全な痛悔を立て直すかがこれでわかろう．しかしまだこれでは確実ではない．反対に，痛悔は，結果というものを顧慮せず，過ちそのものを考えるような悔い改めであり，その過ち〔faute〕をそれ自体として非難されるべきものとして判断するような悔い改めである．本当の徳〔vertu〕，本当の価値〔valeur〕，理想〔idéal〕，人間的な諸試練を経てきたと想定される神〔Dieu〕など（これらは同じ事柄を言う様々な仕方である）に照らしてのことである．例えば，人は，何の結果ももたらさず，誰も知ることがなく，考えの中だけにあった不誠実を悔い改めることがありうる．同じ過ちを二度と繰り返すまいという決心は自ずと生まれてくる．しかし，そういう決心〔résolution〕は痛悔に特徴的なものではない．なぜなら，避けることのできない罰〔châtiment〕を視野において，同じ決心へと導かれることもありうるからである．そして決心というものは，そういう場合，高い価値をもたない．

Bénacの類語辞典には次のようにあります．

> **Contrution**, repentir parfait qui joint à l'attrition l'amour de Dieu qu'on souffre d'avoir offensé. ★185
> （痛悔，不完全な痛恨に，神の愛を，まさにそれに背いてしまったことに苦しむ神の愛を結びつける，完全な悔悟．）

今回の定義は，「不完全な痛悔(attrition)」と共に，神学用語です．この定義には「魂」という言葉が出てきます．この『定義集』にも，「**魂(ÂME)**」（▶p.069）は定義されていますので参照してください．現代の学問の世界では，出てこなくなってしまった言葉ではありますが，もともとは心理学(psychology)という言葉もギリシア語のプシューケー(ψυχή)，つまり霊魂とか魂という言葉が語源です．アリストテレスにも『霊魂論』，通常はラテン語でDe Animaと言われる書物が存在します．心理学が科学として独立しようとしたときに，多くは実験心理学となり，ユング派などを除けば，魂などというものはブラックボックスとして問題としなくなったわけです．ここでは，そういう現代的なスタンスから離れてアラ

ンの言葉を考えてみましょう．前にも引用しましたが，次のような言葉があります．

> 魂とは，けっして発見されるべきものでもなければ，叙述されるべきものでもない．それはまったく，くりかえし行なうべきものである． ★186

> 判断し意欲する力を世間がなんと呼ぼうと勝手である．ただし，私はそれを魂と名づける． ★187

何か「魂」という「もの」を取り出そうとしているわけではないことがわかるでしょう．他からどう分析されるかなどは問題とせずに，自分の内に見出される「判断し意欲する力」を魂と呼んでいるわけです．つまり，物体のように，そこに放っておいてもあるといった代物ではなさそうです．対象ではなく，働きなのでしょう．その働きが，どんな働き方をするのかが，この定義の主題です．「魂を純化する」ことが問題のようでした．それは，この働きが，どんなふうになるときのことでしょうか．教会との関係で，不完全な痛悔を「立て直す」という言葉も出てき

ました．それは恐らく，自分一人では自分を立て直し得ない場合があるからだと，私は思います．前に引用したことがありますが，人間はすぐに自分を断罪してしまうものなのです．〈私は駄目だ〉と思い込み，諦めてしまうものなのです．しかし，「精神は，あきらめないかぎり，おのずから死ぬことはない」という言葉もあることを憶えておいてください．次のような言葉もあります．

あり得る唯一のあやまりとは何か．おそらくそれはあきらめというものでしょう．[★189]

こうして，教会は，ふたたび新たなものとなることを助けるものなのでしょう．自らを嫌悪し，断罪し，諦めきったようにみえる者たちに生きる勇気を与えるものの一つなのかも知れません．

教会，これもまた墓なのだ．ただし，生きている墓である．生命はそこにおいてふたたびはじまりそこにおいてふたたび自己をとり戻し，そこにおいて自己を取り集め，よりよい生命としてそこにおいて新たになる．[★190]

もちろん，教会が堕落するということも十分にありうるわけで，事実，そういうことが起こり，プロテスタントが生じたのでした．しかし，何も教会を求めるのは，宗教者ばかりではないでしょう．典型的に言えば，芸術家はかなりそれに近いところにあると私は思います．素晴らしい芸術に触れることによって，人は生き方を変えることだってありうるのです．次の例は音楽の例です．バッハは「ルター派正統主義」のプロテスタント信仰をもっていました．多くの教会カンタータを作曲し，『マタイ受難曲』や『ミサ曲ロ短調』などというとてつもない名曲を残しています．それを聴くとき，カトリックだとかプロテスタントだとかは

どうでもいいことのようにさえ思えます．

「普遍的教会」〔L'Eglise Universelle〕というものは，つねに，求められてきた．筋道をたてる者は，誰しも，それを求め，それをつくる．しかし，それは，ひとりでにでき，ひとりでに壊れるものである．バッハの音楽では，それが，あの普遍的な力を帯びつつ完成されているのである．[★191]

もっとも，あのカトリック教会そのものが，普遍的〔καθολικός〕教会という意味なんですが．

この痛悔の定義にとって重要なのは，人が自分の過ち〔「間違い(FAUTE)」(▶p.350)〕に対してどういう態度をとるかということです．その態度は，当の過ちが〈人に知られなければいい〉とかという次元を超えています．「誰も知ることがなく」と言われていたことを思い出してください．他でもないあなた自身が過ちと向き合うことが問題なのです．もちろん，それを過ちと思うことができるということ自体が，「本当の徳〔vertu〕，本当の価値〔valeur〕，理想〔idéal〕，人間的な諸試練を経てきたと想定される神〔Dieu〕など」を心のどこかに住まわせているからこそ可能なのでしょう．そうしたものに照らして痛悔し，次の引用のように「意志を新たに」し，人は生まれ変わるのでしょう．

われわれの過ちは，われわれが身を投げ出して意志を新たにするならば，すべて許され，忘れられるものだ．[★192]

意志を新たにするといっても，その際，新たな「徳〔VERTU〕」(▶p.850)を自分で形成しなければならないのであって，他人からそれを借りてくることはできません．たとえ，さきほど言った「本当の徳，本当の価値，理想，人間的な諸試練を経

★185──H. Bénac, *op.cit.*, p.796
★186──アラン『思索と行動のために』p.379〔傍点引用者〕
★187──アラン『感情 情念 表徴』p.143〔傍点引用者〕
★188──A. モーロワ『アラン』p.44
★189──アラン『彫刻家との対話』p.39
★190──アラン『芸術について』pp.191-192
★191──アラン『芸術に関する101章』p.244
★192──アラン『思索と行動のために』p.380

195

てきたと想定される神など」を念頭に置いたとしても，当の徳を形成するのは，あなた自身でなければならないのです．その意味では，自分の魂を，つまりは判断し意欲する力を，信じなければなりません．

　　後悔〔remords〕と悔悟〔repentir, 悔い改め〕…〔中略〕…両者のあいだの相違は，ただ信念の有無による．すなわち，新たな，ただちに可能な，そして失敗からまったくまぬかれた行動への確信の有無による．★193

　痛悔という主題から，いわゆる「ペテロの否認」を連想してもいいでしょう．新約聖書「マタイによる福音書」26-34以下に次のようにあることに関わっているのです．

　　イエスは言われた．「はっきり言っておく．あなたは今夜，鶏〔にわとり〕が鳴く前に，三度わたしのことを知らないと言うだろう．」ペテロは，「たとえ，御一緒に死なねばならなくなっても，あなたのことを知らないなどとは決して申しません」と言った．

　聖書の記述によると，ユダの裏切りによって逮捕されたイエスを，弟子たちは皆，見捨てて逃げてしまいました．しかし，最高法院での裁判が始まり，ペテロがやはり心配で，様子をうかがいに来たときのシーンをバッハの『マタイ受難曲』で聴いてみるのもいいでしょう．ペテロのこの痛悔のシーンは感動的です．ペテロは，文字通り生まれ変わり，使徒たちのリーダーとなるのです．すでに「マタイによる福音書」16-18以下で「あなたはペテロ〔ペテロ〕．わたしはこの岩の上にわたしの教会を建てる」と言われていました．聖書の外典による伝承ではペテロはローマへ宣教し，ネロ帝の迫害下で逆さ十字架にかけられて殉教したとされています．また同じ伝承によるとペテロが迫害の激化したローマから避難しようとアッピア街道をゆくと，師のイエスが反対側から歩いてくる．彼が「主よ，どこへいかれるのですか？〔Domine, quo vadis?〕」と問うと，イエスは「もう一度十字架にかけられるためにローマへ」と答えたというのです．彼はそれを聞いて悟り，殉教を覚悟してローマへ戻ったといいます．この出来事が起こったとされている場所には「ドミネ・クォ・ワディス教会」が建っています．もっとも正式名称は，パルミスの聖マリア教会〔Chiesa di Santa Maria in Palmis〕ですが．

　人間の弱さと強さを見せつけられるような感じです．

COURAGE
勇気

— 恐れ〔peur〕に打ち勝つ徳〔vertu〕のことである．恐れとは，震え，不器用さ，弱さ，逃走，そしてそれらすべてへの恐れである．勇気は，真っ向から，そして原則的に〔par principe〕，これらの自己放棄〔ces abandons de soi〕に逆らうものである．しかしながら，それは勇気というものが最も大きな危険に人を駆り立てるなどということを言っているのでは決してない．そんなことをするのは無謀〔témérité〕というものであろう．そして（勇気と類縁関係にある）憤怒〔courroux〕は，そのとき，勇気の手段である．それに対して，勇気は慎重と結びつくことができ，見事に，怒り〔colère〕無しで済ます．そして行動は，たとえその行動が，慎重さを欠く場合でも，恐れそのものに対するには，しばしば必要である．そして，そういう場合，勇気だということがわかるのは，怒り無しの平静さにおいてである．

　勇気というのは，アランの哲学において結構重要な位置を占めるものです．自分の師であるジュール・ラニョーから，恐らくはこの勇気というものの大切さを学んだのでありましょう．次の

言葉をアランはラニョーから引用しています．

> 「あらゆる困難は，きみが勇気を欠くところから生まれてくる．」〔ラニョー〕[194]

　この言葉の意味するところを深く考えてみる必要があるでしょう．今回の定義の本文の始めに，勇気は「恐れ」との対比で語られています．しかも，その恐れというものの正体をアランが身体的な表現を強調しながら述べていることに注目していってください．「震え，不器用さ，弱さ，逃走」という表現に注意する必要があるということです．この講義でこれまでやってきたお話との関連で言えば，要するに，恐れは，身体を激しく動かすことによって，当の身体に対する「精神（ESPRIT）」（▶p.322）〔「魂（ÂME）」（▶p.069）〕の統御の不能へと人間を導いてしまうということです．

　さて，定義の中の，「恐れとは，震え，不器用さ，弱さ，逃走，そしてそれらすべてへの恐れである」という言い方を奇異に思った人がいるのではないでしょうか？　この文では〈恐れへの恐れ〉というものが成立することになるのではないかと．実をいうと，この〈恐れへの恐れ〉ということをアランははっきりと述べているのです．

> 私たちははじめは何を恐れるとも知らぬままに恐れる，というのがものの順序である．私たちは自分自身の恐れによって目ざめさせられるのであり，また私たちの恐れは，想念〔思い〕であるかぎり，まず恐れにたいする恐れなのである．[195]

　「何を恐れるとも知らぬままに恐れる」とはどういうことでしょうか？　次の例がわかりやすいと思います．

兵士が戦場でやったように，物蔭にかくれ，地べたに伏せることは，全員を地べたに伏せさせる…〔中略〕…身ぶり言語の最初の段階はそのようなものです．理解するとは，最初は模倣以上の何ものでもない．私たちは模倣から始めるのであって，社会関係の本質はそうしたもの，すなわち行動と行動とのあいだ，ひいては感情と感情とのあいだの，絶えざるコミュニケーションなのです．そこで，こうして模倣された行動が何を意味しているかが，次の問題となります．たとえば，なぜ逃げるのか？　何が危険なのか？　どんな敵がいるのか？　これまでの例で示したのは，そうした疑問を提起することすら想定しないような理解の仕方でした．どうやって，その次に，行動を素描したものとしての身ぶりが対象を指示するようになるのか，これは言語の歴史に属する問題です．[196]

　意味が，そして恐れ〔「恐怖（PEUR）」（▶p.582）〕の対象が認知され，理解されれば，落ち着きを取り戻すこともできるのでしょうが，その認知や理解がままならない場合，恐れはいや増すことになります．どう対処したらいいのかを考えることができないからです．思考は空回りします．そしてついには思考が消えてしまうのです．パニックという状態を考えてみればそれはわかります．

> 恐慌〔パニック〕に際しては，私はまず逃げだす．だから，私はまず徴〔signe〕を模倣し反射するわけであり，それがなんの徴であるか知らないのみか，自分が何かを感じていることさえ知らない．[197]

　そういう場合，人間はもう動物と区別できない程度の段階へと〈落ちて〉しまうのです．

★193──同前
★194──アラン『わが思索のあと』p.167
★195──アラン『人間論』p.210〔傍点引用者〕
★196──アラン『芸術についての二十講』p.53
★197──アラン『人間論』p.223〔傍点引用者〕

197

戦争では，なぜ戦争するのか理解しえないところから，人はますます狂乱する．人間がたんなる傲慢によって思考を拒むときは，みずから好んで獣に堕しているのである．[★198]

今回の勇気の定義本文にも「自己放棄」という言葉が出てきていたことを思い出してください．「震え，不器用さ，弱さ，逃走」を自己放棄とアランは書いているのです．こういう方向に逆らって，〈自らを救う〉という努力をしなければならないのでしょう．ただし，それは「最も大きな危険に人を駆り立てる」といった「無謀(TÉMÉRITÉ)」(➡p.787)とは違うものだ，と．自暴自棄となって，大きな危険に身を投じるのではなく，きちんと統御しなければならないのです．自らを救い出さなければならない．確かに，勇気というものが必要になる場面には，怒りが関わる場合もある．つまりそういう場面では，「憤怒(COURROUX)」(➡p.200)は，「勇気の手段」になりうるけれども，蛮勇ではない．真の勇気そのものは「慎重さと結びつくことができ，見事に，怒り無しで済ます」のです．勇気にとっては，「慎重さ」は，不可欠であると言える．「恐れ」というものに対するには，確かに，ただ考えているのではダメで，行動が必要ではあるのですが，「怒り無しの平静さ」を伴わぬ場合，それは「勇気」というには価しないとアランは断言するのです．もう，動物の興奮状態と変わらないのです．

　情念はすべて高邁なものとなるであろうが，それはみずからを救おうとする絶えざる活動をつうじてであり，この活動がなければ，興奮した人間は動物にすぎないことをみとめねばならぬ．[★199]

いや，デカルトが主張した「動物機械論」，つまり，動物は機械に過ぎないという説を援用して言えば，次のようにさえ言えるでしょう．これも，パニック状態の話です．

　全世界はいわばわれわれの上にのしかかり，ついには，いっしょに知覚された跳ね上がりや身震いなどのわれわれの運動と区別できなくなる．こうして，最初外部の光景であった嵐は，やがてわれわれの戸口を脅かし，ついにはわれわれのうちなる嵐となる．ただ，それは筋肉の嵐，すなわち，戦慄，恐怖，敗走，墜落，手を握りしめること，咳，嘔吐，叫びである．冷静な目撃者には，この男は，みずから動く動物機械にすぎない．[★200]

パニック状態に陥ることなく，「判断し意欲する」のでなければ，残るのは「感覚」しかないと言った方がいいでしょう．

　純粋に感覚的な人間が自分の欲求を感ずるがけっして判断しない，すなわち思考によって自分を普遍的なものとしてとらえないという例を考えることによって，思考のない感覚がどういうものかということの把握に近づくことができよう．そういうのが人間の動物的な存在である．[★201]

パニック状態に陥る前に思考を取り戻すために，まずは，「恐れに対する恐れ」を遮断する必要があるのです．

　恐れにたいする恐れははてしなく恐れをつのらせるが，反対に，この恐れを恐れなくなり，結局，恐れに思いをよせなければ，恐れもたいしたことにはなるまいからである．[★202]

「思いを寄せない」という決断をする必要があり，それにこそ勇気が必要なのです．
　さて，ここで，恐れの話から本題の勇気の話に戻りましょう．アランは次のように言います．

　誤った精神とは…〔中略〕…勇気のない精神のことである．[★203]

もちろん，この言葉は，自己放棄によって，まさに己を見失った精神こそ「誤った精神」だと言いたいのでしょう．己を見失うということは，とりもなおさず，身体の機械的機構(メカニズム)が人間全体を支配することなのですから，その時，物体と同じように人間は必然的な仕方で動いてしまいます．

　　諸君が諸君の思考の舵をとることをやめるやいなや，舌を動かすだけでひとりでに愚かしさが出てくる．悲しむためには，そして敵と迫害者をひき寄せるためには，意志を働かす必要はない．ほめられて得意になるためにも，非難されて怒るためにも，意志を働かす必要はない．[★204]

　意志とか意欲がポイントであることがわかるでしょう．だから次のようにも言われるのです．

　　自己の自由を自覚して何ものよりも強く，また，この自由の責任を担うこと，ここに勇気の源がある．[★205]

　「痛悔(CONTRITION)」(▶p.194)についての解説の中で，私は次のように書きました．「意志を新たにするといっても，その際，新たな徳を自分で形成しなければならないのであって，他人からそれを借りてくることはできません」，と．「たとえ，さきほど言った『本当の徳，本当の価値，理想，人間的な諸試練を経てきたと想定される神など』を念頭に置いたとしても，当の徳を形成するのは，あなた自身でなければならないのです」，と．まさにこのことのためには，勇気が必要なのだという話をしましょう．

　　私が自分のうちから成長させるもの以外は絶対に自分のものとはならない．こういう種類の勇気，こういう種類の経験，これこそが真の自己愛である．相手がこういう自己愛をもてるようにと手助けすることはできる．他人に対するこれ以外の奉仕はおそらくありえない．[★206]

　しかしこの自己愛は，何か〈でき上がった対象のような自分〉を愛することとは違います．以下の引用は，こうした勇気を〈対象のように考えてはならない〉ことを述べています．

　　私が行なうこと，自己に関するのはそれだけだ．だが，自分のうちにはなんにも残らない．習慣や才能だけを当てにするのは，他人を当てにすることにほかならぬ．自己のうちに残されるのは勇気だけである．だが，これをふるいたたせ維持することが必要だ．これを対象化し，これを愛そうとしたら最後，そんなものはなくなる．[★207]

　「魂」を，対象のように考えてはならないともアランは述べていました．むしろ「判断し意欲する力」を魂と呼んでいたことを思い出してください．そうすれば，次の引用も理解されるでしょう．そして，意欲と勇気とが密接に関わっているということもわかってくるでしょう．

　　必要なことは，どんな真理にしろ手にいれようと意欲すること．勇気のない人にあっては，認識はゆらぐ．そして恋もまた．[★208]

　そして，「勇気によって人間を定義することもできるだろう」[★209]と言われるくらい，人に勇気を与

★198──同書，p.252〔傍点引用者〕
★199──アラン『わが思索のあと』p.287〔傍点引用者〕
★200──アラン『思索と行動のために』p.260〔傍点引用者〕
★201──アラン『イデー(哲学入門)』p.257〔傍点引用者〕
★202──アラン『人間論』p.211〔傍点引用者〕
★203──アラン『思索と行動のために』p.256
★204──アラン『感情 情念 表徴』p.277-278〔傍点引用者〕
★205──アラン『裁かれた戦争』p.42
★206──アラン『感情 情念 表徴』p.164〔傍点引用者〕
★207──アラン『思索と行動のために』p.303〔傍点引用者〕
★208──アラン『感情 情念 表徴』pp.53-54
★209──アラン『思索と行動のために』p.335

えることほど大事なことは無いように思えます.

COURROUX
憤怒 – 勇気〔courage〕に類縁の怒り〔colère〕であり,〔類縁というのはどんな意味かというと〕すなわち怒りよりも多くの意志を含み,そしてそこには侮辱と威厳との観念が入り込んでいる〔ということである〕. 怒り(憤懣の激発)はもっと腹部的〔viscérale〕であり,憤怒は胸部的〔thoracique〕である. そしてこれら二つの言葉は恐れ〔peur〕から勇気への道を描き出す. 憤怒は,プラトンの言うように,怒りが理性によって援助へと呼び出されている時の,そういう怒りに相応しい言葉なのだ. 義憤〔indignation, 正義・人道の行われないことを憤ること(『広辞苑』)〕は,普遍的思考へとさらに一段と近づいている.

「怒りよりも多くの意志を含み」と言われています.「意志を含む」という意味では,**勇気(COURAGE)**(➡p.196)でもそういう感じでしたから,これだけでは区別の徴表にはなりません. むしろそのあとに書かれている「侮辱と威厳との観念が入り込んでいる」という部分を重要視すべきなのだろうと私は思います. いずれにせよ,勇気にも,場合によると,その発動に際して怒りを機縁にする場合があり得ます. しかしながら,勇気は,最終的にはそれを超えてしまうでしょう. それこそ,「勇気」の定義で「(勇気と類縁関係にある)憤怒〔courroux〕は,そのとき,勇気の手段である. それに対して,勇気は慎重さと結びつくことができ,見事に,怒り無しで済ます」と言われていた所以でしょうし,また「勇気だということがわかるのは,怒り無しの平静さにおいてである」とまで言われていた理由です. それに対して,この「憤怒」の定義は,怒りを維持した上で,当の「**怒り(COLÈRE)**」(➡p.180)がどういう程度・質の変化を持ちうるのかを語っている,と私は解釈するわけです. もちろん,これは意志がどのように関わってくるかによるに違いない. 怒りが行動へと結びつくときに,それが単にストレートに,つまりほとんど刺激から反応への即座の結びつきによって生まれるときには,以前にもやったことにも関わりますが,人間は動物と区別されないでしょう. そしてそれは瞬間的で,長く維持されません. 言い換えれば,思考が入り込んでこない.「勇気」のとこ

ろの定義に関連して引用した文章の中に,「思考のない感覚」とか「人間の動物的な存在」という言い方がされていたのを思い出してください. こういうのとは違うあり方があると考えるのです. つまり,怒りに関わっても,別の秩序・レベルがありうると考えるのです. さらに言えば,当の怒りを維持し続けて,それを意志的な行動へと結びつける場合があるというわけです.

これから考えていくのはアランがある箇所で「感動〔émotion,情動という訳語の方が良いと私は思います〕・情念〔passion〕・感情〔sentiment〕という,あの美しい上昇系列[210]」という言葉を使っているのが頬りです.

要するに,人間の動物的な存在においては,émotionしかない. それに対して,「**情念(PASSION)**」(➡p.544)には思考が関わってきます. ただ,情念が統御されていないうちは,まともな意味では思考と呼ぶには値しない働きしかできないのです. それでも動物にはありえないあり方かも知れないけれども. 前にも引用しましたが,次の言葉が参考になるでしょう.

要は,思考というりっぱな名称を,魂の刻印をもつものだけにとどめておきさえすればいい. こうして,われわれの秩序立った認識は思考に属する. われわれの選択され,同意され,磨かれた愛情は思考に属する. われわれの決意や誓いは思考に属する. これに反して,気分の動きは断じて思考には入らない. 本能の反応は断じて思想には入

らない．疲労も思考ではない．[211]

　プラトンはこうした事柄について述べるために，腹部と胸部という身体部位に，それぞれ〈欲望の座〉，〈気概〔colère：正に「怒り」とも訳せる言葉です〕の座〉を位置づけています．

　定義の本文で，憤怒は，この胸部に位置づけられていました．このあたりのことを参考までに少し述べておきましょう．

　同じ袋に縫いあわされた賢者とライオンと百頭のヒドラ，これが人間である，とプラトンは言う．[212]

　もちろん，賢者の部分が頭部，ライオンの部分が胸部，百頭のヒドラの部分が腹部であり，それぞれ，理性の座，気概の座，欲望の座であるわけです．腹部といっても原語は viscéral で，「内臓的」と訳した方が正確です．内臓の動きはどういうものかを考えてみると，どうしてアランがこういう言葉を使うのか，その理由がわかるでしょう．内臓は，不随意筋です．内臓の筋肉を意志的に動かすことはできません．身体的メカニズムによって，言わば自動的に動くだけです．胸部はそれより上に位置し，頭に近い．働きとしても，近づくのでしょう．怒り〔colère〕と憤怒〔courroux〕を区別し，それを腹部的から胸部的というふうに上昇系列のなかで語るとき，「恐れから勇気への道を描き出す」というのです．実際，憤怒は「怒りが理性によって援助へと呼び出されている時の，そういう怒り」と言われています．理性が，怒りに援助を求めているわけです．怒りそれだけでも，理性それだけでも

ない．そこに「気概」が語られるのであり，憤怒もそこに位置づく．ところが，現今のものの考え方は「第三の項すなわち気概〔la colère〕を忘れ」[213]ている．その意味では，この憤怒の定義は，古代のプラトンの力を借りながら，怒りについての理解に関する反省を私たちに促しているとも言えそうです．そうでないと，怒りから，人間としてあり得るようなその統御を通り越して，すぐに動物的な振舞いに，つまり刺激反応としての怒りにしか行き着かないように思えるのです．行き着く先は〈破れかぶれの惨劇〉です．いわゆるキレるという状態を思い浮かべれば十分でしょう．

　間違いは，人が思考を情念の支配下におき，あらあらしい熱気にかられて恐れや怒りに身をまかす点にある．[214]

　人間の恐ろしさは，動物的な「欲望〔DÉSIR〕」（▶p.223）の恐ろしさではなく，人間が怒りによって理性を乱用してしまう恐ろしさとも言えるかもしれません．頭の使い方が，怒りというものを中心にしてしまう場合がある，といえばわかりやすいでしょうか？　結果として，頭を使いながら，動物のできないことをしてしまうことによって，動物よりひどいことをするかも知れないわけです．もちろん，意志によって維持され，ある程度統御された怒りがあるわけで，それが定義の本文で出てくる「義憤」でしょう．それが「普遍的思考へとさらに一段と近づいている」と言われるのも，当の怒りが，もはや個人的な（私的な）ものを超えて，ほとんど公的なとでも言うべき怒りになった場合をいうのでしょう．

COURTOISIE
慇懃 — 儀式からとられた外面的な好意〔bienveillance〕であり，それは関わりを創ろう〔engager〕とはしていない．慇懃の心地よさ〔plaisir〕というのは，うまくダンスする心地よさ

★210──アラン『芸術についての二十講』p.114
★211──アラン『思索と行動のために』p.382
★212──アラン『人間論』p.24
★213──アラン『イデー（哲学入門）』p.99
★214──アラン『幸福論』pp.14-15

のようなものである.

　この定義の重要なポイントは「外面性」というものの理解と位置づけでしょう. 慇懃という日本語は, 最近では「慇懃無礼」という使い方でしかあまり出会わなくなった言葉です. この慇懃無礼という言葉の意味はどういうものであったかというと, 振舞いは丁寧だけれども, 心がこもっていない. つまり, こちらに対する思い遣りとかという次元とは別の次元で成立している態度を指しているでしょう. アランのこの定義の中でも, 慇懃は「外面的な好意」と言われています. 「好意(BIENVEILLANCE)」(►p.138)ではありますが, 飽くまで外面的, つまり内面に踏み込んではいない. もちろんのこと, それでも好意ではあるのですから, それ自体がいけないわけではなく, ある種ポジティヴな面を持っているでしょう. それが当の態度の主には「心地よさ」という形で現われるわけです. ここで「心地よさ」と訳したのは, 原語ではplaisirで, 「快楽」〔「快感(PLAISIR)」(►p.597)〕と訳してもいい言葉です. それも「ダンスする心地よさ」のようなものだと言われているわけで, そのダンスが見事なものであれば, 踊っている本人だけでなく, それに合わせるパートナー, そしてそれを観ている人々にも「心地よさ」は生ずるはずです. そう考えてみれば, この慇懃が〈社交界〉を説明するものとなりそうなことがわかるでしょう. あるいは, この慇懃の定義が「儀式からとられた」といわれていることを重視して, いろいろな儀式を思い浮かべてみればいいでしょう. そこでの人間の振舞いは, 決して激しいものではなく, 統御が利いています. 少なくとも「礼儀(POLITESSE)」(►p.620)に適った振舞いなのです. 次のように言われます.

　　およそ儀式の身振りは決して烈しいものでもなければ, 予見されないものでもない.[★215]

　振舞いが穏やかで予想されるものであること, それは人を落ち着かせるでしょう. その儀式に積極的に参加する者は, その落ち着きを自分のものとして手に入れるでしょう. 「情念(PASSION)」(►p.544)に揺り動かされていた者は, それから, ある程度, 救い出されるでしょう. 外面的なものが内面を救うのです. 一人では容易に手に入れられないような落ち着きも, 集団がそれを助けることによって手に入れうる. 「儀式は集団的な礼儀である」[★216]というわけです. そして, 実を言えば, それは芸術の基礎にあるものを考えさせるものでさえあるのです.

　　あの社交の楽しみ, もしくは和合や人間同士の響き合いの楽しみ…〔中略〕…これがどうやらすべての芸術を, 孤独な芸術まで含めて, 支えているのです.[★217]

　　芝居の楽しみは社交の楽しみであることを忘れてはならない. 客席の配置が, それを十分物語っている. 客席は観客を円形にすわらせ, ただ舞台だけに円形が中断されるようにできている. これは互いに見渡せる小さなサロンの集まりである. そしてここに, 公然と生活するのは好都合だとか, 礼儀には立会人が多すぎて困ることは決してないとかいう真理がはっきりと見える.[★218]

　確かにこの社交の楽しみが大切なものを教えはするでしょう.

　　若者も, さらには子供も, 詩を通じ, 音楽を通じ, 演劇を通じて, 最初はほとんど中味のない気高さを学びます.[★219]

　しかし, その学び方はというと, どういうものでしょうか?

　　若者が感情を学ぶのは, まず最初は模倣され, いまはもう抑制され規則立てられてし

まった情念によってである…〔後略〕[220]

さらにいうと，それはすでに生じているものの伝染・「**模倣**(IMITATION)」(▶p.413)によるのです．

劇場で作用している力といったものは，じつは，感情の伝染であって，これは，模倣の一つのケースにすぎないのだ．[221]

それでも大したものであることは認めなければならないでしょう．

演劇というこの強力な芸術は，他のいかなる芸術がおそらくなし得たのにもまして，人間をかたちづけたのだ．なぜなら群衆の最も恐ろしい状態，感動が伝染性を帯びてとめどがなくなった状態（パニックがどんなものであるかを想像せよ）のさなかで，この芸術は人間が情念の極限においてすら自己を制御するようにと，訓練するのだからである．[222]

当の伝染そのものが重要な役割を演じていることは強調してもし過ぎることがないほどです．

一人（いちにん）でつくりだす芸術も，もとは，雄弁術とか演劇とかいったような，社会的な芸術によって，鍛えられたということが推測できるはずである．表現を訓練したのは，大衆である．表徴（シーニュ）を浄化したのは，大衆によってなされた，表徴の投げ返しである．こうして，詩と音楽とは，それらが演劇から分化したばかりの時期にあっては，もっとずっと，人間性というものに接近していたのである．[223]

ただ問題は，それでは〈既に生じている外面的なものの伝染・模倣〉だけでことが済むかどうかということです．確かに外面的なものに助けを求めることはできる．けれども，やはり自分自身で内面へと事柄を引き入れた上で，それを自らの力（意志）によって，一定の距離に置き，じっくりと考えてみる必要が結局はあると私は思います．社交界における（外面的な）言葉のやりとりに潜む危険を次の文章は指摘しています．

長年にわたってサロンをひらいていた，さる貴婦人が，私にこういったものだ．「会話を生き生きとはずませるためには，遊び半分に反論するよう心がけることが必要です．ところが，そんなことをしていた日には，判断力を狂わせてしまうのです」と．この言葉は，ひとが考える以上に，真実である．しかしながら，このことを認めるひとは少ない．それほど，交際の楽しみというものは，大きいものである．[224]

慇懃が外面的であるとしても，人を救う要素があるのはいいのですが，そういうノリで自分で判断するということをやめてしまったとき，何か大事なものが見失われるかも知れないとは考えてみるべき事柄でしょう．

CRIME
重罪 – 人格を意図的に貶（おと）しめようとすること．それが死であろうと傷害であろうと，あるいは子どもや老人の遺棄であろうと，重罪が軽罪〔délit〕から区別されるのは，それが常に人格に対する毀損によるものであるからである．こうして，貨幣偽造が重罪であ

★215──アラン『神々』p.136
★216──A. モーロワ『アラン』p.83
★217──アラン『芸術についての二十講』p.127〔傍点引用者〕
★218──アラン『思索と行動のために』p.408〔傍点引用者〕
★219──アラン『芸術についての二十講』p.116
★220──同前
★221──アラン『芸術に関する101章』p.89〔傍点引用者〕
★222──アラン『芸術について』p.51
★223──アラン『芸術に関する101章』p.162〔傍点引用者〕
★224──同書, p.110〔傍点引用者〕

203

ると言われるのは，それが力の悪用によるものだからである．それは，一種の裏切り〔escroquerie〕でしかない．

このcrimeを「重罪」と訳したのは，『プチ・ロワイヤル仏和辞典』にある解説に従うことが妥当だと考えたからです．そこではdélitを「軽罪」と訳し，次のように解説しています．「重罪〔crime〕と違反〔contravention〕の中間に位置する犯罪」というふうにです．もっとも，最後の「違反」は「違警罪」ということが多いようです．ちなみに，『広辞苑』では，犯罪の三分類をあげていて，次のように書かれています．フランス革命以来の区分のようです．

> 違警罪　重罪・軽罪とならぶ犯罪の三分類の一つとして一八八〇年（明治一三）旧刑法に規定された罪．一九〇八年（明治四一）現行刑法施行の際，内容を改めて警察犯処罰令のうちに移された．拘留・科料にあたる罪．

フランスでは，この犯罪の三分類に対応して，管轄裁判機関も三種類に分かれます．違警罪を管轄するのは違警罪裁判所〔tribunal de police〕，軽罪の管轄権をもつのは軽罪裁判所〔tribunal correctionnel〕，そして重罪の専属管轄権を有するのが重罪院〔cour d'assises〕です．

さて，アランは，三つの犯罪のうち，重罪を「人格毀損」が関わっているというふうにして定義するわけです．「人格毀損」の原語は atteinte à la personne です．この atteinte をフランス語の類語辞典の中で調べてみると，次の記述に出会います．

> **Atteinte**, fig., dommage qui gâte une chose physique ou morale, qui nuit à son intégrité, à sa perfection.★225（**毀損**，比喩的な意味で，物体的あるいは心的なものを台無しにすることであり，そのものの無欠の状態や完全性を害すること．）

完全性の破壊ですね．貨幣偽造は，直接的には貨幣経済というシステムの完全性を破壊するわけですが，当の貨幣経済（以下の説明では資本主義経済）が信用経済〔大きな取り引きが現金よりむしろ手形や小切手によって行われるなど，信用をもとにしてなり立っている経済〕，さらに言えば銀行による「信用創造」を基礎にして活発な経済活動をするわけです．こういうシステムが破壊されるということは，「信用」つまり，人間同士の信用という人格に関わる重大な事柄が破壊されるからです．信用を裏切るわけであって，正に「裏切り」なのです．もっとも，貨幣については，アランを離れて，考察しなければならないことがたくさんあります．貨幣経済というものそのものにまとわりついている危険とでも言っておきましょうか．こうした問題への考察のヒントをいくつか引用しておきます．

> たとえば近代社会が，少なくとも建前の上で人間中心主義の価値観を奉ずる以上，殺人に対する貨幣等価を設定する殺人賠償，女性に対する貨幣等価を設定する売春，あるいは政治的舞台の水面下で票と貨幣を交換する買収といったケースは，貨幣の平準化作用が交換形式のうちに挫折する極限の場に位置しているのであり，これらに共通するのは，人格という不可分の個体的統一を市場世界に押し込めた場合に生ずる醜悪さ以外の何ものでもない．人格性は，市場という商品の楽園にはなじまない質のもののようである．★226

> ここにあるのは，人格性というある人間の最も抽象的で本質的な全体性を，貨幣を媒介することによって，彼の束の間の食欲を満たす一切れのパンや，ほんの気休めにすぎない玩具やらと通約し，等価を強制しようとする思考のもたらす醜悪さなのであり，それは，全体をその部分で置き換えようとする営みのもつ醜悪さである．つまり，異

なった使用価値を持つ別系列のものが交換されるのではなく，あるものがそれ自体の一部と交換されるわけで，この自己自身への縮小写像となる自己回帰的交換は，道徳的というより，認識的な意味で思考の不協和を伴なっている．この不協和は，たとえば車の音がうるさいと人を殺す事件から響いている不協和と同じ類いのものである．[227]

人格性あるいは芸術作品のような人格的業績，それに高度に洗練された趣味性や知識，社交的文化の高みにある伝統や作法，こうした貨幣等価物になじまないものを総称して，ジンメルは「高貴なもの」と呼び，市場の論理に対立させる．[228]

ジンメルの『貨幣の哲学』…〔中略〕…そのテーマの意味深さは，貨幣経済というものの存立の構造が，人間の認識の構造つまり人間精神のあり方と密接に関連している，というとてつもないテーゼを暗示するという点にある．もちろん，多くの点であまりに不完全であるとはいえ，「認識の世界」と価値や評価からなる「経済の世界」，カント的に言えば，純粋理性の世界と実践理性の世界に，少なくとも文化の深層次元である単純な型の類同性を見いだすことがそのテーマなのである．[229]

CROYANCE
信念 – これは証拠〔preuve〕を欠いたどんな確信をも意味する共通の言葉である．信仰〔foi〕は意志的な〔volontaire〕信念である．反対に，信念は，教説であろうと，判断であろうと，事実であろうと，とにかく受け入れてしまうような意志的でない〔involontaire〕何らかの態勢〔disposition〕である．この言葉の低い意味において信じようとする態勢を軽信という．信じるということの諸段階は次のようなものである．最も低いのは，恐れからあるいは欲望〔désir〕から信じるということ（欲望したり恐れたりする事柄は容易に信じられるものである）．その上には，習慣と模倣〔imitation〕によって信じるということ（王様や雄弁家や金持ちを信じること）．その上には，老人や古い慣習や伝統を信じること．その上には，皆が信じていることを信じること（パリは，それを見ていないときも存在していると信じること，これまで見たことがなくともオーストラリアは存在していると信じること）．その上には，最も博学な人々が証明〔preuves〕に基づいて一致して断言することを信じること（地球が回っていると信じること，星々が恒星であると信じること，月は活動していない〔mort〕天体であると信じること，等々）．これらすべての段階が，信念の領域を形づくる．信念が，意志的なもので，人間的義務〔devoir humain〕について形成される高い観念に従って誓われたものであるとき，その本当の名前は信仰である．

この定義の中では，証拠というものが重要な役割を演じていることを見て取ってください．それと，意志的〔volontaire〕・非意志的〔involontaire〕の対に注目する必要があります．人には，「事実を証拠として学ぶ」という時があり，そこには意志など必要ないとアランが指摘することは非常に重要です．

物事をほっておけば必然的に機械仕掛と暴力の次元に陥るだろう．精神のみが平和を築きうるが，しかしそれも意志が伴った場合である．ところが多くの人々はこの点を

★225──H. Bénac, *op.cit.*, p. 274
★226──佐伯啓思『隠された思考──市場経済のメタフィジックス』p.73〔傍点引用者〕
★227──同前
★228──同書, pp.74-75
★229──同書, p.129

理解していない．彼らは事実を証拠として学ぶ．この場合は，我々の方から同意を与える必要はない．存在する事物に従って学ぶのだ．[230]

そういう学び方をした途端，「理想(IDÉAL)」(▶p.402)は消え去ってしまうのです．

種々の証拠の助けを求めず，松葉杖に頼らず，一人で歩くがよい．君自身の内心の指示に従い，主権者として決定を下すがよい．現実ではなく，理想が問題となる時は，このように振舞わねばならない．[231]

理想だけではありません．思考もそうだとアランは言っています．

証拠をこえ，いや証拠に反してさえ決然と敢行しなければ思考も意見も，夢想さえありえないことがわかる．[232]

証拠には用心する必要があるのです．それは一つの力だからです．

証拠にたいしては，――柄をつかめるような証拠を言うのだが――用心せねばならぬ．証拠というものは，つねに一個の武器にすぎない．[233]

意志は証拠に反してさえ働くものなのです．

意志は，一貫した行動によってのみ証明されるものである．だから，まず意欲せねばならず，或る意味では，無償で意欲せねばならないのである．デカルトは「高邁に」と言った．これにまさる言葉はない．なんの証拠もなく，あらゆる証拠に反して意欲するのである．だが，訓練をうけた知性は証拠をさがし，意欲しうる確信がつくのを待ったりする．これは救いようがない．な

ぜならば，意欲することを意欲しない者には，〔不利な〕証拠はいくらでもあらわれるし，全力をあげて試みることをしない者には，試みはなんの役にもたたぬことがすぐ明らかになるからである．[234]

次の言葉は最も低い段階に対応する言葉だと思っていいでしょう．

知られること最も少ないものこそ，最も固く信じられるものである．[235]〔モンテーニュ〕

アランは「軽信」に反対しているのは確かでしょう．物事をきちんと認識しようとしたら，懐疑のふるいにかけなければならないというのは，彼が一番多くを学んだというデカルトのやり方でした．それが意志に関わるという点はしっかりと受けとめておいてください．軽信とは「とにかく受け入れてしまうような意志的でない〔involontaire〕何らかの態勢〔disposition〕」なのでした．

さて，今回の定義では「信じるということの諸段階」が書かれています．少し，それを確認していきましょう．

「最も低いのは，恐れからあるいは欲望から信じるということ」です．そして「欲望したり恐れたりする事柄は容易に信じられる」と指摘します．それはどんな程度かというと，「走ってとびかかる欲望は，自分が走って飛びかかることを知っているだろうか」と問われるほど思考からは遠く，また「機械的」であって「投げあたえられる記号を生きている」と言いうるほど，反射的なのです．次にくるのが「習慣と模倣〔imitation〕によって信じる」こと，その例として「王様や雄弁家や金持ちを信じる」例が出てくるのは，現にいま眼の前にある社会的な力関係とでも言うべきものに同調することでしょう．そして，「老人や古い慣習や伝統を信じること」が後に続くのは，そうした力関係を時間的に過去に拡大していることに他なりません．その上に位置する「皆が信じていることを信じること」ほど楽な

ことはないでしょう．同調圧力の強そうな日本では，これが支配しているとさえ言えそうです．そしてその上に，「最も博学な人々が証明〔preuves〕に基づいて一致して断言することを信じること」がやってくる．学問的な権威とでもいうものが，あたかも保証しているようにです．

こうしてみてくると，こういう段階のすべてを，デカルトは方法的に疑ったことがわかります．つまりアランは，デカルトの方法的懐疑を，「悪しき霊」などの難しい仮説などに触れずに，ここで簡潔に跡づけていることがわかる．言い方を換えれば，いま挙げたすべての例を懐疑で揺り動かすことができることを示唆しているとさえ言えそうです．デカルトも述べたように「一生に一度は」これらのものを揺り動かしてみてはいかがでしょうか？

デカルトには反対する立場にある大森荘蔵氏が，バークリーの哲学を基礎にして，今回の定義に出てくる「それを見ていないときも存在していると信じること」に関連した議論を展開しているところも興味深いので，考察の練習のヒントとして，いくつか引用しておきます．

> 私はマッチ箱をグルグルまわして眺めるが，私に見えるのはただそのときどきの視点からの「見え」だけであって，一挙に一望の下にマッチ箱を見ることはできない．[230]

> 厳密に言うならば，あらゆる可能な視点を有限の速度で有限の時間のうちにつくすことはできない（一枚の紙を有限の長さの線で埋めつくすことはできない）．つまり，厳密に言うならば，すべての視点からのマッチ箱の「見え姿」をつくすことはできず，私はそうしたことがないのである．にもかかわらず，

私が「直方体」なる形を了解しているというのは，「任意の」視点を与えられればそれに応じた「見え姿」がどんなものであるかを了解していることなのである．[239]

あらゆる視点からのマッチ箱の「見え姿」は，「見え姿」の（連続的）無限集合をつくる．この無限集合を表現する言葉として「直方体」という語があるのである．しかしこの無限集合をわれわれは作り上げることはできない．われわれにできるのは，任意の視点を与えられればそれに対する「見え姿」を描くことにとどまる．いわば，「見え姿」作成のアルゴリズムを知っているだけである．[240]

たとえばπの小数展開が完結できないにもかかわらず，その展開のアルゴリズムがあるように，いわば，「直方体」の「見え姿」展開は不可能だがそのアルゴリズムは存在する，この仕方で直方体がどのような形であるかを私は「知っている」のである．[241]

バークリィの論点を簡単にいえばこうなる．例えばわれわれの見知らぬ街があり，われわれはその街に行って自分の眼で見物することは絶対にできない（外部世界の事物のように）．われわれにできるのはただ，その街の様々な写真を見るだけである（それらが感覚風景にあたる）．このとき，それらの写真が「本当の」写真であるかどうかを知る手段はわれわれにはない．第一，それらが果たして「本当に」その街の写真であるかどうかを知る手段がない．それを知るためには，その街へ行って自分の眼で見，その実景と写真とを較べてみるほかはないからである．だがそれはこ

★230——アラン『裁かれた戦争』p.166〔傍点引用者〕
★231——同書, p.136〔傍点引用者〕
★232——アラン『思索と行動のために』p.378
★233——アラン『人間論』p.129
★234——同書, p.244〔傍点引用者〕
★235——同書, p.331
★236——アラン『イデー（哲学入門）』p.107
★237——同前
★238——大森荘蔵『言語・知覚・世界』p.89
★239——同書, p.90
★240——同前
★241——同書, p.91

207

の想定自体によって不可能とされているのである．したがって，その街の「本当の」姿をわれわれは永久に知ることができない．それと同様に，感覚ではない幾何学的性質だけをもった外部世界の事物，というデカルトの想定自体によって，その事物と感覚を較べることができない，したがってその事物の「本当の」形その他を知ることは不可能であり，不可知論か懐疑論に陥ることになる．これがバークリィのいうところなのである．[*242]

あなたは，こういう文章を読んでもまだ，の

ほんと信念を抱いたままでいられますか？

さて，それでもなお信じるというのなら，きっと，あなたは「信仰(FOI)」(▶p.372)というものの近くにまで行き着いているのかも知れませんね．この定義の最後の文章はそんなことまで考えさせそうです．「信念が，意志的なもので，人間的義務〔devoir humain〕について形成される高い観念に従って誓われたものであるとき，その本当の名前は信仰である」，とアランが書いたとき，「意志」と「人間的義務」について私たちが問うことを促しているように私は思うのです．

CRUAUTÉ
残酷さ

– 血を流すことからくる一種の陶酔〔ivresse〕，また血を流させるに至ったりする一種の陶酔である．血を見ることが或る種の激しい嫌悪感〔horreur〕を生み出すことは知られている．そのことは生理学的には見る者における血液の運動であり，血液が内へと逃げ込み，失神を起こすこともありうる．それに対抗するには，行動を激化して，一種の意図的な興奮状態〔emportement〕にもっていくしかない．残酷さは，それゆえ，一つの怒り〔colère〕であるが，生理学的であっていかなる反省をも伴っていないような，まさにある種の恐怖〔peur〕というレベルにある．残酷さは群衆によって増大される．そして群衆が自分でも怖がっている処刑の場面に進んで立ち会おうとするのはそのせいである．

「血」が，この定義では重要な役割を演じています．確かに，世の中には，〈血に酔う〉というか〈血に飢える〉とでもいうような人間が存在するようです．民話や伝説にも吸血鬼が登場します．実際，どこまで本当なのかは知りませんが，次のような残酷な人もいたようです．

十六世紀の末葉，身分の高いハンガリアの貴族の家柄に生まれながら，自分の若さと美貌を保つために，六百人以上もの若い娘を殺して，その血のなかに浸ったという残忍無類の女性があった．伯爵夫人エルゼベエト・バートリがそれである．[*243]

また，三島由紀夫の友人だった澁澤龍彥は次のような報告までしています．

三島にははっきり嗜血癖があったと断言できる．あんなに血みどろが好きだったひとを私は知らない．[*244]

私などは，イエス磔刑像にまで，こういう傾向を感じ取ってしまうのですが，いかがでしょうか？

さて，当然のようでもありますが，アランが「残酷」と「乱暴」とを区別することをヒントに，この定義を読み解いていきましょう．次の引用は，ボクシングなどを思い浮かべれば分かりやすいと思います．

打ち合いから生じる興奮そのものも健全なものである．なぜなら，身体内の騒ぎ立ちはいわばそとに引き出されるために，情念は情動に引きもどされるからだ．そのとき人間は乱

暴になるかもしれないが，残酷ではない．[245]

「打ち合いから生じる興奮そのもの」を「健全なもの」としているところも面白い．「情念は情動に引きもどされる」ということをその健全さの理由としているのはなぜでしょう？　この引用で明らかなように，アランは乱暴を「**情動**（ÉMOTION）」（►p.299）に，残酷を「**情念**（PASSION）」（►p.544）に結びつけていますよね．私は次のように解釈します．「身体内の騒ぎ立ち」が，情念という形で嵩じることを防いで，むしろ身体レベルで解決する道もあるのだということです．ボクシングは喧嘩ではない．たとえそれに近いところに位置してはいても，喧嘩ではない．むしろ，喧嘩から情念的要素を取り除くかのようにしてスポーツとして成立させているわけです．人によれば，〈ボクシングは乱暴だからいやだ〉，という言い方もありうる．〈残酷だ〉とも，その人は言いたくなるかも知れませんが，それをアランが違うというのは，ボクシングのルールという秩序と共に，「乱暴」は身体的なレベルでの戦いであることがきちんと意識されているということです．「身体内の騒ぎ立ち」は，意識的に，「そこに引き出される」のです．喧嘩に我を忘れて残酷へと走ることはできないようになっている．それに対して，残酷にはある種の思考が関与している．ただし，その思考は，もうほとんど全面的に生理学的な動きに引きずられている．人間の高みを示すような「感情」の方に上昇しては行かないのです．「乱暴」なら愛に近づくことさえできるけれども，残酷はそうではないのではないか，と私は問いたい．次の引用は示唆的です．

　　最も弱いボクサーも，ここで私たちに教訓を与える．なぜならば，彼は病気の敵を負かそうなどとは思わないからである．彼は敵が強く自由であることを欲する．これは愛することに近いのだ．[246]

ボクシングのように，喧嘩に伴う〈考えること〉をスポーツという形で利用して「反省」へと持ち込み，意志的に情動のレベルを解放しつつそれなりの高みに到達しようというのではないあり方がある．それが残酷です．そこに至る筋道を追ってみましょう．

「血を見ることが或る種の激しい嫌悪感〔horreur〕を生み出す」とあります．そしてそれを生理的に見ると「血液の運動であり，血液が内へと逃げ込み，失神を起こす」ことを指摘する．「それに対抗する」必要を感じた場合の，対処の仕方が問題となるわけです．「行動を激化して，一種の意図的な興奮状態〔emportement〕にもっていく」という場合，その興奮状態が度を越すことも大いにありうるわけです．「ひとつの怒り」を，そのまま解放してしまったとき，「生理学的であっていかなる反省をも伴っていないような，まさにある種の恐怖〔peur〕というレベル」[247]が，ボクシングにはあったような「反省」を欠いて成立し続けてしまうわけです．そして，そういう状態を好む人間が皆無ではないということです．それどころか，人々が「群衆」となって「増大される」ことまであるのです．アランが例として挙げた「処刑」の場面は，まさにそれでしょう．

人間は考えることができるがゆえに，反省をすることができる．しかし，反省を欠いた思考とでも言うべきものを行使してしまうことだってありうるのです．そんな場合，思考能力を持たないとされる動物よりもずっと「残酷」になりうるということです．

『情念論』の中で，情念と血液の動きとを密接に結びつけながら語ったデカルトは，次のような言葉を残しています．残酷さに陥らないため

★242——大森荘蔵『知識と学問の構造——知の構築とその呪縛』p.113
★243——澁澤龍彦『世界悪女物語』p.29
★244——澁澤龍彦『三島由紀夫おぼえがき』p.23
★245——アラン『プロポ 1』p.175〔傍点引用者〕
★246——アラン『人間論』p.240〔傍点引用者〕
★247——このpeurを，神谷訳は「怒り」と訳しているのですが，勘違いでしょう．

209

にも，吟味すべき言葉でしょう．

　　血液が上述のように動揺させられるのを感ずるときには，想像に現われるすべてのものが，精神を欺こうとする傾向があり，情念の対象を善いと信ぜしめる理由を，実際よりもはるかに強いもののように精神に思わせ，情念の対象を悪いと信ぜしめる理由を，実際よりもはるかに弱いものに思わせる傾向がある，ということをよく知って，これを思い起こすようにすべきだということである．そして情念が善としてすすめる事がらが，その実行をいくらか遅らせてもよいようなものであるとき，その事がらについてただちに判断をくだすことをさし控え，ほかのことを考えて心をまぎらせ，時の経過と安静とが，血液の激動をまったくしずめてしまうまで待つべきである．そして最後に，情念の促すところが即座に決心をしなければならぬような行為であるときには，意志は，情念が示す理由とは反対の理由——それがより弱く思えるにしても——を特に注視して，それに従おうとしなければならないのである．[★248]

D

DÉFI
挑発 – 「君はそんなことを言っている〔けど〕，実行はしないだろうさ．」　挑発というものは，他人の思考を，行動という試練にかけるものである．そして，挑発が意味すること，それは〔まず挑発する側の人間に〕欠けているのは勇気〔courage〕だということである．信頼〔confiance〕というものをしない観客たち〔le public〕がそこにはいる．激昂した人〔nature〕が挑発されたことをすぐにやってしまうのは，この意味で，危険である．挑発と賭けとの間にはある類縁性がある．なぜなら，その者がそれを実行しない方に賭けるということ，それは挑発することだからだ．

　他人が考えている事柄を，〈そんなこと実現などできるはずがない〉という思いとともに，当の他人に対して表明することこそ挑発というものでしょう．このように，〈挑発されている相手〉にはそんなことはできまいと〈挑発している当人〉が思っているのは明らかでしょうが，その挑発している方も，実を言えば，その事柄を実行する**勇気〔COURAGE〕**（▶p.196）を持っていないという場合が結構あるものと私は思います．アランが「欠けているのは勇気だ」という言葉をこの定義の中で記しているのを，私はその意味で解釈してみたいのです．自分にはできそうもない，つまりやる勇気がない事柄なのだから，相手にもできるわけがない，と考えている．いや，どこかで，相手にできたら悔しいから，できないで欲しい，さらにはできない状態に可能なら持ち込みたいとさえ考えている場合さえあると思います．もし相手がそれを実現してしまったら羨ましくて仕方がなくなる可能性があるからです．すでに引用したことがある次の文章を思い出してください．

　　意志は，一貫した行動によってのみ証明されるものである．だから，まず意欲せねばならず，或る意味では，無償で意欲せねばならないのである．デカルトは「高邁に」と

言った．これにまさる言葉はない．なんの証拠もなく，あらゆる証拠に反して意欲するのである．だが，訓練をうけた知性は証拠をさがし，意欲しうる確信がつくのを待ったりする．これは救いようがない．なぜならば，意欲することを意欲しない者には，〔不利な〕証拠はいくらでもあらわれるし，全力をあげて試みることをしない者には，試みはなんの役にもたたぬことがすぐ明らかになるからである．〔証拠に〕反対して意欲することがなければ，宿命論──その他なんと呼んでもよいが──は正しいのであり，また，反対して意欲するこの勇気こそ，羨望する人をいらだたせるものである．[*001]

羨望する人とはどういう人かを考えてご覧なさい．「羨望はおそらく一種の絶望である」[*002]のです．もちろん，こうした絶望に与する必要など毛頭ありません．羨望する人は，こうした絶望を持たないような人間に対して苛立ちます．苛立つだけでなく，相手を自分と同じような絶望の状態に持ち込もうとする．引きずり下ろそうとするのです．なぜなら，絶望している状態こそが正しい状態だと信じているからです．

羨望には体がある．力ばかりか，大きさもある．これは一個の狂信であり，熱烈な伝道でさえあろう．羨望は，いつわりの善ではなく，真の善にむけられている．すなわち，人は意欲しうると信ずること，これである．羨望する人は，人は勇気をもちうるということを理解せず，なんぴともけっして信念をもって働くべきでなく，満足すべきでないということを，自分自身にたいして証明すると同様に他人にたいしても証明

しようとする人である．羨望のなかには恥辱がある．外面的な利益のまえでの愚かな驚きではない．むしろ，自己自身を信ずる人々，敢然として自己の本性を伸ばしてゆく人々にたいする憤激である．[*003]

羨望する人は，自己についても，また何ものについても，高い観念をもっていない．しかも自分では，それが正しい考え方だと思いこんでいる．ここから，順調な仕事を見たときの怒り，それこそ悪魔的な怒りが生ずる．[*004]

羨望する人は他人の苦しみを願い，他人の苦しみを喜ぶというのは本当である．だが，このとき彼はまじめなのだ．意欲するということの愚かな勇気を彼が私から除こうとするのは，私のためを思ってのことなのだ．[*005]

さて，「**信頼**(CONFIANCE)」(►p.189)の定義を思い出してください．そこには次のような文章が書かれていました．

これは，平穏で友情のこもった感情の結果であり，また人を好意的に判断しようとする態勢〔disposition〕の結果である．

他人に対しても，自分に対しても，こうした信頼を持つことは必ずしも簡単ではありません．さらに言ってしまえば，他人を愛するのも，自分を愛するのも，容易ではありません．ひとことで言ってしまえば，そこには「勇気」が必要なのです．「勇気」の定義の冒頭には「恐れに打ち勝つ徳のことである」とあります．だからこそ，アランは「**徳**(VERTU)」(►p.850)について次のようにも言うのです．

[*248]──R.デカルト『情念論』p.256〔傍点引用者〕
D
[*001]──アラン『人間論』p.244〔傍点引用者〕
[*002]──アラン『感情 情念 表徴』p.164
[*003]──アラン『人間論』p.243〔傍点引用者〕
[*004]──同前〔傍点引用者〕
[*005]──同書, p.244〔傍点引用者〕

211

私が自分のうちから成長させるもの以外は絶対に自分のものとはならない．こういう種類の勇気，こういう種類の経験，これこそが真の自己愛である．相手がこういう自己愛をもてるようにと手助けすることはできる．他人に対するこれ以外の奉仕はおそらくありえない．[★006]

この意味で，羨望する人は〈マズイ教育〉，すなわち〈逆の教育〉をしていると言ってもいいでしょう．その帰結は，「真の自己愛」とは反対の「**エゴイズム**(ÉGOÏSME)」(▶p.291)でしょう．エゴイストは，〈自分のうちから成長させること〉をせずに，どこからかいいものが降ってくるのを待っているのです．「エゴイストが悲しいのは，幸福を待っているから」[★007]なのです．そして，次の引用のように，自分であることを厭わしく思うのです．

自分自身に我慢のできない人々，情念のうちでも最も愚かな情念である羨望の念に悩まされる人々を，エゴイストと名づけ，暴君と呼ぶべきであると私は心得ている．ねたみ深い人は自分自身を愛する人であると言うことはできない．逆にそういう人は自分自身を悲しむ．別の人間になりたいと思う．[★008]

自分自身を救い出すことができないでいるのです．しかし，そうした状態からは抜け出さなければならないのでしょう．

誰も自分自身を選びはしない．自分の親を選んだわけでもない．しかし，共通の知恵は，確かに，親を愛さなくてはならぬと告げるのである．同じ道を通って，私は言おう，自分自身を愛さなくてはならぬ，これは困難だが美しいことだ，と．エゴイストと言われる人たちも，自分自身に満足しているのをかつて私は見たことがない．むしろ，彼等は，自分に満足させてくれと他人に督促(せが)んでいるのだ．利己的な支配の下では，支配しているのは常に憂鬱であることに注意したまえ．ここで，屈託したお偉方のことを考えてみるとよい．それにひきかえ，自分自身と睦む人々のうちには，何という徳があることか．彼等は，周囲の人間の世界を暖める．美しい火と言おうか．ひとりでも燃えるであろうが，人々はそこで暖まるのだ．カトリシズムは，このことを個人の救いという説によって，苛酷なまでに力強く表現している．…〔中略〕…何人(なんびと)も，他人に対して，自分自身を救う以上によいことは為し得ない．[★009]

DÉFIANCE
不信

― これは，教示，忠告，そして一般に誰かの誠実さ〔sincérité〕に関する一種の疑いである．不信というものが用心深さでしかないのはよくあることだ．しかし，本当の信頼〔confiance〕もまた，軽々しく信じることなどではない．それとはほど遠いものなのだ．本当の信頼というものは，しばしば，他の者が言う事柄を安易には信じないことであり，そういう事柄に基づいてその者を判断することの拒否である．なぜなら，しばしば人は情念〔passion〕に駆られて悪い役割を演じてしまうし，自分自身を断罪してしまう〔se calominier〕ものだからだ．それゆえ，不信は，特に，人を欺きやすいと判断される〔外的な〕現われ〔apparences〕に関するものである．そしてそれは，より良く判断するように私たちを準備させる疑いのことである．

不信が疑いの一種として定義されています．では不信(défiance)の反対語のようにように思われる「**信頼**(CONFIANCE)」(▶p.189)とは，疑わないことかというと，そうでもないことも注意されています．それどころかむしろ，本当に信頼するためには疑いが必要だとさえ言われているのです．そ

ういう疑いこそ，ここで定義されている不信の中心問題です．つまり，〈何を疑うのか？〉そして〈疑うことで何を目指すのか？〉という問題です．定義の本文では，「人を欺きやすいと判断される〔外的な〕現われ〔apparences〕」を疑うのだ，と書かれています．それの具体例をイメージすることが大事でしょう．もちろん，それが〈「情念〔passion〕に駆られて」出てきてしまう現われ〉であることは定義から明らかでしょう．この現われを理解するには，次の引用が役立ちます．

> 少女は，ほんのつまらぬことで祖母と衝突して，しまいには，私も死んでしまいたいなどと言いだす．祖母に可愛がられていた姉が墓に葬られてからまもなかったのだ．私だったら，思いがけない物音がたまたま意味をもったのだと考えて，一笑に付すだけだ．★010

もちろん，そんな言葉など信じてはいけないと言っているのです．一般化して述べてみると，上のようなことは，次の引用が示すように，〈「**怒り（COLÈRE）**」（→p.180）や「**恐怖（PEUR）**」（→p.582）の「**情念（PASSION）**」（→p.544）に駆られているとき〉なら普通に起こる事態でしょう．

> まったく道理の通っていない言葉や，うわべだけ辻褄をあわせた言葉，それは情念の働きなのである．いみじくも名づけられた情動が筋肉のあいだを駆けぬけるやいなや，人間の肉体という機械はたちまち，ふるえたり，走りだしたり，許しもなく動悸をうったりする．そのため，叫び声をあげたり，なんの意志もないのに記憶のひだに従って言葉を口走ったりする．★011

上の二つの例に出てくるような例えば〈言葉〉と

いった〈「情念に駆られて」出てきてしまう現われ〉に対してこそ，不信を抱くべきなのです．そんなものは〈本心から〉言いたいことではないのだ，と．

> 鋤が故鉄の音を響かせ，剣が鳴り，風が音をたて，扉がきしみ声をあげるように，興奮すると人間も話という雑音をたてるのである．そんなものを理解しようと試みる人を，そしてそれを理解したと思いこむ人を，私はあわれだと思う．理解すべき何物もそこにありはしないのだから．★012

しかも，上の引用の例は主として〈他人の言葉〉の話ですが，〈自分が発する言葉〉についても同じような制御（要するに不信）が必要です．

> 要するに，嘘をつかないしかたには二つある．ひとつは，心に浮かんだことをなんでも言ってしまうしかたであるが，それはなんの価値もない．もうひとつは，気分の即興をあまりに信用しすぎないしかただ．★013

気分とは，身体的なものなのであって，それに引きずられて発せられる言葉など，自分のものであれ他人のものであれ，信用してはならぬ，重要視しすぎてはならぬ，と言いたいわけです．要するに，機械が軋んでいるだけのことに過ぎないのですから．相手も自分も，機械を超えた精神として大事にしたいのなら，機械と「**精神（ESPRIT）**」（→p.322）とをきちんと区別すべきでしょう．さらにデカルト風の動物機械論を援用するなら，動物と人間とを区別すべきでしょう．もちろん，人間が容易に動物的なレベルに落ちてしまうことも含めてです．

情念はすべて高邁なものとなるであろうが，

★006──アラン『感情　情念　表徴』p.164〔傍点引用者〕
★007──アラン『幸福論』p.270
★008──アラン『感情　情念　表徴』p.163〔傍点引用者〕
★009──アラン『思想と年齢』p.389〔傍点引用者〕
★010──アラン『思索と行動のために』p.366〔傍点引用者〕
★011──アラン『感情　情念　表徴』p.216〔傍点引用者〕
★012──同書，pp.216-217〔傍点引用者〕
★013──アラン『思索と行動のために』p.344〔傍点引用者〕

それはみずからを救おうとする絶えざる活動をつうじてであり，この活動がなければ，興奮した人間は動物にすぎないことをみとめねばならぬ.[★014]

私は魂を身体から分離せねばならぬと言った．人間を動物から分離せねばならぬと言っても同じことである.[★015]

動物と人間との分離・区別を知っているだけではダメで，実際に，失敗を繰り返しながら，〈動物と人間との結合である自分たちを手なずける手段を学んでいく〉他はないのでしょう．なぜなら多くは次のような進行に身を委ねてしまうからです．

私たちが落下を恐れるときには，はや自分の落下を感じているのである．予告をともなったこの身ぶるいは，私たちの機械の進行を示すものであるが，この身ぶるいがきわめて明らかであり，また雄弁であるところから，人は自分自身に言いきかせうるはずの賢明な言葉をみな忘れてしまって，動物的な言葉だけに耳をかたむけるにいたるのである.[★016]

〈賢明な（つまりは真に人間的な）言葉〉と〈動物的でしかない言葉〉，どちらの言葉に耳を傾けるべきかということです．

ひはしを飾る怪物は，身震いするほど，人間の顔によく似ている．ギリシアの神も，われわれみんなを慰めてくれるほど，人間の顔によく似ている．これらは，二つながら，自然の模倣であり，ともどもに，真実である．怪物のほうは，人間の身体が動物であることを，それなりに，表現している．神のほうは，思索する体を意味している．一方は信用しないように，われわれにすすめる．そして，事実，信用してはならないのだ．他方は，信用するように，われわれにすすめる．そして，事実，信用しなければならないのだ．まさに，二つの手本である．一方では，肉体は，見放されている．他方では，肉体は，音楽と体操とにしたがって，救われている．一方からは，魂が，切り離されている．他方においては，魂が，和解せしめられている.[★017]

こうした「和解」を現出させるものこそ芸術であることは言っておいた方がいいでしょう．例として音楽を挙げておきます．

音楽だったら，いっそうよく，われわれを作り直すことだろう．しかも，より深い所で．なぜなら，叫びは，言葉よりももっと低次のもの，まったくの動物的なものであるから．まさしく，この次元において，音楽が，われわれをたしなめるのである．よく考えるまえに，言葉を規則づけるまえに，われわれの最初の誤謬であり，おそらくはわれわれの唯一の誤謬である，唸り声と咆哮とを規則づけなければならない，ということを，われわれにわからせようとしながら．もし，あなたが，ものを考えたいと思うなら，叫ばないことから始めたまえ．叫びは，倒れるものであり，年老いるものである．これとは反対に，音は，恒常性をもった奇跡である．音は，みずからに似る，ある叫びである．音は，みずからであることを，みずからであり続けることを，法則としている.[★018]

こういうことのためには，繰り返しますが，やはり意志が必要であることは言うまでもないでしょう．それを次のようにも言うことができます．

正しく判断するには魂の偉大さと同時に気高さがぜひとも必要だと私は言いたい.[★019]

DÉLATION
密告

― これはスパイ行為〔espionnage〕の一形式であり，密告は意志的であること，そして私生活や秘密の見解に関わっている，という二つのニュアンスを伴っている．密告のうちには，信頼〔confiance〕を裏切ることと，〔それが〕わからないようにしたいという思いがある．密告は有用で正しい場合さえある．しかし，それはやり方そのものが悪いような行動の一例である．

　私としては，なぜアランがわざわざこの「密告」という言葉を定義しようとしたのかが気になります．というのも，なんだかこの『定義集』の中に入っている他の言葉とは少々性質が違うように感じるからです．まあ，実際のところ，私の気にしすぎ，考えすぎの可能性もありますが……．
　いずれにせよ，この『定義集』講義では，可能な限り具体例まで降りてきて説明するように心掛けているのに，密告の具体例は何を挙げたらよいのか，困ったわけです．そんなときに，ふと頭をよぎったのが，「ユダの密告」でした．イエスを裏切り，密告したあのユダの話です．今回は，そういう事柄を念頭に置いて考えていくことにします．ですから，話題は，このあたりをめぐってかなり拡がる可能性があります．

　まず，例の「最後の晩餐」のシーンを思い浮かべてください．イエスが，弟子たちを前にして，〈この中に私を裏切る者がいる〉と述べるシーンです．レオナルド・ダ・ヴィンチの《最後の晩餐》(ミラノのサンタ・マリア・デッレ・グラツィエ教会にある)では，そのとき，イエスを売って手にした銀貨の入った袋を持つユダがびっくりしてイエスを見つめている姿が見事に描かれています．ユダは意志してイエスを裏切り，イエスの行動を敵に密告したのですが，それを知られるはずはないと思っていたし，知られたくもなかったと言うべきでしょう．ことが発覚して，ユダは，最後には，首を吊って自殺してしまいました．
　さて，せっかくですから，少しこのシーンを描いた絵画に注目してみましょう．ダ・ヴィンチのこの絵では，ユダはイエスや他の弟子たちとテーブルの同じ側にいます．けれども他の画家たちの描く「最後の晩餐」ではユダは一人だけ反対側にいるのが普通なのです．始めから「密告者」「裏切り者」ということがあからさまにされており，言わば，文句なしの悪なのです．それなのにダ・ヴィンチは同じ側にユダを置いた．もちろん，これは意図して選ばれた構図でしょう．恐らく，ダ・ヴィンチにとって，私たちは容易にユダになりうる存在なのでしょう．自分たちの弱さをも見据えていた画家だったのだと思います．キリスト教図像の定型をあえて破って表現してしまう芸術家，つまり職人を超えた「芸術家」がここにいたわけです．それまでは，画家というものは職人であって，依頼主の依頼内容に従ってただただ制作するのでした．それも，昔からの約束事に従いながらです．それに対して，自分独自の表現ということにこだわって制作し，場合によっては依頼された作品でさえ完成させず，納入しないダ・ヴィンチのような人間が出てくるのです．要するに「芸術家」の誕生であり，自覚です．

　　芸術における個性の自覚と自覚的尊重
　　――個性主義(Individualism)はルネサンスに始まるとしても，それ以前の作品が個性的でなかったというわけではない．機械的製品の出現以前においては意識すると否とにかかわりなしに，意欲すると否とにかかわりなしに，作品は個性的ならざるを得なかったはずである．それ故問題は作品の個性の有無でなく，個性的であることの自覚

★014――アラン『わが思索のあと』p.287〔傍点引用者〕
★015――同書，pp.286-287
★016――アラン『人間論』p.246〔傍点引用者〕
★017――アラン『芸術に関する101章』pp.194-195〔引用者改訳〕
★018――同書，p.251〔傍点引用者〕
★019――アラン『思索と行動のために』p.256

と個性的であることを積極的に意欲するか否かに係わる．これの積極的な自覚的な意欲において個性主義が成立し，これを理念として志向する個性の積極的発揮が展開する．芸術家の個性主義と芸術における個性とは同義的でもなく相互的でもない．それ故，個性的芸術家の観念がいつ，どこで，いかにして成立したかが問題である．これこそR・ウィットカウアーのいうように「ルネサンス問題」である．[020]

アランが，なぜあえて「密告」を定義しようとしたのかをも，〈ユダの密告〉に対するダ・ヴィンチの態度のような線で考えてみるというのは行き過ぎでしょうか？ 悪は身近にある．というか自分と共にさえある．それを自覚し，それを乗り越えなければならないものとして．自分たちの弱さをも含めて，〈一日一日マシになりたい〉と思うのが哲学する者なのではないでしょうか？ 悪と名づけられるようなことさえ場合によってはやってしまう私たち人間から決して目をそらさず，そこから立ち上がっていこうとする．次の引用になるような態度をこそ大事なものとするわけです．

> 不覚をとっても，また，不覚をとったことを恥じつつも，彼はなお信ずる．なお信じようとする．ここに意志の発条(ばね)が認められるのだ．[021]

さて，アランは「密告は有用で正しい場合さえある．しかし，それはやり方そのものが悪いような行動の一例である」と書きました．なぜ，こんなことを言うのでしょう？ 「信頼（CONFIANCE）」（▶p.189）を裏切り，それがわからないようにしたいと考えるのはやはり潔くないと考えたのでしょう．その潔さを維持しようとすることがどれほど難しいものであろうと，やはり，そのやり方は悪いと言いたいのでしょう．ふと，ソクラテスの最後が私の頭をよぎります．

DÉMON
デーモン ─ これは悪魔と完全に同じものというわけではない．これは気まぐれで，意表を突き，そして幸福でさえあるようなインスピレーションのことであり，秩序を乱し，予想を裏切るものである．

デーモンなどというと確かに悪魔を思い浮かべる人が多いからでしょう，アランはこの定義のなかでわざわざそれを注意しているわけです．そして，彼が頭に浮かべているのはプラトンの著作に出てくるような，ソクラテスの語る「ダイモーン〔δαίμων〕」のことです．例えば，次の箇所が参考になるでしょう．

> わたしから，諸君がたびたびその話を聞かれたでしょうが，わたしには，何か神からの知らせとか，鬼神〔δαίμων〕からの合図とかいったようなものが，よく起るのです．それはメレトスも，訴状のなかに，茶化して書いておいたものです．これはわたしには，子供の時から始まったもので，一種の声となってあらわれるのでして，それがあらわれる時は，いつでも，わたしが何かをしようとしている時に，それをわたしにさし止めるのでして，何かをなせとすすめることは，どんな場合にもないのです．そしてまさにこのものが，わたしに対して，国家社会（ポリス）のことをするのに，反対しているわけなのです．[022]

> ぼくがまさに川をわたって向うへ行こうとしていたときにね，よき友よ，ダイモーンの合図，いつもよくぼくをおとずれるあの合図が，あらわれたのだ．それはいつでも，

何かしようとするときにぼくをひきとめるのだが。[023]

古典ギリシア語でいうと次のようなことが言われるということも憶えておいてください。即ち、「よいダイモーンがついている」ということが「幸福である(εὐδαιμονία)」ということなのです。

デカルトも、ある時、このソクラテスのダイモーンについて書簡のなかで書いています。

内面的な喜びは、運命を最もみずからに好意的にするためのある秘密の力をもつと、私はあえて信じる。……私は私の意見を証明するために、無数の経験をもっているし、そのうえソクラテス…〔中略〕…の権威ももっている。その経験というのは、私が楽しい気持で、いかなる内面的な嫌悪もなしになしたことは万事都合よく運ぶのがつねであり、ただ偶然の運ばかりが支配する賭博においてでさえ、私は悲しみの理由をもつ時より何か喜びの理由のある時、つねに一層好運を経験したことに気がついたということである。またソクラテスのダイモンと一般に呼ばれているものは、おそらくソクラテスはかれの内面的な傾向性に従う習慣があって、何か秘密の陽気な感情をもつ時には、かれの企てたことの結果が幸運であろうと、また反対にかれが悲しい時には不運であろうと考えたということに他ならなかったであろう。しかし本当のところ、ソクラテスがなしたといわれていることまで信じるのは誤りであろう。なぜならプラトンはソクラテスについて、かれのダイモンがかれに外出せよと勧めない時はいつも、かれは家にとどまっていたとさえ伝えているからである。しかし、人生のいくつかの重大な行為については、それらがあまりに疑わしく、慎重な考察も何をなさなければならないかを教えることができない時は、かれのダイモンの教えに従うのも理由のあることであり、また嫌悪なしに、しかも通常喜びに伴う自由をもってわれわれの企てることが、必ずわれわれにとって立派に成功するであろうと強く確信することは有益である、と私には思われる。[024]

デカルトがこの書簡のなかで触れているわけではありませんが、当のデカルトがやろうとした方法的懐疑、すなわち〈疑わしいわけではないが、あえてすべてを疑ってみて〉物事を最初からやり直すという態度も、決してこのダイモーンの議論と遠いところにあるわけではありません。あるイタリアの哲学者は、次のようなことを強調します。

ダイモンの語根、daiomai, dainymiは、再出発、運命づけるという言葉の語根と等しい。[025]

デカルト主義を受け継ぎながら展開してきたフッサールの現象学なども、この〈再出発〉をしようとしていると言ってもいいでしょう。私たちの、普段の、何の反省もないような態度を一度止めることと出直すことを目指すのですから。

フッサールは『イデーン』第一巻では、世界を無批判的に在りと断定してかかるわれわれの態度を「自然的態度」とよび、この自然的態度を特徴づけるその普遍的な断定作用のスウィッチを切って「超越論的態度」に移行し、当時の心理学がおこなっていたようにおのれ自身の意識をもはや外的刺戟にさらされた世界内部的一存在者として見るのではなく、むしろ世界や世界内部的存在者の存在意味がそこで構成される超越論的な

★020——下村寅太郎『ルネサンス研究──ルネサンスの芸術家』p.204
★021——アラン『人間論』p.140
★022——プラトン『ソクラテスの弁明』31C-D, p.88
★023——プラトン『パイドロス』242B-C, p.168
★024——F. アルキエ『デカルトにおける人間の発見』pp.197-198
★025——マッシモ・カッチャーリ『必要なる天使』p.54

217

ものとして見るその方法的作業を「現象学的(ないし超越論的)還元」とよんでいた．そこでは，自然的態度と超越論的態度はいわば対立的なものと考えられていたのである．しかし，彼は『イデーン』の第二巻においてはこの点を反省し，超越論的態度は「自然主義的」(natural ないし naturalistisch)でないというだけであって「自然的」(natürlich)ではあると言うようになる．ということは，現象学的還元がくわえられるべきであったのは実は自然を客体化して見る自然主義的態度にであって，自然的態度にではない，ということである．★026

「インスピレーション」が生まれるのも，実を言えば，そういう自然主義的な態度を超えているときなのでしょう．しかし，そういう言わば「超えた」立場は，普通の人には狂気に見えるかも知れないとプラトンは注意しています．

    人間はじつにこのように，想起のよすがとなる数々のものを正しく用いてこそ，つねに完全なる秘儀にあずかることになり，かくてただそういう人のみが，言葉のほんとうの意味において完全な人間となる．しかしそのような人は，人の世のあくせくしたいとなみをはなれ，その心は神の世界の事物とともにあるから，多くの人たちから狂える者よと思われて非難される．だが神から霊感を受けているという事実のほうは，多くの人々にはわからないのである．★027

それでは，こうした狂気を排除するかのように発展した「科学」についてはどんなことを言えばいいでしょうか？ 記号論理学の祖の一人，ホワイトヘッド〔A.N.Whitehead〕の次の言葉はかなり重いと思います．

    中世は合理主義の理想を持っていたが，それの追求に失敗した．なぜなら彼らは，推理方法論は抽象的なものに含まれた制限を免れない，ということを注意しようとしなかったから．したがって真の合理主義はつねに，霊感を求めて具体的なものに立ち帰ることによって，自己を超越しなければならない．自己満足的な合理主義は事実上一種の反合理主義である．それは特殊な一組の抽象的観念のところで勝手に停止することである．科学のなしたことはまさにそれである．★028

こうした事態をもっと先鋭な形で表明している哲学者にフランスのミシェル・セールがいます．次の言葉は，複雑系科学・カオス研究の中心地であり，原爆発祥の地であったロス・アラモスをこうした文脈に位置づけています．ちなみにセールは自分が哲学者であるのはヒロシマがあったからだと明言しています．★029

    おそらく古典主義の時代に生れた企てがなぜロス・アラモスの砂漠〔最初の原爆実験場〕で終らねばならなかったのか，あらゆる砂粒が類似している場所，人間の労働が依然としてそれらをガラス化している場所において終らねばならなかったのか，私はついに理解した．合理主義は死の運び屋である．科学はこの合理主義とは手を切らねばならない．★030

しかし，それがデカルトを誤解した「合理主義」ではなかったかという疑問はあるにしても．★031

DÉSHONNEUR
不名誉 – 自分が軽蔑されていることを知っており，また自分自身を軽蔑している人間の状態である．他人が，どう考えているか〔opinion〕などということなど気にしないこともできる．だが，ここでは，他人がこう考えているだろう〔opinion〕ということを自分自

218

身が認めてしまっていることこそが問題なのである．不名誉に固有なところ，それは，〔他人が〕評価してくれているらしいということを，もはや〔そのまま〕喜んでいられないという点である．「もし彼らが知ったら，もし私のことを知ったら」と考えてしまうのだ．それゆえ，不名誉というものは，最高度の仕方で，名誉そのものの中にあるのだ．不名誉というものは，砂漠の中では感じられもしないだろうし，〔自分の方が〕軽蔑している〔相手の〕人々の中にいるときも感じられはしないであろう．

不名誉は，自分がある程度尊重している相手との関わりの中で感じられることがわかるでしょう．相手にとって，自分は一角(ひとかど)の人物と思われたいからこそ，そうでない自分に苛立ち，恥ずかしく思うわけです．déshonneurは，森訳も神谷訳も「不名誉」としていますが，「恥辱」と訳す余地もあるのはそのせいです．けれども，恥辱と訳したのでは，honneurとの対比が訳に表れてこない嫌いがあるので，私も，一応，不名誉と訳しておきました．

とにかく人は，場合によると，「本当のことを知ったら，あの人(たち)は自分をこう思うに違いない」などと先回りして，つらつら考えてしまう．その人たちだけからは軽蔑されたくないからこそ，そう考えてしまう．そんな動きがあるのです．相手が知ったところで，実際にはどう反応するかなどわかりはしないのに，そう考える．いわば空回りが，ここにはあります．定義の冒頭の「自分が軽蔑されていることを知っており」という部分も，実は思い込みかも知れない．

恋を告白できない心理にもそういったところがあるでしょう．相手に気に入られたいからこそ空回りします．それを遮断するにはどうしたらいいのでしょう？

参考までに次の言葉を．

相手に気にいられることを勘定にいれず，ただ相手に幸福を与えるがゆえに自然に気にいられることこそ，恋の喜びのすべてではなかろうか．★032

とにかく，先回りの考えに囚われ，それを信じ込んでしまうと，名古屋弁で言えば，〈土壺にはまって〉いくわけです．その考え自体を疑うことができないでいる．

「思い込み」とか「臆見〔臆測にもとづく意見〕」とかは，古典ギリシア語ではδόξαと言われ〔それはフランス語ではopinionです〕，「真理」を意味するἐπιστήμηと対比されていました．

自分が抱くそういう思い込みに対する疑いを持たなければなりません．そうしないでいると，自分自身のことを必要以上に悪く考える場合が結構あるからです．自分自身の「**性格(CARACTÈRE)**」(▶p.146)について悩む場合もそうです．性格などというものは「意見」によってつくられているかも知れないと考えてみるべきです．

次のような言葉がありましたね．

ロビンソンは，ひとりでいたかぎり，よい性格にしろ悪い性格にしろ，およそ性格をもたなかったと私は思う．性格は意見によって作られるのである．★033

そういう事態があるにもかかわらず，その「意見」を遮断できないがゆえに，自分自身を許

★026──木田元『メルロ＝ポンティの思想』p.105
★027──プラトン『パイドロス』249C-D, pp.187-188
★028──アルフレッド・ノース・ホワイトヘッド『科学と近代世界』p.268
★029──「なぜ私は哲学者なのか？　ヒロシマのせいです．疑いません．ヒロシマは私の全人生を組織し，私に次のように言わせた原初的な行為なのです．私は暴力の前からはつねに隠遁して，もっとほかのやり方で認識し行動することを試みよう，と」(今村仁司監訳『哲学のポスト・モダン』p.268)
★030──ミシェル・セール『生成──概念をこえる試み』p.121
★031──福居純『デカルト研究』pp.114-115
★032──アラン『感情　情念　表徴』p.44
★033──アラン『人間論』p.253

せなくなってしまう。「だれもがすぐに自分を断罪してしまう[*034]」のです。ノイローゼがその先にあるというのも、見やすい道理だと思います。

ノイローゼ患者とは何だろう。それは考えこむ人間である。つまり、知識があり、自分の意見や感情に細心の注意を払う人である。注意を払うという意味は、自分の意見や感情の見物人になるということだ。ここにこそ、自分の意見を自主的に選び、積極的に持とうとする代りに、ただ確認しようとする狂気が存在する。[*035]

見事に生きてみようとするなら、そうやって抱いてしまう自分の思い込みだけではなく、他人の意見も疑ってみる必要があるでしょう。

疑いはすでに強い精神のしるしであり、そこには普遍的に考えることが保証されているように、外面的な善や人の意見に無関心であることは、すべての証拠に先立って、大きな決意のしるしである。[*036]

意見と「恐怖（PEUR）」（►p.582）とが密接に結びついていることにも注目しておきましょう。

しかし、むつかしいのは、意見と恐怖とがいかにからみ合っているかを、はっきり見究めることである。ある子守娘が、オオカミの縫いぐるみをかぶって、四つんばいになる遊びを、思いついた。子どもは、しまいには、きゃあきゃあ悲鳴をあげるのだが、それでも、この遊びが好きだった。この例をみれば、よしんば遊び半分のものであっても、恐怖というものが、どのようにして、われわれをひっとらえるようになるかが、わかるはずである。[*037]

DÉSINTÉRESSEMENT
無私無欲 －正しくは無関心〔désintérêt〕である。それは、関心を持っていないということを意味する。利益とか優勢を軽蔑するということを言いたいだけではなく、そこに喜び〔plaisir〕を見出さないということである。すべての情念〔passions〕は、当の情念以外のものに無関心である。虚栄心〔vanité〕を欠くと、人は無関心になる。無関心は一種の高み〔hauteur〕である。他人たちが感じ、追求することに関して、他人たちを模倣することを、それは拒む。例えば、虚栄心の無い作家は、人が彼に与える賞讃に、関心が全くと言っていいほど無い。無関心について判断を下す〔juger〕には、コントが虚栄心について述べたことを思い出す必要がある。すなわち、虚栄心とは慈愛〔charité〕の始まりだということである。それは、共感によって感じることであり、他人のおかげで感じ取れる事柄を、自らが感じ取れるように訓練することである。賞讃の場合、それから喜びを受け取ることの方が、明らかに、より礼儀正しく、また友好的である。こうしたことを言うのは、一つの美しい言葉が時としてつまらない使い方をされることから救うためである。

なぜ、冒頭で、「正しくは」というのでしょうか？ それは恐らく、désintéressement という言葉が、intéressement の関連語であって、後者は、20世紀中頃になると〈企業が従業員に払う固定給以外の利益配分〉を意味するようになるといった雰囲気を持っていたからでしょう。アランが亡くなったのは1951年ですから、当時まだその使用法は定着していません。けれども、そういう背景があればこそ、この定義の最後の部分、つまり「一つの美しい言葉が時としてつまらない使い方をされることから救うため」という言葉が理解できるようになると私は考えます。

intéressement といったものからは離れているありようを、désintéressement と呼べるわけです。しかし、désintéressement は、『小学館ロベール仏和大辞典』によると古風な表現として、「無関心」と名づけうる意味合いをもっています。20世紀中頃になって定着するような新しい意味ではなく、ということです。アランがここで「正しくは」と述べた désintérêt に言い換えられる意味合いです。この意味で、Désintéressement は次のように類語辞典では説明されます。

> Indifférence louable à son intérêt personnel. ★038
> （個人的利益に対する賞讃すべき無関心．）

こうして、désintéressement が désintérêt と言い換えられるような仕方で使われるなら、実に見事に美しい使い方なのでしょうが、それがひたすら金銭的な利益に近いような意味に傾いていけば、「つまらない使い方」になってしまうと言いたいのだ、と私は解釈します。このような読みを前提にして、この定義を見ていきましょう。

さて、「すべての情念〔passions〕は、当の情念以外のものに無関心である」と言われています。その「情念（PASSION）」（▶p.544）以外のものに重きを置かないからです。他のことはどうでもいいということになる。

> 事実、人が恋する男という現在の状態だけに満足しているとすれば〔恋という情念です〕、彼にとって大事なのは、愛する女に再会することである、ということは明らかである。大酒家にとって大事なことはすぐに飲むことであり、賭博者にとって大事なことはカジノへ駆けつけることである〔賭けという情念ですよね〕。★039

そういう情念の対象だけは関心があり、それが際立つことと並行して他の事柄には無関心になっている。そういう状態というのは、もちろん、すべてに無関心でただただ佇んでいる状態、つまり〈無気力〉とは違う状態です。

では、定義の続きの「虚栄心を欠くと、人は無関心になる」という言葉は、どのようにそういう議論とつながっているのでしょうか？ 虚栄心というものは、〈他というもの〉があってのものであることは明らかでしょう。『広辞苑』を調べてみれば、「虚栄（VANITÉ）」（▶p.843）は「実質の伴わない、外見だけの栄誉」であり、「うわべだけを飾って、自分を実際より良く見せようとすること。みえ」なのですから、そういう〈虚栄の思い〉よりも、つまり他人とか他のものよりも、大事な何かがあれば、それに集中することで、その他人や他のものとの関わりを軽視することになります。虚栄心が消えれば、無関心になるわけです。

逆から言えば、「虚栄心とは他人に素朴に助けを求めることにほかならない」ことになります。★040 〈虚ろなもの〉を追い求めることからは解放されているという意味では、無関心は、人間の到達しうる一つの「高み」なのでしょう。「無関心は一種の高み」と言われる所以です。そういうところまで達した人は、他人の意見などどうでもいいような関わり方を、あるもの（あるいは、ある人）に対して、しています。例えば、「痘痕（あばた）もエクボと言われようが、何だろうが、俺は彼女が好き」という状態です。だからこそ、「他人たちが感じ、追求することに関して、他人たちを模倣することを、それは拒む」。他人の判断と同じことを求めていないのです。〈どう言われようと、屁とも思わない〉わけです。それが賞讃であろうと、「非難（REPROCHE）」（▶p.708）であろうと。こうして、「例えば、虚栄心の無い作家は、人が彼に与える賞讃に、関心が全くと言っていいほど無い」と書かれることになりま

★034──同書, p.251
★035──アラン『裁かれた戦争』p.116〔傍点引用者〕
★036──アラン『イデー（哲学入門）』pp.23-24〔傍点引用者〕
★037──アラン『芸術に関する101章』p.187
★038──H. Bénac, *op.cit.*, p. 482
★039──F. アルキエ『永遠への欲望』p.27
★040──アラン『思索と行動のために』p.302

す．自分が素晴らしい作品を創ったという満足感は，他人が与える賞讃などよりもずっと大きいものなのでしょう．そういう満足感を持つ芸術家は次のことを痛いほど知っているはずです．

　　彼の作品である彼の想念が，その出所〔origine〕を他人のなかにではなく彼のなかに持つという，まさにその意味において彼は独創的〔original〕なのです．だから芸術家はある意味で孤立する．★041

では，この「無私無欲」の定義でアランは，無私無欲ないし無関心を，これまで述べてきた意味からして，そのまま肯定するのでしょうか？私は違うと解釈します．だからこそ，オーギュスト・コントの議論を引き合いに出すのだと思うのです．そして，ここから「無関心について判断を下す」，つまり〈無関心というものを裁く〉ことが始まるのです．その話の道筋において，この定義で例に挙がっている作家のように「虚栄心」がただただ排除されるのではなく，肯定的に救い出される道が模索されることになります．それが，「虚栄心とは慈愛〔charité〕の始まり」という指摘です．虚栄が他人との関わりに依存していたことを思い出してください．〈他人との関わり〉を欠いたところに慈愛・「**博愛（CHARITÉ）**」（▶p.148）は無いでしょう．「共感によって感じること」は，他を気にしないで自分に閉じ籠もっていてはできません．この指摘の延長上で，賞讃に対する態度が変わってくるのです．「他人のおかげで感じ取れる事柄を，自らが感じ取れるように訓練する」とは，賞讃に関して言えば，自分一人の思いだけではなく，人の思いを介して，例えば〔作家で言えば〕自分の作品に対面することができるようにすることでしょう．まさに，そうしたあり方は「他人のおかげで感じ取れる」ようになる事柄です．言わば，他人の立場に立つことができるようになる．他人の立場を「自らが感じ取れる」ようになるのです．賞讃を素直に受け容れるところに，「礼儀正し

く」，「友好的な」（つまりは愛に満ちた）あり方があるのでしょう．もちろん，だからといって，賞讃を求めているわけではありません．それを目指して行為しているわけではありません．つまり虚栄心に踊らされているわけではありません．しかし，賞讃に無関心である，すなわち，言わば無視している態度は，まだ慈愛には到達できていないのかも知れないのです．その意味では，慈愛の始まりである虚栄心を親の敵のように毛嫌いすることの方が，かえってその虚栄心に囚われていることなのかも知れないのです．囚われずに何かを保持すること．これは容易なことではないのですが，例えば力を抜いた無関心，つまりは囚われを去った無関心は，無関心そのものを，頑ななあり方から解放し，見事な一つのあり方へと高めます．そのとき，無関心という言葉も「一つの美しい言葉」へと昇華しているのでしょう．それを，つまらぬ使い方から救い出すことが，この定義のねらいであったわけです．恋に囚われずに恋すること（そうじゃないと，見事に恋を終わらせることはできません．ストーカーや無理心中事件を思い浮かべてください），地位に囚われずに地位につくこと（そうじゃないと，暴君的上司になりかねません），「**信仰（FOI）**」（▶p.372）に囚われずに信仰を持つこと（そうじゃないと，信仰のゆえに，信仰を失ってしまうことにさえなりかねません）等々．いろいろ考えてみてください．関連の引用をしておきましょう．

　　宗教は，あたかも宗教が存在しないかのようでなければならず，神は，あたかも神が存在しないかのようでなければならない．信ずるに価する人でなければならない，すなわち，報いがあるとはじめには知らずに報いを得なければならないと言うではないか．★042

最後に，賞讃に関わって，コントが，議論を古典研究にまで拡げていたことを示す引用もしておきましょう．

コントは感嘆すべきことを言った．時の試練を経た古代の作家たちは，自分たちひとりでなく，目に見えない讃美者たちの無限の行列に支持され，ささえられて，読者の前に姿を現わすのだ，というのである．古代の作家を読むとき，わたしは大ぜいの仲間といっしょである．まさにこうした意味で，古代の作家の中には全人類がふたたび生きているのだ．★043

DÉSIR

欲望 ─ 欲望には，傾向よりも多くの空想〔fantaisie〕が含まれており，それは必ずしも必要〔besoin〕に応じて〔生ずるの〕ではない．人は，経験したことのないものについても欲望を持つことがありうる．だからこそ，発明者たちが私たちに与えうる欲望には限りがない．例えば，飛行機，ラジオ，テレビ，月旅行など．人は，新しいものについて欲望を持つ．知恵〔sagesse〕というものは，私たちの欲望を私たちの必要に基づいて調節する，そして人々の標準的なレベルに基づいて調節しさえする（なぜなら，人は必要なものどもを〔こそ〕手に入れるものだからである）．

　欲望の定義が，必要〔besoin〕との対比で語られていることは見ての通りです．多くの場合，私がこの「**必要（BESOIN）**」（➡p.127）を欲求とは訳さない理由は，「**欲求（APPÉTIT）**」（➡p.093）の定義のところで述べておきました．必要の方は自ずと生じ，また人をその必要を充足することに自ずと傾けるでしょう（傾向），つまり自然な仕方でそちらへと引きよせるでしょう．人間の三大欲求（必要）の内の一つである食欲について考えてみるなら，母親の胎内にいるときから，胎児は言わば本能的にそれを経験し，満たしてきていると言っていい．身体がそれを必要とし，そして満たせば一応は消え去ります．要するに，それは身体レベルの話なのです．人間の三大欲求などと言っても，実を言えば，そこには人間と動物とを区別するものは語られていません．つまり，必要というものは，さしあたって，「**精神（ESPRIT）**」（➡p.322）が関わってくるものではない．ところが，人間は考えるということを始めてしまった．旧約聖書風にいえば，知恵の樹の実を食べてしまったわけです．こうして，身体の欲求するものと精神の欲望するものとにズレが生じてくる．それ以降，そのズレから生じた事柄を，言い換えれば〈私たちが考え始めたということ〉に伴ういろいろな事柄を，私たちは引き受けなければなりません．楽園からは（つまりは母親の子宮から，そして物心付く前の無心に遊んだあの幼い日々からは）追放されてしまったのですから．

　今述べたようなズレが生じた人間の姿を，まさに文化の問題として捉えて，次のような言い方をする人もいます．文化記号学という学問を打ち立てようとした丸山圭三郎氏です．スイスの言語学者ソシュールの影響の下にです．

> 文化記号学とは，〈文化のなかの諸記号〉の研究であるとともに，いやそれ以上に，〈文化という記号〉の解明であるとすれば，これは「アニマル・シンボリクムたる人間とはいかなる動物か」を問う哲学的人間学にほかならない．★044

> 文化は本能が退化したためにこれを補塡すべく作り出されたものではなく，その逆に，人間は文化によって本能の歯車を狂わせたのである．★045

★041──アラン『芸術についての二十講』p.267
★042──アラン『宗教論』pp.257-258
★043──アラン『芸術について』pp.121-122
★044──丸山圭三郎『文化のフェティシズム』p.62
★045──丸山圭三郎『欲動』p.33

もちろん、ここで「文化」と呼ばれているものは、〈考える〉という営みあってこそのものでしょう。そして、この引用文の著者丸山氏は、その〈思考つまり文化〉を生み出すものとして言語というものを捉え、次のようにも述べます。

　　人間は本能が退化したために文化を作り出して自然との空隙を埋めたのではなく、その逆であるという筆者の理論は、くり返すようだが、〈道具＝過剰〉説であり、〈コトバ＝欲望〉説だからである。★046

　この引用にも「欲望」が出てきます。しかも、それは、まさに、「過剰」として捉えられています。アランのこの欲望の定義で、欲望が限りないものとしてありうることを思い出してください。しかしながら、たとえ過剰と言われようとも、とにかく、考え始めてしまった以上、見事に考えてみるしかないのではないでしょうか？
　それでは、私たちはこうした過剰なものに対してどのような態度を採ってきたのでしょうか？　この点、現代の私たちはかなりアブナイ態度を採ってきたのではないでしょうか？

　　過剰なものを当然の権利として要求するとき、そこにたとえば古代ギリシア人たちがもっとも恐れた「傲慢(ヒュブリス)」が巣くう。「ヒュブリス」こそが今世紀〔20世紀〕の病いなのである。そして「ヒュブリス」こそが大衆を特徴づける精神的相貌なのだ。★047

　私たち現代人は、恐らく、こうした危なさを意識し、それを超えて思考していかなければならないのでしょう。考える存在としての人間のありようが、たとえ死にたくなるほど辛くともです。アランが「ひとたび考えはじめた以上、死なない方法を学ぶことが必要だ」★048と言ったことを参考にしながらです。
　さて、駄目押し的に言っておきますが、考えるということに伴って起こる事柄の一つとして欲望はあるのでした。過剰として。こうして、冒頭に書いた〈欲望と欲求との対比〉は、〈限りなさと節度との対比〉といってもいいものになっていきます。人間は、自然とか身体とかに備わった節度ないしバランスを、思考によって壊す面があるのです。要するに、エコシステム(生態系)を破壊する可能性を秘めている。そうした過剰、そうした〈限りなさ〉をもたらすものこそ、空想というものだとアランは言っているのです。もちろん、空想というものを一概に否定するものではありませんが、この空想という言葉に語源的に伴っている〈誤り〉の要素には注意すべきだと私は思います。語源から迫ってみましょう。「空想」という訳語の原語は fantaisie ですが、さらにこの語源は遠く古代ギリシアに遡るのです。そのあたりの探索から。

　　eikōn が何か対象につくり出される像であるのに対して、phantasma は、関連語の phantasia とともに、われわれの心に映し出される像を意味するという違いが存在する。これらをとりまとめる eidōlon は、ホメロスにおいては本来「化身」「分身」を表すもので、実物に対する「写し」や「像」を表すのは後のことである。このように eikōn が何らか存在するものの「像」であるという意味で、たとえ実物そっくりでも、実物と全く同じではありえず、何らか劣ったものであるということが含意されているのに対して、phantasma や phantasia は、実物と異なるという点にむしろ強調点が移されている。しかし、それは依然として存在するものの「誤った像」なのである。このことは、この phantasia の語を導入したのが、もし現在残されているもっとも古い用例[『国家』382e]の作者、つまりプラトンであるのだとすれば、そこに見られる二重性のうちにすでに予示されていたことになる。というのも、そこでは「神は、その業においても言葉においても、決して欺かない」ということが述べ

られているのだが，その際通常欺く手段とされるものを列挙している中に，この phantasia と言葉（logos）と合図（sēmeion）の三つが挙げられているのである．
★049

この「誤った像」といった捉え方に注意しておいてください．確認しておきますが，そういうニュアンスが，もともとこの fantaisie というフランス語には語源的には含まれていたということです．この〈誤り〉の要素は，上の引用では，〈何か「存在するもの」の誤った像〉という意味ですが，これはさらに，〈全く存在しないものの想像〉になっていきます．

それ〔phantasia〕が全く存在しないものの想像という意味に用いられるのは，さらに後のストア派やそれに対する懐疑論の批判を通して，最終的には新プラトン主義を待たねばならなかったのである．
★050

発明の話が今回の定義の中で例示されているように，新しいものについて私たちはまだ経験を持っていない．しかしそれにもかかわらず，多くの欲望を生み出す．「経験したことのないものについても」欲望を持つというわけで，それが，生命維持とかに関わる欲求，つまり食欲・睡眠欲といったものとは区別されるのは見やすい道理でしょう．人は，そうやって自分の知らない事柄をまで，欲望し，追い求めるのです．こうして，上に述べた〈誤り〉は，未だ存在しないものについてまで語られることになります．いや，むしろ，そこに誤り（誤謬）に関して考える大きなヒントがあります．そのことについてデカルトに触れながら述べてみましょう．

デカルトは，彼の著作『省察』の第四省察で，いわゆる「誤謬論」を展開します．要するに，人間は知らないことについてまで判断を下そうとするから誤謬をおかすというわけです．人間の知性が実際には到達していない事柄をまで意志しようとするから誤るというわけです．そんなふうに，望む範囲を拡大しすぎることを規制する，調節するのが「知恵（SAGESSE）」（▶p.721）というものだとアランはここでいいたいのでしょう．この点でも，アランは多くをデカルトに負っていると言っていい．例えば，デカルトが『方法序説』の冒頭で次のように述べている「良識（bon sens）」は次のように語られるようなものでした．

> Le bon sens est la chose du monde la mieux partagée.（良識はこの世で最も公平に配分されているものである．）

> bon sens（ラテン語 bona mens）は，これを正しく用いてその最高度の完成である知恵に達することができるので，ストア道徳にいう「知恵」（sagesse）を意味することもある（『規則』一参照）．
★051

「中庸の徳」という言葉もあります．デカルトの『情念論』から，誤謬に関わるいくつかの引用をしておきます．

> 「欲望」の統御というこのことにこそ，道徳の主要な用途は存するのである．ところで，欲望は，それが真なる認識に従う場合はつねに善である，と私はさきにいったが（一四一節），同様にまた，欲望はなんらかの誤謬にもとづいている場合，必ず悪いのである．
★052

> 「欲望」について最も普通に人の陥る誤りは，まったくわれわれに依存する事がらと，われわれに依存しない事がらとを，十分に区

★046──丸山圭三郎『生命と過剰』p.185
★047──佐伯啓思『擬装された文明』p.98
★048──アラン『思索と行動のために』p.318
★049──神崎繁『プラトンと反遠近法』p.75
★050──同書，p.76
★051──R.デカルト『方法序説』（『デカルト著作集 1』）p.78 註(1)
★052──R.デカルト『情念論』pp.202-203

225

別しないことである，と私には思われる．[053]

われわれに少しも依存しない事がらは，それらがいかに善であっても，けっしてそれらを強く欲望してはならない．その理由は，それらが実現されないかもしれず，したがって，それを強く希望したのであれば，それだけわれわれを悲しませるであろうということのみでなく，主としてそういう事がらが，われわれの思いを独占して，われわれの力で獲得できる他の事がらに，われわれの愛を向けさせないようにする，というところにある．[054]

われわれの欲望の大部分は，まったくわれわれに依存するのでも，まったく他のものに依存するのでもないような事がらにおよぶのであるから，こういう事がらにおいて，われわれにのみ依存する部分をはっきりとりだして，この部分以上にわれわれの欲望が広がらないようにしなければならない．[055]

こういう態度を禁欲的（ストイック）ということもできるでしょう．実際，デカルトは，このストイックという言葉の語源となる古代ギリシアのストア派の影響を大きくうけています．限りない欲望は，私たちを苦しめます．それを統御しなければ，幸福になれないというわけです．それでは，どんなふうに統御したらよいのでしょうか？　ストア派の考え方は，まさに，デカルトが「自分に依存するもの」と「他のものに依存するもの」とを区別していたように，自分がどうにか出来るものとそうでないものとを峻別しようとします．そのことについて少し触れましょう．

　　最良の教師に数えられるストア派の人々…〔中略〕…は魂や精神を統治〔gouvernement〕と名づけていた．[056]

ストア派の人々は，指導理性（ヘーゲモニコン ἡγεμονικόν）と呼んだ「魂〔ÂME〕」（▶p.069）や精神を

見事に用いて，上の峻別を行おうとします．例えば，次のようにです．

　　君がなにか外的の理由で苦しむとすれば，君を悩ますのはそのこと自体ではなくて，それに関する君の判断なのだ．ところがその判断は君の考え一つでたちまち抹殺してしまうことができる．また君を苦しめるものがなにか君自身の心の持ちようの中にあるものならば，自分の考え方を正すのを誰が妨げよう．同様に，もし君が自分に健全だと思われる行動を取らないために苦しんでいるとすれば，そんなに苦しむ代りになぜいっそその行動を取らないのだ．「しかし打ち勝ち難い障碍物が横たわっている．」それなら苦しむな，その行動を取らないのは君のせいではないのだから．[057]

　　私の自由意思にとって隣人の自由意思は無関係の事柄である．それは彼の息と肉が私に無関係なのと同様である．たとえ我々がいかに特別にお互い同志のために作られているとしても，我々の指導理性はそれぞれ自己の主権を持っているのである．さもなければ隣人の悪徳は私のわざわいとなってしまうであろう．[058]

　　もっとも高貴な人生を生きるに必要な力は魂の中にそなわっている．ただしそれはどうでもいい事柄にたいして無関心であることを条件とする．これに無関心になるには，かかる事柄の一つ一つをその構成要素に分析してながめ，同時に全体としてながめ，そのうち一つとして自己に関する意見を我々に押しつけるものもなく，また我々のところへ侵入してくるものもないということを記憶すればよい．[059]

しかし，こうした言わば自分に閉じたような姿勢の問題は，もう少し自分を相対化し，その

上で全体を考える必要はないかと私は思います．さきほどエコシステム〔生態系〕に言及したことを思い出してもらえばいい．例えば，ディープエコロジーのようなものは必要ないのかということです．そうでないと，個々の存在者を〔典型的には個々人を〕，もともとは他と無縁の原子のように捉える原子論的世界観に囚われることになりはしないかという疑問が残るのです．それよりも関係論的世界観が必要なのではないか？さらには人間中心主義をも批判する必要はないのか？その他，多くのことをディープエコロジーは私たちに問うてきます．

DÉSOBÉISSANCE

不服従 — それは自由を試すことであり，勇気〔courage〕を試すことである．だからこそ，それを友情〔amitié〕と共に見守らなければならない．不服従というものは，それが怠惰で無気力な場合だけ非難されるべきものである．そして，大抵の場合，怠惰で無気力なのは〔不服従ではなく〕服従の方だと言わねばならない．生徒が宿題をやらないのは，もしそれが怠惰によってであるような場合には，悪いことである．しかし，もしそれが〔そんなものは自分にはやる必要を認めないといった〕誇り〔orgueil〕からならば（そうであるかどうかを君は言わなければならない），その誇り高き者に自由を返し与えなければならない．

あえて従わないこと，そんなことをしてみる必要があるのかも知れません．デカルトが，「一生に一度は」，世間が，そして自分が，当たり前だと思っているすべての事柄について徹底的に懐疑して〔疑って〕みなければならないと考えたのも，そのようにしないと，「習慣〔HABITUDE〕」（▶p.393）が私たちを襲い，真に知るということから遠ざかってしまうと考えたからなのでしょう．それと同時に，自覚的に〈善く生きる〉ということからも遠ざかってしまう．たとえ，そんなことを疑うのは自分ただ一人であっても疑ってみるという決意をデカルトはしたわけです．ですから，そこには「勇気〔COURAGE〕」（▶p.196）が必要であり，この定義でも，不服従は「勇気〔courage〕を試すこと」であるとも言われることになるのです．皆が従っている〔服従している〕考え方や行動の習慣に，あえて疑いを投げかけるのですから．

世間は，場合によっては，〈……しなければならない〉，〈それはお前の「義務〔DEVOIR〕」（▶p.249）だ，責務だ〉といって個人に圧力をかけてくるでしょう．

> 責務というものは，何はともあれ，習慣の形で意志へのしかかってくるもの，また責務の一つ一つがそれ以外の責務の集塊をその背後に曳きずっており，したがってまたその集塊全体の重みを利用して圧力をかけてくるものだ…〔後略〕 ★060

問題は，そうした責務に従うことと理性的に振る舞うこととが同じかどうかです．これが多分違うだろうというのが重要な論点なのです．デカルトがあえて懐疑したのも，責務にそのまま従うだけでは，かえって正しくものを見ることができない場合もあるのではないかと考えたからでしょう．

> 責務の本質と理性の要求とは，別物である．
> 〔l'essence de l'obligation est autre choses qu'une exigence de la raison.〕 ★061

★053──同前
★054──同書, p.204
★055──同書, p.206
★056──アラン『思索と行動のために』p.376
★057──マルクス・アウレリウス『自省録』pp.137-138
★058──同書, p.141
★059──同書, p.188
★060──H. ベルクソン『道徳と宗教の二つの源泉』p.236
★061──同書, p.235〔引用者改訳〕

227

責務〔obligation〕は，言うならば個人の心を閉じさせます．と同時に「社会(SOCIÉTÉ)」(▶p.748)も閉じてしまいます．そこでは，比喩的に言えば，社会は大きな個人でしかなく，個人は小さな社会でしかないからです．

　責務というものは，その起源(もと)で捉えれば，個体と社会とのいわば未分の事態を意味しているのである．…〔中略〕…ここでは魂は個体的で同時に社会的であり，一つの円を描いている．それは閉じた魂である．★062

　ここで「閉じた魂」という表現が出てきていることに注目してください．もちろん，ベルクソンはそういう閉じに甘んじていてはダメだと考えているのです．しかし，たとえそうだとしても，問題はどうやったら閉じを開きへともたらすことができるかでしょう．そういうことを考えてみるために，その閉じから開きへの動きを表わしている事柄を探してみることは必要だと私は考えます．例の一つをやはりベルクソンの今の著作から引いてみましょう．新約聖書の「山上の垂訓」について述べている文章です．

　山上の垂訓のうちに次々に現われる「……と言えることあるを汝(なんじ)ら聞けり，されど我は汝らに告ぐ，……」という対句の深い意味…〔中略〕…一方には閉じたもの，他方には開いたものがある．現在行なわれている道徳が廃されるのではない．だがそれは，今や進歩途上のいわば一つの瞬間として示される．★063

　知らない人もいるでしょうから，「山上の垂訓」について少し述べておきます．これは新約聖書の「マタイによる福音書」第5章から第7章に記されているものです．「心の貧しい人々は，幸いである，天の国はその人たちのものである」といった言葉から始まる「幸い」についての説教から，「律法」とか「復讐」とか「祈り(PRIÈRE)」

(▶p.660)とかいろいろなことについて，昔から言われてきた事柄を否定するのではなく超えていく考え方を提示していくのです．そこに頻繁に出てくる言い回しが「……と命じられている．しかし，わたしは言っておく」というものです．例えば，こんなふうにです．

　あなたがたも聞いているとおり，「目には目を，歯には歯を」と命じられている．しかし，わたしは言っておく．悪人に手向かってはならない．だれかがあなたの右の頬を打つなら，左の頬をも向けなさい．★064

　さらに具体的な例も新約聖書からもってくることができます．「ヨハネによる福音書」第8章に出てくる「姦通の女」の話です．

　イエスはオリーブ山(やま)へ行かれた．朝早く，再び神殿の境内に入られると，民衆が皆，御自分のところにやって来たので，座って教え始められた．そこへ，律法学者たちやファリサイ派の人々が，姦通の現場で捕らえられた女を連れて来て，真ん中に立たせ，イエスに言った．「先生，この女は姦通をしているときに捕まりました．こういう女は石で打ち殺せと，モーセは律法の中で命じています．ところで，あなたはどうお考えになりますか．」イエスを試して，訴える口実を得るために，こう言ったのである．イエスはかがみ込み，指で地面に何か書き始められた．しかし，彼らがしつこく問い続けるので，イエスは身を起こして言われた．「あなたたちの中で罪を犯したことのない者が，まず，この女に石を投げなさい．」そしてまた，身をかがめて地面に書き続けられた．これを聞いた者は，年長者から始まって，一人また一人と，立ち去ってしまい，イエスひとりと，真ん中にいた女が残った．イエスは，身を起こして言われた．「婦人よ，あの人たちはどこにいるのか．だれもあなたを罪に定めな

かったのか．」女が，「主よ，だれも」と言うと，イエスは言われた．「わたしもあなたを罪に定めない．行きなさい．これからは，もう罪を犯してはならない．」

ここで重要なのは，イエスが，ユダヤの古くからの律法を否定してはいないということです．にもかかわらず，それを超える言葉を言ったらしいということです．古くからの律法を否定してしまえば，律法学者たちやファリサイ派の人々の思うつぼで，即座にイエスは捕まってしまいます．ユダヤ教の律法に反することになるのですから．しかしそうはならなかった．それにもかかわらず，その律法のままの行動を阻止しているのです．律法を否定せずに超えている．愛に基づく許しによってです．閉じた社会としてのユダヤの社会は，こうして開かれることになります．キリスト教にとって根本的に重要な「隣人愛」は，自分に閉じこもってはいないはずですし，狭い社会にも閉じこもっていないはずです．とにかく，自らの属する社会集団の維持に汲々とするのではなく，そこを越え出て行くことができるという自由を信じ，勇気を持つ必要があるのでしょう．それを誘うのが，すでに，越え出ていった人々たちの招きなのです．

自然的責務は，圧力ないし圧迫(プレッション)(プッセ)だが，完全完璧(かんぺき)な道徳のうちにはいわば招きがあるのである．★065

越え出ることは容易ではありません．孤独な「決断(RÉSOLUTION)」(▶p.715)を必要とする場合がほとんどでしょう．しかしそれをあえてやってみなければ，道を拓けないことも確かです．

一般的に生命全体の進化も人間社会の発達や個人の運命の展開と同じことで，そこで

は最大の成功は最大の危険を買って出たものに与えられてきたのだった．★066

やってみるしかないのです．

人が信を有するなら道が開けるということは確かではないが，まず信を有するのでなければすべての道が閉ざされることは確かである．★067

デカルトはこの孤独な戦いを引き受けます．

けっきょくのところ，われわれに確信を与えているものは，確かな認識であるよりもむしろはるかにより多く習慣であり先例であること，しかもそれにもかかわらず少し発見しにくい真理については，それらの発見者が一国民の全体であるよりもただ一人の人であるということのほうがはるかに真実らしく思われるのだから，そういう真理にとっては賛成者の数の多いことはなんら有効な証明ではないのだ，ということを知った．★068

デカルトは，疑わしいから疑ったのではありません．あえて疑ってみることで，積もり積もった偏見などを打ち砕こうとしたのです．行動において明らかに見，確信を以てこの世を歩むために〔pour voir clair en mes actions, et marcher avec assurance en cette vie〕です．それは怠惰や無気力から疑うのではありません．むしろ積極的に疑ってみることで，思い込みに埋もれていた自分を再生させよう，とでもいう事態なのです．その自分すらも温存せず，危険にさらしながらです．通常，人は何かが存在することを疑いません．例えば，これから食べようという昼食の存在を疑ったりしません．目の前にはあなたが食べようとする昼食が

★062──同書, pp.249-250
★063──同書, p.271
★064──新約聖書「マタイによる福音書」5-38〜39
★065──H. ベルクソン『道徳と宗教の二つの源泉』p.246
★066──H. ベルクソン『創造的進化 上』p.167
★067──アラン『宗教論』p.93
★068──R. デカルト『方法序説』p.25

229

あるとされる場合，つまり，その姿が想像ではなく五感を通して知覚的にあなたの心に浮かんでいるように思える場合，それでもあなたはその存在を疑えるでしょうか？ 普通は無理ですね．しかしデカルトはあえてそういうことをやってみたのだと言っておきましょう．〈その姿が想像ではなく五感を通して知覚的にあなたの心に浮かんでいる〉場合，それを私がその昼食についての〈明晰に思える観念が現われている〉事態だと言い換えてみます．そういう事態についてデカルトは，疑う．それをアランは次のように言います．

> たびたび誤解される明晰な観念のためしということも，明晰な観念をつくるため，あるいはこわすために，自由がみずからをためすことである．[★069]

繰り返しますが，彼は自らの存在についてまで疑うのです．多くの人にはそれは耐え難く見えるため，そこまではやる必要がなかろうと決め込み，疑うにしても，〈もっともらしい〉ところでやめておきます．懐疑も〈理に適った〉ものでなければならないというわけです．しかし，それは次のように言える事態ではないのでしょうか？

「理にかなった」懐疑とは，「疑う主体」が傷つかぬように庇護されている条件のもとでなら，あらゆることについて疑うことができ，それゆえ疑わぬこともできる，という意味であろう．それこそは，デカルトが自らの〈方法的懐疑〉と区別した，いわゆる〈懐疑論者の懐疑〉ではなかったか．言い換えるなら，それはわれわれが或る閉じられた場所の中に在って，その外部へ越え出ることができぬという事実を，ありとあらゆる問いを発することによって間接的に説明してみせるような行為と言えよう．これは実は，われわれの日常の生き方そのものの姿なのではあるが，デカルトふうに否定的に表現するなら，「疑うためにだけ疑い，いつも不決断でいるふりをする」態度ということになろう．[★070]

例えば，何か困難にぶち当たったとき，上の意味での「懐疑論者の懐疑」を発動し，〈私は，正しいかどうかよく判らないんで，やらないでおこうかな？〉というような姿勢を採ることはあるはずです．しかし，それは自分が行動を取らないことに懐疑を利用しているだけで，実を言えば流されていて，「服従」しているわけです．意志的に不服従を選ぶことなく，流されるという形で，服従しているわけです．だからこそ，アランはこの定義の中で「大抵の場合，怠惰で無気力なのは〔不服従ではなく〕服従の方だと言わねばならない」と書くのでしょう．「不決断にすぎない，うわすべりの懐疑というものがある」[★071]わけです．さきほどの昼食の例に戻れば，昼食の存在については疑わずにいて，そのあり方についてウダウダ言ってみるだけです．

〈方法的懐疑〉の一例として先に挙げた〈塔の知覚〉をもう一度例に採れば，当の知覚への懐疑が，〈塔が在る〉ということを前提したうえで，〈塔は円く在るかも知れないし四角く在るかも知れない〉と主張しているにすぎぬとすれば，いわゆる〈懐疑論者の懐疑〉に他ならない．それは〈疑う〉という主体の無力を通して，対象の〈存在〉の絶対性を浮かび上らせるような事態を語るものである．[★072]

〈私は塔を見る〉という通常の場合の私の知覚は，〈私〉を指定するよりもむしろ〈塔〉を指示している．つまり，〈私〉の存在は〈塔〉の存在にいわば還元されるかのように対自化されない．私は否でも応でも塔を見させられているわけである．その場合，〈円い〉とか〈四角い〉とかの知覚内容はただの付足しにすぎぬかにみえる．そのようにして，懐疑論者たちは塔を知覚する際の〈私の受動性〉を絶対化して，つまり無視して，語

ろうとするのである．[073]

懐疑という働き自体を主題化せねばならない．懐疑とは，本来，対象から実在性をはぎ取り，その存在をカッコに入れることにあるのだから，〈対象に依拠した懐疑〉とは矛盾した事態である．そのような懐疑こそはいわゆる〈懐疑論者の懐疑〉に他ならなかった．[074]

実を言えば，科学がやる懐疑もこの〈懐疑論者の懐疑〉程度のところに留まるのではないかと私は思います．なぜなら，科学は，対象の存在は初めから認めておいて，それについて漸進的な認識の「進歩(PROGRÈS)」(▶p.665)を語るのみだからです．

感覚的認識に止まらず，一般に認識においては〈真〉と〈偽〉とは相対的であるがゆえに価値を発揮するのであって，〈偽〉を減らし〈真〉を増すことにおいて〈認識の進歩〉が語られる．しかし，〈方法的懐疑〉はそのような〈科学的・実証的精神〉を斥けるのである．[075]

無秩序 — DÉSORDRE

これは情念〔passions〕のしるしである．恐れ〔peur〕，怒り〔colère〕，復讐，酩酊〔ivresse〕といった痙攣状態〔convulsions〕は，皆，無秩序を生み出す．それは群衆の中で頂点に達する．

まず最初に「情念〔passions〕」というものがどんなものかについて新たに考察しながら，解説を始めましょう．悲しみとか，「怒り(COLÈRE)」(▶p.180)とか，恐れ〔「恐怖(PEUR)」(▶p.582)〕とかいうものを「情念(PASSION)」(▶p.544)の代表的なものと考えれば，情念というものについて，だいたいのイメージはつかめると思います．要するに，情念というのは，何かの出来事を機縁にして，身体的な動きが主導権を取ってしまって心がそれを追いかけるように受動的〔passif〕になっている状態です．例えば，近しい人の死をたった今知らされたばかりという場合，まずその知らせがあなたにショックを与え，身体的にも胸がドキドキし，と同時に悲しみの気持ちが生じるのが普通でしょう．その気持ちが，そのときの身体的な動きによって増幅されることはわかるでしょうか．身体はその出来事を知ったショックで，ある種の不調・混乱に陥るのです．場合によっては，すすり泣くか，激しく慟哭(どうこく)するかも知れません．その〈すすり泣く〉とか〈慟哭する〉という時の身体の動きに注目してください．そこには痙攣があります．すなわち「筋肉が発作的に収縮を繰り返すこと」(『広辞苑』)があります．泣き叫ぶときの嗚咽や，怒りに震えるような状態をイメージすれば，容易にわかるでしょう．すると今度は，心が，その身体的混乱に応じた（つまり身体的混乱に相応しいような，さらに言えば身体的混乱に引っぱられた）状態になっていきます．悲しみの情念はこうして，心と身体とを循環してというか，心と身体が相互作用してというか，とにかく〈昂ずる〉，すなわち〈募り，甚だしくなる〉ことになります．こうして，ある程度の期間，身体的には激しい動きが続いており，心も千々に乱れます．まさにそれこそは「無秩序」な状態なのです．

こういう状態が頂点に達するのが群衆の中であるという最後の指摘も重要です．そこにどのようなメカニズムがあるのかを知ることは，私たち個人が群集心理に翻弄されずに，可能な限り，自らの意志によって，決断し，生きるには必要だろうからです．

しかし，まずは，いろいろな人たちが情念に

★069──アラン『イデー(哲学入門)』p.184
★070──福居純『デカルト研究』p.77
★071──アラン『思索と行動のために』p.290
★072──福居純『デカルト研究』p.79
★073──同前
★074──同書，p.148
★075──同書，p.73

231

どのように対処しようとしてきたかを知り，参考にする必要があるでしょう．そしてそうした考察を推進することは，実を言うと**「哲学（PHILOSOPHIE）」**(→p.587)の重要な役割の一つを果たすことだと私は思うのです．哲学というものは，ただただ難しい言葉を使って，常人の近づき得ない話を仲間うちでやりとりすることではなく，人生論をも重要な部分として含んでいると私は考えるのです．日本の代表的哲学者である西田幾多郎も次のような言葉を残しています．

> 哲学は思弁的と云われるが，哲学は単なる理論的要求から起るのではなく，行為的自己が自己自身を見る所から始まるのである，内的生命の自覚なくして哲学というべきものはない，そこに哲学の独自の立場と知識内容とがあるのである．かかる意味に於て私は人生問題というものが哲学の問題の一つではなく，寧ろ哲学そのものの問題であるとすら思うのである．行為的自己の悩，そこに哲学の真の動機があるのである．哲学を理論的要求の上に置いたと考えられるアリストテレスの哲学の背後に，プラトンのイデヤの哲学のあることを忘れてはならない，希臘人(ギリシア)には見ることは最高の意味に於て生きることであったのである．カントの批評哲学という如きものといえども，私はその根柢に深い行為的自己の自覚の意味があることを思わざるを得ない．★076

> 古来，哲学と称せられるものは，何等かの意味に於て深い生命の要求に基かざるものはない．人生問題というものなくして何処に哲学というべきものがあるであろう．★077

アランも次のように書いています．

> ふつう哲学といえば，だれの眼にも，欲望や野心や恐れや悔恨を規制するための，善と悪とに関する正確な評価を意味する．この評価は，たとえば，ばかげた迷信や空虚な前兆にうちかつというような場合には，事物の認識を含んでいる．またこの評価は，情念自身に対する認識と，情念を抑制する技術をも含んでいる．哲学的認識をこのように素描すれば，なんらつけ加えるべきことはない．★078

ここでも，情念が登場します．そしてそれは，ストア派やデカルトと関係してくるのです．

> ストア学派の人々は恐れと怒りをおさえるための見事な議論をのこした．デカルトもその『情念論』のなかでそれと同じことをひたすら追求した．その意味でかれこそ最初の第一人者であり，かれみずからそれを誇りとしている．情念というものは，全く人間の思考によって発動するものであるにもかかわらず，同時に人間の肉体のなかに生じる運動に依存するものであることをかれは示した．★079

「人間の肉体のなかに生じる運動」というところに，この定義に登場する「痙攣状態」を観て取ってください．こうした痙攣状態がもたらす無秩序にどう対処したらいいのか，いくつかの例を掲げながら，考察を深めましょう．まず，激しい情念の代表例としての〈怒り〉にどう対処したらいいのかという問題．しかし，そうした激しい情念に囚われているときには，理性は無力だということもデカルトはきちんと述べています．

> 精神は何か他のことに強く注意を向けることによって，小さな音を聞いたり，小さな苦痛を感じたりせずにおれるが，同じ方法では雷鳴を聞くことや手を焼く火を感ずることをおさええないと同様に，精神はほんのちょっとした情念にはたやすくうちかちうるが，きわめてはげしい強い情念には，血液と精気との激動がおさまってしまうまでは，うちかつことはできない．この激動が力を発揮している間，意志のなしうるせ

いいっぱいのことは，その激動の生む結果に心を従わせず，それの促す身体運動のいくつかをおさえるということだけである。[080]

血液が上述のように動揺させられるのを感ずるときには，想像に現われるすべてのものが，精神を欺こうとする傾向があり，情念の対象を善いと信ぜしめる理由を，…〔中略〕…実際よりもはるかに強いもののように精神に思わせ，情念の対象を悪いと信ぜしめる理由を，実際よりもはるかに弱いものに思わせる傾向がある，ということをよく知って，これを思い起こすようにすべきだということである。そして情念が善としてすすめる事がらが，その実行をいくらか遅らせてもよいようなものであるとき，その事がらについてただちに判断をくだすことをさし控え，ほかのことを考えて心をまぎらせ，時の経過と安静とが，血液の激動をまったくしずめてしまうまで待つべきである。そして最後に，情念の促すところが即座に決心をしなければならぬような行為であるときには，意志は，情念が示す理由とは反対の理由——それがより弱く思えるにしても——を特に注視して，それに従おうとしなければならないのである。[081]

このデカルトの記述が，身体についての生理学的な考察を含んでいることについては注意しておいてください。アランは，そうした場合の人の心理をさらに具体的に，次のように記しています。

　他人から無礼な仕打ちをうけた人間は，まずそれが無礼であることを確認するため，あれこれといろいろな理屈を考えだすことだろう。かれは事態を悪化させる事情をさがしだそうと努め，そしてそれを見つけ出すことだろう。先例をさがそうと努め，そしてそれを見つけだすことだろう。かれはこう言うに違いない。これこそおれの正当な怒りの原因だ。おれは断じて怒りを静めて楽になろうとは思わない，と。これが最初の瞬間である。その次に理屈がやってくる。人間というものは驚くべき哲学者なのだから。そして人間をもっと驚かすのは，理性が情念に対してなんらの力ももちえないということである。[082]

さて，怒っているのは誰であるのかに注目し，はじめに，自分ではなく他人が怒っている場合を考えてみましょう。

　怒りの発作が起こっているときには，どんなにすぐれた議論でも全く無益である。しばしば有害でさえある。怒りを刺激するようなすべてのものを，議論が想像力に思い出させるからである。[083]

怒っていても，人間としてある程度の思考力を維持していますが，その力は身体の動きに完全に翻弄されている。「事態を悪化させる事情をさがしだそうと努め」るほどに愚かに頭を使っているわけです。そんなものを思考と呼んでいいかどうかすら問題です。

　要は，思考というりっぱな名称を，魂の刻印をもつものだけにとどめておきさえすればいい。こうして，われわれの秩序立った認識は思考に属する。われわれの選択され，同意され，磨かれた愛情は思考に属する。われわれの決意や誓いは思考に属する。これに反して，気分の動きは断じて思考には

★076──「私と汝」(『西田幾多郎全集 6』1948年) p.178〔傍点引用者〕
★077──「生の哲学について」(同書) p.428〔傍点引用者〕
★078──アラン『思索と行動のために』p.21〔傍点引用者〕
★079──アラン『幸福論』p.27〔傍点引用者〕
★080──R.デカルト『情念論』p.131〔傍点引用者〕
★081──同書，p.256
★082──アラン『幸福論』p.62〔傍点引用者〕
★083──同書，p.195〔傍点引用者〕

233

入らない．本能の反応は断じて思想には入らない．疲労も思考ではない．[*084]

怒っている自分にとって都合のよい仕方でしか思いを進めないなんて，思考の名には値しないとアランは言うのでしょう．「無秩序」に翻弄されている．「秩序立った認識」などそこにはない．では，そういう人にはどう対処したらいいのでしょう？

怒っている人を見たら，本当はもっとよい人だと確信することだ．彼をこのように信用することは，たんに彼を一個の人間と見ることにすぎない．[*085]

さて，次に，自分の怒りについてはどうしたらいいかについて，デカルトの『情念論』からの引用にもヒントがありましたが，さらに考えてみることにしましょう．まず，自分の怒りを野放しにしてはならないことが指摘されます．野放しにすれば，それは昂じていってしまうのが常なのです．そのメカニズムは，さきほど言ったように，心身間のある種の循環・相互作用にそのまま身を任せてしまうからです．そういう事態に対処する心構えのようなものをアランは次のように述べています．

怒りがきみのうちに病気のように頭をもたげるときには，わざと笑うという試みだけでもしてみたまえ．じつを言えば，怒りにまったく身をゆだねる者，吐き気や歯痛を待つように怒りを待つ者は，狂人である．そして，どうにもならぬ宿命という感じがあらゆる種類の狂気に共通しているということは，深い事実である．いずれにせよ，健康な人間は自分の体を支配することを欲し，また，支配しうることを確信する．不覚をとっても，また，不覚をとったことを恥じつつも，彼はなお信ずる．なお信じようとする．ここに意志の発条(ばね)が認められるのだ．[*086]

身体の統御が重要な事柄だということがわかるでしょう．その具体例は，非常に興味深い指摘を含んでいます．身体の状態が，思考にどのように影響を及ぼしているのかの指摘です．

口をあけていてはiの音を考ええないように，手のひらを上にむけ，手をいっぱいにひろげてさし出すときは，怒ってはいられない．怒りがすぐぬぐい取られないなら，所作が悪いのだ．だれしも観察しえたことと思うが，私たちの手ぶりは，私たちの気分，執着，拒否，不信を，こまかいところまで表出する．逆に，手をすこしでも動かせば，気分や意見はいくらか変わるのであり，とくに意見が気分だけのものであれば，じつに変わりやすい．[*087]

ここにあるのは，私たちの意志によって動かせる筋肉(随意筋)の理性的な使用です．内臓などの不随意筋はどうしようもないですが，随意筋なら統御の手段として使えるはずだということです．デカルトの『情念論』や『方法序説』を読んでみると，そこに身体についての記述が非常に多く出てくるという印象を持たれる人が多いと思います．それは，まさに，身体のメカニズムを認識して，それを統御することが人間の幸福の基本にあるという考え方があるからでしょう．

情念にかられている人々は，適当に規制された姿勢や動作には最も激烈な情念をすら和(しず)らげる力があり，けっきょくすべての情念を鎮めてしまうなどということを決して信じようとしない．しかしわれわれの力は正にここに存するのである．われわれの意志が何の仲介もなく，何の内的障害もなしに直接働きかけるのは，われわれの筋肉の活動に対してなのだから．だがその代わり，われわれはただ思想のみをもって筋肉の嵐(あらし)に抵抗するとき全く無力である．[*088]

非常に具体的な次の例について考えてみてください．

怒りに対しては，写しをとるといいし，悲しみに対しては，歌うのがいい．[089]

怒りにワナワナと身を震わせているときなど，手も震えてしまって見事な字を書くことなどできません．ですから，逆に，見事な字を書こうとするように意志を用いて自分の身体をその状態にふさわしいものにしようと統御するなら，怒りはおさまってくるという作用があるのです．僧侶が写経をするのもそういう効果をねらっているという面が少なからずあると，私は思います．また，非常な悲しみに沈んでいるときは，出す声も震え，擦れがちです．そういう状態の時に，逆に，見事な歌声を出そうと努力するなら，悲しみに相応しい身体の状態から少しは離れることができるようになるはずです．

音楽的な音とは，制御された叫びです．…〔中略〕…その叫びが自分自身を模倣し，自分自身に聴き入り，自分自身を存続させるような，そういう叫びのことです．体全体を制御しないかぎりそんなことはできません．あらゆる痙攣，あらゆる怯え，あらゆるのどの詰まりは，音をただの雑音に戻してしまいます．だから音楽とは，その根源において人間の体の統率をあらわすはずであり，まさにあらゆる情念の純化もしくは浄化をあらわすはずです．[090]

繰り返しますが，心を整えるために，身体を整えることを利用するのです．身体に援助を求めるような意志の使い方をするわけです．次の指摘も示唆的です．

怒りに身をまかせている人間と咳こんでどうにもならないでいる人間との間に，たいした違いがあるとは，わたしには思えない．[091]

咳についてまで，アランはある程度効果のある対処法を提案しているのです．

咳はこれを機械的なものと考えれば，操作することができる．だが，ひとたびそこに思い出や予見とともに，思考のともなった怒りをもってくるならば，焦燥は運動へと駆り立て運動は焦燥を悪化させるという規則によって，咳はいっそう激しくなる．これに反して，たとえば唾をのみ下すような，咳を排除する運動のほうは，直接に効果がある．[092]

おわかりでしょうが，咳止めドロップの効果は，その薬効成分だけではなく，むしろ生理学的な，あるいは解剖学的な，身体の構造を利用するところにあるのです．〈唾をのみ下すような運動〉は，〈咳をするという運動〉とは生理学的な意味において両立しがたいので，咳が出ているときには，連続的に飲み込む動作を続けるようにすれば，咳を排除することをある程度期待できるのです．飴をなめることによってそれを持続しようというわけですね．

さて，今回の定義の最後の部分に戻りましょう．無秩序が「群衆の中で頂点に達する」という指摘です．そこでは個々人は，もう理性を見事に用いなどしていない．理性的判断など吹き飛んでしまっているのです．パニック状態というものを考えてみればよくわかるでしょう．もう，自動的に人は動いてしまう．逃げ出したり，叫んだり，物を壊したり……．

★084──アラン『思索と行動のために』p.382〔傍点引用者〕
★085──アラン『人間論』p.261
★086──同書，p.140〔傍点引用者〕
★087──同書，p.205
★088──アラン『芸術論集』p.101
★089──アラン『思索と行動のために』p.235
★090──アラン『芸術についての二十講』p.26
★091──アラン『幸福論』p.14
★092──アラン『思索と行動のために』p.235

全世界はいわばわれわれの上にのしかかり，ついには，いっしょに知覚された跳ね上がりや身震いなどのわれわれの運動と区別できなくなる．こうして，最初外部の光景であった嵐は，やがてわれわれの戸口を脅かし，ついにはわれわれのうちなる嵐となる．ただ，それは筋肉の嵐，すなわち，戦慄，恐怖，敗走，墜落，手を握りしめること，咳，嘔吐，叫びである．冷静な目撃者には，この男は，みずから動く動物機械にすぎない．[093]

単なる自動機械に堕してしまうことを拒絶し，その機械の部分を統御すること．それこそが，無秩序を秩序へともたらす手段なのでしょう．ところが，「人間は，自分が機械的であり，したがって自分にとって操作しうるものであることを，十分に知ったためしがない」とアランは言う．[094] 戦争というものの中で起こることも，群衆が無秩序に完全に身を委せてしまった姿と見れば，個々人の情念との類比で理解できることになるでしょう．それも頂点といわれるほどひどい状態のものとして．

戦争の動乱のなかでは，すべてが外発的である．すべての人々が受動的である．だれひとり能動的ではない．そうしてそれが，私たちの諸情念の拡大された似姿である．[095]

DESPOTISME
専制主義

— これは外的な秩序であり，知恵〔sagesse〕を欠いた秩序，苛立った秩序である．そしてそれは理性の法〔loi〕と合致していることもありうるが，当の法は力の法として捉えられている上での話である．専制主義の反対は，理性の法が（例えば交換〔échanges〕における平等〔égalité〕が），皆によって承認されているというところに成り立つ．情念〔passion〕の（発作的な）激発を脱した状態においてでである．

例のフランス語の類語辞典を調べてみると，despotisme は，二つの意味で説明されています．[096]

(1) 古代ギリシアの場合：民主主義と対立するものとして，オリエントの君主の絶対的権力を指す．
(2) 18世紀の場合：絶対君主制を指す．多くの場合，主人がその奴隷に対して力を行使する政体について言う．

いずれにせよ，君主とか，主人とかの個人が支配しているあり方をいうのでしょう．この君主も，ある集団の構成員であることには変わりはありません．しかし，この集団がどういう仕方で秩序を保っているかということをアランは問題にしたいのでしょう．専制主義の場合は，この秩序を集団の成員から内発的に生じさせているのではなく，君主という極端なことをいえば一人の人間から得ているのです．集団の成員のほとんどからすれば，その君主からもたらされるもの，与えられるもの，押しつけられるものという意味での「外的な秩序」です．確かに君主だって人間ですから，理性を用いて法を起草するかも知れません．つまりそこに成立している秩序は「理性の法〔loi〕と合致していることもありうる」わけです．けれども，その法を維持するための機構としては，当の君主の意向しかそこには存在しません．君主の「力」が，それを維持しているのです．

では，定義の中の「知恵〔sagesse〕を欠いた」とはどういう意味でしょう？　私はこの「**知恵（SAGESSE）**」（▶p.721）を，[097] アランが「共通の知恵」とか「普遍的な知恵」とかいうものと考えて，[098] この部分を解釈しようと思います．一人の人間では維持することのできない知の在り方です．

生身の一人の人間は，情念などを機縁に，容

易に自らの理性を吹き飛ばして，人間が到達しうる見事な落ち着いた秩序から離れてしまいます．要するに，複数の，そして多数の人間ならば，協同して創り出しうる安定した秩序と比べれば，専制主義の維持している秩序は不安定なものなのです．だからこそまた，定義の中で，それは「苛立った秩序」とも言い換えられているのだと思います．例えば，苛立った人間を考えてみれば，その人は何かに苛立っているその何かに囚われて，他のものへの目配りはできていない．でも，周りとの秩序を乱すほどの行動にまではまだ出ていない．でもいつどうなるかわからない状態なのです．定義の最後にでてくる「情念の（発作的な）激発」がいつ起こるかわかったものではないのです．専制主義の下では，秩序が存在していて，表面上は，その中でまだ理性的な振舞いができていても，それは今のところその理性的な振舞いが成立しているにすぎないのであって，（despotisme が，独裁政治とか横暴とか専横とも訳しうる言葉であることを考えれば明白なように）それを認めている人物のご機嫌次第であるわけです．理性の「法（LOI）」（▶p.442）の後ろにそれを握りつぶすことさえできる力が潜んでいるという意味で，それは力の法でしかないのです．

それに対して，専制主義の反対は，理性の法が，皆の同意によって維持されているところにあるとアランは言っています．「情念の（発作的な）激発」によって，理性が容易に吹っ飛んでしまうようなところに専制主義があるとすれば，その反対は，理性の法が，同意というまさに理性的なレベルにおいて維持されるようになっていると言ってもいいでしょう．では，その「同意」「承認」の正体はどのようなものでしょうか？　私は，その正体こそ，「精神（ESPRIT）」（▶p.322）というものだと考えます．「伝統」も含めた意味においてです．そのあたりを少し詳しく述べておきましょう．

精神とは何かとたずねるならば，見いだされるのは，伝説の集合体と死者たちの評議会であり…〔後略〕★099

我々の持つ価値や力は，すべてこの偉大な死者への信仰から生まれる．偉大な祖先と交す日常の対話を指して「古典研究〔humanité〕」と名づけているのは適切なことだ．偉大な祖先というよりも，もっと完璧な存在，つまり精神そのもの，しかも伝説が述べるように死によって純化された精神との対話である．★100

私たちは死者たちとのどのように関わるものなのでしょうか？　恐らく，生きている人間とは別の関わり方を，私たちは死者に対してするのでしょう．「死人に鞭打つこと」はしないものなのです．お葬式などで，人々は死者の生前の善きことを語るのが常でしょう．

生きている人に感嘆するのは容易でないことは私も認める．本人自身が私たちを失望させるのだ．だが，その人が死ぬやいなや，態度はきまる．子としての敬虔が，感嘆する喜びに従ってその人をたてなおすのであり，この喜びこそ本質的な慰めなのである．★101

人間に固有なのは，追想によって崇拝することだ．不機嫌や欠点や隷従を忘れて死者に最もよく報いるこの友情の思考によって，死者は浄化される．こうして死者が自分の体を飛び越して，よりよい生を始めるということは，厳密に真実である．★102

このように純化・浄化された死者たちこそ，精神というものとして，過去から，現に今の

★093──同書, p.260
★094──同書, p.235
★095──アラン『感情　情念　表徴』p.278
★096──H. Bénac, *op.cit.*, p. 75
★097──アラン『思想と年齢』p.389
★098──アラン『イデー（哲学入門）』p.330
★099──アラン『人間論』p.106〔傍点引用者〕
★100──アラン『裁かれた戦争』p.169〔傍点引用者〕
★101──アラン『人間論』pp.108-109〔傍点引用者〕
★102──アラン『宗教論』pp.167-168〔傍点引用者〕

人々の振舞いを安定させる「知恵」を担っているのでしょう．一人の専制君主の気分などによって不安定化してしまう政体ではなく，「情念の（発作的な）激発を脱した状態において」安定する政体がそこにはあり得るのです．それは確かに革新に対する意味で〈保守〉の態度です．ですから，それに安住すれば，〈社会が閉じてしまう〉という危険な側面をも持つものであることは言うまでもありません．そのことを確認しておいた上で，日本の保守主義者の一人の文章を読んでみましょう．

> 世の裏面，それは，伝統を汲みとるという意味において，「死者の民主主義」（チェスタトン）が成り立つ世界である．民主主義を生者の領域のみならず死者の領域にまで押し拡げようとするとき，保守の立場がうまれてくる．★103

チェスタトンもいった．

> 「伝統とは，あらゆる階級のうちもっとも陽の目をみぬわれらが祖先に，投票権を与えることを意味する．死者の民主主義なのだ．…われわれは死者を会議に招かねばならない．古代のギリシャ人は石で投票したというが，死者には墓石で投票してもらわなければならない」と．★104

伝統とは「生き方」のことだ，と小林秀雄はいった．また，「生き方」はかならず「過去」からやってくる，と福田恆存は指摘した．★105

当然ながら自分のことを含めて，民衆が半ばいかがわしい存在であると信じる小生としては，死者たちの知恵の集蔵体である伝統によってわれらのいかがわしさが掣肘されるのでなければ，民主主義は容易に衆愚政治に堕ちると考えざるをえない．世論が正義でありうるのは，民衆が自分らの意見を伝統に照らして懐疑してみる力量を有し

ているかぎりにおいてである．★106

チェスタトンによる"コロンブスの卵"めいた大発見とは，「国民」のほとんどすべてが実は死者であるという事実である．少なくとも，"何ものにも制限されることがない最高権力"という仰々しいものを所有しているのは死者であり，その別名を伝統という．「伝統とは，民主主義を時間の軸にそって昔に押し広げたものにほかならぬ」ということをよくわかっていればこその庶民であり，そうした庶民性の意義をよくわかっていればこその知識人である．「選挙権の時間的拡大」によって成り立つのがチェスタトン流の民主主義であり，そこにおいては伝統という名の死者が主権者となる．★107

アランの定義に戻りましょう．いずれにせよ，アランは，専制主義の反対として，「共和主義」を述べていると言うこともできると思います．理性の法が「皆によって承認されている」という言い方をしているのですから．この点を，アランが理性の法の例として掲げている「交換における平等」を頼りに考えてみます．経済的な取引や法的な手続きに際して，当事者同士が「**平等（ÉGALITÉ）**」（▶p.288）であることは，話としてもっともですが，それが成立しているのは，誰かのご機嫌によってなのか，それとも皆の承認によってなのかということが，今回の定義において重要なことなのです．例えば，次に掲げるような正義を，そして平等を，専制主義は認めるでしょうか？

> 正義とは平等である．…〔中略〕…強者と弱者，あるいは知識ある者と無知なる者とのあいだに，どんなものにせよ正しい交換がやがてうち立てる関係のこと…〔後略〕★108

こういうものが専制主義には無さそうなことはわかるでしょう．交換といっても，まさに経済的な取引や法的な手続きのみに限られて〈認められ

ている〉にすぎないのでしょう．そうしたものを超えた，言わば人間の尊厳に関わる精神的な平等を専制主義は認めるでしょうか？　経済的な取引や法的な手続きには，「権利」の観念が付きまとっています．しかし，権利の主張とは違う場面で成立する何かを考えることはできないでしょうか？　このことを考えるヒントになりそうなことを，アランは夫婦に関して述べています．

> 夫婦間の愛情をさらによくながめよう．これに似た体制と政治的正義はどのようなものか．彼〔アリストテレス〕によれば，それは貴族政治，すなわち，最上のもの――というのは，各自の最上の部分を意味する――が統治し，各自に最も適した行為に関して統治する，最も完全な，また最もまれな政体である．[★109]

> 夫婦に特有であり，彼らにとって内面的な正義――呼びこたえる愛情から生まれ，機能と相違に基礎をもった正義，要するに，哲学者の言葉によれば，貴族政治的な正義にくらべれば，商人の正義はじつに粗末なものである．そして，立法者の薬は，食物とくらべた場合の医者の薬に似ている．…〔中略〕…薬は病人にはよいが，人が生き，人が喜ぶのは，食物によるのである．[★110]

「商人の正義」という言葉が使われています．まさに〈交換〉という〈経済的取引〉，〈契約〉という〈法的取引〉に関わる「正義（JUSTICE）」（▶p.429）の話を超えたところで，「貴族政治的な正義」は語られうるとアランは言うのでしょう．アランはつぎのような言葉も残しています．

> 権利の観念は交換から生まれたものであり，夫婦の社会には根本的に無縁なのであって，この社会に入りこむのはたんに医者としてにすぎない．[★111]

もちろん，この高いところから「商人の正義」を眺めてみることはできるわけで，そうやって，交換や契約に〈愛を込めること〉さえできるかも知れません．

> どんな交換や契約に際しても，相手の立場に立ってみること．しかも，あらゆることを知ったうえでだ．そしてぜひとも，人間としてできるかぎり自由であると考え，相手の立場に立って，この交換なり契約なりに同意するかどうかを考えてみること．[★112]

さきに引用した，「知識ある者と無知なる者とのあいだ」の「正しい交換」とは，これまた「**愛（AMOUR）**」（▶p.076）に満ちた交換なのではないでしょうか？

> 私がある人を愚かで軽薄だと思いこんでいるとすれば，私はその人を教えようと試みることさえするだろうか．だから人々に関係するある種の希望とある種の信頼があって，その本当の名は愛である．[★113]

普通には平等とみなされがたいような場面における平等の具体例を，アランは次のような場面にも見ています．

> 諸芸術や美しい諸作品の値打ちの高さ…〔中略〕…この価値は人を恥じ入らせたりはしない．高めてくれます．このみごとな不平等はただちに平等を生み出す，というの

★103──西部邁『批評する精神』p.325
★104──西部邁『続 批評する精神』p.204
★105──同前
★106──西部邁『続 批評する精神』p.17〔傍点引用者〕
★107──西部邁『ニヒリズムを超えて』p.69
★108──アラン『思索と行動のために』p.349
★109──アラン『人間論』p.61〔傍点引用者〕
★110──同書, p.62
★111──同前
★112──アラン『思索と行動のために』p.348
★113──アラン『宗教論』p.94

239

もそれはあらゆる人間のなかに人間をめざめさせるからです.[★114]

DESTIN
運命 — 運命というものは, 将来を知り, それを告知できるような一つの存在者〔があるという〕というフィクションである. それは, 将来を変えることなど私たちにはできない, ということの一つの言い方である. このフィクションは神学的なものであり, 知らないことなどありえないといった神的な完全さに由来する. こうしたフィクションに対抗するには, 〔自らの〕自由に信頼〔foi〕を置くしかない. 自由こそが信仰〔foi〕なのだ.〔そういう立場を採れば〕自分の運命を変えうると信じていない人こそが, 信仰を持っていないと言われるのだ. したがって次のように言わなければならない. 神学者が神〔Dieu〕の意志に縛られてしまうのは, 信仰が欠けているからだ, と.

運命を定義するに当たって,「運命というものは, 将来を知り, それを告知できるような一つの存在者〔があるという〕というフィクション」とアランが書いていることには, 少々注意が必要です. 運命はフィクション(虚構)だとアランは言っているのです. ところが, 人は運命という「一つの存在者〔un être〕」(存在するもの)を容易に立ててしまうのです. 事実, destin というフランス語で最初を大文字で書けば,「運命の神」を意味します. そういう神的な存在を人々は安易に想定してしまうのです. 古代ギリシアの神話でいえば, モイラ(複数はモイライ)が運命の神(あるいは神々)です. そうしたものを立てることの問題点をアランは語っているのです.「**神**(**DIEU**)」(▶**p.263**)の定義についても参照してください.

では, 実際に, 運命という言葉を使って人はどんなことを言おうとしているかというと, それは「将来を変えることなど私たちにはできない」と言おうとしているのだ, とアランは主張しています. フィクションを創っておいて, 自分が何もしないことの口実にする. そういうことをしているのではないか, と言いたいのでしょう.〈すべては決まっているのだ. 全知全能の神がいるなら, そう決まっている〉, というわけです. それゆえ, このフィクションは「神学的なもの」だと指摘されます. アランはフランスに生まれたわけですが, 教会には早くから行かなくなっています. 概して既成の「**宗教**(**RELIGION**)」(▶**p.676**)には批判的です. それでも, 彼は自分が敬虔な人間だとは言っています.

> わたしは自分が信仰あつく, また真の敬虔というものを体していると思っている. なにも不条理を受け容れることを誓うというのではない. そうでなく, 不条理の外見を克服しようとつとめるがゆえであって, このことは, もしわたしがまずこれを修正してかかるならば, わたしには不可能なことなのである.[★115]

ここで,「不条理」という言葉が出てきているのは, 恐らく, 古代のキリスト教護教論者テルトゥリアーヌス〔Tertullianus, 160頃-220頃〕が念頭にあると思います. 彼は「不合理ゆえに吾信ず」〔credo quia absurdum est.〕という言葉を残しています. アランは, そんな意味での「**信仰**(**FOI**)」(▶**p.372**)を自分は持っていないと言いたいのでしょう. 可能な限り科学的な探究を行うという態度に同意し, その上で, なお信仰が可能かと問うているのでしょう. ですから, 宗教とか信仰とかを頭から拒絶しているような無神論者の立場にもアランは立っていません. しかし, いずれにしても, 運命ということばを〈怠惰の口実〉のように使う神学者が多いことに辟易しているのでしょう. もっとも, アランが運命というものを肯定的に語るときも, 実は, あります. 次の引用を見てください.

生きるという場合には，受けいれるのと余儀なくするのとでは大きな相違がある．行為自体が変えられるのである．運命が私たちを導くとはどういう意味か，はじめ私にはよくわからなかった．運命は私たちにたいして刻々に通路を——おしひしがれ悲観している人が足を入れぬ通路を提供してくれる，というのがその意味である．希望は多くの戸を開いたのだ．
★116

同じようなことを，ニーチェは，古代ギリシアの運命観，すなわち〈円環を描く時間〉を最大限に考慮した上で練り上げた彼の「同一物の永劫回帰思想」の中で，語ります．参考までに言っておけば，古代ギリシアでは，「時間（TEMPS）」（▶p.800）は円環を描くのです．アリストテレスの形相-質料論でも，例えば，種子から芽が出て，花が咲いて，また種子へと返るのであって，円環を描きます．星座もまた戻ってきます．それを念頭に置いてギリシア人は時間を考えたのでしょう．過去から未来への直線で表象されるような時間の考え方は，ヘブライ・キリスト教が勢力を持ってからのことだということも憶えておくといい．

何が未来に生成するかは，ほかでもなく決断にかかる事柄であること，円環は漠とした無限なるもののなかで閉じられるのではなく，その切れ目のない接合点を抗争の中点たる瞬間のなかにもつこと，つまり，無限の回帰のなかにあってそもそも何が回帰するかを決定するのはまさに瞬間であり，そのなかに抗争し衝突するものを克服する力にほかならない，ということである．瞬間のなかには永遠が存在すること，そして瞬間とは，見物者のかたわらを須臾〔しゅゆ〕（つかの間のこと）に過ぎゆくただの刹那の時，はかない今なのではなく，未来と過去の衝突なので

あるということ，これが永劫回帰説におけるもっとも困難な，そして独特な点である．
★117

だがいったい何がすでに存在したのか，そして再来するとは，はたして何が再来するのであろうか．次の瞬間に存在するであろうところのものが，である．もしおまえが，現存在を怯懦〔きょうだ〕と無知のなかへ，しかもそれが伴うすべての結果と共に，走りゆくがままに放任するなら，そのときにはまさに，そのままのものが再来し，すべてはすでに存在したそのままのものとなるであろう．しかしもしおまえが，次の瞬間を，そしてすべての次の瞬間を最高の瞬間たらしめ，その瞬間に発して結果を銘記し固持するなら，そのときには，まさにこの瞬間が再来し，この瞬間が，すでに存在したものとなっているであろう．〈それは永遠である．〉だがこの永遠は，おまえの瞬間のなかで，そしてただそこでのみ決定され，おまえ自身が存在者についてどう考え，存在者のなかでいかに自己を保持するかによって——おまえがおまえ自身に意欲し，また意欲しうるものによって——決定されるのである．
★118

私は，この定義で，言葉というものにかなり強調点を置いています．それを感じ取っている人も多いでしょう．それに関連して，次の指摘は興味深いものです．

うち勝ちえぬ運命という観念は，むしろ政治的なもの，というのは，生計の資を人間から——つまり喜ばせ説得することから得ている人々に特有のものである．
★119

言葉を使って人に働きかけようとしている職業は，説得によって生活しているのだとアラン

★114——アラン『芸術についての二十講』pp.271-272
★115——アラン『神々』p.246
★116——アラン『人間論』p.136〔傍点引用者〕
★117——マルティン・ハイデガー『ニーチェ I』pp.324-325
★118——同書，pp.412-413
★119——アラン『人間論』p.147〔傍点引用者〕

241

は言います．

　　ブルジョワとは説得によって生活しているもののことである．店舗をはっている商人，教師，僧侶，弁護士，大臣といったものは，これとは違ったものではない．[★120]

　　上のような職業は，〈人々がうすうす思っていることをはっきり言ってやったりすること〉を役割として持っているのです．

　　説得するとは，つねに，聴衆の意見に形を与えてやることである．[★121]

　　ひとを説得する技術は，けっして，聴く者の意見を変えることにあるのではなくて，かえって，これに，理性らしい外観をじょうずに与えることにある．[★122]

　人には，何らかの物事を，必然的な，避けられないものとして受け取りたい思いが生じるときもあるものです．例えば，それこそ「運命的な出会い」みたいなことを感じるときです．〈赤い糸でつながっていた〉とか云々．そんなふうに考えるときに，それに形を与えるものこそ，運命という存在者なのでしょう．人はそうやって，そのような説得をこととする人々の発言によって，自らを説得していくわけです．こうしたことがすべていけないと私は言いません．けれども，マズイときもあることは重々知っておいた方がいいでしょう．心が弱くなっている時は危険です．

　　子供はむろんのこと，大人でさえも，過ちを犯すとそこに宿命を読みとろうとする傾向があまりに強い．さらに，審判者の権威がそこに加われば，人々は自分に絶望してしまうし，自分がこういう人間であると他人が信じ，自分でも信じている姿を，夢中になってあらわすようになる．[★123]

　ここでは運命でなく「宿命」という言葉が使われていますが，原語は une destinée です．destiner という動詞は古風な表現として「〔運命などが〕……を定める」という意味を持っていますが，それの過去分詞形 destiné と類縁の言葉なのです．つまり「そこへと定められている」という意味合いを含んでいます．ですから，「運命づけられているということ」と訳すのが一番適切だと私は判断します．こんなことをいうのも，宿命という言葉は別のフランス語，すなわち「**宿命(FATALITÉ)**」（►p.346）という語に取っておきたいからなのです．

　さて，とにかくここから，教師や僧侶の重大な責任というものが顕わになるでしょう．心弱くなっている人を，その状態へと固定してしまう危険があるのです．教師が，生徒・学生を落ちこぼれ扱いすれば，多くの場合，その生徒・学生は本当に落ちこぼれてしまいます．僧侶が，心弱くある人に〈神の定め〉を引き合いにして語るなら，その人は心弱い状態のまま，神にすべてを委ねることのみをよしとしてしまうかも知れません．そうやって確かに信者は増えるかも知れませんが，その人が生き生きと自由に生きる中で持ちうる信仰とは別のあり方へと固定してしまうかもしれないのです．アランが，この定義の中で，「自由に信頼を置く」ことを強調していることに注意してください．「自由こそが信仰なのだ」とまで言っているのです．

　　デカルトはたしかに，自分自身が自由なるがゆえに，自分は自由な神をあがめるのだと考えた．[★124]

　そうでなければ，「**愛(AMOUR)**」（►p.076）さえ無いかも知れないとアランは言うのです．

　　自由のない愛は愛ではないということに気がついた．自由のない，と私が言うのは，自分を自由なものと信ぜず，また他人をも自由なものと信じない，という意味である．[★125]

この自由あっての「勇気(COURAGE)」(▶p.196)であることも重要です.

自己の自由を自覚して何ものよりも強く,また,この自由の責任を担うこと,ここに勇気の源がある.[★126]

当然のことながら,ここにいう「勇気」には,〈信じる勇気〉が含まれるでしょう.自分を信じる勇気,人間というものを信じる勇気,あるいは神を信じる勇気かもしれません.いずれにせよ,自由を証明するところにこそ成立する信仰でしょう.そこには勇気ある「決断(RÉSOLUTION)」(▶p.715),「決意」というものがあります.

デカルトは,…〔中略〕…人が自らの自由意志についてもつ感情…〔中略〕…決して自由意志を失うまいという堅い決意と合したこの感情を,高邁の心と名づけた.[★127]

そうしたものをアランは,自らの「美学(ESTHÉTIQUE)」(▶p.324)において,歌の表現するものとしても語っているのは興味深い.

歌というやつは,すべて,人間への信仰を表現し,また,みずから範を垂れるわけである.これは,言葉よりも,はるかに進んでいる.それは,作品によって,もっと適切にいえば,行為によって,自由を証明することである.音楽は,自由な人間を必要とする点において,他の芸術よりも,はるかに強力である.音楽は,つくられたものではあるが,さらにつくり直されたうえ,腕にがっちり担われることが必要である.それは,音楽の効力が,それが発揮される

瞬間だけのものであって,積み重ねられるものではない,ということを意味する.[★128]

さて,言葉を使った説得ということは,面白い議論の展開を促します.〈説得できないものは何か?〉ということをめぐって,さきに少し出てきましたが,アランはブルジョワとプロレタリアとを区別するに至ります.

まずは,ブルジョワについてアランが語るところを見ましょう.

すべて説得を事とするものは,ブルジョア的である.[★129]

乞食がある意味で純粋のブルジョワであるのはよく分る.というのも,乞食は懇願の術により,ひとを感動させる表徴によってしか獲得しないのだから.[★130]

ブルジョワは,人を喜ばせることによって生きるのであって,等しい労働にたいする等しい給料というものは,彼には考えることができない.それというのも,この種の労働と成果とのあいだには共通尺度がないからである.[★131]

次に,プロレタリアについて語るところを見ます.

鉛や銅は説得のきくものではない.[★132]

数学者は一面においてプロレタリアである.プロレタリアとは何か.している仕事の性質上,礼儀も追従も虚言も試みようのない

★120——アラン『神々』p.62
★121——アラン『芸術に関する101章』p.183
★122——同書,p.184
★123——アラン『思索と行動のために』p.263〔傍点引用者〕
★124——アラン『神々』p.262
★125——アラン『わが思索のあと』p.289
★126——アラン『裁かれた戦争』p.42
★127——アラン『デカルト』p.82
★128——アラン『芸術に関する101章』p.252〔傍点引用者〕
★129——アラン『思想と年齢』p.287
★130——アラン『神々』p.65
★131——アラン『人間論』p.145
★132——同書,p.143

人である．物は思いやりをしないし，思いやりを望みもしない．[*133]

プロレタリヤは現実の労働，事物と格闘する労働に準じて生活し，かつ思考するだけ，本来的に非宗教的である．しかしまた，純粋のプロレタリヤなどというものがいるわけではない．それにやはりいっておかねばならぬが，純粋のプロレタリヤの危険は，礼節や表徴や信用や説得について，ひとことでいえば宗教そのものについて，誤解するということである．これは，彼が宗教を真実だと考えないからである．[*134]

職業と人々の考え方の大雑把な対応関係までアランは述べます．

農夫は，譲渡できぬ財産の制度を望むであろう．労働者は，生産物の公営市場と価格に即した給料を望むであろう．ブルジョワは，ひそかな利得と物価の変動に投機する手段を望むであろう．なぜならば，人間は自己の夢と神々とを考え，また，それしか考えないからである．[*135]

こうして，人々は，自分の生き方に応じて，自分の神を持つ．神学者も自分の神を考えて，それしか考えないとき，神そのものをも，つまり〈自由な信仰〉をも見失うのかも知れません．それが今回の定義の最後の部分の意味するところなのでしょう．

さて，確かに，デカルトのように高邁に生きようとするのは素晴らしいことだと私は思います．けれども，人々は，人間の非力さを身にしみて味わうこともあるのでしょう．ギリシア悲劇の『オイディプス王』に典型的に現われますが，運命に逆らおうとした人間の姿こそ，まさにギリシア悲劇の主題であったのです．しかし，それでもやはり，私たちとしては運命を口実にした怠惰だけは超え出ていかなければならないのではないでしょうか？　こうして，私たちが容易に陥ってしまうような落とし穴に警戒すること．それを思想は求めるでしょうし，アランが，自ら，毎日綴った短文の目指すところもそういうところにあったように私は思います．

真の散文のねらいは，説得や証明にではなく，人をして考えさせるところにあるのだ．[*136]

DEVIN

占い師 – 人間的な徴〔しるし〕〔signes〕に基づいて，人間の将来を告げる人のことである．魔法使い〔sorcier〕とは全く違う．魔法使いは，すべての徴を考慮しようとする．筆跡鑑定者は一種の占い師である．手相見もそうである．いかなる観察者も占い師である．いかなる人も，自分が関心を持っているものについては占い師である．

signe〔シーニュ〕という言葉は，アランを読むときには非常に重要な術語です．「徴」とか「表徴」と訳されます．『感情 情念 表徴』〔Sentiments, passions et signes〕という本もアランにはあります．しかし，そもそも，この定義に出てくる「人間的な」と言われる徴とはどういうものなのでしょう？　こういう問いに迫るには，〈それとは区別される徴はあるのか？〉，〈あるとすればそれはどんなものか？〉と問うのが順当な筋道でしょう．

signeは，英語で言えばsign（サイン）です．記号とか，信号とか訳されるものです．厚い雲を見て，それを雨のサインとして受け取ることもあります．この場合は，自然現象が人間にとってのサインとなっています．いや，動物の方が敏感にそれを感じ取るのかも知れません．だとすれば，そこには，動物もそれを徴として受け取ることができるという意味で，「人間的な徴」よりも広い徴を考えてみることがすでに可能なこ

とがわかります．この場合，その徴は人間が創り出したものでも，動物が創り出したものでもなく，自然に起こってくるものです．いずれにせよ，人間としては，合理的な言い方をすれば，因果関係のようなものをそこに読み取り，当の雲を解釈して〈意味〉を見出しているのです．動物では本能といった言葉で処理されてしまうような，自然の状況に対する態度を，人間は合理的な解釈の上でやろうとしているところがあります．こうして〈解釈〉の話を前面に出すことができるでしょう．実を言えば，動物の本能は，この〈解釈〉といわれるものがたとえ動物の中にあったとしても狭い範囲に留まっている場合に想定されるものと考えられそうだと私は思います．むしろ，ある状況の時には，それに応じてどういうふうに動くかがほとんど決まっているのが動物だ，と言えそうです．

　　ファーブルは，本能という神秘的な観念にもとづいて昆虫を観察し，或る種のスズメバチが，幼虫を生きたまま食糧として貯えるため，殺さない程度に刺して麻痺させることを知っているのに驚嘆した．私も，或るとき偶然に，羽のはえたこの外科医たちの大群を同時に観察することができた．めいめいが足のあいだに一匹ずつ幼虫をとらえていたのだが，とらえ方に応じて刺し方もちがうのを私は見ることができた．この動物は，できるように行動したのであって，知っているように行動したのではなかった．私としては，万事このように考えたい．[137]

とにかく，ある刺激が与えられれば，どのように反応するかはほとんど決まっている．それが〈動物的な徴〉なのだと私は思います．アランは面白い例をダーウィンから引いています．櫛

でたてがみを掻いてやると嚙みつく馬の例です．[138]そこでアランは，嚙みつかれたからといって性悪な馬だなどと腹を立てずに，「牧場でたてがみを〔口で〕掻きあっている二頭の馬を観察するやいなや，万事が氷解する」[139]と言っています．自分自身では痒いところを掻けない馬は同類のところへいき，相手となる馬の身体部位の，自分の掻いてほしいところに対応する箇所を嚙むことで痒いところを知らせ，自分も嚙んでもらう，というのが事の真相なのです．〈馬が人間に嚙みついた〉かに見えるとき，実は，馬はそういう徴の遣り取りを人間に対してまでやっただけなのです．ほとんど自動的にです．人間には，そういうほとんど反射的というか，自動的というか，そういう反応をすることをペンディングにし，その徴について考えることを始める時があります．逆から言えば，考える余裕も無いほどに即座に反応してしまうとき，私たちはほとんど動物と区別が付かないとも言えるでしょう．人間はそのとき，まさに，動物です．パニックの時には，そんなふうになっているのはわかるでしょう．さきほどから述べている馬は，要するに，徴を理解し，そのまま行動へと移っていったのです．

　　理解するとは，何よりもまず，模倣することである．…〔中略〕…模倣するとは行動することであり，思考することではない．この意味で理解するのは，思考することではない．この時，人間の言葉は動物の言葉と区別されない．ここを進めば，動物は思考しないということは充分理解される．しかし，人間が思考するということは理解されないのである．[140]

だとすれば，「人間が思考する」とは，どういうときに起こることなのかと問う必要が出てくるでしょう．ひとことで言えば，徴への反応を

★133——同書，p.159
★134——アラン『神々』p.65
★135——アラン『人間論』p.147
★136——A. モーロワ『アラン』p.99
★137——アラン『人間論』pp.110-111〔傍点引用者〕
★138——同書，p.34
★139——同前
★140——アラン『思想と年齢』p.327〔傍点引用者〕

245

一旦中止することができなければ思考など無いと言えそうです．

　恐慌〔パニック〕に際しては，私はまず逃げだす．だから，私はまず徴を模倣し反射するわけであり，それがなんの徴であるか知らないのみか，自分が何かを感じていることさえ知らない．徴を中止し，あるいは短縮してから，私はそれをもととして感動や探求や認識を作りだすのである．徴が感情と観念とを意味するのは，この迂路を経てであり，この迂路は限りなくのびる．私たちは，自分の言うことを知りつくすことはついにないのである．★141

さきほど言ったようなペンディングの余裕があってこそ，人間にはその徴を，別のものへと適用することも可能になります．そのことを人間の知性的な徴の特徴として述べているベルクソンの次のような言葉は，大いに参考にすべきでしょう．

　本能的な徴は固着した徴であり，知性的な徴は可動的な徴である．〔Le signe instinctif est un signe adhérent, le signe intelligent est un signe mobile.〕★142

そしてそれこそ，人間の言語の特徴なのだと思われます．

　徴がひとつの対象から他へ移動しうる傾向を持つことが人間の言語の特徴を成している．★143

これは非常に強力なものです．「言葉こそ，すべての表徴のなかで，もっとも力強いもの」★144 なのです．

では，この人間の言葉というものは，もう少し詳しく見ると，どんなものなのでしょうか？

表徴は，意味によって働きかけるよりもまえに，接触によって働きかける．あるいは，べつの言いかたをすれば，注意力が感動のなかから立ち上がるのだ．つまり，言葉には，二つの面がある．一方では，言葉というものは，つねに叫びである．それは，われわれを目ざめさせ，われわれの心構えをつくる．ある激しい身ぶりによって，われわれを震えさせ，走らせ，跳び上がらせる．人間の不安が，たちまち，われわれに伝達される．他方，言葉は，われわれに，ある概念を与える．★145

〈概念形成〉の問題がここに浮上してくるわけです．こうしたところまでは，動物がなかなか行き着けそうもないことはわかるでしょう．

　小鳥の歌は，ほとんど，表徴〔シーニュ〕になっていない．それは，一つの結果にすぎない．★146

　小鳥の歌声は，泉のさざめきのようでもあり，風のざわめきのようでもある．それは，ありのままのものしか語らない．★147

こうして〈真の徴〉とはどんなものか，という問題になります．多分，人間ならそれを操ることのできるような徴の探究です．

　動物は道具をもたないということがよく言われたが，動物は服装をもたない，そして儀式をもたない，と言うことも同じように重要である．ということは，動物は真のしるしを知らない，記念するしるしを知らないと言うことである．★148

これは動物が「社会〔SOCIÉTÉ〕」（▶p.748）を持つと言えるかという問題にも関わってきます．アランは，まさに「記念」という話を絡めて，それに否定的に応えています．

ミツバチが巣を作るからといって，社会を作るとは言えぬ．協力はまだ社会ではない．社会を作るのは，記録や記念建造物，要するに，あらゆる種類の習慣，衣服なのだ．[★149]

こうして，私たちは，〈真の徴〉が獲得されるのが，「記録や記念建造物，要するに，あらゆる種類の習慣，衣服」を身にまとうことであろうことを知るでしょう．ではどうやって身にまとうのでしょうか？　それこそ，言語の使用だと私は思います．

すべての人間が，物を知るに先立って徴しを知ったことは疑う余地がない．さらにいえば，人間はさまざまな徴しを，理解するに先立って使用した．[★150]

母親と子供を考えてみましょう．子供がほほえみを学び取る．しかし子供は始めのうち，ほほえみが何を意味するかがわかりません（もっとも，これがわかる人がいるでしょうか？）．とにかく子供はほほえむことをおぼえ，母親のほほえみのなかに自分のほほえみを認め，自分がそのしるしを理解したのを感じると同時に，自分がそれを送り返したのを感じます．この出会い，というよりもむしろこの順応は，生理学的なものであって，そこには何か，いわく言いがたいものがあるのですが，いずれにせよここにはある重大なことが見いだされる．すなわち，しるしというものは，このような持続的な交換によって刻みつけられ，固定されるということです．[★151]

笑う人は笑わせる．泣く人は泣かせる．恐れる人は恐れさせる．非常に簡単であり，非常によく知られており，非常に力づよいこれらの効果は，模倣機能にもとづくが，この機能は生理的なものである．恐れの徴を私に投げつける人は，私自身をも恐れに従って排列する．私は，徴を反射するということ自体によって，この徴を理解したのである．だが，どんな危険であるのか，火なのか水なのか，人なのか獣なのか，これはまだわかっていない．[★152]

この模倣機能は，さきの馬の例でもわかるように，動物にもあるものです．ただ，人間においては，その「模倣(IMITATION)」(➡p.413)が繰り返されることによって，成長するというか，そういう部分がある．もちろん，それがさきに「概念」と言われた部分であることはわかるでしょう．言葉が豊かになってくるとでも言いましょうか．徴が成長するのです．徴に歴史があるのです．

もっとも古い表徴(シーニュ)は，言葉をもたなかったし，したがって，絶対的に暗喩的であった，というのは，ありそうなことである．いやむしろ，そうした表徴は，しらずしらずのうちに，暗喩的なものであった，といってよいのだろう．たとえば，墓というものは，古代では，オオカミから死骸を守る，石の積み重なりにすぎなかった．死者が多くの友人をもっていればいるほど，その石の山は，大きくなっていった．最初のピラミッドは，そうしたものであった．そして，おそらく，石の重さと形とから，あの結晶のような形式が，編みだされたのである．その形式は，友人たちの厚意が，それを完成させたのであろう．しかし，完成したにせ

★141──アラン『人間論』p.223〔傍点引用者〕
★142──H. Bergson, *Évolution créatrice*, p.159
★143──*Ibid*.
★144──アラン『芸術に関する101章』p.129
★145──同書，pp.283-284〔傍点引用者〕
★146──同書，p.250
★147──同前
★148──アラン『芸術について』p.143〔傍点引用者〕
★149──アラン『人間論』pp.43-44
★150──アラン『思索と行動のために』p.118〔傍点引用者〕
★151──アラン『芸術についての二十講』p.54〔傍点引用者〕
★152──アラン『人間論』p.223〔傍点引用者〕

よ完成していないにせよ、こうした墓は、まもなく、権力者のしるし(シーニュ)となっていった。[153]

さて、これから今回の「占い師」の定義に少しずつ戻っていくことにしましょう。まずは「われわれは徴し＝記号に武装されて物に立ち向かう」[154]ということを確認しておきましょう。そして、問題は、徴をどう使うかであることは予想がつくでしょう。

私たちは大人である前に子供であったのだから、――デカルトはこう言うのを軽視しなかった――私たちはまず赤裸の事物に問いかけたのではなく、かえって、既にすっかり徴を帯びた事物、徴によって武装されたとも言うべき事物に向かった、というのが物の順序なのである。[155]

デカルトは、ここで、まさに徴の使い方が、偏見に固まったものかも知れないと考えたがゆえに、あの方法的懐疑を遂行したのでした。しかし、人間は、多くの場合、性急に、限られた徴を用いながら物に向かってしまうものなのです。

徴しを検証すること、疑いなくここに物の持分がある。だが、徴しをまずその人間的な意味において知ること、これが順序だ。物について学ぶことが、いつも早すぎる。[156]

ここで、「徴しをまずその人間的な意味において知ること」とは、先に「記録や記念建造物、要するに、あらゆる種類の習慣、衣服」であるものを十分に考慮することでしょう。それが徴を学ぶことなのです。いましがたの引用のすぐ後にアランは次のように続けています。

徴しを学ぶこと、つまり、読んだり書いたり話したりすることのほうが、はるかに緊急事だ。というのは、自分の最初の誤った諸観念を、しだいに真理へと導くことをしなければ、われわれは考えたところでむだだからだ。[157]

筆跡鑑定者や手相見は、限られた徴を、場合によっては自分勝手に解釈して、人の将来を告げるのです。「観察者」はどうでしょう？　次の言葉は示唆的です。

観念によって人を観察ばかりしていると、いつでも自分が人を推測しすぎていることに気がつくだろう。[158]

しかし、アランは、「本当の観察者」は違うとも考えているのです。

本当の観察者は、合図や身ぶりなどを特に注意して見るようなことはけっしてない。そういう人は、なにかを表現しているようで結局は何ひとつ表現していない動きなど、見ようとはしない。[159]

要するに、往々にして、人は自分の都合のいいように徴を取捨選択して解釈し、考えてしまうことに注意しなければならないのです。例えば片思いしている人間は、相手の仕草に自分への「**好意**(BIENVEILLANCE)」(▶p.138)を無理にでも読み取りたくて仕方がありません。でも実際には行動できないからこそ片思いなのでしょう。「自分が関心を持っているものについては占い師である」のはこのようにしてなのです。そこには、物事を体系的に把握し、それを基に自分を、そして世界を変えようという意志が見えません。「観察」が必要な場合もあるし、手を触れることができないもの(例えば天体)には「観察」しか可能でないことは認めます。しかし、たとえそうした観察を通じてでも行動へと踏みだすのでなければならないのでしょう。

私に言わせれば、人間の観察に際してむずかしいのは、きわめて誘惑的な、思想の狩猟をみずから禁じ、反対に動作の形だけを考

え，ただ生理学的な省察によって，そこに態度だの，均衡だの，準備だの，次の動作だの，要するに行動を見いだすことである．[160]

思いの中で望むことだけでは，何も変わらないし，有害ですらある．「魔法使い〔sorcier〕」が今回の定義の中で別扱いされているのも，「魔法使い」は，魔術の体系を基に自分と世界とを変えようとしているからなのでしょう〔白雪姫の継母を思い出してもいいでしょう〕．「魔法(SORCELLERIE)」（▶p.763）が良いとか悪いとかの話ではなく，そういうものだろうというのです．少なくとも行動へと直結しているという点が大事です．このことは，何かを創り出さなければならない人たちである芸術家を見れば容易に理解されることです．頭に思い描いていたところで作品はできません．素材と格闘するところにしか作品は出現しないのです．

人は自分の望むものを彫り上げるのではない．むしろ事物の望むものを彫り出すと言うべきであって，そこからあの，非人間的な素材と人間的なしるしとのひそかな一致が生まれ，事物がしるしを巧みに支えたり事物がしるしをつくり出したりする，そういう奇蹟的な出遇いへの讃嘆の念も生まれるのです．[161]

〈徴をどのように使うか？〉という問いは，ここに重要なヒントを持っているように私は思います．占い師や，占いに頼り切った人は，多くの場合，新たなものを生み出すために思考し，また行動する人ではありません．この行動が，動物でもするような模倣的な行動であるのかないのか，それこそは自分自身で吟味してみるべき事柄なのです．

DEVOIR
義務 — これは，困難な場合にあって，普遍的な価値〔valeur universelle〕をもっているものとして精神〔esprit〕に現われてくる行動である．例えば，いじめられている弱い者を助けに行くこと．追われている友人を匿うこと．不正に取得した財産〔fortune〕を返すこと．ペストに罹った人を看護すること．普遍的価値という特性によって，義務は，強く促されている〔obligatoire〕ものではあるが，決して強制されて〔forcé〕はいない．それに，いかなる報酬も視野にはなく，いかなる歓び〔la joie〕もまた視野にはない．義務の中には，それをするということのほかには全然困難はない．疑いが存在するや否や，それはもはや義務ではない．そんなとき，人は世の習わしに適ったもの〔le convenable〕，あるいは最小限の悪とでもいうべきもの〔le moindre mal〕を探す．〔他人の〕意見〔sentiment〕に耳を傾け，徳〔vertu〕に従う．ほとんどすべての義務は職業上のものである．言い換えれば，人は自分が為す術を知っている行為へと強く促されている〔obligé〕のを感じるものなのである．例としては，消防士，救助隊員，外科医，弁護士，兵士，鉱夫．

この機会に，定義に登場する「普遍的」ということについて考えてみるのもいいでしょう．普遍的という言葉は，原語でuniversel，語源的に言えば uni（一つ）と vertere（向ける）という言葉から来ています．要するに，〈一方向に向けられた〉といった語源的な意味があるのです．Bénacの類語辞典によれば，人間的事象について言われるときには，〈例外が無く，すべての人間に当

★153——アラン『芸術に関する101章』pp.193-194
★154——アラン『思索と行動のために』p.117
★155——アラン『思想と年齢』p.218〔傍点引用者〕
★156——アラン『思索と行動のために』p.119
★157——同前
★158——同書，p.312
★159——同前
★160——同書，p.373〔傍点引用者〕
★161——アラン『芸術についての二十講』p.198〔傍点引用者〕

てはまる〉といった意味です．ですから，今回の定義の文脈でいう「普遍的な価値（valeur universelle）をもっている」というのは，〈例外なく，すべての人間に妥当する価値〉といった感じで読めばいいでしょう．せっかくですから，もう少し「普遍」について追ってみます．〈普遍的観念〉といったものについての考察です．ちなみに「観念」とは，〈思考するときの，思考という働きではなく，その働きが向かっている内容〉と，ひとまず理解しておいてください．〈普遍的観念〉とは，ひとことで言って，〈物〉に関わるのではなく，〈精神〉に関わるものだというのが，こういうものについてのアランの論点です．つまり，思考が向かっている内容が，物に関する内容ではなくて，「**精神**(ESPRIT)」(▶p.322)に関する内容だということです．アランは，空間とか「**時間**(TEMPS)」(▶p.800)そして原因といった観念を〈普遍的観念〉の例に挙げます．

　　空想だの，時間だの，原因だのといった諸観念は関係に関するものであって，なにかのものに属するとは断じて言いえない．むしろこれらの諸観念は必要〔原語は nécessaire で必然的の方がここではいいように思います〕である，つまり，あらゆる思考はそれを形づくるが，勝手に手を加えることはできない，とこう言うべきである．また，すべての精神に共通の諸観念があるのだから，普遍的という名はこの観念に与えられるべきである．★162

実を言うとこのパッセージはカントの『純粋理性批判』〔Kritik der reinen Vernunft〕の主旨を踏まえた議論なので，本当はそれを全面的に展開してもいいのですが，ここでは必要最小限に留めましょう．時間も空間も原因も，カントによれば，人間が「認識の対象」を形づくる場合の，〔人間の側でもっている〕形式〔要するに型〕だというのです．物事を知るというのは，その物事が人間の側の能動性など無くともすでにあって，それを人間がただただ受け取る〔つまりコピーするような感じ〕というのではないとカントは考えました．確か

に，人間にとっては外から感性的な素材が五感を通して与えられなければならないというのはそうだとしても，その素材をまとめ上げる人間の働きがあってこそ，認識の対象というものそのものが成立するというのです．その〈まとめ上げるための枠組〉を形式と呼んだわけですが，それには，感性の形式として時間・空間という枠組，悟性の形式としてカテゴリーというものがあるとカントはいうのです．

　　〔時間・空間という〕感性のこのような純粋形式を媒介としてのみ，われわれに対象が現象しうる，換言すれば，対象が経験的直観の客観たることができるのである…〔後略〕★163

　　感性的直観の対象が，心の中に先天的に存する感性の形式的条件にしたがうものでなければならないことは，もしそうでなければそれがわれわれにとって対象とはならないであろうからして，明瞭であるが，しかしこれらの対象がその上，思惟の総合的統一のために悟性が必要とする条件にもしたがうものでなければならないということの断定は，そう軽々に洞察できない…〔後略〕★164

アランがさきの引用で挙げていた「原因」は，まさにカントが「関係」のカテゴリーの一つとして掲げた「因果性のカテゴリー」と呼んだものを念頭に置いているはずです．

　　感性的表象（直観）の多様が一つの意識に属する仕方は，認識の知性的形式として，対象のあらゆる認識に先行し，そうして対象が思惟せられるかぎりにおいてそれ自身すべての対象のア・プリオリな形式的認識一般を構成するのである（即ちカテゴリーを）．★165

もっとも，カントは判断表に基づいてカテゴリーを導出するのですが，次のような言い方をするのが嫌ですねえ．

一つの判断における種々なる表象に統一を与えるのと同じ機能が，一つの直観における種々なる表象の単なる総合にも統一を与えるものであり，この機能は一般的にいえば，純粋悟性概念〔つまりカテゴリー〕と呼ばれるのである．
★166

これらの範疇〔カテゴリー〕の定義を…〔中略〕…この著作では故意にこれを省略する．
★167

さて，こうした〈普遍的観念〉は，物に関わっているのではなく，認識の仕方に関わっているとカントはいい，そういう認識の仕方に関わる反省によって取り出されるものを「超越論的（先験的とも言う，transzendental ――「経験的」に対する）なもの」といいます．もう少し引用を見て，この〈物に関わるのではなく〉という点を理解しましょう．

空間とは存在するものでなくて設定されるものであり，経験を決定するものだということ
★168
…〔後略〕

感覚の対象は空間によってのみ秩序づけられ，区別され，知覚されているとはいえ，空間は感覚の対象ではない．空間は連続したもの，つまり分割できぬものであり，大きさと形の生みの親だが，それ自身は大きさも形もない．要するに，空間は小石があるようには存在しはしない．
★169

空間とは行動の規則にほかならない．遠近は，私たちが現に触れているものと触れ得るものとの関係でないとすれば，意味を為さない．距離は，行うべき一つの運動を描くのでなければ，何ものでもない．距離は，この運動の準備と下書きによってのみ感ぜられるのである．
★170

〈超越論的なもの〉にこだわることなく，普遍的な観念に戻って説明を続けます．

円の観念は，あらゆる物には妥当しないが，反対にあらゆる精神には妥当する．つまり，だれでも思考する者に，正確にこの観念を形づくらせる方途がある．それゆえ，この観念は普遍的と呼ばれてしかるべきものだ．
★171

普遍的なものとは，すべての精神にとって妥当するものである．たとえば三角形は普遍的であって，ただ帰結としてのみ一般的である．そして反対に，人間はたんに一般的な概念であって，普遍的であることからは遠い．なぜなら，各人が自分の流儀で，自分の経験に従って人間を定義するだろうからである．
★172

アランの今回の定義に戻って，「普遍的な価値」について考えましょう．誰もがそういうものを，自分ができるかどうかは別にして，「**価値（VALEUR）**」（▶p.841）としては認めるだろうとアランは言いたいのです．その例が，「いじめられている弱い者を助けに行くこと．追われている友人を匿うこと．不正に取得した財産〔fortune〕を返すこと．ペストに罹った人を看護すること」なわけです．それらが「普遍的な価値」であるということによって，そうすることを強く促されてはいる．強いられてはいないけれども．無条件に〈そうせよ！〉と呼びかけられている

★162――アラン『思索と行動のために』p.123〔傍点引用者〕
★163――I. カント『純粋理性批判』(『「世界の大思想」カント 上』) p.107
★164――同書, pp.107-108
★165――同書, p.146〔引用者改訳〕
★166――同書, p.99
★167――同書, p.101
★168――アラン『思索と行動のために』p.52〔傍点引用者〕
★169――同書, p.53〔傍点引用者〕
★170――アラン『思想と年齢』p.347〔傍点引用者〕
★171――アラン『思索と行動のために』p.124〔傍点引用者〕
★172――アラン『イデー（哲学入門）』pp.21-22〔傍点引用者〕

というわけです。こういう命令を「定言命法〔kategorischer Imperativ〕」と言います。これについては、批判は幾らでもありますが、今は措いておきます。いずれにせよ、この命法は無条件であるがゆえに、「いかなる報酬も視野にはなく、いかなる歓び〔la joie〕もまた視野にはない」ということになります。つまり、その命ずるところに従えば利益があるといったような考え方ではないのです。「〜すべき」と、(カントの場合は良心によって)語りかけられているがゆえに、「する」ときに「徳(VERTU)」(→p.850)なのだということになります。惰性で物事をやってみたり、〈これをすれば神様はきっと天国に行かせてくださる〉みたいな取引を念頭に置いて行動する〔つまり条件付きで行動する〕のでは、もう徳ではないというわけです。ですから、アランは次のようにも書いています。

> 高邁な心、すなわち自己の自由を知る陶酔のもつ逆説は、まさしく自己自身の存在を中傷し、いかなる徳も重力のなすままに身を横たえたのではないかと懸念する義務を負うことである。ところで、このようなことこそ、徳にかんする共通の教義なのだ。すなわち、もし徳が傾向性に従うなら、それはもはや徳ではないのである。[★173]

「義務の中には、それをするということのほかには全然困難はない」のも、まさに自分が自由であることを自覚したならば、〈しようと意志するかどうか〉の問題しかないからでしょう。

高邁の心を失えば、義務など無いかのごときものなのです。それは高邁の心が次のようにも語られることから明らかでしょう。

> 高邁な心とは、自分が現に自由であることを知り、将来もそうであることを確信するとき体験される情念あるいは感情である。[★174]

アランが、「疑いが存在するや否や、それはもはや義務ではない」というのも、こういう考えの下でなのだと私は解釈します。そうなってしまったとき、人は良心の声に耳を傾けるよりも、「世の習わしに適したもの〔le convenable〕」、「最小限の悪とでもいうべきもの〔le moindre mal〕」を探そうとするに至るでしょう。こうしてその人は、〔他人の〕意見〔sentiment〕に耳を傾け、すでに世間一般に認められている「徳〔vertu〕に従う」わけです。そこには、人に、世間に、ただただ従っていくという意味で行動することしかなく、厳しい決断などはもはやありません。「徳が傾向性に」従ってしまったと言われる余地を残すのです。こうして、一瞬一瞬が意志的な決断となるような仕方で行動すること、義務とはそのように厳しいものなのでしょう。最後に、「ほとんどすべての義務は職業上のものである。言い換えれば、人は自分が為す術を知っている行為へと強く促されている〔obligé〕のを感じるものなのである」のは、まさに専門家であるがゆえに、なし得ることを知り抜いていればこそ、強く促されるということでしょう。

DÉVOUEMENT

忠誠 – これは、ある特定の人物に対する服従〔obéissance〕と献身〔zèle〕の誓いのことである。しかしながら、任務に忠誠を尽くすということもありうる。そしてそれは、難なく主人を変えることを予想させる。忠誠というものは、人が自分のなしうる職務から、そして不手際への恐れから、常に生まれてくるものである。

参考までに、例のフランス語類語辞典での記述を引いておきます。

Dévouement : abandonnement qui nous fait

252

donner nos services sans réserve.（留保無しに尽力することを私たちにさせるような自己放棄〔身を委せること〕.）[★175]

今回の定義の中で忠誠は一方でポジティヴに語られながら，他方ではネガティヴに語られているように私には思えます.「誓い」といっているのですからポジティヴそうなのですが,「不手際への恐れ」という言い方も出てきているからです．慎重に検討する必要がありそうです．ひとまずこのこの「忠誠」の定義を離れて,「誓い」のポジティヴな語り方をまず見てみましょう．

> 誓いとは，観念〔要するに「考え」〕を事実に変え，感情を取り返しのつかないものにする人間の最も美しい努力でなくて何だろう.[★176]

> 完璧な愛や幸福については，誓うことができるというだけでなく，誓わねばならない.[★177]

> 誓いは予言ではない.[★178]

> 誓いはけっして自由意志を束縛するものではない．それどころか，われわれに自由意志の使用を促すものだ．だれでも，なにかであることを誓うのではなく，なにかをする，あるいは，なにかを欲することを誓うのだ.[★179]

これらの引用でも明らかなように，〈誓う〉とは，自分の行動についてのことであって，認識の話ではありません．「誓いは予言ではない」というのも，これまでにやった「**占い師**（DEVIN）」（→p.244）の話などを思い出してみればわかるように,「予言」や「占い」が〈行動に結びついていない〉ということを論点として持っていると言うべき

です．もちろん，〈……するぞ！〉と誓っているだけでは駄目なので，実際にそういうふうに行動しなければなりません．それが容易でないことも多々あります．それゆえ，人々は，〈誓いを支える〉装置をいろいろ考案したのでした．例えば，次の文章はそういうことを語っています．

> およそ誓いというものは，情念に反する．結婚が披露されるのも，結婚にともなってすすんで親戚関係や友人関係という新しいきずなが結ばれるのも，みずから欲した仕事の成就を助けるためにほかならない.[★180]

> 真の感情は作りあげられるものだ．だから，宗教が夫婦に，欲望と希望の時に誓いを求めることに定めたのは賢明だった．立会人が，社会の制約が，起るべき風波に対するわが身の援護となるのである.[★181]

人は「**情念**（PASSION）」（→p.544）に翻弄されると，容易に軽挙妄動に走ってしまうものです．それへの歯止めとなるものとして,「誓い」はあるのだというのです．例えば結婚しても，夫婦喧嘩というものは，多くの場合，付きものです．でも結婚するときの誓いを思い出してみれば，それは二人の思いが一つの高い境地に達しているときの言葉だったはずです．それに比べれば，喧嘩しているときのあり方は低いところにある．そういうときに，〈あなたはどちらを基準にしてものを考えようというのですか？〉と問われていると言っていい.〈結婚しようと思ったあの時の気持ち〉ですか，それとも〈今の，喧嘩状態にあるときの気持ち〉ですか，という問いです．もし，〈結婚しようと思ったあの時の気持ち〉を基準にしようと思うなら，喧嘩を継続させるような行動を取らないのが賢明というものではないのか

★173――アラン『わが思索のあと』p.297〔傍点引用者〕
★174――同書，p.284〔傍点引用者〕
★175――H. Bénac, *op.cit.*, p.68
★176――アラン『イデー（哲学入門）』p.375〔傍点引用者〕
★177――アラン『思索と行動のために』p.396
★178――同前
★179――同書，p.397〔傍点引用者〕
★180――同前〔傍点引用者〕
★181――A. モーロワ『アラン』pp.77-78〔傍点引用者〕

253

というのです．そのことをひとことで言っているのが，「愛しているかぎり，礼儀の方が気分よりも本物だ」という言葉です．子どもがいる場合には，夫婦は誓いを〈目の前に存在する〉ものとして見ることになります．誓いが，現実の存在者となってそこにいると言ってさえいいのです．こうしたことは，夫婦間における誓いのポジティヴな語り方ですが，カップルについて語っていながらも誓いのネガティヴな語り方もアランはしています．恋愛と結婚とを区別して語っている場面です．

　　明らかに恋愛は，この点で尊敬とは違うわけだが，外観に執着し，外観において内面を見いだすと誓い合い，自分に理解できなかったものは自分の間違いだとみなすのだ．尊敬は外観を拒否する．それは真の証拠へと向かう．それはことばや行動を通じて，よく言われるように魂に話しかける．魂にであって，顔にではない．しかし恋愛は顔を救おうと誓ったのであり，何一つ選択はしないことを誓ったのだ．[183]

　この文章については，「選択」に関わる説明が必要でしょう．恋愛をするときに，例えば〈自分の好み・タイプの，さらに言えば自分の「面食い」に適った〉人と恋をするという場合，それで相手を選択しているつもりかも知れませんが，本当にそうでしょうか．つまり選択とはそんなものなのでしょうか．その相手が事故にあって身体が不自由になってしまったとします．好みの顔も傷ついたとします．そのとき，どうなるでしょうか．始まりは〈自分の好み・タイプの，さらに言えば自分の「面食い」に適った〉人だった相手は，もはやその〈条件〉を満たしません．実を言えば，そのとき初めて，本当の選択を迫られるのではないでしょうか．その人を棄てるか，それともその人を「愛する」ことを，今やっと始めるかの選択です．

　さて，ここで今回の「忠誠」の定義に戻ると，

まず忠誠は「或る特定の人物に対する服従と献身の誓い」と言われていました．「服従〔obéissance〕」と「献身〔zèle〕」「熱意〔ZÈLE〕」（▶p.859）です．例えば，obéissance を Bénac の類語辞典で調べてみると，「他人の意志に従って行動する」という意味合いを持つと書かれています．これがここまで述べてきた「愛〔AMOUR〕」（▶p.076）などと同じでしょうか．違うと思います．そこには，自らの一瞬一瞬の意志的な「決断〔RÉSOLUTION〕」（▶p.715）は無さそうなのです．そのことこそ，今回の定義の最後で，「不手際への恐れ」という，まさに情念を表す言葉が登場することで明らかになることです．忠誠は，言わば情念が後押ししている．言うならば，人を（つまり相手を）愛しているのではない．だからこそ，「任務に忠誠を尽く」し，「主人を変えること」もあり得るし，「自分のなしうる職務〔métier〕」に関わってもいるわけです．職務であり，役割です．問題は，そこでは，むしろ〈自分〉なのです．

　ここで問うてみましょう．愛は役割でしょうか？　少なくとも忠誠は役割であり得るのでしょう．いわば官僚的でありうるのです．官僚的とは，例えば次のような感じです．

　　われわれの場合でも，食や性に関する基本的機能つまり「動物的機能」は，特定の限定された状況下で，きわめて「官僚的」な手続きに従って進行する．つまり，機能が生じる状況と，機能の進行の手続きに厳重な規定があり，変更の余地がまったくない．ゆえにそこでは，思考の必要もない．[184]

　「思考の必要もない」という部分が特に重要でしょう．官僚的という言葉から容易に連想されるように，固定化というものがそこにはあります．誓いというものが，この固定化に近いところで理解されてしまったとき，忠誠は今回の定義において語られるようなものになります．職務が固定化・硬直化し，失敗を恐れるようになる．これでは，〈あえて意欲すること〉からは容

易に遠ざかってしまいます．おそらく愛からも　こうして遠ざかってしまうのでしょう．

DIABLE
悪魔 ― これは，私たちの卑劣な行為〔lâchetés〕について私たちに褒美を与える邪悪な〔oblique〕勢力〔puissance〕である．悪魔，それは徳〔vertu〕というものが定期的に罰せられるということなのである．そんなふうに力〔forces〕の世界は進んでいく，そして皮肉〔ironie〕こそ悪魔の言語である．そういうわけで，悪魔はただ一つの名の下に自然の神々〔dieux〕，そして戦争の神々，すなわちパーン〔牧神〕とカエサルとを見事に取り集めている．

そもそも卑劣な行為（卑怯な行為）とはどんなものなのでしょうか？　アランは次のような文章を残しています．

> 動物にとっては何ものでもなく人間にとってはいっさいである卑怯ということは，行・なう意志のあることを行なわぬこと以外にどんなことを言うのだろう．だから，本来・・人間のものである自己超越と脱皮とがある．・・・・・・・・・・・・・・・私は魂を身体から分離せねばならぬと言った．人間を動物から分離せねばならぬと言っても同じことである．*185

「行なう意志のあることを行なわぬこと」といっても，そもそもできないことを意志しても仕方がない場合があるだろう，と言う人がいるかも知れません．もちろん，裸足で5メートル垂直跳びしたいなどと〈欲望（DÉSIR）〉（▶p.223）したところで虚しいことは確かです．ここではそんなことを言いたいのではないでしょう．行う意志があり，確かに困難は待ちかまえているかも知れないがそもそも不可能だとは言えないことを，あえてやらないのを卑劣（卑怯）といっているのです〔「卑怯（LÂCHETÉ）」（▶p.432）〕．上の引用にあるように，「本来人間のものである自己超越と脱皮」などという言葉を記すぐらいですから，アランは，「自己超越」や「脱皮」と言われるほどの努力を要することをも，ここで念頭に置いています．あえて意志し，「**決断（RÉSOLUTION）**」

（▶p.715）しなければできないこともあり，そういうものに身を投じることを「徳（VERTU）」（▶p.850）という．しかし，それは容易ではないために，人はそういうことに身を投じないのです．そんな普通の立場からすると，徳は不自然なあり方なのであり，それが「定期的に罰せられる」ことになるというわけです．ただただ世間的な徳や生き様に身を委せているのは，いわば自然な生き方なのであり，そんな自然な生き方に身を委せている「力の世界」では，徳が罰せられてしまうということが起こってしまう．しかし，そうやって人間が自然に生きている世界，それは人間が動物的な生き方をしている世界なのではないのでしょうか？　私はそう思います．そうではない世界つまり徳の世界が，「力の世界」によって，そのようにして「定期的に」罰せられるとアランは言っている，と私は解釈します．

もちろん，現在の世界が，大方，自然を超えた「**価値（VALEUR）**」（▶p.841）への視点を真面目に取り扱っていないのも確かです．それに少々関わって，人間というものが卑劣化しているのではないかという議論があります．それも経済というものを優先させている現代世界への批判を含めた次のような指摘がその一例です．

> ジンメルが，人間の「自己卑劣化」と呼んだものは，オートマット〔自動機械のことです〕化した人間の活動性の低さであり，超越的でヌミノーゼ〔畏れ多くも魅惑的なもののことで

★182――アラン『幸福論』p.118
★183――アラン『芸術について』pp.253-254〔傍点引用者〕
★184――養老孟司『唯脳論』p.84〔傍点引用者〕
★185――アラン『わが思索のあと』pp.286-287〔傍点引用者〕

す〕的なものから自らを遮断した者の必然の行路であった．だから彼は，ここで，市場社会の文化が持つ途方もないパラドックス——市場が重い鎖のような因習の息苦しさから個性を解放するということの意味は，実は個性とはほど遠いのっぺらな無表情な人々の集積を，ただそれが集積であるがゆえに賛美することにすぎない，というパラドックスを予見していたことになる．経済人（ホモ・エコノミカス〔homo economicus〕）は，語の本来の義通り，経済奴隷なのである．★186

　金は，つまり経済的な富は，力です．しかし，それしか価値はないのでしょうか？ ここには価値に関わる重大な問題への入り口があります．上の引用で，「市場社会の文化」という言葉が使われていますが，そういうふうに規定できそうな現代の先進諸国の文化が，経済的な交換価値（つまり〈すべてを価格に還元する〉という仕方での価値についての理解）以外のものを考えているかどうかという問いです．こういうことに，実を言えば，私のイタリア好きは少し関わっています．その一面をここで披露してしまうと，次の引用のような体験を私はイタリア滞在によって味わったということです．

　　地中海にくると，ぼくたちは，陰鬱な人生の争いや，暗澹たる厭世的な人生哲学や，他者を傷つけるシニシズムや，ルーティーンで灰色にすりきれた情熱のない日常生活をたちまち忘れる．そんなものは金と物質に追い立てられる現代社会の夢魔に似たものであることを，まるで魔法が解けたように，発見して愕然とする．★187

　哲学・思想的な場面についての情報を提供しておくと，ここに表れているような思いがイタリアでは哲学的に展開されつつあるのですが，日本ではあまり知られていません．イタリアのバーリ大学の教授であるフランコ・カッサーノが展開しつつある『南の思想〔il pensiero meridiano〕』という哲学的考察です．その中で彼は次のように言っています．

　　どの文化もその独特の原理主義をもっています．自分がすべての原理主義の正反対だと思いたがる西洋もそうです．イスラーム原理主義に対して強固な非難を明らかにすると同時に，われわれ自身の固有の原理主義を見つけなければなりません．今日の西洋では，それは主として，市場と個人の優越です．★188

　　西洋は自分がすべての原理主義の正反対だという自己イメージをもっているようですが，これは間違いです．とても深刻な間違いです．じつは西洋もその独特の原理主義をもっているのです．それは，競争や消費や，一人一人の人間を分離させ人々を憤慨させる個人主義を生み出す，市場の原理主義です．この市場の原理主義の批判は主に二つの理由のために重要な課題です．第一に，この批判によって，原理主義のリスクのない文化は存在しないのだから，他の文化を裁くことができるという思い上がりを起こしてはならない，ということを教えてくれます．第二に，自己の原理主義と批判的な距離をおくことによって，西洋が他の文化の理念とその論理をもっと理解できるようになります．★189

　　わたしが呼ぶ「リベリズム＝自由主義的原理主義」の主要な特徴は，文化や文化の中に，落ち着きのない金融資本の動きに影響されない領域はもはや存在せず，金融資本はすべての資源を利益と市場という規範的な基準に還元しうるとするところにあります．このような文明の形態は，すべての社会関係を不安定で仮のものにし，特別な個人主義のかたちを生み出します．この個人主義は，個人の自由の保護ではなくて，反対に，特定の生産的な仕組みの必要に応じた，個人の自由の分解そのものになっています．★190

それぞれの文化が自分のアイデンティティーを誇張することなく、また同時にそれを擁護しながら、他の文化の理念の理解にも努めなければなりません。これは、繰り返して言うのですが、自己を放棄するのではなく、自己を改善するということです。西洋に関して、あるいは、もっと一般的に人間全体に関して言えば、公共資産——一人の人間たりともその享受が不可能な状態にさせることは許されない資産——の決定的な重要性を、わたしはもう一度定義する必要があると思います。言い換えれば、個人の自由を擁護しながら、市場の原理主義とその個人主義を是正しなければならないと思います。★191

こんなことを念頭に置きながら、では、〈どんな価値が他にあるのか？〉を問うべきでしょう。つまり、「市場社会の文化」には、何が欠けているのでしょう？ 次のような厳しい価値の視点だと私は思います。

聖書のあの謎(なぞ)のような一連の文字から作り出されるべき最後の観念、それは、精神は何もできない、という観念である。このようにして力と価値の分離が達成される。力は少しも価値をもたず、精神は少しも力をもたない。★192

こうした価値といったものを否定しようという勢力こそが悪魔と今回の定義で言われているものなのです。その言葉・言語が皮肉だ(「皮肉〔ironie〕こそ悪魔の言語」)とアランが述べることに関連した箇所をヘーゲルから見てみましょう。

独創的な個〔体〕性としてのイロニー(皮肉)は、立派なもの、偉大なもの、すぐれたものを否定するところに本領があって、客観的な芸術形態としてあらわれる場合も、人間にとって意味や価値のあるものを無意味なものとして否定し、絶対の主体性という原理をひたすら表現することになる。となると、法や道徳や真理を真剣に考える姿勢はなくなって、高級最善のものが個人の性格や行動にあらわれていても、それはなんでもないものとして排斥され、否定され、こうして、自分を見る目もイロニー(皮肉)に満ちたものとなります。★193

こんなふうにして、人は、立派なもの・偉大なもの・すぐれたものを否定してしまうことがあるのです。例えば、イエスを十字架にかけてしまうときのようにです。そしてそれは繰り返しますが、〈自然というものに身を委せているだけでは避けられない〉ほどに私たちにとって自然な動きであり、だからこそ繰り返し過ち〔「間違い((FAUTE)」(▶p.350)〕を犯すことになります。戦争という大きな過ちを代表的なものとして。「力の世界」の進みようは、そうしたものだと言いたいのでしょう。アランが、「悪魔はただ一つの名の下に自然の神々そして戦争の神々、すなわちパーン〔牧神〕とカエサルとを見事に取り集めている」と指摘するのも、そのせいでしょう。〔人間の〕自然〔本性, nature〕が戦争を産み出すとさえ言えるかも知れないのです。まさに〈皮肉な〉話となりかねません。私たちの自然な心の動きの中に悪魔的なものが潜んでいることが、こうして理解されるでしょう。

デカルトがこういう意味での自然さ、つまり一人の人間が成長するまでに身につけてしまう〈自然な先入見〉を、とことん懐疑によって振る

★186——佐伯啓思『隠された思考——市場経済のメタフィジックス』p.77〔傍点引用者〕

★187——辻邦生『美しい夏の行方——イタリア、シチリアの旅』p.108〔傍点引用者〕

★188——フランコ・カッサーノ『南の思想——地中海的思考への誘い』p.259〔傍点引用者〕

★189——同書, p.253〔傍点引用者〕

★190——同書, p.238〔傍点引用者〕

★191——同書, p.253〔傍点引用者〕

★192——アラン『芸術について』p.197〔傍点引用者〕

★193——G. W. F. ヘーゲル『美学講義（上）』p.73〔傍点引用者〕

い落とそうとしていたのもわかるはずです．

　自然な思考には狂気がある．なぜ狂気になったのかと問うのではなく，逆の問いを考えるべきである．[194]

　逆の問い，つまり「正気であるとはどういうことか？」を問わなければならないのでしょう．

　或る自然な思考，すなわちデカルト的な思考よりももっと透徹しもっと真実である自然な思考があるという観念は，破壊的な観念であって，それは狂気そのものがありふれたもので，快い伴侶になるような自然性においてでなければ，支持されない観念だからである．[195]

　当たり前に，普通に，自然に生きていれば「狂気」ではないと言い切れるでしょうか？

　〈狂気〉とは，それがいかに力に充ちた生のエネルギーの世界であっても連続体である欲動を昇華するすべを奪われ，深層意識からも〈排除 forclusion〉されてカオスの幻覚に閉じこめられるか（＝第一の狂気），あるいはまた，流動的な熱い深層意識には入れても，強い〈抑圧 refoulement〉ゆえに表層意識へとは立ち戻れない停滞・閉塞状態（＝第二の狂気）をさしていう．いずれも生の円環運動の停止であることに変りがない．[196]

　もし停滞・閉塞が狂気のしるしだとすると，表層意識から深層意識におりるすべを知らず，そもそも冷たく硬直化した既成の価値体系に閉じこもって自己懐疑の回路を断ち切っている人びとこそ，第三の狂人でなくて何であろうか．[197]

　第三の狂気とは，まさに日常社会の狂気，ノモスの狂気である．[198]

　もう一度デカルトに戻りましょう．〈生きる〉とはどういうことなのかという問いへと迫るために．

　懐疑とは本質的に〈思弁〉であり，〈純粋な論理〉の追求である．事象をその〈在るがままに見る〉べく「〈速断〉と〈先入見〉を注意深く避け」，事象の「見方」を主題化せねばならない．それゆえ，懐疑はいっさいの蓋然性を排除するのであって，その限り何らかの確実性へ導くものでなければならない．しかしまさにそれゆえに，蓋然的なものが〈心理的な確実性〉を装って絶えず懐疑に抵抗する．〈生きる〉ということは，通常はそのような事態に他ならぬからである．[199]

　必要なのは「思いきって本当の価値を評価すること」なのでしょう．[200]

　最後に，なぜカエサルの名が出てきているのかは，わかりますよね？　聖書に出てくる，あの「カエサルのものはカエサルへ，神のものは神に返しなさい（Ἀπόδοτε οὖν τὰ Καίσαρος Καίσαρι καὶ τὰ τοῦ θεοῦ τῷ θεῷ）」という言葉を思い出せばいいのです．カエサルはこの世界，つまりは力の世界の象徴でしょうし，「神 (DIEU)」（▶p.263）は価値の世界の象徴でしょう．ですから「悪魔はただ一つの名の下に自然の神々〔dieux〕，そして戦争の神々，すなわちパーン〔牧神〕とカエサルとを見事に取り集めている」というのは，力（自然）と価値とは違う秩序であること．カエサルと神とは別の秩序にあることを，さらに言えば，悪魔と神とが別の秩序であることを，表現しているのです．

DIALECTIQUE
弁証法 – これは事実問題であるものを推理によって証明しようとする一つの方法である．戦争が起こるだろうとか起こらないだろうとか，貨幣が退蔵されるとかあるいは出

回るとか，物価が上がるとかあるいは下がるとか，すべてのことは善〔bien〕であるとかあるいは悪であるとか，神〔Dieu〕は存在するとか，神は三つの位格に分かれるとか，神は一つであるとか，世界は神であるとか，それらは皆，一つの選択や行動を前提としている判断であり，それら判断は，この選択や行動によってしか真ではありえないようなものなのである．例えば，正義〔justice〕については，それが存在するかあるいは存在しないかということを証明しようとするのは，時間〔temps〕の浪費である．問題は，正義をここに，次いであそこに，さらにまた別のところに，つくり出すことなのである．神学〔théologie〕は敬虔〔piété〕の弁証法である．そしてそれは敬虔に取って代わることはない．

弁証法といえば，世界史や倫理社会などを学んだ人には，ヘーゲルというドイツ観念論の完成者として有名な哲学者を思い出させるかも知れません．事実，このアランの定義には，それを念頭に置いたところがあります．しかし，哲学史的な背景にも触れておいた方がいいでしょう．dialectiqueは，「問答法」とも訳されることがあり，古代ギリシアのプラトンは，師ソクラテスが問答によって哲学的営みを展開したことを思い出しながら，自分の著作に彼を登場させ，その問答を方法として洗練することで自分自身の方法にしている，と言っていいでしょう．ソクラテス自身は書物を著しませんでした．プラトンの著作は，いわゆる「対話篇」といって，ソクラテスと数人の登場人物による対話で書かれているのです．そこでは，ソクラテスの問いに対して対話の相手が答えを述べると，ソクラテスはそれを吟味し，その答えのおかしいところを指摘することで当の答えを破棄させ，共に出発点に帰ってやり直そうとするのです．すなわち，ソクラテスの問いに応じて，〈これまで自分はわかっていると思っていたこと〉を対話者はペンディングにせざるをえなくなる．当たり前だと思ってそのまま遂行していた事柄が遂行できなくなるのです．習慣的な行為，思い込み，決めつけ，要するに先入見は破壊されます．〈無知の知〉の自覚と，そこからの出発を促すのです．

デカルトの方法的懐疑が同じような効果を持っていることもおわかりでしょう．問題は，そこからの出発といっても，どうやって踏み出すかです．つまり，どうやって行動や出来事へとつなげるかです．さらに言えば，行動をどのように基礎づけるかであり，事柄をどのように説明するかでしょう．自分の行為や，世界の出来事の〈理由づけ〉とでも言うべきものを人間は欲するところがあるのです．少々ネガティヴな言い方をしてみるなら，自己正当化の論理を人間は探すものだということです．「事実問題であるものを推理によって証明しようとする一つの方法」と，この定義で言われていることに注目してください．「事実」を「推理」という人間の働きによって，「証明」しようというのです．そういう「論理(LOGIQUE)」(➡p.439)を組み立てる一つの方法が弁証法ないし弁証法論理なのです．しかし，そもそも「証明(PREUVE)」(➡p.655)とか，それを展開するための「論理」とは何なのでしょう．「論理」から見ていきましょう．アランは次のように書きました．

> 一般に論理学と呼ばれている純粋な修辞学が扱うのは，いろいろな命題の等価関係のみである．あるいは，言葉の多様性のもとでの意味の一致，と言いかえてもいい．[★201]

論理学とは，一つあるいはいくつかの命題

★194── アラン『イデー（哲学入門）』p.264
★195── 同書，p.315
★196── 丸山圭三郎『欲動』p.189
★197── 同書，p.202〔傍点引用者〕
★198── 同書，p.207
★199── 福居純『デカルト研究』p.81〔傍点引用者〕
★200── アラン『思索と行動のために』p.337
★201── 同書，p.188〔傍点引用者〕

259

から，対象を考えずただ言葉だけによって新しい言い方を引き出すには，どうしたらいいかを検討するものだ…〔後略〕[202]

論理学の基礎をおくためには最も単純な若干の命題しか必要としない．しかし，そこには物が欠けているので，そこに注意した最初の思想家〔アリストテレスのこと〕があの無内容な諸形式をたちまち枚挙してしまった．[203]

アリストテレスの形式論理学における三段論法やそれを現代風に記号論理学的に展開した議論を少しでも勉強したことがある人は，そこにトートロジー（同語反復）という言葉が出てきたのを憶えているでしょう．例えば，命題論理学で言えば，いつでも正しい（とされる）〈形式的〉命題のことです．代表的なものとして，同一律とか矛盾律とかを思い浮かべればいいでしょう．内容を考えなくても真偽が確定しているとされる命題です．上の引用で，アランが「命題の等価関係」とか「対象を考えず」とか「無内容な諸形式」とか言っていることは，そういうことです．では，そういう論理を使って，人々は何をやろうというのでしょうか？　確かに，論理を使って考えを整理していかなければ事柄を進展させることができないのはしばしばです．命題論理学の応用である論理回路の考え方を用いなければ現代のコンピュータさえ造れなかったでしょう．しかし，そういう形で，人間の思考をすべて形式化し，論理に乗せて，言わば機械的に解決できるでしょうか？　この点については，私は，かなり懐疑的です．が，いずれにせよ，論理を使うということは，証明というものへと私たちを導きます．さて，では，「証明」というのはどんなことなのでしょう．

みなさんが，中学・高校で「図形」を習ったときに出てきた，ユークリッド幾何学を思い出してみればいいのです．あの，定義と公理（そして場合に応じて要請〔公準〕）が置かれ，定理を証明していくという道筋です．三角形の内角の和は二直角であるとか……．ここでは，初めに定義と公理等を認めさせて，それ以降は，〈さきにあなたが認めたように……〉という言い方で，相手を引き連れていくことが行われる．一貫性が強制的に課せられる．言わば〈枠組をあなたは認めたのだから，それを逸脱することは許されない〉といった感じです．〈人の思いが赴くままに任せたのでは，秩序だった思考など無いのだから，そうしなければならない〉というわけです．それに従わないことは〈非理性的〉であり，まるで人間として失格であるかのようです．あなたはそこに〈暴力〉を感じませんか？　アランは次のように記しています．

　　証明しようと思う者はまだ暴君である．人を改宗させようと思う者もまだ暴君である．[204]

証明しようというのは，最初に承認された事柄に基づいて，すべてを関連づけ，説明しきってしまおうとでもいうような意図を含んでいます．当然のことながら，それを外れるものは，合理的に説明できないがゆえに，まさに不合理なものとして，排除されるのです．理性を前提にするがゆえに，それを外れたものを排除するという暴力があるのではないかという問いさえ立ち得ます．事実，高橋哲哉氏は次のように書いています．

　　フッサールの〈歴史の目的論〉には差別が潜んでいる．暴力も孕まれている．それは，「他のあらゆる人間性のヨーロッパ化」が「絶対的意味の支配」として正当化されるという，すでに見た事態にかかわっているのだが，しかしこの事態の怖ろしさは，単に，文化的・精神的なヨーロッパ化から権利上分離可能なすべての暴力的ヨーロッパ化が肯定されかねない，というすでに指摘したことに尽きるのではない．同じように怖るべきこと，あるいはもしかするともっと怖るべきことは，文化的・精神的なヨーロッパ化の権利上の正当化が，権利としてのかぎりで必然的に含んでいる暴力，「理念」の力によるヨーロッパ化から権利上も分離不可能な暴力が

260

存在するということ，すなわち理性の暴力が存在するということなのだ.[205]

このような理性を前提とすることによって学問の体系は整えられるかも知れませんが，例えば，まったく新しいものに出会うことはできない．体系は閉じるのです．そこでは思考の自由さは消えてしまいます．現代思想はこの点を強く批判し，いわゆる「ヨーロッパ中心主義(アメリカを含む)」や「ロゴス中心主義」批判を展開してきたのです．また，何かまったく新しいことを考えようにも，体系が閉じていれば心理的な新しさしか語れず，論理的には，最初にすべてが終わっているのです．だからこそアランは「証明の牢獄のなかでは，十分に思索することはできない」[206]とまで言うのでしょう．こういう事態について，少し深追いしてみましょう．アランは，そこに雄弁という方法を見ています．

> 打破されることのないものと想定された一つの原理から出発する証明，議論または演繹，要するに論理のすべての方法は，この論理という言葉がよく表わしているように，もともと雄弁の方法に属するという考え方…[後略][207]

そうだとすれば，こんどは「**雄弁**(ÉLOQUENCE)」(→p.294)について語らなければなりませんよね．アランはこんな言い方をしています．

> ギリシア人およびローマ人は，雄弁という形式で，ものを考えた．理性と言葉．これはギリシア語では，ロゴスという同一の単語であった．そして，ロゴスが，神であった．時代の隔絶によって，われわれは，そのことを，ようやく，知り始めた．彼らの「然り」「否」の論理は，あきらかに，法廷の論理である．このため，いまなお，われわれは，同じ事象について，「然り」「否」の二つを同時に答える羽目に陥った者は，まちがっているのだ，というふうに，一方，自分の言葉の前後の辻褄を合わせている者は正しい，というふうに信じている．信じていないまでも，ともかく口では，そういわざるをえなくなっている．しかし，冷静に考えてみれば，これは奇妙な思想である．弁護士の思想か，さもなければ，裁判官の思想である．もっとも巧みな修辞家が，もっとも洞察に富み，もっとも深遠な思想家であるなどとは，とうていいえることではない．それどころか，自分自身とさえ議論し合いながら，また反論し合いながら考えるという習慣は，しばしば，われわれを，直截な認識から遠ざける．[208]

この，「直截な認識」とはどんなものかというのは大問題ですが，今は措いておきます．いずれにせよ，アランは次のように宣言しさえするのです．

> およそ証明というものは，私の眼にはかなり明瞭に面目を失墜したものとして映るので，私は今後あらゆる雄弁と縁を切ろうと思う．[209]

では，アランはそれでどうしようというのでしょうか？　人を思索させる文章，散文を書こうとするのです．

> 雄弁が時間のうちに展開されるものであり，またそれだけの理由によって，原理から帰結への進行を強要する…[中略]…これに対して，真の散文は，もっぱら思想させるもの…[後略][210]

> 散文は…[中略]…，歩みの中断だの，反復だの，唐突な表現だのが，われわれに，く

★202──同前〔傍点引用者〕
★203──アラン『芸術論集』p.57〔傍点引用者〕
★204──アラン『宗教論』p.272
★205──高橋哲哉『逆光のロゴス──現代哲学のコンテクスト』p.42〔傍点引用者〕
★206──アラン『思索と行動のために』p.251
★207──アラン『諸芸術の体系』p.6〔傍点引用者〕
★208──アラン『芸術に関する101章』p.220
★209──アラン『芸術論集』p.56〔傍点引用者〕
★210──アラン『諸芸術の体系』p.7〔傍点引用者〕

261

りかえし読むこと，あるいは思索することを命ずる．散文は時間から解放されている．雄弁の一種にほかならぬ形式的な議論からも自由だ．真の散文は，けっしてわれわれを圧迫しない．[211]

読者は，導かれてゆく感じがしないために，時として不安を感じる．いつも前のめりになって，それらの情念にかられた疾走者(時と雄弁)のあとを追うほうが気楽な気がする．静止の芸術によって十分訓練されていないかぎり，傍観者的精神が容易に詩から散文へ移れないのは，このためである．律動がないから，証明と要約と結論を求めるのだ．なんら推論のたすけをかりずに判断せねばならぬということは，解放された者を最も驚かすものである．[212]

雄弁は黙っていても私たちを引き連れていってくれるために，引き連れられている方は楽です．しかし，判断は意志的に自分で下さなければならない．その大変さに耐えられない者は，推論へと，さらに言えば法則へと身を投げてしまうのでしょう．ヘーゲルは，これまでの歴史の展開を弁証法で〈証明〉しようとし，マルクスはそれを唯物論的に展開して，これからの歴史に法則を語ろうとしました．今回の定義の「戦争が起こるあるいは起こらないだろうとか，貨幣が退蔵されるあるいは出回るとか，物価が上がるあるいは下がる」といった部分は，マルクス主義経済学の主張によれば，そういう歴史法則の話で語られるわけです〔先ほどの高橋氏の著作からの引用にあった〈歴史の目的論〉も同様です〕．例えば，資本家と労働者との間に，搾取ということが行われ矛盾が昂じていけば，やがて革命が起こるであろうとか，そして資本主義社会は崩壊し，差し当たって「**社会主義**(SOCIALISME)」(▶p.742)へと移行するだろうとか，言われるわけです．また，今回の定義の中で，「すべてのことは善〔bien〕であるとかあるいは悪であるとか，神

〔Dieu〕は存在するとか，神は三つの位格に分かれるとか，神は一つであるとか，世界は神であるとか」の部分は，ヘーゲルの哲学に出てきそうな話題です．それも，もちろん弁証的な扱いを受けながら．しかし，重要なのは，アランがここで「一つの選択や行動を前提としている」と述べることであり，「……である」という判断そのものが，そういう「選択や行動」に基づいて真であるかどうかが語られるものだということです．判断と推論とは別物です．

演説的語句の構造は方向づけられており，誘いゆくものであるのに対して，散文の構造は注意力を分散させ，拡大させながら，しかもつねにそれを引きとめておくことを忘れない．このことによって，散文と雄弁との間には，推論と判断の間におけるのと同様の相違があることがわかるのである．[213]

思想はつねにひとつの体系の中で働くもので，いかなる部分も他の諸部分がすべて吟味されぬうちは知りえないのだ．要するに，諸観念のひとつの集まりを順次に遍歴しうる継起の秩序というようなものはない．すべてはいっしょに考えられねばならぬのだから．そしてすべて思考の術は，時間を逃れ，何ものをも記憶にゆだねないことにある．演説者の努力はこの反対をゆく．彼はさらに前進する前に，すでに獲得したものを確かめ，以後変化しないような結論を作製しようとする．だから雄弁には，各瞬間に判断されたものがある．法廷弁論や政治演説そしてまた口述授業の習慣によって，こうした一種の推論の方法が作られたが，われわれの誤謬（ごびゅう）の大部分は実にここから生じたのである．[214]

「われわれの誤謬の大部分は実にここから生じた」とは，厳しい言葉です．しかし，それは言い換えれば，「選択や行動」をせずに，ああだこうだ

と理屈ばかりこね上げることが多々あるということでしょう。「神学〔THÉOLOGIE〕」(➡p.807)というものはそういう「理屈」だとアランは言いたいのです。しかも，認識すれば済むというものではないとアランは言います。

種々の意見がからみあって作られている人間界の事象の場合は，真実は確認されるものではなく，作りあげられるものだということである．だから認識するだけでは十分でない．判断という美しい言葉のもつ最上の意味で，我々は判断を下さなければならない．[★215]

行為としての「敬虔〔PIÉTÉ〕」(➡p.590)には到底及ばない「敬虔〔piété〕の弁証法」というものがあるというのです．この弁証法は，敬虔に基づく行動をはたして基礎づけているでしょうか？

DIEU
神 – これは最高の価値〔valeur〕である．ある人にとっては名誉がその人にとっての神だと言われ，別の人にとっては金がその人の神だと言われ，また別の人にとっては腹がその人の神だと言われる．神というのは，それがどんなものであれ，崇められ，そのためには残りのすべてを犠牲にするというものなのである．宗教儀礼的な供犠はその象徴である．腹という神〔ventre-dieu〕，それは豊饒な自然であり，生命力である．名誉という神〔honneur-dieu〕，それは戦闘の力であり，英雄とか征服者といった表情の下に崇められる．勇気という神〔courage-dieu〕，それは自由な人間のことであり，ストア的な人のことである．愛という神〔amour-dieu〕，それは聖なる者のことである．愛という神のなかには，ある曖昧さが見出されることだろう．なぜなら，この名によって指し示されるものが，博愛〔charité〕なのか，それとも動物の盲目的多産性なのかは必ずしも語られないからである．いかなる道徳も仮面を剝がされた偽りの神々と，一なる真の神を前提としている．

簡潔に，神を「最高の価値〔valeur〕である」と言い切っています．その後に，最高の「**価値〔VALEUR〕**」(➡p.841)と考えるものが人によって違いそうだということをまず指摘するのです．名誉，金，腹，「**勇気〔COURAGE〕**」(➡p.196)，「**愛〔AMOUR〕**」(➡p.076)．

では，そうやって列挙されたものが，この定義の最後の部分，つまり「**道徳〔MORALE〕**」(➡p.495)について述べられるときに出てくる「偽りの神々〔des faux dieux〕」と「一なる真の神〔un vrai dieu〕」という言い方とどのように関わってくるのでしょうか？　それとも関わってこないのでしょうか？　こういうことを考察していこうと思います．そのための回り道が，また，始まります．

定義の後半に，〈愛という神のなかにある，ある曖昧さ〉が指摘されます．「**博愛〔CHARITÉ〕**」(➡p.148)なのか，「それとも動物の盲目的多産性〔fécondité〕なのか」が必ずしも語られないからだと書かれていました．愛という言葉に含まれている曖昧さの指摘です．この曖昧さの意味するところは，愛という言葉の理解の中に，上述の両者が含まれうるということです．どうしてそういうことになるのかを探ることが大切でしょう．言葉を使うこと，言葉の意味を考えること，そして言葉に定義を与えることの，最深部に関わっていると私には思われるからです．次のアランの文章を出発点にしましょう．

コント〔フランスの実証主義哲学者であるオーギュ

★211──アラン『思索と行動のために』p.416〔傍点引用者〕
★212──アラン『芸術論集』p.152〔傍点引用者〕
★213──同書，p.156〔傍点引用者〕
★214──同書，pp.154-155〔傍点引用者〕
★215──アラン『裁かれた戦争』p.135〔傍点引用者〕

スト・コントのことです〕がしばしば註釈しているあのクールcœurという単語を、例に引きたい。クールは、勇気(クラージュ)を意味する。クールは、愛(アムール)を意味する。クールは、空(から)っぽの筋肉(心臓をいっている)を意味する。もしも、あなたが、この単語を、一どきに三つの意味にとらないならば、あなたは、まずい書きかたをしていることになる。[★216]

このcœurという言葉の三つの意味、すなわち勇気、愛、心臓〔「心(CŒUR)」(▶p.176)〕に注目してみると、それが、ある程度、今回の話題と関わっていることがわかります。実際、勇気も、愛も、今回の定義に出てきます。では、心臓はどうでしょうか？ 心臓は、今回の定義に出てくる「腹」との関連を探ることができるでしょう。どちらも身体的なものだということです。もっとも、心臓と腹では場所が違いますし、実際、古代ギリシアでも、心臓ないし胸は後に述べる「気概」の座、腹は「欲望(DÉSIR)」(▶p.223)の座と考えられていたようです。いずれにせよ、こうして、身体的なもの(腹、心臓)と精神的なもの(愛)との区別はわかる気がするのです。では、名誉とか勇気も精神的なものに入れていいでしょうか？ これは微妙です。このことについて考えるために、人間を三つの要素からなっていると述べたプラトンの説を紹介しているアランの文章を引いてみましょう。

> 同じ袋に縫いあわされた賢者とライオンと百頭のヒドラ、これが人間である、とプラトンは言う。[★217]

簡単に言ってしまえば、百頭のヒドラとは「欲望」の象徴、賢者とは「精神(ESPRIT)」(▶p.322)の象徴、ライオンとは「気概」の象徴です。気概とは、『広辞苑』によれば、「困難にくじけない強い意気、気骨。いきじ」とあります。この説明でも解るように、ここには、単なる知性とは異なる人間の意志のようなものとの関わりが感じられるでしょう。この気概こそ、私たち現代人がなかなか理解困難な、つまり忘れかけているものだというアランの次の指摘は、今、「名誉」と「勇気」の位置づけに少々とまどう私たちそのものを言い当てているでしょう。

> 近代の分析は一般にあの第三の項すなわち気概〔la colère──怒りという意味が一般的です〕を忘れて、人間をただ欲望と理性だけで組み立てることに努めている。それは名誉を忘れることであり、愛と戦いの双子の戯れを忘れることである。[★218]

「愛」と「戦い」の「双子」の戯れとまで言っています。名誉がそれだというのです。つまり、その名誉こそが「気概(colère)」〔「怒り(COLÈRE)」(▶p.180)〕という言葉でその座が指定されているものなのです。怒りであり戦いであるようなものと愛との戯れ、などということまでここでアランは考えているわけです。しかも、その名誉を神とする者さえいることをアランは指摘しています。もちろん金や、腹を神とする者がいることも十分承知です。そうした神々を一概に頭から否定してはいないのです。言い換えれば、プラトンのいう人間の三つの部分の存在を切り捨てることなく認めているのでしょう。要するに、人間というものにはプラトンの言ったように欲望と気概と精神とがあることを前提として、それをバランス良く位置づけることをめざすということでしょう。しかし、このバランスを崩す、あるいはどれかを忘れたりすると、人間として不健全な状態になるとでも言えばいいでしょうか。例えば、気概を忘れ、つまり「怒り」「名誉」といったものを排除してしまうと次のようなことになる。すると、どうなるか？

> 腹に頭をのせると、卑屈な賢者ができる。[★219]

欲望をもち、頭もいいけれども、気概に欠ける

人物，それを「卑屈な賢者」とアランはここで呼んでいます．欲望や知識を抑えてでもやらなければならないもののあることが解らない人間をそういっているのです．例えば，侮辱されても卑屈に笑ったり，ただただ引き下がる人間です．人には戦うべき時があり，戦える状態にあることを，わきまえていない人間です．もちろん，「名誉」を「最高の価値」と考えればいいのかというと，そういう人も実際にいるわけですが，そうアラン自身が考えているようにはどうも思えない．あとで「偽りの神々」を語るときに，アランは名誉の神もそこに入れようとしていると私は思うのです．いずれにせよ，そこには，〈愛に照らして，戦いを控える〉のは「卑屈」かどうかという問題が生じています．ここで注意しなければならないのは，〈戦えない〉のではなく〈戦わない〉ということです．あえて意志的に戦いを避けるということです．戦えないのでは，卑屈にしかなりえません．この定義にはいろいろな神が挙がっており，しかも「最高の価値」とまで言われているわけですから，多くの場合，他のすべてを犠牲にして，それへと向かってしまうのが常なわけですが，そういうことに伴う問題をいま考えはじめているわけです．とっかかりは，その「最高の価値」とまで思われている物事の中に実は曖昧さがあるということです．愛を例にとって，それが今回の定義では述べられたのでした．では，金はどうなのでしょう？ 腹は？ 名誉は？ 勇気は？ 金を「最高の価値」としてしまうことのなかには曖昧さなどほとんどないようにも思えます．何を犠牲にしても金を追い求めるということは，欲望のレベルにしかないように思えるからです．高邁な「理想〔IDÉAL〕」（▶p.402）とか，名誉とかいうものに，金ばかり追い求めている者（守銭奴といいます）は無縁でしょう．ところが，名誉を神とする者は，名誉のためには，いざとなれば，金に代表される欲望というものを擲ってしまうでしょう．普段は欲望を忌避などしていなくともです．要するに，名誉を神とする者は，

〈欲望に向かうことも向かわないこともできる〉という意味で，言わば欲望を統御できるレベルにいる．ある意味でそれへの〈囚われ〉から解放されているわけです．勇気という神にも定義では触れられていたのですから，勇気についても少々述べておきましょう．それは蛮勇とは区別されると言うべきでしょう．蛮勇とは，『広辞苑』によれば，「理非を考えずに突進する勇気．向う見ずの勇気」と書かれています．言うならば，ただひたすら戦いへと飛び込まざるを得ないようなあり方です．それに対して，本当の勇気は，場合によって，引くことを知っています．そこにも統御というものがあるのは見やすいでしょう．しかし，一般に，勇気と蛮勇とをきちんと区別して私たちは考え，しゃべっているでしょうか？ あやしいものです．ここまで来れば，愛の曖昧さについて，少しは理解の準備ができたかも知れません．

ふたたび，〈愛という神のなかにある，ある曖昧さ〉に戻りましょう．「博愛〔charité〕」なのか，それとも動物の盲目的多産性〔fécondité〕なのか，必ずしも語られない，と記されていました．勇気と蛮勇とをきちんと区別して語らない場合があるように，愛についても，通常，区別しないで曖昧なままに語られているものだと考えてみましょう．「動物の盲目的多産性」には，生殖へと向かわざるを得ないあり方が語られているのではないでしょうか？ 欲望が統御されない姿を「盲目的〔aveugle〕」という言葉は指し示しているものだと考えられましょう．博愛はそういうものとは違います．博愛は盲目的ではない．言い方を換えれば，逆説的に聞こえるかも知れませんが，〈愛することも愛さないこともできる〉のでなければ〈愛する〉ことを「決断〔RÉSOLUTION〕」（▶p.715）できはしない．それこそが，厳しい意味での「選択」でしょう．その点で，あたかも〈愛さないことができない〉ような恋とは区別されるでしょう．恋には厳しい意味での選択などほとんど無い．恋は盲目なのです．

ここから，振り返って，今度は名誉について

★216——アラン『芸術に関する101章』pp.271-272［傍点引用者］
★217——アラン『人間論』p.24
★218——アラン『イデー（哲学入門）』p.99［傍点引用者］
★219——アラン『人間論』p.24［傍点引用者］

考えてみることができます。先ほど、愛に照らして、戦いを控えるのは「卑屈」かどうかという問題に触れました。〈戦えない〉のではなく〈戦わない〉ということについて考えたのです。あえて意志的に戦いを避ける決断をするということでした。戦えないのでは、卑屈にしかなりえないとして、今度は〈戦わないわけにはいかない(戦わざるを得ない)〉としたら、それは、逆に戦いへの〈囚われ〉から解放されてはいません。名誉を神とする者は、往々にして、こういうレベルにいることになるでしょう。しかし、愛はこういうレベルを超えていくのです。〈戦えるのにあえて戦わないことを決断する〉ということです。こんなことまで考えて初めて、「偽りの神々」とアランが呼んだものとはどんなものかについてのヒントがつかめたのではないでしょうか？

欲望から名誉へ、そして愛への道筋に、私は上昇を感じ取ります。愛にまで到達することがあっても、凡人に過ぎない(つまり聖人ではない)者には、欲望や名誉から完全に解放されることは稀です。無理やりそうしたものを押しつぶそうとすれば、かえって不自然になってしまうぐらいなのです。一瞬、解放の境地に到達したかのように思えても、すぐに落ちてしまうという感じでしょう。その最高度をプラトンならイデアとかいうのかも知れません。イデアを観て、しかしそれを忘れて、思い出そうとする(想起しようとする)のがこの世の人間の姿だとプラトンは言ったのでした。そういう人間の現在の(この世における)姿を恥じるということだってあるかも知れません。事実、古代ギリシア哲学の最後の輝きであった新プラトン主義哲学の中心人物プロティノス(A.D.205?-270)は、「自分が肉体を持っているのを恥じていた」と伝えられています。しかし、それほど肉体(つまり欲望)や名誉などを忌避する必要があるでしょうか？ むしろ、肉体などを持っていることによって到達しうる境地もあるのではないでしょうか？ 私は、この境地こそ、芸術の到達しうる境地だと考えています。人体を訓練して成立するものが芸術な

のであって、肉体無くしてはそのことは不可能だと私は思うのです。次の引用は、そのことの根源を言い表しているように私には思えます。

> 肉体から切りはなされた魂というものは、寛大で情深いものと考えられがちだが、実はその逆であろう。肉体がないから同情や共感をしないのではなかろうか。生きた肉体の方がずっと高尚〔beau〕である。それは観念によって苦しみ、行動によって癒(い)える。★220

この「観念によって苦しみ、行動によって癒える」というところにこそ、芸術という営みがあると私は考えているのです。そしてその「行動」とは、肉体を持っていてはじめて可能なものでしょう。「行動」を訓練する。そこに芸術が成り立ちます。

> 芸術はその根源において人体の訓練であり、また、アリストテレスが望んでいるように、情念の下剤である。ところで、情緒を訓練するにはふたつの方法が考えられる。ひとつは我々の肉体を、その運動と音声を訓練する方法であり、そこから、舞踊、唱歌、音楽、詩といった第一系列の芸術が生れる。もうひとつは、情緒に対象をあたえるために世界を造形する方法であって、建築、彫刻、絵画、素描などはそれに属する。★221

アランには、「感動・情念・感情という、あの美しい上昇系列」★222という言葉がありました。この言葉ほど、今回の定義に相応しいものもないでしょう。感動とは、émotionであり、「情動(ÉMOTION)」(▶p.299)と訳した方がいいとも思われる言葉で、人間の動物的な動きのレベルです。情念とは、passionであり、〈思い〉に発するけれどもすぐに身体に多くの場合激しい作用を及ぼし、そうして起こる身体的な激動に心が引っぱられてしまう状態です。つまり受動的〔passif〕なのです。感情は、sentimentというのが原語です

266

が、「**情念**(PASSION)」(▶p.544)を捉え返して、それに翻弄されず、心が主導権を取り戻した状態です。要するに、「**感情**(SENTIMENT)」(▶p.732)にまで至って初めて、人間は精神の自由を勝ち取るのでしょう。ここまで行ったとき、人間は〈神に似る〉(プラトン)こともできるのだと思います。偽りの神々は、真の神の前で、仮面を剥がされる。それは、今いったような上昇系列に伴って偽りの神々が超えられていくということでしょう。

道徳というものが、狭く、閉じられた個人や集団の中で語られるなら、それはまだ偽りの神々に〈囚われ〉ている可能性が高い。しかしながら、そこにはすでに真の神へと向かう上昇系列の動きが感じ取られる。その上昇の動きを、とことんまで辿ってみるところにしか、〈こういう方法では〉真の神は考えられてこないのでしょう。アランの次の文章によってまとめに入ります。

> 愛されるにも、感嘆されるにも、道は一つしかない。すなわち、自由な者をのみさがし、尊ぶことであり、抵抗するもの、反対するものを愛することであり、虚栄心にかられてするような、つかのまの戯れであってはならない。じつを言えば、ここには、古今にわたって実際のまじめな宗教であったものが見いだされるのである。なぜならば、神学的探求は、結局、自由意志こそ神の最高の属性であり、神を模倣するとは、自己を自由にし、自由なものをあがめ、地上に半神たちを住まわせることに成り立つと考えるにいたったからである。これは非常に大きな結果を生む。なぜならば、このとき人は自己の対等者に君臨しようとするからである。これが、なんら例外なくすべての社会の基礎なのである。恐怖と腐敗はついに表面にすぎなかった。自由と友情を発見するまで掘りさげぬかぎり、人は歴史の外観を記すにすぎない。[★223]

「**キリスト教**(CHRISTIANISME)」(▶p.160)では、神は愛なのでした。

DISGRÂCE

失寵

― 見事な言葉である。なぜなら、それは、諸権力に対してのある人物の状態、それも諸権力がその人を特別の好意〔faveur〕を持って遇することを止めるときのそれを示しているからである。しかし、それは同時にこの人物の、自由を欠き、高邁さを欠いた、内面的状態をも指している。そしてそういうものこそが、深い意味での、本当の〔réelle〕失寵である。

なぜ「見事な」〔admirable〕と言うのでしょうか？ もちろん、disgrâce という語を構成している部分である grâce を念頭に置いて考えてみなければならないでしょう。このフランス語はラテン語の gratia、つまり「**キリスト教**(CHRISTIANISME)」(▶p.160)で言う「恩寵」と深い関連を持っています。では、「恩寵」とは、そもそもどういうものでしょうか？ それは、〈私はそれを受けるに値しないほどの人間であるにもかかわらず、「**神**(DIEU)」(▶p.263)から与えられるもの〉といった感じです。「神の恵み」ですね。イタリア語で Grazie!(ありがとう！)がラテン語の gratiae から来ていることは明らかです。しかしそれが、相手の好意を〈そうしていただくことが思いもよらぬほどなのに、下さった〉という意味なのか、それとも〈あなたに神の多くの恵みがありますように！〉という意味なのかを私は知りません。いずれにせよ、〈あることが難しい〉、つまり〈有り難い〉ことであるとい

★220 ― アラン『幸福論』p.33〔傍点引用者〕
★221 ― A. モーロワ『アラン』p.93〔傍点引用者〕
★222 ― アラン『芸術についての二十講』p.114
★223 ― アラン『人間論』p.218〔傍点引用者〕

う認識がそこにあるには違いないでしょう．さて，それでは「失寵」は，こういうことを踏まえた場合，どんなふうに考えられるでしょうか？　ここでのポイントは，アランがこの「失寵」を「諸権力」との関わりで述べていることです．権力の寵愛を受けるということは，いわば「虎の威を借る」ことができる状態であって，たとえ自分が詰まらぬものであっても，他人から恐れられたり，他人が寄ってきて利益を受けようとしたりする可能性に身を晒していることになります．ブランド品で身を固めてみたり，有名大学の学生というレッテルを後生大事にしてみたりするのも，実は，こうしたことと同じです．そうしたものを，すべて，「力」として使用していると言っていい．周りを圧倒するためにです．しかし，そういうものをすべて剥ぎ取られたら，その人はどうなるでしょうか？　それでも他人はその人を恐れるでしょうか？　あるいは，それでも他人は，その人に寄ってくるでしょうか？　こうして，「失寵」は，人をその人自身に向き合わせることになるでしょう．つまり，権力を味方に付けて棚からぼた餅式に降ってくるものを頼りに生きるのではなく，自ら努力して，自らの魅力によって生きて行かざるを得ない場面に立ち至らせることになります．

　力は人を強制しますが，魅力は人を自発的に行動させます．「道徳(MORALE)」(▶p.495)といわれるものでさえそうでしょう．

　　自然の秩序(オーダー)と社会の命令(オーダー)はいずれも強制という性格をもつのであって，問題はむしろこの強制的道徳に対する謂わば自由道徳，あるいは創造的道徳の関係にある．換言すれば，我々は道徳を二種に区別しうるのであって，それらの一方を威圧的道徳とし，他方を聖者の呼びかけAppelの道徳として，あるいは各人のその聖者への憧憬の道徳として，特色づけ得るのである．…〔中略〕…この第二の道徳にあっては，はたらくものは単なる知性ではなく情動émotionである．ただしここで二つの情動を区別することが必要である．一つは何らかの観念と表象に続いて起る情動であり，他はそれから知的表象が生み出される原始的情動である．…〔中略〕…一方は知性以下infra-intellectuelであり，他は知性以上supra-intellectuelである．[224]

　ここで私は，〈権力を破壊せよ〉とか，そういうことを言っているのではありません．そんなことが，この定義の中に込められているとか言いたいのではないのです．そうではなくて，権力というものを前にした生き方が問われていると言いたいのです．典型的な例を掲げておくなら，聖書に出てくる，「カエサルのものはカエサルへ，神のものは神に返しなさい」です．[225]ローマ帝国という権力に刃向かうことをイエスに求めていた人たちも実際にいたといいます．しかし，イエスが述べたのはそういうことではなかった．権力〔力〕とは別のものとしての「価値(VALEUR)」(▶p.841)を求めたのでしょう．その意味では，イエスは権力には服従したのです．ただし，同意したのではありません．「服従は権力に対して，同意はただ精神に対してのみ」とアランは書きました．[226]こうしたことが理解され，それに相応しい行動を取れるのなら，実は，権力からの「失寵」など恐れるものでも何でもないわけです．しかし，普通はそう簡単にはいかない．権力を頼りにしていた人の心の傾向が，直ちに是正されるわけではないのです．だからこそ，アランがこの定義の中で続けて書いているような「内面的状態」が帰結します．「自由を欠き」，「高邁さを欠」く状態です．それもこれも，当の「自由」が，権力を頼りにしていたがために得られたものだったからでしょう．こうして，「本当の失寵」は，人が，自分の守備範囲を越えたところから得ていた何ものかを失い，それを惜しみ，自分の力で歩いていけない状態を言うのでしょう．価値を求めないがために，人は事実に（つまりは証拠に），そして権力に，追いすがるのでしょう．しかし，実を言えば，自分の足で歩くためには自分が自由であることを信じる必要があるのです．そしてそれこそ，デカル

トが言い，アランが大事にしている「高邁」という事柄なのです．次に掲げる引用のように．

> デカルトは，…〔中略〕…人が自らの自由意志についてもつ感情…〔中略〕…決して自由意志を失うまいという堅い決意と合したこの感情を，高邁の心と名づけた．[227]

> 高邁な心とは，自分が現に自由であることを知り，将来もそうであることを確信するとき体験される情念あるいは感情である．さらに私は，高邁な心とは自由意志を損なうまいとする固い決意を本質とする，という言い表わし方を創造したつもりだ．[228]

努力すれば実際に神の恩寵が下るかどうかは知りません．そこには神の側の自由があるはずなのですから．しかし，とにかく，それに（恩寵に）少しでも値する人間になろうとでもいう姿勢，それを目指すあり方があってもいいのではないでしょうか？　それは，恩寵をめざすのでさえないかもしれません．むしろ，次のようなあり方のような気が私にはします．

> 宗教は，あたかも宗教が存在しないかのようでなければならず，神は，あたかも神が存在しないかのようでなければならない．信ずるに価する人でなければならない，すなわち，報いがあるとはじめには知らずに報いを得なければならないと言うではないか．[229]

ここまでくれば，今回の定義である「失寵」が，この世の権力に対するものとして考えられたときと，そうでないときとを，共に念頭に置いて考えてみなければならないことが予想されるでしょう．そして，だからこそ，「虎の威を借る」ような権力への結びつきを失うことが，かえって，この世の権力を超えたものへのオープンな態度をもたらす可能性を語ることがわかるでしょう．「デカルトはたしかに，自己自身が自由なるがゆえに，自分は自由な神をあがめるのだと考えた」[230]ともアランは書いています．〈オープンな〉と言ったのは，次のような意味合いを含んでのことです．

> 人が信を有するなら道が開けるということは確かではないが，まず信を有するのでなければすべての道が閉ざされることは確かである．[231]

心が萎えてしまって，自分の力で進むことができなくなっている状態．それは，権力〔力〕から見放されたために，ついには価値からも背を向けて，つまりその意味で神を見失い，自らに閉じこもっている状態と言えるかもしれません．権力から切り捨てられることが，かえって自らとの，そして神との，出会いであるかもしれないのに，あえて，それを拒んでいるとすれば，それは神の恩寵をも拒否するかのような意味での失寵でもあるわけなのです．

少々難しいのですが，ある「**キリスト教徒（CHRÉTIEN）**」(▶p.155)の哲学者の言葉を引用しておきましょう．

> 生活現場からの自由は，また〈わたし〉が一切の事実地平を剝落させて，ただ〈わたし〉だけが存立する極限状況，すなわち絶望そのものとなり果てる可能性を秘めている．絶望において，〈わたし〉はすべての事実・事物が崩落し去る虚無の荒野に，いたずらにおのれの根拠を呼び求めようとしてそれ

---

[224] 澤瀉久敬『アンリ・ベルクソン』pp.49-50
[225] 新約聖書「マタイによる福音書」22-21,「ルカによる福音書」20-25,「マルコによる福音書」12-17
[226] アラン『思索と行動のために』p.418
[227] アラン『デカルト』p.82
[228] アラン『わが思索のあと』p.284
[229] アラン『宗教論』pp.257-258
[230] アラン『神々』p.262
[231] アラン『宗教論』p.93

すら叶わず,ただ虚しく立ち竦むのみである.絶望は自己自身へのもっとも凄烈な忠実性と見えつつ,その実,根拠から自己への呼び掛けを拒否してただおのれ自身のみに固執して,自己の根拠の前に身を牢うする甘えの一形態にほかならない.[★232]

絶望することすら,甘えだというのです.こうした事柄をすべて内に含みうる広さを持つものだとすれば,「失寵」とは,やはり,見事な言葉という他はありません.

DISSIMULATION
隠すこと

– 自分が表現しようと意志することしか決して表現しないような性向〔aptitude〕・心的傾向〔disposition〕,言い換えれば,意図しないすべての徴〔signes〕を自分の身振りや表情から消そうとする性向・心的傾向をさす.この言葉はさらに多くのことを語っている.というのも,それは,文字通りには,他人を見誤らせる〔égarer〕見せかけ〔simulation〕を意味しているからである.言い換えれば,悪意のあるものであれ好意的なもの〔bienveillants〕であれ,ある一定の徴の,意図的なあるいは習慣的な模倣〔imitation〕を意味しているからである(なぜなら,人は好意すら,また隠すことができるからである).無愛想な人というものは,時としてかなり〔想いを〕隠しているものである.見たところ好意的な人というのはさらにもっとしばしば〔想いを〕隠しているものである.意図しない徴が,他人に対して,そして自分に対して,過ち〔fautes〕でありうるだけそれだけ,隠すことは礼節〔politesse〕の一部となる.例えば,医者が自分の内心の見解を見事に隠してしまうことに慣ったりする人がいたりもするだろう.友人が,知っている重大な秘密について見事に隠すことに慣ったりする人もいよう.この二つの例から,隠す力量を軽々しく断罪してはならないことがわかるだろう.

さて,人間というものは,躾を受けず,つまり訓練されずに成長してしまうと,多くの場合,「礼儀知らず」になってしまうものです.〈こういう場面では……してはいけません〉といったことを十分に解っていないと,自分の心に浮かんだことをそのまま言ってしまったり,やりたいと思ったことを即座に行動に移してしまったりするものなのです.そこに,そうした事柄を表現したいという明確な意志など無くともです.要するに,そのようにして無礼な振る舞いを簡単にやってしまうものなのです.そういうあり方を〈自分の気持ちに正直だ〉と言いたくなる人が,もしかしたらいるかも知れません.たしかに「嘘〔MENSONGE〕」(▶p.472)をつかないという意味ではそうとも言えるでしょう.しかし,嘘をつかない方法については,次のようにも考えられます.

要するに,嘘をつかないしかたには二つある.ひとつは,心に浮かんだことをなんでも言ってしまうしかたであるが,それはなんの価値もない.もうひとつは,気分の即興をあまりに信用しすぎないしかたただ.[★233]

当然,アランは後者に「価値(VALEUR)」(▶p.841)を見いだしているわけですね.気分の即興を信用しないで振る舞うこと,そこにこそアランは「礼儀(POLITESSE)」(▶p.620)に伴う「徳(VERTU)」(▶p.850)という価値を見いだしていると言っていいでしょう.

人が礼儀に服従するかぎり,そして,礼儀上かくさねばならぬ判断はすべてそのままにし,消えるにまかせるかぎり,礼儀のなかには徳がある.したがって礼儀は,情念をもち情念に執着する者たちにとっては虚偽であるが,気分だけしかもつまいとし,あるいは,そのことを真剣に努力しようと

する者たちにとっては，誠実である．[234]

「情念(PASSION)」(→p.544)に執着して，そこに囚われてしまうことをさけ，情念などは気分的なものだと判定し，それを超え出る〔情念を否定して，消してしまおうとするのではありません〕ために努力をしようというわけです．それには，当の情念を表現せずにあえて隠す必要があり，しかも隠すためには，訓練が必要なのです．ひとことで言えば，次のようになるでしょう．

> 礼儀とは，自分の欲していること以外はけっして相手にわからせないようにする，いわば表現の体操である．[235]

> 所作の訓練は，すなわち礼儀にほかならない．[236]

確かに，以下のようにアランも書いたように，そういうことは古くから言われてきたことなのです．

> 自分が意識しないかぎり，顔がなにものをも意味しないように，訓練しなければならない，とする古代からの礼儀作法…〔後略〕[237]

ところで，今回の定義の中に出てくる「他人（ひと）を見誤らせる見せかけ〔une simulation qui égare〕」という言い方は少々難解です．いったいどういうことなのでしょうか？　もちろん，この文のすぐ後ろに言い換えが記してはあります．「悪意のあるものであれ好意的なもの〔bienveillants〕であれ，ある一定の徴の，意図的なあるいは習慣的な模倣〔imitation〕」というものです．そちらから考えていくといいかもしれません．では，「ある一定の徴の……模倣」の「一定の徴」とはどんなものかをまず考えてみましょう．「徴」ないし「表徴」というのは，アランの思想にとってとても重要な言葉です．フランス語の signe は英語では sign ですが，普通は「記号」と訳されます．しかし，アランの理解している「徴」についての詳しい議論は別のところに譲ります．ただ，ここでのこの「徴」という言葉の理解には次の引用がヒントとなるでしょう．

> 私が徴に基づいて考えるが早いか，——これこそ，まさしく考えるということなのだが——徴は，本来，表意する人間の身体〔le corps humain signifiant〕なのである．[238]

「表意する人間の身体」と言っています．例えば，〈悲しい顔〉という言い方は普通にするでしょう．〈どうして，そんなに悲しい顔をしているの？〉と人にきくことだってあるでしょう．もしかしたら，そうきかれた人は，大事な人を亡くしたばかりなのかも知れません．そんなとき，自然に〈悲しい顔〉をしてしまうということは，十分にありうることです．その場合，その人の顔は，〈悲しみ〉という情念を，いわば正直に，表意しているのです．自然に，意図せずにも，つまり悲しみを表現したいなどと明確に意志などせずにも，表しています．

人間のなかの愚かしさはその人間本来のものではない．虚栄もしかり，邪悪もしかり．こういう激しい感情のあらわれは，外側の事件に出会ったおりの人間の弱さをしめすものにすぎない．諸君が諸君の思考の舵をとることをやめるやいなや，舌を動かすだけでひとりでに愚かしさが出てくる．悲しむためには，そして敵と迫害者をひき寄せるためには，意志を働かす必要はない．ほめられて得意になるためにも，非難されて怒るためにも，意志を働かす必要はない．[239]

★232——井上忠『モイラ言語——アリストテレスを超えて』p.80
★233——アラン『思索と行動のために』p.344〔傍点引用者〕
★234——同書，pp.343-344〔傍点引用者〕
★235——同書，p.392
★236——アラン『人間論』p.207
★237——アラン『芸術に関する101章』p.180
★238——アラン『思想と年齢』p.332
★239——アラン『感情　情念　表徴』pp.277-278〔傍点引用者〕

271

しかし，そんなふうに悲しい場合でも，日常生活で他人と接するときにそういう悲しい表情をそのまま続けるのは，必ずしも適切ではないでしょう．だからこそ，人はそれを隠す努力，つまりそのための強烈な意志も必要とする場合があるのです．普通，他人と接するときに人間がするものだと理解されている表情を〔つまり徴を〕持とうとするのです．そういう人は，そのとき，きっと「見たところ好意的な人」と映ることになります〔「好意(BIENVEILLANCE)」(▶p.138)〕．私は，そんなふうに表情を選び・持とうと意志することこそ，「ある一定の徴の，意図的なあるいは習慣的な模倣」の意味するものだと解釈します．もちろん，ここでは「好意的な」場合を例に採っているのです（〔悪意のある〕場合については，例えば詐欺師の振舞い方を考えてみることができるのではないでしょうか）．いずれにせよ，それは〈表現の禁欲〉とさえ言いうるものでしょう．古代ギリシア・ローマの哲学派の一つストア派はいわゆる禁欲主義で知られますが，アランにはストア派についての次のような言葉もあります．

> 私はストア主義者のみを，それも，深い悲しみにつつまれながらもそれと気どられないようなストア主義者のみを尊敬する．[★240]

深い悲しみに包まれながらも，もしある人が快活に振る舞っていたとしたら，つまり上機嫌の徴をその人の表情が纏っていたとしたら，どうでしょう．私たちは，その人が本当は悲しい表情をしても自然な状況なのに，それを知らずに，まさにその人は楽しいのだと，普通，理解してしまいます．私たちは，その意味で，確かに，その人の状態を「見誤る〔égarer〕」ことにはなるのです．しかし，そうした事態が完璧に起こるのなら，その人は見事に自分の統御を遂行しているわけですし，他人に必ずしも知らせる必要のない自分の悲しみを隠しおおせているのです．しかも，実は，そうした隠す努力の効果は，自分にまで及んでくる．それによって悲しい気分からの解放の契機さえ手に入れうることがあるのです．次のようにです．

> 気分の動きにすぎぬものは，表現の機会がなくなれば，たちまち感じられなくなるものである．[★241]

「意図しない徴が，他人に対して，そして自分に対して，過ち〔fautes〕でありうるだけそれだけ，隠すことは礼節〔politesse〕の一部となる」とアランがこの定義の中で書いているのは，ここに関わっています．大事な人を亡くしたのだとすれば，悲しいのはもっともです．しかし，だからといって悲しみの中にどっぷりと浸かってしまうことが正しいのかどうか．せめて礼儀正しいのかどうかを考えてみる余地はあるのではないでしょうか．それも，「自分に対して」ものの話です．すなわち，〈自分に対して礼儀正しく振舞う〉ということもありうるのだと私は思います．例えば，ある間違いをしでかしたときに，反省は是非ともしなければならない場合でも，必要以上に自分を追い込まないというのは，そういう自分に対する礼儀の一つだと思うのです．〈おれはどうしてこうもダメなんだ！〉なんて言ってしまって，「だれもがすぐに自分を断罪してしまう」[★242]のが常なのですから．そんなふうにしても屈辱感に打ちひしがれてしまうだけです．

> 情熱〔情念〕のなかには常に多少の悔恨と恐怖がある．そしてそれが当然だとわたしは思う．たとえば，人はこんなことを自問する．「どうしておれはこうも自分を押えることができないのだろうか？ 同じことを性懲りもなくくりかえさなければならないのだろうか？」ここから屈辱感が生じる．[★243]

「情念というものは困ったもので，人を誤りにしばりつけてしまう」[★244]ものであり，そこからの解放を意志するのは自分に対する礼儀だと私

は考えます．その解放のために，模倣すべき徴として，例えば，柔和な表情というものがあるのでしょう．それは，美しい型なのです．

　　美しい型というものは，自然のままに放っておけばほんのちょっとした不安から苦痛をつくり出す情動のはげしさから，人間を解放するものだからだ．[★245]

他人を観察するときにも，その人のすべてを見ようとし，すべての言動から意味を推測しようとすることなど愚かとさえ言えます．それに対して，〈見るべきものしか見ないという態度〉というものがあるのです．

　　本当の観察者は，合図や身ぶりなどを特に注意して見るようなことはけっしてない．そういう人は，なにかを表現しているようで結局は何ひとつ表現していない動きなど，見ようとはしない．[★246]

他人に対しても，自分に対しても，〈見るべきものだけを見る態度〉を堅持し，そのようにして人間を形成していくならば，そこには，あえて言えば神的なものまで仄見えてくると言える．古代のギリシア人はそうやって彫刻という芸術表現を洗練したのだと言えるでしょう．そこで刻まれているのは，実在の人物を写真のように刻み残そうとしたローマ時代の彫刻とは違って，主として神々なのです．しかも，それは，人間に似た，言い換えれば，神化された人間なのです．

　　ギリシア的形式は，動きの教師（ノートレス・ド・ムーヴマン）とみなさるべきである．自分の顔に表われるしるし（シーニュ）を監視するならば，人間の顔を，動物の性質と反対のものにつくり変えることは，しかも，神の手本にのっとってつくり変えることは，可能なのである．[★247]

こうして，私たちは分かれ道に立たされるのがわかるでしょう．人間をさらなる高みへと引き上げようと努力するのか，それとも人間など所詮は動物だという理解にうずくまるのかということです．後者は，現在ただいま存在するありのままに留まろうとする態度です．そこには，恐らく，「理想（IDÉAL）」（▶p.402）を語る余地はありません．

　　ひはしを飾る怪物は，身震いするほど，人間の顔によく似ている．ギリシアの神も，われわれみんなを慰めてくれるほど，人間の顔によく似ている．これらは，二つながら，自然の模倣であり，ともどもに，真実である．怪物のほうは，人間の身体が動物であることを，それなりに，表現している．神のほうは，思索する体を意味している．一方は信用しないように，われわれにすすめる．そして，事実，信用してはならないのだ．他方は，信用するように，われわれにすすめる．そして，事実，信用しなければならないのだ．まさに，二つの手本である．一方では，肉体は，見放されている．他方では，肉体は，音楽と体操とにしたがって，救われている．一方からは，魂が，切り離されている．他方においては，魂が，和解せしめられている．[★248]

「音楽と体操」と書かれています．せっかくですから，音楽に託して，最後にこの対比を鮮明なものとして終わりましょう．

　　小鳥の歌声は，泉のさざめきのようでもあり，風のざわめきのようでもある．それは，あり

★240──アラン『裁かれた戦争』p.79
★241──アラン『幸福論』p.118
★242──アラン『人間論』p.251
★243──アラン『幸福論』p.26
★244──アラン『芸術についての二十講』p.13
★245──アラン『思索と行動のために』p.409
★246──同書，p.312
★247──アラン『芸術に関する101章』p.196
★248──同書，pp.194-195〔引用者改訳〕

のままのものしか語らない．人間の歌声は，過去にあったものを，これからあるものを，再び始まるものを，自分に似ようと欲するものを，いい表わそうとする．くり返される歌の，あの対句のなかには「注意力〔attention〕」があるし，また，「期待〔attente〕」がある．この二つは，同じ単語なのだ．この完璧な拍子．この規則づけた抑揚．この綿密周到なくり返し．これこそ，びくとも動かぬ信仰であり，本質的な宗教である．悦びという，肉体から生まれたものではない．希望という，ひたすら精神から生まれたものなのである．★249

DISSIPATION

散漫 － この言葉は，そもそも平凡な言葉であり，注意〔attention〕の分散を意味している．何の選好〔préférence〕もなく，均等な関心によって，注意がすべての対象や出来事に向けられている状態である．それは，注意というもののもっているの財産〔richesses〕を投げ捨てることである．

神谷訳も森訳も「選択」と訳しているpréférenceを，あえて「選好」と訳してみました．理由は，「選択」と訳すと，原語がchoix（英語のchoice）に思われてしまうことを嫌ったということです．「選好」というのは1960年代に日本語では最初に現れる経済用語ではありますが，ここでの意味合いを表すには適切と思います．要するに，何か複数の財やサービスが目の前にある場合にどれを選んで自分のものにしたいかということではありますが，あまり〈私はこれを選択するのだ〉といったあからさまな「意志」などというものが前面に出ないでも語られるようなレベルです．みなさんが，普通，買い物をしている場合というのは，その程度の選び方でしょう．「平凡」な場面を語るには「選択」という言葉が強すぎると私は考えたのです．また定義の最後の一文に関しては，神谷訳の「それは注意の豊かな意味を棄てることである」というのは，少なくともミスリーディングだと思います．アランが言いたいのは，〈注意という働き〉のもつ財産なのであって，神谷訳では〈注意という言葉の意味〉のように捉えられてしまうかも知れないからです．

さて，実をいうと，「注意〔attention〕」という言葉は哲学的にもかなり重要です．そこで，〈注意というものの財産〉の一端について，少し述べた方がいいでしょう．まず，何かに注意を集中する手段というものについて考えてみましょう．私としては，そこに身体の重要な役割の一つがあると考えています．例えば，「身をいれて字を書く動作は本当の注意へと向かわせるものだ」★250という言葉があります．何らかのテクストを前にしたとき，ただただ黙読しているだけでは，いつの間にか眠くなったりして，注意は遠のいていく場合があります．散漫になるというよりは，注意力があっさりと消えていきます．それに対して，そういう場面で注意力を集中するために僧侶が大事なお経を筆写した，つまり写経を実践したのも理に適ったことです．音読もいいかもしれない．日本の昔の寺子屋での論語の素読も，意味を理解する前に身体でテクストそのものに向かってしまおうということでしょう．

ちなみに次のような指摘も結構重要です．

　　古代および中世時代を通して「読み」は音読を，ときには誦詠すら意味していた．ありあまる証拠がありながらも，この問題に関してじゅうぶんなデータを蒐集した人はこれまでのところない．★251

　　洋の東西を問わず，あらゆる読書は，声をたてて読まれていたのだった．このことは聴覚回路が知の形成や再構成にとっていかに大きかったかということを告げている．幼稚園や小学校で本を読むときに声をあげていることを想起すればよい．子供たちは音声と聴覚によって言葉をおぼえ，ものの

形を知り，色を身体化するのである．

　これは，新たなマルチメディア社会を築くにあたっては，ふたたび聴覚や音声がたいせつになるであろうことを予想させるヒントになる．…〔中略〕…ちなみに音読による読書法はグーテンベルク活版印刷が普及するまで，すなわち十五，六世紀まで続いていたと想定される．[252]

　私も写経のようなことをしていました．本を読んで大事だと思った箇所を，以前はB6判の情報カードに，最近ではパソコンのカード型データベースに抜き書きしていたのです．次の引用のような言葉もあり，私はそれをもっともだと思っているのです．「徴」という言葉が出てきますが，ここでは「徴」とは主として文字テクストや造形作品です．

　　徴(しるし)をまえにして，信仰と礼拝によって行なうとき，私たちは真の注意をもってそのことを思考する．[253]

　礼拝や祈りをまるでしたことのない人は，いつでも，本当に注意するということを知るまい．つまり，注意とはつねに，あるテクストに対する注意であり，あるテクストに対する反省である．注意ということをしなければ，困難は忘れられる．[254]

　私が，この本で，アランのテクストを題材にして，原文を含めてゆっくりと読むことを大事にしようとしているのは，今まで恐らくはそれほどテクストを大事に扱ってはこなかったであろうみなさんに，じっくりテクストに対してもらおうという配慮からです．自分で考える(それこそ哲学の第一歩なのですが)ことを訓練するにはこの方法が一番だろうと私は思っているのです．古典を読むことの大事さです．対象としてのテクストを変化させずに，それを思考のための確固とした手掛かりと考えてみるのです．難しいからといって古典といわれるテクスト自体を，簡単になるように勝手に変えてしまおうなどとは，普通，人は思いませんからね．勝手に夢想することも慎む必要があったりします．

　つまり，読者の夢想は決して飛びたって行くものではなく，反対に，それは記号の力と文字の意味とによって，もとに引きもどされていくものなのである．たしかにすぐれた読書家は，一字一字の拾い読みなどしはしないものだ．しかし，私はときどき，単語はとにかく，少なくとも文章を一語ずつに区切って読んでみることがある．私はあたかも馬でも御すように，駆け足で読んだり，前にもどって読みなおしてみたりすることがある．つまり，私は勝手な想像を馳せることを恐れるからだ．私はあくまで著者にしたがいたいのである．[255]

　実をいえば，学問の成立も〈対象を変えない〉という，そういう仕方であったでしょう．「**文明(CIVILISATION)**」(▶p.167)発祥の地であったエジプトやバビロニアで最初に発達した学問が何であったかを考えてみるといい．天文学であり，幾何学だったのです．そうした学問の特徴は，とにかく対象を変化させずに(地球以外の普通の天体に触れて動かすなんてできませんよね)，ひたすら理解しようとすること(つまりはまず，実践ではなく理論)でした．次の引用に出てくる「静観」とか「観想」というのは，もともと古典ギリシア語の θεωρία つまり「理論」なのです．

---

[249]──同書，p.250〔傍点引用者〕
[250]──アラン『教育論』pp.174-175
[251]──マーシャル・マクルーハン『グーテンベルクの銀河系──活字人間の形成』p.133
[252]──松岡正剛『知の編集工学』pp.102-103
[253]──アラン『人間論』p.44
[254]──アラン『思索と行動のために』p.183〔傍点引用者〕
[255]──アラン『バルザック論』pp.12-13

275

太陽系に手をつけ，そのどこかを変えることができたならば，けっして天文学は生まれなかったろう．すべてを天文学的に静観〔観想〕せねばならぬ，すべてを，男たらしをも，大臣をも，──ここに天文学の大きな教訓がある．すこしでも手をのばすたびに，一つの真理が飛びさるのだ．[★256]

　そうであればこそ，きちんと物事を観察し，考察するには天文学者のようにすべての物事に対してみることも必要なのです．

　観察するとは，注意深く知覚することである．実験するとは，物を変化させてその結果を見ようとすることだ．そこで私は言ったのだ．純粋な，きりはなされた観察とは，われわれが手で触れえない天体の観察である，と．[★257]

　知ろうとするならば，きみはまず天文学者となり，それからは忍耐によって天文学者でいるがよい．敬意によって，とさえ言いたいところだ．そして，できるだけ，すべてのものを天文学的に考察したまえ．これが「考察する」という語の古い意味なのである．[★258]

　この引用の最後の部分は，considérer というフランス語の語源が，ラテン語の considerare で，この語は cum（共に）+ sidus（星）という言葉からきているという話です．

　しかし，そのような「観察」が人間にはなかなかできない．つい，手を伸ばしてしまうのです．けれどもそうやって手を伸ばすことは人を往々にして苦しめる．理解を棄ててしまうことになりかねないからです．〈理論を棄てた実践〉の薄っぺらさばかりが目立ってくる．

　いつも，人間は理解もしないうちに対象を変化させようとして手をのばす．だが，そうすることはまた別の劇をつくるだけのことなのである．[★259]

きみが変えうるものは，きみにはよくわからないのである．もしきみが政治家ならば，きみには人間がわからないであろう．また，多くの女性を誘惑するならば，きみには女性がわからないであろう．[★260]

　こうして，観察を前提としながら，きちんと思考を，あえて言えば理論を形成しなければなりません．思考する〔penser〕，言い換えれば思想〔la pensée，想念〕を形成するという場合，次のように，注意というものを非常に重要視する立場があるのです〔「**思考すること（PENSER）**」（▶p.570）〕．

　デカルトがとる別の立場──従う人は少ないが，従われるのを望むことも少ない別の立場は，完全な注意をもってかたちづくられたのでない想念はもはや想念でもなんでもない，という見解に立って，問題を割りきる．[★261]

　ところが，みなさんも〈注意が空回りする〉とでもいうべき事態に陥ったことがあるのではないでしょうか．

　つまらぬ事柄が重大事に見えるのは，われわれの注意が向けられるときだけだ．そんなものは，純然たるメカニズムに由来するのだから，メカニズムに送りかえしてしまえばまったく消えうせる．[★262]

　そのような不必要に集中された注意というものもあるのです．そして，それは，他のものに対する驚くべき不注意にも通じることがある．他のものが見えなくなってしまうという意味での失敗がありうるのです．例えば，「あばたもえくぼ」は，恋する相手への想いの集中が，きちんとした知覚をさえ改変してしまう様を語っています．それはある意味では，対象に対して身構えているのです．冷静に対処してはいない．

きちんとした価値判断もできないというわけです．そんな立場からは逃れなければならないと私は思います．

「バルザックが『ベアトリックス』のなかで指摘していることがひとつある」と私はいった「極度の注意力は極度の不注意に通じる，とバルザックは書いている．じっさいその通りで，見るだけの値打ちのあるものを見ようと思うのなら，何よりもまず身構えを捨てることだ」★263

こうして，注意といっても，決して緊張することではないこともわかるでしょう．

剣術の師範は，彼を信じもしない弟子に向って，早く斬る真の方法は緊張することではなく，伸び伸びすることだと教える．ヴァイオリンの師匠は，彼を信じもしない弟子に向って，音を導き伸ばし拡げようとするならば，手で弓を抑えてはならぬと教える．★264

さて，今回の定義に戻りましょう．散漫は，「何の選好〔préférence〕もなく，均等な関心によって，注意がすべての対象や出来事に向けられている状態」です．次から次へと関心が移ってみたりして，落ち着いて物事に当たれないことを注意散漫というでしょう．それは特定の対象に注意を固定できないということです．そして，この固定には手掛かりが必要です．私はそれをこの本では主としてテクストと呼んできました．散漫に対しての集中の大事さを縷々語ってきたわけです．しかし，同時に，誤った固定化とでもいうべきものがあることも指摘しておきました．注意の集中は諸刃の剣ではあるわけです．

最後に言っておけば，散漫とは，注意という，危険でもあるが素晴らしい〈伝家の宝刀〉を投げ捨ててしまう状態なのです．

DOGMATISME
独断論
── これは懐疑論〔scepticisme〕と正反対の体系である．これは，いかなる事柄であろうと説明されうるし，証明されうると信じる心的傾向〔disposition〕であるだけでなく，私たちの興味をひく物事がもうすでに体系を成すような仕方で説明されたり，証明されたりしているという確信でもある（例としては，カトリック神学〔théologie catholique〕，唯物論〔Matérialisme〕，十年一日のごとく同じ政治，道徳〔Morale〕，名誉と礼節〔politesse〕の法則〔lois〕）．教義（ドグマ）というのは，それについてはもはや再検討すべきものなど無いとされた知識（原理ないし規則）のことである．なぜなら有識者がそれについて決定したからだ〔というのだ〕．ドグマには，宗教的なもの〔religion〕，科学的なもの，礼儀作法に関するもの〔bienséance〕，衛生に関わるものなどがある．

独断論といえば，「哲学〔PHILOSOPHIE〕（▶p.587）を少しやった人はすぐに，それを批判したカントの名前を思い浮かべてしまうくらいです．〈カントが哲学研究を始めたころにドイツではライプニッツ・ヴォルフ学派の独断的形而上学が主流で，それにカントも棹さしていたのだが，後に批判が開始され，いわゆる「批判哲学」が展開される〉，と哲学史的には言われるのです．例えば，「神〔DIEU〕（▶p.263）の存在を独断的に肯定する立場があり，神の存在を独断的に否定する立場がある．それら二つの立場はそれなりに論を展開することができ，優劣が付けられない．

★256──アラン『人間論』p.36〔傍点引用者〕
★257──アラン『思索と行動のために』p.110
★258──アラン『人間論』p.311
★259──アラン『感情 情念 表徴』p.224〔傍点引用者〕
★260──アラン『人間論』p.310
★261──同書，p.102〔傍点引用者〕
★262──アラン『思索と行動のために』p.366〔傍点引用者〕
★263──アラン『彫刻家との対話』p.23〔傍点引用者〕
★264──アラン『思想と年齢』p.393

277

しかし，それは何かが間違っているとカントは考えます．そして，両者の立場が共に頭だけで考えていて，五感に与えられる感覚的な素材を無視し，存在・非存在を主張しあっているのだと考えるのです．形式的には論理展開に誤りは無いにしても，内容空虚であるということになります．私たちが，事物をあるとかないとか言うときに，それらを，何らかの仕方で，感覚によって確かめているのではないか．神について争っている双方はそうしたことを忘れているのではないか．だとしたら，そもそも言わば論理的に議論を展開してはいても，両者とも，感覚による吟味を経ていないという意味では，正当に主張できるものではない．つまり，有神論も無神論も，理論的に妥当な仕方で主張などできない，というのです．こうしてカントの場合は，神の存在を理論的に証明することはできないとし，ただし実践的に信じることはできるとします．実際，「信仰に場所をあけるために知識を制限せざるをえなかった〔Ich musste das Wissen aufheben, um zum Glauben Platz zu bekommen〕」と述べるわけです．人間が何を知りうるかを吟味しようというのです．それこそ「認識論」という営みです．

私の出発点は神の存在や不死等ではなくて，純粋理性の二律背反，即ち「世界は始元を有する――それは始元を有しない等から，第四の二律背反，即ち人間には自由がある，――対，自由なるものはない，人間に於ける一切のものは自然必然的である」に到るものです．この二律背反は，即ち私を始めて独断的微睡から覚醒させて，ひたすら理性そのものの批判に向わしめたところのものであり，かくして一見理性の自己矛盾の如き観を呈する障礙を除くことが出来たのです．

さて，アランの定義の話に入ります．この定義の冒頭近くで言われる，「いかなる事柄であろうと説明されうるし，証明されうると信じる」ことなどどうして可能なのでしょうか？

そのことをまず考えてみましょう．説明するとか証明するためには，そこから出発し，それによって，説明したり証明したりする何かが必要でしょう．みなさんは，それをどんなものと考えているでしょうか？ アランが独断論の例として掲げているものには，「カトリック神学〔théologie catholique〕」があったりしますから，出発点として「聖書」というものを置く人もいるということです．「唯物論〔MATÉRIALISME〕」（▶p.463）はどうでしょう？ 唯物論とは，「精神的なものよりも素材的なものをより根源的であると見なす世界観的ないし認識論的な立場をいう」と『岩波 哲学・思想事典』には書いてあります．まさに根源的な「物」の存在を認めてそこからすべてを説明しようというわけです．「十年一日のごとく同じ政治」はどうでしょう？ 政治とはこういうものだという〈特定の理解〉を変えようともせずに，いつも決まったパターンでしか政策決定できない事態をアランは考えているのでしょう．そこでは，言わば，物事の処理の仕方は決定してしまっている．「道徳〔MORALE〕」（▶p.495）についてはわかりやすいでしょうか．例えば，カントは〈人間には生まれながらに『道徳律』というものが備わっていて……〉という議論を始めます．「わがうえなる星の輝く空とわが内なる道徳律〔Der bestirnte Himmel über mir, und das moralische Gesetz in mir〕」に感嘆と「尊敬〔ESTIME〕」（▶p.326）の念を抱くというわけです．〈……せよ〉という命令が初めからあるというのです．それを「定言命法」と言います．〈もし……ならば，……せよ〉という「仮言命法」とは違って，絶対的に命令する何かが人間の心の内には備わっているというのです．わかりやすく言えば良心の声でしょう．最後に「名誉と礼節〔politesse〕の法則〔lois〕」と言われてしまうと，私も少々まどってしまいます．名誉の法則とは何でしょうか．恐らく次のようなことでしょう．名誉や礼節〔「礼儀（POLITESSE）」（▶p.620）〕という，一個の人間が人間として自分の尊厳を守るためには譲れない一点があり，それに基づいて生活を律するのは，道徳という，言わば他との関わりにおいての事柄ではなく，

自らとの関わりでのものだという見解でしょう．

　さて，問題は，そうした出発点は，まさに独断的に，精細な吟味も受けずに前提とされたのではないかということです．確かに，出発点を設定し，あとは形式的な「論理（LOGIQUE）」（→p.439）といったものを認めてしまえば，説明や「証明（PREUVE）」（→p.655）など，さほど難しいものではないことが多い．だからこそ，そうやって説明され，証明されるという仕方で，相互に関連づけられた主張のまとまりを体系と言った上で人は認め，さらにこれから出会うどんな事柄も，その体系に照らして，説明し，証明しようとするのです．つまりは結局は体系に取り込むわけです．では，どうしてそんなふうに信じてしまう心的傾向〔disposition〕があるのでしょうか？　私はそれを，確実なものにすがって安心したいという思いが，多くの場合，あるからではないかと考えます．アランは，この定義の中で，教義（ドグマ）というものを「それについてはもはや再検討すべきものなど無いとされた知識（原理ないし規則）のこと」と述べ，それを認めるのは「有識者がそれについて決定したからだ」という見解を紹介します．それなら確実だろうというわけです．では，アラン自身も，その見解を採るのでしょうか．デカルトから一番多くを学んだということを認めているアランなら，そう簡単には認めそうもありません．なぜなら，アランはデカルトについて，「この師匠の要求するところは尊敬ではなくして，むしろ注意なのである」と述べるくらいなのですから．デカルトについて権威とか有識者といった扱いをして，その語るところを愚直に認めてしまうことほど，デカルト自身の要求したところから遠いものはないというわけです．〈自分（デカルト）も間違っているところがあるだろうから，自分の言っていることすら常にあなた自身で吟味せよ〉とデカルトは言いたいのです．〈越えていけ！〉，というわけです．では，そのためにはどうしたらいいのでしょう？　吟味する必要があり，さらに言うなら，独断を避けて，疑う必要があるわけです．確かにそうなのですが，ここで注意しないと，独断論の反対へと安易に走ってしまうことになります．もちろん，それはアランの述べるように「懐疑論」〔「懐疑主義（SCEPTICISME）」（→p.729）〕です．疑いを逞しくすると，すべてが疑わしくなって，ついには〈確実なものは何も無い〉と主張するに到り，そこでうずくまってしまうことにもなりかねないのです．けれども，その立場は維持できそうにない．懐疑論は，自分で自分の地盤を崩してしまうのです．次の引用を見てください．

　　大体，いかなる真理もあり得ないという懐疑論の主張は，厳密には矛盾である．何故かと云えば，懐疑論者が，いかなる真理もないという時，その主張それ自身は真理であるとして自己の真理を認めている訳であり，自己矛盾だからである．徹底した懐疑論は自殺論である．★270

　それでは，と言って，何らかの確実なものを前提とした上で疑ってみるというのはどうでしょう？　それを人によっては「理にかなった懐疑」なんて言ってしまうこともあります．哲学者でさえそんなことを言う場合があるのです．例えば，フランスの哲学者ミシェル・フーコーがデカルトを批判するときに使った論法がそれです．しかし，次に掲げる引用では，そうしたフーコーの見解をデカルト的な立場から反批判するとこうなるという話を見ることになります．

　　「理にかなった」懐疑とは，「疑う主体」が傷つかぬように庇護されている条件のもとでなら，あらゆることについて疑うことができる，それゆえ疑わぬこともできる，とい

★265──I. カント『純粋理性批判』p.36〔引用者改訳〕
★266──Garve宛書簡〔1798/9/21〕，高坂正顕『カント』pp.17-18より引用
★267──佐々木力「唯物論」（『岩波 哲学・思想事典』）p.1616
★268──I. カント『実践理性批判』p.133
★269──アラン『デカルト』p.7
★270──「哲学概論」（『西田幾多郎全集 15』1966年）p.120

279

う意味であろう．それこそは，デカルトが自らの〈方法的懐疑〉と区別した，いわゆる〈懐疑論者の懐疑〉ではなかったか．言い換えるなら，それはわれわれが或る閉じられた場所の中に在って，その外部へ越え出ることができぬという事実を，ありとあらゆる問いを発することによって間接的に説明してみせるような行為と言えよう．これは実は，われわれの日常の生き方そのものの姿なのではあるが，デカルトふうに否定的に表現するなら，「疑うためにだけ疑い，いつも不決断でいるふりをする」態度ということになろう．
★271

〈すべては疑わしい〉と言っている自分は安全に確保しておいた上で，他のすべてを破壊するかのような趣です．他はすべてが崩れ去り，自分は確保したところで，動きようもない．何も**決断(RÉSOLUTION)**(▶p.715)せずに，うずくまるしかないわけです．それくらいなら，モンテーニュのように，懐疑の末に，それではいったい〈私は何を知っているのか？〔Que sais-je?〕〉と思い直し，とにかく動き出す方がまだマシです．確実かどうかはわからない．でも求めてみようというのです．思えば，ソクラテスも，「**正義(JUSTICE)**」(▶p.429)とか，「**敬虔(PIÉTÉ)**」(▶p.590)とかといった「**徳(VERTU)**」(▶p.850)の正体がわからなくなり，知者と言われる人々に問うて回り，それを吟味するなら維持できない見解をその人たちが持っていることを明らかにし，共に探求しようとしたのでした．しかし，自らの見解を打ち砕かれた人々によって裁判を起こされ，死刑になるのでした．

デカルトはどうしたでしょう？「方法的懐疑〔le doute méthodique〕」ということを実行するのです．そして，そこでは，対象についても私についても，安全に，その存在を確保してしまおうなどという安易な道は拒絶されます．懐疑はあくまでも維持された上で，そこにうずくまってしまうのではなく，あえて進もうとするのです．

〈方法的懐疑〉の一例として先に挙げた〈塔の知覚〉をもう一度例に採れば，当の知覚への懐疑が，〈塔が在る〉ということを前提したうえで，〈塔は円く在るかも知れないし四角く在るかも知れない〉と主張しているにすぎぬとすれば，いわゆる〈懐疑論者の懐疑〉に他ならない．それは〈疑う〉という主体の無力を通して，対象の〈存在〉の絶対性を浮かび上がらせるような事態を語るものである．
★272

こういう懐疑を，フランスの哲学史家フェルディナン・アルキエは，「科学的懐疑」と呼んでいます．デカルトは，対象の存在はもとより，永遠真理の存在も，さらには自分の存在すら疑い，その末に，さきに「注意」に関して述べたように，「我思う，ゆえに，我在り」を出発点として定めたのでした．そしてそこからさらに進むために，〈注意する私に明晰判明に現れるものは真だ〉という，いわゆる「明晰判明知の規則」を立てるのです．けれども，それを誤解する解釈が巷には溢れています．それを正すために，次の引用をしておきます．
★273

> デカルトは「極めて明晰にかつ判明に私の知覚するところのものの全ては真である」ということを「一般的な規則」として立てた．とは言え，この「規則」は〈方法的懐疑〉と表裏一体を成すものであって，いわゆる〈懐疑の克服〉を意味するのではない．
> ★274

いずれにせよ，こうして，「懐疑論者の懐疑」に足をすくわれることなく，また「科学的懐疑」のように対象の存在を独断的に認めた上での懐疑をするのでもないところにしか，見事に懐疑を抱きながら物事を吟味する道は無いでしょう．独断論と懐疑論とは，双子の兄弟のようなものなのです．

DROIT
法律
― 法律とは全般的で相互的な強制の体系であり，慣習と裁定者たちの判断に基礎をおき，人間的状況の諸々の必然性〔nécessités〕と，想像〔imagination〕が課してくる安全への欲求〔besoins〕とを，正義〔justice〕という理想〔idéal〕と調和させることを目的としている．法律は事実ではない．例えば，所有するということは，純粋で単純な事実である．所有者であるということは，世論の監視の下に，裁定者によって認められた権利〔droit〕である．私は，実際には泥棒に持っていかれてしまった一つの事物の，極めて正当で極めて現実的な所有者でありうる．しかし，動産に関しては，即時取得〔possession vaut titre〕というものがあり，また不動産については，30年間異議申立の無い占有は所有と同じことになると認められている．そしてそのことは，法律というものが必要に合わせるものだということを理解させる．

「全般的」〔générale〕とここで言っているのは，〈法治国家であるならば，例外なくすべての者に対して妥当する〉という意味でしょう．「相互的」というのは説明の必要も無いでしょうが，〈法律の下での平等という理念に照らして〉，誰かが一方的に損をしたり得をしたりということは無いということだと私は解釈します．しかも，そうしたことは「強制」されるわけです．この「強制」〔contrainte〕の類縁語である動詞 contraindre は，ラテン語の constringere つまり「一緒に結ぶ」という語源を持っています．co (共に) + stringere (締める) という成り立ちです．まあ，深読みをするならば，一個の法治国家として成り立つためには，纏まりを形成するための締めつけが必要だということでしょう．

次に「慣習と裁定者たちの判断」という部分ですが，慣習が「法(LOI)」（▶p.442）としての効力を有するものとなった場合，慣習法といわれ，それが不文法の一つであることは周知のことでしょう．慣習が，いつ慣習法となるのかについては，「かくあらざるべからずの意識」〔opinio necessitatis〕の支えによるのか，それとも国家が法として容認するときかという意見の対立があるようです．いずれにせよ，ここに出てくる neccesitatis は necessitas「必然，必要」という語の所有格ですが，アランの『定義集』にもやはり，「**必然性(NECESSITÉS)**」（▶p.502）という単語として出てきているわけですね．

さて，「人間的状況の諸々の必然性〔nécessités〕と，想像が課してくる安全への欲求〔besoins〕」を「正義〔justice〕という理想〔idéal〕」と調和させようという．それがどうやってなのかが問題です．「**理想(IDÉAL)**」（▶p.402）というものは，大方，現実とはほど遠い．ですから，一方で理想の形を思い浮かべながら，現実に目を向けることになる．ただ，法そのものがその理想の表現になっているかどうかは別問題です．とにかく，現実としての慣習を知悉した上で裁定を下す者を置く．その者が判決を下し，判例を確定するわけです．現実から立ち上がってきた慣習と，理想との調停とでもいうか，そういうことを裁判官はやるわけでしょう．こうした議論を前提として，アランの定義は所有という法的概念の実例に移り，「法律というものが必要に合わせるもの」であることを最終的に示します．その際，出てくる法律用語としての「即時取得〔possession vaut titre〕」の内容とは以下のようなものであることを知らないと，森訳のような少々曖昧な表現になってしまい，神谷訳もそれを踏襲しています．翻訳の難しさの一つである，専門用語です．

　　動産を占有している無権利者を真の権利者と過失なく誤信して取引をした者に，その動産について完全な所有権または質権を取

★271──福居純『デカルト研究』p.77
★272──同書, p.79
★273──F. アルキエ『デカルトにおける人間の発見』p.146など参照．
★274──福居純『デカルト研究』pp.94-95

281

得させる制度.[275]

即時取得
取引行為によって，平穏に，かつ，公然と動産の占有を始めた者は，善意であり，かつ，過失がないときは，即時にその動産について行使する権利を取得する.[276]

いずれにせよ，法律というものを人間の抱く理想との関わりで考えてみることは必要でしょう．おそらくこうした話題に関わって来るであろうアランの言葉に次のようなものがあります．

人間の砦といえば聞こえはいいが，しかし法律は十分な思想ではない．そこでは，デカルトの自然科学においてと同じように，人間の内側ではなくて外側の関係がいっさいなのだから．[277]

なぜアランが「十分な思想」などという言い方をしたのか，考えてみなければなりません．当然ながら，人間の外側の関係がいっさいでは「十分な思想」ではないというわけです．デカルトも自然学ではそのように考えた，というのです．では〈そのように考える〉ということは，もう少し具体的にはどういうことでしょう？「外」と「内」という概念が出発点です．〈外側の関係がいっさいである〉ということはどんなことか，イメージしてみる必要があるのです．ヒントとなる引用を見てください．

外的存在の観念を今や形づくらねばならぬ．そしてこの観念の本質はといえば，すなわち，いかなる物質的事物も，物質的なるものとしては，内的な固有の本性をもつものでなく，却ってすべての物質的事物はそれの部分，またその部分の部分に残る隈なく分解せられ，そのいずれの部分も隣接物から──従って次から次へと辿って一切のものから──受け取る変化以外にいかなる固

有性をももたない，ということである.[278]

まさに物質が話題となっていることに注意してください．物質は内的なものをもたないと言っている．すべて外的な関係の下で記述できるとでもいうべき事態です．自然科学における理論が，例えばニュートンの運動方程式（運動の第二法則）という関数関係で記述されるといったことを思い出してください．しかもそれは運動の第一法則たる「慣性の法則」を前提とします．慣性は，つまり惰性です．物の振る舞いは，自らが自由意志を持って始めるといったものではないということです．他から力が加えられて初めて変化が生じるのです．それも「作用・反作用の法則」(第三法則）によって記述される働きを伴いながらです．アランによれば，法律が記述するのは，こうした物体の振る舞いのような人間の振る舞いについてだということです．実を言うと，こうした物体と人間とをその〈振る舞い〉が似ている場面で捉えると，以下に述べるような機械論的な考察が展開できるのです．しかし，それと同時に，「法律」よりももう少し広い意味で考えられた「法」についての考察へとつなげることができます．そうした場面こそ，本書の「法」の定義で扱われる事柄です．

さて，それではそうした物や人間の機械的な振る舞い，そこに欠けているのは何でしょう？　当然，「内面」ということになるわけですが，それはどういうものでしょうか？　それが明らかになるのは，まさに人間が物質のように外面的になってしまう場面との対比によってでしょう．そういう場面とは，どんなものでしょう？　実は，それこそが，「情念(PASSION)」(▶p.544)という場面なのです．「無秩序(DÉSORDRE)」(▶p.231)の講義の復習になりますが，「情念」[la passion]とは「受動」[la passion]であるという場面です．物質が押されて動くのと同じような場面なのです．パニック[恐慌]や戦争という場面を考えれば，わかりやすい．

戦争の動乱のなかでは，すべてが外発的で

ある．すべての人々が受動的である．だれひとり能動的ではない．そうしてそれが，私たちの諸情念の拡大された似姿である．[★279]

「恐慌(パニック)も，ひとりでに起こる」[★280]のであって，そこに自由意志の入り込む余地は無いのです．機械的に動いてしまうわけです．この機械的という言葉に注意してください．まさに「機械的というのは自身に対して外的ということ」[★281]なのです．繰り返しになりますが，物体や運動や機械的ということを思考と対比するために役立つ引用があります．

> いかなる物のなかにも，あるのは部分と運動だけであり，すべてはその上に展開されて，いかなる神秘も拾いあげられず，欲求だの，傾向だの，力だのといった思考の萌芽もない．すべての運動はただ機械的なものであり，あらゆる物体はただ幾何学的なものである．[★282]

こうして，内面とは，まさに思考に関わることだというのがわかるでしょう．では，そもそも思考とはどんなものでしょう．それは，これも復習になるかも知れませんが，いわゆる心に浮かぶ「想い」とは別物です．

> 要は，思考というりっぱな名称を，魂の刻印をもつものだけにとどめておきさえすればいい．こうして，われわれの秩序立った認識は思考に属する．われわれの選択され，同意され，磨かれた愛情は思考に属する．われわれの決意や誓いは思考に属する．これに反して，気分の動きは断じて思考には入らない．本能の反応は断じて思想には入らない．疲労も思考ではない．[★283]

この引用にある「気分の動き」も「疲れたという想い」も，普通なら思考に入れてしまいたくなるでしょう．しかし，それをアランは拒む．思考というものを厳密にとろうとするがためにです．まさにそれは意志によって成立させているものであることを示さんがためにです．「思考とは意志的なものであることを知ることが必要」[★284]なのです．アランは次のようにまで記しています．

> じつは，意志的なものでない意識などというものはなく，また意志的なものでない思想などというものもない．[★285]

これは，責任能力の判定基準である「心神喪失」や「心神耗弱」をクリアすれば成立するといったレベルではないと私は思います．確かに，「心神喪失」や「心神耗弱」も「事の是非善悪を弁識する能力(事理弁識能力)又はそれに従って行動する能力(行動制御能力)」について語るわけですが，私は，それを超えた，あえて言えば，〈理想を成立させている〉レベルとでもいうものを考えるべきだと思うのです．アランのこの「法律」の定義の中にも「正義〔justice〕という理想〔idéal〕」は語られていました．けれども，それは「人間的状況の諸々の必然性と，想像が課してくる安全への欲求とを，正義という理想と調和させること」でしかありません．法は，最終的には，「必要に合わせるもの」なのです．理想を遠くに想定しながら，実際には現実的に振る舞う人間の姿を成文化したものが法律なのでしょう．そういうものは，もちろん，是非とも必要なものです．しかし，それは，カント風に言えば，たかだか仮言命法，つまり〈……したければ，……せよ〉でしかありません．

★275──Wikipedia
★276──民法第192条
★277──アラン『感情 情念 表徴』p.67〔傍点引用者〕
★278──アラン『デカルト』p.52
★279──アラン『感情 情念 表徴』p.278〔傍点引用者〕
★280──アラン『芸術に関する101章』p.251
★281──アラン『デカルト』p.30
★282──アラン『思索と行動のために』p.139〔傍点引用者〕
★283──同書，p.382
★284──同書，p.169
★285──アラン『神々』p.142

例えば、〈罰せられたくなければ、……せよ〉というわけです。だからこそ、法律的には罰せられなくとも、道義的には、ある行為についてさらに問われる可能性がある。人が生きるにあたって、法律というレベルだけでは十分ではない。それをアランは、さきに引用したように、「十分な思想ではない」というのでしょう。そういうレベルに到達するには、実を言えば、「正義の観念」そのものについてまで問う必要があると私は思います。実際、アランも、「**正義（JUSTICE）**」（▶p.429）に少なくとも二種あることを認めます。以下に出てくるように、「交換（商人）の正義」と「貴族政治的な正義」です。

> 夫婦に特有であり、彼らにとって内面的な正義——呼びこたえる愛情から生まれ、機能と相違に基礎をもった正義、要するに、哲学者の言葉によれば、貴族政治的な正義にくらべれば、商人の正義はじつに粗末なものである。そして、立法者の薬は、食物とくらべた場合の医者の薬に似ている。…〔中略〕…薬は病人にはよいが、人が生き、人が喜ぶのは、食物によるのである。★286

ここで「貴族」という言葉に抵抗を示されては少々困るので、語源から解説しておきます。その語源的な意味を読み込む必要があるからです。「貴族政治」を英語で aristocracy と言いますが、それはギリシア語の ἄριστον、すなわち「善い〔ἀγατόν〕」という形容詞の最上級からきているのです。〈最善、最良の人たちによる政治〉なのです。プラトンは『国家』という書物の中で、民主制ではなく、最終的に貴族制を選び、哲人政治（王が哲学するか、あるいは哲学者が王となって政治をすること）を理想とします。その見解に対して、現代では、反民主的だなどといって非難する論調がありますが（例えば、バートランド・ラッセルの『西洋哲学史』）、もう一度、プラトンの真意を考えてみる必要はあると私は考えます。今しがたの引用文の直前にアランは次のように記していました。

夫婦間の愛情をさらによくながめよう。これに似た体制と政治的正義はどのようなものか。彼〔アリストテレス〕によれば、それは貴族政治、すなわち、最上のもの——というのは、各自の最上の部分を意味する——が統治し、各自に最も適した行為に関して統治する、最も完全な、また最もまれな政体である。★287

おそらく、それは法律（権利でもあります。原語は droit であり同じなのです）というものの触れることのできないレベルなのでしょう。次の引用が示すように。

> 権利の観念は交換から生まれたものであり、夫婦の社会には根本的に無縁なのであって、この社会に入りこむのはたんに医者としてにすぎない。★288

日本でも、定年と共に年金分割をして離婚しようなどという傾向もあったりしますが、夫婦というものがどんなものであるのかを、もう一度、考えてみる必要があると私は思います。確かに、長年一緒にいればそこに法的には権利が生じます。けれども、今の引用にもあったように、夫婦に法が介入し、権利が主張されるのは、夫婦というもの自体が病んでいるときであることに注意したいのです。病んでいる状態を基準に置くのではなく、理想を基準に置きたい。そのために、今回の定義を機縁に考えてみてほしいことを見事に示しているのが、次の引用です。これを掲げてこの定義についての講義を終えましょう。

> どの感情にも、かげりがあり、疲労の時機がある。だが、人間はこうした瞬間に、喜ばしい勝利と再開のときより真実であるかどうか、これを知るのはまさに容易ならぬことである。スピノザならば、例のきびしい態度で、弱気や悲しみは私たちの力では

なく，幸福こそノーマルなもの，つまり規則を与えるものだということを，公理としてかかげるであろう．このたくましい思想は人を驚かせる．およそ思想は人を驚かせるのである．生理学者や医者は思想を信じない．彼らはこの〔思想との〕離婚を行なうことから始めたのである．人間がすべっているときに人間から出てくることを，彼らはじつにうまく観察する．人間はそのように作られているのだ，と彼らは言う．私ならむしろ，人間はそのようにこわされていると言うだろう．[★289]

DROITURE

実直 ── 思考よりもむしろ行動に関わっている．これは，偽りや回り道を排除している進み方である．振る舞いについて言われるものではあるが，振る舞いの一部となっている限りでの言説についても言われる．

アランの定義は実に簡潔で，解説するのも大変です．Bénacの類語辞典も参考にしながら考察を始めます．

> Droiture, au fig. seulement a rapport à la faculté de vouloir, d'agir, suivant des principes justes et honnêtes.[★290] （比喩的にだけだが，Droitureは，正しく誠実な原理に従って，意志し，行動する能力に関わるものである．）

> Droiture inflexible, consiste à suivre les lois et les inspirations de sa conscience, sans biaiser ni tricher, et sans se favoriser soi-meme ou se laisser influencer aux dépens d'autrui.[★291] （堅固なdroitureは，言い逃れをしたりせず，また誤魔化しもせずに，また自分に有利にしようとしたりあるいは他人を犠牲にして影響力を行使させたりせずに，自らの良心の法則と呼び声に従うことにある．）

とにかく，この定義の中で，「偽りや回り道を排除している進み方」という言い方をアランがしているかぎりは，対比される相手として，〈偽りや回り道をする進み方〉があるわけです．それを行動について，どんなものなのか考えてみなければなりません．そもそもアランは「偽り」をどんなふうに考えているのでしょうか．偽りとはフランス語では la feinte，つまり英語の feint，日本語でも使うフェイントですね．つまり，ある種の〈ふりをする〉ことです〔「**ふりをすること(FEINTE)**」（▶p.356）〕．牽制ですし，軍事的には陽動作戦のことです．辞書的には「味方の作戦を秘匿し，敵の注意をそらすために，ことさら目立つように本来の目的とは違った動きをする作戦」のこと．まさに「回り道」を作戦として用いるわけですね．駆け引きなのです．そういうことを排除する進み方を〈実直な人〉はするというのです．悪く言えば〈馬鹿正直〉ということになります．戦争では真っ先に死んでしまいそうです．人生をうまく生きるには，それでは駄目で手練手管が必要だ，などと言われたりします．人を巧みに騙して自分の思い通りにする必要があるというのです．イタリア語ではそういうあり方を furbo という単語で表したりします．「**信頼(CONFIANCE)**」（▶p.189）の講義でも挙げましたが，「他人を信じることは良いことだが，信じないのはもっと良いことである〔Fidarsi è bene, non fidarsi è meglio〕」なんて諺があったりもするのです．もっとものように聞こえます．しかし，そんなふうに生きてきたとき，偶然に実直な人にあったりすると，ふと，自分の生き方は

[★286] ── アラン『人間論』p.62〔傍点引用者〕
[★287] ── 同書, p.61
[★288] ── 同書, p.62
[★289] ── 同書, p.297〔傍点引用者〕
[★290] ── H. Bénac, *op.cit.*, p.787
[★291] ── *Ibid.*, pp.523-524

これでよかったのだろうかと自問する場合もありそうです。例えば，遠藤周作の『わたしが・棄てた・女』に出てくる森田ミツという聖女のような女性はそういう〈実直な人〉の典型でしょう。事実，彼女を弄んで棄てた吉岡努は，彼女を最後には「聖女」と呼ぶわけです。そして，吉岡の人生を横切っていった彼女に，恐らく一生，問いかけ続けるのでしょう。〈あの人だったら，こんな場合，どうするだろうか〉，と。カトリックであった遠藤の書くものには，必ずと言っていいほどイエス・キリストのような役回りをする人物が登場します。事実，イエスを「神(DIEU)」(►p.263)と信じるかどうかは別として，イエスはとんでもない「愛(AMOUR)」(►p.076)というものを示して人類を横切っていったことは間違いのないことでしょう。「臆病(TIMIDITÉ)」(►p.815)だった弟子たちが，イエスの死後，なぜ殉教も辞さぬほど強くなったのかを，重大な問いとして遠藤は掲げていました。「キリスト教徒(CHRÉTIEN)」(►p.155)の講義で述べましたが，ここでおさらいしておきましょう。遠藤の考えでは，イエスは，現実には「奇蹟(MIRACLE)」(►p.485)を行わず，無力でした。一方で，イエスが捕まり自分たちに危害が及ぶのを恐れてほとぼりの冷めるまでエルサレム市中にすら入らなかったのが弟子たちの現実的なあり方でした。この弱虫であった彼らが，「イエスの死後，なぜ目覚め，たち直り，イエスの真価を初めて知ることができたのか，なぜ彼等が内部的な変貌をとげて，弟子から使徒に変ることができたのか」という謎を遠藤周作は解こうとしています。もう一つの謎と共にです。そのもう一つの謎とは，「イエスがなぜ，弟子教団から神格化されたかという問題である。なぜ現実においてあれほど無力であり，みじめそのものの死を遂げた一人の男が彼を見棄てた弟子たちから救い主として考えられるようになったかという問題である。なぜ現実においては弟子たちの夢や希望を挫折させた師が，その弟子たちから死後，逆に愛のメシヤとして仰がれるようになったかという問題

である」。この謎を解く手掛かりこそ，弟子たちが伝え聞いた，以下のようなイエスの最期の姿であったと遠藤は推測します。すでに「キリスト教徒」の定義の中で，引用し，解説もしたのですが，その部分をふたたび掲げておきます。

　　イエスは何を語るだろうか。彼等は待っていた。そして遂にその日の午後イエスの最後の言葉を知った時，それは彼等の想像を越えたものであった。
　　「主よ，彼等を許したまえ。彼等はそのなせることを知らざればなり……」
　　「主よ，主よ。なんぞ我を見棄てたまうや」
　　「主よ，すべてを御手に委ねたてまつる」
　　十字架上での三つの叫び──この三つの叫びは弟子たちに烈しい衝撃を与えた。

　　イエスは弟子たちに，怒りの言葉をひとつさえ口に出さなかった。彼等の上に神の怒りのおりることを求めもしなかった。罰を求めるどころか，弟子たちの救いを神にねがった。
　　そういうことがありえるとは，弟子たちには考えられなかった。だが考えられぬことをイエスはたしかに言ったのである。十字架上での烈しい苦痛と混濁した意識のなかで，なお自分を見棄てて裏切った者たちを愛そうと必死の努力を続けたイエス。そういうイエスを弟子たちは初めて知ったのである。
　　それだけではない。イエスは彼の苦痛，彼の死にたいして沈黙を守りつづけている神にたいしても詩篇二十二のダビデの歌から始まり，その三十一に続く全面的信頼の言葉を呟きながら息を引きとったのである。
「主よ，主よ。なんぞ我を見棄てたまうや」という言葉は決して絶望の叫びではなかった。それは「すべてを御手に委ねたてまつる」という信頼の呟きにつながる始まりにすぎぬ。弟子たちはこの詩篇を熟知してい

たから，イエスがどういう気持であったかが，よくわかったのである.[295]

　到底，それは普通の人にできることではありませんでした．いや，決して絶対的に「できない」のではありません．ですが，まずできないのです．今回の定義の主題である〈実直〉であるということがほとんどできないというのと同じです．いずれせよ，人間の為し得る極限を示すかのようにしてイエスは人間として死んでいきました．しかしその行動はほとんど神的であったのです．実際，古代ギリシアの人々はそういうあり方を神的と呼んだのでした．古代ギリシアの神々を見ればそのことはわかるでしょう．古代ギリシアの神々は人間とほとんど変わらない外見をしています．恋もすれば「嫉妬(JALOUSIE)」(→p.424)もする神々なのです．それにもかかわらず卓越した振る舞いができる存在なのでした．遠藤周作の解するイエスの話に戻りましょう．遠藤周作は言います．「彼は生前，現実のなかで無力であり，ただ愛だけを話し，愛だけに生き，愛の神の存在を証明しようとしただけである．そして春の陽ざし強いゴルゴタの丘で死んだ．それなのに彼は弱虫たちを信念の使徒に変え，人々からキリストと呼ばれるようになった．キリストと呼ばれるようになっただけでなく，人間の永遠の同伴者と変っていったのである」[296]，と．キリスト者でなくとも，私たちも時として苦しいときに，自分の師を思い出しながら，「彼ならこんな場合どうするであろうか」と問わないでしょうか．遠藤周作はこうして人の心に宿ることを「復活」の意味ととらえているのです．アランはソクラテスとプラトンとの間にこれと似た結びつきを見ています．

　死んだソクラテスは完全に姿を現わした．プラトンはもはや彼自身であるだけではなく，彼のなかに反対者をもつことになり，彼は長い年月にわたって，彼自身以上に彼であるこの反対者とひそかに話しあったのである．[297]

　ソクラテスもイエスもそんなふうにして，人類を横切っていったのです．そして，それをたとえ伝聞で知ったとしても，知った限りで，私たちはそれについて考えるに到る．遠藤風に言えば，何らかの形で出会った限り，責任がそこには生じるというわけです．それは本との出会いでも同じです．文章には，アランもこの定義で言っているように，「振る舞いの一部となっている限りでの言説」というものがある．注意深く読めば見事に表現されている「散文の力」とでも言うべきものがあるのです．その「振る舞いの一部となり得ている言説」こそが古典の重要な要素であり，私たちを鼓舞し，新たな行動へと導くのでしょう．最後に「古典」についてのアランの言葉を引用して終わります．

　コントは感嘆すべきことを言った．時の試練を経た古代の作家たちは，自分たちひとりでなく，目に見えない讃美者たちの無限の行列に支持され，ささえられて，読者の前に姿を現わすのだ，というのである．古代の作家を読むとき，わたしは大ぜいの仲間といっしょである．まさにこうした意味で，古代の作家の中には全人類がふたたび生きているのだ．[298]

---

[292]──遠藤周作『［新装版］わたしが・棄てた・女』p.30
[293]──遠藤周作『イエスの生涯』p.227
[294]──同書, p.228
[295]──同書, pp.243-244
[296]──遠藤周作『キリストの誕生』p.226
[297]──アラン『イデー（哲学入門）』p.26
[298]──アラン『芸術について』pp.121-122

E

ÉGALITÉ
平等 — 平等とは，法的な〔droit〕一つの状態であって，それは次のような場合に力の比較を排除するものである．すなわち，窃盗，権力の濫用，名誉毀損，その他の似たような事柄について裁くことに関わっている場合である．そうした事柄は，いつだって，力の不平等の結果なのである．例えば，富める者と貧しい者との間には〔人々の〕見解〔opinion〕に働きかける手段に関する不平等がある．強い者と弱い者との間には，手に入れたり守ったりする手段に関する不平等がある．詐欺師と被害者との間には知識の上での不平等がある．〔平等という〕その法的状態は，どんな場合も，こうした不平等さを全然勘定に入れない判決によって定義される．例えば，買収されず，脅しに屈せず，決定に先立って注意深く検討するような判決によってである．

平等を，「法的な一つの状態」と言っています．つまり，ここでは，あくまで法の前での，法の下でのものだというのです．**法律（DROIT）**（▶p.281）の定義についても，この本では検討してあります．それを参照しながら考えてもらえると，この定義の理解は深まると思います．そこでは法律とは「強制の体系」と言われていましたし，「法律は事実ではない」とも言われていました．例えば，所有者という法的な立場について，「世論〔opinion〕の監視の下に，裁定者によって認められた権利〔droit〕である」とも語られていました．こうしたことからもわかるように，事実としては何らかの不平等がある状態において，法はあえて平等という状態を創り出すわけです．それこそ「正義という理想」を見据えて，です．そう考えてみれば，次の引用もすっきりとわかるでしょう．

> 正義とは平等である．…〔中略〕…強者と弱者，あるいは知識ある者と無知なる者とのあいだに，どんなものにせよ正しい交換がやがてうち立てる関係のこと…〔後略〕[★001]

前にも，**正義（JUSTICE）**（▶p.429）については，二種類を区別しながら考察したのでした．「貴族政治的な正義」と「商人（交換）の正義」でした．上の引用でも，「交換」という言葉が出てきています．また，以前に，「権利の観念は交換から生まれたもの」とも言われたのでした．こうした，（交換の）正義・権利・平等といった事柄が密接に関わっていることはわかるでしょう．その上で，次の引用について考えてみましょう．

> 権利の平等ということによって間に合わせの平和を作ることができ，図面と鉄とで幾度も同じ機械を製作することができよう．しかしそうした成功は精神を満足させない．[★002]

とても面白い指摘だと私は思います．アランは「間に合わせの平和」に満足していません．別の**平和（PAIX）**（▶p.524）を考えているのでしょう．それは，当然，「図面と鉄とで幾度も同じ機械を製作する」のとは違う営みによって成立するものでしょう．それがどういうものかを展望するために，なぜ「図面と鉄」と言っているのかをまず熟考する必要があります．図面という形式（ギリシア哲学風に言えば「形相」εἶδος）と鉄という素材（同じく，「質料」ὕλη）で，機械について語っているわけです．注意すべきは，ここでは，図面

も鉄も，すでにそこに出来上がっているもののように思われることです．あとは，工業的な大量生産でもそうであるような仕方で製作は可能になるというわけです．そこには，確かに，製品ができるという意味では，一定の成果があります．それを使って，場合によれば快適に生きることができるような製品ができるのですから．「権利の平等ということによって間に合わせの平和を作る」ことができ，それで生きることもできるからです．つまり不便とかといった言わば病気の状態からは脱出できるのですから．工業製品とはそういうものでしょう．けれども，人はそれで満足できるのでしょうか．薬ではなく，食物が欲しいのではないでしょうか．「そうした成功は精神を満足させない」のではないでしょうか．事実，人間が作るものの中には，工業製品とは違うものがある．代表的には芸術作品です．それこそは，美味しい食物の最たるものではないのでしょうか．そこまで求める必要があるのでしょう．そして，そういう希求を種々の場面で考えてみる必要があるのでしょう．結果が分かっていて作るのではないような営みが必要なのでしょう．

　ここで重要なのは，「いかなる芸術においても美が生まれるのは制作からであって，計画からではない★003」という考え方です．この「計画」というものを，図面と考えればわかりやすいはずです．言わば，芸術においては図面は出来上がってはいないのです．「もしも実地の制作が理念をのりこえないようなら芸術家などはありえず，ただ技師がいるだけだ★004」と言わなくてはなりません．そして，そこでは，次のような「表現の幸福」をもたらす営みが必要なのです．

　芸術家はどう見ても一つの目的を追究しているかのようだが，その目的を実現し，自分で自分の作品の観客となり，最初に驚く者となったのちでなければ，その目的を認識できないのだ．いわゆる表現の幸福とは，このことにほかならない．★005

　場面を教育に移しましょう．みなさんの中には，高校までのこれまでの教育，そして大学教育が何だか工業製品の生産のようだと感じている人はいないでしょうか．「社会(SOCIÉTÉ)」(▶p.748)の要請に応ずる人材を育成するという役割が確かに大学にあるという点は認めましょう．しかし，「社会の要請」とはどんなものでしょうか．従順に会社などで働く人材を輩出しろということでしょうか．もしそうだとしたら，みなさんは，何のためにそうした「社会の要請」に応えるのでしょうか．それに応えれば，まともな職に就けて，生きるに困らないからでしょうか．それが生きるということなのでしょうか．そうかもしれません．しかし，それでは満足しない人・「精神(ESPRIT)」(▶p.322)も存在するのでしょうね．〈ただ生きるのではなくて，善く生きたい〉と望む人もいるのです．「哲学(PHILOSOPHIE)」(▶p.587)はそういう〈善く生きる〉ことについて古代ギリシア以来考えてきました．場合によったら，この〈善く生きる〉ことが「社会の要請」に反することになることさえあるかも知れないことに気づきながらです．

　「社会の要請」は，多くの場合，〈この社会で生きるためには，……すべきだ〉という義務ないし責務として私たちにのしかかってきます．普通は，それに素直に従うわけです．それを吟味などせずにです．ですから，次のように言うことができる．

　義務を守るということは，最も普通な場合(ケース)だけをとれば，何のことはない，なすに任せること，ないしは放っておくこととすら定義できよう．★006

★001——アラン『思索と行動のために』p.349
★002——アラン『芸術論集』p.59〔傍点引用者〕
★003——アラン『芸術について』pp.100-101
★004——アラン『芸術についての二十講』p.204
★005——アラン『芸術について』p.101〔傍点引用者〕
★006——H.ベルクソン『道徳と宗教の二つの源泉』p.230

われわれが社会的義務の底に認めえた社会的本能は——本能というものは他のものに比べて不変である——，どれほど広大な社会であるにせよ，やはり一個の閉じた社会を目指している。[007]

しかし現実には，現代の私たちは「**義務**（**DEVOIR**）」（▶p.249）の拘束から解きはなたれつつあるとも言える状況にある。〈別に素直に「社会の要請」に応えなくたっていいじゃないか〉というわけです．フリーターの増加は，一面では，そういう状況を映しだしているでしょう．そうはいっても，人は義務から解放されることで，さきほど言った〈善く生きる〉ことへとストレートに行けるのでしょうか．これも多分違います．オルテガは次のように言っています．

> われわれに一定の生き方を義務づける掟がなくなれば，われわれの生は純然たる待命状態のなかに取り残される．これが，世界の最良の若者たちが置かれている恐るべき内的状況なのである．彼らは自分が自由であると感ずるあまり，束縛がないと感ずるあまり，空しさを感じているのである．待命中の生は，死にまさる自己否定である．なぜなら，生きるとは何か特定のことをしなければならないこと——一つの任務をはたすこと——であり，われわれが自分の存在を何かに賭けるのを回避する度合に応じて，われわれは自らの生を空洞化していくからである．[008]

疑いもせずに「社会の要請」に応えるのも，吟味もせずに「社会の要請」を拒否するのも，プラスとマイナスの違いでしかありません．この両者のどちらかへと飛び込むことを拒否したときに，落ち着いた「懐疑」とでも言うべきものが成立するのです．考えてみることが始まるのです．ところが，それに，日常というものは抵抗する．

懐疑とは本質的に〈思弁〉であり，〈純粋な論理〉の追求である．事象をその〈在るがままに見る〉べく「〈速断〉と〈先入見〉を注意深く避け」，事象の「見方」を主題化せねばならない．それゆえ，懐疑はいっさいの蓋然性を排除するのであって，その限り何らかの確実性へ導くものでなければならない．しかしまさにそれゆえに，蓋然的なものが〈心理的な確実性〉を装って絶えず懐疑に抵抗する．〈生きる〉ということは，通常はそのような事態に他ならぬからである．[009]

私は，学生さんたちに，よく，〈宙ぶらりんに耐えること〉という話をしました．それも，ここに関わっているのです．

さて，最後に，単に「社会の要請」に応えるだけではない教育などというものがあるのかという問いを立てましょう．私はそんなものがあるのではないかと考えている人間です．その基本は，〈何かに役に立つ〉ことをひたすら目指すのではない教育，〈人間を解放する〉教育といったものがあるのではないか，と思うところにあります．それは，型にはめて人間を壊すのではなく，そうした型を超え出させて人間を立て直す教育です．しかもそれは，事実としての不平等を目の前にしながら，「間に合わせの平和」でなく，おそらく〈真の平和〉をもたらすもののように私には思えます．なぜなら，それは，人間の高みを救い出すからです．

> 諸芸術や美しい諸作品の値打ちの高さ…〔中略〕…この価値は人を恥じ入らせたりはしない．高めてくれます．このみごとな不平等はただちに平等を生み出す，というのもそれはあらゆる人間のなかに人間をめざめさせるからです．[010]

〈あの人だったらどうするだろうか？〉という問いがあることを，以前何度か私は書きました．

逆から言えば、〈私も人間である限り、あの人のようにもできるだろう〉という超出の希望を抱かせるのです。次のような言葉さえあります。

> たんに母親と教師のたゆまぬ好意によって、はじめて子供はあえて人間になろうと試みる…〔後略〕★011

この、一見すると奇妙な言い方が、確かに重要なのです。今回の註解の最初に引用した「正義とは平等である」で始まる文章にも「知識ある者と無知なる者とのあいだに」ある不平等が語られましたが、そこにもその不平等を出発点にしながらの平等の成立が遠望されていたのです。そして、そういう平等は、今回の定義に述べられた法的状態を私は超えたものだと思っています。教育の場面で、教師と生徒・学生との間に成立する平等は、恐らくそんなものでしょう。それは「**愛（AMOUR）**」(▶p.076)において成立する平等なのです。

私がある人を愚かで軽薄だと思いこんでいるとすれば、私はその人を教えようと試みることさえするだろうか。だから人々に関係するある種の希望とある種の信頼があって、その本当の名は愛である。★012

ÉGOÏSME

エゴイズム – これは、身体という境目につなぎ止められた考えであり、苦痛や病気を予見し、それらを避けることに専心している考えである。ちょうどまた、快楽〔plaisirs〕を選び、測ろうとするのと同じようにである。もし、エゴイズムが、恥ずべき愛着〔affections〕や卑怯な行為〔lâchetés〕や過ちそして悪徳〔vices〕を遠ざけようとするために、心〔âme〕を注意深く見守ることならば、エゴイズムは一つの美徳〔vertu〕となろう。しかし、日常の語法は、この語の意味を拡張することを禁じている。

当然、なぜ「身体という境目」が問題になるのかを問わなければならないでしょう。それはもちろん、そここそが私と他なるものとの境目だからです。その境目を出れば、少なくとも私ではなくなるからです。例えば、妻が陣痛でいくら苦しんでいても、私のお腹は痛くないのです。しかし、〈心が痛むということだってあるじゃあないか〉、と人は言うかも知れません。もっともな意見です。そのへんを注意深く考えてみましょう。なぜなら、ここにすでに身体の話が心の話に、場合によっては、安易に移行してしまう機縁があるからです。心身をごっちゃにするというか、心身結合について、心身分離ということの可能性を微塵も吟味しないために心が身体に取り込まれていくというか、そういう事態が生じかねないのです。そして、実をいえば、その場面こそ、「**情念（PASSION）**」(▶p.544)というものの場面だったのです。度を越した同情が、共倒れになるということぐらいは、みなさんも感じ取ってはいるはずでしょう。能天気に同情するということは、誰かの抱いた情念を、言わば伝染的に、自らの身に引き受けることにもなりかねないのです。そのために、冷静ならば採りうる態度さえ採れなくなる。

もっとも、安易に同情しないという人は、恐らく、世間からは評判がよくありません。〈エゴイスティックな奴だ！〉などという、過酷な非難さえ聞こえてきそうです。でも、ちょっと待ってください。安易な同情を避けて、あるいは他の者の持つ情念を分け持たないでいることのほ

★007——同書, p.243
★008——J. オルテガ・イ・ガセット『大衆の反逆』pp.187-188
★009——福居純『デカルト研究』p.81〔傍点引用者〕
★010——アラン『芸術についての二十講』pp.271-272〔傍点引用者〕
★011——アラン『わが思索のあと』p.241〔傍点引用者〕
★012——アラン『宗教論』p.94

うが，相手にとってプラスの場合さえあるかも知れないのです．混乱の中にあっての冷静なものの力強さについては，何となく解るのではないでしょうか．そこに知性の切れ味さえ見ることができそうです．例えば，次の引用のように．

およそ知性の切れ味は，刃物の切れ味と同様，それが自己自身のなかに集まり，不撓の必然性から身をひくところに生ずる．母岩にまじった粗金(あらがね)の粒と，サーベルのあの刃とは，遠くへだたっている．散漫な精神についても同様である．舟の乗客は嘆き，祈る．だが水先案内人は，実存をあるがままにとって行動するのである．
★013

水先案内人が，舟の乗客と同じように狼狽(うろた)えたのでは，舟は，到底，救えません．水先案内人にとって第一に重要なのは，周りに充満する恐怖などの情念を，自分の中に取り込まないで，例えば嵐の中で自らの自由に依拠してなしうることを冷静に見極めることです．パニックを考えればわかるように，人は情念に囚われると，物のように振る舞ってしまいます．意志せずに必然的に動いてしまうのです．自動機械のように動いてしまうのです．

全世界はいわばわれわれの上にのしかかり，ついには，いっしょに知覚された跳ね上がりや身震いなどのわれわれの運動と区別できなくなる．こうして，最初外部の光景であった嵐は，やがてわれわれの戸口を脅かし，ついにはわれわれのうちなる嵐となる．ただ，それは筋肉の嵐，すなわち，戦慄，恐怖，敗走，墜落，手を握りしめること，咳，嘔吐，叫びである．冷静な目撃者には，この男は，みずから動く動物機械にすぎない．
★014

だからこそ，情念のメカニズムの中に取り込まれて必然的に揺り動かされてしまうのではなく，さきの引用にあったように，「不撓の必然性から身をひく」ことが必要となる．その際，情念というものは，直接的には，身体に作用するものですから，その人にとって必要なことは，まさに〈自分の身体という境目〉で，そうした作用をシャット・アウトしなければならないのです．そして，自らの自由を信じて自分の身体を統御しようとする．次の引用のような状況において起こる，生理的，伝染的な模倣機能をそのまま発動させることのみに留まってはならない．たとえ，その発動を避けることができなかったとしても，それを統御する必要があるのです．

笑う人は笑わせる．泣く人は泣かせる．恐れる人は恐れさせる．非常に簡単であり，非常によく知られており，非常に力づよいこれらの効果は，模倣機能にもとづくが，この機能は生理的なものである．恐れの徴(しるし)を私に投げつける人は，私自身をも恐れに従って排列する．私は，徴を反射するということ自体によって，この徴を理解したのである．だが，どんな危険であるのか，火なのか水なのか，人なのか獣なのか，これはまだわかっていない．
★015

要するに，自己統御の問題です．それを「身体という境目」の意識化と共に行おうとすることは，まさに「私〔ego〕」を強烈に意識しながらの言動を促します．それをアランは égoïsme と定義しようとしているのです．ですから，自らのみを利するという日本語の「利己主義」という言葉にまつわるニュアンスを，もっと ego についてしっかり考えてみることによって，超えようとしているわけです．そのさきに成立するだろうあり方，それは〈エゴイズムが一つの美徳となる〉場面です．しかし，「日常の語法は，この語の意味を拡張することを禁じている」という．あくまで，エゴイズムは「**悪徳(VICE)**」(▶p.854)であって「美徳」〔「**徳(VERTU)**」(▶p.850)〕ではないというわけです．どうしてそうなるのでしょうか．もちろん，それは，さきに冷静な人に向けられ

うる〈エゴイスティックな奴だ！〉という言葉が出てくる基となる世間一般の考え方があるからでしょう．それこそは，まさに同情を促す底のものです．世間一般と〈同じように振る舞うべきだ〉とする，閉じた「社会（SOCIÉTÉ）」（▶p.748）の要請です．しかし，それに従わず，開いた社会を目指す者も，中にはいる．例えば，次のように．

> 義人に出会うたびごとに，人は義人の内に愛することや助けることへのある種の拒絶をみとめて，少なからず驚く．目に見えない秩序，そのままで普遍的な秩序に向けられた義人の視線がそういう拒絶をあらわしているのだ．[★016]

なぜ義人（正しさのために行動する人）はそうするのでしょう．それこそ，自らの限界を安易に超えることを，ストイック（禁欲主義的）に，拒否しているからだと私は思います．同情は，場合によると，越権行為かも知れないのです．例えば，同情する者は，同情の相手の抱いている情念がその相手の身体の境目内にあるのに（なぜならそれはその人の情念なのですから），安易にその境目を超えさせて，自分のものともしてしまうのです．逆に，何らかの理由で怒っており，その「怒り（COLÈRE）」（▶p.180）を八つ当たりといった仕方で周りに振りまくように行動する者は，自らの身体の境目内にあった怒りという自分の情念を，その境目を超えさせて，拡げてしまうのです．いずれにせよ，そうした行動を取ることが，ある種の越権行為だと考える立場がありうることはわかるでしょう．こうして，私は，アランのこの定義の中には古代ギリシアのストア派の考え方が色濃く滲み出ていると解釈します．アランはストア派についてはちょっとした文書を書いており〔Alain, La théorie de la connaissance des stoïciens, PUF, 1964〕，しかもアランが一番多くを学んだという

デカルトにもストアの濃い影が射しています．では，より具体的には，どんな考えなのでしょうか．

それは，まさに自分の限界を強く意識した思想です．例えば，自分の持つ苦痛や病気はどこから来るのかと問い，それについての見解をしっかりと持つことで，余計な悩みをそれに付け加えないような思想です．言い換えれば，〈外なるもの〉は〈外なるもの〉のままに留める努力というものがあるというのです．身体（物体）のものは身体（物体）へ，心のものは心へ，とでも言いましょうか．まさに，物と心とを分ける，つまり心身分離です．自由はそうやってこそ獲得される．

> 物における原因，もっと正しくいえば物としての原因を扱おうとすれば，物を物自身に投げかえすことだ．物のなかに，広がり，つまり完全に外的な関係だけを見ることだ．生きた身体という物のなかにさえもだ．これが真の知識の鍵であり，のちにみるように，真の自由の鍵である．[★017]

人間を物として扱わなければならない場面があるというのです．ただし，それによってこそ，かえって，自由が顕わになるとも．

> 人間を物として私はとりあつかう．だからといって，むろん軽蔑しているわけではない．それどころか私は，人間にとって外的なもの，無縁のものを，人間に関係したものと考えないようにしている．意志の働いていないさまざまな徴候を割り引きして考える，この種の評価を試みてみるがいい．そうすればまもなく，人間が姿をあらわすのが見られよう．[★018]

物とか，身体とかを，心にとっては外的なものと理解し，それを整えるために自由が行使されるのです．

★013──アラン『人間論』p.186〔傍点引用者〕
★014──アラン『思索と行動のために』p.260〔傍点引用者〕
★015──アラン『人間論』p.223〔傍点引用者〕
★016──アラン『宗教論』p.196〔傍点引用者〕
★017──アラン『思索と行動のために』p.149〔傍点引用者〕
★018──同書，pp.381-382

外的なものを整え，これに形を与えるのは，人間にとってもっとも内面的なこと…〔中略〕…事物のなかに登記されるものが人間の法則だ．要するに人間は，物をまえにしたときにしか，自由でもなければ強くもない．[019]

まさに，その自由を信じ，ひいては人間を信じることによって，情念を統御する〔gouverner〕必要がある．情念の外からの侵入も，情念の外への流出も．だからこそ，ストアの人々は「**精神(ESPRIT)**」(▶p.322)のことを「**指導理性**〔ἡγεμονικόν〕」と呼んだのでした．そのフランス語がgouvernementです．ドイツ語のHegemonie（覇権）の語源でもあります．

最良の教師に数えられるストア派の人々…〔中略〕…は魂や精神を統治（グヴェルヌマン〔gouvernement〕）と名づけていた．[020]

私の自由意志にとって隣人の自由意思は無関係の事柄である．それは彼の息と肉が私に無関係なのと同様である．たとえ我々がいかに特別にお互い同志のために作られているとしても，我々の指導理性（ト・ヘーゲモニコン）はそれぞれ自己の主権を持っているのである．さもなければ隣人の悪徳は私のわざわいとなってしまうであろう．しかし神はこれを善しとせず，私を不幸にする自由を他人に与えぬようにして下さった．[021]

では，アランがこの定義の中で言っている，「エゴイズムが，恥ずべき愛着〔affections〕や卑怯な行為〔lâchetés〕や過ちそして悪徳〔vices〕を遠ざけようとするために，心を注意深く見守る」とはどういうことでしょうか．それは，そうした「恥ずべき愛着や卑怯な行為や過ちそして悪徳」といったものに囚われないようにするために，それらを徹底的に見取ること，認識し尽くすことが必要なのでしょう．例えば，次のように．

もっとも高貴な人生を生きるに必要な力は魂の中にそなわっている．ただしそれはどうでもいい事柄にたいして無関心であることを条件とする．これに無関心になるには，かかる事柄の一つ一つをその構成要素に分析してながめ，同時に全体としてながめ，そのうち一つとして自己に関する意見を我々に押しつけるものもなく，また我々のところへ侵入してくるものもないということを記憶すればよい．[022]

要するに，徳と徳のもたらすものとを除いては，物事をその構成部分に解体して根底まで見きわめ，かように分解することによって，これを軽視するに至るべきことを忘れてはならない．同じ方法を人生全体に応用せよ．[023]

エゴイズムが美徳となる場面，それは，ストイックに，自分の限界を知り，その上で自らを救うところに成立するのでしょう．なぜなら，

人間のわざわいはすべて，私が自分自身を救わないで，他人を隷従や不正や暴力から救うことに身を投ずるということから生ずる．[024]

それは，決して，利己主義というエゴイズムではない．むしろ，次のような，人をさえ間接的に救うかも知れないエゴイズムなのです．「何人（なんぴと）も，他人に対して，自分自身を救う以上によいことは為し得ない」のかもしれませんよ．[025]

ÉLOQUENCE
雄弁 — 次のような話し言葉〔parole〕の技術である．話しぶりやリズムによる準備と攻撃によって言説〔discours〕を強化することから成っており，聞き手の身体をまずは整えるような声と身振りという手段によって，惹き付けたり驚かしたりする技術なのである．

そしてそれは，場合によっては，正しい証明〔preuves〕を強化するが，疑わしい証明を見逃させてしまうことにもなる．雄弁の諸効果というものは群衆によって増大させられる．しかし，孤立した個人とて，説得的な〔éloquent〕言説，そして特に直接的な共感によって感動させようとする言説には動かされてしまいがちである．いずれにしても，雄弁というものは，人を教える務めとは反対のものである．

話し言葉と書き言葉という区別をするなら，主として，話し言葉という場面でアランは雄弁を定義しています．ただし，書き言葉にまったく雄弁の要素が無いかというと，そうは必ずしも言えない気もします．ただし，アランが次のように書いていることは注目しておきましょう．あとで詩と散文とを区別することに関わって重要だからです．

> 私が雄弁というのは公けに語られる言葉というほどの意味である．文字に書かれた雄弁などというのは一種の化けものなのだから．[026]

さて，この定義の中で「言説」と訳されている discours は，フランス現代思想の中でも重要な概念です．例えば，次のように解説されます．

> ディスクールは，文の集合体が別の意味体系を持つような時に使われる．バンヴェニストが言い始め，バルトが『S/Z』で応用した概念だ．小説を文の集合だけと考えれば従来の言語学の領域ですべて分析可能だ．しかし，いかなる言語学も小説学や詩学を生み出すことはできない．これは文の集合体（すなわちディスクール）が文の持つ意味体系とは別の意味体系を持っているからだ．ここで小説の研究にはディスクールの言語学が必要とされる．[027]

とにかく，この discours という言葉自体が一般的には話し言葉に限ったことを言い表してはいないのが，微妙な点なのです．いずれにせよ，まずは，「話し言葉」の技術というアランのこの定義を追ってみましょう．

雄弁は「言説を強化する」と言われています．その手段は，「話しぶり〔ton〕」や「リズム」です．では，どうして話しぶりやリズムは言説を強化するのでしょうか．それは，すぐ後ろの箇所に説明してあるように，そうした手段が「聞き手の身体をまずは整える」ことによるのでしょう．もっとも，ここで「整える」と訳したのは，disposer という動詞で，正確に意味を表すように訳せば，こなれていない日本語ですが，〈態勢づける〉とでもいうべき動きです．少々難しそうなので敷衍しておくと，態勢〔disposition〕というのは，ヨーロッパ中世の哲学用語で dispositio という言葉があり，それの関連語です．どういうことかというと，〈何らかのきっかけが生じれば，あることが自然に発動するにいたるような，そういう状態〉のことです．つまり〈ある勢いへの準備状態〉とでもいいましょうか．要するに，何かが〈ある動きへと誘われている状態〉です．さきにも述べた「話しぶり」や「リズム」という手段によって，人は誘われ，導かれていく．言わば，それに乗っていくのです．ですから，正しい「証明（PREUVE）」（►p.655）もそうした「話しぶり」や「リズム」の流れに乗るかのようにすんなりと受け入れられていく．しかし，同時に，そこには危険もあります．たとえ証明が正しくなくとも，勢いに乗せられてしまって受け入れ

★019──同書，p.376
★020──同前〔傍点引用者〕
★021──マルクス・アウレリウス『自省録』p.141〔傍点引用者〕
★022──同書，p.188
★023──同書，p.182
★024──アラン『宗教論』pp.195-196
★025──アラン『思想と年齢』p.389
★026──アラン『芸術論集』p.58
★027──志賀隆生「エクリチュール　ディスクール」（『別冊宝島　わかりたいあなたのための現代思想・入門』）p.184

295

るということだってありうるからです．アランが「疑わしい証明を見逃させてしまうことにもなる」と注意しているのもそのためです．しかも，自分一人ではなく周りに多くの人がいた場合，その人たちが乗せられてしまえば，その効果は全体として「増大する」ことになります．ほとんど伝染とでも言うべき効果によって，そこにいる人々に伝わり増大するのです．

そうはいっても，ことが群衆においてに限られるわけでもなく，「孤立した個人」も，群衆と同様に，動かされもします．いずれにせよ，それは動かされてしまうのであって，自らの一瞬一瞬の決断とでもいうべきものによって動くのではありません．このへんが重要なのです．つまり雄弁は，当の雄弁を使う者が主導権を取って，他を動かすのです．言わば聴衆を強制的に連れていってしまう．リズムに乗せるようにしてです．それは言うならば説得であって，さしあたって，相手自身に考えさせることではないのです．

> 私が最初にジョレスを見たのは，彼が四五，〇〇〇人を統率して，力仕事をしているところであった．私は，雄弁の実際を知った．あの注意ぶかい，節度ある始まり，沈黙のなかでさえ計算されたあのリズム．まえもって注意力の場を開き，さっとこれを粗描し，これを完結させる，ほとんど内容のないあの主題．それは，あたかも，声と動作と息づかいとの練習であると同時に，場所と物質的共鳴と人間的共鳴との練習のようなものであった．★028

さて，では，教えるとはどういうことでしょうか．それは，まさに相手に考えさせてこそ成功する事柄なのではないでしょうか．ところが，雄弁は，それとは方向が違うわけです．悪く言えば，雄弁は洗脳するに過ぎない．アランが「人を教える務めとは反対のもの」と言うのはそういう理由なのでしょう．「雄弁は，つねに，政治的」なのです．★029

雄弁というものは，芸術においても重要な働きをします．それが一番典型的に表れるのが「**詩**(POÉSIE)」(►p.606)です．「詩を理解させてくれるのは，雄弁である」★030とアランは書きました．理由と言えば，詩は，美しく，韻に従ったリズムを用いることにより，私たちを引き連れていくからです．ちなみに注意しておくならば，アランは詩の典型を叙事詩にみています．しかも，そこでの主題は「**時間**(TEMPS)」(►p.800)なのです．「叙事詩こそあらゆる詩の基調」★031であり，「詩はわれわれを運び去るものであり，それが叙事詩の意味」★032なのです．「叙事詩は，同じリズムですべてを運び去る」★033のであり，「詩の主題は常に時間であり，取り返しのつかないもの」★034なのです．実際に起こった過去の出来事を叙事詩の形式をもって歌うことは，当の出来事を記憶すると同時に，それに別れを告げることなのです．そしてそこにこそ解放があり，崇高〔「**崇高さ**(SUBLIME)」(►p.780)〕というものがある．

> トロイア戦争のことは忘れられる運命にあった．忘れたくなければ，歌にしなくてはならなかったのだ．詩というものは記憶の努力であり，そして記憶の勝利なのであった．今日でもやはり，詩というものはかならず，過ぎ去った事物である．★035

追憶を改めて見直し，追憶に別れを告げること，それが人生の均衡そのものを保つことである．それは自己を認めながらも自己から退くことである．そこから，この進み行く追憶のうちにひそかな崇高の感情が生まれる．それはすでに叙事詩的な動きである．★036

詩的な動きがわれわれを押し流す．決してとどまることのない，しかも注意すべきことには，決して急ごうともしない，あの時間の足音を聞かせてくれる．われわれはふたたび，あらゆる人間やあらゆる事物の行列の中におかれる．普遍的法則にふたたび

従う．すべての事物の結びつきや必然性を体験する．われわれは不幸を乗り越え，不幸をうしろに置き去りにする．新しい時間，不幸がすでに過去のものとなった時間の中へ，いやおうなしに送り込まれてしまう．それだからこそ，詩の中には常に慰めの響きが聞こえるのだ．だれでも悲しみの中にいるときは，危機をこれ以上進めたくないと思い，時間を否定するものだ．もっと悪い場合には，過ぎ去った時間，幸福な時間へと舞い戻って行く．★037

私たちは，往々にして，例えば悲しみという情念に身を委ね，時間を拒否してしまうものなのです．〈もう，時間なんか止まってしまえ！〉とか，〈もういいんだ．私はあの素晴らしかった時に還っていく〉とか言いながら……．もっと典型的には中島みゆきの「おもいで河」に表れているような心理です．少女マンガでいえば，次のようにまで言われる萩尾望都の作品がいい例です．彼女の『ポーの一族』を思い出してみてください．

「時間の停止」ということ．
どういう場合に時間はその回転を止めるのか？　萩尾望都の一連の作品は，まさにその実験場であるといういいかたすらできるほどである．★038

そういう言わばうずくまる心を引き連れていき，ふたたび流れつつある時間へと位置づけるのが叙事詩的な動きだとアランは言うのですし，雄弁の効果はそういう性質のものだというのです．歌も，時間において展開する限り，叙事詩と同様の効果を持っています．例えば，これも

中島みゆきの「時代」という曲の見事に表しているところです．

このへんで，詩と雄弁とをあからさまに結びつけて語っている箇所を引用しておきましょう．

詩とは，万人が期待するところ，承知しているところしか表現してはならぬこの雄弁なるものの，自然な形式である．★039

この引用箇所では「万人」と言っていますが，万人だけではなく，自分が期待しているものを確かめるために，人は雄弁に期待したりするのです．裁判であり，自分の意見を代弁する弁護士たちの弁論です．

雄弁は，それ自身，卑俗きわまる意見を高尚なものに見せかけ，みごとな形にととのえる，一つの物真似(ミミック)である．自分の弁護士の弁論を聞きにゆかない訴訟人など，一人だってあるものではない．★040

弁護士は論証しようとします．論証は，つまり証明は雄弁の方法なのです．

打破されることのないものと想定された一つの原理から出発する証明，議論または演繹，要するに論理のすべての方法は，この論理という言葉がよく表わしているように，もともと雄弁の方法に属するという考え方…〔後略〕．★041

しかし，小説や「**哲学**(PHILOSOPHIE)」(▶p.587)という散文というものによって人間が行おうとすることを証明だとは，私は思っていません．考えさ

★028──アラン『芸術に関する101章』p.239
★029──同書，p.224
★030──同書，p.86
★031──アラン『芸術について』p.95
★032──同前〔傍点引用者〕
★033──アラン『バルザック論』p.102〔傍点引用者〕
★034──アラン『芸術について』p.95〔傍点引用者〕
★035──アラン『文学折りにふれて』p.83〔傍点引用者〕
★036──アラン『芸術について』p.88〔傍点引用者〕
★037──同書，p.95〔傍点引用者〕
★038──大塚えりか「萩尾望都　愛のために凍結した時間」(『ユリイカ』臨時増刊　総特集「少女マンガ」) p.140
★039──アラン『神々』p.180〔傍点引用者〕
★040──アラン『芸術に関する101章』p.183
★041──アラン『諸芸術の体系』p.6

せることだと思っています．その意味で，散文は「人を教える務め」に近いところにある．詩や雄弁の営みとはその点で大きく異なるのです．

散文はその本性上，声高に発音せらるべきでなく，むしろ後述するように，目読さるべきものであるならば，語の響きから生ずるこうした種類の効果は散文には場違いで，まったく無効とさえいえるだろう．それらは詩や雄弁にまかさるべきものなのだ．★042

さらに詩や雄弁と，散文との区別を追っていきましょう．

詩は，雄弁もそうだが，まず喜ばせておいて，その喜びによって思想に導く．散文は誘引せず，反対に引き止め，連れかえることがわかるのである．★043

なぜ，散文は教える務めに近いところにあるのかは，さきに述べたように，まさに「考えさせること」がそこにストレートに関わってくるからです．みなさんも，アランの難解な散文が，きちんと読めばいかに思索を促すものであるかを少しは理解しつつあるのではないでしょうか．少なくとも私がこの本の基となった講義の草案を創るときにはそうやって思索していたわけです．もちろん，注意しなければならないのは，講義という形式そのものは雄弁的であることでしょう．私の講義を受けていた学生さんたちは，私の講義についていこうとし，私の「**論理**（LOGIQUE）」（▶p.439）に乗せられて，引っぱって行かれていたのかも知れないのです．だとすれば，みなさんがしなければならないことと言えば，自ら思索するために，この本を(懐疑と共に)とことん読み込むことでしょう．

雄弁が時間のうちに展開されるものであり，またそれだけの理由によって，原理から帰結への進行を強要する…〔中略〕…これに対

して，真の散文は，もっぱら思想させるもの★044…〔後略〕

講義が終わり，学生さんの手にある講義プリントは，講義を聴かなければならないという制約から解き放たれます．言わば時間から解放されているのです．そして，それこそが，実を言うと，散文において大事な事柄なのです．

散文は…〔中略〕…歩みの中断だ，反復だの，唐突な表現だのが，われわれに，くりかえし読むこと，あるいは思索することを命ずる．散文は時間から解放されている．雄弁の一種にほかならぬ形式的な議論からも自由だ．真の散文は，けっしてわれわれを圧迫しない．★045

こうして，詩や雄弁と，散文とは芸術としてはっきり区別されることになる．

語られる言語を支配し，また雄弁において，ことに詩において形式上の一法則と確認されるこの継起の秩序に，散文は打ちかたねばならぬといえば十分であろう．だから詩と雄弁はむしろ音楽に類し，散文はむしろ問われねば語らぬ建築・彫刻・絵画に類するものである．★046

どちらが良いとかとか悪いとかいう話ではありません．各芸術には，それ相応の役割があるのでしょう．詩や歌は，私たちを引き連れて，解放するかも知れない．それこそは，さきほど，叙事詩や中島みゆきの歌詞でみたところです．しかし，散文は，その方法を放棄する．鑑賞者にとっては連れていってもらうことができないという意味で，辛い芸術です．

読者は，導かれてゆく感じがしないために，時として不安を感じる．いつも前のめりになって，それらの情念にかられた疾走者(時と

雄弁)のあとを追うほうが気楽な気がする．静止の芸術によって十分訓練されていないかぎり，傍観者的精神が容易に詩から散文へ移れないのは，このためである．律動〔リズム〕がないから，証明と要約と結論を求めるのだ．なんら推論のたすけをかりずに判断せねばならぬということは，解放された者を最も驚かすものである．[★047]

詩や雄弁の方法に留まるならば，思索を教えるには不十分だと私は思っています．テクストというしっかりした対象を目の前にして，自ら思索すること．そこにしか，哲学するということは，無いのでしょう．

思想はつねにひとつの体系の中で働くもので，いかなる部分も他の諸部分がすべて吟味されぬうちは知りえないのだ．要するに，諸観念のひとつの集まりを順次に遍歴しうる継起の秩序というようなものはない．すべてはいっしょに考えられねばならぬのだから．そしてすべて思考の術は，時間を逃れ，何ものをも記憶にゆだねないことにある．演説者の努力はこの反対をゆく．彼はさらに前進する前に，すでに獲得したものを確かめ，以後変化しないような結論を作製しようとする．だから雄弁には，各瞬間に判断されたものがある．法廷弁論や政治演説そしてまた口述授業の習慣によって，こうした一種の推論の方法が作られたが，われわれの誤謬〔ごびゅう〕の大部分は実にここから生じたのである．[★048]

ÉMOTION
情動

— 意志の許可無く身体（心臓〔cœur〕，肺，筋肉）の中に成立してしまう運動の〔支配〕体制〔régime〕であり，それは突如として思考の色合いを変えてしまう．快活，歓喜，笑いといったほぐれた情動〔émotions déliées〕と，恐怖〔peur〕や怒り〔colère〕といった締めつけられた〔étranglées〕情動とに，分けることができる．それに，驚きは，すべての情動を，陽気や馬鹿笑いをさえも，不安で圧迫的なものにしてしまう．この効果は，突然の強烈な刺激が身体全体に伝播することから生じる．そしてそれはすべての筋肉を収縮させ，呼吸を止めさせ，鼓動を激しくさせ，脳と腸とに充血をもたらす．そんなわけで，恐怖というものは，いかなる情動もの最初の状態である．自ずと増大していくこの生理学的な警報〔alarme〕〔という意味〕によってである．すすり泣きと涙〔larmes〕は，最初の緩和である．しかし，しばしばまた，苛立ちと行動が，驚きという情動の帰結である．強烈で，同じ対象に結びついた一連の情動は情念〔passion〕を産み出す．そして，乗り越えられた情念の状態は感情〔sentiment〕と名づけられる．

今回の定義には，注意深く区別すべき三つの概念が扱われています．それは，「**情動（感動）**」と「**情念（PASSION）**」（▶p.544）と「**感情（SENTIMENT）**」（▶p.732）です．この定義を基に，「感動・情念・感情という，あの美しい上昇系列」を，今回は昇っていくことになるのですが，特に注意すべき[★049]は，アランによる「感情」の理解です．日本語で感情というと，〈感情的になるなよ！〉とか言われる場合のように，どちらかと言えば悪いニュアンスを含みます．しかし，この定義の最後に出てくる「感情」の話はちょっとそれとは違うことが，最終的には，わかるでしょう．まあ，とにかく，そこ

★042——アラン『芸術論集』p.149
★043——同書, p.152
★044——アラン『諸芸術の体系』p.7
★045——アラン『思索と行動のために』p.416
★046——アラン『芸術論集』p.152
★047——同前〔傍点引用者〕
★048——アラン『芸術論集』pp.154-155〔傍点引用者〕
★049——アラン『芸術についての二十講』p.114

まで進むために、始めに戻りましょう。

まず、「情動」という言葉ですが、英語でemotionというとき、恐らく、みなさんは「感情」と訳したくなることでしょう。それなのに、あえてここで「情動」という言葉を使うには少々説明がいるかもしれません。このémotionは「感動」と訳してもいいのですが、いずれにせよ「動」が入っていることが重要です。しかも動かされるといった受動的な意味合いを込めたいというのが大きな理由なのです。私たちは、普通、事物によって感動させられるものです。受動的です。なんらかの事物に感動するわけですが、その感動はその事物によって、言わば引き起こされてしまうようなものです。自分で意志的に「感動」を創り出しているというわけではない。だからこそ、アランはこの定義の最初に「意志の許可無く身体〔心臓〔cœur〕、肺、筋肉〕の中に成立してしまう」という言葉を記したのでしょう。それも「運動〔mouvement〕の〔支配〕体制〔régime〕」としてです。運動であるわけで、行為ではありません。例えば、二つの物体の衝突によって、両物体が押しのけたり、跳ね返ったり、止まったりすることが、衝突の法則により記述できるように、運動というものは物の必然的な振る舞いを指します。大抵は意志による統御の利かない動きなのであって、自由な行為によって人間が創り出すものとは違います。「運動の〔支配〕体制」とはそういったものです。恋だって、特に一目惚れみたいなときには、「ドキッ」という、言わば外的ショックを機縁に、少女マンガではありませんが眼に星印が点って、始まってしまうわけです（まあ、恋は、情動というよりも、本当は、あとの講義で出てくる「情念」に分類した方がいいのですけれども……）。そして、それは「突如として思考の色合いを変えて」しまう。恋をが始まれば、多くの場合、人生はバラ色になってしまいますよねぇ。こうして、「ほぐれた情動」である「快活、歓喜、笑い」は、その恋する人と共にある。逆に、突如親しい人の訃報に見舞われた場合を考えてください。「締めつけられた情動」がそこには生じてきそうです。この後者の場合がより理解しやすいと思うのですが、訃報に見舞われた「驚き」が、「すべての情動を、陽気や馬鹿笑いをさえも、不安で圧迫的なものに」してしまうと言われるのもわかる気がするでしょう。「突然の強烈な刺激が身体全体に伝播する」ことで、身体の状態は一挙に変わってしまいます。その事態をアランはここで、デカルトの『情念論』に倣って、身体的に記述しているわけです。「自ずと増大していくこの生理学的な警報」としての「恐怖〔PEUR〕」（▶p.582）を出発点にしてです。繰り返しますが、アランは、「恐怖というものは、いかなる情動もの最初の状態」であると言っています。外的なショックに反応するようにして、身体が混乱状態に陥ったとき、私たちは当の混乱状態を恐れることになるのです。「われわれが、自分自身の動きをもはや調節できなくなるや否や、自分の動きそのものを恐れるようになる」[050]というわけです。もっとも、実を言えば、「恐怖」という形で意識される、つまりある意味で思考されるにいたるならば、もうすでに「情動」ではなく「情念」と言った方が相応しいでしょう。アランは次のように情念を語っているからです。

　　情念とは思考を加えられた感動〔émotion〕であって、言い換えると、予見され、期待され、欲求され、嫌悪された感動である。[051]

そしてこうなると、「自ずと増大していく」というのも理解しやすくなります。例えば、恐れが嵩じていくのは、当の恐れに思考が向かってしまうためです。「恐れにたいする恐れははてしなく恐れをつのらせる」[052]のです。心配事を意識すればするほど心配になるのも同じこと。「私たちはときに心配事を忘れようと努めるものだが、これではかえってそのことを考えてしまう」[053]のです。こうして、「あらゆる情念はみずからの作用で激化する」[054]ことになる。もっとも、ここで「思考」といっても、それは言うならば〈身体に引きずられてしまっている思考〉とでも言うべきもの

です．〈まっとうな思考〉などできていない．身体の「運動の〔支配〕体制」に思考は取り込まれてしまっているからです．まさに運動の体系の中に心の動きはどっぷり浸かっており，そんな状態では自由意志も何もあったものではない．なんとかしようと思っても焦るだけなのが関の山です．そして，「焦燥は運動へと駆り立て運動は焦燥を悪化させる」という事態を痛いほど味わうことになります．次のようなことです．

> 絶えざる心配がどういう結果をひきおこすか，考えてみるがいい．恐怖心の働きが自然に病気を重くすることに思い至らない限り，用心深さに対して用心深くなれはしないものである。[056]

こうした恐怖も，もちろん，放っておくだけでも疲労と共に減衰してはいきます．

> 肉体に応じて大きくなっていき，疲労の法則に従って減少していくあの肉体の囁き．本質的な恐怖とは，そういうものである．それは，恐怖への恐怖にすぎない．私が恐ろしいものを想像するのは，最初に，私が恐怖を抱いたからである．[057]

しかし，減衰する前に，どんどん嵩じることで，最終的にはどんなものに行きついてしまうと思いますか？ それは，実は，「怒り(COLÈRE)」(▶p.180)に行きつくのです．「怒りは恐怖をも含めたあらゆる情念の極限状態に共通する姿」であり，「人が恐怖をいだくときには，怒りから遠くはない」[058][059]のです．

> 怒りは，恐怖とは隣合せにあるものだから，

そこで，自分で描きなぐった顔をこわがる子どもについて，暫時，考察を加えたときのモンテーニュは，問題の核心をとらえたわけである．[060]

もちろん，どの段階で訪れてくるかは別として，身体自体によって，緩和の手段が用意されています．それこそが，「すすり泣き」であり「涙(LARMES)」(▶p.436)なのです．「涙は苦痛の緩和を告げている」と言っていい．ただし，涙に身を任せっぱなしでいいかというと，そうではありません．身体的な解決は，心を満足させないのです．[061]

> くりかえし私は，涙は人を鎮静させると言ってきたが，それは身体的にしかすぎず，半分の真理でしかない．涙に身をまかせてしまえば，生を中断してたちまちこれを破壊する完全な絶望からは救われるが，同時に，自分の無力を痛感することになる．[062]

情動から情念にいたって，ついには「苛立ちと行動」に行きついたとしても，その行動が，情念を嵩じさせるものであるなら，何の解決にもならないということです．

> 愚かしく滑稽に苦しんでいると思うと，ますます憤慨されてくる．…〔中略〕…いらだつべきでないという理由によって，ますすいらだつわけだ．そこで，人々はとかく，小さな苦しみに耐えきれぬところから，大きな苦しみに飛びこむのである．[063]

人は往々にしてより大きな苦しみに飛び込むような行動をしてしまうのです．そんな愚かな行動を阻み，〈まっとうな行動〉へと導くのが，まさに

★050──アラン『芸術について』p.75
★051──アラン『芸術についての二十講』p.115
★052──アラン『人間論』p.211
★053──同書, p.32
★054──アラン『諸芸術の体系』p.144
★055──アラン『思索と行動のために』p.235
★056──アラン『幸福論』pp.29-30
★057──アラン『芸術に関する101章』p.283
★058──アラン『裁かれた戦争』p.67
★059──アラン『幸福論』p.12
★060──アラン『芸術に関する101章』p.187
★061──アラン『諸芸術の体系』p.144
★062──アラン『思索と行動のために』p.330
★063──アラン『人間論』p.269

〈まっとうな思考〉でしょう．身体へと解決を任してしまうのではなく，思考にもできることがある．笑いが成立するのは，そのようにしてです．「激怒だの，苦悩だの，心配だのは，どんなものも笑いでなおる」[★064]とまでアランは書いています．

すすり泣きが笑いとどう違うかというと，すすり泣きの場合は思考が結んだものを生命がほぐす，それに対して笑いの場合は，自然のほうが，驚きとか，停止とか，胸郭が空気でいっぱいになって動かなくなるとか，そういったもので結びをつくり，思考が鳥のように素早く解きほぐす，というところにあります．[★065]

そして，そういう思考があってこそ成立するのが，この定義の最後に出てくる「感情」というものなのです．情念を「乗り越え」るための思考というものがありうるということでしょう．

一言で言えばすべての感情は，その対象がなんであれ，機械的な宿命を克服したという意味で，崇高さを内に含んでいるのである．[★066]

実を言えば，「美(BEAU)」(►p.120)というものもそこに関わっているのです．

私の思うには，何か極端に恐ろしい目に遇いそうな不幸の動きのなかにまずはまりこんでみなければ，美を鑑賞することも創造することもできません．要するに，美というものは，感情を，つまり救済された感動を，内容としてもっていなければならないのであり，それにはまず険悪な騒乱としての感動があって，それがやがて沈静と解放に変ることが前提となります．[★067]

さらには，芸術や「宗教(RELIGION)」(►p.676)の成立基盤をアランはこういうところに観ていることがわかるでしょう．

芸術は，身を立て直すことから始まる一つの反省にそって，私たちをととのえるのです．私たちは自分の行動についての説明を自分に求める．それがつまり感情となり，したがって宗教となるのでしょう．[★068]

こうして，アランの言う「感情」が，ついには幸福を語り始めることを確認したいと思います．

感情とは，救済，つまり幸福，不幸のなかでさえもの幸福，肉体や思考といった下部構造のあらゆる騒ぎを静めて，ついに自己を受け入れ，自己を把握することにほかなりません．[★069]

しかも，「本当の感情というのはつくり出された★070もの」なのです．

EMPORTEMENT
高ぶり – そこでは行動そのものが身体諸器官を苛立たせ，行動へとさらに駆り立てるような，そういう行動の体制〔régime〕のことである．例えば，逃げることは，恐怖〔peur〕を増大させ，逃げるという行動そのものを激化する．戦いは，戦うことへと〔さらに〕駆り立てる．力は，それを使うことによって，自ら目覚める．高ぶりは疲労困憊でもしない限り止まない．高ぶりに理屈など無い．使い道のないどんな力も高ぶりへと導く．

emportementを，森訳は「興奮(状態)」と訳し，神谷訳は「熱狂・激情」と訳しています．私は「高ぶり」という訳語にしてみました．さきほどの講義「情動(ÉMOTION)」(►p.299)の定義にも出てきた régime つまり体制という言葉がふたたび現われています．しかも密接な関連の下にで

302

す．なぜなら，ここでも主として語られているのは身体的な事柄であり，思考ではなく行動だからです．そうした行動が「増大」するとか「激化する」とか，「さらに駆り立てる」とか，要するに行動そのものが〈嵩じていく〉諸相を述べているわけです．「逃げること」，「戦うこと」，そして「力」．こうした高ぶりのメカニズムは，また疲労のメカニズムによってこそ止む．自然のままに放っておいてもです．その限りでは，「理屈など無い」（そんな自然な動きに実際にはどれだけ思考が介入しうるのかということについては，後に少しだけ見ることにします）．いずれにせよ，身体的なメカニズムの中の「使い道のない」余剰な力は，そういう高ぶりといったところに流れ込むというわけです．だからこそ，戦争も退屈や倦怠といったものから生まれる面があるとまでアランは考えているようです．退屈している人とは，「苦労なしに多くのものを持って」いる人であり，だからこそ「王様は退屈する」のです．「倦怠こそ暴君中の暴君」という言葉まであります．戦争を始めるのは，生活に大変な庶民ではなく，多くは退屈している為政者たちなのです．

　　戦争は倦怠と勢力〔要するに「力」ですね〕の娘であり，断じて欲求や欲望の娘ではないのである．[074]

貧しさももちろん，戦争の要因の一つにはなりうるでしょうが，むしろ，戦争や喧嘩といったものに向かわせる〈高ぶりのメカニズム〉を作動させてしまうのは，**怒り（COLÈRE）**（▶p.180）へとつながるような，心理的な，あえて言えば**情念（PASSION）**（▶p.544）に関わる外的刺激としての，侮辱的な言葉や行動なのでしょう．

革命と戦争は貧窮から生まれるとは，世のおおかたの通念である．だが，これは半面の真理にすぎない．恐ろしいのは貧しい者ではない．卑しめられ，はずかしめられた者なのだ．[075]

もちろん，そうした高ぶりのメカニズムに身を任すことは間違っている．

間違いは，人が思考を情念の支配下におき，あらあらしい熱気にかられて恐れや怒りに身をまかす点にある．[076]

しかし，それを押しとどめるのはかなり難しいことも確かです．

他人から無礼な仕打ちをうけた人間は，まずそれが無礼であることを確認するため，あれこれといろいろな理屈を考えだすことだろう．かれは事態を悪化させる事情をさがしだそうと努め，そしてそれを見つけ出すことだろう．先例をさがそうと努め，そしてそれを見つけだすことだろう．かれはこう言うに違いない．これこそおれの正当な怒りの原因だ．おれは断じて怒りを静めて楽になろうとは思わない，と．これが最初の瞬間である．その次に理屈がやってくる．人間というものは驚くべき哲学者なのだから．そして人間をもっと驚かすのは，理性が情念に対してなんらの力ももちえないということである．[077]

多くの場合，突っ走っているこうした激しい動きを押しとどめるものは疲労しかない．好戦的な言辞が，ついには厭戦的な言辞へと変わっ

★064──アラン『思索と行動のために』p.410
★065──アラン『芸術についての二十講』p.123
★066──アラン『芸術について』p.124
★067──アラン『芸術についての二十講』p.38〔傍点引用者〕
★068──同書, pp.185-186
★069──同書, p.115
★070──アラン『幸福論』p.115
★071──アラン『思索と行動のために』p.293
★072──アラン『幸福論』p.143以下
★073──アラン『人間論』p.235
★074──アラン『思想と年齢』p.165
★075──アラン『人間論』p.25〔傍点引用者〕
★076──アラン『幸福論』pp.14-15
★077──同書, p.62〔傍点引用者〕

ていくのも，またこうしたメカニズムによるわけです．上の引用にもあったように，恐らく「**精神（ESPRIT）**」（**▶p.322**）は，こういう激しい混乱の中にあってはたいしたことはできないのです．デカルトが例の『情念論』のなかで，あれほど身体の構造について述べ，身体を機械のように考えて，それを統御しようとしたにもかかわらず，次のように記すにいたるのは周知のことです．

> 精神は何か他のことに強く注意を向けることによって，小さな音を聞いたり，小さな苦痛を感じたりせずにおれるが，同じ方法では雷鳴を聞くことや手を焼く火を感ずることをおさええないと同様に，精神はほんのちょっとした情念にはたやすくうちかちうるが，きわめてはげしい強い情念には，血液と精気との激動がおさまってしまうまでは，うちかつことはできない．この激動が力を発揮している間，意志のなしうるせいいっぱいのことは，その激動の生む結果に心を従わせず，それの促す身体運動のいくつかをおさえるということだけである．★078

> 血液が上述のように動揺させられるのを感ずるときには，想像に現われるすべてのものが，精神を欺こうとする傾向があり，情念の対象を善いと信ぜしめる理由を，実際よりもはるかに強いもののように精神に思わせ，情念の対象を悪いと信ぜしめる理由を，実際よりもはるかに弱いものに思わせる傾向がある，ということをよく知って，これを思い起こすようにすべきだということである．そして情念が善としてすすめる事がらが，その実行をいくらか遅らせてもよいようなものであるとき，その事がらについてただちに判断をくだすことをさし控え，ほかのことを考えて心をまぎらせ，時の経過と安静とが，血液の激動をまったくしずめてしまうまで待つべきである．そして最後に，情念の促すところが即座に決心をしなければならぬような行為であるときには，意志は，情念が示す理由とは反対の理由——それがより弱く思えるにしても——を特に注視して，それに従おうとしなければならないのである．★079

しかしそれでも，あえて最小限でも思考にとって，精神にとって可能なことは何でしょうか？ 戦争に関しては次のようにアランは言います．

> 好戦的なあらゆる言辞に対しては沈黙を守ることである．そして，老人が若者たちの殺りくを想像して興奮しても，冷たく軽蔑をむくいればよい．好戦的祝典からは立ち去ることだ．どうしても出席を余儀なくされる時は，死者を想い，死者の数を勘定することである．戦いで盲になった者のことを考えれば情念は清められる．戦死者の遺族に対しては，興奮したり，栄光を称えたりはせず，不幸を彼らと分ち合う勇気が必要だ．★080

第一次世界大戦に際して，出兵の義務のない年齢に達していながら，デカルトと同じように，あえて戦争を自分の目で観て，それについて思考するために志願したアランは，終戦後に今の引用を含む激烈な戦争批判書『マルス——裁かれた戦争〔*Mars ou la guerre jugée*〕』〔邦題『裁かれた戦争』〕を書くわけです．この「裁かれた」はフランス語の jugée で，「判断された」という意味でもあります．つまり，対象を目の前にして思考すること，判断することを実行しようとしたのです．次の引用は示唆的です．

> 具体的な対象がなければ着実に有効にものを考えることができないのだと知らなければならない．ロダンが作った，あのしっかりと目をひらき物に直結した「考える人」を思い描いてほしい．そこにあるのは新しい観念なのである．目を閉じて考える人がなんと多いことであろう．何もせずに考える人がなんと多いことであろう！★081

さて，最後に，激しい混乱への，わずかながらの対処法を見て，終わりましょう．

情念にかられている人々は，適当に規制された姿勢や動作には最も激烈な情念をすら和らげる力があり，けっきょくすべての情念を鎮(しず)めてしまうなどということを決して信じようとしない．しかしわれわれの力は正にここに存するのである．われわれの意志が何の仲介もなく，何の内的障害もなしに直接働きかけるのは，われわれの筋肉の活動に対してなのだから．だがその代わり，われわれはただ思想のみをもって筋肉の嵐(あらし)に抵抗するとき全く無力である．★082

内臓といった不随意筋に直接働きかけることはできません．しかし，体操に代表されるような身体的動作を生じさせる筋肉という随意筋には直接働きかけることができるのです．そして，実を言えば，私たちの情念の浄化を目指す芸術的活動も，すべて，身体そのものを直接的に美しい動作へともたらす「運動の芸術」か，身体を統御しながら用いることによって対象を造形する「静止の芸術」かという区別はあっても，いずれも，今述べたような筋肉を意志的に動かす身体的運動によって生じるものなのです．

芸術はその根源において人体の訓練であり，また，アリストテレスが望んでいるように，

情念の下剤である．ところで，情緒を訓練するにはふたつの方法が考えられる．ひとつは我々の肉体を，その運動と音声を訓練する方法であり，そこから，舞踊，唱歌，音楽，詩といった第一系列の芸術が生れる．もうひとつは，情緒に対象をあたえるために世界を造形する方法であって，建築，彫刻，絵画，素描などはそれに属する．★083

規則に従ってうたうようにわれわれを誘う音楽は，本質的に動物であるところのものによって，すなわち叫びによって，秩序と美とをつくりながら，われわれの肉体全体を，内がわから鎮めてくれる…〔中略〕…われわれの全身全霊を変える，こうした表現のしかたを，美と呼ぼう．★084

芸術などという大仰なことを言わずとも，日常生活での対処法も考えうるでしょう．

自分で自分を養う動揺であり，あるいは際限のない準備ともいえる不安に対しては，材木を割ることでも，鋤(すき)で耕すことでも，あるいは単に糸を紡ぐことでも縫物をすることでもいいから，なにか秩序立った行為をするのが直接に効果的である．★085

怒りに対しては，写しをとるといいし，悲しみに対しては，歌うのがいい．★086

ÉNERGIE

エネルギー ー〔これは，〕執拗さとか，激しさ〔violence〕とか，激高〔emportement〕と同じものではない．それらは，実行する仕方であるか，あるいは意欲の帰結である．エネルギーは障害〔物〕を前にして現われる．それも，突如として抵抗の相関物〔corrélatif〕として，そして，しばしば勇気〔courage〕が挫(くじ)けたときに，顕わとなるのである．それゆえにこそ，この

★078——R. デカルト『情念論』p.131
★079——同書，p.256
★080——アラン『裁かれた戦争』p.160
★081——アラン『感情 情念 表徴』p.214
★082——アラン『芸術論集』p.101〔傍点引用者〕

★083——A. モーロワ『アラン』p.93
★084——アラン『芸術に関する101章』p.131
★085——アラン『思索と行動のために』p.235
★086——同前

語の道徳的〔morale〕な意味は，エネルギーの物理的概念と一致することになる．それ〔エネルギーの物理的概念〕は仕事の潜在性（一つの爆発的なもの）を指すのである．エネルギッシュな性格というものは，通常は不動のものであり，かつしばしば無関心なものである．エネルギーの中にはいくらかの執拗さはあるが，それは活動的なものである．いや，爆発的なものである．エネルギーは抵抗を蹴散らせてしまう．こうした経験からわかることは，抵抗というものが，まさにそれの最も恐れていることがらを発動させてしまうということである．

アランが否定文から始めているのは，そういう風なものと混同する人がありがちだからでしょう．しかし，すぐに，そうした「執拗さとか，激しさ〔violence〕とか，激高〔emportement〕」はどのようなものであるかを述べ，それとの違いに話を進めるわけです．事実，それらは「実行する仕方」や「意欲の帰結」なのですが，エネルギーは，むしろ，実行や意欲が妨げられるときにこそ顕わになるとアランは言うのです．「抵抗の相関物」という表現がそれを語ります．こうして，エネルギーは，「実行」や「帰結」の問題ではなく，「潜在性」〔puissance〕に関わっていると言われることになります．大事なのは，アランがエネルギーというこの語の「道徳的な意味」を語るところです．しかも，エネルギーの「物理的概念」を参考にしている点です．「仕事の潜在性」という言い方を以てです．ポテンシャル・エネルギー（位置エネルギー）を考えてみればわかりやすいかも知れません（もっとも，定義の中の「爆発的なもの」を理解するには，運動エネルギーの方が適切かも知れませんが……）．ポテンシャルとは，まさに，「潜在性」を意味する物理用語でした．原文のフランス語では，物理学の用語としてのpotentielを使わずに，もっと一般的な言葉としてのpuissanceを使っています．けれども，ここが味噌なのです．なぜなら，このpuissanceこそは，アリストテレスについて少々述べたことと今回の議論をつなぐ接点だからです．puissanceは，アリストテレス哲学で言うデュナミス〔δύναμις〕つまり潜勢態（可能態）のフランス語での訳語であり，この概念はエネルゲイア〔ἐνέργεια〕つまり現勢態（現実態），まさにエネルギーの語源となる言葉と対になっているのです．ただし，注意しなければ

ならないのは，アランが，わざわざ，エネルギーを現実態にではなく可能態に積極的に結びつけていることでしょう．これは，位置エネルギーの話でもわかるようにもっともなことなのですが，少々説明が必要かも知れません．まずは，潜勢態（可能態）と現勢態（現実態）との対について確認しておきましょう．

物体の落下を例にとります．アリストテレスによれば，物体は，〈本来あるべき位置から離れているがゆえに〉，当のあるべき位置へと還ろうと憧れるのが落下という運動（キーネーシス〔κίνησις〕）です．この例でもわかるように，その物体はもともとその〈あるべき位置〉にあったわけです．だからこそ還りたい．それには植物の一生を考えてもいい．植物が，見事に花を咲かせている状態を〈自己実現した状態〉だとすると，それは「現実態」です．しかし，その状態を現実の植物はずっと維持することができない．だからこそ，種子や球根という形に，エネルギーを蓄えるかのようにする作業をした上で枯れ，何度も，新たに花の状態へと憧れるのです．それは言うならば円環を描く．この場合には明らかなのが，種子や球根は，花という現実態と対になってこその可能態であり，花は種子や球根という可能態と対になってこその現実態であるということです．こうして通常の，可能態や現実態は，ある一定の目的を包含していると言うことができます．そのあたりを，人工物について考えてみましょう．次の引用が参考になります．

キーネーシスの例として，建築作業を考えてみる．石や煉瓦や木材などの建築材料は，「家となりうる」という可能性をもっている

306

けれども，大工が手を着ける以前の状態のままでは，その当の可能性は眠ったままで，まだ現実化されていない．しかし，いったん建築作業がはじまると，まさにその「家となりうる」という可能性自体が現実化されている状態(現実態)にあることになる．そしてこのような，可能性自体の現実態というあり方は，家が完成したときに終る．家が完成したときにあるのは，「家」の現実態であって，「家となりうる」という可能性そのものの現実態ではないからである．こうして，建築活動という〈動〉(キーネーシス)は，作業の開始から家の完成の間にのみ存在するこの事態に即して，「家に建てられうるもの，家に建てられうるものとしての現実態」…〔中略〕…と定義されなければならない．これを一般化して言えば，「可能態にあるもの，可能態にあるものとしての現実態」がキーネーシスにほかならないことになる．[★087]

もっとも，木材は，実を言えば，家に使われなくて机や椅子に，さらに言えば箸に使われることだって可能です．その意味では，実際に建築作業に取り込まれていくまでは，どんなものに使われるかについてはオープンなのです．その木材は，まだ，家の可能態に取り込まれてはいない．すなわち，まだ，現実態が決まっていないとも言える．まだ，可能態ー現実態という遂に入り込んではいないとも言えるでしょう．運動(キーネーシス)がまだ始まっていないというわけです．それに対して，さきの物体の落下の例では，持ち上げられている限りは運動(キーネーシス)が始まってしまっていることになります．

さあ，エネルギーの「道徳的〔morale〕な意味」の話に戻ります．「エネルギーは障害〔物〕を前にして現われる」とアランは書いていますし，「それも，突如として抵抗の相関物〔corrélatif〕として，そして，しばしば勇気〔courage〕が挫けた

ときに，顕わとなる」とも書いていました．言い方を換えれば，越えるべき障害があってこそ，エネルギーは顕わになるというのです．それは「実行する仕方であるか，あるいは意欲の帰結」というのではなく，当の「越えるべき障害」との，つまりは「抵抗」との「相関物として」顕わになる．運動(キーネーシス)が始まっている状態において，どんな場合にも恐らく生じている，言うならば構造を述べているわけです．そういう構造の中において，「勇気が挫けたとき」に，それでもなお新たに自己実現に向かうならば，エネルギーを語りうるだろうというわけです．「勇気(COURAGE)」(▶p.196)が挫けたときとは，花で言えば，それが枯れたときでしょう．それでもなお，ふたたび新たな開花を目指すかどうかです．そこには，失敗してもなお，新たな出発を意欲するかという，倫理的(道徳的)決断すら読み込むことができるかも知れません．

では「エネルギッシュな性格」が「不動」で「無関心」だとはどういうことでしょうか？　実を言えば，私も完全にはわからない部分なのですが，解釈を施してみましょう．ここでもアリストテレスを援用します．考え方としては，デュナミスとエネルゲイアの対を，エネルゲイアの方向にとことん行ってみるというやり方です．通常の生物は，自己実現しても，それを維持できず，デュナミスに，言わば，戻ってしまうのでした．ところが，〈完全に現実態に到達したもの〉すなわちアリストテレスの言う「完全現実態」(ラテン語でactus purus)こそは，「神(DIEU)」(▶p.263)であり，可能的なところを少しも含まないがゆえに，もはや運動(キーネーシス)も無いと言われます．その意味で，自分は「不動」です．しかもそれは，他のすべてのものが，そこへと憧れるが，そこへと到達できないために，自分の種の中で円環を繰り返すと言われるものですから，自分は不動にもかかわらず，他のすべてを動かす．これを伝統的に「不動の動者」と言います．すなわち

★087──藤沢令夫『イデアと世界──哲学の基本問題』p.238

307

「それ自身は運動せず，他の者を動かす第一の者」(πὸ πρῶτον κινοῦν ἀκίνητον)です．そういう不動なあり方は，確かに，エネルゲイアの方向にあるわけです．しかも，それは他を動かすにしても，どれを動かすということなしに，つまりは「無関心」にです．ですから，エネルゲイア的（つまり，日本語になってしまっていますが，ドイツ語で言うエネルギッシュ energisch）なあり方というものを考えるならば，そういうものを思い描くことはできようというわけです．この定義に即して言うなら，泰然自若としていながら，どんなものにも対応可能というあり方でしょう．

その上で，定義の続きをみましょう．「エネルギーの中にはいくらかの執拗さはある」と言っています．これは，もちろん，完全現実態の話ではなく，キーネーシスに入り込んだ上でのエネルゲイアの話ですね．抵抗にあっても，さらに抵抗にあっても，それを乗り越えていくというような．しかもそれを，「活動的なもの」，いや「爆発的なもの」というのは，まさに，単に順調に活動しているというよりは，抵抗にあって力を溜め，その上で爆発させる姿でしょう．この延長線上で，定義の最後の部分も読める．「抵抗というものが，まさにそれの最も恐れていることがらを発動させてしまう」のは，抵抗が，エネルギーを溜めさせる効果を持っているからでしょう．抵抗は，自分を「蹴散らす」当のものを発動させてしまうのです．抵抗からの視点ではなく，エネルギーからの視点を取れば，そこにはアランが語る多くの事柄との関連が付いてきます．それもせっかくですから少しだけみてみましょう．

　　事物の抵抗が最も強く感じられる芸術，それは建築である．ところで建築は諸芸術の末子でもなく生徒でもない．それはほとんどすべての芸術の師匠であり，その父である．★088

なぜ建築は「芸術の師匠」かというと，事物の抵抗を最大限考慮しなければ作品そのものが壊れてしまうほどのものだからです．安易なやり方を許さない．しかし，例えば散文は下手な構成をしても，そのものとしてはそこに存続しうるからです．

　　美なるものは一方において知的に理解しうる形式を予想するが，また抵抗にとみ，反逆的でさえある材料をも予想するように思われた．★089

　　大理石は抵抗する．そして，そうすることによって，彫刻のもつ真の様式(ステイル)を発揮せしめるのだ．塑像をつくる者が，この真の様式を追究しようともがいても，それはむだである．むだであるといったのは，可塑性(かそ)の物質は，思いどおりになりすぎるからである．これと同じ理由によって，鋳造するよりは，鍛えたり，けずったり，彫ったりすることのほうが，ずっとまさる．★090

さて，こうしたお話は，アランを離れても興味深い展開を許します．ベルクソンの『精神のエネルギー』，『創造的進化』の話です．ベルクソンは次のように述べます．

　　生命の主眼とするところは，ゆっくりとしたしかも困難な作業によって，物質に潜在のエネルギーを貯蔵させ，その潜在のエネルギーを一挙に運動のエネルギーに変化させるところにある…〔後略〕★091

　　生命のはずみ〔élan de vie〕というのはつまり創造の要求のことである．生命のはずみは絶対的には創造しえない．物質に，すなわち自分のとは逆の運動にまともにぶつかるからである．しかし生命はそうした必然そのものとしての物質をわが物にして，そこにできるだけ多量の不確定と自由を導入しようとつとめる．★092

さらに言っておけば，ベルクソンは，人間もが，他の生物と同様に同じことを繰り返す円環に留まることを潔しとせず，そういう生の円環を突き破る可能性を語ったのでした．それが，創造的飛躍であり，愛の跳躍〔élan d'amour〕でした．これについては，ユダヤ教から「**キリスト教（CHRISTIANISME）**」(►**p.160**)への開きについて思い出してもらえばいいでしょう．

〔個人と社会とが相互に制約しあうという〕自然の欲したこの円は，人間が創造の躍動〔élan créateur〕のうちへふたたび立ち返った日，人類を単に同じ場所で旋回させることをや
め，ふたたび前方へ衝き動かすことになったその日に破られたのだった．
★093

少数の選ばれた魂は，集団の限界内にとどまっていないで，のみならずまた，自然の確立した社会の連帯性に甘んじてもいないで，愛の躍動〔élan d'amour〕に包まれて人類全体を目指して進んだ．このような魂の出現は，そのつど，あたかも唯一の個体からなる新しい種の創造とも言うべきものであり，ここで生の推進力は，人類の総体に対して一挙に得られるべくもなかった成果に，──長い間隔をおきつつ特定の個人のうちで──達したのである．
★094

ENFER
地獄 — これはものごとを宿命と考えてしまうこと〔fatalisme, 宿命論〕である．その内へと精神〔esprit〕は身を投じ，ずっとそこに留まってしまう（なぜなら宿命論とは，ものごとは永久にそんなものだという考えだからだ）．賭け事の好きな人の地獄とは，〔賭け事などというそんな悪癖から〕決して脱却し〔se guérir〕たりなどするものかという決心〔résolution〕のことである．どんな情念〔passion〕も，またどんな罪もそれと同じようなものだ．煉獄〔purgatoire〕とは，自分には何らかの希望〔espoir〕があるということを想定した悔い改め〔pénitence〕のことである．しかし，たとえ私が悔い改める〔me repentir〕ために〔猶予として〕一千世紀〔の長い時〕があろうとも，私は同じであり，それをどうすることもできないなどと誓ってしまうことさえできる．そんな決心は傲慢〔orgueilleux〕というものである．意志すること〔自体〕を決して意志しようとしない狂った怒り〔rage〕の中で，人はこの決心を選び取り，そうあろうと誓ってしまうのだ．誰でも，最初は，絶望してしまいたい思いに駆られるものだ．しかし，そんなとき，思考は自分自身を怖れているのである．それは，死にたいのだが，それができないことであり，まさに永遠というものを表わしている．地獄に落ちたどんな者も赦し〔pardon〕を拒絶しているのである．言い争いを注視してみたまえ〔Considérez〕．そして人が〔そんな状態から〕抜け出す〔revenir〕ことができないのを観てみたまえ．抜け出すこと，それこそが許される〔se pardonner〕ことなのであろう．

「ものごとを宿命と考えてしまうこと」，言い換えれば自分に自由とか「**自発性（SPONTANÉITÉ）**」(►**p.776**)などというものがあると信じず，結局すべては自分の与り知らぬところで決まっていて，どうしようもないのだと思いこみ，信じ込んでしまうところ，そこに地獄があるというのです．そ

★088——アラン『諸芸術の体系』pp.44-45
★089——同書，p.vi
★090——アラン『芸術に関する101章』p.233
★091——H. ベルクソン『意識と生命』p.150
★092——H. ベルクソン『創造的進化 下』p.84
★093——H. ベルクソン『道徳と宗教の二つの源泉』p.418〔傍点引用者〕
★094——同書，p.308〔傍点引用者〕

れを難しい言い方をするときに「宿命論〔FATALISME〕」（▶p.342）というのです。

　宿命論とは、将来この世で起こることはすべて書かれている、もしくは予言されていると信ずる心的状態〔disposition〕にほかならない。

　〈どうしようもない〉と認めてしまえば、私たちは努力というものをやめてしまいます。〈努力しなくてもいいじゃないか〉と安んじて思うことができる。それが心のおかす重大な罪であることを忘れて、許してしまう。「宿命論は、私たちの心の罪を許す抽象的な理論」なのです。

　努力しなくてもいいのですから、実は、「宿命論」を採った方が楽だと言っていい。〈これでいいのだ〉と思い、そこに留まることに心を決める、つまり「決心」〔「決断〔RÉSOLUTION〕」（▶p.715）〕するに至るのです。「賭け事の好きな人の地獄」とは、一方で〈どうして俺はこんなふうに賭け事を止められないのだ〉と思いながらも、どこかで〈これでいいのだ〉と自分がそこから抜け出すという努力をしないことを許しているのです。「決して脱却し〔se guérir〕たりなどするものか」というわけです。「どんな念も、またどんな罪もそれと同じようなものだ」とアランは言います。その少々具体的な記述をみてみましょう。「怒り〔rage〕」「怒り〔COLÈRE〕」（▶p.180）」という「情念〔PASSION〕」（▶p.544）に身を任せた人についての記述です。

　　他人から無礼な仕打ちをうけた人間は、まずそれが無礼であることを確認するため、あれこれといろいろな理屈を考えだすことだろう。かれは事態を悪化させる事情をさがしだそうと努め、そしてそれを見つけ出すことだろう。先例をさがそうと努め、そしてそれを見つけだすことだろう。かれはこう言うに違いない。これこそおれの正当な怒りの原因だ。おれは断じて怒りを静めて楽になろうとは思わない、と。これが最初の瞬間である。その次に理屈がやってくる。

そこには、無礼な仕打ちを確かに受けたのだが、〈それでもなお、あえて相手を許そう〉というような意志の発動はありません。というか、そんなことが可能だということを信じてはいないのです。言い換えれば、そこに兆してくるかも知れない「希望〔espoir〕」「〔希望〔ESPÉRANCE〕」（▶p.314）〕を認めようとはしない。〈そんなことがありうるはずがない。無理だ〉と心に決めてしまうのです。ダンテの『神曲』に出てくる地獄の門の碑銘には次のようにあるのです。

　　PER ME SI VA NELLA CITTÀ DOLENTE,
　　PER ME SI VA NELL'ETERNO DOLORE,
　　PER ME SI VA TRA LA PERDUTA GENTE.
　　GIUSTIZIA MOSSE IL MIO ALTO FATTORE;
　　FECEMI LA DIVINA POTESTATE,
　　LA SOMMA SAPIENZA E 'L PRIMO AMORE.
　　DINANZI A ME NON FUOR COSE CREATE
　　SE NON ETTERNE, E IO ETTERNO DURO.
　　LASCIATE OGNI SPERANZA, VOI CH'ENTRATE.
　　　　　　　　　　(Inferno, Canto III, vv. 1-9)

今道友信氏の訳を掲げておきましょう。

　　われを過ぎひとはなげきの都市に、
　　　われを過ぎひとは永遠のなげきに、
　　　われを過ぎひとは亡者にいたる。
　　正義は至高の主を動かして、
　　　神の権能と最高の知と
　　　原初の愛とがわれを創った。
　　われに先立った被造物とは
　　　永遠のものだけでわれ永遠に立つ。
　　　ここに入る者望みを棄てよ。

地獄には希望というものが全くないのです。アランのこの定義に即した言い方をするのなら、希望を全くなくした人間が落ちるところが地獄であり、比喩的な言い方をするなら、現に今あなたがもし希望というものを完全に断ち切るの

なら，その状態こそ即座に地獄なのでしょう．

こうしてアランも「煉獄〔purgatoire〕とは，自分には何らかの希望〔espoir〕があるということを想定した悔い改め〔pénitence〕のことである」と記すことになります．自分はこんなにも駄目な人間なのだけれど，それでも努力は惜しむまいと決意したところに，地獄の心とは歴然とした違いを見るべきだと私は思います．地獄の心を持つ人はそれを信じない．「悔い改め〔pénitence〕」〔**悔い改め（REPENTIR）**〕（▶p.695）が可能だということを信じないで，反対の方向に心を決めてしまう．そうしたあり方をアランは「傲慢〔orgueilleux〕」〔「**傲慢（ORGUEIL）**」〕（▶p.516）だと言います．

> 実は，治療を拒むことこそ唯一の悪なのである．そして，絶望のなかでのこの確信こそは，まことに傲慢というものであり，傲慢とは，だから，自分のことを実際以上に悪く考えることであろう．[★099]

〈どうせ俺は駄目なやつさ〉といった感じの居直りは，この「自分のことを実際以上に悪く考えること」を固定化するでしょう．あえて，考え直して，再出発しようとはしないからです．「人間がたんなる傲慢によって思考を拒むときは，みずから好んで獣に堕している」[★100]というわけです．自ら好んで地獄に落ちているとでも言いうる事態です．「けちな頭には狂乱があり，一種の反逆があり，また，自発的な地獄おちとも言うべきものがある」[★101]とアランは書いています．そうした心の動きに，あえて抗するにはどうしたらいいのでしょうか．あえて希望を持つ，あえて自分の自由を信じる，あえて意志する，といったことが必要です．

意志は一貫した行動によってのみ証明されるものである．だから，まず意欲せねばならず，或る意味では，無償で意欲せねばならないのである．デカルトは「高邁に」と言った．これにまさる言葉はない．なんの証拠もなく，あらゆる証拠に反して意欲するのである．だが，訓練をうけた知性は証拠をさがし，意欲しうる確信がつくのを待ったりする．これは救いようがない．なぜならば，意欲することを意欲しない者には，〔不利な〕証拠はいくらでもあらわれるし，全力をあげて試みることをしない者には，試みはなんの役にもたたぬことがすぐ明らかになるからである．〔証拠に〕反対して意欲することがなければ，宿命論──その他なんと呼んでもよいが──は正しいのであり，また，反対して意欲するこの勇気こそ，羨望する人をいらだたせるものである．[★102]

この引用には，今回の定義の中で「意志すること〔自体〕を決して意志しようとしない」と言われたことと呼応する表現が見られることに注意してください．しかも定義の中のこの言葉には「狂った怒り〔rage〕」という言葉が続いていました．la rageは，実は，狂犬病をも意味します．そのイメージをもってこの言葉を理解してください．もはや病気であって，完全に自己統御を失った状態です．さきほどあげた怒りの例を思い出してもらえば何となくわかるでしょう．そんなふうになってしまいがちなのは，わかります．「誰でも，最初は，絶望してしまいたい思いに駆られる」ことについて，アランは次のようにも書いています．

> 深く隠されてはいるが，その効果の程は十二分に知られている一つの法則がある．そ

★095──アラン『思索と行動のために』p.262
★096──アラン『人間論』p.248
★097──アラン『幸福論』p.62〔傍点引用者〕
★098──今道友信『ダンテ「神曲」講義』p.163
★099──アラン『思想と年齢』p.35〔傍点引用者〕
★100──アラン『人間論』p.252〔傍点引用者〕
★101──同書，p.250〔傍点引用者〕
★102──同書，p.244〔傍点引用者〕

311

れはおよそ自分の抱きうる最も陰気で，恐ろしく，絶望的なものこそが，これまた最も説得力を持っているという法則である。[103]

「そんなとき，思考は自分自身を怖れている」とアランは言うのです。まさに，思考が自分自身を無効なものとし，「自ら好んで獣に堕している」状態なのです。そんなところからは，這い上がる必要があるでしょう。「抜け出す〔revenir〕」必要があるでしょう。絶望の地獄から，希望の煉獄へと，少なくとも進むことになります。宿命論を去ってです。天国に行けるかどうか。それはわかりません。ですが，次のように言うべきなのです。

人が信を有するなら道が開けるということ

は確かではないが，まず信を有するのでなければすべての道が閉ざされることは確かである。[104]

絶望して地獄にうずくまるよりは，あえて意志して，歩き出すべきでしょう。そのとき，宿命観は消え，私たちは地獄から脱出しているのではないでしょうか。

もしも私たちが，木を切る人のようにしなやかで，冷静で，慎みがあるならば，宿命観はもはやなんの力ももたないであろう。このとき，私たちは落ち着いて未来を変えるのである。[105]

ÉPICURISME

エピクロス主義 – しばしば不当にも最低のエゴイズム〔égoïsme〕に帰着させられてしまっているエピクロス主義だが，それは意志的な唯物論〔matérialisme〕である。迷信や幻想，要するに情念に駆られたすべての狂気〔folies passionnées〕を癒すことを，それは目的としているのだ。そしてそれは，心〔âme〕に本当の善きものども〔biens〕を，知そのものを，自分との平和〔paix〕を，そして友情〔amitié〕を与えてくれる。

エピクロス主義というと，日本語でもよく「快楽主義」と訳されることから，自分の快楽を第一義として求めて行動するプレイボーイなどの考えを指す場合さえあります。要するに，自分さえよければいいという「最低のエゴイズム〔égoïsme〕」だと考えられたりするのです。しかし，注意しなければならないのは，実を言うとエピクロス〔B.C.341-B.C.270〕（エピクロス派）は肉体的快楽とは異なる「心の平安〔αταραξία〕」という「精神的快楽」を求めるために，「**唯物論**（**MATÉRIALISME**）」〔▶p.463〕，要するに「原子論」〔世界は，原子と空虚とから成り立つとする説〕を主張したことです。それがどうしてアランの書いたように「迷信や幻想，要するに情念に駆られたすべての狂気〔folies passionnées〕を癒すことを，それは目的としている」と言えるのでしょうか。アランは他の箇所でも次のように書いています。

ルクレティウスは，あの有名なデモクリトスやエピクロスをはじめとする他のいわゆる原子論者たちの探究を勇敢に押しすすめ，彼らの深遠な体系の核心を明らかにした。その核心とは，さまざまな情念や奇蹟や予言者や神々に断固として反対する意志であった。[106]

ルクレティウス〔B.C.94頃-B.C.55頃〕はローマの詩人・哲学者です。『事物の本性について〔De rerum natura〕』という哲学詩が残っています。デモクリトス〔B.C.460頃-B.C.370頃〕はギリシアの唯物論哲学者です。

さて，エピクロスの原子論的な主張は，この世のことはすべて原子の離合集散で生じるのだから，そこに神々による配慮とかいったものを入れてくるのは間違いだということです。ギリシアの叙事詩（例えばホメーロスの『イリアス』）を読

んでみればわかるのですが，登場人物の背後に神々がいる感じが明確に表われています．『イリアス』の冒頭を見てみましょう．

> 怒りを歌え，女神よ，ペレウスの子アキレウスの――アカイア勢〔ギリシア勢〕に数知れぬ苦難をもたらし，あまた勇士らの猛き魂を冥府（イデス）の王に投げ与え，その亡骸は群がる野犬野鳥の啖うにまかせたかの呪うべき怒りを．かくてゼウスの神慮は遂げられていったが，はじめアトレウスの子，民を統べる王アガメムノンと勇将アキレウスとが，仲違いして袂を分つ時より語り起して，歌い給えよ．★107

もちろん，そうした神々の存在を受けとめて行動するのは人間なのですが……．アランは次のように書いています．

> ホメロスの詩は，自然的な超自然，ないしは自然発生的な超自然とも呼びうるものを，まだまだ，たぶんに表わしている．なぜなら，そこでは，神々がさまざまの夢を人間につかわすのを，われわれは見るからである．これは，人間に助言を与えることを意味する．しかし，神々は，アキレスやアジャクスやテルシートの性格を変えたりはしない．そして，こうした男たちは，それぞれ自分流に，同じ夢を，いいかえれば同じ助言を解釈するのである．だからこそ，アキレスは，ほんとうに一個の人間なのである．そして，アキレスの怒りは，ほんとうに人間的な事がらなのである．★108

エピクロスは，こうした神々を無しにしようとしたわけです．そして人間の（特に感覚的）経験に信頼を寄せて，その感覚的経験について評価する場面に用いられる思考という働きにおいて認識が誤るということを主張しました．実際，人間というものは，自分の思い・「**情念**（PASSION）」（▶p.544）に目を曇らされて，多くの間違いを犯すではないかというわけです．神々を立ててしまうことで誤りを犯すことだってあるというのです．そういう誤りの要素を取り除くことでこそ，心は「**本当の善きものども**」を手に入れるという．物事の認識による心の解放をめざしたとでも言っておきましょうか．確かにそれは哲学的な態度です．

> ふつう哲学といえば，だれの眼にも，欲望や野心や恐れや悔恨を規制するための，善と悪とに関する正確な評価を意味する．この評価は，たとえば，ばかげた迷信や空虚な前兆にうちかつというような場合には，事物の認識を含んでいる．またこの評価は，情念自身に対する認識と，情念を抑制する技術をも含んでいる．哲学的認識をこのように素描すれば，なんら付け加えるべきことはない．★109

この引用では，「ばかげた迷信や空虚な前兆にうちかつ」と言われています．例を掲げましょう．天文学といった学問が発達していないころ，人々は，場合によると，日蝕を〈神々の怒り〉によって起こるものだと考えたりしたようです．しかし，太陽や月といったものについての観察を基礎に日蝕の物体的なメカニズムが解明されれば，そこに神々という存在や，その存在の持つ「**怒り**（COLÈRE）」（▶p.180）という情念を想定する必要そのものが消えます．いたずらに不必要なものを想定して，それに足をすくわれるように恐れおののく（これは情念を抱くことですよね）ということも無くなる．情念を去って「**心の平安**〔ἀταραξία〕」を得られるわけです．定義の中

★103――アラン『裁かれた戦争』p.122〔傍点引用者〕
★104――アラン『宗教論』p.93
★105――アラン『人間論』p.248
★106――アラン『思索と行動のために』p.166〔傍点引用者〕
★107――ホメロス『イリアス（上）』p.11
★108――アラン『芸術に関する101章』pp.178-179〔傍点引用者〕
★109――アラン『思索と行動のために』p.21〔傍点引用者〕

で「自分との平和〔paix〕」〔「平和(PAIX)」(▶p.524)〕と言われていることの意味が，これでわかるでしょう．また「友情(AMITIÉ)」(▶p.073)も，そうした基礎の上に成り立つというわけです．学問が(自然科学が)そういう効果を持ち来ることは確かです．しかし，上の引用でアランは「情念自身に対する認識と，情念を抑制する技術」についても語っています．この領域について現代の学問・科学はどれほど意識的に語っているでしょうか？　考えてみるべきですね．

　原子論(唯物論)は，〈世界の物事は，すべて原子の離合集散で生じる〉と主張するわけですが，そうだとだとすると〈「心」(精神)とその働き〉もそんなふうにして生じるのでしょうか？　脳科学の発達と共に，心もこの線で解明されるのでしょうか？　みなさん一人ひとりが，この点については十分に考えてみてください．アランは，それについて，どのように考えているのでしょう？　ヒントとなる引用を掲げます．ルクレティウスについてのアランの見解です．

> ルクレティウスは，これらの物の建設者と偶像の破壊者とを全然忘れている．つまり，深淵の上にまず単純な運動を張りめぐらし，あたかも綱がそのなかにあるすべての宝物をとらえ，引きよせるように，これをためし，複雑化して，遂に宝物の目録をつくる

あの精神を忘れている．ここで彼は，機械論が本来自由の証明であること，と同時に，自由の手段と器具であることを忘れていた．[★111]

　この引用を見れば，アランが素朴な唯物論を採っていないことがわかるでしょう．今回の定義に「意志的な唯物論」という言葉が使われており，しかもアランはそれを好意的にとっていることもわかるでしょう．それにもかかわらず，次のように言われる立場をアランは採用するのです．

> アランの唯物論を背後において支えるものは，生々として柔軟なアランの精神である．[★112]

　では，ひとことで言ってアランの立場は何と呼べるような立場なのでしょうか？　それは「二元論」というものです．フランスの哲学者デカルトが代表者です．二元論というと最近の思想・哲学では批判されることの方が多いのですが，みなさんはそうした批判が正しいかどうかを，デカルトによる二元論の元々の考え方に戻って吟味してみるといいでしょう．その際に是非とも読まなければならないのは，デカルトの『省察』(*Meditationes de prima philosophia*)です．日本語訳はかなり読みづらいですが，私としては一生に一度は読んでみて欲しいと思っている本です(白水社の『デカルト著作集』第2巻に入っています)．

ESPÉRANCE
希望 – 希望とはより良い将来への一種の信仰〔foi〕(それゆえ，ある意志的な信念)のようなものである．すなわち正義〔justice〕と善意に場所を残しておくだろう〔laissera place à〕ものである．例えば，人は戦争の終結を望む．証拠〔preuves〕など無しに，ただ人がそれを欲するがゆえにであり，それを欲するべきだからである．希望というものは，その前に信仰を前提とし，結果として博愛〔charité〕があると想定しているのがわかる．希望の本来の対象は物質的な諸事物の整備〔arrangement〕である．例えば次のようなことだ．皆に十分な財貨〔biens〕があるだろうこと，皆が働くことによって幸福であろうこと，多くの病気が治ったり耐えられる程度になったりするだろうこと，子どもたちがもっとまともに食事を与えられるようになり，もっとよく教育されるようになるだろうこと，そして，とりわけ，こうしたすべての事柄や同様の他の事柄が，もし私たちが欲するなら可能だということである．それゆえ，希望の対象というものは，欲すること〔が実際にできるというそのこと〕の有効

性である．もし自然と自然の諸力が神格化されると，〔実際〕最初にはよくあることなのだが，希望は神〔Dieu〕を対象とするだろう．ただ博愛だけが，もっと純粋で，人間にもっと近い神をめざす．そして，その上さらに最善のもの〔le mieux〕をめざすのは，純粋な信仰である．

　人はどのようにして希望を持ちうるのでしょうか？
　人は「よりよい将来への一種の信仰」をどのようにして持ちうるのでしょうか？
　どのようにして「ある意志的な信念」を持ちうるのでしょうか？
　「地獄〔ENFER〕」（→p.309）の定義に出てきた「宿命論〔FATALISME〕」（→p.342）については，私の説明に対してまだ疑問を持っている人がいるでしょう．肉親や友人などを亡くしたりしたときに〈それは「宿命〔FATALITÉ〕」（→p.346）ないし「運命〔DESTIN〕」（→p.240）だったんだ〉と諦める（納得する）ことが一番自然だと……．気持ちは痛いほどわかります．今回のこの「希望」の定義は，こうした問題に，ちょっと別の言い方で迫っているように私には思えるのです．それは希望が「正義〔justice〕と善意に場所を残しておくだろうもの」であるという表現に関わっています．つまり，そんなことがどのようにして可能かということです．〈正義〔JUSTICE〕（→p.429）と善意に場所を残す〉には，すでに起こったことや現に目の前で起こっていることに対して，ただただそれを認めたり納得したりして諦めるのでは足りないのではないかということです．今回の定義に早速出てきた例で言えば，現にいま戦争が起こっていることを〈宿命ないし運命だったんだ〉と，認めたり納得したりして，諦めるのでは足りないということです．〈そうする他はないのだ〉，〈それが一番自然なのだ〉と考えて受け入れるのでは足りないということです．事実として，戦争が現にいま進行中であるにもかかわらず，あえてその終結を望む必要がある．「証拠〔preuves〕など無しに」です．

「正義と善意」が残っているという「証拠など無しに」です．現にいま進行中なのだからではなく，そうであるにもかかわらずあえてです．
　こうした心の動きを別の場面でアランはわかりやすく述べています．次の引用を見てください．

　　「きみはそういう人であり，それをどうすることもできないのだから，私はきみをゆるす」と言うのでは，悪いゆるし方である．真のゆるしは，反対に，「きみはそういう人でないことを私は知っているから，きみをゆるすのだ．きみが見せているものはまだきみではない」と言うのである．これは，ソクラテスが模範を残したあの真の討論のうちにはっきり見られるとおりである．いわく，「きみが言っていることは，まだ完全にはきみが考えていることではない」と．…〔中略〕…要するに，真の慈愛は性格を消し，人間をさがす．[★113]

　許すということは〈自然的ではない〉のです．以前，私の講義に対して，リアクション・ペーパーで出た質問を引用してみましょう．

　　「それに安んじうるのがいちばん立派」とありますが，それは「過去におきた出来事を不可避的なものとみなして受け入れる」という意味とはまた違うのですか？　他にも書いている人がたくさんいますが，大切な人を失ったとき，それをどのように「生かし得る」というのでしょうか．もちろん，強靭な人間ならばそのような悲劇からも何

★110──ちなみに，この「友情」に関しては，いわゆる「エピクロスの園」を私などは思い出します．アテナイ（アテネ）郊外の庭園付きの小さな家を購入し，エピクロスはそこで弟子たちと共同生活を始めたからです．「心の平安」という理想を実現するためにです．それは共同生活の場を兼ねた学園でした．その「学園」は万人に開か
れていたといいます．
★111──アラン『思索と行動のために』p.166
★112──アラン『神々』p.292（「解説」より）
★113──アラン『人間論』pp.254-255〔傍点引用者〕

かを得，今後の人生への糧とすることができるかもしれません．しかし，多くの人はそんなことをしたらあっという間に参ってしまうと思います．「もしあの時私がこうしていればあの人は死ななかったのではないか」「次に，もしこのようなことが起きたら，私はああいった行動はしないようにしよう」確かに建設的で，前向きで，あるべき姿なのかもしれませんが，とても現実的ではないと思います．「次」へのステップのために，「あれは仕方のなかったこと．決まっていたこと．自分にはどうすることもできなかった」と心にふたをし，責任を「運命」のせいにしてしまうことが彼らにとっては最良かつ必要なことだと僕は思います．★114

重要なのは，この学生さんが「多くの人はそんなことをしたらあっという間に参ってしまう」，「とても現実的ではない」と指摘していることです．まさに，「心にふたをし，責任を「運命」のせいにしてしまうことが彼らにとっては最良かつ必要なこと」だというのは，私の言葉で言い換えれば，それが，人間の現実的なあり方に照らして，〈自然な（あるいは自然的な）こと〉だというわけです．もっともな意見です．しかし，「現実的でない」というのは何に照らしての判断でしょうか？　これは大問題だと思います．例えば，**理想（IDÉAL）**（►p.402）を語る人に対して，〈そんな理想は現実的でない〉という場合，自分にはできないということを〈普通はそんなことできない〉というふうに一般化しているに過ぎない場合はありませんか？　アランは，次のように言います．

　　種々の証拠の助けを求めず，松葉杖にたよらず，一人で歩くがよい．君自身の内心の指示に従い，主権者として決定を下すがよい．現実ではなく，理想が問題となる時は，このように振舞わねばならない．★115

「心にふたをし」，「責任を「運命」のせいにしてしまうこと」では，出来事に対して，それにもかかわらず「希望」へと一歩進もうという意志は見えてきません．そんな悲しい出来事に遭った時，出来事を〈生かす〉など現実的ではないと断言されてしまうからです．「悲しみ」という激しい**情念（PASSION）**（►p.544）に囚われているときに，それにもかかわらず即座に希望を持つなどということが現実的でありそうにないことは認めましょう．そんな場合には，「その事がらについてただちに判断をくだすことをさし控え，ほかのことを考えて心をまぎらせ，時の経過と安静とが，血液の激動をまったくしずめてしまうまで待つべきである」とデカルトも書いています．★116
私が問題にしたいのは，この悲しみなどといった情念による心と身体の激しい動揺を鎮めるのに「運命」を持ち出すこと自体なのです．それをやってしまうと，たとえ鎮まった後にも「宿命論」や「運命論」が残存してしまうのではないかということです．そして，それは，とりもなおさず，〈自然〉に身を委ねてしまうことになる．自分に対して，そして運命とでも言われるものに対して，「悪いゆるし方」をしてしまうことになると思うのです．そんなことをしてしまうくらいなら，デカルトのように「ほかのことを考えて心をまぎらせ」る方がまだマシだと私は思います．

さて，定義の続きを検討しましょう．「希望というものは，その前に信仰を前提とし，結果として博愛〔charité〕があると想定しているのがわかる」と書かれています．ここでまず，「希望」**信仰（FOI）**（►p.372）**愛（AMOUR）**（►p.076）という三つの，あえて言えば**徳（VERTU）**（►p.850）が並んでいるのに注意してください．実を言えば，これは**キリスト教（CHRISTIANISME）**（►p.160）において非常に重要な三つの徳なのです．ラテン語では，fides（信仰），spes（希望），caritas（愛）．信仰があってこそ，希望が持てるし，結果として愛が成立しうるように見えます．確かに，信じなければ希望など持てず，愛する余裕も無さそうに……．けれども，今回の定義の後半の展開は，それほど単純なものではない．ゆっくり進まなければなりません．

アランは「希望の本来の対象は物質的な諸事物の整備である」と述べ，その具体例を掲げます．その上で，「とりわけ〔surtout〕，こうしたすべての事柄や同様の他の事柄が，もし私たちが欲するなら可能だということ」が重視され，「希望の対象というものは，欲すること〔が実際にできるというそのこと〕の有効性である」とされます．その際，「欲すること」の対象は，まさに「物質的な諸事物」[choses matérielles]なのであって，人間は「自然と自然の諸力」に向かっています．それが神格化されれば，言わば〈自然としての〉「神（DIEU）」（▶p.263）が希望の対象となるわけです．現世利益だけを考えた信仰はこのレベルに留まるでしょう．しかしそれではまだ「愛」へは遠い．愛に似たものに到達するとしても，せいぜい，〈自分の腹が満たされたから他人への施しでもするか〉といった程度です．しかし，人がもし，そうした施しを超えて，他人の存在そのものを大事にするというか，そんなあり方に到達した時，「愛」は，他人への物質的な施しではなく，自分以外の他人の人格そのものを慈しむでしょう．「ただ博愛〔博愛（CHARITÉ）〕（▶p.148）だけが，もっと純粋で，人間にもっと近い神をめざす」とアランが書くのは，自然へと向かうような心の動きが求める〈自然と同一視されるような〉汎神論的な神ではなく，まさにキリスト教が言う「隣人愛」への手掛かりを見ることも不可能ではありません．そして最後にアランは「そして，その上さらに〔encore〕最善のものをめざすのは，純粋な信仰である」と書く．

　「最善のもの〔le mieux〕」とは何なのでしょう？　今回の定義の叙述が，自然から人間へと言わば段階を昇ってきたことに注意してください．自然は希望の出発点だが，それに留まっては人格をめざし得ないというわけです．では，人間に留まればいいのか？　そうでさえない，とアランは言いたいのかも知れません．人間というものを，それだけで自足しているような存在とは捉えない．人間中心主義さえ破砕するほどの上昇の動きをここで考えてみるのもいいでしょう．多くの現代人がすでに神などという存在について考えることすら止めてしまっているにもかかわらず，あえて考えてみる必要があるのかも知れない．そのヒントが「最善のもの」かも知れない．物質的なものをひたすら求めるのでもなく，特定の人物だけを愛するのでもなく，それらすべてを救い出しながらさらにその上をめざす．差し当たっては人類へと心を開く．そんなところに「純粋な信仰」というものがあるのかも知れませんね．閉じから開きへの「愛の跳躍」〔élan d'amour〕という動きを語ったベルクソンの言葉を，もう一度，引いて終わりましょう．

　　少数の選ばれた魂は，集団の限界内にとどまっていないで，のみならずまた，自然の確立した社会の連帯性に甘んじてもいないで，愛の躍動〔エラン・ダムール〕に包まれて人類全体を目指して進んだ．このような魂の出現は，そのつど，あたかも唯一の個体からなる新しい種の創造とも言うべきものであり，ここで生の推進力は，人類の総体に対して一挙に得られるべくもなかった成果に，――長い間隔をおきつつ特定の個人のうちで――達したのである．

ESPIONAGE
スパイ行為 ― これは祖国のために行なう背信行為である．スパイに固有なところは，友人のように思わせて，信頼〔confiance〕を勝ち得ることである．〔こうした背信行為の考察から

★114――〔傍点引用者〕
★115――アラン『裁かれた戦争』p.136
★116――R.デカルト『情念論』p.256〔傍点引用者〕
★117――神谷訳を matérielles を「具体的」と訳していますが，私は不満であり，ミスリーディング（誤解を招きやすい）であると考えます．
★118――森訳は，この enocre を「常に」と訳していますが，その解釈を私は採りません．
★119――神谷訳の「もっともすぐれた神」という訳もミスリーディングだと私は思います．
★120――H.ベルクソン『道徳と宗教の二つの源泉』p.308〔傍点引用者〕

得られる〕正しい規範は，自分自身がすることを恥とするような事柄を他人によってもさせないようにすることである．

イギリスのSISやアメリカのCIA，旧ソ連のKGBなどスパイ関連の組織はご存じのことでしょう．そうしたものが世界の「**平和**(PAIX)」(▶p.524)と安全，あるいはその反対にどんな形で関わっているのかの具体相について，(『007』の映画ぐらいを除いては）私は知りません．ただ，国と国との関係については，(これもちょっと古いですが）叔父が航空自衛隊でF-104に乗っていた関係上，スクランブル(緊急発進)が毎日のようにあることは聞かされていました．ミグ25などが近づきつつあると判明した時には，24時間の警戒待機(アラート)任務に就いている要撃機は，確か5分以内には離陸可能態勢になっていなければならないそうです．あからさまに防衛能力を試しにくるだけでもそれほど頻繁なのですから，スパイ的な活動は数え切れないほどあるのでしょうね．

そんな状況で〈スパイ反対！〉なんて叫んでも，〈非現実的だ！〉と言われるのが落ちでしょう．アランがなぜ，この「スパイ行為」などというものの定義を仕上げようとしたのか，実のところ私にもよく判らないのですが，私たちとしてできることは，恐らく，「祖国……」とかいった話ではなく，「スパイに固有なところは……」以下を考えてみることではないかと踏んでいます．すなわち「友人のように思わせて」，実は違うという場面です．古くはプラトンやアリストテレスの友愛論，またローマのキケロが『友情論』〔De amicitia〕を書き，現代にあって「友愛」〔philia, amitié〕がミシェル・フーコーやジャック・デリダそしてイタリアのマッシモ・カッチャーリなどにおいて哲学の重大な問題になってきていることを加味して，アランをヒントにしながらそういうことについて考えるべきなのでしょう．

さて，それでは，スパイ行為を行なうのはどういう理由からなのでしょうか？　それは〈競争において優位に立とうとする〉ためではないでしょうか？　〈軍備拡張競争的に優位に立つ〉，あるいは「産業スパイ」という言葉も昔あったように〈企業間の競争において優位に立つ〉というのが分かりやすいでしょう．関係する項が，ある種の類似点を持ち，そこに注目する場面だからこそ，優位に立とうと競争する．国と国，人と人，どんな場合にも，相違点の方への注目が薄い．しかし，まさに友人・「**友情**(AMITIÉ)」(▶p.073)に関わって，「欠かすことのできない相違点ゆえに生まれる友情は，なんと快いものだろう[121]」というアランの言葉があります．要するに，国についても，企業についても，大学についても，人々についても，競争の必要性については強調されても，競争そのものが大した違いのない地盤の上でしか議論されないため，勝ち組と負け組といった区分けしか，後に残さない．しかし，もし質的に異なるもの同士が関わる場合には競争よりは協調が前面に出るはずです．さきの引用は，それを友情について言ったものでしょう．そうした友情は，何か同じ事柄について同程度にあるといったことに基づくのではなく，互いに自分には無いものについて，相手がそれを有していることを尊重するところに成り立っている．その尊重は，互いにであるかぎり，同等ではないのに，対等です．言わば掛け替えがない(さらに言えば only one)のですから，どちらかによって他方が取って代わられて駆逐されてしまうことが無い．もし本当の意味で「**社会**(SOCIÉTÉ)」(▶p.748)というものを考えてみるのなら，そんなところにこそ社会は成立するのではないでしょうか？

なぜならば，このとき人は自己の対等者に君臨しようとするからである．これが，なんら例外なくすべての社会の基礎なのである．恐怖と腐敗はついに表面にすぎなかった．自由と友情を発見するまで掘りさげぬ

318

かぎり，人は歴史の外観を記すにすぎない．[122]

　もしも，人がそんなところまで行けるのならば，「スパイ行為」そのものが「恥」と感じられるようになるかも知れない．同じ小さな地盤の中で足の引っ張り合いをするかのような行為として目に映るかも知れない．だからこそ，国家というまとまりを超えた形での政治を「友愛」とか「歓待性」のもとに構想しようという立場もありうるのです．

　『ヨーロッパの地-哲学』や，『群島』で扱った「友愛」や「歓待性」といったテーマは，いまだに，国家を超えた政治が可能であるかどうか，また国家を超えてどのような政治が可能であるのかを問うものでもあります．これらのテーマはわたしが常に考察しているものです．[123]

　対話（もしかしたら無言の対話であることをも含めて）の持続による相互理解は，差違の認識と承認に基づくでしょう．

　あらゆる領域において，もっとも明白な差異だけが持続的な対話の基礎になるとわたしは確信している．類似や最小公分母の探求は，明白に明白を重ねることにしかならない．諸民族間や諸文化間の友情は，互いの「潜在的な」平等性や何らかの一致を前提にして成立するものではなく，他者の鏡のなかに自己を映し出す必要性から生まれるのだ．[124]

　「距離を保ちながら理解し，距離のうえに友情を打ち立てること」[125]が恐らく必要なのです．ニーチェが「星の友情」と呼んだものがそれに少しは近そうに思います．

　　　星の友情．——われわれは友達であったが，互いに疎遠になってしまった．けれど，そうなるべきが当然だったのであり，それを互いに恥じるかのように隠し合ったり晦まし合ったりしようとは思わない．われわれは，それぞれその目的地と航路とをもっている二艘の船である．もしかしたらわれわれは，すれ違うことがあるかもしれないし，かつてそうだったように相共に祝祭を寿ぐことがありもしよう，——あのときは，この勇ましい船どもは一つの港のうちに一つの太陽の下に安らかに横たわっていて，すでにもうその目的地に着いたように，そして同一の目的地をめざしていたもののように見えたかもしれない．しかしやがて，われわれの使命の全能の力が，ふたたびわれわれを分かれ分かれに異なった海洋と地帯へと駆り立てた．そして，おそらくわれわれは，またと相逢うことがないであろう——万が一，相逢うことがあるとしても，もう互いを見知ってはいないであろう．さまざまの海洋と太陽が，われわれを別な者に変えてしまっているのだ！　われわれが互いに疎遠となるしかなかったということ，それはわれわれの上に臨む法則なのだ！　まさにこのことによって，われわれはまた，互いに一そう尊敬し合える者となるべきである！　まさにこのことによって，われわれの過ぎし日の友情の想い出が，一そう聖なるものとなるべきである！　おそらくは，われわれのまことにさまざまな道筋や目標が，ささやかな道程として包みこまれるような，巨大な目に見えぬ曲線と星辰軌道といったものが存在するのだ，——こういう思想にまで，われわれは自分を高めようではないか！　だが，あの崇高な可能性の意味での友人以上のものでありうるには，われわれの人生はあまりにも短く，われわれの視力は

★121——アラン『芸術に関する101章』p.213
★122——アラン『人間論』p.218
★123——「マッシモ・カッチャーリに聞く　アナロジーの論理学（聞き手：田中純）」（『批評空間』第III期第4号）p.62
★124——マッシモ・カッチャーリ『必要なる天使』p.7（「日本語版序文」）〔傍点引用者〕
★125——同前

あまりにも乏しい．——されば，われわれは，互いに地上での敵であらざるをえないにしても，われわれの星の友情を信じよう．[126]

人を動かすのに，強制力を用いたところで，所詮は強いられる居心地の悪さから，人は可能になれば直ちに離れていきます．そうではないような，魅力によって人を動かすところにしか，この定義の言う「正しい規範」は無いのだろうと私は考えます．

ESPOIR
期待──〔期待は〕希望〔espérance〕よりは少ない事柄しか語らない．そして期待は一つの徳〔vertu〕であり，あるいはもしそう言いたいのなら，一つの義務〔devoir〕である．期待は諸情念〔passions〕の一事実であり，それは現在の歓びに照らし出された将来を私たちに提示する．この状態は恐れから決して遠くない．恐れは，補償という有機的法則〔loi organique〕によって期待に続いて自然に起こる．人は，いつだって，反対の仕方で感じたり行動したりすることで休まなければならないものなのである．〔恐れは〕先立つもの〔期待〕の後に続く休息なのだ．

「希望（ESPÉRANCE）」（→p.314）との対比によってアランはこの「期待」の定義を始めています．期待は希望よりは少ない事柄しか語らない，と．それはどういうことでしょうか？　もちろん，続いて書かれている内容にヒントがあるわけです．「期待は一つの徳〔vertu〕」「一つの義務〔devoir〕」「諸情念〔passions〕の一事実」などと書かれていることです．「希望」も確かに「徳（VERTU）」（→p.850）ではあります．「信仰（FOI）」（→p.372）「希望」「愛（AMOUR）」（→p.076）というふうに「キリスト教（CHRISTIANISME）」（→p.160）で並べられる徳です．けれども「希望」は義務でしょうか．微妙です．ところが，「期待」については，アランは「義務」と言うというのです．ただし「もしそう言いたいのなら」〔si l'on veut〕という限定つきです．ですから，アラン自身が義務と言いたいと考えているとするのはちょっと早計です．フランス語の"on"で曖昧に表わされているように，むしろ〈人によってはそう言いたいかも知れない〉という感じなのです．しかし，そもそも義務とはどんなものなのでしょうか．そこを少し考えてみましょう．

「義務」とは〈……なければならない〉とされる事柄でしょうが，〈なぜ〉，〈なんのために〉，〈……なければならない〉のでしょうか．例えば，他人に〈……してはいけない，……すべきだ〉と言う場合，何を根拠に人はそう主張するものなのでしょうか．〈それが人の道なのだ〉，〈その道に外れたことをしてはならないのだ〉とでもいうのでしょう．しかし，その〈人の道〉の根拠は？　カントだったら，「わがうえなる星の輝く空とわが内なる道徳律（Der bestirnte Himmel über mir, und das moralische Gesetz in mir）」[127]への感嘆と「尊敬（ESTIME）」（→p.326）の念を語ることになりましょう．以前にも述べた「定言命法」です．自然の見事な運行の法則と〔神からの定言命令としての〕良心の呼び声に対する感嘆と尊敬です．それはそれなりに確かに美しいと私は思います．けれども，そこに立てられる「神（DIEU）」（→p.263）は，気をつけないと，「社会（SOCIÉTÉ）」（→p.748）と同一視されてしまうことはないでしょうか．それというのも，多くの場合，「義務（DEVOIR）」（→p.249）とは社会の維持存続のための「責務〔obligation〕」なのですから．繰り返しますが，社会の存続，個人の生存を目的とした命令なのです．私はこうしたものを〈生存目的〉と呼んでいます．維持生存を第一義とするということです．死刑の判決を下されたソクラテスの罪状は，「国家の認める神々を認めず，変わった新しい（ヘテラ・カイナ）ダイモニアを（導入し）」かつ「青年に害悪を及ぼした」こととされました．〈アテナイの維持存続に害がある〉，というわけです．イエスの場合も結局よく似た仕方で罪状が書かれます．

こちらの場合は,「神」ではなく「王」なのですが,キリスト磔刑図をみるとそこにはINRIの四文字が見えます. IESVS NAZARENVS REX IVDAEORVMの頭文字であり,「ユダヤ人の王,ナザレのイエス」という意味です. イエスは神の子を自称して〔ユダヤの〕律法を破ったとの告発を受け,ユダヤ属州総督ピラトは「ユダヤの王」であるかと問うたのに対してイエスは否定しなかったからです. いずれにせよ,こうして,社会集団は,個が自分の生命を賭して開きに身を投じるのに対して,生存目的を楯に「責務」という形で閉じを迫るとも言えるでしょう. だからこそベルクソンは次のように言います.

> 責務というものは,何はともあれ,習慣の形で意志へのしかかってくるもの,また責務の一つ一つがそれ以外の責務の集塊をその背後に曳きずっており,したがってまたその集塊全体の重みを利用して圧力をかけてくるものだ…〔後略〕[128]

> 責務というものは,その起源(もと)で捉えれば,個体と社会とのいわば未分の事態を意味しているのである. …〔中略〕…ここでは魂は個体的で同時に社会的であり,一つの円を描いている. それは閉じた魂である.[129]

こんな前提で今回の定義の続きを読んでみましょう.「期待は諸情念の一事実であり,それは現在の歓びに照らし出された将来を私たちに提示する」とあります. 期待は,いまだ,「情念(PASSION)」(▶p.544)の一事実というレベルにあることを確認しておきましょう. 情念を整えて(否定するのではないことに注意),それをさらに高いレベルにもたらそうとはしていないのです. ここも,「恋」という情念を考えればわかりやすいでしょう. 恋に落ちた者は,その「現在の歓びに照らし出された将来」を期待という形で抱くというわけです. 現在の情念に照らし出された〈この世の春〉とでも言うべき,熱い期待です. しかし「この状態は恐れから決して遠くない」のです. なぜならその期待というものは,あくまで「現在の歓びに照らし出された将来」であって,深く現在の恋という情念に彩られています. 言わば,色眼鏡で見られた,舞い上がった「将来」なのです. 言い換えれば,可能なこと以上のものを自分で投げ込んでいる場合がある. だからこそ恐れが生じます. 恐れが,「補償という有機的法則」[loi organique]によって期待に続いて自然に起こる」のは,過剰な〈投げ込み〉が,その代償として不可能性を示唆するからでしょう. そうだとすれば,その過剰な〈投げ込み〉を止めなければならないわけですが,そういうことが,すでに自然なメカニズムとでもいうべき「有機的法則」によって用意されているとアランは言いたいのでしょう. 熱く心身が燃えれば,疲れるわけです.

ここで是非とも注意しておかなければならないのは,こうした事柄が,いうならば〈身体的なレベル〉で主として語られることです. 今,上で,〈心身が燃えれば〉と書きましたが,その場合でも,主導権は身体にあると言っていい. 情念とはそういうものです.

> 情念というものは,全く人間の思考によって発動するものであるにもかかわらず,同時に人間の肉体のなかに生じる運動に依存するものである…〔後略〕[130]

> だれでも知っていることだが,怒りとか,愛〔恋の方が適切だと思う〕とか,野心とか,吝嗇(りんしょく)とかの情念は,思考の調子が狂うところに成立する. 人はもはや思考を検討せず,導きもせず,ただ信じ込み,あとを追って行

---

[126]──フリードリッヒ・ニーチェ『悦ばしき知識』pp.293-294
[127]──I. カント『実践理性批判』p.133
[128]──H. ベルクソン『道徳と宗教の二つの源泉』p.236
[129]──同書, pp.249-250
[130]──アラン『幸福論』p.27

321

くだけとなり，思考は進展しなくなると同時にすべていばらのようにとげとげしくなってしまう．…〔中略〕…調子が狂うということは，厳密にはわれわれの思考の中で起こるのではなく，身体の領域の中で起こるのだから…〔後略〕[131]

「期待」はそのレベルだというのです．それは，まだ機械的な（有機的であってもメカニックであるという意味では機械的ですね）ものに身を委ねている．いうならば，そうしたものに支配されている．そうしたメカニズムを超えることがない．しかし，「希望」は，恐らく，そうしたものを超えたところに成立する「感情(SENTIMENT)」（➡p.732）なのでしょう．情念ではない．次のようなものです．

感情とは，救済，つまり幸福，不幸のなかでさえもの幸福，肉体や思考といった下部構造のあらゆる騒ぎを静めて，ついに自己を受け入れ，自己を把握することにほかなりません．[132]

そうした感情にまでに届くことのない「期待」は「希望よりは少ない事柄しか語らない」のでしょう．

ESPRIT
精神 – 精神，それは，そのもっとも一般的な意味では，すべてのものに茶々を入れる〔se moque de〕もののことである．この語義は適切なものだ．〔というのも〕それは容易に次のような精神の概念へと導く〔からである〕．〔すなわち〕精神というものは結局のところ疑う力であり，すべてのメカニズムや秩序，徳〔vertus〕，義務〔devoirs〕，教義(ドグマ)を超えて〔s'élever au-dessus de〕，それらに判断を下し，それらを従わせ，そしてそれらに代えて自由そのものを置く〔というような〈精神の概念〉へと導くからである〕．自由はおのれにしか何も負わない．もし神〔Dieu〕が精神であるならば，神は自由であり，しかも自由の味方である．それこそは最も美しい神秘であり，恐らく唯一の神秘である．

まず，「エスプリに満ちた」とか「エスプリに富んだ」とかいう言い方がすでにフランス語から日本語へと入り込んでいることを知っておいてください．実際，次のような記述が出てきます．

エスプリ
批評精神に富んだ軽妙洒脱で辛辣な言葉を当意即妙に述べる才のこと．ユーモアと違って，乾いた知的な営みで鋭い武器となる．[133]

また，神谷訳や森訳とは少々違う訳を提案するためにフランス語類語辞典からの記述も憶えておきましょう．

se moquer de: continuer à agir en bravant l'opinion, les remontrances, le respect. （茶々を入れる[134]：意見とか忠告とか敬意といったものにあえて立ち向かいつつ行動し続けること．）

神谷訳では「冷やかす」，森訳では「嘲笑する」と訳されたのがこの se moquer de です．確かに日本語の日常語では「バカにする」といった意味が普通だったりする語ではあります．ここでは，それを深く考えるとどんなことなのかが問題になっているのです．本当にピッタリする日本語が私には思い浮かばなかったので，「茶々を入れる」にしました．いずれにせよ，〈何ごとをも，ただただそのまま受け入れるのではなく，吟味の対象とする働き〉に焦点が当たっていることは確かでしょう．「自由な精神，これはまず反対する精神である」[135]とまでアランは書いています．そしてこの ce qui se moque de tout〔すべてのも

のに茶々を入れる〕という語義は，以下に述べるような理由で適切だというのです．すなわち，「疑う力」としての精神という概念に導くからだ，というわけです．

自然の運行のメカニズムや「社会(SOCIÉTÉ)」(▶p.748)の秩序，何が善いことなのか，何をすべきなのか，さらには宗教的な教え，といった事柄を，私たちは，吟味もせずに〈そういうものなのだ〉として受け入れているのが普通です（もっとも，吟味もなく〈そんなのやだ！〉といって拒否するのも，大した変わりはありません．どちらもきちんと考えようなどとはしていないのですから）．しかし，それらを吟味しようというのなら，いったんそれらから身を引き離すとでもいうべきことが必要です．「超えて〔s'élever au-dessus de〕」と私が訳したのはそのような意味合いにおいてです．つまり，〈それらのいう通りに動かされることのない〉あり方をしなければならないということです．実をいえば，そこにこそ「自由」を語る場面があるのです．「自由」は，他の何かに負うことなく存立するものであるとアランは言いたいようです．何かに寄っかかっていては自由ではない．メカニズムや秩序，「徳(VERTU)」(▶p.850)，「義務(DEVOIR)」(▶p.249)，教義にただ身を委ねていたのでは自由など無い．むしろそれらから身を引き離すことができて初めて「自由」というものを語るというわけです．精神とは，そういうあり方へと到達しようという力だというのです．言い方を換えれば，「自由」になり，「自由」であり続けようとすることこそ，精神の働きなのでしょう．だからこそ，アランは「もし神〔Dieu〕が精神であるならば，神は自由」というのです．

では，その「神(DIEU)」(▶p.263)が「自由の味方である」とはどういうことでしょう．神は自由であると同時に〈自由なものを愛する〉ということでしょう．それはなぜか．それは，逆に〈自由でな

い〉という事態がどういうものかを考えてみるといいかもしれません．例えば，これまで何回も出てきた「情念(PASSION)」(▶p.544)の場面，恐らく，人間は自由ではない．何かに囚われています．吝嗇〔「ケチ(AVARICE)」(▶p.108)〕は金に，「怒り(COLÈRE)」(▶p.180)は侮辱的な言葉などに，恋は場合によれば自分の思いに．そんなものに囚われている限りは，自分の高いところ，私は〈高み〉と言っていますが，そういうあり方に到達できない．逆の言い方をすれば，そういう〈高み〉に到達することができたなら，そのとき，人間は神と見紛うばかりに神的なものとなるとも言いうるでしょう．そういう場合，つまりそういうあり方にまで到達している存在は，囚われることなく，遍く「愛(AMOUR)」(▶p.076)を注ぎうる存在に近づいている．エロスではなく，アガペーにです．そうしたことは自由を機縁にして理解されるのであって，何を知っているかといった知識によるものではありません．「自由が知力〔lumière〕以上に貴いものと見られている[136]」のです．神の似姿〔Imago Dei〕は，だからこそ，自由意志にこそ見て取られなければならない．こうして次のようにも言われることになります．

　　デカルトはたしかに，自己自身が自由なるがゆえに，自分は自由な神をあがめるのだと考えた[137]．

けれども，場合によると，〈自由というものがあることを証明してみよ！〉，という人がいたりします．それに対しては，まずアランは次のように言っていることを確認しておきましょう．

　　自由は，いかにこれを機械的に一対象として表象してみても，よくその観念を伝ええないという意味において，たしかに超自然

★131──アラン『芸術について』p.36〔傍点引用者〕
★132──アラン『芸術についての二十講』p.115
★133──『ブリタニカ国際大百科事典 小項目版（電子辞典）』から，省略しつつ引用

★134──H. Bénac, *op.cit.*, p.587
★135──アラン『人間論』p.133
★136──同書，p.129
★137──アラン『神々』p.262

323

的なものである.[138]

ですから，アランは〈自由意志の存在証明〉などということはしないのです．

自由意志の存在についてなにか証明があったとすれば，それできみたちに説明しただろうが，そんなものはないのだ.[139]

〈証明できないものを信じる〉ということを人がもしするのなら，それは神秘という他はないでしょう．そういう神秘をアランは最も美しい神秘だと言い，唯一の神秘だというのです．「証明〔PREUVE〕」（▶p.655）などできない自由を，自分においても他人においても信じること，そこには〈地上の愛〉の美しさがあるとでも言っておきましょうか．

自由のない愛は愛ではないということに気がついた．自由のない，と私が言うのは，自分を自由なものと信ぜず，また他人をも自由なものと信じない，という意味である.[140]

そしてこの〈地上の愛〉を〈天上の愛〉へと結びつけることをやろうとするのが，恐らく，神学者の仕事の一つでしょう．神学的なことに絡めて珍しくアランが述べているところを引用しておきます．

愛されるにも，感嘆されるにも，道は一つしかない．すなわち，自由な者をのみさがし，尊ぶことであり，抵抗するもの，反対するものを愛することであり，虚栄心にかられてするような，つかのまの戯れであってはならない．じつを言えば，ここには，古今にわたって実際のまじめな宗教であったものが見いだされるのである．なぜならば，神学的探求は，結局，自由意志こそ神の最高の属性であり，神を模倣するとは，自己を自由にし，自由なものをあがめ，地上に半神たちを住まわせることに成り立つと考えるにいたったからである.[141]

ESTHÉTIQUE

美学 －これは美〔beau〕についての学問である．もしそれが一つの学問であるのならば．美学と道徳〔morale〕との関係は，すべて恥ずべき〔honteux〕ものは醜いというところにある．そこから，すべて美しいものは悪徳〔vice〕を欠いていると人はあえて結論を出したくもなる．この予感は，大抵の場合，的中する．

「もしそれが一つの学問であるのならば」という留保条件をアランが付けるのは，どうしてでしょう？　美学は一つの学問として認められない可能性があるのでしょうか？　確かに美学というものが体系化されるのは，やっと近代になってからです．カントの直前のバウムガルテンに『美学〔Aesthetica〕』という書物があり，「感性」という「下位認識能力」についての学として展開されています．「哲学〔PHILOSOPHIE〕」（▶p.587）の一領域として，「感性的認識の学」と考えられたわけです．「知性的（ないし悟性的）認識の学」である「論理〔Logik〕」〔「論理〔LOGIQUE〕」（▶p.439）〕との対比が

あるわけです．そうだとすれば，「感性」という言わば論理（ロゴス）以前のものについての「学（ロゴス）」を展開することができるのだろうかと問う人も，確かに，いそうですね．まあ，いずれにせよ，アラン自身が *Préliminaires à l'Esthétique*（『美学入門』）という本を書き，美学について多くを語っていたりするのですから，一応，美学という学問を認めておいて，さきに進みましょう．アランは「美学と道徳との関係」について語り始めます．「すべて恥ずべきものは醜い」，と．「恥ずべき〔honteux〕」については少し説明が必要でしょう．

Honteux marque le sentiment d'humiliation que l'on éprouve lorsqu'une action quelconque donne l'impression de déchoir dans l'estime des autres ou devant sa propre conscience.※142（恥ずべきとは、次のような屈辱の感情を意味する。すなわち、何らかの行為が、他人による評価においてか、あるいは自分自身の意識〔良心〕を前にして、価値下落の印象を与えるときに経験される屈辱の感情である。）

アランには次の言葉があります。

> 情念の、いや悪徳さえもの根本はこの屈辱、すなわち、何もできぬということであり、何もできぬと判断して絶望を最高度にしてしまうこと※143…〔後略〕

> 情熱〔情念〕のなかには常に多少の悔恨と恐怖がある。そしてそれが当然だとわたしは思う。たとえば、人はこんなことを自問する。「どうしておれはこうも自分を押えることができないのだろうか？　同じことを性懲りもなくくりかえさなければならないのだろうか？」ここから屈辱感が生じる。※144

例えばこうした裸の「**情念（PASSION）**」（►p.544）の姿をアランは「醜い」と言っているのです。みなさんはどう思うでしょうか？　検討してみてください。さて、「そこから、すべて美しいものは悪徳〔vice〕を欠いていると人はあえて結論を出したくもなる」とアランは言う。「醜さ」から立ち上がって「**美（BEAU）**」（►p.120）へと行き着いているものなら、「**悪徳（VICE）**」（►p.854）からは遠いのではないかと予想するわけです。次のような言葉もあります。

いかなる情念も、正当な意志の力で浄化され救済されたときには、道徳の性質を帯びてきます。※145

まさに美学は、こうした〈情念の浄化〉というものについて考えるというのです。

美学からあらわれてきたもの、最初の諸芸術の研究から出てきたものは、すでにわたしがじゅうぶん述べたように、情念の浄化あるいは純化という観念であった。※146

「浄化というのは…〔中略〕…、雑然とした動きが変形して何か知覚できるものに変わるという意味で言われること※147」なのですが、その「知覚できるもの」こそ「美」というものだと言いたいわけです（ただ、〈散文の美〉は知覚できるかという問題はありますが……）。

次の文章は重要です。

> 美を探求する人が最初から浄化されているとすれば大いに不都合だと言えるでしょう。私の思うには、何か極端に恐ろしい目に遇いそうな不幸の動きのなかにまずはまりこんでみなければ、美を鑑賞することも創造することもできません。要するに、美というものは、感情を、つまり救済された感動〔原語は émotion で、むしろ情動と訳した方がいいと思う〕を、内容としてもっていなければならないのであり、それにはまず険悪な騒乱としての感動〔情動〕があって、それがやがて沈静と解放に変ることが前提となります。※148

芸術美とは、そういう「険悪な騒乱」という「醜い」状態を整えつつ脱し、ついには「沈静と

★138──同書, p.261
★139──アラン『思索と行動のために』p.279
★140──アラン『わが思索のあと』p.289
★141──アラン『人間論』p.218〔傍点引用者〕
★142──H. Bénac, *op.cit.*, p.458〔傍点引用者〕
★143──アラン『思想と年齢』p.33〔傍点引用者〕
★144──アラン『幸福論』p.26〔傍点引用者〕
★145──アラン『芸術についての二十講』p.39
★146──アラン『芸術について』p.163
★147──同書, p.32
★148──アラン『芸術についての二十講』p.38

解放」という「美しい」状態に辿り着いた姿を作品として創り出したのではないでしょうか．そこに悪徳はあるでしょうか？　次の引用を頼りに，例えば音楽について考察してみてください．

> 音楽的な音というのは制御された叫びである．それは何かといえば，叫びが自分自身を模倣し，自分自身を聞き，自分自身を継続させるような，そういう叫びのことである．これは身体全体を制御しなければ不可能である．痙攣や激動や，自分で自分の首をしめるようなことは，いずれも音を雑音にしてしまう．つまり音楽とは，その根源においては，人間の身体の規律を形を変えて表わしたものであり，まさにあらゆる情念を浄化し洗い流すことを表わしたものだと言えるだろう．[★149]

叫びは，そのままでは，醜い．制御されてはじめて美しくなりうる．シャウトするロック音楽でさえそうだ，と私は思います．

ESTIME
尊敬 – 自分自身には帰着することのない一種の信頼〔confiance〕である．私の尊敬する人が卑しいことなど何もしないだろうという信頼を，私は抱く．そしてそのような信頼を抱くからには，私は自分自身が有利な立場に立つとかということを考えもしないし，友情〔amitié〕という歓びさえも考えない．尊敬というものは，それだけとれば少々冷たい感じのするものだが，卓越した事柄である．それは〔人間というものを〕評価する基準となる価値〔valeur〕をもっている．

尊敬というものを「一種の信頼〔genre de confiance〕」としてアランは定義しています．そこで「信頼」とはどんなものかについて確認しておかなければならないでしょう．この『定義集』の中には「**信頼（CONFIANCE）**」（▶p.189）の定義も載っています．それを参照しつつ，検討を始めましょう．次のような定義でした．

> 信頼とは，信仰〔foi〕の一つの程度であるが，信仰についての反省を欠いている．これは，平穏で友情のこもった感情〔sentiment〕の結果であり，また人を好意的に判断しようとする態勢〔disposition〕の結果である．信頼の低い程度というものもあり，それは無頓着〔négligence〕と悲しい思いへの恐れ〔peur〕とからだけ生まれてくる．これらすべての程度というものは〔それなりに〕良い〔bon〕ものではあるが，博愛〔charité〕と信仰とによる高度の信頼だけが奇蹟〔miracles〕を生み出す．なぜなら，それは証拠〔preuves〕を待たず，証拠に反してさえ信じるからである．それは騙そうという気を萎えさせる．例えば，もし人が相手の言うことを完全に，全面的に信じるなら，嘘つきはもはや嘘をつけない．もしすべてのものが委ねられると，泥棒はもはや盗むことができない．美しい魂〔âme〕という試練がここにある．なぜなら，ほんの少しの疑いでもあれば，そういう経験は無くなってしまうからである．『レ・ミゼラブル』の初めをよむこと．〔傍点引用者〕

「信頼の低い程度（あるいは低い程度の信頼）」というのは，それほど気にせずにただなんとなく信頼しているとか，〈信頼が無いなんて悲しいじゃない!?〉といったほどの思いから，信頼しておくといった感じでしょう．それでも信頼しないよりはマシかも知れないという意味で，「良い」と言われているのです．しかし高度の信頼だけが「**奇蹟（MIRACLE）**」（▶p.485）を生み出す．その高度の信頼そのものが稀なものでしょうし，

奇蹟は滅多に起こりません．だからこそ人は普通，そこまでの信頼を他人に置かない．その常識的な線は，〈信頼を置くにも，自分自身の利害と天秤にかけての上〉だと言っていいでしょう．その限りでは，信頼もつねに自分に還ってきてしまう．〈自分自身に帰着してしまう〉のです．だからこそ逆に，稀な，高度の信頼に出会うと感動したりもする．『レ・ミゼラブル』に出てくるシーンもそうした思いを私たちに起こすでしょう．尊敬とは，この高度の信頼を表わすものでしょう．別に偉人を尊敬するだけでなく，普通の人を，いや『レ・ミゼラブル』に典型的に表われているように，「前科者」でさえ「証拠に反して」（前科者だということはその信頼を受けるに価しない証拠として扱われうるのですから）信じて，尊敬することは可能です．その人を人間として尊敬することが可能だろうというのです．相手が前科者だからというような意味で自分を優位に置くことも考えず，また「**友情（AMITIÉ）**」（►p.073）といった歓び無しにもそういう尊敬というものは可能だというのです．人間というものは誰でも尊敬に値する〈高み〉に到達しうるものだということを信じているのです．友情というものすらペンディングにするほどの厳しさを以て他人に対面してみる．だからこそ，尊敬は，「それだけとれば少々冷たい感じのするもの」に見えるのでしょう．恐らくそれゆえにアランは教師に関して次のようにさえ言います．

> 私の考えでは，よい先生というものはかなり冷淡であって，しかもそうであることを望み，そうであるように練習するものなのだ．★150

そうしてこそ見えてくる〈高み〉というものがあるのでしょう．だからこそ，その〈尊敬というものによって成立する高み〉は，「〔人間というものを〕評価する基準となる価値」を持つものとされる．たとえその成立がいかに難しくとも

す．ちなみに神谷訳はここを「尊敬には調停の価値がある」と訳していますが，私は誤訳だと思います．原文は"Elle a valeur arbitrale."です．Elle つまり L'estime は"valeur arbitrale"を持つというのです．"arbitral"はラテン語の"arbitralis"からきた言葉です．「判定を下すこと」に関わる形容詞です．確かに訳しづらいのですが，この文脈では，人間の振舞いについての判定を下す際に，それに則って判定を下すというふうに取って，私は「それは〔人間というものを〕評価する基準となる価値をもっている」としました．森訳では「それは評価の基準となる価値である」となっています．次の引用に，この箇所を解釈するためのヒントを見ることができます．人間が人間としてすっくと立っている状態を定義しよう，すなわち人間としての可能な最高度を維持している姿を見ようというのなら，それはどんなものかというのです．

> 病気は規則〔règle，基本原則とかいう意味ですが，要するに基準です〕ではない．たとえ十中九回まで病気が観察されようと，それはいぜんとして規則ではあるまい．すべての戦争よりさらにひどいなんらかの戦争によって，大部分の人間が片輪になろうと，そのために人間が変わりはすまい．雨とふりそそいで絶えず人間を減少させ，ついにはこれを排除する四囲の状況からは，人間を定義しえないのである．★151

だが，心理学が科学のうち最も危険なものとしてあらわれるのは，つぎの点においてである．多くの人が片輪になったとしても，そうならなかった人に関係はない．ところが，感情の領域においては，人が信ずることはやがて真となるのである．愛はつかの間の幻想であると法律にうたうならば，そのことは想念のなかにも書きこまれるであ

★149——アラン『芸術について』p.28
★150——アラン『教育論』p.35
★151——アラン『人間論』p.297〔傍点引用者〕

ろう．なぜならば，自分を悪く考える以上に容易なことはないからである．これは坂であり，物のショックは絶えず私たちをそこへ連れこむのだ．失望は説得によって固まる．もしもきみが或る子供にたいして，おまえはばかだとくりかえすならば，子供は実際そうなるであろう．また腹のすわった男でも，その人をばかだと判定する陰謀にながく抵抗しうるかどうか，わかるものではない．ところで，私がこの手段によって彼をだめにした場合，反対に信用と信頼をよせた場合より，彼は本当に彼らしくなるであろうか．★152

名古屋にある椙山女学園の教育理念じゃありませんが，人が「人間になろう」というするのは容易ではないのです．

　　たんに母親と教師のたゆまぬ好意によって，はじめて子供はあえて人間になろうと試みる…〔後略〕★153

この「たゆまぬ好意」が，さきの引用の「冷淡」と両立するかどうか？　私はすると思います．〈「好意〔BIENVEILLANCE〕」（▶p.138）ゆえに甘えを許さない〉という態度は成立しうると考えます．私たちは，人間を尊敬するということはどういうことなのかをしっかり考える必要があり，しかもそれを実践に移す必要があるように思います．

ÉTERNEL
永遠な – 自らによって変わりもせず，老いもせず，滅びもしないものは〈永遠な〉と言われる．崇高な友情〔sublime amitié〕は，それが間接的にしか〔obliquement〕，そしてそれとは全く無関係な出来事によってしか，傷つかないという意味で，永遠なものである．愛〔amour〕は永遠であることを切望する．算術や幾何学といった最も確実な思考もまた永遠である．それに対して，持続〔durée〕というものは，自らによって変化し，老いる全てのものにとって本質的である．永遠なもの全体を神〔Dieu〕に集めるという考えは，厳密な証明〔preuve〕は欠いているけれども，理に適ったものである〔raisonnable〕．だがそもそも，いかなる永遠なものも，〔例えば〕友情，愛，算術にしても，同じようなものなのだ．

「自らによって」〔par soi〕変わりもせず，老いもせず，滅びもしない，という言い方をアランはしています．ですから他の何かによって，変わり，老い，滅ぶということは排除されていません．「崇高な友情〔sublime amitié〕」にしても，「間接的に」，「全く無関係な出来事によって」，傷つくことはありうるわけです．それにもかかわらず，そうした「崇高な」〔「崇高さ〔SUBLIME〕」（▶p.780）〕「友情〔AMITIÉ〕」（▶p.073）を永遠なものとアランが言っていることには注意しておいてください．「永遠な」と言えても，それが「傷つく〔être atteinte，打撃を受ける〕」ことはあるということを確認しておいてほしいのです．もちろん，崇高という言い方に価しない友情なら，恐らくほんのちょっとした行き違いからでも簡単に消滅してしまうのはご存じの通り．

ちなみに私は「親友」という言葉があまり好きではありません．恐らく「崇高な友情」という間柄がそこには成立しているのでしょうが，実を言うと，私には「親友」はいないと思っています．〈親友はいない〉という言い方を好むとでも言っておきましょうか．むしろミラノ・ファッション界の重鎮ジャンニ・ヴェルサーチ（Gianni Versace）のように，「親友」どころか「友達はいないよ，知人は山ほどいるけれどね」という言葉の方が潔いと私は思うくらいなのです．★154 要するに〈俺たちは友人だよな！〉とか，〈親友だよな！〉などというセリフは，当事者の間でも，また他人に対しても，言うような言葉ではないと思ってい

るのです．なんだか安易に群れをつくって，内外ともにそれを公認しろといってしまうような気がして……．次のようなあり方を私は見据えようと思っているのです．

> 芸術家と聖者と賢人は，いつの時代にも，自己に従って考え，おせじをいわず，ほめられることを求めず，規約で会を作ることをしない人間の典型を与える．しかしまたかれらだけが尊敬を受ける人間でもある．かれらはこの三者で人類をつくっている．なぜならこの断固とした社会否定自体によってかれらは直ちに社会をなすのだから．★155

さて，定義に戻りましょう．「愛〔amour〕は永遠であることを切望する」けれども，必ずしも「自らによって変わりもせず，老いもせず，滅びもしない」と言えそうにはありません．確かに，「愛〔AMOUR〕」（►p.076）が，いま述べた「崇高な友情」のような見事なものなら，この定義でいう意味で永遠であるということもありうるでしょうが，そのような〈崇高な愛〉が，たとえそれを切望しようとも，「崇高な友情」と同じように，稀であることもまた確かです．たいていは，愛というよりは恋として，自分の好みで，相手を〈鐵でも引くように〉引いているのであって，相手を〈選んで〉などいないからです．

> ところで百枚のくじの中から一枚を「選ぶ」というのは表現としては当たらない．あれは「選ぶ」というのではなく「ひく」というのだ．★156

> あなたは友人を選んだのか，奥さんを選んだのか，社員を選んだのか，職業を選んだのか，会社を選んだのか．あなたはそれらを「ひいた」のではないのか．★157

言うならば，恋の高揚感の中で，それがずっと続くことを願い，ゲーテのファウストではありませんが，〈時間よ止まれ！ おまえはあまりに美しい！（Verweile doch! Du bist so schön!)〉とでも言いたそうな気配なのです．

いずれにせよ，〈これこそは永遠だ！〉と言われうるものを，なんとかして人は手に入れたかったりもするのでしょう．実を言えば「算術や幾何学といった最も確実な思考」は，その代表例なのです．そうしたものは「永遠真理」〔vérités éternelles〕と言われたりします．1+1=2というのは，「最も確実〔les plus assurée〕」であり，永遠の真理だというわけです．プラトンが自分の創った学園アカデメイアの入り口に掲げたという「幾何学を学ばざりし者，この門より入るべからず〔ΑΓΕΩΜΕΤΡΗΤΟΣ ΜΗΔΕΙΣ ΕΙΣΙΤΩ〕」という言葉は，幾何学の対象とするものが，この可感的世界を越えたある種の永遠性を保持し，彼の求めるイデアという永遠なものとの親近性を持つからでもありましょう．現代の数学者の中にもプラトン主義者がかなりいます〔「プラトン主義（PLATONISME）」（►p.601）〕．このあたりを理解するための例を挙げておくと，みなさんはユークリッド（エウクレイデス）幾何学に出てくる「点」も「直線」も実際に見ることはできないことはわかりますね．なぜなら「点」には大きさが無いからであり，「直線」には幅が無いと定義されているからです．しかし，感覚器官によって見ることはできなくとも，思考によって理解することはできます．その思考によって到達できるものを，変転きわまりないこの感覚的世界であるこの世とは別の〈思考の世界〉にあるものとしたくもなる気持ちはわからないでもありません．しかし，そのようにして永遠な世界を立てることによって，そこに閉じてしまおう，そこにすがろうという思いが生じるかも知

★152──同書，pp.297-298〔傍点引用者〕
★153──アラン『わが思索のあと』p.241
★154──光野桃『個人生活──イタリアが教えてくれた美意識』p.92
★155──アラン『芸術について』pp.285-286〔傍点引用者〕
★156──加藤邦宏『アランからのメッセージ──ビジネスマンのための人間学』p.17
★157──同前

329

れない．恋する二人は，そうやって，この世界から離れて二人だけの非日常的な世界に旅立っていきたいのかも知れない．しかし，そんな永遠に閉じこもっていいものでしょうか？

確かに，上に述べたような永遠なものと対比すれば，「持続〔durée〕というものは，自らによって変化し，老いる全てのものにとって本質的である」という言い方もなるほどと思われるくらい儚くもみえます．生き物は寿命をもち(いや岩石だって長い時間の後には崩壊したりします)，滅びます．だからこそ，その一生の間の輝ける瞬間を永遠化したいとも思うのでしょう．けれども，ベルクソンなら，そうした永遠を「死の永遠」〔éternité de mort〕として斥けるに違いありません．それは「概念の永遠性」〔éternité conceptuelle〕と言い換えられてもいます．★158

プラトンのいうイデアとは，そうした事物の展開について撮った「早取り写真」〔instantané〕——，持続の特権的瞬間をフィルムに収め，その一枚のフィルムを実体化・絶対化したもの以外ではない，と．特権的瞬間も，特権的であるとはいえ，瞬間である以上，時間の中にある．それを，プラトン的思考は生々たる持続から切り離し，「死の永遠」の中に移しかえてしまうのだ．★159

では「死の永遠」と対比されるようなものがあるのでしょうか．ベルクソンは，それを「生ける永遠」〔éternité de vie〕と言い，「生けるがゆえにそれは動いてやまない永遠」だという言い方をしています．★160 動いて止まないとは，必ずしも変化するということを意味しません．例えば，ヨーロッパ中世のキリスト教神学に「保存は連続的創造である」〔conservatio est creatio continua〕という言い方があります．あるものがたとえ永遠に保存され(存続し)ようとも，それが不断に(連続的に)「神〔DIEU〕」(➡p.263)によって創造され続けているということとは背反しないと考える立場があるのです．「連続創造説」です．たとえ「永遠真理」と言われるものであっても，その存在・存続，そしてそもそもそのようであることに関しては神に依存していることを排除しないというのです．この考え方をとことんまで展開して見せたのがデカルトでした．「時間〔TEMPS〕」(➡p.800)の各瞬間は完全に独立であって，一瞬前のことがそのまま次の瞬間へと維持されることの保証は無い．言い換えれば，もし神のような全能なる者には，時間の一瞬一瞬において世界の全秩序を変えてしまうことすら可能であるというのです．要するに1+1=2と言っている間にも算術の本質そのものを完全に覆すことができる．これが，いわゆる「永遠真理被造説」であり，それは「時間における瞬間の非連続性は，神を事物の〈存在〉に加えてその〈本質〉に関しても自由な創造者として立てる，ということを意味していた」のです．★161 そうであってみれば，「友情，愛，算術にしても」，せいぜい「厳密な証明〔preuve〕は欠いているけれども，理に適ったものである」ということに留まる．それは他の何かによって，変わり，老い，滅ぶということは排除されていないのです．ただし，少なくともデカルトにとっては，たとえ算術などの永遠真理が〈変わり，老い，滅ぶ〉としても，それは神のような全能な者によるのであってみれば，神は永遠真理を超えていることにはなるでしょう．

ÉVOLUTION
進化 – 緩やかで，知覚できず，少しも予見できず，少しも意志されたものでない変化のことである．そしてそれ〔意志されたものでない〕どころか外的な状況を前にしての意志の敗北を認めることである．病気のもたらす〔悪〕影響はそのようなものであり，疲労の，加齢の，〔就業している〕職業の，社会環境の，そして暗示〔suggestion〕のもたらす影響もそうしたものである．進化は，それゆえ，進歩〔progrès〕の反対である．

évolutionと言えば，普通は「進化」を意味します．それにもかかわらず神谷訳が「変節」と訳しているのは，「意志の敗北」といった事柄を頼りに，この定義を人間の言動だけに寄り添って解釈しようとしたからでしょう．気持ちはわからないでもないのですが，まずこの定義の最初の部分，すなわち「緩やかで，知覚できず，少しも予見できず，少しも意志されたものでない変化のことである」という部分は，このévolutionという言葉で最初に思い浮かべられる生物学的な進化の考え方をそのまま表わしていると考えるのが妥当だと思います．ですから，私は森訳と同じく「進化」と訳しておきます．「進展」と訳そうとも思いましたが，定義の最後の部分の「進歩〔progrès〕の反対」というところと合いません．「進展」は「進歩（PROGRÈS）」（▶p.665）というポジティヴな意味合いを含むようだからです．以下に見るように，アランのこの定義では，「進化」にはむしろネガティヴな面が強調されるのです．

ここで進化論における「自然選択説」を考えてみましょう．生物に無目的に生じる突然変異を自然環境が選別して進化の方向が定まるとする説でしたね．そこには確かに「意志」の入る余地は無さそうです．もし「意志」というものをどこか念頭に置いても，進化はそんなものを押しつぶしていくというか，そういう感じの説です．意志にとっては「外的な状況」である環境などによって進化は決定されるわけで，この説を認める限りは物事の変化における〈意志の敗北〉は明瞭です．こういうことをアランはこの定義の冒頭で指摘したかったのだと私は思います．

そして次にそうした説の意味合いを一般化し，拡げていく．病気が人間の言動にどのような影響をもたらすか．「疲労」はどうか．「加齢」はどうか．「職業」はどんな影響を人にもたらすか．「社会環境」は．「暗示〔suggestion〕」〔「示唆（SUGGESTION）」（▶p.784）〕は，こういうわけです．そのあたりを検討しましょう．

病気であること，それを意識すればするほど，人は，名古屋弁風に言えば，〈土壺にはまって〉いきます．多くの場合，不安や恐れ〔「恐怖（PEUR）」（▶p.582）〕が生じ，それへの無力感が感じられてしまうからです．無力感です．意志ではどうにもならないと感じ，それに屈服した状態です．

不安と心配とを生理学的に，しかも立ち入って研究してみれば，これらがほかの病気につけ加わってそれを昂進させる病気であることがわかろう．したがって，自分が病気であることを知り，それもまず医師の御神託によって知る人は，病気は二重なわけだ．★162

そんな場合，〈随意筋を動かす〉という意志的な行動さえ取ろうとせず，身体や心理のメカニズムに身を任せてしまっている．病気の「進化」のままになっているのです．それに対して，〈病気と闘う〉意志を持つか持たないかでは病気の進行が大いに違うでしょう．病気に負けるか否かです．もちろん，意志を持ち出せば必ず病気が治るなどということを言っているわけではありません．そうではなくて，たとえ病気であっても，治療への意志による介入の余地はありうるだろうということです．例えば，不安や心配を軽減させることによってです．

疲労はどうでしょうか．疲れているときに無理やり意志を強くして仕事をしなさいとかいう話ではありません．身心が疲れているときは，物事がうまく運ばないものです．ここでは，疲れを基準に物事を考えるのか，それともそうではないのか，といったことを考えてみてください．次の引用が見事です．

どの感情にも，かげりがあり，疲労の時機がある．だが，人間はこうした瞬間に，喜ばし

★158——H. ベルクソン『形而上学入門』p.94〔引用者一部改訳〕
★159——中田光雄『ベルクソン哲学——実在と価値』p.381
★160——H. ベルクソン『形而上学入門』p.94
★161——福居純『デカルト研究』p.247
★162——アラン『幸福論』p.29

い勝利と再開のときより真実であるかどうか，これを知るのはまさに容易ならぬことである．スピノザならば，例のきびしい態度で，弱気や悲しみは私たちの力ではなく，幸福こそノーマルなもの，つまり規則を与えるものだということを，公理としてかかげるであろう．このたくましい思想は人を驚かせる．およそ思想は人を驚かせるのである．生理学者や医者は思想を信じない．彼らはこの〔思想との〕離婚を行なうことから始めたのである．人間がすべっているときに人間から出てくることを，彼らはじつにうまく観察する．人間はそのように作られているのだ，と彼らは言う．私ならむしろ，人間はそのようにこわされていると言うだろう．★163

加齢はどうでしょう．歳をとるということは，どんな影響を人におよぼすのでしょうか．例えばアランは迷信深くなるという例を挙げています．「およそ迷信は，年齢と私たちの屈辱との刻印のようなものだ」★164というのです．年齢を重ねることで，それまで経験してきた事柄に則ってだんだんと思い込みが固まってくる．個人においても集団においてもそんなことはありましょう．物事をきちんと吟味することを止めるとそうなりがちです．では吟味するには何が必要でしょうか．意志です．あえて疑ってみる意志です．〈だいたいこんなものだろう〉といった思い込みを揺り動かすには懐疑が必要なのです．ですから，物識り（博識）がすべてではありません．博識に足をすくわれてしまうことだってありえます．既得の知識が邪魔をして，物事を新鮮な目で見られないこともある．知識を得たということに安住して，それについて考えることをやめてしまうことだってあるのです．観念（考え，idée）にあぐらをかいたらお終いなのです．むしろ，観念を道具や手段と考えた方がいい．

もろもろの観念をもつということは，たいしたことではない．肝心なことはそれらを適用すること，つまりそれらの観念によって究極的な差異まで思考することである．諸観念がこのように道具や手段でしかないような人には，すべては新鮮であり，すべては美しい．★165

職業の影響についてはアランは多くを語っています．物の見方そのものに大きな影響を与えてしまうことを指摘していました．

恐らく詩人か小説家でないかぎり，精神は場所や道路を，これはどこと認知し，要するに，各の事物について自分の観念をもたないでは，長い間辛抱できないからである．立木によって森林を評価する森林業者や小麦の袋や秣の束を勘定しようとする農民が，外光の絵画をよく理解しないのは，このためである．…〔中略〕…そして風景画家の芸術はまず何よりも，こんなふうに木の葉や立木をさえ数えず，また鐘楼，家の屋根，薪の堆積のうちに，さまざまの色彩をもった斑点以外のものを考えないで，じっと見つめることにある．★166

主として〈物を相手にしている〉工場労働者を意味するプロレタリアについても，アランは結構面白いことを言っています．ひとことで言えば，「鉛や銅は説得のきくものではない」★167のです．

数学者は一面においてプロレタリアである．プロレタリアとは何か．している仕事の性質上，礼儀も追従も虚言も試みようのない人である．物は思いやりをしないし，思いやりを望みもしない．★168

プロレタリヤは現実の労働，事物と格闘する労働に準じて生活し，かつ思考するだけ，本来的に非宗教的である．しかしまた，純粋のプロレタリヤなどというものがいるわけではない．それにやはりいっておかね

332

ばならぬが，純粋のプロレタリヤの危険は，礼節や表徴や信用や説得について，ひとことでいえば宗教そのものについて，誤解するということである．これは，彼が宗教を真実だと考えないからである．[169]

〈職人の気むずかしさ〉みたいなものを思い出してもらえば，上の引用の「礼節や表徴や信用や説得について，ひとことでいえば宗教そのものについて，誤解する」という部分はイメージできるでしょう．それこそ無愛想なイメージが職人には伴っていたりします．

さて，20世紀に起こったいくつかの社会(共産)主義革命を思い出してください〔「**社会主義**(SOCIALISME)」(▶p.742)〕．そこでは「**宗教**(RELIGION)」(▶p.676)が公式に禁止されたことは事実です．〈物を相手にしている〉人々が中心となって国家という集団が宗教をいったん公式に離れたわけです．アランは，既存の宗教には批判的ですが，次のような言葉は銘記しておくべきでしょう．

> たえず道具に，機械に心を向けている人間が，物事を単一に見る唯物論に走るのは当然である．そこにひとつの粗暴な道徳が生れる，無力ではないがニュアンスに欠けた，人間世界の屈折の多い諸関係を充分考慮に入れない道徳が．それが革命の精神である．[170]

これに対して，「**礼儀**(POLITESSE)」(▶p.620)や説得が利くものを相手にしているのがブルジョワだとアランは言うのです．

> ブルジョワとは説得によって生活しているもののことである．店舗をはっている商人，教師，僧侶，弁護士，大臣といったものは，これとは違ったものではない．[171]

「社会環境」や「暗示」については述べることをやめておきます．上述の事柄を参考にして，自分で考えてみてください．

いずれにせよ，「進化は，それゆえ，進歩の反対」とは，緩やかな変化にただただ身を任せるのか，それとも意志による吟味をそこに添えて進歩を目指すのかという分かれ道を示唆しているわけでしょう．そのあり方は「反対」と言われるほどにかけ離れたものなのです．

EXERCICE
練習 — 実際の行動〔action réelle〕へと準備をすることを目的とした行動．私はソナタを弾けるようになるために音階の練習をする．私は闘うことができるようにと剣術を習う．私は，英語の先生以外の人とも話すことをめざして英語を学ぶ．練習においては，その中で難しい諸点を分割するということが含まれている．一つの運動を他の全ての運動から分離することによってである．

人が練習というものをするのは，自分がやりたい事柄をするためにでしかない．腕を伸ばすとか，拳を突き出すとか，走るとかである．人は自分がやりたいことを最初からできるわけではないことぐらい，やってみればわかる．デッサンはその驚くべき一例である．なぜなら，デッサンが下手である限りは，人は自分がやりたいことをやっていないと判断し続けるのだから．円を実際に描くには，円を描きたいと思うだけでは足りない．だからこそ，練習というものは，欲する術〔l'art de vouloir〕の大部分を占めている．練習

★163──アラン『人間論』p.297〔傍点引用者〕
★164──アラン『思想と年齢』p.179
★165──アラン『教育論』p.198〔傍点引用者〕
★166──アラン『諸芸術の体系』p.357
★167──アラン『人間論』p.143
★168──同書，p.159〔傍点引用者〕．「革命は，だから，数学者的なものである」(同書，p.161)とまでアランは書いています．
★169──アラン『神々』p.65〔傍点引用者〕
★170──A. モーロワ『アラン』pp.80-81
★171──アラン『神々』p.62

に対置されるものは想像上の〔imaginaire〕実行であって，これほど滑稽なものはこの世にあるまい．私は私が走ることを想像する．賞を獲得することを想像する．敵を打ち倒すことを想像する．その他，実行することだけが難しいことを想像する．だからこそ，空威張りする者を前にして，人は剣を抜く．それは「〔実際に〕できるのかどうかを見せてもらおう」という意味である．

　実際の行動〔action réelle〕という言い方をしているのですから，行動にも「実際の」と言われうるものとそうでないものとをアランは区別しているわけですね．この定義の後半に至れば，この区別が「想像」というキーワードで明らかになります．「実際の〔réel〕」と「想像上の〔imaginaire〕」が対比されているのです．練習をして実際に見事に物事を遂行する能力を手に入れていないのなら，想像することぐらい（要するに「想像上の実行」）が関の山で，「実際の行動」には至れないというわけです．要するに，うまくできるか，うまくできないかにこの点は関わります．しかも，まぐれでなしに．棚からぼた餅の〈勝利〉ではなくて，実力による〈勝利〉を得るためには練習が必要なのは誰の目にも明らかでしょう．「自分がやりたい事柄」を見事に遂行するには，つまり「実際の行動」に至るには練習が不可欠なのですが，多くの人はそれを面倒くさがってしまう．「やりたい事柄」はあるのに，練習しようとしない．〈円を見事に描きたい〉のに，そう思うだけで練習をしなければ，見事には描けない．練習というものは，そのほとんどが，欲すること，意志することに掛かっているというわけです．見事な円を描ける者がいるなら，そこにはまず間違いなく，多くの練習があったのがわかる．だからこそ，少年羊飼いが地面に見事な円を描いているのを見て，画家は即座に自分の弟子にしたいと申し出たのでした．チマブーエがジョットを見出した時のエピソードです．

　練習などせずにも「想像上の実行」は誰にも可能です．しかし，その想像に基づいて「空威張り」したところで，現実を目の前にすればたちまち馬脚を露わすのは当たり前の話でしょう．

　さて，人間が到達しうる素晴らしい場面はどのようにして手に入れられるものであるかといえば，その多くが練習によるものであることがわかるでしょう．アランは次のようにまで言っています．

　　人間についての本当の概念〔notions réelles sur l'homme〕を探ろうとするならば，偉大な曲目をたえずくりかえして練習するピアニストやヴァイオリニストの忍耐を学ぶべきであろう．[★172]

　〈やりたくない〉という気分に打ち勝つことを学ばなければなりません．そうした気分から自分を解放することを学ばなければならないのです．だからこそ，アランは哲学者シャルル・ルヌーヴィエの「たいせつなのは，自分から進んで自由にならねばならぬことだ」という言葉を引き，「要するに欲すること[★173]だ」と述べるのです．アランが楽器の練習をしばしば例に挙げているのはもっともなことだと私は思います．この定義では「ソナタを弾く」という例が出ていました．実際に，アランの居室にはデスクとベッドとピアノだけがあったといわれています．またこの定義には「デッサン」も例として挙がっています．いずれも〈手を見事に統御すること〉であるという点に注目してください．次のように言われます．

　　自己自身にうち克つこと，そしてよく自己を統御すること，これが節制と，勇気と，叡智と，さらには正義との秘密である．だが，わが身の欲するところをなすとは，まずもって自分の手を操るすべを知るのでなくては，いたずらな企図である．弦楽器リュートの弾奏者は，自らのなさんとするところ

をよく知っている．だが，いかにしてこれをなすかを知っているというわけではない．経験のよく示してくれることだが，指のうえに重みをかけているのはつねに全身であって，これが指をたがいに結びあわせたり，逆らわせたりする．緊縮し硬直した姿態は，われわれのうちにあって，われわれ自身への恐怖を保持するところのものである．★174

　クラシック・ギターの発表会に際して，あがってしまって演奏がメチャメチャになってしまった経験が私にはあります．練習したつもりでいても，それはあくまでも自分の部屋での練習であったがために，人の前ではその通りには弾けません．上の引用に「緊縮し硬直した姿態は，われわれのうちにあって，われわれ自身への恐怖を保持するところのものである」とあるように，人前での演奏が恐くなってしまっているのです．〈人の前での練習〉とでも言うべき発表会の場数が少なかったからです．それを乗り越えるためには何回も何回も〈人の前での練習〉である発表会をやろうと思い直さなければなりません．それを意志する必要があるのです．「いずれにせよ，意欲の失敗は欲する術〔l'art de vouloir〕を知らぬところから来るのである」★175ということを銘記すべきでしょう．意志するということを支える手立てを人は発明してきました．誓いという行為もここに関わっています．

　誓いはけっして自由意志を束縛するものではない．それどころか，われわれに自由意志の使用を促すものだ．だれでも，なにかであることを誓うのではなく，なにかをする，あるいは，なにかを欲することを誓うのだ．★176

　そのようにしてこそ，次の引用にあるように「感情（SENTIMENT）」（▶p.732）は「作りあげられる」のでしょう．

　真の感情は作りあげられるものだ．だから，宗教が夫婦に，欲望と希望の時に誓いを求めることに定めたのは賢明だった．立会人が，社会の制約が，起るべき風波に対するわが身の援護となるのである．★177

　欲することを制度が支えるという場面があるわけです．「感情を救うものは公けの約束事〔制度〕なのである」★178とアランは言い切っています．またモーロワは次のようにそれを敷衍するのです．

　感情は情念に，情念は欲求に結びついたものでなければならない．そして制度は感情の上に基礎を置くものでなければならない．逆もまた真であって，感情は，持続するためには制度によって強化されなければならない．★179

　まず個人のレベルで，欲することを見事に成し遂げるのに必要なのは，身体の統御とすら言えそうです．

　欲する術を知ることは，些細な知識でも容易な知識でもないのであり，たいていの人が，まず歯を喰いしばる．これに反し，私は，プラトンが望んだように，体操と音楽によって自己を完成しなくてはならないのである．★180

　どうしてそういうことが必要なのかを駄目押し的に見ておくには次の引用がいいでしょう．

　体操は，思想と身の動きと事物とのまったき調和によって，怒りや恐怖を同時に解きほぐしながら，闘争と征服との衝動を規制

★172——アラン『思索と行動のために』p.369〔引用者改訳〕
★173——同書，p.279
★174——アラン『神々』p.190〔傍点引用者〕
★175——アラン『思想と年齢』p.31
★176——アラン『思索と行動のために』p.397〔傍点引用者〕
★177——A. モーロワ『アラン』pp.77-78
★178——アラン『幸福論』p.118
★179——A. モーロワ『アラン』p.76〔傍点引用者〕
★180——アラン『思想と年齢』p.393

335

する．それは，われわれが思想〔pensée〕と名づける，あの狂った予見を抑えることであった．そうして，自分の為すことしか欲しないことによって，自分の欲することすべてを為すことであった．★181

こうした自己統御の練習が，どのように制度の問題と結びつき，制度の成立と改変とに結びつくかはまた別の機会に考察する他はありません．

F

FABLE
寓話 – これは，ショックを与えずに，少々厳しい真実をわからせようとする素朴な形式を持った物語である．言葉を話す動物というフィクションは礼儀〔politesse〕に発するもので，誰をも騙そうとしているのではない．「獅子の分け前」を考えてみよ．それが一人の王族について言われたなら恐ろしいことである．そんなことは信じたくさえもないであろう．それに対して，獅子の爪のことならそんなことは全然無い．

世の中のこと，特に人の振る舞いについて，〈そんなことがあるものだ〉という真実をそのままに記述してしまえば，場合によって人はそれから目を背けたくなり，それを信じたくもないという態度をとるかも知れません．例えばそれが恐ろしい事柄なら，ショックを受けてしまうからです．けれども，それが人間とは別の動物の話といったふうにして表わされたりすれば，自分に直接関わるとはさしあたって思わずにも済み，その話で表現されている事態そのものについて考えてみようという気にもなるものです．突き放して検討してみることができるようになるのです．寓話はそういう機能をもっているとアランは言いたいのでしょう．

例としてあがっている「獅子の分け前」について概要を知っておかねばなりません．

「獅子の分け前」(Wikipediaから)
(あらすじ)
ライオン(獅子)とロバとキツネが狩りに出かけた．たくさん獲物が取れたので分配することになり，ロバが3匹に平等に分けた

ところ，ライオンはこれに怒ってロバを食べてしまった．
そしてキツネに再度分配を命じた．キツネは心得て，大部分をライオンのものとして，自分はわずかな物を取っただけだった．今度は満足したライオンが，なぜこのように分けたのかと聞くと，キツネは答えた．「ロバの運命が，私にこの分けかたを教えてくれました．」
(教訓)
身近な者の不運や災難は，人に分別(或いは処世の知恵)を与える．
またこの話は，強い者，権力のある者が利益を独り占めするという，古今東西不変の真理の表現でもある．

ライオンがロバを食べるというシーンを，直接に人間の話としてしまえば，王が自分より弱い立場にあるものを殺すといったシーンになるでしょう．それではストレートすぎる．そういう表現を動物に託することによって和らげることが，かえって考察を促す場合もあろうというも

のです。真理だ真実だなどといって，直接，大上段に振りかぶってストレートに表現して，人を従わせようとするよりは，人に考察を促すという意味では巧妙な手段とも言えるでしょう。ですから，動物がしゃべるからといって，別にそんな動物がいるとか言って誰かを「騙す」ことなど考えているのではなく，ただただ婉曲な（つまりは礼儀に適った）表現を用いようとしているだけです。次の引用も参考になるでしょう。

> およそ儀式の身振りは決して烈しいものでもなければ，予見されないものでもない．のみならず，烈しいもの，予見されぬものは，ほとんどすべて無礼のうちにある．そして，馬に触れる際にはまずもってこれに話しかけねばならぬが，このことは人間については，つまりこの比較を絶してもの怖じしやすい動物については，はるかに明白にそうである．[★001]

「哲学(PHILOSOPHIE)」(▶p.587)に関しては，実は，デカルトが「寓話」というものを慎重に使用しているのを知っておいてください。彼が『方法序説』の冒頭近くに記した次の箇所です。

> それでも私が思いちがいをしているということがあるかもしれませんし，私が金やダイヤモンドだと受けとっているものが，もしかしたら銅やガラスのかけらにすぎないのです。私たちがどれほど自分に関することで思いちがいをしやすいか，また私たちの友人の判断が，私たちに好意的であるばあいには，どれほど疑わしいものになるはずか私は心得ています。しかしこの話で，私のたどってきた道がどのようなものであるかをお見せし，私の人生を一枚の絵にえがくように再現できれば，うれしいでしょう。どなたにでも私の人生を判断していただけるようにし，世間の評判から，これについてみなさんがどういう意見を持たれるかを学びとって，自分を教育するひとつの新しい手だてになるようにし，使いなれているいろいろな手だてにそれを付け加えようとするためなのです。
>
> こういうわけですから，私の意図は，だれもが自分の理性を正しく導くために従うべき〈方法〉をここで教えることではなく，ただ私がどんなふうにして自分の理性を導こうとつとめてきたかをお見せすることなのです。教訓を与えようと口出しする人たちは，与える相手よりも自分のほうを能力が高いと評価しているはずです。ですから，どんなに些細なことでも誤りを犯せば，非難されてもしかたがないのです。しかしこうして書いたものをひとつの史話として，それとも寓話としてと言ってもけっこうですが，お目にかけるだけですから，そこには見ならってよいいくつかの例にまじって，従わなくて当然な例もおそらくかずかず見つかることでしょうし，私はこの書きものが幾人かのかたには役に立ちながら，だれの害にもならないだろうと期待し，またみなさんが私の率直さを徳としてくださるだろうと期待しているのです。[★002]

これもまた，読者に思考を促そうとしていることは明らかでしょう。いずれにせよ，寓話は，事柄の成立する場面を別の所に移すのです。今回のこの「寓話」の定義の話で言えば人間の話を動物の話という別の所へと持っていくのです。そうだとすれば，寓話は「隠喩」（「暗喩」）のようなものでしょう。「隠喩」とはメタファー〔metaphor〕，ギリシア語の語源に遡れば，〈別の所にもっていく〉とでも言うべき意味なのです。それによってかえって思考を促すためにです。

★181——アラン『芸術に関する101章』p.197

F

★001——アラン『神々』p.136〔傍点引用者〕

★002——R. デカルト『方法序説』（『デカルト著作集 1』）pp.13-14〔傍点引用者〕

337

ただそれはまだ「素朴な形式」のものなのです。

ホメロスよりももっと以前に，人類社会は，ひしめき合っており，お伽話，ことわざ，寓話，彫像，礼拝所などを通じて，常に暗喩的に語っていたのである。★003

私たちがもう知りすぎているつもりの事柄に対してあらためて検討を強いるものがあるとすれば，おそらく美しい隠喩しかない。★004

もっとも古い表徴(シーニュ)は，言葉をもたなかったし，したがって，絶対的に暗喩的であった，というのは，ありそうなことである。いやむしろ，そうした表徴は，しらずしらずのうちに，暗喩的なものであった，といってよいのだろう。たとえば，墓というものは，古代では，オオカミから死骸を守る，石の積み重なりにすぎなかった。死者が多くの友人をもっていればいるほど，その石の山は，大きくなっていった。最初のピラミッドは，そうしたものであった。そして，おそらく，石の重さと形とから，あの結晶のような形式が，編みだされたのである。その形式は，友人たちの厚意が，それを完成させたのであろう。しかし，完成したにせよ完成していないにせよ，こうした墓は，まもなく，権力者のしるし(シーニュ)となっていった。★005

こうした「素朴な形式」が洗練されて，ついには諸芸術といったものへと成長していくとは言えないでしょうか？ 芸術はみな，それ固有の言語を持つとアランは言います。「おのおのの芸術に固有の言語を使って，はっきり語ってもらいたい」と言います。★006 例を掲げておきましょう。

舞踊(ダンス)という芸術について．アランは「村の踊りは恋愛の儀式である」★007 と言います．なぜでしょうか？ それは恋愛の表現を規則だった美しいものにするからです．そしてその規制によってこそ，それは思考されるものになる．次の引用のようにです．

> こうした規則正しい動きがくり返されることで，愛は思考されるようになる．愛は保証を得て，口ごもらなくなるのです．★008

こうした舞踊は礼儀正しいとさえ言えるでしょう．見事に規制された所作を実行するからです．まるで儀式のように．芸術と儀式，そして「礼儀(POLITESSE)」(▶p.620)(ないし礼節)は近いところにあります．それゆえにこそ，アランは音楽について，「音楽それ自身が儀式であり，礼儀である」★009 とまで言っているのです．礼節とは「単純化された舞踊または舞踊の思い出」なのでしょう．★010

舞台芸術は，さらにこうした洗練を進めます．なぜなら，それは反省段階に入るからです．舞台上で展開される芝居の筋書きと，私の居場所は明確に区別されるのです．舞踊はまだその段階にはありませんでした．「舞台芸術(スペクタクル)を見に行った場合，観客は自分が観客であることを承知しています」．★011 距離をおいて眺められているのです．「芸術は，身を立て直すことから始まる一つの反省にそって，私たちをととのえる」★012 のです．

FANATISME
狂信 – 精神〔esprit〕の，精神に対する激昂〔fureur〕である．真なるものへの愛〔amour〕を探究と調和させるのは難しい．他の人々や自分自身における疑いというものを憎まないでいることは難しい．そこから〔探究や疑いへの〕予防策としての激昂が生じ，人はそれを身体諸器官の内に感じ取ることを学び，そしてそれが精神を辱めるまでに激しくなる．〔確かに〕それが無くなれば私たちの思考がすべて滅んでしまうような，わずかな狂信というものはある．〔だからこそ〕つまりは，〔どうしようもない狂信という激昂に陥らないためには〕

思考というものをすべてきちんと監視しなければならないということである．

「精神の，精神に対する激昂〔fureur d'esprit contre l'esprit〕」とアランは簡潔に言い切っています．「**激昂**(FUREUR)」(▶**p.383**)というのは，激しくいきり立つことですが，「**精神**(ESPRIT)」(▶**p.322**)が，精神というものに激昂するとはどういうことでしょうか？　また，ここに二つ出てくるespritは同一のものでしょうか，それとも別のものでしょうか？　つまり，自分自身にいきり立つのでしょうか，それともある人の精神が別の精神にいきり立つのでしょうか？　考えてみなければなりません．私としては，その両方についてアランが考察しているように思います．ある精神は「真なるもの」〔le vrai〕を自分がすでに手に入れていると信じ，もうこれ以上の探究を必要としないかのように思いこんでしまうということもあります．だからこそ「真なるものへの愛〔amour〕を探究と調和させるのは難しい」のです．この上さらに探究するということが，自分の摑んだと信じ込んでいる「真なるものへの愛」に対する冒瀆であるかのように感じられる．その「真なるもの」を疑ってはならぬ，ただ愛すればいいのだというわけです．こうして，「自分自身における疑い」は恐らく決意〔「**決断**(RÉSOLUTION)」(▶**p.715**)〕の下に圧殺され，「他の人々における疑い」は粉砕されるべき攻撃対象としてマークされます．端的に言えば，〈自分自身が抱くかも知れない疑い〉も〈他の人々における疑い〉も憎まれるのです．「**憎しみ**(HAINE)」(▶**p.397**)というこうした心の動きを一度でも経験する者は，先立って探究や疑いに対する予防策としての激昂を育てるとでも言うべき「**習慣**(HABITUDE)」(▶**p.393**)を身につける．すなわち，激昂を「身体諸器官の内に感じ取ることを学び」，それを嵩じさせることを習慣にする，

とでも言えそうなわけです．〈疑い〉というものを嗅ぎつけ，それを粉砕するかのように武装する癖をつけた狂信的な人々がいるものです．

いずれにせよ，こうしたあり方は，「真なるもの」に囚われている．もっと言ってしまえば「真なるもの」から自由でない．まだ発見されていないけれどもあるのだと信じられた「真なるもの」についても，そういうことが言えそうです．科学者の探究においてさえ，こうした「真なるもの」が前提とされる場合が多いと私は思います．言い方を換えれば，科学への狂信というものもありうるということです．科学的な説明への疑いを決定的に抑圧しようという態度を採る学者も周りを見まわせばたくさんいるはずです．〈まだ科学で説明できないじゃないか！〉などと誰かが口走ると，〈いずれ科学で説明されるに決まっている！〉といきり立つのです．ほとんどそれでは程度の低い宗教家と同じ態度です．〈神を信じなさい！〉と言うと，相手が〈興味ないね！〉と言う，その途端に〈地獄に落ちろ！〉なんて考えちゃう輩と同じだと言いたいのです．「**神**(DIEU)」(▶**p.263**)というところに科学を代入してしまえば，まったく同じ構造です．要するに，科学が「**信仰**(FOI)」(▶**p.372**)の対象になってしまっているのではないかと私は疑います．ちなみに日本の科学哲学の代表者の一人である大森荘蔵氏は次のように書いていました．

> 科学的真理は現代社会では最も強固な「客観的真理」であると奉られているが，それは「科学信仰」の表向きのドグマにすぎない．[013]

そんなふうに科学が信仰になってしまっては，

★003──アラン『芸術に関する101章』p.193
★004──アラン『文学折りにふれて』p.83
★005──アラン『芸術に関する101章』pp.193-194
★006──同書, p.142
★007──アラン『神々』p.134
★008──アラン『芸術についての二十講』p.28
★009──アラン『思索と行動のために』p.404
★010──アラン『芸術論集』p.101
★011──アラン『芸術についての二十講』p.43
★012──同書, pp.185-186
★013──大森荘蔵『時は流れず』p.223

そこにはもはや思考の自由は無いと私は言いたい．自然法則を絶対とし，その法則こそ私たちがそれに則って考えを進めるべき（次の引用に出てくる）「観念〔idées, 思想〕の最善の秩序」であるというわけです．アランはそうしたものを能天気に認めてしまう態度を「おそらく悪い祈り」と言い放ちます．それは〈できあがっているとされた何か〉を崇拝することであって，それがなぜそうなのかを，もはや問おうとはしない．自然法則について「なぜ」という問いを排除するのです．実際，近代自然科学は，〈なぜの問い〉を排除して，〈どのようにの問い〉しか問わなくなったのです．落下運動についても，もうアリストテレスの自然学ふうに〈なぜ落ちるか〉とは問わずに〈どのように落ちるか〉をひたすら探究しようとしたのがガリレオ・ガリレイであったことを思い出してください．

   観念の最善の秩序は自然のなかにあたえられていて，私たちはその秩序を発見しさえすればよいように思われるが，それはおそらく悪い祈りであり，いわゆる被造物の礼拝であって，創造主を礼拝することではない．このように観念を事物から規定することについてけっして誤らなければ，そしてそういう規定は想像によるものであることがわかるなら，自然学者の思考にも驚くべき自由が推測されるだろう．★014

この引用の最後の方で，「観念を事物から規定する……そういう規定は想像によるものである」とは，要するに，〈私たちの観念〔idée, 思い〕はもっぱら〔観念の原因と想定された〕事物によって決定されてしまう〉とするのは間違いだとアランが考えているということです．そしてそうした間違いに気づくのは，まさにデカルト的な〈方法的懐疑〉が示すように，〈疑わしいから疑うのではなく（つまり，懐疑論者の懐疑ではなく），あえて疑ってみる〉「〔懐疑主義（SCEPTICISME）」（▶p.729）〕という働きが人間にはありうるということに気づくときであり，そのときに初めて，「自由」とい

うものが露わになってくるというのです．「この懐疑の能力こそ，自由意志そのものである」★015というわけです．〈あえて疑ってみるならば，どこまで疑えるのか〉と考えてみる．それこそは「精神の出発点」であるとアランは言います．

   自分の意見を疑わしいものと考える．だが，それだけにはとどまらない．自分の意見はいつになっても疑わしいものであろうと考える．いつになっても自分の意見に満足しないだろうということを自分でみとめる．それは精神自身であり，精神の出発点そのものである．★016

批判とかいう言葉が頭をよぎるはずです．科学においても非常に重要視されるのが批判という事柄です．批判は懐疑と密接に関わっているのです．「西洋の科学とは，いつも張りつめている懐疑の精神にほかならない」★017とアランは書いています．そもそもドイツ語の「批判〔Kritik〕」という言葉はギリシア語のκρίνωからきており，〈分ける〉という意味です．真なるものと偽なるものとを分けるとか，認識可能な領域とそうでない領域とを分けるとか，そんなことが例えばカントの『純粋理性批判〔Kritik der reinen Vernunft〕』の主題だったことを思い出せばいいでしょう．ただ，「哲学（PHILOSOPHIE）」（▶p.587）と科学との違いを強調する立場からは，哲学が，場合によると，〈なぜの問い〉を発するという点に注目することもできましょう．科学者・数学者であったと同時に哲学者でもあったライプニッツは次のような問いを立てていました．「何故無でなくむしろ或るものが有るのか」〔Pourquoi il y a plutôt quelque chose que rien ?〕と「何故諸事物〔choses〕はこのように現実存在するのであり，他のようではないのか」〔Pourquoi elles doivent exister ainsi, et non autrement ?〕という二つの形而上学的な問いです．★018こうした問いに自然科学者が応えようとするかどうか，考えてみてください．

さて，今回の定義の，私としては，最も難し

かった点に進みましょう。神谷訳が「それなしにはわれわれの思考がすべて、滅びてしまうような狂信の切っ先がある」とし、森訳が「それなしではわれわれの思想がすべて滅びてしまうであろうような狂信の先端がある」としている部分です。原文は、Il y a une pointe de fanatisme sans laquelle nos pensées périraient toutes です。この une pointe de fanatisme を「狂信の切っ先」とか「狂信の先端」と訳されても私には意味不明でした。みなさんはいかがでしょうか？　とにかく何らかの解釈を提示しなければなりませんから、私は次のように考えてみました。une pointe de の une pointe を「切っ先」とか「先端」とか取らずに、〈une pointe de + 無冠詞名詞〉というまとまりで「……の少量、いくらかの」という言い回しと取るのです。例えば、relever la sauce avec une pointe de poivre(コショウを少々入れてソースに風味を加える)とかいう言い方のようにです。★019　こうすると私の訳のように、「それが無くなれば私たちの思考がすべて滅んでしまうような、わずかな狂信というものはある」と訳す可能性が出てくる。その線で行ってみましょう。解釈は狂信というものそのものの必要性に関わり、以下のようになります。

狂信をただただ排除すればいいのでしょうか。どうもそうではなさそうなのです。なぜなら、精神には、「わずかな狂信」〔une pointe de fanatisme〕をも無くしてしまえば「思考がすべて滅んでしまう」とでもいう事態がある、とアランは考えるのです。しかし、なぜこれをも「狂信」と言うのかについては、かなり深読みと言わざるをえない解釈を必要とします。それは、そこに残るのが、〈他の全てを措いても精神の働きを信じる〉とでも言うべき事柄だからという読みです。実を言えば、デカルトが取り出したのもそういうことではないかと私は思っています。〈他の全ての事柄を疑っている精神の働きという存在〉は信じる他はない。その意味では、精神は自分を信じなければならない。そうしたことなくしては思考すらない。そうではあるけれども、ひとたび思考が「真なるもの」を手にしたと思われても、それを愛しすぎて、かえって〈思考する働き〉そのものを見失うことがある。「真なるもの」という〈もの(思考対象)〉に全面的に身を委ねてしまって、〈働き(思考作用)〉を忘れてしまうことがある。それは避けなければならない。〈思考の内容〉については疑い尽くしているその間中にも〈思考の働き〉は現に働き続けていると言うべきでしょう。それは、信じるというよりは、その働きを発見するとでも言うべき事態なのですけれども、一瞬一瞬発見しつつあるその働きから出発してすべてを観てみようという意味では、それに「信頼(CONFIANCE)」(►p.189)を置くことではあります。〈もの(思考対象)〉に全面的に身を委ねてしまって〈働き(思考作用)〉を忘れてしまうこと、それが実は、精神の自由さを失わせ、ひいては「精神を辱める」事柄であることに、多くの場合、気づかない。そんなことにならないようにするためには、「きちんと監視しなければならない」のでしょう。デカルトは「高邁の心」〔la générosité〕ということを強調しました。それは上述した「精神」そして〈精神の自由〉を信じることに関わっています。

> 高邁な心とは、自分が現に自由であることを知り、将来もそうであることを確信するとき体験される情念あるいは感情である。さらに私は、高邁な心とは自由意志を損なうまいとする固い決意を本質とする、という言い表わし方を創造したつもりだ。★020

〈あえて疑う〉ということが消えてしまえば、思考しているつもりでいて、実は思考など容易

★014──アラン『イデー(哲学入門)』p.178〔傍点引用者〕
★015──アラン『デカルト』p.36
★016──アラン『思索と行動のために』p.30
★017──アラン『感情　情念　表徴』p.86
★018──G. W. Leibniz, Principes de la Nature et de la Grâce, fondés en raison, §7〔『理性に基づく自然と恩寵の原理』第七節〕。以下の拙訳も参照。ゴットフリート・ヴィルヘルム・ライプニッツ『理性に基づく自然と恩寵の原理』(『[ライプニッツ著作集　9]後期哲学』) p.251
★019──『小学館　ロベール　仏和大辞典』p.1876〔下線引用者〕
★020──アラン『わが思索のあと』p.284〔傍点引用者〕

341

に滅んでしまい，残るのは全面的な狂信のみなのです．そうならないようにと「監視しなければならない」〔il faut les（この les は nos pensées のことです）donner à garder au chien〕のです．

FATALISME
宿命論 – とてもよくある見解であり，ある意味では普遍的ですらある．それによれば，起こらなかったことは起こりえなかったこと（運命〔destins〕の中にはなかったこと）だというのである．そしてそういう考えは後悔の念〔regrets〕といったものを取り除く．しかし，宿命論が後悔の念というものを取り除くのは人が可能なすべてのことをやったときだけである．それゆえ，行動する人たちこそが宿命論によって最も良く自分を慰めることができる人たちなのである．怠け者たち〔paresseux〕も同じように推論するのだが，出来事の前になのだ．そして，気掛かりから解放されようと，何をすることができたところで起こることは起こるのだ，と言うのである．この第二のやり方は合理的ではない．というのも，何が起こるかを人は前もって知っているわけではないからである．それに対して第一のやり方は成し遂げられた事柄に基づいている．だからこそいかなる他の出来事も不可能だったというのが実にもっともなのである．起こったことがそれを語っている．したがって宿命論は理性の一つの契機ではあるが，将来へとそれを拡張してはならない．しばしば宿命論は神〔Dieu〕がすべてをあらかじめ知っているということに根拠を置く．しかし，神についての最も深い概念は自由なる神という概念であり，言い換えればすべてをあらかじめ知っているのではない神の概念である．さらに言えば，あらかじめ何もかも知っているという概念は，将来も時間〔temps〕も消し去ってしまう．それらは永遠というものの相関概念なのである．

　宿命論は運命論と言い換えることもできるかもしれません．ただ，ここでは詳しく触れることはできませんが，次の講義で扱うことになる「**宿命（FATALITÉ）**」（▶p.346）と「**運命（DESTIN）**」（▶p.240）とを区別する立場もありそうです．例えば，宿命は人間の意志とは関わりのないところで決まっているものとし，それとは別に，人間が変えていけるものがあるとして（当の変えていけるものとしての）運命を考える立場です．いずれにせよ，アランはそれを区別する必要がほとんどないような議論をここでは立てているようです．なぜなら，「行動する人たち」は，将来がどのようになるかをあらかじめ知らないのだから，自分たちに可能なすべてをやってみるわけであり，それをやらない人たちとは歴然とした違いがある．簡単な話で，受験勉強をある程度しなければ難関大学に合格はまずできないでしょう．「行動する人たち」とは「人事を尽くして天命を待つ」人たちに違いありません．可能なことをやり尽くしているのですから，それ以上のことは，そもそも，もうできないのです．できないことなら仕方がないと割り切ることができる．その限りでは，何が起こっても受け容れるしかないとしても，やるべきことはすべてやった自分として「最も良く自分を慰めることができる」のです．さきほど少々触れたように，もし（変えていけるものとしての）運命を考えたとしても，その変化をもたらしうるすべてをやったあとならば，もうこれ以上は変えられないのであって，そこまでやればもう出来事を宿命と言われようとも自分は構わないという立場に行きついているのです．運命に関わることはすべてやった，宿命については受け容れるというわけです．

　ところが，「怠け者たち〔paresseux〕」はどうでしょう．将来がどのようになるかをあらかじめ知らないけれども，とにかく決まっているのだといって怠け者は行動しようとしない．難関大学に合格するかしないかはあらかじめ決まって

いるなどと言って受験勉強をしなければ，不合格にほぼ決まっています．アラン風に言えば，「将来へとそれ(宿命論)を拡張して」しまっているのです．自分の怠惰の理屈づけに宿命論を使っているだけの話です．

さて，近世ドイツの哲学者ライプニッツは次のように言います．

> 古人が怠惰な理由と呼んだ詭弁があり，古来人々はこれに悩まされてきた．なぜ怠惰かというと，この理由によれば何もしないことになる，あるいはせいぜい，わざわざ何もしようとはせず今ある快楽に身を任すことしかしない，ということになるからである．それというのも，論者によれば，未来が必然的なら私に何ができようとも起きるべきことは起きるだろうからである．ところで未来が必然的なのは以下の理由による(と論者は言っている)．第一に，神はすべてを予見し予定しさえして宇宙の全事物を支配しているから．第二に，すべては諸原因の連鎖によって必然的に生ずるから．そして最後に，真理の本性に基づいてもいるからである．つまり，真理は未来の出来事についての言明において，他の言明のときと同じように，決定されている．なぜなら，たとえわれわれが常に認識しているわけではなくても言明は常に真か偽かのいずれかでなければならないからである．未来を決定するこれらの理由は，それぞれ異なっているようでも，一つの中心に幾つもの線が集まるように結局はすべてが同じところに帰する．というのも，未来の出来事には諸々の原因によって予め決定されている一つの真理があるからである．そして神は諸原因を確立しつつこの真理を予定しているのである．[以上のような理由が主張されている．] ★021

しかし，たとえ決まっているとしても，どう決まっているかが，むしろ自分の今の行動に依存するという構造を考えることができるのだ，と主張する人たちがいました．その上で，確かに，自分がやるべきことをすべてやった後なら，起こることを愛することさえもできるでしょう．ニーチェが言う「運命愛」(amor fati)もそのようなところに成立するはずです．ニーチェは特にソクラテス以前の古代ギリシア哲学に強い共感を抱いた人ですが，そのギリシア的な「時間(**TEMPS**)」(▶p.800)の考え方，つまり〈直線的な時間〉ではなくて〈円環を描く時間〉を，「同一物の永劫回帰〔Die Ewige Wiederkunft des Gleichen〕」の思想として練り上げました．その思想を敷衍したハイデガーの文章をまず引用しておきましょう．

> 何が未来に生成するかは，ほかでもなく決断にかかる事柄であること，円環は漠とした無限なるもののなかで閉じられるのではなく，その切れ目のない接合点を抗争の中点たる瞬間のなかにもつこと，つまり，無限の回帰のなかにあってそもそも何が回帰するかを決定するのはまさに瞬間であり，そのなかに抗争し衝突するものを克服する力にほかならない，ということである．瞬間のなかには永遠が存在すること，そして瞬間とは，見物者のかたわらを須臾に過ぎゆくただの刹那の時，はかない今なのではなく，未来と過去の衝突なのであるということ，これが永劫回帰説におけるもっとも困難な，そして独特な点である． ★022

だがいったい何がすでに存在したのか，そして再来するとは，はたして何が再来するのであろうか．次の瞬間に存在するであろうところのものが，である．もしおまえが，現存在を怯懦(きょうだ)と無知のなかへ，し

★021──G. W. ライプニッツ『弁神論』(序文) p.18〔傍点引用者〕　　★022──M. ハイデガー『ニーチェ』pp.324-325〔傍点引用者〕

343

かもそれが伴うすべての結果と共に走りゆくがままに放任するなら，そのときにはまさに，そのままのものが再来し，すべてはすでに存在したそのままのものとなるであろう．しかしもしおまえが，次の瞬間を，そしてすべての次の瞬間を最高の瞬間たらしめ，その瞬間に発して結果を銘記し固持するなら，そのときには，まさにこの瞬間が再来し，この瞬間が，すでに存在したものとなっているであろう．〈それは永遠である．〉だがこの永遠は，おまえの瞬間のなかで，そしてただそこでのみ決定され，おまえ自身が存在者についてどう考え，存在者のなかでいかに自己を保持するかによって――おまえがおまえ自身に意欲し，また意欲しうるものによって――決定されるのである. ★023

そしてニーチェ自身の言葉も引用しておきます．

> 私は，いよいよもって，事物における必然的なものを美と見ることを，学ぼうと思う，――こうして私は，事物を美しくする者たちの一人となるであろう．運命愛（Amor fati），――これが今よりのち私の愛であれかし！　私は，醜いものに対し戦いをしかけようなどとは思いもしない．私は非難しようとは思わぬ，非難者をすら非難しようとは思わない．眼をそむけること，それが私の唯一の否認であれかし！　そして，これを要するに，私はいつかはきっとただひたむきな一個の肯定者〔Ja-Sagender〕であろうと願うのだ！ ★024

> 人間の偉大さを言い表わすための私の定式は運命愛（アモール・ファティ）である．すなわち，何事によらず現にそれがあるのとは違ったふうなあり方であってほしいなどとは決して思わないこと，前に向かっても，後ろに向かっても，永劫にわたって絶対に．必然的なものを耐え忍ぶだけではなく，い

わんやそれを隠すのではなく――理想主義というものはすべて必然的なものを偽り隠す嘘だ――，そうではなくて，必然的なものを愛すること… ★025

ニーチェ風に言えば，こうした運命愛にまで行きつけない者は，宿命論に足をすくわれ，怠惰の淵に沈むとでも言いましょうか．ニーチェが，「神は死んだ」と言うまでに，いたく「**キリスト教**（CHRISTIANISME）」（▶p.160）を批判していたのは周知のことです．しばしば宿命論は「**神**（DIEU）」（▶p.263）を立てる立場から主張されることをアランもこの定義の中でも述べていましたし，キリスト教の教義でも，実際，神の全知は主張されます．しかし，この教義自体が，これまで述べてきた理由によって，下手をすると人間を怠惰にするかも知れません．もっとも，神の全知や救霊予定〔prédestination，誰が救われて天国にはいるかは決まっているということ〕をむしろ逆手に取るようにして，〈どう予定されているかを知らない限り，自分の「**魂**（ÂME）」（▶p.069）が救われることを信じて一生懸命に働く〉というプロテスタンティズム的倫理も成立したのであって，それこそが資本主義の基礎となる勤勉の「**精神**（ESPRIT）」（▶p.322）だと，社会学者のマックス・ヴェーバーは『プロテスタンティズムの倫理と資本主義の精神』で述べています．いずれにせよ，怠惰な理屈から逃れる「**論理**（LOGIQUE）」（▶p.439）を展開しようとしていることだけは確かでしょう．ルター派として出発しているライプニッツは，また，次のようにもいうのです．

> 事物が神の予知と摂理によって決定されているといっても，それは絶対的に決定されているのではない．つまり，これをするかもしくはしないか，という仕方で決定されているのではない，そうではなく，その決定は事物の原因や理由によるのである．したがって，あるいはもし祈りや研鑽や苦労が無駄だと言う人がいたら，その人は，古人が

怠惰な詭弁と呼んだものに陥るであろう．[026]

ところが，アランは，「神についての最も深い概念は自由なる神という概念」，「すべてをあらかじめ知っているのではない神の概念」とまで言うのです．まるで全知を否定するような……．どういうことでしょう？　これは，恐らく，主知主義〔intellectualisme〕と主意主義〔volontarisme〕との分かれ道に私たちを立たせるのです．主知主義を主張すれば，永遠の知を認め，言わばすべては絶対的に決定されているのであって，自由な意志は否定される．主意主義を主張すれば，永遠の知が崩壊し，知の安定が脅かされるというわけです．神の全知と神の全能とは，私たちから見れば矛盾することになります．なぜなら一方は絶対的な決定性を，そして他方は絶対的な非決定性を語るように見えるからです．そして，多くの場合，知の不安定性を回避するために，人は主知主義へと流れていくのです．

> 真理の商人たちのあいだには，彼らが主意主義と名づけたものを高飛車に排撃する点で，あらゆる時代に一致があり，彼らの目にはそれが，まさに一種の病気のように映るのである．[027]

確かに知は重要なのでしょうが，その知が永遠という名の下に硬直化し，新たなものを見えなくしてしまうこともありそうです．「**永遠な（ÉTERNEL）**」（➡p.328）知には，凍りついたような美しさはあるかも知れない．多くの数学者が永遠な数学の体系を信じるかのようなプラトニストであることも知られています．しかし，私はそのような「**美（BEAU）**」（➡p.120）と心中したくはないのです．

演繹的に扱える限りの事柄にも数学について見たようにそれなりの言わば凍りついた見事な美しさがある．けれども，その美しさに寄り添って寒さを通り越した心地よさの中で凍死するのが人間の行くべき道ではあるまい．[028]

自ら解析幾何学を創始した数学者でもあったデカルトが，数学的真理をも含む「永遠真理」が神の意志によって創造されるものだと主張したことは興味深い．いわゆる「永遠真理被造説」です．さきほど述べた神の全知と神の全能との矛盾について言えば，私たちから見た矛盾をそのまま神というものへと投げ込むことが正当化されるかと問い，少なくとも意志を知性へと還元してしまうことを「永遠真理被造説」は拒否しているのです．

重要なことは〈矛盾〉とは〈われわれにとっての〉矛盾（いわば矛盾する）ということであって，そのようにわれわれの思い描く矛盾をそのまま神の本性に関して語るなら，その意志を知性に還元することになり，かくて神の完全性を破壊することになろう．そのような見解は，たしかに，〈主知主義〉的な神の概念として常に有力な立場を保持してきた．しかし，そのように神が創造の営為において〈事物の本質の秩序〉を課せられるとする見解は，「神を運命に従わせる」ということを意味するのではないか．〈否，課せられるのではなく，自発的に引受けるのだ〉と反論してみても，〈所与性〉を払拭することにはならない．神は〈永遠の今〉として一瞬一瞬その都度作用し始めるのだと主張してみても，実際には，〈与えられた以上は止むことのない持続〉の〈端〉として精々可能的に概念されるにすぎぬのである．〈永遠真理被造説〉はまさにそのような主知

★023──同書, pp.412-413〔傍点引用者〕
★024──F. ニーチェ『悦ばしき知識』p.289
★025──F. ニーチェ『この人を見よ　なぜ私はこんなに利口なのか』p.62〔傍点引用者〕
★026──G. W. ライプニッツ『弁神論』（「神の大義」）p.265〔傍点引用者〕
★027──アラン『わが思索のあと』p.49
★028──拙著『モナドロジーの美学──ライプニッツ／西田幾多郎／アラン』pp.15-16

主義的見解を斥ける.[029]

実際，ロックもスピノザもライプニッツも，デカルトの「永遠真理被造説」を拒否していたのです. アランはこの定義の末尾近くで「あらかじめ何もかも知っているという概念は，将来も時間も消し去ってしまう」と書いていました.「永遠というものの相関概念」としての「将来」や「時間」が消え去るというのです. 永遠なものを立てるがゆえに，時間も将来も消えてしまうというのです. 永遠なものを立てることが時間を止め，将来を閉ざすということなら，比較的身近に感じることのできるものなのではないでしょうか. 例えば，次のように.

だれでも悲しみの中にいるときは，危機をこれ以上進めたくないと思い，時間を否定するものだ. もっと悪い場合には，過ぎ去った時間，幸福な時間へと舞い戻って行く.[030]

人は，恋が終わろうとするとき，上の引用と同じようなことをやっているはずです. そうなった恋人たちの少なくとも一方は過去形をもって語り始める.「あのころは幸せだったじゃないの……」，と. いいえ，終わりかけた恋だけではありません. 始まりにさえ，時間の拒否がある. この信じられないような幸福の瞬間が過ぎてしまわないようにと人は祈りたくなるのです.「時間よ止まれ！」，と. 要するに，そこにあるのは「永遠への欲望」です.

時間の感情的な拒否は，具体的な過去の名における具体的な現在の拒否なのであり，時間のある瞬間の時間の別の瞬間の名においての拒否なのである.[031]

〈私とあなたは，こうして出会う運命だった. 永遠に決まっていたことなんだ！〉などという言葉は耳には心地よいかも知れません. しかし，それはあなたが人事を尽くした過去についてだけにしておいた方がいいでしょう. 未来へとそれを外挿してしまうとき，人はきっと足をすくわれ怠惰へと身を沈めていかないとも限らないのですから.

信義なくして成長する愛など，世にはない. 選択は最善のものではなかったという不吉な考えを抱けば，これによって滅びぬ愛はない. 私は更に言う. 選択を支えるために全身を投げ出すのでなければ，選択は最善であったという考えも，やはり人を欺きかねない. 実行しないで待っていれば，世に幸福はなく，苦もなく人を喜ばせるものは，長く喜ばせはしない. 欲することを行うのでは，幻に過ぎない. 欲するものとなるのも，やはり幻だ. 行うことを欲しなくてはならないのである. 選んだことを後悔させぬような仕事はない. なぜならば，選んだ時には，別のものと見ていたのだから. それで，人の世は歎きに満ちている. よく選ぶことなどに意志を用いず，すべての選択をよくすることに意志を用いたまえ.[032]

宿命論の中には，意志と知性との相克が隠れていたのです.

FATALITÉ
宿命 — 前もって言われた〔fatum〕あるいは書かれたことである. それは一つの通俗的な考えであって，それによれば，ある物事（例えば，自動車事故）が起こる前に，それが起こるということはすでに真であったというのである. 宿命論〔fatalisme〕は弁証法的〔dialectique〕である. 言い換えれば，宿命論は，論理的な（つまり言葉における）必然性〔nécessités〕が，物事の必然性で〔も〕あると想定している. ところが，ある物事は，それが生じると推論の証明するただそのことによってのみ生じるものではない. 自然は，〔何かが〕現存するとか，

無いとか，隔たっているとか，出会うとか，ぶつかるとか，そういうことによって進むのであって，推論によって進むのではないのだ．

fatalitéの語源となるfatumという語はラテン語です．ラテン語の"for"つまり「語る・話す」という言葉に由来しているのです．まさに〈言われたもの〉なのです．この定義のフランス語原文でも"ce qui est dit (fatum) ou écrit"と表現されていることに注意してください．dit は dire（語る・言う）という動詞の過去分詞ですし，écrit は écrire(書く)という動詞の過去分詞です．あたりまえのことですが，「語る」も「書く」も言葉に関わっていますね．この「言葉」というものが，実は，この定義の主題となってもいるのです．実際，この定義の中で，「真」というものをアランは問題にしています．真とか偽とかいうのは「命題」に関わる事柄です．命題とは，判断の内容を言語で表わしたものに他なりません．例えば，〈米山優は2017年10月22日の午前10時30分に地下鉄本山駅の傍で自動車事故に遭う〉といったような．そういう自動車事故が実際に起きれば，その命題は真であり，起きなければその命題は偽です．ところで，そうした命題に関して，当の自動車事故が起きる前にも，その命題は真でありうるという考えが**「宿命論（FATALISME）」**（→p.342）にはあるわけです．宿命論は，その意味では，〈言葉通りになる〉ということを含意するわけです．ところが，そこには空虚さが漂う．なぜなら，実際には，〈どのように決まっているか〉を言わないか，たとえ言ったとしても，それを破ることができるからです．大森荘蔵氏は，それを「空虚な決定論」と呼びました．

　　空虚な決定論の空虚さは，ただ世界の動きが決定しているというだけで，どう決定しているかについて何も述べない点にある．★033

もし述べてしまえば，それを破れる自由くらいは人間にあるからというのです．

　　予言に反することのできる自由…〔中略〕…これを簡単に〈予言破りの自由〉と呼んでおく．今私の次に行う行動について予言が具体的になされたならば，その予言がどちらを言おうともその予言と異なる行動がとれる，という言い方である．君は次に立ち上る，と予言されれば坐ったままでいる，坐ったままだろう，と予言されれば立ち上る，この自由である．★034

では，大森氏の主張にもかかわらず，なぜ，さきに触れたように，〈言葉通りになる〉場合があるのでしょうか．つまり，なぜ，宿命という通俗的考えが流布するのでしょうか．少々，考えてみましょう．まず次の確認です．

　　宿命論とは，将来この世で起こることはすべて書かれている，もしくは予言されていると信ずる心的状態〔disposition〕にほかならない．★035

「信ずる」というところが味噌です．実際，次のようになるのではないでしょうか．

　　出来事を予言する人自身が出来事の一部をなしており，そこで予言が原因となるのである．予言は人がそれを信じたというだけで当たることがある，とまで言わねばならない．★036

占いの言葉に影響されてしまうというのがわか

★029──福居純『デカルト研究』p.99
★030──アラン『芸術について』p.95
★031──F. アルキエ『永遠への欲望』p.141
★032──アラン『思想と年齢』pp.388-389〔傍点引用者〕
★033──大森荘蔵『言語・知覚・世界』p.124
★034──同書, p.148
★035──アラン『思索と行動のために』p.262〔傍点引用者〕
★036──アラン『人間論』pp.313-314〔傍点引用者〕

347

りやすい例でしょう〔「占い師(DEVIN)」(▶p.244)〕．他人によって自分について表現されたものを信じすぎて，実際にそうなってしまうのです．そんなことはいくらでもある．例えば，自分の「性格(CARACTÈRE)」(▶p.146)というやつです(そういえば，占いには「性格」が付きものですよねぇ)．自分はどんな性格なんだろうなどと問い，その答えを言葉に求めてしまうことがよくあるはずです．特に，マイナスの性格についてはそうだと言っておきましょう．

　　子供はむろんのこと，大人でさえも，過ちを犯すとそこに宿命を読みとろうとする傾向があまりに強い．さらに，審判者の権威がそこに加われば，人々は自分に絶望してしまうし，自分がこういう人間であると他人が信じ，自分でも信じている姿を，夢中になってあらわすようになる．[037]

例えば，〈自分は神経質な性格だ〉と思い込むことに関わる幾分かの原因は，〈お前という人間は神経質なやつだなぁ〉などと過去に言われたことによったりする場合がある．つまり，「性格は意見によって作られるのである[038]」とも言われうる要素があるのです．他人からレッテルを貼られると，実際にそうなっていくという傾向が少しはあるということです．「落ちこぼれ」と言われれば，〈どうせオレは落ちこぼれさ〉といって，それにふさわしい態度を表わすようになる．貼られたレッテルを承認してしまうのです．確かに，それは愚かです．宿命との関わりに戻るならば，次のようになります．

　　誤り，あるいは愚かさに応じて，そのたびに，あるいはほとんどそのたびに，予言したことが実現される．[039]

そこでは，人は，いうならば言葉というものに身を委ねてしまっているのです．言葉が人を支配している．アランは，定義の中で，「宿命論〔fatalisme〕は弁証法的〔dialectique〕である」と書いていました．この指摘が，まさに言葉に密接に関わっているのです．というのも，言葉同士の関わりによって物事を吟味・理解しようとするかに見える方法が「論理学」であり，その一つとして「弁証法(DIALECTIQUE)」(▶p.258)があるからです．弁証法というのは，もともとはプラトンの対話篇に登場するソクラテスの「問答法」(διαλεκτική)に由来します．[040]つまり，対話を重ねて真理の認識に至ろうとする方法です．それを近代ドイツ観念論の哲学者ヘーゲルが独自の仕方で哲学の方法論にしたわけです．

少しヘーゲルの弁証法について述べておきましょう．例えば，「ある」という言葉は，〈何が，どんなふうにある〉かを言わなければ，かなり空虚です．つまり「無い」との違いがありません．その意味で，ただ「ある」と言っただけでは「無い」へとすぐ移行してしまう．ある立場をただただ頑固に主張(定立)したところで，それとは反対の立場が即座に成立してしまう(反定立)ようなものです．そしてもしこの反対の立場が，今度は，それ自身も執拗に自分の立場を主張すると，例えば〈無いものは無いのである〉(無は無である．Nichts ist Nichts.)と強硬に主張したところで，〈ある〉(ist，ドイツ語のsein〔英語のbe動詞にあたる〕)という言葉を使いながらおのれを主張せざるをえない．こうして，「無い」も「ある」に移行してしまうのです．この双方の立場に両者が共に固執し続けるならば，行ったり来たりが繰り返されるだけです．要するに，押し問答ですね．両者の意見は突き合わされれば矛盾してしまうからです．〈あり，かつ，ない〉〔形式論的に書けば，矛盾とは，例えば，A・〜A，つまり「A」であると同時に「非A」である〕といったようにしてです．そのレベルに留まるなら，両者共に自分の殻に閉じこもったまま，形式的な「論理(LOGIQUE)」(▶p.439)を用いて，相手を攻撃し続ける．

　　相手の言葉を絶対に理解しまいと決意した人間は，しばしば，誠実に真理を求める人間として振舞うものである．[041]

ところが，もし，その〈行ったり来たり〉そのものに注目すれば，そこには「ある」でも「無い」でもない何かが生じている．それは移行であり，生成です．「ある」と「ない」とが，抽象的な立場に留まりつつ，押し問答している姿は，一段上から観うる者には，「なる」という事態であることがわかる．ただただ自己の主張に固執するのではなく，固執すれば消耗な〈行ったり来たり〉であることに気づいて，一段上に上がることを意志するならば，双方が自らの主張を和らげ，相手の主張を取り入れるという態度が成立しうると信じること（ただし，それが常に可能かどうかは問題です）．そこには，恐らく，「愛」が必要です．「ある」と「ない」の同一平面に留まるのではなく，「なる」という一段高い概念を発想するには「あい」が必要なわけです．そこには，言葉による争いを超えて，「愛(AMOUR)」(▶p.076)という〈意志に基づく行為〉が必要でしょう．その営みをヘーゲルは「止揚する〔aufheben〕」と言ったのです．しかも，それは，抽象的な対立が具体的な解決へと一歩踏み出すことでもある．

> 矛盾は私たちの思考のなかの小さな偶発事ではなく，反対に私たちは矛盾を乗り越えなければ思考できないということを，読者は十分に思い出すだろう．そして，対立した提説はその解決にくらべていつも抽象的であり解決のほうが具体的なものだということをもう一つ指摘すれば，私たちはほとんどそのままで，ヘーゲル論理学の抽象のなかへはいる．★042

アランは，この場面について，さらに次のように書いています．

> 有と非有との最初の対立が生成を含んでいるのではない．もし含んでいるとしたら，ただ同じことを繰り返す論理を展開するだけだということになるだろう．最初の対立から出発して生成を考えることは，順序の論理に従って，つぎの項を発見することである．そしてヘーゲルの弁証法は連続した発想であり，その規準は，だんだんに複雑化して学問と自然と人間をあるがまま，見えるがままに説明することであり，さらにどの移行においても，おのおのの移行が観念をもつように観念を形成するという一見不可能に見えることが，厳密な規準になっている．★043

「生成」という観念(考え)を形成しなければならないのです．アランはそれを発想と言いました．私は，その発想のためには，（意志的な）愛が必要だと考えます．しかし，弁証法にそこまでの意志的な働きを読み込まないで，言葉の関係だけで考えてしまう人たちがいます．論理に踏みとどまってしまうのです．

ヘーゲルの論理学の精神は，論理学にとどまりえないことにあるのに，多くの人は論理学にとどまる．★044

実を言うと，アランは，この「宿命」の定義の中で，そういうことへの「警戒(ALARME)」(▶p.058)を表明しているわけです．「論理的な（つまり言葉における）必然性が，物事の必然性で〔も〕あると想定している」宿命論者たちはそういう人たちの典型です．教条的なマルクス主義者たちにも，そういう人たちがいました．資本主義国家の崩壊と共産主義国家の成立は「歴史的(すなわち史的唯物弁証法の)必然」だと主張したのです．理論(言葉)は必ず現実化するというわけで

★037──アラン『思索と行動のために』p.263〔傍点引用者〕
★038──アラン『人間論』p.253
★039──同書，p.246〔傍点引用者〕
★040──dialectique〔フランス語〕，Dialektik〔ドイツ語〕．ギリシア語のδιά〔を通じて〕＋ λέγω〔語る〕が語源．
★041──清水幾太郎『倫理学ノート』p.209
★042──アラン『イデー(哲学入門)』pp.226-227〔傍点引用者〕
★043──同書，p.232〔傍点引用者〕
★044──同書，p.224

す。確かにヘーゲルも「理性的なものは現実的であり，現実的なものは理性的である〔Was vernünftig ist, das ist wirklich, und was wirklich ist das ist vernünftig〕という言葉を残しています〔『法哲学綱要』序文〕。しかし，それは，おそらく，愛ある行為によってのみそうなのであって，放っておいても論理的にそうなのではないでしょう。さきに触れたニーチェの「同一物の永劫回帰」思想とも突き合わせてみてください。

ヘーゲルが（俗語をつかえば）汎論理主義をたてたことは本当だが，それはただ，論理の不十分を明らかにした同じ動きが，生きた精神にもどることによって私たちを変化に富んだ自然の観想へ導き，つぎには行動へ導く動きになるということを，意味するにすぎない…〔後略〕

私たちは，おそらく，「論理は論理自身の動きによって否定される」という場面に立ち会わなければならないのでしょう。宿命は，論理的な態度であったわけです。ただし，悪い意味で。

FAUTE
間違い – 人々に与える損害の大きさによってだけでなく，その本性そのものによっても，罪〔crime〕ほどではないもののことである。そしてそのことが，間違いというものを過誤〔erreur〕へと近づける。人がゲーム〔jeu〕において間違いをおかすのは，ゲームのルールには疑わしいところがないのに，そのルールに背くときである。政治における間違いもまたそのようなものである。それらは陥ってはならない過誤なのである。精神〔esprit〕は，そのとき，弁解の余地がない。精神は自分自身に背いているのである。それとは違い罪は激高〔emportement〕の結果であって，それについて精神は大したことができない。

参考のために例のフランス語の類語辞典を引いてみると，

Faute : toute action mauvaise à quelque degré que ce soit, parce qu'elle offense les prescription de la morale, de la religion, les usages, les convenances. （間違い：何らかの度合いにおける悪い行いのことである。なぜなら，それは道徳の命法や，宗教的命法や，慣例やしきたりに背くからである。〔傍点翻訳者〕）

とあり，crimeの方は次のようになっています。

grosse faute, odieuse et très blâmable. （忌まわしく，非難に価する，ひどい間違い．）

また，次のようにも注記されます。

Dans un sens plus précis qu'on retrouve en droit, crime se dit des infractions les plus graves à la loi morale et à la loi civile que le *Code pénal* et les lois punissent des peines afflictives et infamantes. （法律において見出されるようなもっと厳密な意味において，罪は，道徳法則とか市民としての定め〔民法 droit civile とは書いていない〕に対する違反について言われ，刑法その他諸法が体刑・名誉刑で罰することになる。）

これでもわかるように，「間違い」と「罪」との両者は確かに程度が違うようです。しかし，アランはここで，「その本性そのものによって」という規定を付け加えています。それはどういうことでしょう。その説明が定義の後半で述べられることになるのです。いずれにせよ，単なる程度問題とは違う事柄をアランはここで語ろうとしていることがわかるでしょう。誤謬〔erreur〕論に託してのことです。

「ゲーム〔jeu〕」〔〔遊び〕JEU〕（▶p.427）〕の例はわか

りやすい．ルールを知らないのではそもそもゲームができませんが，そうではなくて一応はルールを理解している場合です．そのルール自体は疑わしくないのに，それに背くときに〈間違いをおかす〉と言われるのだというのです．疑わしくないというのですから，厳然としてあるルールを当事者はそれを承知していながら，それにあえて背いている．でも〈うっかり間違っちゃった！〉なんていう場合を思い浮かべて，このあたりに疑問を抱く人もいるでしょう．もっともです．少し考えてみましょう．つまり〈うっかり〉とはどういうことかと問うのです．〈うっかり〉なのですから，〈わかってはいたんだけど……〉ということでしょう．しかも，その際，別に冷静さを失っていたわけでもありません．確かにそのルールを重視するほどには意識していなかったというのはあるでしょう．注意力が散漫であったりというような……．でも，それはやはり，注意力散漫であった当人が責められるべきものです．交通事故における「前方不注意」みたいにね．「弁解の余地は無い」というわけです．

ところで，アランはここでどうして政治の例を出すのでしょうか？「政治における間違い」もそんなものだと言うのでしょうか？　それはアランの政治観が大きく作用していると思います．

アランによれば，政治の本来の目的は衣食住という基本的な生活の保証にあり，秩序はその条件となる．そして，この線にとどまるかぎり，政治はとくに人々の関心をひくものではない．けれども，人間の本性，とくに情念の本性から，政治はこの正しい線にとどまりえないというのが事実であり，ここにアランの政治批判が始まるのである．★052

要するに，政治というものは，衣食住の保証のために基本的なことをルールと共に遂行すればいいのだけれども，「情念の本性」によって，そこから逸脱して間違いをおかすというわけです．わかっていながら，人と人とのやりとりに伴う人間的な摩擦を機縁に，その基本的なルールから逸脱したことをやってしまう．例えば，政治家や官僚やらの面子が，必要のないダム工事を推進したりとかは日本でもよくあることですよねぇ．その不必要さを本当は理解しているのに，例えばそれを推進しなければ面子が潰れるという怒りや自尊・名誉といった情念に駆られて間違った判断を下してしまうのです．繰り返しますが，後に「激高〔emportement〕の結果」である「罪〔crime〕」〔「罪〔PÉCHÉ〕」（▶p.561）〕と対比されるように，ある程度は冷静でありながら背いている場合なのです．そうした間違いを，「陥ってはならない過誤」だとアランはいいます．なぜでしょう？　もちろん，その間違いをおかす当の時点においても本当はなすべきことを知ってはいながら背いているからです．つまり，「**精神〔ESPRIT〕**」（▶p.322）はきちんと働いているのに，精神が自分自身に背いているからです．そこには曲がりなりにも判断が成立しているからです．

それに対して，「罪」は，冷静さを失ってこそ，大抵は起こるものだとアランは言いたいのでしょう．いうならば，思考も判断もそこでは本当は吹っ飛んでしまっているのです．それにもかかわらず，判断できると自分では思っている．

激しい感情のあらわれは，外側の事件に出会ったおりの人間の弱さをしめすものにすぎない．諸君が諸君の思考の舵をとること

★045──もちろん，伝統的には，キリスト教的な考え方のなかにずっと受け継がれてきた，「はじめに言葉ありき．言葉は神と共にありき．言葉は神なりき．」という新約聖書「ヨハネによる福音書」の冒頭があったでしょうし，そしてさらに〈受肉した言葉〉こそがイエスだったわけです．

★046──拙訳，以下の文献を参照．G. W. F. ヘーゲル『法の哲学』（「［世界の名著］ヘーゲル』）p.169

★047──アラン『イデー（哲学入門）』p.230〔傍点引用者〕

★048──同書，p.227

★049──H. Bénac, *op.cit.*, p.379

★050──Ibid.

★051──Ibid.

★052──アラン『人間論』p.270（訳註）〔傍点引用者〕

★053──長良川河口堰とか有明湾の干拓とかが私の念頭にあります．

をやめるやいなや，舌を動かすだけでひとりでに愚かしさが出てくる．[054]

統御されてもいない（思考の舵をとることのできていない）心の動きなど，「思考」という名に値しないという見解がアランにはあります．

要は，思考というりっぱな名称を，魂の刻印をもつものだけにとどめておきさえすればいい．こうして，われわれの秩序立った認識は思考に属する．われわれの選択され，同意され，磨かれた愛情は思考に属する．われわれの決意や誓いは思考に属する．これに反して，気分の動きは断じて思考には入らない．本能の反応は断じて思想には入らない．疲労も思考ではない．[055]

言わなくてもいいようなことを，「**怒り**（COLÈRE）」(▶p.180)にまかせて言ってしまった経験など，ありふれたものでしょう．後で思い出して「**後悔**（REMORDS）」(▶p.687)する．なぜならあの時は冷静さを失っており，冷静さを取り戻した今とは全然違うからです．冷静な今なら言わないことだったからです．でもその自制ができないほどに「激高〔emportement〕」〔「**高ぶり**（EMPORTEMENT）」(▶p.302)〕していたからです．そう，「それについて精神は大したことができない」のです．〈はらわたが煮えくりかえる〉ような，〈血液がたぎる〉ような身体的な状態にあっては，理性は無力だというのです．デカルトは『情念論』のなかで，人間の「**情念**（PASSION）」(▶p.544)について自分の哲学的立場から分析を加えた後，次のように記しました．もう一度，引用します．

血液が上述のように動揺させられるのを感ずるときには，想像に現われるすべてのものが，精神を欺こうとする傾向があり，情念の対象を善いと信ぜしめる理由を，実際よりもはるかに強いもののように精神に思わせ，情念の対象を悪いと信ぜしめる理由を，実際よりもはるかに弱いものに思わせる傾向がある，ということをよく知って，これを思い起こすようにすべきだということである．そして情念が善としてすすめる事がらが，その実行をいくらか遅らせてもよいようなものであるとき，その事がらについてただちに判断をくだすことをさし控え，ほかのことを考えて心をまぎらせ，時の経過と安静とが，血液の激動をまったくしずめてしまうまで待つべきである．そして最後に，情念の促すところが即座に決心をしなければならぬような行為であるときには，意志は，情念が示す理由とは反対の理由——それがより弱く思えるにしても——を特に注視して，それに従おうとしなければならないのである．[056]

デカルトは，身体器官の構造や働きの記述を中心にしてこうした事柄を述べましたが，アランはそれをさらに具体的に次のように敷衍しています．

怒りの発作が起こっているときには，どんなにすぐれた議論でも全く無益である．しばしば有害でさえある．怒りを刺激するようなすべてのものを，議論が想像力に思い出させるからである．[057]

さらにもっと具体的に言えば，次のようになります．

他人から無礼な仕打ちをうけた人間は，まずそれが無礼であることを確認するため，あれこれといろいろな理屈を考えだすことだろう．かれは事態を悪化させる事情をさがしだそうと努め，そしてそれを見つけ出すことだろう．先例をさがそうと努め，そしてそれを見つけだすことだろう．かれはこう言うに違いない．これこそおれの正当な怒りの原因だ．おれは断じて怒りを静めて楽になろうとは思わない，と．これが最

初の瞬間である．その次に理屈がやってくる．人間というものは驚くべき哲学者なのだから．そして人間をもっと驚かすのは，理性が情念に対してなんらの力ももちえないということである．★058

ではどうしたらいいのでしょう？ こうした際には〈理性に頼れない〉のであれば，どんな方策が私たち人間には残っているのでしょうか？ ひとことで言えば，〈身体を使うこと〉が残っているのです．

情念にかられている人々は，適当に規制された姿勢や動作には最も激烈な情念をすら和らげる力があり，けっきょくすべての情念を鎮めてしまうなどということを決して信じようとしない．しかしわれわれの力は正にここに存するのである．われわれの意志が何の仲介もなく，何の内的障害もなしに直接働きかけるのは，われわれの筋肉の活動に対してなのだから．だがその代わり，われわれはただ思想のみをもって筋肉の嵐（あらし）に抵抗するとき全く無力である．★059

身体を介して心を統御するとでもいうべき事態こそが注目されるべきなのです．「もっとも稀有な知恵は，思考能力を統御することにあり，これは一種の手管なしには行なわれない」★060 とアランは書いています．

口をあけていては i の音を考ええないように，手のひらを上にむけ，手をいっぱいにひろげてさし出すときは，怒ってはいられない．怒りがすぐぬぐい取られないなら，所作が悪いのだ．だれしも観察しえたことと思うが，私たちの手ぶりは，私たちの気分，執着，拒否，不信を，こまかいところまで表出する．逆に，手をすこしでも動かせば，気分や意見はいくらか変わるのであり，とくに意見が気分だけのものであれば，じつに変わりやすい．★061

そして，身体を統御することで精神を統御すること，それこそが芸術のなしとげようとしていることだということにも注意しましょう．

芸術はその根源において人体の訓練であり，また，アリストテレスが望んでいるように，情念の下剤である．ところで，情緒を訓練するにはふたつの方法が考えられる．ひとつは我々の肉体を，その運動と音声を訓練する方法であり，そこから，舞踊，唱歌，音楽，詩といった第一系列の芸術が生れる．もうひとつは，情緒に対象をあたえるために世界を造形する方法であって，建築，彫刻，絵画，素描などはそれに属する．★062

古代の叡智は思想と生活を分離しなかった．そして彼らの最も不変の教義は，情念を規制するために，身体を統御することを目ざしていた．★063

古代だけの話ではないと私は思います．もっとも現代において，そうした身体に関する考察が重視されているとはいいませんが．いずれにせよ，「芸術は思考の始まり」★064 とさえ言えそうなのです．だからこそアランは，ヘーゲルの「**美学**（ESTHÉTIQUE）」（▶**p.324**）を念頭に置きながら，次のように述べたのでした．

もしまったく哲学がないとしたら芸術は

★054──アラン『感情 情念 表徴』pp.277-278〔傍点引用者〕
★055──アラン『思索と行動のために』p.382〔傍点引用者〕
★056──R.デカルト『情念論』p.256〔傍点引用者〕
★057──アラン『幸福論』p.195
★058──同書，p.62〔傍点引用者〕
★059──アラン『芸術論集』p.101〔傍点引用者〕
★060──アラン『思索と行動のために』p.363
★061──アラン『人間論』p.205〔傍点引用者〕
★062──A.モーロワ『アラン』p.93〔傍点引用者〕
★063──アラン『諸芸術の体系』p.311
★064──アラン『芸術について』p.103

353

まったくないだろうと言うことはできない。しかし逆に，もしまったく芸術がないとしたら哲学はまったくないだろうと言わなければならない。[065]

FAVEUR
気に入ること — 選り好みの感情〔sentiment〕であって，しかも利点〔mérite〕を第一に問題としてはいないものである。気に入ることがとりわけ不公平だというわけではない。お気に入りが顕わになるのは，たいてい，資格が同等であって，親しさや安全性や都合のよさが同じでない場合である。お気に入りは，個人的な秘書を選ぶとか，自分自身の代理人を選ぶとか，あるいは，もし王様なら首相を選ぶといった場合に，自然に発動する〔jouer naturellement〕。なぜなら，そのようなポストに自分の気に入らない人物を選ぶには，よほどの，滅多にみることのできないような，利点がなければならないからである。

この定義については，あまり述べることがありません。そこで，この定義の中で，「自然に発動する」〔jouer naturellement〕という言い回しを機縁として，「自然に」ということについて考察を進めてみましょう。要するに「自然に」とか〈自然的な〉とはどういうことかを考えてみるのです。

それは，ざっくりと言ってしまえば，〈放っておいても〉そうなることでしょう。言い換えると，〈あえて意志し，「決断（RÉSOLUTION）」（→p.715）することなくとも〉そうなることでしょう。自然という言葉を取り込んで言うのなら，〈自然のメカニズムの結果として〉というのが「自然に」ということでしょう。そのコンテクストが明らかに見えるのは次のような場合です。

> 涙は気高さのしるしであって，この自然な出血は，どれほどの血の圧迫，どれほどの血の脅迫があったかを如実に示しています。[066]

> 涙は，鼻腔を中心とした緩衝組織に結びついた一種の自然の瀉血と考えることができる。[067]

「自然な出血」とか「自然の瀉血」とかいうのは，まさに〈自然のメカニズムの結果として〉そういうことが起きると言っているわけです。容器に水が溜まっていき，ついには流れ出す感じです。そしてそうしたことが身体に生じると同時に，そういう事態へと導いた心の動揺が幾分か治まる場合もあります。〈泣いてスッキリしちゃった！〉というような場合です。「涙は苦痛の緩和を告げている」[068]わけです。けれども，それだけでは解決しないこともある。だからこそアランは次のように言います。

> くりかえし私は，涙は人を鎮静させると言ってきたが，それは身体的にしかすぎず，半分の真理でしかない。涙に身をまかせてしまえば，生を中断してたちまちこれを破壊する完全な絶望からは救われるが，同時に，自分の無力を痛感することになる。[069]

〈泣き叫ぶ〉という日本語の表現がありますが，まさに〈叫び〉も「自然な」ものでありえます。

> 叫びは筋肉のあらゆる収縮による自然的結果にほかならない。[070]

> いみじくも名づけられた情動が筋肉のあいだを駆けぬけるやいなや，人間の肉体という機械はたちまち，ふるえたり，走りだしたり，許しもなく動悸をうったりする。そのため，叫び声をあげたり，なんの意志もないのに記憶のひだに従って言葉を口走ったりする。[071]

そして実は，ここから歌・音楽を語る機縁が摑まれます。雑音と楽音との区別が見えてくる

からです.

歌は叫びを規制する. でなければ, 叫びというものはおのずと狂乱へと赴くもので, これは口論というものを見ればよくわかる.[★072]

人間の歌の要素としての楽音は, 自然を克服するのです.[★073]

音楽的な音とは, 制御された叫びです. 何のことでしょう？ その叫びが自分自身を模倣し, 自分自身に聴き入り, 自分自身を存続させるような, そういう叫びのことです. 体全体を制御しないかぎりそんなことはできません. あらゆる痙攣, あらゆる怯え, あらゆるのどの詰まりは, 音をただの雑音に戻してしまいます. だから音楽とは, その根源において人間の体の統率をあらわすはずであり, まさにあらゆる情念の純化もしくは浄化をあらわすはずです.[★074]

歌は, 人体という建築が救われたことを表現し, まっすぐに立った, 気品のある体形を表現している. 本当の歌い手には, 神のような立ち姿が, きっとみとめられるものだ. 自分を同じ状態に保ち, 自分を模倣し, 自分に聴き入っているこの叫びは, なんと力強いか. これは, 思いどおりに開始し, 変転し, もとにかえり, そして終結する叫びなのだ.[★075]

こうして, 私たちは「美(BEAU)」(►p.120)というものが立ち上がってくる場面に少しは近づける気がするでしょう.

規則に従ってうたうようにわれわれを誘う音楽は, 本質的に動物であるところのものによって, すなわち叫びによって, 秩序と美とをつくりながら, われわれの肉体全体を, 内がわから鎮めてくれるからだ. われわれの全身全霊を変える, こうした表現のしかたを, 美と呼ぼう.[★076]

美しい型というものは, 自然のままに放っておけばほんのちょっとした不安から苦痛をつくり出す情動のはげしさから, 人間を解放するものだからだ.[★077]

叫びから音楽へ, 言わば下から上へと移行していかなければならないのですが, それでもその移行は, 叫びを捨て去ることでも, 下を無視することでもありません. 言い換えれば, 自然は言わば克服されながらも捨て去られるのではないのです.

美しい形態は自然から出て, いつまでも自然に結びついているように思われます. 美しさというものは, すでに詩や音楽で理解したように, 下から上へと発展するものです.[★078]

捨て去るのではなく, 統御すること. それがポイントでしょう. それが〈あえて意志し, 決断する〉ことの現実的な姿なのでしょう.

芸術は, おそらく, 現実的な意欲の最高の模範であろう. なぜならば, すべては霊感によるが, 霊感は統御されねばならないからである. 自然に反して詩を作るわけにはゆかぬ.

★065──アラン『イデー(哲学入門)』p.310
★066──アラン『芸術についての二十講』p.38
★067──アラン『思索と行動のために』p.329
★068──アラン『諸芸術の体系』p.144. 次の文章も味わってみてください.「涙というあの悲しみ苦しみのしるしは, じつはむしろ慰めのしるしと解したがいいわけだ. 賞賛の念をおぼえたときに, 不意に涙が, なんらかの予備的な苦痛ももともなわずにあふれ出ることがあるが, そのわけもこれで解ける」(アラン『彫刻家との対話』p.67)
★069──アラン『思索と行動のために』p.330

★070──同書, p.175
★071──アラン『感情 情念 表徴』p.216
★072──アラン『神々』p.135〔傍点引用者〕
★073──アラン『芸術についての二十講』p.71
★074──同書, p.26〔傍点引用者〕
★075──アラン『文学折りにふれて』p.15
★076──アラン『芸術に関する101章』p.131〔傍点引用者〕
★077──アラン『思索と行動のために』p.409〔傍点引用者〕
★078──アラン『芸術についての二十講』p.176〔傍点引用者〕

355

だがまた，自然は詩を作りはしないのだ．[079]

ですから，そうした現実的な意欲は，〈能天気に，成るがままに生きること〉とは違うのです．

自然的かつ自発的に〔これはもちろん，〈自然な発現〉という感じですよね〕生きることへの拒否，および，みずからを認め，拒み，あるいはつくりなおすために自己に頼るという考えは，まさしく，対立や拒否や判断のなかではたらく意識によって人間を完全なものにする…〔後略〕[080]

だからこそ，人間が生物としてのホルモンバランスのゆえに青年期に，多くの場合好みという条件に突き動かされて〈自然に始まってしまう〉恋などとは違って，「愛は自然的なものではない」とまで言われるのでしょう．[081]

選ぶとか拒むというような考えは，この模範的な〔母の愛のこと〕には起り得ない．ここには，恋する者の学ぶべきなにかがある．つまり，選択が過過ぎるということだ．なぜならば，人々は気に入るものを選ぶことができるからである．しかし，これは愛することではない．それどころか，選ぶことでもない．なぜならば，これでは出会がすべてを決するのだから．これに反して，自分の気に入ろうと入るまいと，愛することを選び取る者は，自分自身の底から選ぶの

であり，すべての運命を免れるのである．[082]

自然と意志との対立とでも言うべきことを考えてみるべきです．

余り注目されていないことだが，オプティミズムが意志の所産であるのに対し，ペシミズムは人間が意欲を喪失した際，ただちに陥る自然な状態である．その深い理由は，好い加減な思いつきを厳しく監視し，自己に誓いを立て，順序立てて行動をする自己統御こそが，あらゆる幸福の源泉であると共にその条件だからである．人間は身体の動きに流されてしまうと，自分がどれ程陰気な自動人形に堕してしまうか，十分自覚してないのだ．[083]

ただし，自然と意志とのその対立は，融和を待っています．つまり自然を放棄するということではないのです．自然を放棄せずに克服すること．自然を放っておくのではなく，統御すること．それはまさに，人間固有の自然さを獲得することなのでしょう．芸術はまさにその努力の一形態なのです．

人類に特有の完全さを把握しようとするならば，注目しなくてはならないのは，自然さは構成されてのみ自然さなのだということ，これである．[084]

FEINTE
ふりをすること ─ それは行動上の嘘〔mensonge〕であり，この行動は継続させようなどとは思わずに始まる種類のものだ．行動ということで，身振りや態度をも含めて考えておかなければならない．例えば，彼は聴いていないふりをする．あるいは彼は自分の言おうとしていることがよくわからないふりをする．彼は冷淡なふりをする，不満なふりをする，無関心なふりをする．ふりをするというのは，市場における〔行動〕規則である．〔そこでは〕人は〔買おうと思っている商品にであっても，それに〕関心がないふりをする．偽りの親切もふりをすることの一つである．予審判事はふりをしつつ尋問を行なう．

これも参考までに例のフランス語の類語辞典を引いてみると，次のように書かれています．

Action volontaire pour faire croire ce qui n'est pas.★085（そうではない事柄を信じさせるための意図した行為。）

当然、「意図した」〔volontaire〕というところが重要です。自然に生じてしまうのではなく、あえてやっている行為なのです。だからこそ、アランは「嘘〔MENSONGE〕」（→p.472）と書いています。しかも、「継続させ」〔continuer〕ようなどとは思わず、何らかの意図を持ってやってみているわけです。その際、行動といっても、何か大げさなことではなく、「身振り」や「態度」を含む。アランがその後に掲げている具体例はわかりやすいでしょう。

なぜ話が「市場」に移されるのかわかりますか？　日本人は、買い物のとき、あまり値切るということを最近しなくなっているように思えます。定価ラベルが商品に貼ってあって、それをレジに持っていって買うというのが一般的だからでしょう。売買にほとんど会話も伴っていない。けれども、売買というものは昔からそんなものであったのではないのです。場合によれば値札もついていない野菜を前にして、売り手と買い手がその商品について、ああだこうだと交渉するのが普通でした。売りたい者と買いたい者とが駆け引きを行なうのですから、自分にとって有利な状況に持ち込む手管を使います。買い手がどうしてもそれを欲しいという雰囲気が出てしまっては、それを値切ることはかなり難しい。むしろ、自分は本当は別のものを買おうと思ってこの市場に来たのだというふりをすることは値引き交渉を有利に進めるための常套手段なのです。〈あまり関心は無いけど、安ければ買おうかな〉という雰囲気を漂わせることが大事なのです。アランが「ふりをすること」を、「市場における〔行動〕規則」と記しているのはそのためです。

さて、その後に、「偽りの親切」が出てきて、さらには「予審判事」が出てきます。なんだか思わせぶりです。少し深読みしてみましょうか。そのためには「予審」〔police judiciaire〕について知っておく必要があるでしょう。それは、要するに、〈起訴された刑事被告事件で、公判に先立って必要事項を取り調べるために裁判官（ここでは予審判事）があらかじめ行う審理の手続き〉です。もともとは濫訴などから被告人の利益を守るための制度であったようです。日本でも旧刑事訴訟法では「予審」が採用されていました。しかし、当の手続きが非公開で、被告人の尋問に弁護士が立ち会えず、暴走する可能性をぬぐえず、実際、治安維持法の下では、そういう役回りを演じたようです。結局、現行の刑事訴訟法では廃止され、ドイツでも廃止。しかし、フランスでは存続しているようです。「偽りの親切」の記述の後に「予審判事」が出てくることには、深読みさせるだけの準備ができているように思うのです。刑事被告人の利益を守るために「親切な」振る舞いをするかも知れないが、それが実は、国家権力による弾圧のために用いられたりすることはありそうな話です。アランが、ここでわざわざ予審判事の話を出したのには、また、アランの国家権力に対しての態度にも関係しているかも知れません。彼は、反権力主義とまで言っていいかどうかは分かりませんが、少なくとも、権力というものを「警戒〔ALARME〕」（→p.058）していたことは、確かのように私には思えます。少しそのあたりも追ってみましょう。

　　小政党であろうと大政党であろうと、小新聞であろうと大新聞であろうと、同盟であろうと国家であろうと、教会であろうと協会であろうと、すべてこうした集団的存在は団結を求めるために精神を喪失してしまう。★086

★079──アラン『人間論』p.30〔傍点引用者〕
★080──アラン『思索と行動のために』pp.226-227
★081──アラン『幸福論』p.115
★082──アラン『思想と年齢』pp.230-231〔傍点引用者〕
★083──アラン『裁かれた戦争』p.122〔傍点引用者〕
★084──アラン『思想と年齢』p.172
★085──H. Bénac, *op.cit.*, p.383
★086──アラン『教育論』p.283

357

国家が幸福をもたらすようにはできていないことを理解すべきである．なぜなら国家は個々人の内に存するあの統治能力を全く持ち合わせていないからだ．★087

統治能力ということでアランは，時に，ストアの指導理性を考えたりしていたことを復習しておきましょう．

最良の教師に数えられるストア派の人々…〔中略〕…は魂や精神を統治〔gouvernement〕と名づけていた．★088

せっかくですから，マルクス・アウレリウスも引いておきます．

私の自由意思にとって隣人の自由意志は無関係の事柄である．それは彼の息と肉が私に無関係なのと同様である．たとえ我々がいかに特別にお互い同志のために作られているとしても，我々の指導理性はそれぞれ自己の主権を持っているのである．さもなければ隣人の悪徳は私のわざわいとなってしまうであろう．しかし神はこれを善しとせず，私を不幸にする自由を他人に与えぬようにして下さった．★089

ストア派は，自己統御を旨とします．そして自分が統御できるものを自分の思考のみと考えます．

他人の厚顔無恥に腹の立つとき，ただちに自ら問うて見よ，「世の中に恥知らずの人間が存在しないということがありうるだろうか」と．ありえない．それならばありえぬことを求めるな．その人間は世の中に存在せざるをえない無恥な人びとの一人なのだ．悪漢やペテン師やその他あらゆる悪者についても同様の考えをすぐ思い浮べるがよい．かかるたぐいの人間が存在しないわけに行かないという事実をおぼえていれば，それ

によって君はそういう個々の人間にたいして，もっと寛大な気持をいだくようになるであろう．また即座につぎのことを考えて見るのも役に立つ．「この悪徳にたいするうめあわせとしていかなる徳を自然は人間に与えたか．」なぜなら自然は恩知らずの者にたいする解毒剤として，優しさを与え，他の者にたいしてはまた他の力を与えたのである．★090

他人の魂の中に何が起っているか気をつけていないからといって，そのために不幸になる人はそうたやすく見られるものではない．しかし自分自身の魂のうごきを注意深く見守っていない人は必ず不幸になる．★091

自分にはどうしようもない他人の心について思い煩わず，自分の思考を統御しようとするストイック（禁欲的）な態度こそ大事であり，要するに，きちんと物事を考えようとするとき，孤独が必須条件だと言うべきでしょう．

なによりもみじめな人間は，あらゆる事象のまわりを経めぐり，詩人のいうように「地の深みを極め」，隣人の心の中まで推量せんとしておきながら，しかも自分としては自己のうちなるダイモーンの前に出てこれに真実に仕えさえすればよいのだということを自覚せぬ者である．★092

隣人がなにをいい，なにをおこない，なにを考えているかを覗き見ず，自分自身のなすことのみに注目し，それが正しく，敬虔であるように慮る者は，なんと多くの余暇を獲ることであろう．★093

もっとも高貴な人生を生きるに必要な力は魂の中にそなわっている．ただしそれはどうでもいい事柄にたいして無関心であることを条件とする．これに無関心になるには，かかる事柄の一つ一つをその構成要素に分

析してながめ，同時に全体としてながめ，そのうち一つとして自己に関する意見を我々に押しつけるものもなく，また我々のところへ侵入してくるものもないということを記憶すればよい。[094]

ストアに大きな影響を受けているデカルトに一番多くを学んだと公言するアランですから，そこにストイックな考え方が出てくるのは頷けます。

思惟〔思考と訳してもいい〕は自由人のうちにしかない。何も約束せず，ひきこもって，みずから孤独となり，ひとの気に入ろうとか気を損ねてやろうとかいったことに意を用いないような自由人のうちにしか，思惟はないのだ。[095]

考える能力…〔中略〕…この能力は火山を前にしても，群衆の真只中においてさえ，孤独と自由を求める。絶えず物事を計量し，測定し，判断を下す。自分と同様に自由で孤独な裁判官の判断以外は受けつけない。この際両者とも力は放棄している。そしてこの孤独の中での精神の気高さこそが，正気な人間が敬意を払いうる唯一の人間らしさなのである。[096]

仲間の集まりは私たちにすべてを求めるが何ひとつ返しはしない。ごぞんじのとおり，すべての協会なるものはけっこうな目的をもっているが，何も考えず何も欲せず何もしないように急速になってくる集団である。[097]

アカデミーとかいうものにも，アランはかなり批判的です。顕彰といったものにも無関心だったアランが亡くなる直前に「文学国民大賞」を受賞するのも，「彼自身はそうした栄誉は辞退したかったのに相違ないが，愛弟子アンドレ・モーロアが賞記の伝達者であってみれば，拒否することもできなかったのであろう」といいます。賞など，ストア的には「どうでもいいもの」ですからね。[098]

文学のそれであれ，彫刻のそれであれ，絵画のそれであれ，あるいは政治のそれであれ，アカデミーの芸術というものは，とりわけ，生存している人の顔をモデルとすることに専心し，そうした安易な仕事によって，成功したり名声を博したりしているのである。[099]

FÉLICITÉ

仕合わせ — これは外から訪れる幸福〔bonheur〕であり，至福〔béatitude〕とは対立する。至福は幸福である当人の内にその源を持つ。それでもしかし，仕合わせの中には，同じ満ち足りた思いと，同じ安心感がある。そのことを「仕合わせを祝う〔féliciter〕」という動詞はとても見事に表しており，この動詞の意味するところは内面的な幸福には決して適用されず，その反対に，幸福と同等と考えられた偶然について適用されている。それにまた，仕合わせを祝われる者は，自分の内に一種の運の良さを充分に感じており，時として自分自身の功績〔メリット〕

★087──アラン『裁かれた戦争』p.123
★088──アラン『思索と行動のために』p.376
★089──マルクス・アウレリウス『自省録』p.141
★090──同書，p.159
★091──同書，p.23
★092──同書，pp.25-26〔傍点引用者〕。ちなみに「ダイモーン」とは次のようなもののことです。「ダイモーンとはゼウス自身の一部分であって，ゼウスが各人に主人として指導者として与えたものである。これは各人の叡智と理性にほかならない」(同書，p.75)。古代ギリシア語で「幸福」とは善きダイモーンに恵まれること(εὐδαιμονία)でした(同書，p.105)。
★093──同書，p.48〔傍点引用者〕
★094──同書『自省録』p.188〔傍点引用者〕。こうしたどうでもいいことに心を動かされないことをアパテイア(ἀπάθεια)とストア派は呼びました。ギリシア語─英語辞典を引くと"freedom from emotion"とあります。
★095──アラン『教育論』p.282〔傍点引用者〕
★096──アラン『裁かれた戦争』p.127〔傍点引用者〕
★097──アラン『感情 情念 表徴』p.262
★098──桑原武夫「高邁の哲人 アラン」(『〔世界の名著〕アラン ヴァレリー』) p.16
★099──アラン『芸術に関する101章』p.147

359

〔mérite〕よりもそのことに満足したりしているものである．この感情〔sentiment〕にはどこか美的な〔esthétique〕ところがある．なぜなら，それは諸事物の本性〔自然，nature〕と自分との間のある調和を意味しているからだ．それゆえ，誰かが文法を知っているということについて仕合わせを祝うということはおかしいのであって，仕合わせを祝うのであれば，その人がそれに関わって栄誉や地位を得たりすることについてでなければならない．しかも，そういうことは実際には必ずしもその功績の帰結ではなく，それとは関わりのない諸原因からやってくるものだ．逆に，宝くじ〔loterie〕で儲けた人の仕合わせを祝うのは自然なことである．

félicitéを「仕合わせ」と訳したのは，この日本語の語源が「為合わす」という動詞で，「物事をうまくやりおおせる」という意味だからです．もちろん，「うまく」ということがどんなことなのかに，ここでの話は掛かっているといっていいでしょう．どういうことかというと，「うまく」ということが自分の力だけで可能かということです．また，むしろ，おのれを虚しゅうして言わば自分の力など無力に等しいとしてしまえば，「巡り合わせ」とでも言うことになるでしょうが，この言葉を辞書で引けば，それは「自然にめぐってくる運命」という意味になります．けれども，「仕合わせ」に関わる「仕」とか「為」といった漢字はまさに「行なう」という意味合いを含んでいるのは明らかでしょう．これまで見てきた定義の中にも，**運命(DESTIN)**(▶p.240)だとか「人事を尽くして天命を待つ」みたいな話が出てきました．この「仕合わせ」の定義にもそういう〈人の行為と，それを超えたものからの働きかけ〉みたいな話が関わっていると私は思います．それが，この定義の冒頭に現われる「外から訪れる」という言い回しなのだと私は思います．

さて，この定義の冒頭で，「仕合わせ」は「至福」に対立させられています．しかもその「至福」は幸福の源泉が内にある，と．その限りでは，自力と言ってもいいように見える．仏教でも小乗に「最高の悟りに達した聖者」として羅漢(阿羅漢)というものを置いています．自足し(自ら足り)ているのです．古代ギリシアのストア派が「徳の自足(αὐτάρκεια)」ということを言ったのも同じようなことです．それでは，「自足」ということは「利己的」とでもいうことでしょうか？　おそらく違います．むしろ「利己的」とは他人に依存していることだとまでアランは言います．次の引用では，それを「**キリスト教(CHRISTIANISME)**」(▶p.160)に結びつけて彼は述べています．

誰も自分自身を選びはしない．自分の親を選んだわけでもない．しかし，共通の知恵は，確かに，親を愛さなくてはならぬと告げるのである．同じ道を通って，私は言おう，自分自身を愛さなくてはならぬ，これは困難だが美しいことだ，と．エゴイストと言われる人たちも，自分自身に満足しているのをかつて私は見たことがない．むしろ，彼等は，自分に満足させてくれと他人に督促(せが)んでいるのだ．利己的な支配の下では，支配しているのは常に憂鬱であることに注意したまえ．ここで，屈託したお偉方のことを考えてみるとよい．それにひきかえ，自分自身と睦む人々のうちには，何という徳があることか．彼等は，周囲の人間の世界を暖める．美しい火と言おうか．ひとりでも燃えるであろうが，人々はそこで暖まるのだ．カトリシズムは，このことを個人の救いという説によって，苛酷なまでに力強く表現している．…〔中略〕…何人も，他人に対して，自分自身を救う以上によいことは為し得ない．[100]

かなり禁欲的です．問題は，それで「救い」は完全かということでしょう．さきほど「物事をうまくやりおおせる」という場合の「うまく」は自分の力だけで可能かと問うたことに関わります．事実，仏教においても，小乗の聖者である

羅漢は「菩薩」にまで到達しません．小乗のまさに「小」である所以は，自らの救いを求めているところなのですが，大乗仏教が小乗仏教を批判する点はそこです．「大乗仏教の特徴を一言でいうと「菩薩観」ともいうべきもの」であって，「利他行と菩薩行を重視した動き」[102]です．

菩薩は，もともとはブッダの前世をさす言葉だったのですが，大乗仏教の中で意味が変わり，「利他の誓願をおこして，菩提（悟り）を求め，そのための修行をするのが菩薩だ」というふうになっていった．ようするに衆生にたいする救済の実践が重んじられたわけですね．[103]

「菩薩は，拡大した悟りに対応する」[104]わけです．自分のみ救われたのでは成仏ではないとし，悟りの境地に達しながらも，小乗の聖者のあり方を超えて，衆生を救うために成仏をあえてしない者を考えたとき，大乗の「菩薩観」が成立するわけです．

はるか昔に成道したが，衆生済度の大願のため，あえて俗塵にたちまじっている大菩薩．このような菩薩として，たとえば文殊菩薩が位置づいている．[105]

ですから，救い（成仏）は自分を超えて衆生に拡大します．適切かどうかは別として，小乗は英語で small vehicle（つまり小さな乗り物）であり，大乗は great vehicle なのです．次のようになります．

ひたすら成仏をめざす仏教的な修行者のありかた，すなわち菩薩行をいかに確立するか．――これが，大乗教の中心的な課題にほかならない．[106]

今回の定義に戻りましょう．さきほど述べた「外から訪れる」という事態を「棚からぼた餅」ふうに捉えるならば，定義の最後の部分にあるように，「宝くじ〔loterie〕で儲けた人の仕合わせを祝うのは自然なこと」（「宝くじ（LOTERIE）」（➡p.444））ですが，この定義を介してさらに，〈本当の仕合わせとは何か？〉を考えたいのなら，そんな「棚からぼた餅」的な「外」の捉え方は超え出なければならないでしょう．自分の努力を超えて外から与えられる事態として「仕合わせ」を捉え返さなければならないのです．キリスト教はそれを「神（DIEU）」（➡p.263）からの「恩寵」〔gratia〕と呼びました．大乗仏教は，おそらく，それを菩薩同士の相互作用と捉えるでしょう．例えば，〈すべての衆生は如来を胎児として蔵している〉と考える如来蔵思想などを引き合いに出せば，[107]次の引用にあるような「相互作用」の一方向として〈外から〉の作用を捉えられるかもしれません．

華厳経入法界品で，発心した善財童子の遍歴を見守るのは，普賢菩薩である．菩薩行というのは，本質的には，菩薩同士の不断の相互作用（interaction）なのだ．[108]

さらに言えば，「美（BEAU）」（➡p.120）すらもこの働きの中に位置づけることができるかも知れません．美の成立におそらく不可欠のインスピレーションがその手掛かりです．アランは次のように言っていました．

美は，言い方を変えれば，私たち自身のうちに高いものと低いものとの一致を感じさせるのであって，それを知恵によって探し求めてもたいてい無駄です．[109]

★100――アラン『思想と年齢』p.389〔傍点引用者〕
★101――松岡正剛『花鳥風月の科学――日本のソフトウェア』p.233
★102――松岡正剛『情報の歴史を読む――世界情報文化史講義』p.202
★103――同前
★104――橋爪大三郎『仏教の言説戦略』p.117
★105――同書，p.163

★106――同書，p.139
★107――如来蔵を仏性と言い換えて「一切衆生悉有仏性（いっさいしゅじょうしつうぶっしょう）」（『涅槃経』）といいます．
★108――橋爪大三郎『仏教の言説戦略』p.163
★109――アラン『芸術についての二十講』p.34

361

「知恵によって探し求めてもたいてい無駄」とまで言われているのです．そうした完全性とでも言うべきものは「悟性〔知性〕を超えている」のでしょう．芸術家たちは，そうしたインスピレーションを得るべく，人事を尽くします．何もせずに待つのではありません．〈高いもの〉からの作用を受け取るためにこそ〈低いもの〉を整え，上昇していこうという営みを開始するのです．「インスピレーションとはあくまでも，絶えず活動しつづける動きや行動のこと[111]」なのでしょうし，「インスピレーションというものは，仕事そのものの中から生まれてくるもの[112]」なのです．さらに言えば，インスピレーションは，「われわれ自身の行動が一つの共鳴を示すところに存する[113]」．まさに，高きものが降りてくるようにです．あるいは共鳴して増大するというか上昇するようにです（電子回路における発振とか増幅の作用を考えてみるといい）．芸術家は巫女のようになる．ただし，分別を失うことなしに．実際，アランは詩人という芸術家について次のように言っていました．

> 巫女と賢者は両極端であり，詩人はこの中間に位置する．詩人は宇宙の受信装置になろうとする，しかも分別を失うことなしに．だからこそ，彼はまさに賢者のするとおりにみずからをととのえ，また，みずからを律する．しかし，賢者とはあべこべに，詩人は身体ぐるみの自己を尺度にしている[114]．

キリスト教の宗教家たちは，恩寵を待ち望むわけです．自分が恩寵に相応しいようにならんと努力はするのですが，いつ神が応えて下さるか分からないというわけです．詩人も言葉が言わば降りてくるのを待つようにです．

詩人にとっての大仕事は，理性を偏重もしないし知識にたよりすぎもしない自分をよく保ちつつ，リズムにまずまず合っているという程度の語をしりぞけ，長さ，響き，意味の三拍子そろった語，ぴたっとくる語の，あの奇蹟を待ちつづけることである[115]．

待ち受けた言葉が手に入れられるとき，それは「仕合わせ」としか言いようのないものでしょう．「自分の内に一種の運の良さを充分に感じており，時として自分自身の功績〔mérite〕よりもそのことに満足したりしている」のは詩人の姿でもあると私は思います．それが祝われるかどうかは分からない．いや，それはどうでもいいことかも知れない．なぜなら，その言葉を手に入れて「詩〔POÉSIE〕」（→p.606）が成立したのを歓ぶのは，何よりも詩人だからです．「表現の幸福」というものです．一度引用しましたが，再度，次の言葉を味わってください．

> 芸術家はどう見ても一つの目的を追究しているかのようだが，その目的を実現し，自分で自分の作品の観客となり，最初に驚く者となったのちでなければ，その目的を認識できないのだ．いわゆる表現の幸福とは，このことにほかならない[116]．

こういう「表現の幸福」を味わう者にとって，自分の功績〔「功労（MÉRITE）」（→p.479）〕とは「関わりのない諸原因からやってくるもの」つまり「栄誉や地位」が，ストア的な意味で「どうでもいいもの」に属することは大いにありうることでしょう．

FÉTICHE

フェティッシュ ― フェティシズム〔fétichisme〕は特定の諸事物を対象にした崇拝であり，それらの事物はその用途や有用性とは関わりのない魔術的な特性が備わっていると想定されている．例えば，熱から身を守るブレスレットとか，不幸をもたらす石とかである．こうした考えは自然の諸力への崇拝が最も大きな位置を占めているようなところでは

どこでもごく普通にみられるものである．それに，フェティッシュがそれだけでもう一種の幸福をもたらしてくれるには，ただそれを信じさえすればいい．こうして迷信はどんどん増えていき，どうでもいいような行為を複雑にし，またあらゆる創意〔inventions〕を妨げるにまで至る．しかし，フェティシズムの名残りは，たとえそれらが宗教〔religion〕の高度化された段階によって統制されているとしても，人間の本性に属するものであって，そこから完璧に取り除かれることはできないのである．

「フェティシズム〔fétichisme〕」という言葉は，もう，日本語として定着しているでしょう．けれどもフェティッシュという言葉まではどうかわかりません．いずれにしても，フェティシズムの対象なわけです．「その用途や有用性とは関わりのない魔術的な特性」という言葉に注目する必要があるでしょう．本来のと言っていいかどうか分かりませんが「用途」や「有用性」とはズレた仕方で何らかの対象に執着している人間がそこにはいるのです．「女性用下着ドロ」もその執着に動かされている．魔法にかかったようにそれへと引きよせられているのでしょう．基本的に，受動的です．そこには「崇拝」があるわけですが，ちょっと変な崇拝です．もちろん，〈変な〉とは，〈変じゃない〉という立場からなのですが，それでは〈変じゃない〉と普通考えられている立場とはどのようなものでしょう？　それは，〈多くの人はそうではない〉という趣味の問題である場合もあるでしょう．しかしアランはここで，「熱から身を守るブレスレット」とか「不幸をもたらす石」とかを例に挙げて，「自然の諸力への崇拝が最も大きな位置を占めている」状態にある人間について注目しています．それは，悪く言えば〈オカルト的な力〉なのです．実際，こういう性質を「隠れた性質」〔les qualités occultes〕と人々は呼んできました．さらに言えば，こういう「自然の諸力」について考え，しかもそれでもそれを一種の科学のような体系に作り上げたのが古代ギリシアの科学であったことは注目しておいていいでしょう．復習になりますが少々述べておくと，例えば，花の種や球根には，その自己実現した姿として開花状態へと向かう力が備わっていると考えるわけです．そして，種とか球根は，その開花状態(現実態, ἐνέργεια)へと向かうことの可能な状態(可能態, δύναμις)であると言われます．そしてその移り行きを運動(κίνησις)というのです．それは自己実現した状態を本来のあり方と考えて，そこから離れている(つまり可能に留まる)状態は，本来の状態に憧れるとでもいうべき理由で動くと考えられたわけです．実際には，開花状態は永続せず，また種子や球根という状態に戻ってしまい，ふたたび運動を始めることになる．そこではまるで円環を描くような繰り返しが起こっている．古代ギリシアでは「時間(TEMPS)」(→p.800)が円環を描くというのも，こうした自然の生物の観察や，さらに天体の観察に基づいていると考えるのが妥当でしょう．例えば，星座は，時と共に，また同じ位置に戻ってきます．まさに空の上で円環を描いているのです．また，今から思うと驚くべきことですが，古代ギリシアの人たちは，天体が月より下の存在者よりも高級であると考えていたようです．天動説が主流であり，その天体の動きは地上の人々の営みや月から下の流れ星などの不規則な現われとは違って整然と動いていると考えたものですから，より上位の存在者と考えられたのです．その整然とした動きの方が高級で，不規則な動きはその上位にある

★110——アラン『デカルト』p.40
★111——アラン『芸術についての二十講』p.23
★112——アラン『バルザック論』p.57
★113——アラン『芸術に関する101章』p.88
★114——アラン『文学折りにふれて』pp.26-27〔傍点引用者〕
★115——同書, p.20
★116——アラン『芸術について』p.101

363

天体の動きに下属していると考えたからこそ、占星術(星占い)も起こったわけです。その意味では、オカルトも星占いも同根です。近代科学はそうした考えを離れようとしたのです。ガリレオは物体の落下が〈なぜ〉起こるのかよりも、〈どのようにして〉起こるかを観察し、数学的な定式化を目指します。デカルトは、そうした動きを受けて、物体の位置とその振る舞いを方程式で記述できる基礎となる〈図形と座標との統合〉とでも言うべき「解析幾何学」(géométrie analytique)を創始します。x-y座標を、デカルト座標とも呼ぶことはご存じの方も多いでしょう。

　　アリストテレスは、天体が思考によってみずから運動するものと信じていた。これが全体に行きわたっていた神学である。デカルトは、自分が説明しようとしている事柄よりもずっとあいまいな、こういう想定を無しですまそうと決心したわけだ。★117

物体の落下についても、物体には落下するという「性質」が備わっているのだという説明で済ませることがあったわけです。ひとことで言ってしまえば、〈物体はなぜ落ちるのか?〉と問われて、〈それは落ちたいという性質が備わっているからだ〉としてお終いにしてしまうのです。それが自然についての、ヨーロッパ中世までを支配してきた考え方でした。古代ギリシアとヨーロッパ中世を通じて続いた「自然学」というものの考え方です。魔術的自然学とでも言っておきましょうか。それが、近代に入って、自然科学となるのです。確かに、自然科学と書くのと自然学と書くのでは大分ニュアンスが違います。前者は、病院の内科・外科・呼吸器科みたいに細分化を含意しています。それに対して後者は自然一般を統一的に扱おうというようなスタンスが見て取れる。現代は間違いなく科学の時代で、まさに、そういう科学的態度こそが、さきほどの〈変じゃない〉立場となっているわけです。そういう立場から観て、フェティッシュ

に身を委ねる立場はそれなりに幸福かも知れないけど、問題もあるとアランは言いたそうです。「迷信はどんどん増えていき、どうでもいいような行為を複雑にし、またあらゆる創意を妨げるにまで至る」というわけですから。ここまで書いて、私は、日本の平安時代の文学によく登場する「方違え」を思い出しました。まあ、迷信と言うべきでしょう。しかし、それを信じて、人は「どうでもいいような行為を複雑にし」たのではないでしょうか？ ヨーロッパに「方違え」があったわけではないでしょうが、いずれにせよ、オカルト的な考え方は蔓延していたわけです。そういうものに拘泥していては、科学的な発明も妨げられてしまうのは確かでしょう。「隠れた性質」を「原始的性質」と言い換えた箇所でライプニッツは次のように書いています。

　　こうした原始的性質は、往々にして美名の下での仮装した無知、ないし怠惰の避難所である。★118

ニュートンの「引力」さえ、ライプニッツは「隠れた性質」であると言って非難しているほどです。

　　文字どおりの引力〔les attractions proprement dites〕は隠れた性質…〔後略〕★119

　　ニュートン氏やその徒たちが、彼らの引力によってスコラの隠れた性質〔les qualites occultes〕を蘇らせて以来、イギリスで、よりカトリック的な神学が、そして全くスコラ的な哲学が再生するのを見るのは興味深いことだ。★120

しかし、フェティシズムの名残りは「人間の本性に属するものであって、そこから完璧に取り除かれることはできない」とまでアランは書く。なぜでしょう？ とても大きな問題です。それは、もちろんのこと、私たちが「科学」を称揚しても、魔術を完全には去れないことを意味して

います．こうした主張を基礎づけているのはどんな考え方でしょうか？　もっともアランはデカルトについて次のように書いてはいるのです．

> デカルトにあってはいかなる魔術もない．しかしわれわれは人間（おとな）であるまえに子供であったのだから，デカルトのまえにルクレチウスが，ルクレチウスのまえにホメロスが，そしてなによりもまず第一にわがマザー・グースのお伽話が読まれるのでなければならない．[★121]

さきにデカルトによる，アリストテレス的な自然学の批判に触れました．それは確かに人間の自立に関わることでもあったはずです．つまり，本当に大人になることでもあったはずです．しかし，私たちは，多くの場合，子どもの考え方を引きずっています．子どもの世界は，魔術の世界です．「魔法使いたる幼児」という言葉がアランにはあります．[★122]

> ところでじつは，合図によって獲得するという，かつてわれわれにとって自然なものであったし，いまなおすこしはそうであるこの魔術は，もっとも実証的なわれわれのもろもろの認識の，その緯（よこいと）のようなものとしてこんにちなおある．この魔術がげんにわれわれに存在するのは，あたかもある家のあちら側が，かくかくの日かくかくの状況においてこれを見たと考えるまでもなく，げんにわれわれに現前するにおなじい．[★123]

「合図によって獲得する」というのは，例えば，「開けごま！」とか「アブラカダブラ！」とかの呪文によって事物を動かし，獲得することを思えば分かりやすいはずです．実は，幼児は〈泣くこと〉をこの呪文として使っていると言ってい

い．オシメが濡れれば泣く，すると親が飛んできて快適な状態へともたらしてくれる．それが何度も続けば，幼児はそれを方法として洗練し始めるでしょう．それが〈嘘泣き〉という手段となる．人々が初詣に行って，場合によっては「**祈り（PRIÈRE）**」（▶p.660）の文句と共に御利益を願うのも同じようなものです．賽銭は呪文の後押しです．どうして人は，大人になっても，そういう行動をとるのでしょうか？　それには理由があるとアランは書きます．世界認識に問題があるとでも言うべき語り口です．「**情念（PASSION）**」（▶p.544）によって認識が曇らされるからだというのです．

> さまざまな情念によって曇らされた認識，そして，対象なく確かめるすべのない認識…〔中略〕…こうした認識の源をなすものは二つある．一つは言葉のどんな組み合わせをも自由に許す言語であり，他は，神々や，さまざまな運命の力にみちた別の世界を創出して，そこに魔力や前兆を求めようとする情念である．[★124]

そうだとすれば，まさに，その認識の曇りを払い，見事な認識を成立させる必要がある．デカルトは徹底的な懐疑（方法的懐疑）の中でそれを遂行しようとしました．言葉と情念というこの主題を全面的に展開するには準備不足です．それは，おそらく，言葉を使って「**哲学（PHILOSOPHIE）**」（▶p.587）を執筆するという事態そのものを情念との関わりで吟味する必要があります．「語の魔術」を去るというのが主題です．

> 語の魔術というものがあり，またおのおのの語に好悪があるとはよくいわれることである．こうした方法をまったく排斥しようというのではないが，平板なスティルと呼

★117──アラン『思索と行動のために』p.140
★118──*Lettre de Leibniz à Hartsoeker*, C.I.Gerhardt, *Philosophischen Schriften von Gottfried Wilhelm Leibniz*, Berlin 1875-1890,vol.iii S.533 (以下，Giii 533のように略します)
★119──*5è lettre de Leibniz à Clarke*, §113 , Gvii 417
★120──*Lettre de Leibniz à Burnett*, Giii 328
★121──アラン『神々』p.85 [傍点引用者]
★122──アラン『人間論』p.18
★123──アラン『神々』p.43 [傍点引用者]
★124──アラン『思索と行動のために』p.22 [傍点引用者]

ばれるところのものは，読者には気づかれないが，素朴な作者が自分の楽しみから何度もくり返して使う，こうした魔力をもった語で修飾されているに相違ない，と考えて差し支えない．[125]

悪い散文は，その反対に，見せかけというよりもむしろ亡霊と幻にみちていて，おのおのの語がめいめい自分勝手に輝き踊っている．でなければ近接した語といっしょに戯れたり，円舞をしたりしている．このことが物語ではその運びを妨げ，分析では読者に判断させずに夢想させることになる．[126]

そもそも〈語が自分勝手に輝き踊る〉とはどういうことでしょうか？　それは，著者の濃密な記憶などが語に付着して，当の語が少なくとも著者にとっては特別の意味合いを持っているような場合に，語を，その〈特別の意味合い〉を保存しつつ，そのまま使用してしまう際に起こる事柄です．例えば，著者にとっては多感な青春時代を過ごしたりして，思い出深い場所があるとします．その地名を，何らかの文章に記すときには，自ずと，その時代のことが思い浮かび，陶然とすることすらあるかもしれない．その地名はその著者にとってはまさに輝いています．しかしながら，問題は，そうした記憶が著者個人のものであって，その記憶に関わるごく少数の者を除いて，ほとんど誰とも共有できないことなのです．[127] こんなふうな仕方で輝く語ばかりを継起させたところで，大多数の読者には，そうした記憶を前提にして成立するような「思い」など形成できません．だからこそ，語からは，そうした「亡霊」であり「幻」である個人的な記憶といった付着物を振り払わなければならないのです．特別な輝きを排除し，共通の意味から出発しなければなりません．「亡霊と幻」を振り落とした語の集まりが，意味を，しかも美しい意味を，力強い意味を形成するところをこそ，見定めなければならないのです．分析を徹底して

遂行した後に，どのように総合するのかと問うべきなのです．地名にまつわる著者の記憶は，当の地名に，言わば入り込んで(ないしは張り付いて)しまっているために，その地名を聞いたり，見たりするだけで，著者の心は即座にそれに感応してしまいます．言葉に踊らされてしまうのです．そうしたものに対する禁欲，つまりは内部に対する禁欲が，さしあたっては必要なのです．そうした態度を，〈散文の唯物論〉とでも読んでおきたい．言葉を，対象としての物のように，自分の心から突き放すためにこそ，この種の「唯物論(MATÉRIALISME)」(➡p.463)がさしあたっては必要なのです．それは，言うならば心身分離の方策なのです．もちろん，それが容易でないことは承知しています．けれども，それに成功するか否かこそが，散文を他の諸芸術から見事に分離できるかどうかの分かれ道なのです．事実としては，「表現が言葉の響きに依存するに応じて散文中に詩が存在する」し[「詩(POÉSIE)」(➡p.606)]，「散文にも，かならず一種の歌は聞こえ」ます．[128] ただし，「散文作家はそういう形をずたずたに切ってしまうという点で，詩人からきっぱり区別される」[129]とアランは言っていました．[130] 詩人は，「自分で知っている以上のことを言う言語の働き」[131]に身を委ねる．そうした言語の「奇蹟」を積極的に受け取ろうとする．この「奇蹟(MIRACLE)」(➡p.485)は，確かに，どんな言語にも必ず潜んでいるでしょう．なぜなら，自分の言うことを完全に知っていることなど，ほとんど不可能だからです．「幼児はまずものを言うのであり，言ったことを理解するには一生かかってよい」[133]というのが実情です．数学でさえそうなのです．

詩人たちは，徴によって私を生理的に排列するこの術を心得ている．この点，彼らは，つねに自分で知っている以上のことを言う言語の働きを再発見しているにほかならない．私たち自身，真に散文で話すようにはめったになれるものではない．自分の言うことを完全に知っている者といえば，私に

は代数学者しか見あたらないが，これとて断言はできない．なぜならば，かくも赤裸(せきら)なこの種の徴〔記号〕のなかにも，思いがけぬ深みが姿をあらわすからである．[★134]

フェティッシュが人間の本性に属するものであることは少なくとも朧気なイメージができたでしょう．

FIDÉLITÉ
忠実さ ─ 信仰〔foi〕と類縁のある徳〔vertu〕である．なぜなら，いかなる忠実さも以下のことを前提しているからだ．すなわち，疑うことのできるものを，信じようとするということである．こうして，母親は自分の息子が何をしでかそうと息子に対して忠実である．忠実な愛〔amour〕というものは，だから，自分に対しての誓いを前提とし，ある種のもっともらしい思い〔pensées〕や，ある種の感情〔sentiment〕の萌しを拒絶する意志を前提とする．忠実さは，証明され議論の余地が無いような思想〔pensées〕には必要がない，というわけではない．なぜなら，人はそんな〔確固とした〕思想であっても，もし忘れることが可能なら，忘れてしまうだろうからである．結局，いかなる仕事も一つの選択に対する忠実さに基づくのである．さもなければ，人は常に変わってしまい，何も為さず，何ものにもならないであろう．忠実さは，精神〔esprit〕の主要な徳である．

忠実という言葉のフランス語 fidélité はラテン語の fidelitas からきています．語形からしても，fides（信仰）というラテン語に類縁であることがわかるでしょう．しかしここでは，内容的な意味での両者の類縁性をアランは指摘します．それは，「疑うことのできるものを，〔それにもかかわらず，あえて〕信じようとする」という点で共通点があるということです．「神（DIEU）」（➡p.263）の存在について，疑いうるにもかかわらずあえて信じるというところにこそ「信仰（FOI）」（➡p.372）というものはあるのでしょう．同じことが息子に対する母親の思いとしてもあるとアランは言います．こうして，「忠実な愛〔amour〕」は「自分に対しての誓い」を前提するという．揺るぎない意志，「**決断（RÉSOLUTION）**」（➡p.715）を前提にするということです．「誓い」とは何なのかをここで少々考えておきましょう．次の引用にあるようなことです．

> 誓いはけっして自由意志を束縛するものではない．それどころか，われわれに自由意志の使用を促すものだ．だれでも，なにかであることを誓うのではなく，なにかをする，あるいは，なにかを欲することを誓うのだ．[★135]

このように考えるからこそアランは「ある種のもっともらしい思いや，ある種の感情の萌しを拒絶する意志」というものを語るわけです．繰り返しますが，〈あえて信じる〉とか〈あえて

★125 ── アラン『芸術論集』p.150〔傍点引用者〕
★126 ── 同書，pp.178-179〔傍点引用者〕
★127 ── これをコノテーション（共示）の話としても展開できるでしょう．次の引用で丸山圭三郎が語っているような意味においてです．「私見によれば，《共示（コノテーション）》と呼ばれる意味には，少なくとも次の三つが存在するのである．第一には…〔中略〕……言語内の個々の語ないし記号素に宿る個人的・情感的イメージ…〔中略〕…第二の《共示》は，一定時期のラングに見出される共同主観的付随概念である．…〔中略〕…第三のものはパロール活動によって創り出される意味である…〔中略〕…言述（ディスクール），テクストといった言表（エノンセ）から生み出される」（丸山圭三郎『ソシュールの思想』pp.251-252）
★128 ── アラン『諸芸術の体系』p.ix
★129 ── アラン『彫刻家との対話』pp.51-52
★130 ── 同書，p.52
★131 ── アラン『人間論』p.224
★132 ── 「詩人にとっての大仕事は，理性を偏重もしないし知識にたよりすぎもしない自分をよく保ちつつ，リズムにまずまず合っているという程度の語をしりぞけ，長さ，響き，意味の三拍子そろった語，ぴたっとくる語の，あの奇蹟を待ちつづけることである」（アラン『文学折りにふれて』p.20）
★133 ── アラン『人間論』p.224
★134 ── 同前
★135 ── アラン『思索と行動のために』p.397〔傍点引用者〕

意志する〉とかいうことです．では，もっと確固としているように思える事柄についてはどうでしょう．「証明され議論の余地が無いような思想」については，いま述べたような忠実さが必要ないかというと，そうではないとアランはいうのです．ここで彼は「もし忘れることが可能なら，忘れてしまうだろうから」という少々解釈が必要な述べ方をします．これは一体どういうことでしょうか？「忘れる」という事態がどういうことなのかを考える必要があります．忘れるとは，おそらく，〈自分のしていることの連鎖を断ち切る〉ことでもある．この点こそ，実を言うと，アランがこの定義の終わりで「仕事」について触れる伏線となっていると私は解釈します．「遊戯」〔「遊び(JEU)」(▶p.427)〕と「芸術」と「労働(仕事)」とを区別する徴表となるのです．

> どのような遊戯においても，或る瞬間が来ると地面が片づけられ，勝敗の跡はもはや何一つ残らなくなる．そして，すべては新しくまた始まる．だから，遊戯は忘れっぽく，記念品を持たないわけであり，これによって芸術から区別される．〔他方〕遊戯は，すべて既得の地位や前例や過去の奉仕を思い起こさせる利益などを断乎として否定し，この点で労働から区別される．★136

「証明され議論の余地が無いような思想」や，それを基にしたさらなる発展は，「遊戯」ではないでしょう．そんなふうに忘れっぽくはない．むしろ連鎖に注意しながら〈後を続けること〉，継続することなのです．ものを書くときもその通りです．

> ものを書く時，私は語を選ぶのではなく，むしろ，自然の動きを解き放つことに注意しながら，既に始まっているものを継続するからであり，これは，変えるというより，むしろ救うことである．★137

そうした営みのためには，拠り所というか，足場というか，基となる対象が必要です．書くときは自分がすでに書き始めた文章であり，読むときであれば目の前にある書物，一般的にテクストと呼んでいいものです．そういうものが私たちの注意の手掛かりとなるのです．

> 注意とはつねに，あるテクストに対する注意であり，あるテクストに対する反省である．注意ということをしなければ，困難は忘れられる．★139

継続的にテクストに対する注意を喚起するためのテクニックを人類は古来から手に入れてきました．例えば，記憶の努力としての「詩(POÉSIE)」(▶p.606)です．

> トロイア戦争のことは忘れられる運命にあった．忘れたくなければ，歌にしなくてはならなかったのだ．詩というものは記憶の努力であり，そして記憶の勝利なのであった．今日でもやはり，詩というものはかならず，過ぎ去った事物である．★140

しかし，テクストに対する注意というものは，詩や「雄弁(ÉLOQUENCE)」(▶p.294)がリズムや音によって私たちをとらえて言わば自然に促してくれるのとは反対に，実を言えば，印刷されたテクストの場合，読者の大いなる努力を必要とします．印刷術が普及する前には，手写本を声に出して人々の前で読み上げるのが通例だったようです．印刷術と共に黙読が主流になる．

> 新しいレトリックである，この印刷の論理に，はっきりした形を与えるには，われわれは，適任でない．しかし，すでにはっきりしていることは，この印刷の論理が，耳にではなしに，目に話しかけるということである．同じく，はっきりしていることは，雄弁が，これからいうことを，その区切りかたによって予告もし，すでにいったこと

を絶えず思いだし，また思いださせるのに反して，この印刷の論理は，その本質上，忘れっぽいということだ．[★141]

そうした忘れっぽさを統御しなくてはならないでしょう．善く生きるためにです．忘れてはならないものに忠実である必要があるのです．

幾何学の曲線は，直線とつながりがあり，そういってよければ，各瞬間ごとに方向を与えてくれる，ある種の直線を，けっして忘れることがない．だから，幾何学は，りっぱに導かれた生活に似ている．その曲がり角は，かならず，きちんとたてられた計画に従って，方向づけられている．[★142]

何かを決め，それに忠実であること．容易にそれを変えないことはデカルトの（誤ってそう言われる）いわゆる「仮の道徳」においても重要な点でした．[★143]

理性が私に対して判断において非決定であれと命ずる間も，私の行動においては非決定の状態にとどまるようなことをなくすため，そしてすでにそのときからやはりできるかぎり幸福に生きうるために，私は暫定的に〔「準備として」と訳した方がいいわけです〕ある道徳の規則を自分のために定めた．[★144]

第二の格率は，私の行動において，できるかぎりしっかりした，またきっぱりした態度をとることであり，いかに疑わしい意見にでも，いったんそれをとると決心した場合は，それがきわめて確実なものである場合と同様に，変わらぬ態度で，それに従いつづけること…〔後略〕[★145]

例えば，森の中で道を失った場合，つまり迷ってしまった場合，どちらの方向に進むのも確たる理由は無いわけです．つまり疑わしい．しかし，だからといって，その場に留まれば餓死するだけです．ですから，いかに疑わしくとも何らかの方向を定め，それに忠実に行ってみる必要があるわけです．しかし，がむしゃらに方向を変えてしまえば，出られる可能性は低い．変えないで自分の決断に忠実に行ってみる．さきのアランの言葉では「自分に対しての誓い」を立てるわけです．変えないことの効用はいろいろな場面にあります．

わたしは自分が信仰あつく，また真の敬虔というものを体していると思っている．なにも不条理を受け入れることを誓うというのではない．そうでなく，不条理の外見を克服しようとつとめるがゆえであって，このことは，もしわたしがまずこれを修正してかかるならば，わたしには不可能なことなのである．[★146]

実を言えば，学問が立ち上がってくるに際しても，この「変えない」ということが重要な役割を演じているのです．

太陽系に手をつけ，そのどこかを変えることができたならば，けっして天文学は生まれなかったろう．すべてを天文学的に静観〔観想〕せねばならぬ，すべてを，男たらしをも，大臣をも，——ここに天文学の大

★136——アラン『思想と年齢』p.161〔傍点引用者〕
★137——同書，p.388
★138——とにかく書き始めることが大事なのです．「手をつけられた仕事は，動機よりもはるかに説得力を持つものだ」（アラン『幸福論』p.154）
★139——アラン『思索と行動のために』p.183〔傍点引用者〕
★140——アラン『文学折りにふれて』p.83
★141——アラン『芸術に関する101章』p.221〔傍点引用者〕
★142——同書，p.227〔傍点引用者〕
★143——「ロディス＝レーヴィスも指摘していることだが（『デカルト

著作』），原文の par provision という言葉には「暫定的」などという意味はない．それはある計画を実行に移す前の準備，たとえば，旅に出る前の食糧や装備のことなのである．ジルソンの権威のおかげで，今なお暫定的道徳とか暫定的四準則とか呼びならわされているものは，実は，正しくは，準備としての生活規範とでも訳すべきものだったのである」（田中仁彦『デカルトの旅／デカルトの夢——『方法序説』を読む』p.148）
★144——R.デカルト『方法序説』p.32
★145——同書，p.34〔傍点引用者〕
★146——アラン『神々』p.246〔傍点引用者〕

きな教訓がある．すこしでも手をのばすたびに，一つの真理が飛びさるのだ．[★147]

　変えられないものを前にして，人は考えたのです．いや，考えるしかなかった．天文学が非常に古い起源を持つのもそのためです．「いかなる仕事も一つの選択に対する忠実さに基づく」とアランは言います．「一つの選択に対する忠実さ」です．ある選択をした場合には，それに忠実に，その選択そのものを育むとでも言うべき態度を採ることによって「仕事」は成就するというのです．やはり次の文章を引くべきでしょう．

　よく選ぶことなどに意志を用いず，すべての選択をよくすることに意志を用いたまえ．[★148]

　こういうふうに誓い，忠実であることによってこそ数学も可能なのかも知れないと主張する以下の引用のことを思うと，何だか「忠実さは，精神の主要な徳である」というアランの言い方ももっともなような気がしてきます．

　数学者の対象は別種の抵抗を示す．不撓（ふとう）の抵抗だが，同意によって——誓いによってとさえ言えよう——不撓なのである．外的必然性が姿をあらわすのはこのときであり，これが手がかりを与える．数学者こそ，あらゆる人間のなかで，自分のしていることを最もよく知る者である．[★149]

FLATTERIE
へつらい – へつらいとは，なにごとかを期待して，臆面もなく人を誉めそやす一種の嘘〔mensonge〕である．こうしたへつらいは稀である．その理由は，私たちを手助けしてくれるかもしれない人については〔嘘をついてまで利用するというよりも，むしろ〕きちんと考えてみる気になるものだからである．こうしてへつらいというものは，ほとんどいつも，陶酔〔enivrement〕と気に入られたいという幸福でしかない．しかし，礼儀〔politesse〕はいくらかのへつらいを要求しもする．例えば，賞めることのできない多くのものの中から，賞めるべき何ものかを探すようにさせるのがそれである．

　「へつらい」という日本語もかなり稀にしか使われなくなってきているように思います．しかし，お世辞と訳すと普段にも使われすぎていて「稀」ではなく，また軽い感じもするので，あえて「へつらい」にしてみました．「おべっか」，「おべんちゃら」も，今の若い人には死語に近いのではないでしょうか．いずれにせよ，この定義のポイントは，「なにごとかを期待して」つくような「嘘〔MENSONGE〕」（▶p.472）だということです．私が説明のために本文に少し挿入したように，誰かを〈利用する〉ために誉めそやすわけです．相手の人格とか，相手と私との人間的な交流とかいうことよりも，あくまで，こちらから利用するという下心をもって語られる褒め言葉という嘘であるわけです．そういうものは稀だとアランは言います．「私たちを手助けしてくれるかもしれない人」に嘘をつくことはどこかで後ろめたいというか，そういう思いを持つのが普通だろうというわけです．相手を手段としてではなく，人間として遇することをどこかで考えるのではなかろうかというのです．「理性的存在者は全て，その各々が自己自身と他の全ての者を，決して単に手段として取り扱わず，常に同時に目的それ自体として扱うべし」とはカントの言葉でした．アランも，カントのように，こうした「わが内なる道徳律」とでも言うべきものを認めるのが普通だと言いたいのでしょう．[★150] 現代のみなさんにこの議論がどれほど訴える力があるのかを私は知りません．けれども，カントのように，人間の理性の知りうることの範囲

を確定しようとして，しかもそれを超える領域を認め，信じることの可能性を保存しようという立場もあるのを知っておくのもいいでしょう．

そこで話を定義に戻します．アランは次に「へつらいというものは，ほとんどいつも，陶酔と気に入られたいという幸福でしかない」と言います．「陶酔」〔enivrement〕という言葉が，「酔っ払った」〔ivre〕という言葉と類縁であることからも〔「酔うこと(IVRESSE)」(▶p.422)〕，それはカントのいうような相手を理性的に扱う態度というものの言わば対極にありそうなことも分かるでしょう．しかも「気に入られたい」のだとすれば，いったい何に陶酔するのでしょうか？　相手の持つ権力とか魅力と考えるのが妥当ではないでしょうか．実際，そういう輩はきっと多い．しかも，それを悪いと判断することすらできないからこそ，そういう権力とか魅力に近づくこと自体に幸福を感じる状態に成り果てている．それこそがへつらいを口にしている状態だろうとアランはいうのでしょう．相手を理性的に扱ってはいないわけですから，言うならば「無礼」でもありえます．それに対して，「礼儀(POLITESSE)」(▶p.620)においてさえ「へつらい」がありうることを示してアランは定義を閉じるのです．

礼儀が，「賞めることのできない多くのものの中から，賞めるべき何ものかを探すようにさせる」場合など，私の頭にはすぐ例が浮かびます．結婚披露宴会場で語られるスピーチです．ごく普通の男女が，「将来を嘱望される若者」や「稀に見る才媛」に一瞬にして変わってしまうのですから．そういう話をしないことは礼を失することと考えられているはずです．まだそういう場面に遭遇したことのない人は，楽しみに待っていてごらんなさい．

さて，ここで今回の定義にヒントを得て「へつらい」に関わる考察を少しだけ進めてみましょう．「へつらい」に対処する人の姿です．次の引用を見てください．

> 正しい精神とは，私のみるところ，小さな物事だの，ささいな不幸だの，へつらいだの，人間の騒がしさだの，不平だの，そして軽蔑をさえ，あまりに重要視しすぎない精神である．[151]

「正しい精神」などというと，そんなものがあるのかなどと言う人もいるかも知れませんが，「ふつう哲学といえば，だれの眼にも，欲望や野心や恐れや悔恨を規制するための，善と悪とに関する正確な評価を意味する」[152]という言葉があります．正確な評価です．物事を「あまりに重要視しすぎ」たり囚われたりしないところにしか「正確な評価」は無いでしょう．「正しい精神」も，そういうところにしかない．人は賞められればいい気になりがちですが，それはその〈賞め言葉〉を，おそらく，何回も反芻するという意味で，それを重要視しすぎたりすることになる．そんな態度でいれば，大した者にはなれないのかも知れません．

> 学者もまた，過去の知識をいわばはぎ取られる．それを着こむなら，慢心から虚栄心へと投げかえされるのだ．学問をして，行く先々でほめられ，もてはやされた人間のうぬぼれこそは，とほうもない愚かさの一源泉である．虚栄心は慢心にたいする罰であるとも言えよう．慢心が頭をもたげて，人よりうまくやれるという自信をもつものなら，すぐ最低水準に落ちるのである．根をつめて仕事をした人々はみな，何ごとも獲得しおおせるものではなく，征服してはまた征服しなおさねばならないのだということを感じている．或る老齢の賢者は，もう休息の権利をもっていたにかかわらず，むずかしいことが問題となったとき，言ったものである，「昔は私も

★147──アラン『人間論』p.36
★148──アラン『思想と年齢』p.389
★149──アラン『人間論』p.160〔傍点引用者〕
★150──I.カント『実践理性批判』p.133
★151──アラン『思索と行動のために』p.345〔傍点引用者〕
★152──同書，p.21

それを理解したのだが〕*¹⁵³と.

放っておいてもいい気持ちになるような賞め言葉に身を任せていたのではダメなのでしょう.

人間のなかの愚かしさはその人間本来のものではない.虚栄もしかり,邪悪もしかり.こういう激しい感情のあらわれは,外側の事件に出会ったおりの人間の弱さをしめすものにすぎない.諸君が諸君の思考の舵をとることをやめるやいなや,舌を動かすだけでひとりでに愚かしさが出てくる.悲しむためには,そして敵と迫害者をひき寄せるためには,意志を働かす必要はない.ほめられて得意になるためにも,非難されて怒るためにも,意志を働かす必要はない.*¹⁵⁴

こうして,自らを意志的に統御していそうな人間の典型とでも言えるものをアランは提示しています.

芸術家と聖者と賢人は,いつの時代にも,自己に従って考え,おせじをいわず,ほめられることを求めず,規約で会を作ることをしない人間の典型を与える.しかしまたかれらだけが尊敬を受ける人間でもある.かれらはこの三者で人類をつくっている.なぜならこの断固とした社会否定自体によってかれらは直ちに社会をなすのだから.*¹⁵⁵

こういう言葉こそ,反芻すべきもののように,私には思われます.

FOI
信仰

― 〔信仰とは〕人間が自分の運命〔destin〕を造りうるということを,そしてそれゆえ道徳〔morale〕というものが虚しい言葉ではないと,証拠〔preuve〕もなく,そして証拠に反して,信じようとする意志〔である〕.信仰の本丸,信仰の最後の砦は,自由そのものである.そして,自由を信じなければならない.なぜなら自由を信じないことには自由を手にすることはできないからだ.また善〔bien〕と悪とがあることをも信じなければならない.そして〈自由を信じること〉と〈善悪の存在を信じること〉とはほとんど同じことである.なぜなら,もし私が自分を自由であると信じるなら,私が自分を自由に保つことは善いことであり,自分を奴隷にすることは悪いことだからである.実を言えば,すべての悪は隷属状態に由来する.そして隷属状態とは,自由よりも見かけだけの善を選んでしまうことである.同類〔semblable, 他の人間のこと〕をもまた信じなければならず,同類が教化されるに値し,また自由を持つに値するものと想定しなければならない.*¹⁵⁶ この信仰は,博愛〔charité〕と呼ばれる.そして結局,少なくとも次のことを信じるべきなのである.すなわち,自然は,原則として,善き意志に対立するものを何も持たず,それどころか反対に,信仰ある人は物質的な種々の企てにおいてもまた成功する,ということを信じるべきなのである.こういう信仰は希望〔espérance〕と呼ばれる.神〔Dieu〕は,自由で,正しく,善良な人間の模範〔モデル〕である.この模範は人間により近づけば近づくほど効力を発揮する(なぜなら,純粋な精神ではあまりに立派すぎるであろうから).そしてこのことを「人である神」〔イエス・キリスト〕はとてもよく表わしている.

「運命〔destin〕」という言葉から「信仰」の定義は始まっています.「運命〔DESTIN〕」(►p.240)の講義では,「宿命〔FATALITÉ〕」(►p.346)と運命というものに違いはあるのかという問いと共に考察を進

めたのでした.〈物事が決まっているということ〉と自由との関わりを,ニーチェの「同一物の永劫回帰思想」を引きながら,また「宿命」の講義では,大森荘蔵氏の「予言破りの自由」を援用

しながら考察したのでした．そこでは，今回の定義の冒頭にある「人間が自分の運命を造りうるということ」が朧気ながら浮かび上がっていたことでしょう．今回の定義は，それを〈信じる〉という形で積極的に後押ししようというわけです．

すべてが決まっていて，人間の努力はそれになんの影響をも及ぼし得ないのなら，「道徳(MORALE)」(→p.495)は虚しいことになるかもしれない．しかし，人間が自分の運命を造っていけるのなら，そうではないというわけです．カントの道徳律，つまり「〜すべし」という命令〔定言命法（der kategorische Imperativ）〕は，それに基づいた努力が報いをもたらすことを理論的には証明できなくとも，実践的に信じることを促しているわけです．理論的には決定できないのですから，「証拠なく，そして証拠に反して」信じることになります．なぜなら，少々この世を生きてみれば，〈なぜこんな場面で「神(DIEU)」(→p.263)は黙っておられるのか？〉と問いたくもなり，それこそ〈神も仏もあるものか！〉と吐き捨てるように言いたくなるような，辛く，悲しい事柄に遭遇するのが人の常だからです．例えば，遠藤周作の小説『沈黙』は，そのことを主題にしていたのでした．江戸時代のキリシタン迫害に際しての「神の沈黙」を，です．あの小説の最後近くで遠藤は宣教師が遂に踏絵に足をかける場面で，次のように書いています．

　　（踏むがいい）と哀しそうな眼差しは私に言った．
　　（踏むがいい．お前の足は今，痛いだろう．今日まで私の顔を踏んだ人間たちと同じように痛むだろう．だがその足の痛さだけでもう充分だ．私はお前たちのその痛さと苦しみをわかちあう．そのために私はいるのだから）
　　「主よ，あなたがいつも沈黙していられる

のを恨んでいました」
　　「私は沈黙していたのではない．一緒に苦しんでいたのに」
　　「しかし，あなたはユダに去れとおっしゃった．去って，なすことをなせと言われた．ユダはどうなるのですか」
　　「私はそう言わなかった．今，お前に踏絵を踏むがいいと言っているようにユダにもなすがいいと言ったのだ．お前の足が痛むようにユダの心も痛んだのだから」[★157]

このとき宣教師が，ただただ宣教師という立場に忠実にあろうとするだけでいたならば，当然のことながら，踏絵に足をかけることなどできるはずがありません．その自由は，立場上，無いのです．しかし，迫害に苦しむ信徒を救うためには自分が転ばなければならないと知ったとき，彼は転んだし，今は遂に踏絵を踏もうとしていたのでした．そこには，これまで守り続けてきた事柄に忠実に行為する人間がいるのではありません．その事柄を吟味し，ついには自分の自由を信じて，そこで決断する人間がいるのです．ただただこれまでのことを墨守するだけなら，自由など無いし，それゆえ信仰すらないかも知れない．旧約に対して新約が始まるときの出来事がここでは再現されていると言っては言い過ぎでしょうか？　モーゼを介して結ばれた旧い契約を墨守するユダヤ教徒たちのまえに現われたイエスが，「愛(AMOUR)」(→p.076)の「神(DIEU)」(→p.263)との新しい契約を説いている姿を私などはどうしてもダブらせてしまうのです．「姦淫をおかした女」を前にした律法学者たちとイエスとのやり取りが典型でした．その話を思い出しておきましょう．そこでは，「律法」を墨守して，姦淫の女を「石打の刑」に処するのかどうかと人々はイエスに迫るのです．

★153——アラン『人間論』p.221
★154——アラン『感情　情念　表徴』pp.277-278
★155——アラン『芸術について』pp.285-286
★156——確認のために，この「教化」の意味を書いておきましょう．「人を教え導き，また，道徳的，思想的な影響を与えて望ましい方向に進ませること」(『デジタル大辞泉』)
★157——遠藤周作『沈黙』p.247

373

律法学者たちやファリサイ派の人々が，姦通の現場で捕らえられた女を連れて来て，真ん中に立たせ，イエスに言った。「先生，この女は姦通をしているときに捕まりました．こういう女は石で打ち殺せと，モーセは律法の中で命じています．ところで，あなたはどうお考えになりますか．」　イエスを試して，訴える口実を得るために，こう言ったのである．イエスはかがみ込み，指で地面に何か書き始められた．しかし，彼らがしつこく問い続けるので，イエスは身を起こして言われた．「あなたたちの中で罪を犯したことのない者が，まず，この女に石を投げなさい．」　そしてまた，身をかがめて地面に書き続けられた．これを聞いた者は，年長者から始まって，一人また一人と，立ち去ってしまい，イエスひとりと，真ん中にいた女が残った．[★158]

　こうしたイエスの言葉は，これまでの旧習を墨守するだけでは出てこないものでした．「律法」を中心にして成立してきたユダヤ教の「**社会**(SOCIÉTÉ)」(▶p.748)における善悪は，人々が吟味する自由すら忘れて，成立し続けていたのかも知れないのです．それを超えていく．否定するのではなく超えていく．旧約の神への畏れを基盤にして，閉じ，固定化していた道徳が，開かれるのでした．

　　一方には閉じたもの，他方には開いたものがある．現在行なわれている道徳が廃されるのではない．だがそれは，今や進歩途上のいわば一つの瞬間として示される．[★159]

　このあたりのことが分かれば，アランが定義の続きで，「もし私が自分を自由であると信じるなら，私が自分を自由に保つことは善いことであり，自分を奴隷にすることは悪いこと」と書き，「隷属状態とは，自由よりも見かけだけの善を選んでしまうこと」と述べるのも頷けるでしょう．自分の自由を試すために全てを吟味するということも忘れ，ただこれまで通りに生きているだけの人々の姿こそが，実は，悪かも知れないのです．

　しかし，そもそも自由などというものがあるのかと問う人もいるでしょう．それに対して，「自由意志の存在についてなにか証明があったとすれば，それできみたちに説明しただろうが，そんなものはない」とアランは言っていました．[★160]しかも，それでもあえて次のようにアランは語るのです．

　　意志は，一貫した行動によってのみ証明されるものである．だから，まず意欲せねばならず，或る意味では，無償で意欲せねばならないのである．デカルトは「高邁に」と言った．これにまさる言葉はない．なんの証拠もなく，あらゆる証拠に反して意欲するのである．[★161]

　この言葉が，今回の定義の冒頭部分と響き合っているのは即座に見て取れるでしょう．しかも，「〈自由を信じること〉と〈善悪の存在を信じること〉とはほとんど同じこと」という部分にも関わるのです．証拠に頼るだけで生きようとするなら，人々はさきのユダヤの律法学者たちと同じ轍を踏むことになる．もう，善悪が実際には分からなくなり，「見せかけの善」〔「**善**(BIEN)」(▶p.131)〕に身を委ねるだけだからです．それこそ隷属状態にある．しかしながら，自分も他人もが，そうした隷属状態を去ることができること，それをも信じなければならないとアランは言う．それこそ「**博愛**(CHARITÉ)」(▶p.148)というものだというのです．ここにも，実は，証拠〔「**証明**(PREUVE)」(▶p.655)〕は無い．

　　証拠よりまえに，期待し信ずること．期待し信ずることが証拠になる．要するに，自分についても他人についても，秩序立てて，つねに勇気があり力強いと考えること．これが人間としての原動力だ．[★162]

教育などというものは，これが根底に無ければできないとさえ私は思います．そのようにして学生を信じなければ教育などできないと思うのです．実際，リセ〔lycée〕の教師であったアランは，この定義の中でも，「同類が教化されるに値し，また自由を持つに値するものと想定しなければならない」という言葉でこのことを表現しています．さらには「**希望**〔ESPÉRANCE〕」（▶p.314）までがこの定義では述べられるのですが，これについては少々説明が必要でしょう．「自然は，原則として，善き意志に対立するものは何も持たず」とはどういうことでしょうか？　それは，言い方を換えれば，自然は私たちに悪意など持たぬ，単なるメカニズムだということでしょう．例えば，「バラのとげはひっかかない．慎重を欠く者が，無茶な逃げ方をして自分で自分をひっかくのである」といったように……．また，海についてアランは，「私たちにたいして悪意もなければ善意もないこの動揺」と言い，それを肝に銘じて対処すれば，私たちに多くの新たな可能性が開けることを示唆します．

　　思考し意欲する術は，航海の術に似ている．人間は大洋より弱いにかかわらず，横断に成功する．波や流れを利用するのだが，彼の望むままに利用するのではない．流れや波の望むままにでもない．

そのようにして，人間は多くのものを得てきたのです．「信仰ある人は物質的な種々の企てにおいてもまた成功する，ということを信じるべき」なのも，自然と区別された信仰を持つことで，かえって自然をそのあるがままに思考す

ることができ，それこそが（科学をも含めた）人間の成功への希望をもたらすということでしょう．確かに西洋が歩んできた道筋はそのようなものであったように思います．けれども，私としては，それしか道がないとは考えていません．東洋的な道，日本的な道もあるのかも知れません．たとえそのようなものがあったとしても，それを少なくとも西洋にも理解可能な仕方で提示する必要はあるでしょう．私自身，哲学的な分野でその努力を続けているつもりです．

それはそれとして，定義の最後に戻りましょう．「神は，自由で，正しく，善良な人間の模範〔モデル〕」とアランは述べ，しかも「この模範は人間により近づけば近づくほど効力を発揮する（なぜなら，純粋な精神ではあまりに立派すぎるであろうから）」と述べ，「人である神」こそがその一具体例だとして終わるのです．**キリスト教**〔CHRISTIANISME〕（▶p.160）の三位一体にも関わるような大問題をさらっと言ってしまっている．まさに〈なぜ神は人間となったか？〉という問いです．こうした神学的な問いに，そのまま応えるだけの知識は，私にはありません．けれども，ここでは考えるヒントとなりそうな事柄を，最低限，示しておくことにしましょう．それは次のような事柄です．

　　肉体から切りはなされた魂というものは，寛大で情深いものと考えられがちだが，実はその逆であろう．肉体がないから同情や共感をしないのではなかろうか．生きた肉体の方がずっと高尚〔beau〕である．それは観念によって苦しみ，行動によって癒える．

ここには，遠藤周作が格闘した問い，そして芸術家に典型的に現われる〈創造する者の苦し

★158──新約聖書「ヨハネによる福音書」8-3～9
★159──H. ベルクソン『道徳と宗教の二つの源泉』p.271
★160──アラン『思索と行動のために』p.279
★161──アラン『人間論』p.244
★162──アラン『思索と行動のために』p.378〔傍点引用者〕
★163──アラン『人間論』p.273
★164──同書，p.308.「海上は見晴らしがきくし，この流動体は岩や泥土よりもなほ普遍的機械性の動揺をあらわしている」（同書，p.186）と

も書いています．それは言うならば「純粋な実存」なのです．「純粋な実存についてなんらかの観念をもとうとするならば，ながめるべきはむしろ海である．ここでは，一つの形が他の形を消し，一瞬が他の瞬間を消す．波に話しかけようとしても，はやそれはなくなっている．すべてこれらはゆれ動いており，何をめざすでもない」（同書，p.307）
★165──同書，p.30
★166──アラン『幸福論』p.33

みと歓び〉が垣間見られるのではないでしょうか？　私はベルクソンがまるで遺言のように記した次の文章を思い出すのです．

　　人類は今，自らのなしとげた進歩の重圧に半ば打ちひしがれて呻（うめ）いている．しかも，人類の将来が一にかかって人類自身にあることが，充分に自覚されていない．まず，今後とも生き続ける意志があるのかどうか，

それを確かめる責任は人類にある．次にまた，人類はただ生きているというだけでよいのか，それともそのうえさらに，神々を産み出す機関（マシーヌ）と言うべき宇宙本来の職分が——言うことを聴かぬこの地球上においても——成就されるために必要な努力を惜しまぬ意志があるのかどうか，それを問うのもほかならぬ人類の責任なのである．★167

FORTUNE
財産 ─ この語の二重の意味はとても教えるところが多い．それは富の起源を純粋な偶然に帰している（これが fortune という語の本来の意味である）．そしてそのことは事柄の本質に迫るものである．なぜなら，何らかの運〔fortune〕との出会いがなくては，労働が〔人を〕金持ちになどしないからである．こうして，財産が正しいかどうかを問うことは，クジ引き〔loterie〕が正しいかどうかを問うことである．

　まさに fortune という語が二重の意味を持つことを指摘しているのですから，訳語を選ぶのは大変です．森訳など，「身上（しんしょう）」と「運」と「財産」という三つの訳語のどれにするかで，揺れています．もっともでしょう．私としては，この定義の冒頭で「富〔richesses〕」に，そして最後の部分で「財産」に焦点が当たるのを重視して，神谷訳と同じく「財産」としておきました．

　話は「富の起源」から始まります．「純粋な偶然〔pur hasard〕」だというのです．しかも，それが fortune という語の本来の意味だという．実際，1265年に，hasard の意味で使われた用例が *TLFi* では掲げられています．また，語源的には，ラテン語の fors や fortis からの派生語で，「運」を意味します．いずれにせよ，「富」と「偶然」との結びつきの理由を，アランは，ここで自分なりに説明しようとするのです．「なぜなら，何らかの運〔fortune〕との出会いがなくては，労働が〔人を〕金持ちになどしないからである」，と．どういうことでしょう？　労働について，考えてみる必要があります．例えば，農業の労働について考えてみましょうか．次の引用が参考になります．

　水夫は，自分の命さえ救えば，すべてを救ったことになる．だが農夫は，自分の富を港へ運ぶわけにゆかぬ．富はつねにひろげられ，さらされている．だから，あたたかい火も霜の心配を消しはしない．★168

　農作物が見事に実り，収穫時期を迎えようとしていた矢先に台風や水害ですべてが失われるなどということはいくらでもある．どんなに一生懸命に農作業をそれまでしていたところで，すべての富は消え，場合によれば負債のみが残るのです．また，逆に，天候などすべてに恵まれれば，予想外の富を手にするかも知れない．漁業だって同じです．漁獲量など運に左右されることがほとんどでしょう．たとえ，高価な魚群探知機を装備したところで，そもそもその年の漁場そのもの全体に魚影が少ないことだってある．昔，北海道でニシン漁が盛んだったころ，網元が「鰊御殿」と言われる建物を建てたことは有名です．それほどの富の蓄積が可能な時期があったのです．工業にしたところで，種々の産業革命が語られる場面に新たな技術の発明が語られることでも明らかなように，蒸気機関が発

376

明された際にうまくそれに乗った労働に従事していれば、思いがけない富を手に入れることにもなるのでしょう。逆から言えば、〔偶然には恵まれていないときの〕地道な労働は必ずしも富へとつながらないのです。労働とその対価としての富はほとんど比例しているとしか言いようのないありかたこそ、こうした労働の実態です。それは、アランがブルジョワとプロレタリアートの区別について語るときの論点と関わってきます。次の引用はそのひとつです。

> ブルジョワは、人を喜ばせることによって生きるのであって、等しい労働にたいする等しい給料というものは、彼には考えることができない。それというのも、この種の労働と成果とのあいだには共通尺度がないからである。[169]

ここはブルジョワについて語っているところなのですが、裏面でプロレタリアートについて語られているのは自明でしょう。プロレタリアートにとっては「等しい労働に対する等しい給料」というものが基本であり、そこでは「労働と成果とのあいだには共通尺度」があるというわけです。繰り返しますが、ここには基本的に比例がある。

> プロレタリアの精神は、みずから欲するといなとにかかわらず、この比例を基礎とし、正義にのっとってきたえられるのであり、大きな恐れも大きな希望もただ彼自身から来るのである…[170]〔後略〕

そして、そういうあり方と違うブルジョワというものは「人を喜ばせることによって生きる」と書かれているのがミソです。上手く人を喜ばせることができれば、多くの報酬を得ることができる。それがブルジョワだというのです。相手が人間であるところが、水夫や漁師や農夫そして職人・工業労働者とは違うところです。こちらの方は、言わば自然が相手なのです。次のような一文があります。

> ひとを説得することで生活する人間はだれでも、ブルジョワである。司祭、教授、商人は、ブルジョワである。これに反して、プロレタリアとは、通常の仕事において、ひたすら事物と格闘する人間である。農業労働者、土木作業員、仕上げ工などがこれに属する。ナット、小石、クローバーは説得できない。[171]

もちろん、自然については自然の偶然があるでしょう。人間についても、その人を説得できるかどうかには大きく偶然が作用する。例えば、ある芸人のギャグがうけるかどうかなど、やってみるまで予測も付かないでしょう。芸人は芸人なりの修行があるでしょうし、その意味での労働はしている。あるギャグが受けて富を手に入れるかどうかなど偶然なのです。確かに、労働しないでいれば、その偶然を引き寄せられないのかも知れない。しかし、辛抱強く労働をしていたところで、その偶然を引き寄せられるとは限らない。そうであるかぎりは、ブルジョワでもプロレタリアートでも、金持ちになるには「運との出会い」が必要なのです。

fortune という語の「財産(富)」と「運(偶然)」という二重の意味は、それほど「事柄の本質に迫るもの」だということになる。人間にはほとんど不可欠な労働というものに、運が微笑むかどうかによってこそ、富は手に入るというわけなのですから。言い方を換えれば、「財産が正しいかどうかを問うこと」など、大した意味は無いとアランは言いたいのでしょう。それは、「クジ引きが正しいかどうかを問うこと」程度だ

★167――H.ベルクソン『道徳と宗教の二つの源泉』p.539
★168――アラン『人間論』p.153
★169――同書、p.145〔傍点引用者〕
★170――同前〔傍点引用者〕
★171――アラン『プロポ 2』p.222

からです〔「宝くじ(LOTERIE)」(▶p.444)〕．ストア派的な考え方をするアランにとっては，そんなことは「どうでもいいこと」だったと言うべきだろうと私は思います．

FRANCHISE
率直さ – 率直であること，それは，前もって吟味することなく，思いつくままに〔spontanément〕表現することである．それは少なくとも不躾である〔「示唆(SUGGESTION)」(▶p.784)の定義を参照のこと〕．例えば，悲嘆に暮れている母親に，死んだ人たちはきっと幸福だなどということ．それは考えうることである．そんなふうに考える機会も時にはありそうである．とはいえ，そんなことを言うのが必ずしもいいわけではない．人の考えを変えさせたいのであっても，決して思い浮かんだままの言葉を投げかけてはならない．それに，間違いなく，思い浮かぶままの言葉などばかげたもの〔folie〕である．そして，そのうえ，いつだって真理をいわなければならないとしても，その真理を知らないということだってとても頻繁にあるということは指摘しておくべきである．それゆえ，いかなる思考〔という名に価するもの〕も，第一に礼儀正しいものであり，第二に細心綿密なものである．中国の礼節〔politesse〕は，質問をすることを禁じている．そして実際，応えようとしないというのがしばしば応えだったりする．こういうやり方は裁判官のものであって，友人のものではない．人を傷つけないような命題を思考と名づけることは可能である．それゆえ，率直さというものは，断固とした要求にもとづいてしか，またくれぐれも慎重を期すために何度も先延ばしにした上でしか，登場してはならないものである．そこから教訓的なたとえ話がでてくる．それは奴隷の率直さなのである．

spontanémentを私は「思いつくままに」と訳します．森訳や神谷訳のように「自然発生的に」というと，なにか良い意味が含まれてしまいそうだからです．「前もって吟味することなく」と言われているように，「率直さ」が，ここではまず，悪い意味で語られているからです．実際，すぐ後で「不躾」だとまで言われるに至ります．次に挙がっている例ももっともですし，「思い浮かぶままの言葉などばかげたもの」と断言されるのです．このあたりを少し考察しておきましょう．

アランは「好い加減な思いつきを厳しく監視し，自己に誓いを立て，順序立てて行動をする自己統御こそが，あらゆる幸福の源泉であると共にその条件」[★172]と別のところで書いています．もちろん思いつくことは重要ですし，インスピレーションという意味では歓迎されるべきこともあるでしょう[★173]．けれども，それはその思いつきを整え，進展させたときのお話です．最初に頭に浮かぶものなど，多くの場合，とんでもないものなのです．それにもかかわらず，思ったままを言うことが正直で，望ましいとまで考える人たちがいる．でも本当にそうでしょうか？確かに，それは「嘘(MENSONGE)」(▶p.472)をつかないという意味ではあるかも知れません．それに関してアランは次のように言います．

> 心に浮かんだことを言いたいという欲求について，まちがえないようにすることだ．この欲求は動物的なものだ．それは，単なる衝動，単なる情念にすぎない．狂人は，心に浮かんだことをなんでも言ってしまう[★174]．

みなさんも，電車の中などで，ブツブツ独り言を言っていたりする人なら出会ったことがあるでしょう．そこには，普通ではない，常軌を逸した振る舞いを感じ取れることも多いはずです．そうは言っても，私たちだって，頭の中では，いろいろと取り留もないこと，さらにい

えば馬鹿げたことを考えたりします．けれども，それをそのまま口に出したりはしない．表現しないし，そうした思いを振り払うのです．選別というか，取捨選択をしている．ところが，それをしない，あるいはできない人もいるのです．

> いやむしろ，彼のうちにも私たちのうちにも乱れたものはあるのだが，それが彼のうちでは排列されていないのだと言いたい．従属させられ軽視されていないだけだ，と言ってもよい．狂人とは，心に浮かぶあらゆる考えを同等に評価する人である．これに反し，健全な人は，想念が飛ぶのをハエが飛ぶぐらいにしか考えないのである．★175

いや，健全な人にだって，できないときがあるとさえ言える．「夢(RÊVE)」(→p.716)や夢想の中にいるときであり，気分の中に沈み込んだり，「情念(PASSION)」(→p.544)に翻弄されているときです．言い換えれば，そのとき，人は狂気に陥る．しかし，夢から目覚めたり，気分から抜け出たり，情念を越え出たときには，人は自分でそれを笑うのです．逆から言えば，「狂気とは人がこの状態にもどって，そこから出られないこと」なのです．★176

> 狂人が自分の想念のうちにある状態は，私たちが自分の夢や夢想のうちにあり，自分の最もわずかな想念の出発点にあるときと同じなのだ．なぜならば，私は夢のなかではいかにも気ちがいじみているからだが，ただ，私はそれを笑うのだ．機械的関連は同じであるから，私も骨のずいまで迷信的なのだが，ただ，私はそれを笑うのだ．★177

身体といった機械的な関連は，私たちの意志・意欲とは関わりなく何らかの言動を起こしてしまったりすることを確認しておきましょう．

> まったく道理の通っていない言葉や，うわべだけ辻褄をあわせた言葉，それは情念の働きなのである．いみじくも名づけられた情動が筋肉のあいだを駆けぬけるやいなや，人間の肉体という機械はたちまち，ふるえたり，走りだしたり，許しもなく動悸をうったりする．そのため，叫び声をあげたり，なんの意志もないのに記憶のひだに従って言葉を口走ったりする．★178

> 鋤が故鉄の音を響かせ，剣が鳴り，風が音をたて，扉がきしみ声をあげるように，興奮すると人間も話という雑音をたてるのである．そんなものを理解しようと試みる人を，そしてそれを理解したと思いこむ人を，私はあわれだと思う．理解すべき何物もそこにありはしないのだから．★179

こうしたことを理解させるのに適切と思われる例をアランは別の箇所で述べています．

> 少女は，ほんのつまらぬことで祖母と衝突して，しまいには，私も死んでしまいたいなどと言いだす．祖母に可愛いがられていた姉が墓に葬られてからまもなかったのだ．私だったら，思いがけない物音がたまたま意味をもったのだと考えて，一笑に付するだけだ．★180

ここには，そういう言葉を聞く側の取捨選択があり，「一笑に付す」ということでもわかるように，価値評価があるのです〔「価値(VALEUR)」(→p.841)〕．そこで問うべきは，どうしたらそう

★172──アラン『裁かれた戦争』p.122〔傍点引用者〕
★173──例えば，次のように言われます．「書く芸術にとって，もっとも秘められた規則の一つは，あまり消さないということである．むしろ，自然の衝動，ふいの思いつき，掘出しものを，そのまま生かすことで．そして，結局は，肉体の命じることを絶えず続けることである．精神のほうは，自然に従い，自然をそのまま生かせばよいのである」（アラン『芸術に関する101章』p.230）
★174──アラン『思索と行動のために』p.342〔傍点引用者〕
★175──アラン『人間論』p.285〔傍点引用者〕
★176──アラン『イデー(哲学入門)』p.264
★177──アラン『人間論』p.287〔傍点引用者〕
★178──アラン『感情 情念 表徴』p.216〔傍点引用者〕
★179──同書，pp.216-217
★180──アラン『思索と行動のために』p.366〔傍点引用者〕

した価値評価が成立するかでしょう．それこそが，意欲するという前提であり，それによって到達するかも知れない「高み」からの視点です．アランは次の引用で，それを「至上のもの」と述べています．

> 想念の機械的な進み方は彼ら〔狂人〕においても私たち各人の場合と大きくはちがわないと私は言いたい．ただ彼らにあっては，至上のものがないために，機械的関連が幅をきかすのである．彼らは意欲することができないのだ．^{★181}

意欲によってこそ「思考」が成立する．「考えるとは意欲すること」^{★182}なのです．意欲することによって成立する価値というものがあるとも言えそうです．次の文章をもう一度引用しておきます．

> 要するに，嘘をつかないしかたには二つある．ひとつは，心に浮かんだことをなんでも言ってしまうしかたであるが，それはなんの価値もない．もうひとつは，気分の即興をあまりに信用しすぎないしかただ．^{★183}

ここに，思考と意欲と価値と「礼儀〔POLITESSE〕」（▶p.620）との密接な関係を見て取るべきでしょう．実際，アランはこの定義の続きにおいて，「いかなる思考も，第一に礼儀正しいものであり，第二に細心綿密なものである」と記していました．

では「中国の礼節〔politesse〕」は何を語ろうとしているのでしょうか？　この話題は「質問の禁止」をもって始まっています．そこで〈質問をする〉ということについて考えてみましょう．〈質問をする〉ということは〈応えを要求する〉ということをほぼ含意しています．けれども，人には〈応えたくない〉というときもある．「応えようとしないというのがしばしば応え」だったりする．でも，普通，友人なら何らかの仕方で答えてくれるものかも知れない．それに対して裁判官，つまり裁く人には，あえて応えないという態度が取りうる．では今度はなぜここで「人を傷つけないような命題を思考と名づけることは可能である」などとアランは書くのでしょう？　解釈が必要です．私は次のように考えてみました．裁判官ならぬ友人ならば何らかの応えをしようとする．その際，まさに「傷つけないような」応え方を考えようとする．言葉を選び，場合によってはあえて言わないということも含めた応えをしたりもするのではないでしょうか？　そうした配慮を越えてまであえて「率直さ」が登場する場合とは，「断固とした要求」があり，「くれぐれも慎重を期すために何度も先延ばしにした上で」でしかない．こうしたことを考えた上で「教訓的なたとえ話」というものでアランが言いたかったことを解釈するのです．「奴隷の率直さ」という「たとえ」です．ここで奴隷ではなく主人の率直さをむしろ考えてみるといい．奴隷に対して主人は，おそらく，友人ではない．裁判官のように，奴隷を裁いたりすらできるかも知れない．その主人は，奴隷に礼儀正しい必要もおそらくない．細心綿密である必要もない．ここまで書けば，主人の率直さが，これまで述べてきた〈頭に浮かぶことをそのまま言ってしまう〉というあり方だろうということが推測できます．それに対して「奴隷の率直さ」はどうでしょう？　それは，もしそのような「率直さ」が表明されうるとするならば，それは主人からの「断固とした要求」があり，主人に対して無礼がないように「くれぐれも慎重を期すために何度も先延ばしにした上で」でしかありえない．そのような「奴隷の率直さ」は，実を言えば，友人との関わりにおいても必要なものだとおそらく言いたいのでしょう．

FRIVOLITÉ
ふざけること － 人々について深刻に取りすぎたり，諸問題について重大視しすぎたりすることに対する恐れから生じる，意図的で，あえて装われてさえいるような軽さや気移りである．この意味で，ふざけることは深遠な技である．

「ふざける」などというと，それこそ〈ふざけるな！〉という怒鳴り声が連想されるような悪い意味だけを考えている人もいるかも知れません．けれども，人は真面目になりすぎる場合だってある．そして，それで自分の首を絞めてしまうことだってある．硬直化しすぎることがあるのです．力みすぎというか，そういうことです．それに対する療法として，良い意味での「ふざける」ということもありうるのではないかと，この定義を機縁にして考えてみましょう．オジサンが寒いダジャレを言うのも場合によってはそういう防御反応かも知れないのです．

例えば，初めての経験だったりすることについては過度に緊張してしまうのはよくあることです．私が初めて大学で講義をしたときには，当然のことながら，本当に緊張しました．何人ぐらいの学生が教室に座っているのか？（当時はそれもあらかじめ知らされないのが普通でした）きちんと聴いてくれるだろうか？ 途中で言葉がつまってしまわないだろうか？ いろいろ考えたものです．講義を聴く学生の身分はいくらでもやったことがあっても，講義をする方はまだ実際にどういうことだか経験的に知らないだけに，やたらと想像するわけです．実は，この想像というものが曲者であることを知らなければなりません．

このことについて考えるために，次のような問いを立ててみましょう．〈想像は思考と同じだろうか？〉，と．アランは「想像を思考ととり違えやすい私たち[184]」という言葉を残しています．なるほど初めて何かをする前には，その行為に関わる対象や出来事は，まさにまだ経験したことがないのですから，想像する他はない．けれども，経験したことがないからこそ，その事柄に関して実際に生じる感覚や，そうした五感への現われをまとめ上げた知覚も，それに関わる記憶もまだ無い．そこで，これまでにしたことのある（過去の）他の経験で得たり，あるいは現に今生じている（現在の）知覚を基に，さしあたっては自分でその（未来の）経験についての像を造り上げるほかはない．思い描いてみる他はない．それこそが想像です．「想像」の原語は，imaginationで，まさに imago（像）というラテン語からきています〔「想像力（IMAGINATION）」（▶p.407）〕．しかし，その像は確固としたものではありえない．まず間違いなく不安定なはずです．つまり，自分で造り上げる際に，現実よりも事柄が強調されたり，その事柄に関わって考慮すべきことが無視されたり，ということがありうる．その事柄に関して判断する際の〈基準となる程度〉とでもいうべきものをまだ手にしていないのですから，それは当然です．例えば，小さいころにあまり掴み合いの喧嘩をしたことがない人間が，中高生や二十歳前後になってキレて，加減を知らないために，過度に相手を傷つけてしまうなんていう話はきいたことがあるでしょう．想像において，まさにそういうことが起こるわけです．次の引用にあるように，恐れ〔「恐怖（PEUR）」（▶p.582）〕という事柄は，こうした想像について考える場合に適切な事例だと思います．

> 恐怖を感じさせるのは，まさしく想像なのである．それは，想像上の物の不安定さのためであり，外観の結果でもあると同時に原因でもある性急な，中断された心の動きのためである．要するに，物の力によるよりも，物がわれわれに提供する貧弱な手が

★181──アラン『人間論』p.282〔傍点引用者〕
★182──アラン『幸福論』p.114
★183──アラン『思索と行動のために』p.344〔傍点引用者〕
★184──アラン『イデー（哲学入門）』p.186

かりによる行動上の無力のためである．[105]

　この引用にあるように，人は自分の「無力」が理由となって苛立つことがあるはずです．そして，苛立てば苛立つほど，自分を追い込んでいく．次のような言葉があります．

　　ただきみは不幸にして聡明すぎるのだ．あまり自分のことを考えすぎるのだ．なぜうれしくなったり悲しくなったりするのか，そんな理由を知りたがる．そのため自分に対して苛立（いらだ）ってくる．それというのも，きみのよろこびや悲しみが，きみの知っている理由からではうまく説明がつかないからだ．[106]

　一つ前の引用に戻ると，「恐怖」は「想像」がもたらすもの．その「想像」は恐怖の対象についての「貧弱な手がかり」しか無いにもかかわらず，あえてそれを相手に行動しようとしたときの空回りでしかない場合があるというのです．死の恐怖についても同じかも知れません．「死」という考えに取り憑かれてしまうような時があるものです．私も小学校6年と中学校2年ぐらいの時に身近な人の死に直面して後，死というものについて頻繁に考えるようになりました．ある期間，頭から離れなかったと言ってもいい．実際，私が「哲学（PHILOSOPHIE）」（▶p.587）に向かうときの一つの遠因になっているかも知れません．最初に興味を持ったのが「実存哲学」であって，例えばハイデガーの『存在と時間』などという本は，人間の存在を「死に臨む存在（死への存在）」〔Sein zum Tode〕と捉えていたのです．

　　現存在の終りとしての死は，現存在の最も固有な，没交渉的な，確実な，しかもそのようなものとして無規定的な，追い越しえない可能性である，と．死は現存在の終りとしておのれの終りへとかかわるこの存在者の存在の内で存在している．[187]（Der Tod als

das Ende des Daseins ist die eigenste, unbezügliche, gewisse und als solche unbestimmte, unüberholbare Möglichkeit des Daseins. Der Tod ist als Ende des Daseins im Sein dieses Seienden zu seinem Ende.）

　有名なあのパスカルも，それこそ死を怖れていたためでしょう，次のような言葉を残します．

　　気を紛らすこと．
　　人間は，死と不幸と無知とを癒（いや）すことができなかったので，幸福になるために，それらのことについて考えないことにした．[188]（Les hommes n'ayant pu guérir la mort, la misère, l'ignorance, se sont avisés, pour se rendre heureux, de n'y point penser.）

　パスカルは「この無限の空間の永遠の沈黙は私を恐怖させる」とも書きました．[189]なるほどとも思うのですが，少し神経症的です．それを揶揄してアランは次のように書いています．

　　病身で肉体の苦しみを味わっていたパスカルは，多数の星をみて恐怖した．そして，かれが星をながめながら荘厳な戦慄を感じたのは，それと気づかずに窓ぎわで冷えこんだからに違いない．ほかの健康な詩人だったら，女友だちにでも話しかけるように星に話しかけるだろう．[190]

　貧弱な手掛かりを使っては見事に思考などできないのに，あえてそれをやろうとすると想像に足をすくわれるわけです．今は考えても仕方がないのに，それでも考えようとするとき，見事な思考などできず，考えは想像の段階に落ちる．アランだったら，現に目の前にある星を相手に，その美しさを賞讃する言葉を口にするかも知れない．パスカルのように「想像」へと落ち込んでいくよりもマシかも知れませんよね．少なくとも，知覚を離れて，想いの中に沈んでいくことなどしない．それはちょうど，重大な出

来事であればあるほど，冷静に熟考しなければならないということでもあるのです．以前にも引用したこの一節が効いてきます．

> およそ知性の切れ味は，刃物の切れ味と同様，それが自己自身のなかに集まり，不撓の必然性から身をひくところに生ずる．母岩にまじった粗金の粒と，サーベルのあの刃とは，遠くへだたっている．散漫な精神についても同様である．舟の乗客は嘆き，祈る．だが水先案内人は，実存をあるがままにとって行動するのである．★191

こうして，パスカルは〈嘆き，祈って〉いないかどうかを問うてみるべき理由があるわけです．

> 弱い精神は，想像上の場面について思いめぐらす．…〔中略〕…力強い精神は，物をまえにしたときにしか熟考しない．★192

単に「思いめぐらす」のと「熟考する」のとは違うことをアランは語ろうとしています．「思いめぐらす」とき，多くの場合，実は「思いめぐら・させられている」というのが普通です．能動的というよりは，そうさせられているという意味で，受動（受け身）的です．考えたくもないのに，頭に浮かんでしまうような，そういう感じ．そして，それゆえにこそ，事柄に過剰に反応してしまう．必要以上に，です．

> つまらぬ事柄が重大事に見えるのは，われわれの注意が向けられるときだけだ．★193

そうした状況から身を引き離すには，実は，知性が必要です．ダジャレを言うにも知性が必要なのです．身を引き離すために，「軽さ」や「気移り」を「あえて」「意図的」にやってみるのです．今回の定義の「ふざけること」の話はそんなところに位置することができる．まさに，「ふざけることは深遠な技」なのです．

FUREUR
激昂

－狂気の諸性格〔caractères〕を帯びた一過性の怒り〔passage de colère〕．これは抑制されていない〔non dirigée〕怒りであり，その怒りを養っているのは〔能動的な〕行為ではないというニュアンスを伴っている（ちょうど，逆上〔emportement〕においてや，残忍においてと同様に）．そう〔つまり行為〕ではなくむしろ人間の身体の自分自身に対する反作用であるというニュアンスがあり，それは病気に非常に似ている．激昂している〔怒り狂っている〕人々は〔自分のためにも〕避けておくことだ．沈黙と孤絶で遇することだ．決して理屈を以て遇しないことだ．激昂は理屈のはるか下方にある．〔だからといって〕激昂が時として方法的でないと言いたいのではない．激昂は時として本当の狂気の意図的な〔volontaire〕始まりであったりする．〔だがしかし〕そのことはその狂気が意志に基づくもの〔volontaire〕だということではない．人が身を投げると，重力がその人間を引き受ける．同じように，苛立ちが人間を運び去ってしまう瞬間がやって来たりするのだ．

激昂などという言葉は，文学作品の中でしか出会わなくなったかも知れませんね．けれども，

★185──アラン『思索と行動のために』p.336〔傍点引用者〕
★186──アラン『幸福論』pp.19-20〔傍点引用者〕
★187──マルティン・ハイデガー『存在と時間』，第二篇「現存在と時間」，第一章「現存在の可能的な全体存在と，死へとかかわる存在」第五十二節「終りへとかかわる日常的な存在と，死の完全な実存論的概念」『[世界の名著]ハイデガー』）p.421
★188──B. パスカル『パンセ』p.136
★189──同書, p.156
★190──アラン『幸福論』p.20
★191──アラン『人間論』p.186〔傍点引用者〕
★192──アラン『思索と行動のために』p.376〔傍点引用者〕
★193──同書, p.366

まさに文学が人間についての深い洞察をしていたりするのは，よくあることです．いや，それが本分かも知れませんね．アランは，「哲学を文学に，文学を哲学に」しようとした人と言っていい．実際，フランスにはこうした伝統があります．モラリスト（人間観察者）の文学の系譜です．もちろん，アラン自身がそのなかに位置づけられますし，他にも有名な人を挙げておけば，モンテーニュ，パスカル，ラ・ロシュフコーなどが代表者ですが，他にも鋭い人間観察をした文学，いわゆる心理小説はいくらでもあります．例えば，ラ・ファイエット夫人の『クレーヴの奥方』，アベ・プレヴォーの『マノン・レスコー』，ラクロの『危険な関係』，バンジャマン・コンスタンの『アドルフ』，スタンダールの『赤と黒』，ウジェーヌ・フロマンタンの『ドミニック』，マルセル・プルーストの『失われた時を求めて』，レイモン・ラディゲの『ドルジェル伯の舞踏会』など挙げればきりがありません．興味のある方は読んでごらんなさい．

　定義に戻りましょう．「激昂」は「狂気の諸性格〔caractères〕を帯びた一過性の怒り〔passage de colère〕」とあります．私は passage de を「一過性の」と訳してみました．長く続くのではなく，過ぎ去るからです．誰でも，激しい怒りを長い間維持することはなかなか難しい．疲れるからです．「怒りのあとには，そのつづきである疲労が，別の規制者としてあらわれる」のです．しかし，その「怒り（COLÈRE）」（▶p.180）の頂点としての激昂はどのような姿かということをアランはここで定義しようとしているのです．それは抑制されていない〔non dirigée〕．抑制できない状態がまさに激昂なのです．抑制するものとしての理性（冷静に考える力とでも言っておきましょうか）とかが無力となっている状態，それが激昂です．理性が吹っ飛んでいなければ，それが怒りを統御しに駆けつけるかも知れない．そしてそれなりの統御された振舞いとしての「〔能動的な〕行為」によって落ち着きを取り戻すかも知れない．けれども，まさにそれができないのです．

事がらが，その実行をいくらか遅らせてもよいようなものであるとき，その事がらについてただちに判断をくだすことをさし控え，ほかのことを考えて心をまぎらせ，時の経過と安静とが，血液の激動をまったくしずめてしまうまで待つべきである．そして最後に，情念の促すところが即座に決心をしなければならぬような行為であるときには，意志は，情念が示す理由とは反対の理由──それがより弱く思えるにしても──を特に注視して，それに従おうとしなければならないのである．[195]

　だからこそ，アランは「その怒りを養っているのは〔能動的な〕行為ではないというニュアンスを伴っている」と書きます．統御された振舞いとしての「〔能動的な〕行為」ができれば，怒りは養われるどころか沈静化するはずだからです．それができていない状態としては，他に逆上とか残忍を観ればわかろうという．では，何が怒りを養っているのでしょうか？　つまり，何が激昂という状態を創り出し，維持しているのでしょうか？　それをアランは「人間の身体の自分自身に対する反作用である」というのです．どういうことでしょう？　ムカッとしたときのことを思いだしてください．そのとき，すでに，あなたの身体は冷静なときとは違っています．どこかに力が入り始めている．拳をにぎり始めているかも知れません．脈が速くなっているかも知れません．そういう身体の状態にあるとき，私たちのいわゆる知的能力は，その身体状態に相応しいものしか探し出してきません．

　他人から無礼な仕打ちをうけた人間は，まずそれが無礼であることを確認するため，あれこれといろいろな理屈を考えだすことだろう．かれは事態を悪化させる事情をさがしだそうと努め，そしてそれを見つけ出すことだろう．先例をさがそうと努め，そ

してそれを見つけだすことだろう．かれはこう言うに違いない．これこそおれの正当な怒りの原因だ．おれは断じて怒りを静めて楽になろうとは思わない，と．これが最初の瞬間である．その次に理屈がやってくる．人間というものは驚くべき哲学者なのだから．そして人間をもっと驚かすのは，理性が情念に対してなんらの力ももちえないということである．[★196]

要するに，(1)ムカッとする，(2)身体状態が怒りという情念に相応しいものに変化してしまう，(3)その身体状態に相応しい「想い」しか浮かばなくなる（理性の無力），(4)当然，上の引用にあるように，その「想い」がさらに情念を「悪化」（嵩じ）させるため，さらに身体状態は激しいものに変化する，というような作用（心身間の循環的な作用）が生じてしまうわけです．それをアランは「人間の身体の自分自身に対する反作用である」と言っているのだと私は解釈します．そこでは，確かに知的能力が関わっているようには見えても，実を言えば，有効に働いていない．とても身体的な事柄だというのです．だからこそ，アランは，「それは病気に非常に似ている」と書く．病気快癒を祈るのは構いませんが，医学的な措置も必要です．その医学的措置というのは，物質に関わる手続きでしょう．投薬然り，手術然り，リハビリのための体操然りです．

「体操」で思い出しましたが，まさに筋肉の統御，つまり内臓の筋肉のような不随意筋ではなく，手足の随意筋を理性によって統御すること，場合によれば美しい所作をすることの大事さがここでは思い出されます．そもそも，人間の身体に宿る「美（BEAU）」（→p.120）（例えば，ダンスや詩や歌や演劇）は，優れて自分の身体の統御によって生じるものでした．実を言えば，アランは，ここに芸術の発祥をみたりします．詳しいことが

知りたい人はアランの『諸芸術の体系』を読んでごらんなさい．とにもかくにも「情念（PASSION）」（→p.544）と所作との関わりに私たちはもっと気づくべきです．そこで，以前にも引用した一節．

> 口をあけていてはiの音を考ええないように，手のひらを上にむけ，手をいっぱいにひろげてさし出すときは，怒ってはいられない．怒りがすぐぬぐい取られないなら，所作が悪いのだ．だれしも観察しえたことと思うが，私たちの手ぶりは，私たちの気分，執着，拒否，不信を，こまかいところまで表出する．逆に，手をすこしでも動かせば，気分や意見はいくらか変わるのであり，とくに意見が気分だけのものであれば，じつに変わりやすい．[★197]

これこそが，広い意味での体操なのです．こんな言葉があります．

> 要するにわれわれは情念によって病気を悪化させる．それが本当の体操を学ばなかった人たちの運命である．そして本当の体操とは，ギリシャ人たちの理解したように，肉体の運動〔mouvement〕に対する正しい理性の支配のことである．[★198]

さて，では，激昂している人々にはどんなふうに対処したらいいのでしょう？　アランは，「避けておくことだ．沈黙と孤絶で遇することだ．決して理屈を以て遇しないことだ」と書いています．さきほども述べたように，激しく怒っている人には，自分の理性そのものが無力となっているのであって，さらに他人が理性的にその人に話しかけても，実はダメなのです．いわゆる，「火に油を注ぐ」状態になります．あなたの冷静さ，あなたの理性的な振舞いが，かえってその人を苛立たせたりする．「沈黙と孤

★194──アラン『人間論』p.30
★195──R. デカルト『情念論』p.256〔傍点引用者〕
★196──アラン『幸福論』p.62〔傍点引用者〕
★197──アラン『人間論』p.205
★198──アラン『幸福論』p.15

385

絶」が必要な所以です．例えば，次のような状況を考えてみるといい．

　少女は，ほんのつまらぬことで祖母と衝突して，しまいには，私も死んでしまいたいなどと言いだす．祖母に可愛いがられていた姉が墓に葬られてからまもなかったのだ．私だったら，思いがけない物音がたまたま意味をもったのだと考えて，一笑に付すだけだ．[*199]

　このとき，「私だったら」そんな少女の言葉には「一笑に付する」という対処を行なっている．「沈黙と孤絶」の一例でしょう．〈おまえの言っていることは筋が通っていない！〉とか言っても無駄なのです．理屈で対処しようとしても無駄なのです．そこでアランは，「激昂は理屈のはるか下方にある」と述べることになります．理屈などという理性（精神）的な場面ではなくて，身体的な場面での解決を見いだそうとすべきだというのです．

　情念の惨劇のほとんどすべては，あまりに急いで高度の治療法を試みることに由来する．子供たちに対してと同様，マッサージをしたり，たたいたり，散歩につれ出したりすればそれでこと足りるのに，理屈をこねまわすのはばかげている．このように徴候を思考の高みからひきおろし，物として考えることで，私はそれらを自分の意志による行動の領域に入れるのだ．[*200]

　しかしながら，それでは，激昂というものは，徹頭徹尾，非理性的だと言うべきなのでしょうか？　それは違うとアランは言います．「激昂が時として方法的でないと言いたいのではない」という指摘こそ，その表明です．もちろん，この「方法的〔être de méthode〕」というのがミソです．方法〔méthode〕という言葉の語源は古代ギリシア語の μετα ὁδός（道に従って）という意味で，この場合，道とは知性（理性）の敷くものでしょう．デカルトが自らの「**哲学**（PHILOSOPHIE）」(▶p.587)を

後に「方法的懐疑」〔le doute méthodique〕というものを実行して，理性の秩序に基づいて形成しようとしたようにです．けれども，問題は，ことを理性的に進めているつもりでいても，いつの間にか理性が吹っ飛んでしまう場合である．冷静に話しているつもりでいて，いつの間にか激昂している場合だってある．意志的にことがらを進めているつもりでいて，自分の統御を失い，情念に翻弄される場合がある．いつでしょう？　アランは「人が身を投げると」と書きました．しかも「重力がその人間を引き受ける」，と．これはどういう事態でしょうか？　少し説明が必要でしょう．「身を投げる」状況を思い描いてください．例えば，オリンピック競技における水泳の飛び込みです．選手は，自らの身体を統御しようとしながら，飛び込み台から身を投げます．確かに，長い訓練の後に，台を離れてからも可能な限り自分の身体を統御することができるようにはなっているかも知れません．しかし，落ちることはどうしようもない．重力は，抗いがたく作用するわけです．もし訓練をしていなかったら，それこそ重力のなすがままです．恐らくは美しい形とはならない．大抵の人間はこちらでしょう．身を投げた途端，統御が利かなくなるといった感じです．何事かに耐え難くなって〈儘よ！〉（最近ではこれも使わなくなってしまった言葉ですが，「施すすべがなく，成り行き任せにするときに使う言葉」です）と言いながら身を投げることが人間にはある．あとは自然の（あるいは身体の）メカニズムが人間を捉えるのです．「人間がもはや自分を知らなくなる地点，すなわち，メカニズムが人間の全体をとらえる地点」があるのです．[*201]　ちょっとしたことを気にしすぎる自分に苛立ってさらに自分の状態を悪くするなんてことはありませんでしたか？　〈こんなことでクヨクヨしたってしょうがないんだ．それは分かっている．分かっているのにクヨクヨしている自分自身に腹が立つ〉みたいな感じです．その嵩じてくる腹立ちに耐えきれなくなって，ついには自分で自分の統御を諦め，身を投げる．

いらだつべきでないという理由によって，ますますいらだつわけだ．そこで，人々はとかく，小さな苦しみに耐えきれぬところから，大きな苦しみに飛びこむのである．[202]

「苛立ちが人間を運び去ってしまう瞬間がやって来たりする」とは，そういうことなのです．

G

GAUCHERIE
ぎこちなさ ─ 自分自身の身体について覚える困惑であり，〔仲間の〕集まりとか〔見知らぬ人々との〕社交とかに際しての振る舞い方を学ばなかったことによって生じる．それは必ずしも小心〔timidité, 臆病〕ということではない．なぜなら，衣服が新しかったり，これからしようとする行動が初めてのことであったりすると，知らず知らず人はぎこちなくなったりするものだからである．それに対して，小心は〔すでに自分がそうであることを知っているような〕あるぎこちなさについての心持ち〔sentiment〕や想像〔imagination〕であって，それはそれ〔ぎこちなさ〕自体の〔表わす〕徴によっていっそうひどくなる．体操的な鍛錬はこうしたすべてのまずいことに対する療法である．それは私たちが欲することを，躊躇なしに，また恐れ〔peur〕もなしに，見事に成し遂げることを私たちに教えてくれる．

「ぎこちなさ」が「集まり」とか「社交」との関わりで語られていることに注意してください．しかも，それが「自分自身の身体について覚える困惑」とされていることにも．一人の人間が，「集まり」とか「社交」とかに入っていくに際して，それなりの振舞いが要求されているにもかかわらず，それを学んでいない場合には「ぎこちなさ」が生じるというのです．見られているからでしょう．見られている限りはこうしなければならない，といった思いが生じるからでしょう．一人だけなら，そんなことは，きっと，ほとんど問題にならない．たとえ，身体がスムーズに動かない場合があろうと，それを「ぎこちなさ」とあえて言うにも価しない感じがします．人の視線を気にするがゆえの「ぎこちなさ」ではないでしょうか？　実際，フランスの実存主義哲学者サルトルは他人の眼差し〔regard〕が人間を規定する場面を語りました．私という存在者は他人のまなざしによって作られた対象としての自分自身を発見するというのです．サルトルはそれを，私たちの「対他存在」〔être-pour-autrui〕と呼ぶのです．おそらく，ごく幼い子どもには「ぎこちなさ」は無い．大人が一人でいるときのように，子どもには気にすべき他人がきっといないのです．「**社会**(SOCIÉTÉ)」(→p.748)が無いという言い方もできるでしょうし，自分に社会を同化しているとも言えるかも知れません．要するに，自他の区別がついていない．実際，母親と自分との分離さえないと言われます．

幼児の他者体験に関連して，次のような生理学的事実は，銘記されてよい．生後間もない新生児は，母親が舌を突き出したり，口をパクパク動かすと，それに対応して自

★199──アラン『思索と行動のために』p.366
★200──同書, p.381〔傍点引用者〕
★201──アラン『思想と年齢』p.30
★202──アラン『人間論』p.269

らも舌や口を同じように動かすという(このような反応は，生後2〜3週間までに見られ，その後，消失する)。この事実は，新生児の段階で，母子は情報的なカップリングを構成していることを，暗示している。つまり，幼児の身体は，その皮膚的な界面を越えた，他者(この場合特に母親)の身体をも含み込む間身体的な系を単位とした全体の中での部分として，活動していることを，暗示している。石井威望等は，このようなカップリングは，胎児期に，母親の声を聞くなどの体験を通じて形成されたと仮説している。さらに，石井は，ペンギンの母子が情報的なカップリングをなしている例を引いて，人間の母子に似たようなことがあったとしても，驚くにはあたらないということを，示唆している。★001

廣松〔渉〕は，生体はごくミクロなレベルを含めて，物理的には，様々なタイプの振動・共振現象であること(生体内の周期的化学反応，神経細胞の興奮リズム，刺激受容・反応における共振等々)に留意し，複数の生体を含むような系に関しても同じことが妥当するはずだと示唆している。★002

他者のこのような拘束的関与が強力な場合に，おそらく，レインがサルトルの用語を使って「石化 petrification」と呼んだ症状が出現する。石化とは，他者の眼差しを前にして，分裂病者の身体がそのさらされたままの様態において凝固してしまうこと，あるいはそのような凝固への作用力が分裂病者に感受されること，を言う。石化は，自己の身体の対他的様態(他者に対して現れている様態)が，まさに対他的であるということ(他者の視線にさらされているということ)自体を媒介にして，他の諸様態からより望ましい有り方として特権化され，他の可能な様態を背景化することから帰結する。このように，他者が拘束・作為の原点として機能し

ている(かのように現象している)とき，ここに，我々は，「規範」と呼ばれる操作の萌芽を認めることができるだろう。言い換えれば，ここに，超越へと向かう，物質的内在性に対する反対物へと向かう，微妙な，しかし確実な一歩がある。★003

最後の引用は「規範」について語っていました。すなわち，さきに述べたような〈要求されるそれなりの振舞い〉は，誰に(何に)よって要求されているのかと問う機縁を形成するのです。要するに，要求する主体は何なのでしょうか？　おそらく，それは「社会」そのものに他ならない。ベルクソンはそう考えて，まさに要求される「責務」とか「義務(DEVOIR)」(▶p.249)についての議論を展開しました。「閉じた魂」・「閉じた社会」という議論です。

責務というものは，その起源で捉えれば，個体と社会とのいわば未分の事態を意味しているのである。…〔中略〕…ここでは魂は個体的で同時に社会的であり，一つの円を描いている。それは閉じた魂である。★004

われわれが社会的義務の底に認めえた社会的本能は——本能というものは他のものに比べて不変である——，どれほど広大な社会であるにせよ，やはり一個の閉じた社会を目指している。★005

面白いのは，そのベルクソンが次のように言うことです。

われわれは拘束(責務〔obligation〕)というものを，人々の間の紐帯〔un lien〕のように思いがちだが，それは各人を，何よりもまず彼自身へ結びつけるものなのである。★006

自分自身が，〈こんなふうに振る舞わなければならない〉というイメージをつくりそれに合わせようとするわけです。ベルクソンはそれを

「表層的自我」〔le moi superficiel〕と呼んでいます. [007]
次のように言うのです.

> たとえ深いところで働いているわれわれの意識がより一層深く降りてゆくにつれて，ますます独自で，他者の人格と通約不可能な，そのうえ言い表しがたい人格を開示するとしてもわれわれ自身の表層において，われわれは他者とつながっており，他者と類似し，他者とわれわれとの間に相互依存を作り出す一つの規律によって他者に結びつけられている. [008]

まさにそういう表層的な，ある意味では自分そのものではない他者に合わせようとするからこそ，「ぎこちなさ」が語られる状況が生じることになる．そうなってしまったとき，それでも「しなやかさ」を取り戻そうとして焦ってしまうことがある．自分にばかり注目し始めてしまうのです．そしてかえってまずいことになるのが常なのです．それくらいだったら，遠くを見よとアランは言います.

> 意志の力でしなやかになろうなどとつとめてはならない．自分自身の意志を自分自身だけに指し向けると，ぎこちない行動ばかりがうまれて，やがては自分で自分ののどをしめるようなことになる．自分のことを考えるな．遠くを見よ. [009]

さて，定義に戻りましょう．アランは「ぎこちなさ」と「小心(臆病)」〔「臆病(TIMIDITÉ)」(▶p.815)〕との区別を述べています．その区別のメルクマール(徴表)は何でしょう？ ひとことで言って，それは，自分の「ぎこちなさ」のありようをすでに知っている(意識している)か否かだと思います．そう解釈して，私は「〔すでに自分がそうであることを知っているような〕あるぎこちなさについての心持ちや想像」と訳してみたのです．自分はこんなふうな「ぎこちなさ」を持っていると(経験上)知っている．またやるんじゃないかと心配している．そうなったらどうしようと怖れている〔「恐怖(PEUR)」(▶p.582)〕．それが小心者の姿です.

> 臆病者は，人の評判をおとすようなことをする自分自身を呪い，今後も評判をおとすだろうと自分自身に予言する．最も悪いのは，人々は自分が臆病であることを知っている，人々は笑っている，自分に罠をかけている，というように想像する場合である．これではいよいようまく自分の役柄を演ずるばかりであろう．それは彼にもわかっている．頭はそのことでいっぱいなのだ. [010]

では，そんなとき，どうしたらいいのでしょうか？ 体操だとアランは言います．もちろん，広い意味での体操です．次のような.

> 本当の体操とは，ギリシャ人たちの理解したように，肉体の運動〔mouvement〕に対する正しい理性の支配のことである. [011]

それは，表現したいことは見事に表現し，表現したくないことは表現しないような訓練なのです.

> 体操は，思想と身の動きと事物とのまったき調和によって，怒りや恐怖を同時に解きほぐしながら，闘争と征服との衝動を規制

G
★001——大澤真幸『身体の比較社会学 I』p.55〔傍点引用者〕
★002——同前〔傍点引用者〕
★003——同書, pp.56-57〔傍点引用者〕
★004——H. ベルクソン『道徳と宗教の二つの源泉』pp.249-250〔傍点引用者〕
★005——同書, p.243
★006——同書, p.225〔傍点引用者〕
★007——H. ベルクソン『時間と自由』p.118
★008——H. Bergson, *Les deux sources de la morale et de la religion*, p.7〔傍点引用者〕
★009——アラン『幸福論』p.157
★010——アラン『人間論』p.253
★011——アラン『幸福論』p.15

389

する．それは，われわれが思想〔pensée〕と名づける，あの狂った予見を抑えることであった．そうして，自分の為すことしか欲しないことによって，自分の欲することすべてを為すことであった．
★012

GRAVITÉ

重々しさ – これは笑うことの拒否であり，いずれにせよ〔そうした笑いが無いという形で〕表現された拒否である．重々しさは，結局，吟味することの拒否となる．重々しさは優美さを拒絶する．その〔優美さという〕言葉のすべての意味においてである．重々しさは，他人たちにとっても自分にとっても，重い〔pesant〕．それは重力〔pesanteur〕に従う．まさにその語が語っているようにである．重々しさは決断を決して下さない．それは決して自由ではないのである．それは誤り〔faute〕の後を追い，その上にのしかかる〔pèse〕．それは帰結の必然性〔nécessité〕を見張ることしかできない．それゆえ，重々しさは属官的な〔subalterne〕ものである．それは法〔loi〕とか命令を適用するのである．それは先例を告知する．それは取り返しのつかないものを通告する．時〔heure〕が重々しい〔grave〕ということは，私が決して是認しがたい事柄について，すべての選択肢は好ましくないのに選ばなければならないために，決めに行くことを意味する．貧弱な政治は，皆，重々しい．「人はおのれの欲するところをなすとあなたは信じておられるようだが，私はそうではないことを知っている」などと謹厳な〔grave〕男は言ったりする．

gravitéは，もちろん英語のgravityと同じで「重力」という意味もあります．しかしながら，ここで最初に「重力」と訳したのではこの定義がまともに理解できないことは一読して明らかでしょう．まさに〈graveであること〉と訳さなければならないのですが，それを神谷訳のように「重大さ」と訳すのにも賛成しかねます．まだしも森訳の「重苦しさ」の方が近い．けれども，「重苦しさ」という語のこの〈苦しさ〉という部分が，やはりどうも定義全体を考えた場合しっくりこないように思うのです．そこで「重々しさ」と訳してみました．「重々しい口調」とか「重々しい雰囲気」とかはよく使う表現でしょう．当然，反対語は「軽々しい」であって，**ふざけること(FRIVOLITÉ)**」（▶p.381）とも対比として見事に関わってきます．実際，フランス語の類語辞典を見てみると，はっきりそのことが表われています．

Gravité, qui se distingue de la Décence et du Sérieux, consiste surtout à ne pas choquer les bienséances de son rang, de son âge, de son caractère, à éviter la frivolité et à régler, par empire sur soi-même et sagesse, son attitude extérieure : Une gravité convenable à la place qu'ils tiennent, au lieu où ils sont, aux matières qu'on traite (Voltaire)
★013（品位とか真面目さとは区別される重々しさは，特に次のことから成り立つ．すなわち，自分の地位や自分の年齢や自分の性格といったものに相応しいものどもを傷つけないこと，ふざけることを避け，自分自身と賢明さの影響下において，自分の外に表われる態度を規制すること，から成り立つ．「彼らがいる場所やその扱っているものどもではなく，彼らが保持している立場に相応しい重々しさ」［ヴォルテール］）

アランが定義の最初に「笑うことの拒否」と書いた理由はこれで推測できるでしょう．とにかく，重々しさというものはそんな形で表現されるというのです．笑うことによって，自分の現にいるところから（あえて言えば地位的に）落ちてしまうことを嫌っているのです．例えば，裁判官たちがアロハシャツを着て〈ハーイ，元気？〉な

んて挨拶をし，ヘラヘラ冗談でも言いつつ笑いながら法廷に入ってきたのではどうも示しがつかないでしょう．法服を着てニコリともせずに法廷に入ってくるからいいのです．そこにある「重々しさ」には確かに「笑うことの拒否」がある．

しかし，問題はここからです．「重々しさは，結局，吟味することの拒否となる」とアランは続けています．どういうことでしょう？「吟味する」の原語は，examiner です．注意深く考察することです．それの拒否になるというのです．つまり，重々しさに寄りかかると注意深い考察が疎かになるとでも言いたげなのです．どうしてでしょう？　それは，さきの類語辞典にもあったように，「自分の地位や自分の年齢や自分の性格といったもの」を維持せんがために，次第にそれに相応しい言動しかしなくなるからでしょう．いちいち事柄を深く考察するよりも，「自分の地位や自分の年齢や自分の性格」を適用することに甘んじてしまう．そこには，そういう地位や役割を軽々と離れていくような「優美さ」は微塵もない．役割を演じてしまうからです．親は親の役割をあくまで演じようとしてしまうために，子どものところまで降りてこられない．自分は親で，相手は子どもだという態度を崩さない．先生は先生の役割を演じすぎて，自分が知っていると信じ，学生に教えようとしていることについては未だ無知である学生のところまで降りていけない．別の大学の，私の知り合いに，〈学生との違いを強調するために私はネクタイをしている〉と言った大学教員がいました．私はそんなふうにはなりたくない．そこには，ソクラテスが，どんな人間にも「教えて欲しい」[★014]という態度で，相手と同じところに立とうとするような柔軟性は無い．そういう軽やかさ，それを私は優美さとここでは解釈したいのですが，そういうものが「重々しく」振る舞

いたい人には無い．そんな態度とは遠いところでソクラテスは他人と一緒に考えたのであり，他人の言うことを真摯に吟味したのです．

考えるとは他人の思考に注意を払うことだ．他人の思考を認めることであり，そのなかに自分を認めようとすることである．[★015]

さて，定義の中で話題は pesant とか pesanteur といったものに移行します．これらの言葉は「重い〔pesant〕」とか「重力〔pesanteur〕」といった言葉で，もちろん，grave や gravité と類縁の言葉です．なぜアランがこういう言葉をここに続けたのかについては，解釈が必要でしょう．私の解釈はこうです．「重さ」や「重力」という言葉をここで用いることによって，gravité の話をまさに〈落ちる〉話に持ち込もうとしたのではないかということです．実際，その後に続く言葉は「決断を決して下さない」とか，「自由ではない」とか，「誤り〔faute〕の後を追い」とか，「その上にのしかかる」といった言葉で，物が重力によって抗いがたく（必然的に）落ちるといったニュアンスのものばかりです．まさに〈こうだから，必然的にこうだ〉という話なのです．「決断を決して下さない」のは，役割に応じた行動パターンしかしないでいいと思っているからであり，「自由ではない」のは，〈だって立場上それしかできないでしょ？〉という居直りに甘んじているからであり，「誤りの後を追い」というのは，別の行動が取れたとしてもこんな誤り〔間違い（FAUTE）〕（▶p.350）に陥るではないかと監視して自分の立場を正当化することであり，「その上にのしかかる」とは，別の行動を取ることをやめるように他人にも自分にも圧力をかけようとしていると言ってもよい．だからこそ，「重々しさは，他人たちにとっても自分にとっても，重い〔pesant〕」のです．

[★012]——アラン『芸術に関する101章』p.197
[★013]——H. Bénac, *op.cit.*, p.436
[★014]——例えば，プラトンの『エウテュプロン』という著作の中では，ソクラテスは自分よりもかなり若いエウテュプロンに対して次のような言葉づかいをするわけです．「さあそれでは，愛するエウテュプロン，ぼくがもっと賢くなるように，どうかぼくにも教えてくれたまえ．……」(ἴθι νυν ὦ φίλε Εὐθύφρων, δίδαξον καὶ ἐμὲ ἵνα σοφώτερος γένωμαι) (9A, p.24).
[★015]——アラン『思索と行動のために』p.356

本学の経済学部のある先生が言ったことを思い出します．私がこの講義でやっているようなメールやリアクション・ペーパーによる学生さんたちからの反応の収集と，それに対する私からのコメントのことをちょっと話した際に，彼は次のように言い放ったのでした．「そういうことをすると他人の首を締めてしまうんですよね」．別に私は彼に同じことをして欲しいとは言わなかったのですが，そういうことを私がやると，自分もやらなければならないような雰囲気ができたら困るというわけです．正直言って，ガッカリしました．〈何と官僚的な!!〉，と私は思いました．要するに，〈これまでやってきたことをやっていればいいんだ．工夫などし始めると，労働強化になるだけ〉というのが彼の態度です．確かに，こうした学生さんたちとのやり取りが，いかに時間がかかり，大変なものであるかは，やっている自分がいちばんよく知っています．しかし，私は自分が学生のころ出席した大学の講義方法に少なからず不満を持っていたのです．自分だけはもっとマシな方法を編み出そうと，少しは努力してきたのです．とにかく，いま述べた先生は確かに重々しく（太ってもいましたが……笑），ネクタイを締め，勿体ぶったしゃべり方をする人でした．しかし，こうしてこの講義に役立っているという意味ではとても大事な発言をしてくれた人かも知れませんけどね．

　定義に戻りましょう．アランは，まさに，重々しさを「属官的な〔subalterne〕もの」である，と語ります．「属官」とは「上役に付き従う下級官吏」のことで，「法とか命令を適用する」だけしかせず，「先例」を探し，それが無いものはやろうとしない．その先例があるかないかを盾として，だってこういうわけなのだから仕方がないでしょうと言う．「取り返しのつかないものを通告する」というわけです．

　アランが「時〔heure〕が重々しい〔grave〕」とはどういうことかを説明する部分に移りましょう．ここには，さきほどまでとちょっと違って，「すべての選択肢は好ましくないのに選ばなければならないために」とあるように，選択肢があります．そういう場面での重々しさはどのように語られるのでしょう？　私にだって，策は尽きて，さらに新たな選択肢を創り出すことができず，望ましい選択肢が無いなどということは，容易に訪れうる．それでも選ばなければならないとき，私は，その必然性〔「必然性〔NÉCESSITÉ〕」（▶p.502）〕に負けるようにして，時〔「時間〔TEMPS〕」（▶p.800）〕の流れに屈するとでもいう事態となる．足取りも重く，そこへ赴く他はないでしょう．そんなときがあることを私は否定しません．けれども，最後に，アランが「貧弱な政治は，皆，重々しい」と述べ，少々具体的な発言を例にして挙げていることについてもう少し考えてみましょう．「貧弱な政治」などというと，今の日本をどうしても考えてしまう私ですが，その政治家たちの口ぶりをみなさんも考えてみてください．彼ら・彼女らの言うことの多くが，「人はおのれの欲するところをなすとあなたは信じておられるようだが，私はそうではないことを知っている」みたいな，敗北宣言にしか聞こえないのは，私の錯覚でしょうか？　私は，まだ，「考えるとは意欲することなのである★016」というアランの言葉を信じたい．「意欲」について，いくつかの文章を再度引用して終わりましょう．

　意志は，一貫した行動によってのみ証明されるものである．だから，まず意欲せねばならず，或る意味では，無償で意欲せねばならないのである．デカルトは「高邁に」と言った．これにまさる言葉はない．なんの証拠もなく，あらゆる証拠に反して意欲するのである．だが，訓練をうけた知性は証拠をさがし，意欲しうる確信がつくのを待ったりする．これは救いようがない．なぜならば，意欲することを意欲しない者には，〔不利な〕証拠はいくらでもあらわれるし，全力をあげて試みることをしない者には，試みはなんの役にもたたぬことがすぐ明らかになるからである．〔証拠に〕反対して意欲

することがなければ，宿命論――その他なんと呼んでもよいが――は正しいのであり，また，反対して意欲するこの勇気こそ，羨望する人をいらだたせるものである．[017]

思考し意欲する術は，航海の術に似ている．人間は大洋より弱いにかかわらず，横断に成功する．波や流れを利用するのだが，彼の望むがままに利用するのではない．流れや波の望むがままにでもない．[018]

人は意欲しうると信ずること，これである．羨望する人は，人は勇気をもちうるということを理解せず，なんぴともけっして信念をもって働くべきでなく，満足すべきでないということを，自分自身にたいして証明すると同様に他人にたいしても証明しようとする人である．羨望のなかには恥辱がある．外面的な利益のまえでの愚かな驚きではない．むしろ，自己自身を信ずる人々，敢然として自己の本性を伸ばしてゆく人々にたいする憤激である．[019]

H

HABITUDE
習慣 – 考えずに行動する術であり，また〔しようとしている事柄について〕考えない方がもっと上手く行動できたりする．習慣というものの効用を理解しようと望むならば，まず以て恐れの状態，筋肉がこわばっている状態，自分自身に対しての激昂〔fureur〕の状態に注目しなければならない．それこそが，練習をしなかった人をひどく苦しめるものなのである．習慣は，諸々の筋肉の活動を分け，〔今の行動に〕関わりを持つべきでない筋肉を解放することで，当の行動を迅速でしなやかなものにすることができる．いかなる障害も困惑も無しに，そしていかなる障害や困惑への心配も無しに，それを可能にするのである．習慣は慣習〔coutume〕と同じものではない．慣習は，なるほどいくらかの諸行動を容易にはするが，すべての行動を容易にするわけではない．

習慣的行動というものは意識されません．意識されなくても考えてはいるだろうと思う人もいるかも知れませんが，少なくともここでいう「考える」とは，〈意識している〉という意味での〈自覚めて考える〉だと思います．アランは「習慣による眠り」との対比で次のように書いています．

私が経験というのは，実際に感覚の検査にかけられた知覚のことである．つまり，このとき始めて一つの認識が行われ得，言葉をかえれば，私は一つの観念を作り得る，と言うのである．このとき始めて，私は疑い，求め，立て直し得るのであり，このとき始めて，眠ざめて考え得るのである．その他はすべて習慣による眠りであり，機械的な暗誦であるに過ぎない．[001]

---

[016]――アラン『幸福論』p.114
[017]――アラン『人間論』p.244〔傍点引用者〕
[018]――同書, p.30

[019]――同書, p.243

[001]――アラン『思想と年齢』p.89〔傍点引用者〕

もっと生物学的というか，そういう場面で習慣を考えるとわかりやすいかも知れません．ベルクソンはそういう事柄についてかなり議論を展開しています．「意識(CONSCIENCE)」(►p.191)と眠り〔「睡眠(SOMMEIL)」(►p.753)〕との関わりの話を前面に出すために少しベルクソンを追ってみましょう．

意識が選択を意味し，意識の役割は決断することにあるとしますと，自発的に動こうとせず，決断しようともしない有機体に意識があるということは疑わしいことだとせねばなりません．けれども，…〔中略〕…自分を動かす機能は，ないというよりもむしろ眠っているのであります．[*002]

「意識は躊躇ないしは選択を意味する[*003]」ともベルクソンは言います．そのことは，例えばどうしたらいいか分からないで困っているときなど，眠れないときがあるのを思い出せば容易に理解できることではないでしょうか．

可能性のひとしい行動がいくつとなく描かれながら実際行動にはならぬ（たとえば思案にけりがつかぬような）ばあいに，意識の度は強い．実際の行動が可能なたった一つの行動である（夢遊病あるいはもっと広く自動的な類いの活動におけるような）ばあいには，意識は無くなる．[*004]

もっとも，意識はしなくても，恐らく選択が完全に無いわけではないとベルクソンは主張します．

〔例：アメーバの偽足〕動物的生命の高等なものから下等なものへと見てゆくと，下等な動物となるに従って，ますます漠然（ばくぜん）とした形にはなりますけれども，選択の機能，つまり一定の刺激に対して多少とも予想外の運動で答える機能が働いていることがわかります．[*005]

もともと生命を持っているすべてのものに内在している意識が，自発的な運動がなくなったところでは眠り，生命が自由な発動性のほうへ向けられるときには高まるということが，私にはほんとうらしく思われます．[*006]

関心の有無という話まで話題はつながりうるのです．

眠るとは無関心になることだ．人は無関心になる程度に応じて，ちょうどその程度に眠るのだ．子どもに添い寝している母親は雷鳴も聞こえないことがあるのに，子どもの寝息では目を覚ます．子どもに対してはその母親は実際に眠っているのだろうか．私たちの関心を引き続けるものに対しては，私たちは眠っていないのだ．[*007]

母親は（父親だってと私なら言いたいのですが），自分の子どもの状態に何らかの変化があったら即座にそれなりの行動を取るつもりで（つまり可能な諸行動への待機状態にありながら）眠っているのです．それに対して，雷鳴についてはどうしようもないと考えること，つまり不可抗力という了解があるからこそ，しっかりと眠ってしまっていると言ってもいい．こうした話題はなかなか面白くて，意識とか無意識とかいうものと習慣とを結びつけて考察することでベルクソンは進化論の話までするのです．その際に重要となるのは，無意識に二種類あるのではないかという次の議論です．

二種類の無意識
1. 無い意識——何もない
2. 無くされた意識——二つの量が大きさがひとしく方向が反対で相殺し中和しあう．[*008]

生物の意識は潜勢的な活動と現実の活動との算術的な差であると定義できよう．意識

は表象と行動とのあいだのへだたりの尺度である．

そこで悟性はどちらかといえば意識に向い本能は無意識に向うと想定してよかろう．[★009]

〔本能では〕表象についた意識のうかびでようとする努力につれて，表象と同一で重さもそれに釣合う行為が遂行されて意識は相殺されるであろう．[★010]

要するに，本能と悟性とはどちらも認識を内蔵しているにしても，本能のばあいにはこの認識はどちらかといえば実演されるもので無意識であり，悟性のばあいにはむしろ考えられるもので意識されている．[★011]

植物的麻痺と本能と悟性との三つが動植物に共通な生命衝力のなかに寄りあっていた要素なのである．[★012]

要するにベルクソン風に言えば，アランの今回の定義に出てくる「考えずに行動する術」を，動物は（あえて言えば植物も）手に入れてしまい，眠り込んだというわけです．「考えない方がもっと上手く行動でき」たりするからです．実際，「**本能(INSTINCT)**」（▶p.416）はほとんど成功するわけですが，しかし考え，探究することはしません．応用がきかないのです．つまりは「**進化(ÉVOLUTION)**」（▶p.330）の方向性を辿ろうとはしていない．

生物が与えられた条件に適応する…〔中略〕…必然性は，生命がある一定の形態に停止することを説明するものではあっても，有機体をしだいに高等なものに高めてゆく運動を説明するものではないように思われます．生命の最初の段階である有機体といえども，私たち人間と同じように生存の条件にうまく適応しております．なぜなら，その有機体もそこで生きることに成功しているから…〔後略〕[★013]

悟性にしか探す能力がなく，しかし悟性だけではけっして見つけ出せぬ事物がある．そのような事物は本能だけが見つけ出せても，本能はそれをけっして探しはすまい．[★014]

本能の符号は固着した符号であり，悟性の符号は動く符号である．[★015]

それこそ順応してしまって動こうとはしない．次のような危険をあえて冒す行き方とは違うわけです．

一般的に生命全体の進化も人間社会の発達や個人の運命の展開と同じことで，そこでは最大の成功は最大の危険を買って出たものに与えられてきたのだった．[★016]

さて，話を「習慣というものの効用」に移しましょう．それには「まず以て恐れの状態，筋肉がこわばっている状態，自分自身に対しての激昂の状態に注目しなければならない」とアランは言います．「練習をしなかった人」はこうした状態を去れないというわけです．武道や音楽の初心者は，たいてい，筋肉がこわばっています．

剣術の師範は，彼を信じもしない弟子に向って，早く斬る真の方法は緊張することではなく，伸び伸びすることだと教える．

★002──H.ベルクソン『意識と生命』p.146〔傍点引用者〕
★003──H.ベルクソン『創造的進化 上』p.181〔傍点引用者〕
★004──同前〔傍点引用者〕
★005──H.ベルクソン『意識と生命』p.145〔傍点引用者〕
★006──同書，p.146〔傍点引用者〕
★007──H. Bergson, L'énergie spirituelle, p.103
★008──H.ベルクソン『創造的進化 上』pp.180-181参照
★009──同書，p.182
★010──同前
★011──同書，pp.182-183
★012──同書，p.170
★013──H.ベルクソン『意識と生命』p.153
★014──H.ベルクソン『創造的進化 上』pp.189-190〔傍点引用者〕
★015──同書，p.198
★016──同書，p.167

ヴァイオリンの師匠は，彼を信じもしない弟子に向って，音を導き伸ばし拡げようとするならば，手で弓を抑えてはならぬと教える。[017]

そのこわばりを取る効果を持っているのが，習慣だというのです．「習慣は，諸々の筋肉の活動を分け，〔今の行動に〕関わりを持つべきでない筋肉を解放する」からです．

いかなる仕事においても，努力というものは，われわれの目を欺く．努力する者は，自己に逆らって働く．怒りが，その証拠だ．言葉づかいというやつが，怒っているということを，すなわち，自分自身に対して暴力と桎梏とを加えているということを，すぐわからせる．努力のうちでも，もっともよく知られていることは，緊張が，すべての筋肉に全体的に及んでいく，ということである．このために，綱を引っ張る人は，歯を食いしばるのだ．[018]

こんなことは，ある程度の重さのあるものを持ち続けてみれば分かることで，初めは手だけで持っているつもりのものでも，段々と全身を参加させて持つようになってくることは目に見えています．緊張するときもこれと同じで，ついには全身がこわばってしまう．それをほぐすには，「諸々の筋肉の活動を分け」，いま参加する必要のないものにまで緊張が及ぶのをやめさせるわけです．声の出し方も同じであることは，合唱などをやったりした人なら知っているはずです．腹から声を出さなければならないけれども，全身に力を入れてはならないのです．

歌っている人間を統治しているのは，まさに人間の全体なのである．そして，過不足なく引きしまり，過不足なくたわみながら，持ち場を守らず，持ち場にふんばっていないような筋肉はひとつもない．これが歌というものの表現していることである．[019]

では，定義の最後の「習慣は慣習と同じものではない」とはどういうことでしょう？　両者ともに「行動を容易」にする点については違いが無さそうにアランは書いていますが，「すべて」と「いくらか」の違いであるかのようなのです．それは単なる量的な違いなのでしょうか？　そうでもないのではないか？　実際，次のような文章も残っています．

「習慣（アビチュード）」という言葉のうちにいまなお含まれている，あの美しい意味，すなわち「所有（ポッセシオン）〔possession〕」という意味が，生まれたのである．これに対して，「慣習（クチューム）」とは「衣裳（コスチューム）〔costume〕」である．それは，臆病者にとって，隠れ家とか牢獄とかを意味する．そして，習慣は，服従を強いない．むしろ，逆に，解放する．四肢のすみずみの繊維にまで，意志を，いわば流しこみながら，どんな新奇な運動でも，どんな思いがけない運動でも，それが考えられたあとにではなく，考えられたその瞬間に，完全に遂行されるようにするのである．[020]

慣習は「衣裳」であり，着込むものです．制度なのです．流行のファッションもまたそういうものでしょう．「衣服というものは，多かれ少なかれ，制服」なのです．実際の衣服だけではありません．自分で考えたのでもない思想，受け売りの思想，も衣服でしょう．そんな思想を持つということは制度に取り込まれることとさえ言えるかも知れない．

思想というものは，私たちが考えるよりはるか以上に，衣服——制度と言ってもよい——に属するのである．[022]

先の引用にも「隠れ家」という言葉が出てきましたが，アランは「流行とはかくれ家のような

ものです」とも言うのです．こんなことを書いていると，またアランはネガティヴなことばかり言っているなんて思う人がいるかも知れませんが，必ずしもそうではない．流行を肯定的に取る場合もあるのです．

> 情念が感情として浄化されうるのは，礼儀の隠れ家においてであり，服装の礼儀である流行の隠れ家においてである．[★024]

ここでは，「情念(PASSION)」(▶p.544)という言わば苦しい状態が，「感情(SENTIMENT)」(▶p.732)という浄化された状態に移行するには「礼儀(POLITESSE)」(▶p.620)「服装」「流行」がいかに役立つかを考えているのでしょう．それについて語るとき，「美(BEAU)」(▶p.120)が，そして「芸術」が主題になってくることになるのです．

さて，こうした「慣習」が「習慣」と違うのは，「習慣」の方は他人と似ることが主眼ではなく，自分が何かをできるようになる場面での自分の行動の方に力点があることが少し関係しているのでしょう．「慣習」は私の与り知らぬところで形成されて，私に課せられるのかも知れない．けれども，それを身につけ，それに従っていれば，確かにいくらかの行動を容易にするという効用を持つ．しかしながら，自然にせよ，あるいは努力してにせよ自分が形成したものこそが「習慣」でしょう．それならばこそ，どんな場面においても，それなりの行動を取ることができるという意味で，すべての行動を容易にするとアランは言いたいのでしょう．

HAINE
憎しみ

― 憎しみというものは，それについて顧みられていない形の下では〔sous la forme irréfléchie〕，怒り〔colère〕の予感にすぎない．そして，そのことは，きわめて正しくも隔たり〔éloignement〕と呼ばれている事柄を説明するのに十分である．しかし，憎しみというこの孤独〔な有り様〕は当の憎しみを途方もなく進展させてしまう．憎んでいる対象のいろいろな欠点を絶えず考え出し，その対象を弱小化できたり，あるいは破壊できたりするものを，絶えず欲し続けることによってである．このことから，よく知らない人々をこそ，どれほど人は憎みやすいものであるかが分かる．

「顧みられていない形の下では」〔sous la forme irréfléchie〕と言っています．irréfléchieとは，réfléchieの否定です．réfléchirとは，熟考する・よく考える・反省するなどといった意味を持つ動詞で，その過去分詞形がréfléchiであり，フランス語をやっている人は知っているかもしれませんが，過去分詞は（受け身的な意味を含む）形容詞として使われます．ですから，irréfléchieは〈反省されていない〉とか，〈よく考えられていない〉とかいう意味なのです．当然，「憎しみ」というものが，それを抱いている当人によるきちんとした吟味の，あるいは考察の対象となれば，その「憎しみ」も変質してくるだろうことが予想されています．実際，「哲学(PHILOSOPHIE)」(▶p.587)というものは，物事を深く考察することによって，人間を解放するものでもありうるのです．オランダの哲学者スピノザが『エティカ〔Ethica〕』の中でめざしたことの一つはそれなのです．認識による救いとでも言っておきましょうか．もっともスピノザの場合，この認識というのは「第三種の認識」と呼ばれるもので，なかなかそれを手に入れるのは大変なのですが．

★017──アラン『思想と年齢』p.393〔傍点引用者〕
★018──アラン『芸術に関する101章』p.235〔傍点引用者〕
★019──アラン『文学折りにふれて』p.15〔傍点引用者〕
★020──アラン『芸術に関する101章』p.198〔傍点引用者〕
★021──同書, p.112
★022──アラン『人間論』p.43
★023──アラン『芸術についての二十講』p.131
★024──アラン『芸術について』p.140

精神の最高の努力および最高の徳は，物を第三種の認識において認識することにある．[*025]

この第三種の認識から，存在しうる限りの最高の精神の満足が生ずる．[*026]

せっかくですから，認識の種類についても少々引用しておきます．

我々が多くのものを知覚して一般的ないし普遍的概念を形成することが明白に分かる．すなわち次の手段で——
一　感覚を通して毀損的・混乱的にかつ知性による秩序づけなしに我々に現示されるもろもろの個物から．…〔中略〕…こうした知覚を漠然たる経験による認識と呼び慣れている．
二　もろもろの記号から．例えば我々がある語を聞くか読むかするとともに物を想起し，それについて物自身が我々に与える観念と類似の観念を形成することから．…〔中略〕…第一種の認識，意見(オピニオ)もしくは表象〔opinio imaginatio(イマギナティオ)〕と呼ぶであろう．
三　最後に，我々が事物の特質について共通概念あるいは妥当な観念を有することから…〔中略〕…これを私は理性(ラティオ)〔ratio〕あるいは第二種の認識と呼ぶであろう．…〔中略〕…神のいくつかの属性の形相的本質(エツセンティア・フォルマリス)の妥当な観念から事物の本質の妥当な認識へ進むもの…〔後略〕[*027]

いずれにせよ，デカルトが「明晰判明な知」の獲得をめざしたのを受けて次のように言うことになります．

受動〔情念〕という感情は，我々がそれについて明晰判明な観念を形成するや否や，受動であることを止める．[*028]

デカルトの哲学を受け継ぎながらそれを極端なところまで持っていったスピノザはよく「神に酔える無神論者」と言われたりしますが，例えば，上にも引用したような受動とか「**感情**（SENTIMENT）」（▶p.732）について，次のようなことを書いたりするわけです．

明晰判明な認識，特に，神の認識そのものを基礎とするあの第三種の認識は，受動である限りにおいての諸感情を絶対的には除去しないまでも，少なくともそれらの感情が精神の極小部分を構成するようにさせる．次にこの認識は，普遍にして永遠なる物，我々が真に確実に所有しうるものに対する愛を生ずる．[*029]

この部分をおそらく念頭に置きながらアランは次のように言うのです．

スピノザは言っている．人間が情念をもたないということはありえない．だが，賢者は魂のなかに幸福な思想の領域を大きく形づくっているので，そのまえでは情念がおよそ小さい領域しかもたないのだ，と．[*030]

さて，アランは今回の定義の最初の文で「怒り〔colère〕の予感」とも書いています．「憎しみ」というものについて，熟考を介さず，そのまま放っておいた状態をそう言うのです．「憎しみ」という情念が生じている場合，それは「**怒り**（COLÈRE）」（▶p.180）への待機状態というか，「怒り」への「態勢」〔dispositio〕ができているということです．「態勢」とはスコラ哲学でも出てくる用語ですが，つまり「態勢にある」とは，〈is going to / 'disposed' to / planning to〉という感じです．放っておいて条件が整えば何事かが発動するような状態です．それを感じ取っているところをアランは述べているのです．吟味・検討しようとはしていない状態です．

だれでも知っていることだが，怒りとか，

愛とか，野心とか，吝嗇とかの情念は，思考の調子が狂うところに成立する．人はもはや思考を検討せず，導きもせず，ただ信じ込み，あとを追って行くだけとなり，思考は進展しなくなると同時にすべていばらのようにとげとげしくなってしまう．★031

　どうして検討できないのか？　どうして吟味できないのか？　ここでアランは「隔たり〔éloignement〕」の話を始めます．「憎しみというこの孤独〔な有り様〕は当の憎しみを途方もなく進展させてしまう」のはなぜなのかと問う必要があるのです．このあたりはこれまでの講義のよい復習になります．というのも，まず「憎んでいる対象のいろいろな欠点を絶えず考え出」すのはどのようにしてかを考えてみればいいのです．憎しみの対象を思い出しながら，それに関わる事柄を拡大し，想像するところに「考え出す」〔inventer，発明するという意味もある動詞です〕ということの正体があるのではないでしょうか？　「想像する」ときどんなことが起こっているかはすでにこれまでの講義で述べましたね．しかし，復習的にもう少し述べておきましょう．「堕落(CHUTE)」（▶p.163）の講義では，「想像(想像する)」と「思考(考える)」との違いを述べたのでした．そこで確認すべき重要なポイントは，思考が成立するのはどんな場合かということです．次の引用をヒントにしましょう．

　　私たちは知覚しながらでなくては決して思考しないのであり，対象の現在の知覚においてでなければ観念を作らない…〔後略〕★032

　ところが，普通，「想像する」という場合には，知覚などなくとも結構ができると人々は思っているのです．しかし，「想像力というものは，われわれが事物を知覚することをやめるやいなや，たいした働きをしなくなるものである」とアランは言う〔「想像力(IMAGINATION)」（▶p.407）〕．★033
　このへんの事柄を，かなり執拗に追ったのがカントで，彼の『純粋理性批判』での議論はそのことを示しています．彼は，「神(DIEU)」（▶p.263）の存在とか「魂(ÂME)」（▶p.069）の不滅とか人間の自由とかについて，（自然科学や数学と同じような意味での）理論的な決着を放棄します．カントによれば，「認識」というものは，「時間(TEMPS)」（▶p.800）と空間という感性的な枠組を介して与えられる感覚的素材を，悟性の思考能力(純粋悟性概念〔カテゴリー〕)を頼りにまとめ上げるところに成り立つとされるわけですが，神の存在とか魂の不滅とか人間の自由とかについては，そういう感覚的素材が与えられないからというわけです．もちろん，それで神の存在・魂の不滅・人間の自由などを否定したのではなく，理論的に決定不可能なものとして(つまり有神論も無神論も理論的には決定的な結論を出せないものとして)，むしろ「信仰(FOI)」（▶p.372）の領域に確保したのです．彼が『実践理性批判』で展開するのはそのへんの議論なのです．要するに，感覚的な素材を無視して(つまり感性的直観を介さずに)思考したところで空回りするに過ぎないというわけです．カントが『純粋理性批判』の超越論的弁証論で展開したような「二律背反」〔Antinomie〕の議論はそういうものです．私としてはカントに全面的に賛成するのではありません．けれども，何事かについて見事に考えようとする場合に，現に今，目の前にある，現実の対象の知覚を無視して能天気に頭を働かせると想像力に足をすくわれることもあろうなあとは思います．
　アランが「隔たり」の話を始めたことを，この線で考えてみましょう．「憎しみ」の対象が，現に今，ここにおらず，〈隔たった〉ところにいるなら，その対象を吟味・検討することは，カント風に言えば，感性的直観を介さずに思い巡ら

★025──スピノザ『エチカ──倫理学（下）』p.148
★026──同書，p.149
★027──スピノザ『エチカ──倫理学（上）』pp.171-172
★028──スピノザ『エチカ──倫理学（下）』p.124〔引用者改訳・傍点引用者〕
★029──同書，pp.143-144〔引用者改訳・傍点引用者〕
★030──アラン『幸福論』p.20
★031──アラン『芸術について』p.36〔傍点引用者〕
★032──アラン『思想と年齢』p.95〔傍点引用者〕
★033──アラン『芸術論集』p.166

すことにすぎなくなる．いくらでもそんなことは可能なのですが，やればやるほど誤謬の危険を孕む．知覚なしに想像ばかりするからです．

　　知覚を伴わないあらゆる推理は，さきに進むにしたがって確実に誤りを含む…〔後略〕★034

　　〔カントの〕二律背反は，空しい弁証のいい例である．それは，対象をもたない組み合わせから生ずる避けがたい矛盾にほかならない．すでにこれまで何度も述べてきたように，こういう罠からのがれるには，対象を考えるようにすればいい．★035

悟性は組み合わせによって働くが，この組み合わせのなかには，この世のなかに対象をもたないような組み合わせも存在する．悟性は，それがなにか物をとらえないかぎり自己の正しさを立証しえない．これは理性のひとつの原理である．★036

定義に戻りましょう．こうして想像に足をすくわれながら，当の憎しみの対象の弱小化や破壊を欲するのですが，そうしたことは実際には可能でないために，なおさら苛立つということも起こります．現実の対象との関わりのなかで新たな関係を結んでいくことができないからです．だからこそ，遠くにいる（つまり隔たっている）「よく知らない人々をこそ，人は憎みやすい」ことになるわけです．

HARDIESSE
果敢さ ─ これは大胆な動き〔mouvement d'audace〕であり，企画〔projet〕においてよりも行動においてのことである．ドイツ語起源のこの言葉は，古風な職業軍人にぴったり当てはまる．彼らは始めのうちは呑気なのだが，やがて自分たち自身でもできるとは思っていなかった事柄を成し遂げてしまう．人は前もって果敢であることはできない．

　「大胆な動き」〔mouvement d'audace〕と言っています．まさに動きなのであって，実際の行動なのです．「企画」〔projet〕にも〈大胆な企画〉という言い方は日本語でもあるでしょう〔「**大胆**（**AUDACE**）」（▶p.106）〕．では〈果敢な企画〉という日本語はどうでしょうか？〈新たな企画への果敢な挑戦〉という言葉なら，かなりすわりがいいのですが，〈果敢な企画〉は私の語感では少々すわりが悪い．それに対して，日本語でも，〈果敢な行為〉というのはぴったりな感じがします．もちろん，〈大胆な行為〉という言い方はごく普通です．いずれにせよ，頭で考えているだけの事柄ではなくて，実際の行動という感じが，〈果敢さ〉という語にはあっているように思います．

　アランはこの語の語源がドイツ語であることから，恐らくドイツ人を念頭に置いて，例として職業軍人を掲げています．確かに強そうではありますね．アランの念頭にはフランスが負けた「普仏戦争（独仏戦争）」があったかも知れません．もっともアランも参戦した第一次世界大戦ではドイツは敗北するわけですが……．

　ところで，みなさんは語源を調べるということをしたことがありますか？　結構，重要なことです．ちょっとした辞書にも語源についての記述がある場合はありますし，語源辞典というものもあります．けれども，今回，私はネットで調べてみました．結構便利です．「hardiesse étymologie」でGoogle検索すると，hardiesse - Wiktionnaire がトップヒットでした．それをクリックすると一番上にÉtymologie → voir hardi et -esse とあるので，クリックすると，次のように，サンスクリット語まで遡った語源説明が出てきました．

> Le participe passé du verbe archaïque hardir, que nous disons aujourd'hui enhardir; *hardir* répond à l'ancien haut allemand hartjan (« endurcir

rendre fort »), de l'ancien haut allemand harti (« dur, en parlant des choses ; fort, hardi, en parlant des personnes »). La loi de Grimm ramène directement *harti* au sanscrit kratu, « celui qui achève » et aussi « puissance » ; c'est l'adjectif grec se traduisant par « fort ».

（古風な動詞hardirの過去分詞であり，今日ではenhardirという動詞を私たちは使っている．hardirは古い高地ドイツ語のhartjan［《endurcir, rendre fort（強くする）》］に当たり，それは古い高地ドイツ語のharti［《事物について語る場合は，dur［固い］，人について語る場合にはfort, hardi［強い，大胆だ］》］から来ている．グリムの法則［第一次子音推移（ドイツ語：Erste Lautverschiebung）のこと，この場合はk→h］はhartiを直接的にサンスクリット語のkratuに遡らせる．それは「完成させるもの」そして「力能」の意味である．これ［kratu］は「強い」と翻訳されるギリシア語の形容詞である［米山試訳，ちなみにkratuには，実際，ギリシア語の辞書 Liddelle & Scott Greek-English Lexicon を見てみると，κρατύς という語がある．英語では，strong, mightyとある］．）

さて，「彼らは始めのうちは呑気なのだが，やがて自分たち自身でもできるとは思っていなかった事柄を成し遂げてしまう」という部分に移りましょう．これは別に軍人に限らず誰でも経験するはずです．何かをやり始めると，調子が出てきて思った以上の事柄をやり遂げてしまうということです．やる前にはできるとも思っていなかったことをです．とにかく，まず，次のようなことを確認しておくのは有益でしょう．

　　人間はただ理屈で考えて正しいと見える目的のまえでは怠け者だ．人間の想像力は，まだなんのかたちもとっていない仕事に人々の関心をむけうるほどの威力をもって

いない．だからこそ，やればいいなと考えるくせにやらない仕事が，われわれのまえにたくさんあるのだ．[★037]

　　手をつけられた仕事は，動機よりもはるかに説得力を持つものだ．[★038]

そして次のようなことに気づくことが大事なのです．

　　芸術家はどう見てもある一つの目的を追求しているように見えますけれども，彼はその目的を実現したあとで，自分自身が自分の作品の観客となり，最初に驚く者となったときに，はじめてその目的が何であったかを知るのです．[★039]

　　精神に話しかけるのはほかでもない，素材を扱っている手であり，そのとき手は，素材を介して，精神に話しかけるのだ．これが芸術の，いや少くとも造形芸術のお作法ではなかろうか．要するに，腹案が作品に先行しているらしいとはいっても，腹案と作品とのあの関係，私の名づけて工業的といっているあの関係は，諸芸術においては，もう一つ別の関係に，完全に下属している．これが腹案だったのかと悟らせてくれるのは，じつはほかでもない作品なのだ，という関係のほうが，立ちまさっているわけだ．作品を作ってみて，自分の表現したかったことに誰より先に教えられ，また誰より先におどろくのは，当の芸術家なのだから，この関係はずいぶん逆説的なものだ．[★040]

こうした事柄は，すなわち自分がやりたかったことは，自分がやり始めて（さらに言えば，やり終

★034──アラン『思索と行動のために』pp.190-191
★035──同書，p.216
★036──同書，p.205
★037──アラン『幸福論』p.154［傍点引用者］
★038──同前
★039──アラン『芸術についての二十講』p.92
★040──アラン『彫刻家との対話』p.49［傍点引用者］

わって)こそ見えてくるという事態に気づくまでは，何ごともやり始めてみようという意欲を人は持てないのかも知れません．こうした逆説の前でたたずまないように，果敢に挑戦できるよう心がけたいものです．「人は前もって果敢であることはできない」とは，こういう事態をひと言でまとめた言葉のように私には思えます．意欲することに何度も失敗し，自己嫌悪に陥ったりしながら，人はやっと果敢になることのできる行動へと身を投じることができるようになるのかも知れませんね．

I

IDÉAL
理想 – 讃嘆したり，模倣したりすることをめざして，人が創りあげるモデルである．理想というものからは，それにそぐわないであろうちょっとした現実が取り除かれている．清廉な裁判官が自分の家ではけちんぼであるなどということを，人は知りたくもない．真理の探究者が権力者におべっかを使ったなどということを，人は知りたくもない．いかなる愛情〔amour〕も，その対象について，一つの理想を形づくる．そして，この種の盲目は憎しみ〔haine〕から生じる盲目よりもずっと害が少ない．人類というものは，純然たる英雄たちを崇拝することによって，自分自身を超えた高みに達する．その英雄たちは人が彼ら・彼女らを崇拝するようなそのままの仕方で存在していたわけではないのだけれども．レオニダスは一つの理想である．そしてスパルタもまたそうである．[★001]

讃嘆するとか，感嘆するとかいうことを，みなさんは最近していますか？　私が思うには，とても大事なことです．アランは「**精神〔ESPRIT〕**」(▶p.322)そのものを形成するのに重要とまで考えているようです．「感嘆は精神形成の厳密な方法にほかならない」とまで書くのですから．[★002]なるほど，理想はあくまで「人が創りあげるモデル」であって，現実そのものではありません．それにまた，アラン自身，「**讃嘆〔ADMIRATION〕**」(▶p.041)が簡単ではないことは百も承知なのであり，定義のなかですぐに「それにそぐわないであろうちょっとした現実が取り除かれている」と語り始めます．どういうことでしょうか？　次の指摘をみれば，見当がつくでしょう．

生きている人に感嘆するのは容易でないことは私も認める．本人自身が私たちを失望させるのだ．だが，その人が死ぬやいなや，態度はきまる．子としての敬虔が，感嘆する喜びに従ってその人をたてなおすのであり，この喜びこそ本質的な慰めなのである．[★003]

生きている人間は，あるときすごい人だなあなんて思っても，あとでガッカリさせるようなこともやったりするからです．しかし，だからといって，〈人間なんて……所詮……なものだ！〉[★004]なんて言って絶望していれば済むものでしょうか？　アランは，「人はとかく，感嘆しないために誤るのである」[★005]と書きます．あえて言えば，理想を立てないがゆえに誤るのです．理想を立てることによって，人を高みに引き上げる効果をアランはねらっていると言えるかも知れません．「いかなる愛情も，その対象について，一つの理想を形づくる」のは，愛情によって，今，現にあるところよりも高いところに人が昇ろうとするからではないでしょうか？　実際，アラ

ンは,「人類というものは,純然たる英雄たちを崇拝することによって,自分自身を超えた高みに達する」と続けるのです.しかし,ここで少し,〈自分自身を超える〉ということを説明しなくてはなりませんね.さきほどの引用の中に「感嘆する喜びに従ってその人をたてなおす」という言葉がありました.この「たてなおす」という言葉で何を言い表したいのかが問題なのです.確かに,それは,理想化するということなのでしょう.理想化など一種の盲目化に過ぎない,と息巻く人もいるかも知れません.しかし,たとえそうであったとしても,「この種の盲目は憎しみ〔haine〕から生じる盲目よりもずっと害が少ない」とアランは言う.上にも述べたように,人々を引き上げるからです.では,それはどのようにしてでしょう? 定義の最後に過去の英雄や都市国家を掲げているのでも分かるように,アランは過去の(つまりは死んだ)存在,今はもう私たちを失望させることなど新たにできない存在について語っているのです.そしてそういうものへの「**愛(AMOUR)**」(➡p.076)を語るのです.さきの引用にも「その人が死ぬやいなや」という文があったことを思い出してください.

愛は,心を慰めることをひたむきに求めながら,——これこそ死者を敬う所以である——死者のうちにあった可死的なもの,つまり彼等ではないものを葬り,これに反して,美点や格言,さてはまた,画家の天才が時として生者自身のうちに発見するあの相貌(おもざし)の深みを集め,構成するのである.だから,愛は絶え間なく歴史を殺し,伝説を育むのだ.そして,伝説 légende というこの語がどんなに美しく,また充実してい

るかに注意したまえ.伝説とは,言うべきことであり,言うに足ることである.★006

「言うべきこと」を言う.言うべきでないことを言わない.高みを語り,そうでないものは,できれば忘れてやる.その「**決断(RÉSOLUTION)**」(➡p.715)は私たちにあります.だからこそ,「その英雄たちは人が彼ら・彼女らを崇拝するようなそのままの仕方で存在していたわけではない」のです.画家が人の肖像を描くとき,見事な肖像はモデルを美化し,理想化するでしょう.それを笑ってはいけません.「肖像がモデルを消す」場面を見定めなければならないのです.★007

人間に固有なのは,追想によって崇拝することだ.不機嫌や欠点や隷従を忘れて死者に最もよく報いるこの友情の思考によって,死者は浄化される.こうして死者が自分の体を飛び越えて,よりよい生を始めるということは,厳密に真実である.★008

通夜や葬式の時に,故人の悪口を言うのを人は(まともな人なら)自ずと控えるものです.しかし,実を言うとそれは,確かに「死者に最もよく報いるこの友情の思考」でもあるかも知れませんが,私たちのための思考でもあるのです.

肖像には,偉大なものが必要なのであって,ちっぽけなみじめさは必要ではない.未来のための肖像が必要なのであって,死者のための肖像が必要なのではない.本人よりももっと美しく,本人よりももっと人間らしいものが必要なのだ.★009

---

❶
★001──古代ギリシア・スパルタの王(在位BC490頃-480).BC480年テルモピュレの戦いで,アケメネス朝の王クセルクセス1世の率いるペルシャ軍の侵攻を食い止めるために,わずかの手勢を指揮して最後まで戦い,全スパルタ兵とともに死んだ.
★002──アラン『思索と行動のために』p.254
★003──アラン『人間論』pp.108-109〔傍点引用者〕
★004──吉田拓郎に「人間なんて」という歌がありましたね.
★005──アラン『人間論』p.109
★006──アラン『思想と年齢』pp.324-325〔傍点引用者〕
★007──アラン『芸術についての二十講』p.30
★008──アラン『宗教論』pp.167-168〔傍点引用者〕
★009──アラン『芸術に関する101章』p.103〔傍点引用者〕

403

こうした態度は，研究の場面でも大事でしょう．「進歩は，…〔中略〕…，伝説によって行なわれるものである」[*010]とまでアランは言うのです．

　我々の持つ価値や力は，すべてこの偉大な死者への信仰から生まれる．偉大な祖先と交す日常の対話を指して「古典研究〔humanité〕」と名づけているのは適切なことだ．偉大な祖先というよりも，もっと完璧な存在，つまり精神そのもの，しかも伝説が述べるように死によって純化された精神との対話である．[*011]

　「もっと完璧な存在」として「人類」を崇拝すること．それこそが実証主義哲学者オーギュスト・コントの創始した「人類教」という「**宗教(RELIGION)**」(▶p.676)でした．肖像との関連で言えば次のようになります．

　およそ肖像というものは，超人間的なものである．一つの肖像は，すでに，宗教的な意味を持っている．[*012]

　コントは，人類を「**信仰(FOI)**」(▶p.372)の対象にしたのです．アランはおそらく人類教を念頭に置きながら，次のように語るのです．

　もし人類というものを有名な死者たちの行列として思い描くなら，人類は人間よりも価値があると言わなければならない．それは彫像や詩が人間より美しいと言うのと同じことだ．[*013]

　コントの言葉には「人類は，生者よりも死者で成り立っている」〔L'Humanité se compose de plus de morts que de vivants〕というものがあるのです．私たちはそういうことを忘れすぎているのではないでしょうか？　私たちがものを〈記念する〉という行為もそれに関わっています．そして，それは「**社会(SOCIÉTÉ)**」(▶p.748)を形成する際の重要な営みなのです．

　動物は道具をもたないということがよく言われたが，動物は服装をもたない，そして儀式をもたない，と言うことも同じように重要である．ということは，動物は真のしるしを知らない，記念するしるしを知らないと言うことである．[*014]

　コントはまず現在における協力関係だけでは社会を定義するのに十分ではないことを認めた．社会を形成するのは過去から現在への繋がりである．だが事実的な繋がりでも，動物的な繋がりでもない．人が人と交わり社会をなすのは，…〔中略〕…人が人を記念するからである．記念するとは，死者たち，しかも最も偉大な死者たちのうちにあった偉大なるものを甦らせることである．[*015]

　社会学〔sociologie〕という学問の創始者がコントであったことを思い出しましょう．

　社会学は本質的に一つの哲学であって，たえず学問的な教養の釣り合いを取ること，感情の教育と芸術の崇拝によってその教養を準備することをやめず，また同じことだが，人間の過去の全体を観想することによって現在と将来を結びつけることをやめないものである．[*016]

　学問が理想を追うことと縁を切っていなかった姿をここに観るべきだ，と私は思います．

IDOLÂTRIE
偶像崇拝　── 像〔イマージュ〕（これが偶像〔イドラ〕の本来の意味である）が，精神〔esprit〕を表わすということもありうる．この意味においては，外観の美〔beauté extérieure〕は精神の均衡を表現する．けれ

ども，像の中には何か人を魅惑するものがある．そして，反対に，〔外面(見た目)からすれば〕人の気に入られることのないような誠実な人もいくらでもいる．気に入るものを評価するなど，一つの食い道楽である．そして，快適な仕方で考えようというこの欲求〔appétit〕が，偶像崇拝の根底にある．

「像」のフランス語原語は image ですが，これはラテン語の imago から来ており，またこの imago 自身が，ラテン語の imitari (模倣する)の関連語です．ですから，言葉からして，もともと，模倣すべき(あるいは似るべき)何かを前提としているわけです．こうして像という言わば二次的なものが，一次的な位置に置かれた「**精神(ESPRIT)**」(→p.322)を「表わす」ということもありうるだろうというわけです．昔，桃井かおりの出てくる新潮文庫のCMで「知性の差が顔に出るらしいよ……困ったね」なんていうのがありましたが，そんな感じです．内面が外面に表われるという理解でしょう．そういうこともあろうとアランは言っているのであって，「外観の美〔beauté extérieure, 外的な美と訳してもいい〕は精神の均衡を表現する」と書くわけです〔**美しさ(BEAUTÉ)**」(→p.122)〕．ここで「均衡」と訳されているのはéquilibreで，もちろん均整と訳してもいいのですが，バランスがとれていることです．心のバランスがとれていれば，それはおのずと外に表われているだろうとでもいいましょうか．問題は，しかし，ここからです．「像の中には何か人を魅惑するものがある」ということ，その魅惑ゆえに像そのものに囚われていくということがありうる点が問題なのです．一次的なものを忘れて，二次的なものを第一義としてしまう危険です．こうなると，像の次元に留まってしまう．外面的にはちっとも人を惹きつけないけれども実は見事な人だって，いくらでもいるとアランは言う．「〔外面(見た目)からすれば〕人の気に入られることのないような誠実な人もいくらでもいる」というわけで

す．そんな場合，「見かけ」を拒否しなければ，その人物に近づくことはできない．次の文章をそういうコンテクストで読んでみてください．

> 明らかに恋愛は，この点で尊敬とは違うわけだが，外観に執着し，外観において内面を見いだすと誓い合い，自分に理解できなかったものは自分の間違いだと見なすのだ．尊敬は外観を拒否する．それは真の証拠へと向かう．それはことばや行動を通じて，よく言われるように魂に話しかける．魂にであって，顔にではない．しかし恋愛は顔を救おうと誓ったのであり，何一つ選択はしないことを誓ったのだ．★017

もちろん，ここでいう「顔」が，外面という意味であることはおわかりと思います．いうならば，「見かけ」に関わる好みで，そのとき，人は動いているのではないか．音楽シーンにおけるビジュアル系・オサレ系・ネオビジュアル系をこの線で考えてみるのも面白いかも知れない．しかし，こんな議論を展開すると，〈私は自分の好きな人の見かけが醜くなっても愛します〉なんて言われそうなんですが，もしそういうことがあるなら，そのとき，実は恋愛はさらに深い「**愛(AMOUR)**」(→p.076)へと変わろうとしているのではないか．外面を脱ぎ捨てて内面に，つまりは心〔「**心(CŒUR)**」(→p.176)〕に，語りかけ始めているのではないか．アランが恋愛における心の動きを肖像画と結びつけて論じることがあるので参考までにこれも呈示しておきます．

★010──アラン『人間論』p.109
★011──アラン『裁かれた戦争』p.169〔傍点引用者〕
★012──アラン『芸術に関する101章』p.191
★013──アラン『宗教論』p.285
★014──アラン『芸術について』p.143〔傍点引用者〕
★015──アラン『教育論』pp.234-235〔傍点引用者〕
★016──アラン『イデー(哲学入門)』p.343〔傍点引用者〕
★017──アラン『芸術について』pp.253-254〔傍点引用者〕

405

本当の画家は，考えること，すなわち言葉で定義することを拒否して，その場かぎりの瞬間を排除しつつただひとときだけを選び出すことによって，彼の貴重な対象を果てしない観照にゆだねようとするのです．絵をかく人と絵を見る人とのこの二重の感情は，恋愛によく似たところがある．というのも，それは期待し，執着し，見かけの姿をあるがままに受け取り，そっくりそのまま受け入れるからであって，つまり見かけの姿から一つの魂の歴史を読み取ろうとするのです．[★018]

　こうした動きは，恋愛を否定的にだけとっているわけではおそらくない．フランス語では，上に述べた「恋愛」も「愛」も amour という同じ言葉なのですから，前者から後者への質的変化も，自然に考えられるのかも知れませんね．「見かけの姿から一つの魂の歴史を読み取ろうとする」ときに，確かに外観に重きを置いて，考えることすら拒否しつつ出発したかも知れない恋愛が，ついに愛を思考し始めるのかも知れない．しかし，そこまでいけないときにどうなるか．まさに外面に留まることになるのです．つまり〈好み〉というレベルに留まる．それをアランは「食い道楽」と言っているのです．自分が美味しいと思うものしか食べようとしないという意味での「食い道楽」です．「気に入るものを評価する」に過ぎない「食い道楽」です．次の引用も吟味してください．

　選ぶとか拒むというような考えは，この模範的な愛〔母の愛のことです〕には起り得ない．ここには，恋する者の学ぶべき何かがある．つまり，選択が多過ぎるということだ．なぜならば，人々は気に入るものを選ぶことができるからである．しかし，これは愛することではない．それどころか，選ぶことでもない．なぜならば，これでは出会がすべ

てを決するのだから．これに反して，自分の気に入ろうと入るまいと，愛することを選び取る者は，自分自身の底から選ぶのであり，すべての運命を免れるのである．[★019]

　「気に入る」というレベルに留まりたいという「欲求（APPÉTIT）」（►p.093）こそ，「快適な仕方で考えようというこの欲求〔appétit〕」なのです．しかし，愛は，快適ではないかも知れないのです．気に入るものを評価するのは，自然です．けれども，あえて言えば，「愛は自然的なものではない」のです．[★020]

　愛が明らかにされるのは判断によってである．でなければ，愛は単なる衝動であり，また実に巧みな言葉だが，傾き（好み）〔penchant〕にすぎず，月並な発展をするだけである．[★021]

　「自然に反して詩を作るわけにはゆかぬ．だがまた，自然は詩を作りはしないのだ」[★022]というアランの言葉があります．ある人との関わりが恋愛に始まることは自然かも知れませんが，恋愛はまだ自然に留まり，それを超えた愛ではないと言えるのかも知れません．芸術も，ただ見た感じの美しいものだけを表現するものではありません．その意味では，自然なものではない．それにもかかわらず，そうした超越を拒否したり，忘れたりすること．そこにこそ偶像崇拝があるのではないでしょうか．偶像崇拝について，アランには次のような言葉があります．

　人間というやつは，事物にしろ理念にしろ，ともかく，なにか外部的な神を捜そうとするものなのだ．こうした探究こそ，本来の意味での偶像崇拝である．[★023]

　像が何かを表現するということ．そこにまつわるある種の「快適さ」がこの定義では語られています．その快適さにかまけて，像が表

現する本体を忘れてしまう．像が本体を十全に表現しているかどうかの吟味も疎かになってしまう．それこそが，偶像崇拝の問題なのでしょう．

IMAGINATION
想像力 – 事物や人物がそこに現前して〔présentes〕いないのに，何か起こりえた事柄を考えるだけで，それらの事物や人物によって動かされてしまう影響力．例えば，カラス〔Calas〕の死刑を思い浮かべると，人は恐怖と哀れみに心を動かされる．人は戦争を想像する，暴動を，伝染病の流行を想像する．すると，もう，人は〔自分が〕そこにいるような気になってしまう．想像力というこの力は総じて私たちの身体の内にあり，私たちが始めようとしている防御や怒り〔colère〕といった運動に依存している．まだあるわけではない何らかの悪に関わるすべての不安というものは想像力に依存している．すべての情念〔passions〕は，人が想像することから結果として生まれる．それが自分が憎むものの力を想像するのであれ，自分が愛するものの弱さや苦しみを想像するのであれ．人はまた自分自身の苦しみをもまた想像し，そうすることによってその苦しみをひどく嵩じさせてしまう．なぜなら，実際の悪は意気消沈〔abattement〕によって人を麻痺させてしまうことがよくあるのに対して，想像力は，私たち〔自身〕を責めさいなむために，私たちのすべての力を掌握するからだ．想像力は，人が行動し，疲労することによって効力を失う．

　すでにこれまでの講義でも想像力について何回も触れてきました．いよいよその定義に行きつこうとしているのです．「事物や人物がそこに現前して〔présentes〕いない」のに，「何か起こりえた事柄を考える」だけで，「動かされてしまう」という．その例に掲げられているのは実に残酷な「カラス〔Calas〕の死刑」です．そのことを思い描いただけで，それこそ〈身の毛がよだつ〉陰惨な事件です．この〈身の毛がよだつ〉という事態は，すでに身体的な変状を見事に表していますよね．考えるだけで，身体が反応してしまうのです．戦争，暴動，伝染病の流行などを想像するだけで，そういう状況に自分自身を置いているかのように心動かされ，身体的にも反応してしまうことがある．その実態をアランは観ようとしているわけです．ポイントは「想像力というこの力は総じて私たちの身体の内に」あるという

ことです．想像力というものを主題にしようとするとき，「想像」なんだから，心の話だろうと考えるのは，確かに，もっともらしい動きです．それにもかかわらずアランがここで身体の話へと持ち込むのは，次のような理由があります．

　　想像力という捕えにくい，人を欺くような，そもそも摑み処のない概念が，これら人間の身体の自然発生的な動きの中にこそはじめて位置を占めもし，全体的に摑み取れるようにもなるのだということを，あらかじめ理解しておいてもらいたいのだ．[★025]

　例えばデカルトが人間というものについて考えようとしたとき，一般的には心（精神）と身体というものから成っているようには思えても，どうもその正体が摑めない．そこで，いわゆる

★018——アラン『芸術についての二十講』pp.242-243〔傍点引用者〕
★019——アラン『思想と年齢』pp.230-231〔傍点引用者〕
★020——アラン『幸福論』p.115
★021——アラン『芸術論集』p.168
★022——アラン『人間論』p.30
★023——アラン『芸術に関する101章』p.164

★024——1762年3月10日，Jean Calas（ジャン・カラス）はフランスのトゥールーズにあるサン・ジョルジュ広場で，生きたまま車裂きの刑に処せられ，首つりにされ，火あぶりにされたようです．カトリックによるプロテスタント迫害です．後にヴォルテールがこの「カラス事件」を取りあげ，激しく糾弾しています．
★025——アラン『芸術について』p.10

「方法的懐疑」を遂行する中で，この二つは分けられるかどうかを検討するのです．いわゆる心身分離を行い，その上で，実際には心と身体が影響し合っている事態への接近を試みる．それが成功したかどうかは議論のあるところです．仏教的に「心身一如」といって分離そのものを拒否しようとする立場もあります．それはそれで興味深いアプローチです．そこで，せっかくですから少々寄り道をして，難解ですが，西田幾多郎の文章をいくつか引用しておきましょう．

> 我々の意識の基礎となるものは，右に云った如き行為的自己でなければならない．我々の身体はかかる行為的自己の表現として，我々の意識の基礎となる意味を有するのである．意識的自己の立場に立てば，身体は我々の意志の機関とも考えられるであろう．併し身体は単なる道具ではない，身体は意識の底にある深い自己の表現である．かかる意味に於て我々の身体は形而上学的意義を有つと云うことができる．我々の真の自己の内容には，必ず行為を伴わねばならない，心身一如の所に我々の真の自己が現れるのである．★026

> 東洋的動は，…〔中略〕…動静一如的動である．而してそれは人の考える如く諦観的と云うことではなくして，一々の瞬間に於て絶対者との対決の立場に立つと云うことでなればならない．我々の自己は絶対現在の瞬間的自己限定として，一々の瞬間に於て終末論的立場に立って居るのである．現在が現在自身を限定する立場に於ては，一々の瞬間が世界の始であり終であるのである．歴史家によっても，歴史的世界に於ては，すべての点が始となると考えられるのである（ランケ）．今日の仏教徒はかかる大乗の真意義を忘却して居る．東洋文化は，かかる立場から再起せなければならない．…〔中略〕…絶対現在の自己限定として我国の国体と云うのは，かかる立場に於ての歴史

的行為の規範であるのである．右の如き大乗の真精神は，東洋に於て，今日，我日本に於てのみ維持せられて居るのである．★027

> 我々は抽象的意識的自己を否定した所，身心一如なる所に，真の自己を把握するのである．今や我々はかかる真の実践的自己，身心一如的自己の自覚の立場から，従来の哲学を考え直して見なければならない．私が再びデカルトの立場へと主張する所以である．併しかかる立場に於ての論理は，デカルトの主観的論理でないことは云うまでもなく，ヘーゲルの弁証法とも異なったものでなければならない．★028

まあ，こういう文章を見ても，アランが，いかに具体的な場面から説き起こそうとしているかはよくわかると思います．実際，この心と身体の関係についてとことん考えてみるために，想像力について，そして芸術についてアランが語ろうとしているのだということもできるかも知れません．アランが『諸芸術の体系』を書いたのにもそういった意図があると私は思います．その「はしがき」には次の言葉があるのですから．

> この悟性の王者〔デカルト〕は，われわれの当面の主題にその考えを適用しようとは全くしていないのである．私の言おうとしているのは，人間の機能または力としての，しかし本質的に人間身体の機構と盲動〔affection〕によって限定されたものとしての想像力のことである．★029

では，定義に戻りましょう．「想像力というこの力は総じて私たちの身体の内にあり，私たちが始めようとしている防御や怒りといった運動に依存している」という．例えば，東日本大震災を経験した私たちの多くは，東海・東南海地震のことに思い致すだけで，その状況に応じた動きが身体の中にウズウズと起こるのを禁じ

得ない．防御反応とでもいうべきものが微小な形で生じてくるのです．それこそが「私たちが始めようとしている防御」を理解する一助となるでしょう．これは自然現象についての想像ですが，アランが定義の中で掲げているのはやはり人間関係における想像です．「憎むものの力を想像する」とかいったそういう場面です．そうした憎しみの対象は私に何らかの害悪をもたらすかも知れないというわけです．戦争の原因についても，「他人が我々を傷つけようとしていると簡単に想像しすぎる点」に「警戒(ALARME)」(►p.058)しなければならないとアランは考えています．

「意気消沈(ABATTEMENT)」(►p.022)という言葉も見える，定義の最後の方に登場するのは，自分で自分の首を絞めるとでもいう事態です．自分の苦しみを想像して，その苦しみをひどく嵩じさせてしまう事態です．事柄が実際にはまだ起こっていない場合にこそ，いろいろ想像してしまうために苦しみが嵩じるのでした．実際に事柄が起こってしまうと，それは私たちをそのショックで無感覚にすることさえある．だから起こる前の方が苦しいとも言えるのです．「想像力が苦しみを迎えに行っている」状態です．

　　できごとというものは，たとえそれがどんなに悪いできごとであっても，それは可能性の戯れ〔jeu〕を終わらせる，それが一度やってきてしまえば，もう二度とやってくることはない…〔後略〕

もう，その苦しい出来事が過ぎ去った未来を向くしかないのです．しかし，その出来事が起きる前の対処というものは無いのでしょうか？定義の最後に置かれている「行動」というものがそれです．〈思い巡らす〉だけなら，人はいろ

いろできるためにかえって苦しむ．「私たちのすべての力を掌握」して，その想像力に奉仕させるとでも言いましょうか．ところが，まだ起こっていない出来事に対しても，現時点で実際に自分に可能な行動を行ってみることによって，対処法は具体化する．「可能性の戯れ」を現実的な行動によって収束させるのです．実をいえば，これこそ芸術の重要な点だと言っていい．それは手をこまねいて「可能性の戯れ」に身を委ねるのではなく，現実的な作品へと想像力を奉仕させることによって，当の想像力を飼い馴らすとでも言いましょうか．アランが「芸術は，おそらく，現実的な意欲の最高の模範であろう」というのにも，そうした思索が背後に控えているのです．今回の定義の中に「すべての情念は，人が想像することから結果として生まれる」とあると同時に，「諸芸術は人間の体の動きの結果」とも別の箇所でアランは書いているのです．その身体の動きの結果をどのように作品にするかで芸術は次のように区分されます．

　　芸術はその根源において人体の訓練であり，また，アリストテレスが望んでいるように，情念の下剤である．ところで，情緒を訓練するにはふたつの方法が考えられる．ひとつは我々の肉体を，その運動と音声を訓練する方法であり，そこから，舞踊，唱歌，音楽，詩といった第一系列の芸術が生れる．もうひとつは，情緒に対象をあたえるために世界を造形する方法であって，建築，彫刻，絵画，素描などはそれに属する．

想像力を身体との関係で捉えて，作品へともたらすことが重要なのです．ただただ考えてばかりではダメなのです．

★026──「一般者の自覚的体系」(『西田幾多郎全集 5』1947年) p.156
★027──「哲学論文集　第六」(『西田幾多郎全集 11』1949年) pp.132-133
★028──同書, pp.168-169〔傍点引用者〕
★029──アラン『芸術論集』pp.55-56
★030──アラン『裁かれた戦争』p.104
★031──アラン『人間論』p.282
★032──アラン『幸福論』p.35〔一部改訳した〕
★033──アラン『人間論』p.30
★034──アラン『芸術についての二十講』p.10
★035──A. モーロワ『アラン』p.93

409

つくりもしないで，ただ反省ばかりする，この先まわりの熟考というやつを，すべての芸術は，恐れるべきなのだ．芸術に固有のもの．それは，手仕事(メチエ)へとおりてゆく，ある才能である．なぜなら，天才が現われるのは，手仕事の次元においてなのだから．[036]

そうでなければ，想像力が力を振るうのを避けるには，ただ疲れるのを待つしかない．

IMBÉCILE
軽薄さ

－判断の内に読みとれる一種の弱さを意味する．軽薄な者はくだらない情念〔passions〕しか持っていない．軽薄な者は真似をし，受け売りをする．軽薄な者の抱く見解は成り行き任せであり，自分で言ったばかりの事柄を忘れ，聞いたばかりのことを忘れる．軽薄な者の思考は，もし〔それをも思考などという〕そんな言い方ができるならば，機械仕掛けで動き，指揮・監督を欠いている．軽薄な者は信じやすい，それも，容易に信じがたい事柄においてさえ信じてしまうのである．

「判断の内に読みとれる一種の弱さ」とアランは言っています．「判断」というものが検討されなければならないことは自明でしょう．少し深追いしてみます．

> 外界の驚異を追いもとめ，なにひとつ見落とさないよう細心の注意をはらうよりも，さまざまな情念から，つまり感動的な意見から身をまもるべきだとされる．こういう掟は経験よりもむしろ意志に由来し，実際にはほとんど行なわれない．そういう掟を人々はあるがままにはとらえないからだ．それは適切にいえば，判断と呼ばれ，道徳的秩序に属する．情念の落とし穴と言葉の安直さを十分に知った者でないかぎり，判断の価値を感知しえない．これを要するに，精神が抵抗し拒絶することが必要だ．[037]

フランス語の「判断」(jugement)の語源は，ラテン語のjudico < jus + dico で〈法を述べる〉とか〈正しいことを語る〉とかいう意味になります．問題はこの「法(LOI)」(▶p.442)とか「正しいこと」とかいうことの意味は何かということで，アランは，恐らく，上の引用からしても分かるように判断を「道徳的」なものと考えています．「法」が「道徳(MORALE)」(▶p.495)と一致するわけではなさそうなのは，日本語の〈法的には責任を問われないが，道義的には問われる〉といった言い方を考えれば分かるでしょう．内面を問うかどうかの問題だと思います．

> 人間の砦といえば聞こえはいいが，しかし法律は十分な思想ではない．そこでは，デカルトの自然科学においてと同じように，人間の内側ではなくて外側の関係がいっさいなのだから．[038]

では，内側に注目することで個人の「道徳」とかに話を持っていくことができるにしても，その個人における判断については，どんな問題があるでしょうか？　ここで(特に悪い)「習慣(HABITUDE)」(▶p.393)というものを問題にしてみます．

> 有害な習慣から回復させるには，経験によって，習慣はそのすべての力をかのまちがった判断から得ていることを明らかにしなければならない．[039]

ここでいう「間違った判断」とはどんなものなのでしょう？　もちろん，「有害な習慣」との関

わりでの話です．私は煙草の煙が大嫌いなので，喫煙の習慣を「有害な習慣」としておきます．喫煙者の中には〈煙草は自分にとっても（そして，多くの場合，他人にとっても）害があると知ってはいても，やめられない〉という人がいます．〈煙草は自分にとって害がある〉と判断しつつも，〈いや，このくらいでは命に別状はない〉だろうとか，〈禁煙しようと思えばいつだってできる〉とか考えて，吸ってしまう．アリストテレス以来の言い方では，それは「意志の弱さ（無抑制）」(ἀκρασία, ἀκράτεια) と呼ばれるものですが，私としては，判断は意志に関わるものと考えるので，まさに上の引用にぴったりと考えます．要するに，一方で正しいと思われる判断を下しながら，他方でそれには反する判断を，「欲望（DÉSIR）」(►p.223) のままに肯定してしまうということ，〈自分の最善の判断に反して行為すること〉です．そうした判断が繰り返され，積み重なることで，悪い習慣は形成されるということを自覚し，責任を取るべきだとアリストテレスなら言うわけです．

> 放縦な人間はみずからが放縦になったことに対して責任があると考えられる．なぜならその性格は放縦という随意的な行為の積重ねの結果だからである．同様の理由で不正な人間もまたそうなったことの責任があるであろう．「なぜならひとつびとつの活動がその活動に対応する性格をつくり出すのだからである」(『ニコマコス倫理学』第三巻第五章——一一四a七).

こうして，先天的な障害による弱さは別であり，そういう人たちを軽薄だとは決して言いませんが，障害など持たず，それでいて軽薄な者は，軽薄だったことの責任が問われることになります．軽薄とまでいかなくとも，人は不断に努力をしなければ，場合によると日常的な錯覚を去ることもできない．科学による事物の認識が発達する前の人々の考え方の中には，その点で，私たちとは隔たりがある場合があります．例えば，日蝕を「神（DIEU）」(►p.263) の「怒り（COLÈRE）」(►p.180) や祟りとして怖れるといった．

> ふつう哲学といえば，だれの眼にも，欲望や野心や恐れや悔恨を規制するための，善と悪とに関する正確な評価を意味する．この評価は，たとえば，ばかげた迷信や空虚な前兆にうちかつというような場合には，事物の認識を含んでいる．またこの評価は，情念自身に対する認識と，情念を抑制する技術をも含んでいる．哲学的認識をこのように素描すれば，なんらつけ加えるべきことはない．

ごく当たり前の知覚の場面にさえそのことは関わっています．

> あの遠い地平線は，遠いとは見えない．それを遠いと私が判断するのは，その色だとか，そこに見える他の物と比べての大きさだとか，こまかいところが混み入ってよく見えないとか，途中になにか邪魔物があって一部分見えないとかによるのだ．こうして，私がここで判断しているということが立証される．

> 地平線までの距離は，さまざまな事物のなかのひとつではなく，さまざまな事物と私との関係だ．考えられた，結論された，判

★036——アラン『芸術に関する101章』pp.273-274〔傍点引用者〕
★037——アラン『思索と行動のために』p.161〔傍点引用者〕
★038——アラン『感情 情念 表徴』p.67〔傍点引用者〕
★039——アラン『思索と行動のために』p.268〔傍点引用者〕
★040——〈禁煙は簡単さ，僕なんか何回もやっている〉なんてバカな冗談にしちゃう人さえいます．しかし，〈僕は毎日少しずつ自殺しているんだ〉と言いながら吸って，本当に55歳で肺腺癌で死んでしまった同僚もいますし，自分の代わりに妻を肺がんで死なせてしまった知り合いもいます．彼はそれでやっと煙草をやめましたが，遅すぎでした．
★041——アリストテレス『ニコマコス倫理学』第7巻第1〜10章参照
★042——ジェフリー・アーネスト・リチャード・ロイド『アリストテレス——その思想の成長と構造』p.201
★043——アラン『思索と行動のために』p.21〔傍点引用者〕
★044——同書，p.26〔傍点引用者〕

断された，あるいはなんと言ってもいいが，そういう関係だ．[045]

月が地平線の近くでは大きく見えると言う人がいるかも知れません．大気のレンズ効果まで引き合いに出してそういう主張を正当化しようとするかも知れない．しかし，アランは次のように書きます．

あの月が，地平線では天頂よりもずっと大きく見えること…〔中略〕…想像力のなせるわざで，光線の進み具合とは何の関係もありません．たしかに想像力のなせるわざだが，しかしそのおかげで外見が変化している，と言う人もあるかも知れない．あの月が当然そうある以上に大きく見えるのはこちらの間違いにちがいないが，でもやはり大きく見える，これが想像の力というものだ，と．ところが，大きく見えていないことは確かなのです．画家のするように物差（ものさし）をとってごらんなさい．[046]

ここで，知覚といった場面にまで関わる思考の，そして判断の，重要さが語られているのです．

なるほど思考というものには，ギリシア人はいかなる民族よりもそのことをよくわきまえていたが，独特の力があって，それは思考がものごとを区分し秩序づけるところから来ている．われらの父なるデカルトを思い浮かべてください．その結果，推論の先端が世界の一点に固定され，世界を完全に規定するに至るのです．こうして日蝕や月蝕が測定されます．[047]

言うならば，思考は対象を支えている．判断は対象の成立を支えているのです．

思索の条件のひとつは，その仕事のうちに思考を，物を支えるものとして見いださねばならないことにある．[048]

カントの「可能的経験」の議論もこのように考えるべきです．

君が，感覚による知覚の中にこのように悟性がはいり込み，いわばその骨組となって支えていることを知ったとしても，いつの日か感覚の対象なしに悟性を用いうると希望していいということにはならないことを知ってほしい．[049]

しかも，根底でそれを支えているのが意志であることも重要です．

私はストア派に教えられ，また私の師であるラニョオに教えられて，観念を作り支えるのは意志であることを，かなり早く理解し得た．[050]

定義に戻りましょう．「軽薄な者は真似をし，受け売りをする」のは，自分できちんと判断を下さないからだと言っていいでしょう．それをしないからこそ，「軽薄な者の抱く見解は成り行き任せ」なのです．理由は，それが「機械仕掛けで動き，指揮・監督を欠いている」[051]からです．そうした者は，経験という名に値するものすら持たないとアランは言うでしょう．

私が経験というのは，実際に感覚の検査にかけられた知覚のことである．つまり，このとき始めて一つの認識が行われ得る，言葉をかえれば，私は一つの観念を作り得る，と言うのである．このとき始めて，私は疑い，求め，立て直し得るのであり，このとき始めて，眼ざめて考え得るのである．その他はすべて習慣による眠りであり，機械的な暗誦であるに過ぎない．[052]

軽薄な者は確固とした自分（もちろんデカルトの言

うような〈働きとしての自分〉〉を持とうとしていない．デカルトがそうした自分を取り出すために「方法的懐疑」を行ったことは何回も述べました．「方法的懐疑」は，物事がすべて疑わしくなったから疑うというのではありません．そんなのはいわゆる「懐疑論者の懐疑」です〔「懐疑主義(SCEPTICISME)」(▶p.729)〕．そうではなくて，吟味無しに信じてしまっていることを疑うのです．今回の定義に出てくる「軽薄な者」が，それとはほど遠いことはお分かりでしょう．「軽薄な者は信じやすい，それも，容易に信じがたい事柄においてさえ信じてしまうのである」というわけです．

「**哲学**(PHILOSOPHIE)」(▶p.587)と判断との関わりを明確に述べた次のような興味深い言い方を引用したいと思います．

哲学の最大の力は，死に対し，病いに対し，夢に対し，欺瞞に対して，堅固な判断をもつことにある．[★053]

そして哲学というものは，各人が自分で創り上げなければならないものであることを知らなければなりません．

哲学がつねに倫理的もしくは道徳的な学説をめざしていること，そしてまた，哲学が各人の判断の上にただ賢者の忠告のみを助けとして築かれること[★054]

軽薄な者として一生を過ごさないために．

IMITATION
模倣 ― 模倣というものが，もし目の前に現にあるものを〔ただただ惰性的に写し取ったり，繰り返すべきものという意味での〕モデルとしてしまうのなら，それは愚かさ〔bêtise〕の一つのあり方である．反対に，もし模倣が選び取るということをするならば，それは自らに勇気〔courage〕を与える一手段である．なぜなら，ある一人の人間がやったことなら，君にも立派にできるからである．それゆえ，讃嘆することは良いことであり，讃嘆することがらを模倣するのは良いことなのである．『キリストに倣いて』は，それが人間の宗教〔religion〕であることを物語っている．なぜなら，神〔Dieu〕を模倣することは望むべくもないからである．人が模倣するのは，まさに人間となった神〔Homme-Dieu〕なのである．

今回の定義の冒頭を私はかなり説明的に訳してみました．そうでないとちょっと分かりにくいかなと思ったのです．そこで解釈上強調したかったのは，模倣するということに関わる〈選び取り〉の要素です．それを理解するには，「選択」についてしっかりと考えてもらう必要があります．選択肢がたくさんあるなかから〈(クジを引くように)引く〉のではなく，場合によっては選択肢が一つしかない場合にも〈選び取る〉ことができるという議論です．単なる選別ではないこういう意志的な選択の要素がなければ，〈できあがったモデルをただただ惰性的に写し取って，繰り返す〉だけのものとなってしまう．しかし，そんなことをいうと，習字の場面などを思い浮かべて，〈習字は手本を忠実にまねるだけではないのですか？〉という意見を述べたくなる

★045 ── 同書，p.28〔傍点引用者〕
★046 ── アラン『芸術についての二十講』pp.13-14〔傍点引用者〕
★047 ── 同書，p.263〔傍点引用者〕
★048 ── アラン『思索と行動のために』p.223
★049 ── アラン『考えるために』p.15〔傍点引用者〕
★050 ── アラン『思想と年齢』p.338
★051 ── ストア派のローマ皇帝マルクス・アウレリウスなら，指導理性

というものを称揚して次のように言うところです．「君の指導理性はいかに自分を用いているか．この一事に万事がある．そのほかのことは君の自由意思の下にあろうとなかろうと，死と煙に過ぎない」(マルクス・アウレリウス『自省録』p.210)
★052 ── アラン『思想と年齢』p.89〔傍点引用者〕
★053 ── アラン『思索と行動のために』p.21〔傍点引用者〕
★054 ── 同前〔傍点引用者〕

人がいるでしょう．確かに，手本は忠実に真似るべきものとしてそこにあるように思えます．しかし，問題は，その模倣の営みそのものです．習字は，おそらく，その手本を書いて下さった師匠の手や身体全体の動き，場合によっては心の動きさえもを受け継ぐようにして，似せるということをめざすかのように確かにみえつつ，当の手本に匹敵するものをふたたび生み出そうとしているはずです．もちろん，結果としては，決して手本と同じにはならない．その同じにならないことをどう捉えるかの問題なのです．手本をコピー機でコピーするような気持ちで，人は字を習うのでしょうか？　確かに忠実に模写しようとするかのようでいながら，実はそれが不可能であることも弟子はうすうす知っていたりする．それでも師に近づこうとする．その手本を書いて下さった師に匹敵するものとなろうとする．しかし，もしそういうものになれたとき，弟子は，きっと，師の手本とは違うような字を書くに至っていると私は思います．確かに師の手本を模倣しようと必死にその手本に全身全霊で立ち向かうわけですが，実際に模倣するのは手本の字というよりも師匠の動き・創造活動・自らを超えていく跳躍の努力ではないでしょうか？　そういう努力を念頭に置きもせず，ただ漫然と〈字を模写する〉ならば，それは**「価値(VALEUR)」**(▶p.841)の低い〈模造〉になってしまいかねない．惰性の落とし穴です．コピーができると思っているからそんなことになる．しかし，実際には次のようなことなのでしょう．

　　もろもろの美しさもまた，手本というより
　　はむしろ奨励なのである．つまりは，模倣
　　できぬものだけが教えるのである．★055

忠実に模倣しようと必死でやってもできないことに気づく．気づいたときに，それを自分の個性の出発点として捉え返すことができるかどうかの話です．師匠の作品を模倣することが，弟子の個性を引き出す機縁となる．そんな感じなのです．

　　もっともすぐれたものは，どの時代におい
　　ても，つねに，もっともすぐれた形式を模
　　倣することから生まれたのである．すぐれ
　　たものは，そのどれもこれもが，模倣しつ
　　つ発明したものである．おそらく，今日で
　　も，そのとおりであろう．しかるに現代は，
　　つまらない発明にあふれ，このことが大衆
　　の趣味を堕落させ，いっぽう，識者に非難
　　の声をあげさせているわけだ．しかし，い
　　つの時代でも，このとおりであった，と私
　　は思う．気違いどもが発明している間に，
　　賢者たちは，せっせと模倣していたのだ．
　　模倣者のうちでも，いちばん生気のある者
　　が，おのれの気質を，おのれの絵筆の癖
　　を，おのれの鑿(のみ)づかいの癖を，おの
　　れの風刺を，おのれのアクセントを，その
　　なかに盛りこんだのであった．★056

アランの言う「模倣することによって飛躍をうる芸術上の独創の秘密」とはそういうところにあるものです．芸術だけではありません．教育も同じ．プラトンの学校であるアカデメイアに20年間も学んだアリストテレスの**「哲学(PHILOSOPHIE)」**(▶p.587)は，プラトン批判をも含むような，師の哲学とは大きく異なるものでした．プラトンは，アリストテレスを自分のコピーである言わば〈小さなプラトン〉にしようとしたのではなく，またアリストテレスは，プラトンに学ぶことによって，かえってアリストテレス自身になれたのです．その意味で，教育は洗脳などではなくて，学ぶ者自身を解放し，自らの足で歩けるものとしなければならないと私は思います．

さて，定義に戻りましょう．「もし模倣が選び取るということをするならば，それは自らに勇気を与える一手段である」という文を解釈しなければなりません．**「勇気(COURAGE)」**(▶p.196)

を与えるとはどういうことでしょうか？　もちろん，その理由は直後に書いてあります．「ある一人の人間がやったことなら，君にも立派にできるからである」というわけです．ところが，ここですぐに〈才能の違いってものはないんですかね？〉なんていう意見が出てきそうな気がします．しかし，「才能」って何なのでしょうか？　次の引用を吟味してください．

> 私が行なうこと，自己に関するのはそれだけだ．だが，自分のうちにはなんにも残らない．習慣や才能だけを当てにするのは，他人を当てにすることにほかならぬ．自己のうちに残されるのは勇気だけである．だが，これをふるいたたせ維持することが必要だ．これを対象化し，これを愛そうとしたら最後，そんなものはなくなる．★058

やってみるまでもなくできないと思い込んでいる人が何と多いことか．〈自分には芸術的な才能が無い〉だの，〈自分は頭が悪い〉だの，口に出しては挫けていくのです．では，そういう人は，それこそ血を吐かんばかりまでの努力をしたのでしょうか？　馬鹿な教師などに〈そんなことも分からないのか？〉などと言われる前に，自分の方で〈自分は馬鹿だ〉と居直ってはいないだろうか？　しかし，私は次のように思います．

> 人間はすべて，最初は普遍的才能として遇せられるべきだからである．さもなければ，教育など口にしてもならぬ．見習いを論ずるがよい．★059

もちろん，ここで書かれている「見習い」は，ルーティン・ワークしかしないような「見習い」でしょう．要するにマニュアル通りに動く，まるで機械のような人間を育てるものです．そこには創意工夫の入る余地はまずありえない．マクドナルド・ハンバーガーの注文を受け付けるお姉さんなんかが典型でしょう．★060　私には，こういう働き方が勇気を与えるとは思いません．勇気を削ぐのではないかとさえ思います．マニュアルから外れないように注意している人物をみて，創意工夫をしている姿を目の当たりにすることによる「讃嘆(ADMIRATION)」(➡p.041)など生じようがないからです．しかし，師匠の見事な手本に対面する弟子には，讃嘆が生じうる．師匠の個性が光り輝くのを観て，容易にそこには行きつけない思いと共に，それでもそれを実現した人物がいることが励みになる．アランがトマス・ア・ケンピスの『キリストに倣いて(De imitatione Christi)』を出しながら語るのはそこです．「人となった神」，弱く，人として十字架にかけられた「神(DIEU)」(➡p.263)であるからこそ，模倣もできるだろうということです．たとえ簡単にはないにしても．

プラトンとソクラテスとの関わりにもこうした模倣を見てとることができそうです．不当な裁判の結果として死刑判決を受けつつも，「悪法も法である」としながら自ら毒杯をあおいだソクラテスに，むしろ〈善く生きる〉という哲学の根本をみたプラトンは，ことあるごとに，おそらく，〈ソクラテスなら，どうするであろうか？〉と問うたのでしょう．あの見事に生きた(死んだ)ソクラテスなら，この難局をどのように乗り切るだろうかと．そう問うことによって，プラトンはソクラテスになるのではなく，まさにプラトンになっていくのです．次の引用にあるように「彼自身以上に彼であるこの反対者」としての〈死んだソクラテス〉をいつも思索の相手として持つことで，プラトンは自分自身の高みへと成長していくことになる．

★055──アラン『諸芸術の体系』p.9［傍点引用者］
★056──アラン『芸術に関する101章』p.114［傍点引用者］
★057──同書, p.115
★058──アラン『思索と行動のために』p.303
★059──アラン『人間論』p.173
★060──私だってセンター試験の監督をするときには，ほとんど機械になっていました．

415

死んだソクラテスは完全に姿を現わした．プラトンはもはや彼自身であるだけではなく，彼のなかに反対者をもつことになり，彼は長い年月にわたって，彼自身以上に彼であるこの反対者とひそかに話しあったのである．★061

イエスとその弟子たちとの間にも，これは見て取れそうです．遠藤周作がイエスを描きながら考察した事柄を，『イエスの生涯』や『キリストの誕生』を頼りに，もう一度，思い出してください．プラトンにとってのソクラテスと同じように，キリスト者〔「**キリスト教徒（CHRÉTIEN）**」

（►p.155）〕も，自分の師イエスを思い出しながら，「彼ならこんな場合どうするであろうか」と問うのでしょう．遠藤周作はこうして人の心に宿ることを「復活」の意味ととらえているのです．現実に示された人間の高みが，私たちを決して強制せずに，招くのです．

誰も今まではできなかった高みに達した人間がいることで，後に続くものはその高みの可能性を手にしたと言える．

実際的であるもっとも完璧な手本があるだけだ，…〔中略〕…宗教の真髄はこういうところにある．★062

INSTINCT
本能 – 動物と同様に人間にもある行動の一形式である．それは，構造，状況そして実行に同時に依存するもので，有用な諸目的を達成する．当の諸目的についての何らかの認識とか意識〔conscience〕というものを想定しえないにもかかわらず，達成するのである．手が〔とっさに〕目を守るのは本能による．車をよけたりするのも，溺れている人が救助する人にしがみつくのも本能による，などなど．この最後の例は，本能というものが有益なものに関わっていながらも，盲目的であるがゆえに，それによって時として当の有益なものを逃してしまうことを示している．反感とか共感とかは本能的なものである．そして，友情〔amitié〕とか愛情〔amour〕もまた，その大部分が本能的なものである．

本能というと，まず動物を思い浮かべる人が多いでしょう．しかし，人間もまた動物ではあります．たとえ，西洋的な人間の定義が「理性的動物」であろうとも，「動物」であることは変わらないでしょう．アリストテレスは，霊魂（ψυχή）に，「植物的霊魂」「動物的霊魂」「理性的霊魂」の三段階を認め，第一のものは栄養を摂取し，成長し，繁殖すること，第二のものはそれらに加えて移動できること，最後のものはさらに理性的に考えることが加わるとしました．つまり，後のものは，前のものを含みながらそれに新たな能力が加わっていると考えたのです．つまり，前のものが無くなるのではなくて，保存されている．では，その付け加わるものは，いつでもその能力を発揮しているでしょうか？それが問題です．例えば，人間は「理性的動物」

と言われているけれども，いつでも「理性的」であるかというと，どうもそうではなさそうですよね．言い方を換えれば，人間も動物と同じように，移動はできるけれども理性的でない状態などいくらでもありそうですよね．それでも，定義にあるように，「有用な諸目的を達成する」こともある．ただ，その達成するに際してのありようを，アランが「構造，状況そして実行に同時に依存する」と言っているところを検討しなければなりません．しかも，「当の諸目的についての何らかの認識とか意識〔conscience〕というものを想定しえないにもかかわらず」だと言われていることが重要なのです．つまり，この規定には「認識」とか「**意識（CONSCIENCE）**」（►p.191）とかいう「理性」に付随して語られそうな事柄が排除されているということです．ひとことで言

えば，機械的〔mécanique〕な運動によっても到達されうるような範囲の話をしているわけです．刺激が大脳まで伝わらず脊髄などで折りかえして生じる反射運動のような〔「反射(RÉFLEXE)」(➡p.669)〕，作用に対する反作用のような，極端な言い方をするなら例えば二つの物体か衝突するとどんなふうに跳ね返るかを語る「衝突法則」によっても語れそうな動きです．実際，「手が〔とっさに〕目を守る」とか，「車をよけたりする」とかは，そういうふうな反射運動に近いものとして理解されるのです．そうした事柄は，わざわざ理性とか思考とか認識とか意識とかの概念を呼び出すまでもなく，語れそうだというわけです．そして，ざっくり言ってしまえば，その限りでは人間は動物と区別されないわけです．メカニックに説明できる範囲だということです．デカルトは，この議論を徹底して，あの評判の悪い「動物機械論」を展開しました．〈動物は思考しない，動物は機械である〉とする説です．そして，実は，人間も動物と区別され得ない限りでの行動を取っている限りは機械に過ぎないというのです．それは，一見すると非常に冷たい議論のように思えます．しかし，慎重な吟味を必要とする議論だと私は思います．アランが，「**情念(PASSION)**」(➡p.544)について執拗に語るのも実はここに関わっているからです．人体をひとつの機械とみなす観点です．引用をしながら，話を進めましょう．そこでは，本能という〈何か魂的な能力〉みたいなものさえ，厳密に言えば，拒絶されます．

> 本能などというものは，まったくの作りごとである．私たちは，獣の内部でなんらかの欲求が目ざめるように想像する．ところが，本能を作るものは機会なのだ．盲動を運動に変えるのは地面なのだ．だから，動物のうちには感嘆すべきものはなく，そこには想像すべき魂といったものも，そこか

ら期待すべき予言もなんらありはしない．動物は，自分の形態と平面とに従って転がる物質のかたまりなのだ．[★063]

ファーブルは，本能という神秘的な観念にもとづいて昆虫を観察し，或る種のスズメバチが，幼虫を生きたまま食糧として貯えるため，殺さない程度に刺して麻痺させることを知っているのに感嘆した．私も，或るとき偶然に，羽のはえたこの外科医たちの大群を同時に観察することができた．めいめいが足のあいだに一匹ずつ幼虫をとらえていたのだが，とらえ方に応じて刺し方もちがうのを私は見ることができた．この動物は，できるように行動したのであって，知っているように行動したのではなかった．私としては，万事このように考えたい．[★064]

これらの引用を吟味すれば，アランが今回の定義の中で「構造，状況そして実行に同時に依存する」という言葉を記した理由も解るでしょう．安易に「**魂(ÂME)**」(➡p.069)とか「**心(CŒUR)**」(➡p.176)とか「理性」とかを前提することなく規定しうる限りでの事柄は，徹底的にその線でやってみる．すると，動物とか，人間も情念に突き動かされているときなどは，大抵，完全に機械のように記述できると考えるわけです．

> 動く物体のなかに，内的な力と，いわば集中され保存された運動とを想定することは，動くのが実際にこの物体だと考えようとすることだが，それは，一つの変化が周囲の物体の状況と変化によって完全に規定されるという存在の法則を忘れることである．[★065]

人間もこういう機械のような段階に落ちうるのです．「情念」に突き動かされている場合です．

★061──アラン『イデー(哲学入門)』p.26〔傍点引用者〕
★062──アラン『思索と行動のために』p.380
★063──アラン『人間論』p.39〔傍点引用者〕
★064──同書, pp.110-111〔傍点引用者〕
★065──アラン『イデー(哲学入門)』p.153〔傍点引用者〕

次の引用は，「恐怖(PEUR)」(➡p.582)の情念の場合．

　全世界はいわばわれわれの上にのしかかり，ついには，いっしょに知覚された跳ね上がりや身震いなどのわれわれの運動と区別できなくなる．こうして，最初外部の光景であった嵐は，やがてわれわれの戸口を脅かし，ついにはわれわれのうちなる嵐となる．ただ，それは筋肉の嵐，すなわち，戦慄，恐怖，敗走，墜落，手を握りしめること，咳，嘔吐，叫びである．冷静な目撃者には，この男は，みずから動く動物機械にすぎない．★066

　こうして，アランは「動物というやつは，われわれ人間の諸情念の拡大された姿」だという★067のです．それがどんな失敗をもたらすかも彼は述べています．定義の中での「溺れている人が救助する人にしがみつく」例もそれです．溺れるという恐怖の中で，冷静な思考は吹っ飛んでしまうために，★068救助しに来てくれた人にしがみついてしまう．するとそれが救助しに来てくれた人の自由を奪ってしまうために，二人とも溺れてしまうというわけです．共倒れとなる．子どもを助けに飛び込んだ大人が溺れてしまうことの一因もそこにあるでしょう．「盲目的であるがゆえに」，「時として当の有益なものを逃してしまう」のです．

　では，どうしたらいいのでしょうか？　自分がそういう状況にあるということを意識できなければ，そこから立ち上がること，癒えることはできません．つまり，その状況を突き放し，そこから，身を引くことができなければならないのです．そこにこそ，意志が関わってくる．次の引用をみてください．

　デカルトは，彼の気分のなかでは彼はメカニックなものでしかないということを選択する．そしてこう定めたことによって，私たちの情念は事物の領域に帰せられる．★069

　こうした選択を行なうことで，〈統御する〔gouverner〕〉といったことが可能になる．

　人間は，自分が機械的であり，したがって自分にとって操作しうるものであることを，十分に知ったためしがない．★070

　もちろん，ここでいう「機械的な」自分とは，身体であり，また身体に引きずられた（つまり身体に対して受動な〔passif〕）自分の思いである「情念〔passion〕」に落ち込んだ自分です．人間において本能的なものが前面に出てしまうのは，こうした場面でしょう．だからこそ，「反感とか共感とかは本能的なものである」と言われるのです．当然，吟味無しに，つまり反感とか共感とかの理由・根拠について吟味することなく反応してしまっている状態だからです．思考などできず，反射のように動いてしまっている．「友情〔amitié〕とか愛情〔amour〕もまた，その大部分が本能的なもの」といわれるのも，この線でわかるはずです．「友情(AMITIÉ)」(➡p.073)とか愛情〔「愛(AMOUR)」(➡p.076)〕も，大抵の場合，思考されてなどいないからです．

　要は，思考というりっぱな名称を，魂の刻印をもつものだけにとどめておきさえすればいい．こうして，われわれの秩序立った認識は思考に属する．われわれの選択され，同意され，磨かれた愛情は思考に属する．われわれの決意や誓いは思考に属する．これに反して，気分の動きは断じて思考には入らない．本能の反応は断じて思想には入らない．疲労も思考ではない．★071

　そうだとすれば，見事に人間として生きるには，見事に思考することが必要となるのでしょう．それにはどうしたらいいのか？　ひとつの手がかりは「言葉」です．デカルトは，動物と人間との違いに触れながら「ことば」をきちんと操れるかどうかを挙げています．その部分を引用

しましょう．

　ことばと自然的動作とを混同してはならない．自然的動作は情念を表明し，動物によってもまた機械によっても模倣しうるものである．★072

　ここでいう「自然的動作」は，私がさきほどから言っている刺激－反応の「機械的な」行動でしょう．言葉にも「売り言葉」と「買い言葉」という言い方があるように，動物的になって口走る言葉があるはずです．しかしながら，それはほとんど叫び声なのであって，冷静に吟味され，選び取られた言葉づかいとは別でしょう．「理性的」と言われる事柄を，〈美事なことばを使う〉という意味で捉えてみてはどうでしょうか？　フランス語の散文の傑作といわれるプロポ〔Propos〕という文体を創始したアランに倣うためにも，私はそうしてみたいと思います．自分勝手に言葉を使うのではない．自分の所属する「社会(SOCIÉTÉ)」(▶p.748)の国語における普通の言葉〔mots communs〕を使いながら，人々が考えてこなかったことまでも考え，それを美しく表現する．自らの責任においてです．科学的な客観性とかいうのとは次元が違う話です．

　人間というものは，社会の鏡に写してでなければ自分を知ることは出来ないものであろう．社会の鏡に映せば完全に自分を知りつくせるのであり，自分の前を動く既知のものによって，すべてを教えられるのである．そういう場合，思考，といってもつまり状況や性格にもとづく思考は，言葉づかい――それが形態や状況から自然に現わ

れ出るという意味で，的確な言葉づかいとなるであろう．「的確な」というので，「真実な」というのではない．思考が行為であるのは，ただ身振りが行為であるような意味においてである．★073

　自分の身体を忘れた，理論的な言葉づかいからは遠いからこそ，成立するものがあるのです．理論を楯にとって，現実を見ようとしないのでは，何のための学問かわからない．学問も人間の幸福のためだと私は考えます．もういちど言いましょう．哲学的な考察は「道徳(MORALE)」(▶p.495)をめざしているのだ，と．

　情念からあまりにもかけ離れ，情念からけっして生まれず，情念のなかに根をおろしもしない，抽象的理性というやつが，たしかに存在するという，ことを，いいたいだけなのだ．この理性は，苦労を要求せず，肉体の乱れによっても，たしかに，かき乱されはしない．だが，そのかわり，この理性は，肉体の乱れを変えることもなければ，おしとどめることも，けっしてない．嵐に対して呼びかける言葉のように，無力なのである．ある孤立した完璧さを表わす空しき表徴(シーニュ)なのである．そうして，代数こそは，この非人間的話法のなかでの典型である．非人間的というのは，そのなかに人間的形式のなにものをも保持していないという意味である．このような言語は，あまりにも，叫びからかけ離れている．だからこそ，代数は，なるほど誤謬を防ぐという点では，至高であるけれども，道徳的なあやまちに対しては，無力な

★066──アラン『思索と行動のために』p.260〔傍点引用者〕
★067──アラン『芸術に関する101章』p.213
★068──理性が吹っ飛んでしまう事例などいくらでもあります．例えば，次の引用を吟味してみてください．「祭りあげられた男は愚かになるであろう．そうなる根拠は，理性を用いうる動物の構造自体にあると思う．つまり，なんぴとの理性も知識も，一分後にはどうなるか，わかったものではないからである．虚栄心や羨望や怒りが霧をかければ，もうおわりだ．私には，代議士であることの危険，大臣であること

の危険がわかる．だが，一局長がおかす危険もそれにおとらない．なぜならば，彼にもやはり追従する人があり，仲間があるからだ」(アラン『人間論』pp.174-175〔傍点引用者〕)
★069──アラン『イデー（哲学入門）』pp.165-166〔傍点引用者〕
★070──アラン『思索と行動のために』p.235〔傍点引用者〕
★071──同書，p.382〔傍点引用者〕
★072──R.デカルト『方法序説』p.71〔傍点引用者〕
★073──アラン『バルザック論』p.119〔傍点引用者〕

のである．

　上のような事柄を念頭に置いて，物事をきちんと名づけること，それこそアランが「定義」という営みの中で遂行しようとした事柄に私には思えます．

実際，大抵の誤謬は，単に次の点にのみ，すなわち我々が物を正しい名前で呼ばないという点にのみ存する．〔Et profecto plerique errores in hoc solo consistunt, quod scilicet nomina rebus non recte applicamus.〕★075

INTRÉPIDITÉ
豪勇 ─ これは勇気〔courage〕の一つの形態であり，意志によりも生まれつき〔nature〕に多くを負っている．それは恐怖〔peur〕を抱かないということであって，生命力と敏捷さと無経験とに同時に起因している．あるいは時として（大コンデ公がそうだが），それは，馬のように鞭打たれて駆り立てられる怒り〔colère〕である．

　このへんでもう一度確認しておきましょう．『定義集』は「辞書」ではありません．アランが普通の言葉をどのように自分としては理解し，さらにそれについて考えたかということの記録です．もちろん，言葉の意味について考えてみるときに辞書が有用なのは疑いえません．そこには通常その言葉で理解される一般的な意味が書いてあるわけですから．しかし，言葉を見事に使うということは〈辞書にあからさまに記されていること〉をただ組み合わせて語ったり，文章を作ることではおそらくないでしょう．単なる事務的な伝達〔communication〕文書ならいざしらず，何らかの創造〔creation〕的な活動としての執筆であるならば，そんな場面に留まるわけではなさそうです．例えば，〈文学する〉とか〈哲学する〉とかいった場面ではそれが典型的に現われると私は考えます．次の引用文もそのような場面に注目しているのでしょう．

　　ある言語で小説を書くということは，その言語が現在多くの人によって使われている姿をなるべく真似するということではない．同時代の人たちが美しいと信じている姿をなぞってみせるということでもない．むしろ，その言語の中に潜在しながらまだ誰も見たことのない姿を引き出して見せることの方が重要だろう．★076

文学を書くということは，いつも耳から入ってきている言葉をなんとなく繋ぎ合わせて繰り返すことの逆で，言語の可能性とぎりぎりまで向かい合うということだ．★077

　アランは，プロポ〔Propos〕という散文の文体を創り出し，「**哲学**（PHILOSOPHIE）」（▶p.587）を文学に，文学を哲学にしようとしたとも言えそうな人物です．こうした営みのためには，もちろん，〈普通はどのように語が使われているか〉を知悉する必要があり，そのためにこそ辞書は重要なのです．今回の定義に関連した部分を例の類語辞典から引いておくことにしましょう．ただ，その前に，intrépidité という言葉の成り立ちについて述べておいた方が良さそうです．まず，intrépidité の最初の in は否定の接頭辞で，それに，動詞で言えば trépider（小刻みに震える）という語がくっついたものの名詞形なのです．ですから，この intrépidité という言葉は，文字通りには，〈震えないこと〉という意味です．「**恐怖**（PEUR）」（▶p.582）を抱けば，普通，震えたりするわけですが，それがないという事態についての考察だということです．さて，それでは類語辞典を見てみましょう．

Intrépidité, courage passif, celui de l'homme qui ne tremble pas devant le danger ou la souffrance.★078

420

（豪勇——受動的な勇気．危険や苦痛を前にして動揺することのない人間のそれ．）

Intrépide, qui, devant un péril certain dont il a conscience, ne tremble pas, par fermeté d'âme.[*079]
（豪勇の——自分が意識しているある確実な脅威を前にして，心の強さゆえに，動じないこと．）

この前者，つまり名詞についての解説部分で，重要な単語が登場しているのが分かります．この類語辞典の編者 Henri Bénac が，passif という形容詞を「勇気〔courage〕」に付加して説明しているところです．「勇気（COURAGE）」（▶p.196）について「受動的」とか「能動的」とかいうことが語られるという事態について考えてみなければならないということです．この点についてアランのこの定義が語っているのが，「それは意志によりも生まれつき〔nature〕に多くを負っている」という部分であることは自明でしょう．人間は意志的に（つまりは能動的に）勇気を持つとか奮い起こすこともありうるけれども，生まれつき（つまり，放っておいてもそうなるという意味で受動的に）勇気を持つこともありうるというわけです．この豪勇の定義は，放っておいても勇気が現出している事態を述べているのでしょう．生まれつき〔nature〕とは，まさに自然〔nature〕なのであって，〈自然に〉そうなる類のことです．「恐いもの知らず」という言葉を思いだしてください．たいていは若者を念頭に置いて語られる言葉でしょう．それこそアランが定義の中で述べているように，「生命力と敏捷さと無経験」あってこその「恐いもの知らず」なのではないでしょうか？　生命力の強さも敏捷さも，ある程度は食物や鍛錬によって手に入れられる部分があるかも知れませんが，やはり生まれつきというものがある．また，無経験というのは，若いのならば，いかんともし

がたい．実際，定義の最後にあるコンデ公の例示は，具体的にはどのことを指すのか明確ではありませんが，やはり若さゆえの事柄を述べているように思われます．彼は，19歳で三十年戦争に従軍し，大活躍しています．[*080]　経験を積み，思慮深く，それでいて勇気があるというのではなさそうです．ですから，豪勇は天賦の才と言ってもいいかも知れませんが，あえて言えば，ほとんど身体的能力といったもののように私は思います．[*081]　そこで，今度は，身体的能力ではない勇気というものを考えてみましょう．言わば精神的能力です．それが〈食物や鍛錬〉とは別の〈経験〉によってある程度養われることもあるでしょう．しかし，私は，アランがこの定義のなかで「意志」に触れていることを重視したい．知性と区別してです．経験を積めば知識は増大するに違いありません．けれども，意志の方はどうでしょう？　放っておいても意志は発動するものでしょうか？　豪勇に関しては放っておいてもそうだという意味で，意志の関与は稀薄です．しかし，せっかくですから，豪勇という受動的な勇気ではない，能動的な勇気というものについて考えてみてもいいと思うのです．そして，こういう場面で，知性が意志の足を引っぱることがあるとまで私は指摘したいのです．例えば，考えすぎの人は勇気をもって進めないことが往々にしてある．前にも引用した，次のような事態です．

意志は，一貫した行動によってのみ証明されるものである．だから，まず意欲せねばならず，或る意味では，無償で意欲せねばならないのである．デカルトは「高邁に」と言った．これにまさる言葉はない．なんの証拠もなく，あらゆる証拠に反して意欲す

★074──アラン『芸術に関する101章』p.130〔傍点引用者〕
★075──スピノザ『エチカ——倫理学（上）』p.183
★076──多和田葉子『エクソフォニー——母語の外へ出る旅』p.9
★077──同書，p.178
★078──H. Bénac, *op.cit.*, p.198
★079──*Ibid.*, p.505

★080──ちなみに，ベトナム戦争の際のアメリカ軍の平均年齢は19歳でしたね．
★081──アニメで言えば，宮崎駿の『風の谷のナウシカ』のユパなんかを私なんぞは思い出すんですが……．
★082──『もののけ姫』の少女サンはその一例かな．

421

るのである．だが，訓練をうけた知性は証拠をさがし，意欲しうる確信がつくのを待ったりする．これは救いようがない．なぜならば，意欲することを意欲しない者には，〔不利な〕証拠はいくらでもあらわれるし，全力をあげて試みることをしない者には，試みはなんの役にもたたぬことがすぐ明らかになるからである．〔証拠に〕反対して意欲することがなければ，宿命論──その他なんと呼んでもよいが──は正しいのであり，また，反対して意欲するこの勇気こそ，羨望する人をいらだたせるものである．★083

上の引用を読んでドキッとしたり，「ああ，自分もそうだなあ」などと思った人は，ひょっとしたら，もう年老いたのかも知れませんね．いや，それは半分冗談．ここで考えてみるべきは，知性が訓練されたためにこそ意志できなくなっている事態における，まさに心〔心(CŒUR)〕（→p.176）の動きです．おそらく，そこには想像というものの働きがある．悪い結果を想像してしまうのです．上の引用で言えば，「〔不利な〕証拠」と，それに伴ういろいろな事態を想像してしまう．そこで無難な選択となる．例えば，就職活動を考えてみましょう．その時には，皆，リクルート・スーツを着たりするわけです．そうじゃないと変な目で人事担当者にみられそうだとか，想像するのです．SONYみたいに，リクルート・スーツは不要とか明確に示してくれないと不安で仕方がない．示してくれても〈本当かな？〉なんて思っちゃう．結果はどうでしょうか？　人事担当者からは，〈何だかどの学生も特徴がなくてねぇ……〉とか，〈質問してもマニュアルに書いてあるような型通りの答えばっかりなんだよねぇ……〉とか言われるばかりに終わることも多いんじゃないでしょうか？

〈豪勇という受動的な勇気もないけれど，ユパ様みたいに能動的に勇気を持つなんて，無理！〉という事態にあなたが陥りそうなら，この定義を機縁にそうした事柄について考えてみるのも，〈哲学する〉ことのひとつだと私なんぞは思います．就活だって哲学してごらんなさいよ．能動的に生きるとでもいう事態があなたを待っているかも知れませんよ．いや，待っているなんて受動的な表現かな．未来を創り出すには能動的に生きるしかないのではありませんか？

引用をいくつかプレゼントして終わりましょう．

> 私が行なうこと，自己に関するのはそれだけだ．だが，自分のうちにはなんにも残らない．習慣や才能だけを当てにするのは，他人を当てにすることにほかならぬ．自己のうちに残されるのは勇気だけである．だが，これをふるいたたせ維持することが必要だ．これを対象化し，これを愛そうとしたら最後，そんなものはなくなる．★084

> 自己の自由を自覚して何ものよりも強く，また，この自由の責任を担うこと，ここに勇気の源がある．★085

> 「あらゆる困難は，きみが勇気を欠くところから生まれてくる．」〔ラニョー〕★086

IVRESSE

酔うこと – 欲せられ，また求められた高ぶり〔emportement〕であり，それは自分を統御することから私たちを解き放つ．ワインに酔うこと，祭りに酔うこと，讃辞に酔うこと，欲望〔désir〕に酔うこと，快楽〔plaisir〕に酔うこと，冒瀆に酔うこと，残酷さに酔うこと，苦悩に酔うこと，などがある．けれども，それらすべての内には冒瀆に酔うことが含まれていると言っていいだろう．なぜなら，酔うことは，常に，尊ばれるべき部分を卑しいものとしてしまうことに関わるからである．どんな行為にもそれに応じた陶酔がある．

422

ダンスに酔うこと（くるくる踊り回るイスラムの僧たち）はよく知られている．殺害〔meurtre〕や残酷に酔うこと，怒り〔colère〕に酔うこと，一か八かすべてを賭けることに酔うこと，すべてを無謀にもやってみることに酔うこと，それらは人が自らに与える狂気の沙汰である．酔うことに酔うということがそれらすべての上にあって，それらすべてを説明してくれる．それは節度の無さ〔intempérance〕を讃えることである．

定義の最初の文にある「自分を統御することから私たちを解き放つ」というところが非常に重要だと思います．自分を統御することに疲れたり，飽きたりして，人はそこからの解放を「欲し」，「求める」というわけです．その行きつこうとしている状態が「**高ぶり（EMPORTEMENT）**」（→p.302）であることに注意してください．つまり，穏やかな状態ではなく，ある種の激しい状態だということです．その激しい状態に身を置いて，我を忘れることが一種の解放になる．しかし，アランはそうした解放をポジティヴには取ってなどいないでしょう．定義の最後に「節度の無さ〔intempérance〕を讃えること」と記して終わることでもそれはうかがえるはずです．

いろいろな酔うことが，列挙されていますよね．「ワインに酔うこと」から「苦悩に酔うこと」までが並べられていますが，「それらすべての内には冒瀆に酔うことが含まれている」として，それらを「冒瀆に酔うこと」に代表させているのはなぜでしょう？　アランはそれを，「尊ばれるべき部分を卑しいものとしてしまう」からというのです．それでは，定義のここまでの部分から，当の「尊ばれるべき部分」とは何かを考えてみましょう．これは「自分を統御すること」に他ならないと私は思います．次のような言葉を残しているのです．

　　自己自身にうち克つこと，そしてよく自己を統御すること，これが節制と，勇気と，叡智と，さらには正義との秘密である．
★087

プラトンは，真の不正は各人ひとりひとりの心のなかでの葛藤にあり，正義の第一歩は自分の感情を抑制し自分自身を統御することだと主張する．
★088

好い加減な思いつきを厳しく監視し，自己に誓いを立て，順序立てて行動をする自己統御こそが，あらゆる幸福の源泉であると共にその条件…〔後略〕
★089

では，その「尊ばれるべき部分」を「卑しいものとしてしまう」とはどういうことでしょうか？　「ダンスに酔うこと」を例に挙げて，「どんな行為にもそれに応じた陶酔がある」ということを述べる中に，その解釈の手がかりがあります．そもそもダンスとはどういうものでしょう？　アランは「舞踊〔ダンス〕とはいったい何か．これもまた情念の浄化である」と述べています．踊りは激しい動きを整えるのが本筋なのです．踊りが「**美しさ（BEAUTÉ）**」（→p.122）を体現する場面を考えてみてください．

踊りにおいては，反対に，想像力はこれに実在を与える唯一の対象，すなわち人間の身体の動きを見出す，ということを理解しよう．〔この動きは〕儚くも，また散漫でもなく，かえって，纏められ，規整され，形づけられており，これが感動を規整するのである．
★091

★083──アラン『人間論』p.244〔傍点引用者〕
★084──アラン『思索と行動のために』p.303
★085──アラン『裁かれた戦争』p.42
★086──アラン『わが思索のあと』p.167
★087──アラン『神々』p.190
★088──アラン『感情　情念　表徴』p.222
★089──アラン『裁かれた戦争』p.122
★090──アラン『芸術について』p.30
★091──アラン『思想と年齢』p.331

アランが「村の踊り」を例に挙げることが理解を助けるでしょう．

村の踊りは恋愛の儀式である．[★092]

〔踊りの〕こうした規則正しい動きがくり返されることで，愛は思考されるようになる．愛は保証を得て，口ごもらなくなるのです．[★093]

「くるくる踊り回るイスラムの僧たち」はダンスに酔っているわけですが，それはこの規整を離れて，ダンスが激しいものに変質してしまっているとアランは考えたいのでしょう．陶酔に入ってしまっている．まさに，トランス状態です．そこでは自己統御は消えている，自己意識は消えている．行動に熱中してしまって，思考そのものも，自己に対する自己の光（つまり自己意識）は消えてしまっているのです．[★094] 思考というこの〈高み〉が低くされてしまっている．全速力で走りながら，〈存在とは何か？〉を考えられると思いますか？ 身体の動きに完全に身を委ねてしまったとき，思考は消え，行動に没するのではありませんか？

感動〔émotion〕に身を任す者は，行動のうちに没する．情念に身を任す者は，感動のうちに没する．[★095]

ただし，この引用でアランが「感動」と書いているものは，これまでも何回も述べてきましたが，日本語で「感動した！」なんていうのと少しずれています．émotion は，むしろ「**情動（ÉMOTION）**」（▶p.299）と訳した方がいい言葉で，〈思考によって統御されていない身体の激しい動き〉といった感じです．「あらゆる感動を支配しているあの刺激と興奮の法則」という言葉もあります．[★096] 見事に思考を吹っ飛ばしてしまって，情動に身を委ねてしまっている状態こそ，「尊ばれるべき部分」を「卑しいものとしてしまう」ことではないでしょうか？

そこに現出するのは，「殺害〔meurtre〕」〔「**殺人（MEURTRE）**」（▶p.481）〕や「残酷に酔うこと」以下の酔うことだというわけです．それらは「人が自らに与える狂気の沙汰」なのです．理性が吹っ飛んでいるという意味での狂気の沙汰なわけです．そして，最後にこれらをまとめるのが，「酔うことに酔うということ」という言葉です．それはそうした酔うことを，規整すること自体を吹っ飛ばすわけです．「節度の無さ」を恥じることなど考えもせずに，それを讃えてしまうことがどんなに危険であるかを考えるべきでしょう．お酒を飲むのにも節度〔「**節制（TEMPÉRANCE）**」（▶p.796）〕が必要ですよね？ 深酒や一気飲みの「**愚かさ（SOTTISE）**」（▶p.766）は，まさに狂気の沙汰そのものなのです．

J

JALOUSIE
嫉妬 ― これは熱情〔zèle〕とほとんど同じ言葉である．そして嫉妬とは，まさしく，他の人々の完全さ〔perfection〕に対する慎みのない気がかり〔indiscret souci〕である．それで，嫉妬は〔初めは他の者に向かう気がかりであったにしても〕自然に〔その気がかりを抱いている当の〕悪い忠告者へと立ち返り，〔完全さに対する気がかりであったかに見えるのに〕逆に，当の〔完全性を持つ〕主が現に所持している偉大さ全体を破壊しようと躍起になる．それゆえ，堕落させる人は嫉妬にさいなまれている〔つまり自分からそれを抱いて苦しんでいる〕と言うのは適切ではないだろ

う．そうではなくて，堕落させる人は〔その人が抱くのが〕いかなる嫉妬であっても〔むしろ〕その〔嫉妬の方が狙ってくる〕恰好の対象なのである〔嫉妬が，あえていえば外から，その人に乗り移ってくる感じなのだ〕．〔その意味で〕嫉妬は〔情念が受動的であるまさにそのようなものとして〕熱情である．

　この熱情は主として恋される人物〔une personne aimée〕へと向けられる．なぜなら，恋〔amour〕がこの〔恋される〕人物を飾り立てることに専念するのは自然なことだし，その人物を偉大なものとする事柄を喜んで想像し，またその人物の価値を貶める事柄を恐れの念と共に想像するのも自然なことだからである．そしてその上，この熱情は，その人物の価値を貶める事柄が〔当の人物にとって〕外的で無縁である〔extérieur et étranger〕と自然に考えてしまう．そこから次のようなことになる．すなわち，恋される存在に，陶酔，お世辞〔flatterie〕，そして要するにあらゆる種類の愛撫や追従という下劣な諸手段で働きかけようとする〔その恋される存在には〕相応しくない人物を捜し，見つけ出し，あるいは少なくとも想定するに至る．嫉妬は，それゆえ，想像上で，不断に，自分が嫉妬を抱いている当の相手の価値を毀損し，そして貶めようとするのだが，逆に，嫉妬の念を抱きつつ守ろうとしている存在を飾りたて，偉大なものとしようと懸命になる．その結果，嫉妬はしばしば尊敬すべきもの，そして高邁なものでさえあるが，その代わりに，それは全く途方もない想像の戯れ〔jeux d'imagination〕に身を任すことになるのだ．

　最初に嫉妬は「熱情〔zèle〕とほとんど同じ言葉」だと断じています〔「熱意（ZÈLE）」（▶p.859）〕．これだけポンと言われても，狼狽えてしまいますよね．実際，この定義の第一段落の最後でもう一度その断言が下されるのですが，その説明はこの段落全体で語られているわけです．そうはいっても，実に凝縮された文章で書かれており，一筋縄ではいきません．そこで，私が，多くの訳者補足を挿入しました．当然，それには私なりの解釈が盛り込まれているわけで，みなさんには，再検討を願いたい．まあ，私の翻訳は，私の恩師の一人（故上妻精氏，ハイデガーやヘーゲルの研究者，東北大学名誉教授）の教えを念頭に置いています．彼が翻訳をするときの姿勢は，〈よく分からない部分について，逃げた曖昧な訳文にするより，自分としてはこう解釈するというのが見えるような誠実な翻訳をすべきだ〉というものでした．

　さらに本文を先に進めましょう．「嫉妬とは，まさしく，他の人々の完全さに対する慎みのない気がかりである」，とあります．嫉妬を抱く人は，他の人々が何らかの完全性〔perfection〕を，つまり見事なところを持っているということを知り，それが気がかり〔souci〕で仕方がないわけです．私が「慎みのない」と訳したのは，indiscretという原語です．神谷訳では「ぶしつけな」となっています．気がかりであるということは，なにかあるとすぐにその事柄へと思いが行くことでしょう．四六時中，注目しているわけです．嫉妬される方にとっては，〈いい加減にしてくれ〉と言いたくなるような，余計な注目です．ある人の見事なあり方に惹きつけられるのは，当然と言えば，当然です．迷惑な話です．慎んで欲しいと思うでしょう．

　けれども，嫉妬はその段階に留まりません．ここから，とんでもない方向へと動き出すのです．最初は，自分からその完全性を持つ人へとただただ気持ちが向かっていたわけですが，その気持ちがいつしか自分に跳ね返って，今度は，

★092──アラン『神々』p.134
★093──アラン『芸術についての二十講』p.28
★094──同書，p.120参照
★095──アラン『思想と年齢』p.384
★096──アラン『芸術についての二十講』p.85

その完全性を持っていない自分というものが見えてくる．そういう自分に苛立ちはじめるわけです．羨ましくなる．そうなると，次に，今度は，相手の完全性が気に入らなくなってくる．そういう完全性を持っていることが気にくわなくなるのです．そこで，相手の持つ完全性を破壊しようという悪魔的とでも言うべき思いが湧き起こってくる．アランが，事も無げに「悪い忠告者〔le mauvais conseiller〕」などという言葉を記すのは，このあたりの事情に関わります．分かりやすくするために引用をしておきましょう．要するに，羨む人は，羨む相手の完全性を本当は認めたくないかのようなのです．

　　羨望には体がある．力ばかりか，大きさもある．これは一個の狂信であり，熱烈な伝道でさえあろう．羨望は，いつわりの善ではなく，真の善にむけられている．すなわち，人は意欲しうると信ずること，これである．羨望する人は，人は勇気をもちうるということを理解せず，なんぴともけっして信念をもって働くべきでなく，満足すべきでないということを，自分自身にたいして証明すると同様に他人にたいしても証明しようとする人である．羨望のなかには恥辱がある．外面的な利益のまえでの愚かな驚きではない．むしろ，自己自身を信ずる人々，敢然として自己の本性を伸ばしてゆく人々にたいする憤激である．[★001]

　　羨望する人は，自己についても，また何ものについても，高い観念をもっていない．しかも自分では，それが正しい考え方だと思いこんでいる．ここから，順調な仕事を見たときの怒り，それこそ悪魔的な怒りが生ずる．[★002]

　　羨望する人は他人の苦しみを願い，他人の苦しみを喜ぶというのは本当である．だが，このとき彼はまじめなのだ．意欲するといこの愚かな勇気を彼が私から除こうとするのは，私のためを思ってのことなのだ．[★003]

　この「悪い忠告者」とは，〈相手を堕落させようとする人〉となってしまっている人物のことです．上の引用にもあったように，「まじめ」に，「〔相手のことを〕思って」，「正しい考え方」であると自分が信じているところの事柄を「証明（PREUVE）」(▶p.655)し，「伝道」しようとさえするのです．しかし，その実，それは「悪い忠告」なのです．〈そんな完全性は幻だから，棄てなさい〉と忠告するからです．ものが分かりきったような態度で，「理想（IDÉAL）」(▶p.402)を追う若者に向かって〈若いねぇ〉とか言いながら，〈世の中はそんなモンじゃないよ〉なんていう忠告を与えようとする大人を思い浮かべてください．そんな諦めきった「傲慢（ORGUEIL）」(▶p.516)な大人は，絶望を片手に，あなたの若さと，理想に燃える「エネルギー（ÉNERGIE）」(▶p.305)に嫉妬しているのかも知れませんよ．なぜなら「羨望はおそらく一種の絶望」であり，「不幸にして，絶望には確信が，つまりは強い確認が，ともなう」[★004]からです．そして，そこから出ようとはしない．[★005]

　　実は，治療を拒むことこそ唯一の悪なのである．そして，絶望のなかでのこの確信こそは，まことに傲慢というものであり，傲慢とは，だから，自分のことを実際以上に悪く考えることであろう．[★006]

　さて，「堕落させる人は嫉妬にさいなまれている」というのは不適切だとアランは書いています．なぜでしょうか？　この不適切さは，恐らく，当の「堕落させる人」を中心において考えることの不適切さでしょう．さいなまれていようがいまいが，この人は自分でそうしているのだと考えることの不適切さです．そうではなくて，「堕落させる人」は，もう自分自身に対する主導権（つまりは統御）を失い，言わば嫉妬そのものに操られている．受動的なのです．だからこ

そ私は，定義の第一段落の最後を，「〔その意味で〕嫉妬は〔情念が受動的であるままにそのようなものとして〕熱情である」というように，補足を挿入しながら，訳したのです．

　「情念〔PASSION〕」（►p.544）とは，la passion というフランス語の訳であり，これは，悲しみ〔「悲嘆（AFFLICTION〕」（►p.053）とか「怒り〔COLÈRE〕」（►p.180）とか「後悔〔REMORDS〕」（►p.687）とかが代表例と言えば分かりやすいかも知れませんが，自分から抱こうとするというよりは，ある出来事に遭遇して湧き起こってしまうような「心の受動」〔les passions de l'âme〕です．嫉妬も，もちろん，情念であるわけですね．ここでは，その激しさを強調してアランは「熱情〔zèle〕」と書いたのでしょう．

　では，次の段落にはどんなことを書いてあるのでしょう？　この熱情が「主として恋される人物〔une personne aimée〕へと向けられる」という言葉で始まります．嫉妬というのは，必ずしも恋の場面だけにあるとは限らないけれど，典型として恋という場面を挙げているのでしょう．恋している者は，恋する相手を言わばさらに理想化しようとする．「その人物を偉大なものとする事柄を喜んで想像し，またその人物の価値を貶める事柄を恐れの念と共に想像する」，それが自然だというのです．そしてその「価値を貶める事柄」の方を，当の相手から引き離そうとする．「外的で無縁である〔extérieur et étranger〕」と考えたくなる．悪いものはすべて相手の外にあると信じたい．だから，そういう外にある存在者としての悪い人物を「捜し，見つけ出し，あるいは少なくとも想定するに至る」．そいつのためにこそ自分は苦しい思いをしなければならないと考え，そいつを貶める．自分が恋する相手を守らんがためです．そこにはさらなる理想化の動きがあります．確かに，その理想化に身を委ねる限りでは，「尊敬すべきもの，そして高邁なものでさえある」けれども，まさにそれゆえにこそ，低きものによる汚れを常に警戒しなければならない．「全く途方もない想像の戯れ〔jeux d'imagination〕に身を任すこと」になってしまうのです．

JEU
遊び ── 継続性のない〔sans suite〕活動が遊びと呼ばれる．言い換えると，次に現われる事柄が〔その活動の〕始まりとは切り離されており，始まりを消し去るということを前提とするような活動のことを遊びというのである．もし子どもたちが木の枝で一つの家をつくり，それに家具を備え付け，それを修理するならば，それはもはや遊びではない．もしある子どもが商売をし，お金を貯めるとすれば，それはもはや遊びではない．お家ごっこやお店屋さんごっこで遊ぶのは，ある活動を真似ることであるが，その結果を保存することなどない．そして，そのことは，陣取り遊び[★007]や〔サッカーなどといった〕ボールを使う遊びにおいては明瞭に見て取れる．そこでは，新たな試合は，それに先立つ試合には依存しないという合意があるのだ．そしてこの性格がさらにもっとよく分かるのは組み合わせ遊び（チェス，トランプ）においてで，そこでは〔ひとゲーム終われば〕新規にやり直されるわけである．運頼みの勝負事においては，次の勝負は前の勝負には全然依存しない．

　遊びへと向かう情念〔passion〕は，期待〔espérance〕という情動〔émotion〕に対応している．期

★001──アラン『人間論』p.243〔傍点引用者〕
★002──同前〔傍点引用者〕
★003──同書，p.244〔傍点引用者〕
★004──アラン『感情 情念 表徴』p.164
★005──アラン『幸福論』p.98
★006──アラン『思想と年齢』p.35
★007──2チームで陣地を作り，相手を捕虜にする遊び．

427

待は最初は私たちのすべての企てに輝きを与えるけれども，やがて実際の仕事によって打ち砕かれていく．遊びはこうした実際の仕事を回避する一手段を提供するのだ．望むだけ頻繁に，全く新たな期待と，自分が〔その生じるか生じないかの〕主導権をもっているところの恐怖をよみがえらせることによってである．こうしたことをすることで，〔どんなことが起ころうとも〕自分は驚かないという思い上がり〔orgueil〕を人は自分に与えることになる．それゆえにこそ，この情念はどこか高貴なところを備えている．この情念は，労働という試練も持たず実際の企てにまつわる失望も伴わないで，意志する快楽〔plaisir〕を与えるのである．それゆえにまた，この情念は崇高な魂〔âmes〕を持つ人々にとっては危険なものなのである．

sans suite を，神谷訳も森訳も「脈絡」と関連づけて訳しています．もちろん，間違いではありません．けれども，この段落全体を見まわしてみれば分かるように，そこには，物事が始まり，そして終わり，また新たな物事が始まるときに，以前の物事は「消し去」られて，「新規にやり直される」ということが中心的な注目点であることが分かるはずです．だとすれば，そのことと関連の強い訳の方がいいのではないか？　そういうわけで，私は「継続性のない」と訳してみました．逆に言えば，〈継続的に改善される〉とかといった営みがある場合，それはむしろ仕事であって，遊びではない．それが，子どもたちが木の枝で家をつくるという例だし，商売をしてお金を貯めるという例です．そこには消し去りではなく，保存があるのです．それに対して，「お家ごっこ」や「お店屋さんごっこ」には，真似はあっても，保存がない．こういう視点から，遊びを定義していくわけです．「陣取り遊び」も〈ボールを使う試合〉も，「新たな試合は，それに先立つ試合には依存しない」のです．もっとそれがはっきり分かるのが，いわゆるボード・ゲームなどだろうというわけ．また，最後に述べられる「運頼みの勝負事」は，例えば，スロット・マシンとか競馬とかなんかを考えれば分かりやすいでしょう．それらは賭け事という勝負ですが，やはり競馬の騎手や厩舎周辺の人々ではなくて，それに賭ける者たちにとっては遊びであって，仕事ではない．

では，なぜ，人々はこういう遊びに興じるのでしょうか？　それは，まさに仕事〔travail〕ではないからなのです．そのことを第二段落は語り始めます．例えば，みなさんも大学に入学して，「期待(ESPOIR)」(▶p.320)に満ちた思いを抱いていた人も多いでしょう．そのとき，ある種の輝きをもって日々が始まったはずです．ところが実際に講義が始まると，単位の修得のためには，外国語の文法を憶えなければならないとか，線形数学の証明問題をやらなければならないとかといった実際の仕事，場合によればかなりの労苦を伴う仕事をしなければならない．それらの仕事によって期待と輝きは打ち砕かれていく．〈あの希望に満ちた思いは何だったのか？〉という話にもなりかねない．就職も同じ，結婚も同じ，出産も同じ……．そこで，もし，この期待と輝きだけを手に入れられたら，どんなにハッピーかと思ったりするのです．遊びというものは，その手段を，すなわち「実際の仕事を回避する一手段」を，提供するのです．ゲームが分かりやすいでしょうが，勝ち負けなどが決まってしまったら，新たにもうひとゲーム始めればいいのですから，期待，ときめき，輝きを，「望むだけ頻繁に」やり直すことができるのです．ちょっとした「恐怖(PEUR)」(▶p.582)も実際の仕事における「恐怖」ほど深刻ではないようなものが多く，それを自分の主導権のもとによみがえらせることができるならば，ちょっとぴりっとした味付けみたいになるわけですね．こうして，自分は，いろいろな試みを自由に何回もでき，「恐怖」をまでも制御できるかのように思い込む

428

ことで一種の全能感を抱くようになり，「何ものにも驚かず」（Nil admirari）といったストア派の境地に達したかのように錯覚する．確かに，本当にそういう境地に達したなら大したものです．それゆえ，それに似た感じを抱かせる限りは「どこか高貴なところを備えている」のです．しかし，だからこそ危ない．本当に「崇高な魂を持つ人々」，いや，そういう境地を求め続けているという意味で崇高な人々には，似て非なるものを味わわせるという意味で危険なのです．

JUSTICE
正義 ― 正義とは，〔動物が獲物に飛びかかるような〕粗暴な部分・〔若気の至りなどで制御を知らない〕貪欲な部分・〔ひたすら富を得ようとするような〕強欲な部分・〔盗んでまでも手に入れようとする〕物盗りの部分に対して，理性的な部分によって打ち立てられた力〔puissance〕である．そしてそれは，君のものだ僕のものだという〔所有の〕諸問題を，裁定者として，あるいは裁定者によって解決することへと導く．

粗暴部分は極めて術策に富み，それでまず以て判断を惑わしてしまうので，正義は，それと反対の術策ないし予防策を介してしか，保たれえない．その主要なものは契約であり，強欲さがまだその諸対象を目の前にしていない時〔temps〕に締結されるものである．二人の相続人の間の分割相続の契約を，誰かが発明した．すなわち「君は分割をして，僕が選ぶか，あるいは僕が分割して，君が選ぶ」というものである．このことは，他にもいろいろ術策がありうることを示唆している．どんな契約〔内容〕であっても，正義の規則は平等〔égalité〕というものである．言い換えれば，どんな交換，分割あるいは支払いにおいても，私は自分の知っているすべてを携えて相手の立場になってみなければならないということであり，そしてその取り決めが相手に気に入るかどうかを問わなければならないということである．

他者に対するこの大いなる配慮，それは正義の基礎であり，次のことに帰着する．すなわち，同類〔つまり人間〕は常に目的として遇されなければならず，決して手段として取り扱われてはならないということである（カント）．例えば，賃金，それはそれを受け取る人に人間的な生活を可能にするかどうかの吟味を必要とする．敬虔な家政婦，彼女には礼拝に参列したり福音書を読んだりする時間が残っているかどうか，問わなければならない．その家政婦の子どもたちのことを考えなければならない．これらの例から分かるだろうことは，人は仲介者たち（仲買人，経理係，デパート）を無しで済ませるに応じて，正義を実行するより多くの手段を持つということである．

アランは正義というものを，人間には部分があると言いながら説明しています．これはプラトンのやり方を踏襲していると言っていいでしょう．まずそのへんの議論のための補足を引用しておきます．

同じ袋に縫いあわされた賢者とライオンと百頭のヒドラ，これが人間である，とプラトンは言う．

ちょっと分かりにくいかも知れませんが，賢者とは理知的な部分つまり知恵〔「知恵（SAGESSE）」（►p.721）〕の部分，ライオンとは気概の部分つまり勇気〔「勇気（COURAGE）」（►p.196）〕ないし名誉の部

★008――アラン『人間論』p.24

分，そして百頭のヒドラとは欲望的な部分のことです．普通の（というか近代以降の）人間理解は，一方に「欲望（DÉSIR）」（▶p.223）を置き，もう一方にそれを規整する理性を置くものです．実際，アランは次のように書いているのです．

> 近代の分析は一般にあの第三の項すなわち気概〔la colère〕を忘れて，人間をただ欲望と理性だけで組み立てることに努めている．それは名誉を忘れることであり，愛と戦いの双子の戯れを忘れることである．★010

確かにアランも，この「正義」の定義においてはあからさまに「気概〔colère〕」〔「怒り（COLÈRE）」（▶p.180）〕の話はしません．けれども，プラトンがその著書『国家』の中で，国家の構成員を統治者たち（理想的には，哲人王）と軍人と一般民衆とに分けたことを知っている人もいるでしょう．それは人間の「魂（ÂME）」（▶p.069）の三つの部分の説に対応するものです．次のような考えです．

魂の三区分
1．人間がそれによって物を学ぶところの部分→〈学びを愛する部分〉，〈知を愛する部分〉
2．それによって気概にかられるところの部分→〈勝利を愛する部分〉，〈名誉を愛する部分〉
3．〈欲望的部分〉　→　〈金銭を愛する部分〉，〈利得を愛する部分〉★011

ではなぜ，この定義では，気概の部分の話はしないのでしょう？　それは，第一段落を読めば分かりますね．そこでは，まさに「理性的な部分」が「欲望的部分」に対して打ち立てる力〔権力，puissance〕が問題だからです．しかもそこでの主題は所有に関わりを持つものとしての「裁定」に現われる「正義」というものでした．

第二段落では，まず，人間の欲望的部分は，いろいろな手管を使って「判断を惑わす」と言っ

ています．第一段落の冒頭で私が訳者補足として挿入した部分をみてください．これもまたフランス語の類語辞典を調べながら挿入したものなのですが，〈動物が獲物に飛びかかるような〉とか〈若気の至りなどで制御を知らない〉とか〈ひたすら富を得ようとするような〉とか〈盗んでまでも手に入れようとする〉とかは，すべて，対応する rapace, avide, cupide そして voleuse という語に含まれているニュアンスです．そこには理知的な判断といったものからは遠いというか，そんなものを無視するような意味合いがあることがわかるはずです．人間は自分の中にあるそういう欲望的な部分に引きずられて判断を誤ることがあるというわけです．だからこそ，いろいろな術策が必要となり，その最たるものが「契約」だというのです．

そして契約において，その内容ではなく，守らなければならない姿勢（つまり規則）というものがあり，それは「平等（ÉGALITÉ）」（▶p.280）だという．この「平等」の内実は，自分の知っていることを相手に教えずにいることなしに，つまり相手がこの契約に関するすべてを知った上で，相手の立場に自分がもし立ってもその取り決めを気に入るかどうかを考える，ということです．次のようにもアランは書いています．★012

> 正義とは平等である．…〔中略〕…強者と弱者，あるいは知識ある者と無知なる者とのあいだに，どんなものにせよ正しい交換がやがてうち立てる関係のこと…〔後略〕★013

> 正義は，われわれと他人とのあいだに自由で率直な同意が行なわれる関係の存在を確実に想定しているということを，心にとめておこう．★014

それが，どの程度，実際にできるかというと，それは相当の努力を必要とするものでしょうが，とにかく，そういう「他者に対する大いなる配慮」があってこそ，正義は成り立つとアランは

いうのです．「正義」を求めようとするなら，そういう姿勢を身につけようと努力しなければならないんじゃないかというわけです．カントが定言命法，つまり「良心」が語りかける道徳法則のひとつとして『道徳形而上学の基礎づけ』で次のように書いていることにアランも触れています．

> 汝の人格およびあらゆる他人の人格における人間性を，常に同時に目的として取り扱い，決して単に手段としてのみ取り扱わないように行為せよ．(Handle so, daß du die Menschheit sowohl in deiner Person, als in der Person eines jeden andern jederzeit zugleich als Zweck, niemals bloß als Mittel brauchest.) [★015]

こう書いた後に続く，賃金の例，家政婦の時間の例などはわかりやすいでしょう．そして最後に，そうした例から，仲介者を無くした方が，「正義を実行するより多くの手段を持つ」という指摘は興味深いものです．何でもカネで解決しようとすると，おそらく，「正義」は萎んでいくとでも言いたげなのです．確かに仲買人や商社などが入らないと手に入れられないものがあるでしょうから，仲介者が入れば，便利です．でもそうした仲介者が多いと，「他者に対する大いなる配慮」は疎かになるのではないかとアランは考えているようです．なぜでしょう？ それは，おそらく，「正義」というものが，放っておいてもどこかにあるものではなく，不断に一人一人が創りあげていかなければならないからなのです．

私は正義を，なにか受け入れねばならぬ存在とは考えないようにしよう．なぜなら正義とは，なんら外からの援助を借りずに，ただ自分だけで，まるで知らない，見たためしもない人のことを考えて，つくったりつくり直したりされなければならないものだからだ．[★016]

プラトンは，真の不正は各人ひとりひとりの心のなかでの葛藤にあり，正義の第一歩は自分の感情を抑制し自分自身を統御することだと主張する．[★017]

では，正義についてはこれですべてでしょうか？ おそらく，そうではない．それは〈夫婦に特有な内面的な正義〉というものがありそうだからです．交換の正義ではない正義が．

> 夫婦に特有であり，彼らにとって内面的な正義 ——呼びこたえる愛情から生まれ，機能と相違に基礎をもった正義，要するに，哲学者の言葉によれば，貴族政治的な正義にくらべれば，商人の正義はじつに粗末なものである．そして，立法者の薬は，食物とくらべた場合の医者の薬に似ている．…〔中略〕…薬は病人にはよいが，人が生き，人が喜ぶのは，食物によるのである．[★018]

みなさんはどう思いますか？

★009——実際には，次のように説明されています．
「物語に出てくるような，大昔の怪物のどれか一つを思い浮かべてくれたまえ」とぼく〔ソクラテス〕は言った，「キマイラとか，スキュラとか，ケルベロスとかいったようなね．そしてまだほかにも，いくつかの動物の姿が結びついて一つになっている怪物が，たくさんいたと言われている」
「たしかにそう言われていますね」と彼〔グラウコン〕は答えた．
「それではまず，複雑で多頭の動物の姿を一つ形づくってくれたまえ，まわりにつけたいくつもの頭には，穏やかな動物の頭もあれば猛々（たけだけ）しい獣の頭もあり，しかもそれらすべてを変化させたり，自分の中から生やしたりすることのできる怪物の姿をね」（プラトン『国家』588C, p.679）
★010——アラン『イデー（哲学入門）』p.99
★011——プラトン『国家』580D-581A, pp.654-655〔ただし，引用者が要約・整理して提示した〕
★012——近代経済学を勉強したことがある人には，市場における売買に関わる「完全情報」の仮定とでも言っておけば分かりやすいでしょう．もっともそれが，実を言うと，かなり非現実的な仮定なんですが……．
★013——アラン『思索と行動のために』p.349
★014——同書, p.347
★015——I. Kant, *Grundlegung zur Metaphysik der Sitten*, S.429, 10–12
★016——アラン『思索と行動のために』p.345
★017——アラン『感情 情念 表徴』p.222
★018——アラン『人間論』p.62

431

L

LÂCHETÉ
卑怯 – これは，恐れ〔peur〕に対する恐れに基づいて，そしてこの〔恐れという〕情緒〔affection〕が引き起こすすべての予見に基づいて，恐れを展開させてしまうような情念〔passion〕である．危惧〔crainte〕はすでに恐れより理性的である．ただ単に可能であるいろいろな恐れとか，それらの原因とか，そこに見出しうる解決策を取り集めているという点においてである．しかし，卑怯というものは，危惧を体系へと発展させる．自分に対する深い軽蔑〔mépris〕と全面的な宿命論〔fatalisme〕によってである．したがって卑怯はほとんど全く想像によるものであって，自ら好んで自分を辱める．卑怯の特色の一つは，うまくいかないに決まっているとあらかじめ確信するところにある．この確実性は自分に対する危惧の極みである．だからそれは，卑怯そのものと同じ徴によって知られる．

「恐れに対する恐れ」〔la peur de la peur〕とは何でしょう？〈恐れることを恐れる〉とでもいうことです．〈自分が怖がること自体を，恐れる〉，とでも言い換えておきましょうか．当然，以前に怖かったことがあったからこそ，何らかの失敗を経験したからこそ，そうなるわけですね．もちろん，「恐れ」〔「恐怖(PEUR)」〕（▶p.582）もまた「情念(PASSION)」（▶p.544）ないし「情緒〔affection〕」〔「情感(AFFECTION)」〕（▶p.051）であり，心を無理矢理引きずっていくような身体の混乱（これを「情動(ÉMOTION)」（▶p.299）と言いましたよね）を前提としています．「恐れに対する恐れ」というのは，そうした身体の混乱に陥ることで生じる「恐れ」という情念そのものを，恐れるのです．「恐れ」という情念に引きずられるのを恐れる．「恐れ」を避けたいのです．避けたいですが，それを見事にできなくなってしまう場合はいくらでもある．当の「恐れ」そのものが情念であり，〈引きずられる〉のを恐れる限りは，「恐れ」という情念に取り込まれていることは確かなのです．引きずられまいとして，かえって引きずられる．そんなことは，心配とか不安とかいうことを考えれば，すぐ分かるはずです．

私たちはときに心配事を忘れようと努めるものだが，これではかえってそのことを考えてしまう．[001]

不安と心配とを生理学的に，しかも立ち入って研究してみれば，これらがほかの病気につけ加わってそれを昂進（こうしん）させる病気であることがわかろう．したがって，自分が病気であることを知り，それもまず医師の御神託によって知る人は，病気は二重なわけだ．[002]

絶えざる心配がどういう結果をひきおこすか，考えてみるがいい．恐怖心の働きが自然に病気を重くすることに思い至らない限り，用心深さに対して用心深くなれはしないものである．[003]

心配事のあるときは，理屈を考えようとしない方がいい．理屈はあなた自身に鉾先（ほこさき）を向けることになるだろうから．[004]

「恐れ」に関連するいろいろな事態を予見するために，そちらへとむしろ注目がいってしまう．

432

用心深くあろうとするためにこそ予見をするのですが、そのためにかえってその恐れという情念にはまっていく場合がある．そして、そのはまっていくという事態を、どこか外からとでも言うべきところから眺める（観想する、理論化するとでも言い換えられそうです）ようにして、それこそ「体系」として発展させてしまうのが卑怯というものなのです．

　こういう道筋に関して確認しておく必要がありそうなのが、「恐れ」〔peur〕と「危惧」〔crainte〕との区別です．「恐れ」というのは、「かなり強く、とても主観的な、激しい情動的な状態〔état émotif〕」[005]ですが、「危惧」というのは、「何らかの危険とかやってきそうな何らかの悪についての思い〔idée, 観念, 考え〕」[006]です．「恐れ」は、まさに「情動的な状態」であって、情動というものの中に入り込んでしまっています．けれども、「危惧」はそれを考える余裕を少し持っている．「情動的な状態」からは、たとえ一歩ではあるにしろ身を引いているのです．いろいろな恐れが、現実的なものではなく（つまりそこに取り込まれているのではなく）「ただ単に可能」という状態にあり、その原因とか解決策へと目を向けることができている．その意味では、確かに、「理性的」なのです．

　では、その場合、「理性」は見事に使われているでしょうか？　どうも、そうではない．ある種の（理論）体系を構築するほどにまで頭を使うのに、それにもかかわらず、十分に理性的ではない．「自分に対する深い軽蔑〔mépris〕」「軽蔑〔MÉPRIS〕」（→p.474）と「全面的な宿命論〔fatalisme〕」〔宿命論〔FATALISME〕〕（→p.342）というものがそこにはあるからです．「自分に対する軽蔑」？　自己嫌悪でしょうか？　そうかもしれない．けれども、アランはそれに「全面的な宿命論」を続けている．それについて考えてみることも必要でしょう．自分を軽蔑しているからこそ、つまり自分を大事にはしていないからこそ、自分になんか「価値〔VALEUR〕」（→p.841）がほとんど無いという理論を創りあげてしまう（「自分を辱める」）のではないかと、私は考えます．そんなものを形づくってしまうようでは、ダメだとアランは言いたいのでしょう．なぜか？　それは、次のひとことに現われているように私は思います．

　　宿命論は、私たちの心の罪を許す抽象的な
　　理論なのである．[007]

　「心の罪」とアランは書いています．何でしょう？　それは、全力を以て生きようとしない「怠惰」かも知れない．その怠惰を正当化しようという抽象的な理論が宿命論なのかも知れない．〈どんなに努力したって、どうなるかは決まっているのさ〉というわけ．しかし、そんな理論を立ててしまうこと自体が、理性というよりも想像力に突き動かされているのであって、合理的に意志発動というものができないからではないでしょうか？　人事を尽くして天命を待つということができない．自分を信じていない（「自分に対する深い軽蔑」）ために、人事を尽くさないでいいという理論（「全面的な宿命論」）を立ててしまうからです．

　こうして、卑怯というものは壮大な理論体系を形づくる．努力したって「うまくいかないに決まっているとあらかじめ確信」させる理論を創る．この確実性が「危惧の極み」であるのは、事態から身を引いて考え込むこと（理論化とは、まさにこのことでしょう）の極みだからです．だからこそ、最後で、この確実性は「卑怯そのものと同じ徴によって知られる」と記されるのであり、まさに同じ徴〔les mêmes signes〕とは、行動を起こさないことに伴って卑怯な人間の振舞いに付随する種々の徴なのです．言い訳、卑屈な笑

★001──アラン『人間論』p.32
★002──アラン『幸福論』p.29〔傍点引用者〕
★003──同書, pp.29-30〔傍点引用者〕
★004──同書, p.59〔傍点引用者〕
★005──H. Bénac, *op.cit.*, p.696〔傍点引用者〕
★006──*Ibid.*, p.202〔傍点引用者〕
★007──アラン『人間論』p.248

433

い，諦め……．いろいろ考えられるはずですね．確実性をもつと信じられた理論がそういうものを後押ししているのです．

LAIDEUR

醜さ – 芸術というものは，時として，醜い形などというものは全然存在しないということを，そして醜いものとは形の或る歪みだということを，理解させてくれる．この意味で，美しい顔立ちこそが醜くなりうるのであって，反対に，心地よさなどまず感じられず，ほとんど醜悪でさえある形であろうと，それ自身が均整をとること〔équilibre〕によって立派になりうる．そういうわけなので，彫像はモデルがどうであろうと美しくなりうるし，モデルがどうであろうと醜くなりうるのである．美しい顔立ちの上に浮かんだバカ笑いを思い描いてみたまえ．それ以上に醜いものは無い．それゆえに，母親が，癇癪を起こしている子どもに「やだやだ，なんて醜い顔をしているんだろうねぇ！」と言うのは全然間違っていない．そして，醜さというもの，それは顔の上に描き出された愚かさ〔sottise〕であり，激昂〔fureur〕であり，慎みの無さであり，不正である．

この定義は，まずもって顔における醜さについて語っています．醜い行為とか，醜い考えとかいった事柄を考えることはもちろん可能なわけですが，顔についてのこの記述からそうしたものへと考えを進めるのはさほど難しくなさそうな気がします．自分でやってみてください．なにはともあれ，定義を追ってみましょう．

形〔forme〕の話から定義は始まっています．醜い形というものが全然無いとか，「醜いものとは形の或る歪み」とかいうわけですから，「形」というものを，何らかの「完全性」というか，「高み」というものとしてアランは理解していると私は思うのです．ただし，そうしたものは放っておいても存在し続けるものではありません．哲学的なタームを使うなら「現動」〔actus〕なのですが，意志によって成立させ続けなければなくなってしまうものなのです．ちょうど，意志によって見事に身体全体を統御しなければ，歌手が美しいピアニッシモの音を成立させ続けることができないように．

完全性は，どんな種類のものでも，つねにつくるべきものであり，まさに行為のなかにある．[★008]

音楽は，声楽でさえも，意志によってのみささえられているのである．[★009]

音楽的な音とは，制御された叫びです．何のことでしょう？　その叫びが自分自身を模倣し，自分自身に聴き入り，自分自身を存続させるような，そういう叫びのことです．体全体を制御しないかぎりそんなことはできません．あらゆる痙攣，あらゆる怯え，あらゆるのどの詰まりは，音をただの雑音に戻してしまいます．だから音楽とは，その根源において人間の体の統率をあらわすはずであり，まさにあらゆる情念の純化もしくは浄化をあらわすはずです．[★010]

デカルトは，物体や自分の身体の存在をまで疑いつつ「私は存在する」といい，どの限りかと問うて，「私が思惟する限り」と答えるのでした．思惟という現に働いているということが無ければ存在してなどいないというわけです．

私はある，私は存在する，これは確実である．それはしかし，いかなるかぎりにおいてであるか．思うに，私が思惟しているかぎりにおいてである．というのも，私が一切の思惟を止めるとしたならば，おそらく

また，その場で私はそっくりあることを罷める，ということにもなりかねないであろうから[011]。(Ego sum, ego existo ; certum est. Quandiu autem? Nempe quandiu cogito ; nam forte etiam fieri posset, si cessarem ab omni cogitatione, ut illico totus esse desinerem.)[012]

さて，「形」というのは，プラトンの著作にも登場し，またアリストテレス哲学の中心的なタームとなる「形相」(εἶδος)であり，まさにプラトンで言えばイデア的なものとしてあるのです。次に掲げる引用は「形」を「形式」と訳していますが，同じことで，ただ，くどいようですが，当の「形」は動いていることにおいて成立するといったものなのです。ちょうど，独楽が見事に回っているときは止まって一つの形に見えるように，です。それが，次の引用における「一つの美」でしょう。

　　美しい形式とか，醜い形式とか，いったものは，存在しはしない。ただ，あらゆる形式について，一つの美が存在するだけである[013]。

動きが乱れ，そういう美しい形から転げ落ちれば，「美しい顔立ちこそが醜くなりうる」のだし，逆に，その「一つの美」〔「美(BEAU)」(►p.120)〕に近づけば，「心地よさなどまず感じられず，ほとんど醜悪でさえある形であろうと，…〔中略〕…立派になりうる」のです。「それ自身が均整をとることによって」です。しかし，均整とは何でしょうか？　均整とここに訳したのはéquilibre というフランス語です。事物が〈休らっている(se tenir en repos)〉状態です[014]。止まっているのではありません。繰り返しますが，見事に動きつつ，休らっている状態なのです。ですから，当の動きが何らかの圧力などに屈して歪んでいては，均整が取れているとは言えません。例えば，心〔「心(CŒUR)」(►p.176)〕が何らかの圧力に屈してよろめいているとき，均整は崩れるでしょう。次の例は，そのことを考えるのに適切です。

　　美しい顔とは，ものを忘れうる，また自分を忘れうる力強さの証拠のようなものである。いやしくも，美しい顔といわれるもので，そこに偏見の皆無，あらゆるものに対するまた自分に対する許し，どんな役割をも演じようとしないところに由来するいつも若いあの若々しさ，を読みとりえないようなものが一つでも挙げられるだろうか，疑わしい[015]。

失敗だのを忘れられずに「後悔(REMORDS)」(►p.687)にさいなまれている者の顔は美しいでしょうか？　自己嫌悪に陥っている者の顔は美しいでしょうか？　偏見に凝り固まって人を見ている者の顔は美しいでしょうか？　自分を許せないと思って絶望している者の顔は美しいでしょうか？　〈これが自分の役割だ！〉と，ある言動についての問い直しもなく他人に何ごとかを押しつけてくる者の顔は美しいでしょうか？　そのとき表情は，若々しさを失い，そういった圧力によって年老いるのではないでしょうか？

泣きじゃくっている者の顔は美しくはないかも知れないけれども，悲しみを抑えつつ，それでも一粒の「涙(LARMES)」(►p.436)が流れ落ちるときは美しささえ現出する。「微笑は笑いの完成である[016]」と思えるのもまた同じです。それは意志によって支えられているのです。

微笑は意志の最高の徴しであり，すでに言われているように理性の真骨頂だ，とさえ

★008――アラン『イデー(哲学入門)』p.247
★009――アラン『幸福論』p.115
★010――アラン『芸術についての二十講』p.26
★011――R. デカルト『省察』(『デカルト著作集 2』) pp.40-41
★012――R. Descartes , Œuvres de Descartes, publiées par Charles Adam et Paul Tannery, Vrin, 1973, VII, p.27
★013――アラン『芸術に関する101章』p.136
★014――H. Bénac, op.cit., p.337
★015――アラン『諸芸術の体系』p.96
★016――アラン『思索と行動のために』p.332

435

私は言いたい.[*017]

そういった後悔や自己嫌悪や偏見や絶望や役割といった種々のものを味わっていることを十分に知りながらも、それらを棄てるのではなく整えることによって、それらを浄化するというか、超え出ていけるとき、人の表情・姿形は美しくなるのではないでしょうか？　それも、決して忘れてはならないのは、誰もがそうなりうるということなのです.

彫像作者にとってのモデルはギリシャの彫像ではない、それは人間である。ギリシャの競技者は一つの完全な解決だが、しかし人間の数だけ多くの解決があるに違いない。もう一度ゲーテを引用しなければならない。「すべての人間はその場所において永遠である」と。よろしいか、すべての人間は、だ。もしも諸君が本質を見いだすならば、もしも諸君が人間をまっすぐに立たせるものを見いだすならば、決して醜いものはない。[*018]

実際、アランは定義の続きで「彫像」に触れ、こういうことを強調するかのように、「モデルがどうであろうと〔quel que soit le modèle〕」という言葉を二回繰り返して書いているのです.

さて、お分かりのように、醜くなるというのは上に述べたような均衡を崩すことなわけです.「美しい顔立ちの上に浮かんだバカ笑い」。そんなものを、私などは、電車の中で学生に見て取ることがあります。人目を気にせず大声でしゃべりながら、バカみたいに大きな口を開けて笑っている若い人たちを観ると、何だか悲しくなりさえします。自己統御の欠片も無さそうだからです。まるで子どものようです。アランがすぐ後で「癲癇を起こしている子供」の例を出しますが、ああいう学生たちはきっと癲癇を起こしたらまるで子どものようになるんじゃないか、なんてあらぬ想像までしてしまいます。実際、私の想像を後押しするかのように、アランは「醜さというもの、それは顔の上に描き出された愚かさ〔sottise〕であり」〔「愚かさ〔SOTTISE〕」（▶p.766）〕、「激昂であり」〔「激昂〔FUREUR〕」（▶p.383）〕、「慎みの無さであり、不正である」と書いて定義を締めくくるのでした.

LARMES
涙 － 情動〔émotions〕というもの（特に驚き）の一つの法則は、血液が内臓の深みに逃げ込むことである。それは、筋肉の収縮の結果であったり、また自然な反射〔réflexe〕によったりする（例えば寒さの中で）。後者では血液が体表からひくのである。どんな情動も、それゆえ、内臓（脳、肺、腸）の鬱血によってひどくなる。涙は血液の液体的部分の自然的な瀉血であって、それは〔さきほど述べたのとは別の〕もう一つの反射によって、危険なまでに高まった圧力を改善する。それにまた、驚きに属するすべての情動（喜び、崇高〔sublime〕）は、こうして、涙の（そしてすべての分泌物の）排出によって和らぐ。涙は、それゆえ、情動の徴というよりも回復の徴である。

「情動〔ÉMOTION〕」（▶p.299）というものは身体の激しい混乱といったものでした。人は驚いたとき、それこそ「ドキッ」とするという表現から連想される心臓の動きの激しさ、鳥肌が立つような体表の変化、筋肉のこわばりといった種々のものを経験するでしょう。原因にもいろいろありえますが、アランは、そこにおいて生じる事態を、「情動というもの（特に驚き）の一つの法則は、血液が内臓の深みに逃げ込むことである」と簡潔に表現しています。例えば、道で急に車が目の前に飛び出してきたときなどを思い描いてみればわかるはずですし、極寒の冬の日に外に出た

ときのことを考えてもわかるでしょう．いずれにしても，一瞬，血の気が引くような感じがしたりするわけです．もちろん，その血が消えてなくなってしまうわけではないのですから，どこかに行きます．それが「内臓の深み」に，とアランが指摘するところでした．そこに血は溜まることになります．鬱血です．集まってくるわけですから圧力が高まります．その圧力に応じて成立する身体の状態は，決して穏やかなものではないはずですし，それに影響を受けないはずもない心の状態もまた「**情念**（PASSION）」（▶p.544）と呼ぶしかない状態です．例えば，前にも出した例ですが，誰か知人が前を歩いているときに，あなたが後ろから近づいて，少々きつめに肩や背中をたたきながら挨拶をしたとします．相手はビックリした顔をしつつ振り返るはずです．その顔は決して笑っていない．むしろ「**怒り**（COLÈRE）」（▶p.180）に近い顔をしているのではないでしょうか．この場合，驚きという情動から怒りという情念へは，ほんの一歩なのです．驚きは，ある種の恐れに直結し，それは怒りを引き起こしたりするからです．「人が恐怖をいだくときには，怒りから遠くはない[019]」のです．

さて，情動という身体の混乱状態，そしてそれに応じた情念という心の状態は，そのままでは嵩じるだけなのです．もちろん，時間がそれを解決することもあるでしょう．疲れるわけですから．けれども，その圧迫があまりに激しい場合，身体はそれなりに防御作用を発動する．「もうひとつの反射」とアランが呼んでいるものです．「自然的な瀉血」と言っているものです．

　　涙は，鼻腔を中心とした緩衝組織に結びついた一種の自然の瀉血と考えることができる．[020]

「瀉血」については知らない人が多いでしょう．昔は，血が滞り，その鬱血によって身体の健康状態が損なわれた場合に，メスで傷をつけてあえて出血させるということをしたのです．それが瀉血です．身体は，それに似たことを自然に行なうというわけです．それが涙だというのです．ですから，瀉血が健康を取り戻そうという人為的な作業だったのと同じように，「自然的な瀉血」であるところの涙も，情動の緩和をもたらすというのです．涙は，それが出はじめることによって，情動の回復が始まったことを示すというのがまとめです．迷子になった子どもが，一生懸命に涙をこらえていたのに，親の顔が見えた途端に泣き出すというシーンを観たことがある人もいるでしょう．ホッとして解放が始まったことをそれは如実に表わしています．あるいは，大事な人を失って送りだす儀式がまさに終わろうとする瞬間に，涙がこぼれ落ちるという場面に立ち会った人もいるのではないでしょうか？

　　涙は気高さの̇し̇る̇し̇であって，この自然な出血は，どれほどの血の圧迫，どれほどの血の脅迫があったかを如実に示しています．[021]

こうした涙の話と音楽の話とを結びつけることもできます．

　　音楽は常にわれわれを救い，われわれを高めるのでなければならない．音楽は情念を掻き立てるといわしめるのはこのことである．ただあらゆる情念はみずからの作用で激化するものだが，音楽がそこからわれわれを解放してくれるということを人は忘れている．同じような誤解は涙についても観察される．涙は苦痛の緩和を告げているのだ．[022]

---

[017]——同書，p.334
[018]——アラン『芸術について』p.223〔傍点引用者〕
[019]——アラン『幸福論』p.12
[020]——アラン『思索と行動のために』p.329
[021]——アラン『芸術についての二十講』p.38
[022]——アラン『諸芸術の体系』p.144

音楽だけでもまたありません．

　粗野で放縦な欲望の力を芸術はやわらげるのですが，それは，第一に，そのような状態にある人間が感じたり，なしとげたりすることを，芸術が人間の前に提示してみせるからです．そして，芸術が欲望にとらわれた人間の像をかかげるだけで，それでは欲望に媚びを売っているのではないかと思える場合でも，そこに欲望の力をやわらげる力がないわけではない．少なくとも，それによって人間は自分のありのままのすがたを意識させられるのですから．そのとき，人間は自分の衝動や性向を観察し，これまで無反省に心奪われていた欲望を自分の外にあるものとしてながめ，それと客観的に対峙することで，それを突きはなしてみる自由を手に入れます．悲しみにおそわれた芸術家が，自分の感情を表現することで，みずから感情の強度をやわらげ弱める，といった芸術家によく見られる例も，芸術のそういう力にもとづくものです．いや，涙を流すことでさえ慰めとなるので，悲しみにうち沈んでそのとりこになった人間は，そのとき少なくとも内面の悲しみを直接外に出すことができます．★023

　涙というもののこうした効果は，古くからいろいろな形で語り伝えられてきました．いくつか例を挙げておきましょう．

　民俗学者のパウル・ザルトリは涙が有害な視線や神々の妬みを防ぐ働きをしていたという．★024

　涙そのものに悪霊や悪魔を防ぐ力があったことはグリム童話集の「手なしむすめの話」にもあらわれている．★025

　西洋中世のキリスト教においては涙を流すことと祈ることが結びついていた時期があった．十字架上のイエスの苦しみを思って悔い改めの涙を流すことは祈りのひとつの形でもあったのである．古いタイプの修道制のもとでは修道士は笑ってはならなかった．聖書のなかでもイエスは一度も笑っていないからである．★026

　苦痛だけではありません．素晴らしいものに出会ったときも，人は涙を流すはずです．アランもそれに触れています．

　涙というあの悲しみ苦しみのしるしは，じつはむしろ慰めのしるしと解したがいいわけだ．賞賛の念をおぼえたときに，不意に涙が，何らの予備的な苦痛もともなわずにあふれ出ることがあるが，そのわけもこれで解ける．★027

　日本だったらどうでしょう？　日本特有の何かはないでしょうか？　松岡正剛氏は，鴨長明を引きながら，「幽玄」のなかに涙を読みとっています．

　長明で注目すべきは，『無名抄』の中で幽玄を説明して，「詞にあらはれぬ余情，姿に見えぬ景気なるべし」と書いている点です．そして幽玄の例として，秋の夕暮の空の気色（景色）には色も声もないのになんとなく涙がこぼれるような気持になることをあげている．★028

　しかし，それでは，涙に身を任せればいいのでしょうか？　泣けばいいのでしょうか？　そうでもなさそうです．

　私たちは，あらゆる感動〔情動と訳した方がいいと私は思います〕を支配しているあの刺激と興奮の法則によって，あらゆる感動が不幸となるようにできています．★029

なぜでしょうか？　それは恐らく次のような理由からでしょう．

　くりかえし私は，涙は人を鎮静させると言ってきたが，それは身体的にしかすぎず，半分の真理でしかない．涙に身をまかせてしまえば，生を中断してたちまちこれを破壊する完全な絶望からは救われるが，同時に，自分の無力を痛感することになる．[030]

では，どうしたらいいのでしょう？　「自分の無力を痛感する」のとは反対の方向に踏み出さなくてはならないのでしょう．これまでこの本で述べててきたことからも分かるように，それは「**勇気**（COURAGE）」（►p.196）とか意欲とか意志とかいった働きに眼を向けることから始まるのだろうと，私は思います．

LOGIQUE
論理
― 精神〔esprit〕が考察する対象が何であろうとも，精神が自分自身に負うところのものを精神に教える学問．精神には，普遍的に思考するという義務がある．言い換えれば，経験からは独立した証明〔preuves〕によって思考するという義務がある．例えば，人は経験的な方法によってもとても見事に数を数えることはできる．けれども，少なくとも一度は〔どうして数を数えるということがうまくいくのかということの〕証明を把握するというのが，精神にとってはよりふさわしいことである．抽象的なものから具体的なものまで，論理には種々の程度がある．アリストテレスの論理学は言語活動における首尾一貫性を論じる一般文法である．デカルトの論理学，すなわち秩序の論理は，〔遺漏のない〕完全な系列によって考えるということを私たちに教えてくれる．カントの論理学，すなわち超越論的論理学は，どんな認識においても，形式を素材から分離し，あらゆる種類の証明を可能な限り純化する．最後に，ベーコンの論理学，すなわち実験的論理学は，尺度に関して，記述的な言語〔langage〕に関して，道具に関して，古い記録に関して，公衆の面前での議論に関してなどの，あらゆる経験についての体系的な対応策を探求する．

　何かを認識する（知る）のが「**精神**（ESPRIT）」（►p.322）の主たる役割のひとつでしょう．では何を認識するのか．認識する対象というものがあるはずです．その対象というものは，普通，目の前にあるボールペンだとか机だとか親兄弟や友達などといった存在者〔存在するもの，Das Seiende〕です．それらについて，いろいろなことを考察し，真理だとか虚偽だとかを判定したりするわけですね．それが「認識」というものです．そうした認識の際に，今言った〈対象である存在者〉に負うのではなく，精神自身に備わっており，それに負っている事柄は無いのだろうか，という問いと共にアランはこの「論理」の定義を始めています．そういう〈精神自身に備わっているもの〉を取り出すことができて，しかもそれらについて，各人の働かす精神に何らかの共通なところがあるならば，それに基づいて考えることで「**普遍性**（UNIVERSALITÉ）」（►p.826）を主張できるのではないかという思いがここにはあります．つまり，みんなが承認するような事柄を提示することができるのではないか，と．もちろん，そんなことなど考えずにも「経験的」に人は，例

★023 ──── G. W. F. ヘーゲル『美学講義（上）』pp.53-54
★024 ──── 阿部謹也『中世の星の下で』p.88
★025 ──── 同書，p.89
★026 ──── 同書，p.90
★027 ──── アラン『彫刻家との対話』p.67
★028 ──── 松岡正剛『花鳥風月の科学──日本のソフトウェア』p.216
★029 ──── アラン『芸術についての二十講』p.85
★030 ──── アラン『思索と行動のために』p.330

えば数を数えていたし、筋の通った話もしようと思えばできていたはずです。しかしながら、それがどうしてそうなのかということをとことん考えるのは「精神にとってはよりふさわしいこと」だというのです。「証明(PREUVE)」(▶p.655)をしようというわけです。そういうことができてこそ「普遍性」は安んじて主張できると考えたのです。

アランが「精神には、普遍的に思考するという義務がある」と書いたのも、そのようにしてこそ、人間は社会的生活を営めるのではないかと考えたからでしょう。実際、論理学という学問が形を成すにいたるのも、古代ギリシアの民主制の爛熟期にギリシア古典哲学の一応のまとめをしたアリストテレスにおいてでした。そこにおいて提示されたのは、いわゆる形式論理学です。「対象が何であろうとも」、つまり〈認識の内容に関係なく〉、成立する正しい思考の形式の列挙とでも言うべきものです。もう少し具体的に言うならば、三段論法における妥当な推論などとでも言っておきましょうか。一例を示せば、いわゆるBarbara式(またはAAA式)です。

　　すべての人は死ぬ。
　　すべてのアテナイ人は人である。
　　ゆえに、すべてのアテナイ人は死ぬ。

非妥当な推論の例もひとつ。

　　すべての犬は動物である。
　　いかなる猫も犬ではない。
　　ゆえに、いかなる猫も動物ではない。

こうした考察を整理することはアリストテレスがほとんど一人でやり遂げてしまいました。

論理学の基礎をおくためには最も単純な若干の命題しか必要としない。しかし、そこには物が欠けているので、そこに注意した最初の思想家があの無内容な諸形式をたちまち枚挙してしまった。★031

そこにあるのは「言語活動における首尾一貫性を論じる一般文法」であり、まさに文法なのであるから、実際に例えばその構文にどのような名辞が入るかは問題になっていないわけです。「形式」論理学である所以です。正しく語る(誤った推論などをしない)にはどのような形式に則らなければならないかを提示したといっていいでしょう。実際、ヨーロッパ中世のキリスト教神学体系は、ちょっとのぞいてみれば分かるように、三段論法の羅列と言ってもいい。ところが、それに言わば反旗を翻すのがデカルトです。彼には、アリストテレスの書物を足で踏みつけている絵があったりします。いずれにせよ、アリストテレスのように、内容を問題とせずに形式的に議論を進めるという方法を彼は採りません。すべてを方法的に疑っていくといういわゆる「方法的懐疑」の道筋で、有名な「我思う、ゆえに、我在り〔Je pense, donc je suis.〕」を出発点としてとりだし、そこで顕わになった〈注意する精神に明晰判明に知られるものは真理である〉という「明晰判明知の規則」に則り、秩序立てて「神の存在証明」そして「物質の存在証明」へと歩を進めるのです。ここで、〈注意〉というものが、重要な哲学的なタームであることを忘れないでください。

デカルトがとる別の立場——従う人は少ないが、従われるのを望むことも少ない別の立場は、完全な注意をもってかたちづくられたのでない想念はもはや想念でもなんでもない、という見解に立って、問題を割りきる。★032

彼は、そのような秩序に則りつつ、最後には医学が成立するような学の体系を夢見たのです。

数学の意味は、数学に依存するもっと複雑な学問のなかに見いだされる。こうして、単純なものから複雑なものへ、抽象的なも

のから具体的なものへというデカルト的な歩みに秩序づけられた諸学問の系列の始まりが示される。[033]

医学に対して今までの規則よりも確かな規則を与えうるような、ある種の自然認識を得ようとつとめることにのみ、私は私の余生を用いようと決心していること。[034]

哲学史的には普通にされる言い方に則れば、このデカルトから始まる「大陸合理論」の系譜と、それを批判しながら展開するロックをはじめとする「イギリス経験論」の系譜とを総合したとされるカントは、アリストテレス的な形式の議論と、感覚によって与えられる素材の議論とをまずは分離しつつ、それでも認識能力(悟性)の「**自発性**(SPONTANÉITÉ)」(▶p.776)に基づいてそれらの総合が成就されるという「超越論的(先験的)論理学」を創始します。超越論的とか、先験的という言葉がかなり難しいので躓きそうですが、仕方がありません。次の引用などを頼りに、可能な限り考えてみてください。

> わたくしは、対象にではなく、対象を認識するわれわれの認識の仕方に、この認識の仕方がア・プリオリに可能であるはずであるかぎりにおいて、これに一般に関与する一切の認識を**先験的**と称する。[035]

そうした先験的というスタンスを持った先験的論理学は「必ずしも認識の一切の内容を捨象しないような論理学」[036]であり、「対象に関するわれわれの認識の起源を、それが対象に帰せしめられえないかぎりにおいて、探求しようとする」[037]のです。そして次のように宣言します。

> かくて純粋直観としてでもなく感性的直観としてでもなく、もっぱら純粋思惟の行為としてア・プリオリに対象に関与できるような、したがって概念ではあるがしかし経験的起源のものでもなければ感性的起源のものでもないような概念が、おそらく存在しうるであろうという期待のもとに、われわれがそれによって対象を完全にア・プリオリに思惟するところの、純粋悟性認識及び純粋理性認識の学の理念をわれわれはあらかじめ構想する。このような認識の起源、範囲および客観的妥当性を規定するような学は**先験的論理学**と称されねばならないであろう。[038]

カントは、5+7=12という計算についても、自らの先験的論理学を基に考えていこうとしています。もちろん、アランが定義の中で述べているように、そんなことを考えなくても、「経験的」にやり過ごすことはできるのですが、それをあえてやるのです。「問い直し」ですね。

> 7が5に加えられねばならないということは、和すなわち7＋5の概念においてわたくしのもちろん思惟したところであるが、しかし、この和が12という数に等しいということは、わたくしの思惟しないところである。[039]

5+7=12は**分析的**命題で、7と5の合計という概念から矛盾律にしたがって引き出されると考える人がいるかもしれないけれど、よく見ると7と5の合計という概念は、二つの数を結びつけて一つにすること以外には何も含んでいないことが分かるとカントは言うわけです。二つの数を合わせた一つの数が何であるかという

★031──アラン『芸術論集』p.57〔傍点引用者〕
★032──アラン『人間論』p.102〔傍点引用者〕
★033──アラン『イデー(哲学入門)』p.320
★034──R.デカルト『方法序説』p.91
★035──I.カント『純粋理性批判』p.58〔引用者一部改訳〕
★036──同書, p.87
★037──同前
★038──同書, p.88〔引用者一部改訳〕
★039──同書, p.53

情報は，その中には含まれていない．わたしは7と5を結びつけることを考えるだけでは，決して12という概念を導き出すことはできない．わたしはそのようなありうべき合計という概念をどれだけ分析してみても，そこに12という数を見つけることはできない．そのために我々は7と5の合計という概念の外に出て，直観の助けを借りなければならないという．その直観とは例えば二つの数の一方に対応する5本の指などである．そして，この直観によって与えられた5の一つ一つを順番に7の概念に加えていくのである．つまり，わたしは7から出発して，5という概念の代わりに手の5本の指を直観として使って，取りのけておいた一つ一つを5になるまで，このイメージにしたがって，7に対して順番に足していくのである．そうして12という数字が出来上がるのを目にするのである．7に5を足すということは，「7と5の合計」という概念の中に見つけることができるが，その合計が12という数に等しいということは，その概念の中にはない．つまり，数学的命題はつねに総合的なのだとカントは言うのです．

最後に，ベーコンは，〔時代的にはカントよりも〔いやデカルトよりも〕前ですが〕，人間が思考する際のいろいろな誤りを列挙することで，見事に考察をするための用心を訴えます．いわゆる〔四つの〕イドラ（偶像）説です．アランが「尺度」について語っているのはいわゆる「種族のイドラ」で，例えば人間が普通の感覚だけで生活していれば〈地球が丸い〉ということが実感できないといった例が挙げられるでしょう．「記述的な言語〔langage〕」の話は「市場のイドラ」，人と人とが出会う市場は噂を含めていろいろな言葉が飛び交うのですが，それを無批判に受け入れてしまうと誤りをおかすことがありますよね．「道具」は，「洞窟のイドラ」に関わる．自分がどんな道具に慣れ親しんでいるかで，その人の考えが規定されるということもあるでしょう．今で言えば，二次元コンプレックスもこれに当たるかな．「古い記録」に関しては，「劇場のイドラ」の話でしょう．伝統や権威ある学説などには人は弱いものです．ガリレオ裁判を思い出せば，十分です．「公衆の面前での議論」も「市場のイドラ」の話だと思います．

さて，なぜヘーゲルの弁証法的論理学には触れられていないのでしょうか？　私としては推測するだけしかできませんが，少なくとも，ヘーゲルの論理学は今まで述べた論理学とはかなり異質なものだということがあるからでしょう．形式性を強調するわけでもなさそうだからです．それに，結局，ヘーゲルにおいて大事なのは論理学ではなかったという思いがアランにはあるのかも知れません．次のように書いているのです．

> ヘーゲルの論理学の精神は，論理学にとどまりえないことにあるのに，多くの人は論理学にとどまる．★040

> ヘーゲルのすべての仕事は，論理学の名で単に可能なものを発展させたあとで，自然のなかに，つぎに人間のなかに，つぎに歴史のなかに精神をみとめることだった．★041

> 結局のところ困難は，ヘーゲル哲学が論理学ではなくて，自然哲学であることを理解するところにある．★042

LOI
法 – すべて存在するものがそれに服するところの，原因から帰結への結びつき．何ものも重力から逃れることはできない．〔自分も〕痛みを感じることなく〔他人を〕殴ることはできない．自らをも復讐へと身をさらすことなく，復讐をすることはできない．この最後の例は，一般的な意味合い〔自然法則〕から特殊な意味合い〔社会法則〕へはどのようにして移り行くかを知らしめている．社会〔société〕，あるいは社会を治めている国家は，有害

な行動の後に起こる諸結果を安全なものに留めようと努める．悪を制限するためにである．例えば，殺人者が群衆によって八つ裂きにされるというのも，一つの法ではある．けれども，そうなると，無秩序，恐怖そして誤謬は留まるところがなくなってしまう．それゆえにこそ，人はそれらの結果を見越して，どんな犯罪にも捜査，取り調べ，公判といったものが行なわれることを決めるのである．しばしば群衆の諸反応が示すところの遅滞や行き過ぎを避けようとしてである．

loiをどう訳すかで，少々迷いました．定義を読んでみると，自然法則の話も「**法律(DROIT)**」(→p.281)の話も絡んでいるようだからです．「理」とか「理法」という訳語も考えましたが，やめました．前者は何だか仏教（というか『平家物語』）っぽく，後者だとちょっと冷静すぎるかなという感じです．「原因から帰結への結びつき」ですから，因果応報もあるので「理」でもいいかとは考えましたが，いずれにせよ，法則も法律も含む形で「法」と訳しておきます．

さて，「すべて存在するものがそれに服する」と書き始められています．「何ものも重力から逃れることはできない」，確かに，地球上では，普通の場合そうですね．「〔自分も〕痛みを感じることなく〔他人を〕殴ることはできない」，これも作用反作用の法則とさえ言えそうな気もしますね．そして，「自らをも復讐へと身をさらすことなく，復讐をすることはできない」，これは人間の心の動きをも含めて「原因から帰結への結びつき」を語っているわけです．江戸時代の仇討ちみたいなものを思い浮かべれば，非常に具体的にイメージできるでしょう．この最後の例が「一般的な意味合い（自然法則）から特殊な意味合い（社会法則）へ」の移り行きを示すといわれているところが重要です．「社会法則」より「自然法則」の方が一般的であり，「社会法則」は，「自然法則」に何ものかが付け加わって（定義でいえば種差が付け加わって）成立するというわけです．言い換えると，放っておけば「自然法則」が成立してしまうけれども，それに制限を加えることが行なわれるのです．

法治国家では，自然状態で成立してしまうかも知れない「有害な行動の後に起こる諸結果」をそのままにしておかない．近代市民国家を語るときに，「社会契約説」というのがあったことを思い出してください．ルソーでもいいし，ロックでもいいし，ホッブズでもいい．いずれにせよ，ホッブズ風にいえば，「人間は人間に対して狼」である「自然状態」から，各個人が自分の権利の一部を国家に委譲して社会秩序を成立させるのでした．自然状態における悪の増殖をそのままにはしないで制限するためにです．注意しておきますが，自然状態においても「法」はあるのです．それこそ，まるで自然法則のようにしてです．「殺人者が群衆によって八つ裂きにされる」というのがその一例です．それは，「**怒り(COLÈRE)**」(→p.180)や興奮の作用によって，人々の「**情念(PASSION)**」(→p.544)が拡大され，パニックに陥るような状態なのです．そこでは「無秩序，恐怖そして誤謬は留まるところがなくなってしまう」．だからこそ，そういうふうになってしまうものだということを経験的に知ってきた私たちの祖先たちは，そうした「結果を見越して」，それぞれの犯罪についてのデータを取り集め，公判という場で理性を用いる形で処理しようとしたわけです．そうでないと，群衆は「八つ裂き」とかといった「行き過ぎ」や，恐らくは利害関係に絡んだ「遅延」が生じてしまう．早まってもいけないが，だらだらやっても群衆の思いを逆なでするだけだということになりましょう（もっとも，日本の裁判は遅延が過ぎると私なんかは思いますが……）．それを避けようと

★040──アラン『イデー（哲学入門）』p.224
★041──同書, p.309
★042──同書, p.305, cf. p.308

いうわけです．国家，そして法治国家とは，こうして，自然法則に付け加わって成立したものを代表しているのでしょう．

では，それで十分でしょうか？　いくつか引用して，考察を深める素材にしましょう．

> 小政党であろうと大政党であろうと，小新聞であろうと大新聞であろうと，同盟であろうと国家であろうと，教会であろうと協会であろうと，すべてこうした集団的存在は団結を求めるために精神を喪失してしまう．[★043]

> 国家はすぐノイローゼになる．だがノイローゼ患者とは何だろう．それは考えこむ人間である．つまり，知識があり，自分の意見や感情に細心の注意を払う人である．注意を払うという意味は，自分の意見や感情の見物人になるということだ．ここにこそ，自分の意見を自主的に選び，積極的に持とうとする代りに，ただ確認しようとする狂気が存在する．[★044]

> 国家が幸福をもたらすようにはできていないことを理解すべきである．なぜなら国家は個々人の内に存するあの統治能力を全く持ち合わせていないからだ．[★045]

この統治能力とは何でしょう？　アランは，ストアのヘーゲモニコン〔ήγεμονικόν, 指導理性〕を念頭に置いているように思います．

> 最良の教師に数えられるストア派の人々…〔中略〕…は魂や精神を統治〔gouvernement〕と名づけていた．[★046]

> 私の自由意思にとって隣人の自由意思は無関係の事柄である．それは彼の息と肉が私に無関係なのと同様である．たとえ我々がいかに特別にお互い同志のために作られているとしても，我々の指導理性はそれぞれ自己の主権を持っているのである．さもなければ隣人の悪徳は私のわざわいとなってしまうであろう．しかし神はこれを善しとせず，私を不幸にする自由を他人に与えぬようにして下さった．[★047]

LOTERIE
宝くじ ― それはどんな不正行為〔injustice〕も無しに幸運〔fortune〕に賭けさせる手段である．宝くじの機構全体が機会を均等にしている．こうして機会というものは純化されている．十万人の貧乏人が自分たちの内の一人を，えり好み無しに，金持ちにする．宝くじは保険〔assurance〕の反対のものである．

「どんな不正行為も無しに」とアランは書き始めています．「不正行為」の原語は injustice なのですが，要するに「法律に違反する行為」といっていいでしょう．実際，例の類語辞典では，injustice は "Pour désigner une action contraire au droit." と記しています．「法律に反する行為を指し示す」というわけです．前回の講義では，「**法**（**LOI**）」（►p.442）が扱われましたが，ここでは「**法律**（**DROIT**）」（►p.281）という語が使われていることは少し念頭に置いてもいいかも知れません．です[★048]が，やはり loi には「法律」も含まれていましたよね．そしてその際に問題になったのは，社会法則というもので，人間（というか国家）が定めるものでした．この「宝くじ」というものでは，そういう人為的なとでも言うべきところを可能な限り排除した場面を導入して「幸運〔fortune〕に賭けさせる手段」を創ったということです．要するに，la mécanique です．人間の自由にならない機械仕掛けです．年末ジャンボ宝くじの抽選会でクルクル回っている的に矢を放つ光景を見

444

た人も多いでしょう．番号が選ばれる場面で，可能な限り人為を排除しようとしている．だからこそ，「宝くじの機構全体が機会を均等にしている」と言われるし，「こうして機会というものは純化されている」とも記される．このあたりを少し追ってみましょう．

　フランス語の la mécanique という語を私は「機構」と訳しました．類縁の言葉に le mécanisme，つまりメカニズム，もっと訳してしまえば「機械論」と訳せる語があります．「機械論」と対比させられるのが常なのは「目的論」というものです．それは，何らかの出来事・現象の背後に（例えば神の）目的を想定する理論です．それに対して，機械論はそうした目的を徹底的に排除し，物事を物体の機械的連関の中で捉える．「機械論とは，あらゆる変化は運動であるとする宇宙理論である」と言われるように，質点とその移動で世界を記述しようという物理学はその典型です．

　　物理学本来の，そして正義そのものにとってもおろそかならぬ目的とは，こんにちなお，世界の認識から想像を払拭することであり，いいかえれば幼年時代から抜け出ることである．このとき，つねに無鉄砲なものであるわれわれの推測を救ってくれる，精神の手段，あるいはお望みならば，根本仮説とは，いかなるものであるか．これ〔は〕純粋なメカニズムであり，より正確にはアトムであって，自己自身に外的な変化という永遠の観念である．★050

　それこそ重力の法則から逃れることができず，均し並にそれに服するという意味で，私たちはこの世界の運行のメカニズムの中で機会均等とでもいう立場にあるのです．ところが，前回の定義の

ところで「社会法則」を創るときには，「結果を見越して」という言葉でもわかるように，人為が入ることは自明でしょう．そうした途端に，「えり好み」も入り込む余地が生じる．そうしたものを排除して，純粋に，運というか，機会というか，そういうものが顕わになる場面に出会わせようというのが「宝くじ」の場面で生じていることなのです．

　人間に好意〔「好意(BIENVEILLANCE)」（→p.130）〕も悪意も持たない自然のメカニズムというものは，私たちをある意味で解放します．大海原をただ眺めている自分を思い描いてもいいでしょう．その大海原を目の前にして思索することは大いに私たちを解放するものと，私は思います．もっとも，大海原を見ながら，誰かさんを思い出しているようではダメですけど……．

　　なにものも約束せず，なにものも欲せず，私のことを少しも好まなければきらいもしないこの広大なメカニズムを，なんら尊敬せずに注意深く私は思索する．★051

　　真の物理学者は，自然の力から自由のあらゆる外観をとり去ると同時に，機械論をまえにして自分の精神を解放する．★052

　　要点だけかいつまんで言えば，デカルトは自由な本質をもつ彼自身の精神との対立をとおして，対抗者を定義したのだ．世界とは惰性であり，可能なすべての物理学はそこから出てくる．★053

　「種も仕掛けもない必然の光景ほど，私たちの思考を規則立てるものはありません」というアランの言葉があります．「物の役割は，われわれに必然性を教えることである」とも．ここ

★043──アラン『教育論』p.283〔傍点引用者〕
★044──アラン『裁かれた戦争』p.116〔傍点引用者〕
★045──同書，p.123〔傍点引用者〕
★046──アラン『思索と行動のために』p.376
★047──マルクス・アウレリウス『自省録』p.141
★048──H. Bénac, *op.cit.*, p.492
★049──アラン『思索と行動のために』p.165
★050──アラン『神々』pp.84-85〔傍点引用者〕
★051──アラン『思索と行動のために』p.273〔傍点引用者〕
★052──同書，p.167〔傍点引用者〕
★053──アラン『わが思索のあと』p.278〔傍点引用者〕
★054──アラン『芸術についての二十講』p.44
★055──アラン『思索と行動のために』p.256

445

には、デカルト以来の物心二元論(あるいは心身二元論)というべき考え方があります。心〔「心(CŒUR)」(►p.176)〕と身体とか、「魂(ÂME)」(►p.069)と物体とかいうものを、普通は、事実と結びついているものと考える(常識)か、あるいは心の方は物の振る舞いから生じるとして物体側からだけ説明しよう(物理学)とします。デカルトの場合は違いました。この二元を分離する「論理(LOGIQUE)」(►p.439)を形成し、その上で、当の二元の結合を見ていこうとするのです。うやむやに結びついているところだけに留まらず、しかも物体しか認めないような唯物論にも陥らない二元論です。だからこそ、「デカルトは自由な本質をもつ彼自身の精神との対立をとおして、対抗者を定義した」と語られることになる。それこそ、聖書の「カエサルのものはカエサルへ、神のものは神に返しなさい」をもじって言うと、「精神のものは精神へ、身体(物体)のものは身体(物体)に返しなさい」と私は言いたい。前回触れたストアのマルクス・アウレリウスの言い方がもし気に入った人なら、自分の指導理性(ヘーゲモニコン)の勢力の外にあるものに気を遣ったりしないところに成立する解放感です。宝くじはそんなものを味わわせながら、「十万人の貧乏人が自分たちの内の一人を、えり好み無しに、金持ちにする」わけです。

最後の「宝くじは保険〔assurance〕の反対のものである」というのは、「幸運に賭けさせる手段」ではなくて、〈不幸に準備させる手段〉であって、〈不幸に見舞われなかった十万人の人が自分たちの内の一人を、えり好み無しに、不幸から立ち直れるようにする〉とでも言うべき事柄でしょう。反対とはそんな意味だと私は思います。

LUXURE
猥褻 — 軽薄な行き過ぎを意味し、すべての種類の装いや見せびらかしに関わっている。それゆえ、猥褻の中には、躓き〔スキャンダル〕がある。ちょうど贅沢の中にもそれがあるように。猥褻は、特に、躓きのなかでも躓きであるものを意味する。すなわち見世物となった羞恥心の無さだ。人体や私生活を公開することは、見る者にほとんど抵抗しがたい一つの作用を及ぼす。見る者の内では、怒り〔colère〕が欲望〔désir〕と混じり合い、当の欲望を膨れあがらせる。そしてこの〔欲望の〕力強さという感じ〔sentiment〕こそが、猥褻と呼ばれる情念〔passion〕をあらゆる限度を越えて展開させるものなのである。恐らく、この情念はすべての情念の中で最も恐ろしいものである。まさしく、常に屈辱感と怒りと残酷さ〔cruauté〕とがもつれ合った一種の陶酔〔ivresse〕によってである。ラブレー的精神〔esprit rabelaisien〕は、淫蕩な見せびらかしの滑稽さや醜さ〔laideur〕を強調することによって、猥褻の正反対を行くものである。そしてなぜ想像上の〔imagination〕猥褻が最も恐ろしいものであるかが分かる。

「軽薄な行き過ぎを意味し、すべての種類の装いや見せびらかしに関わっている」という冒頭の記述を考慮して、一応、「猥褻」と訳しました。しかし、luxure はキリスト教の七つの大罪の内のひとつである「邪淫(色欲)」を指してもいいます。また、「軽薄な」と訳した brillant は、「輝かしい」(森訳)というもともとの意味合いもあるのですが、この定義の中では明らかに悪い意味に使われています。比喩的な意味では、「人物、行動そして物事について言われ、しばしば人工的な強烈な輝きでもって想像力を惹きつける」[*056] と、例のフランス語の類語辞典には記されています。そのため神谷訳は「はっきりそれとわかる」と訳しているのですが、それでは悪い意味(類語辞典では、それを légèreté で説明し、まさに軽薄さです)が弱くなってしまうのです。

二番目の文章で「それゆえ、猥褻の中には、躓き〔スキャンダル〕がある」とアランは書きます。実際、ス

キャンダルとは、「罪(PÉCHÉ)」(►p.561)・「堕落(CHUTE)」(►p.163)の機会のことなのです．さらに猥褻は「躓きのなかでも躓きであるものを意味する」と続きます．これはわざと見せびらかすことが、その理由と解釈します．いわゆる七つの大罪には、「暴食」「色欲」「強欲」「憤怒」「怠惰」「嫉妬」「傲慢」が入るのですが、そのなかで「見せびらかし」の要素が多そうな「色欲」に関わる「猥褻」の話がここでされているからです．

では、「見世物となった羞恥心の無さ」がなぜ「躓きのなかでも躓きであるもの」なのか？それは、「見る者にほとんど抵抗しがたいひとつの作用を及ぼす」からです．どういう作用でしょうか？　人間の持っている「欲望的部分」への刺激です．以前の「正義(JUSTICE)」(►p.429)の講義では、プラトンが人間を三つの部分から説明していたことに触れましたよね(►p.430)．理性的部分と気概的部分と欲望的部分でした．欲望的部分がヒドラに喩えられていたと言えば、思い出してくれる人たちも多いでしょう．「見る者の内では、怒り〔colère〕が欲望〔désir〕と混じり合い、当の欲望を膨れあがらせる」と書かれている文章で、実は「怒り(COLÈRE)」(►p.180)とは「気概」と同じフランス語 colère です．気概的部分とは名誉「名声(RENOMMÉE)」(►p.691)に関わる部分とも言われるのですが、名誉も「欲望(DÉSIR)」(►p.223)が食いつぶしていく姿がイメージできるでしょう．欲望が力強いことは、特に性的な場面においての話ですと、プラトンのエロースに関わる「割り符」説でも分かるように納得がいくところでしょう．もとの完全な姿に戻りたいといった激しい衝動なのですから．ただ、それが、相応しい相手でなくとも向かう可能性がある．欲望に眼を眩まされるわけです．欲望に駆り立てられた力強さは、しかし、「屈辱感と怒りと残酷さ〔cruauté〕とがもつれ合った一種の陶酔〔ivresse〕」によって恐ろしい．なぜでしょうか？理性にとってはそれを吹っ飛ばされる屈辱感、気

概によってはそれが欲望に屈服させられる怒り、欲望のしたい放題が「残酷さ(CRUAUTÉ)」(►p.208)を現出する．もうそのもつれ合いを解くことすらできないで、力に身を任せるのでしょう．人は力を好むところがある．それが低俗な力であっても．

フランソワ・ラブレー〔François Rabelais 1494?-1553?　フランス・ルネサンスを代表する人文学者、医者〕について私は全然詳しくないので、ほとんど説明はできません．ただ、ここで言われていることは、「淫蕩な見せびらかしの滑稽さ」や「醜さ(LAIDEUR)」(►p.434)を強調する想像力豊かな表現で、猥褻というものの毒気を抜く、つまりそういうものがばかばかしくなるように読者の目の前にその猥褻の真の姿を提示したというのでしょう．そもそも「想像力(IMAGINATION)」(►p.407)は、人間が少ないデータで思い描くからこそ膨らむわけですからね．まだ大学の定期試験がどういうものだか体験していない新一年生は、いったいレポートとは皆どのように書くのかについてのデータがなく、個々の教員による成績評価がどのようなものであるかを、ブラックリストなど以外の情報では持たないため、想像して怖れるわけです．猥褻についても同じこと．「想像上の〔imagination〕猥褻が最も恐ろしいものである」のはそのためです．

だからこそ、ラブレーの『ガルガンチュワ物語』も『パンタグリュエル物語』も、（糞尿譚を含め）かなり下ネタが多そうで、人間のそうした姿をあからさまに目の前に展開してしまい、「滑稽さや醜さ」によって、笑いとばすことでかえって猥褻の力を削いだとアランは言いたいのでしょう．ちょうど、悲しいトロイア戦役を描いた叙事詩『イリアス』によって、その悲しい事柄を記憶すると同じにそれから身を引き離すように．

追憶を改めて見直し、追憶に別れを告げること、それが人生の均衡そのものを保つことである．それは自己を認めながらも自己か

★056——H. Bénac, *op.cit.*, p.113〔傍点引用者〕

ら退くことである．そこから，この進み行く追憶のうちにひそかな崇高の感情が生まれる．それはすでに叙事詩的な動きである．[057]

そして，「誰もが知っているように，悲劇は叙事詩から生まれ」[058]たのであって，ギリシア悲劇を観る者も当の「悲劇(TRAGÉDIE)」(►p.822)を観ることによって，当の悲しみ〔「悲嘆(AFFLICTION)」(►p.053)〕から旅立つでしょう．音楽もそう言えそうです．

真の音楽の最も豊かな主題は苦しみである．しかしそれは跪いていないばかりか，逆に立上って，遠くを眺める苦しみである．慰めの最初のしるしは，もろもろの事物が周囲から遠ざかり，各自そのあるべき場所に退くことである．音楽も周囲に余地を欲し，われわれの周囲にいわば沈黙の空間を拡げる．というのは，音楽と沈黙は，いつも人に充ちた孤独のうちに，共存するのだから．[059]

LYMPHATIQUE
粘着質

— これは母乳を飲んで眠っている幼児の体質〔tempérament〕である．筋肉は円みを帯びて弱く，ポッチャリしていて〔graisse〕，母乳の幸福を味わい，注意などなにもしていない．この体質はある人々においては支配的なままに留まったりする．

「体質(TEMPÉRAMENT)」(►p.791)という言葉を使っています．筋肉の話がすぐに語られたり，「ポッチャリしていて」と書かれるのでもわかるように，まさに身体に関わる事柄を語っているのです．しかしながら，「母乳の幸福」と言われ，「注意などなにもしていない」とも言われる限り，それが多少とも心と関わってくることも確かでしょう．いったい何をアランは言いたいのでしょうか？　身体的特徴などで人間を分類するということは古代ギリシアからなされてきたことです．tempéramentは，実は，「気質」と訳されることもあるのです．けれども，アランは「気質」の方にはhumeurという単語を使い，区別しています．まあ，いずれにせよ，人は昔から，人間を分類するというような意図をもって，その区別の指標を求めたことがあったというわけです．少なくとも，それをアランは全面的には否定していないようですね．

「胆汁質の人(BILIEUX)」(►p.140)の講義でも触れましたが，古代ギリシアの医者ヒポクラテスは，いわゆる世界の根本的な構成要素〔ajrchv，もとのもの〕と考えられた「地・水・火・風(空気)」という四大説を受け継ぎながら，人間に四つの体液（血液・粘液・黄胆汁・黒胆汁）を考えて，多血質・粘液質・黄胆汁液質・黒胆汁液質という体液気質説を述べたわけです．こうした考えは，（日本では気にする人も多いかも知れない血液型分類みたいなノリで）ちょっと眉唾物ですが，近・現代でもそういうことに注目する人はいます．有名なのはクレッチマーという人です．彼については専門家の意見に譲り，ここでは触れません．

とにかく，アランはデカルト以来フランスの伝統である心身問題に常に注目していますし，それと関連して自分なりの仕方で，こういう体質とか気質とかいったことについても考えてみようとしたのでしょう．ということで，まずは，アランが体質や気質について述べているところを引用します．

性格とは，文字どおりには，そとから受けた印のことである．もちろん，跡形は，それを受ける側にも依存する．だから，性格は体質と気質を含むと言うのは正しい．だが，これでは言いたりない．非常にたくましく強い男には，とかく性格より気質が多い．性格とは束縛された気質なのである．[060]

「性格(CARACTÈRE)」(►p.146)について語るときに

448

「体質」も「気質」も出てきていることはクレッチマーたちと似ています．ではアランは，性格との関わりで，どのように「体質」や「気質」を考えているのでしょうか？　上の引用では，「性格は体質と気質を含む」ことを認めています．でも，そう言うだけでは不充分だと指摘してもいます．「非常にたくましく強い男」という言い方で「体質」について語りながら，「性格より気質が多い」と言います．しかも「性格とは束縛された気質」である，と．「性格」と「体質や気質」との間に含む・含まれるという関係を設定しておいて，しかも「性格より気質が多い」とはどういうことなのでしょう？　それは，もちろん「性格とは束縛された気質」であるという指摘が解釈のポイントになるわけです．〈束縛される〉には〈束縛する〉ものが無ければならないでしょう．それは何か？　体質と私は解釈します．言わば，身体が（勢力として）心的側面に勝っているわけです．アランが，デカルトに倣いながら，情念を「精神の受動」と考えていくとき，その能動の側は身体でした．そう考えていったとき，今度は，「性格より気質が多い」ということを，その線で説明してみるとどうなるでしょうか？　〈性格というものに成り切らないという仕方で気質の部分が多い〉と解釈してみます．体質は生まれながらの身体的特徴，気質は生まれながらの心的な振舞いの特徴と考えてみたときに，性格は，それらをベースにして形づくられるものと考えるのが順当な線だと思います．では〈形づくる〉といっても，どうやって？　それが問題なのです．おそらく，これまでにも何回も出てきた，〈意志による統御〉ということになるのでしょう．アランは次のように言います．

> 気質は，性格のなかに形をとらなければ，動物的なものにすぎない．そして，ほんのがんぜない子供では，ほとんど気質だけがあるにすぎない．性格とは考えられた気質であり，したがって，なにか気質以上のものである．
> ★061

この引用の中にある「性格のなかに形をと」るのは，どのようにしてかというと，次のように言われます．

> しかじかのものとして気質が認識され判断された場合，これを性格と呼ぼうと思う．そのことは，性格が気質と同じことになることを意味しない．
> ★062

判断とは意志に関わるものです．「気質」を目の前にして，それに自分がどのようにコミットするかが性格を形づくるというわけです．それが試されるのは，大方は「職業」においてでしょう．

> 性格は，そこで，職業にさからう体質と気質にたいして職業が加えた印である．性格は，だから，本性をあらわすにしても，本性にたいする環境の争いをとおしてあらわすのである．
> ★063

職業という言葉を使っていますが，要するに，自分がどのようなことを常にやっているかということでしょう．「職業」というのは，生きていくためには，毎日のようにしなければならない事柄ですよね．そうした言動が性格を創るというわけです．だからこそ，次のようにも言われるわけです．

> 職業や職務なしに直接自分の気質や性質の上に働きかける人々は，いつでも土台と骨組を欠くことになるだろうし，たとえ強固な意志をもっていても，それは往々にして堅固さを欠いたものになるだろう．
> ★064

★057——アラン『芸術について』p.88
★058——アラン『芸術についての二十講』p.118
★059——アラン『諸芸術の体系』p.170
★060——アラン『人間論』p.256
★061——アラン『思索と行動のために』p.231
★062——同書，p.228〔傍点引用者〕
★063——アラン『人間論』p.256
★064——アラン『思索と行動のために』p.229

449

自分の体質や気質と対峙し，真にそれについて考え，判断する．そこにこそ強固な性格は形成されるのでしょう．しかし，そうではない人はいる．定義の最後に述べられる「この体質はある人々においては支配的なままに留まったりする」という指摘は，それを「粘着質」を例にして言い表しているともいえそうです．

M

MACHIAVÉLISME

マキャベリズム – これは情念〔passion〕も信仰〔foi〕も尊敬も愛〔amour〕も無いと想定された〔政治的〕諸権力の行使する術策である．ここで問題となっているのは，他の人々を統治するためにそれらの人々の情念に冷酷に働きかけることである．例えば，ある無実の人物に刑罰を与えることは，暴君にとっては役に立つ効果をもたらすことがありうる．マキャベリはそうした考え方に基づいて『君主論』を著した．しかし，そんな君主などいるものではない．それに，人間というものは打算的な存在などというものよりも，むしろすぐにカッとなってしまう存在なのだ．それで人間は復讐して喜んでいるのである．

マキャベッリの名前ぐらいは誰でも知っています．そしておそらく，その名と結びついた「権謀術数」などという言葉もご存じの方が多いでしょう．彼は，ルネサンスの時代のフィレンツェ共和国の人物です．アランはここで，いつものように，人間の「**情念(PASSION)**」(▶p.544)との関連でマキャベリズムを定義しはじめます．そういう立脚点から君主というものについて言わばあるモデル化を行うためにです．ヒントとなったのはチェーザレ・ボルジアだったようですが……．確認のために述べておけば，「情念」とはフランス語でも英語でも passion です．ひとことで言って，〈人間の心が自己統御を失うほどに何らかのものに引きずられて受動的になっている状態〉です．悲しみや「**怒り(COLÈRE)**」(▶p.180)や「**後悔(REMORDS)**」(▶p.687)や「**嫉妬(JALOUSIE)**」(▶p.424)や恋が，その典型です．

マキャベリズムのこの定義では，最初に「情念〔passion〕も信仰〔foi〕も尊敬も愛〔amour〕も無いと想定された」という言い方がされます．「**信仰(FOI)**」(▶p.372)という言葉が入っているのが重要でしょう．政教分離の下に君主を考えるということは，当時のルネサンスという時代の人々の雰囲気からすると，もっともなことです．中世という時代は信仰に基づいて言わば神の眼ですべてを見ていたわけで，それに対して自分の眼で物事を見ようとしはじめたのが近世という時代だからです．さらに言えば，「**神(DIEU)**」(▶p.263)の存在についても，ある種の疑いが生じている．しかしながら，無神論へと即座に雪崩れ込むのではない．だからこそ，時代がもう少し下ってデカルト・スピノザ・ライプニッツあたりになれば，理性を用いて神の存在を証明しようなどという動きも本格化するのです．ちなみに，ライプニッツに続くカントは神の存在論的証明を批判して認めず（ただし道徳論的証明を主張します），ヘーゲルは認めるといった複雑な経緯が展開します．いずれにせよ，次のようなことは言えるかも知れませんね．

イタリア人のマキアヴェッリは，次のように考える．

　一千年以上もの長きにわたって指導理念でありつづけたキリスト教によっても人間性は改善されなかったのだから，不変であるのが人間性と考えるべきである，ゆえに改善の道も，人間のあるべき姿ではなく，現にある姿を直視したところに切り開かれてこそ効果も期待できる，と．

　ですから上述のモデル化という言葉をたとえ使うにしても「理想化」とは区別した方がよさそうですね．冷徹に人間性を見つめたとき，「情念も信仰も尊敬も愛も無いと想定」することによる考察が始まったのでしょう．「君主」について考察するわけですから，「統治」が主題となります．君主が情念にとらわれて上述したように受動的になっていては統治はままなりませんよね．また信仰も尊敬も愛も，情念と同じように，そういう受動性に翻弄される危険を伴っていると考えてみたわけでしょう．もちろん，統治される側の人々の情念には有効に働きかけようとするわけで，それが「他の人々を統治するためにそれらの人々の情念に冷酷に働きかける」という話になるわけです．そこでは「恐怖(PEUR)」(▶p.582)という情念をまで利用する．「無実の人物に刑罰を与えることは，暴君にとっては役に立つ効果をもたらすことがありうる」わけです．逆らう気持ちを萎えさせ，服従させるための有効な手段として恐怖という情念を役立てうるというわけです(しかし，これは後に見るように失敗します)．ただし，「暴君」にとっては，の話です．まさに恐怖政治でしょう．『君主論』の内容から

よく引かれるライオンと狐の比喩のうち，ライオンの部分ですね．そこでは，狐のずる賢さを持っているだけではライオンのような力に負けてしまうし，ライオンのような力だけでは狐のようにずる賢い者の策略によって倒れるだけだから，君主(支配者)はライオンと狐の両方の性質を持たなければならない，と主張されていました．こうして『君主論』においてマキャベッリの考えるモデルは[ずる賢い]「暴君」というものに近いものだという判断がアランにあるだろうこともわかります．しかしながら，「恐怖」を抱く被支配者をそんなに簡単に手玉に取れるはずもないでしょう．ですから，これはあくまでモデル化であって，実際には「そんな君主などいるものではない」と記されることになる．恐怖を与えれば，人はそれに応じた服従をするものだなどと考えるのは，被支配者が刑罰を念頭に置いた計算をして行動するものだなどと考えることであって，打算的な行動があたかもすべてであるかのように思い違える危険をはらみます．ちょうど，近代経済学が人間についてホモ・エコノミクスというモデル化をして，〈人間というものは経済主体であって効用極大化や利潤極大化をめざした行動を採るものだ〉と言い切る場合と同じです．けれども，それは本当でしょうか？

　「人間は……いつも無差別曲線のことを考えているものであるとか，人間の行動はこういう心中の図表との関係で決定されているとか，そういうことを誰かが本当に信じているのなら，そう考えていたらよろしい．しかし，そう考える時，彼は経済学から心

を演じていることも常識の部類ですね．
　上述した「神存在の存在論的証明」というのは，中世にアンセルムスが述べたもので，いろいろな解釈を受けながら，賛否両論というわけ，興味があったら調べてごらんなさい．

M

★001──最近では，惣領冬実のマンガ『チェーザレ　破壊の創造者』(『KCデラックス』，講談社)が出ていますし．
★002──西洋哲学の始まりとされる古代ギリシアでは多神教が優勢でしたが，一神教を主張する人々もいましたし，神話的な神々だけではないいわゆる「哲学者の神」，つまり理性を用いて神について語る場面もいくらでもありました．代表的なのはアリストテレスの「おのれは動かずして，他のすべてを動かす者」つまり「不動の動者」としての神という考え方がありますし，また中世哲学がキリスト教の神学を体系化するに際してアリストテレスの形而上学は非常に大きな役割

★003──本当は，まだイタリアという国はありませんでしたから，フィレンツェ人(fiorentino)とか言う方が正しいとは言えます．
★004──塩野七生『ルネサンスとは何であったのか』pp.140-141
★005──いわゆるミクロ経済学で，消費者の選好・行動について語るときに使われるもので，同等の効用がもたらされるとされる財の組み合わせを結んだ曲線のことです．

451

理学を論じているのであって，その逆ではない．」〔リットル〕[006]

今回の定義でいえば，マキャベリズムから人間の心理を考えるのは，ちょっとまずいかも知れないという話になります．実際，アランはこの定義の最後で，「人間というものは打算的な存在などというものよりも，むしろすぐにカッとなってしまう存在なのだ」と述べ，冷静・冷酷に人間を捉えたつもりのマキャベリズムが崩れ去るかも知れない地点を見定めようとしています．（被支配者としての）人間の方は冷静に計算などしないからです．こうして，復讐の火ぶたが切って落とされることになる．後先知らぬ行動が始まってしまうのです．冷酷に情念に働きかけたつもりでも，支配者も被支配者も，共に，当の情念の高まりによって押し流される姿がここにはあるのです．

MAGNANIMITÉ
度量の広さ – 文字通り魂〔âme〕の大きさのことである．小人（しょうじん）や，取るに足らない策略や，姑息な手段，そして一般に精神〔esprit〕を低きところに導き〔rabaisser〕，身体の利害関心へと帰着させてしまうようなものへの無関心というところにある徳〔vertu〕である．度量の広さとは魂の自由な部分だけに向けられた尊敬であり，〔魂を〕奴隷にするものへの軽蔑〔mépris〕である．好奇心は，大抵の場合，魂の大きさとは反対のものであり，嫌悪〔haine〕は常に魂の大きさとは反対のものである．しかしそれはなぜなのかと言えば，それはまさに嫌悪というものが自分の尊厳に悖（もと）ると判定されるからなのだ．魂の大きさ（ただ単に偉大さといってもいい）による許し〔pardon〕は，博愛〔charité〕に基づく許しと同じものではない．博愛は最後の一人まで信頼する．魂の大きさは不信を抱くことをよしとしない．それは黙殺するのである．

「文字どおり魂の大きさ」として，神谷訳は anima と magna というラテン語を挙げています．実際，語源はそうなのでしょう．また，例のフランス語類語辞典では，"grandeur d'âme éclatante, glorieuse, extraordinaire d'un souverain ou d'un héros"[007] と説明して，「君主」や「英雄」に典型的に現われるような「徳〔VERTU〕」(▶p.850)であるとしています．実際，ちまちましたことにこだわっていては見事な「君主」も「英雄」もきっとありえないのでしょう．「小人」にはつとまらないだろうし，「取るに足らない策略」にいちいち目くじらを立てていたら苛立つだけだし，「姑息な手段」を気にしていたら自分まで姑息になってしまう．こうした事態を，アランは一般化して「精神を低きところに導き〔rabaisser〕，身体の利害関心へと帰着させてしまうようなもの」への無関心とまとめ，そこには確かに「徳」があるというのです．「低きところに導き〔rabaisser〕」というところが分からない人がもしかしたらいるかも知れません．それは「**精神**〔ESPRIT〕」(▶p.322)と身体とをどのように位置づけるかに関わっており，アランを含めた西洋哲学者の多くの人々は，精神を身体よりも上のものと考えていることに注目しなければなりません．こういう考え方そのものが正しいのかどうかについて，東洋的な考え方からのアプローチをも含めて，考えてみなければならないとは思います．いずれにせよこうした言わば価値判断について，例えばどんな言い方がされるのかをみましょう．

> 身体から始めなければならないのだ．身体が観念を見つけ出さなければならないのだ．インスピレーションの動きは常に下から上へと行なわれるのである．[008]

芸術作品において，低いものと高いもの，

自然と精神とのあいだに感じられる調和は本体論的証明を実現し，まえもって私たちの思考を保証する…〔後略〕
★009

　この「度量の広さ」の定義で言う「徳」も，こうした価値判断の前提の上に書かれているのですが，それについて吟味するためにまずは「徳」とは何か考えてください．ギリシア語では，アレテー〔ἀρετή〕という語で，それは必ずしも人間だけについていわれるものではなかったのです．

　　事物の事物たる所以のものはそのものの徳である．事物について徳をいうことはそのものの何たるかを言表することに外ならない．徳とはただ人間の行為についていわれるのみでなく，ひろく事物についてそのものの何たるかを言表すものである．
★010

　事物に備わった見事なところ，「高み」とでも言うべきあり方を，徳というのでしょう．しかし，もちろん，アランのこの「度量の広さ」の定義では人間について語っているのですから，ここに話は限定されます．そこで，今度は次の引用について考えてみてください．

　　　ヴァイタリティ
　　生命力ならば，子供でももっている．いや，若いうちのほうが生命力は旺盛でしょう．しかし，それに意志の力が加わってくると，やる気ないし覇気に変わる．これをラテン語ではヴィルトゥス(virtus)と言い，イタリア語ではヴィルトゥ(virtù)となって，徳，長所，力量，能力，器量などを意味する言葉です．生命力ならば自然が与えたものだが，ヴィルトゥスとなると人間の意志力の成果，というわけ．生命力ならば誰でももっているが，ヴィルトゥスとなると誰にでも恵まれるとはかぎらない，ということですね．
★011

　さきほどのフランス語類語辞典での説明には「君主」と「英雄」の話が出てきました．「**哲学**(PHILOSOPHIE)」(▶p.587)の歴史のなかで，まさにこの二つに密接に関わった学派があります．古代ギリシアから古代ローマにかけて活躍したストア派という人たちです．普通は，禁欲主義ということで有名ですね．現代語にもストイック〔stoic〕という言葉で残っています．アラン自身がストア派にかなり魅せられていた形跡があります．デカルトもストアの影響を強く受けているようですし，「**キリスト教**(CHRISTIANISME)」(▶p.160)にしてからが，その拡がる素地としてストア派の禁欲主義があったと言われることが多い．まあ，それはそれとして，このストア学派の考え方を少々念頭に置きながら今回の定義を読み解く試みをしてみましょう．

　「度量の広さとは魂の自由な部分だけに向けられた尊敬であり，〔魂を〕奴隷にするものへの軽蔑〔mépris〕である」と言われます．ここには「**魂**(ÂME)」(▶p.069)が，自由になったり，奴隷のように束縛されたりする場面が区別されています．例えば怒り狂っているとでもいう場合，その「**怒り**(COLÈRE)」(▶p.180)という「**情念**(PASSION)」(▶p.544)が起こっている当人全体を支配してしまって言うつもりもなかったことを口走ってしまったりする事態を考えてみてください．そんな場合，人間は自由意志による選択に基づいてそのことを言ったというよりも，怒りに引きずられて言ってしまった（身体の興奮が原因となって結果として言わされてしまった）と考える方が正しい，とデカルトなどは考えるわけです．原因としての身体の機械的な動き，すなわちショックなことを言われてしまったりして身体が激しく動き出すというような動き，に対してまさに結果として怒りという情念〔身体の激しい動きに応ずるような思い〕を抱いてしまっているという意味で，精神は受動的となっているということです．相手

★006──清水幾太郎『倫理学ノート』p.119
★007──H. Bénac, *op.cit.*, p.424
★008──アラン『芸術について』p.117〔傍点引用者〕
★009──アラン『イデー(哲学入門)』p.293〔傍点引用者〕
★010──山内得立『ギリシアの哲学 II』p.111
★011──塩野七生『ルネサンスとは何であったのか』pp.136-137

453

の言ったことが自分にとって〈ショックなこと〉であるという認知が必要であるという意味では思考から始まっているにしても，その認知はすぐに身体的な興奮を引き起こすし，この引き起こされた興奮が翻って思考を狂わせていったりするわけです．次のような事態です．

> ストア学派の人々は恐れと怒りをおさえるための見事な議論をのこした．デカルトもその『情念論』のなかでそれと同じことをひたすら追求した．その意味でかれこそ最初の第一人者であり，かれみずからそれを誇りとしている．情念というものは，全く人間の思考によって発動するものであるにもかかわらず，同時に人間の肉体のなかに生じる運動に依存するものであることをかれは示した．★012

言い換えれば，自分の動きそのものが機械的になってしまっている．気分とか情念に翻弄されるとはそういうことでしょう．だからこそ，かえってデカルトは次のように考えることを決断するわけです．

> デカルトは，彼の気分のなかでは彼はメカニックなものでしかないということを選択する．そしてこう定めたことによって，私たちの情念は事物の領域に帰せられる．★014

しかし，この引用で言う「事物の領域に帰せられる」とはどのようなことでしょうか？「事物の領域」とはまさに，「〔魂を〕奴隷にするもの」の領域なのだと私は思います．そして，そこで支配しているのは，自由意志ではなくて，運動法則なのだと言ってしまった方がいい．次のようにです．

> 気分というものを他の観点から，すなわち，ただ運動として，あるいはむしろ運動の支配としてとらえることが必要だ．★015

さて，もう一度戻りますが，「魂の自由な部分に向けられた尊敬」そして「〔魂を〕奴隷にするものへの軽蔑」と言われていました．それはいま述べたことに照らせば，運動法則というものに全面的に身を委ねてしまうことへの「**軽蔑（MÉPRIS）**」（▶p.474）と，そうではないあり方もありうるという可能性に賭け，さらに言えばそういうあり方を尊敬しさえするということになるのではないでしょうか？　確かに，これは容易に両立しないように思われます．カントが『純粋理性批判』の「二律背反」の議論で語った〈自由と必然との背反〉があるように見えるからです．すなわち，自然科学的な理論構成からみれば，この世のすべての出来事はたとえどんなに複雑ではあっても自然法則に則ってしか起こらないと考えられている（実際，理系の先生や学生にはそう信じ込んでいる人がたくさんいます）．そうだとすれば，しかし，人間の自由など消えてしまうのではないか．実際，「そうだ，自由などない！」という人もいくらでもいる．カントは，こうした問題を自分の考察の出発点に置いているくらいです．★016

> 私の出発点は神の存在や不死等ではなくて，純粋理性の二律背反，即ち「世界は始元を有する——それは始元を有しない等から，第四の二律背反，即ち人間には自由がある，——対，自由なるものはない，人間に於ける一切のものは自然必然的である」に到るものです．この二律背反は，即ち私を始めて独断的微睡から覚醒させて，ひたすら理性そのものの批判に向わしめたところのものであり，かくして一見理性の自己矛盾の如き観を呈する障礙を除くことが出来たのです．〔Garve宛書簡（1798/9/21）〕★017

カントはこうした考察を，「自然の因果性」と「自由の因果性」の区別として切り抜けていこうとします．〈自然法則にしたがって進行する現象をみずから始めるところの原因の絶対的自発性〉とでもいうべきものがあって，そこで語ら

れる因果性をカントは「自由の因果性〔Kausalität durch Freiheit〕」と呼んだのです．自然的世界の因果性に基づいた世界記述だけでは自由を語る余地はないが，別の因果性を考えるならば自由を信じる余地はあるというわけです．背景には，カントの敬虔主義〔Pietismus〕のキリスト教信仰があることは確かですが，神が道徳律（例えば，「殺すな！」「盗むな！」などといった定言命法）を課しているのだとすれば，それができるという自由がなければならないということです．そうでなければ，どんな悪いことをやろうと，〈自然法則の必然性によって私はそれをやらざるをえなかったのだ〉という言い訳ができてしまう．もう少し身近な例をカントから引いてみると次のようになります．[★018]

> もしわたくしが今（たとえば）まったく自由に自然的原因の必然的に決定する影響なしにわたくしの椅子から立ち上るとすれば，時間の上から見ると，この出来事は単に先行する系列の継続にすぎないにしても，無限につづくその自然の継起を伴うこの出来事のうちに，一つの新しい系列が端的に開始されるのである．[★019]

アランが明確にカントを念頭に置いて定義を下しているわけではないのですが，そんなふうに考察を進めることもまた可能ではないかと私は言いたいのです．「尊敬」と「軽蔑」といった動きとの関わりで，定義のこの部分を機縁にいろいろ考えてみることができようというわけです．

さて，ここからはもっと奔放に連想を逞しくすることにします．すると，この定義の考察は，古代ローマの皇帝にしてストア派の哲学者であったマルクス・アウレリウスの次の言葉までをも私に思い出させます．

> 要するに，徳と徳のもたらすものとを除いては，物事をその構成部分に解体して根底まで見きわめ，かように分解することによって，これを軽視するに至るべきことを忘れてはならない．同じ方法を人生全体に応用せよ．[★020]

ちなみに，カントとは違って，ストア派は唯物論的です〔「唯物論（MATÉRIALISME）」（→p.463）〕．

> 〔ストアの全面的唯物論は〕夜が物体であり，夕方，あけぼの，真夜中が物体，言葉，"神"，霊魂，諸徳が物体である．[★021]

またアランの使っている「軽蔑」という言葉の出る文脈は，やはりストア哲学の文脈でもあるように感じるのです．

> 自由にいたる唯一の道は，私たちの権内にないものを軽蔑することである．[★022]

ところが，往々にして私たちは度量の広さなどというものよりも，他の心の動きに身を投じてしまうのも確かです．好奇心はその一つだとアランはこの定義の中で言っています．

> もし哲学が厳密な意味で倫理学であるなら，まさしくその理由から，それは一種の普遍的認識であり，目的からいって，われわれの情念あるいは単なる好奇心を満足させるための認識とは明瞭に区別される．[★023]

★012——アラン『幸福論』p.27〔傍点引用者〕
★013——次のようにはっきりと言ってしまう人もいます．「アランの中では「気分」（ユムール）は「情念」（パッション）の同義語ですから，……」（合田正人『心と身体に響く，アランの幸福論』p.71）
★014——アラン『イデー（哲学入門）』pp.165-166〔傍点引用者〕
★015——アラン『思索と行動のために』p.234
★016——哲学者のスピノザなども，投げられた石は，自分が自由に空を飛んでいると思うだろうみたいなことをいって自由を否定するのです．
★017——高坂正顕『カント』pp.17-18〔傍点引用者〕
★018——もっとも，罰せられることも必然という実につまらない話になりますが……．
★019——I. カント『純粋理性批判』p.330
★020——マルクス・アウレリウス『自省録』p.182〔傍点引用者〕
★021——ジャン・ブラン『ストア哲学』p.50
★022——エピクテトス『要録』（『〔世界の名著〕キケロ エピクテトス マルクス・アウレリウス』）pp.391-392
★023——アラン『思索と行動のために』p.22〔傍点引用者〕

455

好奇心全般が悪いのではないのですが，デカルト自身が好奇心というものに翻弄されることには警戒感を示した言葉を残しています．

> 驚きが過度である場合，すなわち，そのため眼前に現われた対象の最初の像にのみ注意を奪われてしまい，その対象について他の認識を獲得することができないようになる場合には，この情念はほかのどんな対象が現われても，それが少しでも自分にとって新しいと見えるならば，同じように気をとられてしまうという習慣をあとに残すのである．そしてこのことが，盲目的な好奇心をもつ人々の悪癖，すなわち珍しいものを，認識するためでなく，ただそれに驚くために，求める人々の悪癖を，いつまでもつづかせるのである．★024

さらに言えば，真の知の形成のためにも，ある種の度量の広さが必要だとアランは考えているのかも知れません．**実証主義（POSITIVISME）**（►p.624）哲学の創始者にして社会学という学問の創始者であるオーギュスト・コントに触れながら，アランは次のように書いているのです．

> 知の真の理由は，しばしば小さなものに満足するむなしい好奇心ではなく，しばしば低い情念の関心をひくにすぎない物質的進歩への配慮でもない．知ることの真の理由は知恵そのものであり，人類全体にとって理にかなった未来を組織化することである．★025

では，次の「嫌悪は常に魂の大きさとは反対のもの」であり，「嫌悪というものが自分の尊厳に悖ると判定されるから」というのはどういうことでしょう？　それは「嫌悪」つまり，「憎しみ嫌うこと．強い不快感を持つこと」（『デジタル大辞泉』）が，言い方を換えれば，当の嫌悪の対象に囚われることでもあるからだと思います

〔「憎しみ（HAINE）」（►p.397）〕．こうした〈囚われ〉そのものを断ってしまうところに度量の広さはあるのでしょう．だからこそ，「魂の大きさ（ただ単に偉大さといってもいい）による許し〔pardon〕は，博愛〔charité〕に基づく許しと同じものではない」と言われるに至ります〔「赦し（PARDON）」（►p.538）〕．**博愛（CHARITÉ）**（►p.148）の定義も参照してほしいのですが，「博愛は最後の一人まで信頼する」ことが，「黙殺する」のと違うのは，「不信を抱くことをよしとしない」からだとアランは言うのです〔「不信（DÉFIANCE）」（►p.212）〕．それはやはり「不信を抱くこと」自身が当の対象に囚われることだと知った上で，〈そんなことやってられねぇぜ！〉ってな感じで，無視することになるからでしょう．実際，君主や英雄というものはそんなものなのかも知れません．しかし，博愛は，そこに留まることはしない．博愛〔charité〕は普遍的な好意〔une bienveillance universelle〕なのであって，★026たとえ相手が小人であって，取るに足らない策略や姑息な手段を用いているとしても，それにもかかわらず，その相手を黙殺するのではなく，その人物の「高み」を救い出そうとするのです．それにはおそらく強烈な意志が必要です．

> 真の愛とは，最良のものを見ぬく術でなかったら，いった何であろうか．意志的なもののみが真の愛だ．★027

裏切られ，騙され，迫害されたりしても博愛を棄てなかった**キリスト教徒（CHRÉTIEN）**（►p.155）たちの話ならいくらでもあります．キリスト教におけるいわゆる「対神徳」，つまり**信仰（FOI）**（►p.372），**希望（ESPÉRANCE）**（►p.314），**愛（AMOUR）**（►p.076）〔それぞれfides, spes, caritas〕の響きをここに聞き取ることはできるでしょう．アランは教会には行かなくなってしまった人物ですが，カトリックから多くのものを引き継いでいることも確かです．

人間を理解しようとするやいなや，選択が必要だ．しかも，最上のものを選ばねばな

らない．希望と愛の方法こそ，たんなるショックのかなた，ひろい地平線上に対象をさがすものである．[★028]

人間，生きている限り，対人関係でも自然との間でもショックを受けることばかりです．度量の広い人は，それらを取るに足らないものとして切り捨てていくでしょう．それに対して，博愛の人は，切り捨てずに，救い出していくように思えます．

MAÎTRISE
支配 — 支配とは自己を支配することである．人が支配者であるのは，単にやり方を知っているというだけの時ではなく，指令に応じて自らのすべての〔相応しい〕諸力(リソース)を見出しもまたするときである．この意味は美しい．まず自らを統御する者しか，人々は支配者〔maître〕と呼びはしない．

支配するという言葉の語感からすると〈他のものを支配する〉という感じを抱くのが普通ですが，アランは何よりもまず「自己を支配すること」であると述べます．ただ，日本語の「支配」というとかなりきつい響きがあるのですが，この定義の最後にも出てくる「支配者」〔maître〕という語はまた「教師(特に小学校の教師，もっとも大学の講師職も maître de conférence というけれども)」をもフランス語では意味しており，その点を加味してこれらの言葉〔maîtriseやmaître〕は受け取らなければならないでしょう．いずれにせよ，「自らを統御する〔se gouverner〕」という言葉も出てくるように，ここで言う「支配」は，フランス語の語感からすると「統御」とか「制御」とか「統率」とかいうニュアンスに近い言葉です．

また，前に触れたフランス語の類語辞典によると，maîtrise という語の箇所には「habileté という語を見よ」という指示しか書かれていません．そこで habileté〔巧みさ〕をひいてみるとそこに maîtrise の説明が載っていて，次のように書いてある．Habileté supérieure, dans un art ou dans une science, qui marque qu'on en possède parfaitement la technique. [★029](学芸における見事な巧みさ，そしてそれはそういう事柄についての技術を完璧に所有していることを示す)，とあります．

こうして今回の「支配」という言葉の定義におけるこの「巧みさ」とはどんなものかと問う必要が出てくるでしょう．それこそが実は定義の中ほどの言葉であって，「単にやり方を知っている」のではダメだと書かれている．それだけではなくて，「指令に応じて自らのすべての〔相応しい〕諸力(リソース)を見出しもまたする」のでなければならないというわけです．「指令に応じて〔au commandement〕」という言葉に引っ掛かりそうになってしまいますが，要するに〈何かをするという課題があたえられたとき〉とでも解釈すれば，不自然というほどのことでもない．そして，ここの箇所は実にもっともな議論だと私は思います．例えばみなさんが〈数学の公式の使い方を知っている〉場合というのを考えてみてください．まさに，数学の問題が出されたときに，何らかの公式を使って問題を解くやり方を知っている場合です．それで見事に問題を解くことはできるかも知れませんが，〈それでは自分で使った今の公式を証明してごらん〉と言われたとき(つまり，そういう指令が下ったとき)に，できないことはありませんか？　いずれにせよ，数学の問題を解いたりするに際して，〈確かに使えるのだが，どうして

[★024] — R.デカルト『情念論』pp.152-153〔傍点引用者〕
[★025] — アラン『イデー(哲学入門)』p.340〔傍点引用者〕．ちなみに，コントには『社会再組織に必要な科学的作業のプラン』という著作があり，まさにフランス革命後の混乱からどのように未来を組織化するかについて考察したのです．
[★026] — Lettre de Leibniz à Malebranche in C.I.Gerhardt, *Philosophischen Schriften von Gottfried Wilhelm Leibniz*, vol.1, S.357
[★027] — アラン『思索と行動のために』p.395
[★028] — アラン『人間論』p.126〔傍点引用者〕
[★029] — H. Bénac, *op.cit.*, p.442

457

そうなのかはよく知らない〉ということは往々にしてあるものなのです．工学系でも，例えば波動力学の基本方程式である「シュレーディンガー方程式」を使えばできることは分かるけど，きちっと意味は把握していないとか，よく聞こえてきたりします．しかし，アランはそのレベルでは当該の事柄を支配できてなどいないと考えているのではないでしょうか？ 彼は厳しい言葉を使って，そのことに警告を発しています．

　　知りたいのであって，知っているふうをしたいのでない者は，幾何学や力学に十年を費やして，あらゆる種類の知られた真理を自分で発見するだろう．★030

　事柄を本当に知りたいのかどうかです．受験を勝ち抜くために解き方を憶えているぐらいでは，事柄を本当に知りたいなんて思っていないだろう，というわけです．〈知を愛し求めること〉こそが哲学〔φιλοσοφία < φιλέω (愛する) + σοφία (知)〕なのですが，人は往々にして，何かができるようになるとそのことを真に知ることを求めなくなる〔**哲学(PHILOSOPHIE)**〕(▶p.587)〕．アランも次のように簡潔に指摘しています．

　　人間は自分が知っている以上のことができるようになると，そのできるというほうを選んで知るというほうを捨ててしまうものである．★031

　もう少し詳しく書いているのが次の箇所．

　　人は知識以上に能力を好む．そして，成功はつねに私たちの理解力の範囲を越えるとは，私たちの行動の奇妙な一法則である．そこで，成功によって面目を失わぬ人はないのである．なんの技術であれ，およそ技術とは自己自身をあなどるこの種の思想である．実際に空を飛ぶことができるなら，理論はどうでもかまわないのだ．★032

この引用では，「能力」と「知識」，「技術」と「知」が区別されていることは分かりますよね？ 言語運用能力でも同じことが言えるでしょう．自分で何の問題もなく使っている言葉があったとして，それの意味を説明してごらんと言われてもできないことはある．いや，そんなことばかりです．プラトンが対話篇のなかでソクラテスを登場させつつ見事に書いたようにね．例えば，「愛って何？」なんて，真顔で交際相手にきかれたら，どうします？ そもそも言葉を習得するということ自体が，意味を十分に知った上で成し遂げられるものではないでしょう．言葉がしゃべれるようになるまでの子どもを観察していれば分かるはずです．例えば，幼児がはじめてパパという言葉を憶えると，父親以外の誰に対してもパパという言葉を使い，それを周囲の者たちによって修正される，というのが実情なのです．〈子供はまずはじめに覚えた言葉をできるだけ遠くへまで及ぼそうとすることを考えよ〉★033というわけです．子どもによるそうした言葉の習得法は別に間違ってはいない．というより，子どもにとっては，おそらく，それしかない．大人だって，外国語を習得することを考えれば，そのことは分かるはずです．

　　なじみのうすい外国語で話そうとする場合，まず自分の言おうとすることを知るのは，人が思うほど重要なことではない．自国語でまず自分にたいして言ったことを相手の国語に翻訳するというこの行き方，これは自然なものではない．これは明らかに，母親からおそわる幼児の行き方ではない．幼児はまずものを言うのであり，言ったことを理解するには一生かかってよいのである．はじめに考えがあって，それからこれを伝えるのではない．むしろ，自分にもふしぎな自分自身の言葉づかいのうちに，自分の考えを見いだすのである．★034

458

ですから，外国語を習得しようとする場合，まず日本語で考えてそれを当該外国語に翻訳するというやり方を会話でやろうとすると非常に苦しい．「自国語でまず自分にたいして言ったことを相手の国語に翻訳する」のではちょっとまずいのです．私はフランス語の簡単な会話を教えていたりしますが，どうやって教えているかというと，会話文の暗記です．しかも，教科書に載っている会話文の文字は初めに発音を確認するためだけに用い，いざ暗記するときはその文字に頼らないように，シチュエーションと音とで憶えるように指示します（頭に文字が浮かんできてしまうのは避けられませんが，それに頼らないように努力させるのです）．そしてロール・プレイをさせます．教科書は演劇の台本であると説明するのです．

さて，定義に戻ります．アランは上述のようなことを定義の中間で述べたあと，「この意味は美しい」と書いています．どうして美しいのでしょう？　アランはどんなところにこうした事柄の「**美しさ**（BEAUTÉ）」（▶p.122）を見出しているのでしょうか？　私は次のようなことではないかと考えます．すなわち，人が何かをできるだけではなく，その際，自分のやっていることをまた知ってもいるというとき，〈知に関して，自分がやろうと思えばできることをやり尽くしており，いい加減にしてそこから逃げだしたりしてはいない〉からではないでしょうか？　例えば，塾でも家庭教師でもいいけれども，誰かに数学を教えているとき，半角公式みたいな数学の公式について教え子から「なぜこれが成り立つの？」ときかれて，自分では上手く「**証明**（PREUVE）」（▶p.655）できないために，〈そんなこといいから，使えるようになれ！〉とか言っている自分を思い描いてください．その言いぐさは，美しいでしょうか？　確かに教える立場に自分

はいるかも知れないけど，それを見事に遂行しているでしょうか？　そんなふうに思い巡らせば，少しはこの「美しい」の意味が分かるのではないでしょうか？　何か指令や課題が与えられたときにそれに対処できないようでは，見事にその職務を遂行しているとは言えない．それは，あえて言えば〈人間という職務（?）〉みたいなことについても言えるのではないでしょうか？〈あなたは人間として見事に生きていますか？〉といった……．どこかで逃げていては，それは心許ない．私が教えていた大学院生で，非常勤講師として大学で教え始めてメキメキ実力を付けてきた人がいますが，彼はこう言いました．「教えているという立場だと逃げられないことを知りました」，と．大学院生として，ただ教わる立場にいたときは，逃げることがまだできていた，というのです．〈このへんでお茶を濁していても先生が何とかしてくれるだろう〉とかいう思いがどこかにあったというわけです．思考するに際しても，です．こうして，彼は，教え始めてやっと，見事に生き始めたのではないか？　そうだからこそ，本当に教えるということもできるのではないでしょうか？　それには，つまり逃げないためには，厳しくも穏やかな自己統御が必要だと思います．そして，それができたとき，人は他人を助けることにもなるのかも知れない．次のようなことです．

> 私が他人を助けるとしたら，それは自分自身を支配することによってであり，ほかに方法はない．[035]

> 自分自身と睦む人々のうちには，何という徳があることか．彼等は，周囲の人間の世界を暖める．美しい火と言おうか．ひとりでも燃えるであろうが，人々はそこで暖まるのだ．カトリシズムは，このことを個人

★030──アラン『宗教論』p.260
★031──アラン『教育論』p.215
★032──アラン『人間論』p.166

★033──アラン『教育論』pp.106-107参照
★034──アラン『人間論』p.224
★035──アラン『宗教論』p.195

の救いという説によって，苛酷なまでに力強く表現している．…〔中略〕…何人も，他人に対して，自分自身を救う以上によいことは為し得ない．[036]

　どういうことでしょうか？　これこそ，「魅力」ということに関わるのです．見事に自分を統御している者を観て，人は自分もやってみようと思うのではないでしょうか？　実を言うと，プラトンがソクラテスの素晴らしさに触れ，この師の不当な死刑に憤慨しながら対話篇を綴ったのは，師の生き方に，すなわちまさに〈善く生きよう〉とした生き方に，倣おうとしたからではないでしょうか？　ソクラテスは書物を著さなかったけれども，あえて筆をとってその生き様について〈書きながら理解しよう〉とプラトンは思ったのではないでしょうか？　前にも引用した次の一節を思い出しましょう．

　　死んだソクラテスは完全に姿を現わした．プラトンはもはや彼自身であるだけではなく，彼のなかに反対者をもつことになり，彼は長い年月にわたって，彼自身以上に彼であるこの反対者とひそかに話しあったのである．[037]

　ここで「反対者」と書かれているのは，もちろん，プラトンが何か自分の説みたいなものを書こうとするとソクラテスが思い出され，今は亡きソクラテスが生きていたらそれに反駁したかも知れない議論を仮想し，それに耐えなければ書けなかったからでしょう．こうして書くことが，そしてシチリアに理想国家を創ろうとあくまで努力し続けたことが，プラトン自身の辛くもまた楽しい生き様だったのではないでしょうか？　あえて「理想(IDÉAL)」(▶p.402)を追い，「哲人王」を求めた彼は，やはり哲学者の典型であるように私には思われます．おそらく，次のような喜びを求めてのことだったのでしょう．

　　自分の行動を支配するかぎり，そこに快楽を見いだすのであり，また，隷属と無力を感ずること以外に苦しみはないのである．それゆえ，安楽は何ごとをも解決しない．もらった喜びではつまらない．[038]

　　快楽というものは，商品のように並べられていて，取る取らぬは勝手，といったものではないからである．たとえば，本を読む楽しみも，読む修練をしなかった人にとってはなきに等しい．絵をかく楽しみも，山にのぼる楽しみも同じこと．各自が自分の楽しみを獲得しなければならないのである．それどころか，努力を重ねて自分自身から楽しみを引きださねばならないのだ．[039]

MALÉDICTION
呪い ─ これは祝福〔bénédiction〕の反対であり，悪の厳かな告知〔annonce solennelle〕である．確信に満ちた語調，それが呪いの一つの特徴なのだが，それは呪われる者の想像力〔imagination〕に深く痕跡を残す．呪いは，同時に，一つの脅しであり，一つの予言〔prédiction〕であり，故意に礼儀〔politesse〕を踏みにじるという意味においてすでに一つの暴力〔violence〕である．どこに行っても絶え間なく呪いの言葉を投げつけられたら，それに抗しうる人間などおそらく一人もいまい．呪われた者はみずから破滅に突き進む．

　呪い〔malédiction〕は「祝福(BÉNÉDICTION)」(▶p.124)の反対であるというのは言葉の成り立ちからしてそうです．悪く〔male〕言う〔dire〕ことは善く〔bene〕言うこととは反対のこと．しかし，それが厳かな告知〔annonce solennelle〕という言葉で強調されるかのように見えるのはどうしてでしょうか？「厳かな」という言葉が，儀式などによく使われる言葉であることをヒントに考えていきましょ

う．「厳かな」という言葉が良い方の意味で使われる例としては，「受胎告知」があるでしょう．天使ガブリエルによる聖母マリアへの告知でした．レオナルド・ダ・ヴィンチの《受胎告知》（フィレンツェ，ウッフィッツィ美術館蔵）では天使ガブリエルがピース・サインのような指の形を取りながら祝福の意を表しています．大事なことを告げ知らせるという場面ですから，言葉づかいにも，それなりの儀式的な型が必要でしょう．シモーネ・マルティーニの《受胎告知》（フィレンツェ，ウッフィッツィ美術館蔵）などでは，告知の言葉まで描かれています（「喜びなさいマリア．恵まれた人よ．主があなたとおられるのです〔Ave Maria, gratia plena, Dominus tecum.〕」）．言わば反対のしようのない，つまり受け入れを拒否しようもない断固とした伝達です．この瞬間の聖母マリアを描いた絵画の場合は，その事態の重大さに不安げな表情を表していたりすることもあります．フィレンツェのサン・マルコ修道院（今は，サン・マルコ美術館）にあるフラ・アンジェリコの絵は，それに近い表情をしています．

さて，厳かな儀式のような出来事は，それに参加する人々に強い印象とそれなりの記憶を残すのが普通です．結婚の誓いなどを考えてみればいいかも知れません．当事者にはとても大きなことですし，参列者にも，証人としてのある種の責務が課せられることになります．そして呪いも同様でしょう．日本の呪いというと，藁人形を手にした「丑の刻参り」（代表的なのが，京都・鞍馬にある貴船神社）みたいに誰かに見られてはならないという例が思い浮かぶかも知れませんが，ここでは『眠り姫（眠れる森の美女）』（グリム童話では『茨姫』）を思い出せばいい．姫の誕生を祝う宴に招待されなかった魔法使いが姫に呪いをかけるのは，宴に参加する国王たちの目の前においてでした．ちなみに，ディズニーの映画に出てくるその魔女がマレフィセント〔Maleficent〕という名なのは，〈悪をなす者〔malum + facio〕〉という意味のラテン語です．あの場面では，呪われる者の方はまだ赤ん坊ですから，その姫自身の「想像力〔imagination〕に深く痕跡を残す」ことはありませんけどね……．いずれにせよ，「厳かに」，「確信に満ちた語調」で宣言された呪いはまわりの者たちの「想像力（IMAGINATION）」（▶p.407）に深く痕跡を残したことは確かですし，まさに「ひとつの脅しであり，ひとつの予言〔prédiction〕」であるわけです〔「予言（PRÉDICTION）」（▶p.643）〕．だからこそ，それを遮断しようとして，国王は国中の糸車を焼きはらわせたのでした．

ところで，「故意に礼儀〔politesse〕を踏みにじるという意味においてすでにひとつの暴力〔violence〕である」という言い方については少し解説しておいた方がいいでしょう．「故意に礼儀を踏みにじる」ことがなぜ「すでにひとつの暴力」〔「暴力（VIOLENCE）」（▶p.856）〕なのか，と思う人もいるかも知れませんからね．さきのディズニーの映画に戻ってみれば，呪いがかけられるのは，まさに祝福の一連の儀式の最中でした．そして，儀式というものは集団的な「礼儀（POLITESSE）」（▶p.620）なのだと言ってもいい．そこでは，人々が，慎重に言葉を選び，言うべきことだけ，言うに価することだけを言おうとしている場面です．「怒り（COLÈRE）」（▶p.180）にまかせたりして，意志もないのに口走る言葉を発するなど，もっての外なのです．「礼儀とは，自分の欲していること以外はけっして相手にわからせないようにする，いわば表現の体操である」というわけです．「とにかく，礼儀という拘束は必要だ．思ったことをみんな言おうとすると，思っている以上のことをしゃべってしまうからだ」なんていう言葉もあります．それこそが，そもそもなぜ儀式などということをするのかということに関わります．以前に「情念（PASSION）」（▶p.544）の話でも触れたように，人間は情念によって「高み」から落っこちてしまう．それに対して，反対に人間の「高み」を記念しよう

★036——アラン『思想と年齢』p.389
★037——アラン『イデー（哲学入門）』p.26
★038——アラン『人間論』p.239
★039——同書，p.238

★040——A. モーロワ『アラン』p.83
★041——アラン『思索と行動のために』p.392
★042——同書，p.394

461

とするのが儀式の場面でしょう．言い方を換えれば，人間は儀式を行うことによって人間としてきちっと自分たちを維持しようとしているとも言える．動物と区別された仕方において，です．

　動物は道具をもたないということがよく言われたが，動物は服装をもたない，そして儀式をもたない，と言うことも同じように重要である．ということは，動物は真のしるしを知らない，記念するしるしを知らないと言うことである．[★043]

　およそ儀式の身振りは決して烈しいものでもなければ，予見されないものでもない．のみならず，烈しいもの，予見されぬものは，ほとんどすべて無礼のうちにある．[★044]

　ひとことで言えば，儀式の身振りは暴力的ではないのです．「茶の湯」の集まりにおける所作を考えてみればすぐ分かるはずです．実際，「茶の湯」はフランス語では La cérémonie du thé といいます．〈お茶の儀式〉という意味です．そこにあるのは訓練され，みごとに「美(BEAU)」(▶p.120)にまで到達した所作でしょう．「所作の訓練は，すなわち礼儀にほかならない」[★045]のです．ところが，あの魔女は，怒りにまかせて，呪いをかけるのでした．人間を人間らしく立たせようというこうした儀式そのものを，「高み」から落ちてしまっている言葉によって破壊するということが，ここで言われている暴力の正体でしょう．

　心に浮かんだことを言いたいという欲求について，まちがえないようにすることだ．この欲求は動物的なものだ．それは，単なる衝動，単なる情念にすぎない．[★046]

　さて定義の最後に移りましょう．「どこに行っても絶え間なく呪いの言葉を投げつけられたら」，人はどうなるのでしょう？　まさに礼儀を以て人間というものの「高み」を記念するど

んな営みからも遮断された人物はどうなるかということです．自分を救い出すことができなくなるでしょう．自分を見失ってしまう．絶望してしまうのです．

　厳密に言えば，絶望した人間は自分のことをよく知らないし，さらに適切にいえば，まるで自分のことを知らない．[★047]

　言い方を換えれば，自分を知るには，自分がすっと立っている姿を，それこそ「高み」と言いたいのですが，それを手に入れなくてはならないのでしょう．もう一度，次の一節を思い出しておきましょう．

　どの感情にも，かげりがあり，疲労の時機がある．だが，人間はこうした瞬間に，喜ばしい勝利と再開のときより真実であるかどうか，これを知るのはまさに容易ならぬことである．スピノザならば，例のきびしい態度で，弱気や悲しみは私たちの力ではなく，幸福こそノーマルなもの，つまり規則を与えるものだということを，公理としてかかげるであろう．このたくましい思想は人を驚かせる．およそ思想は人を驚かせるのである．生理学者や医者は思想を信じない．彼らはこの〔思想との〕離婚を行なうことから始めたのである．人間がすべっているときに人間から出てくることを，彼らはじつにうまく観察する．人間はそのように作られているのだ，と彼らは言う．私ならむしろ，人間はそのようにこわされていると言うだろう．[★048]

　「病気は規則ではない．たとえ十中九回まで病気が観察されようと，それはいぜんとして規則ではあるまい」[★049]と言えるためには，「高み」が保存されなくてはならない．それを破壊するのが呪いという暴力なのでしょう．そうなったら，人は「破滅に突き進」んでしまうのです．〈人間など大した

ものではない〉などという言葉を，私は人間に対する「呪い」と考えます．〈お前なんか落ちこぼれだ〉という言葉も，相手に対する「呪い」でしょう．決して言ってはいけない言葉です．

母親と教師のたゆまぬ好意によって，はじめて子供はあえて人間になろうと試みる．[★050]

「呪い」とは反対に人間を破壊から守るには，「許し」が必要です「赦し（PARDON）」（→p.538）．「真の許しは美しい像を作り直すところにあるが，これは易いとは限らない」[★051]のは確かです．しかし，それにもかかわらず，他人に対しても，自分に対してもの「許し」が必要です．「呪われた者とは，自分が許されることをけっして信じようとしない者のこと」[★052]なのです．

MATÉRIALISME
唯物論 – これは，すべてを，惰性的で偶然につりあいがとれているといった諸事物の盲目的な運動と錯綜によって説明するような，事物と人間とについての受け取り方である．そして，それはまた，上位のものを下位のものによって常に説明しようとする傾向である．例えば，思想というものを脳における少々の燐によって，勇気〔courage〕を熱と血圧によって，善意を粘着性気質〔tempérament lymphatique〕によって，労働を筋力によって，知性を脳の重さと形によって，法律〔lois〕を風土と産物によって，侵略を人口過剰によって，習俗を職業によって，宗教〔religion〕を職業習慣によって，革命を生産設備の変化によって，など．唯物論のこの最後の形態は，カール・マルクス以来，史的唯物論と呼ばれる．唯物弁証法〔dialectique matérialiste〕は，同じ著者にしたがえば，人々の意見をもまた変えることをめざして，下位の諸条件に働きかけようとする一つの方法である．

唯物論は事物と人間とをどんなふうに捉えるかという受け取り方のひとつであるとアランは言います．ここで「受け取り方」と訳したのは，フランス語の conception で，「考え方」と訳してもいいのですが，あえて「受け取り方」としたのは，原語の conception が concevoir という動詞から来ており，それは，comprendre（理解する）といったような〈詳細で完全な，いわば能動的な〉考え方ではなさそうだからです．ちなみに，conception には「受胎」の意味もあります．つまり，少しばかり受動的なニュアンスは無かろうかと思うわけです．

Concevoir, subjectif, est relatif à l'esprit qui crée une idée de la chose correspondant à ce qu'elle est réellement, sans toutesfois en donner une intelligence aussi détaillée et complète que l'implique comprendre.[★053]（受け取ることというのは，主観的であり，実際に存在する事柄に対応して，当の事物の観念を創りはするのだが，だからといって comprendre という言葉が含み持つほどに詳細で完全な知的理解をそれについて与えるほどではないような精神に応じて相対的なものである．）

では具体的には，唯物論とはどんな「受け取り方」なのでしょうか？　それは，アランによれば，「すべてを，惰性的で偶然につりあいがとれているといった諸事物の盲目的な運動と錯

★043──アラン『芸術について』p.143
★044──アラン『神々』p.136
★045──アラン『人間論』p.207
★046──アラン『思索と行動のために』p.342
★047──同書, p.380
★048──アラン『人間論』p.297
★049──同前
★050──アラン『わが思索のあと』p.241
★051──アラン『思想と年齢』p.376
★052──アラン『人間論』p.380
★053──H. Bénac, *op.cit.*, p.325

綜によって説明するような」というものです．「惰性的」というのは「慣性的」とも訳せる形容詞で, inertesです．英語の辞書でinertiaを引いてみてください．「慣性」と出てくるはずです．ニュートン力学の第一法則(慣性の法則)を思い出せばいい．〈物体に力が働かないとき，あるいは力がつりあっているとき，静止していた物体はいつまでも静止しているし，運動していた物体はその速さで等速直線運動を続ける〉，というものでした．その他の二つの法則，即ち「ニュートンの運動方程式 $F = ma$ (ただし, Fは質点にかかる力, mは質点の質量, aは質点の加速度)」と「作用・反作用の法則」と合わせて，運動の三法則で自然現象を説明しようとしたのでした．すなわち，物とその振る舞いをそのように法則的に記述できるとして，それが「すべて」のものの説明へと拡げられると考えるわけです．

次に例示されてくる「思想というものを脳における少々の燐によって」というのは，脳の働きが脳内のリン脂質で大きく左右されるところから，思考というものそのものをリン脂質の働きで説明しようとしたりする傾向を語るのでしょう．「勇気〔courage〕を熱と血圧によって」とか「善意を粘着性気質〔tempérament lymphatique〕によって」とかいうのは，デカルトが『情念論』の中で，種々の「**情念(PASSION)**」(▶p.544)を身体器官と血液・動物精気の動きに関連づけて述べたことを念頭に置いていると思います．その他，いろいろな例が挙げられるのですが，いずれにせよ，〈精神の問題を身体に〉とかいう，いわば上位のものを下位のものに還元する仕方で説明する方式が唯物論だとアランはいうのです．この点を，他の文章からも考えてみましょう．

さてコントは，いまでは理解されるにいたったことだが，唯物論が抽象的教説であることを，はじめて理解したのであった．しかし，それだけでなく，諸科学を，私が言ったように抽象から具体へと配列し(数学，天文学，物理学，科学，生物学，社会学)，お

のおのの科学が次の科学の最初の手段，最初の道具，すなわち仮説を提供することに注目したのち，彼は各科学が次の科学にややもすると一種の専制的支配を及ぼすことを理解したのである．抽象的もののこの僭称こそ，唯物論そのものである．そして，彼の言うところでは，幾何学を代数に従えようとすることには，生物学を化学に従えようとすることと同様に，唯物論が存在するのである．★054

つねに抽象的で実体のない物質の定義そのものに少しでも注意するならば，唯物論という語は，社会学をかまわず生物学に従属させて結局あらゆる社会的な法則を宗教や道徳に関するものまでも再生産や食物の供給や風土への適応の条件に還元しようとする傾向を指すのに適すると同様に，力学を数学に還元しようとする傾向を指すにも適しているということが理解されるだろう．★055

コントの鋭い指摘に従って私たちは，真実の百科全書的な教養によって訂正される傾向，すなわちおのおのの学問を先行する学問に還元しようとする傾向を，唯物論と呼ぶだろう．この傾向は抽象的な形式に対する偶像崇拝にほかならず，手段を目的と取り違えるものにほかならない．★056

こうした文章からも分かるように，アランは唯物論に全面的に賛成しているわけではなさそうですね．しかしながら，アランは，種々の場面で，唯物論的な考察も推し進めています．先取りしていっておけば，それは，安易に心的なもの，精神的なものを引き合いに出すことが，オカルトに近いものに私たちを導いてしまう危険を持つと彼が考えたからではないかと思います．アリストテレス的な「**神学(THÉOLOGIE)**」(▶p.807)がそういう危険を持っており，デカルトがそれを排除しようとしたということとも関わります．こ

うしたアランの考察の最たるものは,『幸福論』の冒頭にある「名馬ブケファルス」というプロポに見事に記されていると言っていいでしょう.

 幼い子供が泣いてどうにもなだめられない時には,乳母はよくその子の性質〔原語はcaractèreなので,「性格」のほうが訳語としては適切でしょう〕や好き嫌いについてこの上なく巧妙な仮説をたてるものだ.遺伝までひっぱり出してこの子はお父さんの素質を受けついでるのだと考えたりする.そんなお手製の心理学にふけり続けているうちに乳母はピンを見つけたりする.そのピンが幼い子供を泣かせた本当の原因だったのである.★057

 安易に「**性格(CARACTÈRE)**」(▶p.146)だの何だのを立てると,それ以上考察は進まなくなり,説明も止まってしまう.実際,アリストテレス=中世の自然学は,物の落下について,〈物はその本来あるべき場所へと向かう性質が備わっているので,妨げが取れれば,そこへと向かう〉という仕方で,説明しようとしたのでした.例えば,ボールペンを私が手にとって教卓から引き離すと,そのボールペンには,本来あるべき場所から引き離されたことによる〈帰りたい〉という欲求が生じ,私が手を離すと,その「**欲求(APPÉTIT)**」(▶p.093)の実現を阻んでいた妨げがなくなるので,〈帰る〉という落下が始まるのだ,といった説明です.この「欲求」を考えてみると,まるで,ボールペンに「**魂(ÂME)**」(▶p.069)が宿るとでも言いたそうに思いませんか? それをさしあたり排除して語ろうとしたのがガリレイやデカルトらに始まる近代科学であったわけです.魂的なものの排除によって,物だけで説明しようという話になる.これはもっと日常的な場面でも言えることで,いわば唯物論的な行動の仕方が有効な場面はいくらでもあるわけです.

 情念の惨劇のほとんどすべては,あまりに急いで高度の治療法を試みることに由来する.子供たちに対してと同様,マッサージをしたり,たたいたり,散歩につれ出したりすればそれでこと足りるのに,理屈をこねまわすのはばかげている.このように徴候を思考の高みからひきおろし,物として考えることで,私はそれらを自分の意志による行動の領域に入れるのだ.★058

 「人間は,自分が機械的であり,したがって自分にとって操作しうるものであることを,十分に知ったためしがない」という言葉もあります.これは「咳き込む」という具体的な事柄についても言えることで,アランは次のように書いたのでした.

 咳はこれを機械的なものと考えれば,操作することができる.だが,ひとたびそこに思い出や予見とともに,思考のともなった怒りをもってくるならば,焦燥は運動へと駆り立て運動は焦燥を悪化させるという規則によって,咳はいっそう激しくなる.これに反して,たとえば唾をのみ下すような,咳を排除する運動のほうは,直接に効果がある.★060

 そうであるからこそ「怒りに身をまかせている人間と咳こんでどうにもならないでいる人間との間に,たいした違いがあるとは,わたしには思えない」とアランは書いたのでした.★061

 さて,デカルトの場合は,二元論であって唯物論ではないのですから,まだ物だけによる説

★054──アラン『わが思索のあと』pp.281-282〔傍点引用者〕
★055──アラン『イデー(哲学入門)』pp.325-326〔傍点引用者〕
★056──同書,p.325〔傍点引用者〕
★057──アラン『幸福論』p.10
★058──アラン『思索と行動のために』p.381〔傍点引用者〕
★059──同書,p.235
★060──同前
★061──アラン『幸福論』p.14

465

明と並行して心についても語る余地があったわけですが，近代科学は，二元論の内の〈心の側面〉を落としてしまうようになる．その結果が「科学的唯物論」と呼ばれるものになることは自明でしょう．マルクス主義者たち自身もまた「科学的唯物論」を標榜するのです．

　この宇宙論は，配列が絶えず変動しながら空間全体に拡がっている，原理にまで還元し難い非情の物または物質を，究極の事実として前提している．そのような物質はそれ自身としては無感覚，無価値，無目的である．それは，その存在の本質から発生しない外的関係によって課せられた一定の軌道を辿って動いているにすぎない．わたくしは，まさにこのような考えを「科学的唯物論」(scientific materialism) と呼ぶのである．[062]

　そして，「倫理的相対論と科学的唯物論の影響によって，容易に証明され得ない信念は疑われるという事態になっている」とすれば，そこに帰結してくるのは，証明されたり実証されたりするもの以外は認めないような「科学主義」というものでしかないでしょう．実際，「科学者」という言葉が新たに造語された時には，この科学主義のイデオロギーが採用されたといってもいいと思います（私は科学主義に反対します）．[063]

　一八三四年，英国科学振興学会 (BAAS = British Association for the Advancement of Science) は，第四年次大会に参集する研究者たちのために，もはや実状に合わなくなった「自然哲学者」という呼称に代えて，「物質世界に関する知識の研究者」の意味で新しく，「科学者」(scientist) というそれまで存在しなかった英語を造ったが，これは，事実上，哲学からの「科学」の独立宣言であったといえる．「サイエンス」(ラテン語で scientia ＝ギリシア語「エピステーメー」) には本来，哲学の中心概念である「知識」の意味しかないのに，それを仕事とする「サイエンティスト」がいまや，これまでの一般的な「知識者」ではなく，「物質世界の研究者」という特定の専門家（科学者）であるべきことを，新造語によって表明したのである．

　もちろんこれは，自然科学がすでにそれまでに，自然の物質的局面に関するその目ざましい成果の蓄積によって，そうするだけの力と権威を獲得していたからこそできたことである．

　こうした科学の興隆に伴って，特にこの十九世紀の中ごろから，科学主義 (scientism) のイデオロギーが広く一般的な思想状況を支配するようになり，その大勢支配は一九五〇年代のころまで続いた．科学主義というのは，科学の進歩がそのまま人類の幸福を約束するという信仰のもとに，科学の対象である自然の物質・物体の局面こそが世界の真の姿である，と主張するイデオロギーである．[064]

　わたしがプラトン哲学の神秘的とも評されそうな部分にまで言及したのは，今日の思想傾向として，いわゆる科学主義あるいは実証主義がわれわれの知性活動，あるいはおよそ知的なものを今日の専門科学の総体（トータル）に等しいと措いて，これ以外の知識を認めず，言わば科学者にあらずんば知者にあらずということで，知的なもの，知性の全世界を科学的知識だけで独占しようとする一元論の立場に対して，知識の世界，知性一般に対応する世界をもっと広く考えようとするものであり，諸科学と区別される哲学の立場を確保しようとするものなのだ．ということは，哲学を専門科学の一つと認めてもらって，辛うじてその存在を保持しようとする試みもないではないが，それは哲学の自殺みたいなものであって，むしろ哲学は専門科学の一つ，例えば精神科学などではないことをはっきりさせなけ

ればならないからだ.

今回の定義の終わりあたりには，マルクスの史的唯物論の話が出てきます．その教説によれば，「下部構造〔Basis : Unterbau〕は上部構造〔Überbau〕を規定する」という話になります．まさに，「上位のものを下位のものによって常に説明しようとする」ものです．

> In der gesellschaftlichen Produktion ihres Lebens gehen die Menschen bestimmte notwendige von ihrem Willen unabhängige Verhältnisse ein, Produktionsverhältnisse, die einer bestimmten Entwicklungsstufe ihrer materiellen Produktivkräfte entsprechen. Die Gesamtheit dieser Produktionsverhältnisse bildet die ökonomische Struktur der Gesellschaft, die reale Basis, worauf sich ein juristischer und politischer Überbau erhebt, und welcher bestimmte gesellschaftliche Bewußtseinsformen entsprechen.（人々は，その生の社会的生産において，一定の，必然的な，かれらの意志から独立な諸関係にはいりこむ．すなわち，物質的生産諸力の一定の発展段階に照応する生産諸関係に入る．この生産諸関係の総体が社会の経済的構造，実在的な土台を成し，これの上に，法制的，政治的な上層建築がそびえたち，また，それに一定の社会的意識諸形態が照応する．）

だからこそ，「人々の意見をもまた変えることをめざして，下位の諸条件に働きかけようとする」わけです．みなさんは，これが成功すると思いますか？　少なくとも，20世紀のかなりの期間を通して，人間はこういう実験をしてきたわけですが……．

最後に，アランの見解をもう少し掲げておきましょう．史的唯物論とか唯物弁証法とか阿片と蔑んだ「宗教(RELIGION)」(▶p.676)に自ら成り下がったのではないかと，私は懸念します．時として「「科学的唯物論」とでも言わるべき一種の形而上学」とまで言われ，アラン自身は「史的唯物論という名で知られている迷妄」という言葉まで使っています．自由主義陣営もマルクス主義陣営もどこかで間違ったのではないでしょうか？

西欧諸国の《自由主義》社会は，その道徳の基礎として，ユダヤ＝キリスト教的宗教性と，科学主義的進歩主義と，人間の《生まれつきの》権利への信念と，功利的実用主義とを，混ぜあわせた胸の悪くなるような代物をいまだに口先で教えているのである．マルクス主義的社会は，あいかわらず唯物弁証法的史観という宗教を公言している．

それでは，どうしたらいいのでしょう．ひとつの試みとしては，構造主義に大きな影響を受けている中沢新一氏のような新たな唯物論を構想する道があるのかも知れません．

> こんにちもっとも必要とされているもの，それはモノをめぐる新しい思考を創造することだ．これを新しい唯物論の創造と呼んでも，的ははずれてはいない．

> 私は唯物論ということばで，物質的過程への還元をめざす科学主義のことではなく，民俗学的なモノの深みへと降り立っていく実践(プラクシス)のことを，そう呼ぼうと思うのだ．

構造主義は，「科学的知識の現在の傾向と合致し得る唯一の唯物論を指向している」

★062——A. N. ホワイトヘッド『科学と近代世界』pp.23-24
★063——リチャード・ゲルウィック『マイケル・ポランニーの世界』p.6
★064——藤沢令夫『プラトンの哲学』pp.6-7
★065——田中美知太郎『哲学談義とその逸脱』p.89
★066——Karl Marx, Zur Kritik der politischen Ökonomie, S.8
★067——黒崎宏『科学と人間——ヴィトゲンシュタイン的アプローチ』p.219
★068——アラン『イデー(哲学入門)』p.326
★069——ジャック・モノー『偶然と必然——現代生物学の思想的な問いかけ』p.201
★070——中沢新一『緑の資本論』p.150
★071——同書, p.162

ものなのだ．それは科学的認識に合致する物質的な過程についての知識によって，精神や自然の領域におこるすべての出来事を理解・還元していこうとする「狭量な」科学的唯物論ではなく，「物理的なるものと精神的なるもの，自然と人間，世界と人間を和合させ」るために，内部と外部，物理的な過程と精神的な過程，感覚と思考のインターフェイス上で無意識のうちに働きつづけている「構造」の概念を，つくりあげてきたのだ．このような次元において，はじめて自然のうちにおける人間の「調和」した生存のあり方というものを，情緒やロマンティシズムによるのではなく，あきらかにしていくことが可能になる．そして，きわめて興味深いことに，その「調和」は美的な感動と深く結びあっている．[★072]

そして，デカルト＝アラン的な道もあるかも知れないと私は感じているのです．「実践的な，支配〔「統御」と訳した方が正しい〕の方法としての二元論」[★073]です．それは，さきにアランが咳などの例で述べていたように，物事を機械論的に理解し，それを統御すると同時に，それによってこそ，到達できる「高み」を芸術などをヒントに構想する「哲学(PHILOSOPHIE)」(▶p.587)ではないかと私は考えています．

機械論を徹底させた後に，その量的扱いに加えて質的なものを確保しようとする．そしてその試みの基礎を成すものとして情念論を位置づける．人が情念という状態に陥った時に当の情念という出来事に身体と魂という二つの側面を区別し，身体のものは身体へ，魂のものは魂へと返す，つまり心身分離の試みを徹底することで情念の高じる原因を断ち切り，魂の能動性を取り戻すに到るという論点が注目される．事実として心身が合一しているが故にあえて分離の努力をすることの有用性が主張されるのだ．[★074]

〈美にそんな力があるのか？〉とみなさんは言うでしょうか？　しかし，私はあえてそのあたりを信じてみたい気がするのです．「美(BEAU)」(▶p.120)と崇高〔「崇高さ(SUBLIME)」(▶p.780)〕，これこそ，「美学(ESTHÉTIQUE)」(▶p.324)が，最初，求めていた事柄なのでした．

　　人間は何を追究するものであるか，何を賞讃するものであるか，何を軽蔑するものであるか，つまり人間が何ものにも替えてまで手にいれようと願うものは何であるか．考えてゆくと，万人において，それは崇高の感情であることに気づく．[★075]

MÉDISANCE
悪口 ─ これは本物の誹謗〔calomnie〕である．しかしながら，人は事実しか確かめることはできない．悪口の中で〔事実とは区別されるという意味で〕意図的になされる全ての事柄が実際には誹謗である．

　知りもしないのに〔人を〕やっつけるのはよくない．しかし，知っているからといってやっつけるのだってよくはないのだ．そういうことが許されるのは法廷においてだけである．そしてそこでもまだ〔やっつけるのは〕事実に〔基づいてのことに〕限られるべきであって，どんな推測も交えてはならない．〔もし〕推測〔が認められるとすれば，それ〕は〔その相手にとって〕有利なもの，当の人物の名誉となるものでなければ許されない．本当のこととは，ここでは，正しいことである．そして正しいことは博愛〔charité〕にまでいたるのである．不正を推測することは正しくない．そして，不正は，たとえそれが盗みであっても，証明されうるような事柄ではない．それを証明しようとするのが間違い〔faute〕なのである．

468

多くの人々が，責務を負っている場合を除けば人のことについては決して語るなと勧めている．さらにもっといいのは，人が他人たちに対していとも容易に付与する怪物的な見かけをその人たちから取り除くためにのみ，当の人たちについて語ることである．非難するところによりも許すところにこそ，より多くの洞察があるものだ．

　今回の定義の冒頭はなかなか難しい．「悪口」と「誹謗」との違いを前提にした上で，「悪口，これは本物の誹謗〔calomnie〕である」という言い方で，それらが同じと考えられるという事態を考察しているからです〔「中傷（CALOMNIE）」（▶p.144）〕．日本語でも「悪口」と「誹謗」というものは少々違うニュアンスを持っていそうなのですが，辞書を引いてもはっきりしません．その点，フランス語の方は，両者の差違の明確化を少々可能にしています．例のフランス語の類語辞典で悪口を引いてみると，〈悪口を言う〔médire〕〉という語の説明に次のようにあります．「誰かについて，悪意から，あるいは軽率に，何らかの根拠をもつ悪いことを言うこと．★076（médire, dire de quelqu'un, par méchanceté ou par légèreté, un mal qui a quelque fondement.）」それに対して，〈誹謗する〔calomnier〕〉は「誰かについて，誤って，その評判を落としたり名誉を傷つけることを帰すること．★077（calominier, imputer faussement à qequ'un ce qui nuit à sa réputation et à son honneur.）」とあります．〈悪口を言う〉方は，確かに，何らかの根拠があるわけですが，〈誹謗する〉方は，「誤って」なのです．それなのに，アランは悪口が「本物の誹謗」であるという．どういうことでしょうか？　根拠があっても，「誤って」なのだということになりそうですよね．そこに関わっているのが，定義の続きとなっている「しかしながら，人は事実しか確かめることはできない」という言葉です．要するに，悪口は事実しか言っていないかどうかということが問題なのです．実際には，そうでないことがほとんどでしょう．事実を越えて「意図的に」混入する多くの事柄がある．尾ひれが付くわけですね．それが付いていないことはほぼ無いといった方がいいというのがアランの見解でしょう．その「尾ひれ」は事実ではないという意味で誤っており，だからこそ悪口はほぼ間違いなく本当の誹謗だというわけです．

　そういう「尾ひれ」は勝手に，まさに事実かどうかなど確かめることもなく，付け加えられるものです．知りもしないのに，付け加えられるのです．そうした無責任なやり方でもって「〔人を〕やっつけるのはよくない」という当然の事柄をアランは指摘します．しかし，「知っているからといってやっつけるのだってよくはない」というのは，どうしてでしょう？　それについては，最後の方で，人間を壊す話をしますから少し待ってください．まあ，とにかくやっつけなければならないときも確かにあり，それは法廷弁論においてであるという．本当に悪いことをした人間は償わなければならないのですから，その償いの重さを確定するために，事実を明らかにする必要はあるのですからね．そういう時にあっても断罪されるのは「事実に限られるべき」であって，「推測」を交えてはならないという．もっともな話です．「疑わしきは罰せず」ということです．悪い推測をしてはならないとい

★072──中沢新一『ミクロコスモス I』pp.62-63
★073──アラン『思索と行動のために』p.384
★074──拙著『モナドロジーの美学――ライプニッツ／西田幾多郎／アラン』pp.62-63．ここでいう「機械論」が「唯物論」と非常に近いものであることに注意してください．次の文章が参考になると思います．
「機械論とは，あらゆる変化は運動であるとする宇宙理論である」（アラン『思索と行動のために』p.165）
「ルクレティウスは，これらの物の建設者と偶像の破壊者とを全然忘れている．つまり，深淵の上にまず単純な運動を張りめぐらし，あたかも網がそのなかにあるすべての宝物をとらえ，引きよせるように，これをためし，複ател化して，ついに宝物の目録をつくるあの精神を忘れている．ここで彼は，機械論が本来自由の証明であること，と同時に，自由の手段と器具であることを忘れていた」（同書，p.166）
「真の物理学者は，自然の力から自由のあらゆる外観をとり去ると同時に，機械論をまえにして自分の精神を解放するのだ」（同書，p.167）
★075──アラン『感情　情念　表徴』p.75
★076──H. Bénac, op.cit., pp.580-581〔傍点引用者〕
★077──Ibid., p.581〔傍点引用者〕

469

うわけです．推測というのは往々にして人を誤らせます．

しかしながら，推測をしてもいい場合だってあるかも知れない．あるとすれば，それはよい推測だとアランは考えている．「有利なもの，当の人物の名誉となるもの」でなければならないという．「本当のこと」(le vrai)が分からないとき，そしてそれを推測するとき，よい推測をしたらいいのではないかというのです．逆の「不正を推測することは正しくない」というわけです．なぜだかわかりますか？　不正を推測することは，推測しかできないという意味で確かめられない悪を，（おそらく，過去・現在・未来にわたって）相手に帰してしまうことになりがちだからです．そして，それによって，その人を言わば壊すからです．「呪い(MALÉDICTION)」(▶p.460)に近い．〈人間など大したものではない〉などという言葉は，人間について悪いことを推測しているわけです．〈事実こんなにひどいことを，過去，長い間，人間はやってきたではないか！〉とあなたは言うでしょうか？　もっともに思えます．しかしながら，それにもかかわらず，よい推測をするところにしか，「赦し(PARDON)」(▶p.538)」はないのです．何が「本当のこと」なのかを問おうとするとき，こうして，そこには決意が必要なのでしょう．「本当のこと」とは「正しいこと」だと決断する〔「決断(RÉSOLUTION)」(▶p.715)〕．証明されるから，その「証明(PREUVE)」(▶p.655)に押されるようにそうなるのではなく，意志的に決めるのです．

いつも忘れてはならぬことだが，デカルトの特質は，精神の完全性を，決断する意志の中に認めたということにある．★078

そして，そうするならばそれは「博愛(charité)にまでいたる」とアランは言うのです〔「博愛(CHARITÉ)」(▶p.148)〕．どういうことなのかを以下にゆっくりと見ていきましょう．まず問わなければならないのは，「不正は，たとえそれが盗みであっても，証明されうるような事柄ではない」とはどういうことか，ということです．証明とはどういうことかを考えなければなりません．ユゴー『レ・ミゼラブル』のジャン・バルジャンを思い出してみましょう．飢えに泣く姉の子どもたちを救おうとして一本のパンを盗んだ彼について，不正をなしたと断罪することは簡単です．実際に，彼は19年も服役することになった．けれども，それが本当に不正なのかということは「証明する」ような事柄ではないとアランは言うのです．証明できるから正しいのではない．むしろ証明しようとすることによって傷つくものさえあるように思われます．

> 正義は多すぎる証明のかずかずによって亡びてしまう．だがもし正義がただ意欲されたもの，しかもきわめて無謀にも意欲されたものと知るならば，ひとはつねに勇気のなかに理由を求めこそすれ，げんにひとがあべこべにやるように，理由のなかに勇気を探そうとはしないだろう．★079

ここでは「意欲」という言い方で，まさに意志が問題になっています．知性ではなく意志が，です．証明というものに頼ることによって意志しようかしまいかなどと考えるのは，そもそも知性によって意志を殺すことになるのかも知れない．証明されなければ信じないというスタンスには，そういう姑息なところがあります．しかし，証明されようがされまいが，それを引き受けるという生き方もあるのです．「我々は思想が証明されるのを待っているのに，思想の方は我々に選択されるのを待っている★080」のです．選び取るところには自由な決断がある．知性の「必然性(NÉCESSITÉ)」(▶p.502)に寄り掛かった不自由な思いではありません．そんな不自由な「思い」は「思想」という名に価すまい，とアランなら言うはずです．

もしも私たちが，計算機が計算するように

470

思考するならば，私たちの想念中には，なだれや洪水中におとらぬ必然性があろう，という点に注意したまえ．私たちは人が熱をもつように意見を持つことであろう．結局，なんらかの想念〔pensée〕が証明され，不敗のもの〔invincible〕となるならば，もはやそれは想念ではあるまい．[★081]

こうした一連の文章でも明らかなように，「思い」が物の振る舞いのように〔「唯物論〔MATÉRIALISME〕」（▶p.463）を思い出してください〕惰性的（慣性的）に進むようであったら，それは実際に「物」のレベルに落ち込んでしまうのであって，「思考」の自由なレベルとして成立などしない．必然性に身を委ねたのであって，自由を意志的に選び取ってはいない．だからこそ，もし自分をも相手をも自由というところに位置づけたければ，「証明しようとするのが間違い〔faute〕」「「間違い〔FAUTE〕」（▶p.350）」となる．

> 平和の精神には知性以上の何ものかが必要である．それはいわば知性に先んずる光明とでもいったもの，つまり慈愛である．すなわち他者の自由を求め，願い，愛することである．知性の取り決めは力の作用を排除した純粋な形でなされるべきだが，それと共に，人間を人間として遇したいという意志が，知性の取り決めを超えて君臨しなければならない．なぜなら，知性の取り決めは，感謝とか尊敬に比べれば矮小なものにすぎないものだから．[★082]

最後の段落に行きましょう．アランは上述のように〈人のことについて語る〉ことに伴う危険に注意を促しているのです．多くの人が，例えば法廷でのように語る責務を負っている場合を除けば，「人のことについては決して語るなと勧めて」きたのです．確かに一理あることはこれまでの話でわかると思うのですが，アランはさらに次のようにそれを発展させます．世間の人が悪口などによって他人にレッテルを貼っては当の人に「怪物的な見かけ」を付与してしまうことを知悉した上で，そうしたものを「取り除く」ために語ることのメリットを指摘するのです．それには「洞察」が必要です．この「悪口」の定義で述べられたような悪い推測の混入という事態が容易に起こりうることを充分に知った上で，それを払いのける必要がある．人は，その推測に乗ってしまって，確かめもしない「**非難〔REPROCHE〕**」（▶p.708）を繰り返したりするからです．しかし，例のジャン・バルジャン，たった一本のフランスパンのゆえに19年の刑期を終えて出所し，人間を呪うかのような思いに取り憑かれていた彼の心を融かしたのはミリエル司教（ビアンヴニュ氏）だったのでした．司教の「銀の食器は私が与えた物です」という憲兵への言葉でした．そこには「非難」ではなく「許し」があることを思ってください．

> 盗人（ぬすびと）は万人の不信によって言いわけを得たことになる．盗人を信用することもできるではあろう．けれども，実行はむずかしい．まず，なんの不安もいだかず，信頼してかからねばならない．そして，信頼していることを相手に信じさせねばならない．このような奇蹟は，大きいものも小さいものも，率直な態度によって成功する．『レ・ミゼラブル』中のビアンヴニュ司教は有名だ．これは小説にすぎないと言われるであろう．けれども，私は或る薬剤師のことを思い出す．この人は，伝票をだして金（かね）を受けとる仕事に，あらゆる不誠実の名人である前科者を使っていた．それでいて，一度もだまされなかったのである．[★083]

★078──アラン『デカルト』p.106
★079──アラン『神々』pp.93-94〔傍点引用者〕
★080──アラン『裁かれた戦争』p.165〔傍点引用者〕
★081──アラン『人間論』p.321
★082──アラン『裁かれた戦争』p.155
★083──アラン『人間論』p.254

MENSONGE

嘘 – 嘘とは，真実であると自分が知っている事柄について，まさにその真実を言うべき〔相手である〕人物を欺くことである．嘘はそれゆえ信頼〔confiance〕を裏切ることである．〔なぜなら〕嘘は，少なくとも暗々裡には，真実を言うことを約束したということを前提としている〔からだ〕．私に道をたずねる人に対しては，私が〔その人に〕真実を述べるということについての，暗黙の了解がある．しかし，その人物が私に，私の友人たちのうちのひとりがどんな欠点をもっているかをたずねるとしたら，〔その場合には〕そんな〔真実を述べるべきだといった〕了解は無い．〔公正な裁判を進めることが要求されているはずの〕裁判官だとて，容疑者の友人，雇い主あるいは雇用者には，宣誓しないことを認めているのである．また，宣誓を拒否することが私たちの義務である場合もありうる（告解〔confession〕に関わる司祭の場合）．ただただ宣誓を拒否することは，非があることを認めるにしばしば等しい．それでは，誓っておいて，嘘をつくべきであろうか？ そうしたことがこの問題の難しい点であり，両親，教師そして裁判官たちはこれら難しい点を簡単明瞭にすることが望ましいと考えている．

「真実であると自分が知って」いて，「その真実を言うべき」状況なのに，その事柄について，自分ではない別の人間を「欺く〔tromper〕」こと．嘘とはこういうことだとアランは言います．「欺く」のですから，故意です．意図的です．ですから，「真実を言うべき」状況においては，「信頼〔confiance〕を裏切ること」と付言されるわけです．その「信頼（CONFIANCE）」（▶p.189）が明確に宣言されたものである必要はなく，「暗々裡」でいい．もちろん，〈どうしてそれでいいんだ？〉という問いは立ちえます．しかし，普通は，他人と共に生きる「社会（SOCIÉTÉ）」（▶p.748）というものを壊そうとするのでない限り，そうした信頼関係が責務〔obligation〕として前提とされます．なぜなら，そうした責務を前提としないと，極端なことを言えば社会生活そのものが成り立たないからです．定義の中で次に掲げられている〈道をたずねる〉話は，まさにそのことを語っています．★084 それに対して，ある人物が私に「私の友人たちのうちのひとりがどんな欠点をもっているかをたずねる」場合には，真実を言うという了解，つまり責務など無いとアランは言います．どうしてでしょう？〈道をたずねられて教えること〉と〈誰かの欠点を述べること〉とはどこが違うのでしょう？ 私が思うには，そこに，心理的な問題が関わっています．道をた

ずねられて本当のことを言おうと嘘を言おうと，実際の道は変化しません．ところが，誰かの欠点を（たとえ，それが真実だとしても）述べることは，その欠点について聞き知った人の心理，そしてもし欠点が語られた当人の耳にその指摘が入ったならその当人の心理に，微妙な影響を与えてしまう．以前に引用した文章の中に「感情の領域においては，人が信ずることはやがて真となるのである」★085 というのがあったのですが，憶えていますか？ また次の引用はこのへんの事情を表わしています．

> 子供はむろんのこと，大人でさえも，過ちを犯すとそこに宿命を読みとろうとする傾向があまりに強い．さらに，審判者の権威がそこに加われば，人々は自分に絶望してしまうし，自分がこういう人間であると他人が信じ，自分でも信じている姿を，夢中になってあらわすようになる．★086

ひとことで言えば，「性格は意見によって作られる」★087 ということです．「性格とは，文字どおりには，そとから受けた印のこと」★088 なのです．要するに，〈欠点の指摘〉が，当の欠点を固定化してしまう．その指摘を知ることによって生じるショックに伴う嫌な思いは誰をも情念に巻き

込んでその渦から出られなくしてしまう。直らなくなってしまうのです。

　情念は，私たちの哲学者〔スピノザ〕によれば，つねに世界のショックから生ずるものであり，また，私たちが逆らいさえしなければ，私たちの本来の健康さがすぐこれをいやしにかかるのである。たしかに，情念の最も悪いところは，私たちがそれを自分の本性のなんらかの欠陥に関係づけて，これを不治と判断することである。それを実際どおり外来のものと判断するやいなや，私たちは自己をそれからいやしはじめるのである。★089

　外からもたらされたものを，容易に身にまとってしまい，信じ込んでしまうことがある。場合によっては，自分で自分に対して欠陥の指摘をして，自己嫌悪に陥っていく。次の引用に出てくる子どもと大差はありません。

　　子供は自分でぬたくっておいてその顔を見てしばしば恐怖すると，モンテーニュがわれわれの注意を喚起するとき，彼は信じるということの曲線を描き出してみせてくれる。★090

　この場合，誰かが欺いている〔tromper〕のではない，自分で自らを欺いている〔se tromper〕のです。フランス語では，後者の動詞を「間違える」「誤謬をおかす」という意味で使います。次のようにです。

　　se tromper とは美しい動詞である。これは être trompé, すなわち欺かれるということとは，まったく別のことである。自らを欺くとは能動である。およそ情念というものは

誤謬であると，ストア派の人たちはいった。★091

　そうだとすれば，〈私たちが誤りを犯すとき，それは自分に嘘をついていることではないのか?〉，こう問う余地があるのではないでしょうか？　自分はあることが正しいと分かっているのに，そして自分に対してその真実を言い聞かせるべきなのに，あえてその真実に目をつぶり，別のことを自分に説得する。例えば，大学生の本分が研究することであるのは充分に知っているのに，そして親に大金を出してもらってこの大学に通っているのに，そのことは今は考えないでおこう，昨日まで学園祭で，その準備にも疲れたし，後片付けも大変だった。その後はみんなで打ち上げだったし，疲れているんだからまあ「**哲学**（PHILOSOPHIE）」（▶p.587）の講義で寝ちゃったりしても，仕方がないや（出席しているだけマシだ），なんて考えちゃう。と，まあ冗談半分の話は措いて，定義に戻りましょう。一番難しい箇所に向かいます。

　「裁判官だとて，容疑者の友人，雇い主あるいは雇用者には，宣誓しないことを認めている」とあるのですが，このことについては正直に言って私には分かりません。フランスでは制度的にそうなのかどうか，ネットで少し検索をしてはみたのですが出てきません。国によって違う可能性も大です。まあ，いずれにせよ，「容疑者の友人，雇い主あるいは雇用者」が真実を言うことによって，人間関係が壊れることが念頭にあることは確かでしょう。確かに，法治国家なのだから，「容疑者の友人，雇い主あるいは雇用者」であろうと，すんなりと真実を述べるべきだというのは筋です。しかし，その筋論で割り切れるのか？　こう問うているのでしょう。

★084——もっとも，イタリアやフランスで道を聞くと，よく嘘を教えられます。彼らは，人に道をたずねられて「知らない」と答えるよりは，何かそれらしいことを答えた方がいいと考える傾向があるように私には思えます。それでも何とか社会生活は成り立っているのですけどね……．
★085——アラン『人間論』p.297
★086——アラン『思索と行動のために』p.263
★087——アラン『人間論』p.253
★088——同書，p.256
★089——同書, p.304〔傍点引用者〕
★090——アラン『神々』p.80
★091——同前

473

次の「宣誓を拒否することが私たちの義務である場合もありうる（告解〔confession〕に関わる司祭の場合）」というのは分かります．私がカトリックの中学・高校にいたことが幸いしています．「**告解（CONFESSION）**」（▶p.187）とは，カトリックの信者たちが一定の期間を置いて自分の犯したいろいろな「**罪（PÉCHÉ）**」（▶p.561）を聖職者（司祭）に告白し，その聖職者を介して「**神（DIEU）**」（▶p.263）の「**赦し（PARDON）**」（▶p.538）を得るものです．その際，世俗的な罪が告白されることがありえますが，それを聴いた司祭は，それを一切公言することを許されていません（たとえ殺人であっても）．ここには，例えば「**殺人（MEURTRE）**」（▶p.481）が宗教的にも大罪であり，それを職務上知るに到ったとしても，あくまで司祭は宗教的な範囲での罰や赦しといった事柄を考えるべきであって，それは世俗的な裁判などといったこととは自ずと一線を画すという考え方があるのでしょう．

さて，こうした言うならば二つの階層を異にする場面に直面した「容疑者の友人，雇い主あるいは雇用者」や「司祭」が，実際に宣誓を拒否したとする．しかし，宣誓を拒否することは，間接的に非があることを認めるに等しいとも言えるとアランは言います．正しいこと・真実なら，宣誓した上で言えるだろうから，逆から言えば，宣誓しないのは，非があるからだろうというわけです．「それでは，誓っておいて，嘘をつくべきであろうか？」　難しい問題です．この問題を提出するにあたってアランは「両親，教師そして裁判官たち」を話題に上せています．

「両親」なら即座に例が浮かぶかも知れません．「サンタクロース」の例です．まだ幼くてサンタクロースの実在を信じていた子どもが，そろそろその実在に疑いを持ち始める．あなたが親で，子どもにきかれたらどうしますか？　真実を言えば，子どもの夢はその時点で見事に壊れてしまうかも知れません．あなたは，誓って，その上で嘘をつくでしょうか？　そう簡単ではないですよ．

では裁判官は？　検事でも弁護人でもない裁判官は，検事や弁護人や証人の発言に混じるかも知れない「嘘」的な要素を慎重に洗い出し，とにもかくにも事実認定に全力を注ぐでしょう．その上で，判決を下すわけですが，当の自分についても，誤った判断を下さ〔se tromper〕ないように注意するはずです．いや，暗々裡にそのことが社会から求められています．法廷というのはそういう所でしょう．しかし，裁判官が博学で，先立つ判例に基づいた積み上げ式であることに甘んじ，自分の思考に基づく判断を欠いていれば，そのことは実現しない．判断は意志に関わる事柄だからです．嘘はつかないかも知れないが，「**理想（IDÉAL）**」（▶p.402）は潰える，という場合だってありうる．そんな，悪く言えば責任回避的な判決を私たちは観てこなかったでしょうか？　「自分自身に対して嘘をつかないようにしたら，道徳だって成り立ちはしないのだ」[★092]という謎のようなアランの言葉も，この文脈でなら何となく分かってくるように私には思えます．

MÉPRIS
軽蔑 – 軽蔑とは，ある人物を自分の同類と認めることの拒否である．そうなると，人はその人物の名誉，その人物の判断，そしてその人物の語るどんな言葉も信じない．その人物の示すどんな徵（しるし）にも人は心を動かされないし，その人物がそこにいることにさえかかずらわない．軽蔑は博愛〔charité〕の反対のものである．

すでに別の箇所で触れたことがあるかも知れませんが，まずは「同類」とは何であるかを問わなければなりませんね．原語は semblable です．

まあ，一般的には〈同じ生物種に属するもの〉というわけなので，人間にとっては人間です．実は，このあたりに，「徵」〔signe〕を基本に据えた

アランの芸術論の出発点があるので，なかなか大変なところなのですが，少々触れておきましょう．もちろん，最後には軽蔑の話につなげます．

彼の芸術論の中では「絶対(的)言語」という言葉を用いて最初の芸術としての「舞踊〔danse〕」を語ります．

　ここでは最初の言語を考えたいのであって，その目的は，絶対言語として考えられた舞踊を理解することです．私の言う絶対言語とは次のようなものです．言語にはひたすらそれ自体だけを対象とする部分があり，言語が思考の全部を占めてしまう段階があります．理解するとは単にコミュニケーションが成り立っているのを知ることにすぎず，それ以上を求めずに模倣することなのです．模倣し，かつ自分が模倣されているのを知ることです．純粋なしるし，すなわち最初のしるしは，それ自体以外の意味をもたず，出て行って，帰って来て，交換によって確認されます．これがおそらくは社会の絆(きずな)というもので，そのことから，誰もが知っていること，すなわち，同じ言葉でも他人に向かって言うのと身内に向かって言うのとでは大きな違いがあることが，理解できます．社会をつくるのに大切なのは何を表現するかを知ることではなくて，何よりもまず自分が理解されているのを知ることなのです．★093

私はかつて「盆踊り」を例にとって，このあたりを説明したことがあります．

　あの盆踊りの仕草が何を表現しているかを人は，普通，問うたりしない．ただ自分の前で踊っている人，後ろで踊っている人，遠くで踊っている人，皆，同じ所作をしていることを言わば確認しあっている．それは言い換えれば，同じ仕草(上の引用では「徴」)を交換しているとも言える．踊りを離れて「挨拶」を考えてみても，それは分かる．人は普通〈こんにちは〉という言葉の意味をことさら考えてみたりはしない．〈ありがとう〉も同じである．相手のしてくれることが〈有り難い〉こと，つまり〈そうであることが難しい〉ことだとの強い意識をもってこの言葉を使う人がどれほどいるであろうか．イタリア語の〈ありがとう〉である〈Grazie!〉は，キリスト教でいえば恩寵を意味するラテン語の gratia の複数形 gratiae からきているという．恩寵とは，〈自分がそれを受けるに価しないことは十分にわかっているのに，神が自分に与えて下さること〉を意味する．〈Grazie!〉という言葉の由来が，相手のしてくれたことに対して，〈あなたのしてくれたことは恩寵のようだ〉というのか，それとも〈そのようにして下さるあなたに，神の恩寵がありますように〉という意味なのかを私は知らない．しかし，いずれにせよ，もともとはそのような深い意味さえ持ちうる言葉でも，ことさらその意味を検討したりなどしないで，ただその徴・言葉として交換することで，人々はそれを使う仲間であることを確認しているわけである．★094

さらに考えてみるべきは，こうした「仲間(同類)であることの確認」の根はとても深いところにあるということです．社会的微笑反応というものが幼児にすでに観察されることがヒントです．つまり，思考などという段階にまで達することなどなくとも，以下に引用するようなその

★092——アラン『思索と行動のために』p.341
★093——アラン『芸術についての二十講』pp.53-54〔傍点引用者〕．この引用の中に，今回の定義に出てくる「しるし」〔徴〕という言葉が登場することに注意しておいてください．
★094——拙著『情報学の展開——情報文化研究への視座』p.83〔傍点を少々付加〕

475

生理的なところにアランは芸術の出発点(つまり、まずは舞踊の基礎になるもの)を観ることになります。

　母親と子供を考えてみましょう。子供がほほえみを学び取る。しかし子供は始めのうち、ほほえみが何を意味するかがわかりません(もっとも、これがわかる人がいるでしょうか?)。とにかく子供はほほえむことをおぼえ、母親のほほえみのなかに自分のほほえみを認め、自分がそのしるしを理解したのを感じると同時に、自分がそれを送り返したのを感じます。この出会い、というよりもむしろこの順応は、生理学的なものであって、そこには何か、いわく言いがたいものがあるのですが、いずれにせよここにはある重大なことが見いだされる。すなわち、しるしというものは、このような持続的な交換によって刻みつけられ、固定されるということです。[095]

　この反応ですら、人間と猫との間には無さそうですね。そうだとすれば、人間と猫(そして他の動物を代表とする存在者)との間には、生理的、身体的とでも言うべき段階からして、同類としてのあり方においては区別があると言うべきです。もう少し、こうした場面についての叙述を引用しておきましょう。

　生後2〜3ヵ月の幼児には、いわゆる「社会的微笑反応」と呼ばれる現象が見られる。新生児の微笑は、単純な生理的な快感状態に随伴する筋神経反射の一つであると、通常、見なされている。それに対して、社会的微笑反応は、他人の顔(の一部)、声、他人によって触れられること、等によって生起する、対人的な反応である(ただし、「人見知り」反応のような、他者を様々に弁別して反応しているわけではない)。このとき、幼児は、さながら、他者の自己への「表情」等による働きかけを、魔術的な方法で、「自己」の身体に同化させているかの如くである。我々としては、ここに、遠心化作用の初源的な現れを認めることができるように思う。幼児は、「自己」が「外部」から観察している他者の表情を、言わば自己の身体の「内部」の反応の如く、「錯認」し、それを「自己」の身体の方に宿らせてしまうのであろう。[096]

　〔ワロンの〕「情動的段階 stade émotionnel 」…〔中略〕…ワロンは、これについて、「子どもはこの段階において周囲の身近な人びとと非常に密接に結びついて、その他者と自分を区別できないほど」であり、さながら「子どものパーソナリティが、自分に触れるすべてのもののなかに拡散してしまっているように見え」る、と述べている。ワロンによれば、この段階の幼児は、「事物」を含む外界の全体を、自身と接続した一種の身体として感受しているのである。たとえば、この時期には「社会的微笑反応」が見られる。[097]

　「絶対的言語」の話に戻りましょう。それは同類がそこにいるということしか表わさないのです。

　絶対的言語…〔中略〕…これは表現のための豊かな基礎であって、人間がそこにいるということ以外には何も言いあらわさないが、これこそまさに私たちに理解の準備をさせてくれるものなのです。[098]

　しかし、そういう同類がそこに居るという理解では、思考というに価するような高度の働きなどというものは働いていないとさえ言いうる。理解と思考とは別だとする立場があるわけです。次のようにです。

　この段階では、実をいうと、動物も用いるかも知れない徴との区別は未だない。私はこうしたレベルの徴を〈動物的な徴〉と呼び

たいと思う．〈人間的な徴〉と区別するためにである．この〈動物的な徴〉という術語の理解に資するであろう面白い例を，アランはダーウィンから引いている[★099]．櫛でたてがみを掻いてやると嚙みつく馬の例である．性悪な馬だなどと腹を立てずに，「牧場でたてがみを掻きあっている二頭の馬を観察するやいなや，万事が氷解する」とアランは言う．自分自身では痒い所を掻けない馬は同類のところへ行き，相手となる馬の身体部位で自分の掻いて欲しいところに対応する箇所を嚙むことで痒い箇所を知らせ，自分も嚙んでもらう，というのが事の真相のようである．それを〈馬の言語〉と言おうが，どう言おうが，名前はどうでも良い．とにかく，人間が櫛でたてがみを掻いてやったことを徴として馬が理解し，それに応じてとった行動の結果が人間に嚙みつくという事態である，という解釈を私たちなりに提出できる．要するに，牧場の二頭の馬は徴を理解しあっており，さきの嚙みつく馬は，馬と人間の間にもそれを使用したのだ，と私は言いたいのである．しかしどういう意味で理解したのか．それは，すでにおわかりと思うが，模倣するという意味で，あるいは同じ徴を送り返すという意味で，である[★100]．

こうして，次の引用のように言っても構わないのではないでしょうか．

　　理解するとは，何よりもまず，模倣することである．…〔中略〕…模倣するとは行動することであり，思考することではない．この意味で理解するのは，思考することでは

ない．この時，人間の言葉は動物の言葉と区別されない．ここを進めば，動物は思考しないということは充分理解される．しかし，人間が思考するということは理解されないのである[★102]．

こうした考え方を推し進めるならば，人間にとって馬も猫も同類ではないでしょう．いくら自分の飼い猫が可愛くて，同類のように考えたくても，そしてたとえ猫語とでもいうべきものがあるとしても，やはり私はそれを話すことができない．しかし，これを言い換えれば，鳥に説教をしたと言われる聖フランチェスコは「同類」というものを拡げようとしていたとも言えるかも知れない．ロボットにまで心を認めようとする意図したアニミズムを展開する大森荘蔵氏も，そんなことを言いたかったのかも知れない．あるいは，童話や神話では人間と動物とは話をしているわけで，むしろ，逆に，このあたりに近代思想の制約（制限）を考える立場だってあるかも知れない．レヴィ＝ストロースや中沢新一氏ならそんなことを言いそうです．人間と動物とを分離しきってしまうことの危うさというか……．例えば中沢氏は次のように書きました．

　　宮沢賢治は人間と動物を徹底的に分離してしまう考え方と，人間の社会の中に不平等や不正義がおこなわれている現実の間には，深いつながりがあると考えていたのです[★103]．

　　インディアンは必要のために動物を殺しますが（宮沢賢治の「おれたちだって仕方ない」[★104]ということばが思い出されます），殺した相手が自分の兄弟であったり，姻戚（いんせき）であったり，仲間でもあるということを，はっきり意識しな

★095──アラン『芸術についての二十講』p.54〔傍点引用者〕
★096──大澤真幸『身体の比較社会学　I』p.46
★097──同書，p.107〔傍点引用者〕
★098──アラン『芸術についての二十講』pp.100-101〔傍点引用者〕
★099──アラン『人間論』p.34
★100──同前

★101──拙著『情報学の展開──情報文化研究への視座』p.84〔傍点を少々付加〕
★102──アラン『思想と年齢』p.327〔傍点引用者〕
★103──中沢新一『熊から王へ』pp.16-17〔傍点引用者〕
★104──宮沢賢治の『氷河鼠の毛皮』に出てくる表現．

477

がらおこなっています．自分たちの食卓を賑わせるために殺されている，数え切れないほどの動物たちに対して，こういう認識をもったことが，私たちには一度だってあるでしょうか．[★105]

神話的思考にとっての「全体性」は，現代のエコロジーの言う「全体性」と同じものではありません．エコロジーは，人間は人間で，熊は熊，その上でみんなが集まって共生しあっているという「全体性」ですが，対称性社会の人々の思考では，人間と熊（やほかのあらゆる動物たち）がおたがいの存在を流動的に行き来できる，流動的生命のレベルにまで降りたって，そこでの「全体性」を思考しようとしているからです．[★106]

ちょっと蛇足的に触れておくならば，そこにこそ仏教の輪廻思想の意味とでも言うべきものを考えることさえできます．中沢氏がチベットでの密教の修行中に，肉屋で動物が屠殺されるシーンに立会うという場面です．

動物の親が子供をかわいがる様子を観察したことが，お前たちにもあるだろう．犬や猫も小鳥も牛や山羊も馬も，子供を外敵から守り，食べ物をせっせと運んだりお乳をあげたりして，心をこめて育てている．そのかつてはお母さんだった「人」が，いまこうして山羊となって，人間に食べられるために殺されようとしている．この山羊は赤の他人などではない．ましてやただの動物でもなければ，お肉になるために殺されるモノでもない．この山羊はお前のお母さんなのだ．そう思ったとき，自分の心にわきあがってくる感情を，ようく見つめるのだ．その感情が，いつか慈悲の大木に育つ．この世のありとあらゆる生き物たちは，お前の母親であり，父であり，兄弟であり，姉妹であった者たちだ．このことを忘れてはならない．[★107]

あらゆるものが相互に関連しあい，ひとつとしてこの宇宙の中には孤立した現象はないという思想に立つとき，人間と動物は親子であり，兄弟姉妹であるような関係を取り戻して，おたがいのあいだに慈悲にもとづく友愛の関係が復活するようになるのです．[★108]

もっとも，アランのこの「軽蔑」という言葉の定義での問題の方向性はそういうものではないのは明らかですよね．ある人物〔un homme〕を同類と認めることの拒否なのですから．生物種としては「同類」なのに，人間としての関係の中で「同類」であることを拒否する．そういう話です．言い方を換えれば，人間と猫ではありませんが，話が通じなくなるわけです．いや，通じなくすのです．軽蔑に到った場合，話を通じさせることに意味を見出せなくなるわけですね．ここで，定義の中では「名誉」という言葉が出てきます．これまでの私の言い方では，「名誉」は当の人物の「高み」のひとつでしょう．そうした，他の人物から当の人物に与えられたこうした肯定的な評価を，もう信じない．それに，当の人物が自らの意志で下す「判断」も信じない．その人物の意志の発動の適切さに真を置いていないのですから．さらにはまた，当の人物の語るどんな言葉も信じない．その人物の知性活動を大したものとはみていないのでしょう．要するに，その人物が発する「徴」や，その人物がそこに居ることそのものに意味を見出せない．興味が無くなるのです．どうしてそんな軽蔑という事態に到るのかという，その理由についてはこの定義は沈黙を守っています．ただ軽蔑とはこういうものだと述べているに留まります．しかし，人は一体どのようにして軽蔑にまで至ってしまうのでしょう？　ここにもまたきっと「情念（PASSION）」（▶p.544）は顔を出すのでしょう．だからこそアランは，最後に「博愛（CHARITÉ）」（▶p.148）を語ることで，情念からの上昇を示唆している

ように思えます．相手を同類として回復することこそが，私たちを「愛(AMOUR)」(▶p.076)という「感情(SENTIMENT)」(▶p.732)へと引き上げる基礎となるのかも知れません．「愛の反対は無関心」という言葉は誰しもきいたことがあるでしょう．軽蔑は，まさにこの無関心へと導き，それは博愛の反対のものなのです．

すべての存在は，自分の同類を愛し，自分の同類を捜し求める．これは月並みなことだ．が，おそらく，つまるところは，真理なのである．しかし，その最初の瞬間がむつかしいのだ．ヘーゲルは，ここでも，言葉少なに，しかし力強く，自己自身に対して生まれる思想のたどる宿駅を，明らかにしている．認知．それは，思考する人間が，もう一人の思考する人間を発見する瞬間である．認知の直後に，戦闘が起こる．これには，最初は驚かされる．腹だたしくさえ感じられる．ひとは，この点に，ドイツ流の「戦争の形而上学」をみようとする．しかし，よくよく検討してみる必要がある．それは，最初の瞬間にすぎない．その瞬間には，相違点が，まだ気づかれていないのである．★109

相違点が気づかれることによってこそ，両者を調和させるための探究が始まるのではないでしょうか？

欠かすことのできない相違点ゆえに生まれる友情は，なんと快いものだろう．★110

MÉRITE
功労 – 功労とは，報いられるべき，言い換えれば外面的利益〔avantage extérieur〕を受けるべきもののことである．功労は，それゆえ，内面的な報い〔récompense intérieur〕を勝ち取ることにさえも成功しなかったことを前提としている．功労があるとされるのは，勇敢でありながら，しかも実効を得なかった努力なのである．したがって，ある一つの作品とかある一人の人間に功労があると言うことは控えめな讃辞である．

今回の定義である mérite は，ぴったりと合致するような日本語が無いように思えて仕方がありません．日本語になってしまった「メリット」という語は advantage に当たることが多いと『ジーニアス英和大辞典』にはあります．ですから，「メリット」はあまりよくない．というのも，実際，定義の中で外面利益の「利益」と訳したのは avantage（英語の advantage）なのですが，そういうものを受けるべきものこそが mérite だと定義されているのですから，両者を同じようなものとすることはできない．初めは神谷氏や森氏と同じように「功績」と訳そうと思ったのですが，何だか居心地が悪い感じがしたのです．もっとも「功労」としてみても，その居心地の悪さみたいなものは完全には払拭されません．定義の最後で「作品」について mérite が語られたりするからです．作品に「功労」があるという言い方は，日本語では確かに自然ではないでしょう．そうではありますが，「作品」にも功労は籠もっていると考えれば許容できないほどではない．いずれにせよ，功績というと，やはり，素晴らしい仕事で，しかもその仕事の結果そのものに焦点が合っているように私は思うのです．功労というと，重点はそうした仕事の結果よりもそのための努力に焦点が当たるように私には思えました．日本には「文化功労者」なんていう褒賞があったりする

★105──中沢新一『熊から王へ』p.46
★106──同書，p.93〔傍点引用者〕
★107──中沢新一『対称性人類学』p.150
★108──同書，p.178
★109──アラン『芸術に関する101章』p.213
★110──同前

479

ので，定義とそぐわないところもありそうで困るのですが，まあ，見ていきましょう．

「報いられるべき，言い換えれば外面的利益を受けるべきもの」と書いてあります．「べき」がポイントなのでしょう．「べき」なのだけれど，現実にはそうなっていないというニュアンスをアランがこの定義に込めているように私は思います．いずれにせよ，「外面的利益を受けるべきもの」なのですから，それなりに自分以外の人のためにも役立つような労苦をした者が，それに相応しい扱いをされていない状態について言われる事柄だというわけです．「べき」だという思いが周りの人には感じ取られるという点が重要だと思います．カントはそういう事態を，まさに「功労」に関わって次のように記しました．

> 尊敬は，われわれが功労〔Verdienst〕に対して，欲するといなとに拘らず，こばむことのできない貢物である．われわれはたかだか外的にそれを抑えることができるだけであって，内的にそう感ずることを止めることはできない．[*111]〔Achtung ist ein Tribut, den wir dem Verdienste nicht verweigern können, wir mögen wollen oder nicht; wir mögen allenfalls äußerlich damit zurückhalten, so können wir doch nicht verhüten, sie innerlich zu empfinden.〕

もっとも，そんなふうにして言わば不当に扱われている当人が，そのことについて不満を感じているかどうかは分かりません．報いなど全然念頭になく仕事をしているのかも知れないのです．仕事が「**義務**〔DEVOIR〕」（▶p.249）ですらないこともありうる．次のようにしてです．

> 正しい意味での思想，詳細に研究され，読書や対照やあらゆる道の探索によって，要するにあらゆる試練によって十分揺るぎないものにされた思想にしてみたところで，それを言い表わしたいという欲求を，義務と考えてはならない．義務ではなくて，強烈なよろこびなのだ．[*112]

そもそも利益だとか報いだとかいう事柄を念頭に置いた言動が，美しいかどうか，正しいかどうか，善いかどうかは，大いに議論の余地があります．〈もし……ならば，〜すべし〉といういわゆる「仮言命法〔Hypothetisher Imperativ〕」は，まるで交換条件を突きつけているようで，何だかせこい感じがしませんか．カントは，そういうものを「恰悧〔Klugheit〕の規則」と呼んで，ひたすら〈〜すべし〉という「定言命法〔Kategorischer Imperativ〕」である「道徳律〔道徳法則，das moralische Gesetz〕」から区別しています．例えば，旧約聖書の十戒に出てくる「殺してはならない」であって，「もし捕まりたくなければ，殺してはならない」ではないのです．報いを条件としてしか実現しない振舞いは，道徳的ではないとカントはいうのです．[*113]

> 純粋の道徳律が各人の命令として（恰悧の法則〔Klugheitsregel〕としてではなく）厳格に義務を負わすものであること…〔後略〕[*114]

> 恰悧の規則は，われわれが幸福にあずかろうと欲するならばいかに為すべきかを勧告し，道徳法則は，ただ幸福に価するようになるためにはいかに行動すべきかを命令する．[*115]

まあ，アランのように，次のような表現をした方が分かりやすいかも知れない．

> 宗教は，あたかも宗教が存在しないかのようでなければならず，神は，あたかも神が存在しないかのようでなければならない．信ずるに価する人でなければならない，すなわち，報いがあるとはじめには知らずに報いを得なければならないと言うではないか．[*116]

聖書に直接あたってみるならば，「マタイによる福音書」6章1〜2が近いかも知れません．

自分の義を，見られるために人の前で行わないように，注意しなさい．もし，そうしないと，天にいますあなたがたの父から報いを受けることがないであろう．
だから，施しをする時には，偽善者たちが人にほめられるため会堂や町の中でするように，自分の前でラッパを吹きならすな．よく言っておくが，彼らはその報いを受けてしまっている．[117]

定義に戻りましょう．外面的利益の話の後に，「内面的な報い〔récompense intérieur〕を勝ち取ることにさえも成功しなかった」と書かれる限りは，神の目ならぬ傍目から見ると，やはりそういう内面的な報いだってその人にあって然るべきだと思われるような事態だということです．次に出てくる「勇敢でありながら」という言葉は，それが外からの視点を代表しているように私には思われます．自分で自分を勇敢だとはあまり言わないような気がするのです．さらに「しかも実効を得なかった努力」と続きます．日本語だと，功績という語も功労という語もそれなりに現世の報いを受けている感じがするわけで，それゆえにこそ，居心地が悪いと私はさきに言ったわけです．ところが，TLFiによると，mériteについて，Valeur morale procédant de l'effort de quelqu'un qui surmonte des difficultés par sens du devoir et par aspiration au bien.（義務感や善への希求によって諸困難を乗り越えるようなある人物の努力から生じる道徳的価値）という記述もされています．この説明を見ても，mériteはとにかく優れて内面的なものではあるでしょう．最後に「ある一つの作品とかある一人の人間に功労があると言うことは控えめな讃辞である」というのも，確かに「作品」が持つものとして「道徳的価値」を語ることはあまり相応しそうにはないのですが，とにかく〈内在的〔intrinsèque〕価値〉についての讃辞であって，必ずしもその「**価値(VALEUR)**」（→p.841）がすべての人に見て取られるわけではないことを含意しているのではないでしょうか？　内在的だからこそ，必ずしも顕わではない．誰の目にも明らかというわけではない．しかも「成功」や「実効」が伴っていないのならば，控えめな讃辞を表明せざるをえないのでしょう．

MEURTRE
殺人 ── これは自分の同類を殺すという出来事〔fait〕であるが，それが意図的なものであるか，酌量されうるものであるか，あるいはやむを得ないものであったのかは，まだ知られていない．殺人が起これば，常に，捜査される．なぜなら，犯罪〔crime〕かも知れないものを軽々しく見過ごすわけにはいかないからである．過失致死が殺人と異なるのは，そこでは死は人が巻き込まれた事故であるという点においてであり，それに対して殺人は殺すという実質的行為であって，人間の所業〔fait de l'homme〕であり，諸事物のたまたまの巡り合わせ〔rencontre〕ではないということだ．

確かに人が人を殺してしまったという出来事はあっても，当の出来事についての捉え方にはいろいろな場合があることがまず語られます．「意図的な〔volontaire〕ものであるか」，「酌量されうる〔excusable〕ものであるか」あるいは「やむを得ない〔inévitable〕ものであるか」です．社会生活を営む必要上，どのケースに当たるのかを決定しなければなりませんから，捜査〔enquête〕が必ず

★111 ── I. カント『実践理性批判』p.69
★112 ── アラン『思索と行動のために』p.344〔傍点引用者〕
★113 ── 例えば，旧約聖書『出エジプト記』20-3~17
★114 ── I. カント『実践理性批判』p.121〔傍点引用者〕
★115 ── I. カント『純粋理性批判』p.508〔改訳引用者〕
★116 ── アラン『宗教論』pp.257-258〔傍点引用者〕
★117 ── 口語訳版より〔傍点引用者〕

行なわれるわけです．犯罪と認定されれば，罰せられる必要があるわけです．要するに，殺意があったのかが争われるわけですね．たまたま，意図せずにそうなってしまったのであれば，殺人罪という重い「罪(PÉCHÉ)」(➡p.561)を科すわけにはいかない．だからこそ，すぐに過失致死が話題にのぼるわけです．過失致死においても主要な論点は，アランに言わせれば，死が「事故」であったかということです．そこで「事故」とは何かを説明するために，「行為」〔action〕，「所業〔fait〕」そして「たまたまの巡り合わせ〔rencontre〕」という概念についての考察が必要となるのです．

「行為」とは，意識的に，自由意志に基づいて，ある人物が決断した上での〈振舞い〉でしょう．夢遊病者が歩くように，無意識的に，意志によらず，「決断(RÉSOLUTION)」(➡p.715)のかけらも見出せない〈動き〉とは違います．私が定義の最後の方で，un fait de l'homme を「人間の所業」と訳し，神谷訳や森訳のように「事実」と訳さなかった理由はそこにあります．また，le fait という単語が，定義の最初に出てきており，それを森訳は「事実」と訳し，神谷訳では「ということ」と曖昧になっています．こちらを私は「出来事」と訳しました．fait という単語はフランス語の動詞 "faire"，つまり「作る」・「する」という意味の動詞(英語で近いのは，make)からくる名詞です．比喩的な使い方では，事物が主語になることは可能でしょうが，多くは人間が主語である動詞です．人間が何かをする．それも意図的にする．作る．そういう意味合いの強い動詞なのです．だからこそ，アランはそれを，「諸事物のたまたまの巡り合わせ〔une rencontre de choses〕」と対比したのです．事物の振舞いの方は，ざっくり言ってしまえば惰性的(慣性的)です．そこに(事物の)意志などというものを認めることはできない．ニュートン力学における運動の第一法則(慣性の法則)を思い出せば十分です．物体に外から力が加わらない限り，すでにある運動のありよう(あるいは静止)は変わらないのでした．それに対して，人間に自由意志を認めるのならば，人間は自分から運動のありようを変えうるのです．言い換えれば，心神耗弱状態を除けば，殺人を避けうるということを認めることになります．

ストア派やデカルトが強調したことではありますが，思考と意志というものが非常に密接に関わっていることに注意しましょう．「思考とは意志的なものであることを知ることが必要」[118]なのです．

> ストア派の人々は，私の見るところ，いっそう問題の核心に迫って，もし認識する意志がないならば世界の認識そのものがどうなってしまうかということを，探究したように思われる．[119]

まともに思考できない状態にあるということ，そこに意志の関与の有無を語る機縁を観ているわけです．「行為」とか「所業」といったものが成立するかどうかの瀬戸際の探究です．さきほど述べた夢遊病者であるなら，その振舞いは「行為」とかいったものとは違って，まさに機械的に動いているという状況であることになります．それは「事故(ACCIDENT)」(➡p.038)でも同じです．事故は，そこに到るまでの因果連鎖に人間の自由意志が関与することはいくらでもある(だから過失というものが問題となる)にしても，人間による制御が利かなくなってしまっている状況で起こる出来事こそが事故でしょう．それは最終的には「諸事物のたまたまの巡り合わせ」として進むところに生じている，というわけです．そこに不幸にも人間が巻き込まれて死ぬことはいくらでもある．しかし，それを殺人と言うことはできない．だからこそ，それは過失致死ということになるのです．「意図的なもの」とは見なされないからです．

それでは，「酌量されうるもの」とはどういうものかというと，それこそ心神耗弱状態において起こった殺人などでしょう．では，「やむを得ないもの」とはどういうものでしょう．正当防衛はこれにあたるのではないでしょうか？

殺人を犯さないでは，自分が死んでしまう場合です．さて，この正当防衛の話を，ものすごく拡大してみましょう．普通，正当防衛というのは，自分が殺されかかっている場合なのですが，その規定を緩めてみます．すなわち，自分は殺されかかっているというわけではないが，殺さないと自分が死んでしまう場合は考えられないかということです．私は，それこそが生きものを殺して食べることではないかと思うのです．なぜこんなことを言い始めるのかと言いますと，それは「軽蔑（MÉPRIS）」（▶p.474）の定義のところで，「同類」というものを拡大するという議論に関わってくると私には思われるからです．その解説の中で，私は宮沢賢治や聖フランチェスコを例に挙げて，そのことを説明しました．そしてそこで，インディアンが動物を殺して食べる話と宮沢賢治の童話の「おれたちだって仕方ない」という言葉が出てくる引用をしました．あの議論です．そこには，人間と動物とを完全に分離しないで，むしろ「同類」と考えることで開けてくる思考について触れておいたのでした．仏教の輪廻思想をもからめて，です．私たちは，自分たちが生きるために，他の生きものを殺します．しかし，もしそこに，殺される〈他の生きもの〉もやはり私たちの同類であるという思考が働いたらどんなことになるでしょう．極端な場合はベジタリアンになるかもしれない．そこまで行かなくても，むやみに他の生き物を食用とするために捕獲することを控えるかもしれません．実際，人類は長い間そのようにして狩猟生活を行ってきたのです．しかし，例えば，近代的な漁業はどうでしょうか？　巨大な網で獲物を一網打尽にしてしまいます．そして，捕獲した獲物を食べ尽くしているかというと，どうもそうではない．コンビニや回転寿司などの食物廃棄の現状を観れば一目瞭然です．これは「おれたちだって仕方ない」[120]というレベルを軽々

と越えてしまっています．その意味では，「やむを得ないもの」ではなく，また「酌量されうるもの」でもないかも知れないという問いは立つように私は思います．中沢新一氏の言葉を借りれば，「無法」なのです．

「無法をやめる」．これが人間にできる唯一で最高のことではないでしょうか．狩猟民の世界でこのような地球的な意味をもった「法」が守られていたことの記録が，たくさん残されています．狩猟民たちは，自分に必要なもの以上の動物を獲ったりすることを，固く禁じていました．また自分たちが殺した動物のからだを，丁寧に尊敬をこめて扱おうとしていました．そうしないと，動物たちがふたたびこの世界に再生してこれなくなってしまう恐れがあるからです．[121]

この話が，輪廻思想と結びつくのはどのようにしてでしょうか？　もう分かりますね？　次のようにしてです．

自ら動物を殺すことを否定する仏教が，狩猟民とは違うやり方で，対称性の論理を発動させている様子を，はっきりと見届けたのです．神話の時間の中では，人間と動物を区別している隔たりが消滅するために，そこでは動物がしゃべり，人間が動物と結婚することも自在です．仏教では，それと同じタイプの思考を「時間」の軸に投影して，展開しようとしています．こんどは不変の「心連続体」が，人間と動物をつなぐ同質性となります．[122]

これらのことを前提として，殺人の議論に戻ってみます．話題は戦争です．波多野一郎という神風特攻隊員としての体験をもつ人が書いた『イカの哲学』を中沢新一氏が解説した本から引用しな

---

[118]──アラン『思索と行動のために』p.169
[119]──アラン『わが思索のあと』pp.47-48
[120]──「生存のカルマ」という言葉さえ使えるでしょう（中沢新一・波多野一郎『イカの哲学』p.155）
[121]──中沢新一『熊から王へ』p.34
[122]──中沢新一『対称性人類学』p.152

483

がら話を進めます．波多野氏は，戦後，スタンフォード大学の大学院に「**哲学**(PHILOSOPHIE)」（►p.587）を研究しに行くのですが，要するに夏休みのバイトとしてイカの冷凍のための作業をするのです．それこそ，毎日毎日，おびただしい数のイカと面と向かって作業するわけです．

ホモサピエンスである私たちの心には，イカをタンパク質の塊として，ただのモノとして扱う知性の働きも宿っている．自己と非自己を区別して，自分の個体としての同一性を確かなものにしようとする知性の働きが，無意識の中でそういう分離型思考を実行している．ところが，この心には，それとは反対に，自分たちの脳で活動しているこの知性は，イカの生命の中で働いている知性と本質においては同じで，生物種としての違いを超えて，おたがいの間を同じ知性的なものがつないでいる，と直観する能力もそなわっている．[★123]

問題は，それにもかかわらず，日々，人間はものすごい数のイカを水揚げし，場合によってはその多くを廃棄しているということです．使い捨てどころか，使わずに捨てたりしているわけです．そこに波多野氏は，自分の神風特攻隊員であったときの在り方と同じものを見てしまったのです．それは，もう狩猟(漁労)ではなく，超狩猟であるというわけです．そういうものを，人間はずっと規制してきた．人間と動物との同類性を保持した神話がそれを制御していたのです．要するに，「狩猟の倫理」がそこにはあった．

このような神話が語られていたおかげで，ホモサピエンスが出現してから十数万年もの間，動物や植物の乱獲は防止されてきたのである．[★124]

戦争に関しても同じです．

近代戦争が発達する以前，戦場には戦場の倫理があった．その倫理を生み出していたのは，敵の中に実存を発見するという，エロティシズム態の思考であった．生命の奥深くにセットされたエロティシズムが戦争を生んだ．しかし，同じエロティシズム態の思考の中から生まれる実存的＝神話的思考が，戦争が限界を踏み越えて「超戦争」と化していくことを，防いでいたのである．[★125]

近代漁法と近代戦争，それがパラレルに考えられるのです．

『イカの哲学』の考えるところによれば，核戦争によって現実のものとなってしまった超戦争は，実存の無視という点では，出来事の構造から言えば，人間がイカたちにたいして平気でおこなっている行為と，まったくパラレルである．[★126]

「資本主義と一体になった近代漁港の発達は，海の狩猟を限界を超えた「超狩猟」に変えてしまった[★127]」わけです．また，「ヨーロッパの戦場や強制収容所で現実のものとなった超戦争への踏み込みは，広島と長崎への原子爆弾の投下によって，頂点に達した[★128]」と言いうる．そうした状況に対して，近代的な理性だけで立ち向かえるかどうかという重大な問題が提起されているのです．

超戦争にたいする歯止めが作動している間は，カントのような理性への信頼によって戦争をなくすことができる，という啓蒙的な平和論も可能であったろう．[★129]

私たちは，そういった近代的理性で処理できる段階を越えてしまったのではないかと，今こそ真剣に問うてみなければなりません．次のようなことです．

ヒューマニズムは平常態の思考として，人間

と動物の区別の上に立って，人間の尊重を謳いあげる．しかしその思考は，あまりにも弱い土台の上に立っているために，超戦争の現実には立ち向かうことができないのだ．★130

ではどうしたらいいのか？　私には，ヨーロッパ近代を相対化するような，新たな哲学が必要であると思われます．そして，日本の哲学者たちが，こういう場面で世界に貢献できる時がやってきたのではないかと考えます．古くは，京都学派の西田幾多郎や田辺元たちがそれこそ命がけで展開してきた哲学を引き継いで，さらに発展させることが私たち日本人の哲学者の使命ではないかと考えます．

MIRACLE
奇蹟
― 習慣によっては予見できず，知性によっては説明できない出来事を，奇蹟と呼ぶ．それは自然の一種の応答によって英雄的行為を完遂する．真の奇蹟は人間のものである．

「習慣によっては予見できず」ということは，逆に言うと，人は，多くの場合，物事を習慣によって予見しているものだということですよね．実際，その予見の危なさというか，そういうものを巡って「習慣(HABITUDE)」(▶p.393)を哲学的に考察した人はいます．デカルトもそうです．

けっきょくのところ，われわれに確信を与えているものは，確かな認識であるよりもむしろはるかにより多く習慣であり先例であること，しかもそれにもかかわらず少し発見しにくい真理については，それらの発見者が一国民の全体であるよりもただ一人の人であるということのほうがはるかに真実らしく思われるのだから，そういう真理にとっては賛成者の数の多いことはなんら有効な証明ではないのだ，ということを知った．★131

そうであればこそ，デカルトはすべてを初めから一人でやってみようとしているわけです．すべてについて吟味する，つまり疑ってみるということを通してです．

私は，すでに幾年か前のことになるが，こう気がついたのである，幼少の頃にどれほど多くの偽なるものを真なるものとして私が受け入れてしまっていることか，そしてそのようなものの上にその後私が積み重ねてきているものがいずれもどれほど疑わしいものであることか，したがって，もろもろの学問において堅固で朽ちることのないものを私がいつかは定着させたいと願うならば，一生に一度は［断固として］すべてを抜本的に覆してしまって，最初の土台からあらためて始めなければならない，と．★132

いわゆる方法的懐疑〔le doute méthodique〕の始まりです．こうして，デカルトは別に疑わなくたって習慣に従って生きればいいじゃないかというような考えを，とにかく物事を知る(認識する)という場面ではペンディングにしていくために，現代の私たちには誇張に見えるような懐疑を実行します．〈私を騙す強力な存在者(邪悪な霊や欺く神)がいる〉という仮説を立てながら(数学などの)永遠真理をまでも疑おうとするわけです．もちろん，次のような指摘は十分に考慮す

★123――中沢新一・波多野一郎『イカの哲学』p.118
★124――同書, p.131
★125――同書, p.135．エロティシズムやエロティシズム態の議論はここでは詳述しませんが，興味がある人は中沢氏のこの本を読んでみてください．
★126――同書, p.140
★127――同書, p.144
★128――同書, p.149
★129――同書, p.137
★130――同書, p.153
★131――R.デカルト『方法序説』p.25〔傍点引用者〕
★132――R.デカルト『省察』p.29〔傍点引用者〕

る必要があります．

　　デカルトに対する近代主義的誤解の根元は，彼の生きた時代のこの懐疑主義的状況の深刻さが忘れられてしまったところにある．デカルトの懐疑が「方法的誇張的懐疑」（アンリ・グイエ『デカルト論集』）であるなどというのは，まさしくこのような誤解の典型であろう．[★133]

　　神がもし欺くものであるなら，いかに 2＋3＝5 が自分にとって疑い得ないものであろうと，それは真理ではない．それが真理であるためには，神が欺かないものでなければならないのである．だが，自由意志によって永遠の真理を創造した神は，また同時にそれをそうでなくすることもできる．彼は「欺く神」でもあり得るのであり，彼が欺かないと証明することは人間にはできないのだ．[★134]

　　「欺く神」は誇張した「仮説」であるどころか，実は神そのものなのである．この神も欺き得ないのはただコギトの真理だけであって，その他の真理は神が欺かないという仮定の上でかろうじて成り立つものであるにすぎない．有限な人間としてできることは，この神の善意を信じてゆくことだけであって，さもなければすべてをあきらめて，元の懐疑的状況の中に逆戻りしてゆくほかはないのである．[★135]

　　いずれにせよ，要するに，習慣によって曲げられた私の認識能力を元に戻すには，反対方向に強く曲げてみなければならないというわけです．

　　私としては，意志を正反対の方向に向けなおして，私自身を欺き，しばらくの間はそれらの意見〔つまりこれまで信じてきた習慣や常識〕はおよそ偽にして架空なものであると仮想し，こうしてついには，いわば先入見の重さが双方において均等になって，もはや曲がった習慣のために私の判断が事物の正しい知得からそれることのないようにしてみるとしても，悪い処置ではあるまいと，想うのである．[★136]

　そしてこうした方法にしたがって進むと，疑いを容れないものなどほとんど無い．そんなふうになってしまえば，確かに，苦しい．そんな苦しい作業をするよりも，習慣に則った方が楽だと誰しも思う．だからこそ次のように書かれます．

　　習慣となっている意見というものはたえず舞い戻ってきては，いわば長い間の慣用と馴染みという特権とによってこの意見に固着させられているところの，私の信じやすい心を，ほとんど私の意に反してさえも，占拠してしまうものだからであって，それらの意見に同意し信頼をおくという習慣から私が抜け出すことは，それらが実際にそうであるがごときもの，つまり，今も今私の示したように，なるほど或る意味では疑わしいのであるが，にもかかわらずきわめて確からしくて，〔これを〕否定するよりは信ずるほうがはるかに事理にかなっているというふうなもの，と想いなしているかぎりは，けっしてないであろう．[★137]

　こうした確認の後には，そういう苦しい作業を引き受けてみようという決断があります．それが誰にでも出来る決断ではないことをデカルトは感づいているようでもあります．しかしながら，もしそれを引き受けるならば，次のような〈新たな習慣〉を手に入れ，「行動において明らかに見，確信をもってこの世の生を歩む〔voir clair en mes actions, et marcher avec assurance en cette vie.〕」[★138]ことができるとデカルトは考えたに違いないのです．

　　この方法を用いることによって，私の精神がその対象をいよいよ明晰に判明に考える習慣を少しずつ獲得してゆくと感じたこと

486

であり，また，その方法をなんらかの特殊な問題にかぎったのではないゆえに，それを代数の問題に用いた場合と同様に有効に，他の学問の問題にも用いうると期待できたことである．[★139]

習慣がどれほど物事を見えなくしてしまっているのかを考えてみなければなりません．いや，習慣に従うことで，多くの場合，私たちは物事を見ることをやめているといってもいい．例えば，こんな例です．春の野原で，小さな子どもがオオイヌノフグリという野草を見つけたとします．子どもは〈わあ，きれい！〉といってその野草に近づき，見つめたりする．けれども，それがオオイヌノフグリであることを知っている大人は，そこに近づこうともしないで〈ああ，それはオオイヌノフグリだよ〉とか言っているだけ．そこには，自分に対して始めて明確な形で現われてきたオオイヌノフグリの「美(BEAU)」(▶p.120)に立ち会って驚き・感動する子どもと，習慣に流されて，驚くことも感動することもなくなった大人がいるのです．大人が驚くのは，せいぜい，大事な物事の生成消滅，大事な人の誕生やその人との別離や死に直面する時ぐらいでしょう．

一般にわれわれの理性の代りを務めている習慣に従えば，われわれが驚くのは，ある対象が存在し始めるのを，あるいは存在するのをやめるのを見るときだけである．[★140]

無かったものが生まれる，存在していたものが無くなる．それは，物事に関して人間が，通常行なっているような，知性による法則的な把握で処理できるものかどうか？　命あるものの生死が奇蹟であるのかどうかを問うことはやめておきましょう．素晴らしい芸術作品の創作をここでは考えてみます．そういうものが自然だけでできるかどうか？　もちろん，〈自然の創った芸術作品〉などという言い方を私たちは結構します．自然の景観の美しさや，自然の造形の美しさに接して，感動するということもある．数学者のベルヌーリ(ベルヌーイではなくベルヌーリが正しい)が巻き貝の対数螺旋に感動したようにです．しかし，アランは，そこに奇蹟を観ようとはしない．「自然の一種の応答によって英雄的行為を完遂する」人間にこそ，奇蹟を位置づけようとするのです．説明しましょう．

「自然に反して詩を作るわけにはゆかぬ．だがまた，自然は詩を作りはしないのだ」[★141]という言葉があります．「小鳥の歌は，ほとんど，表徴(シーニュ)になっていない．それは，一つの結果にすぎない」[★142]とも書かれます．要するに，そこには自然法則による物質の振舞いの結果があるだけだというのです．複雑ではあるけれども機械的な説明を容れるものだ，と．それに対峙してこそ，人間の思考はあるのだ，と．

★133──田中仁彦『デカルトの旅／デカルトの夢──「方法序説」を読む』p.332
★134──同書, p.335〔傍点引用者〕．ここにいわゆる「永遠真理被造説」が表明されています．
★135──同書, pp.335-336〔傍点引用者〕．「我思う，ゆえに我在り」が，こうして，思考している内容についてはいくらでも欺かれうるにしても，思考しているという働き，そういうものが存在することを否定するわけにはいかないことを表わします．ただし，引用の「この神の善意を信じてゆくことだけであって」という部分には私はストレートに同意できません．これでは，信仰の神に逆戻りするだけで，認識論的には破綻しているように思うからです．この点については，恩師である福居純氏の見解を私は採ります．
「現実的な証明を前にして問題なのは，神は欺かぬという，「神の誠実」に訴えることではなく，その誠実の認識である．単に神の存在を楯にとるのであれば，権利上神の誠実が要求されるが，この問題は心理的には別として，論理的にはすでに解決されている．しかし，もし神の存在の証明にかかわっているのであれば，神の誠実とその誠実の認識とは区別されねばならない．神が欺かぬということは，このことを疑う理由そのもののうちに示されなければならないのだ．神が欺かないと言い得るのは，相対立するものが神によって分離されるようにみえるとき，神はそれを結合することもできうる，と考える限りにおいてである．もし証明の保証として「神の誠実」そのものを援用するならば，永遠真理をわれわれの知性において秩序づける相対的矛盾律を絶対化することになり，その真理の認識においてわれわれが誤る度ごとに神の欺くことが結果するであろう」(福居純『デカルト研究』p.50)
★136──R. デカルト『省察』p.34
★137──同前
★138──R. デカルト『方法序説』p.17
★139──同書, pp.30-31〔傍点引用者〕
★140──F. アルキエ『デカルトにおける人間の発見』p.65〔傍点引用者〕
★141──アラン『人間論』p.30
★142──アラン『芸術に関する101章』p.250

私が経験というのは，実際に感覚の検査にかけられた知覚のことである．つまり，このとき始めて一つの認識が行われ得る，言葉をかえれば，私は一つの観念を作り得る，と言うのである．このとき始めて，私は疑い，求め，立て直し得るのであり，このとき始めて，眼ざめて考え得るのである．その他はすべて習慣による眠りであり，機械的な暗誦であるに過ぎない．[★143]

　自然をメカニックに捉えるデカルト的な姿勢は，アランの姿勢でもあります．確かに，小鳥の声も，自然の景観も，巻き貝の対数螺旋も，美しいことは美しい．それを否定するわけではない．自然美です．けれども，それは芸術美とは違うとアランは言いたいのでしょう．

　小鳥の歌声は，泉のさざめきのようでもあり，風のざわめきのようでもある．それは，ありのままのものしか語らない．人間の歌声は，過去にあったものを，これからあるものを，再び始まるものを，自分に似ようと欲するものを，言い表わそうとする．くり返される歌の，あの対句のなかには「注意力〔attention〕」があるし，また，「期待〔attente〕」がある．この二つは，同じ単語なのだ．この完璧な拍子．この規則づけた抑揚．この綿密周到なくり返し．これこそ，びくとも動かぬ信仰であり，本質的な宗教である．悦びという，肉体から生まれたものではない．希望という，ひたすら精神から生まれたものなのである．[★144]

　「希望〔ESPÉRANCE〕」（►p.314）があり，意欲がそこにはあるのです．「芸術は，おそらく，現実的な意欲の最高の模範であろう」ということです．[★145]詩人は奇蹟を待つ．次のようにしてです．

　詩人にとっての大仕事は，理性を偏重もしないし知識にたよりすぎもしない自分をよく保ちつつ，リズムにまずまず合っているという程度の語をしりぞけ，長さ，響き，意味の三拍子そろった語，ぴたっとくる語の，あの奇蹟を待ちつづけることである．[★146]

　なぜ待つのか？　それはまさに予見されないからです．予見されるようでは「詩〔POÉSIE〕」（►p.606）として成立しないことを知っているのが詩人なのではないでしょうか？

　前もって考えている人が詩を作ると，きまってそれは散文になってしまう．たとえ押韻してあっても，それは散文である．これでは韻を踏む意味がないだろう．本当の韻というものは空虚を用意して音に招きの合図を送る．ひとつの語がやってきてその空虚を充たす．すると，その語が思考をうながす．時を同じくして，リズムが，まるで合鍵のようにぴったりはまる．[★147]

　知性が，単に，あるものを確認したり，法則的に理解したりするだけでは，足りない．そこに奇蹟が，あるいは芸術創作に即してもっと易しく言うならばインスピレーションが，訪れてくるのを待つ．手をこまねいて待つのではありません．奇蹟に，インスピレーションに相応しいようにならんと身を処して待つのです．オオイヌノフグリの例に出した大人のように，〈知的な分類だけで満足し，もう当の花に興味を持たない〉のではなく，一瞬一瞬，当の花に出会うかのように，味わうところにこそ，奇跡的な美の立ち上がりがあるのではないでしょうか？　〈処理する大人〉には詩の立ち上がりなど，ありようもないのです．

　美に固有なところ〔propre〕とは，たとえば音楽や詩のように人間の体を素材とする直接的な作品においては，精神による，精神に従っての創造物であるどころか，逆に美とは一種の自然との出遇いであって，精神が

そこに自分の財産を見いだす，というところにあるのです．[148]

彫刻が表わすものを支えるのもまた素材としての例えば大理石なのでした．「芸術家が抱く観念・着想は，彼が彫ろうとしている大理石の内に，あらかじめ内在している」とミケランジェロは語ったといわれています．

人は自分の望むものを彫り上げるのではない．むしろ事物の望むものを彫り出すと言うべきであって，そこからあの，非人間的な素材と人間的なしるしとのひそかな一致が生まれ，事物がしるしを巧みに支えたり事物がしるしをつくり出したりする，そういう奇蹟的な出遇いへの讃嘆の念も生まれるのです．[149]

真の奇蹟が人間のものであるのは，「**精神**（ESPRIT）」（▶p.322）ならぬ自然にはその可能性が無いし，「**神**（DIEU）」（▶p.263）ならば待つ必要も無いからでしょう．

MIRAGE
蜃気楼 – 砂から立ち昇る熱い空気による，視覚の幻影〔illusion〕．広義には，私たちの欲望〔désirs〕と一致しているあらゆる予見のことを言い，私たちはそれを美化しようと躍起になっている．このようにして，砂漠の中で一面の水を見えていると信じる者は，自分が何を見ているのかをよく知らないのだが，一面の水が見えることにしてしまっているのである．蜃気楼とはそれゆえ，手放し難いほど愛しい〔chérie〕誤謬なのである．そしてそれは，主として，外的な出来事に関わっている．

「砂から立ち昇る熱い空気による，視覚の幻影〔illusion〕」という言い方には説明など要らないでしょう．問題は「広義」の方です．「欲望〔désirs〕と一致しているあらゆる予見」という言い方に注意してください．「**欲望**（DÉSIR）」（▶p.223）と「予見」との関わりに，注意して欲しいのです．私たちは欲望を抱くと，それに都合のいいような予見をすることがあるという事態への注目です．もちろん，（都合良くなんかない）反対の予見をすることもあるわけですが，欲望が切実であるほど，〈何とかそうなって欲しい〉と願うものです．さらに言えば，予見が自分に都合良くなるように努めるものなのです．受験に合格するという予見でもいいでしょうし，片思いから両思いへの予見でもいいでしょう．いくらでも考えつくはずです．定義の中に出てくる「水」は喉が渇いているからこそ見えてしまっている．まさに身体的・生理的に求めているわけで大変に切実です．この砂漠の真ん中にそう易々とオアシスが出現するはずがないことはどこかで分かっていても，出現したと考えたい．そう考えようと「躍起になっている」．

しかし，これは砂漠における極限状態での欲望に限らず，日常的な欲望にも言えることです．古代ストア派の哲学者エピクテトスは，その「躍起になっている」状態を，〈魂の病の成長〉として述べているように私には思えます．

> たしかに，魂の病も成長していくのだ，と哲学者たちがいっている．というのは，もしきみがいちど金銭にたいする欲を起こしたとき，もし悪いことだと意識させるように，理性が適用されたならば，その欲望は

★143──アラン『思想と年齢』p.89〔傍点引用者〕
★144──アラン『芸術に関する101章』p.250〔傍点引用者〕
★145──アラン『人間論』p.30
★146──アラン『文学折りにふれて』p.20〔傍点引用者〕
★147──同書，p.57〔傍点引用者〕
★148──アラン『芸術についての二十講』p.156〔引用者改訳，傍点引用者〕．「美しいものとは，みごとな脚韻を見ればはっきりわかるように，自然と意味との出会いなのである」（アラン『芸術に関する101章』p.106）
★149──アラン『芸術についての二十講』p.198

489

とまって，わしらの指導能力は，最初のところにおさまる．けれども，もしきみがなんらその治療の手段を講じなかったならば，もはやその同じところへはもどらないで，むしろふたたび対応した心像によって刺激され，以前よりもっと速やかに，欲望を焚(た)きつけることになるからである．そしてこれが連続的に起こるならば，けっきょく硬化して，その魂の病は，貪欲(どんよく)を固定してしまうことになるのだ．★158

金銭への欲に囚われた人物を守銭奴と言います「[ケチ(AVARICE)](▶p.108)]．現代の日本には，いや世界的にかも知れませんが，〈カネがすべて〉といった風潮があるような気がします．それこそ〈カネこそ善だ！〉みたいな……．世界の富の偏りが，金融資本主義と金融工学の急速な進展と共に，1000分の1秒の単位のコンピュータ取り引きで途轍もない大金持ちを産み出していたりします．カネを得ることが目的化している．しかし，そういう目的を善きものと考えることについてアリストテレスは厳しい言葉を残しています．

彼〔アリストテレス〕の考えによれば，われわれは自分たちの個々の行為に関して責任があるのみでなく，自分たちの願望欲望の対象たる目的を設定するところの自分たちの倫理的性格・性向に関しても責任を負わなくてはならない．★151

アリストテレスは，何がわれわれにとって善に見えるか，その見え方に対してもまたわれわれに責任がある，と応酬している．(『ニコマコス倫理学』第三巻第五章——一一四b一以下)★152

放縦な人間はみずからが放縦になったことに対して責任があると考えられる．なぜならその性格は放縦という随意的な行為の積み重ねの結果だからである．同様の理由で不正な人間もまたそうなったことの責任があるであろう．「なぜならひとつひとつの活動がその活動に対応する性格をつくり出すのだからである」(『ニコマコス倫理学』第三巻第五章——一一四a七)★153

そしてアランは，ストア派やおそらく「**キリスト教(CHRISTIANISME)**」(▶p.160)を念頭に置きながら，次のように言うのです．

今はアリストテレスに倣い，幾何学者の善は幾何学者であること，それどころか幾何学者になることに由来し，守銭奴の善は守銭奴になることに，野心家の善は野心家になることに由来する，と私は言っておくことにしよう．私はまたマルクス・アウレリウスの言葉を愛する．それは，私の友人のシャルル・ナヴァールの絶妙な翻訳と分けて考えるわけには行かない次の言葉である．即ち，「内へと掘り進め．善の源泉があるのは内になのだ．そして人が掘り進むすべての時，それはいつでもほとばしり出るのだ．」そうなのだ，地上の低級な事柄を自分で救いだそうとし，それらから離れず，逆にそれらの方に向かい，舟の上でのように自分の小箱と共にしか救われようと決意しないすべてのとき，そうしたすべての場合，そしてそれは決断のときなのだが，誠実そのものの救いが訪れるのだ．そして私としては，自分の宝物と共に溺れるのを好む守銭奴を，救い出したい．なぜならもう一つの伝説，それは反対に彼に裸で救いを得よというのだが，★154 それは私たちを私たち自身からも金と労働のこの生活からも無理やり引き離そうとするのである．★155

要するに，人には物事がきちんと見えなくなっている場合がある，というわけです．アランのこの「蜃気楼」の定義で言えば，そんな状態にある者は，「自分が何を見ているのかをよく

知らない」のです．それにもかかわらず，「一面の水が見えることにしてしまっている」のです．ここで「見えることにしてしまっている」と訳したのは "chosit de voir" という原語ですが，直訳すれば，「見えるということを選んでいる」というものです．もちろん，「選ぶ」には意志が必要です．ですから，〈知らないのに選んでいる〉という事態がここにはあります．アリストテレスが責めるのは，ここでこの「選ぶ」という行為をしていること，自分の振舞いが自由意志を行使した上での行為であることのゆえです．そして，当然ですが，またこの話題はストレートにデカルトの「誤謬論」へと私たちを導きます．デカルトは，私たちが誤りを犯すのは，知性の及ぶ範囲を越えて意志を用いるからだ，と言うのです．

> 過誤〔error〕は二つの原因即ち認識する能力〔知性〕と選択する能力，言うなら意志決定の自由〔意志〕による．[★156]

> 意志は知性よりも一層広い射程を有する．…〔中略〕…過誤は，私が意志を，同じ限界のうちに引き留めずして，また私の知解していないものにまでも拡げる，ということから生ずる．[★157]

知性と意志とは，その到達範囲が違うという見解がここにはあります．自分には到達できていない範囲の事柄についてまで，その真偽を判断してしまうし，その真偽がたまたま当たることはあるにしても，多くは誤りを免れないというわけです．孔子の『論語』の言葉を思い出してもいい．「これを知るをこれを知ると為し，知らざるを知らざると為せ」（知之為知之，不知為不知，〔是知也〕）というあれです．東西を問わず，そうしたことの大事さが強調されているのでしょう．デカルトが大きな影響を受けているストア的な禁欲主義にもそれがあります．〈自分の守備範囲にないものについて手を出そうとするから誤るのだ〉，という．

> 自分の内に集中せよ．理性的指導機能はその性質として，正しい行為をなし，それによって平安をうるときに自ら足れりとするものである．[★158]

> もっとも高貴な人生を生きるに必要な力は魂の中にそなわっている．ただしそれはどうでもいい事柄にたいして無関心であることを条件とする．これに無関心になるには，かかる事柄の一つ一つをその構成要素に分析してながめ，同時に全体としてながめ，そのうち一つとして自己に関する意見を我々に押しつけるものもなく，また我々のところへ侵入してくるものもないということを記憶すればよい．[★159]

ところが，「無関心」であるべきものと，そうでないものとを取り違えることがいくらでもあるとエピクテトスは言います．

> そこでわしどもは，死にたいしては大胆を向けるべきであり，死の恐怖にたいしては慎重を向けるべきである．ところが事実は反対で，死に対しては逃避するが，死にかんする思惑にたいしては，冷淡や，不注意や，無関心をもってするのである．[★160]

★150──エピクテトス『語録』（『［世界の名著］キケロ エピクテトス マルクス・アウレリウス』）p.333〔傍点引用者〕
★151──G. E. R. ロイド『アリストテレス──その思想の成長と構造』p.200〔傍点引用者〕
★152──同書，p.201〔傍点引用者〕
★153──同前〔傍点引用者〕
★154──キリスト教のことが考えられているでしょう．例えば，「金持ちが天国に入るのはラクダが針の孔を通るより難しいだろう」（「マタイによる福音書」19-24）
★155──Alain, *Les Aventures du Cœur*, in *Les Passions et la Sagesse*, Bibliothèque de la Pléiade, Gallimard, 1960, pp.363-364〔傍点引用者〕
★156──R. Descartes , *Mediationes de prima philosophia, Meditatio 4*, Vrin, 1964-1974 VII p.56（R.デカルト『省察』pp.75-76参照）
★157──*Ibid.*, p.58（R.デカルト『省察』p.76参照）
★158──マルクス・アウレリウス『自省録』pp.108-109
★159──同書，p.188〔傍点引用者〕
★160──エピクテトス『語録』pp.314-315

そんなことを言ったって，死ぬのは怖い，嫌だ，と多くの人が言うでしょう．しかしストア派はそんな思いは子どもじみているという．

死ぬということはなんであるか．もし我々が死それ自体をながめ，理性の分析によって死からその空想的要素を取り去るならば，それは自然のわざ以外の何物でもないと考えざるをえないであろう．自然のわざを恐れる者があるならば，それは子供じみている．*161

人々を不安にするものは，事柄ではなくて，事柄についての思惑だ．…〔中略〕…死は恐ろしいという死についての思惑，それが恐ろしいものなのだ．だから，私たちが妨げられたり，不安にさせられたり，悲しまされたりするときは，けっして他人をではなく，自分たち，つまり自分たち自身の思惑を責めようではないか．自分自身不幸なばあいに，他の人たちを非難するのは，無教養な者のすることで，自分自身を非難するのは，教養の初心者のすること，そして他人をも自分をも非難しないのは，教養のできた者のすることだ．*162

自分の死と天秤にかけてまでも守るべきこともあるかも知れないというわけでしょう．それこそが〈心の平安〉〔「心(CŒUR)」(→p.176)〕であり，〈徳の自足〉〔「徳(VERTU)」(→p.850)〕だとストア派はいうのです．自らの死を目の前にしても保ちうる〈心の平安〉であり，それが実現するのは，どうでもいい外的なことへの無関心（──死すらもその外的なものなのでしょう──）に基づく〈徳の自足〉だというわけです．

しかし，蜃気楼に囚われる者は，それを信じない．「願望欲望の対象たる目的」，〈自分にとっての善〉〔「善(BIEN)」(→p.131)〕，〈どうでもいい事柄〉といったものを，その反対の「手放し難いほど愛しい〔chérie〕」ものと感じているからです．それが自分にとって「外的な出来事」であるかも知れないとは考えようともしない．死んでもカネはあの世に持って行けません．仏教で言う「煩悩」は，今回の定義である蜃気楼に伴っているものなのでしょう．外的な事柄を内的な事柄と取り違えること，そしてそのゆえに自分の守備範囲を逸脱して意志を用いること，そこに蜃気楼が登場する機縁があり，私たちの誤謬の正体があるのでしょう．

さて，ここで最初の「砂から立ち昇る熱い空気による，視覚の幻影」を振り返ってみましょう．そのとき「砂から立ち昇る熱い空気」こそは，私たち人間の欲望が心身を共に巻き込んだときに生じる熱気と解釈することも許されるかも知れません．情熱は人に勢いを与えるかも知れない．青春に情熱はつきものかも知れない．けれども，それは誤謬のごく近くにいることも忘れてはならないのです．

間違いは，人が思考を情念の支配下におき，あらあらしい熱気にかられて恐れや怒りに身をまかす点にある．*163

ヴォルテールはよく見ていた．熱狂こそ人間の禍なのだ．そして熱狂とは，早まった野心がすぐ破れたところから，けいれん的に考える精神にほかならない．*164

MISANTHROPIE
人間嫌い ── 人間たちに対するある愛〔amour〕なのであるが，自分が裏切られたと余りに性急に結論してしまう類のもの．人間嫌いの中には，大きな期待〔espérance〕と大きな期待はずれがある．博愛〔charité〕は人間嫌いに陥るまいとする一種の誓いである．

misanthropieというフランス語は、古代ギリシア語のμισανθρωπίαから来ており、またこのギリシア語自体は、μῖσος(憎しみ、嫌悪)とἄνθρωπος(人間)という言葉からの合成語です。〈憎しみは、愛の裏返し〉みたいことをきいたことがあるでしょう。愛している(愛した)からこそ、それが裏切られたときには「憎しみ(HAINE)」(➡p.397)・嫌悪に変わる。「可愛さ余って憎さ百倍」という言葉もあります。分からないわけではありません。ストーカーとかリベンジ・ポルノといった事例を思い浮かべてみれば、なるほどと思う人もいるでしょう。それらは具体的な一人の人間に向かっている「愛(AMOUR)」(➡p.076)とか憎しみですが、アランはここで、それを〈人間というもの〉全般に拡げてしまう事例として「人間嫌い」を定義しているのです。人間というものを総じて嫌いになってしまう。そんな話です。

　一人の人間によってひどく傷つけられて人間嫌いになってしまう人もいるかも知れません。また、裏切られ、裏切られ続けて、ついには人間嫌いになってしまったという人がいたとしたら、その人には同情の余地すらあるかも知れません。そうした同情すら抱きたくなるような恋愛における心の動きを歌ったものとして私の頭に即座に浮かぶものに、中島みゆきの「雨…」という曲があります。裏切られ続けて、いつしか「氷芝居」を憶えてしまったがために、ついに出会っていた大事なはずの人を失ってしまった女性が主人公の歌です。

　しかし、たとえ裏切られ続けたとしても、それでも人間嫌いというのは性急な結論づけだとアランは言うのです。そのへんを、もっと考えてみなければなりませんね。ではまず、人はどんなときに性急になってしまうのか、それを考えてみましょう。日常的な場面での話をアランから引くと次のようになります。

　　私がしばしば考えたところでは、情念にかられた不正な愛と解される人間ぎらいは、多くは、人の言う言葉を気にしすぎることにもとづいている。[★165]

　人間というものは、気分次第で、相手に対して心にもないことを言ってしまうものなのです。それを言われて気にしていてはキリが無い。言われた言葉は、それが文法にかなったものであるならば、確かに意味を持ってしまう。だからこそ自ずと理解されてしまうのですが、その意味をあえて受け流す必要のある場合も存在するというのです。例えば、アランは次のように書く。

　　鋤が故鉄(ふるかね)の音を響かせ、剣が鳴り、風が音をたて、扉がきしみ声をあげるように、興奮すると人間も話という雑音をたてるのである。そんなものを理解しようと試みる人を、そしてそれを理解したと思いこむ人を、私はあわれだと思う。理解すべき何物もそこにありはしないのだから。[★166]

　こうした事柄のもっと具体的な言い方は、前にも引用した、次のものです。

　　少女は、ほんのつまらぬことで祖母と衝突して、しまいには、私も死んでしまいたいなどと言いだす。祖母に可愛いがられていた姉が墓に葬られてからまもなかったのだ。私だったら、思いがけない物音がたまたま意味をもったのだと考えて、一笑に付するだけだ。[★167]

　そうした態度は、〈自ずと理解されてしまいそうな言葉の意味〉をあえてペンディングにするだ

★161──マルクス・アウレリウス『自省録』p.25
★162──エピクテトス『要録』p.387
★163──アラン『幸福論』p.14
★164──アラン『人間論』p.337
★165──アラン『わが思索のあと』p.240〔傍点引用者〕
★166──アラン『感情 情念 表徴』pp.216-217〔傍点引用者〕
★167──アラン『思索と行動のために』p.366〔傍点引用者〕

けの強さを必要としています．普通はそれができない．自ずとという動きに乗って生きているのが日常というものだからです．それをあえてペンディングにするには疑ってみたりという意志的な努力が必要なのです．流されずに，意志的に生きることをめざした最たる人間がデカルトでした．彼が，すべてを一度はペンディングにするという「方法的懐疑」を遂行したのは有名ですね．

そして，それは今回の定義の中に出てくる「期待〔espérance〕」についても言えることなのです．自ずと期待してしまう場面というのを考えてみてください．例えば今が四月だとします，講義にでている学生さんたちのほとんどは1年生で，受験も終わったし，「希望(ESPÉRANCE)」(▶p.314)に胸を膨らませて，恋まで期待しちゃうかも知れないとします．しかし，その期待とはどんなものかということです．〈突然，素敵な人が現れて〉みたいな感じがほとんどではないでしょうか？

期待を抱くというのは，確かに，絶望することに比べてはるかに良いことでしょう．しかし，一体，誰に，何を期待するというのでしょうか？　物とか誰かとかに何かをもらおうとするからこそ，「期待はずれ」になるのではないでしょうか？　次のような言葉があります．

> 必要なことは，受けとる前に与え，いつでも期待を物に対してではなく自分にさし向けることだ．そして，幸福はたしかに報酬ではあるが，それを得るのは，さがし求めずに報酬に価する者だ．こういう次第で，われわれがよろこびを得るのは望んだからではあるが，われわれのよろこびを望んだからではない．[★168]

欲しがるという心の動きこそは，期待はずれを引き寄せるのではないか，と問う余地がある．言い換えれば，欲しがらないからこそ手に入るものがあるのかも知れませんね．恋の喜びもそうなのかも知れない．

相手に気にいられることを勘定にいれず，ただ相手に幸福を与えるがゆえに自然に気にいられることこそ，恋の喜び〔la grâce de l'amour〕のすべてではなかろうか．[★169]

この引用の訳者・古賀照一氏は，la grâce de l'amour を「恋の喜び」と訳したのですが，それではちょっとフランス語のニュアンスが伝わらないと思います．私は「愛という恩寵」と訳したい．なぜなら，la grâce というのはラテン語の gratia に由来するフランス語で，まさに「神(DIEU)」(▶p.263)の恩寵をも意味するからです．神の恩寵というのは，〈自分がそれに値するとも思えないものを，「好意(BIENVEILLANCE)」(▶p.138)によって与えられる〉ということです．「キリスト教(CHRISTIANISME)」(▶p.160)では，「救い」も恩寵です．[★170] カトリックで，昔，聖体拝領前に皆で唱えた信仰告白として使われていた「祈り(PRIÈRE)」(▶p.660)のなかに「主よ，私はいたらぬ者です，ご訪問に値しません．一言でも頂ければ我が心は清められます」(傍点引用者)といった文がありました．これを参考にして上の引用を読んでごらんなさい．「相手に気にいられることを勘定にいれず，ただ相手に幸福を与えるがゆえに自然に気にいられる」という部分がまさに恩寵と重なって解釈できそうなことがわかります．実際，アランは「宗教(RELIGION)」(▶p.676)に関連して，次のようにも述べているのです．

> 宗教は，あたかも宗教が存在しないかのようでなければならず，神は，あたかも神が存在しないかのようでなければならない．信ずるに価する人でなければならない，すなわち，報いがあるとはじめには知らずに報いを得なければならないと言うではないか．[★171]

何かを実際に得ることよりも，それを得るに値する人間になること，そのことがまず以て重

要ではないのかと問うアランがここにはいるのでしょう．みなさんは，どう思いますか？　私としては，そんなふうに上述の引用を解釈してみたい．だからこそ，最初に引用した方の文章で，「期待を物に対してではなく自分にさし向けることだ」と言われたのも，いろいろなことに値する人間になるのは，自分に絶望した人間ではなくて，あえて自分に期待する人間だという意味にとれるでしょう．「われわれがよろこびを得るのは望んだからではあるが，われわれのよろこびを望んだからではない」と言われたのも望むことを止めた人間ではなく，「**期待**(ESPOIR)」(▶p.320)や希望を抱いている人間にこそ，思いもしなかった喜びが訪れることを語っているのです．恩寵とはそういうものです．見返りを求めれば，裏切られる．見返りを求めれば，敵を愛することなどできない．見返りを求めれば，隣人愛などはおそらく存在しないのでしょう．だからこそアランは，（カトリックの信仰をほとんど棄てているにもかかわらず），「博愛〔charité〕は人間嫌いに陥るまいとする一種の誓いである」と述べて定義を終わるのでした．「**博愛**(CHARITÉ)」(▶p.148)の定義も参照しつつ，キリスト教において最も重要な三つの徳が，「信仰」〔fides〕・「希望」〔spes〕・「愛」〔caritas〕であったことも思い出しておいていいでしょう．

MORALE
道徳

― 原理，格率そして規則の総体であり，それに則って不偏不党なる第三者がその隣人に勧告するものである．人が隣人に要求することには不確実なところなど微塵もない．難しいのは自分自身が道徳を実践することなのであって，人が道徳的判断を形成するのはそこに注意を向けることによってである．なぜなら，そのことを考えるや否や，他の人の振舞いをみて非難を加えていた当の事柄を，自分が喜んでやるなどということは，もはやあえてできないだろうから．

原理とは，フランス語で principes であり，格率とは maximes で，規範とは règles です．principe は語源的には prima（最初に）＋ capio（摑む）ということであり，始めに立てられてそこからすべてが引き出されてくるかのようなものです．格率とは「世間で広く認められている行為の基準」（『デジタル大辞泉』）であり，規則とは「行為や事務手続きなどが，それに基づいて行われるように定めた事柄．決まり」（同前）です．いずれも，あたかも検討する余地も無く前提とされるような事柄でしょう．だから，普通，それを絶対的基準であるかのように受け入れ，自分は不偏不党な人物であるといったノリで，隣人に勧告したりするというわけです．私は，原文の le témoin impartial を「不偏不党なる第三者」と訳してみました．神谷訳や森訳が「公平な証人」と訳した箇所です．なぜそう訳したかというと，そこでは原理や格率そして規則を自ら吟味することなく，隣人が陥っている事態にも積極的にコミットすることなく，〈そういうものなんだよ！〉といった風情で，身を引いている姿勢をはっきりと出したかったからです．まさに「第三者」なのです．しかも，自分は正しいと思っている．確実な基準とでもいうべき原理や格率そして規則の側に立って述べるからです．だからこそ，「隣人に要求することには不確実なところなど微塵もない」のです．

ところが，「自分自身が道徳を実践する」段に

★160──アラン『思索と行動のために』pp.292-293〔傍点引用者〕
★169──アラン『感情 情念 表徴』p.44
★170──カトリックの秘蹟のひとつで，ミサの最後の方で，イエスが最後の晩餐に際して「これは私の身体である」としてパンを使徒たちに分け与え，「これは私の血である」として水をワインに変えたということを再現し，パンを信者たちに与えるものです．
★171──アラン『宗教論』pp.257-258〔傍点引用者〕

495

なると，これが難しい．第三者として理屈を捏ねていれば済むというものではなくなってしまう．まさに自分の責任で「判断」を下し，行動しなければならない．確実なものを前提とした「演繹的推理・推論」を述べるのとは違います．「推理・推論」をする場合，大前提となるものは立てられてしまっています．例えば，つまらない三段論法の例ですが，「すべての人間は死ぬものである」(大前提)，ところで「ソクラテスは人間である」(小前提)，ゆえに「ソクラテスは死ぬものである」(結論)といった推論は，大前提で「すべての人間」と言ってしまったときにすでにソクラテスは入っているわけです．つまりは，最初に前提したものを取り出してくるだけ．そこに心理的な新しさはあるかも知れないけれども，何か本当に新しいことなど語られてはいないのです．ちょうどさきほど，原理，格率そして規則の総体を前提として，「不偏不党なる第三者」が語るといったのは，こんな場面でしょう．繰り返しますが，何も新しいことなど言われていない．すでに言われ，皆がそうだと思い込んでいることを，ただ繰り返しているだけなのです．古代ギリシアのユークリッド幾何学は，それまでに知られていたいろいろな言わば「定理」を，統一した形式に整え，演繹的体系としたものです．すなわち，その定義・公理・公準(要請)から，すべての定理を引き出してこようとするものであって，当の定義・公理・公準(要請)を立てた時に，すでにすべてはその中に入っているようにしたのです．そして，ここからが重要な問題なのですが，近代の科学でさえもが，このユークリッドの体系を学問の「**理想**（IDÉAL）」(►p.402)としながら進んだということです．数学はもちろんのこと自然科学のみならず，哲学書までそうだったと言っていい．オランダの哲学者スピノザが，その『エチカ』という書物の副題に「幾何学的秩序によって論証された(ordine geometrico demonstrata)」と書いたのは有名な話です．実際，種々の哲学的命題をそのようにして証明していったのでした．

今回の定義に，話を戻しましょう．「難しいのは自分自身が道徳を実践すること」だとアランは書いたのでした．そして「人が道徳的判断を形成するのはそこに注意を向けることによってである」，と．まさにここで「判断」といわれていることに注意してください．「実践すること」と「判断すること」とが結びつけられているところに注意してほしいのです．言い方を換えれば，〈推論すること〉は，まだ〈自分が実践すること〉無くしても成立するかのようなものなのです．「判断」はそうはいかない．〈自分はそのように判断する〉と，何かに頼らずに，もはや第三者としてではなく，明確にしなければならない．事柄にコミットしなければならないのです．アランが最後に「なぜなら，そのことを考えるや否や，他の人の振舞いをみて非難を加えていた当の事柄を，自分が喜んでやるなどということはもはやあえてできないだろうから」と述べるのは，他の人の振舞いをみて「**非難**（REPROCHE）」(►p.708)を加えるぐらいのことは「推論」のレベルでもできる，つまり前提とされた命題に照らしてそこから引き出される命題を述べるに留まるけれども，いざ自分で行動するとなると，非難というレベルを超えて，自分の事柄として振ってかかってくることを言いたいのでしょう．

アランが念頭に置いていたかどうかは分かりませんけれども，聖書に出てくる例の「姦淫(つまりは不倫)を犯した女」の話が私の頭には即座に浮かびます．そこで語られるイエスの言葉は，これまでの旧習を墨守するだけでは出てこないものです．今回の定義で言えば，原理，格率そして規則の総体に則って不偏不党なる第三者がその隣人に勧告するところには出てきようもないでしょう．この場に立ち会った者たちが，自分のものとして引き受けたからこそ，誰も石を投げられなかったのでしょう．今回の定義では「他の人の振舞いをみて非難を加えていた当の事柄を，自分が喜んでやるなどということはもはやあえてできないだろう」と未来の方向に述べていましたが，ここでは逆に，自分も罪を犯したことがあるから

こそ，非難するのをやめたのです．しかし，第三者はこういうコミットをしません．特定の閉じた「社会(SOCIÉTÉ)」(▶p.748)を前提とする限り，その維持のために，内部では「義務(DEVOIR)」(▶p.249)や責務が課せられます．次のように言われるまさにそういう仕方で，です．

> 責務というものは，何はともあれ，習慣の形で意志へのしかかってくるもの，また責務の一つ一つがそれ以外の責務の集塊をその背後に曳きずっており，したがってまたその集塊全体の重みを利用して圧力をかけてくるものだ…〔後略〕[★172]

イエスの言葉にはこうした意味での圧力は感じられない．むしろ，そういう「愛(AMOUR)」(▶p.076)を述べ伝えながら十字架にかかって死んだイエスに，自分からはいかにほど遠いにせよ，憧れさえ抱く者があっても不思議ではない．実際，そんなことがイエスに出会った者たちに起こったのかも知れない．強制しない招きがあり，憧れがそれに応じる．次のように言われる所以です．

> 自然的責務は，圧力ないし圧迫〔プレッション〕だが，完全完璧な道徳のうちにはいわば招きがあるのである．[★173]

本当にはコミットせず，第三者としてただ理論を捏ね回すのか，それとも自分のものとして引き受け，道徳的な判断を下すのか．人々がそういう選択に迫られた場面こそ，さきの「姦淫の女」の場面でしょう．だから，律法学者たちのように知識を持ち，認識に長けているだけでは足りないのです．

> 種々の意見がからみあって作られている人間界の事象の場合は，真実は確認されるものではなく，作りあげられるものだということである．だから認識するだけでは十分でない．判断という美しい言葉のもつ最上の意味で，我々は判断を下さなければならない．[★174]

「哲学(PHILOSOPHIE)」(▶p.587)が机上の空論に終わるのか，そうでないのか．それはみなさんが，そうした哲学的議論を自分のものとして引き受け，自らの責任において判断を下し，行動するかどうかにかかっているのです．次の言葉も吟味すべきだと思います．

> 悪評頻りな推理という名は，上から下に向う想念に任せておいて，判断は常に下から上に向い，刻々に幼さから円熟に向う，と言おう．[★175]

MORTEL
死をもたらすもの
― これは，ある〔宗教的な〕罪〔péché〕について言われる．それは，魂〔âme〕の魂を，すなわち意志を，殺すものである．死をもたらすものは内なる悪魔〔diable〕から生じる．人が心の中のそういう動きに思考を向ければ向けるほど，そこから脱却することを望まなくなる．例えば，羨望〔という内なる悪魔を考えてみよう〕．人が羨望する機会を探すや否や，どんな讃辞をもどんな功労〔mérite〕をも自分は羨むだろうと知るや否や，自分はそれらを羨むことを断言するや否や，皆そうであり，それが人間の法則〔loi〕なのだと断言するや否や〔そこから脱却することを望まなくなるのだ〕．

罪の赦し〔absolution〕が登場するのはここである．なぜなら，ある絶対的な意志〔décret absolu〕とやり直し〔recommencement〕が必要だからである．罪の赦しに値するものは，軽い

★172――H. ベルクソン『道徳と宗教の二つの源泉』p.236
★173――同書, p.246
★174――アラン『裁かれた戦争』p.135〔傍点引用者〕
★175――アラン『思想と年齢』p.391

過ちではなく，それは重大な過ち〔faute〕である．例えば，自分自身でも全然気にかけてもいないちょっとした怠け者を罰することはできる．しかし傲慢〔orgueil〕に基づく決意によって怠け者である者を罰してはならない．なぜなら，その者は罰せられることを待っているからなのだ．恩寵というものがその全き意味をここで獲得する．

　もっと一般的にいうと，自分の決意〔résolutions〕をゆるめてしまい，そして自分のすべての思考から重要性を奪ってしまう，人間のあの特性が，死をもたらすものなのである．それとは反対に，英雄というものは不死なる仕方で〔immortel〕思考しそして行動するのである．

　「ある〔宗教的な〕罪」と訳したのは péché というフランス語です〔「罪（PÉCHÉ）」（➡p.561）〕．法律上の罪は crime という語です〔「重罪（CRIME）」（➡p.203）〕．後段で「罪の赦し（ABSOLUTION）」（➡p.026）の話が出てきますし，「恩寵」の「全き意味」が語られるのですから，こう訳すのが適切と私は考えます．そして，それは「魂〔âme〕の魂」に関わる．ちょっと分かりにくい表現かも知れませんが，原文が l'âme de l'âme となっているのですから仕方がありません．しかしながら，こんなふうに分かりにくいときにこそ，明確に自分の解釈を提示しようと努める必要があります．つまり，なぜアランは「意志」を「魂の魂」，つまり〈魂の中でも，言わば最も大切なところ〉と考えているのかを述べてみる必要がある．「意志」がそう語られているのですから，当然のように，それに対比させられるものは「知性」です．すなわち，「知性」よりも「意志」を大切なところとして語るところがあるわけです．ヒントとなる文章を探してみましょう．アランが，こうした文脈において，デカルトに同意していることが分かります．

　　簡単にいおう，この「知性の王者」は，知性そのものの力を測り，われわれの完全性を知性によって，また神を知性によって求めることを拒否し，大胆にも意志の属性の前にわれわれの理解の能力なるものをおとしめたのであった．★176

　いつも忘れてはならぬことだが，デカルトの特質は，精神の完全性を，決断する意志の中に認めたということにある．★177

　　正義だけでなく，権利，友愛，平和などの思想も，言わば宙ぶらりの状態で我々を待っているのだ．我々が選択し，意志するのを待っているのだ．意志のみがそれらを現実化するであろう．★178

　「判断」に関わらせてみると，次のような言葉も出てきます．

　　〔デカルトは〕判断は意志に関することで，知性〔entendement〕に関することではないと言い，したがって，普通には人が理解力〔intelligence〕と呼びたがるものを高邁と呼ぶに至ったのである．★179

　このように大事な「意志」を殺すものこそ，それこそ〈人間としての〉死をもたらすものだとアランは言いたいのでしょう．しかも，それは「内なる悪魔〔diable〕から生じる」という〔「悪魔（DIABLE）」（➡p.255）〕．「内なる悪魔」とは何でしょう？　アランは例示を通して語ります．例えば，「羨望」だというのです．「羨望」という〈心の中の動き〉を観てみましょう．それが，人を捉えてなかなか離さないことが分かる．いや，離さないというより，離れようと意志できなくなってしまうのです．そうした「内なる悪魔」に「思考を向ければ向けるほど，そこから脱却することを望まなくなる」のです．「思考を向ければ向けるほど〔Plus on y pense〕」とアランは書いています．〈考えれば，考えるほど〉です．Penser〔思考

する〕ということを「知的な」つまり「理解力」に関わるだけのものと考えてしまうと、意志的な働きは注目されなくなる。「人が羨望する機会を探す」、それは知性の働きでしょう。「どんな讃辞をもどんな功労〔mérite〕をも自分は羨むだろうと知る」のも知性の働きでしょう〔「**功労（MÉRITE）**」（→p.479）。「自分はそれらを羨むことを断言する」のも、「羨まない」ことを意志するのとは違って、〈もうだめだ、どうしても羨んでしまう〉という感じでしょう。そして「それが人間の法則なのだと断言する」のも、〈人間なんて、皆、そういうものだ、決まってるさ〉と納得してしまって別様のあり方へと意志するなどということがなくなってしまった状態です。だからこそ、脱却できないのです。断言には意志が必要ではないか、と言う人もいるかも知れません。なるほど、そんなふうにも考えうるかも知れませんが、それでも当の「断言」が、意志の発動を諦める方向への断言であることには変わりはないとは思いませんか？　こうして意志は死に瀕するわけです。

そこに「罪の赦し〔absolution〕」が登場する。死に瀕している者を立ち直らせるのに「罰」ではマズイのです。「罰」では、それこそ死に瀕している者を本当に死なせてしまいます。死に瀕している者が新たに意志を奮い起こして、やり直そうとするには、許しが必要なのです。「軽い過ち」なら、罰することで刺激を与えて矯正することもできるでしょう。しかし、「重大な過ち」ではそれは無理だとアランはいうのです。死にかかった者を蘇生させるには、許さなければならない。なぜなら、死に瀕しているのは「傲慢に基づく決意」によって意志がうまく働かなくなってしまった者なのであって、もう自分ではどうしようもなくなっているからです。自分がマズイところに入り込んでしまっているのは分

かっている。知性は働いているからです。しかし、どうにもできない。だからこそ、罰せられても当然だと理解しているし、それを「待って」さえもいるのです。〈こんな自分が許されるはずはない〉と分かっているのです。だからこそ、許しを信じていない。自分は呪われていると理解しているのです。いや、自分を呪っているのかも知れない。「実をいえば、呪われた者とは、自分が許されることをけっして信じようとしない者のことだ」とアランは書きました。

こうして、ここで「恩寵」が語られる理由が解るでしょう。神の恩寵というのは、〈自分がそれに値するとも思えないものを、好意によって与えられる〉ということなのです。これこそが今回の定義でいう恩寵というものの「全き意味」でしょう。救いがあるとは信じていなかったのに、救われていく。

最後にアランは、定義を一般的な場面に持っていきます。「自分の決意をゆるめてしまい、そして自分のすべての思考から重要性を奪ってしまう、人間のあの特性」と書いています。「決意」〔résolutions〕は複数形です。そして「自分のすべての思考」を語ります。「自分のすべての思考」を「決意」との関わりで考えてみるべきでしょう。「さあ、わが友よ、意志せずに考えたりすることはもうやあめるがよい」という言葉があります。意志を忘れたそんな知性の使い方は思考という名にも値しない、というわけです。「思考とは意志的なものであることを知ることが必要だ」ともアランは書きました。次のようにもまた述べています。

　　私はストア派に教えられ、また私の師であるラニョオに教えられて、観念を作り支えるのは意志であることを、かなり早く理解し得た。

★176──アラン『デカルト』p.6〔引用者改訳〕
★177──同書, p.106
★178──アラン『裁かれた戦争』p.166
★179──アラン『教育論』p.83〔引用者改訳〕
★180──アラン『思索と行動のために』p.380
★181──アラン『裁かれた戦争』p.167
★182──アラン『思索と行動のために』p.169
★183──アラン『思想と年齢』p.338

499

これは，とりもなおさず，きちんと考えるためには意志の支えが常に必要だということを示しています．そして，そういうことを信じないとき，思考を支えるこの「決意」は弱り，「自分のすべての思考」から，その最も大切なところである意志，つまり「魂（ÂME）」(▶p.069)の魂が殺されるのです．逆に，英雄は諦めない．意志が英雄を支え続けているのです．それこそが「不死なる仕方で思考しそして行動する」ことなのでしょう．

N

NAÏVETÉ
素朴さ – まさに生まれたままである状態のことで，言い換えれば，模倣〔imitation〕とか流行とかといった偏見がない状態である．素朴さは説得によっていささかも動かされてはおらず，一般的な見解にうかがいをたてたりしない．しかしながらそれは，感情〔sentiments〕の伝染によって人の意見に染まりやすい．それゆえにこそ素朴さを脱しなければならないのである．これは「自然的なもの」と同じ言葉であるが，しかし素朴さは幼少期の自然的なものであり，無邪気さを含むというニュアンスを伴っているのに対して，自然的なものは犯罪〔crime〕の中にも見出されうるのである．

ナイーブという言葉は，日本語ではどちらかというと良い意味で用いられていますが，外国語，つまり元の意味では，あまり評価できるものではありません．確かに，この定義の最初の方にあるように，「模倣〔imitation〕とか流行とかといった偏見がない」という意味では，変に擦れていないというか，そういうポジティヴな面はあります．「**模倣（IMITATION）**」(▶p.413)とか「流行」とかいったものは，人間の中で，揉まれてくると自然に身についてしまうものです．当然，そうなると，何らかの言動を起こそうというときに，「身についてしまった」事柄の元となるものに頼ってしまうことになる．私たちは何かをやろうというときに，それを否定されて，別の事柄をやらされてきたりしてきているからです．ここで，否定というものの構造について考えてみるのも良いかもしれません．定義が進む中で出てくる「説得」ということがそこに関わっているからです．説得するとか説得されるとかいう場面を思い浮かべてみてください．ある人が別の人に（場合によれば，自分が自分に），何かをやろうというときに，〈それをやめて別の事柄にしなさい！〉と言っている場面ではありませんか？

ベルクソンは次のように書きました．

> 否定とはいつでも可能的な肯定の拒斥であることに注意しよう．否定は起りうべき肯定を前にして精神のとる態度にすぎぬ．[001]

否定というのは，〈何かあることをやろうかな……〉と思っていると（つまり，まだ可能的なあり方），〈やめた方がいいよ．別の，こっちの方がいい〉といって，当の〈何かあること〉が排斥されることだというのです．もっとも，〈別の，こっちの方〉は，必ずしも提示されない．

> 否定判断とはある肯定判断を他の肯定判断で置きかえることの必要を示す判断なのである．もちろんその第二の判断の性質は，あるばあいはひとがそれを知らぬために，

また多くのばあいそれが現在の利害に訴えないで注意はもっぱら第一の判断の内容にむけられるために，特殊化されないでいる．

例えば，子どもに〈それをやってはいけない！〉というふうに，その子どもの行動を否定する場合を考えてみてください．その場合，〈それ〉は排除されなくてはならないと，親なり誰かが言っているわけです．〈それをやる〉という肯定は認められていないのです．子どもは，その場合によく〈じゃあ，どうしたらいいの？〉と，それに置き換える〈別の肯定〉についてきいたりするでしょう．でも，親は答えたりしないか，あるいは〈自分で考えなさい！〉なんて言うものです．親自身が，置き換えるべき〈別の肯定〉を知らなかったり，面倒くさくて答える気がしなかったり，するのです．そして〈とにかく，それは駄目なの！〉なんて言う．上の引用にあるように，「第二の判断」は特定のものとしては提示されないのです．「特殊化されないでいる」とはそういうことです．だから次のように言われることになる．

　　否定するとはいつもきまって二つの肯定の連立体系を欠損した形で提示することなのである．

「欠損した形で」というのは，もうお分かりのように，第一の肯定は排除されなければならないけれども，それに代わる第二の肯定はきちっと述べられないという意味です．それでも，こうした「禁止」は，多くの場合，成功してしまう．どうしてでしょう？　それは，「道徳(MORALE)」(▶p.495)のところでやったあの「原理」や「世間で広く認められている行為の基準」である「格率」や「行動や判断の基準となる模範」である規則を笠に着て，「親」とか「大人」は否定するからです．「その集塊全体の重みを利用して圧力をかけてくる」というベルクソンの引用を思いだしてください．（閉じた）「社会(SOCIÉTÉ)」(▶p.748)が，背後にあるからです．それに合わせることを要求している．こうしてベルクソンはひとことで「否定は教育的社会的な性格をもつ」と，まとめてしまいます．〈そうしないとおまえはこの社会では生きていけないぞ！〉とか，〈この社会で生きていくための大事なことをおまえに教えてやっているのだ！〉とか言うのです．ここまで説明すれば次の引用は自ずと理解されるでしょう．説得の話がここでつながるのです．

　　否定するやいなやひとは他人に意見しているか，あるいは自分に意見している．…〔中略〕…社会のはじまりがそこにある．

今回の定義である「素朴さ」は，そういうあり方からは少し離れている．というか，それをまだ知らないのです．こうして，「素朴さは説得によっていささかも動かされてはおらず，一般的な見解にうかがいをたてたりしない」と書かれることになる．確かに，「親」とか「大人」との言語的なやり取りによる否定に染めあげられてはいないにせよ，すなわち「説得」とか「一般的な見解〔opinion〕」といった知的な場面での影響はまだ受けていないにしても，それで安全かというと，そういうわけではありません．むしろそういう段階にまで行かなくても受けうる影響というのがあるのです．「感情〔sentiments〕の伝染」です．それによって「人の意見〔opinion〕に染まりやすい」．opinionを「一般的な見解」と「人の意見」とに訳し分けましたが，言いたいことは，自分が意志的に形成しているわけではない何らかの意見といったものに，いつの間にか合わせてしまうという事態が問題だという

★001──H.ベルクソン『創造的進化 下』p.127〔傍点引用者〕
★002──同書，p.129〔傍点引用者〕
★003──同書，p.134〔傍点引用者〕
★004──H.ベルクソン『道徳と宗教の二つの源泉』p.236
★005──H.ベルクソン『創造的進化 下』p.136
★006──同書，p.128〔傍点引用者〕

501

ことです．それが自然に思えるようになってしまうからです．アランが「自然的なもの」と言い出すのは，これで分かるはずです．幼少期にあっては，偏見は無いかもしれない．しかし**感情（SENTIMENT）**(→p.732)の「伝染」によって簡単に「人の意見」に染まってしまうというのが自然のあり方なのです．[★007] こうした〈自然のあり方〉を意志的に吟味することなく，ただ流されていくだけならば，大人になっても「自然的なもの」は深く当の大人に寄り添いまとわりついてくる．「犯罪」を犯しても，〈仕方がなかったんだ．誰でも俺みたいな状況になれば，皆同じようにするのが自然なんだ！〉なんていう言いわけまで出てきそうですね．

人間として，善く生きようとするならば，そんな意味での「自然的なもの」は超え出なければならないとアランは言うのです．デカルトもそういう見解でした．人間になるということはそうたやすいことではなくて，努力が必要なのです．アランの次の言葉をもう一度思い出しましょう．

> たんに母親と教師のたゆまぬ好意によって，はじめて子供はあえて人間になろうと試みる…〔後略〕．[★008]

NÉCESSITÉ
必然性

— その反対のことが考えがたい事柄は必然的である．例えば，いくつかの数の和は，それらの数が〔和という操作の前提として〕置かれるや否や必然的である．それは他のようではありえないのである．純粋状態における必然性は部分が全体に対する関係，含むもの〔容れ物〕が含まれるもの〔内容〕に対する関係，計量関係，重量，速度，圧力，衝突，そしてこれに類するすべての諸関係の中に見出される．必然性というものは，私たちが必ずしもそのメカニズムをよく知っているわけではない事柄についても自然に拡大される．例えば，砂糖が水に溶けるとか金が水銀に溶けるとか砒素(ひそ)は毒であるとかなどである．[★009] こうしたすべての場合において，必然性は自明ではない．けれども恒常性は必然性の徴である．必然性というものは常に仮定的であることが分かるだろう．一つの三角形を前提とするとその内角の和は二直角(すなわち180度)である．絶対的(仮定的でない)必然性というのは，それゆえ，考えがたい．そして，こうした考察は宿命論〔fatalisme〕に反対する手段の一つである．

「考えがたい」と訳したのは，inconcevable です．もちろんこの単語は否定辞 in と concevable とがくっついたものですが，concevable は concevoir という動詞と密接に関わっています．concevoir は，「概念」という意味の concept と類縁の言葉です．ですから少し難しくいうと，〈概念できない〉という訳も可能です．また，concevoir は「懐妊する」という意味合いを持つことでも分かるように，〈自分のものとして受け取る〉という事態も読み込むことができる言葉です．そうだとすると，inconcevable は，自ら概念を形成しつつ知的に理解して受け取ろうとするとそれができない，という意味に解釈できそうです．ここに，「知性」というもののあり方が関わってくることは分かるでしょう．事実問題として，人間の知性の及ぶ範囲は確かに限られている．それはあたり前のことのように思われるのですが，必然性とかいうものを考えるときに，そういう限界が強く意識されないということがありえます．そこで，考えてみるべきは，必然性が語られるような場面で知性はどのように働くものかということです．まあ，それについては後に触れるとして，まずは定義に書いてあることをさらに追ってみましょう．

数の和が例にあがっています．定義のその箇所を，私が「それらの数が〔和という操作の前提とし

て〕置かれるや否や」と訳していることに注意してください．何らかの「前提」が置かれてこその必然だということです．ここで，この議論が「道徳(MORALE)」(→p.495)の定義と密接に関わってくることが分かりますよね？　例の「原理，格率そして規則の総体」が前提とされる話です．まさに，前提としてしまえば必ずこうなるという感じです．前提に従う限りは他のようではありえないということ．あの三段論法で「すべての人間は死ぬものである」という大前提が立てられてしまえば，「ソクラテスは死ぬものである」が必然的に出てきてしまうようにです．まさに「すべての人間」と「ソクラテス」は全体と部分の関係だと言っていいでしょう．全体がはじめから当たり前のものとして立てられてしまえば，部分はそれに従属する以外はない．ですから，純粋状態における必然性というものの最たるものは，部分が全体に対していわば従属する関係なのです．relation de partie à tout を〈部分が全体に対する関係〉と訳したのはそのためです．しかし，神谷訳も森訳も「部分と全体」とだけ訳しており，その点については曖昧にしてしまっています．

　いずれにせよ，アランが「純粋状態における必然性」として述べた例として，それこそ数学などで扱われる数量関係が念頭に置かれていることは確かでしょう．〔命題論理学ではない〕述語論理学とか数学の領域です．言い換えれば，デカルトやライプニッツたちが「永遠真理」と呼んだ領域です．もっとも，この領域の身分についてデカルトとライプニッツは意見を異にするのですが……．デカルトは「永遠真理被造説」を主張し，ライプニッツはそれを拒否するという違いです．デカルトは，いわゆる「永遠真理」さえも神が創造した（つまり，神なら「永遠真理」すら変更しうる）と主張し，ライプニッツはそれを拒否したということです．ここにもあの「知性」と「意志」との関わり，つまりデカルトで言えばその二つの「絶対的一致」というお話が関わるのです．しかし，詳しくは哲学入門的なこの講義の趣旨を超えます．興味のある人は福居　純氏の『デカルト研究』を読んでください．

　さて，こうした数理・論理的な関係は，私たちの思考の働き方の問題であって，対象についての経験的な知識とは少々異なるものです．そこで次に，アランは議論を経験的な場面にまで拡げていきます．普通，人々は，「自然に」こういう拡大を行なっているものだというのです．「私たちが必ずしもそのメカニズムをよく知っているわけではない事柄」，つまり経験的な知識の境域へと話を進めるのです．「砂糖が水に溶ける」とかいった事柄です．ここでの「必然性は自明〔évidente〕ではない」けれども，事実，常に，そういう事柄が観察され，他のようではないために，必然的だと語られるのが普通だというわけです．しかし，この「自然に」は曲者です．デカルト風に言えば，この「自然に」とは，〈意志的な吟味なくして〉と同じ意味だからです．通常の人間の生き様とは，ほとんど私たちの意に反して，つまり意志的にではなく，いわば「自然に」私たちを捉えるあの長い間の「習慣(HABITUDE)」(→p.393)と馴染みに身を任せ，事柄の吟味よりも行動を基礎づけるものに頼ってしまっているのです．それこそが，例の「原理，格率そして規則の総体」であることはお分かりでしょう．いうならば，事柄を常に吟味しつつ〈善く生きる〉よりも，適当に合わせて〈うまく生きる〉方へと傾いているのです．なぜうまく生きたいのか？　おそらくは，命あっての物種というか，生存こそが第一と考えてい

★007──こうした「感情の伝染」はポジティヴに利用することもできます．実際，演劇という芸術はそれを実現したとアランは言うのです，「劇場で作用している力といったものは，じつは，感情の伝染であって，これは，模倣の一つのケースにすぎないのだ」（アラン『芸術に関する101章』p.89），「演劇にこそ，昔ながらの古い思考法，それもしくすぐれた思考法である．観客が，感動を激情（パシオン）〔passion〕に変え，激情を感情（サンチマン）〔sentiment〕に変えるすべを学ぶのは，演劇においてである．ひとは，そこにおいて，感じることを学ぶ，すなわち，自分が感じているということを知るのである」（同書，p.274）．
★008──アラン『わが思索のあと』p.241
★009──厳密にいうと，金は水銀に溶けるのではなくて水銀が金を取り込むようにしてアマルガム（合金）になるというのが正しいのですけれども．

るからでしょう．〈生存こそが基本的な目的である〉と考えるのでしょう．そんなふうになってしまったとき，「いわゆる〈生きるために生きる〉という事態が生ずる」ことになる．しかしながら，「「生命」について論じながら「生存目的」を至上のものにすることは，「生きる意味」を問うことにはつながらない」と私は思います．ことは〈生存目的〉の拒否に係わっているのです．生存競争とかといった次元とは違う〈生き方〉を語るところにしか，おそらく文化などといったものは語れまいということです．善く生きるために死ぬということもありうるのをソクラテスは身を以て示していました．要するに，私は，〈善く生きる〉ことに関わった，生物としての自分の生存を賭けてまでの問いというものもあろうと思うのです．師のソクラテスについて書きながら，プラトンによって哲学が「死の訓練」とまで言われたことを思い出しておきましょう．

定義に戻ります．「純粋状態における」必然性と〈事実における〉必然性との違いをアランは述べているのです．しかし，こうした違いにもかかわらず共通な点があります．それは，これら二種の必然性が共に「仮定的」〔hypothétique，「仮説的」とも訳せる〕であるということです．前者の必然性は，経験とは関わりなく（数の例がその典型です），こういう前提を置けばこうなるというようなそういう必然性ですが，後者の必然性は，その前提を置くという場面で経験に頼らなければならないわけです．もちろん，「純粋状態における」必然性として語られる論理的必然性においても，三段論法の例で「すべての人間は死ぬものである」という大前提は，〈これまで観察されたすべての人間は死んできた〉というふうに理解するならば，〈事実における〉必然性との関わりがついてきます．これまで実際に観察されてきたすべての事例から，未だ実際に観察されてはいないまさに未来のすべての事例へと帰納的に拡大するわけですから，仮説であることは確かなのです．大森荘蔵氏は，こうした点に

触れながら，帰納についてかなり辛辣な記述を残しています．

　無限箇の見え姿の集合の統一を立体の意味とすること…〔中略〕…その立体の意味(例えば円筒の意味)を制作し終えた後は，例えば海苔の筒を一つの視点から見れば立ち所にそれを円筒として把捉し，他の任意の視点からの見え姿を予知できるのである．この他視点からの円筒の見え姿の予知が適中することの確信をもたらすものは，それまでの円筒の経験からの類推であり，その類推を支えているものは「帰納」に他ならない．
　その帰納の成功を保証する証明のようなものは何もない．帰納，つまり有限箇の前例から新例を推論する仕方を演繹論理によって証明することが不可能なことは，今日では周知の事実である（…〔中略〕…）．有限回 n 箇の事例が $n+1$ 回目の事例に何の影響も与えないことは，例えば確率論の中でも公認の事実である．それにもかかわらず，自然法則は有限回のテストでその妥当性を承認される，というのが自然科学の根本的合意である．このことは，自然科学はその本格の検査手続きを省略して，簡易的な帰納を受け入れていることを示している．帰納を根拠不問で受容しているのであり，それゆえこれを帰納信仰とよぶことを許されるだろう．

そこで，〈この帰納信仰を正当化しているものは何か？〉という問いを立ててみましょう．大森氏は次のような文章をもって応えることになるはずです．

　帰納法を正当化するものがあるとすれば，それは人間の生活そのものである他はない．帰納法をフルに使う生活が成功し，一方帰納法にさからえば恐らく命を落とすだろう．この命のかかった生活の事実が帰納法を正

504

当化するのである.[015]

　逆からいえば，ここで帰納信仰に身を寄せず，命を賭けて別の信仰へと向かう立場もありうるということです．この世における生存だけに注目せず，復活に賭けるキリスト者の「**信仰(FOI)**」(→p.372)はそういうところにあるのかもしれません．まさに「道徳」の定義のところでやったように，〈閉じた〉道徳を超えて〈開いた〉道徳へと身を投げていった殉教者たちこそ，そういう人たちだったのでしょう．

　さて，もう一度，今回の定義に戻りましょう．たとえ大前提が事実と関わり，経験を出発点とした帰納的な仮説であるとしても，論理的な操作を遂行するさいには，当の事実も経験も無視されるといってよいと思います．

　　論理学とは，一つあるいはいくつかの命題
　　から，対象を考えずただ言葉だけによって
　　新しい言い方を引き出すには，どうしたら
　　いいかを検討するものだ…〔後略〕[016]

　すなわち，話題にされている当の対象が現実に存在するかどうかは別としても，例えばユークリッド幾何学〔つまり平面幾何学〕の公理系を前提とするならば，純粋な三角形そのものなどというがあるのかどうかという問題は別にしても（なぜなら，私たちは純粋な三角形など，金輪際，見ることはできないからです．ユークリッド的な意味での直線とか線分に幅はないわけで，そんなものを見られるわけはないのです．ただし，そういうものを思考することはできるということになります）[017]，三角形の内角の和は必ず二直角ということになります．しかしながら，非ユークリッド幾何学の公理系を採るならば，必ずしもそうではない．

　こうして，「絶対的(仮定的でない)必然性というのは，それゆえ，考えがたい」とアランは書きます．ここにも，"n'est pas concevable"という形で，冒頭に触れたconcevableという語が出てきます．それこそ，自ら概念を形成しつつ知的に理解して受け取ろうとするとそれができないというわけです．アランが最後に「こうした考察は宿命論に反対する手段のひとつ」と述べる理由がこれで分かるでしょう．〈すべては初めから決まっているのだ！〉，〈絶対的必然なのだ！〉とする「**宿命論(FATALISME)**」(→p.342)は，自ら概念を形成しつつ知的に理解して受け取ろうとするとそれができない事柄をそのまま受け入れてしまうことであり，そういう態度を拒否する立場がありうるということです．拒否する理由はどんなものと考えたらいいでしょうか？　アランは次のような言葉を残しています．

　　人間を必然性の観念のもとにながめること
　　は近道ではあるが，正しくない．人間は，
　　このようなものとしてとらえられるや否や
　　堕落するからだ．[018]

　自ら概念を形成しつつ知的に理解して受け取ろうとするとそれができない事柄をそのまま受け入れるということは，この宿命論に関係した言い方を使えば，〈将来がどのようになるかをあらかじめ知りはしないけれども，とにかく決まっているのだ！〉といって行動しようとしないような立場でしょう．そこでは，自分の怠惰の理屈づけに宿命論を使っているのです．宿命論に足をすくわれて，怠惰の淵に沈んでしまうのです．それ以上考える必要が無いものという領域を勝手に創ってしまっているのです．そんな立場に身を任せたい人には，次の言葉をプレゼントすれば足りるでしょう．

★010──福居純『デカルト研究』p.342
★011──拙著『情報学の展開──情報文化研究への視座』p.368
★012──同書, p.407参照
★013──同書, p.8参照
★014──大森荘蔵『時間と存在』pp.130-131
★015──同書, pp.192-193〔傍点引用者〕
★016──アラン『思索と行動のために』p.188〔傍点引用者〕
★017──大森荘蔵氏ならば「思考的意味」と言うでしょうし（『時間と自我』pp.213-214），プラトンならイデアと言い出すでしょう．
★018──アラン『思索と行動のために』p.255

505

信仰のない精神にはこと欠かない．それは弱い精神で，外に支えを求めている．共通の経験に一致することならむずかしくない．経験は私たちを矯正するだろう．だがそれは実は眠ることに等しい．それはよく教育された怠惰にすぎず，最小の努力で考えることだ．私たちのかわりに考えることを対象にまかせることだ．★019

「根本において精神の怠惰であり，懐疑の恐怖にほかならない」こういう立場は，「思考の苦労をもうしなくてもすむようにと，何か議論の余地のない原理をさがし求めるのがつね」なのです．それは必然性というものが仮定的なものであるのにもかかわらず，その「仮定的」なところを忘れて安心し，眠り込みたいのではないでしょうか？　そして，他人をも眠り込ませたいのではないでしょうか？★021

NÉGLIGENCE
無頓着 — 魂の偉大さ〔grandeur d'âme〕のありふれた帰結ではある．魂の偉大さ〔を備えた者〕は，実際，些細なことにこだわらない．そして，無頓着は，生まれつき，つまり魂の偉大さなど無いそれか，あるいは触発された，つまり魂の偉大さの模倣〔imitation〕によるそれか，である．

「魂の偉大さ〔grandeur d'âme〕」とは，いったい何でしょうか？　この言葉自体は「**度量の広さ(MAGNANIMITÉ)**」(▶p.452)のところに登場しています．ここでは，アンドレ・モーロワが師のアランから引用しながら書いている次の文章をヒントにしましょう．

そして私は，デカルトなど数人のモラリストの言葉に含まれた真理に気づく．彼らはこう言っているのだ．あらゆる情念には善用の道があるが，情念を欠いた偉大な行動や偉大な思想はまったくない，と．★022

人間というものは放っておいたら悲しくなってしまったりするように，ごく簡単に悲しみといった「**情念(PASSION)**」(▶p.544)にとらわれてしまうものなのです．パスカルは『パンセ』の中で次のように書いています．

人間というものは，どんなに悲しみで満ちていても，もし人が彼を何か気を紛らすことへの引き込みに成功してくれさえすれば，そのあいだだけは幸福になれるものなのである．また，どんなに幸福だとしても，もし彼が気を紛らされ，倦怠が広がるのを妨げる何かの情念や，楽しみによっていっぱいになっていなければ，やがて悲しくなり，不幸になるだろう．気ばらしなしには，喜びはなく，気を紛らすことがあれば，悲しみはない．地位の高い人たちの幸福を成り立たせているのもそれである．すなわち，彼らは気を紛らさせてくれる多くの人々を持ち，その状態にいつづけていることができるからである．★023

パスカルはそういう人間の「虚しさ」を直視しつつ，「**キリスト教(CHRISTIANISME)**」(▶p.160)の「**信仰(FOI)**」(▶p.372)へと深入りしていくのですが，アランはもう少し人間にとどまってみます．そうした悲しみといった状態から出発しつつも（言いかえればそれを素材にしつつも），それを整えて美しいもの・素晴らしいものをつくりだしたりする営みを評価しようとするわけです．パスカルよりは自力だと言っておきましょうか．しかしそれは簡単ではない．「**神(DIEU)**」(▶p.263)に任せるのではない仕方で，自分の中の葛藤にケジメ

506

をつけなければならないからです．次のような言葉があります．

> 偉大な諸精神は，それらに固有の，そしてそれらが自己の気分の癖のなかに見いだすもろもろの困難を克服することにしか専心しないものである．[024]

では，「自己の気分の癖のなかに見いだすもろもろの困難」とは何でしょうか？　アランは，「怒りっぽい」という例をあげています．次のようなものです．

> 「どうも私は怒りっぽくてこまる．だが，お互いに会わないようにするという手はある．」告白のなかにも偉大さがまったくないわけではないが，どうも自分の怒りに準じて自分の考えを整理し，怒りを重要視しようとしすぎている．自分の気分を重要視するなどとは狭い了見だ．[025]

この引用中の人物は「怒り(COLÈRE)」(→p.180)という気分に打ち勝とうとはせず，気分に合わせた行動にしてしまっているからです．気分といったものにどう対処するかが問われているのです．そこに「魂(ÂME)」(→p.069)の「偉大さ」が関わっている．「怒りっぽい」なら「怒りっぽい」で，その「癖」にまつわる困難を克服することを考えたらいい．そのためには，なぜ自分が「怒りっぽい」かを見定めなくてはなりません．ありえそうだと私の思う答えを提示しましょう．それは，ひとことで言えば，自分で自分と喧嘩しているからだと私は思います．情念にとらわれると容易にそういうことが起こるのです．次の引用を見てください．

> 情熱〔情念〕のなかには常に多少の悔恨と恐怖がある．そしてそれが当然だとわたしは思う．たとえば，人はこんなことを自問する．「どうしておれはこうも自分を押えることができないのだろうか？　同じことを性懲りもなくくりかえさなければならないのだろうか？」ここから屈辱感が生じる．[026]

自分で自分を統御できない屈辱感です．心は翻弄されている．まさに情念に翻弄されている受動的状態なのです．そうでありたくないのにそうなってしまう屈辱感，そこから自分に対する怒りが生まれます．分かっているのにできないという怒りです．しかも，「考える」からこそ，そんなことが起こるのです．それこそ土壺にはまっていく．「ひとたび考えはじめた以上，死なない方法を学ぶことが必要だ」[027]とまでアランは記しています．

> 人間は考える．そして自分自身の動物性に服従することに甘んじない．ここからして，あらゆる病気を複雑にする激情〔激怒，fureur〕が生まれる．そこから人間が癒えるには，魂の偉大さによるほかはない．[028]

「自分自身の動物性」というのはまさに上に述べたような〈そうでありたくはないのに，機械的に動いてしまう〉ような性質でしょう．癖といってもいい．

さて，ここでこそ今回の定義が問題になってくるのです．なぜ自分が「怒りっぽい」かというと，例えば，些細なことを気にし過ぎるからという理由もありうるわけです．無頓着は，「魂の偉大さ〔心の大きさ〕のありふれた帰結ではある」けれども，逆は必ずしも真ではない．「些細なことにこだわらない」からといって，必ずしも魂の偉大さをそ

★019──アラン『宗教論』pp.90-91
★020──アラン『芸術論集』p.156
★021──白井成雄「ラニョーとアラン」(アラン『ラニョーの思い出』) p.175
★022──A. モーロワ『アラン』p.65〔傍点引用者〕
★023──B. パスカル『パンセ』p.126
★024──アラン『教育論』p.198〔傍点引用者〕
★025──アラン『思索と行動のために』p.366〔傍点引用者〕
★026──アラン『幸福論』p.26〔傍点引用者〕
★027──アラン『思索と行動のために』p.318
★028──アラン『わが思索のあと』p.298〔傍点引用者〕

なえているとは限らない．生まれつきの無頓着ということもありうるというのです．

では，生まれつきではなく，無頓着でありうるのはどのようにしてでしょうか？　それこそ，誰か他の人の魂の偉大さを目の前にして，そのありふれた帰結である無頓着に心打たれ〔触発され〕，それを「模倣(IMITATION)」(▶p.413)することによってありうるというのです．どうやって模倣するのでしょう？　何を（あるいは誰を）手本とするのでしょう？　アランは明確な答えを一つ提供します．

> 熟考の要点や，参照あるいは手本となるものが必要だ．そういうものをわれわれに供給しうるのは，偉大な芸術家たちだけである．[★029]

まずは情念にとらわれ，次にその自分の情念を整えて美しい作品へともたらす芸術家たちです．情念に翻弄されのたうちまわる状態から，すっくと自分の足で立った見事な，美しい人間の状態へと移行するのです．だからこそアランは次のように書きます．

> 人間本性〔la nature humaine〕を探ろうとするならば，偉大な曲目をたえずくりかえして練習するピアニストやヴァイオリニストの忍耐を学ぶべきであろう．[★030]

> 人間本性は美の助けがないと，いつでも面目を失う．それゆえ，偉大な著者たちだけが，人間が自分を人間としてみることができる鏡である．[★031]

情念があってこそ成立する「美(BEAU)」(▶p.120)というものがある．そしてその美こそが翻って情念を救い出す．次の文章もそういう文脈でこそ理解できるでしょう．

> われわれの悪徳をなおすものは，われわれの徳以外にはない…〔中略〕…．魂の偉大さが目指すのは，まさにそこだ．[★032]

アランはさらに次のようにまで書きます．

> 近代人たちはこの徳〔魂の偉大さ〕をほとんど論じていない．おそらくそれは，彼らが情念の必然と精神の自由とを同時に十分考えなかったためであろう．[★033]

なぜ近代人はこの「徳(VERTU)」(▶p.850)を論じていないのでしょうか？　物事の量的な増大ばかりを追い求めているからではないかと私は疑っています．

> 定理を一つよけいに学んだことは，偶然の出来事にすぎない．定理を一つよけいに知っているために〔他人を〕軽蔑しようとする人々を見かける．彼らはこうして，文章を三行読んだということで，人々の精神に一種の恐怖を植えつける．だが，さらに三行よけいに読んだ別の人がすぐさま見つかるもので，これには限りがない．これはまた悪しき無限である．いっさいを知る人は，諸精神に固有な偉大さにおいて，一事を知る人より偉大なのか．これは疑問である．いやむしろ疑問ではない．ソクラテスは，私たちが知っている多くのことを知らなかったけれども，断じて小さな精神ではなかった．[★034]

ひとことで言いましょう．「精神は，ひろがるより，むしろ自己を統御することによって偉大」なのです．[★035]

NERVEUX
神経質 – これは，学芸に秀でた人の気質〔tempérament〕である．青白い顔，貧弱な筋肉，大きな頭蓋，落ち着きの無い物腰，表情に富む顔立ち，そうしたものが神経質の徴であ

る．落ち着きが無いことによってこそ聡明である．なぜなら，そういう人は対象に対処するからである．しかし，あまり当てにならず，忘れっぽい．そして，自分の幸福のことをいつも考えすぎている．

　まず，「気質〔tempérament〕」というものをアランがどのように理解しているかを推測するために，辞書を調べてみましょう．フランス語の類語辞典から引用します．

> **Humeur**, disposition qui résulte du tempérament, de complexion, ou de l'influence qu'ont sur eux les circonstances, a surtout quelque chose de passager : *Humeur triste et sauvage* (Rac.) *Les raisons de ces sautes d'humeur sont organiques* (Mau.) ★036 (気分，それはComplexionとかTempéramentとか，あるいは状況がそれらに及ぼす影響とかから帰結する態勢であり，とりわけ一過的なところをもっている．悲しくて人と会いたくない気分〔ラシーヌ〕．気分のこうした急変の諸理由というものは身体器官的なものである〔モーパッサン〕．)
>
> **Complexion** et **Tempérament** ont uniquement rapport aux mouvements durables de la sensibilité considérés comme dépendant du corps, *complexion* indiquant une tendance douce qui se manifeste sans éclat ni violence, *tempérament*, des réactions fougueuses, emportées, dominant souvent la raison. (**Complexion**と**Tempérament**は，身体に依存すると考えられた感受性の持続的な動きにもっぱら関わるものであり，Complexionは華々しさも荒々しさも伴わずに現れる穏やかな傾向を指し，Tempéramentは激情的で，カッとなったような諸反応であり，しばしば理性を凌駕してしまう．)

　今回の定義の中で，「青白い顔，貧弱な筋肉，大きな頭蓋，落ち着きの無い物腰，表情に富む顔立ち」といった身体に注目した記述がなされるのは，以上の類語辞典の記述でもその理由が分かるはずです．もっとも，これらは「神経質の徴〔signes〕」とされているのであって，誰かが「青白い顔，貧弱な筋肉，大きな頭蓋，落ち着きの無い物腰，表情に富む顔立ち」である場合，神経質な人であることが多い，みたいな感じだと思います．神経質な人はすべてこのようであるとアランが主張したいようには私には思えません．いずれにせよ，上に掲げた特徴の中でも特に「落ち着きの無さ」に注目し，そうであることによってこそ「聡明である」とアランは書く．理由は「そういう人は対象に対処するから」だ，というのです．「落ち着きの無い」の原語は，instabilitéで，「不安定」ということです．ひとところにどんと構えていないで，いわば動き回る．だからこそ，いろいろなものに出合い，それらに対応する必要を感じる．何をしなければならないか，対象にどう対処しなければならないか，を考える．つまり即座に対処する癖がついているわけで，それは確かに「聡明」というものに通じることになるでしょう．しかし，その反面，次々に対応する必要から，すぐに思考は次に移ってしまい，「あまり当てにならず，忘れっぽい」ことになる．「あまり当てにならず」としたのは，原語がinfidèleで，例えば犬が忠実〔fidèle〕に飼い主に寄り添うのとは違って，猫のようにフッとどこかに行ってしまう感じです．また，当人の立場からすれば，次に移ってしまっているので，忘れてしまうことにもなる．

　では，最後の一文，「そして，自分の幸福のことをいつも考えすぎている」とはどういうこ

★029──アラン『思索と行動のために』p.369
★030──同前
★031──同書, p.254
★032──同書, p.367
★033──同書, p.365
★034──アラン『人間論』p.324〔引用者改訳，傍点引用者〕
★035──同前
★036──H. Bénac, *op.cit.*, p.617
★037──*Ibid.*, pp.617-618〔傍点引用者〕

とでしょうか？　これもやはり、さきに「落ち着きの無さ」にわざわざ注目したことと密接に関連している、と私は解釈します。なぜ落ち着きが無いのか？　もちろん、上に述べたように、主として身体的な特徴からの考察を出発点としています。フランス語の類語辞典からの引用に「身体に依存すると考えられた感受性の持続的な動きにもっぱら関わる」とあったように、初めは身体的なものに依存する感受性としての「落ち着きの無さ」という理解です。感性的・身体的レベルです。しかし、それに応じた考え方・対処の仕方をするようになるというのもまた事実でしょう。いわば知性的レベルです。そこで、そういう対処の段階、すなわち〈「対象に対処する」のはなぜか？〉と問うてみます。ありうる答えとしては、〈対象に対処した行動を採ることによって、逆に、自分がそれら次々に出合った対象から何かを得ることをめざす〉のではないかというものです。ある種の計算です。それは、もちろん、利己的でも利他的でもありうる。対象から物質的な、あるいは経済的な利益をうるとかいう場合もあるでしょう。またたとえ利他的であるとしても、その利他的な行為そのものが自分の幸福に返ってくるような、悪く言えば終局的には〔精神的な利益を得ようとする〕利己的な行為だと言えなくもない。計算高いようなあり方。要するに、神経質といわれるものは、せいぜいそういうレベルのものなのかも知れない。

さて、だからこそ、ここからさらに問うてみたいのは、他人や自分を「神経質」だとかどうだとか規定することそのものの意味です。日本語でも〈彼は神経質な性格をしている〉なんていう非難じみた言い方をしたりもします。その神経質が「自分の幸福のことをいつも考えすぎている」とはどういう指摘なのでしょう？　いや、そもそも「自分の幸福のことをいつも考え」てはいけないのでしょうか？　おそらくアランがここで言いたいのは、この〈過ぎる〉という点だと思います。常に気にしていて、かえってそれを

逃すこともあるのではないか？　それこそ、むしろ、「**無頓着**（NÉGLIGENCE）」（►p.506）が必要なのではないか？　つまり些細なことにこだわりすぎては幸福から離れるのではないか？　そういう考察は必要ないでしょうか？　「無頓着」のところでは、「魂の偉大さ」が語られ、それは「ひろがるより、むしろ自己を統御すること」において語られたのでした。神経質は、この点で、むしろ「ひろがる」方に傾いてはいないか？「対象に対処する」限り、そういう方向に進まざるをえないのではないか？　そうだとすれば、神経質という気質を超える何かを念頭に置いたときの方が、「**魂**（ÂME）」（►p.069）の偉大さに近づくのではないか？　その超えるという方向に進まずに、多くの場合、神経質という気質から、気分〔humeur〕に落ち込んでしまうということがあるのではないか？　さきに引いた類語辞典の最初の文章は「気分、それはComplexion とか Tempérament〔まさに、「気質」でしたね〕とか、あるいは状況がそれらに及ぼす影響とかから帰結する態勢」とありました。「気質は悪徳と美徳よりはるか下にあるのだ」★038 という言葉があります。デカルトの心身二元論に関わらせてアランは次のようにも書きます。

> デカルトは、彼の気分のなかでは彼はメカニックなものでしかないということを選択する。そしてこう定めたことによって、私たちの情念は事物の領域に帰せられる。★039

もちろん、「事物の領域」に対比されるのは「思考の領域」でしょう。思考とは区別される「事物の領域」に私たちの気分や「**情念**（PASSION）」（►p.544）を帰す。「気分というものを他の観点から、すなわち、ただ運動として、あるいはむしろ運動の支配としてとらえることが必要だ」★041 ともアランは指摘します。「気分の動きは断じて思考には入らない」★042 のです。つまりそういうものはメカニックな（あえて言えば自動的な）動きであって、自由な思考の動きではない。すでに触

れたように「自分の気分を重要視するなどとは狭い了見だ★043」というわけです．だとすれば，何を重視すればいいかは，もうお分かりですね？思考です．鍛えられた思考の高みとしての「愛(AMOUR)」(►p.076)です．事物に対して，他人に対して，そして自分に対しての，落ち着いた愛でしょう．そういうものを持続的に手にするための第一歩として，実は「礼儀(POLITESSE)」(►p.620)がある．「愛している限り，礼儀の方が気分よりも本物だ★044」というわけです．そのためには親による躾が必要ですし，学校における教育が必要です．実際，教育経験豊富なアランは次のように書くのです．

> 私は，生徒の勉強は性格のための試練であって，知性のためのものではないという結論に達する．それが綴字法であろうと，訳読あるいは計算であろうと，重要なのは気分に打ちかつことであり，意欲することを学ぶことである．★045

〈神経質だ！〉と他人や自分にレッテルを貼るだけで済ませてはならない．そのさきに必要なのは，それを超えた何ものかがあるかも知れないと考えてみることでしょう．そこにこそ，思考という見事な動きが仄見えてくるのです．あとは，それを鍛える努力をするまでです．気質や「体質(TEMPÉRAMENT)」(►p.791)は生まれつきの身体的な所与です．それをどのように扱うかが問題なのです．そういう身体的なレベルに引きずられるか，それとも，そうした身体的条件を基礎にしながらも，あえて精神的な高みをめざそうと意志するかどうかです．以下の引用は，主として夫婦の愛について述べたものだろうと思いますが，自分自身への愛についても言えることでしょう．

> 愛においては，選択の余地など見つかりはしない．自然が力強い衝撃によってすべてを決定したのであり，残るところは，人間の高みを救うことだけである．★046

OPTIMISME
楽観主義 — 自然な悲観主義〔pessimisme〕をそれによって退ける意志的な判断である．楽観主義は，しばしば，苦悩や病気や死によって打ち負かされてしまう．しかし，もう勝ちは自分のものだと悲観主義が思い込むそこ，つまり人間に関する判断〔において，楽観主義は勝利を収める．なぜなら，人は，もし自分が見事に意志するならば，少なくとも私たちに依存する事柄においては，自分の同類〔である人間〕を，いつだって理解し，助けることができるからである．当然のことだが，〔そんなふうに見事に意志するとき〕人は見たところ最悪の事柄をさえ，悪く解釈することを拒絶するだろうし，そういう事柄〔のなか〕に〔も〕良いものを探すだろう．

★038──アラン『人間論』p.255
★039──アラン『イデー（哲学入門）』pp.165-166〔傍点引用者〕
★040──次のようにまで指摘する論者もいます．「アランの中では「気分」（ユムール）は「情念」（パッション）の同義語ですから，…〔後略〕」（合田正人『心と身体に響く，アランの幸福論』p.71）
★041──アラン『思索と行動のために』p.234
★042──同書, p.382
★043──同書, p.366
★044──アラン『幸福論』p.118
★045──アラン『教育論』p.85〔傍点引用者〕
★046──アラン『思想と年齢』pp.258-259

511

よく考えてみれば，こうした好意〔的態度〕こそは正しいあり方に他ならない．より正確に言えば，いろいろな推測の中でももっとも美しいものに従えば，すなわち人間嫌い的に〔misanthropique〕推測することは間違っていると考えるなら，こうした好意的態度〔faveur〕を追い求めることこそが，正しいあり方〔justice〕に他ならないのである．

「自然な悲観主義〔pessimisme〕」とアランは書いています．以前，「**無頓着（NÉGLIGENCE）**」（▶p.506）の講義で，パスカルの『パンセ』から引用したときにもそういう主旨の文章があったことを憶えている人もいるでしょう．人間は放っておくと悲観的になってしまう，というわけです．「**好意（BIENVEILLANCE）**」（▶p.138）の講義でも，「悲観主義は気分に由来し，楽観主義は意志に由来する」という文章もありましたよね．放っておいても，気分というものには陥ってしまうものなのですが，そこから立ち上がるにはあえて意志が必要だというわけです．「悲観主義の本質は，単純な不機嫌をほうっておけば悲しみやいらだちに変る，という点にある」という言葉もあります．やる気が無くなると，人は直ちに悲観的になると言ってもいい．アランも次のように書きます．

> 余り注目されていないことだが，オプティミズムが意志の所産であるのに対し，ペシミズムは人間が意欲を喪失した際，ただちに陥る自然な状態である．その深い理由は，好い加減な思いつきを厳しく監視し，自己に誓いを立て，順序立てて行動をする自己統御こそが，あらゆる幸福の源泉であると共にその条件だからである．

「ただちに陥る自然な状態」と書かれていますよね．まさに今回の定義の冒頭にある「自然な悲観主義」のことでしょう．この引用には，そういう状態を越えるにはどうしたらいいのかまで書いてあります．グダグダしていないで，「順序立てて行動をする自己統御」が必要だというわけです．「**信念（CROYANCE）**」（▶p.205）を持って，その信念に照らして秩序立った思考をしなければならない．つまりは，判断をしなければならないのです．アランが「意志的な判断」と，定義の冒頭に，わざわざ書いている所以です．しかし，放っておくと，「楽観主義は，しばしば，苦悩や病気や死によって打ち負かされてしまう」という．「苦悩や病気や死」は私たちを容易に「**悲観主義（PESSIMISME）**」（▶p.576）に引きずり込む．そういう事柄には抗いがたいように思えてしまう．私はあえて〈思えてしまう〉と書きたい．意志的に思うのではなく，自然に思えてしまうからです．しかし，そんなとき，人は自分の意志で思いを導いてなどいない．そんなものをアランは思考とは呼ばないのです．

要は，思考というりっぱな名称を，魂の刻印をもつものだけにとどめておきさえすればいい．こうして，われわれの秩序立った認識は思考に属する．われわれの選択され，同意され，磨かれた愛情は思考に属する．われわれの決意や誓いは思考に属する．これに反して，気分の動きは断じて思考には入らない．本能の反応は断じて思想には入らない．疲労も思考ではない．

頭に思いが浮かんでくることが，そのまま思考なのではないのです．だからこそ，悲観主義が「苦悩や病気や死」というものを味方にして勝ち誇ろうとするとき，それに対抗するために必要なのは意志なのです．〈人生は苦である〉（仏教を思い出しますね）とか，〈人間とは虚しいものだ〉とか，〈人間とは儚いものだ〉とか言っては，自然に崩れていくのが人の常なのです．

すべての凶事は，ひとりでに起こる．計算違いも，ひとりでに起こる．恐慌も，ひとりでに起こる．海難も，ひとりでに起こる．

倒れるためには，注意力など，ちっとも必要でない．自然が，それを引き受けてくれる．間抜けであったり，不器用であったりするのは，むつかしいことではない．正義に悖るのは，むつかしいことではない．もうだめだと，考えることも，すべてはつまずき倒れる老人のようになる，と考えることも，むつかしいことではない．それは崩れ落ちる言葉である．[★005]

しかし，もし見事に意志するならば，「少なくとも私たちに依存する事柄においては」，人間というものを理解し，助けることができるとアランは言うのです．ストイック（ストア派的）な考え方です．自分の守備範囲にあるものと，ないものとの区別をしています．

君がなにか外的の理由で苦しむとすれば，君を悩ますのはそのこと自体ではなくて，それに関する君の判断なのだ．ところがその判断は君の考え一つでたちまち抹殺してしまうことができる．また君を苦しめるものがなにか君自身の心の持ちようの中にあるものならば，自分の考え方を正すのを誰が妨げよう．同様に，もし君が自分に健全だと思われる行動を取らないために苦しんでいるとすれば，そんなに苦しむ代わりになぜいっそその行動を取らないのだ．「しかし打ち勝ち難い障碍物が横たわっている．」それなら苦しむな，その行動を取らないのは君のせいではないのだから．[★006]

そして自分の守備範囲にあるものを〔つまりは，思考を〕真っ当な仕方で遂行すれば，「苦悩や病気や死」によって悲観主義に引きずり込まれることはないというわけです．「見たところ最悪の事柄」である「死」さえそうだということになるでしょう．

すべて苦痛の際には，つぎの考えをすぐ念頭に浮かべよ．すなわちこれは恥ずべきことではないこと．また君の舵を取る精神を損うものでもないこと．[★007]

死ぬということはなんであるか．もし我々が死それ自体をながめ，理性の分析によって死からその空想的要素を取り去るならば，それは自然のわざ以外の何物でもないと考えざるをえないであろう．自然のわざを恐れる者があるならば，それは子供じみている．[★008]

死は恐ろしいという死についての思惑，それが恐ろしいものなのだ．だから，私たちが妨げられたり，不安にさせられたり，悲しまされたりするときは，けっして他人をではなく，自分たち，つまり自分たち自身の思惑を責めようではないか．自分自身不幸なばあいに，他の人たちを非難するのは，無教養な者のすることで，自分自身を非難するのは，教養の初心者のすること，そして他人をも自分をも非難しないのは，教養のできた者のすることだ．[★009]

死を恐れるということは，いいですか，諸君，知恵がないのに，あると思っていることにほかならないのです．なぜなら，それは知らないことを，知っていると思うことだからです．なぜなら，死を知っている者は，だれもいないからです．ひょっとすると，それはまた人間にとって，いっさいの善いもののうちの，最大のものかもしれな

O
★001——アラン『幸福論』p.278
★002——同書，p.269〔傍点引用者〕
★003——アラン『裁かれた戦争』p.122〔傍点引用者〕
★004——アラン『思索と行動のために』p.382
★005——アラン『芸術に関する101章』p.251〔傍点引用者〕
★006——マルクス・アウレリウス『自省録』pp.137-138
★007——同書，p.117
★008——同書，p.25
★009——エピクテトス『要録』p.387

いのです．それを，害悪の最大のものであるのは，もう知れたことのように，恐れているのです．そしてこれこそ，どうみても，知らないのに，知っていると思う，かの不面目な無知というものに，ほかならないのではないでしょうか．しかしわたしは，諸君よ，その点で，この場合も，たぶん，多くの人々とは違うのです．だから，わたしのほうがひとよりも，何らかの点で，知恵があるということを，もし主張するとなれば，わたしはつまりその，あの世のことについては，よく知らないから，そのとおりにまた，知らないと思っているという点をあげるでしょう．これに対して，不正をなすということ，神でも，人でも，自分よりすぐれている者があるのに，このすぐれたものに服従しないということが，為にならぬ悪であり，醜であるということは，知っているのです．だから，わたしは，悪だと知っている，これらの悪しきものよりも，ひょっとしたら，善いものかもしれないもののほうを，まず恐れたり，避けたりするようなことは，決してしないでしょう．★010

しかし考えてみようではないですか．また次のように考えてみても，それが善いものだということは，大いに期待できるのですからね．つまり死ぬということは，次の二つのうちの一つなのです．あるいはまったく何もない「無」といったようなもので，死んでしまえば何も少しも感じないといったものなのか，あるいはまた言い伝えにあるように，それはたましいにとって，ここの場所から他の場所へと，ちょうど場所をとりかえて，住居を移すようなことになるかなのです．そしてもしそれが，何の感覚もなくなることであって，ひとが寝て，夢ひとつ見ないような場合の，眠りのごときものであるとしたならば，死とは，びっくりするほどの儲けものであるということにな

るでしょう．なぜなら，わたしの思うに，もしひとが夢も見ないくらいに熟睡した夜を選び出して，その夜に並べて，自分の全生涯の，それ以外の昼と夜とをおき，これを比較対照するかたちで観察して，この夜よりも，もっとよく，もっと楽しく生きた昼と夜とが，自分の生涯のうちに，どれだけあったかを言わなければならないとしたら，思うに，普通の人はむろんのこと，ペルシア大王といえども，そういう昼夜が，そうでない昼夜に比べて，ごく数えるほどしかないことを発見するでしょう．だから，死がもしこのようなものであるとしたならば，それは儲けものであると，わたしは言うのです．なぜなら，その全時間は，このような事情にあっては，ただの一夜よりも，少しも永いことはないようにも見られるからです．また他方，死というものが，ここから他の場所へ，旅に出るようなものであって，ひとは死ねば，誰でもかしこへ行くという，あの言い伝えが本当だとするならば，これよりも大きい，どんな善いことがあるでしょうか，裁判官諸君．なぜなら，ひとはハデスの住いに行きつけば，この世の自称裁判官たちから解放されて，本物の裁判官が見られるというのであれば，すなわちミノスとか，ラダマンテュスとか，アイアコスとか，トリプトレモスとか，ほかにも，その生涯において正義の士であった半神たちが，ちょうどまたかの世で裁判をしていると言われているのですが，もしそうなら，この旅立ちは，はたしてつまらないことでしょうか．あるいはまた，オルペウスやムゥサイオス，ヘシオドスやホメロスなどといっしょになることを，諸君のうちには，どんなに多くを払っても，わが身に受けいれようとするひとがあるのではないでしょうか．というのは，わたしは，いま言われたことがもしほんとうなら，何度死んでもいいと思っているからです．わた

し自身にも，そこの暮しは，すばらしいことになるでしょうからね．[011]

冷静に思考しようと意志すれば，こうした考察はできるというのです．善いところを探すことができるというのです．そのような探究に身を投ずる態度こそ，アランが定義の中で言っている「好意〔的態度〕」なのです．何があっても冷静に思考するのだという信念さえあれば成立するもの．

信念はひとつの積極的な考えとなる．信念とは，楽観主義にほかならない．念のためにいえば，意欲的な楽観主義であって，行きあたりばったりの楽観主義ではない．[012]

今回の定義の中では，上にプラトンから引用したような自分の話ではなく，「自分の同類」の話が主題ですから，自分ではない他の人間を疑わない，嫌わない，ひいては許すということも含めた考察になっているのであり，それを「正しいあり方〔justice〕」とまであえてアランは書くのです〔「**正義（JUSTICE）**」（→p.429）〕．

考えれば考えるほど，人間の最大の欠点，そしてほとんど唯一の欠点は，自分が使う人々をまえもって疑うことであると私は確信する．このペシミズムはあらゆる仕事を毒し，人々を毒する．これにひきかえ，反対の予断は，──自分にあてはめようと，他人にあてはめようと，同じことだ──ほとんどすべてのものを生かす．欠けているものがなんであろうと，──注意であろうと，記憶力であろうと，創意であろうと，要するに，勇気が欠けているのである．[013]

もちろん，「真の許しは美しい像を作り直すところにあるが，これは易しいとは限らない」，それは確かです．しかし，それは「いろいろな推測の中でももっとも美しいもの」に従えばできるという．optimisme という語の語源が，ラテン語の bonus つまり「善い」の最上級であることを思えば，まさに今回の定義を語源が支えていることも分かるでしょう．「楽観主義」は「最善観」でもある．いずれにせよ，必要なのは，「**勇気（COURAGE）**」（→p.196）なのです．[014]

さて，少し哲学史的な話をしましょう．私が何十年も研究してきたドイツの哲学者ライプニッツは，オプティミズムでとても有名なのです．ただし，それを「楽観主義」とか「楽天主義」とか言うのはちょっと違って，上に掲げたような「最善観」というのが正しいでしょう．いずれにせよ，17世紀あたりのことですから，「**キリスト教（CHRISTIANISME）**」（→p.160）的な「**神（DIEU）**」（→p.263）を前提とした議論です．神は見事な知性的存在なのであるから，自分が創造しようとする世界を無数に可能的な状態で知りうる．それが無数の可能的世界のなかでどの世界が一番多くの完全性を包含するかを観てとりうる．そして神は見事に慈愛に満ちた存在なのであるから，それら無数の可能的世界の中からもっとも善いものを存在させようと意志するはずである．そういう神という存在によってこの世が創造されたのならばそれは最も善い世界であるに違いない，というわけです．ライプニッツの書物『弁神論』の中ではそういう議論が展開されます．当時の教養人の間ではそれこそ必読書となったといわれるこの『弁神論』の考え方には，もちろん反対が当時からありました．実際，私たちの目の前には悪が存在しています．戦争もあり，それでもこの世が最善の世界である

★010──プラトン『ソクラテスの弁明』29A-B, p.82
★011──同書, 40C-41B, pp.110-112
★012──アラン『思索と行動のために』p.378〔傍点引用者〕
★013──アラン『人間論』p.266〔傍点引用者〕
★014──アラン『思想と年齢』p.376

515

などと言われたら怒るに違いありません。フランスの啓蒙主義思想家ヴォルテールは、『カンディード』という本の中でこのライプニッツのオプティミズムを批判します。当時、ポルトガルのリスボンで起こった大地震によってひきおこされた大惨事を目の前にして、〈そんなオプティミズムを主張できるものか！〉、というわけです。気持ちは分かります。けれども、もし、それでもあえて生きようと決意するならば、今回の定義の楽観主義は、それなりのヒントとなるのではないかと私は思います。みなさんもアランが「正しいあり方」と述べたことの意味を考えてみてください。ちょっとした関連として、次の引用を掲げておきます。

　生きていくということは、ただそれだけで、一種の説明しがたい悲しみが終始つきまとう。それをいちばん心得ているのは、もしかしたら、世界で最も楽天家と定評があるイタリア人かもしれない。ここに住んで二十年あまり、私はこんなことを思うようになった。
　イタリア人はしばしば、肩をすくめて両手を広げ、

「エ・ラ・ヴィータ（これが人生．あるがままを受け入れて生きるべし）」

と呟く。そんなとき決まって彼らは、眉をちょっとつり上げて、なんとも切ない表情をする。そんな場面に、何度出くわしたことだろう。[★015]

世界中の人々を感動させ続けてきた数々の芸術作品、オペラ作品、また古いイタリア映画などにも注目してもらいたい。果たして、単なる楽天家というだけで、あんなに人の心理を深いところまで突きつめた作品をつくれるものだろうか。人間という動物が生まれた瞬間から背負う、ある種の悲しみみたいなものを知り尽くした人たちがつくり出した作品としか、私には思えないのだ。[★016]

イタリア人は、多くの悩みを抱えたときにだって、痛ましくも精一杯に微笑んでみせる…〔後略〕[★017]

たった一年ですがイタリアに住んでいた私としても、これらの見解には同意するのです。

ORGUEIL
傲慢 ── これは尊厳の感情〔sentiment〕であり、自分を低めたり恐れたりすることの拒否である，しかしそれは怒り〔colère〕の激しい動きに伴われないことがなく、そのことが〔自己の尊厳を守るという〕目的を越え出させ〔醜いものとなっ〕てしまう。謙虚さというものは、その反対で、どんな動きの中でもの節度のことである。

傲慢というとストレートに悪いものと考えるのが普通でしょう。しかし、アランはこの定義で、その傲慢に至る筋道に実は自己の尊厳の維持というものを見て取っています。つまり、それは何らかの仕方で自分を大事にしようという動きではあるのだ、というのです。ただそれが、ひたすら自分を防御しようというか、変えずに守ろうというか、そんな動きになってしまったとき、過剰防衛のような形で、他からの働きかけを拒否し、閉じこもるような動きになってしまう。〈放っておいてくれ！〉といった思いから、自分が攻撃されていると感じることに対して、激しい**怒り（COLÈRE）**（▶p.180）を伴うことになってしまう。その動きが、〈自分を大事にする〉という目的を越え出て、醜い態度になってしまうとアランは言いたいのだと私は解釈します。少

し，例を探してみましょう．

　自分の感情はまさに自分のものであり，これを変える力はだれにもないと悟るやいなや，どの人にも，すでに子供にも，或うち勝ちえぬ力があらわれる．徳とは力だ．そして，この力なくして徳はないのだ．けれども，この気力〔cette force d'âme, 魂の力〕——これがその名前だが——の最初の働きは，まずい結果となりやすい．私たちのうちにある最上のものが，はじめは非常に悪いもののように判断される．私たちは本来このようにできているのである．たとえば，子供が強情をはり，殻に閉じこもる場合だ．[★018]

　自分が壊されるのは怖い．子どもならなおさらでしょう．だからこそ，恐れることを夢中で拒否しようとする．しかし，「怒りは，恐怖とは隣合せにあるもの[★019]」なのであって，そうした恐れ〔恐怖（PEUR）〕（►p.582）の拒否は，容易に怒りに行き着いてしまう．つまり，怒りと共に閉じこもるのです．「頑固というものには必ず怒りがつきものだ[★020]」とアランは書きました．自分を大事にしたいからこそ怒る．上の引用には「私たちのうちにある最上のもの〔le meilleur en nous〕」という表現が出てきます．まさに自分を大事にすることでしょう．自分を愛することだと言ってもいい．しかし，その愛し方を間違えることだってありうる．頑固とか，強情と言われる状態になってしまうのはそういうときでしょう．Cette force d'âme,「魂〔ÂME〕」（►p.069）の力と訳しても，心の力と訳してもいいのですが，その力は大切なものだし，必要なものですらあるのに，それが見事に整えられないために醜くなってしまう．そういうことです．アランは次のように書いています．

　たしかに，節制〔tempérer〕と規制〔régler〕とは必要だ．しかし，力が欠けているとしたら，なにを節制し，なにを規制するというのか．[★021]

この引用では節制する〔tempérer〕という話をしているのですが，今回の定義の中にも節度〔modération〕という語が出てきます．非常に近い言葉です．例の類語辞典を見てみましょう．

Modérer : Diminuer l'excès de quelque chose.[★022]
（控えめにする：何かの行き過ぎを減じること．）

Tempérer : modérer en l'affaiblissant ce qui est trop violent et pourrait de ce fait être nuisible, souvent en le mélangent avec quelque choses qui a un effet contraire.[★023]（緩和させる：あまりに激しくて害があるかも知れないものを弱めながら控えめにすること．しばしば，反対の効果をもつ何ものかを混ぜることによって．）

いずれにせよ，力があってこそ，そういうことが起こるわけで，その〈力がある〉ということ自体は良いことだ，とアランは言いたいのです．

　真の優雅〔エレガンス〕は元来，力，しかも秘められた力なのだが，それは最初の一瞥〔いちべつ〕にはぎこちなく醜く見えることが多いということである．[★024]

そうした力を見事に制御し，創り上げるべきものこそ美だということでしょう．

　優しさや優雅さのなかにさえ，吠えるような力がこもっていなければ，それはただ魅惑的なもの，見た目によいものというだけのことになり，真の美は見失われてしまいます．力というものが，一種の醜さに陥る

★015──宮本映子『ミラノ　朝のパールで』p.248
★016──同書，pp.249-250
★017──タカコ・半沢・メロジー『イタリア式恋愛力で幸せになる』p.65
★018──アラン『人間論』p.128〔傍点引用者〕
★019──アラン『芸術に関する101章』p.187
★020──アラン『思索と行動のために』p.278
★021──アラン『芸術に関する101章』p.150〔傍点引用者〕
★022──H. Bénac, *op.cit.*, p.597
★023──*Ibid.*
★024──アラン『芸術論集』p.95

517

危険を冒しても好まれることが多いのは，ここから説明できます．[025]

傲慢という言葉は，古代ギリシア語ではヒュブリス（ΰβρις）といいます．昔から，人間が陥りやすい危険なあり方だと思われてきたのでしょう．ある論者によれば，この「傲慢」こそが現代の病であるとまで主張されます．

　過剰なものを当然の権利として要求するとき，そこにたとえば古代ギリシア人たちがもっとも恐れた「傲慢（ヒュブリス）」が巣くう．「ヒュブリス」こそが今世紀〔20世紀のこと〕の病いなのである．そして「ヒュブリス」こそが大衆を特徴づける精神的相貌なのだ．[026]

どういうことなのでしょうか？　それは多くの人々が，特に専門人としての科学者が，自分の領域に閉じこもり，そこから自分の力を他へと及ぼそうとする態度があるということです．[027]「大衆社会」のありようです．その典型としてあげられるのは，一番基礎的な学問とされている数学を研究する者たちの傲慢さです．もちろん，それに続く学問としての科学を研究する科学者たちがそれを受け継いでいるのは言うまでもありません．

　「大デカルトには幻想はなかった……」とコントは言うが，そのデカルト自身，数学と相容れぬ諸科学を遠くへ追い払ったし，生物学の比較的方法や社会学の歴史的方法に対する「殆どすべての幾何学者たちの恥ずべき無智」は，広く見られるところである．彼らは，他の諸科学について何も知らないし，また，数学者としての資格においては，それで済むであろう．しかし，諸科学を統一するものとしての資格においては，それは許すことは出来ない．仮に何かを知っている場合には，しばしば，彼らは，最も単純で最も一般的な現象でこそ役に立った観念

や方法を複雑で個別的な現象の研究に向って傲慢に強制し，それを受け容れない諸科学に対しては「無意識の嫌悪のようなもの」を抱いている．[028]

数学的精神が傲慢であるのに対して，社会学的精神は謙虚である．[029]

「文学部の逆襲」ならぬ「文系の逆襲」にはそれなりの根拠があるのです．いや，しかし，これでは文系擁護になりすぎる．次の言葉も中和剤として引いておきましょう．

　おそらく，社会「科学」なんぞを建設しようとした途方もない傲慢さが神の逆鱗にふれたのである．どだいが，事実と理論の区分けも定かならぬままに科学たろうとするのは，資材と設計図の見分けもつかずに塔を建てるようなものではないか．いや，科学なんぞは人間の知識の数ある形態のひとつにすぎないのに，それを金科玉条とした現代風科挙精神の桁外れの愚かしさが鞭打たれたのかもしれない．[030]

ことは実に根本的な問題にまで行き着くのです．自然科学の他に，社会科学や人文科学が語られますが，そもそも〈学問は科学か？〉という話です．〈科学でなければ学問ではないのか？〉という問いでもあるし，さらにいえば，〈知は学問でなければならないか？〉とまで問うていいはずです．「**哲学**（PHILOSOPHIE）」（▶p.587）は「知を愛する」ことであるとプラトンたちが言ったことを，それこそ「学問を愛する」ことだと言い換えるのは早計ではないのか？　「智恵」〔σοφία〕と「学問」〔μαθήματα〕とは同じようには私には思えませんし，まして「智恵」〔**知恵**（SAGESSE）〕（▶p.721）〕と「科学」が同じだとは到底思えません．そんな問い直しから，私たちは現代人が陥っているかも知れない「傲慢」を問い直さなければならないように私には思えます．

「科学的」と称した旧ソビエトの社会主義的イデオロギーが潰え去り、言わば「われわれ」の原理主義が崩れたからといって、今度は「私」の原理主義が主張されてはならないと〔マルクス主義者であった〕イタリアの社会学者フランコ・カッサーノは言います。

　「われわれ」の原理主義の治療は、正反対の原理主義、「わたし」の原理主義を生み出してはならないのです。今日、傲慢（ヒューブリス）はこのかたちであらわれるのです。
　言い換えれば、私的な利益の膨張がみなの利益に損害を与えることで人間全体の共通の「善」／共通の資産と対立し始める時点に、「わたし」はその限度を認める必要があるでしょう。★031

アメリカ合衆国では所得の上位1％が大半の富を握っていることは周知のことです。そして、日本もそれを追いかけて貧富の差を広げつつある。非正規労働の話などを観れば想像がつくはずです。こうした問題を、傲慢と謙虚といった今回の定義の側面から考えてみるのもいいでしょう。〈現代人は何を恐れつつ、しかもその恐れを拒否しようとしているのか？〉、と問うてみるのです。それはこれからを生きるあなた方の課題です。ヒントとなるのは、これまたカッサーノに関わる以下の文章です。

　ここでカッサーノは一つの中心的な概念を導入する。それは、「適度」である。カッサーノが主張するように、適度とは平凡な「中庸」ではない。対立を避けながら、マイペースで暮らそうとしても、やはり気がつかないうちに文化の支配的なメカニズムに拘束されてしまうからだ。適度とは、現代の文化・社会モデルの「過度」（過剰な側面）を批判的に認識しながら、自分自身の「限度」、また自文化の限界への深い意識をもとにして生きる態度のことである。したがって、適度とは陳腐な「のんびりとした」態度ではなく、批判精神と歴史的意識、さまざまな文化の知識によってしか養うことのできない省察に基づいた、過度と限度を意識した生き方なのだ。もちろん、過度と限度は、自分や自文化においてだけではなく、他の文化にも認めるべきである。これによってしか、つまり互いの相対化（これは、じつは、互いに同等であることを意味している）、そして互いに相手から学ぶ気持ちをもつことによってしか、真の意味での異文化対話・交流は生まれないだろう。★032

だとしたら何をまず学んだらいいのでしょう？　次のヒントは重要でしょう。

　わたしも、アルベール・カミュと同じように、われわれは今日、古代ギリシアの悲劇に大いに学ぶべきだと思います。ギリシア悲劇は、『アンティゴネー』から『ペルシア人』まで、すべては傲慢、度を超すことへの闘争、つまり、適度性の教訓に他ならないからです。悲劇がわれわれに教えるのは、度を超すとき、遅かれ早かれ悲惨な結果に遭うということです。★033

★025──アラン『芸術についての二十講』p.24［傍点引用者］
★026──佐伯啓思『擬装された文明──大衆社会のパラドックス』p.98
★027──「大衆と対比するべき人間類型は知識人である。もっと厳密にいうと、伝統を大事にするものとしての庶民性に表現を与えるのが知識人であり、他方、伝統を軽んじるものとしての大衆性に表現を与えるのが専門人である。…〔中略〕…知識にたいする懐疑をもたないのは専門人（specialist）であって知識人（intellectual）ではない」（西部邁『大衆の病理──袋小路にたちすくむ戦後日本』p.130）
★028──清水幾太郎『倫理学ノート』p.281
★029──同前
★030──西部邁『批評する精神』p.329
★031──フランコ・カッサーノ『南の思想──地中海的思考への誘い』p.238
★032──同書、pp.10-11（ファビオ・ランペッリの「はじめに」）
★033──同書、p.233

P

PAILLARDISE

諧謔 — これは〔笑いを誘うほどに〕陽気な欲望〔désir〕である．これは情念〔passions〕に対抗するに笑いをもってするという用心〔précaution〕である．諧謔は犯罪〔crime〕に向かう道の上にはない．おびただしい言葉，騒がしさ，開けっぴろげであること．こうしてラブレーは愚かな者たち〔fous，狂人たちとも訳せる〕の真面目さに真っ向から狙いをつける．そうした愚か者たちは，何であろうと真面目に取ってしまうのだ．愚か者の真面目さは，愉快なものから愉快なところを除いてしまう．そういう真面目さは，しなければならないという思い〔devoir〕から犯罪にまで及ぶし，〔実際〕そのようにしてきた．人が嫌悪感を抱いている事柄を欲すること，それは悪徳〔vice〕である．まず最初に笑おうと欲すること，それはもはや悪徳ではない．酒（バッカス）の歌の意味はそうしたものである．というのも，酒を飲む幸福は最後にはどんな他の幸福をも凌駕するだろうから．すべての頽廃〔dépravations〕のなかにある瀆聖〔sacrilège〕の観念は諧謔とは異なるものである．

この定義のフランス語の原文を読み，辞書を引いた人のなかには驚いた人もいたかも知れません．paillardise という単語の訳語に，「猥褻，卑猥，淫蕩」なんていう言葉が並んでいるからです〔**猥褻**（LUXURE）〕（▶p.446）．現代（といっても一昔前）の日本人には，こうした言葉がいわゆる〈劣情を催させる〉などと猥褻裁判で語られたりするものを，即座に思わせます．画像で言えばモザイクを入れなくては映せないものとか，そのまま売るとわいせつ物頒布の容疑で罰金を科せられたりするもののようにね．まあ，日本でも江戸あたりの枕絵（春画）なんかを考えてみればわかるように，今ほど規制されていたようには思えませんし，外国ではなおさら規制はゆるいでしょう．もっとも，そういう雑誌などは，例えばイタリアでは，日本みたいに書店では売っておらず，新聞などを売るタバッキという売店でしか売っていません．きちんと区別されています．それはそれとして，神谷訳も森訳も「諧謔」と訳しており，私もこれに従います．けれども，「諧謔」は現代日本ではあまり使われなくなってきた言葉のような気もします．そこで少し補足しておくと，「諧」も「謔」も，いずれも〈たわむれ〉とか〈冗談〉の意を持っていることを念頭に置いてこの定義を読んでみてください．

さて，この定義は何を語っているのでしょう？　フランソワ・ラブレーに触れているところがミソでしょうね．彼の書いた『ガルガンチュワ物語』と『パンタグリュエル物語』がどういう作品かは読んでもらうしかありませんし，私自身，ぜんぜん真面目に読んでいないので，表面的な知識しかありません．が，とにかく，すべてを笑い飛ばすような，荒唐無稽なパロディ物語と言ってしまえばいいでしょうか．食べること・酒を飲むことが中心といってもいいお話です．そもそもパンタグリュエルの祖父母はグラングゥジェ（Grandgousier, 大きな咽喉）とガルガメル（Gargamelle, 咽喉）という名であり，父母の名はガルガンチュワ（Garganuta, 大きな咽喉または大食漢）とバドベック（Badebec, ぽかんと口を開けた人，ばか）だったりするのです．ガルガンチュワは，〈飲みたい〉とわめきながら生まれてきたとされていて，そのガルガンチュワという名前も，

〈ク・グラン・チュ・ア〔・ル・ゴルジュ〕! (Que grand tu as〔le gorge〕!)〔なんて大きな喉をしているんだ!〕〉の変形だとされています。暴飲暴食は「キリスト教(CHRISTIANISME)」(▶p.160)では大罪のひとつであり、それも「罪(PÉCHÉ)」(▶p.561)は相当重いのですが、そんなものは笑い飛ばしてしまっている。カトリック教会の『禁書目録』に入ってしまう所以です。

今回の定義に含まれるキーワードとして「真面目」と〈笑い〉があると思います。「愚か者の真面目さ」が、諧謔つまり〈笑い飛ばし〉に対比されているわけです。真面目すぎて人生を楽しめないというか、すべてを堅苦しく考えるというか、悲しくなってしまうというか、そんなあり方への強烈な対峙です。アラン自身、「まじめな人がおちいる罠の一つは悲しくなりやすいことだ、という点によく注意する必要がある」★001とまで書いていました。何で悲しくなるのかを考えるべきでしょう。そこに、今回の定義の中に登場する「しなければならないという思い〔devoir〕」(神谷訳でも森訳でも「義務の念」となっています)が重要な解釈資料としてあります。「義務(DEVOIR)」(▶p.249)とか、責務とかについてはすでにベルクソンから引用しながら触れたと思います。「閉じた社会」がそれを課してくる、と。多くの場合、「宗教(RELIGION)」(▶p.676)の教義だとか「社会(SOCIÉTÉ)」(▶p.748)の慣習だとかは、「しなければならない」と命じてくるのです。またこの定義に登場する「愚か者」は、「狂人」とも訳せるfousであることもさらなる解釈を促します。狂人とはどんな人かということです。アランは次のように書きます。

どうにもならぬ宿命という感じがあらゆる種類の狂気に共通しているということは、深い真実である★002

「どうにもならぬ宿命という感じ」とあります〔「宿命(FATALITÉ)」(▶p.346)〕。実を言うと、この感じ、他のようではありえないという感じ、それは真面目さに囚われた人間にもあるとは思いませんか? まるで強迫神経症のように、同じことを繰り返さずにはいられないあり方。まさに一歩距離を置くことができないあり方です。こう決まっているのだから、仕方がないという感じ。ベルクソンが次のように書いたことは、すでに紹介しました.

義務を守るということは、最も普通な場合(ケース)だけをとれば、何のことはない、なすに任せること、ないしは放っておくこととすら定義できよう.★003

どんな考えや行動においても、「反射(RÉFLEXE)」(▶p.669)的にあるパターンに則って遂行してしまうというのは、実は、自然法則に従って物体が運動するのと大差は無い。機械的なのです。「狂人は、心に浮かんだことを何でも言ってしまう」★004とアランは言います。それは、心に浮かぶものを能動的に評価することなく反射的に言葉にしてしまうからです。「狂人とは、心に浮かぶあらゆる考えを同等に評価する人である」★005というわけです。次の指摘は重要です。

狂人が自分の想念のうちにある状態は、私たちが自分の夢や夢想のうちにあり、自分の最もわずかな想念の出発点にあるときと同じなのだ。なぜならば、私は夢のなかではいかにも気ちがいじみているからだが、ただ、私はそれを笑うのだ。機械的関連は同じであるから、私も骨のずいまで迷信的なのだが、ただ、私はそれを笑うのだ★006

★001──アラン『人間論』p.266
★002──同書, p.140
★003──H.ベルクソン『道徳と宗教の二つの源泉』p.230
★004──アラン『思索と行動のために』p.342
★005──アラン『人間論』p.285
★006──同書, p.287〔傍点引用者〕

521

いわゆる健常者が狂人のような状態にあることなど、いくらでもあるというわけです。しかしながら、それを笑うことができる。どうしてでしょう？　それを考察するヒントが次の引用です。

　　想念の機械的な進み方は彼ら〔狂人〕においても私たち各人の場合と大きくはちがわないと私は言いたい．ただ彼らにあっては、至上のものがないために、機械的関連が幅をきかすのである．彼らは意欲することができないのだ．[★007]

さあ、お分かりでしょうか？　今回の定義における「愚か者の真面目さ」は、こんなふうに余裕の無さ、機械的な動き・振舞い、囚われと近いところにある。笑えない。だからこそ、「愉快なものから愉快なところを除いて」しまう。真面目すぎて、愉快になりようがないのです。それは、別の可能性へと意欲できないからでしょう。この線で、「しなければならないという思いから犯罪にまで及ぶ」というところを解釈できます。機械的関連に取り込まれて、例えば心神耗弱状態で犯罪をおかす。会社とか役所とかの前例に則ることしかできなくて、犯罪〔**重罪**（CRIME）〕（▶p.203）をおかす。何ごとかを笑い飛ばすというのは、こうして、〈こういうふうにしかできない〉という思いをペンディングにして、別の可能性を拓きつつ、そこに身を進めることではないでしょうか？　ラブレー風の道です。確かに「人が嫌悪感を抱いている事柄を欲する」ことはできそうにありません。けれども笑ってしまおうとすること、いや笑わせようというのは、[★009]「**悪徳**（VICE）」（▶p.854）ではない。アランは次に「酒（バッカス）の歌」を掲げていますが、具体的な歌をイメージして書いているのか、それとも一般名詞として書いているかは分かりません。ですから解釈するほかはないのですが、例えば、ルネサンス期フィレンツェの大富豪メディチ家のロレンツォ（豪華王）がつくっ

たというものがあります。

『バッカスの歌』〔謝肉祭の歌（カーニバル）〕
Quant'è bella giovinezza,
che sia fugge tuttavia!
⎛ Chi vuol esser lieto, sia:
⎝ di〔del〕doman non c'è certezza.
…〔中略〕…
青春とは、なんと美しいものか
とはいえ、みる間に過ぎ去ってしまう
⎛ 愉しみたい者は、さあ、すぐに
⎝ たしかな明日は、ないのだから．[★010]

このように歌い、笑い、そして飲んだことでしょう。また、ヴェルディのオペラ『椿姫』の中での「乾杯の歌」は次のように歌います。

　　酌み交わそう，喜びの酒杯を／美しい花と共に．／そしてつかの間の時間，／喜悦で酔いしれる．／飲もうじゃないか，甘いときめきが／恋を鼓舞するのだ．／抗いがたい眼差しが／…〔中略〕…／私の心を誘うがゆえに．／酌み交わそう，愛の杯を／口づけは熱く燃えるのだ．
　　…〔中略〕…
　　酌み交わそう，愛の杯を／口づけは熱く燃えるのだ．
　　…〔中略〕…
　　皆様と一緒なら，楽しい時を分かち合うことが出来ます．／この世は愚かなことで溢れてる，／楽しみの他は．／楽しみましょう，儚く去るのです，／愛の喜びとて．／咲いては散る花のように，／二度とは望めないのです．／楽しみましょう，焼け付くような／言葉が誘うままに．
　　…〔中略〕…
　　楽しもう，酒杯と歌は／夜と笑いを美しくするのだ．／この楽園の中で／新たな日が，私たちを見出すように．
　　…〔中略〕…

人生は楽しみと共にあるのです。[011]

では，今回の定義の中の，「というのも，酒を飲む幸福は最後にはどんな他の幸福をも凌駕するだろうから」とは何を言いたいのでしょうか？　私には自信を持った解釈を提示できません．そもそもアランは，酔って自分の書いた文章の酷さを次の朝起きて強烈に味わい，自らを恥じ，その後は酒を断った人ですし，この定義の中で「どんな他の幸福をも凌駕する」なんてなぜいうのだろうと思うのです．苦し紛れの解釈をしておけば，一人での幸福や，恋人たちのような二人の幸福でもなく，皆が集まって盛り上がる幸福がそこには考えられているのかも……．

しかし，最後にある「すべての頽廃のなかにある瀆聖の観念は諧謔とは異なるものである」というのは分かるような気がします．「瀆聖 [sacrilège]」とは，聖なるものを冒瀆することですが，それは「頽廃 [dépravations]」のなかにはある．しかしそれは「諧謔」とは異なるという．dépravations を例の類語辞典で引いてみます．

> **dépravation**, en parlant des moeurs et du goût, dégradation qui vient du fait qu'on s'écarte de ce qui est bien, beau, juste, raisonnable, normal : *La dégradation du goût a suivi la dépravation des moeurs.* (Did.)[012]（**頽廃**，風俗習慣や趣味について言われ，善いもの，美しいもの，正しいもの，理性的なもの，ノーマルなものから離れているという事実から生じる（状況の）悪化．趣味の劣化が風俗習慣の退廃に続いた［ディドロ］．）

この辞典の記述でも分かるように，「頽廃」はいわゆる〈高み〉からの乖離による状況の悪化を意味しています．しかし，ちょっと考えると，最初に触れたように，例えばラブレーでは言わば暴飲暴食が描かれるわけです．そしてそれはキリスト教では大罪のひとつです．にもかかわらず，なぜ「瀆聖」とは異なるのでしょう？　もちろん，諧謔が度を越していけば頽廃へと行き着くことは十分にありうる．けれども，諧謔は，本来〈高み〉からの乖離を意味しているわけではないというのでしょう．それどころか，笑い，また交歓することは，それ自体においては人々を生きる歓びに誘っている．古代ギリシアではまさにバッコス（Βάκχος，ディオニュソス）は酒の神なわけです．キリスト教のような生真面目すぎる一神教とは違って，日本の八百万の神のように，いろいろな「神（DIEU）」（▶p.263）を認めながら人々が生きるというあり方の意味を考えるべきです．パスカルなら「気晴らし」に過ぎないと言って却下するかも知れない楽しみを，あえて評価する可能性は残しておきます．実際，こうした多神教もまさに神々を語っているわけで，言い換えれば，ある種の聖性を語っているわけですから．アランは興味深い文章を残しています．

> かくしてわたしはパスカルに真向から反対である．パスカルは好んでいう．成功をおさめた唯一の宗教は，自然と証明とに背反するそれであると．だがわたしは，自ら信仰ふかいと自称する多くの他の人びとのうちに怪しく思うその同じものを，この著者のうちにもとり抑える．すなわち，彼はまだ信仰ということにまで至りえていない，ということである．けだし，わたしの考えでは，彼はあまりにも幾何学者でありすぎたということ，これをいいかえれば，キリスト教徒たるべくあまりにも異教徒たることが少なすぎたということである．[013]

どうしても異教全体がキリスト教全体を

★007──同書，p.282〔傍点引用者〕
★008──例えば，談合がなくならないといった事例や，公務員がお金をプールしていたという事例など，いくらでも考えられます．
★009──さだまさしの「道化師のソネット」を思い出します．
★010──塩野七生『ルネサンスとは何であったのか』p.98
★011──「オペラ対訳プロジェクト」（https://www31.atwiki.jp/oper/pages/106.html）より
★012──H. Bénac, *op.cit.*, p.228
★013──アラン『神々』pp.22-23

荷っているのでなければならない．だが学者というものは都会人で，燈火のもとで仕事する．それゆえに彼らは，よし高級な神々のなかに太陽神話の痕跡のようなものを探ろうとするようなときでも，新しい礼拝のなかに残る古い礼拝のかたみといったものしか決してそこに見ない．★014

まさに『神々〔Les Dieux〕』と題された書物で，アランはこう書いていることに注目してください．おそらく，排除の構造への批判として，です．ここでカントを思い出してみれば，キリスト教という一神教に対する彼の敬虔主義〔Pietismus〕的態度とは正反対の「瀆聖」を前面に出したサドが同時代に出現するように，二人はポジとネガとして同時成立している．正統と異端という闘争もそこには関係してくる．異端審問を思い出してください．ほとんど殺しあいです．生真面目すぎるからこそ，そんなことになるのではないでしょうか？　異端審問が重要なテーマのひとつである映画『薔薇の名前』（原作者はボローニャ大学の記号学教授であったウンベルト・エーコ）では，笑いが重要なテーマになっていました．中世後期の修道院が舞台の推理小説ですが，そこにはヨーロッパ中世哲学の基礎となった古代ギリシアの哲学者アリストテレスの著作が大きく絡ん

でくる．『詩学』の第二部が存在したのかどうかという問題です．アリストテレスが喜劇をどう位置づけたのかに関わるのです．高く評価したのかどうかが分からない．それについての記述が伝わっていないのです．この『薔薇の名前』では，その『詩学』の第二部が存在し，笑いを評価していたという設定で話が進みます．修道院長は笑いを恐れているためにその存在を隠すのです．なぜでしょうか？　〈もし笑いを認めてしまうと，ついには人間は神を笑うに至るだろう〉というわけです．

さて，しかし，この行き過ぎた生真面目さと，もし神が人間を創ったとして，この世での生を笑いも含めて精一杯楽しむのと，どちらが聖性に近いのか？　それは考えてみるべき事柄のように私には思えます．

フィレンツェのルネサンスは，人間中心主義と言われます．しかしながら，神を否定などしていない．そのルネサンス期に現れた生真面目な僧，フィレンツェはサン・マルコ修道院長のサヴォナローラは，ルネサンスの動きと共に生まれた数々の芸術作品をシニョリーア広場で燃やします．「虚栄の焼却」といいます．そして，後に，自らがその広場で火あぶりになるのですが，このことは実に今回の話題に照らして，示唆的だとは思いませんか？

PAIX
平和 — これは，〔誰かが自分の〕敵であるなどという判断を下そうとは決してせず，どんな人の不幸をも喜ぼうとはしない人間の状態である．平和は単に〔いま述べたような敵であるとかないとか，誰かが不幸であるとかないとかに関して〕無関心〔つまり，違いを設けない〕というような状態を想定するだけでは決してなく，どんなことであっても人間の間では理性と忍耐〔patience〕によって解決すべきであって，発作的状態は短い間のものだという積極的な信念〔foi〕を想定している．この信念は国家間についても同じものだ．

今回の定義の最初の部分はフランス語がかなり難しいです．難しいというか訳しづらいのです．少し説明しておきましょう．qui ne se connaît point d'ennemis という部分です．se connaître de という言い回しなのですが，辞書には載っていま

せん．ネットで公開されている最大級のフランス語辞典にもきちっと載っていません．connaître de という言い方は，「……の裁判権を有する」という意味があります．そこから考えていくほかはないでしょう．神谷訳は「どんな敵も知らない」

524

と，単純に，他動詞的に訳しています．森訳は「自分に敵があると認めず」と少しひねってはありますが，十分とは思えません．そこで私としては「〔誰かが自分の〕敵であるなどという判断を下そうとは決してせず」としました．

さて，内容ですが，冒頭部分を読んでみなさんはどう思ったでしょうか？ 〈そんなことできるのか？〉と思った人も多いのではないでしょうか．〈事実として無理ではないか？〉，と．そんなリアクションはアランには想定内の事柄でしょう．実際，「戦争は事実の一状態にすぎないのだ．これにひきかえ，平和は一個の理念である」とアランは書きます．事実として戦争は起こるし，人間の間には喧嘩は日常茶飯事だけれども，平和は「理念」であると．理念です．「理想(IDÉAL)」(▶p.402)です．それにもかかわらず，いやそれだからこそ，そうした理想を追い求める意志があるかどうかが問われるわけです．なぜ平和を求めるのか？ 事実がすべてではないからです．いや，もっといえば，事実ですら創られるものだからです．次のような言い方もあります．

> 事実が人々の再構成するごときものであるなら，歴史を絶対的に規定するのは，政治学だ…〔後略〕★016

算数なんかの話だってできますよ．

> サイコロの立方形の形もまた，立方体という観念によって決定された事実であるが，この観念は目でも手でもとらえられない．★017

目でも手でも捉えられない「観念」(イデアと言ってもいい)を想定してこそ，いわゆる「事実」もあると言えるわけなのですが，そのことを忘れて，結果としての事実だけを，原因や理由を忘れて，まるで偶像崇拝するような態度がありうるわけです．戦争をそんな意味での事実としたときどうなるか，考えてみてください．そして，放っておけばそうなってしまうものを，〈だからそれが事実というものなのだ，人生とは，人間とは，世間とは，世界とはそんなものだ〉とあなたは言うでしょうか？ 敵という話題に即するならば，アランは次のように書きます．

> げんにいま敵があるのだから，敵は以前からあったのだとは，よく証明されるところだが，この証明は決していただけない．★018

そうした事柄には深く意志が関わっているとは，あなたは思いませんか？ 「事実とは，最初の衝撃とも，対象と主体との最初の出会いとも違う」のです．「事実とは，学問により組み立てられ，諸観念，ある意味ではあらゆる観念によって確定される，物自身である」ということをもっと考えてみる必要があるのではないでしょうか？ 次の引用を吟味してください．

> 物事をほっておけば必然的に機械仕掛と暴力の次元に陥るだろう．精神のみが平和を築きうるが，しかしそれも意志が伴った場合である．ところが多くの人々はこの点を理解していない．彼らは事実を証拠として学ぶ．この場合は，我々の方から同意を与える必要はない．存在する事物に従って学ぶのだ．★021

〈今敵があるのを，敵は以前からあったことの証拠として学ぶ〉というふうに，一つ前の引用と結びつけると分かりやすいでしょうか．学ぶことは確かに知性があればできそうに思えます．しかし，平和はそれでは成り立たない．

★014──同書，p.115
★015──アラン『人間論』p.129
★016──アラン『考えるために』p.98〔傍点引用者〕
★017──アラン『思索と行動のために』p.144
★018──アラン『神々』p.81
★019──アラン『思索と行動のために』p.48
★020──同書，p.142
★021──アラン『裁かれた戦争』p.166〔傍点引用者〕

525

平和の精神には知性以上の何ものかが必要である．それはいわば知性に先んずる光明とでもいったもの，つまり慈愛である．すなわち他者の自由を求め，願い，愛することである．知性の取り決めは力の作用を排除した純粋な形でなされるべきだが，それと共に，人間を人間として遇したいという意志が，知性の取り決めを超えて君臨しなければならない．★022

　例えば，「権利の平等」という知性の取り決めによって，種々の場面で何らかの結果はもたらしうるかも知れないけれども，それでは不十分だとアランはいうのです．

　　権利の平等ということによって間に合わせの平和を作ることができ，図面と鉄とで幾度も同じ機械を製作することができよう．しかしそうした成功は精神を満足させない．★023

　不十分どころか，知性だけなら人は戦争を選ぶことだってありうるとアランは言うのです．

　　戦争か平和かを選ばねばならぬ．そして，戦争を選んだ人の想念は，〔それなりに〕りっぱにまとまるのである．観念を市場へ買いだしにゆく単純な人々は，ここであきれてしまう．だが，自分で自分の観念を作る人々は，選択と勇気なくしてはこれらの観念は煙と消えるであろうということを，よく知っているのである．★024

　観念などというものはどこかにすでにできあがっているのだからそれを探しに行けばいい（上の引用に従えば〈買いに行けばいい〉）などと思っていれば，観念は死滅するというのです．観念（考え）というものは〈思考の働きの或る仕方〉なのであって，働きを止めてしまえば，無くなってしまうと思った方がいい．では，平和という事実，平和という状態を手にするにはどうしたらよいのでしょうか？　まさにそのためにこそ，平和という理念を構築しなくてはならない．それに関する思想を創りあげなければならないのです．それも，「**本能**(INSTINCT)」（▶p.416）でも，機械的な「**反射**(RÉFLEXE)」（▶p.669）でも，その機械的な動きに翻弄された「**情念**(PASSION)」（▶p.544）によってでもなく，思考によってです．

　　世界と同じほどに古い，あの神話…〔中略〕…，動物というやつは，われわれ人間の諸情念の拡大された姿だ，というのである．あのやさしい小鳥の体内に，ともどもに，宿る平和と戦争．あの小さな頭の中には，思想が欠けているのだ．相違点を認め，しかも相違点をつくる，あの思想が．しあわせな相違点．それこそが，平和をつくるであろう．★025

　「平和は単に無関心というような状態を想定するだけでは決してなく」というのは，冒頭の「〔誰かが自分の〕敵であるなどという判断を下そうとは決してせず，どんな人の不幸をも喜ぼうとはしない」状態を指すのだとしても，そういう状態を真に実現させようとするには，どんな問題も「理性と忍耐によって解決」しなくてはならず，その解決には，戦争（や喧嘩）という「発作的状態」は短い間のものだという「積極的な信念〔foi〕」を持つ必要がある．側面からいえば，〈火に油を注ぐ〉といった形でその「発作的状態」を長引かせたりせず，理性的な話ができる状態へと速やかに持ち込まなくてはならないということです．そうした平和をもたらすためにまず最初に必要なこと，それは自分と喧嘩しないことです．

　　情念のとりこになった人間は，戦うずっとまえから，敵が見えないうちから，もう拳を握りしめてしまっている．彼らは，自分自身と戦っているわけで，このため，自分自身のうちに，一種の絶えざる不正をつくりだしているのだ．★026

だからこそ，次のように言われるのです．

他人と平和を結ぶとは，プラトンの願ったように，まず自分自身と平和を結ぶことである．[027]

PANTHÉISME
汎神論 – これは自然の宗教〔religion〕である．それは，すべての力，樹木，穀物の穂，牡牛，狼，河川，火山といったものを礼拝の対象とする．その際，それら対象は唯一の神〔dieu〕の，つまり世界の，顕現とみなされている．汎神論は，いかなるものも神であるということと，神であるのは全体なのだということを，同時に言おうとしている．

汎神論〔panthéisme〕に非常に近いものとして万有在神論〔panenthéisme〕というものがあり，語源を見てみれば，その違いのヒントが見出されます．panthéisme は πᾶν + θεός で，〈すべては神である〉とするもの，panenthéisme は πᾶν + ἐν + θεός で，〈すべては神の内にある〉とするもの．後者では，〈すべて〉と〈神〉とは区別されるわけですね．一応，こんなものもあるということで，知っておいてください．その上で，今回の定義は前者であるわけです．

さて，定義の冒頭で，「自然の宗教〔religion〕」とアランは書いています．アランは大雑把に言って三つの「**宗教(RELIGION)**」(▶p.676)を区別します．「自然宗教(田園宗教)」「政治宗教(都市の宗教)」「精神の宗教(キリスト教)」です．そのあたりを少し説明しながら進みましょう．

> 人間はまず最初にあらゆることどもに驚異し，太陽や火や収穫や動物たちといった強力な自然を崇拝した．そしてそのおなじ時代，人間は植物が成長するような具合に，行動することを試みた．これが魔術であった．この母なる宗教をわたしは自然宗教と呼ぼう．かの一切〔Tout〕の神が姿をやつして無数の神々となるこの素朴な汎神論を，パン〔Pan〕の神は，わたしのためにきわめ[028]

てよく描き出してくれるだろう．[029]

人類の歴史の中で都市(cité)というものが発達するいわば前段階を想像したときの宗教の話です．そこでは，いまだ，後に現れるような人間と自然，人間と人間，人間と「**神(DIEU)**」(▶p.263)などといった対立は出てきていない．アランが今回の定義で書いたように〈力への礼拝(崇拝)〉があるのみなのです．太陽神の崇拝など典型的でしょう．「**悪魔(DIABLE)**」(▶p.255)といった，常に悪をなすような存在を立てるわけでもない．日本でいえば，例えば「お稲荷さん」ではキツネが稲荷神の使いとして祀られているわけですが，お供え物をしたりして敬えば御利益をもたらすけれども，それをしなければ害悪をもたらしもするといった具合です．御利益と害悪とのどちらにも転びうる底(てい)のものです．もし存在という言葉を使っていいのなら，激しい対立を未だ見せていない存在への崇拝です．「悪魔と神との対立がまだ姿を見せないというのが，田園宗教の一特色」[030]なのです．上の引用で，「人間は植物が成長するような具合に，行動することを試みた」という箇所は分かりにくいかも知れませんね．アリストテレスの考え方を少し解説しておくと分かりやすくなるでしょう．例えば，植物の種子の中にはそれが生長して花をつけ，また種子を作るといった円環的な動きがあって，種

---

[022]——同書, p.155〔傍点引用者〕
[023]——アラン『芸術論集』p.59
[024]——アラン『人間論』p.321〔傍点引用者〕
[025]——アラン『芸術に関する101章』p.213〔傍点引用者〕
[026]——同書, p.238〔傍点引用者〕

[027]——アラン『裁かれた戦争』p.150〔傍点引用者〕
[028]——アルカディアの牧人と家畜の神ですが，後に古代ギリシア語の πᾶν（すべて）と関連づけられました．
[029]——アラン『神々』p.102〔引用者改訳〕
[030]——同書, p.111

527

子というのは花が咲くという最高の状態〔ἀκμή, 高み〕を可能態〔δύναμις〕としてすでにもっており, それが実際に咲いたときに現実態〔ἐνέργεια〕という状態に到達するというのです．この現実態こそ生長の「目的」であるという目的論を採用する．これは「生長」なのですが，また「運動」〔κίνησις〕でもあるという．例えば物の落下もそれで説明しようとする．さらには，人間の行為もその線で説明するのだとアランは言うのです．アリストテレスは「すべての行為は善（あるいは，最終的には幸福）をめざしている」という趣旨のことを主張するわけですが，その善こそが「目的」です．でもそれをなぜ「魔術」というのでしょう？　それは，「あらゆることども」の内に「隠れた力」があると考えるからです．場合によっては，その「隠れた力」を呪文などによって呼び出そうとするような．しかし，現代科学ではそう考えませんよね．基本的には物理化学的な因果関係で説明しようとするからです．

それはそれとして，科学時代とも言えそうな現代でも，もちろん，そういう古い自然宗教が完全に無くなってしまったわけではなく，日本のように，今もあったりするわけです．那智の滝のように滝がご神体であったり，伊勢市の夫婦岩がご神体であったり，諏訪湖がご神体であったり，はたまた富士山がご神体（霊峰）であったりするわけです．ただこうしたものがアランの言うように「唯一の神の，つまり世界の，顕現とみなされている」かどうかは微妙です．本地垂迹説とか，さらに大日如来や神仏習合的な意味での天照大神の話まで持ち出せば，言えるかもしれませんが……．いずれにせよ，こうした古い「信仰（FOI）」（▶p.372）の背後にはいわば〈日本的なアニミズム〉があります．大森荘蔵氏に言わせれば，「おう揚（鷹揚）なアニミズム」です．彼は次のように書きました．

人間同士が互いに心あるものとする態度はまさにアニミズムと呼ばれるべきものなのです．昔の人々はずい分寛容でおう揚なア

ニミズムをとっておりました．獣，魚，虫，はいうにおよばず山川草木すべて心あるものだったのです．それに較べ近頃の人々のはひどくせちがらいアニミズムです．縁故血縁関係を中軸にしたアニミズムだといえましょう．★031

実を言うと，大森荘蔵氏は，初めかなり先鋭な分析哲学者として登場するのですが，晩年は天地有情の「哲学（PHILOSOPHIE）」（▶p.587）を展開しようとした科学哲学者です．少しそのあたりを見ておきましょう．バークリーの独我論的哲学★032を受け継ぎながら，例えば次のように書く人だったし，それは晩年においても本質的には変わっていなかったと私は思います．

彼の言う赤い印象と私の印象とが同じであるか違うのかを決めるためには，その二つを較べてみなければならない．そのためには，私は彼の印象をとにかく知らなければならない．だが，これはできない相談である．他人の知覚を私が知覚するわけにはいかない．私が彼の知覚を体験するためには私は彼にならなければならず，それは私が私である限り不可能なことである．★033

対話のことばの中に奇妙な非対称的な壁が生じてくる．話者が「腹が痛い」と言うとき，話者にとって自分の腹痛は叫び声でも振舞でもなくまさに痛みそのものであり，その発言はその腹痛の報告なのである．ところが聞き手はそれを報告または叙述ととらず（とろうにもとれない），話者の振舞の一部としてとる．あるいはこうも言えよう．聞き手にとっては，自分の腹が痛いと言うときの腹痛の意味と他人の腹痛の意味は全く異ることになる．★034

お互いの間で，腹痛を痛みあったり，赤の感覚をやりとりできない以上，人間の間に

互いに他人の経験を覗くことを拒む壁があることも当然のことであろう．この壁があるにも拘らず，ある仕方で人間相互を結びつけるものがことばなのである．この壁によって支えられ，しかもこの壁すべてを蔽（おお）うのがことばの屋根ではあるまいか．
★035

その大森氏が，次のように述べ始める．

> アニミズムは決して迷信や虚妄ではない．森や湖に心を付することが迷信ならば，人間仲間に心を付することもまた迷信でありアニミズムなのである．それは何ものかを等しく「私に擬して」心あるものとして理解することだからである．
> ★036

> 新生児やペットの哺乳動物の場合には母親や飼主は努めて甘い結果判定をとることで試行が肯定的結果をえたと強弁することで，それらの対象を擬制的に人間扱いをする傾向がある．この傾向が甚だしくなれば万物有魂のアニミズムに至ることになる．
> ★037

> これはアニミズムと呼ばれていいし，むしろそう呼ばれるべきであろう．木石であろうと人間であろうとロボットであろうとそれら自体としては心あるものでも心なきものでもない．私がそれらといかに交わりいかに暮らすかによってそれらは心あるものにも心なきものにもなるのである．
> ★038

> ただ人のみに喜怒哀楽を抱く心がある．人のみが有情のものなのである．これが文明開化のアニミズムなのである．
> ★039

あなたが人間である限り，正気の人間である限り，他人に心を「吹き込む」ことをやめないということです．この「吹き込み」は人間性の中核だからです．このお互いの「吹き込み」によって人間の生活があり人間の歴史があるのです．それによってお互いの人間がお互いを人間にするのです．

換言しますと，人間同士が互いに心あるものとする態度はまさにアニミズムと呼ばれるべきものなのです．
★040

アニミズムを人間の間にしか認めないのは「縁故血縁関係を中軸にしたアニミズム」だというわけです．実際，西洋で起こったのはそういう変化でした．

> ついでわが西洋にあっては，もっともわたしには西洋だけでこと足りるわけだが，オリンポスの宗教がやって来た．ここでは，わたしの見るところ，ただ人間のかたちだけが崇拝の対象となり，またここでは世界がひとつの王国のように支配される．この征服者たちの宗教を，わたしは政治宗教と呼ぼう．私はまたこれを，明らかに田園のものである前者と対立させて，都市の宗教と呼んでいいだろう．
> ★041

「都市の宗教」と書かれていますが，もちろん古代ギリシア語の原語で言えばπόλιςなわけです．〈ポリスの宗教〉なわけです．ご存知のように，古代ギリシアの宗教は主として多神教でした．しかも，その神々は人間と同じような姿形をしているのです．人間の食物とは違って神食

★031――大森荘蔵『流れとよどみ――哲学断章』pp.140-141
★032――ドイツ語ではSolipsismusと書くのですが，文字通り，Solus（だけ）+ ipse（自分）で，この世で確実に存在するとわかるのは自分だけという立場．
★033――大森荘蔵『言語・知覚・世界』pp.13-14
★034――同書，p.16
★035――同書，p.17

★036――大森荘蔵『知識と学問の構造――知の構築とその呪縛』p.16
★037――大森荘蔵『時間と自我』p.198
★038――大森荘蔵『流れとよどみ――哲学断章』p.72〔傍点引用者〕
★039――同書，pp.113-114
★040――同書，pp.140-141
★041――アラン『神々』p.102

529

（アンブロシア）を食べ，神酒（ネクタル）を飲み，不老不死であるけれども，人間に似た，しかし完璧な「美（BEAU）」（►p.120）を備えた身体を持っていたのです．また，逆から言えば，そうした完璧な美に近づいた人間は，神々しいわけです．古代ギリシアの彫刻を思い出してごらんなさい．神々が多く刻まれています．そして神々しい闘技士の像もあるわけです．

　　闘技士の像は，音楽と体操とによって，すべての精神状態が，肉体のなかに流れこみ，そうして，肉体の形式と調和している，という状態を，表わしているのである．だから，切り離された魂などというものは，もはや，そこにはない．その形式は不滅で，神々しい．★042

とにかくギリシア神話では「ゼウスの王権」について云々されるように，そこでは「世界がひとつの王国のように支配される」わけです．いわば王政であり，政治的です．あえて言えば，神を語りながらも人間的です．汎神論的ではない．日本のようなアニミズムでもない．実際，西洋ではアニミズムは次第に否定されていくのです．その動きが決定的になるのはデカルト以降の近代科学が発展していくことによるでしょうが，その話題は今は措いておきます．★043　いずれにせよ，「いかなるものも神である」とはもう考えなくなり，「神であるのは〔自然・世界の〕全体なのだ」とも考えなくなるでしょう．神はこの世界を超越していくことになる．西洋で言えば，「ユダヤ・キリスト教」の登場となるわけです．

　　そして第三番目のものはというに，キリスト教の名のもとに，わがヨーロッパの岬においておとらず民間にひろまったものであるが，これがわれわれに啓示してくれる新しい価値によってすれば，ここでわたしは間違いを犯しようがない．で，わたしはこれに精神の宗教の名をあたえるであろう．事実，かくのごときが人間の辿りきった

諸里程である．★044

「精神の宗教」です．「自然宗教」ではありません．「自然宗教」の段階なら，人間も自然の中にあり，いわば安らっていた．自分を自然から切り離そうなどとは思いもよらないからです．しかし，「ポリスの宗教」にまで至れば，すでに人間は自然から区別され始めます．古代ギリシアの哲学史も，『自然について』という哲学詩を書いた人々から始まり，ソクラテスの直前あたりにソフィストたちが現われ，古代アテナイの民主制の下でどのようにしたら人は勝ち残っていけるのかについて教える教師として活躍したのでした．人々は彼らに教えを請い，それこそ他人を言いまかす詭弁を使ってさえも民主制の下で勝利を得ようとしたわけです．哲学の主題が人間の事柄に移行したのです．プラトンによれば，ソクラテスは「魂への気遣い」を重視していました．ソクラテスの死刑前の記述が『パイドン』にあります．そこでは〈ソクラテスが座っている〉ことに関する「自然学者たち」による説明があくまで筋肉とか筋とかいった物体的・身体的な仕方で論じられることへの不満が述べられています（►pp.851-852）．そして，その不満こそは，「自然学者たち」が示していた〈人間の魂・精神の大事さへの無理解〉に発したものだったのです．そして当の〈人間の魂・精神〉を大事にしようというとき，詭弁家的な仕方では，それが適わず，真に哲学しなければならないと考えたのがソクラテス・プラトン・アリストテレスたちだったわけです．いわば，自然学者を超え，自然を超えていく動きがそこにはあり，その探究は詭弁を去った哲学的探求でなければならなかったのです．人間の「**精神（ESPRIT）**」（►p.322）の「**崇高さ（SUBLIME）**」（►p.780）がそこに垣間見えてくる．次の言葉は示唆的です．

　　自然の力と精神の力とのこの対立こそ，人間を，その利害についての関心や，その心配や，その情念をはるかに越えて，崇高の

状態に投げこむものである。

そこまでの動きが汎神論という立場にあるのかどうかが問われるべきでしょう。しかし、それと同時に、もちろん、〈そもそもそんな動きそのものが必要なのかどうか〉も含めての吟味が、私たちには要求されているように思いませんか？

PÂQUES
復活祭 — 春と復活の祭りである。復活祭は（四旬節の断食などといった）自然の節制期間と同時に精神〔esprit〕の節制期間を前提としている。言い換えれば、〔食欲といった欲望などの〕引き締めと〔自分の犯した罪などの〕悔悟〔repentir〕との時期を前提としている。しかし、自然の復活祭は、世界との、そして自分との盟約を一新するのにちょうど良い機会である。

春と復活とが並べられています。なぜでしょう？ 季節の巡りということを考えてみてください。例えばクリスマスもそうです。なぜ「**キリスト教（CHRISTIANISME）**」（▶p.160）では12月25日をキリストの生誕の日としたのでしょうか？ その日付であることを示す資料は確か無いはずです。一説によれば、ゲルマン民族の古い冬至のお祭りを利用したといわれています。

クリスマスがやってきた。事物の冬が始まる。しかし、心の冬は終わったのだ。真夜中のあの光明、前夜（レヴェイヨン）——すてきな言葉だ——のあの歌声。すべて、こうしたものは、この世でもっとも美しい、希望の曙を意味している。日ごとに高くなってくる、冷たいが、しかし輝きのある冬の太陽の、あの約束。獣たちも、そこから、喜びをうけているのだ、と私は思う。小鳥たちを観察してみたまえ。人間が存在するようになって以来、それは、聖課の一つである。巣の用意や愛の季節が、思ったよりもはるかに早く、始まることに、気がつくだろう。明日という日が、いつだって、前の日よりもよいということ。これは、かりそめではない。雪は降るかもしれない。朝ごとにかよってゆく荷車が、大地が凍てついていることを、教えることもあるだろう。しかし、すべての生命の父なる太陽が、地平線のかなたに、日一日と長くとどまることに、変りはない。

人間の歌も、同じく、太陽の申し子である。また、おそらく、祭りというものは、古代においては、ハムシが太陽に乱舞するように、灼熱と糧食のあとにくる歓喜の運動であったのだ。自然が、精神をささえるのである。しかし、まさしく復活したひとの祭りである、このクリスマスの場合は、精神が、前方に歩みでる。ろうそくや燈明といった、あのすべての太陽を、まえもってともすのは、精神である。なぜなら、クリスマスにさいして、ひとは、春を予見しうるけれども、まだまだ、それを予感しうるわけにはゆかぬからである。冬至の二、三日後に、あるなにかが、再び始まること。一日にも似た、一生にも似た、一年が、再び始まること。こういうことを知るには、長い年月と積み重ねられた観察とが必要である。こうして、クリスマスの詩は、小鳥の歌よりも、さらに、いっそう的確な響きを、奏でるのである。

★042——アラン『芸術に関する101章』p.198
★043——私は2013年の12月、フランスのリヨン第三大学のワークショップ（COLLOQUE INTERNATIONAL « Corps et technique au Japon : le dualisme en question »）で次のような報告をしました（「le dualisme occidental et l'animisme japonais—pour la créolisation—〔西洋的二元論と日本的アニミズム——クレオル化に向けて〕」）。
★044——アラン『神々』p.102
★045——アラン『芸術について』p.170
★046——アラン『芸術に関する101章』p.249
★047——同書、p.250〔傍点引用者〕

531

予見されはしていたけれども，復活というものが実際に感覚されるのは，寒さが本当に去ったときでしょう．冬が本当に終わったときでしょう．「**精神**(ESPRIT)」(►p.322)の春とて同じこと．

　　踊りと儀式は，記念の行いであると同時に，顕彰の行いでもあらざるを得ない．これにより，各地の神話が示しているように，英雄や神の死と復活は，春の回帰に結びつくこととなる．こうして，一方で，自然の大きな変化は，人間の身体の動きによって表現される．神話は，だから，想像的である前に，現実的であり，知覚されるのである．しかし，他方で，逆の暗喩により，感動と情念は自然の眺めに結びつき，早くも外的秩序に従って規整されることとなる．★048

　自然と精神との「春と復活」を本当に祝うためには，自らを整えなくてはならないと人は考えたのではないでしょうか？　クリスマスに際してもすでに予見されていた「春と復活」を真に感じ，祝うためには，です．そのためにこそその「節制期間(carême)」なのだと私は思います．身も心も整えるのです．真に羽ばたくための助走と言いましょうか．断食によって身体を整えるだけではない．悔悟〔repentir，悔い改め，悔悛〕によって心を整えるのです．悔い改めることは後悔することとは，厳密には，違う．「**後悔**(REMORDS)」(►p.687)は過去に意識が向かっています．「**悔い改め**(REPENTIR)」(►p.695)は未来に意識が向かっています．

　さて，アランは「自然の復活祭〔la Pâque de nature〕」と書いています．神谷訳では「自然の「パック」」，森訳も「自然の過越の祭」と解しています．その通り，確かに，ユダヤ教の春祭りに発し，収穫を祈り，さらにはイスラエル人のエジプトでの隷属からの解放，つまり出エジプトの意味も加わって，それを神に感謝する犠牲の子羊を捧げるものだったのが，当の「犠牲の子羊」をイエスに見て，キリスト教は復活祭の原型としたのでした．ここでは，季節の巡りと自然の恵みに感謝するという〈自然の死と復活〉に加えて，〈人間の精神の犯した原罪とそれからの解放(つまりは精神の死と復活)〉をも，各個人としてのキリスト教徒が祈りそして感謝することが繰り返されているのです．さきの引用にあったように，〈自然を支えとして〉人は生き，感謝を捧げると同時に，〈精神を支えとして〉未来へと発展していくのです．アランはヘーゲルを解説しながら，次のように書きました．

　　休止しているものは善いものではありえない．それは自然が限りない死と生によってあらわしていることである．しかし単純な自然はやりなおしをしているだけである．生の生である精神は，歴史によってそこから解放される．歴史は真実である．アリストテレスには欠けていた発展である．★049

　いわゆる進歩史観を能天気に受け容れていいかどうかは大いに検討の余地があるでしょう．それでも個々人としての人は，〈より善く生きたい〉と願うのではないでしょうか？　そのために，いろいろな道を探そうとするのではないでしょうか？

　　健康な人間は自分の体を支配することを欲し，また，支配しうることを確信する．不覚をとっても，また，不覚をとったことを恥じつつも，彼はなお信ずる．なお信じようとする．ここに意志の発条が認められるのだ．★050

　復活の意味を，そのような意志に見ていきたいと私は思います．自然によって支えられ，促され，しかし，精神によって自分の足で歩みでる．そんなところにです．それができるとき，私たちは，世界と，そして自分と，新たな盟約を結ぶのではないでしょうか？　新約聖書がそうであるように．

PARADIS
天国 — 〔肉体を離れて〕もはや魂〔âmes〕でしかなくなった人間たちが〔生活の〕必要〔nécessité〕を免れているような想像的な場所である．〔そこでは〕認識することや愛することに関して人間たちを妨げるものは何も無い．天国というものは，〔たとえそういう場所を想像するだけでも人間たちに訪れる〕幸福な諸瞬間によって何ものかであるが，〔自分たちが何の努力もせずにそんなあり方を手に入れられるものではなく〕そういうものを信じるに値するようにならなければならない．そして，〔そのような努力などするつもりがなくただ〕信じない者たちは〔次のように〕言う．天国の悪いところは退屈なことだ，と．なかなか穿った見解である．

神谷訳は「楽園」としていますが，それだと「**キリスト教(CHRISTIANISME)**」(▶p.160)的にはあの「楽園追放」の前に神によって創造されたアダムとエバがいたところのように見えてしまいます．アランがここで定義したいのはそういうものではなくて地獄や煉獄に対する天国です．アランはキリスト教(カトリック)の「**信仰(FOI)**」(▶p.372)そのものは棄てています(教会には行かなくなったという意味で)が，哲学者として，そこから多くを学んでいます．キリスト教でいう天国は，死んで肉体を離れて行くところとされているとアランは解釈しているのでしょう．そういう事柄自身，生きている人間にとっては確かに想像的な場所，想像するしかない場所です．

ではどんなふうにアランは想像しているのか？　原文に necessité とある語を神谷氏は「必然」と訳し，森氏は「必要」と訳しています〔「**必然性(NÉCESSITÉ)**」(▶p.502)〕．ここでは私は森氏の解釈を支持します．「必然」と訳したのでは，この定義の中で，その言葉が浮いてしまいます．もちろん「必然」と訳した上で他の箇所(他の定義やアランの考え方)とリンクさせて解釈できればそれでもいいのですが，神谷訳ではそれもあまり見えてはいない．わざわざアランが「もはや魂〔âmes〕でしかなくなった」と書いているところをみると〔「**魂(ÂME)**」(▶p.069)〕，肉体こそが妨げている事柄であって，それからの解放が天国では実現されていると言いたいのでしょう．「認識することや愛することに関して人間たちを妨げるものは何も無い」とアランが書いているのはそのためだと思います．実際，肉体を持つこの世の私たちは空腹や病気，一般に肉体的苦痛によって思考を妨げられることはしばしばです．例えば，空腹を満たすためには食事をするという〈生活の必要〉を満たさなければなりません．「腹が減っては戦ができぬ」などと言いますが，腹が減るということからも，ですからそういう〈生活の必要〉を満たすという気遣いからも解放されたとき，戦そのものが無くなり，認識も「**愛(AMOUR)**」(▶p.076)も違った形になるのだと言いたいのでしょう．アランはプラトンが「同じ袋に縫いあわされた賢者とライオンと百頭のヒドラ，これが人間である」と書いていることに注目します．[★051] 賢者が頭，ライオンが胸，百頭のヒドラが腹に対応し，人間の中の，「**知恵(SAGESSE)**」(▶p.721)の座，気概の座，「**欲望(DÉSIR)**」(▶p.223)の座として語られているのです．「気概」という日本語を知らない若者が多いようですし，少し説明しておくと，「気概」の原語は colère です．「**怒り(COLÈRE)**」(▶p.180)とも訳せる語です．簡単に言えば，「欲望」が腹に，「力」が胸に，「知」が頭に位置づけられているのです．これらの三つが一つになったものが人間だとプラトンはいう．誰しも欲望をもち快楽〔「**快感(PLAISIR)**」(▶p.597)〕を求め，また自尊の念や「**野心(AMBITION)**」(▶p.067)をも持つゆえに名誉を傷つけられれば怒り，かといってそうした欲望や「**情念(PASSION)**」(▶p.544)だけに身を任すのではない智恵をもそ

★048──アラン『思想と年齢』pp.328-329〔傍点引用者〕
★049──アラン『イデー(哲学入門)』p.247
★050──アラン『人間論』p.140
★051──アラン『人間論』p.24

533

れなりに備えている。また、だからこそ、ヒドラはいつになっても飲み食いをやめない。最高の賢者も、日に三度は食卓につくのであるというわけです。プラトンのイデア界を「天国」と同一視することはできませんが、肉体からの解放をイメージすることには役立つでしょう。

そして、こうした考え方は西洋の（いや、東洋も？）思想の伝統においてはよくあります。例えばピュタゴラス派は、仏教と同じように、輪廻転生を認めます。「肉体は墓場〔σῶμα σῆμα〕」という言葉も古代ギリシアには残っています。上に書いたことからも解るようにプラトンもそうです。次のようなことを書いていたりします。

> それぞれの魂は、自分たちがそこからやって来たもとの同じところへ、一万年の間は帰り着かない。それだけの時がたたないと、翼が生じないからである。
>
> ただし、誠心誠意、知を愛し求めた人の魂、あるいは、知を愛するこころと美しい人を恋する想いとを一つにした熱情の中に、生を送った者の魂だけは例外である。これらの魂たちは、一千年の週期が三回目にやって来たとき、もし三回続けてそのような生を選んだならば、それによって翼を生ぜしめられ、三千年目にして立ち去って行く。[★052]

プラトンで言えば、死んだ魂はイデア界へと行き、イデアを観るにいたるのですが、地上で犯した罪により罰としてまた地上に降りてこなければならない。レーテー〔λήθη, 忘却〕の野に流れる〈アメレース〔ἀμελής, 放念〕の河〉の水を飲まされることで、いったん全てを忘れて、です。[★053]そして、戻った地上で、例えば具体的個別的な美しいものに出会うと「美（BEAU）」（▶p.120）そのものであるいわゆる「美のイデア」を想い出しそうになりながら、それが容易にはかなわず、恋にも似た渇望によってそれを追い求めるのだという。〈こんなことをプラトンは書いているのかぁ……〉なんて思った人もいるでしょう。

こういう叙述をよく「神話」〔μῦθος, ミュートス〕ということがありますが、「神話」と訳すと何だかずれてしまう感じも否めません。むしろ井筒俊彦氏が次のように書く仕方で理解した方がいいように思います。

> 人間の心にはいろいろな働き、いろいろな機能がありますが、その一つに、プラトンのいわゆる「ミュトポイオス」（μυθοποιός）的な機能なるものがあります。英語ではmythopoeic function などと訳しますが、ミュトスをつくり出す機能であります。このミュトスということばは「神話」とはっきり訳してしまいますとちょっと困るのですが、むしろ神話とするよりも、神話として物語的に発展する可能性をもったダイナミックな象徴的なイマージュというふうに考えたほうがいいと思います。[★054]

つまり、単なる形式論理的な思考の動きではない心の働きを採り上げたいわけです。〈そもそも魂だ天国だなどと言ったって、その存在を論理的に証明できないではないか！〉という議論は十分にありうるのですが、では形式論理的な世界だけが世界かというと、それも何だか〈そうかなぁ？〉と思う。何かを「証明（PREUVE）」（▶p.655）するには論理的な関係を使わなければならないのは認めましょう。それが役立つ場面はたくさんある。けれども、演繹的推論を重視しすぎると、例えば「発想」といった人間的な営みは解らなくなる。演繹に対して帰納論理というものがありますが、観察された事例から法則などの仮説を創るときに使われるものです。科学的な営みの根幹をなす「仮説演繹法」はそれに基づいています。しかし、仮説そのものの設定に関しては名人芸のようなものとして放置され、論理化できないとするのが普通です。「発想の論理をどういうふうにして、演繹の論理や、帰納の論理に比較できるほど体系づけるか」ということが大問題なのです〔「論理（LOGIQUE）」（▶p.439）〕。[★055]いずれにせ

よ，次のようなことを頭に置いてみてください．

　端的に言えば，演繹は何物かが存在するに違いないことを証明し，帰納は何物かが実際に機能的に作用していることを示し，アブダクションは何物かが存在するかも知れないことを暗示するだけである．[★056]

ここで「アブダクション」と書かれているものが「発想」の話です．[★057]「仮説」を立てるとか「発想する」とかいうことの意味を考えてみる必要があるのでしょう．プラトンがイデアというものを立てたこともそれに関わってきます．

　われわれが現実に出あう個々の事例をどれほど集めてみても，そのどれひとつとして，定義通りの理想的な等しさや円を完全に具現しているわけではないのだから，その集積から直接得られた知識は，仮説によってそれらの個々の事例と同じレベルにとどまるはずのものであって，個物と普遍，感覚されるものと思考の対象にしかならないものとの間の断層は，依然説明されないままに残るであろう．——少くともこの断層を，たとえば「抽象する」というような語によって置きかえることを拒み，どこまでもまともに納得を求めようとするかぎりは．[★058]

　その飛躍をあっさりと抽象とか帰納とかいった言葉で埋め，もしくは，たとえば人間が歩くのは歩行能力があるからであり，計算ができるのは計算能力があるからだと答えるのと同じように，人間には普遍的な知識を感覚的個物とは別に把握するための能力がもともとそなわっているのだという

ふうに考えて，それに「抽象能力」とか「発想能力」とかいった名前をつけてすませておく方が，無難かもしれない．ただしかし，問題は，どちらがわれわれにより遠くまで考えさせるかという点にあり，説明する（λόγον διδόναι）［logon didonai］という言葉の原義にかえって，どちらがより多くのロゴスをあたえるかという点にある．想起説を考えたプラトンのモチーフの一つも，この考え方がわれわれの仕事と探求への意欲を鼓舞するということにあったのであるから．[★059]

　今回の定義で言えば，なんで「天国」なんてものを考えてみるのかということです．数学者でもあったあのパスカルがキリスト教の護教論として書き溜めていた断片が死後に編纂されたものが『パンセ』であるのはご存じの人もいるでしょう．そのパスカルはどう考えたのかをアランは推測して次のように書いています．

　精神は自己を救うために信ずるべきである．精神は，ただ橋を築くために，実際には存在しない直線や曲線を考えだしうるのに，自己を完全に救う仮説まで進むことができないというのでは，あまりに不合理であろう．パスカルが，良心の苛責から後悔へと進みつつ，——これがあらゆる慰安のテキストである——ジャンセニスムを考えだすにいたったのは，このようにしてである．[★060]

　要するにパスカルは「神(DIEU)」（➡p.263）を考え，その存在に賭けたのです．確率論の創始者らしい態度と言うべきでしょう．京都学派の哲学者・三木清が書いた『パスカルにおける人間の研究』には次のような一節があります．

★052──プラトン『パイドロス』248E-249A, p.186
★053──プラトン『国家』621A-B, p.757
★054──井筒俊彦『イスラーム哲学の原像』p.38
★055──北川敏男・川喜田二郎・中山正和『創造工学——模索から展望へ』p.13
★056──駒城鎮一『普遍記号学と法哲学』p.22
★057──「発想法という言葉は，英語でかりにそれをあてると，アブダクション（abduction）がよいと思う」（川喜田二郎『発想法——創造性開発のために』p.4）
★058──藤沢令夫『プラトン『パイドロス』註解』pp.47-48
★059──同書, pp.49-50〔傍点引用者〕
★060──アラン『人間論』pp.228-229

神は存在するか，もしくは存在しないか．私はそのいずれの側に決めようとするのであるか．理性はこのばあい何事も定めることが出来ない，むしろ私はそこに私を距(へだ)つところの限りなき渾沌を見出すのである．この無限の距離のはてにあってひとつの勝負が行われていて，ひとは表が出るか裏が出るかを賭けている．私はいずれに賭けるべきであるか．理性によっては，私はそのいずれの一つも採ることが出来ない，理性によっては，私は二つのうちいずれの一方も弁護することが出来ない．私は賭の利害損失を調べてみよう．私の賭けるものは私の理性と私の意志あるいは私の知識と私の浄福との二つである．しかるに私の理性は或る一方を採ったからといって他の一方を採るよりも一層多く害せられるようなことはない，私はいずれにせよ選ばねばならないからである．そこで一つの点は片付いた．それでは私の浄福については如何であるか．今私は表の方すなわち神が存在するという側に賭けるとして，その利得と損失とを量ってみよう．このとき私が勝つとすれば，私はすべてを得る，もし私が負けるとしても，私は何物も失わない．したがって私は神が在るという方をためらうことなく採るべきである．しかし待て，私はあまりに多くのものを賭けて自分を危くしていはしないか．勝つ機会がたとい一回しかないと見なされても，この勝利において私が利するものは永遠の生と無限の浄福である，そして他方においては負ける機会は限られた数であり，また私の賭けるものは限られた幸福しかもたぬ現在の生に過ぎない．無限が得らるべきところ，しかも勝利の機会に対する敗北の機会の数が無限でない場合，私は少しも躊躇する必要なく，よろしくすべてを投げ出すべきである．★061

帰納が成功するなどという保証など存在しないのです．それは自分には今みえていない立体の裏側に関してさえそうだと大森荘蔵氏は主張しました．

　他視点からの円筒の見え姿の予知が適中することの確信をもたらすものは，それまでの円筒の経験からの類推であり，その類推を支えているものは「帰納」に他ならない．
　その帰納の成功を保証する証明のようなものは何もない．★062

「帰納を根拠不問で受容しているのであり，それゆえこれを帰納信仰と呼ぶことを許されるだろう」★063 とまで大森氏は書いています．そして，実際，日常生活ではその帰納信仰に私たちは生きているのです．

　帰納法を正当化するものがあるとすれば，それは人間の生活そのものである他はない．帰納法をフルに使う生活が成功し，一方帰納法にさからえば恐らく命を落とすだろう．この命のかかった生活の事実が帰納法を正当化するのである．★064

しかし，大森氏の議論を受けて話を続けるならば，今回の話題は「天国」です．この世における命を落とした後の話を考えてみているのです．もちろん，〈そんなことは考える必要さえ無い！〉というスタンスはありえます．まあ，しかしアランはこの定義を書くことで考えてしまっているので，追っていくしかないでしょう．いや，むしろ次のように言った方がいい．〈アランのように，そんな姿勢で物事を考えることをある意味では楽しむということを現代人は忘れかけているのではないでしょうか？〉，と．プラトンのミュートスをそんなふうに肯定的に取ることも面白いと思います．実際，それを真剣にとって，古代の終わりに新プラトン主義を展開したプロティノスは，「肉体のうちにあるこ

とを恥としていた」とまで言われています．肉体を離れて「一なるもの〔τὸ ἕν，一者〕」へと帰らんとするのです．イデア界を超えているものとさえ言えるかも知れない統一体が「一者」です．そこでは「観るもの」と「観られるもの」との区別すら無いし，〈愛するもの〉と〈愛されるもの〉の区別も無いとすれば，そこにアランが定義に書いているように，「認識することや愛することに関して人間たちを妨げるものは何も無い」のは当然でしょう．一者は神と同一視されることもある．「神との合一」という，ヨーロッパにおける神秘主義の代表となる考え方がここにはあります．実際，このプロティノスの神秘主義的思想は初期キリスト教の教父アウグスティヌスにも影響を及ぼし，キリスト教神学に取り入れられているのです．またルネサンス期にふたたび興隆し，その先駆けとなったダンテの『神曲』こそが，天国の記述について重要な資料となっているのです．「普通の詩と違い，ダンテが哲学者とか神学者と言われるのは，むしろ天国篇の記述による」と言われるほどに．

さて，ここまで展開してきた議論は，どれもこれもミュトス的なものを最大限認めて展開してみるところに成立する考え方でしょう．次のようにも言われます．

> ミュトスは超時間的なものが物語となって人の口にのぼる手段である，そしてこれこそ，一者が議論の世界に身を置くに至った仕方であり，これこそ，不可視な叡知的対象を，完全な意味で可視的にするとまではゆかずとも，少なくとも知覚可能なものにすることを，人間に許す仕方である，と．ミュトスによって，言語を絶したものが自己を語り，交渉不可能なものが交渉をもつのである．また，ミュトスのおかげで，あの彼方なるものから，つまり善が所在するあの彼方にあるもの(epekeina〔ギリシア文字に戻せば，ἐπέκεινα〕)からわれわれを隔てている距離が抹消されるのである．

以上のようなことを考えて，アランが「幸福な諸瞬間」という言葉で言おうとしていることを解釈するために，〔たとえそういう場所を想像するだけでも人間たちに訪れる〕という説明文を入れておいたのです．別に天国を考えずとも，例えばあなたが恋の成就などで「幸福な諸瞬間」を味わったことがあるなら，それら諸瞬間こそ〈時間よ止まれ！〉と言いたくなるほど素晴らしいのはわかるはずです．しかし，その瞬間に居続けることはできない．大抵の場合，自分(だけじゃないでしょうけど)の未熟さのゆえに恋のそのピークは終わり，下降線に入り，別れが訪れる．その幸福な瞬間を永遠にするほどには修行が進んでいないから(プラトン風に言えば翼が生じていないから)です．それに値する存在になっていなければ，天国には入れない．だからこそ私は，「そういうものを信じるに値するようにならなければならない」というアランの言葉にも，〔自分たちが何の努力もせずにそんなあり方を手に入れられるものではなく〕と添えておいたのです．

定義の終わりに「信じない者たち」がこの定義には登場しますね．この人たちはなぜ天国は退屈だろうと考えるのでしょう？　確かに，絵画を観ても，地獄絵は私たちを鷲摑みにするような迫力をもっていたりする．そのあたりを考えてみるためにこそ私は，「信じない者たち」に〔そのような努力などするつもりがなくただ〕と

★061——三木清『パスカルにおける人間の研究』pp.59-60
★062——大森荘蔵『時間と存在』p.131
★063——同前
★064——同書，pp.192-193
★065——イタリア・バロック期の彫刻家ベルニーニは，この「神との合一」を主題にした作品をいくつか残しています．ローマのBasilica di Santa Maria della Vittoriaにある《聖女テレサの法悦〔transverberazione di santa Teresa d'Avila〕》とか Chiesa di San Francesco a Ripaにある《福者ルドヴィカ・アルベルトーニ〔Beata Ludovica Albertoni〕》です．
★066——今道友信『ダンテ「神曲」講義』p.418
★067——ジャン・ブラン『プラトン』p.97

付加しておきました．努力というものがキーワードです．努力している者にしか味わえないものがある，と言いたい．全速で回っている独楽は静止しているように見えるために，退屈に思えたりするかも知れません．倒れそうな独楽の方が観ていて面白いのかも知れない．さらに言えば，〈努力しているつもりでいて，止まっている〉場合だってあるかも知れない．〈深さが無いわけではない〉という意味の原語 non sans profondeur を「穿った見解」と訳したのはそのためです．「信じない者たち」の方が正しかったりしないように〈信じる者〉はしなくてはならないわけですね．信じるということはしんどいことなのです．信仰でも何でもいいのですが，何かを得たとして安心してしまえば，途端に「**堕落**(CHUTE)」(▶p.163)が始まる．アランは「**名声**(RENOMMÉE)」(▶p.691)を例にとって次のように書いています．

名声は，だから，保証ではない．名声は恐るべき試練なのである．精神がそれを喜ぶのははじめのうちにすぎない．つぎには名声が負担となるのであり，また，この負担を感じないようなら，それは精神が堕落しつつある証拠である．名声は，朝ごとに始めねばならぬ強行軍なのである．[★068]

自分を，そして何かを信じつつ，そこに美しい生き方，何か美しいものを成立させられたら素晴らしいのではないかと私は思っています．最後に次のアランの言葉を引用しておきましょう．

> おれは，おれの思ったことができる．これが，すべての歌の主題である．なにも信じない者は，うたうことができない．[★069]

PARDON
赦し

— これは文字通り無償の賜物であり，義務づけられてなどではない贈り物である．赦すということは勘定合わせ〔compte juste, 損得勘定を正しくすること〕ではない，赦すことは正しいということを越えている．それは，償いに，いや真の悔悟〔repentir〕にすら先行している．赦すこと，それは罪人を，復讐や追及から可能な限り保護してやることである．それは，罪人を自分自身に対面させ，自分を考える〔juger, 裁く・判断する〕者にさせる．赦しというものの中にある観念〔考え〕，それは外的な刑罰〔peine extérieure〕など何の足しにもならず，何も解決しないということである．〔そうした外的な刑罰は〕他人に関するもので〔あって，罪人当人には実は関わりがないということなので〕ある．そしてまた，〔罪人に対する〕復讐心は軽蔑すべきものであり，度を越した〔sans mesure〕ものだということだ．赦すことのこれら諸理由は絶対的〔impérieuses〕であり，別の生に関わっている．言い換えれば〔復讐が主として肉体に加えられるであろうことを思えば別という意味がわかるだろうが，肉体的生ではなくて〕内的生に関わっているのである．その生はまた魂〔âme〕の生とも呼ばれる．

「文字通り無償の賜物」というのは，pardon という語の成り立ちに言及しているのです．par(による) + don(贈与) なわけで，「交換」とは違います．「等価交換」という言葉もあるように，市場など，いわゆる経済活動では，おそらく物々交換からはじまり，貨幣の成立と共に貨幣と財・サービスとを等価とみなして交換する，

それが正しい交換であり，正しい損得勘定だと人は考えるのです．また，交換する当事者双方は，交換されるそれぞれのものについて十分に知っているとするのが原則です〔近代経済学における「完全情報」という想定〕．その上で，アダム・スミスも述べたようにたとえ経済活動は利己心〔self-interest〕を基礎にしているとしても，誠実に

交換することが義務づけられます．当然のことですが，商品について「嘘(MENSONGE)」(►p.472)をついたり，偽金を使うのは，正しくない，すなわちフェア(公正)ではないわけです．しかも，交換されれば，それで双方の関係は，一応，お終いです．赦しは「無償の賜物」とアランが書くとき，まさに「贈与」と「交換」とについての思索が促されます．「義務などではない贈り物」というわけですが，それでは，〈贈与されたら返さなくてはならないということが義務と感じられたらどうだろうか？〉と問うてみるのです〔義務(DEVOIR)」(►p.249)〕．これはもう，「贈与」が「交換」へと変質してしまうことではないでしょうか？ 古くからの贈与慣行には，そういう方向が確かに伴っていたのです．そんな場面を表わすために，歴史学者の阿部謹也氏は「贈与互酬関係」という語を使っています．「基本的には物をもらったら返す」という関係です．もっとも，同じものを返すとは限りませんがね．

富をもっているというのはどういうことかというと，現代の日本の社会では，あるいはどこでもそうかもしれませんが，それだけで力になりますが，中世のヨーロッパでは富をもっているだけでは力になりませんでした．富は分配しなければならないのです．どんどん配ることによって，人間関係を豊かにするきっかけができたのです．富を配れば，贈与慣行の社会ですからもらったほうはお返しをしなければなりません．しかし，貧乏人はお返しができないから奉仕でお返しをすることになります．こういうかたちで，さまざまな労働力や武力を集めることができた人間が有力者になったのです．

こういう話は，「宗教(RELIGION)」(►p.676)の場面にも次のように関わっています．

カトリックの教義の根底には贈与慣行があり，その一つは，たとえば天国にいきたいと望む者は現世で禁欲を求められ，そうしていろいろなものを人にあげればそのお返しがくるというのは，まさに古代的な贈与慣行の原理です．のちに宗教改革のなかで，ルターは贈与慣行を全面的に拒否し，そのために善行についてのカトリックの位置づけも拒否したのです．

世界史でみなさんが学んだはずですが，ルターが批判したあの「免罪符」(贖罪符)を思い出せばわかりやすいでしょう．あれは罪の贖いをカネで済まそうという贈与互酬関係の延長だったわけです．そんなふうに，カトリックは宗教の場面では贈与を認め，他を整理していくのです．

人々は修道院に対して沢山の寄進をします．それに対して修道院自身はどういうお返しをするのかという問題がありますが，天国での救いを可能にするようにお祈りをするわけです．これは理屈ではそうですが，天国に行って帰ってきた人はいないので本当に修道院がお祈りをして効果があるかどうかも定かではないわけです．そこで修道院としては当然さまざまな寄進に対して，神に捧げられた作品というものを示すことになります．これが修道院の建物を含む芸術作品であり，修道院はそういうもので埋まっています．そういうものを通して，自分たちは神にこれだけのことをしているのだ，私してはいない，飲み食いに使ってはいないということを示して，贈与関係を一応完成させるのです．このようにして贈与関係の転換の中で大きな財産が生まれてきます．カテドラルや，教会，芸術作品はこうして

★068——アラン『人間論』p.222
★069——アラン『芸術に関する101章』pp.251-252
★070——阿部謹也『ヨーロッパを見る視角』p.21
★071——同書, p.57〔傍点引用者〕
★072——同書, p.60

539

公的な財産として生まれてくるわけです.[★073]

しかし，ルターによるプロテスタント運動の中で，こうした芸術作品などが民衆によって破壊されたことはご存知でしょうか？

さて，それはそれとして，贈与関係が交換関係へと変質していってしまうことについては，中沢新一氏も次のように書いています．

> 贈与を立脚点にすえて，経済学と社会学の全体系を書き直すという野心を，一九二〇年代のマルセル・モースがはじめて抱いた．彼が書いた『贈与論』は，経済も政治も倫理も美や善の意識をも包み込む「全体的社会事実」を深層で突き動かしているのが，合理的な経済活動を可能にする交換の原理ではなく，「たましい」の活動を巻きこみながら進められていく贈与の原理のうちにあることを発見することによって，この野心の実現に向けて，巨大な一歩を踏み出した．しかし，モースは最終的にそれに失敗してしまう．モースは贈与に対する返礼(反対給付)が義務とされることによって，贈与の環(サイクル)が実現されると考えたのだが，そのおかげで，贈与と交換の原理上の区別がなくなってしまったからである．[★074]

交換はこの贈与という基礎の上に立って，贈与を否定したり，別の組織につくりなおしたりすることからつくりだされます．したがってその発生は，贈与のあとから，贈与を土台としておこなわれます．交換では，贈与に比べて人と人との間を動くモノの移動が，すみやかにおこなわれるようになり，贈与では不確定性を抱え込んで進行していたものが，交換では計算したり比較したりするのがスムーズに，しかも確定的におこなわれるようになります．ここからはいずれ「貨幣」というものが生まれてくることになるでしょう．[★075]

今回の定義との関連をつけて言えば，〈交換になってしまえば，赦しなどあるのか？〉と問えるかも知れません．さきに〈正しい交換〉とか〈正しい損得勘定〉とか，私は書きましたが，そういう場面では「赦し」など考えられないだろうからこそ，アランは定義の中で「赦すことは正しいということを越えている〔pardonner est plus que juste〕」と書くわけです．しかも，赦すことは，罪人が自分の罪を償ったり，悔悟したり(悔い改めたり)することにすら先行しているという．交換条件として「償い」や「悔悟」〔「悔い改め〈REPENTIR〉」(▶p.695)〕を要求していないということです．〈もしお前が償いをしたら赦す〉とか，〈もしお前が悔悟したら赦す〉というのではない．それどころか，「罪人を，復讐や追及から可能な限り保護してやること」だとまでアランは書く．なぜでしょう？　大抵の場合，復讐や追及が目的としているのが，つまりは応報感情が向かうのは，罪人の身体に罰を与えることだからではないでしょうか？　「懲役刑」しかり，「死刑」しかり．しかし，それをアランは「外的な刑罰〔peine extérieure〕」だというのです．[★076] そんな刑罰では，罪人当人にとっては，「何の足しにもならず，何も解決しない」という．『レ・ミゼラブル』で，ジャン・バルジャンが銀の食器を盗み，憲兵に捕らえられてミリエル司教(ビアンヴニュ氏)の前に引き連れられてきたとき，司教は「食器は自分が与えたものだ」といい，さらに銀の燭台まで与えたのでした．「償い」や「悔悟」以前に，司教は彼を赦し，憲兵の追及から彼を保護しているのです．ジャン・バルジャンは，自らを顧みることを，強制されずに，促されたのです．彼は司教を裏切ることができる．それは，自由です．しかし結果はどうなったかはご存じのはず．確かに，小説の中ではあるけれども．そして，〈しょせん，小説の中でのことさ！〉と，この講義を聴いているあなたが考えることも，また自由です．しかし，小説こそが真実を語ることだって，きっとある．

540

盗人は万人の不信によって言いわけを得たことになる．盗人を信用することもできるではあろう．けれども，実行はむずかしい．まず，なんの不安もいだかず，信頼してかからねばならない．そして，信頼していることを相手に信じさせねばならない．このような奇蹟は，大きいものも小さいものも，率直な態度によって成功する．『レ・ミゼラブル』中のビアンヴニュ司教は有名だ．これは小説にすぎないと言われるであろう．けれども，私は或る薬剤師のことを思い出す．この人は，伝票をだして金(かね)を受けとる仕事に，あらゆる不誠実の名人である前科者を使っていた．それでいて，一度もだまされなかったのである．[★077]

懲役囚ジャン・ヴァルジャンをまえにしたビアンヴニュ司祭のように，あらゆる人間に，外観にもかかわらず，自分と同じ人間を認めること，それにはかならず勇気をともなう．[★078]

では，応報感情，言い換えれば「復讐心」は，「軽蔑すべきものであり，度を越した〔sans mesure〕ものだ」とまでアランが書くのはなぜでしょう？　神谷訳はこの部分を「際限のないものだ」と訳していますが，それは報復合戦を念頭に置いてのことでしょう．けれども，フランス語の sans mesure の訳としては，あまり賛成できない．むしろ森訳の「節度を欠くものだ」という意味に近い．そこで私は「度を越した」と訳しておいたのですが，これについてはどんな説明が可能でしょうか？　「度」とか「節度」はどのようにして語られるかということです．

ここで私は，ストア派の考え方を思い出します．〈各人の守備範囲〉とでもいうべき話です．

なぜストア派を思い出したかというと，アランが続いて「内的生〔la vie intérieure〕」を語るからです．それをこそストア派は大事にした(もちろん，ここに「外的な刑罰〔la peine extérieure〕」との対比があることは容易に看取されるでしょう)．このあたりを解りやすくするために，ストア派の思想に触れておきます．ストア派というのは，禁欲的(ストイック)という言葉に現在でもその名残を留めている古代ギリシアはヘレニズム期の哲学派です．また，「**キリスト教**(CHRISTIANISME)」(▶p.160)が西欧で受け容れられる素地を築いたとも言われる思想でもあります．いくつか引用しましょう．

「自分は損害を受けた」という意見を取り除くがよい．そうすればそういう感じも取り除かれてしまう．[★079]

もっともよい復讐の方法は自分まで同じような行為をしないことだ．[★080]

この世で大きな価値のあることはただ一つ，嘘つきや不正の人びとにたいしては寛大な心をいだきつつ，真実と正義の中に一生を過すことである．[★081]

私の精神の外にあるものは，私の精神にとってなんのかかわりもない事柄だ．このことを学べ，そうすれば君はまっすぐに立つ．[★082]
　君は更生することができる．

「彼らは殺す，肉を寸断する，呪詛をもって追跡する！」しかし君の精神が潔く，賢く，つつしみ深く，正しくあり続けることにたいして，それがなんの関係があろう．それはあたかも透明な甘い水の湧く泉の傍

★073──同書, p.62〔傍点引用者〕
★074──中沢新一『愛と経済のロゴス』p.5
★075──同書, pp.32-33
★076──「内的刑罰」として，もしかしたら「禁固刑」を考えることができるかもしれませんね．
★077──アラン『人間論』p.254
★078──G. パスカル『アランの哲学』p.140
★079──マルクス・アウレリウス『自省録』pp.45-46
★080──同書, p.82
★081──同書, p.97
★082──同書, p.101〔傍点引用者〕

541

に立ってこれを罵る者のようだ．泉は清水をほとばしらせるのをやめはしない．その中に泥を投げ込もうと，糞を投げ込もうと，たちまちこれを散らし，洗い去り，微塵の汚れも留めないであろう．しからば君はどうすれば単なる井戸ではなく，つきることのない泉を(内に)持つことができるであろうか．それにはいつでも善意と誠実とつつしみをもって，自由の方向へと自己を守り続ければよいのである．[★083]

要するに，徳と徳のもたらすものとを除いては，物事をその構成部分に解体して根底まで見きわめ，かように分解することによって，これを軽視するに至るべきことを忘れてはならない．同じ方法を人生全体に応用せよ．[★084]

私の自由意思にとって隣人の自由意思は無関係の事柄である．それは彼の息と肉が私に無関係なのと同様である．たとえ我々がいかに特別にお互い同志のために作られているとしても，我々の指導理性（ト・ヘーゲモニコン）はそれぞれ自己の主権を持っているのである．さもなければ隣人の悪徳は私のわざわいとなってしまうであろう．しかし神はこれを善しとせず，私を不幸にする自由を他人に与えぬようにして下さった．[★085]

以上のいくつもの引用から浮かび上がってくることは，ストア的に言えば，他人の「**罪（PÉCHÉ）**」（►p.561）を激しく糾弾し，ついには生命をまで奪おうとしたりするのは，自分の守備範囲である自分の精神の内にはない事柄にかまけて，自らの精神を損なうことなのです．守備範囲にない事柄にまで手を出すことが「度を越えたこと」，「節度を欠いたこと」なのです．その意味で，そういうことをすると，まさに赦しに到ることを妨げてしまう．

さて，それでは，アランがこの定義の中で語る「赦し」はそのストアの程度に留まるでしょうか？　私は留まらないと思います．アランがここに記したのは，キリスト教的な「**愛（AMOUR）**」（►p.076）をまで念頭に置いた「赦し」の定義であるように私は思うのです．ストアの考え方なら，罪人は他人なのだから自分の守備範囲にないといって，言わば切り棄てられるでしょう．しかし，アランは「赦し」に関連して罪人の「保護」，そして「罪人を自分自身に対面させ，自分を考える〔juger，裁く・判断する〕者にさせる」ことまで語っている．自分ではない人の救いをまで念頭に置いていると言ったら，言い過ぎでしょうか？　次のようなことを考えるように促しながらです．

> 「きみの救いはただきみだけに依存する．きみの意志ができることを，世界中の他の何ものも，強制も，同情も，愛さえもできない」と．[★086]

ストアだったら，自分の内に留まるでしょう．常識だったら，自分を無にして世界に同化してしまうでしょう．次のように．

> 自分の良心のなかにとどまって絶対に自分の救いのことだけしか考えないのは，非人間的なこと…〔中略〕…またその反対に，社会を神化し，社会が課することを義務として規定し，内的な省察を抹消すること，これはすべて内的な道徳性を抹殺することである．[★087]

今，目の前にいる隣人を，そして死者をまで，救う手助けはできないものでしょうか？　もちろん，お節介は誰だって御免です．アランはこういう場面でも「許し（赦し）」に触れます．しかも，そこで大事なのは実は自分を救うことだといいます．「何人も，他人に対して，自分自身を救う以上によいことは為し得ない」，と．[★088] そしてそのためには自分を許すことが必要だ，

542

「他人を許そうと思うならば，自分を許すことこそ第一の条件なのである」★089，と．なぜかというと，往々にして，人は自分で自分の首を絞めるような「情念(PASSION)」(►p.544)に身を任せ，それを基にして「他人の過失を拡大する」からです．★090「怒り(COLÈRE)」(►p.180)に翻弄されながら，他人(怒りの対象となるその人)の心理を推測しては，かえって自分で苦しむということはありませんか？　そういうことを遮断するようにと，ストア派は主張したのでした．しかし，それに加えて，まともな「キリスト教徒(CHRÉTIEN)」(►p.155)なら祈ると思います．

　　だれかのために祈るというのは，いちばんはっきりした意味では，おそらくその人のことを思うということだが，ただし自分の内部にこもり，相手の心理をさぐることを拒否してそうすることだ．★091

　　しかも，それを死者にまで拡大する．死者のために祈るのです．レクイエム(死者のためのミサ曲，鎮魂曲)をご存知の方も多いでしょう．Requiem aeternam dona eis, Domine〔主よ，永遠の安息を彼ら・彼女らに与え給え〕というわけです．そして，それを祈る自分は死者に対してどのような態度を採るものなのでしょうか？　次のようなものだと私は思います．

　　人間に固有なのは，追想によって崇拝することだ．不機嫌や欠点や隷従を忘れて死者に最もよく報いるこの友情の思考によって，死者は浄化される．こうして死者が自分の体を飛び越して，よりよい生を始めるということは，厳密に真実である．★092

愛は，心を慰めることをひたむきに求めながら，——これこそ死者を敬う所以である——死者のうちにあった可死的なもの，つまり彼等ではないものを葬り，これに反して，美点や格言，さてはまた，画家の天才が時として生者自身のうちに発見するあの相貌(おもむき)の深みを集め，構成するのである．だから，愛は絶え間なく歴史を殺し，伝説を育むのだ．そして，伝説 légende というこの語がどんなに美しく，また充実しているかに注意したまえ．伝説とは，言うべきことであり，言うに足ることである．★093

　「言うべきこと」を言う．言うべきでないことを言わない．高みを語り，そうでないものは，できれば忘れてやる．その「決断(RÉSOLUTION)」(►p.715)は私たちにあります．通夜や葬式の時に，故人の「悪口(MÉDISANCE)」(►p.468)を言うのを人は(まともな人なら)自ずと控えるものです．しかし，実を言うとそれは，確かに「死者に最もよく報いるこの友情の思考」でもあるかも知れませんが，また私たちのための思考でもあるのです．

　肖像には，偉大なものが必要なのであって，ちっぽけなみじめさは必要ではない．未来のための肖像が必要なのであって，死者のための肖像が必要なのではない．本人よりもっと美しい，本人よりもっと人間らしいものが必要なのだ．★094

　赦しは，他人にだけに向かうものではないのです．また，交換のように人間と人間との関係が瞬時に終わり，分かれてしまうようなものではないのです(古典派経済学の考え方では，一般均衡価格への価格調整は瞬時になされると考えられていますよ)．

★083——同書, pp.139-140〔傍点引用者〕
★084——同書, p.182
★085——同書, p.141〔傍点引用者〕
★086——アラン『宗教論』p.161
★087——アラン『イデー(哲学入門)』pp.286-287
★088——アラン『思想と年齢』p.389
★089——アラン『幸福論』p.70
★090——同前
★091——アラン『宗教論』p.272
★092——同書, pp.167-168
★093——アラン『思想と年齢』pp.324-325〔傍点引用者〕
★094——アラン『芸術に関する101章』p.103〔傍点引用者〕

543

より善く生きるための人間同士の贈与努力をも念頭に置いてこそ，赦しはある．現在生きている私たちだけでなく，死者をも，そしてこれから生まれる者をも，念頭に置いた贈与，そんなものを赦しは考えさせるのです．現在の利益ばかりを念頭に置いて，半減期2万年の汚染物質をばらまくような原子力村の経済的交換論理ではない，とあえて言ってしまいましょうか．

PASSION

情念 – これは人間における情感〔affection〕の最も普通の〔le plus commun〕段階である．情動〔émotion〕無しには情念は無い．ただ情動だけをとってみると，それは運動から成っているものであり，行動によって解消してしまう．私は怖い〔J'ai peur〕，だから逃げる．私は欲しくなる，だから取る．私は怒っている，だから引き裂く．動物たちは情動しか持たないと言われている．人間は情動を憶えており，それらを欲望し，それらを恐れる〔craindre〕．それらが立ち戻ってくることを予見し，それらを生じさせるのを面白がったりする．人間はそれら情動から自由になろうと試みるが，そうした〔自由になりたいという〕すべての思いによって，それら情動をいっそう激しくしてしまう．そこから一種の迷信というものが生じる．〔その迷信が〕情動に対しては何もできないのだと人間に信じ込ませてしまうのだ．そしてそのことが，魅力だったり嫌悪だったりを拡大し，いつもの情動を呼び覚ます全ての事物や全ての人物にまで及ばせてしまう．情念の中には，いくらかの責め苦〔supplice〕があって，〔情念という〕語がそれを示している．〔情念の〕有名な諸例〔は以下のものである〕．恋〔amour〕，野心〔ambition〕，吝嗇〔avarice〕．〔そして〕それらは快活〔allégresse〕，怒り〔colère〕，恐怖〔peur〕〔という情動〕に対応している．

「情感（AFFECTION）」（→p.051）という言葉は，「情動（ÉMOTION）」（→p.299）や情念〔passion〕そして「感情（SENTIMENT）」（→p.732）を含むものらしい．アランは「感動〔情動をこう訳す人もいます〕・情念・感情という，あの美しい上昇系列」[★095]という言葉を残しています．「上昇」というのですから，ある種の価値づけがなされていますよね．日本語の語感だと「感動」は良いもので，「感情」は，〈感情的になるなよ！〉みたいな感じで，悪いものみたいに思う人がいるでしょうが，アランのフランス語を和訳するとき，「情動」とか「感情」とか言われるものを最も基礎的な（つまり最初の）段階とし，そしてそこから上昇するという見解をアランが持っているのは明らかなのです．なぜだかは追々解ってくるでしょう．

今回の定義の中で情念を「人間における情感の最も普通の段階」とアランは書きました．神谷訳も森訳も「一般的な段階」と訳しています．それでも間違いとまでは言えないのですが，なぜ私が「普通の」と訳したかというと，「一般的」という言葉を使うと，「一般」と「特殊」みたいな対比に巻き込まれてしまうのではないかと危惧したからです．アランがここで言いたいのは，情感という状態が普通あるのはこういう段階だということなのです．定義にあるように，「情動」が無くては「情念」は無いのですが，人間の場合は，「情動」に留まり続けるというのも，それほどない．なぜかというと，「情念」に移行してしまうからです．しかし，それはどうしてでしょう？　人間はいろいろ思考できるからです．次の言葉を参考にして考えてみれば解りやすいですし，また同時に，動物にはそれほどの思考があるかどうかという，以下で少し検討する問いの発端にもなります．

> 情念とは思考を加えられた感動であって，言い換えると，予見され，期待され，欲求され，嫌悪された感動である．[★096]

544

この場合の「思考」が問題です．しかし，それはさておき，今度は「情念」から「感情」に上昇するのはかなり難しい（この点についても，後で説明します）．「情念」に留まり続けることが多い．情感が大抵の場合に落ち着いてしまうのは「情念」という段階であって，だからこそ「最も普通の段階」なのです．そのあたりをさらに説明しましょう．

アランは「情動だけをとってみると，それは運動から成っている」と定義を続けています．「運動」とはどういうものか理解しなければなりませんよね．彼の掲げている例から考えてみましょう．「怖い」，「欲しくなる」，「怒っている」などが情動の例としてあがっています．それが運動だというのです．次の文章を参考にして進めます．

> 一たんわれわれが〔意識的に〕われわれの思想を形づくることを止めてしまうと，そこにあるのは も は や 思想ではなく，それは 運 動 で あ る ．[★097]

定義の続きにはどう書いてあったでしょうか．「私は怖い〔J'ai peur〕，だから逃げる」とあります．「怖い」という情動が，「逃げる」という行動へと即座につながってしまうとき，思考など無いとアランはいうのです．「現実の運動は，だから，観念を消す」とも，別のところで，彼は書きました．「観念」とはフランス語の"idée"の訳語です．ちょっと難しそうな言葉ですが，ここでは〈考え〉とでも読み替えておいてください．ただし，冷静に，きちんと考えるという意味合いを外さずにね．そういうことを解りやすくするために，パニックに陥った人間たちのことを思い描いてみましょう．怖いときに，他人を踏み潰してまで逃げる人間がいるのは確かです．冷静ならばそこまではしないのが普通なのに，〈冷静に，きちんと考える〉ことなどできなくて，行動だけが生じている．それを上の引用は語っています．そしてそのことをもう少し詳しく述べているのが次の文章です．

> 全世界はいわばわれわれの上にのしかかり，ついには，いっしょに知覚された跳ね上がりや身震いなどのわれわれの運動と区別できなくなる．こうして，最初外部の光景であった嵐は，やがてわれわれの戸口を脅かし，ついにはわれわれのうちなる嵐となる．ただ，それは筋肉の嵐，すなわち，戦慄，恐怖，敗走，墜落，手を握りしめること，咳，嘔吐，叫びである．冷静な目撃者には，この男は，みずから動く動物機械にすぎない．[★099]

「動物機械」とあります．デカルトが，人間を動物から区別する際に述べた，〈動物は，〔人間が「我思う，ゆえに，我在り」と述べるほどの厳密な意味での〕思考は持ち得ない〉という意味で主張した説です．ある意味で，動物の振舞いは機械的だというのです．注意してほしいのは，見たところ「思考」していそうな場面でも，アランは〈そんなのは思考という名に値しない〉とする場面がありそうなことです．例えば，次の引用を見てください．

> いみじくも名づけられた情動が筋肉のあいだを駆けぬけるやいなや，人間の肉体という機械はたちまち，ふるえたり，走りだしたり，許しもなく動悸をうったりする．そのため，叫び声をあげたり，なんの意志もないのに記憶のひだに従って言葉を口走ったりする．[★100]

言葉を口走っているんだから思考しているだろうと考えたくもなるのですが，それは違うと

★095──アラン『芸術についての二十講』p.114
★096──同書，p.115
★097──アラン『デカルト』p.140
★098──アラン『思想と年齢』p.350
★099──アラン『思索と行動のために』p.260
★100──アラン『感情 情念 表徴』p.216〔傍点引用者〕

アランは言う．次のように．

　　少女は，ほんのつまらぬことで祖母と衝突
　して，しまいには，私も死んでしまいたい
　などと言いだす．祖母に可愛いがられてい
　た姉が墓に葬られてからまもなかったのだ．
　私だったら，思いがけない物音がたまたま
　意味をもったのだと考えて，一笑に付する
　だけだ．[★101]

　この少女の発する言葉を「物音」といい，次の
引用のように「雑音」と断じるアランの見解には，
ですからデカルトが取り出したような意味での
厳密な「思考」との対比が念頭にあるのです．

　　鋤(ふるかね)が故鉄の音を響かせ，剣が鳴り，風が音
　をたて，扉がきしみ声をあげるように，興
　奮すると人間も話という雑音をたてるので
　ある．そんなものを理解しようと試みる人
　を，そしてそれを理解したと思いこむ人を，
　私はあわれだと思う．理解すべき何物もそ
　こにありはしないのだから．[★102]

　理解すべき思考内容など無い．ただ機械的な
運動が発した音があるだけだというわけです．
そこで次のようになる．

　　要は，思考というりっぱな名称を，魂の刻
　印をもつものだけにとどめておきさえすれ
　ばいい．こうして，われわれの秩序立った
　認識は思考に属する．われわれの選択され，
　同意され，磨かれた愛情は思考に属する．
　われわれの決意や誓いは思考に属する．こ
　れに反して，気分の動きは断じて思考には
　入らない．本能の反応は断じて思想には入
　らない．疲労も思考ではない．[★103]

　繰り返しますが，「思考」と〈思考に似てはいる
けれども，そうではないもの〉とを区別しようと
アランはしているのです．以前の議論と関連づ

けて言えば，「思考」についての批判的考察を展
開しようというわけです．「批判」の語源が，〈分
けること〉であったことを思い出してください．

　デカルトは，彼の作品のなかでもっとも美
しい，またまったくといっていいほど読ま
れていない作品を書いた．『情念論』である．
それはまさに，われわれの機械が，その形
によって，また習慣のひだによって，いか
にして簡単に，思想らしさを演じるように
なるかを説明するためであった．演じるの
はわれわれ自身に対してもそうだ．なぜな
ら，われわれは，本気で腹を立てていると
き，まず無数のことがらを想像するが，そ
れらのどれもが体の興奮状態とみごとに一
致し，たかぶった勢いでその無数のことが
らの数に相当するだけの証拠になるからだ．
と同時にわれわれは，しばしば迫力と，
もっともらしさとに満ちた話を作り出す．
これがまるで役者の演技よろしく，まさに
われわれ自身の心を打つ．もしだれかほか
の人間が模倣によって熱くなり，われわれ
の相手役をつとめてくれるなら，これで
りっぱなドラマの仕上がりだ．[★104]

　思考しているように見えても，実は，次のよ
うに夢中で機械的であるという．

　　気概は自分を判断して，自分が気概だとい
　うことを知っているだろうか．走って飛び
　かかる欲望は，自分が走って飛びかかるこ
　とを知っているだろうか．富める人，富の
　なかに生きる人は自分を判定しているだろ
　うか．戦争は戦争自体を判定しているだろ
　うか．すべてそれらの生は夢中で機械的で
　ある．それらは投げあたえられる記号を生
　きている．[★105]

　ですから，人間だって，機械的でしかない場合
などいくらだってある．上の引用にある，「夢中

546

で機械的である。それらは投げあたえられる記号を生きている」状態はその典型だというわけです。情動の段階は、冷静な思考など無くとも成立してしまうような、〈動物にもある、機械的な段階〉だということになる。だからこそ、「動物たちは情動しか持たないと言われている」とアランは定義の中で述べるのです。それに対して人間はどうなのかを定義の続きでアランは述べます。「人間は情動を憶えており、それらを欲望し、それらを恐れる。それらが立ち戻ってくることを予見し、それらを生じさせるのを面白がったりする」という部分です。憶えており、欲望し、恐れる、また予見し、生じさせて面白がる。ここには、さきに情動にも現れた「怖い」というのと同じように見える「恐れる」が出てきますが、原語では avoir peur と craindre という、違う言葉を使っています。わざわざ漢字を変えたのはそのためです。では、内容的には、どう違うのでしょうか？　情動のところで現れた avoir peur は、まさに思考が入り込んでいない場面でしたね。それに対して、ここ、すなわち「情念」について語る場面では、それこそ思考が関係してくるのです。ただし、〈冷静でもなく、きちんと思考してなどいない〉ものがね。予見を例に取りましょうか。さきほど引用した文章の中にも〈予見された感動〉として情念を語る部分がありましたね。ここでは、咳が止まらなくて焦ってしまっている人間、つまり焦燥という情念に囚われている人の「予見」について、見てみましょう。

　　咳はこれを機械的なものと考えれば、操作することができる。だが、ひとたびそこに思い出や予見とともに、思考のともなった怒りをもってくるならば、焦燥は運動へと駆り立て運動は焦燥を悪化させるという規則によって、咳はいっそう激しくなる。[106]

　焦燥という情念は、ヘマをしている思考によって悪化するのです。考えるからこそ自分の首を絞めてしまうという人間の姿です。今回の定義の続きもそれについて語ります。「人間はそれら情動から自由になろうと試みるが、そうした〔自由になりたいという〕すべての思いによって、それら情動をいっそう激しくしてしまう」という部分です。情動について考えることで情念の段階へと移行するわけですが、それによってさらに情念へと駆り立てている情動の部分を激化させてしまう。それと同時に、情念も激しくなる。そして、自分の無力感に落ち込んでいく。「そこから一種の迷信というものが生じる。〔その迷信が〕情動に対しては何もできないのだと人間に信じ込ませてしまうのだ」というのです。要するに、諦めてしまうわけです。絶望の中に座り込んでしまうというか、アリジゴクのなかにいて、他の者を引っ張り込むというか、そういうところまで行ってしまう。〈何かができる〉などと思っている人間を引きずり下ろそうとするのです。アランは、羨望という情念に囚われた人間の絶望を語ります。「羨望はおそらく一種の絶望である」というのです。〈そんなことできるはずないじゃないか。できるなんて思っている君はバカだよ。諦めて自分と同じようになれよ〉というわけです。次の引用が決定的でしょう。[107]

　　羨望には体がある。力ばかりか、大きさもある。これは一個の狂信であり、熱烈な伝道でさえあろう。羨望は、いつわりの善ではなく、真の善にむけられている。すなわち、人は意欲しうると信ずること、これである。羨望する人は、人は勇気をもちうるということを理解せず、なんぴともけっし

★101──アラン『思索と行動のために』p.366〔傍点引用者〕
★102──アラン『感情　情念　表徴』pp.216-217〔傍点引用者〕
★103──アラン『思索と行動のために』p.382〔傍点引用者〕
★104──G. パスカル『アランの哲学』p.236〔傍点引用者〕
★105──アラン『イデー（哲学入門）』p.107〔傍点引用者〕
★106──アラン『思索と行動のために』p.235〔傍点引用者〕
★107──アラン『感情　情念　表徴』p.164

547

て信念をもって働くべきでなく，満足すべきでないということを，自分自身にたいして証明すると同様に他人にたいしても証明しようとする人である．羨望のなかには恥辱がある．外面的な利益のまえでの愚かな驚きではない．むしろ，自己自身を信ずる人々，敢然として自己の本性を伸ばしてゆく人々にたいする憤激である．[108]

そして，自分を信じられない苛立ちを基に，例えば〈嫌悪を拡大し〉，「いつもの情動を呼び覚ます全ての事物や全ての人物にまで及ばせてしまう」わけです．〈坊主憎けりゃ袈裟まで憎い〉という事態です．アランは「魅力」についても述べているわけですから，そちらについての諺はもう解りますよね．「あばたもえくぼ」です．

さて，「情念の中には，いくらかの責め苦〔supplice〕があって，〔情念という〕語がそれを示している」とはどういうことでしょう？ それは情念の原語である passion が「受動」，つまり受け身の意味合いを持っていることが鍵となります．人は情念に翻弄されるのです．思考しているように見えても，当の思考は，あえて言えば情動という運動によって引きずられていたりする．それで心にもない言葉を言ったりもする．あとで思い出すと，〈なんであんなことを言ってしまったんだろう〉と思ったりするような．それは，冷静に，きちんと考えてなどいないからです．

恐怖は危険の存在を信じさせ，怒りは敵の存在を信じさせる．怒りの理由づけが，怒りのあとであれこれなされるのは，恐怖の理由づけが，恐怖のあとであれこれなされるのと同じである．ということは，その場合われわれのいだく思考が，いわば受け身のものであり，意志の抑制を免れているものであることを意味している．ここからデカルトが人間の情感を述べている論文の，

『情念論』という，意味の深い題が生まれる．じじつ，体が秩序なく反応するとき，魂は受難する，すなわち魂は受け身になる．[109]

「受難する」とあります．まさにバッハの「マタイ受難曲」がドイツ語で "Matthäus Passion" というのを思い出せば，その結びつきはすぐに解るはずです．

アランは定義の最後で，情念の例をあげ，それにどんな情動が対応しているかも記しています．私としては，この最後の部分を越えて，あの上昇系列を「感情」にまで行く機縁を摑みたい．それがどのようにしてかのヒントは与えられています．「受動」を「能動」へと転換することです．思考するにしても，引きずられずに思考することです．実を言えば，そういう思考こそデカルトが「我思う，ゆえに，我在り」というあり方に立ったときに手にしたものでした．そこから落下し，情動に（つまり運動に）引きずられて，思考の調子が狂うときに情念は成立してしまっており，また嵩じるものであったのです．そうならないように，つまり生理的なものに引きずられないで思考を成立させること，そこにこそ感情は成立すると私は思います．

おそらくはじめはまったく生理学的なものであった運動によって思考が何をつくり出すかがわかろう．そこから，われわれの思考のなかでもっとも明晰な，もっとも決然とした，もっともよく支配されたものに源をもたぬものを，けっして思考に改作しないようにする用心が生じてくる．[110]

そして，それがきちんとできたとき，思考は美しさを手に入れ，ついには思考する者の人格美をさえ成立させると私は思っています．

美というものは，感情を，つまり救済された感動を，内容としてもっていなければならないのであり，それにはまず険悪な騒乱

としての感動があって，それがやがて沈静と解放に変ることが前提となります。[111]

PATIENCE
忍耐 – これは抑制〔tempérance〕の一形態であり，情念に駆られた予期に身を震わせることに対立するものである。身を震わせたところで結果的には何にもならないのだから，忍耐を欠く人は必ず失望を味わうことになり，そして，自分のすべての注意を投入しなければならないその時に，自分の計画を放棄する羽目になる。農民の生活は忍耐の学校である．なぜなら，芽生えを早めることなどできないし，二日で成牛をつくりだすこともできないからである．忍耐は，忍耐を欠く人に対してこそ特に示されるべきものである．

tempérance を，神谷訳は「節制」，森訳は「中庸」と訳しています．どちらも，いまひとつ，すわりが悪い．「節制」だと，少しですが健康に関するイメージが伴う．また「中庸」だと，「**徳**(VERTU)」(▶p.850)になりすぎてしまっている．そこで，「抑制」というような中立的な語を選んでみたのです．例の類語辞典だと，「情念や欲望を和らげる心的な力」とあり，「一定の質におけるいかなる行き過ぎをも避けさせる力」としています．[112]

「情念に駆られた予期に身を震わせること」と訳したのは，"la trépidation de l'attente passionée" で，"la trépidation" というのは「震動」です．主として〈大地の震動〉や〈車両の震動〉をさす言葉ですが，アランは身体をメカニックな(機械的な)ものとして捉えることから，あえてこういう言葉を使ったのだと思います．前回掲げた引用に「情動が筋肉のあいだを駆けぬけるやいなや，人間の肉体という機械はたちまち，ふるえたり，走り出したり，許しもなく動悸をうったりする」とありましたね(▶p.545)．また，"attente" は神谷訳では恐らく"passioné" という言葉と一緒になって「思うようにならずいらいらして」と意訳されています．ちょっと訳しすぎの感がある．森訳では「情念に駆られた期待の性急さ」としています．こちらの方が原義に近いのですが，これも「期待」というのが少し「ポジティヴさ」の

ニュアンスを含みすぎているような気が私にはするのです．そうではなくて，「予期」だと思うのです．この熟語にも「期」が入っているので，「期待」の意が全然無いわけではありませんが，むしろ「待」の方を読み込んでみたい．「予待」という日本語が無さそうなので……．要するに，〈予め，待ってしまう〉ということを私は言いたいのです．

さて，「情念に駆られた予期」とは，どんなものでしょうか？　前回も引用しましたが，「情念とは思考を加えられた感動であって，言い換えると，予見され，期待され，欲求され，嫌悪された感動である」[113]という文がヒントとなるでしょう．そもそも「**情念**(PASSION)」(▶p.544)は「予見され，期待され，希求され，嫌悪された感動」というものだとアランは言っているわけです．具体例を，あげましょう．「守銭奴(avare)」という言葉があります．「金をため込むことばかりに執心する，けちな人」という意味です．「吝嗇」，「**ケチ**(AVARICE)」(▶p.108)は情念です．[114]お金で苦労すると，〈またあの苦労が襲いかかるのではないかと予期し〉，貯め込まないではいられないという状態に陥ることがあるようなのです．戦時中に食糧難に遭遇し，空腹をいたく味わった人々には，食事を残したりできずに，つい食べ過ぎてしまう人がいると聴いたことも

★108──アラン『人間論』, p.243
★109──G. パスカル『アランの哲学』p.170〔傍点引用者〕
★110──アラン『思索と行動のために』p.383〔傍点引用者〕
★111──アラン『芸術についての二十講』p.38〔傍点引用者〕
★112──H. Bénac, *op.cit.*, p. 929
★113──アラン『芸術についての二十講』p.115
★114──『デジタル大辞泉』より

あります(私が目撃したのはテレビ番組での大橋巨泉氏の発言)。こうした苦労が，空腹といった身体的な状態によって引き起こされた思いによるものだということに注意してもらえば，まず出発点はいいでしょう。しかし，〈どうして忍耐の話になるのか？〉と思う人がいるかも知れません。そこで，それに関わる「情念に駆られた予期」の話に進みましょう。「怒り(COLÈRE)」(▶p.180)がいいかな。

アランは，「怒りに身をまかせている人間と咳こんでどうにもならないでいる人間との間に，たいした違いがあるとは，わたしには思えない」[★115]と言います。「思い出や予見とともに，思考のともなった怒りをもってくるならば，焦燥は運動へと駆り立て運動は焦燥を悪化させるという規則によって，咳はいっそう激しくなる」[★116]という文章を思い出しましょう。〈今日は咳が止まらないんだ。朝からずっとだ〉と思い出し，〈今，咳するのはまずいんだよなぁ。ちくしょう〉とかいった怒りを交えれば，咳はもっと激しくなるというのです。ここには，情念が嵩じていく姿がある。「恋」という情念だって，例えば〈彼女のあの微笑み〉を思い出し，〈また明日の朝には会える。いや，朝まで会えない！〉なんて予期すると，どんどん激しくなるわけです。「身を震わせる」ほどにね．

しかし，「身を震わせたところで結果的には何にもならない」，つまり「怒り」や「恋」に身を委ねたところで，今やるべき事をやらないでいれば，将来やるべきことをもうまくできなくなる．センター試験を思い出しましょう。試験場に着席し，咳にいらだった状態にあってはうまく問題が解けなくなったりする。それくらいなら監督者に許可を得て(薬用の)咳止めのドロップでも舐めた方がマシだということです。「恋」に身を委ねて，成績がガタ落ちするのも同じこと。また自分の方の思いだけが燃えに燃えてしまって恋が失速することだって十分ありうる。「忍耐を欠く人は必ず失望を味わう」のであり，「自分のすべての注意を投入しなければならな

いその時に，自分の計画を放棄する羽目になる」とアランが書いたのも，何となく分かるのではないでしょうか？

アランは次に「農民の生活は忍耐の学校である」と書く。理由は定義に書いてある通りです。読んでみましょう。ここに書いてあるような自然の営みを操作することなど，農民にはできない．だから，自然のリズムに従うほかはない．忍耐が学ばれる所以です。自然のリズムに「服従」しなければならない人に，庭師もいれていいでしょう．

> 庭師という名の画家は，自然や，季節の移り変りや，水と空気と光の配分に服従しなければならない…〔後略〕[★117]

植物によって異なる生育のリズムが典型ですが，そういうものを考慮しなければ見事な庭園は造れない。そして，実を言えば，思想も，上のような忍耐を学ばなければ形成しようがないのかも知れません．

> 思想というものは，ひとりで思いを凝らすところに芽を出し，花ひらくものである．したがって，忍耐こそ，おそらく，作家のもっともたいせつな美徳である。はじめのうち，ざわめいていた諸観念が，ひとりでに秩序をもつようになり，ついには，熟したブドウの房が枝から落ちるように，言葉が生まれてくるのを，作家は待ちうけるのだ。ブドウの木をゆさぶって，地面に落とされた実を拾う，というのではなしに，とらえるべき一瞬のやってくるのを，待たなければならないのである．[★118]

詩人も待つことを十分に知っている。

> 詩人にとっての大仕事は，理性を偏重もしないし知識にたよりすぎもしない自分をよく保ちつつ，リズムにまずまず合っている

550

という程度の語をしりぞけ，長さ，響き，意味の三拍子そろった語，ぴたっとくる語の，あの奇蹟を待ちつづけることである．[119]

ですから，「待つ」ということは，自分ではどうしようもない事柄にどう対処するかを学ばざるをえないところに成立するのです．そして，それが思索を鍛える．

私の考えでは，たとえば待つよりしかたがない避けがたい危険に直面する場合のように，われわれの力や企てではとうていおよびえない巨大な自然の光景を見るのは，真の思索にとっても役に立つ．[120]

「種も仕掛けもない必然の光景（スペクタクル）ほど，私たちの思考を規則立てるものはありません」とアランは書くのです．自分の思い通りにしようなどと思っているときには，他人・他者などいないのではないでしょうか？ わがままとか自己中心的とかいうものはそういうことではないでしょうか？ 自分の情念を相手に押しつけようとしているのではないでしょうか？ たとえ，それが恋心でさえも．

恋人たちは約束に訴える．たしかに約束は美しくて神聖なものだが，約束の名で要求する者は約束を無にする者だ．強制するや否や，それがどんなに小さなことでも，きみには生気のぬけた体だけしか残らない．[122]

恋する人は形而上学者である．矛盾をゆるすことができない．[123]

〈こんなに君のことが好きなのだから……〉といって強制が始まった途端，恋は色褪せる．二つの「魂（ÂME）」（▶p.069）が自由に出会うものでない限り，恋は衰退してしまうのではないか？ やはり，ここにも忍耐が，言い換えれば統御の意志が必要なのではないでしょうか？ そして，それは，思考にもいえること．

思考し意欲する術は，航海の術に似ている．人間は大洋より弱いにかかわらず，横断に成功する．波や流れを利用するのだが，彼の望むがままに利用するのではない．流れや波の望むがままにでもない．[124]

ここには，必然を目の当たりにしつつ，それを理性的に利用する人間の姿があるのです．

要するに，理性は，事物を超越するものであり，事物をたゆみなく照らすものである．理性のこの世界におけるありかたは，こうしたものでなければならない．それは，燈台のようなものだ．風向きをも，波のうねりをも，濃霧の嵩（かさ）をも変えるわけではないが，しかも，ひたすら数理と定木（じょうぎ）とに従いながら，明るい閃光を投じる，あの燈台のようなものだ．[125]

定義の最後の部分に進みます．忍耐を欠く人は，忍耐がどういうものかが分かっていないのかも知れない．だからこそ，最後に「忍耐は，忍耐を欠く人に対してこそ特に示されるべきもの」とアランは述べるのでしょう．「べきもの」としたのは，少し私なりの意訳を含めています．原語は"La patience trouve surtout à s'exercer contre les impatients"なのですが，神谷訳や森訳の「発揮されてこそ意味がある」も，原文からすれば

★115──アラン『幸福論』p.14
★116──アラン『思索と行動のために』p.235〔傍点引用者〕
★117──アラン『芸術についての二十講』p.167
★118──アラン『芸術に関する101章』p.110
★119──アラン『文学折りにふれて』p.20
★120──アラン『思索と行動のために』p.364〔傍点引用者〕
★121──アラン『芸術についての二十講』p.44
★122──アラン『宗教論』p.248〔傍点引用者〕
★123──アラン『感情 情念 表徴』p.50
★124──アラン『人間論』p.30〔傍点引用者〕
★125──アラン『芸術に関する101章』p.111〔傍点引用者〕

551

意訳しています．森訳があり，神谷訳はそれを踏襲しているようです．これらの訳での「意味がある」を説明する必要があると私は感じたのです．〈どういう意味か？〉，ということです．私はそれを模範・実例を示すという意味だと捉えました．説明しましょう．実を言えば，「感情」をすら，私たちは学ばなければ解らないというのが理由です．イエスを裏切った弟子たちが，長い間，「愛(AMOUR)」(▶p.076)という感情がどういうものだか解らなかったように．「本当の感情というのはつくり出されたもの」とアランは書いています．放っておいても自然に生じるといったものではない，と言いたいのでしょう．意志的に，創り出さなければならない，と．これが，自然に生じる「恋」と，意志して作り上げなければならない「愛」との違いなのでしょう．芸術についてアランが語る際に，彼は次の言葉を残しています．

> 若者も，さらには子供も，詩を通じ，音楽を通じ，演劇を通じて，最初はほとんど中味のない気高さを学びます．[★127]

「中味のない気高さ」とは，どんなものでしょう？　それは恐らく，そこに「気高さ」とでもいうものは感じ取ることができるのに，その気高さの正体までは分からないという状態だと思います．音楽を聴いて「涙(LARMES)」(▶p.436)まで流し，素晴らしいとは感じるのだけれども，説明はできないとか，ありませんか？

> 若者が感情を学ぶのは，まず最初は模倣され，いまはもう抑制され規則立てられてしまった情念によってである…[★128][後略]

背後にどんなに激しい「情動(ÉMOTION)」(▶p.299)があって，どれほどそれに揺り動かされたか，それによって生じるどんな苦しい情念によって作者は翻弄されたかは，まだわからない．けれども，そこにはそうしたものを前提にし，規則立ててこそ成立しているらしい「美(BEAU)」(▶p.120)・「崇高さ(SUBLIME)」(▶p.780)だけは感じ取られる，というわけです．どうやってそんなことができるのかは，もちろん，まだ知らない．そもそも，情念を規則立てることができるということを信じることさえできないというのが始まりなのでしょう．

> 必要なのは，子供が自分を制御する力を，最初のうちはそれが自分にあるなどと思っても見なかった力を，自分がもっているのを知ることである．必要なのは，かれがまた自分自身に対するこの働きが困難だが美しいものだという感情をもつことである．[★129]

PATRIE
祖国 ― 人種，言語[langue]，歴史の統一性であり，それは当の統一性が要求している犠牲によって[人々を]結びつける．戦争状態というものは祖国愛を狂乱状態にまでもたらし，浄化の希望[espoir]は無い．祖国は人類へとは導かない．祖国は民衆を自らの内に取り込んでしまい，自分は民衆の方へとは赴かない．祖国は帝国主義に到って終わる．この傲慢な思い[sentiment]は勇気[courage]と讃嘆[admiration]とによって一層際立つ．まさにそこにおいてこそ，そうした[傲慢な]思いが，どんな怒り[colère]をも，どんな憎しみ[haine]をも，またどんな残酷さ[cruauté]をも容認し，称揚しさえもする．智恵[sagesse]というのは，人が祖国に厳密に負っているものを祖国に対して認めることにある．それも他のすべての思いを打ち砕くあの狂信的な愛[amour]に身を任せること無しにである．

　フランス語の race は訳しづらい言葉です．　「人種」とストレートに訳してしまうと，〈差別

552

がその次に付き易いからです．racisteとは「人種差別主義者」のことです．『小学館ロベール仏和大辞典』はわざわざ註を挿入し，「この語のもつ意味はきわめて不正確であいまいなため，皮膚の色，血液型など遺伝的形質により分類されるべき人種と，社会・文化的，言語学的見地などから分類されるべき民族とが混同され，人種差別主義者に乱用の機会を与えている」とまで書いたりしています．★130　『ロワイヤル仏和中辞典』も同様な註を入れています．そこで例のHachetteのフランス語類語辞典を見てみると，次のようにある．

> Espèce ou classe particulière à laquelle on appatient par la naissance. Race se dit des animaux comme des hommes, fait penser à l'origine commune et aux qualités transmises par la génération : La race de David (Pasc.)★131（生まれによってそこに属することになる一定の種ないしクラス．Raceは人間と同様に動物についても言われ，共通の起源や生殖によって伝えられる種々の性質を考えさせる．〔パスカル〕）

以上のことを考量すると，確かに神谷訳や森訳が「種族」としているのは，もっともに思えます．ただ何となく〈曖昧さ〉が増したような気もする．アランは，race, langue, histoireと，自然的要素と社会・文化的要素を並べるわけですから，raceを「人種」と訳してしまうのもありかと思って，今回はそうしました．

さて，「統一性」〔unité〕が語られています．日本もよく「単一民族」だとかいわれることがあるのですが，実際にはそうでないことはあきらかです．日本列島と言われる土地の先住民のひとつアイヌの人々を念頭に置けば分かるはずです．それでは，アランが「それは当の統一性が要求している犠牲によって〔人々を〕結びつける」と書いている事柄はどんなものでしょうか？　おそらく，異なる文化といったものを認めないというような態度による，支配・略奪・差別といったものでしょう．その実際を，少し見ておくのもよいかもしれません．例えば，次のようなことです．

アメリカスで★132，太平洋の島々で，北海道で．どこでも先住民はだまされ殺され生活の土地を奪われてきた．歴史のものさしでいえば，いずれもごく最近のできごとだ．この掠奪は大部分の場合，近代国家の「法」による禁止と処罰というかたちをとる．むかしながらの生き方，土地に根ざし土地の内在的な掟を経験的に考え抜いた生き方が，貨幣経済と物流のシステムに根ざしたどこか抽象的で無責任な生き方に，むりやり置き換えられてゆくのだ．法治国家の本質は「法」の独占であり，当の国家以前からの土地の「法」はあっさりと白紙扱いされる．シャケをほんとうの食べ物，神からの贈り物と呼ぶアイヌにとって，兇暴な近代国家の力は，漁業権というかたちで襲いかかってきた．★133

アメリカ文明はヒューマニズム（人間主義）を掲げています．ヒューマニズムは，地球上に生存しているあらゆる生命の中で，人間こそが特権的な存在だ，という考え方に根ざしています．この考え方に立つとき，それまでの人類にはよく見えていたはずの多くの真実が，見えなくなってしまいます．長いこと人類は，自分たちが生物種の中でも特別な存在であることに気づいていまし

★126──アラン『幸福論』p.115
★127──アラン『芸術についての二十講』p.116〔傍点引用者〕
★128──同前〔傍点引用者〕
★129──アラン『教育について』（『アラン　人生論集』）pp.118-119〔傍点引用者〕
★130──〔傍点引用者〕
★131──H. Bénac, op.cit., p.766
★132──「アメリカス（南北アメリカおよびカリブ海域を統一的に呼ぶために複数形を用いる）」(管啓次郎『オムニフォン──〈世界の響き〉の詩学』p.13)
★133──管啓次郎『斜線の旅』p.90〔傍点引用者〕

たが，だからといって，ほかの生物たちを押しのけて特権を享受してもかまわない，などとは思いもよらないことでした．

ところが近代のヨーロッパを中心にして，ヒューマニズムの思想が広がっていくにつれて，人間は人間のことさえ大切に考えていればよいのだ，という考えが，多くの人の心に植え付けられていき，自然界にある物質資源も，そこに生きている生物たちも，人間が自分の都合で利用してかまわない対象物として，扱われるようになってしまいました．かつては人間と自然の間に保たれていた対称的な関係が失われて，圧倒的な技術力に守られた人間を頂点とする，力関係のピラミッドができあがってしまいました．そして，その思考法は，人間と自然の関係にとどまらず，人間と人間の間のことを考えるときにさえ，知らず知らずのうちに，人々の心に忍び込んでしまっているのです．[★134]

資本主義と一体になった近代漁法の発達は，海の狩猟を限界を超えた「超狩猟」に変えてしまった．[★135]

アイヌに関しては，食べ物について次のような文化が，そして儀礼があったわけですが，効率重視の産業としての漁業では，あっさりと無視されることになるわけです．

感嘆させられる思いやり．そしていっそう感心するのが，アイヌによる鳥獣の総称だった．かれらは狩猟の対象となる動物を「チコイキㇷ゚」と呼ぶ．「チ」は「私たち」，「コイキ」は「いじめる」，「ㇷ゚」は「者」．すなわち，狩る相手とは「われわれがいじめる者」であり，その呼び方の背後には「ごめんなさいね，私たちアイヌはあなた方を苛め殺してその肉をもらい受け，食べて生きているのです」という気持ちがあるのだと，

…〔中略〕…魚を獲りにゆくときには，「チェプコイキクス，アラパアンロー」(魚をいじめに行こう)という．そこには，自分たちの行為に対する反省的な目があり，自分たちが加える危害について相手にすまないと思う気持ちがある．そんな気持ちがあるとき，人は儀礼を発明し，動物たちへの感謝をかたちに表わし，相手の怒りをしずめ，動物たちの年々の回帰を祈ることになる．[★136]

人間の世界に「水界の王」や「森の王」が贈ってくれたものに，人間はどうやって報いたらいいのか．これを大きく考えた人々は，その感謝を表現するさまざまな様式をつくりだそうとしてきました．広くおこなわれていたのは，魚の骨をきれいにとって，感謝をこめながら水界の王に戻すやり方です．森の獣であると，その獣の骨と肉をきれいに分離して，骨を綺麗に飾って，動物を与えてくれた森の王にお返しするという儀式がおこなわれています．アイヌの熊祭りにその思想は，はっきりあらわれています．アメリカ・インディアンですと，北西部で鮭がたくさん獲れますが，この鮭の骨をちょっとでも粗末に扱いますと，彼らは大変怒りました．そんなことをすれば，たくさんの鮭が二度と川を上ってこなくなってしまう，だから鮭の骨を丁寧に扱って水の中にもう一度戻すという儀式をします．[★137]

イヨマンテという言葉の語源は，何かを「送る」という意味につながっています．送る儀礼，それがイヨマンテなのです．かつてのアイヌの人々は，ありとあらゆるものを，イヨマンテしていました．つまり，神の領域へ送り出すという儀礼を，ほとんどすべてのものにたいしておこなっていたらしいのです．[★138]

イヨマンテは動物の神が，その「仮面」を脱

ぎ去って，困難な次元の変化を無事にこえて，もとの世界にもどっていくことを可能にする，エチケットの儀礼なのです．人間は，自分がしとめた動物の身体を，それこそ細心の注意をこめて解体し，彼が脱ぎ捨てたばかりの「仮面」をきれいに整えて，それを見えない神々にむかってしめし，深い感謝の言葉を唱えます．あなたがこの知覚と物質の世界に送りこんでくださったこの動物のたましいを，こうやって今お返しします．彼がこの世にあらわれるときにまとって来たこの「仮面」も，ほら，こうやってきれいに整えてあります．「仮面」であるこの肉体を食べて，私たちアイヌは生きることができますが，それもあなたが無償のエネルギーを，人間の世界に送りつづけてくださっているおかげです．そのことに感謝します．あなたがおこなった贈与に応えるためには，私たちは礼儀正しく生きようと思います．見えない神々の領域にたいしても，またこの世界にありとある生命のすべてにたいしても，私たちは礼儀正しく生きようと思うのです．その礼儀の感覚を失ってしまったら，人間はもはや人間ではありません．それは，母親の愛情をむさぼりつくし，破壊しつくして，ついには彼女を悲しみのあまりに死に追いやってしまうような，ただの貪欲のばけものにすぎないでしょう．もしもそんなになってしまったら，私たちは恥ずかしさのあまり，気が狂ってしまうかも知れません．だから，私たちは，イヨマンテをするのです．イヨマンテはこの自然の中に生かしてもらっている人間が，はたさなければならない礼儀の気持ちを表現したものです．ですから，私たちに，これからの恵みをあたえつづけてください——イヨマンテは，このように，アイヌの宇宙哲学の表現なのです．★139

こんな引用をみると，すぐに，〈自分は別に「信仰(FOI)」(▶p.372)を持っているわけではないし，「哲学(PHILOSOPHIE)」(▶p.587)はすべてを吟味しなければならないのだからそんな儀礼に身を投ずるのはおかしい〉，なんて言う人が必ず出てくるのですが，そういう人たちのために，あのすべてを吟味しようとしたソクラテスが死の直前にどんなことを言ったらしいのかを掲げておきましょう．プラトンの『パイドン』からの引用です．

クリトンは，わたしよりなおさきに，涙をおさえきれなくなると，席を外してしまいました．アポロドロスといえば，すでにそれまでもたえまなく涙にくれていましたが，この期にいたっては，なげきといらだたしさのあまりに叫喚し，その場にいた人々は，ただソクラテスそのひとをのぞいて，すべて胸かきむしられる思いにされたのでした．
「なんということをしでかすのだ！　驚いたね，諸君」とあの方は言われた，「いったい，わたしが女たちを送りかえしたというのは，こんな間違いが生じないようにと，それがいちばんこころにかかっていたからなのだ．というのも，死は静謐のうちにこそ，ときいているのだから．さあ，静かにしたまえ．たえなくては」
この言葉を聞いて，わたしたちは面目なくおもい，涙をこらえました．あの方は歩きまわり，やがて脚が重たくなってきたといわれ，そこで係りの男が指示したのですが，——仰向けにねられました．
するとその毒を手渡した男は，あの方のからだに手をふれて，間をおいては，足や脚部をしらべていましたが，そのあとで，

★134——中沢新一・波多野一郎『イカの哲学』pp.22-23〔傍点引用者〕
★135——同書, p.144
★136——管啓次郎『斜線の旅』pp.89-90〔傍点引用者〕
★137——中沢新一『人類最古の哲学』p.138
★138——中沢新一『東方的』p.296
★139——同書, pp.309-310〔傍点引用者〕

つよく足の部分を圧して，感覚がありますかとたずねたのです．あの方は，ない，と答えました．すると，つぎに今度は，向う脛のところを圧したのです．そしてそのように次第に上部にうつっていきながら，からだが冷たくなり硬直してきたのを，あの男はわたしたちにおしえ，そしてさらにもう一度，彼は自分で手を触れてみて，これが心臓にまでできたら，そのときが最期だといいました．

　すでに下腹のあたりは，ほぼ冷たくなっていました．そのとき，ソクラテスは，顔に覆衣がかけられてあったのですが，それをとっていわれた．そして，これがあの方の口からもれた最後の言葉となったのです．

　「クリトン，アスクレピオスに鶏を一羽おそなえしなければならなかった．その責を果してくれ．きっと忘れないように」[★140]

　また，「神(DIEU)」(→p.263)の存在をすら吟味しようとしたデカルトが，それでも「乳母の宗教に従う」という「道徳(MORALE)」(→p.495)を自分に課していたことも，思い出しておいていいでしょう．さらには，西田幾多郎の次の言い方も．

　人間が何処までも非宗教的に，人間的立場に徹すること，文化的方向に行くことは，世界が世界自身を否定することであり，人間が人間自身を失うことである．これが文芸復興以来，ヨーロッパ文化の方向であったのである．[★141]

　さて，話を戻しますが，アイヌの話では人間と動物との間の関わりが主でしたが，アメリカに目を転じてみると，人間対人間の話を前面に出すことができます．次のような事柄です．

　ヨーロッパはアメリカスを奪い，アフリカを奪い，どこに行っても「自分たちのやり方」を貫徹させた．[★142]

アメリカ史における土地の人々に対する殺害は，アメリカ建国の父祖とあがめられるピルグリム・ファーザーズたちの移住直後にはじまった．「ニュー・イングランド」に新しいエデンを求める初期の清教徒たちは，早速ピークォット族の村に襲いかかり，女子供を含む六百人の村人を虐殺して，それを「神への甘い犠牲」と呼んだ．こうして，十七世紀前半以来の三百年にわたる月日，ヨーロッパ系の白人たちは大陸の先住民を殺害しつづけ，土地を奪い，村々と生活を抹消してきた．いくつもの言語が，生活文化が，おびただしい命が，たしかに失われ，この地表から永遠に消えてしまった．[★143]

　その背景には，国家としてのアメリカの，信じがたいほどの自己欺瞞がある．一例をあげておこう．一七八五年，アメリカ南東部に住んでいたチェロキー族は，誕生してまもない合衆国政府とのあいだに条約をむすんだ．先住民チェロキーの，民族＝国家としての独立を保障するという内容だった．のちにチェロキーは，アラバマ州の「ホースシュー・ベンドの戦い」において，アンドルー・ジャクソン将軍の率いる軍勢がクリーク族を打ち負かすのを助けた．戦闘中，ジャクソンの命を危機一髪で救ったのは，ひとりのチェロキーの戦士だった．

　ところがジャクソンは，アメリカ大統領になると，その恩をもののみごとに仇で返す．ジョージア地方への入植者たちがチェロキーの土地を勝手に蚕食しはじめるのを見ても，ジャクソンは何もいわなかった．それどころか，一八三〇年には，彼はインディアン強制移住法案を議会に提出する．東部に住んでいた先住民の全部族をミシシッピ川以西に強制移住させるというもの．チェロキーは，これを正式に裁判で争うことにした．一八三二年，最高裁はチェロ

キーの先住権を確認する．もっとも，道理にかなった，良心的な判決だ．

　すると悪辣（あくらつ）というほかはないジャクソン大統領は，この最高裁判決を無視し，政府軍を出動させて，一万六千人におよぶチェロキーの人々に，未知の土地への行進を強いたのだった．あっけにとられる無法ぶり．チェロキーの人々は，この移住を「涙の道」と呼んだ．道中で四千人が力つきて倒れ，そのまま死んでいった．そしてこれはアメリカ連邦政府による，先住民部族に対する明白な犯罪の，ほんの一例でしかない．[★144]

　また，奴隷貿易によってむりやりアフリカから連れてこられた黒人たちは，精神的に次のような圧迫を受けることになるのも同じ文脈で考えてみるべきでしょう．

　人のアイデンティティ（自己同一性＝存在証明＝身分証明）とは，「自分が自分に対してもつイメージ」「自分が自分にむかって語って聞かせる物語」と「他人が自分に対してもつイメージ」「他人が自分について言い交わす物語」の，絶えまない戦いのような交渉によってかたちづくられるものだ．アメリカで生きる黒人には，「私はアフリカ人だ」（自己規定），「いや，私はちがう」（自己の否認），「おまえはアフリカ人だ」（他者からの規定），「いや，おまえはちがう」（他者による否認）という四つの言表が，つねに同時につきつけられている．[★145]

　以上，だいぶ寄り道をしましたが，今回の定義の話に戻ります．「戦争状態というものは祖国愛を狂乱状態にまでもたらし，浄化の希望〔espoir〕は無い」とアランは定義を続けていました〔「希望（ESPÉRANCE）」（▶p.314）〕．戦争をするにはそれこそ一致団結しなければならないわけで，さきに述べたように犠牲を甚だしいものにする．そして，それはもう冷静に考えてなどいない「狂乱状態」だというわけです．そうした状態を引き起こしてしまう理由を吟味することなどできなくなるわけですから，それにどう対処するかという判断も消え去る．そこには「**情念**（PASSION）」（▶p.544）を整えることによって成立する浄化の希望も無いわけです．物事の差違を押しつぶすかのように，自分に同化させてしまうのが，そうしたまずい祖国愛の向かう方向だというのです．そして，そうなってしまえば，行き着く先は「**帝国主義**」だというわけです．祖国をただただ押し広げるという姿です．西田幾多郎は次のように書いています．「主体として他の主体に対し，他の主体を否定して他を自己となさんとする如きは，帝国主義に外ならない」[★146]，と．興味深いことは，そのすぐあとに彼が「それは日本精神ではない」[★147]と書いていますが，西田を代表者とする京都学派の哲学が太平洋戦争時に利用されたことで，京都学派の戦争責任まで追及することが行なわれてきました．もちろん，そういう要素が学派を成す人々に全然無かったとは言いませんが，西田自身は，憲兵に監視されるほどの立場にあったことは知っておいていいと思います．彼は「帝国主義とは民族利己主義の産物である」[★148]とも書いています．西田は「国家」について帝国主義とは違うあり方を展望していたのでしょう．

　十九世紀は国家的自覚の時代，所謂帝国主義の時代であった．各国家が何処までも他を従えることによって，自己自身を強大にすることが歴史的使命と考えた．そこには未だ国家の世界史的使命の自覚というもの

★140──プラトン『パイドン』117D-118A, pp.347-348
★141──『哲学論文集　第七』（『西田幾多郎全集 11』1949年）p.460
★142──管啓次郎・小池桂一『野生哲学──アメリカ・インディアンに学ぶ』p.9
★143──同書, p.33〔傍点引用者〕
★144──同書, pp.33-34
★145──管啓次郎『オムニフォン──〈世界の響き〉の詩学』p.37
★146──「日本文化の問題」（『西田幾多郎全集 12』1966年）p.349
★147──同前
★148──同書, p.404

に至らなかった.[149]

共産主義と云うのは，全体主義的ではあるが，その原理は，何処までも十八世紀の個人的自覚による抽象的世界理念の思想に基くものである．思想としては，十八世紀的思想の十九世紀的思想に対する反抗とも見ることができる．帝国主義的思想と共に過去に属するものであろう．[150]

いずれにせよ，能天気にヒューマニズムだとか個人主義だとかを称揚するわけにはいかないのでしょう．それが西洋思想の「失敗」であったと考えることさえできるかも知れないのです．

十九世紀をどうとらえるかということは，ポストモダンをうまくつくれないでいる現在では，じつに重要な問題になっています．たとえばカール・ポランニーは「十九世紀文明」という言い方をして，とくに一八一四年から一九一四年までの一〇〇年を，"平和の一〇〇年"とよんで，この時期にヨーロッパにおいてヒューマニズムと帝国主義が合体した異常性に注目している．ヒューマニズムと帝国主義が分かれたんじゃないですよ．二つがごちゃごちゃになってしまったんです．また，エドワード・サイードはこの時期に「オリエンタリズム」が形成されたとみているわけです．[151]

「帝国主義」という「この傲慢な思い〔sentiment〕は勇気〔courage〕と讃嘆〔admiration〕とによって一層際立つ．まさにそこにおいてこそ，そうした〔傲慢な〕思いが，どんな怒り〔colère〕をも，どんな憎しみ〔haine〕をも，またどんな残酷さ〔cruauté〕をも容認し，称揚しさえもする」とアランは続けます．ほとんど解説は要らないと思いますが，〈敵〉に対して「**勇気(COURAGE)**」(▶p.196)をもって立ち向かう姿が戦争時に称揚されることは自明のことです．しかし，本当に敵などあったのかとは問うてもいい．

戦争とは本質的なドラマである．げんにいま敵があるのだから，敵は以前からあったのだとは，よく証明されるところだが，この証明は決していただけない．[152]

そうではなく，つまり敵があるのではなく，むしろ差違があるだけかも知れない．その差違を認めながら共存しようという方向に向かうなら成立する考えが「人類」だとアランは考えているようです．では，人類とは何でしょう？　ある解釈者は，アランのこの「人類」の捉え方に，アラン自身が採っていた極端な個人主義を和らげるものを見ています．

極端な個人主義も（特に一九一八年以降）ある種のテキストによって和らげられている．そこでアランが示してくれる社会とは，単に眠るものとしての社会だけでなく，踊り，歌い，働き，遊び，祈るものとしての社会でもある．つまり季節に応じたつましい祭から芸術の大作品に至るまで，創造的と名づけることのできる社会生活だ．しかしこの創造する社会とは国民ではないし，またある個別の集団でもない．それは人類(ユマニテ)なのだ．そうして個人と人類との関係は，これまでわれわれが見た関係と根底から異っている．[153]

アランはフランスの実証主義哲学者にして「社会学」という学問の創始者であるオーギュスト・コントが，最終的に「人類教」という「**宗教(RELIGION)**」(▶p.676)をも創始したことを重要視しているのです．「**実証主義(POSITIVISME)**」(▶p.624)なのですから「実証」できることを重視するわけですが，その人物が宗教を創るなどということがどうして可能なのか？　そう問うてみればいいでしょう．アランは次のように書きます．

物の実証的認識はすべて，完全に非宗教的である．[★154]

あの〔人類教という〕信仰はかわいた心にとってはつまずきになるものだが，実証的に規定された人間の条件に正確に合致している．[★155]

一方で物の認識に関しては徹底的に「非宗教的」であることを要求しながら，他方では宗教を必要としているというのです．

オーギュスト・コントは，世上的権力，すなわち物質的な権力を，工業家や銀行家のような，成功そのものが支配能力を証明している人たちにゆだねるべきだと主張した．これはサン・シモン流の，あるいはアメリカ流の考え方である．しかし実証主義者の社会では，世上的権力が唯一の権力ではない．国家には知識や固有の思想がないし，自らの足場になっている軍事的あるいは経済的な力と同じように，精神的な中身がないから，補ってくれる相手がなければならない．それが，知的であると同時に宗教的な精神的権力である．[★156]

こうした区別こそまさに批判的な「**精神(ESPRIT)**」(►p.322)でもあったことを思い出しておきましょう．だからこそアランは定義の最後で，「智恵というのは，人が祖国に厳密に負っているものを祖国に対して認めることにある．それも他のすべての思いを打ち砕くあの狂信的な愛〔amour〕に身を任せること無しにである」と書き，祖国を狂信的な崇拝の対象とは区別しているのです．「人が祖国に厳密に負っているもの」とは，人がそこで生まれ育つことによって獲得する自然的

な事柄であるでしょうし，しかし，それを補うものが必要だというのです．そこでこの「精神的権力」をさらに説明している文章を引用します．

これによって，国家には生来欠けているもの，すなわち，聖別，節度，忠告がもたらされる．精神的権力が自らの役目を果たすには，世上的なものと完全に分離されていることが条件とされなければならないし，「世上的なものに支配される以上に世上的なものを支配できなければならない」(A. Comte, Système de politique positive, T.II, p.308, A. コント『実証政治体系』)．この条件が現実のものとなるのは，この権力が普遍的であり，したがって，定義上，領土的な国家から独立している場合である．その力はどこから来るのか．世論からだ．それは政府に関与することのないこの社会層，すなわち女性とプロレタリアの意見だ．コントは，理論づけをしながら，この権力を，安定し階層化された聖職という形に組織化しようと努める．その主たる仕事は，科学的な研究であり，追悼であり，教育である．[★157]

ただ，こういう考え方を「**社会主義(SOCIALISME)**」(►p.742)と混同してもらっては困ります．アランはそれを警戒していた．

社会主義は，あらゆるイデオロギーと同じように，概念から存在へ行こうとする．現存する秩序をこのように改造しようとして一個の観念から出発すれば，多くの場合，結局は物や人に紛れもない強制を加えることになる．コントがすでに言ったように，一国の人民に一つの政体を課す一党派とは「人間的尊

★149──同書, p.427
★150──同前
★151──松岡正剛『情報の歴史を読む──世界情報文化史講義』p.395
★152──アラン『神々』p.81
★153──O. ルブール『人間的飛躍──アランの教育観』p.51〔傍点引用者〕
★154──G. パスカル『アランの哲学』p.196
★155──アラン『イデー(哲学入門)』p.315
★156──O. ルブール『人間的飛躍──アランの教育観』pp.26-27〔傍点引用者〕
★157──同書, p.27

厳の科学的な真の基盤に逆らう」(A. Comte, *Cours de philosophie positive*, T.IV, Paris 1839, p.248, A. コント『実証哲学講義』)ことになる。社会とは、自然と同様、精神には無縁の秩序である。★158

さきの引用の中には「領土的な国家から独立している」とか、「女性とプロレタリア」という重要なタームが出てきました。アラン自身が祖国的な考え方を超えること、またそれと同時に人間の種々のあり方をすくい上げることをコントから学んでいると言っていい。それではコントやアランがめざしたのはコスモポリタニズム（世界市民主義）なのでしょうか？　そうなのかも知れません。しかし、もしそうだとしたら、私はその先へと一歩を進めたいと思います。なぜなら、コスモポリタニズムには、まだ批判の余地があると私は思うからです。

　　伝統的には、こうしたシヴィリティ(他人に対してそれが「正しい」とは断言できない「正しさ」をもって臨むこと)は、コスモポリタニズム(世界市民主義)と呼ばれてきた。けれどもコスモポリタニズムという用語は、すでにあまりに色褪せてしまった。それはきわめて堅固な「私」が、普遍的で惑星的で避けがたく抽象的な、一個の「都市」に所属すると主張する。その惑星的都市——ぼくの呼び方でいえばエキュメノポリス——を背後から支えているのは、いうまでもなく世界化した資本＝物質＝情報流通だ。コスモポリタニズムという用語を避けてぼくがそれを「新たなシヴィリティ」と呼ぶのは、それが個々の一回かぎりの状況の中で、その場で、異邦人どうしの交渉の中で、探られなくてはならないからだ。
　　それをホスピタリティの原則といってもいい。★159

そこに、実を言うと「翻訳」というものの重要性もあるのです。

世界化した物質流通と惑星化した情報流通を背景に、歴史上かつてない地平に直面したコスモポリタニズムが、新たな市民性（シヴィリティ、丁寧さ、「正しさ」）を手に入れるための唯一の方法は、これまで回路に乗ることのなかった種類の文学＝翻訳の経験をつむこと以外にはないと、ぼくは思う。★160

それこそが、管氏のクレオル文学への興味であり、その翻訳者としての自覚であろうと私は思います。

ポルトガル語のクリオウロ、スペイン語のクリオーリョは、いずれも「その土地生まれの」という意味だから、その点プラナカンとおなじ。過去五百年のヨーロッパによるアメリカス支配の過程で、初期には植民地生まれの白人がクレオルと呼ばれ、のちには奴隷として移入されたアフリカ系の人々とヨーロッパ人、そして先住民のさまざまな度合いの混血の人々までもがすべてクレオルと呼ばれるようになった。だがそれを「混血」というそれ自体生物学的イデオロギーの産物である概念と等号でむすぶのは、あまりおもしろくない。クレオルという考え方が力を帯びるのは、それを血ではなく言語の、文化の、平面でとらえ直したときなのだ。支配者であるヨーロッパ人の言語（フランス語や英語など）にアフリカ系の単語や言い回しが自由に混在し編み出された、生活のための言葉。それは支配＝被支配の関係すら切り崩し、逆転させ、誰にとっても新しい土地、新しい社会での、新たな生活の文法と世界への新たなヴィジョンを育てることにつながる。★161

祖国に負うものを自覚しながら、祖国を超え出るところにしか、柔軟な市民性、柔軟な人間のあり方は成立しないのではないでしょうか？

そしてそういうあり方を手に入れることこそが、アランがこの定義の最後で語る「智恵」〔「**知恵**(SAGESSE)」(►p.721)〕なのではないのでしょうか？

PÉCHÉ
罪 – これは主(しゅ)に背く過ち〔faute〕である．罪の中には，主がそれを恥じているというあのニュアンスがある．主，それは罪を犯した人そのものであるということがありうるのである．最も大きな罪は精神〔esprit〕に対する罪である，としばしば言われる．よく考えてみれば，それは唯一の罪なのだ．罪は犯罪〔crime〕とは異なるのだが，それは，罪を犯した当人への結果しか罪では考慮されないという点においてなのである．

神谷訳でも森訳でも maitre を「主」と訳しており，私も，一応，それに従っています．キリスト教で言う「主(Dominus)」を念頭に置いていることは確かですが，それに限られることなのかは，この定義の本文からだけでは，判然としません．つまり「**キリスト教**(CHRISTIANISME)」(►p.160)に限られる話をしているのかどうか，私にはわからないということです．例のフランス語類語辞典を参照すると次のようになっています．

> **Péché** : → Faute. Dans le langage ecclésiastique, *Peché* état de celui qui trangresse la loi divine ou religieuse.[★162] (**罪**：〔Faute 誤り〕を参照せよ．教会的な言葉使いで，罪は神の法ないし宗教的法に背いている者の状態．)

こうして，いずれにせよフランス語の péché が宗教的意味を含んでいることは明らかであり，また，定義の本文の内容を理解するにも，キリスト教の教義を絡める必要があるように私は思います．

最初に「これは主に背く過ち〔faute〕である」とあります〔**間違い**(FAUTE)」(►p.350)〕．罪を犯した人が，主に背いているというわけです．しかし，次に「主がそれを恥じている」という話が出てきて，しかも主が「罪を犯した人そのものであるということがありうる」と続く．「主がそれを恥じている」のなかの「それを」というのは，「背く過ちを」ということでしょう．「人」と「主」とは区別されて〈人が主に背く過ち〉を語り始めながら，すぐ後で「主」と「人」とが同一視されるがごとき書き方なのです．そうだとすれば，「背く」は，結局，自分自身に「背く」ことになるのか？そこで「恥じる(avoir honte)」とはどういうことなのかを考えてみる必要を私は感じます．またフランス語類語辞典で honte をみると，次にように書かれています．

> Sentiment pénible de tristesse et d'aversion excité par l'idée d'une chose ou d'une action moralement mauvaise.[★163] (道徳的に悪いものあるいは行為の観念〔そういうものや行為を考えること〕によって刺激された悲しみや嫌悪の辛い気持ち．)

日本語で「恥じる」というと〈自分の行為などを恥じる〉というのが主な場面で，〈誰か他人のしている行為を恥じる〉ということがもしあるとすれば，〈親が自分の子の行為を恥じる〉とか，〈家臣が主君の行為を恥じる〉とか，その他人の行為を見て自分もそれに関与しているという感じから感情移入でもするような仕方で，あたかも自分のものと感じ取って恥じるということも

★158──同書, p.29〔傍点引用者〕
★159──管啓次郎『コヨーテ読書──翻訳・放浪・批評』pp.101-102〔傍点引用者〕
★160──同書, p.48
★161──管啓次郎『ストレンジオグラフィ』p.87
★162──H. Bénac, *op.cit.*, p. 679
★163──*Ibid.*, p.457

皆無ではないかも知れません（日本語の古語でいう「はずかし」のように〈相手がすぐれていて、そのためこちらが気後れする〉という感じは、このアランの定義には無いでしょう）。

　では、フランス語ではどうでしょうか？　上述の類語辞典の記述には〈誰の行為〉かについての言及がありませんので、微妙です。つまり、〈人の行為を主が恥じる〉という言い方も可能のように思える。しかし、その後には「主」が「人」と同一視されるのですから、それを含めた解釈が必要です。ここにキリスト教の「三位一体」説に関わる議論を読み込むことは可能かも知れないと私は思うのです。「父(神)」と「子(イエス)」と「聖霊」との三つの位格(ペルソナ)は、三つにして一つだという説です。新約聖書では、「神(DIEU)」(▶p.263)は自らを人イエスとして人間のところに贈り、その死を以て人の原罪を償うのでした。すなわち、主は人となって（それを受肉というのでした）、まさに自分のこととして罪を背負うわけですから、恥じるとは、自分の行為を恥じることにもなるわけです。神とイエスそして聖霊は区別されつつ一つというわけです。このなかの「聖霊」についての「神学(THÉOLOGIE)」(▶p.807)的議論である聖霊論については、種々の議論があり、西方教会（ローマ・カトリック）と東方教会（ギリシア正教会など）との分裂の重要な論点であるとされる場合すらあります。また、カトリックとプロテスタント、そしてキリスト教とイスラム教との違いにも関わるようなのですが、詳しくは触れません。ただ、少しだけ触れておくことで、アランの定義を解釈するヒントとなるようにも私は思うのです。

　　キリスト教は、産出や発出の概念を単一である神の内部に持ち込むことによって、神と生命過程をつなごうとしたのである。生命は個体性をもって生まれるが、その個体性の中では、神の表出としての単一性と個体としての統一性が、一つに結びあっている。このことを、「子」の産出や「聖霊」の発出を取り入れることによって、キリスト教は表現しようとしている。これは一神教としてはまことに独創的な展開である。だが、イスラームのような「至高の一神教」にとっては、神の単一性を危険に導いていく逸脱にほかならなかった。★164

　　「聖霊」のあらわれは発出という仕方による。発出は産出と違って、同じものを伝えない。商業交換の場合には、同じ価値をもったものの交換がおこるのが原則だが、発出の場合には、向こうへ出かけたものが戻ってくるときには、けっして同じ価値をもっていないという贈与のやり方で、出現がおこるのだ。だからそれはものごとを正確に計る知恵のやり方ではなく、増えたり減ったりする意志や愛の仕方によって存在している。「聖霊」は賜物(贈与物)あるいは愛の仕方で存在し、「父」と「子」を結合する働きをおこなっているのだ。★165

　もしかしたら、みなさんには〈議論が変なところに入ってきたなぁ〉という印象があるかも知れません。しかし、必ずしもそうでもない。アランは定義を続けて esprit について語り始めるからです。この esprit は、Esprit と最初を大文字にすれば、まさに「聖霊」を意味するのです。その線で定義を読むこともできる。いや、実際そうでなくては「最も大きな罪は精神に対する罪である」と続く定義をどのように解釈すればいいのでしょうか？　森訳は、この方向に進もうとして、「精神[エスプリ]・聖霊[Esprit]」と書いてさえいます。以下に、私の解釈を示します。

　要するに、「最も大きな罪は聖霊に対する罪である」、とも読んでみるのです。聖霊がどのような働きとしてキリスト教では主として理解されてきたかというと、〈愛の仕方で、父と子とを結合する〉働きでした。すると、それに対する罪とは何か？　結合を拒否することでしょう。恩寵を拒むことでしょう。贈与を拒むことでしょう。キリスト教では、神は「愛(AMOUR)」

（►p.076）なのですから、愛を拒むことでしょう。救いを拒むことと言ってもいい。以下の引用では「治療を拒む」という形で、同じことが語られます。

> 実は、治療を拒むことこそ唯一の悪なのである。そして、絶望のなかでのこの確信こそは、まことに傲慢というものであり、傲慢とは、だから、自分のことを実際以上に悪く考えることであろう。[★166]

誤解しないでほしいのは、「傲慢（ORGUEIL）」（►p.516）とは〈自分のことを実際以上に良く考えること〉ではないということです。「だれもがすぐに自分を断罪してしまう」のであって、「あり得る唯一のあやまりとは何か。おそらくそれはあきらめというものでしょう」ということなのです〔「諦め（RÉSIGNATION）」（►p.710）〕。そうならないためにはどうしたらいいのでしょうか？　それこそ、冷静に、見事に、思考する必要があるのでしょう。「情念（PASSION）」（►p.544）という状態に陥るとそれができない。

> 人間がたんなる傲慢によって思考を拒むときは、みずから好んで獣に堕しているのである。[★169]

> けちな頭には狂乱があり、一種の反逆があり、また、自発的な地獄おちとも言うべきものがある。[★170]

> 情念の、いや悪徳さえもの根本はこの屈辱、すなわち、何もできぬということであり、何もできぬと判断して絶望を最高度にしてしまうこと…〔後略〕[★171]

以上の引用に照らしてこそ、「唯一の罪」を理解することができるのではないでしょうか？

救いを自ら拒んでいるわけです。しかも、大事なのは、それは「聖霊」に対する罪とも言えるでしょうし、「精神」に対する罪とも言えそうに私には思えるのです。なぜなら、「精神は、あきらめないかぎり、おのずから死ぬことはない」[★172]とさえ言えるかも知れないからです。デカルトの心身二元論を発展させながら、ついには物体（身体）と精神とを無限なる神の二つの属性として語った〔並行論〕、オランダの哲学者スピノザについてアランは次のような言葉を残しています。

> スピノザは力強く言う、人間は決して死ぬことはない、みずから短刀を自分の胸に向けるか、もっと強力なもう一つの手がかれの手をねじるのでなければ、と。ここにこそ、このきびしい哲学において、希望と勇気の中心があり、自愛の真の基礎がある。[★173]

「もっと強力なもう一つの手」とは、例えば「自然災害」を思い浮かべてもいい。さらに言えば、パスカルの次の言葉を思い出してもいい。

> 人間はひとくきの葦にすぎない。自然のなかで最も弱いものである。だが、それは考える葦である。彼をおしつぶすために、宇宙全体が武装するには及ばない。蒸気や一滴の水でも彼を殺すのに十分である。だが、たとい宇宙が彼をおしつぶしても、人間は彼を殺すものより尊いだろう。なぜなら、彼は自分が死ぬことと、宇宙の自分に対する優勢とを知っているからである。宇宙は何も知らない。
>
> だから、われわれの尊厳のすべては、考えることのなかにある。われわれはそこから立ち上がらなければならないのであって、われわれが満たすことのできない空間や時

★164──中沢新一『緑の資本論』p.88
★165──同書、pp.89-90〔傍点引用者〕
★166──アラン『思想と年齢』p.35〔傍点引用者〕
★167──アラン『人間論』p.251
★168──アラン『彫刻家との対話』p.39〔傍点引用者〕
★169──アラン『人間論』p.252〔傍点引用者〕
★170──同書、p.250〔傍点引用者〕
★171──アラン『思想と年齢』p.33〔傍点引用者〕
★172──A. モーロワ『アラン』p.44
★173──アラン『芸術について』p.219

間からではない．だから，よく考えること
を努めよう．ここに道徳の原理がある．[★174]

　もちろん，定義の中で言う「**精神(ESPRIT)**」
(►p.322)とは，デカルトがまずは心身分離の相で
取り出した，身体から独立した精神です．みな
さんの多くは，身体から離れた精神など考えよ
うもない，と思っているでしょう．精神という
ものを物体の振舞いが原因となった結果と捉え
ているからです．しかし，デカルトは，徹底的
な方法的懐疑を行ないつつ，あの「我思う，ゆえ
に，我在り」という場合の，我(私)の存在を〈物
体を原因とした，結果〉とは捉えていない．精神
と身体との実在的区別というものを語るのです．

　　いわゆる〈物・心の実在的区別〉において，
　精神と物体とは，区別されることにおいて
　互いに否定しあうとともに，その一が他の
　存在根拠となることをも否定するのである．[★175]

　　「実在的区別」とは二つもしくは多数の実体
　の間の区別をいい，したがって，「それら
　の実体のいずれか一方が他方に俟つことな
　しに存在しうる場合」と定義される．そし
　て，そのような区別の根拠は唯ただ，それ
　らの実体の一方を他方に俟つことなしに明
　晰かつ判明に知解しうるということのみに
　ある，とされる．[★176]

　デカルトは，方法の懐疑の途上で，〈私が身
体を持っていること〉自体を疑います．その上
で，〈明晰かつ判明に私に知解される〉もののみ
を真とする「明晰判明知の規則」を立てる．そし
て，「「思惟しつつある事物」としての〈我の存
在〉とは身体や物質的事物から独立した〈一つの
働き〉であるということ」[★177]を取り出すのです．

　　〈私の存在〉とは私を現に今産出しつつある
　原因といわば同時的に存立するような結果
　のことであって，その意味で「私はすべて

の原因の継起から自由になっている」と言
えるのである．[★178]

　普通，原因というものを探求しようというとき
には，当の原因を結果より時間的に前に探すわ
けですが〔「**時間(TEMPS)**」(►p.800)〕，ご存知の通り，
それは原因の原因の原因……というふうに無際
限に遡り，ついにはビッグバンの話にまで到るわけ
です．そこまではやらないにしても，あなたが自
分の存在の原因をたずねようとする場合，自分の
両親を当の原因として立てたりしようとする．

　無限者に到達するための原因の溯行は無際
限に続けることができる．従ってまたその
ような溯行を途中で止めることもできる．
そこで，途中で止める．何故か．それは，
何故そのような溯行が生ずるのかというこ
とが論理的には〈直ちに理解できない〉ため
であるが，それ以上に，そのような溯行に
は〈実効がない〉ためである．こうして，
〈無限者〉は論理的には——権利上は——
〈仮説的存在〉であるが，心理的には——事
実上は——〈実在〉とみなされることにな
る．このようなからくりは結局，原因は結
果に対して時間的に先なるものである，と
いう観念を専ら〈実在的に解釈〉して，結果
を原因から分離して独立させ，結果の実在
性が包含する観念性をも現実化してしまう，
ということに存する．[★179]

　けれども，両親をあなたの今・現在の〈思考
という働きの存在〉の原因として立てることを
正しいと思えるでしょうか？　デカルトは，こ
ういう議論を，もっと精緻な形で方法的懐疑の
中で語ります．私たちが，通常，問うのは，
〈そもそも何かが間違いなく存在していて〉とい
う前提のもとに，その上で，〈自分の存在は(そ
こから)どうして生じたのか？〉という問いです．
「明証を前提した原因性の理解は「存在に関して
(secundum esse)」よりも，むしろ「生成に関して

(secundum fieri)」向けられる」，というわけです．そこで問われるのは，せいぜい，〈私はどこから来て，私は何ものか？ そして私はどこへ行くのか？〉程度のことに留まります．けれども，デカルトは，〈そもそも何かが存在するのか？〉とまで問う．何かが存在することは普通は明らかに思えるのに，あえて，そう問う．当然，全面的な吟味のためにです．注意して欲しいのは，〈そんなことを問えるのは，そもそもお前が存在しているからだろう！〉なんていう主張は，吟味もしないである〈普通に受け容れられた〉というか，〈常識的な〉というか，そういう明証性（明らかさ）を認めてしまって，あとは自分も他人も世界もそれに則って思い描いて（想像して）いるに過ぎないということです．繰り返しますが，吟味はもうしていないのです．「私」に関わることで少し述べておけば，次のようになる．

「想像する(imaginari)とは，具体的な事物の形，あるいは像を眺めることに他ならない」のだから，「もし私が自分を何かであると想像するとしたならば，私は実際に，〔私の像を〕虚構することであろう」．それは，私について〈私は在るか〉と問うて，〈私は何ものかである〉と答えるような事態であった．その際には，〈私は在るか〉と尋ねる〈私〉なるものの存在そのものが温存されていて，かくてその〈私〉なるものについての「像」が「虚構」されるのである．そうではなくて，端的に〈私は在るか〉と問うて，〈疑う働きとしての私〉それ自体としての〈我の存在〉を同定することが問題であった．

デカルトの〈方法的懐疑〉は「私は何ものかで

ある」という明証へと向かい，その明証をめぐって押しすすめられることになる．すなわち，「何ものか」にかかわる明証が〈懐疑の対象領域〉の問題から〈疑う主体としての私の身分〉の問題へと移されるのである．

世界については，次のようになります．

世界について，カオスからコスモスへの進化を想定することは，過去の各瞬間を次々と実在化することによって可能であった．しかし，それは所与を明証とみなす，いわば偏見の積分に他ならない．従ってまた，われわれの存在に関する不安がもっぱら未来の考察からくるかのようにみえるのは，まさしく，われわれの過去の実在感に圧倒された一つの偏見にすぎぬ，ということになる．

〈だってさぁ，だいたいそんなもんだろ！〉といって，速断と偏見（先入見）を受け入れてしまうのが普通なのであって，もちろん，そんなふうに生きたい人は，「**哲学**(PHILOSOPHIE)」(▶p.587)など無視して，そう生きればよろしい．

懐疑とは本質的に〈思弁〉であり，〈純粋な論理〉の追求である．事象をその〈在るがままに見る〉べく「〈速断〉と〈先入見〉を注意深く避け」，事象の「見方」を主題化せねばならない．それゆえ，懐疑はいっさいの蓋然性を排除するのであって，その限り何らかの確実性へ導くものでなければならない．しかしまさにそれゆえ，蓋然的なものが〈心理的な確実性〉を装って絶えず懐疑に抵抗する．〈生きる〉ということは，通常はその

★174——B. パスカル『パンセ』p.204
★175——福居純『デカルト研究』p.114
★176——同書，p.264
★177——福居純『デカルトの「観念」論——『省察』読解入門』p.63
★178——福居純『デカルト研究』p.186
★179——同書，pp.92-93
★180——同書，p.37
★181——ポール・ゴーギャンの"D'où venons-nous? Que sommes-nous? Où allons-nous?"（《私たちはどこからきたのか？ 私たちは何ものか？ 私たちはどこへ行くのか？》）という絵を思い出す人もいるかも知れませんね．
★182——福居純『デカルトの「観念」論——『省察』読解入門』p.64
★183——同書，p.53
★184——福居純『デカルト研究』p.53〔傍点引用者〕

ような事態に他ならぬからである.[185]

　以前の講義について,〈理想にすぎない〉という反応を示した学生さんたちがいましたが,「理想(IDÉAL)」(→p.402)など追わずに生きたいのなら,それを阻止する理由など私には無いのです.ただ,理想など考えもせず,人間とはどうせこの程度のものだとして生きるのは,「理論的に人間を最も低いところにおいてとらえる」ことに導き,「愛なくして生きること」であると私は思います.[186] それでは,そんなふうではない生き方など可能なのか？ そんなものに行き着く手立てなどあるのか？ デカルトは,原因についての通俗的な考え方を否定し,そこに,いわゆる「同時因果」を語り出すのです.

　原因が結果に対して「時間的に先なるもの」といわれる場合には,そのような結果を〈かつて産出した原因〉が尋ねられることになるが,そのような探求は原因の系列を無際限に溯行して,「第一原因(causa prima)」と呼ばれる究極の原因を結論するには到らぬであろう.そしてそのような事態は,原因と結果とを,〈時間的に同じ秩序のもの〉と解する——言うなら,等質的時間の経過という相のもとで捉える——ことによって,「別個のもの」として分離することに由因している.二つの条件について,このような混同は斥けられるべきであって,原因と結果とが「別個のもの」であるということは,両者が〈いわば同時的に存立する〉という条件のもとでのみ理解されねばならぬのである.時間的〈先後〉の関係において「別個」であるのではなく,時間的〈秩序〉に関して「別個」なのである.[187]

　〈今の,この思考している働きという存在の原因とは何か？〉というわけです.それは自分なのか,それとも……. デカルトはこうした立論から神の存在証明にまで到るのですが,この講義ではそこまではできません.興味がある人は,デカルトの著作と,引用した福居純氏の本を読んでごらんなさい.

　さて,最後に,「罪」と「犯罪」との違いです.定義では「罪を犯した当人への結果しか罪では考慮されないという点」が違いとして語られています.上述のような「傲慢」が,他人を傷つけるような犯罪に結びつくことだってあるでしょう.しかし,罪が問うのはそこではないとアランは言うのです.あくまでも,罪人当人に関わることだけだ,と.罪人が,思考を拒むことによって情念に翻弄され,そして苦しもうと,その苦しみはまず以て当人のみのこと.たとえ,その結果として犯罪が犯され他人が傷つけられようと,罪は当人のみに関わる.言い方を換えれば,犯罪を裁く「法律(DROIT)」(→p.281)の関わることではないということです.法律は「人間の外面」についての事柄だからです.たとえ「道義的責任」などが問われようとも,それはあくまで「社会(SOCIÉTÉ)」(→p.748)において生活する一員としてのあり方であって,神の御前におのれ一人で立つ人のあり方ではないということでしょう.デカルト風の同時因果の「結果」としての私が「原因」としての「神」の御前に立つということが,まさに「罪」が問題になるそこにおいてこそ始まるからです.

PÉNITENCE
苦行 – これは,快楽〔plaisir〕とか苦痛とかに抗して意志することができるということを自分自身に対して証明するために,人が自分の意志に基づいて自らに与える処罰である.そして,まさにこの証明〔preuve〕によってこそ,人は後悔〔remords〕から悔悛〔repentir〕へと移行するのである.

森訳は「贖罪」と訳し，神谷訳もそれに従っています．しかし，「贖罪」と訳してしまうと〈償う〉とか〈罪滅ぼし〉というニュアンスが強すぎる感じが私にはします．原文の最初にある"C'est une punition ..."，つまり「それは処罰である」ということが背景に退いてしまうように思うのです．そこで，はっきりと，まず，その点を強調するために「苦行」としました．〈自分にとって苦しい行いを，あえて自分に課する〉という意味です．そんな苦行などというものをする理由はといえば，確かに〈償い〉とか〈罪滅ぼし〉ではあります．けれども，理由と，そのためにする行為とは違うでしょう．さて，人はな̇ぜ̇苦行などというものをするのか？　つまり何を償い，何の罪滅ぼしを，そして何のためにそんなことをするのか？　議論は，当然，「罪（PÉCHÉ)」(▶p.561)と関わってきます．すなわち，「犯罪」〔「重罪(CRIME)」(▶p.203)〕との違いに関わってきます．「罪」と「犯罪」とのどちらにしろ，何かをしてしまったことに対する償いは問題になります．そうした行為に対して，「犯罪」に関しては，「法律(DROIT)」(▶p.281)に基づき，いわば外から例えば「懲役」とかいったものが科せられる．確かに苦しい労役かも知れませんが，それをアランは「苦行」とは区別すると私は思います．なぜなら，「苦行」は「人が自分の意志に基づいて自らに与える処罰である」からです．もちろん，反省した犯罪人が「懲役」を「苦行」として捉え返して，あたかも自らにあたえるかのように意志的に行動するということは私も排除していません．けれども，この定義で言う「苦行」の方は，外からの処罰があろうとなかろうと，とにかく意志的に自らに課するものなのです．なぜ，課するのか？　「快楽」〔「快感(PLAISIR)」(▶p.597)〕への誘惑などに負けて，身を委ねたことを恥じるからでしょう．しかし，そうだとしたら，なぜ「苦痛とかに抗して」という言葉もあるのか？

「快楽」の場合は，自̇然̇に，それに引き寄せられるように身を委ねてしまうのに対し，「苦痛」の場合は，自̇然̇に，それから遠ざかろうとしてしまうからだろう．私はそう解釈します．そうした〈自然な傾向〉に抗して意志できることを証明しようという行為として苦行があるというわけです．

　ここで，意志と，〈傾向性〉(放っておけば，そんなふうになってしまうこと)とでもいうものとの関わりについて，少し触れておきましょう．アランは，「もし徳が傾向性に従うなら，それはもはや徳ではないのである」★188という言葉を残しています．例えば，「慈善(BIENFAISANCE)」(▶p.135)でも「祈り(PRIÈRE)」(▶p.660)でもいいのですが，普通は〈徳を積む〉行為とみえるものも，それが〈慈善をしている自分を人はいい人間だと思うだろう〉とでもいう思いからそういう行為をするなら，「徳(VERTU)」(▶p.850)でもなんでもないというわけです．言うならば，〈いい人と思われたい〉という傾向性(言うならば，自̇然̇な̇思̇い̇)による行為でしかないからです．徳とか，意志とかは，そうした自̇然̇な̇動̇き̇にあえて反するところに成立させなければならないのかも知れない．自̇然̇な̇動̇き̇には自̇然̇な̇報̇い̇しかない，とでも言っておきましょうか．言い方を換えれば，〈いい人だな〉と観られることによって，すでに「報い」を得てしまうことになる．だからこそ，聖書では次のように書かれるわけです．

　　見てもらおうとして，人の前で善行をしないように注意しなさい．さもないと，あなたがたの天の父のもとで報いをいただけないことになる．★189(Προσέχετε [δὲ] τὴν δικαιοσύνην ὑμῶν μὴ ποιεῖν ἔμπροσθεν τῶν ἀνθρώπων πρὸς τὸ θεαθῆναι αὐτοῖς· εἰ δὲ μή γε, μισθὸν οὐκ ἔχετε παρὰ τῷ πατρὶ ὑμῶν τῷ ἐν τοῖς οὐρανοῖς)

日本語訳の聖書で「善行」という訳語なってい

★185──同書，p.81〔傍点引用者〕
★186──アラン『思想と年齢』p.29
★187──福居純『デカルト研究』p.170
★188──アラン『わが思索のあと』p.297
★189──新約聖書「マタイによる福音書」6-1

567

る単語は，古代ギリシア語では δικαιοσύη，つまり「正義(JUSTICE)」(→p.429)とも訳せる言葉です．まあ，「正しいこと」と理解しておいてください．「正義」をそしてまさに「善行」を，ことさら見せびらかすことの愚を言いたいのでしょう．〈おれは正しいんだぜ！〉っていう態度の嫌らしさです．「偽善者」に成り下がってしまうわけです．

「祈る〔προσεύχομαι〕」ことについても聖書に次のようにあります．

> 祈るときにも，あなたがたは偽善者のようであってはならない．偽善者たちは，人に見てもらおうと，会堂や大通りの角に立って祈りたがる．はっきり言っておく．彼らは既に報いを受けている．だから，あなたがたが祈るときは，奥まった自分の部屋に入って戸を閉め，隠れたところにおられるあなたの父に祈りなさい．そうすれば，隠れたことを見ておられるあなたの父が報いてくださる．[190]（Καὶ ὅταν προσεύχησθε, οὐκ ἔσεσθε ὡς οἱ ὑποκριταί, ὅτι φιλοῦσιν ἐν ταῖς συναγωγαῖς καὶ ἐν ταῖς γωνίαις τῶν πλατειῶν ἑστῶτες προσεύχεσθαι, ὅπως φανῶσιν τοῖς ἀνθρώποις. ἀμὴν λέγω ὑμῖν, ἀπέχουσιν τὸν μισθὸν αὐτῶν. σὺ δὲ ὅταν προσεύχῃ, εἴσελθε εἰς τὸ ταμεῖόν σου καὶ κλείσας τὴν θύραν σου πρόσευξι τῷ πατρί σου τῷ ἐν τῷ κρυπτῷ. καὶ ὁ βλέπων ἐν τῷ κρυπτῷ ἀποδώσει σοι）

アランは，こうした「傾向性」の話を，カントの敬虔主義〔Pietismus〕の道徳的考え方から学んでいるように私は思います．道徳的な行為は，カントによれば，そうするように「道徳法則」が命じる（定言命令）から為さなければならないのだというのです．[191]（この世で）ある行為をすればこうなるといった「仮言命令」ではなく，言い換えると，〈この世でうまく振る舞いたいならこうしろ〉というのと〈善く生きたいならこうしろ〉とは違うとカントはいうのです．命令（命法）の違いとして示すと次のようになります．

「仮言的命法(hypothetischer Imperativ)」
ある目的を達成するための手段としての行為を命ずるものである場合
例えば，「老いて窮迫したくないとするならば，若いとき働いて倹約せよ」[192]

「定言的命法(kategorischer Imperativ)」
無条件的に命令するもの
例えば，「嘘をつくべからず」[193]

カント自身の言葉では，次のようになります．

> 命令そのものは，制約を受けている場合には，つまり，意志を端的に意志としてではなく，求められた結果に関してのみ規定する場合，いいかえれば，仮言的命令である場合には，なるほど実践的の指図ではあっても，法則ではない．[194]

> 自愛〔Selbstliebe〕（利巧であること〔Klugheit〕）の格率は忠告するだけである．道徳の法則は命令する．けれども，なすべくわれわれに忠告を与えるものと，なすべく責任を負わすものとの間には大きな違いがある．[195]

> 純粋の道徳律が各人の命令として（怜悧の法則〔Klugheitsregel〕としてではなく）厳格に義務を負わすものであること[196]…〔後略〕

まとめると，「怜悧の忠告〔Ratschlage der Klugheit〕」や「実際的指令〔pragmatische Vorschrift〕」は「道徳法則」ではない．要するに，「道徳(MORALE)」(→p.495)は，この人生において〈うまくいくか，どうか〉の話ではない，とカントはいうわけです．

> 処世の規則は，われわれが幸福にあずかろうと欲するならばいかに為すべきかを教え，道徳律は，ただ幸福に価するようになるためにはわれわれがいかに行動すべきかを命

令する。[★197]

そして、それではこの人生において、単にうまく生きるというのではなく生きるには、どう行動したらいいのかというと、次のようにまとめられる。カントの著作『道徳形而上学の基礎づけ』における定言命法の三種の方式です。

> 第一の方式（格率の普遍性という契機に注目したもの）
> 「汝の行為の格率が、汝の意志によって普遍的自然法則となるべきかの如く行為せよ」
> (Handle so, daß als ob die Maxime deines Handlungs durch deine Willen zum allgemeinen Naturgesetz werden sollte.)[★198]

例えば、人生の苦難から自殺を図ろうとする場合、その格率は苦しい時には自殺をしてもよいということになる。しかし、カントによれば快苦の「感情（SENTIMENT）」（▶p.732）はもともと生を促進させるためのものであって、それが生を損なうとすれば自己矛盾となってしまう。それゆえ、矛盾を含まない法則として行われることは不可能であるという方式。

> 第二の導出方式（意志の目的に注目するもの）
> 「汝の人格およびあらゆる他人の人格における人間性を、常に同時に目的として取り扱え、決して単に手段としてのみ取り扱わないように行為せよ」
> (Handle so, daß du die Menschheit sowohl in deiner Person, als in der Person eines jeden andern jederzeit zugleich als Zweck, niemals bloß als Mittel brauchest.)[★199]

人格主義、近代市民社会のヒューマニズムの倫理であって、人格性〔Persönlichkeit〕は目的自体そのもの〔Zweck an sich selbst〕と考えて行動することです。

> 第三の導出方式
> 「意志がその格率によって己れ自身を同時に普遍的立法的と認めうるように行為せよ」
> ([Handle so], daß der Wille durch seine Maxime sich selbst zugleich als allgemein gesetzgebend betrachten könne.)[★200]

自分の意志が、単に自分勝手な意志ではなくて、同時に普遍的意志であってもよいと思えるような仕方で行為することです。

カントだって、そのように行為することがとても大変なことはわかっているし、そんなふうに生きる人がこの世でバカをみることさえ日常茶飯なことは知っています。それでもあえてそう生きてみるところにしか、徳などないと言いたいのです。そして、その先に、こんなに難しいことを要求する「神（DIEU）」（▶p.263）の道徳論的「証明（PREUVE）」（▶p.655）を置く。できない事柄を命令するなどということはない存在として神を立てるわけです。「汝、為すべきゆえに、為し能う」というわけです。

われわれは、普遍的な最高目的に向かって努力することを道徳法則によって強いられるのであるが、しかも、その最高目的に達することは爾余の自然とともにわれわれの能くしうるところではないことを感じ、ただわれわれがこの目的に向かって努力するかぎりにおいてだけ、われわれは叡知的世界因（そうした世界因が存在しているとすれば）の究極目的にかなっていると判断することがで

★190——同書、6-5~6
★191——「道徳法則を命令（Gebot）と見なす」（I. カント『純粋理性批判』p.511）
★192——山崎正一『西洋近世哲学史（二）——カントからロマン派の人々まで』p.82参照
★193——同書、pp.82-83
★194——I. カント『実践理性批判』p.21
★195——同書、p.36
★196——同書、p.121
★197——I. カント『純粋理性批判』p.508
★198——I. Kant, *Grundlegung zur Metaphysik der Sitten*, Akademieausgabe, S. 421
★199——*a.a.O.*, S.429
★200——*a.a.O.*, S.434

きるのである．そこでこの原因を想定すべき実践理性の純粋な道徳的根拠は存在している（なぜならそうした原因は矛盾なしに想定されうるから）．[*201]

それでも，人間には，次のような性癖がある，とカントは言います．

善は「為すべきが故に為し能う」ものであるが，それにもかかわらず人間には悪に向う性癖（Hang〔これは「傾向」と訳してもいい言葉です〕）がある．
1. 善の格律をとりつつも力強くこれを実行することの不可能な心の脆さ（Gebrechlichkeit）すなわち道徳的動機の弱さ．
2. 善の格律をとりつつも同時に自己幸福の原理をひそかに混入させる心の不純（Unlauterkeit）
3. いわゆる根本悪（radikales Böse）であり，善の格率を拒否し積極的に傾向性の要求を貫こうとする態度．それは心の悪癖（Bösartigkeit），あるいは腐敗（Verderbtheit）と呼ばれるもの．[*202]

そういうものから癒えるには，あえて，快楽や苦痛が自然に引き起こしてしまう傾向性に抗して行為できることを証明しなければならない．それが苦行だアランはというわけです．これができることによって初めて，〈ああ，やってしまった〉といって「後悔（REMORDS）」（▶p.687）はしても，また懲りもせず，同じようなことをしてしまうという生き方から，決して同じ過ちをしないというような「悔悛〔repentir〕」〔「悔い改め（REPENTIR）」（▶p.695）〕へと，人は移行するとアランは言いたいのです．

後悔と悔悟〔悔悛と同じ〕…〔中略〕…両者のあいだの相違は，ただ信念の有無による．すなわち，新たな，ただちに可能な，そして失敗からまったくまぬかれた行動への確信の有無による．[*203]

PENSER
思考すること − それは，精神〔esprit〕に現れるものを〔慎重に〕吟味することであって，精神の判断を一時停止すること，自分自身をコントロールすること，満足してしまわないこと，である．思考すること，それはある一つの観念からそれに対置されるすべてのものへと移っていくことであり，それはすべての思考を現在の思考に調和させるためのことである．それゆえ，それは自然な思考を拒否することであり，そして，根本的には，自然を拒否することである．自然は，実際，思考の裁き手〔juge des pensées〕ではないのである．思考すること，それゆえそれは，いかなるものもそれが現れてくるままでは私たちにおいて善きものではないと判断することである．それは永い仕事であり，あらかじめうち立てられた平和〔paix〕である．

フランス語の原文では，"C'est ...."（それは……である）の後に，四つの不定法（英語でいう「動詞の原形」）が続きます．すなわち，"peser"，"suspendre"，"se contrôler"，"ne pas se complaire"．ちなみに，最後の "ne pas se complaire" を神谷訳は「恣意に陥らないようにすること」としていますが，私はそう取りません．私がそうする理由は，あとで少し述べます．さて，最初の "peser" を私は「〔慎重に〕吟味すること」と訳しましたが，神谷訳が「量ること」と訳しているように，〈重さを量る〉といった場合によく使う動詞です．実際，アランの別の著作でも同じような言い方が出てきて，そこでは訳者の原亨吉氏は「考える penser とは計る peser ことである」[*204]と和訳しています．ここでは，日本語の「量る」「計る」「測る」を区別しないで使うことにします．理由は，いろいろ

な訳者が同じ"peser"をそうしたいろいろな漢字で訳しているためです．もちろん，フランス語についていうと，アランはある種の言葉遊びをしているわけで，"penser"と"peser"とが"n"ひとつを除いて同じであることを利用しているのです．まあ，しかし，内容的にも関連づけて解釈はできるわけで，思考するというのは，慎重に量るような作業だというのです．そのへんを少し追ってみましょう．

　物事を〈量る〉とはどういうことなのかを考えてみてください．そういうことを考えるには，まず，デカルトの『方法序説』から，「方法の四則」を引用しておくのがいいかも知れません．しかし，その前に長々と述べておかなければならないことがあります．論理学の話です．ふつう〈考える〉というと，すぐに論理学の規則を思い浮かべるものですが，デカルトは次の引用のように述べた後に，この「方法の四則」を提示するということです．

> 私は，論理学を構成するあの多数の規則の代わりに，たとえ一度でもそれからはずれまいという固い不動の決心をさえするならば，次に述べる四つの規則で十分である，と信じた．★205

　ここでいう「論理学」とは，ヨーロッパ中世の「**神学**(THÉOLOGIE)」(▶p.807)・「**哲学**(PHILOSOPHIE)」(▶p.587)を支配してきたと言ってもいいアリストテレス的な形式論理学のことです．中世哲学は，主として「**キリスト教**(CHRISTIANISME)」(▶p.160)の考え方を哲学的に基礎づけようという神学的動機と共に展開してくるのですが，それに利用されたのはアリストテレスの論理学的著作群なのでした．★206 そこでは，「論理学を構成するあの多数の規則」が使われます．ここでは詳しく述べませんが，「換質の規則」とか「周延

の規則」とか「定言三段論法の規則」とかいろいろあります．★207 いずれにせよ，三段論法の妥当な形式をとことん利用して論拠を成り立たせるものです．ついでに言っておけば，この形式論理学をアリストテレスは創始し，そして自分一人でほぼ完成させてしまいます．アリストテレス以後に補完されたのはストア哲学者たちによるいわゆる「命題論理学」的な部分と，「述語論理学」的な拡張のための「量化」のきちんとした定式化くらいなのです．とにかく注意してほしいのは，そこで問題にされるのは形式的に真であるものの話なのであって，それは内容を考えずにも真であるということです．

> アリストテレスは言説(ロゴス)(discours＝ディスクール)だけで時々決まっているように見えることにおそらく驚いて，ロゴスのみに依存しているすべての証明を体系化しようと試みた．彼はそれに成功したのだ．それ以上にうまくは出来ない．ロゴスからかならず言えることと絶対言えないことをすべて知っている研究を，論理学と呼んでいる．★208

> 論理学の基礎をおくためには最も単純な若干の命題しか必要としない．しかし，そこには物が欠けているので，そこに注意した最初の思想家〔もちろん，アリストテレスのこと〕があの無内容な諸形式をたちまち枚挙してしまった．★209

> 一般に論理学と呼ばれている純粋な修辞学が扱うのは，いろいろな命題の等価関係のみである．あるいは，言葉の多様性のもとでの意味の一致，と言いかえてもいい．★210

　論理学とは，一つあるいはいくつかの命題

★201──I. カント『判断力批判』p.368
★202──矢島羊吉編『西洋倫理思想史』p.196参照
★203──アラン『思索と行動のために』p.380
★204──アラン『思想と年齢』p.371
★205──R. デカルト『方法序説』p.27
★206──ふつう，『オルガノン(Organon)』という言い方で総称されます．以下のものです．『範疇論』『命題論』『分析論前書』『分析論後書』

『トピカ』そして『詭弁論駁論』．
★207──例えば，末木剛博『論理学概論〔第二版〕』pp.273-308を参照のこと．
★208──アラン『アラン，カントについて書く』p.15〔傍点引用者〕
★209──アラン『芸術論集』p.57〔傍点引用者〕
★210──アラン『思索と行動のために』p.188〔傍点引用者〕

から，対象を考えずただ言葉だけによって新しい言い方を引き出すには，どうしたらいいかを検討するものだ…〔後略〕[211]

参考のために，「命題論理学」から少し説明しておきましょう〔以下，清水義夫先生の本から主として引用します〕。命題とは文のことであり，命題論理とは，文に関連した基本的な事柄，すなわち文の肯定否定，および文と文との接続詞による結合などの事柄にもっぱら注目し，その上で推論をするものです。その際，命題を「論理式」として捉え，その真偽(真理値)を考え，否定や接続詞などの働きを明確に定義していくのです。[213]

論理式は，それを構成する要素となる命題の真偽と式全体の真偽との関係を分析することで明らかになり，その結果，論理式の中には，構成する命題の真偽に関係なくつねに真となる式(トートロジー)が存在することがわかります。一例を挙げておくと，

$((A \supset C) \wedge (B \supset C)) \supset ((A \vee B) \supset C)$

推論としての一例は，

$P \supset Q,\ R \wedge \neg Q,\ \neg(P \wedge R) \to \neg P$

「述語論理学」というものは，文がさらに単語からできているという点に注目し，その上で推論を考察するものです。その際，述語論理の論理式というものを定義するのですが，ただ1個のものが対応する語と集合が対応してくる語とを明確に区別していきます。[215] 清水氏が掲げている例では，「モーツァルトは天才である。」は，単文であり，命題論理では単に例えばPと記号化されるに過ぎないのですが，述語論理では，「モーツァルト」と「天才」という二つの語の主語－述語的な結合に注目します。そして主語「モーツァルト」を小文字のa，述語「天才」を大文字のPで表わし，Paと記号化する。詳しくは書きませんが，以下，「ジョンはヨーコを愛している。」をPabと，「コアラは有袋類である。」は，$\forall x(Px \supset Qx)$，「ある学生はクリスチャンである。」を，$\exists x(Px \wedge Qx)$といったふうに記号化するわけです。そんなふうにきちんと形式化し[216]

ていくと，命題論理のトートロジーの図式の例えば，A, B, Cといった部分に，述語論理の論理式を代入して得られる式，$\neg A \vee A$(排中律)のAを$\forall x(Px \supset \neg Qx)$とすると，$\neg \forall x(Px \supset \neg Qx) \vee \forall x(Px \supset \neg Qx)$という述語論理の式は妥当式となるのです。

アリストテレスの古典形式論理学を拡張して現代述語論理学が成立すると言っていい。

古典論理学の中核である定言的三段論法理論は現代述語論理の非常に特殊な場合である…〔後略〕[217]

三段論法は「推論」であっていかにも「論理」というにふさわしいのに対して，現代述語論理は妥当文の集りであって推論ではないのはどうしたわけか．だが論理が排中律のように「文型」であるか三段論法のように「推論型」であるかは何等本質的な事柄ではない．「推論型」から「文型」を導くこともできればその逆もできるからである．[218]

実際，論理学の教科書を見てみればわかるように，そこではトートロジー(同語反復)の話が登場し，そしてそれがほとんどすべてです．

もし「論理的に正しい」文型を「論理文型」と呼び，この論理文型の全集合を「命題論理学」と呼ぶならば，恒真文型の全集合が命題論理学であると定義されたことになる．[219]

命題論理学の中の或る問題は機械的な解法をもっている．…〔中略〕…一つの論理式(p, qのような要素命題記号を接続詞で接続したものでいくらでも複雑な構成になる)が論理法則であるか否か，つまり恒真式であるか否か，という問題である．[220]

今回の定義の最初に戻ります．以上述べたよ

うな「論理学」の規則は「対象を考えずただ言葉によって」成立するとアランは言っていました。そういうものに対して、デカルト自身は「次に述べる四つの規則で十分である、と信じた」などと控えめな書き方をしていますが、実はしかし、〈それは本当に考えたり、認識したりすることなのだろうか？〉という重大な問題提起をするからこそデカルトは「方法の四則」を提示したように私には思えます。ちょうどアランが次のように言うようにです。

> もしも私たちが、計算機が計算するように思考するならば、私たちの想念中には、なだれや洪水中におとらぬ必然性があろう、という点に注意したまえ。私たちは人が熱をもつように意見をもつことであろう。結局、なんらかの想念が証明され、不敗のものとなるならば、もはやそれは想念ではあるまい。私は或る日ラニョーの講義を聞きながら、ほとんどあっけにとられたことを思い出す。その日、彼は自己の天才に身をゆだねつつ、不敗の証明はもはや想念ではなく物であろうということを、ついに発見したのである。この結論は拒否と抵抗とを要求する。思考するとは、拘束を拒み、おのおのの物のまえで、つかのまのピュロンとなることである。どのような想念も、強い懐疑によるのでなければ強くない。[221]

ちょっと難しいでしょうから解説をしておくと、ここで「想念」と訳されているのは、原文ではまさに"pensée"です。つまり、「思考」とも「考え」とも訳せるものです。ラニョーとは、アランが高校の時に習った哲学教師の名です。またピュロンとは、古代ギリシアの懐疑主義的哲学者です。この引用の意味は、考えが「**必然性**（**NÉCESSITÉ**）」（▶p.502）に囚われてしまったとき、もう思考という名には価しない機械的な振舞いになってしまうと指摘し、どんな「思考」も懐疑という営みをまってこそ思考という名に価するものになるのだということです。これまでやってきた「**情念**（**PASSION**）」（▶p.544）の話に持っていってさらに説明するなら、情念に囚われてしまった「思い」はもう「思考」という名に価しないのであって、ただただ受動的に思いが展開するだけだというわけです。いうならば、〈頭は使っているのですが、考えてなどいない〉といった感じ。次の引用のように。

> だれでも知っていることだが、怒りとか、愛とか、野心とか、吝嗇とかの情念は、思考の調子が狂うところに成立する。人はもはや思考を検討せず、導きもせず、ただ信じ込み、あとを追って行くだけとなり、思考は進展しなくなると同時にすべていばらのようにとげとげしくなってしまう。[222]

そんな状態から解放され、見事に考えるためにこそ、懐疑はある。考えることを、（例えば、新聞やマスコミの一般的見解に合わせるように）人任せにするのでもなく、（例えば、統計処理されたデータに寄り掛かるというように）機械任せにするのでもなく、（例えば、情念に翻弄される場合のように）身体の自動的応答に任せるのでもなく、孤独を守り自らの意志による「**決断**（**RÉSOLUTION**）」（▶p.715）として遂行するのです。[223]

★211──同前〔傍点引用者〕
★212──清水義夫『記号論理学』p.7
★213──同前
★214──同書, p.37
★215──同前
★216──同書, pp.37-39
★217──大森荘蔵『思考と論理』p.73
★218──同前
★219──同書, p.43
★220──同書, p.87
★221──アラン『人間論』p.321
★222──アラン『芸術について』p.36
★223──次のような言葉があります。「要するに、市民の義務はまず自己に厳しく孤独を守り、次いで蝿のように周囲を飛びかう作者不明の様々な意見に対して厳しい監視の眼を光らせることだ。まず新聞雑誌に対して良質の蝿よけが必要だ」（アラン『裁かれた戦争』p.124）

573

懐疑とは，繰返し述べるが，〈思弁〉であり〈純粋な論理〉の追求であって，いわば一瞬一瞬意志的に支えられねばならぬ真なる実践である．それはデカルトが自らの哲学を，単に開陳しようとするのではなく，生きた思想に変容しようと意図していることを示すものである．[★224]

では，その意志的な懐疑を，後年，「方法的懐疑〔le doute méthodique〕」とよばれるようになったものとして展開し，哲学や数学そして自然科学で多くの業績をあげたデカルトの「方法の四則」を提示しましょう．

　　第一は，私が明証的に真であると認めたうえでなくてはいかなるものをも真として受け入れないこと．いいかえれば，注意深く速断と偏見とを避けること．そして，私がそれを疑ういかなる理由ももたないほど，明晰にかつ判明に，私の精神に現われるもの以外の何ものをも，私の判断のうちにとり入れないこと．

　　第二，私が吟味する問題のおのおのを，できる限り多くの，しかもその問題を最もよく解くために必要なだけの数の，小部分に分かつこと．

　　第三，私の思想を順序に従って導くこと．最も単純で最も認識しやすいものからはじめて，少しずつ，いわば階段を踏んで，最も複雑なものの認識にまでのぼってゆき，かつ自然のままでは前後の順序をもたぬものの間にさえも順序を想定して進むこと．

　　最後には，何ものも見落とすことがなかったと確信しうるほどに，完全な枚挙と，全体にわたる通覧とを，あらゆる場合に行なうこと．[★225]

ここに掲げた第二の規則にこそ，今回の定義における「量る」という話に関わる議論の出発点があるのです．そのために，〈数える〉と〈測る（量る）〉との違いを提示した次の議論を踏まえておきましょう．

「数えること（numerare）」は「部分を，全体を作るものとして考察する」場合であり，「測ること（metiri）」は逆に「全体を，部分に分かたれたものとして考察する」場合である．例えば，われわれは世紀を年によって，日によって，時によって，瞬間によって「測る」．反対に，瞬間，時，日，年を「数える」ならば，最後に世紀に達するわけだ．ここにわれわれは，一方の極に「点」に対する連続量としての「量〔大いさ〕（magnitudo）」を，他方の極に「延長（extensio）」に対する非連続量としての「多性あるいは数（multitudo sive numerus）」を容易に見出すであろう．[★226]

問題を与えられたものと求めるものとの複合体として捉えること，あるいは一般に対象を関係あるいは比例によって考察することにおいて，或る「共通の性質」が見出せぬ場合は，当の関係あるいは比例を単純化していって，既知のものと未知のものとの共通性が明らかに見られる点まで進まねばならない．これが先の方法の第二規則であった．それはいわば「測る」という思惟の運動によって「秩序」あるいは〈数えられるもの〉を発見する規則である．[★227]

従って第三規則が，「度量」あるいは〈測られるもの〉を「数える」思惟の運動の規則であることはいうまでもない．[★228]

こうして，「精神〔esprit〕に現れるものを〔慎重に〕吟味すること」，「精神の判断を一時停止すること」，「自分自身をコントロールすること」そして「満足してしまわないこと」という今回の定義の冒頭部分は，思考するということが自由意志の行使といったものとして遂行されるもの

だと言いたいわけでしょう．「判断停止」は，まさに「速断と偏見」に身を任せてきた自分に気づいた者が，「習慣(HABITUDE)」(→p.393)的に生きることを拒否し，いったんすべてをペンディングにする意志的な振舞いなのです．「それは或る明証の次元に服さざるを得ぬかに思われるがゆえに服さぬふりをするという，意志的な，作為された，いわば自然に反して導入される懐疑」[229]なのですから．そして，そんなことは，例えば習慣的な思いや行動に身を任せがちな「自分自身をコントロールすること」によってしかできないし，「満足して」しまえば懐疑は終わってしまい，要するに思考など消えてしまう．「自分の考えに満足する人は，何も考えなくなる」[230]というわけです．

そんな見解を基にして，今回の定義はさらに「思考すること，それはある一つの観念からそれに対置されるすべてのものへと移っていくことであり，それはすべての思考を現在の思考に調和させるためのことである」と続くのですが，これがデカルトの「方法の四則」の後半部分に対応づけることもできそうに私は思います．「小部分に分かつこと」によって取り出された当の小部分こそ，今回の定義で言えば「一つの観念」であって，それが，それとは区別される（つまり対置される）「すべてのものへと移っていく」というのは，現在において私が（懐疑という吟味にかけながら）成立させている思考を「順序に従って導く」ことで，他のすべてのものと関連づける（リンクさせる）ということなのです．しかもそのリンクそのものが，放っておいてもそこにある（あるいは放っておけばそこには無い）ようなものではなくて，「自然のままでは前後の順序をもたぬものの間にさえも順序を想定して」と言われるように，今，私が，意志的な決断の下に，付けていくリンクなのです．ネットサーフィンし

ているところを思い浮かべればいい．Webブラウザを使って人の付けたリンクを辿っているだけでは，できあがった道を歩いているようなもので，自分で道など切り拓いてはいないのです．道を切り拓くには，自分でリンクを付けなくてはならない．思考の場面で言えば，人の書いたものを読んだり，コピペしているだけで，自分では書かないときがどんな状態か，思い描いてみてください．書くためには，読書やコピペを越えた思考の努力がいることはわかるでしょう．この努力は，言い換えれば〈自然のままでは存在しない〉ものをうち立てる努力なのです．そうであるからこそ，従った方が楽な「自然」をあえて拒否する必要がある．アランが，今回の定義を，「それは自然な思考を拒否することであり，そして，根本的には，自然を拒否することである」と続ける所以です．しかも，その理由を「自然は，実際，思考の裁き手ではない」というところにアランは観ている．どういうことでしょう？「思考の裁き手〔juge des pensées〕」とはどんなものでしょう？　いろいろな思考が正しいかどうかを判断する者ということでしょう．〈自然を思考の裁き手とする〉ということは，自分の諸々の思考が正しいかどうかを，自然に任せているということに他ならないでしょう．〈自然のなかにはすでにできあがった思考の秩序とでも言うべきものがあり，私たちはそれを発見すればいい〉などという思いに身を任せれば，私たちの思考の営みは消えてしまう．思考する者（判断する者）ではなく，記録係に成り下がるのです．

君は人類が科学に酔い痴れたここ二，三世紀の申し子なのだ．確かに外的必然を知らねばならない．まず外的必然に従わなければこれを巧みに利用することはできない．

★224──福居純『デカルト研究』p.83〔傍点引用者〕
★225──R.デカルト『方法序説』p.27〔傍点引用者〕
★226──福居純『デカルト研究』pp.10-11
★227──同書，p.11
★228──同前
★229──同書，p.84
★230──アラン『宗教論』p.206

575

だが私の見るところでは，この純粋に技術的なものの見方が精神を麻痺させてしまったのだ．なぜなら，精神に対しすべてを事実として捉えるように命じ，判断者ではなく記録係であるように命じたからである．[★231]

それをアランは拒否しようとしている．さきほどから述べているように，意志的な懐疑をしようというのなら，判断するのは懐疑をしている自分である必要があるのです．

誰でも考える能力を授かっており，…〔中略〕…この能力は火山を前にしても，群衆の真只中においてさえ，孤独と自由を求める．絶えず物事を計量し，判断を下す．[★232]

今回の定義ではさらに，「いかなるものもそれが現れてくるままでは私たちにおいて善きものではないと判断すること」とまで言われます．あえて「善きものではないと判断する〔juger que tout n'est pas bien ...〕」のはなぜでしょう？　否定というものの性質を考えてみればわかるように，そこには〈「善きもの」という想定をした上でそれを排除する〉という営みがあるわけです．もちろん，吟味するためであり，懐疑の営みが維持されているからです．「現れてくる」ものに，そのまま飛びつくことを控えている．慎重と言えば，慎重な態度です．しかし，〈必要な慎重さ〉とでも言っておきましょうか．情念にどっぷり浸かっている人を考えればすぐわかるように，そうした生は夢中で機械的でありそれらは投げ与えられる記号を生きているからです．[★233]　眼の前に現れるものに飛びついている．それを控

える理由について展望するのが今回の定義の最後の部分です．

「それは永い仕事であり，あらかじめうち立てられた平和〔paix〕である」というふうに"long"の訳語に神谷訳のように「長い」ではなく森訳のように「永い」を採用したのは，ここまで述べてきたような「考える」という営みは，永続的な為されるべきものとアランが考えているだろうと推測するからです．満足しきってはならない．満足しきったとき，それを押しつけることが始まるのではないか？　だからこそ，満足しきらないことが「平和(PAIX)」(▶p.524)を保障するのではないかと思われるからでしょう．意志的な懐疑としての「考えること」は平和の条件でさえあると言えそうです．

物事をほっておけば必然的に機械仕掛と暴力の次元に陥るだろう．精神のみが平和を築きうるが，しかしそれも意志が伴った場合である．ところが多くの人々はこの点を理解していない．彼らは事実を証拠として学ぶ．この場合は，我々の方から同意を与える必要はない．存在する事物に従って学ぶのだ．[★234]

戦争か平和かを選ばねばならぬ．そして，戦争を選んだ人の想念は，〔それなりに〕りっぱにまとまるのである．観念を市場へ買いだしにゆく単純な人々は，ここであきれてしまう．だが，自分で自分の観念を作る人々は，選択と勇気なくしてはこれらの観念は煙と消えるであろうということを，よく知っているのである．[★235]

PESSIMISME
悲観主義
― 〔そこへ陥っていくのが〕自然なものであり，〔そこへ陥ることを促す〕証拠〔preuve〕はいくらでもある．というのも，誰だって，悲哀とか苦悩とか病とか死を免れてなどいないからである．悲観主義というのは，まさに，現時点においては不幸ではないけれども，これらの事柄を予見している人が持つ判断である．悲観主義は自然に体系へと翻訳され，どんな企画についても，どんな計画についても，どんな情感〔sentiment〕についても，悪い結

末を予言することを(こんな言い方をしても構わないならば)好むものである．悲観主義の根底にあるのは，意志を信じないということである．楽観主義〔optimisme〕は全く以て意志的である．

この定義にも，冒頭に「自然」が出ています．Est naturel... という原語ですが，森訳も神谷訳も「自然的な」と訳しています．それでも構いませんが，私が「自然な」と訳したのは，〈放っておけばそうなる〉というニュアンスがアランの主張には伴っており，それを表わすには，「自然的な」より「自然な」の方が適切かな，と考えたからです．

さて，どうして人は自然に悲観主義に陥っていくのでしょうか？　それをアランは「証拠」の話で進めます．「誰だって，悲哀とか苦悩とか病とか死を免れてなどいないから」という話です．「悲哀」と訳したのは chagrin で，森訳は「煩悶」，神谷訳は「悲しみ」と訳している言葉です．「煩悶」としてしまうと，〈悩み苦しむ〉というニュアンスが強くなります．「悲しみ」と訳すとフランス語で「悲しみ」ということを表わす別の単語である tristesse とどう違うのかが問われます．そういうことを勘案して，「悲哀」としたわけです．まさしく〈悲しく哀れなこと〉という語感は，単なる「悲しみ」よりも少し強い感じがあると私は解したからです．例のフランス語類語辞典で chagrin を引くと，「tristesse を見よ」との指示があり，そこへ飛んでみると，全部を訳すことはしませんけれども，tristesse が〈楽しさが欠けていること，深刻な顔つきによって顕わになっている性格の一形態を示しうるが，大抵の場合，忘れることのできない明確な原因，大きな不幸，重大な事故に関わっている……〉とされるのに対し，chagrin は〈常に，人生における明確な原因，喪失，気苦労，痛恨に由来し，自己自身の統御を蝕み，失わせるような，刺々しさ，苛立ち，悔しさの一状態を含む〉というふ

うに，悲しみの程度が甚だしくなるように思えたのです．「苦悩」「病」「死」については説明の必要はないでしょう．

定義の続きは，「悲観主義というのは，まさに，現時点においては不幸ではないけれども，これらの事柄を予見している人が持つ判断である」となっています．「これら」とはもちろん「悲哀とか苦悩とか病とか死」を代表的なものとした種々の事柄です．proprement を森訳は「元来」，神谷訳は「厳密に言えば」と訳しています．確かに，訳しづらい言葉です．私が「まさに」と訳したのは，〈よく考えてみると〉といったニュアンスを入れたかったからです．というのも，悲観主義というと，現に今，「悲哀とか苦悩とか病とか死」に襲われている人が抱くものと考える人がいるかも知れないけれども，〈よく考えてみると〉そうではなくて，とアランは言いたいのだと私は解釈したからです．定義のこの部分に「予見している」という言葉が出てくるのに注意してください．このあたりを分かりやすくするかも知れない文章を引用しましょう．

> 悲劇の悲劇たるゆえんは，その結果生ずる虐殺にあるよりもむしろ，次から次へと続くさまざまな不幸を予見し，これを告知し，これに身を投ずる宿命論的な判断のうちにある．★236

「恐ろしいものがわれわれをとらえるとき，それは，もはや恐怖ではなく，苦痛なのである」★237 という言葉がありますが，同じように，「悲哀とか苦悩とか病とか死」に，現に今，襲われている人が抱くものは悲観主義であるよりは，む

★231──アラン『裁かれた戦争』p.131〔傍点引用者〕
★232──同書, p.127
★233──アラン『イデー(哲学入門)』p.107
★234──アラン『裁かれた戦争』p.166
★235──アラン『人間論』p.321〔傍点引用者〕
★236──アラン『思索と行動のために』pp.300-301〔傍点引用者〕
★237──アラン『芸術に関する101章』p.187

577

しろ苦痛でしょう．もはや予見などという悠長なものではなく，現実の苦痛だというわけです．もちろん，その苦痛を基にさらなる不幸を予見し，それに打ちひしがれるだけならば，悲観主義はそこからもまた生じるのは確かですが……．

そして，だからこそ，「判断」が問題になるのです．上に掲げた引用にも「宿命論的な判断」に身を投じてしまう話が出ています．そうなってしまうと，どんな事柄についても，そういう「宿命論的な」，つまり〈どうしようもないのだ〉というような，そういう考えを抱き，すべてをそういうふうに処理し，場合によれば人にもそれを言うようなことが起こります．定義の続きはまさにそれを語るのです．「悲観主義は自然に体系へと翻訳され，どんな企画についても，どんな計画についても，どんな情感についても，悪い結末を予言することを(こんな言い方をしても構わないならば)好むものである」，と．森訳は「体系の形をとって表現され」とし，神谷訳は「体系のかたちで表現され」と，ほぼ森訳を踏襲しています．しかし，私は se traduire をもっと原義にちかいところで「翻訳する」と解釈したい．そこで，「体系〔système〕」とは何であるか問うてみましょう．国語辞典などをみると，例えば「個々別々の認識を一定の原理に従って論理的に組織した知識の全体」とあります．例のフランス語類語辞典だと，「体系」は「方法」の中に分類され，「方法とは，ある目的に到達するために取られるやり方」とあり，「体系」はだいたい〈明確な(もっともそれはしばしば恣意的であるが)計画を前提としている方法．何らかの事柄において成功するためにきちんと実行しようとしている一連の関連する手段〉と説明されています．悲観主義の例に適用して述べてみましょう．悲観主義はどんなことも，自分の予見に基づいて，まさに悲観的に処理する体系を創っており，それに持ち込んですべてを処理しようという「明確な計画」をもち，〈その実行ための一連の手段〉を用意しているのです．そして，〈そういうものだよ！〉と自分にも他人にも予言すること

を好むわけです．何が起こっても，その体系の中へと投げ込んで処理する．私が「翻訳する」という言葉を使いたかったのはそういう理由です．例えば，近代経済学の体系は，すべてを〈経済人(ホモ・エコノミクス)の行動パターン〉へと翻訳して説明しようとしたりしました．オーギュスト・コントを熟読していたアランは，コントがアダム・スミスらの古典派経済学を学問として認めなかったことを知っているはずです．少し，そのあたりに寄り道しましょう．

　　コントは，経済学というものを認めなかった．それを六個の基礎的科学のうちに認めなかっただけでなく，そもそも，一般的に経済学という科学の存在を認めなかった．経済学のことを知らなかったゆえではない．かえって，アダム・スミスの学説と，その後の発展とを知っていたゆえである．すなわち，経済学は，彼にとって，フランス革命で役割が終わったはずの形而上学的精神を現わしている〔つまり，実証的な科学ではないということ〕．[239]

　　コントによれば，経済学は，一方，経済生活を社会生活の全体から孤立させ，また，歴史的発展の全体から切り離すという誤謬に陥っており，他方，自由放任を鼓吹することによって，社会生活における有機的秩序の成立を妨げている．経済学というのは，そこに社会学の真理が明るく照らし出されるところの暗い背景であった．[240]

また次の文章は，そこに登場する「等価交換」に注目することにより，私たちが考察してきた「贈与」の話を逆照射するはずです．

　　スミスの経済学は，その成立の歴史的背景からいっても，たしかに市場への信頼を基礎においていた．その端的な表明が，各人が私的な経済的利益を追求しても，それは

「見えざる手」(ついでながら，この invisible hand ということばは大変有名であるが，『国富論』中ではただ一度，第四編二章で使われているのみ)に導かれて社会全体の利益を促進する，というかれの観点である．ただしその各人とは，特権者や我利我利エゴイストはけっして含まれず，正義(法)をみとめ，特殊なコネに頼らず，等価交換の原理を身につけた倫理的個人を意味する．そういうヒラの倫理的個人を，スミスは「ホモ・エコノミクス」とよぶが，かれが信頼を寄せたのはそのホモ・エコノミクスによって構成される市場である．[241]

現実の市場がそんなものでないのは，自明です．そしてそんな市場にかじりついているだけではだめなのも自明です．けれども，それではマルクス主義経済学のように，すべてを〈史的唯物論に基づいた生産関係〉へと翻訳して理解しようとすればすむのでしょうか？〔「唯物論(MATÉRIALISME)」(►p.463)〕 アランも経済について語るときがあり，またマルクスもかなり読んでいます．その上で，彼は次のような理解へと到達する．

> たえず道具に，機械に心を向けている人間が，物事を単一に見る唯物論に走るのは当然である．そこにひとつの粗暴な道徳が生れる，無力ではないがニュアンスに欠けた，人間世界の屈折の多い諸関係を充分考慮に入れない道徳が．それが革命の精神である．[242]

> 革命と戦争は貧窮から生まれるとは，世のおおかたの通念である．だが，これは半面の真理にすぎない．恐ろしいのは貧しい者ではない．卑しめられ，はずかしめられた者なのだ．[243]

ソヴィエト・ロシアがその例として挙げられています．共産主義革命を経た社会が，国家の独占資本主義という「第三の資本主義」として位置づけられているのですね．ロシア革命を目の当たりにしたアランは，それがツァーリを初めとする支配者たちへの「復讐」であって，必ずしも社会制度の変革ではなかったことを指摘しました．さらに，この革命が一方では，国家の死滅どころか，国家による計画と統制という途方もない無駄を生み出し，他方では自分自身の監視人であるような新しい奴隷たちを生み出し，彼らから何かを作る喜びを奪ったと考えました．[244]

アランは，「自由・友愛・平等」というフランス革命の理念にもとづき，普通選挙によって代表が選ばれるが，できる限り直接的民主制に近い政体を「共和制」として求め，それを創出し，維持することに人生をかけた哲学者でした．「君主制」はもとより，「社会主義」とも「マルクス主義」とも袂を分かった彼の立場は，自分でも言っているように，「ラディカリズム」と呼ばれます．[245]

スターリンによる「粛正」などを思い浮かべれば一目瞭然でしょう．ある一定の思想体系から外れるものは粛正されるわけです．近代(現代)経済学にせよ，マルクス主義経済学にせよ，体系の維持のためには多くのことを棄て去り，学問として自分を維持しようと汲々としている．次のようなことです．

> 経済学だけでなく，社会科学者の多くの領域が経済学を——或いは，ニュートン以後の数学的物理学を——真似て，一斉に

★238──『デジタル大辞泉』
★239──清水幾太郎「コントとスペンサー」(『[世界の名著]コント スペンサー』) pp.36-37
★240──同書, p.37
★241──山田鋭夫『レギュラシオン理論——経済学の再生』p.26
★242──A. モーロワ『アラン』pp.80-81
★243──アラン『人間論』p.25
★244──合田正人『心と身体に響く、アランの幸福論』p.183
★245──同書, p.213

科学的体裁を整えるための内部的合理化を進めるようになると、次々に諸領域を追われた廃棄物が、研究者たちの目の届かぬところに大きな山を作る。この廃棄物の堆積について尋ねられることがあると、それは哲学が処理してくれるでしょう、と彼らは答える。[246]

そんな学問的態度に身を投じたのでは、何が出てきても、現に作り上げてしまっている「体系」に照らして処理されるわけです。今回の定義である「悲観主義」を抱く者は、体系をつくってしまっていると言ってもいい。処理することにかまけ、新しいものを待ち受ける気持ちが失せている。老人もそうです。長い間生きてきた自分の経験などから、物事の処理のための体系を記憶と共に作り上げてしまっている。だから、新しいものが出てきても気付くことさえできない。何でも、過去の事柄の変形に過ぎないだろうと予見し、処理するのです。「人間は新しいものが出現しても、それを古いものに還元しようと試みつくしたあとでなければ、新しいものを理解し始めないものです」[247]という言葉もあります。そもそも、物事を知ろうとするために行なう「分析」という作業でさえ「対象を既知の要素、言いかえると他のもろもろの対象とも共通な要素へ還元する操作」[248]と言えるだろうからです。もちろん、こうした作業は必要なのです。しかし、次のことを理解しておかなければならない。

知性を軽蔑してはならない。しかし、不当のこととして究明すべきは、現実のものをわれわれの概念に還元してしまうことだ。言いかえるならば、概念においてわれわれが理解し測定するものは、現実ではなくて、現実の象徴なのだという考えを常に念頭においておく必要がある。[249]

例の新約聖書の「姦淫の女」の話も思い出してみていい。これまでのやり方で処理しようとし

たのは誰か？ 新たなものが現れたと告げているのは誰か？

さて、少なくとも若者はその点で少しは有利です。ただ、あなたが上に書いたような〈老人〉じみた若者でなければの話ですが。こうして、次のように言われることも分かるようになるでしょう。

もっとも重要な人生の極意は、自分が予見しなかったことを待ち受けることにある。[250]

そしてそのためには、既存のものを揺り動かす作業が必要なのです。既存のものを、単純に否定するわけではないことにも注意が必要です。否定では、実を言うと、既存の枠組を超えることなどできないのです。懐疑は、この点でその重要な営みでした。それは疑わしいから疑うのではありません。それは、より良きものを求めて（あるいは、より善く生きんがために）、あえて懐疑するという意志的なものであったことに注意してください。しかも、そういう徹底的な懐疑を行なっている間にも、行動しなければならないことを充分に念頭に置いていたデカルトは、いわゆる「仮の道徳」とよく言われるものを立てたのでした。それも穏健な。その第一格率は次のようなものです。

私の国の法律と習慣とに服従し、神の恩寵により幼時から教えこまれた宗教をしっかりともちつづけ、ほかのすべてのことでは、私が共に生きてゆかねばならぬ人々のうちの最も分別ある人々が、普通に実生活においてとっているところの、最も穏健な、極端からは遠い意見に従って、自分を導く、ということ…〔後略〕[251]

「自分が予見しなかったことを待ち受けること」はそれほどの準備を必要とする難しいことだと言ってもいい。意志的に身構えなければ、ほとんど不可能と言えるほどにです。つまり自然ではない。自然なのは、むしろ、そんな努力

580

をせずに流されることの方です．しかし，その帰結が悲観主義だとアランは言いたいのだと私は思います．大雑把な言い方をするなら，放っておけば人間は悲しくなってしまうものなのであって，そこから抜け出すには意志が必要だということです．実際，その「意志」を悲観主義者は「信じない」，と定義は続きます．それに対して，「**楽観主義**(OPTIMISME)」（▶p.511）というものがあるとすれば，それは「全く以て意志的である」ということになる．次の引用が，このあたりのまとめとしては充分でしょう．

> 余り注目されていないことだが，オプティミズムが意志の所産であるのに対し，ペシミズムは人間が意欲を喪失した際，ただちに陥る自然な状態である．その深い理由は，好い加減な思いつきを厳しく監視し，自己に誓いを立て，順序立てて行動をする自己統御こそが，あらゆる幸福の源泉であると共にその条件だからである．人間は身体の動きに流されてしまうと，自分がどれ程陰気な自動人形に堕してしまうか，十分自覚してないのだ．[★252]

よく引用される次の短い文章も憶えておいて損はないと思います．

> 悲観主義は気分に由来し，楽観主義は意志に由来する．[★253]

さあ，最後に，悲観主義者は〈そういうものだよ！〉とでもいうような宿命的な判断をしがちだったことを思い出しましょう．「**運命**(DESTIN)」（▶p.240）とか「**宿命**(FATALITÉ)」（▶p.346）とかいうものをどう考えるかという問いは立ちます．アラ

ンの次の一文はとても示唆的だと私は思います．

> 生きるという場合には，受けいれるのと余儀なくするのとでは大きな相違がある．行為自体が変えられるのである．運命が私たちを導くとはどういう意味か，はじめ私にはよくわからなかった．運命は私たちにたいして刻々に通路を──おしひしがれ悲観している人が足を入れぬ通路を提供してくれる，というのがその意味である．希望は多くの戸を開いたのだ．[★254]

あえてやってみようとしなければ，そうした通路は無いに等しいわけです．

ハイデガーが，ニーチェの「運命愛」や「同一物の永劫回帰」を解釈しながら述べた文章も引用しておきましょう．

> 何が未来に生成するかは，ほかでもなく決断にかかる事柄であること，円環は漠とした無限なるもののなかで閉じられるのではなく，その切れ目のない接合点を抗争の中点たる瞬間のなかにもつこと，つまり，無限の回帰のなかにあってそもそも何が回帰するかを決定するのはまさに瞬間であり，そのなかに抗争し衝突するものを克服する力にほかならない，ということである．瞬間のなかには永遠が存在すること，そして瞬間とは，見物者のかたわらを須臾に過ぎゆくただの刹那の時，はかない今なのではなく，未来と過去の衝突なのであるということ，これが永劫回帰説におけるもっとも困難な，そして独特な点である．[★255]

だがいったい何がすでに存在したのか，そ

★246──清水幾太郎『倫理学ノート』pp.138-139
★247──H. ベルクソン『哲学的直観』（『［世界の名著］ベルクソン』）p.114
★248──H. ベルクソン『形而上学入門』p.68
★249──ジャック・シュバリエ『ベルクソンとの対話』p.61〔傍点引用者〕
★250──A. モーロワ『アラン』p.43
★251──R. デカルト『方法序説』p.32
★252──アラン『裁かれた戦争』p.122〔傍点引用者〕
★253──アラン『幸福論』p.278
★254──アラン『人間論』p.136〔傍点引用者〕
★255──M. ハイデガー『ニーチェ I』pp.324-325

して再来するとは，はたして何が再来するのであろうか．次の瞬間に存在するであろうところのものが，である．もしおまえが，現存在を怯懦と無知のなかへ，しかもそれが伴うすべての結果と共に，辷りゆくがままに放任するなら，そのときにはまさに，そのままのものが再来し，すべてはすでに存在したそのままのものとなるであろう．しかしもしおまえが，次の瞬間を，そしてすべての次の瞬間を最高の瞬間たらしめ，その瞬間に発して結果を銘記し固持するなら，そのときには，まさにこの瞬間が再来し，この瞬間が，すでに存在したものとなっているであろう．〈それは永遠である．〉だがこの永遠は，おまえの瞬間のなかで，そしてただそこでのみ決定され，おまえ自身が存在者についてどう考え，存在者のなかでいかに自己を保持するかによって――おまえがおまえ自身に意欲し，また意欲しうるものによって――決定されるのである．*256

「悲哀とか苦悩とか病とか死」を基準にしてものを見たり考えたりすることで生きるのか，それとも，それとは反対の〈歓びとか楽しみとか健康とか生〉を基準にして生きるのかという大きな違いがここにはあります．人間の生の素晴らしさを記念しつつ生きるのか，人間の生の「愚かさ(SOTTISE)」(➡p.766)を呪いつつ生きるのかと言ってもいい．「素晴らしさ」も「愚かさ」も，あることを認めつつです．

どの感情にも，かげりがあり，疲労の時機がある．だが，人間はこうした瞬間に，喜ばしい勝利と再開のときより真実であるかどうか，これを知るのはまさに容易ならぬことである．スピノザならば，例のきびしい態度で，弱気や悲しみは私たちの力ではなく，幸福こそノーマルなもの，つまり規則を与えるものだということを，公理としてかかげるであろう．このたくましい思想は人を驚かせる．およそ思想は人を驚かせるのである．*257

PEUR
恐怖 ― 諸々の情動〔émotions〕の中での最初のものであり，驚きから生じるものである．驚きは，〈思わず飛び上がるといった動き〉〔sursaut〕として〔身体においては〕現れる．〔そういう動きは〕すべての筋肉の突然で秩序を欠いた収縮からなり，それは血行の乱れや内臓の充血と結びつく．この種の〔身体的な〕病は，直ちに精神〔esprit〕の病を生み出す．恐怖に対する恐怖という病であり，恐怖を二重のものとする病である．恐怖は勇気〔courage〕の質料である．

「情動」とはémotionが原語なわけですが，人によっては「感動」と訳します．しかし，日本語で「感動」というと，〈感動的だ！〉とかの良い意味が主として伴ってしまうことは否めないので，私としてはちょっと避けたい．もちろん，フランス語のémotionに，そういう良い意味が無いとは言いませんが，やはりニュアンスとして強調されるのは，むしろ身体的な激しい動きの方なのです．いずれにせよ，まずこの『定義集』の「情動(ÉMOTION)」(➡p.299)の項を見てみましょう．神谷訳を少し修正しながら示します．神谷氏は「情動」の定義の冒頭部分を次のように訳しています．

> 意志の許可なしに身体(心臓，肺，筋肉)のなかにできる，しかも突如，思考の綾を変容せしめる運動システム．

この部分の私の訳を提示すると，

意志の許可無く身体(心臓，肺，筋肉)の中に成立してしまう運動の〔支配〕体制〔régime〕であり，それは突如として思考の色合いを変えてしまう．

説明しましょう．神谷訳が「運動システム」としているのは，原語では régime de mouvement です．système という語は使われていません．世界史を思い出してもらえば，フランス革命のところに出てきた「アンシャン・レジーム(旧体制)」のレジームと同じ語です．つまり，当時の「社会(SOCIÉTÉ)」(▶p.748)を支配していた体制なのです．ですから，ここの régime de mouvement とは，運動というものが支配してしまっているという意味です．「運動システム」だと，そのへんが明確に出ませんよね．実際，森訳は「運動の体制」と訳しています．また，神谷訳が「思考の綾」としている部分を，私は「思考の色合い」としました．理由は，「思考の綾」だと，思考の内部で変化しているような感じがしてしまうからです．「思考の色合い」と訳すことで，〈思考がいわば力を失って，身体の運動が支配を始めてしまう〉というアランの執筆意図が明確に出ると考えました．要するに，思考は主導権を失い，敗走するのです．色合いが変わってしまう．

『定義集』の émotion の続く部分は，情動の例を挙げています．「愉悦」〔allégresse〕，「喜び」〔joie〕，「笑い」〔rire〕といった「ほぐれた感動〔les émotions déliées〕」(森訳)と，「恐怖〔peur〕」，「怒り（COLÈRE）」(▶p.180)といった「もつれた感動〔les émotions étranglées〕」(森訳)といったものです．私としては「愉悦」を「快活」「快活さ（ALLÉGRESSE）」(▶p.060)という訳語に変えたいところですが．ちなみに，délié とは〈束縛を解かれている状態〉を意味し，étranglé とは〈息を詰まらせたような（窒息的な）状態〉を意味します．どちらの状態も，焦点が当たっているのは身体的なものです．思考ではなくて，むしろ身体が自然にうまく働いてしまうとか，全然うまく動かないとか，そういう状態です．例えば，「快活」を考えてみると，〈何だかわからないけど，今日はウキウキする〉みたいな感じですね．私の訳を提示しておいた方がいいかな．

これは思考を伴わぬ情動であり，十分に栄養が足りていて，エネルギーに満ちていることから起こるものである．例えば，『若きパルク』の散歩は快活そのものである．快活を他の種類の歓びから区別するものは，考えが浮かぶと同時に行動がなされるというところである．人は自分が非常に見事にやれると知っていることに関しては快活である．人が学ぶ事については快活ではない．〔誰かと〕共にである場合にも快活ではない．例えば，ダンスでは快活ではない．そこには注意，羞恥，服従，克服された欲望，消された思考がある．快活は用心というものをしていない．★258

さて，「感動」（情動）を「体全体がいきなりはっと驚いて，強烈な混乱した反応を呈する，その反応★259」と説明している文章がアランにはあります．今回の「恐怖」の定義には参考になる記述です．実際，今回の定義の冒頭では「諸々の情動〔émotions〕の中での最初のものであり，驚きから生じるものである」と書かれていました．情動の始まりを，驚きに見ている．このへんを少し説明しましょう．面白いことに，デカルトは「驚き」を「情念」に数えています．引用してみます．

なんらかの対象の最初の出現が，われわれの不意を打ち，それをわれわれが新しいと判断するとき，すなわち，以前に知っているもの，あるいはわれわれがかくあるべしと想定していたもの，とは非常にちがっていると判断するとき，われわれはその対象に驚き，驚愕する．そしてこのことは，その対象がわれわれ

★256──同書, pp.412-413
★257──アラン『人間論』p.297
★258──〔傍点引用者〕
★259──アラン『芸術についての二十講』p.11

にとってつごうのよいものか，そうでないか，をわれわれが知る前に，起こりうるのであるから，「驚き」はあらゆる情念の最初のものであると私には思われる．[★260]

しかも，驚きには「知識」が関わっていることもデカルトは指摘します．

驚き以外の諸情念は，物が善く見えまたは悪く見えることを注意させるに役だちうるが，たんにまれだとのみ見えるものに対しては，われわれは「驚き」の情念をもつだけなのである．それゆえに，この情念への生まれつきの傾向をもたない人々は，通常きわめて無知であることが認められるのである．[★261]

稀であるか否かは，知識が無いと判定できないでしょうからね．もっとも，驚きすぎるのも良くないとされます．しかも，それこそが「恐怖」に関わっているのです．

「恐れ」または「恐怖」についていえば，それが有益でほむべきでありうる場合はまったく見あたらない．してみるとそれは，一つの特殊情念ではないのであって，ただ臆病と驚愕と懸念との過度にほかならず，そういう過度はつねに悪いのである．[★262]

だからこそ，その過度にならないようにすべきだとデカルトは言い，次のように指摘します．

過度の驚きをとどめる手段としては，多くの事物の認識を獲得し，最もまれで最も異常だと見られるようなすべてのものを，よくよく見る練習をするよりほかはない．[★263]

もちろん，それは「驚き」から「恐怖」が生じることをも抑制することこそ，人間が健康で善く生きることへと導くとデカルトが考えているからでしょう．実際，「『方法叙説』以後のデカル

トの第一の念願は立派な医学の建設にあったことは『方法叙説』のうちに見出される幾多の文章にてらしても明か」と言われるほどなのです．[★264]その『方法序説』から，デカルト自身の言葉も引用しておきましょう．

精神でさえも体質と身体諸器官の配置とに依存するところまことに大であって，人間をだれかれの区別なしに今までよりもいっそう賢明かつ有能ならしめる手段が何か見いだされうるものならば，それは医学のうちにこそ求むべきである，と私には思われる…〔中略〕[★265]

次のことだけはいっておきたい．医学に対して今までの規則よりも確かな規則を与えうるような，ある種の自然認識を得ようとつとめることにのみ，私は私の余生を用いようと決心していること．[★266]

デカルトの『方法序説』を一読してみれば分かるように，特にその第五部などは，心と身体との関係に注目しながらの，人間の身体器官・臓器の構造と働きに関する記述で満ちています．今回の定義でアランがそれに似た記述を始めるのも，そうした線に沿っています．定義の続きは「驚きは，〈思わず飛び上がるといった動き〉〔sursaut〕として〔身体においては〕現れる」となっていました．私が〈思わず飛び上がるといった動き〉と長ったらしく訳したsursautについてのフランス語類語辞典の記述をみましょう．

mouvement brusque occasionné par quelque sensation subite et violente, et qui peut consister à faire un saut, ou simplement à raidir, à convulsionner son corps. [★267]（突然に激しい何らかの感覚によって引き起こされた急激な動きであり，飛び上がらせたり，あるいは単に身体をこわばらせたり震撼させたりすることになりうる．）

こうした動きを，筋肉の収縮と血行の乱れそして内臓の充血をもたらすものとアランが語るのが，定義のさらなる続きです．身体がこわばっている状態，乱れている状態なのです．それを〔身体的な〕病だとアランは言う．もっともなことです．「緊張」がどんな作用を人間にもたらすかは，説明するまでもないでしょうが，次の引用はそれが身体全体に関わることであるのを再確認させてくれます．

> 緊張が，すべての筋肉に全体的に及んでいく，ということである．このために，綱を引っぱる人は，歯を食いしばるのだ．★268

こうした強ばりはマッサージでほぐさなければならないかも知れませんし，充血は漢方で言う「瘀血(おけつ)」というものとなり健康に害をもたらすと考えられています．もっとも，健康の話までしなくとも，緊張が普段の生活の楽しみを阻害することだってありうるのはすぐにわかることです．例えば，楽器を演奏する場合などを考えてみればいい．

> 自己自身にうち克つこと，そしてよく自己を統御すること，これが節制と，勇気と，叡智と，さらには正義との秘密である．だが，わが身の欲するところをなすとは，まずもって自分の手を操るすべを知るのでなくては，いたずらな企図である．弦楽器リュートの弾奏者は，自らのなさんとするところをよく知っている．だが，いかにしてこれをなすかを知っているというわけではない．経験のよく示してくれることだが，指のうえに重みをかけているのはつねに全身であって，これが指をたがいに結びあわせたり，

逆らわせたりする．緊縮し硬直した姿態は，われわれのうちにあって，われわれ自身への恐怖を保持するところのものである．★269

私もクラシック・ギターやリュートを習っていたことがあり，発表会に際しての緊張と強ばりは嫌というほど経験済みです．それがどんなにメンタルなダメージを与えるかを知っています．まさに「恐怖に対する恐怖という病」です．次の引用が参考になるでしょう．

> 恐れにたいする恐れははてしなく恐れをつのらせるが，反対に，この恐れを恐れなくなり，結局，恐れに思いをよせなければ，恐れもたいしたことにはなるまいからである．自分の将来を予言しないことだ．★270

〈ミスタッチをしてしまうのではないか〉とか〈頭の中が真っ白で，暗譜が吹っ飛びそう〉とか考えれば，それだけでもう恐怖は頭をもたげ，それによって強ばった身体は，それらの予見を現実化させる方向に進ませるに充分な効果を持つのであって，強ばった身体を自覚すればするほど，恐怖はいや増すことになります．定義にあるように，「恐怖を二重のものとする」のであり，さらに言えば〈恐怖のサイクル〉に落ち込むことになる．「心配」とか「臆病(TIMIDITÉ)」(►p.815)とかも，そういう二重化によるサイクルを持つのです．

> 絶えざる心配がどういう結果をひきおこすか，考えてみるがいい．恐怖心の働きが自然に病気を重くすることに思い至らない限り，用心深さに対して用心深くなれはしないものである．★271

★260──R. デカルト『情念論』p.140〔傍点引用者〕
★261──同書, p.151
★262──同書, pp.231-232〔傍点引用者〕
★263──同書, p.152
★264──澤瀉久敬『フランス哲学研究』p.145
★265──R. デカルト『方法序説』p.75
★266──同書, p.91
★267──H. Bénac, *op.cit.*, p.858
★268──アラン『芸術に関する101章』p.235
★269──アラン『神々』p.190〔傍点引用者〕
★270──アラン『人間論』p.211
★271──アラン『幸福論』pp.29-30

585

私たちはときに心配事を忘れようと努めるものだが，これではかえってそのことを考えてしまう．[*272]

　臆病は待っているあいだにつのる．なぜなら，有効にふるまうことも，はっきりと知覚することもできぬところから，私たちはこのとき自分の体のなかに，自己自身によって養われてゆくとりとめのない盲動を経験するから．[*273]

　臆病者は，人の評判をおとすようなことをする自分自身を呪い，今後も評判をおとすだろうと自分自身に予言する．最も悪いのは，人々は自分が臆病であることを知っている，人々は笑っている，自分に罠をかけている，というように想像する場合である．これではいよいようまく自分の役柄を演ずるばかりであろう．それは彼にもわかっている．頭はそのことでいっぱいなのだ．[*274]

　死に対する恐怖は，馴らされていない動物同然の肉体への，この種の敵意と不安との結果として生まれたということが，私には，わかるような気がするのである．要するに，死をこわがらせているものは，許可もなしに，そして意図に反してまで，肉体がしようとすることへの，絶えざる恐怖だけなのである．それは，臆病の，さらにいうならば，羞恥の，最後の結果であるだろう．[*275]

　さて，さきに「医学」の話をしましたし，身体の構造や働きの話をしました．デカルトに多くを学んだアランにとって，実は，科学そのものがそうしたものに資するべきものなのです．

　アランの考えるところによれば，科学は好奇心の問題ではなく，知恵の問題である．言い換えると，科学は，不安や心配から解放された人生につながっていくものでなければ意味がない．[*276]

　さあ，今回の定義の最後の一文です．「恐怖は勇気の質料である」というもの．「質量」〔masse とか quantité〕ではなく「質料」〔matière〕ですから，間違えないように．これは「形相」〔forme〕と対になって用いられるアリストテレス哲学の用語です．「形相」は簡単に言えば〈形〉，「質料」は簡単に言えば〈素材〉です．例えば，「椅子」というものは，素材としての木などと，椅子としての形から成っていますよね．素材だけあってもまだ椅子ではないし，椅子の設計図だけあっても，それはまだ椅子ではありません．現実の製作によって（つまり素材に形をつけることによって），椅子になるのです．では，「恐怖は勇気の質料である」とはどういうことでしょう？　〈「**勇気（COURAGE）**」（▶p.196）というものが成立するに当たっては，その素材として恐怖がある〉ということです．言うならば，〈恐怖があるにもかかわらず，それを克服してこそ勇気となる〉ということです．情動や情念があってこそ，「**感情（SENTIMENT）**」（▶p.732）も成り立つのです．

　アランは別のところで「恐怖」について次のように書いています．

　　この情動に十分な注意がはらわれることはけっしてないだろう．それはあらゆる情動の芽生えはじめの状態であり，例外なくわれわれのすべての情操の，変化に富み，不安定な，そして豊かな，下地なのである．恐怖をともなわない勇気もなければ，恐怖をともなわない愛もなく，果ては，恐怖をともなわない崇高さもない．だからこの世には一つの闘いと一つのドラマしかない．それは，各人が自分とともにやる闘いとドラマである．[*277]

　では具体的に，どうやって恐怖を克服したらいいのでしょうか？　考えてごらんなさい．

PHILOSOPHIE

哲学 － これは，幻滅や屈辱といったものに捉えられないように警戒する心〔âme〕のある一つの態勢〔disposition〕であり，ほとんどすべての善〔biens〕とほとんどすべての欲望〔désirs〕が空しい〔vanité〕という考えによるものである．哲学者は〔本性に基づいているという意味で〕自然的で自分に嘘〔mensonge〕をついていないものしか引き受けないことをめざす．哲学者の欠点は〔何かを〕非難する傾向があることと，懐疑を好みすぎることである．

そもそも，人は，なぜ哲学などという営みを始めてしまうのでしょうか？　アリストテレスによれば，哲学の始まりは，古代ギリシアの時代に交易などで経済的な余裕のできたイオニア（現在の小アジア，トルコの地中海沿岸で，古代ギリシア人の中のイオニア人が創った植民都市があった地方）の人たちの何人かが，この世界の〈もとのもの(ἀρχή)〉についての考察を始めた時だといいます．まぁ，ある程度は生活に余裕がないと，そんなことを考えるには至らないというのは，もっともに思えます．要するに，この世界は何から生じ，何へと滅するのかというような問いが立てられたのです．タレスはその〈もとのもの〉を「水」だとし，アナクシマンドロスは「無限なるもの」だとし，アナクシメネスは「空気」だと言ったというのです．この三人は都市国家ミレトスの出身であるために「ミレトス学派」ということもあります．そこで考察されたのは，言うならば世界の生成生滅なのであって，現在では自然科学者が物質的な探究の中でやっているようなことです．それゆえ，最初の哲学者たちは「イオニアの自然学者」と言われたのでした．こうした考察の系譜が，考察を人間へと向け始めるのが，アテネ(アテナイ)の民主制爛熟期に登場するソフィストたちあたりからだというのが通常の見解です．しかし，ソフィストたちが教えたこと（実を言うと，彼らは徳を教えると言っていたのです．金をとって）は，真理がどうのこうのというよりは，民主制下で人を言い負かし説得する技術であったために，それを批判する形で，ソクラテス・プラト★278ン・アリストテレスのギリシア古典哲学が成立してくるのです．それはアテネを代表とする都市国家(ポリス)における直接民主制という安定した体制を基礎とした物事の考え方なのですが，ご存知の通り，マケドニアのアレクサンドロス大王によって，ポリスは破壊され，一大帝国が成立してしまう．その意味で，言わば，古典哲学の思想は地盤を失うわけです．物事を考えようという人々は，まさに，拠り所なく，狼狽える．ヘレニズムと言われる時代の状況です．そこで，ある人は，自分を律しようと禁欲的に生きようとする(ストア派)．またある人は快楽へと流れる(エピクロス派)．またある人は神秘的なものへと惹かれて身を投ずる（神秘主義的な新プラトン主義）．**キリスト教(CHRISTIANISME)**（▶p.160）も成立する．いずれにせよ，古代ギリシアにおける哲学は，それなりの発展を遂げながら中世キリスト教的な哲学へと流れ込むのでした．経済的な余裕から，こうして悠々と世界や宇宙について問う自然哲学もあったわけですが，人生の中で狼狽え，どう生きたらいいのかが分からなくなって哲学を始める人もいたのでしょう．今回の定義の冒頭にある「幻滅」や「屈辱」を嫌というほど味わい，そうしたものへの対処法を求めて哲学が始まることだってあるのです．「幻滅」や「屈辱」はなぜ生じるのか？　それは自らが抱いた「**欲望(DÉSIR)**」（▶p.223）にその原因のひとつはあるのではないか？　「空しい」もの〔「**虚栄(VANITÉ)**」（▶p.843）〕に心を奪われたからこそ幻滅や屈辱が生じたのではないか？　そんなことを考え

★272──アラン『人間論』p.32
★273──同書，p.210
★274──同書，p.253
★275──アラン『芸術に関する101章』p.197
★276──O. ルブール『人間的飛躍──アランの教育観』p.224
★277──G. パスカル『アランの哲学』p.168〔傍点引用者〕
★278──ですから，「詭弁」のことを sophism と英語でもいうのです．

る人たちもいたわけです。仏教が「煩悩」について語りながら、それからの解脱をめざしたのも、こうした思いからは遠くないのでしょう。そこにはある種の「禁欲」的な生き方がめざされている。[*279]

　アランが、さきの哲学派のうち、ストア派の強い影響を受けていること（プラトンからの影響はもちろんですが）はこれまでの講義の中での説明でもお分かりのことでしょう。今回の「哲学」の定義にも、それは色濃く反映されています。実際、定義の冒頭部分を見れば一目瞭然でしょう。哲学を「幻滅や屈辱といったものに捉えられないように警戒する心のあるひとつの態勢〔disposition〕であり、ほとんどすべての善〔biens〕とほとんどすべての欲望〔désirs〕が空しい〔vanité〕という考えによるものである」とまで書くのですから。[*280]ストアこそ、そういう考え方を持っていたのです。ここで、dispositionについても少し説明しておきます。神谷訳が「按排」と訳し、森訳が「態度」と訳している言葉です。ラテン語の dispositio からきている言葉ですが、ひとことで言えば〈妨げられなければ何らかのことが実現しうるほどに準備が整っている状態〉とでもいうものです。心にそういう「**警戒**(ALARME)」（▶p.058）の「態勢」ができているのが哲学が成立しているということだとアランは言うのです。そういうものが成立する理由は「空しさ」の経験でしょう。「ほとんどすべての善とほとんどすべての欲望が空しいという考え」とアランは書いています。哲学などというものを持たない人々は、普通、その「**善**(BIEN)」（▶p.131）とか欲望とかの対象を自分の外にあると認め、それに向かっていこうとするものです。ここで重要なのは次のことです。

　　アリストテレスは、何がわれわれにとって善に見えるか、その見え方に対してもまたわれわれに責任がある、と応酬している（『ニコマコス倫理学』第三巻第五章――一一四b一以下）。[*281]

　言い方を換えれば、善と見えるものを必要以上に増やしてしまうことだってありうるわけで

す。ストア派は、善悪の吟味が必要だと考え、自分（ストア派の場合、意志こそがそれなのですが）の外にあるものは善でも悪でもないと断ずる。次のように、不安への対処を語りながらです。

　　一方、意志外のものが善いものでも悪いものでもなく、他方、意志的なものがすべてわしどもの権内にあって、ひとがそれらのものをわしどもから奪うことも、またそれらのうちわしどもの欲しないものを持ってくることもできないならば、どこになお不安の余地があるだろうか。[*282]

　あえて言えば、自分の意志の及ぶ範囲の外にあるものは、自分の圏域内には無く、どうしようもないもの、さらに言えば「どうでもいい事柄」なのです。

　　もろもろの存在のうち、あるものは私たちの権内にあるけれども、あるものは私たちの権内にはない。意見や意欲や欲求や忌避、一言でいって、およそ私たちの活動であるものは、私たちの権内にあるけれども、肉体や財産や評判や公職、一言でいって、およそ私たちの活動でないものは、私たちの権内にはない。[*283]

　　もっとも高貴な人生を生きるに必要な力は魂の中にそなわっている。ただしそれはどうでもいい事柄にたいして無関心であることを条件とする。これに無関心になるには、かかる事柄の一つ一つをその構成要素に分析してながめ、同時に全体としてながめ、そのうち一つとして自己に関する意見を我々に押しつけるものもなく、また我々のところへ侵入してくるものもないということを記憶すればよい。[*284]

　ところが、そういう「どうでもいい事柄」を、そうとは考えずに価値あるものとし、追い求め、ま

た失う不安を抱くと，魂(心)〔「魂(ÂME)」(►p.069)〕は病むとストア派は考える．

　たしかに，魂の病も成長していくのだ，と哲学者たちがいっている．というのは，もしきみがいちど金銭にたいする欲を起こしたとき，もし悪いことだと意識させるように，理性が適用されたならば，その欲望はとまって，わしらの指導能力は，最初のところにおさまる．けれども，もしきみがなんら治療の手段を講じなかったならば，もはや同じところへはもどらないで，むしろふたたび対応した心像によって刺激され，以前よりもっと速やかに，欲望を焚きつけることになるからである．そしてこれが連続的に起こるならば，けっきょく硬化して，その魂の病は，貪欲を固定してしまうことになるのだ．
★285

　これこそ，「態勢〔disposition〕」ができてしまうということです．欲望の対象を追い求める「態勢」が，です．ここでアランが定義している「哲学」は，逆に，欲望そのものを控える態勢をつくろうとしている．まさに，ストア派的な禁欲はそれでしょう．欲望の対象を追い求める方の「態勢」はどんどん嵩じて過度へと至る．必要以上とでも言いましょうか，そういう欲望を抱くようにもなる．食欲についても，健康に必要なという意味での自然な食物摂取量はあるでしょうが，先進国では，多くの場合，それを越えて食べている．アメリカ合衆国で肥満・メタボが一般的なのは周知の事柄です．購買欲についても同じ．広告やコマーシャルで需要が創りだされ，消費は煽られ，必要以上のものを買っている場合はありませんか？　ここでは，過度が求められてしまっている．哲学者はそういうものには乗らないことをめざす，とアランは続けているのです．「哲学者は〔本性に基づいているという意味で〕自然的で自分に嘘をついていないものしか引き受けないことをめざす」とあります．「本性」という言葉で私が念頭に置いているのは，ラテン語の natura で，英語では nature，つまり自然なのです．さて，「自然的」というのはいいにしても，「自分に嘘をついていないもの」とはどういうものでしょう？　原語は，ce qui est sans mensonge à soi です．直訳すれば〈自らへの嘘が無いもの〉であり，森訳は「それ自体に嘘を含まないもの」と訳し，神谷訳は「自分に嘘をつかないもの」と訳しています．〈何かあるもの〉が〈嘘をついている〉ということはどういうことでしょう？　私は，さきほど「自然的」のところで説明した〈過度〉こそがそれを説明するものだと思います．つまり，自然を逸脱してのこの過度こそが，本来必要ではないはずのものが，必要なんだよと嘘をついているような事態だ，と．もちろん，そんな「嘘(MENSONGE)」(►p.472)をつかせているのは，人間が煽り煽られて「態勢」となった欲望があってこその話です．「第二の自然」とよく言われる「習慣(HABITUDE)」(►p.393)というものが成立してこそです．「悲観主義(PESSIMISME)」

★279──ちなみに，新プラトン主義の代表者プロティノスと仏教には接点まであるかも知れないのです．以下のように．「学者のなかには，もっと積極的に，プロティノスが華厳的思想を直接知っていて，その影響を受けたのではないかと考えている人もある．…〔中略〕…なにしろプロティノスが，インドの宗教・哲学にたいして，憧憬に近い関心を抱いていたことは周知の事実ですし，それにプロティノスが活躍していた西暦三世紀は，インドにおける大乗仏教の活力あふれる興隆期であったということも，今問題としていることに無関係ではなさそうです．…〔中略〕…この方面の権威の一人であったドイツの故エルンスト・ベンツ(E. Benz)教授が，数年前，私に個人的に話してくれたところによると，その頃の地中海の大国際都市アレクサンドリアには，すでに相当有力な仏教コミュニティーが存在していたそうで，もしそれが本当ならば，あれほど烈しくインドに惹かれていたプロティノスが，彼らに接触していなかったとは到底考えられません」(井筒俊彦『コスモスとアンチコスモス──東洋の哲学のために』p.10)
★280──森訳も神谷訳も âme を「魂」と訳しているのですが，私はあえてここでは「心」としておきます．「魂」としてしまうとアリストテレス以来の伝統から，「植物的魂」「動物的魂」「人間的魂」といったような階層を考えるのが普通です．しかし，アランがここでいっているのは，主として人間のことなので，「心」と訳した方が無難かなと判断します．植物や動物が哲学するようにはあまり思えない．
★281──G. E. R. ロイド『アリストテレス──その思想の成長と構造』p.201〔傍点引用者〕
★282──エピクテトス『語録』p.329〔傍点引用者〕
★283──エピクテトス『要録』p.385〔傍点引用者〕
★284──マルクス・アウレリウス『自省録』p.188〔傍点引用者〕
★285──エピクテトス『要録』p.333

(▶p.576)が自然であるというときの自然もこちらでしょう．まさに〈放っておけばそうなってしまう〉ということでした．欲望についても，確かに，自然にある．けれども，それに身を任せると，どんどんと嵩じてしまい「過度」が「態勢」として「第二の自然」となる．それを拒否しようというのが哲学者だとアランは書いているわけです．ですから，「自然的で自分に嘘をついていないもの」を受け入れるとは，「第二の自然」としての過度を排除しての話だというわけです．次の引用における「自然」はそのように解すべきであると私は考えます．

記憶すべきは，哲学は君の(内なる)自然の欲するもののみを欲することだ．★286

この意味で，ストア派は「自然と一致して生きること」(ὁμολογουμένως τῇ φύσει ζῆν)をめざすのです．めざすのであって，放っておいてもそんな(過度を排した)生き方ができるわけではないのです．デカルト風に言えば，次のようなことが大事なのです．

私たちをあざむくのは私たちであって，それは私たちの真実の能力をたゆまずはたらかせていないからだということをも意味している．★287

「あざむく」という言葉が出てきています．〈嘘をつく〉に非常に近い言葉ですよね．今回の定義との関連で次の引用を吟味してみるのはとても参考になると思います．

se tromper〔誤る〕とは美しい動詞である．これはêtre trompé，すなわち欺かれるということとは，まったく別のことである．自らを欺くとは能動である．およそ情念というものは誤謬であると，ストア派の人たちはいった．★288

こうして〈誤謬を犯す〉ことを避けようと哲学者は努めることになりますが，上述のように，過度を普通のことのように受け入れている人々がほとんどなのですから，哲学者はそれに苛立ち，「非難する傾向がある」のも，もっともと言えばもっともです．そして自分はそういう〈誤謬〉を犯さないように「懐疑を好みすぎる」ことになるのでしょう．

PIÉTÉ
敬虔 – 下の者から上の者へと向かう愛〔amour〕である．子としての敬虔〔親孝行，孝心〕ということが言われる．そしてこれは神々〔dieux〕に向かうのと同じ感情〔sentiment〕である．敬虔は判断すること〔juger〕を自らに禁じる．それは気分というもののどんな混ざり込みも自らに許さない．それゆえ，それはまた一種の礼節〔politesse〕であって，諸々の形式を決して軽視しないし，ある種の荘厳さをも決して軽蔑しない．敬虔は情念〔passion〕から浄化された感情の一例である．

敬虔などという概念というか実感が現在の日本に残っているのかどうかはかなり疑問です．多くの人が吟味無しで無神論的なスタンスを持ち，核家族化して，親の面倒をみるのも嫌がる人々が結構いるような社会ですから．私だって，偉そうなことを言える立場にないことは認めます．親のことは兄の家族に任せきりだったのですから．

私はフランス人が創立した東京のカトリック系ミッションスクール(暁星学園)に中学・高校の6年間は通っていたので，「**キリスト教**〔CHRISTIANISME〕」(▶p.160)についてもある程度の知識があります．しかし，みなさんの多くと同じように，私は生まれながらの仏教徒であり，しかもそうであっ

ても，それこそ葬式仏教に近い感じを持っています．学生時代，毎年のように，真冬，京都に一人旅をしていたことはありますが，熱心な仏教徒というわけでは全然ありません．つまり，「敬虔」という**感情(SENTIMENT)**(▶p.732)を神仏について強く持っていたわけでもないのです．しかも，父親がかなりの問題人物であったために，父に親孝行をしようなどとは，特に自分が経済的に独立するまでは，微塵も思ったことがなかった．憎悪と反面教師としての存在でしたからね．もちろん，そんな状況をほぼ一人で支えていたのは母で，その点については頭が上がりませんでした．そんな私が敬虔について語るとどうなるか，それが今回の講義です．

さて，今回の定義は「下の者から上の者へと向かう愛〔amour〕である．子としての敬虔〔親孝行，孝心〕ということが言われる．そしてこれは神々〔dieux〕に向かうのと同じ感情〔sentiment〕である」という記述から始まります．「下の者」とか「上の者」とか言うと，何だか位階秩序(ヒエラルキー)が前提とされているようで，最近のみなさんがよく使う言葉，つまり「違和感」を覚える人が結構いるんじゃないでしょうか？ 神谷訳のように「劣位者」とか「優位者」とかにするとその感じは一層強くなる．注意する必要があると私は思います．私の解釈は，ですから，そういう〈固定したヒエラルキー〉のようなものを，この「下の者」とか「上の者」とかに読み込まない方向に進みます．あえて言えば，事実問題のレベルに留めるのです．人間は，他の動物とは違って，生まれた途端に親なりそれに類する人物の保護下に置かれないと死んでしまうような存在です(狼に育てられた例はありますがね)．生まれてすぐ立ったりする馬などと対比してごらんなさい．馬だって母馬の乳を飲むではないかという

のとは，話の次元が違う．すなわち，人間は，生物としての事実として，親とかそれに代わる存在を，その生存上，必要不可欠としている．生まれたばかりだと，たとえ深夜であっても，3時間に一回は授乳が必要です．そのためほとんどの親が，この時期，慢性の睡眠不足です．私も妻が娘に授乳するとき，よく一緒に起きていました．それに代表される子育ての一連の事実があったことを，親が子に言うかどうかは知りませんが，もしそれを知ったとき，子としてのみなさんはどう思うでしょうか？ そのとき，生じるかも知れない感情を「敬虔」と呼ぶことも許されるのではないか，というのがアランのこの定義の始まりの部分ではないでしょうか？ それは一種の「**愛(AMOUR)**」(▶p.076)だと．

この同じ感情が，「神々に向かう」とアランは書きます．「神々」と書いているのであって一神教の「神」では，さしあたって，ありません．キリスト教やイスラム教は，他の「**神(DIEU)**」(▶p.263)を認めませんから，「神々」を立てることは異教であることになります．しかし，多くの私たちのように八百万の神を認めてきた方から言うと，〈キリスト教やイスラム教の神も認めてもいいけど，八百万の神も認めてね！〉みたいな思いですよね．いずれにせよ，アランには『神々』という書物がありますし，実際，次のように書きます．

> これは，すべての宗教は真実なものだという一教説を自らに約束しつつ，同時に，できるだけこれを先に繰り延ばすことである．もしわたしが神の位置で，神のように，神々を思考することができるならば，すべての神々は真実のものとなろう．[290]

---

[286]──マルクス・アウレリウス『自省録』p.68
[287]──アラン『イデー(哲学入門)』p.181
[288]──アラン『神々』p.80
[289]──この「違和感」という言い方が，学生さんたちのリアクションでも，またテレビに出てくるキャスターのような人たちでも，頻繁に使用されるように思うのです．何だか気持ち悪い．どうしてこの言葉が頻繁に使われるのか？ 「和」を前提にしすぎているのではないかと私は思います．そしてその「和」の正体を確かめるまでもなく，〈和を乱す〉言動を封鎖しようとするような感じがこの「違和感」という言葉にはあるように思うのです．そう思いませんか？ 場合によっては，イジメにも関わる話だと私は思うのですが．
[290]──アラン『神々』pp.9-10

591

アランが教会に行かなくなったからといって，「宗教(RELIGION)」(→p.676)に無関心なわけではありません．そのことをある研究者は次のように書きます．

　『宗教論』，『神話入門』，あるいは『神々』が，アランの哲学全体と区別された作品でもなければ区別できる作品でもないということだ．『芸術に関する一〇一章』，あるいは『諸芸術の体系』についても同じことが，それも同じ理由からいえる．なぜなら，『諸芸術の体系』が示しているのは，人間がどのようにして自分の形を自分の作品に刻み込んでいるかということであるからだ(cf. H.P. in A.D., p.163)．精神の哲学，すなわち人間のなかに，精神であるという意識を目覚めさせ，呼び起こすことをねらう哲学は，音楽とか絵画に無関心ではいられないのと同様，異教とかキリスト教にも無関心ではいられない．[★291]

　話を古代ギリシア，つまりキリスト以前に戻します．実はプラトンの著作にも「敬虔〔ὅσιος〕」が主題となっているものがあります．『エウテュプロン』という作品です．その内容を全面的に紹介することなど短時間ではとてもできませんので，しませんが，そこではエウテュプロンが自分の父親を告訴しようとしている話が出てきて，しかもそれを神々に愛でられる行為としてエウテュプロンは語ろうとしているのです．この対話篇はごく初期のもので，いわゆるソクラテス的対話篇のひとつなのですが，例にもれず，ここでも「敬虔」とは何であるかについての結論は語られず，エウテュプロンはまるで逃げるかのようにソクラテスのもとを去って終わるのです．プラトンによるソクラテス的探究なのですから，まず，エウテュプロンが〈「敬虔」とは自分が現に行なっていること，罪を犯し不正を働く者(この場合は父親)を訴え出ること〉だと答えるのに対し，〈それは「敬虔」の一事例に過ぎない〉とソクラテスは論駁して，エウテュプロンの第一の定義を破砕します．

　　それでは覚えているかね．ぼくが君に要求していたのは，そんな，多くの敬虔なことのうちのどれか一つ二つをぼくに教えてくれることではなくて，すべての敬虔なことがそれによってこそ，いずれも敬虔であるということになる，かの相〔εἶδος〕そのものを教えてほしいということだったのをね．[★292]

　この「相〔εἶδος〕そのもの」こそ，後に，はっきりとイデアと呼ばれてくるものです．しかし，それはそれとして，この後，『エウテュプロン』のなかでは，〈「敬虔」とは神々に愛でられるものである〉という第二の定義が提出されてソクラテスに論駁され，その改訂版としての〈「敬虔」とはすべての神々が愛するものである〉という定義が提出されて論駁され，〈「敬虔」とは，〈正しいもの〉の神々の世話に関わる部分である〉という第三の定義が提出されて論駁され，〈「敬虔」とは，〈正しいもの〉の，神々の世話に関わる部分，すなわち神々への奉仕術である〉と言い換えられて提出されて論駁され，最後に〈「敬虔」とは，犠牲を捧げたり祈ったりする知識，すなわち神々への請願と贈物の知識である〉という第四の定義が提出されて論駁され，エウテュプロンは逃げだすのです．

　いずれにせよ，プラトンのこの対話篇での議論は，親の話から始まり，神々を巡って展開されることは，アランの今回の定義と同じわけです．プラトンが「敬虔とは何か？」について主題的に書いたのはこの『エウテュプロン』のみであること，しかもそれは答を出さずに終わっていることを思えば，アランのこの「敬虔」の定義は無謀甚だしい試みなのでしょうか？　必ずしもそうではないでしょう．プラトンと同じような場(親と神々)を設定し，プラトンがそこで語り終えている場面を念頭に置きながらも言えることをアランは語っているように私には思えるか

らです．

　さきに，生まれたままでの人間の不完全性について触れました．赤ん坊が一人では生きていけないという事実的な確認です．その上に立って，親への愛は語られたのでした．しかし，神々についてはどうか？　どうして神々にもそんな愛が向かうのか？　古代ギリシアの神々は，言わば人間の理想型です．人間の理想型ですから，人間の持ちうる高みをいろいろな形で神々としたと言ってもいい．しかし，人間は高みだけを持つわけでもありませんから，ギリシアの神々はそういう人間の愚かというべきものをも保持します．神々の間での見解の相違などいくらでもあるし，果ては人間を誘惑したりもします．そんな人間的な神々であっても，まさに高みがそこに保存されているがゆえに，人間はそこに向かうこともできるという意味で，つまり「理想 (IDÉAL)」（▶p.402）があってこそ現実を乗り越えられるとでも言うべきことが起こる．理想への愛が無くては，人間は転げ落ちるかも知れないのです．理想を追うことを誓った人間と，理想など追うものかと考える人間には大きな違いがある．人は，なぜ，わざわざ「詩 (POÉSIE)」（▶p.606）など創るのか考えてご覧なさい．詩は自然にできるのではない．あえて創るのです．

　　すべての凶事は，ひとりでに起こる．計算違いも，ひとりでに起こる．恐慌も，ひとりでに起こる．海難も，ひとりでに起こる．倒れるためには，注意力など，ちっとも必要でない．自然が，それを引き受けてくれる．間抜けであったり，不器用であったりするのは，むつかしいことではない．正義に悖るのは，むつかしいことではない．もうだめだと，考えることも，すべてはつまずき倒れる老人のようになる，と考えることも，むつかしいことではない．それは，崩れ落ちる言葉である．これに逆らって，詩人は，創作するものだ，と私は思う．なぜなら，詩人は，言葉を垂直に立てるから．もっと適切にいえば，彼は，あらかじめ，言葉を規則づけるのだ．なにをいおうとするか，まだわかってはいないのだが，彼は，規準に従ってものをいうことを，誓ったのだ．

音楽で言えば，次のようになる．

　　小鳥の歌声は，泉のさざめきのようでもあり，風のざわめきのようでもある．それは，ありのままのものしか語らない．人間の歌声は，過去にあったものを，これからあるものを，再び始まるものを，自分に似ようと欲するものを，いい表わそうとする．くり返される歌の，あの対句のなかには「注意力〔attention〕」があるし，また，「期待〔attente〕」がある．この二つは，同じ単語なのだ．この完璧な拍子．この規則づけた抑揚．この綿密周到なくり返し．これこそ，びくとも動かぬ信仰であり，本質的な宗教である．悦びという，肉体から生まれたものではない．希望という，ひたすら精神から生まれたものなのである．

　そんな〈人間としての私〉が，どんな方策を以て，敬虔を自覚し，表現するのか？　そう問うてみましょう．それが簡単ではない．なぜなら，人は，時として，自分や世界の不完全性に傷つき，自分がこの世に存在すること自体を呪ったりもするからです．子としての最悪の言葉が親への〈何で私を生んだのか？〉という言葉であろうと思います．それと同じように，〈もし神が存在するなら，なぜ人間をこのように日々誤謬

★291──G. パスカル『アランの哲学』p.66
★292──プラトン『エウテュプロン』6D, p.17
★293──実際，先の『エウテュプロン』での，〈「敬虔」とは神々に愛でられるものである〉という第二の定義が提出されてソクラテスに論駁されるとき，神々の間の意見の相違が理由として挙がっています．その改訂版としての〈「敬虔」とはすべての神々が愛するものである〉という定義が提出されるのは，「すべての神々」とすることで，それを避けたわけです．
★294──アラン『芸術に関する101章』p.251〔傍点引用者〕
★295──同書, p.250

593

を犯し，愚かな喧嘩や戦争を繰り返すほど不完全なものとして創造したのか？〉と問いたくもなるのでしょう．しかし，そんな言い草は正当性を持つのでしょうか？〈もっと人間がまともな存在であったら！〉とか言う場合には，人間は自らに何らかの欠陥(欠如)を観て，嘆いているわけですが，そんなことなどできるのかということです．デカルトの「第四省察」で展開される誤謬論を解釈しつつ福居氏は次のように述べるのでした．

　　懐疑の原動力を成している〈われわれが誤りを犯す〉という事実は，唯単に〈われわれは無限者でない〉という「純粋の否定」，言うなら〈われわれにおける完全性の否定〉，更に言うなら〈われわれの被造性〉の表現に過ぎぬ，ということである．ここで留意すべきことは，〈われわれが有限で不完全な者だとすれば，時として誤りを犯すとしても少しも不思議ではない〉と結論づけぬことである．問題はむしろ，〈われわれが時として誤りを犯す〉という事実が不思議なのだ，ということである．「全能の神」ならば〈完全な作品〉を作ることもできたはずである．そうだとすれば，われわれは自覚していても尚誤謬を犯すということがあり得るというのか．このようにして，誤謬は，「純粋の否定」と規定されることによって初めて，逆説的に人間に関する積極的な規定として，論じられることになる．すなわち，「誤謬は純粋の否定なのではなくて，欠如，言うなら私のうちに何らかの意味であるべきはずの或る認識の欠失である」，と．[★296]

　すなわち，神は初めから私たち人間が誤謬を犯すように創ったと考えるのではなく，私が自分の持っている能力について思い違いをしている(「私のうちに何らかの意味であるべきはずの或る認識」が欠失している)からこそ私は誤謬を犯すのではないかということです．

「欠如」はあくまでも私から出来(しゅったい)するかぎりでの作用そのもののうちに内在する事態であって，私が神から受け取った能力，ないし神に依拠するかぎりでの作用，のうちに内在する事態ではない．私がそれについてのいかなる観念をももっていないような無数の事物がおそらくは存在しているであろうが，しかし本来的に言えば，それらの観念は「〔私に〕欠如している」というわけではなく，「ただ否定的に，〔私はそれらの観念〕無しでいる」というだけのことである．それというのも，神は私が現に与えられているものよりもいっそう大きな認識能力を私に与えるべきであった，ということを証明するための何らの根拠をも私は呈示しえぬからである．[★297]

　重要なことは，被造物を，先ず「純粋な否定」の相のもとで，その〈在るがままの姿〉において捉えることである．この条件のもとでのみ，〈私は誤る〉という事実は，「欠如」の相のもとでその本質を開示しうるのである．[★298]

　欠如は，すでに述べた如く，〈私から出来するかぎりでの作用〉そのもののうちに内在するのであって，〈神から受け取った能力〉のうちにも〈神に依拠する作用〉のうちにも内在する事態ではない．「多くのものを知解しない」ということは，有限な知性の有限たる所以であり，被造的知性の被造的たる所以であって，〈神が私に与えなかったものを私は神によって「奪われている〔欠如せしめられている〕(privatum)」〉と考えるべき謂われはない．[★299]

　デカルトの「我思う〔cogito，思惟する〕」のところでやったように(▶p.545)，そういう思惟としての存在である私は〈自分で自分を存在させたわけでもないらしい〉(つまり自分で自分に存在を与え

たのではなさそうだ)とすれば，現に今，この存在を賜ったことに対する，親や神々への愛は語られるだろうということです．

その愛に基づいて何をするのか？　それを簡潔な形で，定義は続けているのだと私は思います．「敬虔は判断することを自らに禁じる」というのです．どういうことでしょう？　あれだけ判断というものを称揚したアランが「判断することを自らに禁じる」というのはなぜでしょうか？　ヒントになるかも知れないのは，次の引用です．

> 平和の精神には知性以上の何ものかが必要である．それはいわば知性に先んずる光明とでもいったもの，つまり慈愛である．すなわち他者の自由を求め，願い，愛することである．知性の取り決めは力の作用を排除した純粋な形でなされるべきだが，それと共に，人間を人間として遇したいという意志が，知性の取り決めを超えて君臨しなければならない．なぜなら，知性の取り決めは，感謝とか尊敬に比べれば矮小なものにすぎないから．[300]

この引用は戦争に関連して書かれた文章なので，「平和(PAIX)」(→p.524)の話が出てきていますが，私が注目したいのは，この引用の後半です．「知性の取り決めを超えて君臨しなければならない」ものがあり，「知性の取り決めは，感謝とか尊敬に比べれば矮小なものにすぎない」と言われていることです．確かに「知性の取り決め」は，判断の基本的な性格をあらわにしています．〈判断する〉とはラテン語でjudicoであり，「法律(jus)」という語と密接に関わりを持っています．「法」がどれほど人間の内面性に(つまり，上の引用で言えば，感謝とか尊敬とかいった事柄に)関わ

るかを自問してみれば，どうも次元が違う気がする．前にも引用しましたが，次の言葉がそれを語っています．

> 人間の砦といえば聞こえはいいが，しかし法律は十分な思想ではない．そこでは，デカルトの自然科学においてと同じように，人間の内側ではなくて外側の関係がいっさいなのだから．[301]

「法律(DROIT)」(→p.281)を自然科学と並べていることに注意してください．しかも，その理由が，内面・外面という区別に関わること，です．少なくとも私は，法律や自然科学(あるいは法律と自然科学で？)ですべてが済むとは考えていません．取りこぼされるものがあると思います．ですから，カントが言う「分析判断」とか「先天的総合判断」とかで数学や自然科学を基礎づけようとする立場が，まさに知性(理論理性)の判断能力を取りだしてその目的を達成しようとするのに対し，当のカント自身が神とかいったものには別の議論(実践理性)を用意したのでした．

では判断を禁じて，別の変なところに行ってしまうということはないのか？　カントのような「敬虔主義〔Pietismus〕」の「信仰(FOI)」(→p.372)を持っていた人物でない場合，判断を禁ずるととんでもない行為をするのではないか？　それこそ，歯止めがなくなって〈気分に任せた〉言動に走るのではないか？　その可能性はあります．だからこそ，アランは次に「それは気分というもののどんな混ざり込みも自らに許さない」と書くのでしょう．そして，気分に打ち勝つ方策をまで書いている．それは「礼節(礼儀)」です．「愛しているかぎり，礼儀の方が気分よりも本物だ」[303]という言葉があります．人は往々にして思っても

★296——福居純『デカルト研究』p.96〔傍点引用者〕
★297——同書，p.192
★298——同書，p.193
★299——同書，p.198
★300——アラン『裁かれた戦争』p.155〔傍点引用者〕
★301——アラン『感情 情念 表徴』p.67
★302——もっと言うならば，すべての学問が数学・物理学をめざすみたいなところがあります(数学帝国主義とか物理学帝国主義という言葉もある)．近代経済学がほとんど応用数学になったように．しかし，それでは済まないと私は考えています．
★303——アラン『幸福論』p.118

いない言葉を気分任せに発してしまうことがあります．冷静に考えれば言うべきではない，言うつもりもなかったことを，です．そういうことを「礼儀(POLITESSE)」(▶p.620)は遮断しようとするのです．「とにかく，礼儀という拘束は必要だ．思ったことをみんな言おうとすると，思っている以上のことを喋ってしまうからだ」[★304]というわけです．そのためには「練習(EXERCICE)」(▶p.333)が必要なのです．見事な体操選手の動きのようにね．

礼儀とは，自分の欲していること以外は決して相手にわからせないようにする，言わば表現の体操である．[★305]

体操にも「型」があるように，礼儀は，それを「形式」という形で，成し遂げようとするのです．アランが定義を「それはまた一種の礼節であって，諸々の形式を決して軽視しないし，ある種の荘厳さをも決して軽蔑しない」と書くのはそのためです．ここで「荘厳さ」が出てくるのはなぜだか分かりますか？　「儀式」(儀礼)が念頭にあるのですよ．〈儀礼なんて，たんなる形式だよ！〉なんて言いたがる人がいますよね．それに対して，〈そう，だからこそ大事なんだ！〉とアランなら言うでしょう．アランは「宗教の実体は儀礼だと言えましょう」[★306]とまで書いています．教会には行かなくなったアランも，宗教の，(嫌な言い方ですが)効用は見て取っています．

祈りの姿勢とはまさしく，激しい動きをできるだけおさえ，肺をできるだけ楽にし，こうすることで心臓をも楽にする姿勢である．また，祈りのきまった言いまわしも，元来が，考えがそれるのを妨げて，言葉自身に注意を向けさせることにある．[★307]

礼拝や祈りをまるでしたことのない人は，いつでも，本当に注意するということを知るまい．つまり，注意とはつねに，あるテクストに対する注意であり，あるテクスト

に対する反省である．[★308]

要するに，気分の「高ぶり(EMPORTEMENT)」(▶p.302)を抑えて，冷静に物事を考える状態に「祈り(PRIÈRE)」(▶p.660)という儀礼は人をもたらすというのです．確かに自分が気分に動かされていることを自覚し，それが「情念(PASSION)」(▶p.544)へと変化してしまいそうなことも感じるけれども，当の情念が嵩じるままにはせず，形を整えようとするがゆえに形式に従う．そんな動きです．次の引用はそういうことを言っている．

人が礼儀に服従するかぎり，そして，礼儀上かくさねばならぬ判断はすべてそのままにし，消えるにまかせるかぎり，礼儀のなかには徳がある．したがって礼儀は，情念をもち情念に執着する者たちにとっては虚偽であるが，気分だけしかもつまいとし，あるいは，そのことを真剣に努力しようとする者たちにとっては，誠実である．[★309]

ここまでくれば，次の言葉も理解できるでしょう．

礼儀正しい友情にあっては，形式が内容を救い，愛にとって貴重なモデルとなる．愛は，反対に，形式の軽視によって腐敗する…〔後略〕[★310]

今回の定義の最後，「敬虔は情念から浄化された感情の一例である」も，こうした一連の営みの中でこそ，「敬虔」という感情が成り立ってくることを語っているのです．次の文章を吟味してください．

礼儀，衣装，儀式は，われわれを気分から救い，むき出しの性格以上に高めてくれる社会的制度なのだ．[★311]

敬虔とは，「上の者へと向かう愛」なのでしょうが，同時に，愛を抱く当の「下の者」をも救い

つつ高めるのです.「荘厳さ」も, それを助けてくれる手段ならば, 下らないと思うこともなく, その位置を定められるのではないでしょうか？

そんな眼で, 世にある種々の儀礼, 儀式を見直してみるのも悪くはないと私は思います.

PLAISIR
快感 ── 快感は, 人がそれを長引かせたいと望み, 追い求めるような情感〔affection〕であって, それは, 即座にそれをもたらしてくれる一定の事物や, かなり特定される状況に依存している. いくつかの例〔をあげよう〕. 私はガレットやリンゴやイチゴ, そして夏にはアイスクリームを味わうことに快感を感じる. 冬には暖をとることに, ある場所で夢想にふけることに, 海辺にまたやってくることに, 山登りをすることに, 競馬で賭けをすることなどに, 快感を感じる. 快感に固有なこと, それは一定の手段によって見出せることが確実だということである. それに対して, 幸福は私たちの内的な態勢にもっと多く依存しており, 私たちを取り巻いているもの〔objets〕や存在者〔êtres〕にはそれほど依存していないのである.

参考のために Bénac の類語辞典から引いておきます.

> **Plaisir**, impression physique ou morale agréable, indique une sensation particulière, n'affectant pas l'âme dans son entier.★312 (**快感**, 身体的あるいは心的な快い印象であって, 特定の感覚を指す. 心を全体として満たすわけではないけれども.)

興味深い説明です. 特に, 傍点を付した最後が, まあ, フランス語の辞書ではこんなふうに書かれているのだな, ということを念頭に置いて, アランの定義を読んでいきましょう.

「快感は, 人がそれを長引かせたいと望み, 追い求めるような情感」というのは, あまり説明の必要がないのではありませんか？ アランもあとで実例を挙げるに際して, そういう快感を求めることに関しては善い悪いの判断など下していません. 普通そう思うものだということを承認しているように私は思います. 言い換えれば, あまりに厳格な禁欲主義に加担しているようにも思えないということです. 重要なのは, それに続いて書かれる一連の快感の成立条件です.「それは, 即座にそれをもたらしてくれる一定の事物や, かなり特定される状況に依存している」とアランは続けています.「即座に」というところも大事だとは思うのですが, その説明は後にしましょう. とにかく, 快感は「事物」や「状況」に依存している, というのです. アランのあげる実例をみてみましょう.「ガレットやリンゴやイチゴ, そして夏にはアイスクリーム」とまず書きます. 私などが読むと (もしかしたらみなさんにはピンとこないかもしれないけれども),〈あぁ, なるほどな〉と思える部分があります.「ガレット」を知っていますか？ フランスのブルターニュ地方でよく食べられている料理・菓子です. アランの生まれ故郷はノルマンディー地方ですから, どちらもフランス北西部で, お隣ですね. 次にリンゴが出てくるのも, 頷けます. ノルマンディー地方はリンゴの特産地でシードル (リンゴ酒, cidre) で有名なのです. イチゴについては, 特産品かどうか知りませんが……. いずれにせよ, ここには, もしかするとアランの幼い頃からの記憶に結びついた食べ物

★304 ──『思索と行動のために』p.394
★305 ──同書, p.392
★306 ──アラン『芸術についての二十講』p.63
★307 ──アラン『思索と行動のために』p.398
★308 ──同書, p.183
★309 ──同書, pp.343-344
★310 ──アラン『思想と年齢』p.377
★311 ── G. パスカル『アランの哲学』p.191
★312 ── H. Bénac, *op.cit.*, p.707〔傍点引用者〕

に関する快感が語られているのではないかと思うのです．それら食べ物は確かに「事物」ではありますが，同時にそれは記憶という「状況」でもあるのでしょう．「冬には暖をとること」だって，北フランスの厳しい冬を考えればいっそうはっきりとその快感をイメージできますし，「ある場所で夢想にふけること」などデカルトの「炉端での思索」を彷彿させます．デカルトの『省察〔Meditationes de prima philosopia〕』は，彼がフランスからオランダに居を移し，いろいろなしがらみから離れ，冬の炉端で徹底的な懐疑を遂行する話です．アランは次のような言葉まで残しています．

> とにかく，思考には或る程度の寒さが適し，人間が自分の発明の糸をふたたび見いだすのは，炉ばたにおいてである．[★313]

「海辺にまたやってくること」もアランらしいなと，私は思います．彼の書くものには頻繁に海が出てくるのです．『海辺の対話』という対話篇まであります．海の話に少し寄り道をしておきましょう．

> 陸地しか見ない者はつねに迷信をいだく．存続する地形地物のうちになんらかの意味をさぐるのである．河でさえ，つねに同じ方向に流れる．純粋な実存についてなんらかの観念をもとうとするならば，ながめるべきはむしろ海である．ここでは，一つの形が他の形を消し，一瞬が他の瞬間を消す．波に話しかけようとしても，はやそれはなくなっている．すべてこれらはゆれ動いており，何をめざすでもない．[★314]

私たちは，往々にして，何にでも「意味」を探したがるとは思いませんか？　それは下手をすると，日蝕に〈神の怒り〉を見出してしまうような迷信に人を導くとアランは言うのです．人の表情に余計な「意味」を探すのも，またそれと同じです．

本当の観察者は，合図や身ぶりなどを特に注意して見るようなことはけっしてない．そういう人は，なにかを表現しているようで結局は何ひとつ表現していない動きなど，見ようとはしない．[★315]

日本語には「眼を付ける」とか「眼を飛ばす」とかいう俗語っぽい言い方があります．『デジタル大辞泉』で見てみると，前者については「悪意をもって相手の顔や目をじっと見つめる．不良仲間で言いがかりをつけるときなどに用いる言葉」とあります．まさに「言いがかり」をつける方は，〈てめぇ，眼つけやがったな！〉と言うわけですが，つけられた方は実はそのチンピラ(こんな言葉，知っているかな？)の方向にあった太陽が眩しくてちょっとしかめ面をしていただけかも知れない．それを変に勘繰られた(推測された)りしてとんでもないことになるのかも知れない．〈しかめ面〉が〈眼付け〉に受け取られてしまうわけです．チンピラはけんか腰でいろいろなものを観ているので，そう取ってしまうのです．中島みゆきの「あり、か」という歌には，(眼付けではないけれども)「言いがかり」の話が出てきて面白いですよ．[★316]

しかし，みなさんだって，同じように意味を探しすぎているかも知れませんよ．誰かの言ったことを気にしすぎる場合などです．もっとも，〈あの娘(あるいはあの彼)があんな言い方をした．私のことを嫌いではないのかも！〉とか何とか，結構，いつも気にしているんじゃないかな……．人はそんな推測に疲れ果てたとき，海を観にいくのかも知れない．別にアランがそんな「意味」に疲れ果てて海を観にいったのだと言いたいのではありませんが，彼も，そうした「意味」から離れているかのような海の動きに，自分が〈何も考えない〉ことの快感を味わっていたのかも知れませんね．〈何も考えないこと〉，これは，デカルトが，宮廷での生活に疲れ果てたエリザベート王女に宛てた手紙にも出てくるように重要な考えだと私は思います．

あらゆる種類の悲しい思いから，精神を完全に解きはなたなければならないということであり，さらにまたそれを，学問上のあらゆる種類の真摯な思索からさえも絶縁させ，ただ緑の森，色づいた花，飛ぶ小鳥，その他このような，注意力をまったく要しないものを眺めては，自分を思索とは無縁の衆生と考えている人たちの，真似をすることにのみ心をもちいなければならないということでございます．これは時間の空費ではなく，じつは逆にその正しい使い方にほかなりません．なぜならひとはこのようにして，ふたたび申分ない健康がとりもどせると期待するため，その間満足をいだいていることができるからで，かつ健康こそ，この世でもち得る他のすべての幸福の土台にほかならないからでございます．[★317]

がむしゃらに考え続ければいいというものではないのです．海を眺めるときも，そんな〈何も考えないこと〉が味わえるかも知れない．「私たちにたいして悪意もなければ善意もないこの動揺」[★318]であり，「この全面的な無関心」[★319]である海は，私たちもまたそれに善意も悪意もなく対することができる．〈ただ，そこにある〉だけのものを目の前にして，ある種の解放感を味わうことはないでしょうか？ 気を遣うことも，気を遣われることもない，解放感です．決まった心の動き（場合によっては「義務」）に囚われることもなく，すべてを最初からやり直す機会のような……．アランが次の引用で「純粋な経験」と言っているものをそんなふうに私は理解できるのではないかと思うのです．

　森や野よりも海のほうがはるかに教えるところが多かった，とこう私は確信する．海上は見晴らしがきくし，この流動体は岩や泥土よりもよく普遍的機械性の動揺をあらわしている．そして，危険はいっそう大きいにしても，舟は鋤よりよく人間のなしうることを示している．水先案内人は発明し，農夫は模倣する．水先案内人が農夫を教えるということはほんとうである．だがまた，広大な大陸が，自然と人間について，鋸の歯のような海岸で生まれては作り直されてゆく観念とはまたちがった観念を養うこともほんとうである．ここ〔海〕では，純粋な経験が精神の杯をみたす．健康的な飲料だ．[★320]

それは考えが自分の頭の中で堂々巡りしているような，悩み苦しみへの治療をもたらすことだってあるかも知れない．何を見ても，最後には自分に眼差しを向け直してしまうような閉塞感に対する，ある種の解放をもたらしたりはしないでしょうか？ アランは次のように書きました．

　自分のことを考えるな．遠くを見よ．[★321]

これまた中島みゆきの歌に「時刻表」という作品があります．[★322]今の生活にやりきれない思いを抱いた者が，ふと海に行きたくなるという歌詞が出てくるのですが，もちろんアランほどの理由づけなどそこには歌われてなどいないけれども，なぜ海に行きたくなるか，考えさせますよね．少なくとも，今のやりきれない思いからの解放という快感を求めてではあるのでしょうね．

「山登りをすること」について．登山などしない人の中には〈なぜまた下りてくるのに，わざわざ登るの？〉なんて言う人までいますが，登ることが快感なのであることはやってみなけれ

★313──アラン『人間論』p.192
★314──同書, p.307〔傍点引用者〕
★315──アラン『思索と行動のために』p.312
★316──中島みゆき『回帰熱』から
★317──「デカルトからエリザベートへの手紙」(『デカルト著作集3』) pp.308-309〔傍点引用者〕〔Lettre de Descartes à Elisabeth 1645/5 ou 6, R. Descartes, Œuvres de Descartes, publiées par Charles Adam et Paul Tannery, Tome1, Vrin, 1972, p.220〕
★318──アラン『人間論』p.308
★319──同前
★320──同書, p.186〔傍点引用者〕
★321──アラン『幸福論』p.157
★322──中島みゆき『寒水魚』から

ば解らない．アランはそれを〈自分から楽しみを引きだすこと〉として語っています．

　　快楽〔plaisir，まさに今回の定義の主題ですね〕というものは，商品のように並べられていて，取る取らぬは勝手，といったものではない…〔中略〕…．たとえば，本を読む楽しみも，読む修練をしなかった人にとってはなきに等しい．絵をかく楽しみも，山にのぼる楽しみも同じこと．各自が自分の楽しみを獲得しなければならないのである．それどころか，努力を重ねて自分自身から楽しみを引きださねばならないのだ．★323

　では，「競馬で賭けをすること」はどうでしょう？　ギャンブルで身を持ち崩したりするのでなければ，それなりの快感を賭け事から得てもよかろうとアランはいうのでしょう．しかも，賭けとはどんなものかを考察することは，快感に関する今回の定義について分かりやすくするという利点もある．どういうことかというと，次のようなことです．

　　賭けでの試みは，立ちどころに，そして明瞭に結果の出る閉ざされた世界のなかで行なわれるわけだ．★324

　　これは多くの遊戯（ゲーム）とも共通するところです．次のように．

　　どのような遊戯においても，或る瞬間が来ると地面が片づけられ，勝敗の跡はもはや何一つ残らなくなる．そして，すべては新しくまた始まる．★325

　結果が即座に出て，またやり直せる．それは一種の快感でしょう．

　それに続けて，「快感に固有なこと，それは一定の手段によって見出せることが確実だということである」とアランは書きます．これまで

の諸例を考えてみてください．食べ物・暖を取ること・ある場所で夢想にふけること・海辺にまたやってくること・山登り・競馬，みな「一定の手段によって見出せることが確実」でしょう．ただ「山登り」だけは少し別に論じた方がいいかも知れませんね．「自分自身から楽しみを引きだす」とか「努力を重ねる」とかいう要素がかなり強いですからね．最後にアランが「幸福」について語るところと関連がつきそうですから．そこをみましょう．

　「幸福は私たちの内的な態勢にもっと多く依存しており，私たちを取り巻いているもの〔objets〕や存在者〔êtres〕にはそれほど依存していない」というのです．もちろん，ぜんぜん依存していないとは書いてありません．「それほど依存していない」と書いているのです．「山登り」にしても，山が無くては，できませんしね．ここで「もの」と訳した objets は，また「対象」とも訳せる言葉です．ドイツ語で言えば Gegenstand，つまり〈私に対して〔gegen〕立つ〔stehen〕〉ものです．存在者と訳した êtres を，森訳は「人間」と訳しています．確かに，「もの」と「人間」という対比は考えてもいい．だから訳としては間違っていない．けれども，もう少し，広く取ってもいいような気がするのです．つまり，私とのある種の応答がありうる存在というふうにです．人間だけでなく，猫とかも入れてはダメでしょうかねぇ……．

　いずれにせよ，「山登り」から努力を通して快感を引きだそうとしない人など，いくらでもいる．読書についてもそうです．けれども，もし努力を重ねて，私たちがそれなりの「内的な態勢〔disposition〕」を形成できれば，そこには幸福という名にも価しうる大きな歓びが得られるのです．高価な贅沢品など無くとも，またたとえ仲間などに囲まれてもおらず孤独の内の営みであっても，得られるような．つまり，「もの〔objets〕や存在者〔êtres〕にはそれほど依存していない」ような幸福です．確かに，食べ物のように，売っていて，買えばすぐに味わえるような快感もある．しか

600

し，即座にではなく自分が努力を重ねてこそ得られる幸福もあるのです．さきに，フランス語類語辞典を引いたときに出てきた「心を全体として満たす」というのは，そんな幸福なのではないでしょうか？　次のような言葉もあります．

　　苦もなく人を喜ばせるものは，長く喜ばせはしない．[326]

少し我慢して，努力してこそ得られる幸福を，手にしてみませんか？　アランはまた，次のようにも書いたのです．

　　「いちごにはいちごの味がある．同じように人生には幸福という味がある」(P.N.〔一九〇九年五月二九日〕[327])

PLATONISME
プラトン主義

– 肉体の美しさを，魂〔âme〕の〔いろいろな〕完成度〔perfections〕の一つの徴としてしか受け止めないようにさせる愛〔amour〕の或る性格〔caractère〕である．そして，プラトン主義はそれら完成度にこそ主として愛着を抱こうとする．いかなる愛も，それが持続と幸福とを，それゆえ愛される対象の諸々の完成〔perfections〕を望むという限りではプラトン的である．それら完成度は均整，比，そして適切さといった，魂にとって，また魂によってしかない諸事物から構成されている．例えば，様式が高貴であるということは，魂における，また魂にとっての高貴さであり，それはちょうど下劣さというものが常に結局は魂における（あるいは判断における）ものであるのと同様である．それゆえ，私たちが嫌悪したり愛したりするのは，結局，魂なのである．言い換えれば，ある特定の判断，感じるある仕方，自由を行使するある仕方なのだ．

最初にプラトン自身について少し述べておくと，「プラトン」[328]というのは，肩幅が広かったからついたあだ名だという説が一般的です．ただし，確証はありません．本名は「アリストクレス」だといわれています．B.C.427生 - B.C.347没の人．ご存じの通り，ソクラテスの弟子でアリストテレスの師匠です．イタリア・ルネサンス期のラファエロが描いた《アテナイの学堂》をご存じの方も多いでしょう．プラトンの書いたもので残っているのは，いくつかの手紙と，いわゆる『対話篇』です．ソクラテスが主として対話をする相手の名前が対話篇の題名になっています．ステファヌス版のプラトン全集が優れているため，西洋古典学ではそれが底本となり，今でもそのページ数と位置の指定を利用しています．ソクラテスは本を書きませんでしたから，プラトンの著作とクセノフォンの著作，そしてアリストパネスの喜劇作品がソクラテスの考え方を推測する主たる資料です．

さて，定義の内容に入りましょう．興味深いのは，プラトン主義を「愛の或る性格〔caractère de l'amour〕」と捉えていることです．また神谷訳も森訳も「性格」と訳しているのですが，「**性格（CARACTÈRE）**」（→p.146）という訳語をそのまま踏襲するかどうかはちょっと迷いました．どうにも私の頭には〈人の性格〉という意味がチラついてしまうからです．最初は「刻印」という訳語を考えたのですが，ちょっと訳しすぎのような気もしたのでやめました．まあ，しかし，『デジタル大辞泉』を見ても「性格」には，「特定の事物にきわだってみられる傾向」ともあるので，「特

★323──アラン『人間論』p.238〔傍点引用者〕
★324──アラン『思索と行動のために』p.295
★325──アラン『思想と年齢』p.161

★326──同書，p.388
★327──G. パスカル『アランの哲学』p.16
★328──Πλάτων，正しくはプラトーン

徴」とか「特性」という意味を合わせて受け取ってもらえれば結構です．いずれにせよ，世間でもよくプラトニック・ラブとか言われる場合があり，アランは確かにここで，プラトン的な考え方を「**愛(AMOUR)**」(▶p.076)に結びつけて考えていることになります．どうしてでしょうか？フランス語の l'amour は日本語の「愛」も「恋」も表わします．いや，もしかすると，むしろ「愛」を「恋」から区別する場面にこそプラトニズムは関わっているのかもしません．見ていきましょう．プラトンも「恋」を語りました．次のように．

　　盲目的な欲望が，正しいものへ向かって進む分別の心にうち勝って，美の快楽へとみちびかれ，それがさらに，自分と同族のさまざまの欲望にたすけられて，肉体の美しさを目指し，指導権をにぎりつつ勝利を得ることによって，勢いさかんに（エローメノース）強められる（ローステイサ）とき，この欲望は，まさにこの力（ローメー）という言葉から名前をとって，〈恋〉（エロース［ἔρως］）と呼ばれるにいたった，と． ★329

快楽[「**快感(PLAISIR)**」(▶p.597)]とか「**欲望(DÉSIR)**」(▶p.223)とかに力点が置かれていることが読み取れますね．しかも，「盲目的な欲望が，正しいものへ向かって進む分別の心にうち勝って（Ἡ γὰρ ἄνευ λόγου δόξης ἐπὶ τὸ ὀρθὸν ὁρμώσης κρατήσασα ἐπιθυμία）」と書かれています．人が「肉体の美しさ」を目ざすときのありようを，こう語っているのです．恋が目ざすのは，まずはそうした肉体的なものの方へだとプラトンは語るわけです．これからの解説の伏線となるアランからの引用をしておきましょう．次のものです．

　　明らかに恋愛は，この点で尊敬とは違うわけだが，外観に執着し，外観において内面を見いだすと誓い合い，自分に理解できなかったものは自分の間違いだと見なすのだ．尊敬は外観を拒否する．それは真の証拠へ

と向かう．それはことばや行動を通じて，よく言われるように魂に話しかける．魂にであって，顔にではない．しかし恋愛は顔を救おうと誓ったのであり，何一つ選択はしないことを誓ったのだ． ★330

アランはここで「外観〔dehors〕」と言っています．〈彼女は僕のタイプなんだ！〉とか，〈彼みたいな人が趣味なの！〉とかいう場合，例外はあるかもしれませんが，まずはいわゆる〈見て呉れ〉を語っているのが普通です．アランは，はっきりと，「顔」と言い放っています．問題は，熟慮などというものは無いままに，そうしたものに引きつけられてしまっているという点です．選択とかそういう話ではなく，ただ言わば自然に，そちらに向かってしまっているということです．しかも，それが普通であり，それが恋だというものでしょう．ところが，プラトンによれば，先がある．

　　未だ年若いうちに，まず手始めに美しい肉体に向かう必要があります．そして導き手の導き方が正しい場合には，最初一つの肉体を恋い求め，ここで美しい言論を生み出さなければなりません．しかしそれに次いで，どの肉体における美も他の肉体における美と兄弟関係にあるということ，また容姿における美を追求しなければならないとすれば，すべての肉体における美を同じ一つのものであると考えることをしないのは，たいへん愚かしいことであるということ，これらをその者は理解しなければなりません．このことを納得した以上は，美しい肉体全部を恋する者となり，一つのものに対する恋のあの激しさを蔑すみ軽視して弛めなければなりません．しかしその次には，魂のうちにある美を，肉体のうちにある美よりも貴重なものと見なし，そのために，たとえ肉体の花の輝きに乏しくても，魂の点で立派な者がいるならば，満足してその者を

恋しその者のために心配し、そして若者たちをよりよくするそのような言論を生み出し探し求めるようにならなければなりません。つまり、ここでもまた、人間の営みや掟に内在する美を眺めて、それらがすべて互いに同類であることをどうしても観取せざるをえなくなるためなのです。そして、このことは、もともと肉体に関する美を些少なものと見なすようになるためのものです。ところで人間の営みの次には、もろもろの知識へと彼を導いて行かなければなりません。その目的とするところは、このたびもまた当の者がもろもろの知識の美を観取し、その眺める美もいまや広大な領域にわたるものとなって、もはや下僕のように、一人の少年の美とか、一人の大人の美、あるいは一つの営みの美というように、一つのもののもとにある美をありがたがってそれに隷属して、限界狭小な人間としてあることのないようにということなのです。それどころか、美の大海原に向い、それを観想し、惜しみなく豊かに知を愛し求めながら、美しく壮大な言論や思想を数多く生み出し、ついには、そこで力を与えられ生長して、次のような美を対象とするごとき唯一のある知識を観取するようになるためなのです。[★331]

要するに、これは「美のイデア」を求める旅なのですけれども、それを、ここでは恋し求める対象がどのようなものかということを手掛かりに語っているのです。その際、一つの肉体ではなくて、すべての肉体に共通する或る美しい肉体とでもいうべきものを求めるに至る場面で、「一つのものに対する恋のあの激しさを蔑すみ軽視して弛めなければなりません」とあるように、恋は、対象の変遷と共に、変質していく。

実際、『エウテュプロン』という対話篇の中で、次のように語られることを指摘しておいてもいいでしょう。〈敬虔のイデア〉を求めていく、その過程がこの対話篇では語られています。

> **ソクラテス** それでは覚えているかね。ぼくが君に要求していたのは、そんな、多くの敬虔なことのうちのどれか一つ二つをぼくに教えてくれることではなくて、すべての敬虔なことがそれによってこそ、いずれも敬虔であるということになる、かの相〔εἶδος, ἰσέα〕そのもの(すがた)を教えてほしいということだったのをね。[★332]

しかし、それでは、この「美しい肉体」とは、個々の具体的な人の肉体ではないとしたら、何なのでしょう？ 私としては、それこそは「美しい肉体」の理想型としてのギリシア彫刻の体現しているものではないのか、と思っています。そのあたりを少し追ってみましょう。アランは、こう言います。

> 彫刻がなしえたことを私もやってみようとするのであって、それは構造を保存して、むなしい偶発的なものをはらい落とすことである。[★333]

そして、そうしてできあがる彫像は、具体的なモデルがあろうがなかろうが、当の具体的なものを超えていってしまう。「彫像や詩が人間より美しい」ということすらありうる。「彫刻家の仕事の中には理想が(すがた)」あるわけです。一例として、古代ギリシア彫刻の傑作の一つである、ミュロンの《円盤投げ》を思い出してもいい。アランが「ギリシャの競技者は一つの完全な解決」と書くときに念頭にありそうな作品です。それは、まさに実

★329──プラトン『パイドロス』238C, pp.158-159〔傍点引用者〕
★330──アラン『芸術について』pp.253-254
★331──プラトン『饗宴』210A-E, pp.95-96〔下線、傍点は引用者〕
★332──プラトン『エウテュプロン』6D, p.17〔傍点引用者〕
★333──アラン『イデー（哲学入門）』p.316
★334──アラン『宗教論』p.285
★335──アラン『諸芸術の体系』p.343
★336──アラン『芸術について』p.223

603

在する人間ではなく，「**理想**(IDÉAL)」(→p.402)です．イデアとは理想なのです．

　観念とは理想だ．そして日常使われていることばの意味で理想とは，完全なものであると同時に，実在しないものである．価値とは，精神に属するものであり，実在といっしょにしてはいけない．われわれは，与えられているものでなんとかしなければならない．だが，尊敬のかけらもいらない．尊敬に値するものは，ただ精神がわれわれに提供するものだけである．つまり精神こそが唯一の価値である．価値は実在するとか，実在には価値があるという主張くらい致命的な錯誤はない．★337

　理想を追うこと，それを批判する人などいくらでもいます．理想を追うより，具体的な或るこの一人の人を追うのだというような．実際，アリストテレスは，師であるプラトンのイデア論を後に批判することになるのですが，それは「第一になによりもまさる主要ないみで実体というもの」★338と私が出会うのは「当の・ある・人」(ὁ τὶς ἄνθρωπος)，「当の・ある・馬」(ὁ τὶς ἵππος)★339を相手にしてだと述べるのです．しかしながら，師プラトンの考え方は，まったく違い，むしろこうした個物を抹殺するとでも言うべき方向に進んでいたという見解があり，私はむしろそれに親近感を抱きます．

　そもそも「石」とは，"物理的事物(対象)"などではなく，それら「白い」「固い」「冷たい」等々の知覚的性質(F)の集合(ハトロイスマ)にほかならず，あるいは，「石」それ自体がそのままひとつの知覚的性質(F)なのであって，それは「白い」「固い」「冷たい」等々の形容詞で語られる知覚的性質と，なんら認識論的・存在論的な身分・資格の差異はない，とされる．

　要するに，知覚の基本的事態とは，状況に応じてそのときそのときに知覚的性質ないし知覚像(F)が各人に現われる，ということ以上の何ものでもないのである．したがって，「xはFである」という「主語・述語」＝「個物(物)・性質」構造の把握方式は，ひいては「x」(主語に立てられる個物)そのものも，基本レベルにおいては抹消されることになる．★340

　個と思われているものからイデアへと上昇していくのです．なぜそんなことをするのでしょうか？　それは，自己嫌悪からかも知れませんよ．

　プラトンには何か行きすぎたものがあり，また無理なものさえあって，それは不満な人の哲学である．不満とは自分に対する不満という意味である．★341

　そうした姿勢を拒否したアリストテレスのような考え方こそ，今となっては言わば常識的なのですが，それはもしかすると，かえって個に囚われているという意味で，情念を追うことなのではないでしょうか？　仏教で言えば煩悩のような．次の指摘は示唆的です．

　ギリシア芸術は，情念の表現を知らなかったと批判されてきた．それは，文明全体に対し，精神の静謐を理想としたとして批判し，人間の偉大さしか崇めなかったとして批判することなのだ．★342

　〈理想など追わないのだ〉という立場を採ることは自由です．そうしたい人は，そうすればよろしい．「プラトン学派になろうとすると疲れてしまう．これがアリストテレスの意味するものである」★343とアランも書きました．しかし，プラトンのように理想を追って生きた人もいるし，その彼の著作が，それを注意深く読む人々を元気づけ，生き方を示してきたことも，また確かなのです．繰り返しますが，それは，現状を良

しとせずに，上昇していこうとする「**哲学（PHILOSOPHIE）**」（►**p.587**）なのです．アランがこの「プラトン主義」の定義のなかで「完成（ないし完成度）〔perfections〕」という言葉を繰り返しているのはそのためです．定義の冒頭に戻りましょう．

「肉体の美しさを，魂〔âme〕の〔いろいろな〕完成度〔perfections〕のひとつの徴としてしか受け止めないようにさせる愛〔amour〕の或る性格〔caractère〕」と書いています．例えば，美しい顔というものを考えてみましょうか．アラン自身が次のように言っています．

> 美しい顔とは，ものを忘れうる，また自分を忘れうる力強さの証拠のようなものである．いやしくも，美しい顔といわれるもので，そこに偏見の皆無，あらゆるものに対するまた自分に対する許し，どんな役割をも演じようとしないところに由来するいつも若いあの若々しさ，を読みとりえないようなものが一つでも挙げられるだろうか，疑わしい．[344]

こうしたことが，意志的な努力による自己統御とでも言うべきものなしに可能でしょうか？ 恋が自然に始まってしまうのとは対比されるのではないでしょうか？ だからこそ，アランはそこに〈魂における〉完成度の上昇と，その肉体への顕れを語っているのでしょう．美しい顔については次のようにも書いています．

> 美しい顔の第一条件は静穏さである．すなわち，偶発的なしるしの消去である，と言うことができる．[345]

そして，これこそは彫刻やギリシア芸術について語られていたことでした．それはある種の永遠を求めた．発端となる恋ですら，そうです．「恋（エロース）とは，よきものが永遠に自分のものであることを目指すもの」ですし，「美しいものの中での出産と分娩を目指す…〔中略〕…恋はまた必然的に不死を目指す」[346]とまでプラトンは書いています．男女の間の恋では，具体的な種族の保存と持続という意味での永遠を，また〈古代ギリシアではかなり一般的であった〉「少年愛」では「美しい言論」や「若者たちをよりよくするそのような言論」や「美しく壮大な言論や思想」を産み出すとされたのです．[347] 次の文章もそういう文脈で読んでみてください．

> いわゆる Platonic love（amor Platonicus）が精神的恋愛であるといわれるとき，その精神的という意味は，われわれの『パイドロス』のミュートスによるかぎり，肉体的なあり方をとらないということよりも，イデアの想起というかたちで語られる知的欲求の強さということの方に，重点があるといわなければならないであろう．[348]

今回の定義の中で，「いかなる愛も，それが持続と幸福とを，それゆえ愛される対象の諸々の完成〔perfections〕を望むという限りではプラトン的である」と書かれていたのも，そういう意

★337——G. パスカル『アランの哲学』p.219
★338——井上忠『モイラ言語――アリストテレスを超えて』p.29（アリストテレス『範疇論』2a11-12，「実体」というのが分かりづらかったら，まずは，〈真にあるもの〉とでも考えておいてください）
★339——同書，p.30（アリストテレス『範疇論』2a13-14）
★340——藤沢令夫『プラトンの哲学』p.174．さらにプラトンの「場」の議論を受けとり，次のようにまで言えるでしょう．「菊」なら「菊」として現われ，「火」なら「火」として現われるものは，プラトンによれば，〈菊〉〈火〉の似像を受け入れた〈場〉の部分であり，その他同様に，それぞれの似像が〈場〉の内に入る（うつし出される）のに応じて，それぞれのものとして現われるというのが，日常言語法の簡便さにとらわれなければ，この現象の世界，自然万有のありのままの姿なのである．「これ」や「この」は，本来は，「菊」「火」「美しい」「熱い」といった知覚的性状が現われ所在する場所を指定する副詞であるともいえる．（同書, pp.195-196）
★341——アラン『イデー（哲学入門）』p.118
★342——G. パスカル『アランの哲学』p.331〔傍点引用者〕
★343——アラン『イデー（哲学入門）』pp.118-119
★344——アラン『諸芸術の体系』p.96
★345——アラン『芸術について』p.138〔傍点引用者〕
★346——プラトン『饗宴』206A, p.86
★347——同書，206E-207A, pp.88-89
★348——藤沢令夫『プラトン『パイドロス』註解』p.96

605

味です．そうであるからこそ，定義の続きで，それら完成度を「均整，比，そして適切さ」といった，魂にとって，また魂によってしか ない諸事物」に即して述べている．「均整」のフランス語は proportions ですし，「比」は rapports，そして「適切さ」は convenances です．いずれも，古代ギリシア語の λόγος に類縁の言葉です．λόγος とは理性であり，言葉であり，関係であり，比例であり，均整だったのです．何が美しいかということに関わる「黄金比（黄金分割）」の探求があったことをご存知の人も多いでしょう．定義の中では「高貴〔noblesse〕」と「下劣〔bassesse〕」という対比を語っています．そもそも高貴さとはなんなのでしょう？　それにこだわった思索を展開したスペインの哲学者オルテガから引いてヒントにしましょう．

> 高貴さの本質を示すものは，自己に課す多くの要求や義務であって，権利ではない．[★349]

> 高貴な人とは「知られた人」を意味する．無名の大衆から抜きんでて自己の存在を知らせた人，すべての人が知っている人，有名な人のことである．この言葉には名声をもたらした測り知れない努力の意味が含まれている．したがって高貴な人とは，努力をした人，すぐれた人と同じである．[★350]

こうした「美〔BEAU〕」（▶p.120）を求めることは，後のフィレンツェ・ルネサンスでのネオ・プラトニズム（新プラトン主義）にまで大きな影響を与え，次のような指摘を生みだすまでになるのです．

> ウィットカウアーはボッティチェリの「春」「ヴィーナスの誕生」，レオナルドの「レダ」，ジョルジョーネの「ヴィーナス」（ドレスデン），ラファエロの「キューピッドとサイケ」らの高期ルネサンスの作品において確立された女性美の表現する崇高，高貴，限りなき繊細美は，美しき身体の中に美しき魂を求めるほとんど宗教的ともいうべき新プラトン的憧憬なしには展開され得なかったであろうという．[★351]

もう一度アランを引用して終わろうと思います．

> 愛するほうを選ぶ人は，偉大な美しい選択を行なったのである．愛する相手を完成の極みにまで導くことを選んだのだから．この愛の観念は，世間が考えるようにあやふやなものではない．愛する相手が自由で幸福であれと，天性に従って成長し，特長を生かし，他人から支配されずに行動できるようにと，願う愛なのだから．この高邁な愛は，プラトンの名前そのものをつけてプラトニック・ラブと呼ばれ，世の人々の嘲笑をよそに今日に残っている．[★352]

POÉSIE
詩 – 生理学的調和〔harmonies physiologiques〕から，そして言語〔langage〕の内に隠れている音響的類似性〔affinités sonores〕から，着想を得ている文学的創作のジャンルであり，また，そういう手段によって，詩は私たちの思考の，それまでに姿を現していなかったニュアンスを顕わにするばかりでなく，ごく普通の思想にも，雄弁家や散文作家が与えることのできない類の力と効果とを，授けるものである．

「生理学的調和」〔harmonies physiologiques〕とアランは書いています．また，「音響的類似性」〔affinités sonores〕とも．「詩」では，「声の持つ生理的側面」と「言語が身体に及ぼす直接的な影響」が問題となるのです．音声に伴う韻やリズムといった効果によって，詩は身体に響くことになるのです．[★353]

このへんは少し説明する必要があるでしょう。生理学というのは、簡単に言えば、生命現象を物理的、化学的手法によって研究する学問です。言い換えれば、生命現象を即座に「**精神（ESPRIT）**」（▶p.322）とか「**魂（ÂME）**」（▶p.069）とかいった、身体とはの秩序に持ち込まない考え方です。身体のメカニズムで説明する学問です。ですから、文学作品としての詩に生理学的な話をするというのは一見すると変なように思えるかもしれません。しかしそうではない。むしろ、身体的・生理的な場面から出発することによって、かえって精神的な働きに飛躍をもたらす効果こそ、詩において働いている事柄なのです。そのあたりを、引用を交えながら考察していきましょう。まず出発点は次の文章です。

> 「芸術」の生理学といったものの概略を、なんとかして描いて見たいのである。人間の肉体の形とか、構造とか、感覚や神経や筋肉の機構とかは、歴史の流れの中で何一つ目立った変化をしていないので、それを考察し、そこを出発点として、さまざまな芸術の誕生や再生を知るわけだ。★354

当然、肉体のメカニズムがどのように働けば、詩になるのか、いや、もっと広く言えば「**美（BEAU）**」（▶p.120）になるのか、が語られなければなりません。この点については、アランが「適正〔honnête〕、適切〔convenable〕、節度〔mesuré〕といった、ある意味で生理的な観念」★355という言い方をするのがヒントです。身体が激しく「**動揺（ANXIÉTÉ）**」（▶p.089）している場面というものを考えてみましょう。例えば、ハッと驚いて心臓がバクバクしている状態。何らかのショックで嗚咽している状態。もっと言ってしまえば、胃痙攣の状態なんかもいいかも知れませんね。そこ

では身体は激しく動いてしまっているのであって、統御されていません。適正・適切・節度といったものからは遠い。度を越した動きをしてしまっている、平静からほど遠いところにいる、とでも言いましょうか。「**嗚咽（SANGLOT）**」（▶p.723）の例が一番分かりやすいかもしれない。なぜなら、何らかの悲しみをもたらす出来事がそこには生じ、当事者はそれに襲われ、囚われてしまっている。そして、その時点では、まだ詩は生じようもない。悲しみという「**情念（PASSION）**」（▶p.544）にすっかり身を任せており、身体が心を揺り動かしてしまっているという状態にあるのです。情念は、心の「受動」です。例えば、突然、誰かが死んで、その遺体の前で嗚咽する姿を思い浮かべてみればいい。当事者の心には、その亡くなった方との思い出とか、これから過ごすはずだった「**時間（TEMPS）**」（▶p.800）やそういったものが渦巻いている。思い出され、また想像されてしまうのです。そうしたものを美しく語ることなど到底まだできません。次のような状態です。

> 情念とか感動とか痙攣とか、要するに想像力の実態によって人間が作り出すものは、そのままでは美しくない。★356

そういう身体に主導権をとられた動揺を、なんらかの形で制御し、美しい形に持ち込まなければ、詩などない。逆から言えば、見事に詩とすることによって動揺を制御することも可能かもしれない。日本の和歌の創作について述べた次の小林秀雄の文章はこの点で重要です（ちなみに、小林秀雄は、アランの『精神と情熱とに関する八十一章』の訳者でもあります）。

> 人は悲しみのうちにいて、喜びを求める事

★349──J. オルテガ・イ・ガセット『大衆の反逆』p.107
★350──同書, pp.108-109
★351──下村寅太郎『ルネサンス研究──ルネサンスの芸術家』p.226
★352──アラン『感情 情念 表徴』pp.29-30
★353──拙著『情報学の展開──情報文化研究への視座』p.89
★354──アラン『芸術について』p.9
★355──Alain, *Vingt leçons sur les beaux-arts* in *Les Arts et les Dieux*, Bibliothèque de la Pléiade, p.482
★356──アラン『芸術について』p.27〔傍点引用者〕

607

は出来ないが，悲しみをととのえる事は出来る．悲しみのうちにあって，悲しみを救う工夫が礼である，即ち一種の歌である．[★357]

百人一首から辛さ・悲しさをそれなりに美しく詠っている作品を例としましょうか．

　　世の中よ　道こそなけれ　思い入る
　　　山の奥にも　鹿ぞ鳴くなる
　　　　　　　　　　　皇太后宮大夫俊成

　　花さそふ　嵐の庭の　雪ならで
　　　ふりゆくものは　わが身なりけり
　　　　　　　　　入道前太政大臣（藤原公経）

では，詩では，実際にどうやって身体の動揺を制御し，情念を整えること，小林秀雄からの上の引用で言えば「悲しみを救う」ことができるのでしょうか？　もちろんここでこそ美が導き手となるのです．上の二つの和歌でも際立つような言葉の美しさです．辛さや悲しみさえ，美しく詠うことができる．だからこそ，その歌が，つまり言葉が，詠む人を救うのです．それは散文ではできないことだ，とアランは定義の後半で述べるに至ります．しかし，それについては後で触れることとして，「生理学的調和」や「音響的類似性」にもう少しこだわってみましょう．なぜ，生理学的と言い，音響的と言うか，です．それは，ひとことで言えば「理性」や「知識」とは別の秩序がその救いを主導しているということです．次のようなこと．

　　詩人にとっての大仕事は，理性を偏重もしないし知識にたよりすぎもしない自分をよく保ちつつ，リズムにまずまず合っているという程度の語をしりぞけ，長さ，響き，意味の三拍子そろった語，ぴたっとくる語の，あの奇蹟を待ちつづけることである．[★358]

そして，それが手に入れられたときにこそ見事な詩の作品が成立する．詩人が言葉を選んでいるときに，身体がどれほど関わっているかは，言うまでもないことでしょう．みずからの身体を用いて，発声し，探す．そのようにして作品という形をとった言葉は，作品という身体への受肉〔incarnatio〕を果たしたと言うべきです．そして詩を理解するために，私たちはまたその受肉を繰り返す．発声してみることでこそ詩を味わえるわけです．

ほとんどの学問的散文が，理性を偏重し，知識に頼りすぎてはいないか，と問うことができるでしょう．それは，言葉の使い方として偏ってはいないか，ということです．アランは，フランス語の cœur（クール）という語を例として，次のように語ります〔「心（CŒUR）」（▶p.176）〕．

　　クールは，勇気を意味する．クールは，愛を意味する．クールは，空っぽの筋肉（心臓をいっている）を意味する．もしも，あなたが，この単語を，一どきに三つの意味にとらないならば，あなたは，まずい書きかたをしていることになる．[★359]

一義性を信じ，重んずる科学的な言葉の使い方とは違うのが分かると思います．そして，この科学主義とでも言うことができる現代とは違った言葉使いを，人類は，長い間してきたのです．そもそも次のように言われます．

　　言語は，それがある一定の論理的〈意味〉を際立たせ，この意味を単純にそれとしてその客観性と普遍性において提示しようとするだけのばあいにさえも，旋律，律動といった表現手段によって自由に使いこなせる多様な可能性を欠くことはできない．[★360]

そうした事柄がいつしか忘れられた．詩人はそれを再興しようとするのです．

　　詩人特有の感受性とは，おそらく言葉のなかにいまなお昔の叫びを聞きつけること，

そして音と意味とのあいだの秘められた関係、それによって言葉の実際のハーモニーが人間の体の形態に従ってつねに意味をなすであろうような関係を嗅ぎつけること、要するに話された言葉のなかに自然を再発見すること、真の話し方を、すなわち音と形式と理念とのあいだの関連を再発見することなのです。★361

真の話し方を再発見するとアランは言っています。「本当の言語」ともアランは言い、それは「われわれのからだに響くものであって、精神に響くわけではない。いうならば、精神に間接的に響く」★362、と。「詩は、雄弁もそうだが、まず喜ばせておいて、その喜びによって思想に導く」★363というわけです。当然、単なる意味だけではなく、響きやリズムを含めての言葉の美しさによってです。だから、それは頭だけで使うような言語ではない。「抽象的理性」に身を委ねるのではない。次の引用は示唆的です。

> 情念からあまりにもかけ離れ、情念からけっして生まれず、情念のなかに根をおろしもしない、抽象的理性というやつが、たしかに存在するという、ことを、いいたいだけなのだ。この理性は、苦労を要求せず、肉体の乱れによっても、たしかに、かき乱されはしない。だが、そのかわり、この理性は、肉体の乱れを変えることもなければ、おしとどめることもけっしてない。嵐に対して呼びかける言葉のように、無力なのである。ある孤立した完璧さを表わす空しき表徴(ジェニュ)なのである。そうして、代数こそは、この非人間的話法のなかでの典型である。非人間的というのは、そのなかに人間的形式のなにものをも保持していないという意味である。このような言語は、あまりにも、叫びからかけ離れている。だからこそ、代数は、なるほど誤謬を防ぐという点では、至高であるけれども、道徳的なあやまちに対しては、無力なのである。★364

こうした「抽象的理性」が、いわゆる科学技術全盛の現代においては、現に支配していると言っていい。では、なぜそうなったのかと問うてみましょう。言い換えれば、どうして思考のニュアンスが欠け始めたのか、を。それは、恐らく、文字と関わっている。マーシャル・マクルーハンは次のように書いていました。老婆心から述べておけば、マクルーハンはグーテンベルクの活版印刷術の与えた影響について大きな本を書いています。そこからの引用です。

> 逆説的なことだが、一語一語の微妙なニュアンスに細かく注意を払うのは口語文化の特色であり、文字社会の特色ではない。なぜならば印刷された語にはつねに厖大な視覚的文脈がともなうから。だが印刷文化にあっては、きめ細かなことば遊びがあまり好まれないいっぽう、綴りの統一、意味の統一については強い規制が働きはじめる。★365

「印刷された語にはつねに厖大な視覚的文脈がともなう」ことによって、相対的に聴覚的文脈が抑圧される。マクルーハンはそれを「感覚比率」の変化として捉えています。

> 機械的手段、たとえば表音文字表記によってわれわれの五感のひとつかふたつが拡張されるとき、全感覚が参加する万華鏡的な活動に一種の捩れが生じると見てよかろう。存在する構成要素の間に新しい組み合わせ、

★357──小林秀雄『古典と伝統について』pp.147-148
★358──アラン『文学折にふれて』p.20〔傍点引用者〕
★359──アラン『芸術に関する101章』pp.271-272〔傍点引用者〕
★360──E. カッシーラー『シンボル形式の哲学（三）』p.220
★361──アラン『芸術についての二十講』p.94
★362──アラン『文学折にふれて』p.22〔傍点引用者〕
★363──アラン『芸術論集』p.152〔傍点引用者〕
★364──アラン『芸術に関する101章』p.130
★365──マーシャル・マクルーハン『グーテンベルクの銀河系──活字人間の形成』p.239〔傍点引用者〕

もしくは比率が生じ、そこから〔生の〕可能な諸形態からなる新しいモザイクが出現する。人間の外部で新しい技術が開発されるたびにこうした感覚比率の切り換えが起るのだ。[★366]

ある社会がある特定な、固定された感覚比率のなかに封じ込められてしまうと、それ以外の状態にある事物・事象を頭で想像することはほとんど不可能になってしまう。[★367]

（学術論文を含む）散文に対して詩が、科学に対して文学が、どんな扱いを現代において受けているかを考えてごらんなさい。言葉の多義性などを、音やリズムをまで含めて救い出そうとする詩が、ほとんど片隅に追いやられている現状が浮かび上がってくると思います。逆に言えば、「詩は私たちの思考の、それまでに姿を現していなかったニュアンスを顕わに」しているのに、人々はそれに注目しようともしない時代が訪れたのです。別に特異な言葉を使っているわけではない。ただ、音・リズム・意味をひっくるめて、言葉を全面的に働かせることこそが詩のめざすところなのです。そうであってこそ、定義の最後にあるように「雄弁家や散文作家が与えることのできない類の力と効果とを、授ける」ことが可能となるのです〔「雄弁（ÉLOQUENCE）」（▶p.294）〕。見事な詩の場合、この効果は絶大で、当の詩を作った詩人さえも驚かす。

芸術の対象のほうが、まず最初に、芸術家を驚かせたのである。なぜなら、彼は、実用的なものしか求めていなかったからである。自身がつくった作品のなかに、自分が考えてもみなかったような一つの意味を見いだしたとき、おそらく、彼は、ただ茫然自失の態であったろう。この過程は、今日でも、詩人の制作過程に見られるものだ。詩人というものは、詩句の長さをそろえたり韻を踏んだりしつつ苦吟しながらも、しかも、こうした暗中模索から、ときとすると、ど

んなにすばらしい結果が生まれるかということについては、予見できないでいるのだ。[★368]

その意味で、詩人たちは「自分で知っている以上のことを言う言語の働きを再発見している」とも言える。[★369]それができた詩人は幸福でしょう。この事態を一般化して、アランは「表現の幸福」と書きました。

芸術家はどう見ても一つの目的を追究しているかのようだが、その目的を実現し、自分で自分の作品の観客となり、最初に驚く者となったのちでなければ、その目的を認識できないのだ。いわゆる表現の幸福とは、このことにほかならない。[★370]

さて、以上の西洋的な詩の捉え方とは別の困難さが日本の現代詩にはあるかもしれないということを最後に述べておきます。日本の現代詩は、必ずしも声に出して読むことを目ざしていない場合があります。その点は補足しておいた方がいいということです。例えば、次の詩を見てください。

みぞれ　　安東次男

地上にとどくまえに
予感の
折返し点があつて
そこから
ふらんした死んだ時間たちが
はじまる
風がそこにあまがわを張ると
太陽はこの擬卵をあたためる
空のなかへ逃げてゆく水と
その水からこぼれおちる魚たち
はぼくの神経痛だ
通行どめの柵をやぶつた魚たちは
収拾のつかない白骨となつて
世界に散らばる

そのときひとは
　　漁
　　泊
　　滑
　　泪にちかい字を無数におもいだすが
　　けつして泪にはならない

　　　　　一九六〇年　詩集『からんどりえ』[371]

　この詩は「音読できない」[372]と渡邊十絲子は言います．例えば，「ふらん」．これを声に出してしまうと，「腐爛」と区別できないけれども，なぜ詩人は「ふらん」と書いたか．「腐爛」でなくて「ふらん」なのかということです．ここには日本語に潜む重大な問題があります．少し，検討しましょう．渡邊十絲子は次のように主張するのです．

　　日本語以外の言語において，ひとつの語を書くときに，それを表記する文字を（何種類ものなかから）えらびとるという問題は存在しないのである．
　　だからこの問題は，日本語で書く者にあたえられた特権的な悩みであり，日本の詩人だけがそこでつまづくことを許された落とし穴でもあるのだ．詩が，どの言語で書くかということと密接な関係をもった（翻訳の困難な）文芸である以上，日本語の詩はこの問題こそをまずはじめに悩むべきではないのか．[373]

　以上は，日本語の特殊事情の簡潔な提示です．そしてここには日本語の長い歴史が潜んでいる．漢語の導入です．

　　中国語学・中国文学の専門家であると同時に，現代日本の（世間一般の）ことばの状況についての鋭い観察者でもある高島俊男は，西洋の言語学の「言語とは音声のことであり，文字はそのかげにすぎない」という考え方を認め，文字なき言語はけっして不備なものではないという．しかし，現在の日本語だけは例外であって，文字のうらづけがどうしても必要な言語になってしまったことを，つぎのように述べる．

　　〈漢語伝来以来数千年，あるいはそれ以上にわたって，日本語は，音声のみをもってその機能を十全にはたしていたはずである．文字のうらづけなしに成り立たなくなったのは，千数百年前に漢語とその文字がはいってからのち，特に，明治維新以後西洋の事物や観念を和製漢語に訳してとりいれ，これらの語が日本人の生活と思想の中枢部分をしめるようになって以来である．〉[374]

　日本語の成り立ちにおける和語と漢語との混交が重大な問題をはらんでいるということです．

　現代の日本にも，耳できけばわかることばはたくさんある．高島俊男のあげた例は「みちをあるく，やまはたかい，めをつぶる，いぬがほえる，あたまがいたい」などだ．これらは，いちいち文字を参照しなくてもすぐに意味がわかる．それは，これらの日常的で具体的な語彙が，本来の日本語（和語）だからなのである．

　ところが，やや高級な概念や明治以後の新事物に用いられる漢語については，事情がちがう．高島俊男は，〈具体的，動作，形容，本来，高級，概念，以後〉などの例をあげてこういう．

★366──同書, pp.86-87〔傍点引用者〕
★367──同書, p.413
★368──アラン『芸術に関する101章』pp.105-106〔傍点引用者〕
★369──アラン『人間論』p.224
★370──アラン『芸術について』p.101
★371──渡邊十絲子『今を生きるための現代詩』pp.85-87
★372──同書, p.91
★373──同書, p.92
★374──同書, p.94〔傍点引用者〕

〈これらの語も無論音声を持っている．けれどもその音声は，文字をさししめす符牒であるにすぎない．語の意味は，さししめされた文字がになっている．たとえば「西洋」を，ひとしくセーヨーの音を持つ「静養」からわかつものは「西洋」の文字である．日本人の話(特にやや知的な内容の話)は，音声を手がかりに頭の中にある文字をすばやく参照する，というプロセスを繰り返しながら進行する．〉

〈もとの漢語がそういう言語なのではない．漢語においては，個々の音が意味を持っている．それを日本語のなかへとりいれると，もはやそれらの音自体(セーとかケーとか，あるいはコーとかヨーとかの音自体)は何ら意味を持たず，いずれかの文字をさししめす符牒にすぎなくなるのである．〉 ★375

最後に，次の引用を提示し，日本語の特殊事情からアランの詩の定義を逆照射してみる必要を述べて，今回の講義を終わりたいと思います．

〈日本の言語学者はよく，日本語はなんら特殊な言語ではない，ごくありふれた言語である，日本語に似た言語は地球上にいくらもある，と言う．しかしそれは，名詞の単数複数の別をしめさないとか，賓語のあとに動詞が位置するとかいった，語法上のことがらである．かれらは西洋でうまれた言語学の方法で日本語を分析するから，当然文字には着目しない．言語学が着目するのは，音韻と語法と意味である．

しかし，音声が無力であるためにことばが文字のうらづけをまたなければ意味を持ち得ない，という点に着目すれば，日本語は，世界でおそらくただ一つの，きわめて特殊な言語である．〉

(引用はすべて高島俊男『漢字と日本人』文春新書より) ★376

POLÉMIQUE
論争 — 言説〔discours〕における戦い．それは反対者を打ち負かすために書くことであって，真なるもの〔vrai〕を語るとか，あるいはそれを見出すために書くことではない．言説において和平〔paix〕をもたらすには，反対者の言う事柄を真として受け取り，ただただそれを説明するだけにしなければならない．論争の危険は，それが人を駆り立て，愚かにしてしまうところにある．

「言説」という言葉にはあまり馴染みがないかも知れませんが，フランス語の discours の訳語としてはよく用いられます．英語では，discourse です．ここでは，まあ簡単にいうと，〈言葉を使った表現手段〉とでも理解しておいてください．そこで生じる戦いが主題です．「戦い」なのであって，その常として，勝つことが目ざされます．もっと言えば，論争では，人は何としても勝ちたくなってしまうのです．アランの定義の中の言葉で言えば，そんなふうに「駆り立て〔entraîner〕」られてしまうのです．そういう勝つという目的に照らして言葉が使われる場合，「真なるもの」を目ざすことにならないとアランは言うわけです．形式論理を使って，また場合によっては詭弁を弄したりしてまで，人をやり込めようとする．勝とうとする．「**論理(LOGIQUE)**」(►p.439)・言葉が真理探究のために使われるのではなく，勝つために使われるということがありうるわけです．古代ギリシアはアテネ(当時はアテナイといった)の民主制爛熟期に，ゴルギアスを代表とするいわゆるソフィストたちが現れ，金をとって論争に勝つことを教えるようになります．

ゴルギアスがつねに主張していたといわれる，「説得の技術は，強制によらずにすべて

のものを自発的に自分の下に隷属させるがゆえに、あらゆる技術よりもはるかにまさる」(『ピレボス』五八AB)とか、「弁論術が生み出すものはこの世の真に最高最善のものであり、人はそれによって自分自身に自由をもたらすとともに、自分の住んでいる国家において他人を自分のために支配することができる」(『ゴルギアス』四五二D)とかいった言葉は、けっしてゴルギアスのひとりよがりや空威張りにとどまるものではなく、人々は自分の周囲に、こういった言葉をうらづける事実を数多く認めなければならなかったであろう。[377]

それがいかに危険なことかを身を以て示そうとしたのがソクラテスであり、またプラトンは、自ら「哲学的問答法〔διαλεκτική〕」という形を対話篇で作品へと定着させるのです。「弁論術〔ῥητορική〕」を批判する形を以てです。後者レートリケーは「修辞学(レトリック)」の語源です。上にも引用したように「説得の技術」です。[378] しかし、説得は、相手を思考させないかも知れません。なぜなら、説得の際に使われる修辞(つまり、言葉を美しく巧みに用いて効果的に表現すること)や論理(あとで述べるように、常に正しいとされる言い換えによって必然的に思いを進ませること)は、まさに人を引き連れていく。強制的に引きずっていく。吟味・熟考させるのではなく、必然的な動きに乗せてしまうといった感じです。そうだとすれば、相手の思考を促すことは説得とは違います。

そもそも弁論術とは、これを全体としてみるならば、言論による一種の魂の誘導であるといえるのではないだろうか。[379]

強制し、誘導するのではなく、吟味させるには、自分の論理(λόγος)をひたすら押し付けるのではなく、ただただ相手を引き連れていくのではなく、インタラクションのなかで、行きつ戻りつしながら考えるという対話(διάλογος)という〈ロゴスを分け持つ〉営みが必要だとプラトンは考えたのでしょう。次のように考えたと解釈されます。

要するに、弁論術がひとつの完全な技術であろうとすれば、その方法においても目的においても、通常言われているようなかたちでの弁論術にとどまることはできない、「知を充分に愛し求めるのでなければ(哲学を充分に修めなければ)また何ごとについても、話す力を充分に持った者にはけっしてなれない」(二六一A)——これが『パイドロス』における弁論術批判の論旨である。[380]

いわば弁論術を完成させるかたちで「**哲学(PHILOSOPHIE)**」(▶p.587)まで行かなければならないというわけです。そして、雄弁家で有名な古代ローマの人キケロは次のように主張します。確かに、ソクラテスやプラトンの立場は分かるけれども、それでも真理を表現するための修辞学をもっと重要視しようというのです。

いにしえのギリシャでは、思考と言語表現は一体となって知恵を構成すると見なされていたが、ソクラテスが両者を切り離してしまう方向を示した。しかしアリストテレスを筆頭とする逍遥学派やアカデメイア派の哲学では、雄弁(修辞学)と哲学は関連づけられている。知と表現の関係を言うならば、確かに修辞学の技法よりも広範な知識のほうが重要であろうが、人々に与える効果という観点からすれば、弁論術なき哲学者よりも優れた修辞学徒のほうが上である。弁論家への道ほど険しいものはない。真理

★375──同書, pp.94-95〔傍点引用者〕
★376──同書, pp.96-97〔傍点引用者〕
★377──藤沢令夫『プラトン「パイドロス」註解』p.15
★378──詳しくは、プラトン『ゴルギアス』453A, pp.23-24など参照のこと。
★379──プラトン『パイドロス』261A p.217
★380──藤沢令夫『プラトン「パイドロス」註解』p.37

613

はすべからくまがい物に勝るが、それを盛る表現が乏しければ真理も意味はない．言語表現はかくも重要である．このようにして〔『弁論家について』の〕第三巻は締めくくられ，全巻も閉じられる．[381]

もちろん，そこまで行かない場合に，弁論術は，さらに言えば論理は，ただただ勝つだけの技術に成り下がってしまう．次のようなことです．

君も気づいていると思うが，年端も行かぬ者たちがはじめて議論の仕方の味をおぼえると，面白半分にそれを濫用して，いつももっぱら反論のための反論に用い，彼らを論駁する人々の真似をして自分も他の人たちをやっつけ，そのときそのときにそばにいる人々を議論によって引っぱったり引き裂いたりしては，小犬のように歓ぶものだ．[382]

そこでは，「愛(AMOUR)」(➡p.076)のない言葉のぶつかり合いが現出する．次のようにです．

論争はかれに，私にもだが，ただひとつの真理だけを教えた．すなわち，論争は何人をも教化しない，ということ．そこでは各自が詭弁家然として，証拠に心を閉ざしてしまう．[383]

ここで，論争に関わる諸家の見解を，いくつか掲げておきましょう．デカルトはこう書いています．

私は学院で行なわれる論争という手段によって，前には知られなかったなんらかの真理が発見されたということを，一度も見たことがない．[384]

ベルクソンも次のように述べています．

わたしは，時には信頼しているが，論争にはすこしも信頼を置いていない．まず，人間はあやまちを公けに認めることはけっして承諾しないものだし，それに，もっと深い理由は，論争において，人は相手に，意識せずにすんだでもあろう思惟，すくなくも一貫していない思惟を客観的に表明するよう強要することになるからだ．これは，一つ余分な障碍をつくることだ．わたしが新聞雑誌のインターヴューを受諾したことがないのもこれと似た理由からだ．[385]

高齢ですが現在も活躍中のフランスの哲学者，ミシェル・セールも．

紛争から何か一つでも生産された例を，論争から何かの発明がもたらされた例を示していただきたい．[386]

論争は学会でもよく起こります．しかし，要するに，論争は非生産的だということです．

よく知られているように，人びとが集まって考えるとき，いい知恵はなにも出てこない．集会，委員会，学会などから出てくるのは，けっきょく，ありきたりのことか，愚にもつかないことだけである（cf. V.E., XVI [一九二一年一一月三〇日]）．[387]

なぜでしょうか？　それは，論争においては，形式論理についてのこれから述べる解説でも分かるでしょうが，人間が忘れられているからです．形式論理的な（つまりは内容のない）「**必然性(NÉCESSITÉ)**」(➡p.502)ばかりが目立ち，人間にとって大事なことなど注目点になっていないからです．自分が勝ちたいだけなのですから．「論争家は人間を知らない」のです．「**雄弁(ÉLOQUENCE)**」(➡p.294)は，そして広く言えば論理には強制といった要素が入り込んでいる．次のようにです．

雄弁が時間のうちに展開されるものであり，またそれだけの理由によって，原理から帰

結への進行を強要する…〔中略〕…．これに対して，真の散文は，もっぱら思想させるもの…〔後略〕[★389]

散文は，…〔中略〕…歩みの中断だの，反復だの，唐突な表現だのが，われわれに，くりかえし読むこと，あるいは思索することを命ずる．散文は時間から解放されている．雄弁の一種にほかならぬ形式的な議論からも自由だ．真の散文は，けっしてわれわれを圧迫しない．[★390]

「強制」とか「圧迫」という言葉の登場する上の引用から，人間が生産的に振る舞うときを，どのように創りだしたらいいのかが浮かび上がると思います．次の言葉がヒントになるかも知れません．

> 自由な同意と真の平和とを目的とするあらゆる誠実な説得において，およそなすべきことは，反対な考えをもった相手に完全な自由を与えることにある．[★391]

逆から言えば，論争は相手に完全な自由など与えない．なぜなら，形式論理そのものがそういうものだからです．

> 一般に論理学と呼ばれている純粋な修辞学が扱うのは，いろいろな命題の等価関係のみである．あるいは，言葉の多様性のもとでの意味の一致，と言いかえてもいい．[★392]

真理関数というものの主たる意味は，真理関数のうちからトートロジーを発見することにあり，また，複雑な関数がトートロジーであるか否かを明らかにする方法を作り出すことにある．個々の構成命題が p, q, r ……という変数に置き換えられることによって，それは，経験的に真偽が決定される一切の内容から解放され，次いで，論理的手段のみによって真偽が決定されるトートロジーおよび矛盾——という，数学にとって決定的な重要性を持つもの——に関心が向うことによって，p, q, r ……という変数は最後的に経験から解放される．[★393]

こうして，形式論理学においては，内容を捨象して，形式的に正しい論理式が列挙されるに至ります．トートロジー（同語反復）です．同一律や三段論法を思い浮かべればいいでしょう．次のようなことです．

> 論理学の場合では算術や幾何学の場合と異り，必然性はその規則系内部の必然性のみであって，その規則系全体としての「必然的真理性」は存在しないと結論せねばならぬ．論理学の命題が必然的だというのは，ただ若干の一般語の特定の言い換え規則を採用し，それに従うことからくる必然性のみなのである．[★394]

もし「論理的に正しい」文型を「論理文型」と呼び，この論理文型の全集合を「命題論理学」と呼ぶならば，恒真文型の全集合が命題論理学であると定義されたことになる．[★395]

★381──高田康成『キケロ──ヨーロッパの知的伝統』p.70〔傍点引用者〕
★382──プラトン『国家』539B, pp.553-554 (cf.『ソクラテスの弁明』23C, p.66／『ピレボス』15D-16A, pp.179-180)
★383──A. モーロワ『アラン』p.52
★384──R. デカルト『方法序説』p.82
★385──J. シュバリエ『ベルクソンとの対話』p.95
★386──M. セール『五感──混合体の哲学』pp.96-97
★387──G. パスカル『アランの哲学』p.303
★388──アラン『思想と年齢』p.289
★389──アラン『諸芸術の体系』p.7〔傍点引用者〕
★390──アラン『思索と行動のために』p.416〔傍点引用者〕
★391──同書，p.360
★392──同書，p.188
★393──清水幾太郎『倫理学ノート』p.161
★394──大森荘蔵『言語・知覚・世界』p.84〔傍点引用者〕
★395──大森荘蔵『思考と論理』p.43〔傍点引用者〕

615

論理法則に従うという意味で「論理的」ということはすなわち「正しく言い換える」ことに他ならず，論理学とは言い換えの規則集に他ならない．だから論理的に推論しても前提に述べたこと以外に新しいことは全く発言されていない．つまり論理的推論は事実についての情報を何一つ付け加えないのである．[396]

そしてその基礎を置くのにそれほどの手間は必要なかったのであって，アリストテレスが一人でほぼ完成してしまったのは周知のことです．そうしたアリストテレス的な論理の基礎の上に，ヨーロッパ中世のキリスト教神学が展開します．それがいかにプラトンの考え方から離れたものであったかは，説明の必要もないでしょう．そうした堅固な「神学(THÉOLOGIE)」(➡p.807)を徹底的に批判するデカルトが出現するまでは，大変な時間が流れたのでした．それどころか，すぐにそんな過去の論理に人は戻りたがる．現代でもそうなのです．「論理的原子論」などその典型でしょう．

乱暴な言い方をすれば，アトムにおける論理の面の上にトートロジーの世界が聳え立ち，感覚の面の上に経験的命題の世界が聳え立つ．論理と感覚との二面を備えた極微のアトムのヴィジョンが，人々を抗し難い力で検証可能性の原理へ導いたのであろうし，また，それが，トートロジーでないような論理への無関心と，感覚与件の記述へ還元し難いような命題関数への蔑視とを私たちの間に生んだのであろう．[397]

〈これは論理的に正しい〉と言われるような論理式の体系，大雑把に言えばそれがいわゆる形式論理であり，記号論理です．

打破されることのないものと想定された一つの原理から出発する証明，議論または演繹，要するに論理のすべての方法は，この論理という言葉がよく表わしているように，もともと雄弁の方法に属するという考え方である．[398]

次の言葉も示唆的です．

真実を高いところから論理によって把握しようとする人は，とんでもない無茶をやらかすおそれがあるからで，それは美しくもない真実を求めるということです．[399]

それゆえ，形式論理に頼って思考するということへの懐疑があって然るべきだと私は思います．

「論理的」ということはそれほど理路整然たるものなのだろうか，という疑念がでてくるのである．私には，論理的展開というものは理路整然としているというよりは冗長であるという点にその特性があるように思えるからである．[400]

われわれは，完全な弁論の対象物が存在する，などという神学的な論理を，信用しない．そのくせ，われわれは，弁論において不可能なものは，事実においても不可能である，と結論する．もうひとつの論理については，点があまい．ところが，後者の論理も，同じく，誤りなのである．[401]

今回の定義に戻りましょう．詭弁家(論争家)は，「真なるもの〔vrai〕を語るとか，あるいはそれを見出すために」書いたり語ったりはしない．論争に勝つために書いたり語ったりするのです．私たちがそうした論争家的な立場を去るには，対話に際して「反対者の言う事柄を真として受け取り，ただただそれを説明する」にとどめ，あえて言うなら，プラトンが対話篇の中でやったように，反対者の見解を発展させることを試みる必要がある．相手を「駆り立て」るので

はなく，共に考えるためにです．相手をも，自分をも愚かにしてしまわないために．

POLICE
警察 ── これは分業〔division du travail〕によってつくり出された安全であり，〔そしてその安全とは〕主として睡眠〔sommeil〕の保護であり，そのことは見張り番がいることを想定している．警察は純粋に防衛的なものである．その主要な役割は見て，予見することであり，〔何かを〕防ぐにはそれで十分である．〔各人が自分のものと考えている仕事という意味の〕特定の任務を除いて，すべての市民は〔治安の維持という〕警察〔的な任務〕を担っており，警官を手助けする義務がある．警察の水準の高さは文明〔civilisation〕というものの一要素であり，文明とは徳〔vertu〕を支援する外的手段のすべてを含むものなのである．

　「分業〔division du travail〕」と書いているところに注意する必要があるでしょう．「共和制」，「共和国」というあり方からの帰結です．そこでは国民・市民は，共同し和合してことに当たることが当然のこととして要求されています．フランス共和国〔République française〕なのですから．それゆえにこその「分業」という言葉なのです．また，分業なのですから，各々の仕事〔travail〕があり，「社会(SOCIÉTÉ)」（▶p.748）の成員が皆それぞれの仕事の大事さを意識し，それらが合わさってこその集団・国の維持が可能であるという自覚があります．分業された各々の仕事への敬意と協力の姿勢が求められる．
　例えば，仕事を下請けに出してお終いといった姿勢ではないのです．私の個人的な感想でしかないのですが，以前，日本のマンションに起こった手抜き工事なんかは今言ったような〈下請けに出してお終い〉の典型のように思えて仕方がありません．また，日本における非正規雇用の増加による賃金格差は，単なる経済的合理性というだけでなく，いま述べたような〈仕事をする各人への敬意〉というものが欠けているという点が無いか，疑います．皆で，言い換えればボトムアップという仕方で，市民レベルから社会集団・国家を創っているという感じが日本にはそもそも無いのではないか？　この点，

フランス共和制の下でなされたアランの「警察」の定義は，立憲君主国という言い方がされる日本国におけるそれと違うのではないかということを考察すべきであるように私は思います．少なくとも日本では自分の国を「共和制」と規定していないわけです．フランス革命を介して，また第二次世界大戦末期のナチス・ドイツに対するレジスタンス運動などによって，曲がりなりにも市民が国を作ってきたフランスと日本が違うことは，もう少し意識した方がいいかも知れません．「お上」とかいった言い方と共に，上意下達（トップダウン）みたいなものにむしろ甘える心性が日本人にはあるかも知れないということです．甘えるというのは，自分では考えなくてよく，上に立つ人たちが考えてくれるだろうといった他人任せの態度です．これがいわば下に向いては〈下請け任せ〉の心理となるのです．繰り返しますが，自分たちで国家・社会を創っているのだという「意識(CONSCIENCE)」（▶p.191）が日本には薄い．各個人・各市民が社会的な事柄について責任を持つという意識はフランスの方が強いように私は思います．だから，政治的な議論は一般市民においても活発にされるし，高校生でさえ政府への反対をデモなどを通してはっきりと表明する．いわゆる国家権力の意向をただただ実現するだけとなった警察には激しく抵抗する場面

★396 ── 同書，p.78
★397 ── 清水幾太郎『倫理学ノート』pp.163-164
★398 ── アラン『諸芸術の体系』p.6

★399 ── アラン『芸術についての二十講』p.94
★400 ── 大森荘蔵『流れとよどみ ── 哲学断章』p.42
★401 ── アラン『芸術に関する101章』p.220

があるのです．1968年5月の学生や労働者によるほとんど市街戦のような戦いは有名です．

さて，定義に出てくる「見張り番」というのは，tours de garde が原語なのですが，tour は英語で言えば turn です．It's my turn という言い方があるように，まさに順番なのであって，いざとなれば自分もその任に当たることが考えられている．それこそ，皆が「枕を高くして眠れる」ようにする役割は順番で自分にもまわってくる可能性を含むものとして理解すること，それがこの定義の根底にある前提だと私は思います．〈警察のことなど私には関係ない〉ではないのです．

ところで，定義の最初に出てくる la sûreté はもちろん「安全」なのですが，フランスでは Sûreté générale で「国家警察」を指したことがあります．*402 上に述べたような「安全」を確保するための役割が警察にはあるのであって，それは軍隊とは違います．防衛的だとアランはこの点を規定します．そして，その任務は，「見て〔voir〕，予見する〔prévoir〕こと」だ，と．予見して起こりうると考えられた事柄に対しての予防措置には，代表として警察があたるが，市民はそれに協力する義務がある．なぜなら，自分は差し当たってパン屋であるとか，教師であるとか，何でもいいのですが特定の職業を持っているけれども，番が回ってくれば警察は自分の役割でもありうるわけで，そういう気持ちを以て協力すべきだというのです．

そうした事柄，つまりは安全を脅かす事態に適切に対処できてこその「文明〔civilisation〕」だろうとアランは言います．しかも，「**文明(CIVILISATION)**」（▶p.167）は文化〔culture〕ではないでしょう．あえて言えば，文明は生命・財産の維持・保全に関わる外的手段のすべてを含むわけです．外的手段であって，内的なものではない．内的な問題としての「**徳(VERTU)**」（▶p.850）はそれとは別物であり，それこそが文化に関わることとアランは考えているのだろうと私は解釈します．まずは外的な事柄が整えられなければならない．それはその通りです．しかし，それで終わりではない．そうした安全が維持されることによってこそ向かえる先なる到達点がある．アランは「徳〔la vertu〕」と書いていますが，このフランス語の語源に関わる事実として，1265年頃に qualité portée à un degré supérieur〔優れた程度にもたらされた性質〕という意味で使われ始めたことが分かっています．実を言うと，これは古代ギリシア語の「徳(ἀρετή)」とも通じる考え方で，それは〈物事における素晴らしさ〔excellence〕〉とでも言うべきものだったのです．「目の徳」，「耳の徳」とも言えたりするようです．*403 さらに言えば，「大工なり，そのほかの制作技術なりにおける徳性」*404 までプラトンでは語られています．では，人間一般の徳とは何なのでしょう？　人間としての優れた点とは何なのでしょう？　人間の到達しうる高い程度とは何なのか？　それをこの定義では単に「徳」と語るだけで，内容については説明していません．私たちとしては，ただこの「外的手段」との対比を基に自分たちで考えてみなければならないのです．思考に関わることではないかという予想はつきます．パスカルは有名な一節で次のように書いていました．

人間はひとくきの葦（あし）にすぎない．自然のなかで最も弱いものである．だが，それは考える葦である．彼をおしつぶすために，宇宙全体が武装するには及ばない．蒸気や一滴の水でも彼を殺すのに十分である．だが，たとい宇宙が彼をおしつぶしても，人間は彼を殺すものより尊いだろう．なぜなら，彼は自分が死ぬことと，宇宙の自分に対する優勢とを知っているからである．宇宙は何も知らない．

だから，われわれの尊厳のすべては，考えることのなかにある．われわれはそこから立ち上がらなければならないのであって，われわれが満たすことのできない空間や時間からではない．だから，よく考えることを努めよう．ここに道徳の原理がある．*405

では，考えるとは科学的な認識を展開することでしょうか？　パスカルも科学者でした．いや，当代一流の数学者でもありました．しかし，その彼が次のように書く．

> 私は長いあいだ，抽象的な諸学問の研究に従事してきた．そして，それらについて，通じ合うことが少ないために，私はこの研究に嫌気がさした．私が人間の研究を始めた時には，これらの抽象的な学問が人間には適していないこと，またそれに深入りした私のほうが，それを知らない他の人たちよりも，よけいに自分の境遇から迷いだしていることを悟った．私は，他の人たちが抽象的な諸学問を少ししか知らないことを許した．しかし，私は，人間の研究についてなら，すくなくともたくさんの仲間は見いだせるだろう，またこれこそ人間に適した真の研究なのだと思った．私はまちがっていた．人間を研究する人は，幾何学を研究する人よりももっと少ないのだった．人間を研究することを知らないからこそ，人々は他のことを求めているのである．だが，それもまた，人間が知るべき学問ではなかったのではなかろうか．そして，人間にとっては，自分を知らないでいるほうが，幸福になるためにはいいというのだろうか．★406

言わば，科学のその先へと向かおうとしているわけです．言い方を換えれば，科学は，今回の定義で言えば，「外的手段」の中に位置づけられるのではないでしょうか？　確かに科学は，生活の利便性を増し，安全性をも増大させている．その意味では徳を支援することにはもちろ

んなっている．しかし，その先に遠望される幸福にはそれだけで届くのかという問いです．徳を成立させているのかという問いでもある．警察もまた外的手段のひとつなのでした．その規定の中に出てきた「見て，予見すること」というのは，科学の役割でもある．そしてそれは「防ぐにはそれで十分である」と言われた役割でもあるわけです．科学は徳の基礎にはなるでしょう．「防ぐ」という意味で．

フランスの数学者・実証主義哲学の祖であり，社会学という学問の祖でもあったオーギュスト・コントは次のように書くのです．

> 真の実証的精神は，自然法則の不可変性という一般的教理に従って，「予見するために見る」こと，将来存在するであろうものを断定するために，現在存在するものを研究することにある．★407

> すべて科学というものは，予見を目的とする．現象の観察によって確立した法則の一般的利用とは，それら現象の継起を予見することだからである．★408

> 人間の力は，その知性にある．知性が，観察によってこの法則を知る力，その結果を予見する力，したがってまた，外力をその性質にふさわしい方法で用いる限り自己の目的を達成するのに役立てる力を，人間に与えているのである．★409

問題は，もちろん最後に出てくる「知性」がパスカルの言う人間の尊厳としての「考えること」のすべてを覆うことができるのかということで

★402──ちなみに，フランスでは，警察は国家レベルと自治体レベルに独立してあります．他に税をあつかうものもあります．これはイタリアも同じです．
★403──プラトン『国家』353B-C, pp.96-97．「それぞれの〈はたらき〉をもっているものは，自分に固有の〈徳〉（優秀性）によってこそ，みずからの〈はたらき〉を立派に果し，逆に〈悪徳〉（劣悪性）によって拙劣に果たすのではないか，ということだ」
★404──プラトン『プロタゴラス』322D, p.140
★405──B. パスカル『パンセ』p.204〔傍点引用者〕
★406──同書，p.129〔傍点引用者〕
★407──オーギュスト・コント『実証精神論』（『〔世界の名著〕コント　スペンサー』）p.159
★408──A. コント『社会再組織に必要な科学的作業のプラン』（『〔世界の名著〕コント　スペンサー』）p.122
★409──同書，pp.97-98

す.「防ぐ」ということを越えた何ものかを成立させることができるか, と問いを変えてもいい. パスカルはできないと考えたでしょう. 彼は「幾何学的精神〔esprit géométrique〕」と「繊細の精神〔esprit de finesse〕」とを分け, 前者は, 抽象的原理を立てて厳密な演繹的推論を行うような合理的精神とし, 後者は日常接する具体的で複雑な事象を推論によらずに一挙に把握する精神と捉えており, 両者を共に持つものは稀だというのです. それどころか, オーギュスト・コントの場合は,『実証哲学講義〔Cours de philosophie positive〕』の後に,『実証政治学大系〔Système de politique positive〕』を著し, 科学を基礎に置きつつも, さらにその先に成立させうる「人類教〔Religion de l'Humanité〕」という宗教をまで語ろうとするのです. アランはこう書いています.

あの〔人類教という〕信仰はかわいた心にとってはつまずきになるものだが, 実証的に規定された人間の条件に正確に合致している.[*410]

もちろん, 宗教となることによって生じる危険もあるわけで, 次のような事実も指摘されます.

コントの「人類教」についてアランがその危険性を指摘していたことも忘れてはなりません. 偶像破壊者としてのコントもまた, 司祭と学者が他の市民たちを支配するような, 信仰による支配構造を現実に打ち立てしまったというのです.[*411]

いずれにせよ, コントのこの宗教的側面は, 多くの場合, 学界や現実の世界では無視されてきました. けれども, 実は, 一度だけ大きな力を持ったことがあるのです. ブラジルの共和国成立に関わる事情です.

本家のフランスでは, 社会学者としてのコントの業績はうけつがれたが, 人類教の方はほとんど思想的痕跡をのこさなかった. ところがブラジルの青年将校にこの宗教が飛び火して燃え上がる. 奴隷解放後, 経済的・社会的に混乱におちいった帝政にとどめを刺す共和制クーデターが, 人類教の信奉者ベンジャミン・コンスタン中佐を中心に成功する. そして信者の一人テイシェラ・メンデスが, 現在まで続いている新しい国旗をデザインした. その原図はこの小さな教会に保存されている. 国旗には, 共和制成立の一八八九年十一月十五日夜のリオの星空が描かれ, そこに帯状にコントの遺書からとったORDEM E PROGRESSO（秩序と進歩）という文字が記されている.[*412]

思えば, 今回の講義は共和制の話から始めたのでした. これを機会に, 政治制度についてももう一度考えてみたらどうでしょうか？

POLITESSE
礼儀 – 徴の芸術〔L'art des signes〕. 礼儀の第一の規則は, 意志することなしに表わさないことである. 第二の規則は意志しているということが当の礼儀の中に現れないことである. 第三の規則は, 自分の行為のすべてにおいて, しなやか〔souple〕であることである. 第四の規則は, 決して自分のことを考えないことである. 第五の規則は, 流行に従うことである.

定義の最初の部分を「徴の芸術」と訳したことについて, まず少し説明します. L'art は,「芸術」でもあり,「技」でもあり,「術」でもあります. フランス語には, "l'art de vivre" という言い方もあり, そのまま訳せば「生きることの芸術」であり, 日常生活を美しく・豊かにすることを

意味しています.

アール・ド・ヴィヴル(ART DE VIVRE)という言葉に，私はパリで親しむようになった．美しい暮らしや，しゃれた暮らしや，快適な暮らしなどのための情報や知識を，新聞や雑誌は，アール・ド・ヴィヴルという題でたえず提供するし，アール・ド・ヴィヴル関係の素敵な本も数多く出版されている．

アール・ド・ヴィヴルは直訳すると，暮らしの芸術である．衣・食・住の芸術といってもよい．[★413]

実際，アラン自身がそういったことを書いており，しかもまさにそこに礼儀・礼節の話が出てきます．

生きることの芸術というものがあり，そこでは正しく理解された礼節〔politesse〕がほとんどすべて，いな正にすべてであることを私は十分に説明した．[★414]

衣食住といったいわば物質的な場面でも l'art de vivre は語られうるにしても，アランはそれよりも根本的なところで l'art de vivre を語ろうとしているのは明らかであり，それを語る機縁こそが「徴」ないし「表徴」と訳されるフランス語 signe なのです．要するに，徴を使ってどのように美しく生きるかということが問題なのです．神谷訳では「しるしを交換する術」と訳してありますが，それではいま述べたことを十分には表わしていないように思い，私は「徴の芸術」と訳しました．ちなみに「交換する」という言い方はアランの原文にはありません．また，森訳では「表徴〔signe〕の技巧」となっており，これもあまりピンとくる訳とは私には感じられません．

さて，「徴」という術語はアランにとってとても重要な位置を占めています．少し，説明しておきましょう．

私が徴について考えるが早いか，――これこそ，まさしく考えるということなのだが――徴は，本来，表意する人間の身体なのである．そして，表意されたものはそこにおいて考えられるのであり，さもなければ，全く考えられはしない．[★415]

signe は英語で近い言葉を探すなら(もちろん意味が完全に一致しているわけではありませんが)，sign です．信号とも，また(署名という意味の)サインとも解されるこの英語の sign の語感を先に思い描いてしまうと，少し分かりにくくなるでしょう．アランは，上の引用箇所で，「徴は，本来，表意する人間の身体」と書いています．原語は，"le signe est naturellement le corps humain signifiant" となっていて，「本来」の部分は，naturellement つまり「自然的に」とか「もちろん」とも場合によっては訳せそうな言葉です．ということは，そういうニュアンスが入り込んでいる言葉なのです．すなわち，徴というものはまず以て，自然な仕方で，人間の身体のある状態であり，それが解釈者には何かを表わしていると取られるわけです．誰かが微笑みを浮かべていれば，それを見る者にはある種の喜びを表していると取られるでしょうし，「涙(LARMES)」(▶p.436)を流していればある種の悲しみを表していると取られるでしょう．もちろん，そこには誤解もつきものですが．いずれにせよ，まずは人間の身体のある〈あり方〉が何かを表わしているように取られるという事態が，徴の根本的な事柄です．こうした話が，どのように礼儀と関わっているのかがこの定義の中心点です．l'art と言っていたように，それは芸術と言いうるぐらいに，美し

★410——アラン『イデー(哲学入門)』p.315
★411——合田正人『心と身体に響く，アランの幸福論』p.158
★412——川田順造『ブラジルの記憶――「悲しき熱帯」は今』pp.52-53
★413——戸塚真弓『暮らしのアート――素敵な毎日のために』p.253
★414——アラン『諸芸術の体系』p.89〔傍点引用者〕
★415——アラン『思想と年齢』p.332〔傍点引用者〕

621

いあり方を語るはずです．それがどのようにして成立するかの規則こそが，定義の内容でしょう．

第一規則から見ましょう．「意志することなしに表わさないこと」とあります．言い方を換えれば，何かを表わす場合には，それを表わしたいと意志してこそ表わすべきだといっているのです．不機嫌がすぐに顔に出てしまう人がいますよね．ああいうのを無礼というのだとアランは言いたいわけです．放っておくと自然に顔などに出てしまうようなそういう事柄を抑えるところに礼儀はあるというのです．つまり，そういうものは表わさないように訓練するのが礼儀にとっては大事だというわけです．

> 礼儀は，とりわけ，顔や物腰に出るこうした好都合な伝言や不吉な伝言を少くすることを目的とするのである．[★416]

> 美しい顔の第一条件は静穏さである．すなわち，偶発的なしるしの消去である，と言うことができる．[★417]

> 自分が意識しないかぎり，顔がなにものをも意味しないように，訓練しなければならない，とする古代からの礼儀作法…〔後略〕[★418]

第二の規則は，「意志しているということが当の礼儀の中に現れないこと」という．礼儀と解される徴の中に，自分の意志が見えてはならないということでしょう．さきほど，〈放っておくと自然に〉と私は書きました．つまり〈意志せずにも心身の影響関係のメカニズムによって〉と言ってもよい．それを第一規則は遮断しようということでした．しかし，この第二規則は，その遮断や，あるいはまさに表現したいという意志が，徴の中に現れてはならないという．わざとらしくなってはならないというのです．言い換えれば，〈意志しているのにもかかわら

ず自然に〉ということです．次の引用が参考になるでしょう．

> 人類に特有の完全さを把握しようとするならば，注目しなくてはならないのは，自然さは構成されてのみ自然さなのだということ，これである．[★419]

放っておいても成立するものではない自然さ，（あえて言えば統御の）意志によってこそ構成される自然さ，そういうことを言いたいのです．それはそう簡単には成立させられない．統御のための強い意志が外に見えてしまうことがあるからです．だから次のような事態になる．

> 真の優雅(エレガンス)は元来，力，しかも秘められた力なのだが，それは最初の一瞥(いちべつ)にはぎこちなく醜く見えることが多いということである．[★420]

> 優しさや優雅さのなかにさえ，吠えるような力がこもっていなければ，それはただ魅惑的なもの，見た目によいものというだけのことになり，真の美は見失われてしまいます．力というものが，一種の醜さに陥る危険を冒しても好まれることが多いのは，ここから説明できます．[★421]

第三の規則は「自分の行為のすべてにおいて，しなやか〔souple〕であること」でした．これは上述したことでもうかなり語られていると思います．「優雅さ」は〈ぎこちなさ〉とは対立し，〈しなやかさ〉に近いところにあるでしょう．では，意志の力だけで「しなやか」になれるでしょうか？　それは難しい．〈しなやかさ〉を獲得するためには，身体を構成された自然さにまでもたらさなければならない．

意志の力でしなやかになろうなどとつとめてはならない．自分自身の意志を自分自身

だけに指し向けると，ぎこちない行動ばかりがうまれて，やがては自分で自分ののどをしめるようなことになる。[★422]

そこにこそ，身体の訓練という意味での体操が重要となる。オリンピックの体操などを思い浮かべてみれば理解しやすいはずです。例えば床運動などを見てみましょう。選手は自分の表現したい身体の運動と形を表現するにとどめ，余計なものが表現されることを極力排除します。それはほとんど礼儀に等しい振舞いなのです。そこにこそ，あえて言えば芸術的な表現が成立する。オリンピックの床運動などではなく，まさに見事なバレエを考えても良いでしょう。だからこそ次のように言われる．

> 本当の体操とは，ギリシャ人たちの理解したように，肉体の運動〔mouvement〕に対する正しい理性の支配のことである。[★423]

> 肉体が，可能なかぎりのあらゆる配慮と鍛錬とを受けているからである。体操家のすべての活動は，的確で，美しい。[★424]

さらに言えば，次のように書かれるのです．

> 礼儀とは，自分の欲していること以外はけっして相手にわからせないようにする，いわば表現の体操である。[★425]

習慣的にできるようになるまで，訓練されて初めて「構成された自然さ」は成立するのです。

> 習慣は体に，しなやかさで流れるような動きを与える（…）．こわばりはなく，どの筋肉

行動に先立って動きはしない。しかし，しきたりによって束縛される体には，結節のようなものがある。怒りの糸，これらの結節こそ，真の体操が，やっつけようとするものである。真の体操は，体をしなやかにすることによって意志による行動の備えをする。体育館は意志の学校だ。到達すべき目標は，自分の意志を正確に実現することであり，それにつきる。たとえばピアノの教師はまず，ほかの指ではなくこの指を動かすこと，ある動作のために厳密に必要な筋肉だけを使うことを教える。動作をこのように分解すれば，どんなしきたりもこわされ，体は自然の状態に戻る。またこの分解によって情念から解放される。この情念こそは，たとえば，舌を出すとか，ののしるとか，地だんだを踏むとかのように，自分の意図する動作とは関係のない多くの動作をやるはめになるもとなのだ。こういうやり方によって筋肉は，互いに独立するようになる。体は意志に戻される．体は精神に再び，とらえられる。だから習慣とは，情念のために失っていた，そして再び取り戻した無垢の状態〔「優雅さ」と訳した方がいいと思う〕である，といえるだろう。（［一九二五年から二六年にかけてリセ・アンリ四世で行われた未発表講義録より］in R. Château, *Philosophie par les textes*, I, p.129）[★426]

第四の規則は「決して自分のことを考えないこと」でした．どういうことでしょう？　次の引用がヒントとなるはずです．

> 処世術の秘訣は，礼節をつくしながら何も考えないこと，他人がそれを何と思おうと気にしないことである．[★427]

★416──同書，p.183〔傍点引用者〕
★417──アラン『芸術について』p.138〔傍点引用者〕
★418──アラン『芸術に関する101章』p.180〔傍点引用者〕
★419──アラン『思想と年齢』p.172〔傍点引用者〕
★420──アラン『芸術論集』p.95〔傍点引用者〕
★421──アラン『芸術についての二十講』p.24〔傍点引用者〕
★422──アラン『幸福論』p.157
★423──同書，p.15
★424──アラン『芸術に関する101章』p.228
★425──アラン『思索と行動のために』p.392
★426──G. パスカル『アランの哲学』p.242〔傍点引用者〕
★427──アラン『感情　情念　表徴』p.200〔傍点引用者〕

623

礼儀を尽くしたからといって，その相手に貸しを作ったかのように考えるのは，それによってまさに無礼に堕することではないでしょうか？　そんな問いを立ててもいいでしょう．〈見返り〉などを考えるのは礼儀に反すると言い換えてもいい．そして，ここまで来れば，礼儀は，徳にかなり近づく．こういうコンテクストで私がいつも思い出すのは，ローマ皇帝にしてストア派の哲学者であったマルクス・アウレリウスの『自省録』にある次の言葉です．

　　ある人は他人に善事を施した場合，ともすればその恩を返してもらうつもりになりやすい．第二の人はそういう風になりがちではないが，それでもなお心ひそかに相手を負債者のように考え，自分のしたことを意識している．ところが第三の人は自分のしたことをいわば意識していない．彼は葡萄の房をつけた葡萄の樹に似ている．葡萄の樹はひとたび自分の実を結んでしまえば，それ以上なんら求むるところはない．あたかも馳場(はせば)を去った馬のごとく，獲物を追い果(おお)せた犬のごとく，また蜜をつくり終えた蜜蜂のように．であるから人間も誰かによくしてやったら，〔それから利益をえようとせず〕

別の行動に移るのである．あたかも葡萄の樹が，時が来れば新に房をつけるように．[★428]

　善事を施したり，礼節を尽くしても，それについてなにも考えない．それが大事だというのです．

　第五の規則は「流行に従うこと」．なぜ「流行」なのでしょう？　流行に従っている限りは，出会う人を驚かせることもないからです．悪目立ちしていない．礼儀もこの〈悪目立ち〉が起きないようにする．「情念(PASSION)」(▶p.544)に駆られて「怒り(COLÈRE)」(▶p.180)を公衆の面前でぶちまけている一人の人間を思い浮かべてみてください．悪目立ちしている．それを整えるには，まずその場で礼儀上表わしてよい形へともたらさなければならない．それこそ礼儀に適った振舞いとなるはずです．

　　情念が感情として浄化されうるのは，礼儀の隠れ家においてであり，服装の礼儀である流行の隠れ家においてである．[★429]

　せっかくですから，まだ社交界にデビューしたての若者が怒りにまかせて悪目立ちしているシーンをヴェルディのオペラ『椿姫』で観てごらんなさい．

POSITIVISME
実証主義
— これはオーギュスト・コントが自分の体系に与えた名称であり，そしてそれは公共的な言葉づかいにおける公正さ〔impartialité〕を，諸々の準備における論理〔logique〕を，また常に経験に基づいた諸結論を意味している．実証的なものは観念的なもの〔l'idéal〕に対立する．

　コントについてはすでに人類教との関わりで少々述べてきました．まあ，ある種，天才肌の人で，彼の生涯はなかなかに興味深いものがあります．興味のある方は清水幾太郎の『オーギュスト・コント──社会学とは何か』(岩波新書)をお読みになるといいと思います．15歳でエコール・ポリテクニックの入学試験を南フラ[★430]ンス地区首席で通過するけれども年齢不足のため入学は翌年とか，しかも，教授に対する学生の不満が爆発してストライキが起こりコントは首謀者として退学を命ぜられたり，娼婦と結婚してみたり，講義の準備のための極度の精神的疲労と妻の長期的な家出により精神異常に陥ったり，セーヌ川に身を投げて自殺を図ったり

（未遂）……．コントが哲学史の教科書などに登場するときには「三段階の法則〔la loi des trois états〕」というものと共にです．人間の知の発展段階の話です．なぜこういうことを考えるのかということは，実はフランス革命が関わっています．彼はサン・シモンの助手をしたりしていましたが，フランス革命がどのように展開し，それがいかにして（恐怖政治という）破壊的なところまで至ったかを目の当たりにします．そこで彼は革命後の「**社会（SOCIÉTÉ）**」（▶p.748）を再組織するための理論を求めたのです．そのために徹底的に人間の知の「**進歩（PROGRÈS）**」（▶p.665）を理論的に辿り，さらにどのようにすれば望ましい社会は成立するかを問おうとしました．そして，人間の知の発展段階は「神学的段階」から「形而上学的段階」へ，そしてさらに「実証的段階」へと移行すると主張しました．それらについて，少しずつ説明しておくと次のようになります．

まずは神学的段階．

> 神学的哲学は，個々の物体にある程度人間と同じような生命が具体的に宿っているとする最初の仮定により，あるいは，目に見える世界の上に，もう一つ，普通は目に見えないが，ある程度一般的な超人的行為者の住む世界を重ね合わせるという，さらに永続的であるとともに，さらに効果的な仮説によって，直接あるいは間接に，あらゆる現象を人間の行為と同一視したのである．[★431]

> 神学的精神の真の根本精神とは，まさに，事物の本質やその生成方法を説明するのに当たって，これをできる限り人間の意志によって生じる行為と同一視することにある．[★432]

> いたるところに人間の類型を当てはめようとする人間本来の傾向…〔中略〕…すなわち，人間には，すべての現象を，人間自身の作り出す現象，したがってその意味で，それに伴う直観によって人間に馴染深いように見える現象と同一視しようとする傾向があった．この初期の状態から次第に体系的に発達して，純粋の神学的精神が生まれたのである．[★433]

実際，ホメーロスの『イリアス』などを見てもわかりますが，トロイア戦争の展開を背後で操っている神々が見え隠れします．それは自分を知ることでもあった．まさに自分に対する知のはじめです．

> ホメロスの人格的神々は，ギリシアのはじめての民族神なのであり，そういうものとして，この神々はまさしく普遍的なヘレニズム意識の創始者になったのである．というのも，彼らはオリュンポスの神々，つまり普遍的な天の神々であり，個々の場所や土地にも，また特殊な祭祀の場にも結びついてはいないからである．こうして，ここにおいて，人格的意識への解放と民族的意識への高揚とが，宗教の形成という同じ一つの基本的作用のうちで果たされるのである．[★434]

人間がおのれ自身の存在を捉え認識するのは，人間がおのれの神々の像のうちでおのれを可視的にしうるそのかぎりにおいてでしかないということが，またもや実証されることになる．ちょうど人間が道具をつくり，作品をつくることによってはじめて，自分の身体やその部分の構造を理解することを学ぶように，人間はその精神的形成物である言語，神話，芸術から，おのれを測る

★428──マルクス・アウレリウス『自省録』pp.64-65〔傍点引用者．一部，表記を改めた〕
★429──アラン『芸術について』p.140
★430──いわゆるグランゼコールの一つで，超エリートしか行けない大学．パリ大学の比ではない．
★431──A. コント『社会静学と社会動学』『〔世界の名著〕コント スペンサー』p.300〔傍点引用者〕
★432──A. コント『社会静学と社会動学』p.297〔傍点引用者〕
★433──A. コント『実証精神論』p.148〔傍点引用者〕
★434──E. カッシーラー『シンボル形式の哲学（二）』p.367

ための，またおのれを独自の構造法則をもった一つの自立した宇宙として理解するための客観的尺度をとりだしてくるのである。★435

ギリシャ人にとっては詩人こそが神々の創造者であり，宗教の内容たる，神の行為や生活や活動を人びとに明確に示す芸術家でした．それも，宗教的な観念や教えが，詩を書く前に一般的な宗教命題や思考の定義として抽象的に存在し，それを踏まえて芸術家がさまざまな像を作りだし，詩のことばで外から飾りたてた，というのではなく，自分の内部に発酵したものは詩という芸術形式によってしか形のあるものにできない，といったような芸術制作だったのです．★436

さて，この段階を認識に関わる問題として取り上げるとどうなるでしょうか？ 観察よりも想像が上に置かれているとコントは言うのです．

> 神学的政治と形而上学的政治は，実行方法について見ると，想像を観察より上に置くという点で一致している．★437

次に形而上学的段階．

> いわゆる超自然の力で説明する代わりに，「実在」すなわち人格化された抽象概念をますます多く用いることになる．こうした抽象概念の使用は，全く形而上学の特徴をなすもので，このため形而上学のことを，しばしば存在論と呼ぶことができる．★438

> どんな科学でも，神学的段階と形而上学的段階では，想像が観察より優位に立つ，という共通の特徴を持つ．この見地から見た時，この二つの段階のたった一つの違いは，前者においては想像が超自然の存在について働くのに対して，後者ではそれが擬人化した抽象に及ぶ点にある．★439

「神(DIEU)」(→p.263)ではなくて，人間が中心に置かれるわけですね．ルネサンス以来，ヨーロッパはその方向へと進んだのでした．こうして，次のように言われます．

> その〔形而上学的精神の〕信奉者の一人ひとりにとって，中心思想は，いつも「自我」の思想である．★440

（神学的な段階を）批判している私(自我)に頼ろうとするのですから，当然と言えば当然ですね．しかし，その行き着いた先は「利己主義」だという〔「エゴイズム(ÉGOÏSME)」〕(→p.291)．

> 道徳に関して，この精神は，多くの正反対の大見得にもかかわらず，今日広く行なわれている「利己主義」という有害な体系以外，何ら実際的な理論に到達できなかったのである．★441

> 人間の協同は，社会を生み出すどころか，逆に，前もって社会が自然に成立していなければ必然的に存在できないものなのである．…〔中略〕…〔これを見まちがえたのは〕もっぱら家庭生活と社会生活を根本から混同するという，形而上学にありがちの誤り…〔後略〕★442

これは，ボトムアップとトップダウンという話に関わります．神からのトップダウンを批判して，個人からのボトムアップをやろうとしたのが形而上学的段階，つまりルネサンスや宗教改革からフランス革命までの時期であったというのです．★443 しかし，上の引用にあるように，それは「社会生活」を見誤っている，と．

> 頭のなかでどんなにりっぱなことを思いめぐらしたところで，まず服従することからはじめねばならない．オーギュスト・コントの言葉にしたがしたがえば，進歩は先

立って存在する秩序の上にはじめて成り立つものだからだ.[★444]

コントはまず現在における協力関係だけでは社会を定義するのに十分ではないことを認めた．社会を形成するのは過去から現在への繋がりである．だが事実的な繋がりでも，動物的な繋がりでもない．人が人と交わり社会をなすのは，人が人から相続するのではなく，人が人を記念するからである．[★445]

ユマニテ，言い換えるとわれわれを人間にするもの，それは生きている過去なのだ．なぜなら人間社会は協同によって定義されるのではないからだ．これなら獣にも存在する．そうではなくて，経験と過去の創造とを同化する能力によって定義されるからだ．それはコントの「主観的連続性」であり，追悼であり，教養――すなわちわれわれの内なるユマニテ――を成している偉大な作品の崇拝である．だから人間の絆(きずな)は，まず経済的なものではなく，歴史的，宗教的なものである．[★446]

こうした過去からの繋がりをまさに実証的にあとづけながら，コントは「実証的精神こそ人間の社会性の真の哲学的基礎となること」と指摘するに至ります．その実証的段階を見てみましょう．[★447]

「実証的」段階の特徴は，不変の自然法則の確立と，観察に対する想像の従属である．この段階は，人間の内的組織および社会発展に対して相対的である．この段階は，法則に基づいた合理的予見という目的を科学に与える．[★448]

社会を，そして「道徳(MORALE)」(▶p.495)を，さらに言えば「宗教(RELIGION)」(▶p.676)を語るにも，この実証的段階こそが相応しいものをあたえるとコントは考えるのです．

実証的精神は，神学的・形而上学的精神よりも，社会を組織し，道徳を体系化するのに適している．[★449]

これが「人類教」へとつながることは見やすい．

実証的精神は，まさにその特徴である現実性の結果として，可能な限り，しかも何の努力も要さずして直接に社会的である．この精神から見れば，固有の意味での人間は存在しない．存在するのは人類だけである．なぜなら，人間の発達は，どの角度から考えても，すべて社会によるものだからである．[★450]

道徳の名において，実証的精神の普遍的支配を最終的に確立するため，今後努力を傾注しなければならない．今日，人間のさまざまな義務について，諸情念の衝撃を本当にしっかりと受けとめるだけの深い積極的信念を作り出し得るのは，新しい哲学だけである．[★451]

実証的観念は，現在の主な社会的難問が本質上政治的というより，むしろ道徳的なものであること，したがって，その可能な解

★435――同書, p.406
★436――G. W. F. ヘーゲル『美学講義（上）』p.109
★437――A. コント『社会再組織に必要な科学的作業のプラン』p.87〔傍点引用者〕
★438――A. コント『実証精神論』p.153〔傍点引用者〕
★439――A. コント『社会再組織に必要な科学的作業のプラン』pp.85-86〔傍点引用者〕
★440――A. コント『実証精神論』p.204
★441――同書, p.204
★442――A. コント『社会静学と社会動学』p.265〔傍点引用者〕
★443――清水幾太郎「コントとスペンサー」p.17
★444――アラン『思索と行動のために』p.417
★445――アラン『教育論』pp.234-235
★446――O. ルブール『人間的飛躍――アランの教育観』p.54
★447――A. コント『実証精神論』p.166
★448――同書, p.155〔傍点引用者〕
★449――同書, p.186〔傍点引用者〕
★450――同書, pp.205-206〔傍点引用者〕
★451――同書, p.202

決のためには，現実には制度が問題であるより，はるかに思想や習俗が問題であることを証明する。[452]

真の哲学精神の最後の試練は，現在では，特にこれらの〔道徳理論，社会理論という〕理論を実証的段階に引き上げることにある。[453]

さあ，今回のアランの定義に戻りましょう。なぜまず「公共的な言葉づかいにおける公正さ〔impartialité〕」と言われたのか？　それは専門科学が難解な術語を使いながら自分の領域に閉じこもることを避けなければならないからです。個別科学は往々にして「公共的な言葉づかい」を外れてしまう。専門語〔jargon〕に閉じこもるのです。しかし，「専門化は知性を殺す」とアランは考える。コントも同じように考える。[454]

道徳的見地から見ると，分業によって各個人は大衆に対する緊密な依存関係に立つと同時に，自己の専門的活動自体の発展によって自然に大衆から離反する。専門的活動は自己の個人的利害に結びつき，それと公共の利害との真の関係は漠然としか理解されないからである。[455]

教養の効果の一つは，日常の言葉を尊敬するようになるということである。学者は，専門語〔jargon〕を話す。そして，ワット，アンペア，エントロピーなどといった用語によって，非のうちどころのない明晰さに到達する。注目すべきことは，作家は，こうした手段によっては，明晰さを求めないということである。作家は，エッセーや詩の冒頭に，自分の発明した，あるいは定義した語彙についての，語釈をつけたりはしない。[456]

そして，専門家として成功すると，次のようなことが起こる。

文明が彼を専門家に仕立てたとき，彼を自分の限界内に閉じこもり，そこで満足しきる人間にしてしまったのだ。しかし彼の心のうちにあるこの自己満足と，自分は有能だという感情は，彼をして専門外の分野をも支配したいという気持に導くだろう。[457]

実際，科学者の専制的態度，そして科学間の支配関係というものを考えなくてはなりません。

今度は科学者自身を裁かなければならず，特に自分の専門領域に極度の確信をもっている科学者たちは，同じように専制的だから裁かれなければならない。[458]

さてコントは，いまでは理解されるにいたったことだが，唯物論が抽象的教説であることを，はじめて理解したのであった。しかし，それだけでなく，諸科学を，私が言ったように抽象から具体へと配列した〔数学，天文学，物理学，科学，生物学，社会学〕，おのおのの科学が次の科学の最初の手段，最初の道具，すなわち仮説を提供することに注目したのち，彼は各科学が次の科学にややもすると一種の専制的支配を及ぼすことを理解したのである。抽象的なもののこの僭称こそ，唯物論そのものである。そして，彼の言うところでは，幾何学を代数に従えようとすることには，生物学を化学に従えようとすることと同様に，唯物論が存在するのである。[459]

抽象的なものほど高級であるかのように思い込むと，科学が人間を離れていくことに対してもコントは警告を発します。

人間の一切の思考は人間の本質的諸欲求を充足することを目的とする人間の知性の産物であると考えること，また，人間の能力を知り，人間の本性，人間の条件を理解するために，どうしても知らなければならない人

間以外の現象を研究し，その後でふたたび人間そのものに立ち帰るためでなければ，決して人間から離れてはならない，と考えること…〔後略〕[460]

こうした偏った考えを避け，諸科学をそれぞれに固有の実証性のもとに扱おうとするところにアランの言う「公正さ〔impartialité〕」はあるのです。

現象を無差別に単純な要素へ還元する傾向を拒否し，現象の各レベルの生々しい姿に固執するコントは，徒らに精密性のみを求めて，見境なく数学的方法を適用しようとする人々に反対し，各レベルに成り立つ同等の確実性——実証性——に人々の注意を促す．今も昔も，問題の現実性の犠牲において微分方程式に憧れる人が多かったのであろう．[461]

次の指摘は，今でも通用するものだと私は考えますし，むしろ，今やもっと鮮明となっているとさえ思います。

確かに，現代では物質的利害が異常に重視されているために，知識と応用との間のこの必然的関係は誤解されることが多く，そのため，科学の将来は重大な危機に直面している．すなわち，実証的思考を，直接の効用がある研究だけに限ろうとする傾向が見られるのである．しかし，こうした盲目的傾向が現われたのも，科学と「技術」のどちらも十分深く考察したことがないために，両者の関係を誤って狭く理解した結果にほかならない．[462]

次の指摘は重要です．

本当の実証的精神が，神秘主義と縁遠いように，実は，経験主義からも遠く隔たっていることをよく理解しなければならない．実証的精神の道は，等しく有害なこの二つの誤謬の中間にある．[463]

20世紀の，いわゆる「論理実証主義」が，同じ「実証主義」という言葉を使いながらも，この点でコントの考え方とは違うことを確認しておいた方がいいでしょう．経験主義に深く加担し，次のコントの考え方を経験主義的に取ったところにその誤りがあると言っていい．

ある範囲の，そしてある種の，哲学問題を言語の問題としてみるとき，その解決ができるというのではなく，その問題の構造が夾雑物のない明確な姿であらわれる．このことを信じ，それを具体的に，そして意識的に実行しようとしたのが論理実証主義あるいは分析哲学であった．このことと経験主義の二つが，これらの哲学の基本的性格であるとわたくしには思われる．[464]

ところが，以下のコントの見解を，狭く，経験主義的に曲解したところに大きな誤りが生じたのです．

実証的段階における思考の論理は，個別的あるいは一般的なある事実の単なる叙述に厳密に還元できないようなすべての命題には，現実的に理解可能ないかなる意味もない，ということを「根本原則」として認める．[465]

★452——同書, pp.191-192
★453——同書, p.185
★454——O. ルブール『人間的飛躍——アランの教育観』p.217
★455——A. コント『社会静学と社会動学』p.271
★456——アラン『芸術に関する101章』p.270〔傍点引用者〕
★457——J. オルテガ・イ・ガセット『大衆の反逆』p.161〔傍点引用者〕
★458——アラン『イデー（哲学入門）』p.324
★459——アラン『わが思索のあと』pp.281-282
★460——A. コント『実証精神論』p.166
★461——清水幾太郎『倫理学ノート』p.276〔傍点引用者〕
★462——A. コント『実証精神論』p.168〔傍点引用者〕
★463——同書, p.158〔傍点引用者〕
★464——大森荘蔵『言語・知覚・世界』p.201
★465——A. コント『実証精神論』p.156

629

結局，以下のようなことになります．

ヴィトゲンシュタインには，沈黙を守るべき何物かがあったのに対し，彼を指導者と仰いだヴィーンの論理実証主義者たちには，沈黙を守るべき何物もなかった，という点が大切であろう．彼らにとっては，すべての意味ある事柄は明確に表現することが出来たし，明確に表現され得ない事柄はすべて無意味であった．彼らは，明確に表現することの出来ぬ重要な事柄というものを認めなかった．「検証可能性の原理というオッカムの剃刀」を用いて，彼らはセンスとナンセンスとを荒々しく区別した．しかし，ヴィトゲンシュタインにとって，語り得ぬものは大海であり，語り得るものは，この大海に浮ぶ島であった．[★466]

こうして，コントの実証主義は，今回のアランの定義にあるように「諸々の準備における論理〔logique〕」を単なる形式論理とは捉えないでしょうし，また「常に経験に基づいた諸結論」と言われるものも，論理実証主義者たちの言う貧弱な経験ではなく，豊かな「百科全書的」経験だというべきでしょう．単に頭で考えられた「**論理(LOGIQUE)**」(▶p.439)は実証的なものではなく，観念的なものなのです．

コントの鋭い指摘に従って私たちは，真実の百科全書的な教養によって訂正される傾向，すなわちおのおのの学問を先行する学問に還元しようとする傾向を，唯物論と呼ぶだろう．この傾向は抽象的な形式に対する偶像崇拝にほかならず，手段を目的と取り違えるものにほかならない．[★467]

正真正銘の百科全書的教養が修正しようとしているこの偏向，諸科学を先行的なものへと帰着させたがる抽象的形式への偶像崇拝にほかならない偏向を，われわれは「唯物論」と呼ぶことにしよう．この呼び名が言いあらわしているのは，力学を抽象的数学へと還元させようとするように，社会学を生物学へ帰着させようとしてあらゆる社会的法則を生殖，栄養摂取，風土といった諸条件へと還元させる傾向である．これは「史的唯物論」の名でよりよく知られた錯誤である．[★468]

POSSESSION
所有 – 所有物〔propriété〕への権利〔droit〕に対照した上での，(所有しているという)事実〔fait〕．所有は何らかの対象を使用しているという事実である．所有権〔propriété〕は使用する権利であり，裁定者〔arbitre〕によって認められたものである．

今回の定義は，要するに，権利〔droit〕と事実〔fait〕との対照から「所有」というものを考えてみたわけですね．所有権を有することと，それを実際所有していることとは違うというのは，いくらでもあることです．新聞でも見てみれば，競売(法律用語では「けいばい」と読むそうですね)公告が出ていることがあり，その中には「第三者占有あり」なんていうのがあります．暴力団関係者が居座っていたりするらしいのですが，その場合，所有権を持っていない(つまりこの定義で言えば「使用する権利」を持っていない)者が居座っていて，まさに使用している(つまり所有している)わけですね．所有権に関しては「裁定者」によって認められるものですが，所有権をそうして獲得しても，実際に所有に至るには，上の例ではなかなか大変そうですね．篠田節子の小説『女たちのジハード』に，負けずにそういう物件を手に入れる独身女性の話が出てきます．かなり前の小説ですが，興味があれば読んでごらんなさい．直木賞を受賞した作品です．ちなみに，

arbitreを，神谷訳も森訳も「裁判官」と訳していますが，私は「裁定者」としておきました．「**法律**(DROIT)」(▶p.281)的なことはよく知りませんが，原語に関して言うと，「裁判官」にはle jugeを使うのが普通のような気がするし，必ずしもすべて裁判に持ち込まれるわけでもなさそうな気がするからです．

さて，今回の定義は短いものですし，関連した考察へと移行しましょうか．「所有」について他にアランがどんなことを書いているかをみてみるわけです．次のような文章を出発点とします．

> 私の考えでは，平和とは当事者の自由意志によって確認された法(権利)秩序である．すなわち，自分に当然帰すべきものを受取った人は，自分の権利と共に他人の権利も重んずべきである．ここに精神の正義が存し，これを離れては，所有の喜びは不純かつ不安定となる．★469

この文章から，いろいろと考えてみることはできますね．「**平和**(PAIX)」(▶p.524)「権利」「**正義**(JUSTICE)」(▶p.429)が語られ，しかもそれが「所有」との関わりで，述べられている．法治国家である限りは法秩序が支配しているとしても，例えば，現在のアメリカ合衆国の所得格差については報道されている通りです．ものすごく少ない割合の人々(確か2%ぐらい)がアメリカ全体の所得の半分以上を獲得しているという話です．確かに，トップに立つような人たちはハードな仕事をしているのかも知れないけれど，これは行きすぎではないかと私なんかは考えます．だからこういう場合，「自分に当然帰すべきものを受取った人は，自分の権利と共に他人の権利も重んずべきである」というその「権利」の画定をどうするかを大いに議論する必要があ

るでしょうね．「正義」についてもね．経済学にも大きな影響を与えたジョン・ロールズの『正義論』という書物も，ちょうど私が大学生になった年に出版され，非常な話題を呼んでいました．以下に述べるような，価値判断の話になります〔「**価値**(VALEUR)」(▶p.841)〕．この講義でそこに深く踏み込むことはできませんが，経済学ではどう考えてきたかをみてみましょう．ざっくり言ってしまえば，価値判断を排除してきたのです．数学をモデルにした厳密性を求めつつです．次のようなわけです．

> 厳密性が美徳である文化においては，とかく，1と0との中間が消えて，一方，1は演繹的命題にのみ認められ，他方，1と0との中間に住む経験的命題の多くは0を与えられる．0を与えられた命題は，立ち入った吟味もないままに，価値判断と名づけられる．厳密性への捷径は，疑わしい経験を価値判断という荒野へ追い払うことにある．★470

近代経済学の中には「厚生経済学」〔Welfare Economics〕という部門で語られる「パレート最適」というものがあります．きちんと説明し始めてしまうと大変なのですが，骨子だけ言っておくと，「所与の資源，技術，嗜好，所得分配のもとで，何か少くとも一つの経済主体の経済状態を悪化させることなしには，他の経済主体の経済状態をこれ以上向上させることのできない状態★471」です．「効用」〔utility〕概念がそこには関わっています．「限界効用逓減の法則〔law of diminishing *marginal* utility〕」というものの説明から始めましょう．難しい表現ですが，要するに，同じものを次々に消費していっても，どんどんそこから得る満足は減るという法則です．例えば，美味しいミルフィーユがここにたくさんあったと

★466——清水幾太郎『倫理学ノート』p.207
★467——アラン『イデー(哲学入門)』p.325
★468——アラン『小さな哲学史』p.101
★469——アラン『裁かれた戦争』p.149

★470——清水幾太郎『倫理学ノート』p.124
★471——『ブリタニカ国際大百科事典 小項目版(電子辞典)』〔傍点引用者〕

631

しましょう．大好きなミルフィーユの1個目を眼をまん丸にして食べたとしても，2個目，3個目と増やしていったら，ついには〈もうたくさん！〉と言うに至るでしょう．1個目を食べることによって得られる満足と，2個目を食べることによる満足とはそんなに変わらないなんて言う人もいるかも知れませんが，どんどん食べていくと，やはり満足は減っていくだろうという，そんな感じです．こういうことを貧富の差に当てはめてみてください．富める者が多くの物を消費するのと，貧しい者が限られたものを消費するのとでは，どちらが大きな満足を得られるかという問いです．昔の経済学者は，ここには歴然とした違いがあるのであって，富者から貧者へと所得を再分配することによって「**社会(SOCIÉTÉ)**」(►p.748)全体の満足度は増大すると考えたのです．

この法則〔限界効用逓減の法則のこと〕によれば，或る人が或る物を多く持てば持つほど，その物の新しい追加分から彼が得る効用は減少する．効用は，功利と言ってもよいし，満足と言ってもよいし，幸福と言ってもよい．有名なヴェーバー—フェヒナーの法則の一つのケースである．さて，右の命題から，或る人の実質所得が多くなればなるほど，所得の一単位の増加から彼が得る効用——功利，満足，幸福……——は減少するという命題が導かれる．更に，そこから，富者の所得の限界効用は，貧者の所得の限界効用より小さいという命題が導かれる．そして，最後に，そこから，富者から貧者への所得の移転は，それが生産に対して不利な作用を営まない限り，全体的効用を増すという命題が導かれる．富者にとって小さな限界効用しか持たない所得が貧者の手に移り，そこで大きな限界効用を持つことが出来れば，社会全体としての効用——功利，満足，幸福，福祉，厚生……——の増加が生ずるからである．[472]

「**功利主義(UTILITARISME)**」(►p.837)であり，「最大多数の最大幸福」を目ざすものでした．しかし，それこそ，20世紀以降の経済学者たちが認めない考え方なのです．効用を個人間で比較することはできないというのです．〈私が1個のミルフィーユから得る効用と，あなたが1個のミルフィーユから得る効用とをどうやって比較するのだ？〉というのです．ここには，イギリス経験論哲学の伝統の中で繰り返し取り上げられてきている問題，「他人の心〔other minds〕」の問題があるのです．次の引用を見てください．色の話をしていますが，効用とて同じことです．

彼の言う赤い印象と私の印象とが同じであるか違うのかを決めるためには，その二つを較べてみなければならない．そのためには，私は彼の印象をとにかく知らなければならない．だが，これはできない相談である．他人の知覚を私が知覚するわけにはいかない．私が彼の知覚を体験するためには私は彼にならなければならず，それは私が私である限り不可能なことである．[473]

それこそ論理実証主義に強い影響を受けながら議論を展開していた初期の大森荘蔵氏の見解です．こうなれば，効用を比較することはナンセンスになる．

効用の個人間比較は科学的に行うことが出来ないというのは，「AはBよりも幸福である」という命題が科学的にナンセンスであるということである．それを敢えて主張するものは，論理の深淵此岸から彼岸へ移らねばならず，此岸にとどまろうとする限り，私たちは，AがBよりも幸福であるか否かを知らない，知り得ない，と言わねばならぬ．こうして，ロビンズの批判を受け容れることによって，一九三〇年代末，厚生経済学は，ピグーとは別の，パレートに

よって指示された方向へ発展することになった.[474]

この「パレートによって指示された方向へ」というのを説明しなければなりませんね. さきにパレート最適の定義のところで「所与の資源, 技術, 嗜好, 所得分配のもとで」とありましたね. そういうものを前提にして, できる限り満足を増そうという態度が選択されるわけです. なぜなら, 個人間の所得再配分などをするには, 個人間の満足が比較できなくてはならないけれども, それは不可能だという立場を採るのですから. 科学的に厳密にやろうとすればするほど, ナンセンスな領域には触れないという話になるのです. 繰り返しますが, 厳密性を持たないという理由で. しかし, コントの実証性は厳密性とは区別されなければなりませんでしたよね. そうだとすれば, 厳密性とは区別される「実証性」をきちんと認め, ナンセンスと言って責任回避をしようとする態度を改めなければならない.

リトルにおいて, too precise というのがネガティヴな表現であるとすれば, 同じような高い頻度で現れる rough はポジティヴな表現である. 彼は precise であることでなく, rough であることが有意味であるような問題の前に立っている. 比較や加算がナンセンスでないためには, それらは「大体のもの」でなければならない. 「例えば, Aの幸福の増分とBの幸福の増分との差は, Cの幸福の増分より大きい, と言うのは有意味であるし, またAの増分はBおよびCの増分の合計より大きい, と言ってもよろしい.」これらは, すべて rough である限りでのことである. そうであれば, ナンセンスではない.[475]

私たちは効用の個人間比較を否定する, と多くの経済学者は言う. しかし, 否定する (deny) というのは, 何の意味であるか. まさか, いかなる経済学者にしろ, 人々が実際に幸福の個人間比較を行っているという事実を否定することは出来ないであろう. そこで, 経済学者は, AはBより幸福であると主張する人間は誤解している, と言う. なぜ誤解なのか. なぜ比較は事実の陳述であってはいけないのか. そう質問する時, リトルは, この点に関するロビンズの, 「異なる諸個人の経験の科学的比較可能性という大きな形而上学的問題……」という言葉を想起していたのかも知れない. リトルは言う.「それは事実の陳述ではないという思想の背後には……自分の心とは別の心の存在に関する或る漠然たる形而上学的懐疑があるのであろう.」なぜなら, 他人の心の存在を否定するのでなければ, 比較は不可能であると言うことは出来ないであろうから.[476]

「形而上学的問題」という言葉が出てきています.「実証主義(POSITIVISME)」(▶p.624)が形而上学的段階を批判し, 実証的段階へともたらすことを目ざしていたのはすでに観ました. しかし, その実証性を厳密性と混同したとき, 経済学は人々の心から離れたのです. 効用という概念そのものが棄てられてしまうのです. 以下の引用に出てくる一つ一つの術語を説明することはやめます. 興味のある人は自分で調べてください.

ミル以降の経済学者の努力は, 自然法のごとき科学の夾雑物をいかに処理するかに向けられた. ジェヴォンズ, メンガーらは一方で労働価値説というマルクスの形而上学を, 他方で社会的功利というベンサムの形

★472──清水幾太郎『倫理学ノート』pp.54-55
★473──大森荘蔵『言語・知覚・世界』pp.13-14
★474──清水幾太郎『倫理学ノート』p.58
★475──同書, p.122
★476──同書, pp.122-123

而上学を排し，個々人の効用に経済全体系の重心を乗せようとした．当初これらは効用の可測性の問題として論ぜられたのである．しかし，たとえば「力」の概念も拒否するマッハ流の経験論の洗礼を受けた者にとっては，問題の真相は，可測性ではなく効用概念そのものにある．かくてパレートは，効用から実体的な重量を抜き取るべく，例の無差別曲線を使って「選択関数」へと議論を転換した．そして最終的には，サミュエルソンが，ブリッジマンの操作主義に基づき「顕示選好理論」を提示するというふうに続く．[★477]

そんな方向は間違っているという「**決断**（RÉSOLUTION）」（▶p.715）も可能なのです．私は，以下の見解に同意します．

多くの時間が与えられていない場合，そして，時間の経過が悪意を含んでいる場合，少しでも人間的であろうとすれば，どこからも苦情の出ないパレート最適を気長に探っていることは出来ず，乱暴を承知の上で，効用の個人間比較でも何でも手荒に行わねばならないであろう．[★478]

最後の引用に出てくる「多くの時間が与えられていない場合，そして，時間の経過が悪意を含んでいる場合」に私たちはすでにいるのではないでしょうか？ アメリカや日本における貧困層の増大はそれを物語ってはいないでしょうか？ 今こそ「人間的であろう」とする必要があるのではないでしょうか？ 私たち自身が，今回の定義で言う「裁定者」となって，所有の権利の認否に参与する必要があるのではないでしょうか？

種々の証拠の助けを求めず，松葉杖にたよらず，一人で歩くがよい．君自身の内心の指示に従い，主権者として決定を下すがよい．現実ではなく，理想が問題となる時は，このように振舞わねばならない．[★479]

アランがこの文を記したのは，すでに義務的な兵役の年齢を越えていたにもかかわらず，まさにデカルトと同じように戦争をきちんと認識するために，第一次世界大戦に志願し，人間の「**愚かさ**（SOTTISE）」（▶p.766）を直視した上で書かれた激烈な戦争批判書『マルス——裁かれた戦争』〔邦題『裁かれた戦争』〕の中だったのです．

PRÉCIPITATION
速断 – 吟味する〔examiner〕だけの時間〔temps〕を私たちが取らないことに由来する，誤謬の一つの原因である．それ〔時間を取ること〕ができないにせよ，あるいはそれを望まないにせよ．第二の場合〔つまり望まない場合〕というのは，私たちが，自分は間違っていないと信じ込んでいるか，他の者に先んじようとしているか，あるいはただ単に，不意を食らったために，浮かんできた最初の解決策に身を投じてしまう時か，である．

最初に「吟味する〔examiner〕」という言葉が出てきましたね．「**重々しさ**（GRAVITÉ）」（▶p.390）をはじめ，講義を通じてこれまで何度も話題に上った，あの対比，すなわち「否定」と「吟味」がここでも問題になるわけです．吟味は〈相手の見解を真と受け取った上で，さらに考える〉という話で出てきたことを思い出してください．そして，

今回の定義では，「吟味するだけの時間〔temps〕を私たちが取らない」ということが，私たちに誤謬（誤り）をもたらす原因の一つだということが指摘され，そういうことが起きる理由が述べられるわけです．

この「速断」という言葉は，デカルトの有名な『方法序説〔Discours de la méthode〕』という本に登場し

ます．方法の四つの規則の内，第一規則に登場するのです．次のように，

> 私が明証的に真であると認めた上でなくてはいかなるものをも決して真として受け入れない〔ne recevoir jamais〕こと．言い換えれば，注意深く速断と偏見とを避けること．そして，私がそれを疑ういかなる理由も持たないほど，明晰にかつ判明に，私の精神に現れるもの以外の何ものをも，私の判断のうちに取り入れない〔ne comprendre rien de plus en mes jugements〕こと．★480

ここで注意してほしいのは，さきにやった〈相手の見解を真と受け取った上で，さらに考える〉ということと，ここで言う「真として受け入れる」ということを区別すべきだということです．〈真として受け取る〉とは，排斥しないで吟味の俎上に載せるということでしたね．そして吟味した上で，すなわちデカルトの場合は徹底した方法的懐疑〔le doute méthodique〕を遂行した上で，「私の判断のうちに取り入れ」るのだということ．これが大事です．それをきちんとしないで，判断のうちに取り入れる，つまり判断してしまうことを，速断というのです．この説明でも分かると思いますが，〈真として受け取った上で〉，つまり排斥しないで，吟味するための時間を取り，その間は判断を留保しておくということをデカルトはしているのです．そうしている限りは，まだ「誤謬」を犯してはいない．思考という働きの範囲に留まっているのであり，その思考の対象が真実存在するかについては語らないからです．大森荘蔵氏風に言えば，次のようになります．

> たとえば"そこに机がある"というとき，それが果して机であるか否かについては何事も言及しない，言内にも言外にも言及しないと定めるのである．"それをたたけば音がする"とも"それをもちあげれば重い"ともいっさい言及しない，そのようなことにふれる意味を与えないのである．現象学の"判断中止（エポケー）"になぞらえていえば，"言及中止"すなわち"意味切断"をするのである．その結果残ったものは，今わたくしが目にしている知覚風景の刹那的描写である．…〔中略〕…"たたけばかたい音のでそうな"，"もちあげれば重そうな"机…★481
> 〔後略〕

「意味切断」というのは，「意味」というものを〈知覚内容が指し示すような知覚の外にあると考えられるもの〉であるとして，それを立てないということです．ドイツ語では，Bedeutungと言われ，Sinn とは区別されるもの．日本語では両方とも「意味」と訳さざるをえない場合があるので困るのですが，例で説明しましょう．「明けの明星」と「宵の明星」という言葉は，理解される事柄としては違います．しかし，それが指すものは「金星」という同じものです．ここでの，「理解される事柄」を Sinn といい，「指すもの」を Bedeutung というのです．前者を「意義」と訳し，後者を「意味」・「指向対象」と訳す人もいます．

さて，判断するには，知性だけでは足りないと（デカルト同様に）アランは考えています．デカルトは，主著『省察』の第四省察で，徹底的に「誤謬論」を展開するのですが，そのエッセンスは，知性が知る範囲を越えて意志が判断してしまうからという話です．知性と意志との及ぶ範囲が違う（知性は全知ではない）にもかかわらず，知性が越権行為を行うというわけです．〈知らないのに，あると言ってしまう〉のは，その一例です．なぜそれが存在するかということをき

★477──佐伯啓思『隠された思考──市場経済のメタフィジックス』pp.252-253
★478──清水幾太郎『倫理学ノート』p.288
★479──アラン『裁かれた戦争』p.136〔傍点引用者〕
★480──R.デカルト『方法序説』p.27〔引用者改訳・傍点引用者〕
★481──大森荘蔵『言語・知覚・世界』pp.185-186

635

ちんと語れないにもかかわらず，存在を認めてしまう．あるいは逆に，なぜそれが存在しないかということをきちんと語れないにもかかわらず，存在を否認する．〈それらは速断ではないのか？〉という問いが立ちます．実際，私たちは，何かが存在するとかいうことを，判断という意志の働きによって認めるのではないでしょうか？　例えば，次のような議論です．

　　あの遠い地平線は，遠いとは見えない．それを遠いと私が判断するのは，その色だとか，そこに見える他の物と比べての大きさだとか，こまかいところが混み入ってよく見えないとか，途中になにか邪魔物があって一部分見えないとかによるのだ．こうして，私がここで判断しているということが立証される．[482]

　　私の知覚とは，直接の映像ではなくて風景とか対象とかの構築である．私に立方体のさいころが見えないのは，その三面，あるいはせいぜいその四面しか見えないからである．しかし，私がこのさいころとつなげられるさまざまな感覚的印象を，結びあわせたり秩序づけたりすることによって，私はそれが立方体だと判断する．[483]

　映画撮影用のセットなどは，私たちのこの判断を，裏切るわけですね．背後には何も無かったりするのですから．いずれにせよ，立体についてのこのへんの議論を大森荘蔵氏風に展開してみましょうか．反転図形の話です．次のようになります．

　　例えばネッカーの立方体がある．見方によればこっちのカドがとび出して見え，別の見方をすればそれがひっこんで見える．更に別の見方をすれば十二本の線の平面図に見える．そのどの「見え」が現実でどの「見え」が非現実であるか，このような疑問は

誰も起こさない．どの「見え」も実際の「見え」なのである．ではどうして，山道にあったものは一つの「見え」では朽ち縄だが今一つの「見え」では蛇にみえる，そういったネッカー物体だと言えないのだろうか．そのどちらの「見え」もともにカメレオンの七変化の色の各々と同じく真実のものではないだろうか．なるほど，普通の状況では朽ち縄の「見え」が優勢であること，カメレオンの緑色と同様であろう．だがそのことが岩場のカメレオンの茶を「空事」とするいわれがないように夕闇の蛇の「見え」を非現実とするものではあるまい．蛇は暫時の間，真実わたしの前に（心の中ではなく）立ち現われ，ついで朽ち縄の立ち現われに反転したのである．[484]

　「見え」であって，大森氏風に言えば，「知覚的立ち現われ」です．視覚に関して健常である者が眼を開ければ見えてくる事柄のことです．では，こうした文脈で，判断とはどんなものでしょうか？　それは，上の引用におけるアランで言えば，いくつもの「感覚的印象」を結びあわせたり秩序づけたりすることによって，大森氏で言えば，「立ち現われ」を組織化することによって，〈秩序づけたり〉・〈組織化する〉当人が，判断を下すのだと説明すれば分かってもらえるでしょうか．

　　嘘－まこと，現実－非現実，の区分は様式による区分でも材質による区分でもない．それは無数の立ち現われの間の組織上の区分なのである．「現実」と呼ばれる立ち現われは寄り集まって一つの組織，一つの網の目をつくる．そしてこの網の目にもぐりこむことができずに村八分にされた立ち現われが「非現実」と呼ばれるのである．…〔中略〕…ではこの現実と呼ばれる組織網は何によって構築されるのだろうか．それはわれわれ人間の生き方，文字通り生命を保つ

て生きてゆく生き方に適合するように構築されるのである.★485

　言い方を換えれば, 何を現実とするかは, 各人の生き方によるというわけです. どういう生き方をするかによって変わる可能性がある. 生命を保つことを第一に考えない者の現実は違うものでありうるわけです.

　　さまざまな立ち現われは, 慣習の糸によってこの〈核〉のまわりに組織されており, その結びつきの強さによって, 正誤もまた定められる. しかも, その正誤の判定はわれわれの生命生活に直接的に関わるがゆえに, それはいわば〈命賭け〉の判定なのである. それゆえ, 「『正しい』から『信じる』のではなく, 命賭けで『信じる』ことがらが『正しい』ことがらなの」だと言わねばならない.
　　同じことは〈実在〉についても言える. 実在世界はわれわれの感性的諸活動から独立に, その構造が規定されているものではない. それは, われわれの〈生活〉を核として張られた立ち現われのネットワークであり, 「生きるために賭けられた実践的組織」にほかならない.★486

　実際, 大森氏自身が次のように言い切るのでした.

　　簡単にいえば, 「実在」と「空事(そらごと)」とは真偽無記の立ち現われ群の中の組織分類(ただし, 命を賭けての)である, ということになる.★487

　ここから, 「幽霊」というものの位置づけも簡潔に次のようになる.

　　幽霊が幻とされるのは, この人間の命の「現実」に疎遠だというがために過ぎない. この世に存在せぬ虚妄のものだからというのではない. 幽霊はその傍らの柳の木と同様に存在したのである. 「見えるが触れえぬもの」として存在したのである.★488

　ここまでくれば, 何かの本質とか存在とかいうものが, 他との関わりにおいてのみ語られる仏教的な世界観まで話を拡大することさえできます.

　　空間的断片も時間的断片もその知覚的立ち現われの相貌はただその周囲と前後の中にあってのみ「かくかく」でありうるのである. まずそれらは自存自前の「かくかく」の相貌をもち, ついでその周囲や前後のあり方の「影響」とか「対比」とかによって変様をうけて別の「かくかく」の相貌になるのではない. そのような, もともとからの「かくかく」などがないのである. 仏者の言葉をかりるならば, 「自性」がないのであり「空」なのである. 1と2, 4と5, ……から切り離された「3」などは何ものでもありえないのである. 同様に「1」も「2」も「4」も他の数から分断されては何ものでもありえない. それらが特定の数名詞で名指されうるのはただ自然数「全体」の中においてのみなのであり, 特定の数が特定の「かくかく」なる数でありうるのはただ他の特定の数の全体に「縁って」のみなのである.★489

　仏教は「空(くう)」を説き, 「実体」を否定します. すべてのものは「自性(じしょう)」を持たず, 「因果」・「縁起」によって起こるというのです. 当然, 大森の「縁(よ)って」という言い方は, この「縁起」を語って

★482──アラン『思索と行動のために』p.26〔傍点引用者〕
★483──G. パスカル『アランの哲学』p.77〔傍点引用者〕
★484──大森荘蔵『新視覚新論』pp.220-221
★485──同書, pp.222-223〔傍点引用者〕
★486──野家啓一「大森哲学の航跡」(『哲学の迷路──大森哲学・批判と応答』) p.15
★487──大森荘蔵『物と心』p.ii
★488──大森荘蔵『流れとよどみ──哲学断章』p.4〔傍点引用者〕
★489──大森荘蔵『物と心』p.232〔傍点引用者〕

いるのです.

　さあ, ここから, 今回の定義の「第二の場合」, すなわち吟味の「**時間**(TEMPS)」(▶p.800) を取るのを望まない場合というものを逆照射してみましょうか.「自分は間違っていないと信じ込んでいる」なら, 吟味の必要をそもそも認めないでしょう〔「**間違い**(FAUTE)」(▶p.350)〕.「当たり前じゃん!」とか言っている人たちのありようです.「他の者に先んじようと」するなら,〈そんなことやってるほどオレは暇じゃないの!〉みたいなノリ.〈「方法的懐疑」だって?　「判断留保」だって?　暇なやつだなあ!〉〈立方体は立方体なの!　この世の中は映画のセットじゃないんだから!〉〈それで生きていけるんだから, いいじゃん!〉〈オレには, そんな暇人がやる哲学みたいなこととは違う, やりたいことがあるんだよ!〉というわけ. はい, 結構です. そう生きてください. あなたの人生ですから.〈なぜ生きるのか?〉なんて問うのはナンセンスだとでも思っているのでしょうから. うまく生きていける自信でも持っているのでしょうから. ただ, そういう考えに近い人が, まだ最後の聞く耳を持つのなら, 次の難解な引用をプレゼントしておきましょう.

欲望の働きの各々に目的を配する考え方…〔中略〕…これは働きの各々の独自性を支持するかにみえるが, 実はまったく逆の事態を語るものである. すなわち, 欲望は自らの対象(目的)に注目してあたかもそれに吸収されてゆくかのように働くのであるが, それは当の働きを〈対象〉というかたちで規定するのであって, 働きの〈主体〉を語ろうとするのではない. 目的をめざしているつもりが, 実は目的によって突き動かされているにすぎないのである.〈善なるがゆえに追求する〉とか〈悪なるがゆえに忌避する〉といった表現は同語反復であって,〈追求する〉働きも〈忌避する〉働きも〈善〉や〈悪〉を説明してみせるための単なる道具立てにすぎない. そのような欲望とは, 意志の無力によって知性の受動性が絶対視されるところに成り立つ, 言うなら〈知性的欲望〉である. そのとき生命は自己目的となり, いわゆる〈生きるために生きる〉という事態が生ずることになる.★490

「不意を食らったために, 浮かんできた最初の解決策に身を投じてしまう」というのは, 説明も要りませんよね. 焦っちゃって, ただ「藁をも摑む」だけですから.

PRÉDESTINATION
予定説 – これは, ある存在者〔un être〕の将来が, どんな出来事であろうと, 主要な点については決まっているという考えである. こうして, 運命に翻弄される乱暴者は, 愚かにも, そして突如として〔par surprise〕, 乱暴になるだろう. そして, 猜疑心の強い者は, 運〔fortune〕が彼に得がたい友を差し出しているにもかかわらず, 疑いによってその友情〔amitié〕を台無しにしてしまうだろう. それゆえ, 予定説は外的なものに対する内的なものの優位を表現している. 予定説は, まさしく宿命論〔fatalisme〕の反対のものなのである. 宿命論では, 機会とか状況とか〔といった外的なもの〕が支配している. 例えば, 神〔Dieu〕は宿命によって定められているものに反しては何もできないというのは, 諸々の出来事を変化させる力を神に認めないことである. しかし, 神は予定に反しては何もできないというのは, 諸々の性格〔caractères〕を変化させる力を神に認めないことなのである.

　20世紀哲学史的な話をしておくと, ここで「ある存在者」と訳したのは, un être です.〈存在

するもの〉という意味です．〈存在するということ〉とは違います．〈存在する〉という方を「存在〔das Sein〕」と呼び，〈存在するもの〉を「存在者〔das Seiende〕」と呼び，その差異〔存在論的差異 Ontologische Differenz〕に注目し，そもそも〈何かが存在していること（存在者が存在しているということ）〉すなわち「存在者の存在〔das Sein des Seienden〕」を主題的に採り上げて，〈存在するということ〉について徹底的に問おうとしたのが『存在と時間〔Sein und Zeit〕』におけるハイデガーでした．ここでは深入りはしませんが，ライプニッツが立てた「なにゆえ，無でなく，むしろ或るものは有るのか〔Pourquoi il y a plutôt quelque chose que rien?〕」という問いを，ハイデガーは「形而上学の根本的問い」と呼ぶのです．[491] こうした問いときちんと向き合うために，ハイデガーは，おのれの存在を気遣う存在者として，人間を「現存在〔Dasein〕」と呼び，そこから話を始めます．「基礎的存在論〔Fundamentalontologie〕」を構築しようとしたのです．少しだけ説明しましょう．

人間こそは，自分が死ぬということ（言わば無となってしまうということ）を知り，自分の存在の仕方を問う存在者だとハイデガーは考えます．どう生きるかを人間は問えるからです．例えば，不治の病に罹っていることを告知され，残りの**時間〔TEMPS〕**（→p.800）をどう生きるかと問うなど，いくらでも起こりうる事態です．そして，すべての人間は，いずれ死ぬ限り，基本的にはその病人と同じだというわけです．「死に臨む存在〔Sein zum Tode〕」だというわけ．こうして，現存在という存在者の存在は限られた時間を生きる「時間性〔Zeitlichkeit〕」として取り出されていく．自分が死ぬということを見据えて，その上でどう生きるかを決意することができるのが人間だというのです（「先駆的決意性〔vorlaufende Entschlossenheit〕」）．その決意は，周りの世界そのものをそれまでとは違った仕方で見えるようにするかも知れません．自分の存在を気遣うことによって，周りの存在者との関係までが問い直されるので

す．自分がそれに関わるものとしてです．限りあるものとして，愛おしく，大切に思えてくるかも知れない．私がここに存在するということは，その存在が「時間性」として取り出されることに応じて，周りの世界も，私のその限られた時間性との相関の下に位置づけられると言っていい．世界の中にある私は，「世界内存在〔In-der-Welt-Sein〕」として，当の世界との密接な関わりの下に了解されてくる．私自身の存在への「気遣い〔Sorge〕」は，それに応じた世界を開き，その私の色に染められた世界の中でいろいろなもの（「内世界的存在者〔Das innerweltlich Seiende〕」）に出会うことになります．悲しいときには，何を見ても悲しくなるように，悲しみと共に世界を開く者は，まさに悲しい世界を現出させ，その中で他の存在者と出会うわけです．こうした「現存在が，何らかの気分を伴って存在すること」をハイデガーは「情態性〔Befindlichkeit〕」と呼んでいます．

さて，どんな世界を開くか，その私の色に染められつつ開かれた世界で出会う他の存在者とどのように関わりを持つかは，大きく私の決断に関わることであり，初めから決まっているものではないのではないか？　本質的な仕方で決まっているのではなく，決意によって大きく変化するのではないか？　実存は本質に先立つのではないか？　そんな話です．

さて，今回の「予定説」の定義は，ハイデガーのような難解な術語こそ使っていませんが，やはり生き方の根本的な態度に関わっています．どんな出来事であれ，存在者の将来は決まっている，固定している，と考えるのが予定説なのです．

ところで，アランが例を掲げている次の箇所は神谷訳も森訳も間違っていると私は思います．un violent favorisé par la fortune を「財産にめぐまれている乱暴者」と訳してしまっているからです．la fortune には，確かに「財産」という意味もあるのですが，ここでは「運命」のことと解した

---

[490]──福居純『デカルト研究』pp.341-342〔傍点引用者〕　　[491]──Martin Heidegger, *Wegmarken*, S.19, 210

方が順当だと私は判断します。『プチ・ロワイヤル仏和辞典』には、être favorisé par la fortune で「運に恵まれている」とあります。今回の定義の文脈では「恵まれている」と訳すのも変であり、とにかく〈運命の通りになる〉ということだと思います。私がこう訳したいのは、「財産にめぐまれている」と訳してしまうと、そのことと「愚かにも、そして突如として、乱暴になる」ということとの納得のゆく結びつきが私には見えないからです。「運命〔fortune〕と運〔sort〕」、「予定説〔prédestination〕」、「**宿命論（FATALISME）**」（▶p.342）といった何だか意味的に似ていそうな言葉をきちんと区別した方がいい。実際、アランは、この定義の中で、その区別をしようとしていると私には思えます。何かは知らぬが差し出される或る機会に促されるようにして「愚かにも、そして突如として〔par surprise〕、乱暴になる」人物をアランは語ります。そんな出来事が実際生じても、周りの人たちは〈あいつはそういう乱暴者なんだよ！〉といい、自分でも〈オレはそういう乱暴者さ！〉で片づけてしまう。次に掲げられる「猜疑心の強い者」の例でも、周りからは〈疑い深い奴だからなあ……〉と処理され、自分でも〈オレって、どうせ、そういう疑い深い性格なんだ〉で納得してしまう。こう決まっていた（予定されていた）というわけです。乱暴者というあり方に、猜疑心の強い者というあり方に、初めから（いうならば本質的に）決まっていたというのです。運命によって差し出される機会はどうあれ（どうせ）、乱暴者は乱暴者、猜疑心の強い者は猜疑心の強い者と決まっているのだ、というわけ。こういう事態をアランは「外的なものに対する内的なものの優位」と表現しています。なぜでしょう。それは、どんな機会が与えられようとも、自分で自分のあり方を、努力するでもなく、諦めるかのように決めてしまうからです。〈運命によって差し出される機会〉は「外的なもの」です。なぜならそれは、見たところ自分が創り出せるわけでもなさそうですから。しかし、〈それがどうであっても、自分の

振舞いはこうだ〉と自分で決めてしまうなら、それこそ自分の「性格」（これが「本質」みたいに捉えられるわけですね）とでも言いましょうか、要するに「内的なもの」がそれに応じた出来事を生じさせてしまう。自分で、自分はこうだと決め込んで（判断して）しまって、他のあり方を全力で試みようなどとはしていないのですから、自分の側での〈決めつけ（内的なもの）〉が優位に立ってしまうわけです。「**性格（CARACTÈRE）**」（▶p.146）と言ってもいいし、「本質」と言ってもいいのですが、そういうものをどこかに想定して、自分でいわばそれを着込んでしまうのです。受け取るだけではなく、受け入れてしまう。プレタポルテ〔prêt-à-porter, 既製服〕みたいなものです。オーダーメードではないし、ましてや自分でつくる服でもないものを、着込むのです。

　だからこそ、アランは予定説を宿命論のまさに反対のものと位置づけます。宿命論は、自分が（つまりは内的なものが）どうあれ、「機会とか状況とか〔といった外的なもの〕が支配している」と考えるからです。こちらは自分が着込むとかそういうこととは関わりなく、言わば自分に襲ってくるものとして、出来事を捉えている。最後の部分、神を例に採った説明の後半で、「性格」という言葉が出てくるのも、それが人間の「内的なもの」と普通は考えられているものだからです。

　しかし、いったい、「性格」とは何でしょうか？　アランは次のように書きます。

　　性格とは、文字どおりには、そとから受けた印〔しるし〕〔une marque reçue du dehors〕のことである。もちろん、跡形〔l'empreinte〕は、それを受ける側にも依存する。だから、性格は体質と気質を含むと言うのは正しい。★492

　この記述は、「性格」というものが、「外的なもの」に大きく依存しながら、その「外的なもの」をどう受け取り、受け入れるかにも依ることを示しています。言い方を換えれば、下手に受け入れれば、当の「外的なもの」に、却って身

を委ねることになりかねない．そこで，自分の「性格」というものが実際にはどのように形づくられるものかを考えてみてください．

> 子供にあってもまた大人にあっても，人間の本性というものは容易に他人の判断どおりに仕立てられるものだ…〔後略〕[★493]

> 子供はむろんのこと，大人でさえも，過ちを犯すとそこに宿命を読みとろうとする傾向があまりに強い．さらに，審判者の権威がそこに加われば，人々は自分に絶望してしまうし，自分がこういう人間であると他人が信じ，自分でも信じている姿を，夢中になってあらわすようになる．[★494]

さて，予定説と宿命論とに共通している事柄は無いでしょうか？　私はあると思います．〈自由を信じていない〉ということです．自由を行使しようなどと意志していないということです．「外的なもの」にせよ，「内的なもの」にせよ，それが自由を押しつぶすものとして立てられているのです．「外的なもの」の支配を表わす言葉に，もう一つ「決定論〔déterminisme〕」というものがあります．自然科学的な考え方をする人がよく使います．「予定説」が「**神学**〔THÉOLOGIE〕」（►p.807）的なニュアンスを含むのに対して，「決定論」は科学的ニュアンスを含むのです．

> 一般的な言い方で既に示したように，古典物理学の記述にはある基本的な秩序と度が含まれている．このことは，デカルト座標の使用に特徴的に示されている．また時間の秩序は，空間の秩序とは無関係で，普遍的かつ絶対的であるとされている．このことはまた，（ユークリッド幾何学に特徴的な）ユークリッド的な秩序と度の絶対性を含んでいる．この秩序と度によって，一定の構造が得られる．本質的にその構造は，物体を構成する要素として剛体をその基礎においている．このような古典論的構造の一般的特徴として，すべてのものは部分に分割可能であるとされる．すなわちすべてのものは，剛体粒子，あるいはその究極的理想化としての，大きさのない粒子（質点）に還元されると考えられている．前に指摘したように，これらの部分は，（機械におけるのと同様に）作用を及ぼし合いつつ共に働いていると考えられるのである．

> それゆえ物理学の法則は，各部分の運動が他の諸部分の配置とどう関係するかを述べるものである．その意味で，物理法則は，それぞれの部分の運動の中にどのような比が成立するかを表現していると言える．古典物理学の法則は，その形式において決定論的である．すなわち，系の状態が各部分の初期位置と初速度だけで決まる形式になっている．また古典物理学の法則は，因果論的である．すなわち，外的な攪乱はすべて，原理的には系の各部分に伝達されるような影響を生み出す原因と考えうるのである．[★495]

しかし，そう考えてしまうのはなぜかと問うてみましょう．ベルクソンは，そこに心理的な要因を見て取ります．

> いかなる決定論も，それが物理的なものであっても，心理的なある仮説を含んでいる．[★496]

> 物理的決定論は自然科学にうったえて自己検証を果たし自己の輪郭を確定しようとしている心理的決定論に他ならない．[★497]

[★492]──アラン『人間論』p.256
[★493]──アラン『教育論』p.42〔傍点引用者〕
[★494]──アラン『思索と行動のために』p.263〔傍点引用者〕
[★495]──デヴィッド・ボーム『全体性と内蔵秩序』pp.216-217〔傍点一部引用者〕
[★496]──H. Bergson, *Essai sur les donnés immédiates de la conscience*, p.107
[★497]──H. ベルクソン『時間と自由』p.139

ここに言う「心理的なある仮説」とか「心理的決定論」とはなんでしょうか？　ベルクソンは、「意識(CONSCIENCE)」(►p.191)に関する自らの考え方を基礎に議論を展開しているのですが、乱暴にまとめてしまえば、「流れつつある時間〔le temps qui s'écoule〕」と「流れ去った時間〔le temps écoulé〕」とを混同することによって、そういう決定論が生じるというのです．決定論は、「回顧的錯覚〔une illusion rétrospective〕」によるのだというのです．

回顧的錯覚の本質は、作られつつあるもののかたわらを離れてそれが作られた後に身を置き、その正当性を証明する再構成を事後的に行なうことに存する．

いっさいの分析は翻訳〔traduction〕であり、記号への展開であり、つぎつぎに視点を定め、研究される新しい対象と、既知のものと信じられている他の対象との間に、できるだけたくさんの類似点をその視点から書きとめ、一つの再現にまとめることである．

間違いなくいえるのは状況は生じてしまえばそれを分析して発見される要素から説明されるということぐらいであろう．

機械的な説明の真髄は、未来と過去とを現在の函数として計算できるものと考え、そして一切は与えられていると主張するところにある．

最後の引用にある、「一切は与えられている」と考えることこそ、〈時間は流れてしまった〉と考えることに他なりませんよね．〈もう終わっているのだから、自由の余地など無い、努力など詮ない〉というわけです．しかし、ベルクソンは次のように言います．

形而上学がわれわれの精神の不断の拡張〔dilatation〕以外の何ものかであり、現実にわれわれがもつ観念や、おそらくはわれわれの単純な論理をも超越しようとする、つねに新しい努力以外の何ものかであるならば
…〔後略〕

さて、今回の定義の「予定説」そして「宿命論」、さらに言えば「運命(DESTIN)」(►p.240)や「運」についての通常の理解が、この「一切は与えられている」といった思いに押しつぶされているようには考えられないでしょうか？　「外的なもの」にせよ、「内的なもの」にせよ、できあがっている何かを想定し、それを着込んでしまうようには思えませんか？　自由は、そういう「諦め(RÉSIGNATION)」(►p.710)に身を委ねないところにあるように、私は思います．最後にハイデガーがニーチェに触れながら語ったことを、もう一度、引用して終わりましょう．古代ギリシアの時間の考え方、時間は円環を描いて戻ってくるという考え方に影響を受けながら展開された「同一物の永劫回帰〔Ewige Wiederkunft des Gleichen〕」の思想についてです．

もしある日、それともある夜デーモンが、君のこのうえもなく深い孤独のなかに忍び入り、君にこう言うとすればどうであろうか．《おまえは、おまえが現に生き、また生きてきたこの生を、なおもう一度、いや無限に繰り返して生きねばならぬ．なにひとつ新しいことはなく、おまえの生のすべての苦痛、すべての快楽、すべての思想と溜息、そして言いようもなく卑小なものもまた偉大なるものも、すべてが再来せねばならぬ、しかもすべてが同じ順序で――この蜘蛛も、樹々のあいだに洩れるこの月光も、そしてこの瞬間も、この私自身も．永遠に刻む存在の砂時計は、果てしなく倒置される――そしてそれと共におまえ、塵の塵たるおまえも！》――そのとき君は身を投げ伏せ、歯ぎしりをしてかく語るデーモンを呪うであろうか．それとも君は、このデーモンに対して《おまえは神だ、お

まえ以上に神的なものを私は聞いたことがない》と答えるであろうような途方もない瞬間を，かつて経験したことがあるだろうか．もしあの思想が君を支配するなら，それは君を変えてしまい，おそらくは打ち砕いてしまう．すべての事柄に際して，《これをおまえはもう一度，そして無限回にわたって欲するか》という問いが，最大の重しとして君の行動にのしかかるであろう．あるいは，永遠に動かぬの確証以外の何ものをももはや欲しなくなるためには，いかに君は，君自身と君の人生を愛さねばならないであろうことか——★503

何が未来に生成するかは，ほかでもなく決断にかかる事柄であること，円環は漠とした無限なるもののなかで閉じられるのではなく，その切れ目のない接合点を抗争の中点たる瞬間のなかにもつこと，つまり，無限の回帰のなかにあってそもそも何が回帰するかを決定するのはまさに瞬間であり，そのなかに抗争し衝突するものを克服する力にほかならない，ということである．★504

いったい何がすでに存在したのか，そして再来するとは，はたして何が再来するのであろうか．次の瞬間に存在するであろうところのものが，である．もしおまえが，現存在を怯懦(きょうだ)と無知のなかへ，しかもそれが伴うすべての結果と共に，辷(すべ)りゆくがままに放任するなら，そのときにはまさに，そのままのものが再来し，すべてはすでに存在したそのままのものとなるであろう．しかしもしおまえが，次の瞬間を，そしてすべての次の瞬間を最高の瞬間たらしめ，その瞬間に発して結果を銘記し固持するなら，そのときには，まさにこの瞬間が再来し，この瞬間が，すでに存在したものとなっているであろう．〈それは永遠である．〉だがこの永遠は，おまえの瞬間のなかで，そしてただそこでのみ決定され，おまえ自身が存在者についてどう考え，存在者のなかでいかに自己を保持するかによって——おまえがおまえ自身に意欲し，また意欲しうるものによって——決定されるのである．★505

同一物永劫回帰の思想は力への意志の内面的な——補足的なではない——完成である．★506

PRÉDICTION
予言 – 好都合な予言は勇気〔courage〕を与え，物事の成就に役立つ．というのも，予言の対象となっている存在者はそのときより多くの自信〔confiance〕，忍耐〔patience〕そして粘り強さを手にするからである．不都合な予言は，自ら〔の可能性〕を萎縮させてしまうに違いない．なぜなら，それは警告を発し，慎重を期すようにするからである．こうしたことが，予言というものの通常の効果である．しかし，反対の効果もそれに劣らず想像力〔imagination〕に対して際立った働きをする．なぜなら，予言は，それに関連した諸々の状況の中で精神に舞い戻ってきて〔revenant à l'esprit〕，近付きつつある一つの宿命〔fatalité〕という考えをしばしば与えるのである．電撃的な仕方で作用してしまう考えである．そうなる

★498——ウラディミール・ジャンケレヴィッチ『アンリ・ベルクソン』p.34〔傍点引用者〕
★499——H. ベルクソン『形而上学入門』p.68〔引用者改訳・傍点引用者〕
★500——H. ベルクソン『創造的進化 上』p.49〔傍点引用者〕
★501——同書, p.60〔傍点引用者〕
★502——H. ベルクソン『形而上学入門』pp.103-104
★503——M. ハイデガー『ニーチェ I』p.280
★504——同書, p.324
★505——同書, pp.412-413
★506——M. ハイデガー『ニーチェ II』p.18

と，人間というものは自分の救いに心を配るのを止めてしまう．速やかで躊躇(ためら)いのない行動が〔自分の救いに心を配るのなら〕必要であるその瞬間にである．こうして呪い〔malédiction〕が効果を発揮してしまう．それは一種の予言なのだ．そして，そもそも不幸を可能なものとして考えてしまうのは危険である．なぜなら，それが自分自身を不幸に則って身構えさせることだからだ．こうした態勢〔disposition〕が不幸を招き寄せるとはよく言われることである．予言に関してなしうる最も良いことは，それを忘れることである．

アランはこの定義の最初に予言の「通常の効果」について書いています．「好都合な予言」は，まさに「自信」〔「信頼(CONFIANCE)」（▶p.189）〕とか「忍耐(PATIENCE)」（▶p.549）〕とか「粘り強さ」を持つよう促し，結果的に「物事の成就」に役立つというのです．反対に「不都合な予言」は人を萎縮させてしまう，と．もっともな話です．けれども，アランがこの定義で考えようとしているのは，そういう「通常の効果〔l'effet ordinaire〕」に加えて，「反対の効果」の方だと言っていいでしょう．しかし，なぜ「反対の〔contraire〕」というのでしょう？何との関係で「反対の」なのでしょうか？もちろん「通常の」に対してなのですが，その理由はどのようなものでしょう？私は，次のように考えました．「通常の」にせよ「反対の」にせよ，この定義からすれば，「**想像力(IMAGINATION)**」（▶p.407）への働きとの関わりで語られていることは変わりません．想像に応じて，「自信」とか「忍耐」とか「粘り強さ」を持ったり，萎縮したりするのですから．実際，そういう「通常の効果」だけではなく，「反対の効果」も「それに劣らず想像力に対して際立った働きをする」とアランは書いています．では，「通常の効果」における働きはどんなものか？それは，思うに，〈直接的〉だと私は思うのです．好都合だから人を鼓舞する．不都合だから萎縮させる．そんな感じです．鼓舞にせよ，萎縮にせよ，ス̇ト̇レ̇ー̇ト̇にその方向に進んでいる．いずれにせよ，予言通りというふうに，その予言の方向にすんなり乗っている．しかし，「反対の効果」は，そうではなくて，一種のひねりが入っている．どういうことかというと，想像するということが思考するという働きに変容をきたし，行動を阻害す

るまでの影響を与えているということです．進̇ま̇ないのです．場合によっては，戻るのです．すなわち，予言の方向にすんなり乗るのではなく，考え込んでしまうという効果です．「通常の効果」が真っ直ぐ進むとすれば，「反対の効果」は言わばUターンしてくる．その〈Uターン〉，さらに言えば〈空回り〉が非常にまずい仕方で働く場合をアランは主として述べていると思います．見てみましょう．考えが空回りして，そのために行動が消えるのです．

> 繭のように私たちを包んだ「想像力」の堂々巡̇り̇は，「現実」への細心の注意のように見えながら，実はどこにも確たる根拠を持たないがために一種の白日夢同然で，いとも簡単にさまざまな予言や占いや運命論を受け入れてしまう．★507

定義の続きの部分に，実際，「精神に舞い戻ってきて〔revenant à l'esprit〕」というふうに，Uターンを連想させる語が使われ，「宿命〔fatalité〕という考えをしばしば与える」と書かれます．自分ではどうしようもない「外的なもの」としての「**宿命(FATALITÉ)**」（▶p.346）の支配ですね．そういう考えがしばしば舞い戻り，電撃的な効果を与える．稲光のように私たちを打つわけです．機会あるごとに人はそれに打擲(ちょうちゃく)されてしまうとでもいいましょうか．こうなると，「もう駄目だ！」という思いばかりが繰り返され，「自分の救いに心を配るのを止めてしまう」．無力感に襲われ，屈辱を味わう．次のような言葉があります．

情念の，いや悪徳さえもの根本はこの屈辱，

すなわち，何もできぬということであり，何もできぬと判断して絶望を最高度にしてしまうこと．[★508]

情熱〔情念〕の中には常に多少の悔恨と恐怖がある．そしてそれが当然だとわたしは思う．たとえば，人はこんなことを自問する．「どうしておれはこうも自分を押えることができないのだろうか？　同じことを性懲りもなくくりかえさなければならないのだろうか？」ここから屈辱感が生じる．[★509]

およそ迷信は，年齢と私たちの屈辱との刻印のようなものだ．[★510]

宿命感にせよ，「**性格**(CARACTÈRE)」(▶p.146)にせよ，占いにせよ，そして迷信にせよ，それは行動よりも考え込むところに成立してはいないでしょうか？　もし真に「自分の救いに心を配る」のなら，宿命感の打擲に立ち向かう行動を取らなければならないのに，それをしなくなるのです．「**呪い**(MALÉDICTION)」(▶p.460)はそれを狙っている．この場合の呪いというのは，例えば，童話の『眠れる森の美女』(『茨姫』)で最後に登場する魔法使い(ディズニー映画ではマレフィセント)が人々の目の前で呪いをかけるというようなことを指します．つまり，呪いがかけられたことを知っているという前提です．さしあたり，日本の「藁人形」による呪いのように，対象となる人物がそれを知らないという場合を除いての話です．とにかく，知ってしまったがゆえに，思い出されてしまうわけです．そこには電撃に対して身構えるという「態勢〔disposition〕」ができてしまう．アランはつぎのように書きました．

宿命論とは，将来この世で起こることはすべて書かれている，もしくは予言されていると信ずる心的状態〔disposition〕にほかならない．[★511]

そしてそこから抜けられない．結果的には救いを拒否し，自分が許されることを信じないのです．例えば，性格といった桎梏から抜け出られることを信じないのです．次の文章を吟味してください．

実をいえば，呪われた者とは，自分が許されることをけっして信じようとしない者のことだ．[★512]

さて，この disposition というのは，ヨーロッパ中世のスコラ哲学の時代から頻繁に使われてきた概念(ラテン語では dispositio)で，〈ある事柄が実現する準備ができている状態〉と，前に言っておきましたね．妨げられなければ，機会が訪れると共に実現するのです．「性格」というものも，ここに関わってきそうなことは確かですよね．「態勢」を受け入れているのですから．言わば，予言を自分で成就させてしまうわけです．

出来事を予言する人自身が出来事の一部をなしており，そこで予言が原因となるのである．予言は人がそれを信じたというだけで当たることがある，とまで言わねばならない．[★513]

さて，だからこそ，「不幸を可能なものとして考えてしまうのは危険」だとアランは言う．それによって「自分自身を不幸に則って身構えさせる」からだというのです．この「身構えさせる」と訳したのは se disposer で，まさに disposition の動詞形です．次の引用はこうした文脈について実に示唆的です．

深く隠されてはいるが，その効果の程は十

★507──合田正人『心と身体に響く，アランの幸福論』p.72〔傍点引用者〕
★508──アラン『思想と年齢』p.33〔傍点引用者〕
★509──アラン『幸福論』p.26
★510──アラン『思想と年齢』p.179
★511──アラン『思索と行動のために』p.262
★512──同書, p.380
★513──アラン『人間論』pp.313-314〔傍点引用者〕

645

二分に知られている一つの法則がある．それはおよそ自分の抱きうる最も陰気で，恐ろしく，絶望的なものこそが，これまた最も説得力を持っているという法則である．[*514]

こうして，だからこそ「予言に関してなしうる最も良いことは，それを忘れること」とされるのですが，このことが優れて「不都合な予言」について言われることは確かでしょう．けれども，「好都合な予言」については当てはまらないのでしょうか？　当てはまりうると私は思います．言うならば，「能天気な態勢」ができてしまうからです．一瞬一瞬意志的に「**決断**(RÉSOLUTION)」(➡p.715)するよりは，「好都合な予言」に乗った上で，それを反芻し，悦に入っているという感じ．その間に，行動の時機を逸するとすれば，これもやはり「態勢」によって不幸を招き寄せることになりかねない．「好都合な予言」をさえも忘れること，それは実に禁欲的ではあるけれども，それと同時に強烈な意志を必要とするものなのではないでしょうか？　最後に次の文章を引用して終わりましょう．

　恐るべき想念，自己から自己への不吉な予言の実行者となること，これが私たちのあやまちのふつうの姿なのである．
　情念は一個の予言であり，人間の身体からたちのぼる神託とも言える．[*515]

PRÉJUGÉ
予断 － あらかじめ，言い換えれば〔それについて〕深く知る前に，判断されてしまった事柄．予断は，人が事柄を深く知らないようにしてしまう．予断は情念〔passions〕から起こってくることがある．憎しみ〔haine〕は悪い予断を好む．それ〔予断〕は傲慢〔orgueil〕から起こってくることがある．傲慢は意見を決して変えないようにと勧告するのである．あるいは〔予断は〕昔からの決まったやり方へと常に引き戻す習慣〔coutume〕というものから起こったり，あるいは怠惰から起こったりする．怠惰というものは探究したり吟味したりすることを全然好まないのである．しかし，予断の主要な支えとなっているものは〔実はそれだけ採り上げてみれば〕正しい考えである．〔すなわち，その考えによれば〕自己への誓い無しに存続する真理などは全然無いというのである．そこから人は，どんな新たな意見も精神〔esprit〕に対する一つの策動とみなすにいたる．予断はこうして気位の高い〔nobles〕諸情念に支えられており，それは狂信〔fanatisme〕なのである．

判断については，これまでも述べてきました．判断にまつわる誤謬(誤り)も含めてです．速断もそうでした．実際，今回の定義は「**速断**(PRÉCIPITATION)」(➡p.634)と密接な関係を持っています．速断においては〈吟味するだけの時間を取ること〉に焦点が当てられ，それがなされない場合の話をアランはしていたのです．〈どういう時に，人は吟味の時間を取らないものなのか〉という話でした．しかし，今回の定義では，「**時間**(TEMPS)」(➡p.800)が問題なのではない．どんなに時間があり，吟味の暇(いとま)があろうとも，吟味をせずに判断してしまうという事態です．もちろん，「速断」における「第二の場合」にあった「自分は間違っていないと信じ込んでいる」話は，この「予断」ともかぶってきます．

いずれにせよ，「深く知る前に」判断されてしまった事柄を予断とアランは言うのでした．どちらかというと，〈判断する働き〉よりも〈判断された事柄〉の方に重点が置かれている．フランス語の原語が préjugé，すなわち préjuger という動詞の過去分詞形が名詞化したものであり，フランス語ではそれは受け身の意味を担った名詞になります．ですから，文字通り訳せば〈予め判断されたもの〉という意味なのです．人は

そうした事柄を頼りに言動を遂行するものです．働きを頼りにではなく，です．事柄が行動の指針のようなものになるわけです．けれども，当の事柄は「深く知る前に」そういうものと判断されてしまったのですから，当然，深く知られてはいない．それにもかかわらず，判断を下してしまっているものですから，言わばもう処理済みとみなされてしまうわけです．だからこそ，人が事柄をそれ以上には深く知らないようにしてしまう．考えることをやめる．〈だって，もう考えたんだよ！ 判断したんだから！〉というわけ．

具体的な例を考えてみましょうか．〈この講義をとろうかとるまいか考えたんだけど，どうせ「哲学(PHILOSOPHIE)」(▶p.587)なんてわけも判らない難しい話をするに決まっているし，そんなのを取ってもしょうがない〉と，この講義を深く知る前に判断し，履修をしなかった人もいるでしょう．あるいは何回か出て，〈やっぱり難しいじゃん．何の役に立つのかねぇ……〉とか考えながら，履修を諦める判断をした人もいるでしょう．深く知ろうとどれだけ努力したのかは，問われるべきです．しかし，そもそも，大学なんてところは，それほど大したものではないんだし，単位なんて何とかなるだろうからバイトして遊ぶに越したことはない，と予断していたりしませんかね？

さて，話を戻します．どこから予断は起こるのか．アランはその由来を三つあげます．まずは，「情念(PASSION)」(▶p.544)．「憎しみ(HAINE)」(▶p.397)が最初に掲げられています．憎しみを抱いている者が，その対象である人物のことを悪く予断するのはよくみられることでしょう．憎しみを抱けば，相手の悪い事柄を殊更に思い出し，良いところなどには注目もしない選択のようなものが働き，それによってむしろ自分の憎しみを正当化することが始まるのですから．ということは，確かに頭は使っているけれども，「憎しみ」という情念に引きずられてしまい，〈吟

味するという意味での思考〉という名には決して価しないような反射的(あるいは連想的と言ってもいい)思いに沈んでいると言っていい〔「反射(RÉFLEXE)」(▶p.669)〕．

次には「傲慢(ORGUEIL)」(▶p.516)が掲げられます．「傲慢は意見を決して変えないようにと勧告する」とあり，まさに〈意見を変える可能性〉を含む吟味というものを遮断するのです．「人間がたんなる傲慢によって思考を拒む[516]」という言葉もあります．

「習慣〔coutume〕」も予断を引き起こします〔「習慣(HABITUDE)」(▶p.393)〕．また「怠惰」も．これらはいずれも，〈これまでと同じやり方でやっていればいい〉とでもいうような思いを基礎にしているでしょう．〈だって，それで生きてこられたのだから〉というわけです．〈これからもそれでうまくいく〉と吟味無しに信じているのです．確かに，以前に触れたように，デカルトが生きるに際して立てたいわゆる「仮の道徳」というものがありました．その一つは〈決めたら簡単に変えるな〉みたいなものでしたよね．きちんと知らないものに関しても判断せざるを得ない場合があることをデカルトだって重々承知していたわけです．しかし，生きるのではなく知るという場面では，言い換えると行動ではなくて認識の場面では，デカルトは徹底的な，それこそ誇張的〔hyperbolique〕とも表現されることもあるような懐疑を遂行するのでした．

> 懐疑とは本質的に〈思弁〉であり，〈純粋な論理〉の追求である．事象をその〈在るがままに見る〉べく「〈速断〉と〈先入見〉を注意深く避け」，事象の「見方」を主題化せねばならない．それゆえ，懐疑はいっさいの蓋然性を排除するのであって，その限り何らかの確実性へ導くものでなければならない．しかしまさにそれゆえに，蓋然的なものが〈心理的な確実性〉を装って絶えず懐疑に抵

★514──アラン『裁かれた戦争』p.122
★515──アラン『人間論』p.247
★516──アラン『人間論』p.252

647

抗する．〈生きる〉ということは，通常はそのような事態に他ならぬからである．[*517]

デカルトに留まらず，ただしデカルトに大きな影響を受けながら展開したイギリス経験論の主要問題のひとつであった「他人の心〔other minds〕」を知ることはできないという話も，大森荘蔵氏に触れながら述べたわけですが，そんなことを問題にしないで生きる人はいくらでもいるわけです．ところがそこにはある「決め込み」がある．

〈わたし〉つまり〈こころ〉に見えている赤は，隣の人には見えない，と言うと，いえ赤信号は誰にでも同じように見えていればこそ，みんないっせいに停まるのです，と反論されるかもしれない．われわれが平生〈こころ〉ないし〈わたし〉言語が，生活行動に直結している物言語とまったく別系の言語であることに気付かずにいるのも，まさしくこの反論の通りの納得の仕方をしているからである．すなわち隣の人の〈こころ〉に見えている赤は見えなくても，赤信号に対する隣の人の反応行動は見え，自分のそれと同じであることが観察できるので，隣の人も〈わたし〉と同じ赤を見ていると決め込んでしまうわけである．[*518]

決め込んで動かない．真理だと思い込んでいるからです．ここから，今回の定義の続きの部分に移行する弾みが得られます．観てみましょう．「予断の主要な支え」の話です．「自己への誓い無しに存続する真理などは全然無い」という部分です．しかも，この見解は「正しい考え」だとアランはいうのです．真理が存続するには，「自己への誓い」が必要だというわけですが，これはどういうことでしょう？　普通，真理というものは自分が関与しなくてもそれ自体であるように思われているのではないでしょうか？　極端なことを言えば，私が死んでいなくなろうと，真理は真理だと．しかし，本当にそうで

しょうか？　言い換えれば，真理と言われるものが成立するに際して，自分の関与を語る余地があるかも知れないとは考えられないでしょうか？　デカルトは，実は，このことを語ったのです．あの「我思う，ゆえに，我在り」に関する議論を思い出してください．そこに到達するために，デカルトはすべてを方法的に疑ったのでした．「**論理**(LOGIQUE)」(►p.439)の規則や普通は永遠の真理と考えられている数学的な真理さえも疑ったのです〔「**永遠な**(ÉTERNEL)」(►p.328)〕．そして，その疑いのただ中において「我思う，ゆえに，我在り」を見出す．言い換えれば，そういう思考という働きこそが，規則とか真理とか言われる事柄より先に知られるものだと言う．その働きに照らしてこそ，規則も真理という事柄も吟味できるのだ，と．デカルトの懐疑に代表されるような厳しい吟味の働きの中にこそ，真理の出発点を位置づけることができるというわけです．そういう吟味を決して怠らないという「自己への誓い」無くして，真理もなにもあったものではない．ところが，その「自己への誓い」を見誤って，〈自分がいいとしたんだから，いいのだ！〉みたいな安上がりの働きに満足してしまえば，真理どころか別のものが生じてしまう．定義の最後にあるような「**狂信**(FANATISME)」(►p.338)です．吟味の姿勢は消えるのですから，自分が判断したことこそ真理だと信じ込み，それとは異なる見解は，どんなものでも自分の持つ真理とそれを手に入れた私の「**精神**(ESPRIT)」(►p.322)を揺るがそうとする策動とみなされる．自分こそがきちんとやっていると信じているからです．「きちんと」ということがどういうことなのかを考えもせずに，です．

しかしながら，デカルトは本当に「きちんと」やろうとする．彼があえて信じることを俎上に載せてまで吟味したあの懐疑という営みを遂行したからです．情念が鎮まるのを待ち，独りオランダの片田舎で炉端に座って，行動から十分に解放された「私」が，すべてを徹底的に吟味するといった姿勢は，狂信からはほど遠いものに

648

なっている．狂信は「気位の高い〔nobles〕諸情念」に支えられながら，生きるために生きるとでもいうような在り方に身を投じているのです．自分はまともにやっていると信じ込んでいるのですから．

繰り返しましょう．「狂信」に注意しなければならない．デカルト風に言えば，「絶えず目覚め，瞬間ごとに真理を見きわめ，構築する必要」があるのに，「この社会にはこのような意味で絶えず眼覚めている者は少なく，むしろ真実を求めず眠りにふけり，しかも，そのような眠りを他人に売付ける連中の多いこと」をアランは述べていたようです．真理は厳しい懐疑の上に自分で創りあげなければならないのに，ただ与えられたものを信じたのでは，思考を無にした信仰でしかないと言いたいのです〔「信仰（FOI）」（▶p.372）〕．

自分で真理を作りださず，ただ真理を受けとる人には禍（わざわい）あれだ．デカルトは，奇異なことに，いっさいを拒み，真をさえ拒むことを考えた．そのうえで彼は，一，二，三……とかぞえはじめた．たしかに，この順序を宇宙が投げ与えてくれることはついにあるまい．なぜならば，羊がはじめ一匹，つぎに二匹，つぎに三匹というように出てくるのが見られたためしはないからである．集合はあらわれるが，数はあらわれはしないのだ．

真理という秩序は自分で構築しなければならない．上の引用で「かぞえはじめた」という部分は，まさに，受け取ったものを信じるのではなく，吟味するために考え始めたことを意味します．そしてその上で，自らの吟味と責任の下に構築した真理を受け入れるに至るのです．なぜなら，人間としてそれ以上のことができないほどの慎重さを以て事柄を吟味・構築した上で受け入れるのなら，それ以上はどうしようもないからです．もし，それをもまた誤りだと「神（DIEU）」（▶p.263）が言うのなら，その神は悪であるとでもデカルトなら言い返すところでしょう．誠実に私の全能力を振り絞って，それ以上のことができない限界までのことをしたのにそれを神が罰するとしたなら，そんな神をデカルトは「非難（REPROCHE）」（▶p.708）し，棄て去るであろうからです．デカルトの神は，救いをひたすら祈る対象ではない〔「祈り（PRIÈRE）」（▶p.660）〕．そうではなくて，人間の理性を以てしてもその存在に触れることくらいはできると考えられた，人間のパートナーとしての存在であったのでしょう．その意味では，いわゆるデカルトの「神の存在証明」は理性のできる限りの力で以てその存在を知ろうとした営みなのであって，深く知るまでもなく〈私は神を信じています〉などと安易に言う狂信者に較べれば，よほど「敬虔（PIÉTÉ）」（▶p.590）であったと言うべきだと私は考えています．

PRÉMÉDITATION
予謀 －〔予謀は〕まず思い付かれ，ついで選択され，ついで熟慮され，その〔実行の〕機会が私たちには準備されているように思われる行動〔action〕について言われる．それに対して，行きずりの犯行〔crimes d'occasion〕というものがある．そういう犯行は全然考えられてはいなかったし，突然，急き立てられるようにして安直になされるものである．そして，そのことが一つの酌量すべき理由となる．そしてそれとは反対に，予謀は罪を重くする．というのも，予謀自体がすでに一つの有責事由〔faute〕だからだ．しかしながら，予謀だけでは，たとえその証拠〔preuves〕が見出されようとも，罰するのは慣例ではない〔n'est point

---

★517──福居純『デカルト研究』p.81〔傍点引用者〕
★518──井上忠『モイラ言語──アリストテレスを超えて』p.199〔傍点引用者〕
★519──白井成雄「ラニョーとアラン」（アラン『ラニョーの思い出』）p.175
★520──同前
★521──アラン『人間論』pp.286-287〔傍点引用者〕

649

d'usage］．バルザックの『赤い宿屋』のなかには，予謀が犯罪そのものとして罰せられる事例が見出されるであろう．悔恨〔repentir〕の結果，自分を弁護する気が失せた人物の事例である．なぜなら，〔その〕予謀した人物は，たとえそれを自分は実行しなかったにせよ，自らを咎められるべきだと断じているからである．予謀には，あらゆる種類の怒り〔colère〕と激昂〔emportement〕とが対置される．

　珍しく法律用語とでも言うべきものをアランは定義しています．予謀という言葉自体，現代の日本語では日常語としては見ることが少ないでしょう．実際，私がこの熟語を入力しようとしたとき，ATOKは変換候補として最初は提示しませんでした．熟語登録をしたので，今ではすぐに出ますが．フランス語にしても，日常語であるようには思えません．それなのにアランはなぜこの語を定義しようと思ったのか？　推測にしかなりませんが，〈人が考えるときに，どれほど「欲望〔DÉSIR〕」（▶p.223）などに引きずられて調子を崩し，「後悔〔REMORDS〕」（▶p.687）するか〉の実例を示したかったのではないかと私は思います．具体的な文学作品を定義の中に入れ込んでいるからです．ゆっくり，見ていきましょう．

　予謀とはどういうものかについての，最初の文は解説するまでもなさそうですよね．ただその中に登場する「行動〔action〕」というものをどの範囲で取るかについては，定義の後の部分の叙述と絡めて少し微妙なところがあります．「行きずりの犯行〔crimes d'occasion〕」は実際に，突然，よく考えられもせずに為される「行動」でしょう〔「重罪（CRIME）」（▶p.203）〕．「酌量すべき理由」がそれについて語られるのも，いわゆる「計画的な犯行」ではないからです．では「計画的」であると何がいけないのでしょうか？　それは，まさに「思い付かれ」，「選択され」，「熟慮」の余地があり，さらには意志的に「準備」するという行動をしたからですよね．自分の行動について検討する余地があるのに，その検討を言わば〈悪行〉に向けて秩序づけ，必要な行動をしたからです．そしてそれが現実の犯行へと移行すれば，それ以前の行動を含めて罰することになるために，「予謀は罪を重くする」のです．「予謀自体がすでにひとつの有責事由

〔faute〕」であるのも，実際に犯行がなされたのならば，それへ向けての事前の行動が，当の実際の犯行と絡めて問われるからです．ですから，予謀には〈ただ考えた〉というよりも，犯行に向けての準備という行動が伴っていると解される．アランが，「行動」という言葉をことさらここに埋め込んだ理由はそんなところにあるのではないでしょうか？

　けれども，実際の犯行が為されなかった場合には，「たとえその証拠〔preuves〕が見出されようとも，罰するのは慣例ではない」と書かれます．証拠は，行動に伴って生じるものです〔「証明（PREUVE）」（▶p.655）〕．ですから，その行動は証拠によって跡づけられる．それにもかかわらず，ここで「慣例ではない〔n'est point d'usage〕」と表現することで，一般にそれを「罪（PÉCHÉ）」（▶p.561）に定めて罰したりしていないのが，世間一般の考え方だというのです．しかしながら，アランの表現には，〈普通は罰せられないけれども，罰ということを考える余地はある〉というニュアンスがあるように私には思えます．そして，ここで掲げられる例としてのバルザックの『赤い宿屋』に登場する人物は，そういう罰を自分について与えるに至ったとも読める．この小説は，どうも実話をベースにしているらしいのですが，「殺人（MEURTRE）」（▶p.481）を犯さなかったのに，自分が凶器を手に持ち，まさに殺そうとまで考えたことを後悔して，罪を被る例が書かれます．少し説明しましょう．宿屋に泊まったとき，ある事情で三人が相部屋になります．二人の軍医補と，別のある男です．その男が二人に気を許して自分は大金とダイヤを持っていることをぽろりと言ってしまう．軍医補の一人が，その男を殺して金などを奪おうと自分の医療器具を振り上げるが思い留まる．しかし，朝起きてみる

650

と，男は死んでおり，もう一人の軍医補の姿はなく，大金とダイヤが消えている．自分の医療器具には血がべっとり付いている．そこで，この軍医補は逮捕され，自己弁護もせずに処刑されてしまったという話が語られるのです．

この軍医補の心理とでも言うべきものを推測してアランが述べたのが，「悔恨の結果，自分を弁護する気が失せた」という言い方です．「悔恨〔repentir〕」です〔「悔い改め(REPENTIR)」(►p.695)〕．

一旦は殺そうと考え，自分で医療器具を振り上げるという行動にまでは至ったことを，「自分は実行しなかったにせよ，自らを咎められるべきだと断じている」というわけです．あえて言えば〈自分で自分が許せない〉のです．〈なにも，そこまで思い詰めなくても……〉とみなさんは思うかもしれません．もっともではあります．しかし，ここでは，なぜ彼はそこまで思い詰めたのかと考えてみましょう．軍医になろうというぐらいですから，一生懸命に勉強をしてきたはずです．自分を律して，怠け心に打ち勝ちながら，努力を重ねてきたことでしょう．その自分が金品の誘惑に負けそうになったこと．それは当人にとってこそ強いショックであったのだろうと思います．次のような言葉があります．

> たしかに，苦しみうることは力の徴(しるし)である．…〔中略〕…要するに，人は要求の高に比例して苦しむものである．[★523]

彼には大事にしてきたものがあったはずなのです．医者となって人を助けること．それなのに自分は人を殺そうとした．〈何が医者だ！ 人の命を救うはずのオレが，人を殺そうとした……〉それだけでもう，限りない責め苦として彼にはのしかかってきたでしょう．〈オレは救いようのない奴だ！〉，というわけです．もちろんのこと，人を救おうなどという高い志を抱かない人物ならば，そんな苦悩も絶望もなかったでしょう．高みを目ざせばこそ，それに価しない自分に絶望するのです．能天気な人間，ただ生きるために生きているような人間にこの種の絶望はない．私なんかは，医学を学びにドイツに留学した森鷗外の実体験に基づいた小説『舞姫』を思い出してしまいます．恋人を発狂に至らしめ，その彼女をドイツに置き去りにして日本に帰国した主人公は，当然，プレーボーイではない．真面目であればあるほど苦しむわけです．

罪を犯してはいない．けれども悔恨の情に苦しまれる．それは自分の思考と行動が，欲望などによって翻弄され，高みから落ちていった人物の姿なのではないでしょうか？ 自らに背いたとでも言いましょうか．〈誤りを犯す〉という意味のフランス語の動詞は se tromper と言います．アランはこの動詞について，前にも引用しましたが，次のように記しています．

> se tromper とは美しい動詞である．これは être trompé，すなわち欺かれるということとは，まったく別のことである．自らを欺くとは能動である．およそ情念というものは誤謬であると，ストア派の人たちはいった．[★524]

〈誰が悪いのでもない，悪いのは自分なのだ〉というこの思い．それは絶望でしょう．「情念(PASSION)」(►p.544)はそうした思いに留まろうとしてしまう．そして，そこに留まるなら，「地獄(ENFER)」(►p.309)です．高いところにあった者が，最も低いところに落ちる．「天使(ANGE)」(►p.082)の中でも最も美しいといわれた大天使，光をもたらすはずの天使〔Lucifer < lux + fero〕が「神(DIEU)」(►p.263)に背き，堕天使となって地獄の最下層にサタン(悪魔)として位置づくことは象徴的です〔「悪魔(DIABLE)」(►p.255)〕．ダンテの『神曲』などでのサタンに関する叙述は一読に値します．しかし，一歩踏み出さなければならない．

★522──オノレ・ド・バルザック『ツールの司祭・赤い宿屋』（水野亮訳，岩波文庫，1945）

★523──アラン『人間論』p.185
★524──アラン『神々』p.80

情念はひたすらふみとどまろうとするが，それこそ滑稽なことなのだ．何ひとつとどまるものはないのだから．[*525]

情念というものは困ったもので，人を誤りにしばりつけてしまう[*526]．

自らの救いとでも言うべきものを考える必要があるのです．

われわれの過ちは，われわれが身を投げ出して意志を新たにするならば，すべて許され，忘れられるものだ[*527]．

意志の欠如．これは救いを自分の外に求める待機の病いから生まれる．だが意志するだけで十分なのだ[*528]．

さて，定義の最後の文です．「予謀には，あらゆる種類の怒り〔colère〕と激昂〔emportement〕とが対置される」，と．なぜなら，「怒り(**COLÈRE**)」(▶p.180)も「激昂」〔「**高ぶり(EMPORTEMENT)**」(▶p.302)〕も，それこそ発作のようなものであり，突然襲いかかるからでしょう．最後に次の引用を掲げて終わります．

自己自身に対する一種の義務としてすでに最善のものを救うべきであり，ほかのことは，できれば忘れるようにしなければならない，と．そして私の考えたところでは，これこそ真の悔悟なのだ．これに反して，無益な後悔は自己の亡霊のなかに成立するものである[*529]．

後悔〔remords〕と悔悟〔repentir〕…〔中略〕…両者のあいだの相違は，ただ信念の有無による．すなわち，新たな，ただちに可能な，そして失敗からまったくまぬかれた行動への確信の有無による[*530]．

PRÉSAGE
前兆
― ある企ての成功を疑ったりあるいは疑わないようにさせる強烈なイメージ．言い伝えられてきた前兆というものがある．カラスが左側に出てきたとか，ウサギが〔前を〕横切ったとか〔いったものだが〕，それらは猟師や罠猟師の経験からきたものである．自ら探し求めた前兆もある（〔コインが〕表か裏か．もしも私がこういった人物に出会ったらそれが意味するのは……，等々）．後者〔つまり，自ら探し求めた前兆〕は不決断を解消してくれるか，あるいは少なくともその解消の手立てを約束してくれる．前者〔つまり，言い伝えられてきた前兆〕は常にそれらの現実的な意味に立ち戻されなければならない．ウサギが横切るということは全ての獣が警戒〔alarme〕状態にはいっていることを示している．カラスやカケスが鳴くということは，他にも猟師がいるということを告げている．物欲しげで装備不足な〔mal disposé〕人物が現れるということは敵側が戦闘に入っていることを意味する．いずれにせよ，前兆というものは，それに注目するや否や，実行のためには自分の態勢ができていない〔mal disposé〕ことを意味するのである．

「ある企ての成功を疑ったりあるいは疑わないようにさせる強烈なイメージ」という一文で実質的な定義は終わっています．後は，その具体的な説明でしかない．「ある企て」を誰かが実行しようとしています．それが成功するか否かは，当然，その人物の努力に大きく依存します．

つまり，その人物の思考と行動によるのです．ところで，前兆とは，その思考や行動を押し留めてしまったり，推進させたりするかも知れない「強烈なイメージ」だというのです．イメージが思考や行動にどのように関わりを持つかがこの定義の言いたいことだと私は思います．イ

652

メージと言っても，掲げられている例でもわかるように，何らかの出来事を意味しています．「カラスが左側に出てきたとか，ウサギが〔前を〕横切ったとか」，「〔コインが〕表か裏か．もしも私がこういった人物に出会ったら」とかいったもの．ここで日本語の「縁起」というものを思い出してみましょう．「縁起がいい」とか「縁起が悪い」と言われることを含めてです．実際，『デジタル大辞泉』を引いてみると「縁起」の語義の第一に掲げられているのが「吉兆の前触れ．兆し，前兆」となっています．「因縁生起」の略という説明もあります．こうした仏教的な言葉づかいを日常的に使ってきた日本人には，このへんは説明しやすいのかも知れません．少し試みてみましょう．縁起という仏教用語が意味するところは次のようなものです．

> 因果関係というと，一般には，時間を異にして存在する二つのものの間にある生成の関係を意味する．ところが縁起はそのような因果関係に限らないで，われわれのことばでいう，同時的な相互作用や共存の関係，さらには同一性や相対性などの論理的関係をも含む．したがって，縁起とは因果関係だというよりも，それは関係一般のことだというほうが比較的には正しいといってもよい．★531

こういう考え方を参考にして，今回の定義に戻ってみると，何らかの「イメージ」の生起が，「ある企て」と関係づけられて語られている．仏教風に全ては関わりあっているとするのなら，それ自体は別にどうということはないのですが，問題はそれが，当の企ての成功・不成功に関係づけられるときに，どんなことが考えられるかです．「カラスが左側に出てきたとか，ウサギが〔前を〕横切ったとか」という出来事が，当の企ての成功を疑わせるのか，その反対なのかをアランは述べていません．こうした前兆は「言い伝えられてきた」前兆です．そういう場合，即座に，企ての成功に関していい前兆だとか悪い前兆だとかといって処理するよりも，むしろ，なぜそう言われてきたかを探るために，「現実的な意味に立ち戻されなければならない」と彼は言うのです．すなわち，関係を語るならば，どういう関係があるのかを探究しなければならないというのです．その説明が，「ウサギが横切るということは全ての獣が警戒状態にはいっていることを示している．カラスやカケスが鳴くということは，他にも猟師がいるということを告げている」ということです．多くの場合に，そういうことだったというわけでしょう．それを法則とか真理とか言うかどうかはどうでもいいことのように私は思います．〈そんなことがよくある〉という程度の認識の下で，どのように振る舞うかの方が大事ではないでしょうか．さらに言えば，〈そんなことがよくある〉という伝承に基づいていい前兆とか悪い前兆とか言われるものが生起したとしても，それにもかかわらず自分は当の企てに関してとにかくどのように努力するかの方が大切な気がします．この講義で，「予定説(PRÉDESTINATION)」(▶p.638)や「予言(PRÉDICTION)」(▶p.643)で触れてきた際に，どんな考察をしてきたかを思い出せば，私のこのスタンスは分かってもらえるのではないでしょうか？

　もう一度，仏教的な「縁起」の話に戻してみましょう．そして「自性(じしょう)」との関わりで少しその先を考えてみましょう．

> ものそれぞれの自立性．AをAたらしめ，AをBから区別し，Bとは相異する何かであらしめる存在論的原理を，仏教の術語では「自性(じしょう)」(svabhāva)と申します．「空」の導

★525──アラン『バルザック論』p.101〔傍点引用者〕
★526──アラン『芸術についての二十講』p.13
★527──アラン『思索と行動のために』p.380〔傍点引用者〕
★528──アラン『裁かれた戦争』p.166
★529──アラン『わが思索のあと』p.304
★530──アラン『思索と行動のために』p.380
★531──梶山雄一『[仏教の思想3]空の論理〈中観〉』p.68

653

入は，まさに存在のこの「自性」的構造の中核を破壊します．その意味での存在解体なのであります．『華厳経』のいわゆる「一切は，本来，空なりと観ず」とはそのこと．我々なら存在解体とでもいうところを，仏教は「一切皆空」と表現するわけです．[★532]

華厳存在論は，「事事無礙」のレベルに至って，ものには「自性」はないけれども，しかしものとものとの間には区別がある，と主張する．つまり，Aは無「自性」的にAであり，Bは無「自性」的にBであり，同様に他の一切のものが，それぞれ無「自性」的にそのものである，というのです．どうしてそんなことが可能なのでしょうか．AがAである所以のもの（「自性」）を失って，どうしてAであり得るのか．この時点で，存在論的関係性という，華厳哲学で一番重要な概念が登場してくるのです．[★533]

存在解体的に「自性」を「空」化され，もはや自分自身ではない事物は，ただ相互連関性においてのみ存在し得る，ということです．要するに，現象的存在次元に成立する事物相互間の差異性，相異性（分別，意味分節，存在分節）を，その本来の「空」性の立場から見たものを「縁起」とするのです．[★534]

仏教思想が以上のような「論理（LOGIQUE）」（▶p.439）に基づいて世界を観ずるのはいいのですが，下手をするとその考え方は，どんなことが起こっても〈結局，因縁によってそうなっているのだ〉で終わることにはならないのか？ あの予定説を前に崩れ去る人間を見て終わるのではないのか？ もっと言ってしまえば，なるがままに流されていくのではないのか？ 仏教では最終的には（生存への）意志そのものが滅却されるわけですから，それでいいのかも知れませんが……．しかし，私は，今のところ，性懲りもなく生きてみようと思います．

さて，最後に，フランス語で mal disposé という表現がこの定義で二回も使われていることに注目しましょう．まずは「物欲しげで装備不足な〔mal disposé〕人物が現れるということは敵側が戦闘に入っていることを意味する」という部分，そして最後の「前兆というものは，それに注目するや否や，実行のためには自分の態勢ができていない〔mal disposé〕ことを意味するのである」という部分です．前者は，はっきり言って私にはよく分かりません．神谷訳も森訳も「不機嫌な」と訳しているのですが，分かって訳しているかどうか，かなり疑問です．しかし，精一杯の解釈をしてみましょう．神谷訳は森訳を大筋において踏襲しています．けれども，なぜ「不機嫌」なのでしょうか？ 確かに，フランス語の辞書を引くと，être mal disposé で「機嫌が悪い」と出てきます．しかし，「物欲しげで不機嫌な人が現れるのは，敵が攻めてくることを意味する」と言われても，「はぁ？」という感じです．そこで，苦し紛れに私は disposé を元の意味に戻って訳してみたのです．例の，disposition との関わりにおいてです．disposition とは〈ある事柄が実現する準備ができている状態〉とでも言うべきものでした．mal disposé とは，それがきちんと出来ていないことなのです．場所は，おそらく「戦場」です．私の訳で言えば「物欲しげで装備不足な〔mal disposé〕人物が現れる」というのは，戦場で敵が戦闘状態に入っているがゆえに，こちら側の装備のダメージがあったりして，いわゆる「兵站」が十分でないことと解したのです．では，最後の文はどういう意味なのでしょうか？ 「前兆というものは，それに注目するや否や，実行のためには自分の態勢ができていない〔mal disposé〕ことを意味する」とは何か？ 私は「前兆」を気にする心の動きと取りました．自分の態勢が万全であれば，企てが成功するか否かを気にすることもないけれども，まさに態勢が万全ではないがゆえに，当の企ての周辺で起こる出来事が気になるのではないかという考えです．みなさんはどう解釈するのでしょうか？

PREUVE
証明 — これは私たちの思考を整えるある仕方〔arrangement de nos pensées〕であって，私たちの思考を確固としたものにしたり，あるいは反対にそれを疑わせたりするものである．良い証明があるのと同様に悪い証明もある．そして，一つの証明に見合うものが何も見いだされないということは，〔実は〕まだ何も証明していない〔という〕ことなのである．証明というものは〔すべて〕，ゆっくりと時間をかけて吟味され，公然と揺り動かされることを望んでいる．だからこそ，もし，かつて吟味し，今現在，吟味せずともそれに信頼の置けるような，諸々の証明に自分が支えられているのを知っているならば，新しい一つの証明〔が出てきたからといって，それに即座〕に屈服してしまわず，〔今まで受けいれてきた事柄が壊れるといった懸念から〕自分の精神〔esprit〕を乱されたりしないのが賢明である．そのように〔信頼の置ける諸々の証明を提示した人々によって〕熟考されたものであるならば，予断〔préjugés〕というものもしばしば合理的なところを持っている．こうして，学者たちの〔見解の〕一致というものは，まだ一度も検討されたことのないような証明に対する極めて強い反対意見なのである．ナイーヴな人は，新しくまた強力な証明が聴き入れられないことにしばしば驚く．そのことは，しばしば，精神の強さを意味している．そして，一つの証明を前にして逃げだすということはしばしば弱さを意味する．

　自分の力量を示す〔faire sa preuve〕（あるいは自分を試練にかける〔faire son épreuve〕）とは，しばしば一つの困難な行動を遂行することであり，それは〔もともと〕それができ〔る力を持ってい〕たということを示すことである．それに対して，ただ約束するだけで自分の力量を示したことのない人にとっては，〔当の約束は〕何の意味ももたない．

　神谷幹夫訳も森有正訳も，定義される方の言葉そのものからして，「証拠」と訳しています．もっとも，森訳は「証拠[・証明]」と書いており，どちらの訳語にするか迷いを残しています．確認しておくと，森訳は，まだ出版のための完全原稿にはなっておらず，推敲が足りていません．翻訳作業の途中で森自身が死去してしまったからです．私は訳語として「証明」の方を取ります．どちらが良いかは，神谷・森両氏の訳文と，私の訳文そして解説とを対比させてみなさんが判断して下さればよいことだと思います．

　冒頭に，「私たちの思考を整えるある仕方〔arrangement de nos pensées〕」とあります．神谷訳は「われわれの思考の按排」，森訳は「われわれの思考の調整」となっています．両者とも，preuveを「証拠」と訳すことで，この部分に少々無理が生じているように私には思えます．訳語をむしろ「証明」とすることで，ここはもっとスッキリするように私は思うのです．原語であるフランス語 preuve は，もちろん「証明」とも「証拠」とも和訳することのできる言葉です．そこで，arrangement のニュアンスを考えることから今回の定義に接近してみましょう．

　「活け花」という日本語をあえて英語に訳すとすれば flower arrangement となります．「活け花」は草木の枝や茎・花・葉などを素材に花器と組み合わせ，形を整えて作品を作る芸術です．この〈組み合わせ〉〈整える〉という言葉のニュアンスを arrangement という語において重視するならば，冒頭のアランの言い方は，多くの場合に「証拠」と

★532——井筒俊彦『コスモスとアンチコスモス──東洋哲学のために』pp.23-24
★533——同書，p.46
★534——同書，p.50

★535——『デジタル大辞泉』によれば，「戦闘部隊の後方にあって，人員・兵器・食糧などの前送・補給にあたり，また，後方連絡線の確保にあたる活動機能」となっています．

655

いう言葉でイメージする〈物的証拠〉の，何か有無を言わさず物がポンと目の前に差し出されるといったニュアンスよりも，〈証明する〉という動詞的なニュアンスを多く含みそうな名詞である「証明」という訳語を私は採りたいのです．もちろん，日本語でいう「証拠」が，「法律(DROIT)」(▶p.281)の場面を見ればわかるように，有形のものに限られないものであるのは承知の上です．それでも，とにかく，私は動詞的なニュアンスを大事にしたい．いずれにせよ，そういう preuve というものがあってこそ，私たちの思考が確固としたものになったり，あるいは反対にそれが疑わしくなったりするのだとアランはまず確認しています．なぜなら，堅固な証明であるか，杜撰な証明であるか，両方ともありうるからです．だからこそ「良い証明があるのと同様に悪い証明もある」と書かれる．

さて，それに続く一文はどんな意味でしょうか？　この文を「一つの証明に見合うものが何も見いだされないということは，〔実は〕まだ何も証明していない〔という〕ことなのである」と私は訳しました．正直に言って，神谷訳の「ある証拠に対してなにも答えることができないというのは，まだなにもあかししていないのだ」という訳文は，この定義の中での位置づけが，私にはよくわかりません．原文を見てみると，le fait qu'on ne trouve rien à répondre à une preuve ne prouve encore rien となっています．この répondre という語が訳者をして「答える」という訳語へと導いたのでしょうが，いったい〈誰が〉，〈何について〉，〈誰に〉答えるというのでしょうか？　もしかすると，神谷訳では，〈何らかの犯罪について容疑者が証拠を突きつけられて，それに対して何も答えることができない〉という状況を考えているのでしょうか．もしそうだとすると，この定義の内部においてそんなふうに考えるのは少々突飛な感じを私は受けます．私としては，証明という言説〔discours〕が，その内部において整合性を持つ（つまり言葉で語られることが構文論的に正しい）としても，その言説に対応する対象が（現実問題として）見いだされないうちは，まだ何も証明していないという立場の表明と考えます．「証明」という〈言語的な領域のまとまり〉に見合った，〈対象的領域の何ものか〉が見いだされることを求めているのだと理解するのです．

ここで，少々，数学の話に寄り道をしておくと，「数学は外見的には完全にシンタックスなのだ」ということ，つまり数学的対象とでもいうようなものを考えるときに，その対象に関わる議論において，専ら「論理(LOGIQUE)」(▶p.439)的な整合性を基に事柄を詰めていくものなのだという指摘は重要です．当の対象が直接に（例えば感覚によって）捉えられるかどうかは問題ではないというのです．「もの自体が捉えられないときには手続き自身を実体化するという，数学ではよくやる方法」を数学者たちは駆使するということを確認しておきたいと私は思うのです．解析学〔analysis〕でよく出てくるε-δ論法を考えてみればわかります（もっとも，文系の数学でそれをやるかどうか少々不安ですが……）．「任意のεに対してδがあって，εをどんどん小さくすると，それにつれてδも小さくなっていくから……」という言い方で議論を進めるやつです．δをεの関数（まさに実体（もの）ではなくて，関係（いわば構文という関わり）なわけです〕と理解しながら，事柄を追い込んでいくやり方です．こういった手続き，つまり何か実体（もの）が言葉の指す対象として直観されるのではなく，論理的整合性が成立しているということについて，「でき上った面から見れば，数学はそれがすべてだ」とも言われます．

他の例を使うと，虚数〔imaginary number〕iは，方程式の一般的な解を求めたいがうまくいかなくなってしまったとき，それを導入すれば一般的解法が可能になるという仕方で使われはじめたものです．実数〔real number〕ではないわけです．いわゆる(実)数直線上には位置を指定できないという意味では見えないのです．そして，実際，最初の間は，そのiの指すもの（数学的対象）というのはさしあたって問題にならなかった．しかし電磁気学などで広い応用が語られるようになると，だんだんとその対象とでもいうようなも

のが(たとえそれが90度の回転などといった操作を含むものであろうとも)イメージされてくることになるわけです．ざっくり言ってしまえば，i に見合うもの(あるいは操作)が見いだされてくるわけです．ε-δ論法が出てくる前の素朴な解析学で用いられた「無限小」というものも，同じようにその身分が曖昧でした．そのため，むしろ「無限小」という対象を使わないようにして，ε-δ論法を導入したわけですが，「超準解析〔non-standard analysis〕」の登場と共に，もう一度，何とかして「無限小」を定義しようということになったのです．応用などということを考えない純粋数学の領域ではこういう話はどうでもいいのかもしれませんが，一般人の感覚で言えばその見合うものがないと理解しがたい．概念の意味・言葉の意味，要するに〈言葉が指し示すもの〉が欲しくて仕方がない．構文論〔シンタクス〕だけではなく(ある言葉が何を指すかという)意味論〔セマンティクス〕がとにかく必要に感じるわけです．実際，三次元のベクトルは，ある意味で見えるわけですが，n次元空間におけるベクトルは論理的に何の不都合もなく定義されるけれども(数学者ならぬ一般人には)見えないので困るわけです．

このあたりは，実を言うと，カントの「哲学〔PHILOSOPHIE〕」(▶p.587)と密接に結びついてきます．近代認識論の代表的な体系を創ったカントは，認識が悟性〔Verstand, understanding〕と感性〔Sinnlichkeit, sensibility〕との結合によってこそ成立することを強調します．

> 悟性は，一般的にいえば，認識する能力である．認識は，与えられた表象が客観に対して明確な関係を持つことによって成立する．しかし客観とは，与えられた直観の多様が結合されて〔vereinigen〕その概念をなしているものである．★539

ここで「直観の多様」と言われているものが「悟性は，感性的直観の多様を結合して一個の対象という概念たらしめる」★540 と言われるように「感性的直観の多様」であることが重要です．カントは『純粋理性批判』の中で先験的(超越論的)弁証論〔Die transzendengtale Dialektik〕というものを展開します．そこには「二律背反」〔Antinomie〕というものが登場するのですが，それは例えば，「神は存在するか，しないか」といった議論で，「存在する」という議論も「存在しない」という議論も幾らでも展開できるにもかかわらず，どちらが正しいか決着が付かずにいるというような事態です．それはなぜかというと，普通の意味では確かめる手段がないということ．考えることはいくらでもできるのに，決着をつけるべき知覚は与えられないからです．「神〔DIEU〕」(▶p.263)は知覚できないので，存在するとは積極的に言えない．大事なのは，逆に，存在しないとも言えないということです．そういう思考は，決定根拠を欠いているので，空虚なのです．しかし，〈それなら，そんなものについて思考することなんかやめてしまえ！〉といったノリで，逆に物事についての概念的思考を放棄した感覚的直観で生きることは，それこそ行き当たりばったりです．行動の指針を放棄するのですから．そうした事態をカントは，「内容なき思想は空虚であり，概念なき直観は盲目である〔Gedanken ohne Inhalt sind leer und Anschauungen ohne Begriffe sind blind〕」★541 と述べた．何かを経験するとか，何かを認識するとかということは，当の対象を知覚できることによって成立するのだというのです．カントは，そういう領域を「可能的経験の領域」と呼んでいます．可能的経験の対象でなければ認識できないのです．神はその領域を外れているというわけ．

〔カントの〕二律背反は，空しい弁証のいい

★536──齋藤正彦『超積と超準解析──ノンスタンダード・アナリシス』p.137(倉田令二朗氏の言葉)
★537──同書，p.135(齋藤正彦氏の言葉)
★538──同書，p.136(倉田令二朗氏の言葉)
★539──I. カント『純粋理性批判』p.115
★540──同書，p.217
★541──同書，p.85

657

例である．それは，対象をもたない組み合わせから生ずる避けがたい矛盾にほかならない．すでにこれまで何度も述べてきたように，こういう罠からのがれるには，対象を考えるようにすればいい．[★542]

> 或ることが生起するということは，一つの知覚であり，それは可能な経験に属し，…〔中略〕…この知覚によって可能的経験はwirklich(現実的)となる．[★543]

言い方を換えれば，知覚を伴わないで，ただ概念を操るだけでは，私たちを誤りに導くというわけです．

> 知覚を伴わないあらゆる推理は，さきに進むにしたがって確実に誤りを含む…〔後略〕[★544]

アランの今回の定義をそのような文脈で解釈してみると，そこに登場する「見合うもの」こそ，〈知覚が与えられるもの〉のことでしょう．それでは，〈(n次元ベクトル空間をあたかも見えるかのように語る)数学者と(そういうものに途方に暮れる)一般人との区別はどうするのだ？〉と言われるかも知れません．純粋数学についてはカントは「純粋直観」というものが存在すると述べるのです(もっとも，彼の言う純粋数学はユークリッド幾何学をそれほど超えたレベルのものではないでしょうが……)．

> 純粋直観とは先天的に〔ア・プリオリに〕，感官或いは感覚の現実の対象がなくとも，感性の単なる形式として心の中に生ずるもの…〔後略〕[★545]

そんな能力に関わる作業がそれほど得意でない私は，純粋数学を追っていると，途中でわからなくなってしまうことがよくあります．そういう数学的な営みを，現代数学者が〈いや，あれは完全にシンタクスなんですよ〉と言ってくれると，それなりに納得してしまうんですが，

アランはしつこく知覚ということにこだわるので，「まだ何も証明していない」なんて言うんじゃないでしょうか．

寄り道から，もとに戻ります．定義はここで証明というものがどういうあり方をしているのかという議論へと移行するのです．面白い言い方ですが，「証明というものは〔すべて〕，ゆっくりと時間をかけて吟味され，公然と揺り動かされることを望んでいる」と言われます．吟味無しに受け容れてはならないというのです．アランは，「いつでも，証明よりもいっそう強くなければならぬ」という言葉を残しています．「証明は，すこしも疑われないかぎり，まったく見かけにすぎないのだ」[★547]とも．では，「証明よりもいっそう強く」なるにはどうしたらいいのでしょうか？　〈証明を疑う〉ということはどうやったら可能になるのでしょうか？　このことを理解するために，逆に，証明は普通どのようにして受けいれられるものなのかと問うてみましょう．みなさんがこれまでにやってきた「図形」の証明問題を考えればいい．定義や公理を受けいれた上で定義を証明するのでしたね．しかも，公理は証明なしで真実と認めるわけです．自明だというわけです．ユークリッド幾何学では，この公理と同じように証明無しで受けいれておくけれども必ずしも自明とはいえない幾何学的命題を「公準(要請，postulate)」として掲げ，その内には〈平行線は交わらない〉という内容を持つ，いわゆる平行線公準がありました．多くの数学者が，ほぼ2000年にわたってこの公準を証明しようとしたのですが失敗します．そこで，逆に，この公準を外した幾何学は成立しないかと考えはじめたのです．雑な言い方をすれば，そこから非ユークリッド幾何学が成立してきます．こうした事柄を参考にして，考えてみたらいいと思われるのは，〈証明なしに受けいれているものが実際にある〉ということと，〈そうしたものに基づいて，普通，厳密に見える証明が構成される〉ということです．点という概念，線という概念などから出発して「対頂角」だとか

658

「錯角」だとかを自明のものとして受けいれ、そこから同一律とか矛盾律などを代表格とする論理規則によって定理の証明を構成していくわけです。例えば、そこで語られる（大きさをもたない）「点」というものが、点の概念に対応して、実際に存在するのかどうかとは、もうあまり問わない。いや、もう、存在するものとしていると言っていい。そういうものの存在は、吟味無しに立てられているわけです。言い方を変えれば、論理的に整合的なものは、存在するのだ、と。しかし、それは上に引用したように、「見かけ」にすぎないのかも知れない。そう考えて、徹底的で積極的な疑い、つまり疑わしいのではなくて、あえて疑ってみるという懐疑を遂行したのがデカルトでした。次のようなわけです。

> 私がいままで自分の信念のうちに受け入れたすべての意見に関しては話は別であって、一度きっぱりと、それらをとり除いてしまおうと企てること、そしてそうしたうえでふたたび、ほかのいっそうよい意見を取り入れるなりあるいは前と同じ意見でも一度理性の規準によって正しくととのえたうえでとり入れるなりするのが、最上の方法なのである。[★547]

注意しなければならないのは、この懐疑は、基礎となる概念・観念（たとえば、上の例で言えば「点」といったもの）だけでなく、それを使って言説を構成する際の論理規則にまで及ぶということです。例えば矛盾律まで懐疑されるわけです。矛盾律を金科玉条のごとく振りかざすことはない。矛盾律を使わないと言っているのではありません。そうではなくて、あくまでも「我思う、ゆえに、我在り」という思考の働きという場面にすべて持ち込み、そこで私が「きわめて明晰に判明に理解する」[★548]ことが第一なのであって、

その思考の働き抜きでどこかに真理などというものが矛盾律に基づいて転がっているわけではないというのです。ですから、定理の証明にせよ、何にせよ、自らによる十分な吟味なくして受けいれないという態度がここで表明されます。「証明よりもいっそう強く」なる一つのやり方がここにはあるのです。逆の言い方をすれば、ある証明を受けいれる受けいれないに関しては、自分の意志に依存するところが少なくともある、ということです。そうであればこそ、定義の続きに、そこに関わる文章が続くことになります。見てみましょう。

「だからこそ、もし、かつて吟味し、今現在、吟味せずともそれに信頼の置けるような、諸々の証明に自分が支えられているのを知っているならば、新しい一つの証明〔が出てきたからといって、それに即座〕に屈服してしまわず、〔今まで受けいれてきた事柄が壊れるといった懸念から〕自分の精神を乱されたりしないのが賢明である」、とある。〈かつて自分が吟味し、今現在、自分が吟味せずとも、それに「信頼（CONFIANCE）」（→p.189）の置けるような、諸々の証明に自分が支えられている〉ならというふうに、「自分」を入れて、敷衍しておきましょうか。言わば、〈自らの思考の責任において受けいれた諸々の証明〉と、〈たとえ新しい証明だとしてもまだ吟味を経ていない証明〉とは身分として別物だというのです。熟考を経ているかいないかの違いです。「我思う、ゆえに、我在り〔Cogito ergo sum〕」という純粋な思考という働きにとって明晰かつ判明に現われるものとしてそれを理解したか否かの違いです。ただ新しいからといって飛びついてはならない。次のようなアランの言葉があります。

> 大衆は、最新の真理が彼らにふさわしいものだと思うので、まちがった学び方をする

★542──アラン『思索と行動のために』p.216〔傍点引用者〕
★543──I.カント『純粋理性批判』p.184〔引用он改訳・傍点引用者〕
★544──アラン『思索と行動のために』pp.190-191
★545──I.カント『純粋理性批判』p.64
★546──アラン『思索と行動のために』p.290
★547──アラン『わが思索のあと』p.275
★548──R.デカルト『方法序説』p.22
★549──同書、p.44

ものだ．ところが真理というものは一つの精神から他の精神へ注ぎこむことができないものである．現象から出発して真理をかち取ったのでない者には，真理はなんの価値もない」．[★550]

熟考を経たものならば，新しく提示される証明に対しての対抗物として，さしあたって受けいれておくに価するというわけです．もちろん，自分一人ですべてを吟味できるわけではないかも知れない．だとすれば，「学者たちの〔見解の〕一致」に頼ることもあるかも知れない．そうした証明は，私自身の吟味を経ないで受けいれるならば，「予断〔préjugés〕」（「先入見」とも訳せます）に他なりません〔「予断（PRÉJUGÉ）」（➡p.646）〕．「深く知る前に，判断されてしまった事柄」だからです．それでも，「まだ一度も検討されたことのないような証明」に対しては「極めて強い反対意見」なのだ，というわけ．大げさに言えば，そこには人々の熟考の積み上げがあるのです．そういうことを念頭に置かず，ただただ新しいものに夢中になっているナイーヴな人もいるわけで，その人はそういう積み上げに苛立つ．「新しくまた強力な証明が聞き入れられないことにしばしば驚く」のです．もちろん，そこにももっともなところがあり，実際，アランはそこに「精神の強さ」を見いだしている．聞き入れない人々に対して自分を対峙させるだけの強さが認められるからです．新たな証明を吟味することから逃げだして，一般に認められている諸真理へと逃げこむことは，もちろん弱さにほかならないからです．次の引用を吟味してみてください．ただし，この引用には「証拠」という言葉が出てきており，原語はやはり preuve ですが，ここでは「証拠」も「証明」もどちらをも含むような意味だと私は解します．

証拠にたいしては，——柄をつかめるような証拠を言うのだが——用心せねばならぬ．証拠というものは，つねに一個の武器にすぎない．人は悪い証拠のまえから逃げだす以上によい証拠のまえから逃げだし，自明の理にたいして殻を閉じる」．[★551]

なぜ，「証拠」や「証明」の前から逃げだすのでしょうか？　それらが，有無を言わさぬような仕方で強制してくるからではないでしょうか？　相手の見解の矛盾を証明して，屈服させるなどという場面を考えてみればいい．〈そんな強制を黙って受けいれはしないぞ！〉，というわけです．「よい証拠のまえから逃げだす」など，「私の長いあいだの驚きであった」とアランは書いています．今回の定義で言えば，その逃げは弱さを意味するのではないかと考えたのでしょう．しかし，次のように考えることもできる．すなわち，「ここでは，自由が〔知の光以上に〕尊いものと評価されているのであり，またこれは理にかなったことである」[★553]というわけです．そんなふうに考えれば，さきほどの「証明よりもいっそう強くなる」話もここに関わっています．

さて，最後の段落を検討しましょう．フランス語の言い回しを使いながら議論を展開しています．自分の力量を示す〔faire sa preuve〕，あるいは自分を試練にかける〔faire son épreuve〕という類義語を含む言い回しに含まれている事柄を，これまでの議論と関連づけるわけです．それは実際に知覚できるようにすること，目に見えるようにすることだというのです．そういうことをやらないでいては，いくらできるなどと言ったり書いたりしたところでなにものでもないというわけです．言葉の領域を超え出ていないのですから．自分には文才があるなどと言ったところで，実際に見事な文章を書いて示してみなければ何ものでもないわけですよね．そんな場合，約束は空手形に終わるわけです．

PRIÈRE
祈り ― 聞き入れてもらえるという期待〔espoir〕を伴う，真っ当な願望〔désir〕の表現．人は

素晴らしい計画の実現のために祈る．怖気〔lâcheté〕や妄想から解放されようと祈る．そして，祈りというものは，それを形にし，それを整える〔justifier〕ことによって，一つの希望〔une espérance〕を堅固にするものなのである．どんな祈りも，それゆえ，好ましい効果を持つ．ちょうど信仰〔foi〕というものがそうであるように．祈りは信仰の一つの結果であるが，また祈りが信仰をいつだって強めるものなのである．なぜなら，祈りによって私は自分が何を望むかを知るのだし，また何を自分が望むかを判断する〔juger〕のだから．一人の人間というものは，その人の〔抱く〕祈りによって，またその人の〔祈りが捧げられる〕神々によって，程度が知れる〔être jugé〕ものなのである．

冒頭に，「期待(ESPOIR)」（►p.320）という言葉があり，少し後ろに「希望(ESPÉRANCE)」（►p.314）という，非常に近い言葉が出てきます．辞典を引くと，フランス語でもよく混同される言葉のようです．参考までに引いておきましょう．

> Espérance : Désir de quelque chose conçu comme possible. *Espérance* désigne plutôt un état assez durable dans lequel on attend quelque chose qu'on ne connaît pas bien et sans savoir exactement comment cela arrivera. (希望：可能と考えられた何らかのものに対する願望．希望はどちらかというとかなり持続的な状態を指す．その状態においては，よく知られてはおらず，どんなふうにしてそれが生じるかを正確には知らずに，人は何ものかを待っている．)
> Espoir a plutôt rapport à un objet précis. (期待はむしろ明確なひとつの対象に関わりを持っている．)
> Mais les deux mots se confondent le plus souvent dans le langage ordinaire. (しかし，普通の言葉づかいのなかでは非常にしばしばこれら二つの語は混同されている．)[★554]

この線で解釈してみると，アランはまず冒頭で，l'espoir d'être entendu と述べ，実際に〈〔祈りが〕聞き入れられる〉という特定の出来事への願望を語っています．そしてそれに「真っ当な」〔honorable〕という形容詞を付けているのです．「真っ当な」と訳しましたが，〈尊敬すべき〉と訳してもいい言葉です．では，どんな願望が「真っ当」なのでしょうか？ honorable が honneur〔英語の honor〕つまり名誉という言葉と密接な関わりを持っているのでもおわかりのように，〈人間としてなしうる見事なことがら〉に関わっていそうなのはわかりますよね？ だからこそ，定義の続きで，「素晴らしい計画の実現」が語られるのだし，「怖気〔lâcheté〕や妄想から解放されよう」とすることを人は祈るのでしょう．ちなみに，この lâcheté を森訳は「卑怯な行い」と訳し，神谷訳も「卑怯な振る舞い」と訳しています〔「卑怯(LÂCHETÉ)」（►p.432）〕．それでもいいのですが，私は類語辞典にある次の説明の前者を採って，「怖気」と訳してみました．

> Lâche : Qui manque de courage. *Lâche*, méprisant, implique un vice de caractère qui fait qu'on demeure dans une inaction totale devant n'importe quel péril, ou qu'on agit bassement pour ne rien risquer.[★555] (怖じ気づいた〔形容詞です〕：勇気を欠いていること．Lâche は，軽蔑的なニュアンスをもち，以下のようにさせるような性格の欠陥を含意している．すなわち，<u>何であれ危険な事柄を前にしての全面的な無活動，あるいは身を危険に曝すことがないようにと，卑劣に振る舞うこと．</u>)

では，そうした，真っ当な（つまり，尊敬すべき，見事な）願望を，祈りというものによってどのよ

★550──アラン『教育論』p.62〔傍点引用者〕
★551──アラン『人間論』p.129
★552──同前
★553──同前〔引用者改訳〕
★554──H. Bénac, *op.cit.*, p. 340
★555──*Ibid.*, p.525〔下線引用者〕

うに実現するのか？ それをアランは次に語り始めます。「それを形にし，それを整えること」と言われている部分こそ，それです．森訳も神谷訳も，justifier を「根拠を明らかにする」と訳しています．英語の justify ですから，なるほどとも思います．正当化することですよね．しかし，私は，この「根拠を明らかにする」という言い方が，この定義の文脈では強すぎるように感じるのです．何だか，「根拠を明らかに」と言ってしまうと，それこそ前回やったような**証明(PREUVE)**（▶p.655）でもする感じで，〈こんなふうに根拠を明らかにしたのだから，祈りは聞き入れられなければならない〉とでも言っているような気がして．もし「**神(DIEU)**」（▶p.263）に祈るとしたら，それは〈神を強いること〉になりはしないか？ 遠藤周作の『沈黙』では，〈こんなに迫害され，苦しんでいるのに，なぜ神は沈黙しているのか？〉という問いが背景にあります．みなさんは，どう考えるでしょうか？ 私としては，ここで，むしろ祈る当人の方に議論を持っていきたいのです．どういうことかというと，今回の定義の冒頭部分で，「表現〔expression〕」という言葉が使われているわけですから，そこを考慮するのです．言い換えれば，祈りを「形にし」，「整える」ことによって，「表現」という名に価するものにしてこそ，祈りが聞き入れられてもおかしくない状態にするということです．もちろん，祈られる方の存在（ここでは神）に意志を認めるのなら，それでも聞き入れない自由はあるわけですが，それでもなお，祈る方の為すべきことはこれ以上できないほどに成し遂げられている状態です．いわば人事を尽くして天命を待っている状態．そこにまで至る表現の彫琢という営みには「ひとつの希望〔une espérance〕を堅固にする」働きがあるからだ，と思うのです．でも，なぜ「堅固」になるのでしょうか？ そこには，ある種のもっともな循環があるからなのです．見てみましょう．

次のように言われています．「祈りは信仰〔foi〕のひとつの結果であるが，また祈りが信仰をいつだって強めるものなのである」，と．わかりますよね．「**信仰(FOI)**」（▶p.372）があるから祈る，祈るから信仰は強いものになるという循環です．互いに強めあうといった相互関係がそこには生じる．それをさらに説明しているのがそれに続く文章です．「祈りによって私は自分が何を望むかを知るのだし，また何を自分が望むかを判断する」とあります．祈るのには，「素晴らしい計画の実現」にせよ，「怖気〔lâcheté〕や妄想から解放」されようとするにせよ，何か望む事柄が明確にされるという営みが伴う．人は望む事柄を明確に知らなければなりません．しかしそれだけでは足りない．知るだけでは足りない．その望みを実現しようとあえて意を固める（意志する）からこそ，人は祈るのですよね．漠然としていては，見事に祈ることさえできない．私があえてこのコンテクストで juger を森訳や神谷訳のように，「裁く」と訳さず，「判断する」と訳したのは，ここに理由があります．祈る私が，祈りによって実現しようという事柄を明確に知り，それを意志することが必要だからです．判断とは，意志によるものなのです．知性だけでは，祈りは成立しない．それを私は言いたいがために「裁く」という訳語を採らないことにしました．もちろん，意志したところで，必ず実現するとは限らない．上述したように，（神に）祈り，願うことはできても，要求などできない．実現を強制することなどできない．でも，その実現に価する自分にはなれるでしょう．次の言葉は，「**キリスト教(CHRISTIANISME)**」（▶p.160）的な言い方をすれば，上述のことはこうなるだろうというものです．

多くの聖書のたぐいのなかには，自分が受けとるものしか与えなかった，弱々しく，裸で，無一物な神の姿が，はっきりと痛ましく見えている．それは答うたれ，礫にされた神であり，けっして強制せずに要求し期待する神であった．だが同時にそれは，神のあらゆる徳は祈りのなかにあるかのよ

うに，哀願するならば必ずききとどけてくれる神であり，復讐の神ではなくて慰めの神であった．[★557]

「強制せずに要求し期待する神」とありますね．原語は，Dieu qui demande et attend, sans forcer jamais で，demander という動詞の部分を訳者の中村雄二郎氏は「要求し」と訳したわけです．しかし，日本語の語感としては少し強すぎないかと私は思います．ここでは，むしろ「願う」とか「頼む」というニュアンスだと思います．ですから，〈決して強制などせず，願い，期待する神〉というのがより良い訳と私は思います．しかもその後には「神のあらゆる徳は祈りのなかにあるかのように」とあるのです．なぜでしょう？　祈るということのなかに，すでに「徳(VERTU)」(▶p.850)があるというわけですよね．どういうことでしょう？　私は，さきに述べたような，〈価する自分〉というのがポイントだと解釈します．祈るということのなかに，すでに，救いの契機があると考えるのです．「祈りとはつまり，より高い次元で人間を問うこと」[★558]というアランの言葉があります．願い，そして頼む私はまだある低いところに留まっている．しかし，より高いところにある自分を，そして「社会(SOCIÉTÉ)」(▶p.748)を，実現しようと意志している．そのために自分のできることはやりつつ，しかも，自分だけでそれが実現できると思うほど思い上がってもいない．だからこそ，祈るのでしょう．それ以降は，私を超えたものに頼るかのように．そういう自分を見事に成立させるために，私は秩序だった行為をする．祈りの言葉に注意を向けるということもそういう秩序だった行為のひとつなのです．

祈りの姿勢とはまさしく，激しい動きをできるだけおさえ，肺をできるだけ楽にし，こうすることで心臓をも楽にする姿勢である．また，祈りのきまった言いまわしも，元来が，考えがそれるのを妨げて，言葉自身に注意を向けさせることにある．[★559]

「祈りのきまった言いまわし」とあります．その言いまわしは，おそらく，無駄もなく，簡潔に，しかも思いを凝縮した言葉でしょう．そういう言葉に見覚えはありませんか？　私は，「詩(POÉSIE)」(▶p.606)こそ，その典型的な一例だと思うのです．フランスの実証主義哲学者であるオーギュスト・コントは「詩についての思索を祈りと呼ぼうとした」[★560]といいます．美しい詩が私を捉える．なぜか？　(例えば，情念的な状態という) 低い状態にいる私は，「時間(TEMPS)」(▶p.800)を否定し，現在に留まっていたく思う．いや，過去に帰りたくさえ思う．それに対し，詩はその美しい音とリズムと意味とによって，私を前に進ませるのです．叙事詩の話ですが……．

詩的な動きがわれわれを押し流す．決してとどまることのない，しかも注意すべきことには，決して急ごうともしない，あの時間の足音を聞かせてくれる．われわれはふたたび，あらゆる人間やあらゆる事物の行列の中におかれる．普遍的法則にふたたび従う．すべての事物の結びつきや必然性を体験する．われわれは不幸を乗り越え，不幸をうしろに置き去りにする．新しい時間，不幸がすでに過去のものとなった時間の中へ，いやおうなしに送り込まれてしまう．それだからこそ，詩の中には常に慰めの響きが聞こえるのだ．だれでも悲しみの中にいるときは，危機をこれ以上進めたくないと思い，時間を否定するものだ．もっと悪い場合には，過ぎ去った時間，幸福な時間へと舞い戻って行く．[★561]

★556──遠藤周作『沈黙』(新潮社, 1966)
★557──アラン『思索と行動のために』p.282〔傍点引用者〕
★558──同書, p.182
★559──同書, p.398〔傍点引用者〕
★560──同書, p.182
★561──アラン『芸術について』p.95〔傍点引用者〕

美しい詩の作者は，その詩をつくることによって，ある程度，救われている．祈りも，そうなのです．祈ることによって，救いが始まっているのです．「時間」が，もういちど，意識されるからです．次のようにです．

　時間，それはたぶん，絶対的な慰めなのです．私たちの悩みや苦しみを一つの対象，ただの対象にしてしまう，あの一歩のへだたり，あの遠近法を，時間は提供します．[*562]

　時間のそういう動きは，散文にはありません．時間を介したそうした救いを，当の詩の読者は，作者から受け取ることがあるのです．

　一篇の詩の意味は，明らかに散文ではどう説明しても言い尽せないからです．もっと別の，もっと力強い何かがある．他の意味を支えている一つの意味．詩によらなければ言いあらわせない意味，常に新鮮で，常に感動的な一つの意味がある．それは，リズムと響きによって，根本的には人間の体のあり方によって，詩が作者と読者のあいだに一つの絶対的な交流を打ち立て，その交流自体が賞讃され愛好されることになるからです．[*563]

　芸術による慰めは，そういうところにある．

　美というものが，私たちを形而下において，肉体においてとらえ，肉体のしこりをほぐして解放し，それによって上部にある精神をも解放した上，何ものにも縛られない自由な判断力の自覚を与える，そういう美との直接の接触こそが，理性や，信仰や，友情や，愛情などによる別種の慰めから「芸術」を区別するところなのです．[*564]

　旧約聖書に「詩篇」という美しい一書があります．もとは楽器を伴って歌われたともいわれます．カトリックのミサで司祭がほとんど歌うような調子で祈りを捧げることなどいつものことですし，浄土真宗のお坊さんが「南無阿弥陀仏」をほとんど歌っているに近い仕方で祈るシーンを観ることも多いでしょう．実際に，そのように表現することによって，祈りは祈る者のあり方を，歌えないようなグジャグジャな自分の状態からは離れたところに置く．救うのです．いま掲げた例は集団の礼拝ですが，孤独の中での祈りだって同じことです．

　踊りが，リズムと拍子によって既に記念建造物であり，既に絵様帯（フリーズ）であると同様に，声自体も，韻律の規則により，詩句の区切りにより，半諧音（アソナンス）によって，持続し得るものとなる．精神はこの時，性急と補償の法則にしか規整されぬとも言うべき独白のうちに迷い入るどころか，不変な独白のうちに確立され，朗読者と感嘆者の尨大な行列と睦み交しつつ，人間的な礼儀に合致し，こうして，孤独のうちでさえ再び自己を見出すのである．この孤独な朗読こそ本質的な祈りであるとオーギュスト・コントは言ったが，彼はこれ以上深いことは言わなかった．祈るとは，だから，人間的なモデルに従って自分自身に話しかけることであり，こうして，孤独を社会とすることであろう．[*565]

　さきに触れた遠藤周作の『沈黙』では，あからさまに神が「ききとどけ」てくれた感じはしないのですが，そもそも〈聞き届けるということはどういうことなのか？〉を問いつつ終わっているように私には思えます．そしてその問いに対する，ひとつのありうる答え方のヒントを，これまで述べてきたことは語ってはいないでしょうか？

　さて，今回の定義の最後の文は，そうした知性と意志との用い方によって，人間というものはその程度が知れると言いたいのです．〈私はお

酒がいっぱい飲みたいので，神様どうぞよろしく〉とか〈とにかく金持ちになれますように〉などと祈る人と，〈世界の平和のために活動し，その実現〉を祈る人とは，自ずと区別されるでしょう．前者は祈りというのも恥ずかしいような現世利益の要求であり，後者はほとんど不可能なことへの，それでもあえてそれを意志する表現としての祈りでしょう．アランは，わざわざここで「神々」と複数形を使っています．キリスト教の一神教の神だけを念頭に置いているわけではないのです．〈お金も神〉みたいな，そういうレベルの祈りだってあるというわけでしょう．鎌倉には「銭洗弁(財)天」というのがあって，行くと，一万円札をその泉で洗っている人がいたりします．非難するつもりは，もちろん，全然ありません．それに，私はお酒も好きですが……．

PROGRÈS
進歩 ― ゆっくりしており，長いあいだ感じ取れない変化のことであり，それは外的な諸力に対する意志の勝利を確立するものである．いかなる進歩も自由に発する．〔自由意志に基づいて努力を重ねることによって，ついに，〕私は，自分の望むことをするに至る．例えば，早起きをしたり，楽譜を読んだり，礼儀正しくあったり，怒り〔colère〕を抑えたり，羨ましがらなくなったり，はっきりと話したり，読みやすく書いたり，などなど，するに至る．〔そうした個人的なレベルを超えて〕人々は，〔お互いの努力の下に〕合意を形成することで，平和〔paix〕を守るに至るし，不正や貧困を減少させ，すべての子どもたちに教育を施し，病人を看護するに至るのである．

反対に，私たちの立派なプロジェクトから知らず知らずに逸脱させてしまうことによって，私たちを非人間的な諸力にもう少し服従させてしまう変化は，進化〔évolution〕と呼ばれる．「私は進化した」と言う人は，時として自分が知恵〔sagesse〕において前進したということを〔その言い方で〕理解させたいようなのだが，それはできない．言葉がそのことを許さないのである．

変化といっても，その速度はいろいろありうるわけですが，アランがこの「進歩」というフランス語の定義に付け加えているニュアンスは「ゆっくり」で「長いあいだ感じ取れない」というものです．フランス語の辞典を引いても，このニュアンスは実は感じられません．ということは，アランが独自のものとして付け加えたのでしょう．アランは辞書的な定義をめざしているわけではなく，フランス語の基本的な語感を大事にしながらも，ある語を自分がどのように考えるかをこの『定義集』で示そうとしたのですから．日本語には「長足の進歩」なんていう「短期間で大幅に進歩する」という言い方があるので，ちょっと悩ましいところですけどね．いずれにせよ，アランが「進歩」をイメージするときに，自分にとって，思ったよりも時間がかかるという感じがあるのでしょう．高校の哲学教師だったアランは，自分が教える生徒たちの進歩をそんなふうに感じ取っていたのかもしれませんね．「早起きをしたり，楽譜を読んだり，礼儀正しくあったり，怒りを抑えたり，羨ましがらなくなったり，はっきりと話したり，読みやすく書いたり」なんて書いてあると，ついついそんな想像をしてしまいます．でも，そうした個々人の話だけでなく社会の進歩についても，そんなふうな，あまりにゆっくりしているイメージを抱いていたのかも知れませんね．実際，「平和を守るに至るし，不正や貧困を減少させ，すべての子どもたちに教育を施し，病人を看護するに至る」と書いて

★562 ― アラン『芸術についての二十講』p.79
★563 ― 同書，p.58
★564 ― 同書，p.42
★565 ― アラン『思想と年齢』pp.336-337

665

いるのですから．急進主義〔radicalisme〕を奉ずる面があるアランには，そう感じられるのでしょう．

さて，そうした「進歩」というものはどういうものかを説明する段になると，「外的な諸力に対する意志の勝利を確立するもの」といい，「いかなる進歩も自由に発する」という．進歩というものは，自由意志に基づく不断の努力によって，「外的な諸力」に勝つことで生じる，というわけです．「外的な諸力」とは，どういうものだと思いますか？　「外的」とはどういうことか，が問われているのです．先取りして，少し，答えておくとすれば，外的とは物質的ということであり，それとの対比において人間の意志が語られるもののことです．心身問題がここに関わってくることはわかりますよね．

定義のこの部分をきちんと理解するには，少々，基礎知識が必要です．アランが一番多くのものを学んだと自分でも語っているデカルト哲学の中で分析される，実体のひとつとしての「延長」〔l'étendue，三次元的な拡がり〕の話と関わっているからです．デカルトは，〈物質は延長である〉と言う．〈物体は拡がりである〉，物質・物体というのは，三次元的に拡がっているものだというのです．『省察』の中で，蜜蜂の巣の中にできる蠟，つまり蜜蠟を物体の一例としていろいろ考察し始めます．

　われわれは，例えば，この蜜蠟をとってみるということにするが，それは，つい先ほど蜜蜂の巣から抜き出されたばかりで，まだそれ自身の蜜のすべてを失ってはいないし，それが集められたところの花の香りをいくらかは保っていて，その色，形，大きさは明瞭であり，堅くて，冷たくて，容易に触れられ，そして，指でたたけば音を発するであろう．或る物体が能うかぎり判明に認識されうるというために要求されると思われるところのすべてがつまりは，そこに現存しているのである．しかしながら，見よ，私がそう語っている際にも，火に近づける，と，残っていた味は除かれ，香りは消え，色は変じ，形は崩れ，大きさは増し，液状化し，熱くなり，ほとんど触れがたく，そして今や，打っても音を発しないであろう．それでもなお同じ蜜蠟がなお残っているであろうか．なお残っていると認めなければならない．否定する者は誰もいない．ちがったふうに考える者は誰もいない．そうとすれば，蜜蠟においてあれほど判明に把握されていたものは何であったのか．感覚によって私が捉えていたもののうちにはそういうものは何もなかった，ということは，確かであって，というのも，味覚や嗅覚や視覚や触覚や聴覚のもとにやってきていたもののいずれもが今は変じてしまっている，が，蜜蠟はなお残っている，からである．[★566]

感覚では，物体が何であるかは，捉えられないというのです．次に想像によっても捉えられないとデカルトは言い，最後には「精神の洞見」〔inspectio mentis〕によって，初めて「延長」として把握できるのだと結論するわけですが，詳しくは『省察』を読んでもらうこととして，取り出されるのは，もう一度言うと，「延長」という〈三次元空間的な拡がり〉だということになります．そして，それは思考(思惟)とは完全に区別される，と．

　十全的に私は，物体が何であるかを，それが延長あるものであり，形状を有ったものであり，運動することのできるものである，等々，とのみ考えることによって，そして，物体については精神の本性に属するもののすべてを否定することによって，知解します．そしてそれとは逆に私は精神が，そのなかには物体の観念のうちに含まれるものの何かがあることを私が否定するにしても，疑い，知解し，欲する等々をなすところの，十全的な事物(もの)であると，知解します．[★567]

666

そして，その物体の世界として，いわゆる自然界の考察を推しすすめるのですが，それは完全に機械的な世界，メカニズムの世界だとデカルトはいうのです．そこで，アランは，デカルトの哲学を参考にしながら，次のように書きます．

> 機械的とは，自己に対して外的であるということである．この観念はあとでまったく映像〔image〕の外に引き出されて，読者は物質とは何であるかを知るだろう．[★567]

ここで映像〔image〕という言葉が出てきていることに注意してください．感覚でも想像〔imagination〕でも捉えられない，「**精神**〔ESPRIT〕」（→p.322）によって（あるいは知性〔悟性〕によって）捉えられる物質・物体の本質は「延長」であって，その世界は「機械的」な世界であり，「外的な」世界である，というのです．さきほどの「蜜蠟」に戻って，この点を確認してみましょう．

> デカルトは長いあいだ人を驚かすようなことをいくつも言っているが，そのなかに，数学者たちは主として想像力をはたらかせるという言葉がある．彼は一度ならずそう言ったのである．この言葉によって彼が私たちに勧めるのは，ここではけっしてひろがりの映像ではなく，ひろがりの観念そのものをつくることであり，ただ悟性だけによって，絶対に外的なものを，物質的な存在だけを，つまり裸の物を考えることである．ところで私たちはここまで来るのに一時も共通の観念を捨てず，だれも疑わない観念を捨てなかった．ただしそれは，観念をまったく映像の外へ引き出すという条件においてだった．それではこの外的な存在とは何だろうか．デカルトが強く言ったように，外的な存在に衣装を脱がせてまったく裸にして考えるとすれば，それについて

何と考えれば正しいだろうか．私が見いだすものは絶対的なひろがり，すなわち十分な意味で外的なもの，あえて言えば本質的に外的なものである．私たちが，蜜蠟は煙や水蒸気になって見失われてもたしかにどこかにあると言うときには，それが他のものと隣り合わせたり，入れかわったりしていて，他のものの変化によって変化し，また他のものはそれの変化によって変化するようになっているということを意味している．それの存在はそこに限定されている．またその部分と部分の相互の依存関係によってでなければ，そのあり方は成り立たない．そして力学によって私たちが表象し，想像できるのは，そういうことである．しかしさらに，私たちが自分自身の何かを当てはめているこのような想像を乗り越えなければならず，要するにいまはその存在の観念そのものをつくらなければならない．そしてこの観念は，いかなる物質的なものも，それ自体としては，内的な固有の本性をもつものではないということ，反対に，すべての物質的なものは絶対的にその部分に，またその部分の部分に分解されるもので，各部分は隣りの部分から，また間接にはすべての部分から変化を受ける以外には特性を持っていないということである．[★569]

物体的世界を，諸原子（今で言えば，素粒子）と，空間内でのその振舞いで説明しようとする自然科学では，自然というものの中に〈内的な〉ものを考えないのです．すべては，物質の〈外的な〉相互関係で説明される．要するに，次のようになります．

> 原子というのもまた，美しい仮説だ．この仮説はまさしく次のことを示している．真の科学に則した体系のなかのいかなるものにも，内部というものも，一塊りにまとめら

★566──R.デカルト『省察』p.44〔訳者挿入文は省略〕
★567──同書，pp.147-148
★568──アラン『イデー（哲学入門）』p.139
★569──同書，pp.150-151〔傍点引用者〕

667

れたものもなく、すべては外的な関係だ、と。[570]

　現代物理学によって、とりわけその一般大衆向けの解説によって、われわれは科学の目指しているのが、関係とは別のものであるという思い違いをさせられかねない。たとえば原子は、物質を分析すれば見つかる最終的要素、あらゆる実体を構成している根本的な実体ということになるだろう。しかし原子は関係によってしか存在しない。[571]

　しかも、現代でも自然科学はそこで踏みとまるのですが、デカルトは、それとは区別される思考(思惟)の働きというものを認める。意志を認めるわけです。

　要点だけかいつまんで言えば、デカルトは自由な本質をもつ彼自身の精神との対立をとおして、対抗者を定義したのだ。世界とは惰性であり、可能なすべての物理学はそこから出てくる。[572]

　後のニュートン物理学の「慣性〔inertia〕」は、まさに「惰性」なわけです。そして、私の身体も物体である限りは、そういう自然法則に、つまりは惰性によって動いてしまうところがある。しかしながら、私は、意志によって、自分の身体を動かせるという面もある。心身関係が関わってくるわけですよね。実は、ここにおいてこそ、今回の定義である「進歩」の話に戻ることができるのです。定義の冒頭で、「外的な諸力に対する意志の勝利」とアランは書いていました。「怒り〔colère〕を抑えたり」という言葉もでてきましたよね。「**怒り(COLÈRE)**」(▶p.180)といった「**情念(PASSION)**」(▶p.544)は放っておいても何らかのきっかけで生じ、嵩じてしまう。身体のメカニズムがそれを後押ししてしまうのです。心〔「**心(CŒUR)**」(▶p.176)〕は、それに引きずられるだけ。

　だれでも知っていることだが、怒りとか、愛〔恋という訳語の方がいい〕とか、野心とか、吝嗇とかの情念は、思考の調子が狂うところに成立する。人はもはや思考を検討せず、導きもせず、ただ信じ込み、あとを追って行くだけとなり、思考は進展しなくなると同時にすべていばらのようにとげとげしくなってしまう。…〔中略〕…調子が狂うということは、厳密にはわれわれの思考の中で起こるのではなく、身体の領域の中で起こるのだから…〔後略〕[573]

　けれども、意志的な努力によって、怒りは、ある程度、抑えられたりするわけです。

　口を開けていてはｉの音を考ええないように、手のひらを上にむけ、手をいっぱいにひろげてさし出すときは、怒ってはいられない。怒りがすぐぬぐい取られないなら、所作が悪いのだ。だれしも観察しえたことと思うが、私たちの手ぶりは、私たちの気分、執着、拒否、不信を、こまかいところまで表出する。逆に、手をすこしでも動かせば、気分や意見はいくらか変わるのであり、とくに意見が気分だけのものであれば、じつに変わりやすい。[574]

　また、以前にも引用しましたが、次の指摘は重要です。

　怒りがきみのうちに病気のように頭をもたげるときには、わざと笑うという試みだけでもしてみたまえ。じつを言えば、怒りにまったく身をゆだねる者、吐き気や歯痛を待つように怒りを待つ者は、狂人である。そして、どうにもならぬ宿命という感じがあらゆる種類の狂気に共通しているということは、深い真実である。いずれにせよ、健康な人間は自分の体を支配することを欲し、また、支配しうることを確信する。不覚をとっても、また、不覚をとったことを恥じつつも、彼はなお信ずる。なお信じようとする。ここに意

志の発条が認められるのだ。^{★575}

定義に戻りましょう。定義の後半は、「進歩」と「進化〔ÉVOLUTION〕」(▶p.330)との対比です。ここには「非人間的な諸力」という言葉が出てくることに注意してください。これまでの説明からすれば、これら諸力は、まさに、「外的な諸力」のことだろうと推測できますね。すなわち、意志と対比される自然の諸力です。それらは私たちの情念的な振舞いの中で絶大な支配力をもつわけですが、意志は、それに譲ることなく、努力を続けて進歩を実現するわけですよね。ですから、そういう「諸力にもう少し服従させてしまう変化」は、人間の意志的な振舞いではない。人間が、物と同じように振舞うレベルの話なのです。だからこそ、「自分が知恵〔sagesse〕において前進した」ということを表現するには相応しくない、とアランは言いたいのでしょう。「言葉がそのことを許さない」、と。

R

RÉFLEXE
反射 ─ それによって私たちの身体が、私たちなしにそして私たちに反し、ある一定の刺戟に反応してしまう、そういうしばしば非常に複雑で本能的な運動が、反射と呼ばれる。例えば、〔咀嚼して飲み込むだろう〕食物の塊が咽頭を押すことによって飲み込むということが自動的に起こる。嘔吐は別の一つの反射である。強い光に対する反射でもって瞳孔が狭まる。〔目の前に〕手が差し出されると瞼は閉じる、等々。驚くと心臓はより速く打つ。皮膚が寒さを感じると、血液は皮膚からひく。〔見つめられている〕自分の顔のことを考えると顔が赤くなる……。生命活動全体〔toute la vie〕が反射から成っている。自然的反射に、習得され意志を必要としなくなった〔involontaire〕諸運動を付け加えることができる。例えば、騎手の技やパイロットの技は習得された反射から成っており、意志的な運動よりもずっと迅速でずっと確実である。反射という言葉は、よく使われるようになったが、必ずしも秀逸なものではないことに注意しなければならない。この語は反省〔réflexion〕に似ているけれども、反省を排除しているのである。

冒頭部分、「私たちなしにそして私たちに反し」と私は訳しました。森訳も神谷訳も「われわれの意志によらずに……」という感じで訳しています。けれども、実を言うと原文には「意志」という言葉が入っていません。sans nous et malgré nous、あくまで nous、つまり「私たち」としか書いていないのです。当然、両氏の訳には解釈が入っているわけですが、私と解釈が違ってくる可能性があるわけです。両訳者は nous つまり「私たち」を、ここで「意志」というものに代表させている嫌いがあるわけです。確かに定義の後半には「意志的な運動」という言葉が出てくるのですから、わからないわけではない。けれども、定義の最後では、さらに「反射」が「反省〔réflexion〕」と対比されているところに注意してください。「意志」ではなく「知性」の面も忘れて

★570──アラン『思索と行動のために』p.135
★571──G. パスカル『アランの哲学』pp.98-99
★572──アラン『わが思索のあと』p.278
★573──アラン『芸術について』p.36〔傍点引用者〕
★574──アラン『人間論』p.205
★575──同書、p.140

669

はならないと私は考えるのです。「反省」ということには、「知性」が関わってくると思いませんか？　ですから、両訳者のように「意志」だけに限定しないで、むしろ「意志〔volonté〕」と「知性〔intelligence〕」とをひっくるめた「思惟〔pensée〕」と言った方がいいように私は考えます。「意志」も〈或る一定の「思惟」のあり方〉〔cogitandi quidam modi〕なのですから。実際、デカルトは身体と区別された、というか実在的区別によって身体から分離された、「思惟」について、次のように解釈できると言うのでした。

「わたしは思惟する、ゆえにわたしはある」、とわたしが述べたとき、わたしはわたしの現存することを知った。わたしはそのことを、完全かつ十全であって、〔それとは〕別の仕方では神的思惟を概念することがないというほどまでに満足のゆく仕方で、即刻に知った。なぜなら、一つの同じ働きによって、わたしは思惟し、わたしは現存し、わたしは認識したのであり、したがって、わたしにおいてはあたかも神においてと同じように、認識することと意志することとが一体を成していたからだ。[*002]

意志的作用と知性的作用とは「単に同一の実体の能動と受動として異なるにすぎない」…〔後略〕。[*003]

そしてここで言われている能動・受動は、身体を懐疑で振り落とした場面でも、つまり心身分離の相でも、成立するようなものであり、思惟という働きそのものの内に見て取られるものなのです。ですから、心身合一の相で語られた、身体の働きに引きずられるといった場面、すなわち「情念(PASSION)」（➡p.544）において語られる受動ではないことはわかるでしょう。こんなふうにして確保される「思惟実体」が関与することなしに、「延長実体」の一部である物体としての「私たちの身体」が動いてしまうことを、アランは

「反射」と定義しているのです。この定義には「本能的な運動」という言葉も出てきていることにも注目してみましょう。「本能(INSTINCT)」（➡p.416）と「思考」とは違うということです。ベルクソンというフランスの哲学者は、次のような観察例を掲げて、こうした点についての考察を深めます。

麻痺を起こさせる或る膜翅類は、正確に獲物の中枢神経のありかを指し、殺すことなく動けないようにする。[*004]

獲物であるアオムシを動けなくして、その中に卵を産みつけ、卵が孵化した後にそれら自分の子どもが当の獲物を食糧にできるように、です。例えば、アオムシサムライコマユバチは生きたモンシロチョウの幼虫の中に産卵します。これはこの蜂が、どうすればモンシロチョウの幼虫が死なずに動けなくなるか、すべてを知っているかのごとくそうするのですが、さて、それではこの蜂に「知性」があると考えるべきかという問題です。普通は、「知性」ではなく、「本能」があるのだというのです。では、「本能」と「知性」とはどう違うのでしょうか？　アオムシサムライコマユバチは、ここに示されたような、自分のいわゆる〈本能的な営み〉を別のものに応用するという傾向は観察されません。ある特定のものに限定されているのです。それに対し、人間の「知性」は、ものとものとの「関係」を認識し、それを他の事柄に応用しようとします。類比と言ってもよい。例えば、2の4に対する関係は、4の8に対する関係と同じだとか……。この、もの(対象)から自由になって、ものとものとの関係を他に及ぼす能力こそ、知性の特徴ではないかと考えるのがベルクソンの立場です。ですから、「本能の対象は物である。…〔中略〕…知性の対象は物ではなく、関係である」[*005]と言われ、「科学的知識とはものそのものの認識ではなく、ものとものとの関係についての知識なのである」[*006]とも言われるのです。ここで、「外的」ということに関する考察を思い出してもいい。「原子は関係

によってしか存在しない」という文が入った引用をしておきましたよね(▶p.668).本能は,そうした特定のものを相手にしたいわば自由を伴わない機械的な行動,それに対して思考は,ものとものとの関係を他に及ぼしうるという自由を伴う意志的な行動ということです.

こういう線で,今回の定義を読み進めてみましょう.「食物の塊が咽頭を押すことによって飲み込むということが自動的に起こる」とあります.まさに,「食物の塊」と「咽頭」との関係において成立する圧力というものによって,飲み込むという機械的な運動が自動的に起こるわけです.「嘔吐」や〈瞳孔の収縮〉も〈瞼が閉じること〉も〈鼓動の変化〉その他も,ものとものとの関係において生じる機械的な運動という意味では同じです.「自分の顔のことを考えると顔が赤くなる」という箇所については,これだけでは意味不明なので,解釈を必要とします.そこで,誰かに見つめられた場合にありうる反射と考えておきました.別に,自分で顔に血をのぼらせたいのではなくて,恥ずかしくて顔が赤くなるということはありうるでしょうから.そして,これらを総括して,「生命活動全体〔toute la vie〕が反射から成っている」と言われる.この部分を,森訳は「生活の全体が……」,神谷訳は「生命のすべてが……」としています.la vie をどう訳すかという話ですが,森訳のように「生活」としてしまうと,身体だけでなく思惟の話が入ってきすぎると私は思います.ここでアランは,わざわざ身体に焦点を合わせて,つまりデカルト的な心身分離の相に焦点を合わせているのに,それが無駄になってしまう.かといって,神谷訳のように「生命」としてしまうと,森訳よりは適切なのですが,それでも本能的な活動・運動という点に焦点が合わなくなり,(思惟活動を必ずしも排除しなくてもいいような)〈生きていること〉みたいになってしまうと思うのです.

そこで,私は「生命活動全体」としました.「生命活動」と「思惟活動」とを区別するためにです.自由を語りうる思惟活動とはきっぱり区別される生命活動は,全体として反射から成っていると言っていい,というわけです.それを「自然的反射」というのだ,と.

ところが,それにさらに付け加わる別種の「反射」というものがある,とアランは語り始めます.思惟活動をも動員して後に,それでもなお反射と言われるものがあるというのです.「習得され意志を必要としなくなった諸運動」です.何事かを習得するには,本能とは違った意志的な努力が必要なわけですから,「自然的反射」とは区別される.しかし,また,習得されてしまえば,もう意志を必要としなくなるのですから,自動的に発動される運動なのです.例として,「騎手の技やパイロットの技」があがるわけです.

さて,最後に,反射〔réflexe〕という言葉そのものにアランは注目します.それは反省〔réflexion〕に似ている.しかし,上述したように,反射は思惟活動を排除した場面での運動です.それに対して,反省はまさに思惟活動にかかわる.「反射」という言葉は,生理学という学問の発達と共に19世紀後半からフランス語ではよく使われるようになってきた言葉ですけれども,17世紀のデカルトでさえ用いている「反省」という言葉からすれば,新しいものです.意味内容としては思惟と密接なものをもっている「反省」と,それを排除した「反射」が,あまりに似ているために混同される危険がある.そして,それは世の中の動きとも関わっているのです.思惟(思考)をメカニズムに還元するというか,そういう意味での還元主義,科学主義が蔓延しているのです.しかし,当の科学はもう死にかかっているとまで言う人もいる.

中世の人々はルネサンス時代の進行につれ

R
★001──R. Descartes , *Œuvres de Descartes*, publiées par Charles Adam et Paul Tannery, Vrin, 1964-1974 VII p.40
★002──シモーヌ・ヴェイユ『科学について』p.70〔傍点引用者〕
★003──F. アルキエ『デカルトにおける人間の発見』p.119
★004──H. ベルクソン『創造的進化 上』p.183〔引用者改訳〕
★005──澤瀉久敬『ベルクソンの科学論』p.27
★006──澤瀉久敬『ベルクソン哲学の素描』p.10〔傍点引用者〕

て，無条件には「キリスト教会は，私たちを幸せにしてくれる」と考えられなくなりました．

同じように私たちも「科学技術は，私たちを幸せにしてくれる」とは感じられなくなってしまっているのです．

マルチメディア本を読むと感じる違和感．それは今現在，私たちの価値観が変わりつつある証明なのです．

で，それこそ私が，この1章で言いたいことです．

つまり——

私たちは今，「科学の死」に立ち会っているのです．[★007]

科学主義と一口に言っても，このように民主主義，資本主義，西欧合理主義，個人主義といった価値観を含む一つの世界観のことだととらえてください．[★008]

以前の議論を借りれば，人間の内面性など押し殺して，すべてを外的なものへと還元できると信じるものであり，まさに科学信仰なのです．次の引用には「法」という言葉が出てきますが，もちろん，ここでは自然法則のことです．

　　主体を中心とする世界では，生命の奥深いレベルですでに，客観的な観察者の位置というものがセットされてしまっているから（そして世俗化されたキリスト教と科学主義は，それを補強してきた），世界は生命システムみずからの能力において創出されるものではなく，生命システムの外にある「法」がそれを決定しているような幻想ができあがる．このような幻想は，人間という生命システムから，「根拠と地盤」を奪っていく．[★009]

その「信仰(FOI)」(►p.372)の「うさん臭さ」を認める必要があると私は思います．

科学のうさん臭さは，部分を切りとったり，それを還元・分析したり，どう見ても全体とは相容れないことを脇目もふらずに行なうところにある．そうかと言って全体，全体とそれをお題目のように唱えたからと言って何かが分るかというとそうではないので，やはりとりあえずは分析の方向を認めておこう．その妥協の中で暮らしているのが現在である．[★010]

その妥協に居心地の悪さを感じる者は「科学の死」を主張し始める．だとしたら，私たちはどうしたらいいのでしょうか？　自分自身が十分に「うさん臭い」ことを認めつつ，上述の「妥協」にうずくまるのではなく，自分の「論理(LOGIQUE)」(►p.439)を創る必要があるでしょう．デカルトが二元論を形成しつつ，外的なものと内的なものを，どのように扱い，位置づけるかの論理を創ったのを参考とするのは一つの道です．今回の反射の定義は，その最後の〈言葉の吟味〉のなかで，心身問題のひとつの場面を提示していることになるのです．反射という言葉が，反省との差異の中できちんと位置づけられているのかを，皆に問いかけることによってです．ただ「心」とか「身体」とかの言葉(観念)を知っているだけでは足りない．その言葉(観念)を用いて，究極の差異まで，あなたは思考しているか，と．

　　もろもろの観念をもつということは，たいしたことではない．肝心なことはそれらを適用すること，つまりそれらの観念によって究極的な差異まで思考することである．諸観念がこのように道具や手段でしかないような人には，すべては新鮮であり，すべては美しい．[★011]

私たちが，今，読み，解釈しようとしていること，それは，アランの『定義集』を機縁にして，言わば，思考するという営みによって言葉の彫琢をめざすのであって，言葉や観念をその高み

において輝かせるという試みなのだ、と私は思っています。

REGRET
心残り – それは過ぎ去った事柄を見つめること〔un regard〕であり，その過ぎ去った事柄が別のようであってほしかったと思うことであり，あるいはそれが過ぎ去らないでほしかったと思うことである．心残りは，後悔〔remords〕や悔い改め〔repentir〕に変化しうる．それ自体として見ると，心残りは過去に伴う悲しみに過ぎないのであり，そこにはそれに責任がある者という観念は入り込んでいない．心残りというものが担っていることの全体は，〔ありうべき〕諸事物の秩序に関わっている．

「見つめること」と訳した言葉の原語は un regard です．「あるひとつの眼差し」とも訳せますが，ここでは，とにかく固着するような仕方で何事かを見やることです．「過ぎ去った事柄」が「別のようであってほしかった」と思ったり，それが「過ぎ去らないでほしかった」と思うことは，その過ぎ去った時点に，言わば，心を残しているとでもいう事態だ，と私は考えました．「別のようであってほしかった」，言い換えれば〈あんなふうでなければよかったのになぁ……〉なんて考えるのは確かによくあることのように思えます．しかし，それは過去が別様であることを願うだけで，それだけではその視線は過去に向いている．未来に向き直っていない．後ほど引用する文章とも密接に関わってくる一文をまず引用します．

> 過去に期待をかけるのは，過去を嘆くのと全く同様愚かなことだ．できてしまったことなら，それに安んじうるのがいちばん立派であるし，それを生かしえないのが一番醜悪なのである．★012

〈生かす（活かす）〉ためには，過去を見据えた上で，未来へ向き直らなければなりませんよね．それをせずに過去へと心を残しているだけでは醜悪だ，とアランは言っているのです．実を言

うと，「過ぎ去らないでほしかった」と思うことも，似たような構造をそれ自体の内に持っています．その過去の時点の事柄があまりにも素晴らしかった場合，今から振り返って，人はあえて言えば〈**時間**(TEMPS)〕(▶p.800)が止まってほしかった〉とでもいう願いを持つのです．素晴らしい「**友情**(AMITIÉ)」(▶p.073)の体験であったかも知れない．めくるめくような恋〔「**愛**(AMOUR)」(▶p.076)〕の経験であったかも知れない．その時点を，そのまま永遠化してしまいたいとでもいうような，しかし，厳しい言い方をすれば，実は虚しい願いです．これは，もちろん，悲しい出来事の場合もあることは，すでにこれまでの講義の中で引用した文章に出てきましたよね．そもそも，プラトンからして，その初期のイデア論では同じような考え方を採用していたのです．「範例（パラデイグマ）イデア論」と後に言われるものです．私の本から引用しましょう．

> 私の人生の，あるいは私たちの営みの中での最高のもの，今こそは最高のときと考えて，それを言わば永遠化するときに生じるとも言えそうな，いわゆる「範例イデア」（パラデイグマ・イデア，典型イデア）といったものを，少なくとも一時期，プラトンが語ったからである．★013

★007──岡田斗司夫『ぼくたちの洗脳社会』p.20
★008──同書，p.45
★009──中沢新一『森のバロック』p.361〔傍点引用者〕
★010──中村桂子『自己創出する生命──普遍と個の物語』p.81〔傍点引用者〕
★011──アラン『教育論』p.198
★012──アラン『幸福論』p.74〔傍点引用者〕
★013──拙著『情報学の展開──情報文化研究への視座』p.10

範例イデア論とはどんなものであったかを少々説明しておこう．それは，ある時，これこそが本物，これこそが最高という意味での範例(パラダイグマ)に，例えば道ばたででも出会うかのように，出会うという考え方であった．激しい恋を経験している若者(若者だけではない?)が，この相手こそ最高の，最愛のパートナーだと断じ，これ以降はもう別の恋などありえないと思い込むほどに出会った相手に固執し，すべての事柄をそこに収束させるようにして永遠化するとでもいう事態を思い描いてみればわかりやすいであろう．★014

プラトンは，後に，この「範例イデア論」という自分の立場を放棄したように思えます．なぜなら，この「永遠な(ÉTERNEL)」(▶p.328)範例イデアが経験によって鍛え上げられるとでもいう事態が想定されて，それは「〈これこそ〉と考えられたものの輝きが増すことであるかも知れず，反対に色褪せていくことであるかも知れない」★015からです．眼の前のものが，もう〈最高のもの〉ではなくなっていくことは，ありうるからです．そこに心を残しておくわけにはいかなくなるのです．実際，「範例イデア論」は『テアイテトス』という彼の著作以降において徹底的に再検討されるというのが，多くの研究者の採る見解に他なりません．こうして，イデアは，経験的なこの現実世界から離れたところに位置づけられるようになってくる．感性界とは区別された，永遠の世界，イデア界です．私は，そのイデア界をそのまま信じるほどにプラトン主義者ではありませんが，「理想(IDÉAL)」(▶p.402)を語るということについては，同意するところです．

さて，定義に戻りましょう．私が「心残り」という訳語を選んだ理由は次の事実にあります．この定義の後半に，フランス語のregretという語のニュアンスに関して，その過ぎ去った時点において起こった事柄に「責任がある者という観念は入り込んでいない」とアランが書いているからです．それなのに，神谷訳のように「後悔」と訳してしまうと，はじめから，当の事柄に自分の責任があるようなことになってしまう．だからこそ森訳は，その点におそらく気づき，「遺憾(の念)──〔・後悔〕」というふうに訳語に迷いを生じているのだと私は思います．もちろん，後に，〈あの事柄に，私は責任がある〉と意識されることを，心残りは排除しているわけではありません．ですから，もしそれが意識されるに至れば，心残りは「後悔や悔い改めに変化しうる」わけです．心残りから「後悔(REMORDS)」(▶p.687)へと移行する姿を描いた映画があります．フランス映画『めぐり逢う朝』★016です．映画では，実在の人物と，もちろん想像上の人物とが入りまじって筋は展開しますが，次のようなものです．ちょうどルイ14世(太陽王)が強大な絶対王政をしくころ，ヴェルサイユ宮殿の音楽家でヴィオラ・ダ・ガンバ〔Viola da Gamba〕奏者として頂点に立つマラン・マレ〔Marin Marais〕と，その師であるサント・コロンブ〔Sainte Colombe〕とが中心となる物語です．サント・コロンブはアンチ・ヴェルサイユの音楽家．ヴェルサイユに登り詰めたマラン・マレが音楽においては実際には師に及ばないことを感じて後悔する場面が，映画の冒頭部分なのです．興味があったら，観てください．

とにもかくにも，例えば，ある「過ぎ去った事柄」に，私は何か後ろ髪を引かれるような思いを抱いている．過去が私を捉えているような感じです．解決がついていない．居心地の悪さのようなものを感じている．心の秩序は乱されているのです．その過ぎ去った時点の事柄が，私の意に反し，時として私を摑み，解放してくれない，とでも言いましょうか．「見つめること」を，その事柄が要求するかのごとくです．ことさらにその事柄がクローズアップされて(というか，浮かび上がってきて)，他の時点の事柄とバランスがとれていないのです．そうであればこそ，「心残りというものが担っていることの全体は，〔ありうべき〕諸事物の秩序に関わっている」と書かれたのでしょう．なぜかというと，

乱れた秩序を回復することを，心残りというあり方が要求しているものと考えられるからです．森訳の「遺憾の念が果す役目は，物事の秩序を整えることにとどまる」も，神谷訳の「後悔の持つすべての役目は，事物に秩序を与えることである」も，訳として間違っているとまでは言えませんが，それだけでは，少々，論の飛躍を感じさせて，〈どんなふうに〉を説明しないという意味で，不明なところがあります．私自身も〔ありうべき〕という訳者挿入文を添えないと，それなりの納得に到達できませんでした．乱れた秩序から抜け出て，ありうべき秩序へという意味です．意味不明の訳よりは，訳者の解釈を明示した訳文にしたいというのが，私が翻訳をする際の姿勢です．

さて，そこで，この秩序回復の仕方について考察していきましょう．心残りは「後悔や悔い改めに変化しうる」とアランは書いたのでした．考えてみなければならないのは，「後悔」と「**悔い改め(REPENTIR)**」(▶p.695)との違いです．次のような文章があります．

> 悔恨〔remords〕は苦い徒労な思い返しである．過誤の悪しき用い方である．いやむしろ，用い方ですらない．[★017]

悔恨は後悔と訳してもいいのですが，「苦い徒労な思い返し」とあります．「徒労」だというのですから，何にもならない，変わらないということでしょう．誤り(過誤)を意識したのに，それに「悪しき用い方」しかできない．いや，用いてもいない．そんなふうにアランは断言するのです．どうせ無駄なことだと考えれば，つまり変わりっこないと考えれば，確かにそうなる．実際，次のようにも書かれます．

> 悔恨のなかにひそむ誤った想念，それは，人間は現にあるものにすぎないという想念である．[★018]

では，逆に「人間は現にあるものにすぎない」のではないとする立場はあるのでしょうか？　実は，それこそ，アランが今回の定義の中で「後悔」と並べて記した「悔い改め」なのです．

> 後悔〔remords, 上の引用では「悔恨」と訳されていましたね〕と悔悟〔repentir,「悔い改め」と今回の定義で訳されている言葉です〕…〔中略〕…両者のあいだの相違は，ただ信念の有無による．すなわち，新たな，ただちに可能な，そして失敗からまったくまぬかれた行動への確信の有無による．[★019]

当然，そういう確信を持とうとしない者には無意味に見えることになります．そういう意志があることを信じようとしないのですから．ここには，「**宗教(RELIGION)**」(▶p.676)に関わる根本的な態度決定がある．次のようなものです．

> 人が信を有するなら道が開けるということは確かではないが，まず信を有するのでなければすべての道が閉ざされることは確かである．[★020]

最後に指摘しておきたいことは，「後悔」にせよ「悔い改め」にせよ，どちらにしても，それなりの秩序は持つということです．言い換えれば，後悔しつつ生きることも，悔い改めて生きることも，できるということです．あとは，あなたが自分の責任で選ぶだけです．例えば，〈人間なんて……なものにすぎない〉という仕方で，自分自身納得してしまっている人は，そういう仕方

★014──同前
★015──同書, p.11
★016──アラン・コルノー監督．原作は，パスカル・キニャール〔Pascal Quignard〕の *Tous les matins du monde*.
★017──アラン『プロポ 2』p.75
★018──同書, p.77〔傍点引用者〕
★019──アラン『思索と行動のために』p.380
★020──アラン『宗教論』p.93

で，世界を秩序づける．その人なりの世界了解をつくってしまっているのです．だから，むしろ〈人間はそんなものではなくて，もっと素晴らしい〉とか言う人が現れると，〈何を青臭いことを！〉，〈理想は理想に過ぎないんだよ！〉，〈まだ子どもだね！〉とか言って，自分では信じられないことを信じている人を馬鹿にしたりします．自分ではできないと居直りながら，それをあえてやろうとしている人を引きずり下ろそうとする，こういう態度を，アランは「羨望〔envie〕」と呼んでいます．次のような感じです．

> 羨望には体がある．力ばかりか，大きさもある．これは一個の狂信であり，熱烈な伝道でさえあろう．羨望は，いつわりの善ではなく，真の善にむけられている．すなわち，人は意欲しうると信ずること，これである．羨望する人は，人は勇気をもちうるということを理解せず，なんぴともけっして信念をもって働くべきでなく，満足すべきでないということを，自分自身にたいして証明すると同様に他人にたいしても証明しようとする人である．羨望のなかには恥辱がある．外面的な利益のまえでの愚かな驚きではない．むしろ，自己自身を信ずる人々，敢然として自己の本性を伸ばしてゆく人々にたいする憤激である．★021

まさに「証明(PREUVE)」(▶p.655)しようとするほどに，自分の立場に固執し，それを超えていこうとする他人を，そして自分を認めないのです．何かというと〈無理！〉と言って，試みそのものを即座に放棄してしまう人，こんな人，周りにも，結構いそうですね．

RELIGION
宗教

宗教というものは，意志的に，証拠〔preuves〕もなしに，そして証拠に反してさえも，次のことを信じることにある．〔すなわち〕精神〔esprit〕が，〔言い換えれば〕至高の価値であり諸価値〔valeurs〕の審判者が，立ち現われ〔apparences〕の下に存在しており，歴史を読み解くことができる者にとっては，立ち現われの中にさえ啓示されている，と信じることにある．宗教にはいくつかの段階がある．希望〔espérance〕の宗教は，自然〔nature〕が根柢においては良いものであることを信じようとする(汎神論)．博愛〔charité〕の宗教は人間の本性〔nature humaine〕が根柢においては良いものであることを信じようとする(英雄崇拝)．信仰〔foi〕の宗教は，自由な精神を信じようとし，いかなる人間をも信頼するように，と自らに命じ(平等〔égalité〕)，そしてまた自然というものが私たちにも，〔また私たちの〕どんな企図にも，反する企図を持っているなどとは決して信じないように，と自らに命じる．宗教は哲学〔philosophie〕ではなく，それは一つの歴史である．〔そんなふうにあえて宗教を信じる者にとっては〕すべての出来事が精神をあらわにしているが，出来事の中にはより明白に奇蹟的なものがある．そういう出来事は，いずれも，一度しか起こらないものである．崇拝〔culte〕は，これらの出来事のなかで主要なものどもを記念することにある．人間と絶対精神との間の公的で同時に私的な交わり〔société〕を，言い換えれば人間とその精神との間のそういう交わりを，維持するためにである．

宗教などというと，特に現代日本の若者のあいだでは，疎遠なものに感じられます．いや，危険なものにさえ，みえているかも知れません．実際，もう20年以上も前の話ですが，当時の「オウム真理教」の信者たちが，東京の地下鉄で猛毒のサリンをまいたりしたのでね．まあ，「狂信(FANATISME)」(▶p.338)した上で，その「信仰(FOI)」(▶p.372)を人に押しつけようとすると，ろ

くなことは起こらないのは確かでしょう．しかし，これまでの定義でも見てきたように，ここでアランは，それこそ〈宗教がもしその理想的なあり方をするのなら〉といった姿勢で宗教について定義を下しているように私には思えます．宗教においては，当然のように，「信じる」ことが問題になります．ところで，人はどういうふうにして物事を信じるのでしょう？　多くの場合，動かぬ「証拠」〔「証明（PREUVE）」（▶p.655）〕を目の前にして信じるのではないでしょうか？〈これだけの証拠を突きつけられたら，信じないわけにはいかない〉，みたいな．そして，それは逆の言い方をするなら，〈信じないのは，証拠がないからだ〉といった態度ですよね．その場合，当の「証拠」というのは，普通，それこそ「事実」と言い換えられるようなものではありませんか？　しかしながら，「事実」とは，そんなに明確な，議論の余地の無いものなのでしょうか？　言い方を換えれば，個々人からの何らかのコミットメント（関与）が無くても，そこにあるものなのでしょうか？　非常に長い引用ですが，次の文章を吟味してください．

　　風景としてのコップがある意味で存在することはもちろんである．その姿はあらゆるコップらしさをそなえて私に見えている．それは非在ではあり得ない．しかしこの意味での存在はすべて見えているもの，聞えているもの，知覚されているものに共通する存在である．幻も耳鳴りも錯覚像もこの意味では存在する．「事実コップは存在するのか」という時の〈存在〉はもちろん異る意味で言われているはずである．ではどういう意味での存在だろうか．それは「どういう事情の下で，コップは事実存在すると言われるのか」と尋ねてみればはっきりする．この問に答え始めることはた易い．しかし答え終えることはできない．ここにこの〈事実存在する〉ことの意味の特異性がある．コップに触れてみる，コップを持ち上げてみる，水を入れてみる，他の人に同様なことをして貰う，必要とあらば様々な物理的化学的検査を行う，これらの試みに適当な結果がある時，コップは事実存在することが確からしくなる．言い換えれば，コップが事実存在すると言われる為には，このような試みに対し一定の風景が生じなければならない．何故なら，それに触れて得る触感は一つの風景であるし，持ち上げて持ち上るのが見えることもまた一つの風景であるから．しかしこれこれの検査に合格すれば，コップは事実存在するというような有限の検査項目はないのである．疑いの種はつきない．しかし，疑いがあるということが事を困難にしているのではない．「それでもこうではあるまいか」と疑うことは，「これこれの検査が必要」ということと同じであって単に検査項目を疑問形で書き込むことに他ならない．困難を生じるのは，検査項目が定言形で書かれているか疑問形で書かれているかということではなく，その検査表が何処まで行っても終らないことである．もちろん，ある所でそれを打ち切ることはできる．しかしそうすることは，〈事実存在する〉ことの意味を定めることであり，こうして与えられた意味での〈事実存在〉がわれわれの解している（正確には，解しようとしている）事実存在と一致しているとは言えないのである．[★022]

　この引用でもわかるように，何かが事実存在するということは，言い方を換えれば何かが事実存在するということの意味は，次々と噴出して終わらない諸々の問いに答えようとすることを途中でやめて，〈このへんで事実存在するということにしよう〉と言っていることなのです．ど

[★021]——アラン『人間論』p.243　　　　[★022]——大森荘蔵『言語・知覚・世界』pp.274-275

677

の辺でそれをやめるかは、「われわれの知識の状態によって揺れ動く」のです．いや、どう生きるかによって変わると言ってもいい．なぜなら、次のような事情だと私も思うからです．

「現実」だとか「実在」だとか、より広く言えば「真理」ということが見直しをうけざるをえなくなる．簡単にいえば、「実在」と「空事」とは真偽無記の立ち現われ群の中の組織的分類（ただし、命を賭けての）である、ということになる．幽霊のような幻も世界の中（例えば墓地に）の立ち現われであって「心の中」にではないように、嘘や空想もまた世界の中の立ち現われの一種なのである．
★024

そういう「立ち現われ」のどういう体系を世界とするか、現実とするか、実在とするかは、それこそ集団の合意に他ならないと大森氏は言います．

視覚風景の正誤の構造もその根幹においてはこれと同じく集団的合意である．しかしまた、単純な測定グラフなどにはない錯雑した合意なのである．その集団の合意には単に短期間の視覚風景系列ではなくこれまで生きてきた全経験、これまで集積してきた全知識、特に触覚が参与する．さらにそれは自分ならびに他人の命のかかった合意なのである．或る一つの見誤りのために命を落とすことも稀ではない．この正誤の集団的合意は動物的生存のかかった、苦痛と快楽のかかった、安楽と危険のかかった実践的合意なのである．
★025

嘘─まこと、現実─非現実、の区分は様式による区分でも材質による区分でもない．それは無数の立ち現われの間の組織上の区分なのである．「現実」と呼ばれる立ち現われは寄り集まって一つの組織、一つの網の目をつくる．そしてこの網の目にもぐりこむことができずに村八分にされた立ち現われが「非現実」と呼ばれるのである．「現実組織」の拒否反応によって排斥される立ち現われが「非現実」なのである．ではこの現実と呼ばれる組織網は何によって構築されるのだろうか．それはわれわれ人間の生き方、文字通り生命を保って生きてゆく生き方に適合するように構築されるのである．
★026

私だったら、「生命を保って生きてゆく生き方」どころか、〈どう死ぬかをも含めた生き方〉と言いたいところです．なぜなら、生き方には死に方が含まれることぐらい、ソクラテスの死を考えれば明らかでしょう．彼は、善く生きようとして、（私からみれば）不当な裁判による死刑を受けいれ、自ら毒杯をあおいだのです．いずれにせよ、自分がコミットしないでもそこに転がっているような事実などというものはない、ということです．

さまざまな立ち現われは、慣習の糸によってこの〈核〉のまわりに組織されており、その結びつきの強さによって、正誤もまた定められる．しかも、その正誤の判定はわれわれの生命生活に直接的に関わるがゆえに、それはいわば〈命賭け〉の判定なのである．それゆえ、「『正しい』から『信じる』のではなく、命賭けで『信じる』ことがらが『正しい』ことがらなの」だと言わねばならない．

同じことは〈実在〉についても言える．実在世界はわれわれの感性的諸活動から独立に、その構造が規定されているものではない．それは、われわれの〈生活〉を核として張られた立ち現われのネットワークであり、「生きるために賭けられた実践的組織」にほかならない．
★027

いわゆる科学的真理と言われるものも、こうして実践的に組織されたものであると言っていい．そして、何かを実在だと言ってしまうことは、最初の引用にあったように、〈事実存在する〉ということの意味をそのように定める、と実

践的に決断することなのです．それは，次々と噴出して終わらない問いを，あたかも終わったかのようにみなすことだ言ってもいい．例えば，「神(DIEU)」(→p.263)を〈無限者〉として考えることは西洋の「神学(THÉOLOGIE)」(→p.807)的立場ではごく普通に行なわれてきたことでした．しかし，次のような事態をどう考えるかは，慎重な検討を要するものと私には思われます．時間的に以前へ以前へと原因を溯り，もはやその原因を問えないものとして，第一原因としての神が立てられたのです．しかし，〈問えない〉のではなく，あえて〈問わない〉のであることはおわかりですよね．その現代版がビッグバンであることも．

　　無限者に到達するための原因の遡行は無際限に続けることができる．従ってまたそのような遡行を途中で止めることもできる．そこで，途中で止める．何故か．それは，何故そのような遡行が生ずるのかということが論理的には〈直ちに理解できない〉ためであるが，それ以上に，そのような遡行には〈実効がない〉ためである．こうして，〈無限者〉は論理的には——権利上は——〈仮説的存在〉であるが，心理的には——事実上は——〈実在〉とみなされることになる．[★028]

　事実存在ということの意味というものは，いくらでも問いうるという仕方で〈開いている〉[★029]にもかかわらず，その探究に実効がないことに言わば疲れ果ててしまって，〈もうやってもキリがないじゃん！　やめようよ！〉なんて言いつつ，あえて閉じてしまうことだと言えるかも知れません．そんな処し方は，〈そうだよねぇ．疲れるよねぇ〉という意味では，心理的には理解できますが，自分の論理を放棄して探究を完結できていない物事に平伏すという意味で論理

的には失敗しています．そして，それこそは，悪しき意味での信仰に他ならない，と言いたい．負けた者の持つ信仰です．少なくともそのことについては探究をやめた者の信仰です．事実，そんな信仰がいくらでもあることはわかりますよね．「科学信仰」も同じです．しかしながら，実際の科学者たちの営みは，もっと柔軟だろうと大森氏も書いています．むしろ，科学者でもない人間が，自分で吟味・探究の労も執らずに，言われたまま，書かれたままを受けいれ，さらにはまるで宣教でもするかのように人に押しつけるといった仕方で，科学を信仰したとき，凝り固まるのです．下衆の極みです．「知られること最も少ないものこそ，最も固く信じられるものである」[★030]とは，モンテーニュの言葉でした．

　科学的真理は現代社会では最も強固な「客観的真理」であると奉られているが，それは「科学信仰」の表向きのドグマにすぎない．科学者社会の実践では実はファジイな真理条件に従って物語り評価がなされているようにみえる．[★031]

　もちろん，ここまでの議論は，アランが今回の定義で語ることへのほんの導入にすぎません．上述した〈実践的決断〉は，意志して行なわれるものであり，その「決断(RÉSOLUTION)」(→p.715)には個人のコミットメントがあって然るべきだということが大事なのです．もう一度，今回の定義の冒頭に帰りましょう．「宗教というものは，意志的に，証拠もなしに，そして証拠に反してさえも，次のことを信じることにある」とありました．そして「証拠」というものへの，個人の，そして社会集団の，コミットが語られたのでした．そして，その「証拠」には，さきに実践的決断の議論で見たように，有無を言わさぬところ

[★023]——同書，p.276
[★024]——大森荘蔵『物と心』p.ii〔傍点引用者〕
[★025]——大森荘蔵『新視覚新論』p.57〔傍点引用者〕
[★026]——同書，pp.222-223〔傍点引用者〕
[★027]——野家啓一「大森哲学の航跡」(『哲学の迷路——大森哲学・批判と応答』) p.15
[★028]——福居純『デカルト研究』p.92〔傍点引用者〕
[★029]——大森荘蔵『言語・知覚・世界』p.275
[★030]——アラン『人間論』p.331
[★031]——大森荘蔵『時は流れず』p.223

があるわけではないからこそ, 科学を信仰することもできるし, 他の信仰を持つこともできるということだと私は思います. どっちが安全かという違いくらいはあるとしても, 実践的な, つまりは生き方の問題である, と. にもかかわらず, さまざまな宗教というものは, 多くの場合, 他の信仰を認めてこなかった. また普通の人々も, 無信仰だって実を言えば信仰の一種だということにさえも気づいてこなかった. アランは, もっと柔軟な姿勢をとるのです. 宗教について, 考えてみることもなく信仰したり, あるいは切り捨てることによってかえって悪しき意味での信仰に陥ってしまうのを避け, 〈見たところ人類の過去から現在に至るまで, いろいろな宗教というものがあったようだから, それらをできるだけ理解してみよう〉, という態度です. そこから, 宗教のいくつかの段階を語り始める.

「希望(ESPÉRANCE)」(▶p.314)の宗教とアランが呼んだものは, 自然そのものが神の現われと考えるような, だからこそ良いものであると考えるような, 「汎神論(PANTHÉISME)」(▶p.527)だと言います. この段階からすれば, 自然は, その意味で, 神に満ちているわけですね.

「博愛(CHARITÉ)」(▶p.148)の宗教は人間の本性〔nature humaine〕, つまり人間の自然が, 神に等しいようなものとして信じられ, だからこそ根柢においては良いものであることを信じようとする, 英雄崇拝だとアランは書いています. 英雄とはどういうものでしょう？ 英雄だって人間なわけですから, 生前, 愚かなこともしたに違いありませんし, それこそ神に等しいような〈完全な人間〉なんて, おそらくいないでしょう. にもかかわらず, そういう存在者を崇拝するというのは, どういうことか？ 次のようなことではないかと私は考えます. その人物がしたであろう愚かなことを, それとは対比されうる見事なことに免じて, 払い落とし, 当の人物を美化するがゆえに可能なのではないか, と. 「死者の崇拝」というプロポの中に次のような文章

があります.

　ハムレットの父親が戻ってくるのは, 復讐が果たされていないからだ. 墓を求める死者もある. このような慣習は, 死者を想ういわば受け身の方法があるが, それはよいものではないことを理解させてくれる. すなわち思い出すことだけがすべてではないのだ. その思い出自体にかかわるひとつの義務がある. それは死者から見苦しい外被を取り除き, 最後に, 敬意に価する真の現前を獲得させることをめざすことである. ★032

　情愛〔affections〕のもっとも美しい働きは, 自分が愛するものを, 類似性は保存しながらも美化し〔orner〕, 潤色する〔embellir〕ことである. ★033

ただただ受け身的に思い出される程度ではダメで, その思い出をどうするのかに関わる(思い出す側の)義務があるとまでアランは書いているわけです. 引用文の内容からするとそれは, あえて言えば, 美化する「義務(DEVOIR)」(▶p.249)です. しかも, アランは「真の宗教とは死者の崇拝のことだ」と書くのですから, この点はとても重要なはずです. 私としては, それが, アランが最後の段階として掲げた「信仰の宗教」にも密接に関わっていると考えています. 「信仰の宗教」なんていうのは, 変な言い方だなと思った人もいるでしょう. 私も, 一瞬, 戸惑いました. そこで, アランの『定義集』の「信仰(FOI)」(▶p.372)のところを参照してみると, 当然のことではありますが, かなり関連したことが書かれています. しかも, 信ずべきものとしての「自由」を語りながらです. その「自由」が, この「宗教」の定義では, 「自然」との関わりで, そして「人間の自然」との関わりで, 最後には「絶対精神」との関わりで, 書かれているのではないかという予想が立てられたのです. それと共に, ふと, 古代「キリスト教(CHRISTIANISME)」(▶p.160)のころか

らの三つの主要な「**徳**(VERTU)」(▶p.850)として、信仰〔fides〕、希望〔spes〕、愛〔caritas〕が掲げられるのが普通だったのを思い出しました。アランは、それを念頭に置いているのかも知れません。いずれにせよ、私の解釈を提示してみましょう。

では、『定義集』の「信仰」の部分と関連させた上で、この「宗教」の定義で言われる「信仰の宗教」という表現に登場する場合の「信仰」とは何なのか？　それこそが、この「信仰の宗教」という部分に述べられていることだろうと私は解します。今回の定義の最初では、宗教というものを、「**精神**(ESPRIT)」(▶p.322)を信じることとしてまずは語っていました。そしてその精神のことを「至高の価値であり諸価値の審判者」と述べるわけですが、そう理解することによって、歴史は、それに照らして読み解かれるというのです。私に立ち現われているすべての事柄を、まとめ上げるというか、納得するというか、大森荘蔵氏風に言えば、そういう実践的組織化が遂行される。個々の出来事から、その「精神」へと赴き、その上で逆にその「精神」が当の出来事に現われていると信じるわけです。

そして、宗教には段階があるとして、「希望の宗教」、「博愛の宗教」そして「信仰の宗教」へと段階を辿ろうとしている。この最後の段階に、「精神」は、「絶対精神」として、はっきりと前面に出る。「希望の宗教」においては、汎神論という素朴な形で「精神」は自然の中に入り込んでいます。「博愛の宗教」では、それが個人の人間本性という形で顕わになる。しかし、ここ「信仰の宗教」では、それが個人を超えて、「絶対精神」というものへと上昇していくのです。

精神を信じることそのものを言い換えるようにして、「いかなる人間をも信頼するように」と言い、「自然というものが私たちにも、〔また私たちの〕どんな企図にも、反する企図を持っているなどとは決して信じないように」とある。「信頼する」という訳を付けた部分は espérer で、実は「希望する」と訳すこともできるのです。実際、森訳は「いかなる人に対しても希望をもつこと」としていますし、神谷訳もその線で訳しています。しかし、私は、それらが日本語として、こなれていないように感じました。〈どんな希望？〉と問えるような隙があるように思えたのです。そして次の部分では「自然」もが語られていた。つまり、「信仰の宗教」の前段階であった二つがここに掲げられており、それらを束ねて次の段階に上るようにして「信仰の宗教」が語られているということです。はっきり言ってしまいましょう。ここには、ヘーゲル的な弁証法の構造が見て取れる、と。自然を立てる立場〔定立, These〕、人間を立てる立場〔反定立, Anti-these〕そして両者の総合として（絶対）精神を立てる立場〔総合, Syn-these〕という構造です。まずは自然を、それ自身、良いものとして立てることは、自然と人間との区別を付けないほどに両者が融合している段階です。即自（ドイツ語では an sich）です。人間には善い行いと悪い行いとが語れるとして、自然そのものにも自ずとそういう善悪が宿っているかのように考えているのですから。まるで、自然を擬人化するかのように、です。次の英雄崇拝は、そうした自然から超脱した人間のようなイメージを強調する。自然ではない、言い換えると自然とは対立する人間という側面が強調されるわけです。対自（ドイツ語では für sich）です。こうなると、自然は擬人化を離れ、人間との対峙の下に、メカニズムというか、惰性的に（慣性的に）振る舞うにすぎないものと理解される。しかし、それら自然と人間との二つは、区別というか、分離というか、離れたままで、両者の関係は注目されないままです。そこに、それら二つの立場をまとめ上げる概念が発想される。即自かつ対自（ドイツ語では an und für sich）です。それこそがヘーゲルでは「絶対精神」と呼ばれる立場への移行です。次に掲げる筋道を辿っているのです。

★032──アラン『プロポ 1』p.235〔傍点引用者〕
★033──同書, p.236
★034──アラン『宗教論』p.285

681

ヘーゲルのすべての仕事は，論理学の名で単に可能的なものを発展させたあとで，自然のなかに，つぎに人間のなかに，つぎに歴史のなかに精神をみとめることだった．[*035]

総合するのですから，以前の二つの立場がそのまま維持されるわけではなく，いわゆる止揚〔aufheben, 揚棄〕される．否定されつつ，より高次の仕方で肯定されるのです．どういうことかというと，確かに「自由な精神」がいかなる人間にも想定されるけれども，それは自然を無視したままではいられない．また確かに自然には眼が向けられるけれども，それは人間とは対峙する形での話です．つまり，自然にも精神は宿るかも知れないけれども，それはさきにのべたような汎神論のような素朴な（つまり即時的な）仕方で理解はされない．それこそアランがこの定義で自然について「自然というものが私たちにも，〔また私たちの〕どんな企図にも，反する企図を持っているなどとは決して信じない」と述べている事柄なのです．アランはこの側面に関しては，よく海を例に出して述べています．

純粋な実存についてなんらかの観念をもとうとするならば，ながめるべきはむしろ海である．ここでは，一つの形が他の形を消し，一瞬が他の瞬間を消す．波に話しかけようとしても，はやそれはなくなっている．すべてこれらはゆれ動いており，何をめざすでもない．[*036]

（海という）「私たちにたいして悪意もなければ善意もないこの動揺」ともアランは書きました〔[*037]「動揺（ANXIÉTÉ）」（▶p.089）〕．しかし，この人間の側の自由にしても，自然の側の企図の非存在にしろ，そのように認めることによって，次の段階へと上昇できる前提となるのです．十分に，それらの段階のことを納得する必要がある．十分にそれぞれの立場を味わう必要がある．それぞれの段階の不十分性を知悉するほどにまで．

そうでないと，次の段階を発想できない．自分の立場をあえて抜け出そうと思わないかもしれないのです．ヘーゲル論理学の最初の動きを説明する次の文章は吟味に価します．「**論理（LOGIQUE）**」（▶p.439）における最も単純な出発点は，ただ「ある（有）」というだけだという．しかし，〈なんであるか〉も語らないそれだけでは「ある」といったところで「ない（非有）」に等しいという意味で，「ある」は即座に「ない」になってしまう．一つの紙の両面のように，裏返ってしまうとでも言いましょうか．そうであるにもかかわらず「ある」と言い張ったところで「ない」という立場に裏返る．しかし，「ない」と言い張ったところで，それは〈ないのである！〉という固執の言葉が，言葉遊びのように「ある」に裏返る．ただだ自分の立場に固執すれば，逆転が繰り返されるだけ．子どもの言い合いに，よくありそうですね．しかし，この裏返るということ自体に注目したとき，そこには「ある」と「ない」では言い表せない別の新たな概念の発想の機会が捉えられる．それこそが「なる（生成）」という事態です．

有と非有との最初の対立が生成を含んでいるのではない．もし含んでいるとしたら，ただ同じことを繰り返す論理を展開するだけだということになるだろう．最初の対立から出発して生成を考えることは，順序の論理に従って，つぎの項を発見することである．そしてヘーゲルの弁証法は連続した発想であり，その規準は，だんだんに複雑化して学問と自然と人間をあるがまま，見えるがままに説明することであり，さらにどの移行においても，おのおのの移行が観念をもつように観念を形成するという一見不可能に見えることが，厳密な規準になっている．[*038]

そうした発想を連続して行ないつつ，それまでの段階をまとめ上げる論理を構築すること，それこそがヘーゲルの目指した弁証法的論理の面目でしょう．まさにそういう仕方で，彼は歴

史を理解しようとしたのです．今回の定義の中では「宗教は哲学ではなく，それは一つの歴史である」とあります．宗教と「**哲学**(PHILOSOPHIE)」(▶p.587)とは区別されるわけです．そして，宗教は，ヘーゲルで言えば，「**弁証法**(DIALECTIQUE)」(▶p.258)的論理を用いた哲学によって考察される対象となる．歴史的に発展段階を語れるようなものとして理解される．理解している当の者は何でしょう？　それこそが「絶対精神」とヘーゲルが呼んだものでしょう．「絶対精神」は歴史の進展の中に歴史の発展に関わる法則を見て取る．それができるからこそ，歴史的な出来事の中に精神を見て取れる．定立・反定立・総合という弁証法的な動きによって，説明されるにいたるのです．精神の働きが，歴史の進展という場面に深く入り込んでいることが，見て取れる．それは歴史の中に，絶対精神自身が入り込んでいるという事態でもある．絶対精神は自分を歴史というものの中に外化〔Entäußerung〕して，歴史法則的に進展していく自己を認識しているといってもいい．

さて，あえてアランはここで「出来事の中にはより明白に奇蹟的なものがある」と指摘します．ということは，法則だけによって生じるのではない事柄があると言っているのでしょうか？　そうだと思います．しかし，それが何であるかに関わるヒントを私たちがすでに手にしているのはわかりますか？　総合とか止揚を語るときに「発見」といい，「発想」と言われた事柄です．さきの引用でも「有と非有との最初の対立が生成を含んでいるのではない」と書かれていました．あえて新たな概念を発想しなければそもそも法則そのものが進まない，作動しないのです．法則が作動するにあたって，個人の努力がどれほど重要かが語られているのだ，と私はここで解釈していきます．新たな概念を発想すること．そこにインスピレーションが語られるでしょう．インスピレーションのことを日本語では「神来」と昔は書いていたことがありました．示唆的です．神がやってくるわけです．しかし，放っておいてもやってくるのではない．現にある二つの立場について，「十分にそれぞれの立場を味わう必要がある」と私はさきほど述べました．そうでないと，上昇への準備は整わないのです．芸術創作の際のインスピレーションについて，アランは次のように語っています．

> もう一度言うが，身体から始めなければならないのだ．身体が観念を見つけ出さなければならないのだ．インスピレーションの動きは常に下から上へと行なわれるのである．★039

身体を整えなくては，精神は羽ばたけないのです（これを宗教の先立つ二段階をきちんと理解しないと，「信仰の宗教」へは行けないのだということと重ね合わせてください）．そして，そういうことに成功したとき，とんでもない，**奇蹟**〔「**奇蹟**(MIRACLE)」(▶p.485)〕のような傑作としての芸術作品が成立するのでした．それこそ記念すべき作品です．

アランは，こうして，定義の最後に，「崇拝」について語り始めます．崇拝は，「出来事のなかで主要なものどもを記念することにある」，と．それは，人間の新たな高みの発見であり，発想なのです．そういう高みの連続を「絶対精神」は保持している．それを崇拝すること（大事にすること）こそ，個々の人間が「絶対精神」に参与することであるとヘーゲルは考えたのでしょう．それは「絶対精神」をのほほんと眺めやることではない．参与する，と，今，私が書いたように，自分自身も，その動きに乗り，それをさらに先に進めるべく，努力することなのです．それは，「絶対精神」という形で公的となった作品を目の前にして，個々の人間がそれを自分に関わるものとして（つまり私的なものとして）内化〔Erinnerung〕し，その上で自分のなしうる貢献へと努力することで，

★035──アラン『イデー（哲学入門）』p.309〔傍点引用者〕
★036──アラン『人間論』p.307〔傍点引用者〕
★037──同書, p.308
★038──アラン『イデー（哲学入門）』p.232〔傍点引用者〕
★039──アラン『芸術について』p.117〔傍点引用者〕

683

また公的な当の絶対精神へと返すことなのだと思います．ドイツ語のErinnerungを，今，〈内化〉と訳しましたが，それを「想起（思い出すこと）」とも訳せるのでした．受動的に思い出されることに留まらず，〈思い出をどうするかに関わる〉（思い出す側の）義務があるのではないかと私は述べました．そこに，内化の重要なところが関わっているのです．そうしたことがきちんと遂行されてこそ，個々の人間は，絶対精神との交わりを維持できるのでしょう．

REMONTRANCE

戒め – とても良くできた言葉である．責めを負うべき人〔coupable〕の心〔esprit〕に，その人の忘れそうになっている事柄がふたたび連れ戻されることを，それは表現している．人はそのことについて彼を戒める．ただし，そのことについて〔もはや〕彼を非難する〔reproche〕のではない．それは彼に差し出される過去の鏡のようなものである．

今回の定義からは，森有正氏の訳稿がありません．亡くなってしまったからです．そこで，神谷訳を参考にしつつ，これまでの作業を進めます．

さて，アランはなぜ「とても良くできた言葉である」と言うのでしょうか？　おそらくはまず，この語の語源を念頭に置いているのではないかと私は思います．Remontranceはremontrerという動詞から派生する名詞です．そして，当然，このremontrerはre＋montrerです．re〈ふたたび〉＋montrer〈提示する，みせる（英語で言えば，showのような感じ）〉わけです．なぜ〈ふたたび示す〉のか？　それは「忘れそうになっている」からでしょう．「責めを負うべき人」であっても，忘れてしまうことなどはある．わが日本の国会でも，「記憶にありません」という答弁が証人喚問の際などに繰り返されるのは日常茶飯事になってしまいました．そうした無責任体制のさきにあるのは，たとえ責めを負うべきであっても，〈まっ，水に流そうや！〉っていうようなノリです．責任の所在は，実に曖昧になる．そういう態度を潔しとしない人たちが，昔，日本にもいました．「自戒」の念を大切なものとした人たちでしょう．また，社会的な場面では，「訓戒」などという営みがあったりもします．いずれにしても，問題は，過去に行なった行為を，自分でどう受けとめ，その上でどう生きるかに，尽きます．「懲戒」処分といったものによって

ある種の「**非難**（REPROCHE）」（▶p.708）を受け，社会的に制裁を受けたとしても，結局は，その後に自分がその過去の事柄をどう受けとめるか，しかありません．事柄を「戒め」として受け取るのは自分なのです．もう他人が非難するのを止めたところで，思い出し，自分の人生を統御しなければならないのでしょう．自分で思い出そうと定期的に努力するかもしれない．ふと思い出されるかもしれない．とにかく，何らかの事柄が機縁となって「差し出される過去」を，自己統御の糧として用いるかどうかの話でしょう．この自己統御をとことん推し進めようとした「**哲学**（PHILOSOPHIE）」（▶p.587）の立場があります．ストア主義です．禁欲主義と言われる人たちですね．では，何について「**欲望**（DÉSIR）」（▶p.223）を禁ずるのでしょうか？　少し基礎知識を伝授しましょう．

ストア派は，古代ギリシアのヘレニズム期に起こった学派の一つで，キプロス島のキティオン出身の人ゼノン（正しくは，ゼーノーン Ζήνων）が創始者とされています．基本的な考え方は，快や不快に心を動かされないことで「心の平安」〔ἀπάθεια，アパティア〕を得ようとするものですが，彼については資料が断片的にしか残っていないので，はっきりわかりません．ἀπάθειαというのは否定辞 ἀ が πάθος（パトス）についた上で抽象名詞化したもので，πάθοςとは，まさにフランス語で言えばpassionつまり「**情念**（PASSION）」

（▶p.544）です．ストア派は，情念を去ることで，心の平安を得ようとしたのでしょう．情念という意味での受動を去る．情念（受動）という事態を見据えて，能動へと向き直るとでもいいましょうか……．こうした説が，きちんとした形で残っているものに，後期ストア派のエピクテートスの『語録』や，ローマ皇帝でかつストア派の哲人だったマルクス・アウレリウスの『自省録』といった本があります．次のアランからの引用を出発点に，いくつか紹介しましょう．ちなみにアランは若い頃にストアについての短い書物を著しています．[*040]

> 最良の教師に数えられるストア派の人々…〔中略〕…は魂や精神を 統 治〔gouvernement〕と名づけていた．[*041]

この引用で「統治」と訳されているフランス語 gouvernement の元である古代ギリシア語は τὸ ἡγεμονικόν（ト・ヘーゲモニコン）です．神谷美恵子訳の『自省録』では「指導理性」となっています．現代語でも，例えばドイツ語に，Die Hegemonie という語があり，意味は「覇権，支配権，ヘゲモニー」と独和辞典には出ています．次の引用を見れば，もう少しそのへんの事情がわかるでしょう．

> 食欲，あるいは恐怖，あるいは怒りのため，やろうと決意していたことを思いとどまったら，われわれは義務を怠ったのである．われわれにおける低劣な力を，それがどんなに強くても，われわれはそれらを感じとり，つねに低劣なものとして判断する．ストア派の人びとがいったように，指導原理たる理性，あるいは精神こそが，人間を統御すべきものなのである．動物的な力にゆずること，メカニズムのなすがままになること，それは不道徳であり，そのことをわ

れわれはよく知っている．[*042]

こうした統御をする際に，ストア派が重視したのは，自分の守備範囲というものです．自分にどうにかできる事柄と，どうにもならない事柄がある，というのです．そして，そのどうにもならない事柄を自分にとって〈外的なもの〉として認識し，心を惑わされないことが大事だとされます．ですから，そういう自分の守備範囲を超えたものへの禁欲を語るわけです．例えば，こんなふうに．

> 君がなにか外的な理由で苦しむとすれば，君を悩ますのはそのこと自体ではなくて，それに関する君の判断なのだ．ところがその判断は君の考え一つでたちまち抹殺してしまうことができる．また君を苦しめるものがなにか君自身の心の持ちようの中にあるものならば，自分の考え方を正すのを誰が妨げよう．同様に，もし君が自分に健全だと思われる行動を取らないために苦しんでいるとすれば，そんなに苦しむ代りになぜいっそその行動を取らないのだ．「しかし打ち勝ち難い障碍物が横たわっている．」それなら苦しむな，その行動を取らないのは君のせいではないのだから．[*043]

そして外的なものとされる事柄については，それを徹底的に分析しきろうとします．精神（指導理性）とは区別される「物」については，徹底的にその構成を明らかにして，その上で軽視しろというのです．指導理性こそが大事なのだから，ということです．大事なのは守備範囲にある事柄なのであって，それを超えた事柄は，どうしようもないという意味では，どうでもいいのです．デカルトが思考との対比で惰性的なものとしての物体を位置づけたのも似た話ですよね．

★040──Alain, *La théorie de la connaissance des stoïciens*, PUF, 1891（publié en 1964）
★041──アラン『思索と行動のために』p.376
★042──G. パスカル『アランの哲学』p.213〔傍点引用者〕
★043──マルクス・アウレリウス『自省録』pp.137-138〔傍点引用者〕

685

要するに，徳と徳のもたらすものとを除いては，物事をその構成部分に解体して根底まで見きわめ，かように分解することによって，これを軽視するに至るべきことを忘れてはならない．同じ方法を人生全体に応用せよ．★044

その意味で，外的なものについて，ストア派は「唯物論(MATÉRIALISME)」(▶p.463)的な立場を採る．そして，善悪の吟味が必要だと考え，自分(ストア派の場合，指導理性に基づく意志こそがそれなのですが)の外にあるものは「善(BIEN)」(▶p.131)でも悪でもないと断ずる．次のように，不安への対処を語りながらです．

一方，意志外のものが善いものでも悪いものでもなく，他方，意志的なものがすべてわしどもの権内にあって，ひとがそれらのものをわしどもから奪うことも，またそれらのうちわしどもの欲しないものを持ってくることもできないならば，どこになお不安の余地があるだろうか．★045

繰り返しますが，自分の意志の及ぶ範囲の外にあるものは自分の圏域内にはなく，どうしようもないもの，だからこそさらに言えば，ストア主義者にとっては〈どうでもいい事柄〉なのです．

もろもろの存在のうち，あるものは私たちの権内にあるけれども，あるものは私たちの権内にはない．意見や意欲や欲求や忌避，一言でいって，およそ私たちの活動であるものは，私たちの権内にあるけれども，肉体や財産や評判や公職，一言でいって，およそ私たちの活動でないものは，私たちの権内にはない．★046

もっとも高貴な人生を生きるに必要な力は魂の中にそなわっている．ただしそれはどうでもいい事柄にたいして無関心であることを条件とする．これに無関心になるには，かかる事柄の一つ一つをその構成要素に分析してながめ，同時に全体としてながめ，そのうち一つとして自己に関する意見を我々に押しつけるものもなく，また我々のところへ進入してくるものもないということを記憶すればよい．★047

ところが，そういう〈どうでもいい事柄〉を，そうとは考えずに価値あるものとし，追い求め，また失う不安を抱くと，魂(心)は病むとストア派は考える．

たしかに，魂の病も成長していくのだ，と哲学者たちがいっている．というのは，もし君がいちど金銭にたいする欲を起こしたとき，もし悪いことだと意識させるように，理性が適用されたならば，その欲望はとまって，わしらの指導能力は，最初のところにおさまる．けれども，もしきみがなんら治療の手段を講じなかったならば，もはやその同じところへはもどらないで，むしろふたたび対応した心像によって刺激され，以前よりもっと速やかに，欲望を焚きつけることになるからである．そしてこれが連続的に起こるならば，けっきょく硬化して，その魂の病は，貪欲を固定してしまうことになるのだ．★048

「貪欲(AVIDITÉ)」(▶p.113)とかいった「魂(ÂME)」(▶p.069)の病である情念に囚われることになる．それは外なるものによって自分の内なる自然を損なうことなのだというのです．こうして自分の守備範囲を超えた外なるものに身を委ねてしまう．自らに自然な範囲を超えて，過度を追い求めてしまうと言ってもいい．だからこそ，次のように言われるのです．

記憶すべきは，哲学は君の〈内なる〉自然の欲するもののみを欲することだ．★049

この意味で，ストア派は「自然と一致して生きること」(ὁμολογουμένως τῇ φύσει ζῆν)をめざすのです．めざすのであって，放っておいてもそんな(過度を排した)生き方ができるわけではないのです．プラトン風に言えば，次のようなことが大事なのです．

> 私たちをあざむくのは私たちであって，それは私たちの真実の能力をたゆまずはたらかせていないからだということをも意味している．[★050]

「あざむく」という言葉が出てきています．〈「嘘(MENSONGE)」(▶p.472)をつく〉に非常に近い言葉ですよね．前にも引用した次の文章を吟味してみるのはとても参考になると思います．

> se tromper〔誤る〕とは美しい動詞である．これはêtre trompé, すなわち欺かれるということとは，まったく別のことである．自らを欺くとは能動である．およそ情念というものは誤謬であると，ストア派の人たちはいった．[★051]

自分で過ちを犯してしまうわけです〔「間違い(FAUTE)」(▶p.350)〕．

今回の定義に戻りましょう．過去の過ちをきちんと見据えずに新たに過ちを犯すことにならないためにこそ，戒めはある，ということです．それでは〈見据える〉とはどういうことかというと，出来事を，単に水に流すように思い出すのではなく，当の出来事について記念碑をつくるように形を整えて，そこに，最低限，記念日に思い出すようにして赴くことです．逆の言い方をすれば，四六時中そこに立ち戻るのは，かえってよくないかも知れないということです．それはむしろ囚われを形成してしまうからです．きちっと身につけた上で，時としてそれを考えない，ということがそう容易ではないのがわかるでしょう．

> もはや考えぬという道を学ぶこと，これは考える術の一部であり，しかもささいな部分ではないのである．[★052]

REMORDS

後悔 ── これはある過失〔faute〕に心を残すことであるが，〔その際〕希望〔espoir〕を伴っていない．これは罰〔châtiment〕を怖れているとかいった，そういうだけの話ではない．そこには自分への怖れと自己嫌悪が入り込んでいるのであって，そうしたものは傲慢〔orgueil〕でないはずがない．別のようになりたいとも思わないだけではなく，ある一つの運命論〔fatalisme〕によって，自分自身の中に閉じこもるのである．〔その運命論は〕人間が自分自身を自然の一つの力とみなすように促す．人間なんてものはすべてそんなものであって，罪〔crime〕の大きさは無いのだと考えたがるのである．それゆえ，後悔の中にはある一つの教説〔doctrine〕といった色合いがあり，そしてまた〔自らを〕損ない，それを確認するという思想〔idée〕まである．それと反対に，真なる徳〔vertu〕の雷(いかずち)は後悔など粉砕してしまう(『レ・ミゼラブル』のあの司教を参照)．

前回の「**戒め(REMONTRANCE)**」(▶p.684)も，また以 前の「**心残り(REGRET)**」(▶p.673)も密接に今回の定

★044──同書, p.182〔傍点引用者〕
★045──エピクテトス『語録』p.329〔傍点引用者〕
★046──エピクテトス『要録』p.385〔傍点引用者〕
★047──マルクス・アウレリウス『自省録』p.188〔傍点引用者〕
★048──エピクテトス『語録』p.333
★049──マルクス・アウレリウス『自省録』p.68
★050──アラン『イデー(哲学入門)』p.181
★051──アラン『神々』p.80
★052──アラン『人間論』p.33

義に関わっています．これらの諸定義と付き合わせることで言葉の差違がだんだん明確になると思います．「心残り」の定義を検討したときに，それは「後悔」や「悔い改め(REPENTIR)」(→p.695)に変化しうる，という話が出てきましたよね．いよいよ，その「後悔」が今回登場したわけです．神谷訳では，私が「心残り」と訳した regret を「後悔」と訳してしまっていたことを思い出しておいてください．

さて，「後悔」は，心を残しつつ，「希望〔espoir〕を伴っていない」とアランは書きます．語源的にも，remords は re + mordre ですから，〈ふたたび+苦しめる〉という意味です．どうしてふたたび苦しめるのかというと，私が前に説明文の中に書いた言い方を繰り返せば，「未来に向き直っていない」からです．前に引用した文章の中に出てきた「過去に期待をかける」ということは，「希望をもつこと」ではおそらくない．過去は変えられないと知りながら「期待(ESPOIR)」(→p.320)するとは，無効なことにあえて身を委ねてしまうことだからです．ストア派と関連づけるならば，過去は変えられないわけですから，それに期待をかけることは，〈自分ではどうしようもない〉ことにかかずらうことであり，自分の守備範囲を超えるものに拘泥することです．それでも，心情的にとでも言いましょうか，過去に戻ってみたくなる．しかも，それをおそらく何回も繰り返すわけですから，疲れ果て，その無効さに打ち砕かれて，ついには「諦め(RÉSIGNATION)」(→p.710)の境地に達する．「エネルギー(ÉNERGIE)」(→p.305)を消耗しきって，人生を諦めきってしまうとでも言いましょうか．そんなふうに諦めきってしまえば，別に「罰〔châtiment〕を怖れ」る必要も無い．ストアが，物事をきちんと判断して，〈どうしようもないもの〉と〈どうにかなるもの〉とを峻別し，むしろ強烈な意志として自らの「指導理性」を取り出したのとは別の態度です．それこそ，〈もうどうでもいいや……〉とでもいった諦めは，「罰(CHÂTIMENT)」(→p.152)までも〈どうでもいいや〉と言い始めるでしょう．アラ

ンが「これは罰を怖れているとかいった，そういうだけの話ではない」と記すことを，ぐっと深読みすれば，そんな方向にさえ進めるのではないかと私は考えます．その線で，定義の続きを読んでみましょうか？

「そこには自分への怖れと自己嫌悪が入り込んでいるのであって，そうしたものは傲慢でないはずがない」とあります．要するに，そこには「傲慢(ORGUEIL)」(→p.516)があるというのです．どういうことでしょうか？　それを明らかにするために，「自分への怖れ」〔une crainte de soi〕とはどんなものか考えてみましょう．怖れ(恐れ)の構造について，アランは次のように書きます．

> われわれが，自分自身の動きをもはや調節できなくなるや否や，自分の動きそのものを恐れるようになる…〔後略〕

「自分自身の動きをもはや調節できなくなる」という言葉からもわかるように，当然のことながら，アランはここで心身問題から「怖れ(恐れ)」にアプローチしているのです．通常は，例えば起き上がりたいと思えば身体が即座に動いてくれるので，ことさら身体を意識するまでもありませんよね．しかし，私が実際に10年以上前に経験したことですが，ある冬の朝，起きようとして，(この場合は痛みが伴ったのですが)起き上がれなかったことあったのです．〈えっ？　何が起こったんだ？〉という驚きと同時に言いようのない恐れを感じました．普通なら何の支障も無く動くものが自分の意図の通りには動かない．完全に動かないのではなくて，ある動きがとれないため，うまく立ち上がれないのです．結局，だましだまし身体を動かし，近くの鍼灸院まで妻に車で送ってもらい鍼治療で何とかしました．自分で自分の身体を制御できているうちはいいけれども，それがうまくできなくなると，自分の身体の動きそのものに対して「恐怖(PEUR)」(→p.582)を抱くということがあるのです．そして，このことはそんなに珍しいことではない．「情念

（PASSION）」（▶p.544）という状態は，そういう「恐れ」とか「恐怖」とか言われる要素を含んでいるとは思いませんか？　実際，情念に関する次の文章に，まさに後悔と「激しい恐怖〔épouvante〕」が出てきます．

> 情念の中には常にいくらかの後悔と激しい部類に属するいくらかの恐怖がある．そしてそれが当然だと私は思う．例えば，人は次のように自問したりする．「どうして私はこうも自分を統御することが下手なのだろうか？　同じことを何度も繰り返さなければならないのだろうか？」　ここから屈辱感が生じる．[★056]

「屈辱感」です．〈ちくしょう！　どうしたらいんだ？〉という，自分を失いかけている叫びのようなものです．次の引用も吟味してください．

> 私たちははじめは何を恐れるとも知らぬままに恐れる，というのがものの順序である．私たちは自分自身の恐れによって目ざめさせられるのであり，また私たちの恐れは，想念である限り，まず恐れにたいする恐れなのである．[★057]

難解な言葉ですよね．少し嚙み砕いて説明してみましょう．「恐れ」が生じるとき，その原因などまだ解っていないのが最初なのだというのです．例えば，突然大きな叫び声を聴けば〈ビクッ〉として，〈何だ？　何だ？〉と原因を探求し始めますよね．この〈ビクッ〉という感じは，ほとんど身体的な「**反射**〔RÉFLEXE〕」（▶p.669）に近い．思考はむしろ入り込んでもいないようにみえる．のほほんと安寧を貪っていたところに，突如，人間の言葉というよりは動物的な叫びという刺激が襲ってくることによって，真っ先に身体が反応する．それによって，「目覚めさせられる」のですが，それで思考が見事に働くかというと，そうではなく，むしろ恐れという情念にどっぷり浸かっている状態に気づくという底のものです．身体が恐れ，それによって目覚めた「**精神（ESPRIT）**」（▶p.322）はその身体の動きを恐れるわけです．なぜなら，もうかなり焦っていて自分で自分の動きを調節できているとはとても言いがたい状態にあるからです．〈何だ？　何だ？〉と原因を探求し始め，当の原因がそれなりに見つかれば，対処の仕方を考えられるという意味で，能動が戻ってくるわけですが，まだそういう状態にはない．さて，それでは，今回の定義に出てきた〈後悔のときの「自分への怖れ」〉をこの線で読み解くと，どうなるでしょうか？　それこそ，心を残している出来事はクローズアップされているわけですから，それに伴う思い・記憶などに翻弄されて私の身体は激しく動き始めている．激しい動きに翻弄され始めている．恐れるに足るほどの激しい動きに．けれども，それをどう鎮めたらいいかを，後悔する人は知っているでしょうか？　私は知らないと思います．上にも述べたように，ただただ，無効な行動を採るばかりなのです．こうして，次には自己嫌悪が待っている．どうすることもできない自分の無力さを嫌悪するに至るわけです．それは辛い．そこで，今度はその無力さを〈自分のせいではない〉とみなす理論を組み立てるというか，探すのではないでしょうか？　それこそが「運命論〔fatalisme〕」〔「**宿命論（FATALISME）**」（▶p.342）〕なのですが，アランはその前に重要な指摘をします．「自分への怖れ」と「自己嫌悪」を「傲慢」だというのです．なぜでしょう？　次の引用が大きなヒントになると私は考えています．

> 実は，治療を拒むことこそ唯一の悪なのである．そして，絶望のなかでのこの確信こ

★053——アラン『幸福論』p.74
★054——アラン『芸術について』p.75
★055——冬だったのですが，鍼灸院の人は「寒邪が入りましたねぇ」とか説明してくれました……．「風邪」じゃなくて「寒邪」がね（笑）．
★056——Alain, *Propos sur le Bonheur*, p.20〔傍点引用者〕
★057——アラン『人間論』p.210〔傍点引用者〕

そは，まことに傲慢というものであり，傲慢とは，だから，自分のことを実際以上に悪く考えることであろう．[*058]

後悔している人は，治療を拒んでいるのではないか？　絶望しているのではないか？　実際，アランは今回の定義の中で「希望を伴っていない」と書いていました．ある過失に心を残しつつ，希望は伴わないのです．希望を持とうとはしていない．「別のようになりたいとも思わない」のです．別のようになるなんて，そんなことは，そもそも不可能だという．〈どうせ俺はこういう人間なんだから，放っておいてくれ！〉とでも言わんばかりです．そしてその思いを理論化する．それが「運命論」です．その理論に立て籠もるようにして，自分自身の中に閉じこもるのです．〈あの過失は，仕方のないことだったんだ．不可抗力だったんだよ！〉というか，さらに言えば，〈この世の中のすべてのことは，結局は，空虚な空間の中に置かれた質点に力がどこかから加えられて，それが慣性の法則に則ってすべての他のものに及ぶ〉という自然法則に基づいて起こるものなんだ，というわけです．〈そんな物質の振舞いでしかない物事に「罪の大きさ」なんてものを考えても仕方がないじゃないか！〉，と．こうして，ある過失に心を残しているのは間違いないのに，それがあたかも過失ではないかのような理論ができあがる．自分のせいではないかのような理論が組み上がったからです．

そこにアランは「あるひとつの教説の色合い」〔une couleur de doctrine〕を見て取ります．「教説」〔doctrine〕というのは，例えば，仏教の教理〔doctrine bouddhique〕とか，マルクスの学説〔doctrine marxiste〕とかいう使い方をされる言葉です．理論と言ってもいいのですが，もう少し事柄を信奉するというニュアンスが強く含まれている語感です．前に，羨望の話をしたときのことを思い出してください．羨望は，相手を引きずり下ろそうとしていたことを．運命論とは，そういう態度の

理論化というか，教義化のようなものなのです．そして，まるで悪しき意味での実証主義のように，〈ほらっ，やっぱりそうだったじゃないか……〉と確認する．「〔自らを〕損ない，それを確認するという思想まである」わけです．〈人間なんて，そんなふうにできているんだよ！〉なんていう声が聞こえてきそうです．でも，しかし，私は，ここにこそアランの次の文章を引用したい．

　どの感情にも，かげりがあり，疲労の時機がある．だが，人間はこうした瞬間に，喜ばしい勝利と再開のときより真実であるかどうか，これを知るのはまさに容易ならぬことである．スピノザならば，例のきびしい態度で，弱気や悲しみは私たちの力ではなく，幸福こそノーマルなもの，つまり規則を与えるものだということを，公理としてかかげるであろう．このたくましい思想は人を驚かせる．およそ思想は人を驚かせるのである．生理学者や医者は思想を信じない．彼らはこの〔思想との〕離婚を行なうことから始めたのである．人間がすべっているときに人間から出てくることを，彼らはじつにうまく観察する．人間はそのように作られているのだ，と彼らは言う．私ならむしろ，人間はそのようにこわされていると言うだろう．[*059]

人間は容易に壊されてしまうのです．そして，打ちひしがれた人間(後悔している人間はこれですよね)を，「勝利と再開」へと奮い立たせるのは，「真なる徳〔vertu〕の雷」だとアランは言うのです．

　われわれの悪徳をなおすものは，われわれの徳以外にはない…〔中略〕….魂の偉大さが目指すのは，まさにそこだ．[*060]

アランは「『レ・ミゼラブル』のあの司教」を例に挙げながら，ジャン・ヴァルジャンが他人からくる「真の徳の雷」に打たれて，自分のうちの

真の「徳(VERTU)」(→p.850)に目覚める事態を「示唆(SUGGESTION)」(→p.784)しているのです．最後に，このへんについての解釈を施しておきましょう．定義の中に「自分自身の中に閉じこもる」という言葉がありましたよね．それに関連した次の文章がヒントです．

> 自分の感情はまさに自分のものであり，これを変える力はだれにもないと悟るやいなや，どの人にも，すでに子供にも，或るうち勝ちえぬ力があらわれる．徳とは力だ．そして，この力なくして徳はないのだ．けれども，この気力〔cette force d'âme. 魂の力とも訳せる〕——これがその名前だが——の最初の働きは，まずい結果となりやすい．私たちのうちにある最上のものが，はじめは非常に悪いもののように判断される．私たちは本来このようにできているのである．たとえば，子供が強情をはり，殻に閉じこもる場合だ．★061

この引用に出てくる「私たちは本来このようにできているのである」という文につまずかないでください．さきに述べた生理学者や医者の話と混同してほしくないのです．ここでアランが「私たちは本来このようにできているのである」と書くのは，幼くてまだ自分の力を制御できない時期にはこんなふうになりがちだと言っているだけであって，人間とはこんなものだと突き放しているのではない．殻に閉じこもること自体が，力の表れなのであって，それをうまく統御できるようになれば，むしろプラスに理解できるわけです．次のことを知らしめる必要がある．『スター・ウォーズ』で言えばまさに「フォース〔Force〕」ですね．私が大学生のころ初めて観た時には，字幕では「理力」となっていました．

> 必要なのは，子供が自分を制御する力を，最初のうちはそれが自分にあるなどと思っても見なかった力を，自分がもっているのを知ることである．必要なのは，かれがまた自分自身に対するこの働きが困難だが美しいものだという感情をもつことである．★062

こうして，この殻を外からぶち壊してやるものこそ，自分の眼の前にいる人物の「真の徳」なのでしょう．それを目の当たりにして，自分の中に，同じような徳が目覚めたとき，後悔は粉砕されてしまう．悔悟〔悔い改め，repentir〕へと移行するのでしょう．心残りから後悔への道は，こうして悔い改めへと歩を進めることができるのです．

RENOMMÉE
名声 — その語〔の語源的な由来〕がそのことを示しているように，ただただある一つの名前を繰り返すことである．名声は理由を語らない．ジャン・ジャックの著作の一行をさえ読んできたわけでもなく，彼に会いにきたあの軍人の眼には，ジャン・ジャックは名声しか持っていなかった．

この語は，re〔ふたたび〕+ nommée < nommer〔名前を言う〕という語源を持っています．この定義の重要な点は，「名声は理由を語らない」という一文でしょう．原文は，Elle ne dit pas pourquoi で，直訳すると，「それはなぜであるかを言わない」ということです．例えば，名前が繰り返し報道されたりすると，「有名〔fameux〕」になり，その人は「有名人」になりますよね．仏仏辞典でfameuxをひいてみると，Qui a une grande réputation, un grand remon.★063 と出てきます．もっとも，ポジ

★058——アラン『思想と年齢』p.35〔傍点引用者〕
★059——アラン『人間論』p.297〔傍点引用者〕
★060——アラン『思索と行動のために』p.367
★061——アラン『人間論』p.128〔傍点引用者〕
★062——アラン『教育について』(『アラン 人生論集』) pp.118-119
★063——TLFi

691

ティヴなニュアンスだけを持っているわけではありません。悪い意味で有名になるということもありうる。ちなみに、ここに登場する renom も日本語にすると「名声」としか訳しようがないし、実際、仏仏辞典でも同義語として掲げられています。

さて、それでは「有名」だということは、もう少し具体的に言うと、どういうことでしょう？　それは、人々が名前ぐらいは知っているということですよね。教科書なんかに登場するような人も有名人でしょう。みなさんが名前ぐらい知っている人物はいくらでもいる。ソクラテスという名前は世界史や倫理・社会で出てきたでしょうから、知っているはずです。それでは、彼が、どんな職業を持っていて、どんな(悪)妻がいて、どんな人たちが弟子と言ってよくて、でも本は書かなかったので彼の考えや人となりを知るにはプラトンの著作やクセノフォンの著作やアリストパネスの喜劇『雲』とかによらないとダメだとか、イデアがイデア界に存在するとするイデア論そのものがソクラテスのものかどうかはわからないとか、どんな罪状で死刑になったのかとか、そういった一連のことはご存じでしょうか？　確かに世界史などで知ったソクラテスの名は、はっきりと頭に残っていても、他の記憶は、たとえ少々の情報を手にはしていても、危ういというのが、大抵の場合ではないでしょうか？　人名を頼りに、あるときは噂によって、あるときは新聞によって、はたまたあるときは書物によって、要するに〈伝聞や記述によってその人物を知る〉〔knowledge by description〕」というのはその程度のことですよね。

そしてたいてい、「名声」となれば、悪い意味で有名なのではなくて、よい意味で有名なのです。何か素晴らしいことをしたりして、です。しかし、ここが今回の定義についてさらに考察していく出発点となります。実際、定義の中では、「ジャン・ジャックの著作の一行をさえ読んできたわけでもなく、彼に会いにきたあの軍人の眼には、ジャン・ジャックは名声しか持っていなかった」とあります。このはジャン・

ジャックはもちろんジャン・ジャック・ルソーのことですが、ここに出てくる「軍人」については、私は誰だか分かりません。しかし、それはどうでもいい。この叙述からすると、ルソーの「名声」を聞き知って、「会いにきた」軍人が、ルソーの「著作の一行をさえ読んできたわけでもな」いことについてアランは考察しているのです。〈有名人だから会ってみたい〉といった行動を取ったものとしてアランは記している。みなさんだって、そんなことやりそうですよね。では、一体、そのとき人はなぜそうするのでしょうか？　〈何だかわからないけど、有名なんだから(名声を博しているんだから)、素晴らしい人物なんだろう〉というノリで、会いに行ったりする。まるで、会いさえすれば、その素晴らしさがわかるかのように。もちろん、実際に会ってその人の発する雰囲気に圧倒され、その素晴らしさの一端を摑むなんてことが、ありえないなどと言うつもりはありません。けれども、結局は、会いに行く方の人が、どれほど相手のことについて、その会う前に知ろうとし、場合によれば、考えてきたかによって、出会いの仕方というか、レベルというか、そういうものは変わるのではないでしょうか？　例えば、誰かにインタビューをしようという人が、インタビューの相手のことを調べもしないで行ったら、大したことは聞き出せないのではないでしょうか？　この『定義集』を途中まで訳したあの森有正氏は、アランの文章を読み、おそらくそれを通して「**尊敬(ESTIME)**」(➡p.326)に至るほどの「**感情(SENTIMENT)**」(➡p.732)を持ったのでしょうが、フランスに住んでいながら、なかなかアランに会おうとしなかったと言います。〈まだ、会えるだけの自分になっていない〉みたいな思いを周りの人に告白していたそうです。引用しておきましょう。

〔ブロンズでアランの胸像を彫った彫刻家の〕高田さんが面白いことを書いておられます。「アランに用があって、パリ西北郊外ル・ヴェジネの彼の家へ行く際、私は有正を

"いっしょに行かないか"と誘ったら，"僕はまだとても彼に会うだけの自信がありませんから，止します"と言った．私はこの態度に感心した」(高田博厚「森有正を悼む──隣人有正よ」エコノミスト，七七年一月号)と，こうあるんですよ．
★064

　私なんかは，そこに，ある人物との実際の出会いを大切にしようとする森氏の誠実さのようなものを感じ取ってしまいます．それは，おそらく，件(くだん)の軍人とはまったく違う態度なのでしょう．名声は，放っておいても聞こえてくる．しかし，その理由までは語らないのがほとんどなのですよ．理由は自分が努力して探らなければならないということです．

　さて，ここまでは，名声が，その名声を手にしている当人ではなく，他人について持つ効果について考察してきたのですが，実をいうと，その名声を手にしている当人には，真剣にそれを受けとめれば受けとめるほど，かなりハードなことなのです．日本語でも，〈名声がひとり歩きする〉みたいな言い方は可能ですよね．それを背負わなければならない人物の側について，考察している次の文章をみてみましょう．

　　名声は，だから，保証ではない．名声は恐るべき試練なのである．精神がそれを喜ぶのは，はじめのうちにすぎない．つぎには名声が負担となるのであり，また，この負担を感じないようなら，それは精神が堕落しつつある証拠である．名声は，朝ごとに始めねばならぬ強行軍なのである．
★065

　どういうことでしょう？　名声は，その名声に相応しいあり方を，名声を持つ者に課すということです．だからこそ，それは，「朝ごとに始めねばならぬ強行軍」だと．一度素晴らしいことをしても今はそうではない，なんてことは

いくらでもありうる．学者でも，〈あの人の最初の論文は素晴らしかったんだけどなぁ……〉なんていう例はざらにあるのです．最初の成功に慢心し，努力を怠ったために，実際にはもう同じように素晴らしいレベルの論文を書けなくなってしまっているのに，過去の栄光を着込むのでは，「虚栄(VANITÉ)」(▶p.843)が残るだけなのです．

　　学者もまた，過去の知識をいわばはぎ取られる．それを着こむなら，慢心から虚栄心へと投げかえされるのだ．学問をして，行く先々でほめられ，もてはやされた人間のうぬぼれこそは，とほうもない愚かさの一源泉である．虚栄心は慢心にたいする罰であるとも言えよう．慢心が頭をもたげて，人よりうまくやれるという自信をもとうものなら，すぐ最低水準に落ちるのである．根をつめて仕事をした人々はみな，何ごとも獲得しおおせるものではなく，征服してはまた征服しなおさねばならないのだということを感じている．
★066

　私が講義をするにしても，同じことが感じられます．ある講義で講義草案を作成し，半年間の講義をする．なんとか上手くできたとしましょう．しかし，それをまた別の期にそのまま使えば，途端に「堕落(CHUTE)」(▶p.163)が始まる．草案を創っていたときの躍動は消え失せ，できあがったものをなぞるだけとなる．学生さんたちにはそれがすぐに分かるはずです．いや，それよりも講義をしている当人が，つまらないのです．言わば，抜け殻を提示しているだけなのですから．草案は半年分できているのですから，或る意味で危険はない．けれども，危険に身を曝してこそ手に入れられる躍動も，もう無いのです．ですから，私は同じ講義草案をそのまま使うことは決してしないと決めたのです．私は，次の言葉が好きです．

★064──アラン『定義集』pp.176-177(森有正訳，所雄章氏の発言)
★065──アラン『人間論』p.222
★066──同書，p.221〔傍点引用者〕

693

一般に生命全体の進化も人間社会の発達や個人の運命の展開と同じことで，そこでは最大の成功は最大の危険を買って出たものに与えられてきたのだった．★067

さて，それでは，以上の話は，まだそれほど名声を博していないであろうみなさんには関係のないことでしょうか？ そうではないと思います．旧帝大〔名古屋大学〕生になった（これも一種の名声になりうるでしょ？）からといって，努力を怠るとどうなるかということを念頭に置いて，以下の話を聴いてください．卒業までは，ネットで調べたことを適当にコピペでもしてレポートや試験を乗り切ればいいのだなどと，もし考えている人がいるとしたら，それは再考を要します．根本的なところで，そもそも何かが〈身につく〉とはどういうことかという問題なのです．プラトンは，それを文字と記憶との関わりの中で，さらりと述べています．

> たぐいなき技術の主テウトよ，技術上の事柄を生み出す力をもった人と，生み出された技術がそれを使う人々にどのような害をあたえ，どのような益をもたらすかを判別する力をもった人とは，別の者なのだ．いまもあなたは，文字の生みの親として，愛情にほだされ，文字が実際にもっている効能と正反対のことを言われた．なぜなら，人々がこの文字というものを学ぶと，記憶力の訓練がなおざりにされるため，その人たちの魂の中には，忘れっぽい性質が植えつけられることだろうから．それはほかでもない，彼らは，書いたものを信頼して，ものを思い出すのに，自分以外のものに彫りつけられたしるしによって外から思い出すようになり，自分で自分の力によって内から思い出すことをしないようになるからである．じじつ，あなたが発明したのは，記憶の秘訣ではなくて，想起の秘訣なのだ．また他方，あなたがこれを学ぶ人たちに与える知恵というのは，知恵の外見であって，真実の知恵ではない．すなわち，彼らはあなたのおかげで，親しく教えを受けなくても物知りになるため，多くの場合ほんとうは何も知らないでいながら，見かけだけはひじょうな博識家であると思われるようになるだろうし，また知者となる代りに知者であるといううぬぼれだけが発達するため，つき合いにくい人間となるだろう．★068

「親しく教えを受けなくても物知りになるため」とありますよね．つまり，さきに述べた〈伝聞や記述によって知る〉〔knowledge by description〕話ですよ．文字によってね．しかし，プラトンは，そうではない知り方を大事にした．それこそ「熟知による知識」〔knowledge by acquaintance〕を大事にしたと言ってもいい．「哲学（PHILOSOPHIE）」（▶p.587）について，次のように言うくらいですからね．

> そもそもそれは，ほかの学問のようには，言葉で語りえないものであって，むしろ，〔教える者と学ぶ者とが〕生活を共にしながら，その問題の事柄を直接に取り上げて，数多く話し合いを重ねてゆくうちに，そこから，突如として，いわば飛び火によって点ぜられた燈火のように，〔学ぶ者の〕魂のうちに生じ，以後は，生じたそれ自身がそれ自体を養い育ててゆくという，そういう性質のものなのです．★069

確かに，言葉を使わないわけにはいかないかも知れませんが，哲学という営みは，まさに営みである限り，定着された言葉で十全に伝えられるものとは限らない．いや，伝えられない，とプラトンは考えた．このあたりをスパッとまとめたのが，次の一文．

> 思想を記憶するというようなことはありえない．あるのはただ言葉の記憶だけだ．★070

師と交わした言葉の記憶から，話し合いの中

で成立していた思想の営みという働きを，再現しなければならないのです．書物との対話だって，同じことです．著者がその本の中で書き表そうとしていた思想を，というか思想の営みを，定着されてしまった言葉・文字から，どうにかして再現しなければ理解はおぼつかないのです．言葉尻を捉えて分析するだけでは，到底，理解には至らない．上の引用箇所に関連して私が書いた文章も引用しておきます．

> 要するに，思想というものは常に現動(actus)であって，保存されないというわけであろう．では，記憶などできない思想を，どのようにして再現するのか．いや，再現するというよりは，例えば読者の思想として，現にいま，どのようにして形成するのか．さらに言ってしまえば，読むということを通して，テクストに従いながら，どれほど読者は創造的な思考に，現にいま，達するのか．そのことに，ここでの論点は関わっている．★071

これは思想を成立させる話ですが，名声も同じです．「現にいま」です．いま為さなければならない努力の話であって，過去の栄光の話ではない．だから「朝ごとに始めねばならぬ強行軍」なのです．しかし，名声にはこうしたことを忘れさせてしまう危険が伴う．「朝ごとに始めねばならぬ強行軍」である努力を伴わないような名声は，抜け殻なのです．文字が抜け殻であるように．こうして，名声に足を掬われて，自惚れだけが増し，自分自らを見失うということがありうる．デカルトはそれを「警戒(ALARME)」(▶p.058)した．それゆえに，彼はセネカの次の言葉を胸に，フランスを離れて，オランダに隠れ住み，考察を深めるのです．

> 万人に識られつつ唯おのれ自身には識られざる者は，死に臨んで死を恐れる．
> illi mors gravis incubat, qui notus nimis omnibus ignotus moritur sibi, Seneca "*Thyestēs* (Θυέστης)"

銘記しておきたいデカルトの態度です．

REPENTIR
悔い改め
― すべての思考を将来へと向け直すことによって後悔〔remords〕を消し去る内的な刷新．悔い改めの真髄〔âme du repentir〕，それは自由意志への信頼〔foi〕であり，そしてそれは自由なる神〔Dieu〕，言い換えれば恩寵の神への信仰と同じものである．そのとき，人は償いと苦難とを〔共に〕自由意志への試練として受け止める．そして，罰は罰せられる者に栄誉を与えるものとみなされる．悔い改めはそれゆえ罰と苦行〔pénitence〕を自ら求める〔chercher〕．

すでにこれまで，「後悔(REMORDS)」(▶p.687)とか，「心残り(REGRET)」(▶p.673)とかで触れてきた事柄をさらに理解しやすくする定義だと思います．「後悔を消し去る内的な刷新」です．後ろを向きがちな思考を「将来へと向け直す」ことによって，後悔を消し去ると言っています．実際，心を残していた事柄には，容易に人は戻って行ってしまうわけです．戻って行ってその後どうなるのかを，みなさんが自分で考えてみてください．多くの場合，その過去に佇むというか，そういう態度を採りがちなのではないでしょうか？〈それは，なぜか？〉と考える必要があると私は思います．このあたりに関わる心の動きを書き記した哲学者がいます．素晴らしいデカルト

★067 ― H. ベルクソン『創造的進化 上』p.167
★068 ― プラトン『パイドロス』275A-B, pp.255-256〔傍点引用者〕
★069 ― プラトン『第七書簡』341C-D, pp.147-148
★070 ― アラン『思索と行動のために』p.289
★071 ― 拙著『情報学の展開――情報文化研究への視座』p.140

研究者でもあった，フランスのフェルディナン・アルキエ〔Ferdinand Alquié〕という人です．パリ大学（ソルボンヌ）の教授になった人で，教え子にはジル・ドゥルーズ〔Gilles Deleuze〕もいます．少し紹介しましょう．アルキエは「**情念（PASSION）**」（▶p.544）についてもかなり語ります．まずは次のように．

　　情念に囚われた人間は，まず，自らの人生の未来よりも直接的な現在を好む人間として現われる．★072

「未来よりも直接的な現在を好む」というのは，

　　事実，人が恋する男という現在の状態だけに満足しているとすれば，彼にとって大事なのは，愛する女に再会することである，ということは明らかである．大酒家にとって大事なことはすぐに飲むことであり，賭博者にとって大事なことはカジノへ駆けつけることである．★073

という文章を読めば，感じとしてはわかりますよね．けれども，もちろん，「未来よりも直接的な現在を好む」のはなぜか，と問わなければなりません．その理由を，アルキエは次のように言います．未来は不確実だから不安をもたらすのに対して，過去は揺るがないと人は考えているからだ，と．

　　将来がわれわれにとっては不在であるにすぎず，何が存在することになるかをわれわれが知らないとすれば，どうして将来を愛せようか．しかし，過去ならば愛することができる．というのも，過去は決定されてしまっているから．★074

さらに言ってしまえば，「未来はわれわれの死を含んでいるのに反して，過去はわれわれの存在を含んでいる」★075というわけです．自分の死を思えば不安になるけれども，〈自分は〜であった〉という過去は，消せないと同時に揺るぎないわけであって，それは〈存在している〉と人間は思いたがる．〈過去は，現在ではない．さらに言えば，過去はもはや無い〉にもかかわらず……．

しかし，その安定感ゆえに，人は過去を愛してしまいたくなるのだ，と．よく考えてみれば分かるはずなのに，こうして人は，過去が，現に今も，存在すると錯覚する．アルキエは次のように断定するのです．

　　あらゆる情念（受動）としての愛，あらゆる過去への愛は，愛という錯覚なのであり，実際には自己自身への愛なのである．★076

「自己自身への愛」とあります．少し説明が必要でしょう．実は，その「**愛（AMOUR）**」（▶p.076）は，〈自分の記憶を愛している〉とでも言うべきものなのです．消せない記憶，それに固執するという意味の愛．それこそが，情念としての愛だ，と．このあたりをアルキエは，ジェラール・ド・ネルヴァル〔Gérard de Nerval〕の作品を引きながら説明します．幼い頃に烈しい恋心を抱いた「城主の孫娘」（アドリエンヌ）と，いま眼の前にいる「女優」（オーレリア）とが，過去に関する強烈な記憶のゆえに，ダブってくるというもの．初恋の人とどことなく似ている人を好きになってしまうなんていうのは，世間にはよくあることなんですよねぇ……．そこに潜む心理の落とし穴とでも言うべきものをアルキエは語るわけです．

そういうわけで，ジェラール・ド・ネルヴァルには，もはやアドリエンヌを愛しているのかオーレリアを愛しているのか分からなくなってしまう．彼の情念は，二人の女の間で揺れ動いている．そして，アドリエンヌの思い出は，女優への愛をその源泉と連れ戻し，女優への愛を破壊し四散させてしまう危険があるので，アドリエンヌの思い出に脅かされていると感じた女優への愛が，自らを救おうとして，あたかも二人

696

の女のイメージを同一化しようと試みたかのように，ネルヴァルは，オーレリアはアドリエンヌではないのか，と問うている．情念は時間の拒否であるが，ここでは情念は，時間を認識することが自己喪失につながるかもしれない，ということを予感しているように思われる．それゆえ情念は，過去がまだ現前していると主張し，その女優が城主の孫娘であると主張しているのである．しかし，情念は真理に打ち勝つことはできないであろう．ジェラール・ド・ネルヴァルは，オーレリアをアドリエンヌの城の前に連れて行くが，オーレリアの内にはいかなる感動も現われない．その時彼は，彼女にすべてを語り，「夜の闇の中で垣間見られ，後になって夢見られ，彼女において実現されたこの愛の源泉」のことを彼女に話す．そこで，オーレリアは理解し，ジェラール・ド・ネルヴァルに，彼が愛しているのは，彼女の中にある彼の過去だけなのだ，ということを理解させる．[077]

　最後のあたりの部分，わかりますか？「夜の闇の中で垣間見られ，後になって夢見られ，彼女において実現されたこの愛の源泉」という話を少し説明しましょう．まず幼いころのアドリエンヌの姿が「夜の闇の中で垣間見られ」たもので，まだ可能態〔δύναμις〕というあり方に留まっている愛です．花開いていない．「後になって夢見られ」たのはその熱い気持ちの繰り返される想起，そしていま眼の前にそのアドリエンヌがオーレリアとなって「彼女（オーレリア）において実現された」のだろうとネルヴァルは言うわけです．「この愛の源泉」が，過去から現在までつながっていて，今，あなたにおいて現実態〔ἐνέργεια〕となったのだ，と．アリストテレスが一つの植物の生長について語った，あの種子から開花への運動を，愛の現実化として，ここに読み込むことができる．可能態である種子はアドリエンヌであり，現実態としての花はオーレリアだ，というわけです．

　しかし，そんなことをオーレリアが言われたら，どう思うでしょう？　彼（ネルヴァル）が愛しているのは，彼女（オーレリア）の中にある，彼の（アドリエンヌに関わる）過去の，今に至るまでの成長なのだ，という話ですからねぇ．オーレリアは，こうして，自分が愛されているのではないことを知ってしまう．自分の中にあるアドリエンヌが，そしてアドリエンヌとネルヴァルとの思い出が，愛されているのだ，と．現在，眼の前にいるオーレリアを機縁にして，ネルヴァルの愛は過去へと飛ぶことで，大切なのは過去のあのアドリエンヌであることになり，オーレリアは言わばそれを思い出す機縁に過ぎないものとして消去され，そのままでは〔つまりアドリエンヌとの過去から未来へと向き直るのでなければ〕（アドリエンヌではない）オーレリアとの未来へと愛は動きださない．アドリエンヌと同一視されたオーレリアは，オーレリアにとって，自分ではない．ネルヴァルが愛しているのは，ネルヴァル自身の記憶こそが大切という意味で，〈私（オーレリア）ではなくて，あなた（ネルヴァル）自身（の記憶）なのだ〉というわけです．オーレリアからすれば，ネルヴァルは，自分の記憶から自由になれていない．記憶にがんじがらめになっている行動しかできない．自分の記憶から身を翻すのが，辛いからです．安定した自分を棄て去り，脱ぎ去りたくないからです．

　さて，ここで考えてほしいのは，「後悔」をしている人間の心理との類似性です．ある学生のリアクションに，「永遠に後悔を続けている時，私は，変わろうともしない，状況を変えようともしない……というよりは，"変わりたくない"と思ってしまっている気がします」というのがありました．

★072──F. アルキエ『永遠への欲望』p.27
★073──同前
★074──同書，p.59
★075──同前
★076──同書，p.81
★077──同書，pp.31-32

まさに，その通りの動きが上述のことだとは思いませんか？　そして，そうだとしたら，「すべての思考を将来へと向け直すことによって後悔を消し去る内的な刷新」というアランの言葉の意味が，少し，理解しやすくなってはいませんか？　そこにこそ「悔い改め」があるということも．

アランは，この「悔い改めの真髄〔âme〕」を「自由意志への信頼〔foi〕」と書きます．神谷訳は âme をそのまま「魂」と訳して，「悔い改める魂」としてしまっていますが，続く文章としての「自由意志への信仰」との続き具合が変ですよね．〈「魂(ÂME)」（►p.069）が「信仰(FOI)」（►p.372）なの？〉って，疑問が生じちゃうでしょ？　そこで，私は「真髄」と訳しました．〈悔い改めのもっとも大事なところは，自由意志に信頼を置くところなんだよ〉という意味です．次のようなアランの言葉があります．

> 自分が自由だと信ずることは，行動の第一条件である．何が起こっても，自分の力は自分を動かすには十分だと信ずることだ．[078]

ストアの指導理性をさえ思い起こさせるこの言葉を，すでに引用した次の文章と近いところで解釈すれば，神谷訳のように「魂」と表現しても，おかしくはないことになりますが……．

> 判断し意欲する力を世間がなんと呼ぼうと勝手である．ただし，私はそれを魂と名づける．[079]

さて，アランはこうした「自由意志への信頼〔foi〕」を，「自由なる神，言い換えれば恩寵の神への信仰〔foi〕」と同じだという．この言い換えは難解です．「自由なる神」という言い方を解釈しなければなりません．搦め手から攻めてみると，〈「自由でない神」なんていうのがあるのか？〉という問いがありうると思います．そして，実をいうと，この問題は中世キリスト教哲学から，デカルトそしてまだ「神(DIEU)」（►p.263）を積極的に考察の対象としていたヘーゲルあたりまでは，重要な問いでした．「キリスト教(CHRISTIANISME)」（►p.160）では，神は全知・全能，そして善性を備えているとされています．もし全知ならば，まさに神はすべてのことをお見通しなのですから，神には宇宙の運行はおろか個々人の言動まですべてわかっていることになります．過去から未来にわたるそれらすべての事柄を考慮してこの世界を創造するとすれば，善性を備える神ならばどういう世界が一番善いのかを知るはずである．つまり創造すべき世界は一つに決まるだろうと神学者たちは考える．さて，〈一つに決まっている世界を実際に創造するというのは自由だろうか？〉という問いを立てる人がいたらどうします？　実際，〈他のことが選べないのは自由か？〉と問う人もいるんじゃないですか？　そんな神は自由じゃないんじゃないか，というわけです．このへんは，後の哲学者ライプニッツも絡んできて，『弁神論〔Théodicée〕』の論点として展開されるのですが，今は措きます．とにかくアランは「自由なる神」ということを，おそらくデカルトを念頭に置きながら語るのです．どういうことかというと，ひとことで言って「主意主義」です．私たちが，普通，永遠の真理だと思い込んでいる，数学や，「論理(LOGIQUE)」（►p.439）の規則（矛盾律や同一律）さえも，神は壊しうる，言い換えれば創造しうると考えるのです．いわゆる「永遠真理被造説」です．神の意志は，（私たち人間の立場から観た）「知性による決定」をも覆しうると考えるわけです．詳しいことは，とても難解ですが，私の恩師の一人福居純先生の『デカルト研究』（創文社，1997）を読むことをおすすめします．この本こそ，私が何年もかかってやっとある程度読み解いた本のひとつです．

なぜ，こんな話題に触れたかというと，まさに「自由なる神」とは，知性という側面を強調して解された神ではなく，意志という側面をきちんと配慮して解された神であろうと，私は思うからです．そして，それが今回の定義の「自由意志への信頼」と密接に関わっていると思うか

らです．どうしてかというと，こうです．さきほども述べましたように，過去は決まっている（決定している）し，存在している，と人が考えるのは，まさに知性によってです．しかし，その知性によって考えるということに固執しすぎれば，私たちは当の知性の働きと心中するかのように，過去に佇む・蹲る(うずくま)ることにもなりかねない．主知主義の陥穽(かんせい)（落とし穴）です．考えているばかりでは，言い換えれば，思い出してばかりでは，動き出せないのです．「自由なる神」は，知性の決定をすら支えるような（つまり永遠真理をさえ創造するような）ものでした．そうであって初めて未来への一歩を踏み出せると言っていい．人間の話にすると，それは知性によるがんじがらめの（後悔に関連させて言い換えれば，心残りに翻弄され後悔へと沈んだ）自分のあり方をすら，振り払うことのできる意志への信頼なのです．

では，アランは，なぜそれを「恩寵の神」と言い換えるのでしょうか？　これを解釈するには，少々，哲学史的な知識が必要です．中世からデカルトの時代に至るまで，「自然の光〔lumen naturale〕」と「恩寵の光〔lumen gratiae〕」という区別が頻繁に語られたことを知らないと，わからないかも知れない．「自然の光」とは「理性〔ratio〕」のことです．人間の認識能力としての「理性」・「知性」のことです．それに対して，「恩寵の光」とは，神からの啓示〔revelatio〕のことですが，ここでは「恩寵」のもともとの意味から説き起こしましょうか．恩寵とは，〈自分がそれを受けるに価しないことは十分にわかっているのに，神が自分に与えて下さること〉を意味します．★080〈知的に考えれば，自分がそれに価しないのに，何かが与えられる〉，そういうものが恩寵です．〈ありがとう〉という言葉を少し深く考えてみると，こういう話に行き着きます．相手のしてくれることが〈有り難

い〉こと，つまり〈そうであることが難しい〉ことだとの強い意識をもってこの言葉を使う人がどれほどいるでしょうか．〈どう考えてみても，私がそのような物事を与えてもらえるとは思えないのに，与えられること〉こそ〈ありがとう〉の語源でしょう．フランス語の〈ありがとう〉であるMerci は 語源的に grâce と密接な関連を持ちますし，またもっとストレートにイタリア語の〈ありがとう〉である〈Grazie !〉は，キリスト教でいえば「恩寵」を意味するラテン語のgratia の複数形gratiaeからきているといいます．まさに知的な態度に留まる限りは発動しないような贈与というか，恩恵というか，そういうものを語っているのです．

今回の定義に戻りましょう．理屈で考えている限り，過去へと戻ろうとする傾きは強い．その理由は，安定感とか存在とかに関して上述した通りです．それに対して，「思考を将来へと向け直す」ことは，容易ではない．それは主知主義から身をもぎ離して主意主義に身を委ねようとするほどに大変なことであり，それは foi〔「信頼」とか「信仰」〕という言葉が相応しいほどの決断だというのです．アラン自身が，その難しさを体験上知っていたことを示す文章があります．

　　けっしてあと戻りしないということは，無情なことである．けれども私は，あまりにしばしば自分自身との困難な矛盾におちいったために，二度とあとをふり返らずにおくことを学ばざるをえなかったのだ．これはデカルトが言ったように，後悔から解放されることである．★081

しかし，もしその向き直りが実現しつつあるとすれば，その時，人は，過去の過失などに誘発される「償い」や「苦難」の必要を，もっともな

★078──アラン『宗教論』pp.93-94〔傍点引用者〕
★079──アラン『感情 情念 表徴』p.143
★080──私はカトリックの信者ではありませんが，通っていた中学・高校がミッションスクールだったせいで頻繁にミサに参列し，信者たちの聖体拝領に立ち会いました．ミサの進行の中でキリストの身体に変わったとされるパンをいただくわけです．その直前の祈りに，"Perceptio Corporis tui, Domine Jesu Christe, quod ego indignus sumere praesumo"とあります．「主イエズス・キリストよ，取るに足りない私は，あなたの御体を，つつしんで拝領いたします」というわけです．この「取るに足りない」は，まさに〈価しない〉〔indignus〕であることを思い出します．
★081──アラン『わが思索のあと』p.17

699

こと，当の向き直りに必要なもの，として了解するに至るでしょう．自由意志を信頼し，そうやって生きるために引き受けなければならないものなら，苦しさを，試練として受け止めるでしょう．罰から逃げるのではなく，罰を必要なものとして受け止め，その受け止めができるのも自由意志が発動しているがゆえにこそだとすれば，意志を用いない怠惰に較べれば，意志に伴う必要事として罰を「栄誉」とすら考えるでしょう．自分の思いに反して罰が与えられるのではなく，自分が意志すればこそ罰を引き受けることになるのですから．そうであればこそ，「悔い改めはそれゆえ罰と苦行〔pénitence〕を自ら求める」．「自ら求める」のです．神谷訳は，単に「求める」と訳しています．原語は，chercher です．「探す」というのが一般的な意味です．私は「求める」では少し弱いかなと思います．意志のニュアンスのもう少し強い訳が必要だと思ったのです．

RÉPRIMANDE
叱責 – 戒め〔remontrance〕よりも多くのことを，そして非難〔reproche〕よりも少ないことを，それは語る．叱責は，自分自身に対してある一つの圧力ないし抑制をもたらさなければならないという忠告である．つまりそれは，自分を統御しなければならないという簡潔な警告である．

　この定義の冒頭は，程度問題を語っています．「戒め〔remontrance〕」より多くのことを語り，「**非難 (REPROCHE)**」（▶p.708）よりも少ないことを語るという事態は，「**戒め (REMONTRANCE)**」（▶p.684）の定義のところに戻ってみれば，ある程度，分かるでしょう．実際，そこでは，「彼を非難するのではない」と書かれていましたし，「戒め」は「彼に差し出される過去の鏡のようなもの」と言われているように，〈鏡を見て，自分が忘れそうになっている事柄を思い出して，何とかしなさい〉という感じです．それに対して，今回の定義である「叱責」は，そういう「**示唆 (SUGGESTION)**」（▶p.784）では足りない場合に為されるもの．言い換えれば，その程度の軽い仄（ほの）めかしではダメな場合の対処法です．Réprimande を例のフランス語類語辞典で調べると，まず〈Reproche（非難）を見よ〉という指示があり，そこに行ってみると，いろいろな類語の説明の中に次のようなものが出てきます．

> **Réprimande**, toute censure formelle et adressée avec autorité, en termes durs, à un inférieur pour l'amender.[082] (**叱責**，何であれ，素行を改善させるために，強い言葉で，はっきりと，権威を伴って目下の者に指し向けられる譴責（けんせき）．)

　この類語辞典の記述の中に，formelle という言葉が出てきていますよね．私は「はっきりと」と一応は訳しておきましたが，単語を見れば分かる通り〈形式に則った〉とか〈正式の〉とかいう意味を法律などの場面では特に意味する言葉です．censure も，元々は「検閲」を意味する言葉です．さらに「権威を伴って〔avec autorité〕」というわけですから，それが（もちろん親が子どもを叱るという場面を排除しているわけではありませんが）ある社会的な場面を念頭に置いていると推測できます．素行の悪い目下の者にある種の圧力を加える場面です．アランの定義に戻ると「自分自身に対してある一つの圧力ないし抑制をもたらさなければならないという忠告」とあります．この表現でも分かるように，言わば自分勝手にか，あるいは能天気にか，はたまた自分を見失ってか，とにかく好ましくない仕方で振る舞っている人物に対して，それではダメだと言っているわけですが，それは少し具体的に言えば「自分を統御しなければならないという簡潔な警告」ということになる．〈統御できていないではないか！〉というわけです．まぁ，それはもっともなような

気もします．実際，アランの定義はここで終わっているわけで，それ以上のことは語っていません．けれども，せっかくですから，少し発展させてみましょうか．この定義とこれまでの私の説明に関わる問いを立ててみるのです．

〈素行が悪い〉とか，〈自分を統御する〉とか言うけれども，〈悪いって何に照らしてなの？〉とか〈どうして統御する必要があるの？〉といった問いです．みなさんは，どう思いますか？「圧力」・「抑制」とか書いてあるけど，〈なんで？〉という問い．こうした問いについて考察するために，ここで少し遠回りをします．例えば，ソクラテスは死刑になりました．アテナイ（アテネ）の市民たちは，「アテナイの国家が信じる神々とは異なる神々を信じ，若者を堕落させた」などといった罪状で死刑判決を下したわけです．「国家が信じる神々とは異なる神々を信じ」というのは，ソクラテスの語るいわゆる「ダイモーン（δαίμων）」に関わってきます．例えば，プラトンは著作の中でソクラテスに次のように言わせています．

> 〔エロース〔Ἔρως，恋愛を司る神のことです〕は〕偉大な神霊（ダイモーン）…〔中略〕…そして神霊的なものはすべて神と死すべきものの中間にある…〔後略〕[083]

> ぼくがまさに川をわたって向うへ行こうとしていたときにね，よき友よ，ダイモーンの合図，いつもよくぼくをおとずれるあの合図が，あらわれたのだ．それはいつでも，何かしようとするときにぼくをひきとめるのだ．[084]

「何かしようとするときにぼくをひきとめる」とありますね．あたりまえのように何かをしようとしていると，〈やめておけ！〉という合図が訪れる場合があるとソクラテスは実際に言って

いたらしいのです．こういう話を，これまでの講義でも出てきた事柄と関連づけられるのは分かりますか？ デカルトは，いったんすべてを疑ってみようとしたのでした．眼の前の机の存在や，さらに私の存在をさえ，疑ってみるのでした．あたりまえのように認めていたことを，揺り動かしてみようとしたのです．ソクラテスで言えば，彼自身，「徳とは何であるかということは，ぼくにはわからないのだ」[085]という発言をしそうなくらいに，知を吟味しようとしていたのでした．こうした吟味・懐疑は，それこそデカルトを通じて，現代の現象学〔Phänomenologie〕にまで及んでいます．いわゆる「エポケー〔ἐποχή，判断中止〕」や「現象学的還元〔phänomenologische Reduktion〕」といった話題です．例えば，こんなふうに．

> フッサールは『イデーン』第一巻では，世界を無批判的に在りと断定してかかるわれわれの態度を「自然的態度」とよび，この自然的態度を特徴づけるその普遍的な断定作用のスウィッチを切って「超越論的態度」に移し，当時の心理学がおこなっていたようにおのれ自身の意識をもはや外的刺戟にさらされた世界内部的一存在者として見るのではなく，むしろ世界や世界内部的存在者の存在意味がそこで構成される超越論的なものとして見るその方法的作業を「現象学的（ないし超越論的）還元」とよんでいた．[086]

「現象学」という哲学的な流派の話に入り込みすぎると難しい術語ばかり出てくるのでこの辺にしておきますが，とにかく，素朴にものの存在を認めてしまう日常的な営みをいったん〈カッコに入れる〉という態度がここにはあります．ところが，日常にどっぷり浸かっている人々からすると，それは奇異に見える．〈なんでそんなこ

★082──H. Bénac, op.cit., pp.816-817
★083──プラトン『饗宴』202E, p.78
★084──プラトン『パイドロス』242B-C, p.168
★085──プラトン『メノン』80D, p.275
★086──木田元『メルロ＝ポンティの思想』p.105〔傍点引用者〕

とをするのか？〉，〈生活はできているのに，そんな消耗することをする必要など無い！〉というわけです．いや，単に生きるだけなら，確かにそうなのです．〈善く生きるなんて，必要ないもん！〉，と．言うならば〈世間が善悪をどのように言うかは知らないが，俺は，「**欲望**（DÉSIR）」（►p.223）の赴くままに，「**法律**（DROIT）」（►p.281）に触れない程度に生きるんだ！〉，とか．そういう人たちには，私自身，〈どうぞご自由に！〉と言います．〈あなたの人生ですから〉，と．ただ，そういう風な，以下に述べるような〈生きるために生きる〉みたいなことを潔しとしない人もいるのだ，と私は思います．自らの主体性を以て善く生きたいのだという人も．

　　欲望は自らの対象（目的）に注目してあたかもそれに吸収されてゆくかのように働くのであるが，それは当の働きを〈対象〉というかたちで規定するのであって，働きの〈主体〉を語ろうとするのではない．目的をめざしているつもりが，実は目的によって突き動かされているにすぎないのである．〈善なるがゆえに追求する〉とか〈悪なるがゆえに忌避する〉といった表現は同語反復であって，〈追求する〉働きも〈忌避する〉働きも〈善〉や〈悪〉を説明してみせるための単なる道具立てにすぎない．そのような欲望とは，意志の無力によって知性の受動性が絶対視されるところに成り立つ，言うなら〈知性的欲望〉である．そのとき生命は自己目的となり，いわゆる〈生きるために生きる〉という事態が生ずることになる．[★087]

　この引用にあるように，さきに述べた〈世間が善悪をどのように言うかは知らないが，俺は，欲望の赴くままに，法律に触れない程度に生きるんだ！〉ではなく，むしろ逆に〈私は「**善**（BIEN）」（►p.131）だから追求するのであり，悪だから忌避するのです！〉という態度も，実は，善悪を吟味無しに立てている可能性があるのです．すでにどこかにある善悪を知性によって捉えればいいかのように，考えているのです．善悪の判断を，自分の意志に基づいてはしていないというか，他人に委ねている．いや，それどころか，社会ぐるみで，そんな態度を普通は採っているのです．ベルクソンは，そんな「**社会**（SOCIÉTÉ）」（►p.748）を「閉じた社会〔société close〕」と名づけています．そこでは，〈こう振る舞わなければならない〉ということが，個人に対して命令というか，責務〔obligation〕という圧力という形で，迫ってくるのです．

　　要するに，われわれが社会的義務〔obligation sociale〕の底に認めえた社会的本能は――本能というものは他のものに比べて不変である――，どれほど広大な社会であるにせよ，やはり一個の閉じた社会を目指している．[★088]

　〈われわれの生活しているこの社会では，このように振る舞わなければならないのだ！〉，というわけです．別のやり方を認めない．自分のやり方を吟味しない．別の意見に耳を傾けない．それこそが，プラトンの「洞窟の比喩」の最後に，地上に出た人が洞窟に帰ってくる場面で語られることでした．

　　「それでは，次のこともよく考えてみてくれたまえ」とぼく〔ソクラテスのこと〕は話をつづけた，「もしこのような人が，もう一度下へ降りて行って，前にいた同じところに座を占めることになったとしたら，どうだろう？　太陽のもとから急にやって来て，彼の目は暗黒に満たされるのではないだろうか」
　　「それはもう，大いにそういうことになるでしょう」と彼〔グラウコンのこと〕は答えた．
　　「そこでもし彼が，ずっとそこに拘禁されたままでいた者たちを相手にして，もう一度例のいろいろの影を判別しながら争わなければならないことになったとしたら，

どうだろう——それは彼の目がまだ落着かずに，ぼんやりとしか見えない時期においてであり，しかも，目がそのようにそこに慣れるためには，少なからぬ時間を必要とするとすれば？ そのようなとき，彼は失笑を買うようなことにならないだろうか．そして人々は彼について，あの男は上へ登って行ったために，目をすっかりだめにして帰ってきたのだと言い，上へ登って行くなどということは，試みるだけの値打ちさえない，と言うのではなかろうか．こうして彼らは，囚人を解放して上のほうへ連れて行こうと企てる者に対して，もしこれを何とかして手のうちに捕えて殺すことができるならば，殺してしまうのではないだろうか？」

「ええ，きっとそうすることでしょう」と彼は答えた．
★089

この最後の「囚人を解放して上のほうへ連れて行こうと企てる者」こそがソクラテスであることをプラトンは明確に示唆していますよね．社会を開こうとした者が殺される．イエスもそうであったことは明らかです．十字架に架けられて殺されてしまう．「姦淫の女」の話を思い出してください．（閉じてしまっている）律法を，否定はせずに，ただ越えることによって開き，「愛(AMOUR)」(▶p.076)に達しようとしているだけなのに．

さて，それでは，今回の定義の最後に出てきた「自分を統御しなければならない」というのは，どんなふうに統御しなければならないのでしょう？ ストア派のように，自らの指導理性という守備範囲を守るように統御しようというのでしょうか？ それとも……．ベルクソンは，対話の中で，次のように語ったといいます．

もしキリストが存在しなかったとしたら，エレウシスの神秘主義〔古代ギリシアの密儀宗教のひとつです〕，あるいはことに，プロチノスの神秘主義が完全なものであると信じこむこともできたろう．しかし，キリスト教と比較するとき，ギリシャの神秘主義は不完全なものと見える．というのは，キリスト教の神秘主義は，全段階を通っており，忘我恍惚境を越えて愛および愛による行動にまで行ったが，ギリシャの神秘思想は忘我恍惚境を極限として，そこでとまっているからだ．
★090

「忘我恍惚境」というのは，分かりにくいかも知れませんね．プロティノスという新プラトン主義者が登場しています．彼は，古代ローマ帝国が力を持った時代に，プラトンに心酔し，新プラトン主義という神秘主義的な体系を創ります．古代ギリシャ思想の最後の輝きです．すべてのものは，諸々のイデアをも超えた「一なるもの」から流れ出て，またその「一なるもの」へと帰還するのだ，という思想です．その帰還が成るとき，例えば人は当の「一なるもの」と合一するのだというのです．それが「忘我恍惚境」です．キリスト教の神秘主義も，多くの場合，「神との合一」を語りますが，ベルクソンはそれが最後には「愛および愛による行動」にまで至るのだというのです．ベルクソンは次のように言います．

完全な神秘主義とは，行為であり，創造であり，愛でなくてはなるまい．
★092

ソクラテスは，キリスト教以前の人ですが，いずれにせよ，閉じた社会を開こうとした．そ

★087——福居純『デカルト研究』pp.341-342〔傍点引用者〕
★088——H.ベルクソン『道徳と宗教の二つの源泉』p.243
★089——プラトン『国家』516E-517A, pp.497-498
★090——J.シュバリエ『ベルクソンとの対話』pp.249-250〔傍点引用者〕

★091——典型的な例は，スペインのアヴィラの聖テレサや十字架の聖ヨハネです．
★092——H.ベルクソン『道徳と宗教の二つの源泉』p.446

703

ういうふうに行動したわけです．イエスも，そうでした．そうだとすれば，今回の定義を発展させて考察するとすれば，「自己を統御する」とは，必ずしも社会の側からの警告にそのまま従って閉じた社会に安住するわけでもなさそうですよね．むしろ，たとえ，死を賭しても社会を開こうとする．そこには「愛の跳躍〔élan d'amour〕」があるのだとベルクソンは記すのです．

少数の選ばれた魂は，集団の限界内にとどまっていないで，のみならずまた，自然の確立した社会の連帯性に甘んじてもいないで，愛の躍動〔エランダムール〕に包まれて人類全体を目指して進んだ．このような魂の出現は，そのつど，あたかも唯一の個体からなる新しい種の創造とも言うべきものであり，ここで生の推進力は，人類の総体に対して一挙に得られるべくもなかった成果に，——長い間隔をおきつつ特定の個人のうちで——達したのである．★093

RÉPROBATION
糾弾 — これは人前での確然たる〔assuré〕咎め立て〔blâme〕であり，そこでは証明〔preuve〕という観念，言い換えれば，とにかく〔当該の人物を〕目覚めさせなければならない皆の思いという観念が際立っている．

私は blâme を神谷訳のように「非難」とは訳さずに，〈咎め立て〉と訳しました．理由は，〈非難〉という言葉は次の定義である「**非難（REPROCHE）**」（▶p.708）の方にとっておきたかったからです．神谷訳では，blâme も reproche も共に「非難」と訳してしまっています．けれども，できるならば，別の原語には別の訳語を私は付けたいのです．仏仏辞典でも，フランス語の類語辞典でも，語源辞典でも，はたまた英和辞典でフランス語に対応するだろうと思われる英語を引いても，これらの語（réprobation, blâme, reproche）の区別はなかなか明確に出てきませんでした．ということはつまり，英語でもフランス語でも区別に苦労する言葉だということです．まして，日本語の辞典ではもう，全然，明確でないというか……．こういう場合，それらの諸語に関する自分の語感に賭けて，そこから自分で思考するしかない．そう思います．ですから，みなさんとの語感がずれていることも十分にありうるので，みなさんはどうぞ自分でこれら諸語の関係を見事に付けてみてください．アランは（美しさとかに関わる）「**趣味判断〔Geschmacksurteil, jugement de goût, judgement of taste〕**」について，同じような「**決断（RÉSOLUTION）**」（▶p.715）を語っています．

自分の本性のうちに若干の趣味判断を見出し，それは確かに狭いものだが，全く確固不動であって，つまり小説・音楽・建物・彫像・デッサンの若干の作品は，どんなに度重ねて接した後でも，常に同じ十全な是認を得たのに対し，他の多くのものは，世評の高いにかかわらず，それに類する何のをも全然得なかったほどなので，私はこの狭いが堅固な地盤の上で仕事をしようという考えをいだくようになった．手当りしだいに何でも解釈してのけるというあの恐るべき容易さこそ，常に警戒せねばならないのだが，それがこうした途をとることによって，はっきり輪郭を限られた問題に連れ戻されるようになったのだから，なおさらそうである．★094

public を〈人前での〉と訳したのも，assuré を〈確然たる〉と訳したのも，共に，「糾弾」というものは，相手を目の前にして，明確な論理を組み立て，有無を言わせぬ形での「証明」という「言葉」の連なりを突きつける〈咎め立て〉だと私は考えたからです．以前に触れた「**証明（PREUVE）**」（▶p.655）の定義と関連するわけですから，もう一度，参照しておいて

ください．ここでは，「証明」について，今回の定義との関連で少し補足しておきましょう．実は，アランは，証明というものについてかなり手厳しい批判をしています．例えば，こんなふうに．

> 証明しようと思う者はまだ暴君である．人を改宗させようと思う者もまだ暴君である．[★095]

「証明しようと思う者」を，なぜ「暴君」と言うのでしょう？　それは，証明というものがある種の強制を行使するからだと思います．どんな強制かというと，次のようなものです．

> 打破されることのないものと想定された一つの原理から出発する証明，議論または演繹，要するに論理のすべての方法は，この論理という言葉がよく表わしているように，もともと雄弁の方法に属するという考え方…〔後略〕[★096]

それは，「論理(LOGIQUE)」(▶p.439)であり，「雄弁(ÉLOQUENCE)」(▶p.294)に伴う強制です．簡単に言えば，〈論理的必然性〉とか言い習わされているものです．雄弁は「時間のうちに展開されるものであり，またそれだけの理由によって，原理から帰結への進行を強要する」とアランは言う．〈そもそも前提はこうだよね〉，〈だとすれば，次には必然的にこうなるよね〉，〈そもそも，そうでないと矛盾することになるからね〉とか，言ったりしますよね．畳み掛けるようにして，前提から結論への継起的(つまりは時間的)進行を強要する．形式的な論理を使って，人を説得したり，人を攻撃したりする．言わば，論理は武器になる．理論武装などという私の大嫌いな言葉がありますが，それは博識を前提にして，その上に論理を当てはめ，有無を言わさぬ形で力を行使し，相手に勝とうとするものです．衒学(ペダントリー)

です．そんな愚かな試みが，「ディベート」とかいう議論の仕方の中で，現在もてはやされているものと言っていい．これは議論〔débat < débattre < battre fortement (烈しく戦うこと)〕であって，対話〔dialogue < διάλογος (理性を分け持つこと)〕ではありません．その違いを考えてもらうために，アランの簡潔な言い方をここで引用しておきましょう．

> 議論に勝つことでなにか真理がうち立てられるなどと考えるのは，子供ぐらいのものだ．[★098]

さて，そもそも，論理とは，言葉づかいの中にある「**必然性(NÉCESSITÉ)**」(▶p.502)だとアリストテレスは考えて，いわゆる「形式論理学」を創始し，しかも，ひとりでほぼ完成させてしまいました．以前にも引用したと思いますが，もう一度，次の文章を引用しておきましょう．

> アリストテレスは言説(discours =ディスクール)〔ロゴス〕だけで時々決まっているように見えることにおそらく驚いて，ロゴスのみに依存しているすべての証明を体系化しようと試みた．彼はそれに成功したのだ．それ以上にうまくは出来ない．ロゴスからかならず言えることと絶対言えないことをすべて知っている研究を，論理学と呼んでいる．[★099]

こうした「形式論理学」の中だけに人間の思考がきっちりと収まるとは私は思っていません．「ロゴスからかならずいえることと絶対言えないこと」だけに思考が限定されるとは思えないからです．アラン自身もどうやらそれに近いことを考えたらしく，彼は次のように書きました．

> ギリシア人およびローマ人は，雄弁という形式で，ものを考えた．理性と言葉．これはギ

★093──同書, p.308〔傍点引用者〕
★094──アラン『芸術論集』p.57〔傍点引用者〕
★095──アラン『宗教論』p.272
★096──アラン『諸芸術の体系』p.6〔傍点引用者〕
★097──同書, p.7
★098──アラン『思索と行動のために』p.184
★099──アラン『アラン, カントについて書く』p.15〔傍点引用者〕

リシア語では，ロゴスという同一の単語であった．そして，ロゴスが，神であった．時代の隔絶によって，われわれは，そのことを，ようやく，知り始めた．彼らの「然り」「否(ノン)」の論理は，あきらかに，法廷の論理である．このため，いまなお，われわれは，同じ事象について，「然り」「否」の二つを同時に答える羽目に陥った者は，まちがっているのだ，というふうに，一方，自分の言葉の前後の辻褄(つじつま)を合わせている者は正しい，というふうに信じている．信じていないまでも，ともかく口では，そういわざるをえなくなっている．しかし，冷静に考えてみれば，これは奇妙な思想である．弁護士の思想か，さもなければ，裁判官の思想である．もっとも巧みな修辞家が，もっとも洞察に富み，もっとも深遠な思想家であるなどとは，とうてい，いえることではない．それどころか，自分自身とさえ議論し合いながら，また反論し合いながら考えるという習慣は，しばしば，われわれを，直截(ちょくせつ)な認識から遠ざける．[★101]

アランは，簡潔に「証明の牢獄のなかでは，十分に思索することはできない」と言い放つことさえあります．[★102]証明と議論，要するに推理が理性と同じだなどと誤解してはならないと彼は言うのです．次のように．

 証明と議論がなおあまりにも勢力を振るいすぎている．文字に書かれた作品においてさえ，推論が理性を押えている．そして討論趣味が精神をその真の道からそらせていることが今日ほどはなはだしいことはない．[★103]

しかし，なぜこういうものが勢力を振うことになるのか？　なぜ人は往々にして，そういう論理とかいうものを好むのか？　さきに述べた「理論武装」や「ディベート」や，さらには「訴訟」に関わる人間の心理があるからだと私は思います．例えば，裁判において弁護士に弁護を依頼する者の心理です．アランは，次のように書きます．

 法律あるがために，ひとは，さかんに，訴訟したがるのである．訴訟人の立場は，たとい，ひとときであれ，あの公平で確信にみちた弁護士のおかげで，正当であり，かつ筋道がたっているように，みえるだろう．訴訟人の感情が，そこでは，思想の水準まで高められているのである．さて，このようにして，ひとは説得する．説得するとは，つねに，聴衆の意見に形を与えてやることである．[★104]

 証明が快感を与えるのは，けっして，それが聴く者に働きかけるからではなくて，かえって，聴く者の意見が，この種の装飾をまというることを，見せてくれるからなのである．[★105]

どんな見解でも，論理の形をまとって，一瞬，もっともなように見せるのが弁護士の腕であり，それこそが雄弁というものなのです．訴える者は，自分の見解が，弁護士によって，自分自身がしゃべるより以上の見事な姿をまとうことを歓ぶと言っていい．

さて，今回の定義に戻りましょう．「糾弾」というものにおいては，「証明という観念」が際立っているとアランは言うのです．しかも，それを言い換えて，「とにかく〔当該の人物を〕目覚めさせなければならない皆の思いという観念」と述べています．このあたりを神谷訳は「ただちに眼をさます以外ない，という公の思想」としていますが，少し分かりにくいですよね．seulement を「ただちに」と訳してしまうと，時間的なニュアンスが少し強すぎるように私は思います．確かに，〈何はともあれ，今は目覚めさせなければならない〉という感じがここにはありますから，誤訳ではないのですが．私が，

706

言いたいのは次のことです．まず，アランは「証明」というものを批判するときがあるわけで，それに全面的に身を委ねるような人ではない．では，彼が「証明」とか「論理」とかを使う必要を認めないかというと，そうではない．糾弾が必要なときもあり，そういう場合には使わなければならないと考えているに違いありません．例えば，政治家が不正を行った場合に，それについて物的証拠と共に言葉で糾弾するといった場面です．真っ当な政治体制を維持しようとしたいなら，そんなことが必要になる場合もありますよね．アランの著作のある訳者は次のように書いています．

> アランによれば，政治の本来の目的は衣食住という基本的な生活の保証にあり，秩序はその条件となる．そして，この線にとどまるかぎり，政治はとくに人々の関心をひくものではない．けれども，人間の本性，とくに情念の本性から，政治はこの正しい線にとどまりえないというのが事実であり，ここにアランの政治批判が始まるのである．★106

そこでは，「証明」が必要悪としてとでも言いましょうか，使われる．しかし，それは，あくまで緊急避難的な行使なのです．なぜなら，次のようなものに過ぎないからです．

> 普遍的なものは証明されることはなく，証明しようとする者は，自分の証明は普遍的に妥当するものだということを常に仮定しているが，決してそのこと自体を証明しようとはしないのである．一般的なものだけが証明の対象となるのであって，それはた̇だ̇実̇際̇的̇な̇一̇致̇，つまり人間世界に関して

は政̇治̇的̇な̇，外界に対しては工̇業̇的̇な̇一̇致̇にのみ導く．★107

ソクラテスは実際の対話の中で，何らかの〈「徳(VERTU)」(▶p.850)そのもの〉を手に入れたのでしょうか？　プラトンは，彼の『対話篇』の中で，イデアの存在の「証明」をしたでしょうか？私は，この両方共に，否定的です．だからといって彼らの努力が無意味なのではない．人を思考させるからです．思考するという人間の尊厳を目覚めさせるからです．

> 真の散文のねらいは，説得や証明にではなく，人をして考えさせるところにあるのだ．★108

思考を放棄してしまうことこそが，重大な問題なのです．

> 考える能力…〔中略〕…この能力は火山を前にしても，群衆の真只中においてさえ，孤独と自由を求める．絶えず物事を計量し，測定し，判断を下す．自分と同様に自由で孤独な裁判官の判断以外は受けつけない．こ̇の̇際両者と̇も̇力は放棄している．そしてこの孤独の中での精神の気高さこそが，正気な人間が敬意を払いうる唯一の人間らしさなのである．★109

もう一度強調しておきますが，ディベートは力の行使です．証明して，相手を屈服させたいのです．対話ではない．だからこそ，アランは次のように記すのです．

> 強い情念あるいは単に証明̇し̇た̇い̇という情念に動かされるようなことがあったら，

★100──もちろん，ここには新約聖書「ヨハネによる福音書」の冒頭，「初めに言(ことば)があった．言は神と共にあった．言は神であった」(῾Εν ἀρχῇ ἦν ὁ λόγος, καὶ ὁ λόγος ἦν πρὸς τὸν θεόν, καὶ θεὸς ἦν ὁ λόγος.)への連想があります．
★101──アラン『芸術に関する101章』p.220〔傍点引用者〕
★102──アラン『思索と行動のために』p.251
★103──アラン『芸術論集』p.155〔傍点引用者〕

★104──アラン『芸術に関する101章』p.183〔傍点引用者〕
★105──同書, p.184〔傍点引用者〕
★106──アラン『人間論』p.270〔訳註〕
★107──アラン『諸芸術の体系』p.7〔傍点引用者〕
★108──A. モーロワ『アラン』p.99
★109──アラン『裁かれた戦争』p.127〔傍点引用者〕

707

あまり自分を信じすぎぬようにするのが　慎重だ.[110]

REPROCHE
非難

— それは, ある人が全然見たくもない何らかの〔すでにその人がしてしまっている〕行為にその人を近づけさせ, 眼差しの下に置き, その行為を吟味することを強いる. 非難は, 戒め〔remontrance〕以上のもの, 〔すなわち, そこから〕顔を背けることなどできないような仕方で物事を眼の前に近づけるというあの運動を持っている. 非難の中にはいくらかの執拗さがある. 咎め立てたりできないような事柄について, 人は非難することがある. 例えば失敗だとか, 貧困だとかについて.

　前回の定義のときにも述べたように, 意味が近いいくつかの語について, フランス語と日本語との違いを含めて, なかなか微妙な区別をしなければならないようです. 森有正氏は, 死去により, この定義の本文の翻訳をすることはできなかったのですが, この reproche については「譴責」という訳語を暫定的に念頭に置いていたようです.[111] けれども, この定義の本文を読んだかぎりでは, 私の語感からすると日本語の「譴責」に含まれるであろうような〈ある種の人間関係における上下〉や〈社会・組織的なニュアンス〉はなさそうに思えるので, 私は神谷訳と同じように「非難」と訳すことにしました.

　「非難」は自分ではない他人によってなされるように思えます. 「自己非難」という言葉も, 心理学や精神医学といった場面で使われていないわけではありませんが, 「自己批判」という日本語よりは定着していない感じがします. もちろん, この二つの言葉の意味は異なっています. アランの定義を読んでみても, 「ある人が全然見たくもない何らかの〔すでにその人がしてしまっている〕行為にその人を近づけさせ, 眼差しの下に置き, その行為を吟味することを強いる」と訳せるわけで, 「強いる〔obliger〕」という言葉には, 他の主体の存在を予想させるものがあるのはお分かりでしょう. それに, 「全然見たくもない」行為についてのことであって, 当人は逃げ腰なのです. それなのに, 他人があえて当人をその行為に近づけさせ, 吟味を強いるという事態です. しかも, 本文に「顔を背けることなど

できないような仕方で物事を眼の前に近づけるというあの運動」とか, 「いくらかの執拗さがある」と書かれているように, かなり強制的で, 執拗なあり方を指しているとアランは考えています. 日本語でも, 非難という言葉に同じような強制・執拗さがあるかどうかは, よく分かりません.

　語源的な探索を行うと, reproche < reprocher < 俗ラテン語の repropiare(rapprocher; mettre sous les yeux) = re-（強意）+ prope（près〔近くに〕, auprès de〔傍らに〕）までは追うことができます. いずれにせよ, 〈「近く」ということを強意を伴って用いる言葉〉なわけです. また, 私なりの言葉遊びをしてしまえば（つまり語源的な正当性からは離れて, 語彙の形からの連想を許してもらうならば）, proche という言葉自体が「近い」という意味ですから, それを re, つまり〈何度も〉という反復を読んでしまうということも面白いかも知れません. アランは, そんな遊び心も持っていたように思うからです. 詩人的な遊びですね.

　さて, 興味深いのは, 定義の最後の部分です. 「咎め立てたりできないような事柄について, 人は非難することがある」とアランは書く. 「咎める」のは「過ちや罪・欠点などを取り上げて責める」[112]ことなのでしょうが, この定義では「失敗」や「貧困」まで人は非難することがある, というのです. 日本語だと, 「過失」なんていう言葉があるくらいですから, 「失敗」は「過ち」に結構近いところにありそうですが, アランはここで「失敗〔échec〕」を「咎め立てたりできないような事柄」としているのです. では日本語の「過

失」を和仏辞典で調べると何という単語が出てくるでしょう？　それは，faute〔過ち，罪〕とかerreur〔誤謬〕という言葉で，ある種の道徳的なニュアンスが漂います．こうしたニュアンスを考慮すると，フランス語では日本語よりも，「失敗」に関しては，確かに咎め立てしないのが普通のように思えます．小さな違いのように見えますが，これはもしかすると，思いの外，大きい違いなのかも知れない．例えば，教育の場面です．日本の教育に深く蔓延っている「管理教育」というもののせいもあるかもしれませんが，教師の教えることをただだた憶える教育がほとんどで，その記憶を確かめるかのように課される質問(テスト)にうまく答えられないことは，〈悪いこと〉だとか〈恥ずかしいこと〉だとか考えられてしまっている．つまり，そこでは「失敗」は悪いことで，〈咎め立てられていいもの〉だと理解されているように思えるのです．しかし，本当にそうでしょうか？　そんなふうに考えるからこそ，〈「間違い(FAUTE)」(▶p.350)を指摘されること〉を，あたかも〈人格を攻撃されること〉のように受けとめたりする風土ができてしまうのではないでしょうか？　学生さんのリアクションを読んでいても，アランの叙述に過剰反応して，すぐに〈アランは……を良い(悪い)と考えたのでしょうか？〉という質問に出会うことがあり，実際には彼はそういうことを言っていないのに，すぐ価値判断に持ち込もうとする学生さんたちの傾向を感じることが結構あります．そういう価値判断とは(さしあたって)中立的に考えるということができていない気がするのです．次のことができていない．

  教養は一つの良薬である．ここで言う教養とは，あらゆる種類の考え方と長いあいだ親しみ，あらゆる著作者たちを漁り，彼らに同意したり彼らを非難したりするよりは

むしろ，まずもって彼らを理解するように留意することである．名誉がけっしてかかわってこない精神の訓練は，少年期や思春期に適している．ひとはそうやって，思想を餌のように呑み込まないことを学ぶのである．理解はするがとらえられてしまわないこと，これが健康なる精神である．[★113]

　さて，アランは高校教師だったわけで，学校というものについて現場で考えている文章がたくさんあります．次の文章は，上に述べた「失敗」という事柄について考えさせてくれるように私は思います．

  思考のなかには遊びの部分がある．しかし，学校が遊びにすぎないことをのぞむなら，これまた思い違いである．学校は遊びと徒弟制という二方向に引っぱられている．だが，その中間にあるものなのだ．学校はその真剣な面で仕事に通じるものを持っているが，他方，仕事の厳格な掟からは免れている．そこでは，思い違いをすればやり直す．誤った足し算はだれも破産させない．[★114]

  「ろくでなし，なにをしようとするんだ」．これが仕事場の言葉である．「きみがやったことを見せてごらん」．これが学校の言葉である．[★115]

　失敗を目の当たりにして，教師は「きみがやったことを見せてごらん」というのです．どうして失敗したかよく検討して，やり直せばいい．失敗が非難はされないのが，本当の学校ではあるまいか？　しかしながら，すべての教師がそのように振る舞えるかどうか……．こういう例を考えてみると，アランが「咎め立てたりできないような事柄について，人は非難するこ

★110──アラン『芸術論集』p.63〔傍点引用者〕
★111──アラン『定義集』p.167〔森有正訳，所雄章氏による編集後記〕
★112──『デジタル大辞泉』
★113──アラン『プロポ 2』p.230〔傍点引用者〕
★114──同書，p.7〔傍点引用者〕
★115──同書，p.8

709

とがある」と指摘する場合の，アランの姿勢が推測できるかも知れません．アランは「貧困」を非難することを良しとはしていないと私は考えるからです．でも，人は，そんなものまで非難してしまう．〈自己責任だろっ！〉って．それはなぜか？　そう，アランは読者に考えさせたいのではないでしょうか？　貧困に陥った理由を暴き立てて，非難しようというのだとしたら，それは正当なのか？　アリストテレスだったら，その正当性を主張するかも知れない．次のような厳しい態度をもってです．

> 不正なひとになったり，ふしだらなひとになったりするについても，一方では，他人に不正を働いたり，他方では，飲酒や，その他そのような種類のふしだらな行ないに耽ったりしているそのひと自身にその責めがある．なぜなら，それぞれのことは，それにかかわることを実際にやっているひとを，そのような種類のひととして形作るからである．*116

ここでは「不正」や「ふしだら」が例として挙がっているのですが，「貧乏」も，それに備えなかった「その人自身にその責めがある」なんて言いそうだからです．まさに自己責任というやつ．でも，どうでしょうか？　生まれたときからすでに家庭が貧しかったり……．「糾弾(RÉPROBATION)」(▶p.704)のところで引用したように，「政治の本来の目的は衣食住という基本的な生活の保証に」ある

としたら，どうでしょう？　「貧乏」は，それを救済できない政治の責任ということだってあるのではないか？　もちろん，最近は「相対的貧困」という言葉もよく使われるように，比較の問題ということもあります．例えば，古代ギリシアのキュニコス学派の代表者，ソクラテスの孫弟子に当たるいわゆる「樽の中のディオゲネス(シノペのディオゲネス)」は，所有物をなるべく持たないようにとまさに樽の中に住んでいました．持っていたのは，水をすくって飲むためのお椀であったというのですが，あるとき，川で水をすくって飲んでいると，子どもが手で水をすくって飲んでいるのを見て，「私は子どもにすら負けてしまった」と言って，その場で，自分の椀をたたき割ったと言います．そのディオゲネスとアレクサンダー大王との間の逸話は有名です．ディオゲネスがひなたぼっこをしていると大王がやってきて，「何か望む物事はないか」と問うたとき，「あんたがそこに立っていると日陰になってしまうから，どいてくれ」と言ったといいます．無所有で，かつ権威をも恐れないその言動に，大王は「私はアレクサンドロスでなかったら，ディオゲネスになりたい」と言ったとか．そんなディオゲネス的な姿勢からすれば，貧困を非難されたところで，痛くも痒くもないという感じでしょうなぁ……．もしかしたら，他人との比較というものを断った生き方には，そんな安寧があるのかも知れませんね．実際，比較ほど，人を苦しませるものはないような気もします．

RÉSIGNATION

諦め – これは，字義通りには，封印を破ること〔rendre le sceau〕，言い換えれば署名(サイン)を力など持たないものにする〔annuler〕こと，支配力とか高い位といったものを返してしまうことである．それゆえ，諦めの中には，起こってしまったことを変えるためには，もう何もしないだろうという意味が含まれている．

最初の rendre le sceau が訳しづらいです．rendre les sceaux で「国璽尚書の職を辞する」とあり，私は，最初，〈公印を返すこと〉と訳そうとしました．なぜならフランス語の rendre には「返却する」といったニュアンスがありますが，神谷訳の「開封する」という日本語に伴う「開ける」とか

いう意味は無さそうだからです．しかしながら，もともとの résignation の語源的位置にあるラテン語のresigno には確かに「開封する」・「封印を破る」という意味がある．そして今回の定義に出てくる「無効にする〔annuler〕」という意味もある．アランが「字義通りには」と言っている箇所を，こうした語源的な探索まで含めるなら，神谷訳の「開封する」は妥当となります．ここはそれに従っておきました．けれども，私の頭の中には，最初に〈公印を返すこと〉と訳そうとした解釈の方向性を残しているので，それ以降の訳が神谷氏とは少し違ってきます．どういうことかというと，「開封する」とか〈封印を破る〉とかいうことの意味をもう少し考えてみたいということです．西洋では，古くは，手紙や公文書などを閉じたところなどに熱で溶かした蠟（「封蠟」といいます）をたらし，その上から例えば指輪などに彫ってあるような印を押したものなのです．そこには，封をした人物の力がこもっている．しかし，それを破ってしまうということは，封をした人物の力はもう無いということを示しうる．それを言い換えるなら，署名も無力となること，支配力とか高い位といったものを返してしまうことだ，と．そこで，今度は，封をしたり，封を開けたりするのが，自分だとしてごらんなさい．自分にはもうそれほど力はないとしてしまうことになりますよね．〈何かできるなら，するけれども，もうそんな力は無い〉，と．まさに「諦め」とはそういうことでしょう．私が，以前，この講義で触れたストア派の「ヘーゲモニコン（指導理性）」は自分の意志でどうにかなるはずの守備範囲を確定して，それに関しては譲るまいとしていましたよね．それを放棄しないという強い意志が観られました．また，私は，再三，「高み」ということを言ってきましたよね．「高み」とは，古代ギリシア語でἀκμήであり，highest or culminating point of anything と説明されるものです．「徳（ἀρετή）」もまた，ものの〈善いところ〉・〈卓越したところ〉であり，英語で言えば goodness とか excellence と訳され，要するに「高み」の言い換えとも言えそうな事柄なのです．では，あなたは，自分の，そして人間の「高み」「善いところ」「徳（VERTU）」（▶p.850）をどこに置くのでしょうか？ 「知識（量）」でしょうか？ 私は違うと思います．以前にアランがソクラテスについて次のように言っていたことを思い出しましょう．確か，前に，引用したはずです．

> 定理を一つよけいに学んだことは，偶然の出来事にすぎない．定理を一つよけいに知っているために〔他人を〕軽蔑しようとする人々を見かける．彼らはこうして，文章を三行読んだということで，人々の精神に一種の恐怖を植えつける．だが，さらに三行よけいに読んだ別の人がすぐさま見つかるもので，これには限りがない．これまた悪しき無限である．いっさいを知る人は，諸精神に固有な大いさにおいて，一事を知る人より大きいのか．これは疑問である．いやむしろ，疑問ではない．ソクラテスは，私たちが知っている多くのことを知らなかったけれども，断じて小さな精神ではなかった．★117

多くの事柄を知っていることが大事なのではないとすれば，いったい何が大事なのでしょう？ これまでこの講義で述べてきたことの一つに「意志」というものの大事さがあり，そしてそれが「知性」との関わりでどのように位置づけられるものかについて考察してきました．デカルトが，いわゆる「主意主義」的な立場であることもみなさんお分かりですよね．しかも，そのいわゆる「誇張的懐疑」に関わって，意志の使い方が，通常の人間のあり方からすれば受け入れがたいほどまでに．そんな懐疑をするなんて病的だと思う人もいるくらいに．アランは，次のように記しています．

★116──アリストテレス『ニコマコス倫理学』1114a7, p.82〔傍点引用者〕　　★117──アラン『人間論』p.324

711

真理の商人たちのあいだには，彼らが主意主義と名づけたものを高飛車に排撃する点で，あらゆる時代に一致があり，彼らの目にはそれが，まさに一種の病気のように映るのである．[★118]

しかし，そんな普通の人たちとデカルトのどちらが病気なのか分かったものではありませんよ．上の引用には「真理の商人たち〔les marchands de vérités〕」とあります．真理を売りつける人たちがいるということですよね？　誰でしょう？　そういう人たちからすれば主意主義が病気のように映るというその健常性とはどんなものなのでしょう？　アランは高校生たちへのスピーチで次のように語ったといわれます．著名なアラン研究家で，名古屋大学の教授でもあった白井成雄先生の解説から引用しましょう．

最後にコンドルセ校でのスピーチをみよう．このスピーチは「眠りの商人」と題され一九一九年に出版されているが，ここでもアランは，学校で学んだ自由検討の思考方法を社会にでてからも貫くことを生徒達に要請し，この一年プラトンを読んだが，その結果として思想は他人に量り売りをしたり，また他人から買い求めたり出来るものではなく，結論自体は大切でなく，自由な精神の持ち主が議論しあうところにソクラテスはいるのだ，ということが解ったであろうと生徒達に訴えている．また，更に続けて，真実というものは個別的であり，決して体系的なものではなく，それ故絶えず目覚め，瞬間ごとに真理を見きわめ，構築する必要のあることが主張され，そして，この社会にはこのような意味で絶えず眼覚めている者は少なく，むしろ真実を求めず眠りにふけり，しかも，そのような眠りを他人に売付ける連中の多いことが述べられ，生徒達も，社会に出てから，絶えず目覚めている

ようにと，希望を述べている．[★119]

さらには，次のようにまで記して，大学教育を批判したりします．

ソルボンヌという名の，あの大安売り（ボン・マルシェ）の百貨店のなかで，思想が，人間らしい形式を維持できるなどということは，ありえぬではないか．[★120]

とても大事なことが言われているように，私は思います．それも現在の大学の情勢とからめてです．次の引用を吟味してごらんなさい．

もし政治が，判断と内省のものでなければ，その政治は空疎である．あらゆる公的教育のねらいは，各人にその者自身の精神を戻してやること，金銭をも力をも考慮せず，ただ真実と正義のみを考慮するという，その主たる用途に向けて，この精神を鍛えることにある．だが見よ，いかにこの目的が忘れられているかを．高飛車にこう問う者がいる．作りもしない，売りもしない，武器を発明もしない，そんな精神がなんの役に立つのか，と．そして技術が知恵にたてついて，学校から知恵を追いはらう．そうなるともう裁く者はいないし，裁く者を裁く者たちももういない．それよりも残るのは，岩をうがち，お互いどうしでうがちあう，すばらしい能力の備わった凶暴な昆虫どもだけである．（Pol., III-LXXXVIII〔一九三四年五月五日〕）[★121]

こんな昆虫たちが，まともな人間なのでしょうか？　私はそう思わない．「知恵（SAGESSE）」（▶p.721）と「意志」との関係を深く考えてみる必要があると思います．「知恵」と「知識」との関係よりももっと．「知識」が意志とは独立にすでに決まっているものだと考え，それらをできるだけ多く詰め込んで「役に立つ」人間を育てること

こそが学校の役割なのでしょうか？　それとも，個々の人間の「**精神（ESPRIT）**」(▶p.322)を解放することこそが教育の役割なのでしょうか？　少なくとも私は，後者を採ります．ここで，確認したい文章がある．

> 科学では，…〔中略〕…，要約の完全さのゆえにもはやひっかかりすら見あたらない．力学の典雅な講義のなかにはそれを留める何ものもない．そこで人は「それは私を何から解放しうるのか」と問う代わりに，「それは何の役に立つのか」と質問してしまう．[122]

こういう文脈で，定義の後半をみてみましょう．「それゆえ，諦めの中には，起こってしまったことを変えるためには，もう何もしないだろうという意味が含まれている」とアランは記しています．「真理」も「知識」も自分の意志とは関係なく決まっているとすれば，人はそれを頭に記録するとでもいうことしかしなくなる．意志的に判断するということがなくなる．

> 君は人類が科学に酔い痴れたここ二，三世紀の申し子なのだ．確かに外的必然を知らねばならない．まず外的必然に従わなければこれを巧みに利用することはできない．だが私の見るところでは，この純粋に技術的な〔industrielle, 工業的と訳してもいい〕ものの見方が精神を麻痺させてしまったのだ．なぜなら，精神に対しすべてを事実として捕えるように命じ，判断者ではなく記録係であるように命じたからである．[123]

諦めて，記録するしかなくなるのです．〈だって，事実そうなんだもん！〉というわけです．諦めた人は〈だって，他にはできないんだもん！〉と言うかも知れません．〈そこに人間の自由なんて，ないのだ！〉，と．でも，できないとはどういうことか？　そこに自由は本当にないのか？　次の文章を思い出しましょう．

> 観念の最善の秩序は自然のなかにあたえられていて，私たちはその秩序を発見しさえすればよいように思われるが，それはおそらく悪い祈りであり，いわゆる被造物の礼拝であって，創造主を礼拝することではない．このように観念を事物から規定することについてけっして誤らなければ，そしてそういう規定は想像によるものであることがわかるなら，自然学者の思考にも驚くべき自由が推測されるだろう．[124]

このことを過酷なまでに推し進めてみたのが，デカルトの「永遠真理被造説」なのです．そこまで形而上学的な話に持ち込まなくても，次のように考えてみたらどうでしょう．確かに，この場で5メートル飛び上がることは，何の補助もなく自分のジャンプ力だけでやれと言われればできません．それで諦めます．結構．しかし，〈なんとかこの場で5メートルジャンプしてやる〉と決断した人は，何らかの補助器具を発明するかも知れない．そして結果的にそれに成功するかもしれないのです．助走を付けていいのなら，棒高跳びのようにするかも知れない．〈さしあたって，できないということが決まってしまっている〉事態を，どうにか変えようと，何かするのです．そもそも，そういう何かをするということの積み重ねが無かったら，飛行機は飛んでいなかったでしょう．レオナルド・ダ・ヴィンチが鳥の翼を真似た飛行機械を創ろうとし，またパラシュートのようなものまでデッサンしているのはよく知られています．500年以上前のことです．それが1903年にやっとライト兄弟の発明で実現する．諦めなかったからでしょう．

★118──アラン『わが思索のあと』p.49
★119──白井成雄「ラニョーとアラン」（アラン『ラニョーの思い出』）p.175〔傍点引用者〕
★120──アラン『芸術に関する101章』pp.150-151〔傍点引用者〕
★121──G. パスカル『アランの哲学』pp.309-310〔傍点引用者〕
★122──アラン『教育論』p.60
★123──アラン『裁かれた戦争』p.131〔傍点引用者〕
★124──アラン『イデー（哲学入門）』p.178〔傍点引用者〕

こうして，諦めるとは，過去をそのまま引きずって生きようとでもいうことになるのではないか？〈それが人間というものの限界さ！〉，とか．そんなふうに考えたとき，真理さえもが私たちを限界づける．論理的真理に囚われて，思考の限界を画してしまうかも知れません．そんな立場にはニーチェの次の言葉をプレゼントしておけば十分です．

> ・・
> 真理とは，それなくしては特定種の生物が生きることができないかもしれないような
> ・・
> 種類の誤謬である．〔Wahrheit ist die Art von Irrthum, ohne welche eine bestimmte Art von lebendigen Wesen nicht leben könnte.〕★125

もちろん「特定種の生物」とは，「人間」〔Mensch〕のことでしょう．それをも超えていく「超人」〔Übermensch〕をニーチェは構想したのでした．アランがニーチェを高く評価した形跡はありませんが，意志というものを称揚した点では共通点があります．実際，さきにみたように主意主義的な立場を採っていた．もちろん〈真理などない〉とアランは言っているのではありませんし，ニーチェのように「真理」を皮肉るわけでもありません．けれども，当の真理を，真理とするに当たっての意志の働きは強調するのです．

> 大衆は，最新の真理が彼らにふさわしいものだと思うので，まちがった学び方をするものだ．ところが真理というものは一つの精神から他の精神へ注ぎこむことができないものである．現象から出発して真理をかち取ったのでない者には，真理はなんの価値もない．★126

> あらゆる観念はまず共通なものであり，最初は他人の意見として自己のなかに入りこむのであって，真理として入りこむのではない．★127

自分で真理を作りださず，ただ真理を受けとる人には禍(わざわい)あれだ．デカルトは，奇異なことに，いっさいを拒み，真をさえ拒むことを考えた．そのうえで彼は，一，二，三……とかぞえはじめた．たしかに，この順序を宇宙が投げ与えてくれることはついにあるまい．なぜならば，羊がはじめ一匹，つぎに二匹，つぎに三匹というように出てくるのが見られたためしはないからである．集合はあらわれるが，数はあらわれはしないのだ．★128

考えるとは行動から身を引くことだと言った人々は，重要な一真理を告げたのであるが，しかし，この真理そのものもじっとしていては滅びかねない．なぜならば，行動しない人は眠るのだから．★129

これまでにこの講義でやった「後悔(REMORDS)」(▶p.687)などの定義を思い出してごらんなさい．こことも関係してくると思いませんか？ アランは次のように書いていました．

> あり得る唯一のあやまりとは何か．おそらくそれはあきらめというものでしょう．★130

この講義では，「徳」とか「高み」とかということを何度も強調してきました．私が〈哲学とは善く生きるための知恵〉だと言っているのですから，当然のことでしょう．もちろん，〈善い〉とはどういうことかという吟味も含めてだと言ってきましたよね．ただ，それに失敗する場面というのは，比較的見えやすい．そこから，「徳」とか「高み」というものを逆照射することができるかも知れない．例えば，こんなふうにです．

> わたしがあまりに小心か臆病であるために詐欺師になれないとしても，それは徳ではない．逆上ゆえに勇気を示しても，それは徳ではない．卑劣ゆえに諦めたとしても，それは徳ではない．徳とはつまり，自己の

自己にたいする力である。[131]

今回の定義の最後の「もう何もしないだろう」という言葉は、徳の放棄であり、「**哲学**（PHILOSOPHIE）」（▶p.587）の放棄であるかも知れないのです。

RÉSOLUTION
決断 — これは何らかの混乱〔confusion〕が消え去る瞬間であり、そこにおいて、精神的苦境〔embarras d'esprit〕から自分が解き放たれたことが感じられ、思考が以前の瞬間を見やることなく、同じ苦境がもはやふたたび戻ってこないだろうという思いと共に、ふたたび動きはじめる。この〔同じ苦境がもはやふたたび戻ってこないだろうという〕最後の判断が、決断における意志の持ち分を表現している。〔決断を前にして浮かび上がってくる〕こんな躊躇いも、そんな心残り〔regret〕も、もはや顧慮しないだろうと人は誓う。そして、それは思ったよりも簡単なのである。ただ、それができると信じることを意志しなければならないだけだ。

冒頭に登場する「混乱〔confusion〕」の正体が問題でしょう。それは、すぐ後に出てくるように、「精神的苦境〔embarras d'esprit〕」をもたらすものなのです。まさに決断をいま迫られている人物は、その苦境から抜け出せないで、ある程度の「**時間**〔TEMPS〕」（▶p.800）、留まっていたのです。フランス語の confusion という概念に、grand trouble en général durable〔普通は持続性のある大きなトラブル〕[132] というニュアンスが含まれていることからも、そのことは分かります。ここで、問題になっている「精神的苦境」がどうして持続的なのかも問うていいでしょう。それは、定義の続きを読むとヒントが与えられる。「思考が以前の瞬間を見やる」ためにそうなるのですよ。以前の瞬間に立ち返る。立ち返ってしまうのです。

なにか不満なことがあると、夜ばかりか昼の間も暇さえあれば、その問題にたちかえる。自分自身の話を、まるで机の上に開いた陰気な小説ででもあるかのように、読み続ける。つまり、自分の悲しみのなかにひたる。そして、悲しみを楽しんでいる。忘れるのがこわくて、そこへ立ちもどる。予想しうるかぎりのあらゆる不幸を見渡す。要するに、自分の痛いところをひっかく。まぬけな男のやり方だ。[133]

これまで本書の中でもう何回も関連箇所を引用しましたように、「時間の拒否」とか「時間の否定」という心理的な動きがここにはあるのです。過去に戻って行く。過去は厳然としてあると、どこかで信じているからです。しかし、過去はもう、無い。無いにもかかわらず、その蜃気楼とでも言うべき過去に人は後ろ髪を引かれてしまう。そのために動けないのです。堂々巡りに入り込む。これが、「混乱」の正体と言えるでしょう。アランは自分自身の「混乱」の経験を語りながら、次のように記しました。

けっしてあと戻りしないということは、無情なことである。けれども私は、あまりにしばしば自分自身との困難な矛盾におちいったために、二度とあとをふり返らずにおくことを学ばざるをえなかったのだ。これはデカルトが言ったように、後悔から解放されることである。[134]

★125——F. ニーチェ『権力への意志（下）』p.37〔傍点引用者〕
★126——アラン『教育論』p.62
★127——アラン『思索と行動のために』p.243
★128——アラン『人間論』p.287
★129——アラン『思想と年齢』p.39
★130——アラン『彫刻家との対話』p.39
★131——アラン『プロポ 2』p.438
★132——H. Bénac, *op.cit.*, p.972
★133——アラン『幸福論』p.189〔傍点引用者〕
★134——アラン『わが思索のあと』p.17〔傍点引用者〕

715

この引用では「後悔からの解放」が語られています。解き放たれるにはどうしたらいいのか？ それこそ，決断が必要なのですが，当の決断とは何かをよく理解していなければ，成功しない。それをアランは定義のなかで明らかにしようというわけです。「同じ苦境がもはやふたたび戻ってこないだろうという思い」〔l'idée que le même embarras ne reviendra plus〕と彼は書きました。動詞は未来形です。少なくとも，未来へと向き直っているのです。この「思い〔idée, 観念という訳語さえ可能です〕」をアランは直後に「この最後の判断〔ce dernier jugement〕」と言い直します。これも，すでにお分かりのように，判断とは意志に関わるものであって，知性だけに基づくものではないからです。それゆえにこそ彼は，この判断を「決断における意志の持ち分〔la part de la volonté dans la résolution〕」と言うのです。

続いて語られる「誓い」は，「〔決断を前にして浮かび上がってくる〕こんな躊躇いも，そんな心残り〔regret〕も，もはや顧慮しない」ことを誓うのです。誓いは，〈～である〉ことを誓うのではなく，〈～する〉ことを誓うのですからね。誓うのは簡単です。しかし，誓う当人が，心のどこかで〈そんなことはできるのだろうか？〉と思っていれば，誓いは崩れる。アランが，わざわざ「それができると信じることを意志しなければならない」と最後に書くのは，そのためです。原語は，il faut vouloir croire qu'on le peut です。vouloir croire とは，回りくどい言い方だなと思う人もいるかも知れません。しかし，彼が「意志することを意志する」という言い方をすることを思い出す必要があるでしょう。私の念頭に浮かぶ文としては，「意欲することを意欲しない者には〔à celui qui ne veut pas vouloir〕[★135]」という言い方ですが，実質的には同じことです。

意志する理由を知性に求めてはならないのです。そんなことをした途端，意志は萎えるのです。そして，こういう事態が主知主義と主意主義との分かれ道にあるものだということは，本書を初めから読み進めて下さった読者には，もうお分かりのことでしょう。

RÊVE
夢 – 夢，それは不十分なデータを基に形成されるナイーヴ〔naïve〕な知覚である。諸感覚がありうる限り閉じられ，身体は動かず，精神は〔物事への向かうという〕関心を離れている時の知覚だ。例えば，目蓋越しの光が私に火事を思わせる。足に貼ったカラシ泥湿布薬〔sinapismes〕が棘のある藪を思わせる。目覚めというものは，動きによって〔par le mouvement〕自分の諸感覚を働かせる〔exercer〕ことにあり，そうして真の対象を発見することにある。

夢を長引かせるもの，目覚めようという試みの後でさえもそうするもの，それは眠るという幸せなのであり，言い換えれば〔物事に〕無関心〔でいなさい〕という命令，つまりは休息の貴重な条件なのである。そうであるからこそ，夢の脈絡の無さは私たちにとって大したことではないのである。そして，恐ろしい夢であってさえ，私たちがそれを信じたいと思うほどには私たちの心を動かしはしないのである。

以前にも述べたように「ナイーヴ〔naïve〕」は，ここでも悪い意味です。きちっとできあがっていないというか，今回の定義の後半で「脈絡の無さ」が指摘されるようなレベルを示す言葉です。夢とは，そういうレベルの知覚だとアランは言うのです。「ありうる限り閉じられ〔autant que possible fermés〕」てはいても，諸感覚そのものは働いていないわけではありません。例えば目蓋越しに光が入れば，視覚はそれに応じた働きをするのですが，それは眼を開いて目覚めたときに視覚を働かせるのとは違う。不十分なのです。なぜ不十分かというと，そこで与えられる

視覚的データは，他の諸感覚とか思考とかに十分な手助けをされて，それらとの整合性の下で，対象が確かめられるということがないからです．その手助けがきちんと作動するには，目覚めて，身体は動き，「精神（ESPRIT）」（→p.322）はその〔赤っぽい色の〕視覚的データを基に関心を集中させて諸感覚を主導しなければならないでしょうが，それが行われないからです．関心を集中されることにおいて成立するような「注意」ということもそこにはない．それにもかかわらず，当の不十分なデータを基に曲がりなりにも知覚と言えそうなほどの対象を成立させられてしまう．それが夢です．夢は「注意なき知覚にほかなら★136ない」のです．例として掲げられた「火事」や「棘のある藪」といった対象を成立させてしまうのです．それは真の対象ではない．それに対して，目覚めは，身体が動き，その「動きによって〔par le mouvement〕」諸感覚を働かせることで，「真の対象を発見する」ことだとアランはいう．この「発見」は，横たわって動かず，精神活動も関心によって焦点を合わせることもなくなっている状態では起こらないことだというのです．言い方を換えれば，「真の対象」とは，諸感覚と精神活動とによって，〈脈絡のつくに至った〉対象なのでしょう．それは目覚めた人間として生活することに対応している対象であり，その成立にはそれなりの精神的努力を要求するものなのです．はっきり言えば，それ相応に疲れるものなのです．そうであればこそ，アランは次の段落で「眠るという幸せ」を語り，「休息」を話題に上せるのです．生きるには休息が必要です．自分の精神を無関心の状態へともたらさなければ，眠れない．ベルクソンに次のような文章があります．

> 眠るとは無関心になることだ．人は無関心になる程度に応じて，ちょうどその程度に眠るのだ．子どもに添い寝している母親は雷鳴も聞こえないことがあるのに，子ども

の寝息では目を覚ます．子どもに対してはその母親は実際に眠っているのだろうか．私たちの関心を引き続けるものに対しては，私たちは眠っていないのだ．★137

「眠る」ということ，「休息」をとるということ，それは「〔物事に〕無関心」でいられるということなのであり，それが許されているということなのです．夢はそれに対応した知覚の状態に他なりません．脈絡が無くても構わないと，目覚めた立場からは判断できるものなのです．たとえ，見ている時にはどんなに恐ろしい夢でも，目覚めれば笑えるほどに，「私たちの心を動かしはしない」わけです．駄目押し的に，夢から覚醒への移行に関する引用を掲げて終わりましょう．

> 朝になってわたしはまだ眠っている．いや，半分目覚めて，なにか魔物が鎖を揺すってものすごい音を立てていると考えている．だが，最後には真剣な調査に乗り出し，わたしの目覚まし時計がその音のすべてと，わたしがおこなっていた滑稽な推理との原因であることを知る．この移行を通じて人間は真実のものとなるし，同時に夢も真実のものとなる．夢はわたしが存在するものをちゃんと知覚しなかったことを意味しているのだ．★138

★135──アラン『人間論』p.244
★136──アラン『思索と行動のために』p.157
★137──H. Bergson, *L'énergie spirituelle*, p.103
★138──アラン『プロポ 2』p.132

S

SACREMENT

秘蹟 — 伝統〔tradition〕によって規定され，私たちの約束や決断〔résolutions〕や誓いを受け取るような尊敬されている主宰者によって取り仕切られる，儀式である．秘蹟は，しばしば公的〔public〕であり（結婚式においてのように），時として内輪の〔privé〕ものであり（洗礼式はそういうことがありうる），時として秘密〔secret〕である（告解〔confession〕や，罪の赦し〔absolution〕がそうである）．そのいずれの場合においても，証人がそこに現にいることから〔わかるように〕，それらの取り消しのできないものであることを見定めるため，注意は〔秘蹟を受ける者における〕ある種の毅然とした〔volontaires〕変化に注がれているのである．いかなる秘蹟も当の人物に一つの新たな法〔loi〕を与える．その人物の意志に応じた法である．そしてその人物の意志が一つの法へと変化するのである．証人たちを前にして，自分自身を前にして，そして神の御前で．この最後の言い方は，他の何にも増して，秘蹟というものが，死すべきであり，変わりやすく，また弱い人間の脆さになど全然依存していないことを表現している．そうではなくて，それは死ぬことも，また変化することもない裁き手である精神〔esprit〕に依存していることを表現しているのである．こういう条件がなければ，約束など無効である．というのも，約束が価値を持つのは，当の精神がよきもののように思われる限りでのみだからである．

「伝統〔tradition〕」というものが，儀式との関わりで肯定的に取られていることがこの定義を読むと分かるでしょう．儀式ですから，そこにはそれを主宰する人物がいて，おそらく当の儀式に用いられる道具といったものもある．そのことは，しっかりと考察するに値することです．人間がいて，物がある．そして，そこに伝えられる儀式がある．伝統が形成され，受け継がれている．実を言うと，これこそが，動物にはないことなのです．

動物は道具をもたないということがよく言われますが，動物は服装をもたない，そして儀式をもたない，と言うことも同じように重要である．ということは，動物は真のしるしを知らない，記念するしるしを知らないと言うことである．[★001]

この引用に「記念（commémoration）」という概念が出てきていることも重要です．**キリスト教（CHRISTIANISME）**（▶p.160）のいわゆる「ミサ」も，ユダヤ教の儀式を引き継ぎながら，それにイエス・キリストの「最後の晩餐」を記念する意味を組み合わせることで成立したと言われます．「踊りと儀式は，記念の行いであると同時に，顕彰の行いでもあらざるを得ない」[★002]という言葉もアランは残しているのです．そして，そこには芸術について語る機縁もある．実は，アランは『諸芸術の体系』の最初に「踊り・舞踊〔danse〕」を位置づけたのです．まずは「踊り」を考察することで，それを「記念」へと展開するのです．そして，アランは踊りの効果を「**宗教（RELIGION）**」（▶p.676）に結びつけています．しかも，そこに「伝統」が語られているのです．

宗教のもつ秘密は決して一つに止まらない

が, 舞踊の徳によって, 情念にかられた動物をまず捉えてしまい, やがてはその魂のうちまで鎮静させる, あの伝統的な術策のうちにこそ宗教は主として成りたつのである.★003

　この引用に言う「舞踊の徳〔vertu de la danse〕」とか「伝統的な術策〔ruses traditionnelles〕」とは何でしょうか？　それは踊ることによって得られる解放, つまり「食いしばった歯や握りしめた拳をゆるめ★004」るといった所作が, まさに踊りのものであり, そういう所作を宗教は昔から取り入れているということです. 教会で「祈り〔PRIÈRE〕」（▶p.660）を捧げている人を見てみればすぐ分かることですが, 「頭を垂れ, 身体を曲げ, 膝を折る★005」という所作こそがキリスト教における祈りの姿勢だからです. 次の箇所が, このへんの事情を語っています.

　　膝を折る所作は, 頭を垂れるのと同じく, 疲れの所作でもあるということを, どうして認めずにおれよう. 祈るとは, 疲れが来るのを感じ, すべての想念の上に夜を感ずることであろう.★006

　　祈りの姿勢とはまさしく, 激しい動きをできるだけおさえ, 肺をできるだけ楽にし, こうすることで心臓をも楽にする姿勢である. また, 祈りのきまった言いまわしも, 元来が, 考えがそれるのを妨げて, 言葉自身に注意を向けさせることにある.★007

　要するに, それは武装解除をさせる姿勢なのです. そしてそれこそが, 「怒り〔COLÈRE〕」（▶p.180）や苦しみや悲しみからの解放への一歩であることは分かるはずです. それをアランは, 次の箇所では「体操」とまで呼んでいます.

　あらゆる宗教は, おどろくべき実践的な智恵を含んでいる. たとえば, 不幸な人がその不幸を否定しようとしてむなしく苦心するためにかえって自分の不幸を倍加する反抗の運動をおさえて, 宗教は, 不幸な人を跪かせ, 頭を両手でいだかせる. あれこれお説教するより, これの方がましなのである. この体操は, 想像力の過激状態をおさえ, 絶望あるいは憤怒の作用をしばしば中断するから, 体操こそ秘訣だ.★008

　体操が広い意味での「踊り」と理解されているのです. 宗教は, その意味での踊り・体操を昔から用いていた. 救いのために, それとは知らずにと言ってもいいのですが, 身体を使っていたのです. そしてそれによって, 信者たちは身体のレベルからして自ずと救いを得ていたとも言える. 身体を基礎にして「魂〔ÂME〕」（▶p.069）の救いを得ていたのです. その救いを「神〔DIEU〕」（▶p.263）の恩寵と言うかどうかは, さほど問題ではない. とにかく効果があればこそ, 用いられてきた. 伝統となった. 芸術一般は, そうした救いの効果をそれぞれの芸術独自の仕方でもたらしてきたのでしょう. すなわち, 「芸術作品が伝統の産物だということ★009」です. 踊りも, 祈りも, そして一般に儀式は, 人体を主として形づけるものですが, それでもそこには物が随伴していることがとても重要なのです. 頭だけではない. 次の文章はそのことを明確に物語ります.

　要するに, コントの有名な表現にしたがえば, 死者が生者を支配しなければならない. ただし, ここをよく理解していただきたい. 遺伝される構造によってではなく, 神殿, 道具, 図書館といった衣装によって. 伝統

S
★001──アラン『芸術について』p.143〔傍点引用者〕
★002──アラン『思想と年齢』p.328
★003──アラン『芸術論集』pp.101-102
★004──同書, p.101
★005──同前
★006──アラン『思想と年齢』p.16
★007──アラン『思索と行動のために』p.398
★008──アラン『幸福論』p.61
★009──アラン『芸術に関する101章』p.113

719

はものであって，観念ではないのだ．[010]

「伝統はものであって，観念ではない」というのは興味深い言葉ですよね．記念建造物（モニュメント）というものの重要性を思い起こさせます．それは代表的には，物です．思想ではありません．

ここまで述べてきたこういうことすべてを念頭に置いてこの定義に戻りましょう．秘蹟は，「公的」であったり，「内輪」であったり，「秘密」であったりするのですが，とにかくそのどんな場合でも，「証人」が現前し，その人物たちが注目していることがあるのです．それは，「ある種の毅然とした変化〔certains changements volontaires〕」です．volontaires という言葉が「意志〔volonté〕」の類縁語であることからもわかるように，それは意志に関わる事柄です．秘蹟を受ける者が意志によって変わることを見定める人々が参列するということです．そして，その変わるのはどんなふうにしてかを表わすというか，代表するものが「法（LOI）」（→p.442）と言われているものです．ここで，アランは興味深い言い方を用いています．秘蹟は「一つの新たな法を与える〔donner une loi〕」のですが，それは「その人物の意志に応じた〔conformément à sa volonté〕」法であり，「その人物の意志が一つの法へと変化する〔sa volonté est changée en une loi〕」と書くのです．秘蹟は確かに法を与えるのですが，それは秘蹟を受ける人物の与り知らぬところで定められた法ではなくその人物の意志に応じたものであり，さらには当の人物の意志が法に変化するというのです．キリスト教の秘蹟のひとつである「結婚」を例に採ると分かりやすいでしょう．そこでは「誓い」が交わされます．参列者の前で新郎・新婦による誓いの言葉が述べられ，証人たちが署名し，司祭は〈神が結びつけたものを，人が解くことはできない〉といった意味の言葉で締めくくるのです．結婚しようというのですから，両人は，思いの高みにいるわけです．それを見定める証人たちが参列し，司祭がそれを変えられないもの

として記念し，保存するとでも言いましょうか．それは次のようなことなのです．

　　宗教が夫婦に，欲望と希望の時に誓いを求めることに定めたのは賢明だった．立会人が，社会の制約が，起るべき風波に対するわが身の援護となるのである．[011]

それは結婚の意志を，どんなときも行使するという誓いを善きものとして認め，それを宗教が常に促すことなのです．次の言葉を思い出しておきましょう．

　　誓いはけっして自由意志を束縛するものではない．それどころか，われわれに自由意志の使用を促すものだ．だれでも，なにかであることを誓うのではなく，なにかをする，あるいは，なにかを欲することを誓うのだ．[012]

ここには，自分の到達した〈高み〉を記念し，その〈高さ〉を保とうとして，それを自ら自分に「法」のように課する人間の姿があります．毀損してはならない高い境地をです．「誓いとは，観念を事実に変え，感情を取り返しのつかないものにする人間の最も美しい努力でなくて何だろう」という言葉が，この解釈を後押ししてくれるでしょう．それを，人は，秘蹟として不動のものとしたのです．そうであればこそ，この定義の最後の部分は理解可能となる．秘蹟は，「死すべきであり，変わりやすく，また弱い人間の脆さになど全然依存していない」のであって，「死ぬことも，また変化することもない裁き手である精神に依存している」とされるのです．「約束や決断や誓い」を有効たらしめんがために，人間は「美しい努力」をする．それは，変わりやすい人間に照らして言えば，人間を超えた変わらぬものへと結びつきたいと切望する努力です．「神の御前で」と言われる場合は，そういう努力を信じる場面なのでしょう．「当の精神がよきもののように思われる」のは，そういう努力を継続でき

ている場面ではないでしょうか？

SAGESSE
知恵 — これは判断する際の〔精神の〕高ぶり〔emportement〕を克服する徳〔vertu〕である．こうした高ぶりは利害の絡む議論や自尊心〔orgueil〕の絡む議論ではごく普通のことである．こうした諸状況以外でも，真理への愛〔amour〕そのものによってや，体系に酔うこと〔ivresse〕によって，狂信〔fanatisme〕によって，あるいは情念に駆られた先入見によって，精神〔esprit〕は性急なあり方〔précipitation〕に陥りやすい（私は，私の敵が〔私によってすでに〕やっつけられたとすぐに信じてしまう）．誰でも，自分は間違っていないと想定してしまうものだ．知恵というものは，すべての種類の性急さ〔précipitation〕や先入見に対して常に目覚めている用心〔précaution〕である．それゆえ知恵は，周知でありかつ皆が受け入れているような事柄を問い直し，より確かなものとすることをめざして，主義として〔par principe〕，懐疑する．

「高ぶり（EMPORTEMENT）」（►p.302）の定義も本書にはありますから，参照してください．神谷訳は当の emportement を定義している箇所では「熱狂・激情」と訳し，今回の定義では l'emportement de juger を「怒り狂った判断」と訳しています．私としては，判断する際に，精神が高ぶっていると間違えてしまうということを前面に出して，「判断する際の〔精神の〕高ぶり〔emportement〕」としてみました．

さて，そういう「高ぶり」を克服する〔surmonter〕「徳（VERTU）」（►p.850）が知恵だとアランは言うのです．そういう知恵が行使されずにいることが多いのが，「利害の絡む議論や自尊心の絡む議論」においてだという．しかも，そこに「性急なあり方〔précipitation〕」が見て取れると彼は記しています〔「速断（PRÉCIPITATION）」（►p.634）〕．さらに掲げられている例においても同じでしょう．「真理への愛〔amour〕」も「体系に酔うこと〔ivresse〕」も「狂信〔fanatisme〕」も「情念に駆られた先入見」も，人間をそういう「性急なあり方」へと落とし込んでいる．このへんは，結構，重要です．学者が陥りやすい「間違い（FAUTE）」（►p.350）とでも言っておきましょうか．学問を信仰してしまうとそんなことになる．もっと，力を抜く必要があるので

す．真理への「愛（AMOUR）」（►p.076）で言えば次のようなことです．真理に私たちが捉えられてはならないのです．

> 彼〔デカルトのこと〕自身も，われわれが真理を取り逃がしてしまうのは，しばしば，真理にたいする大きすぎる愛〔notre grand amour pour la vérité〕であると言っている．したがって，逆上〔emportement〕しないように気をつけなければならない．[014]

この引用は，まさに「狂信（FANATISME）」（►p.338）と題されたプロポからの引用であることを考慮すれば，アランが今回の定義の中で「狂信」をも例に挙げることが納得できます．

> デカルトは，真実への愛〔l'amour du vrai〕こそ人に屁理屈を言わせる主要な原因であると言い切っている．精神は，対象を捉えはするがそれによって捉えられないというところまで対象を統御するときに，はじめて力をもってくるのである．[015]

なににもまして真実を愛する人びと，真実

---

[010]——アラン『プロポ 1』p.330〔傍点引用者〕
[011]——A. モーロワ『アラン』pp.77-78
[012]——アラン『思索と行動のために』p.397〔傍点引用者〕
[013]——アラン『イデー（哲学入門）』p.375
[014]——アラン『プロポ 2』pp.67-68〔傍点引用者〕
[015]——アラン『教育論』p.188〔傍点引用者〕

のために苦しみ死ぬ覚悟があると見られる人びとはまた，蠅がガラスに貼りつくように誤謬に貼りついてしまう人びとでもある．デカルトは，真実にたいしていだく愛〔l'amour que nous avons pour la vérité〕こそ，われわれが速断によって思い違いをする原因であると言っている．またわれわれは，ひとたび思い違いをしてしまうと，その思い違いを匡してくれるはずのものに眼を塞いでしまう．★016

「体系」に「酔うこと(IVRESSE)」(▶p.422)にもアランは注意を促しています．「体系は精神の墓場だ〔Les systèmes sont les tombeaux de l'esprit〕」とまで彼は書いています．★017 知恵はそこには無いのです．

哲学とは，論拠，証拠をもとにした体系的な知識ではないという意味だ．クリトンという名を使って，アランはすでに『ルヴュ・ド・メタフィジク・エ・ド・モラル』(〔一八九四年号〕p.189)のなかで，「体系を信用しない」ように勧めた．なぜかといえば，体系を組み立てる者は，まるで観念が物(オブジェ)であるかのように観念相互のつじつま合わせに努めるからだ．しかしあとで述べるように，観念は世界をとらえるための道具にすぎない．したがって思想家の真の仕事は，観念を論旨一貫したものにまとめあげることではなく，観念を手段として現実を認識することなのだ．だから，「体系とは，けっきょく，手段か手がかりでしかない」(H. P. in A. D., p.24)．★018

たしかにどんな体系でも，世界のなにかをとらえるために利用できる．しかし気をつけなければならないのは，「あらゆることを同じ一つの仮説によって説明」しようとわれわれを駆り立てる「ごく自然な陶酔」(ibid, pp.59-60)である．★019

体系に酔うと容易に間違えることを見事に述べた文章をも引用しておきましょう．

こだわらなければならないのは思考である．おのれを制限して，一面しか見ず，他人の思考をけっして理解しない硬化したその思考は，思考ではない．それは，つねにおなじかたちで立ち戻ってくる一種の決まり文句，若干の真実があり，ときとして真実でさえあるが，全体的に真実ではない決まり文句にすぎない．狂信的な思考のなかにはなにか機械的なものがある．いつもおなじ道を通って立ち戻ってくるからだ．もはや探求しようとしないし，創意工夫もおさらばだ．教条主義は教えられたことを反復する狂乱状態に似ている．つねに掘りさげてゆくダイヤモンドのかの先端，つまり懐疑が欠けている．それら狂信的な思考はみごとに恐怖や欲望を統御するが，おのれ自体を統御することはない．複数の視点を持つ見解，相手にたいする見通し，さらには，説得への道を拓くと同時に強制を回避させる自由な反省を求めることもない．要するに，ある思考の逆上〔un emportement de pensée〕，他の諸情念に類似した思考の情念が存在するのだ．★020

これらは，みな，どこか急いでいるのです．「自分は間違っていないと想定してしまう」ものだから，自分の体系を機械的に適用して相手を処理しようとしてしまう．それに対する「用心〔précaution〕」こそが知恵なのです．デカルトが言ったように，「偏見と速断」を避けなければならないのです．★021 そして，そのための「主義」こそ懐疑なのです．デカルトこそが師匠だと言うべきでしょう．このデカルト的な懐疑を，「懐疑主義(SCEPTICISME)」(▶p.729)と取り違える人が多いことを，アランは早くから強調していました．しかし，いまだに取り違えている人が多いのではないでしょうか．次の引用を吟味してください．

知的な自由，すなわち知恵とは，懐疑である．このことはふつうよく理解されていない．しかしなぜか．われわれの考える懐疑派とは，粘りがなく，一貫性がなく，遊び半分で考える人びと，要するに怠け者のことであるからだ．こういう取り違えをしないよう，しっかりと注意しなければならな

い．疑うとは，吟味すること，観念を歯車のように，分解し，また組み立てなおすこと，それを，信じるという，われわれのだれにもあるおぞましいかぎりの力に抗し，偏見もなく速断もなくやることなのだ．(P. N.[一九一二年六月八日]; PL, I) ★022

SANGLOT
嗚咽 — 生を締めつけていた悲しみの極みから痙攣的な仕方で〔convulsif〕解れること〔dénouement〕．笑いと似た〔筋肉の〕激しい伸縮〔spasme〕が肩を持ち上げ，呼吸を活気づける．嗚咽に続いて新たな攣縮が起こるのだが，それは不幸を相変わらず同じものと観ずることに由来する．こうして嗚咽はリズムに従って継起する．思考が締めつけ〔noue〕，生命が解きほぐす〔dénoue〕．

嗚咽という人間的な出来事を，ここでもアランは身体の構造に基づく生理的な運動として記述しています．「生理学的なものをけっして思考に翻訳せずに，もとの場所に，もとの形で示そう」★023 としているのです．逆から言えば，「思考に翻訳する」ことを，往々にして人間はやってしまいがちだということです．次の引用にあるように，それは「きわめて誘惑的」なのです．

> 私に言わせれば，人間の観察に際してむずかしいのは，きわめて誘惑的な，思想の狩猟をみずから禁じ，反対に動作の形だけを考え，ただ生理学的な省察によって，そこに態度だの，均衡だの，準備だの，次の動作だの，要するに行動を見いだすことである．★024

なぜ翻訳してしまうのだと思いますか？　それは「心身分離」というものの大切さを知らないからなのですよ．心と身体とをきちんと分けるという考え方を持たないために，身体的な場面

で解決すればいいものを，あえて，精神的な場面に持ち込んでしまうということです．そして，それによって，かえって余計に自分を苦しめるということがある．それゆえにこそ，多くの人間的事柄において思考(思想)をではなく「行動を見いだすこと」の大事さは，強調しても強調しすぎることはないほどです．実に思考に関わりそうな場面でさえ，「思想の狩猟」を禁じるべき事例をアランは掲げています．次の二つの引用を合わせて吟味してください．

> 少女は，ほんのつまらぬことで祖母と衝突して，しまいには，私も死んでしまいたいなどと言いだす．祖母に可愛いがられていた姉が墓に葬られてからまもなくだったのだ．私だったら，思いがけない物音がたまたま意味を持ったのだと考えて，一笑に付するだけだ．★025

鋤が故鉄の音を響かせ，剣が鳴り，風が音

★016──アラン『プロポ 2』p.426〔傍点引用者〕
★017──同書, p.227
★018──G. パスカル『アランの哲学』p.59
★019──同前〔傍点引用者〕
★020──アラン『プロポ 2』pp.61-62〔傍点引用者〕
★021──「思考すること(PENSER)」(▶p.570),「速断(PRÉCIPITATION)」

(▶p.634),「罰(CHÂTIMENT)」(▶p.152)の定義を参照してください．
★022──G. パスカル『アランの哲学』p.256〔傍点引用者〕
★023──アラン『思索と行動のために』p.381
★024──同書, p.373〔傍点引用者〕
★025──同書, p.366〔傍点引用者〕

723

をたて，扉がきしみ声をあげるように，興奮すると人間も話という雑音をたてるのである．そんなものを理解しようと試みる人を，そしてそれを理解したと思いこむ人を，私はあわれだと思う．理解すべき何物もそこにありはしないのだから．★026

　この引用では，両方とも，人間が何かをしゃべっているために，どうしてもそこに思考という働きを想定しがちなのです．〈しゃべっているんだから，思考が働いているはずだ〉，と．ところが，そこには思考などと呼ぶべきものは無いとアランは切り捨てるのです．そこにあるのは，〈人間の身体という機械的メカニズムが「きしみ声」を上げているという事態だけなのだ〉，と．もうお分かりのように，人間が「**情念（PASSION）**」(▶p.544)に駆られ，興奮したりするときには思考は身体に対して受動的になり，身体の興奮状態に応じた〈思いの動き〉しかなく，思考という見事な名前をつけうるほどのものなど無いのです．注意してほしいのは，かといって，思考を称揚するあまり身体を貶めるわけでもない，ということです．身体は身体で，**無駄に精神を絡めない限りは**，つまり情念によって身体の騒ぎを嵩じさせない限りは，身体固有の自然な動きによって，癒やしへと動いていくものなのです．今回の定義でも，その姿を「解れること〔dénouement〕」とか「解きほぐす〔dénoue〕」という言い方でアランは表現していますし，さらには嗚咽が笑いと対比されつつ共に語られていますが，同じように両者について語っている箇所がある．次の文章です．

　　すすり泣き〔原語はまさにsanglotで，今回の定義語そのものです〕が笑いとどう違うかというと，すすり泣きの場合は思考が結んだものを生命がほぐす〔dans le sanglot la vie dénoue et la pensée noue〕，それに対して笑いの場合は，自然のほうが，驚きとか，停止とか，胸郭が空気でいっぱいになって動かなくなると

か，そういったもので結びをつくり，思考が鳥のように素早く解きほぐす，というところにあります．★027

　アランは「**涙（LARMES）**」(▶p.436)もこの線で理解します．そして「涙は，鼻腔を中心とした緩衝組織に結びついた一種の自然の瀉血と考えることができる」というのです．だからこそ，「涙は苦痛の緩和を告げている」と考えることができる．これらはいずれも自然に起こることです．身体には，行動と疲労という「法則」があるというわけです．

　　われわれのすべての行動は，熱中と，疲労と，代償作用とによって規制されている．子どもは走っているうちに目覚めて，ますますよく走る．口論している人間はしゃべっているうちに熱中してくるし，喧嘩している人間はなぐっているうちに熱中してくる．情念に駆られた人間は，われとわが身を掻きむしるように，考えているうちに苛立ってくる．集会でもこのように増大する喧騒が観察される．しかし，結局のところ，もしこう言ってよいなら，疲労がそれら爆発的な動きに打ち克ってしまう．一種の眠りが麻痺させ，こわばりを解いてしまうのだ．いちばん使われていなかった筋肉が代わりに介入してきて，代償作用によってわれわれの動きと想念とを規制するのはこのときである．★030

　こういう箇所にだけ注目すると，人間は身体的な，つまり自然法則的な機械的動きにただまかせればいいかのように思われるかもしれませんが，しかしそれだけではありません．人間があえて意志的に行動することで自分の生を締めつけているものからの解放を手に入れることもできる．言い方を換えれば，思考に翻訳せずに，かえって身体の動き（行動）に意志的に利用することで解決することもある．思考に翻訳して悩み苦しみ，何の行動をも取らなくなるのではなく，

身体を使うことによって解決させようという営みもあるということです．実際アランは，「われわれ人間の条件というものは，われわれの身体の構造上，ただ行動のみが情念を消し，心情の，さらに思想の，束縛を解くようになっているからである」と書くのです．芸術という人間的な営みが，人間のこうした行動的な側面を十二分に活用していることは容易に理解できますよね．デカルト的な心身二元論をベースにした情念論は，身体の法則を知悉した上で，まさに身体の統御をめざすところで芸術論とつながるのです．

> 芸術はその根源において人体の訓練であり，また，アリストテレスが望んでいるように，情念の下剤である．ところで，情緒を訓練するにはふたつの方法が考えられる．ひとつは我々の肉体を，その運動と音声を訓練する方法であり，そこから，舞踊，唱歌，音楽，詩といった第一系列の芸術が生れる．もうひとつは，情緒に対象をあたえるために世界を造形する方法であって，建築，彫刻，絵画，素描などはそれに属する．

実は，上の引用に出て来る造形芸術も，身体の訓練を必要とするという点では同じなのです．彫刻する芸術家の，鑿を持つ手に力が入っていたら，見事に彫ることなどできないでしょう．画家の手が震えていたら，絵を描くどころではありません．要するに，芸術は，人体を訓練するところから生まれるのだというのが，二元論的な立場からの芸術の誕生です．素材としての，身体の混乱は，情念によってもたらされる．しかしながら，その混乱があってこそ，それを整えて成立する「美(BEAU)」(▶p.120)というものがある．それこそが，芸術美なのです．

美を探求する人が最初から浄化されているとすれば大いに不都合だと言えるでしょう．私の思うには，何か極端に恐ろしい目に遇いそうな不幸の動きのなかにまずはまりこんでみなければ，美を鑑賞することも創造することもできません．要するに，美というものは，感情〔sentiment〕を，つまり救済された感動〔émotion〕を，内容としてもっていなければならないのであり，それにはまず険悪な騒乱としての感動があって，それがやがて沈静と解放に変ることが前提となります．

今回の定義である「嗚咽」では，それが生命寄りで，つまり思考からは遠いところで語られていた．つまりは，心身分離の相です．けれども，その心身分離の相を介して，心身合一の相に戻ることをめざすところに芸術は位置づくのです．アランは次のように書きました．

> 美は，言い方を変えれば，私たち自身のうちに高いものと低いものとの一致を感じさせるのであって，それを知恵〔sagesse〕によって探し求めてもたいてい無駄です．

「詩(POÉSIE)」(▶p.606)について述べられた次の文章ほど，そのあたりを見事に書き記したものはないでしょう．

> 体から出た歌と，精神から出た意味とが，互いに少しも無理を強いることなく一致し合うのです．というよりもむしろ，両者は互いに助け合うのです．思考はあたかも，あらかじめ調整されたこの響きと反響の形式を待って，はじめてのびのびした表現を得て立ち現われるかのようだし，肉体はあ

★026──アラン『感情 情念 表徴』pp.216-217〔傍点引用者〕
★027──アラン『芸術についての二十講』p.123〔傍点引用者〕
★028──アラン『思索と行動のために』p.329
★029──アラン『諸芸術の体系』p.144
★030──アラン『プロポ 2』p.155〔傍点引用者〕
★031──アラン『芸術論集』p.184〔傍点引用者〕
★032──A. モーロワ『アラン』p.93
★033──アラン『芸術についての二十講』p.38
★034──同書, p.34〔傍点引用者〕

たかも，この音楽によって思考を生み出しながら，ひたすら自分自身の幸福と素朴な欲求だけを追っているかのようです． ★035

SANGUIN
多血質の人 — 多血質の人は，豊かで強い筋肉を持ち，血色がよく，縮れ毛をしており，活き活きとした眼をして，力強くかつ決然たる〔résolution〕外見をしている．彼は怒りっぽく，また忘れっぽい．それゆえ，容易に〔他人を〕許すし，また〔彼にも〕大いに許し〔pardon〕が必要〔besoin〕である．彼のすべての考えは野心〔ambition〕や命令の類であって，一貫性は無い．〔何らかの計画を〕実行する〔役目を負う人〕にはもってこいである．

『定義集』には「**胆汁質の人（BILIEUX）**」（▶p.140）の定義もあります．そちらも参照してください．今回の定義語も，「胆汁質の人」のところで触れたように，古代から続く四気質分類の一つなのです．日本語にも「血の気が多い」というよく似た表現があり，その日本語のニュアンスとフランス語の「多血質」のニュアンスが完全に同じというわけではないでしょうが，それにかなり近い感じがします．

さて，私事に属することなりますが，私の妻はマンガをよく読みます．私自身も，いわゆる少女マンガをも含めてかなり読んではきたのですが，その比ではないのです．そこで，この定義を訳しつつ私の脳裏に浮かんだあるマンガのキャラを彼女に聞いて確かめたところ，「縮れ毛」以外はかなり一致していることに気づきました．秋本治の漫画，『こちら葛飾区亀有公園前派出所』の「両さん」です．ご存じの方は，この定義と対応させてみてください．かなり似ていると思います．「両さん」が角刈りであることと，「**野心（AMBITION）**」（▶p.067）という言葉に少々引っ掛かる以外は……．〈似ているからなんだ？〉と言われるかも知れませんが，ただそれだけのことです．ただそれだけのことではありますが，ここで「キャラ」とか「**性格（CARACTÈRE）**」（▶p.146）とか言われるものについて考えることの機縁にはなるとは思います．いわゆる「マンガ論」の中では，「キャラ」と「キャラクター」との区別をうるさく言う傾向もあるやに聞きますが，ここではそうしたうるさい区別は一切無視します．

とにもかくにも，昔から人間は，気質・性格とでもいうもので人間を分けてみようとしてきたのです．それが星占いや血液型占いのようなものであって〔「**占い師（DEVIN）**」（▶p.244）〕，疑似科学そのもののバカバカしい理論だというのは簡単なのですが，例えば星占いが長い間受け継がれてきたという歴史的な事実にもう少し歩み寄ってもいいのかも知れません．漢方にもそういう感じがありますよね．漢方薬の処方には，患者の「**体質（TEMPÉRAMENT）**」（▶p.791）・気質が前提となっているのは周知のことです．日本でもまだまだ西洋医学だけを重視する傾向がありますが，それでいいのでしょうか……．

さて，そもそも，星占いの発達の中では，アリストテレス的な地球中心の宇宙論が影響を与えていました．月より下の世界よりも，月より上の世界の方が整然と運行しているのであり，それは言わばより高級な世界であったわけです．星座の規則的な巡りなどを考えてみればいいでしょう．古代ギリシアの時間論が，ユダヤ＝キリスト教的な直線的な時間論とは異なり，円環を基本としたものだったことも含めてです．しかも，天体を神々と呼ぶことが当時普通に行われていたことらしいのです． ★036 こうした神々としての天体が，地上の出来事を支配する．この世の出来事の背後に神々を設定して説明しようという構図は，天体の話を離れても，ギリシア悲劇やホメーロスの叙事詩などを思い浮かべれば，明白にわかることです．言わば，より優れた者が劣位者を支配するといった構図です．そうした支配構

726

造をここで認めようというのではありません。ただ、そう理解されてきた事実を確認しようというだけです。アランは次のように書いています。

> アリストテレスは、天体が思考によってみずから運動するものと信じていた。これが全体に行きわたっていた神学である。デカルトは、自分が説明しようとしている事柄よりもずっとあいまいな、こういう想定を無しですまそうと決心したわけだ。[★037]

もちろん、今回の定義は星占いや神話の話ではなくて、四つの気質の話です。そうはいっても、人間の生き様の背後に、それを操るかも知れない神々や力といったものを想定するという点では違いは無いのです。そういう想定をデカルトは無しで済まそうと決心した、とアランは言う。しかし、それでもデカルト的な心身二元論の立場からすれば、身体・物体は人間に密接に結びついているものとして現にある。心身合一の相が厳然としてあるわけです。心身分離を論証したからといって、日常生活の中で心がそれだけで存立するようになるわけではありません。いや、むしろ、心身合一の相をしっかり見定めようとする態度を積極的に採用するという「決断(RÉSOLUTION)」(▶p.715)もありうる。気質の話はここに絡んでくるのです。「我思う、ゆえに、我在り」を出発点にして、「神(DIEU)」(▶p.263)と物質との存在証明を遂行しようとしたほどのデカルトですから、それらの存在と本質とを見定めようとしたに違いありません。その際、古代の作家たちによってなされた人体に関わる観察や考察を全て破棄するわけではないと私は思います。実際、『方法序説』第五部のかなりの部分が人体の記述に費やされ、また『情念論』はそうした人体に関わる考察を基礎に展開されるのです。アランはこの定義で、そういう姿勢を受け継いでいるだけだとすれば、「多血質の人」という語まで定義するというアランの姿勢は、それほど奇異には感じられなくなってくるはずです。

要するに、こうした四気質分類というものは、各々の人間が心身合一体としての自分の出発点として取るかも知れない、当の自分の身体に関わる何らかの傾向についての、観察に基づく分類なのです。アランには次のような言葉があります。

> 気質[humeur]は、性格のなかに形をとらなければ、動物的なものにすぎない。そして、ほんのがんぜない子供では、ほとんど気質だけがあるにすぎない。性格とは考えられた気質であり、したがって、なにか気質以上のものである。[★038]

この引用で「子供」が語られていることにも注意してください。理性が働く前のことを語っているのです。物心つく前と言ってもいい。要するに、思考という名に価するものができていない段階ということです。つまり、まだ自分の気質について考えるということができない段階なわけです。そのとき「性格」というものはまだ無いとアランは言う。まだ動物的なものが幅をきかせている段階なのです。逆から言えば、考えることができるからこそ気質は性格へと変化するのが人間的段階と言えます。性格は、思考できる人間だからこそ持つものなのです。デカルトは、動物が機械であるとするいわゆる「動物機械論」を主張しました。一般の人には評判の悪いこの説が、厳密な意味での思考を分類基準としていることにもっと多くの注意を向けるべきでしょう。それこそ、〈頭を使えば思考だ〉というわけではないことに気づくべきなのです。いわゆる反射[反射(RÉFLEXE)](▶p.669))が思考でないのと同じように、記憶に基づく振舞いも思考とは違う。ライプニッツが『単子論』の第26節

★035──同書、p.35〔傍点引用者〕
★036──例えば、プラトンの『クラテュロス』397C-D(pp.46-47)や『ティマイオス』40B(p.54)あたりにはっきり出ています。
★037──アラン『思索と行動のために』p.140
★038──同書、p.231〔傍点引用者〕

で掲げた次の例が分かりやすいでしょう．

　　　　記憶は精神に一瞬の連結作用〔consécution〕を与える．これは理性と似ているものではあるが，理性とは区別されなければならない．動物たちは何か自分たちを打つ〔frapper〕ものを表象し，それについて以前に同じような表象を持ったことがあれば，自分たちの記憶の再現前〔représentation〕を基に，先立つ表象においてそれと結合していたものを予期し，そのときに抱いた感情と類似の諸感情へともたらされるのは，私たちのよく知るところである．例えば，犬たちに棒を見せると，その棒が自分たちにもたらした苦痛を思い出し，鳴きながら逃げる．★039

　こうした動物の〈記憶に基づく振舞い〉も，脳を使ってこそ成立するには違いありません．しかし，それを「理性」とは呼ばないとライプニッツは書いている．このあたりはジョン・ロックの『人間知性論〔An Essay concerning Human Understanding〕』への反駁書『人間知性新論〔Nouveaux Essais sur l'Entendement Humain〕』でもライプニッツがわざわざ取り上げているところなので，ダメ押し的に触れておきましょう．ロックの見解を代弁するフィラレートが次のように言います．

　　　　フィラレート　もし動物が何らかの観念を持ち，或る人々が主張したように単なる機械である訳ではないなら，動物が或る程度における理性を持つことを私たちは否定し得ないでしょう．私にとっては，動物が推理することは，動物が感覚を持っているように思えるのと同じ程明らかに思えます．けれども，動物が推理するのは感官がそれらに提示する特殊的観念についてだけなのです．★040

　これに対してライプニッツの見解を代弁するテオフィルは次のように言います．

　　　　テオフィル　動物は以前に感覚した結びつきによって一つの想像から別の想像へと移り行きます．例えば，主人が棒を持つ時，犬は打たれるのが分るように．そして多くの場合子供も大人も思惟から思惟への移行においてこれとは別の手続きをとってはいません．それを，とても広い意味では結論づけや推論と呼んでも良いでしょう．でも私は慣用に従ってそういう語は人間にとっておいて，表象の結びつきの何らかの理由に関わる知識に限定したいと思います．感覚だけではそういうものをもたらすことはできません．感覚の効果というのは，前に見出したと同じ結びつきをもう一度自然に期待するようにしかしません．もしかすると理由はもはや同じではないとしても．そうしてこれが感覚によってしか身を処さない人々をしばしば欺くものなのです．★041

　こうした見解をデカルトやアランの議論に戻してみれば，それを「思考」とは呼ばないということです．「思考」とは呼ばないが，頭を使った行動ができる．生まれ持ち，今も身体的条件として持ち続けているものに基づく振舞いというものです．放っておけば，そのままに一生のあいだ残るものでしょう．

　ところが，人間は，そうした気質について自分で考察を巡らすこともできる．自分の「怒りっぽい」気質を反省したりもする．そこには，そういう気質を持てばこそ，それを克服することで成立するものがある．見事な性格というものはそこに成立するのでしょう．それは，おそらく，人間関係の中で生まれてくる．アランが次のように書くのは示唆的です．

　　　　ロビンソンは，ひとりでいたかぎり，よい性格にしろ，悪い性格にしろ，およそ性格をもたなかったと私は思う．性格は意見によって作られるのである．★042

無人島に漂着したロビンソン・クルーソーのことを言っているのですが，気質は当然保持しているだろうが，性格は持たないというのです．分かるように思います．性格というのは，大抵，人から言われて定着していくものですからね．〈お前は神経質な性格だ〉とか言われると，〈そんなものかなぁ〉と考え始めて，ついには定着する．そんなものです．やはりロビンソン・クルーソーに触れている別の箇所でアランは次のように書きます．

> こうして，性格にしてからがすでに気質に反作用をおよぼす．ところが性格は，社会的な職務によって支えられず，まさしく聖別されて〔sacré〕いない場合には，ふたたび気質のなかに落ちこむ．こうして，一面において，下級のものは上級のものをになっているが，それは上級のものに内容と素材とを与えるという意味だ．しかし，下級のものに形と堅固さを与えるものは上級のものである．孤立した人間，ロビンソン・クルーソーを考えてもらっていいのだが，このような人間は，人間でさえない．ダーウィンのなかで読んだのだが，難破してから二年も三年も経って孤島で見いだされた人間は，人間より動物に近かったといわれる．ここでは，もっと普通の，だれでも観察しうる場合を考えてみよう．社会的な活動や社会からの反作用に全然関与しない人間でも，性格をもつことはできる．そして，それにとどまる．しかし，この人が自分自身を超えようとたえず試みていても，自分を乗りこえなければ落下し，下降する．人体の外的なメカニズムがいつでも彼を待ち伏せし，彼をつかまえるからだ．★043

気質は，物体とか身体とかいった「外的なメカニズム〔le mécanisme extérieur〕」と思考とが対峙することで，性格へと上昇するのですが，放っておけば，気質に落ち込んでいくようなものだというのです．ここでも，自分を，自分の高みに維持するためには意志が必要なことが確認されるでしょう．気質は，その意味での出発点なのです．

SCEPTICISME
懐疑主義
– すべてを吟味しようとするある人間，言い換えれば判断された〔jugée〕いかなる種類の事物をも認めない或る人間の状態ないし動きを指す．彼は皆が信じているし言っている事柄を，そして自分自身が信じているし言っている事柄を，疑い，そして〔さらに何度も〕重ねて疑う．また神聖な諸事物，言い換えれば吟味することを禁じられている諸事物に，とりわけ食ってかかる．この，吟味し，疑う喜び〔bonheur〕が懐疑主義を定義する．そしてそれは，可能な人間的悪のすべてが独断論〔dogmatisme〕に由来すると推測してしまうことから遠くない．（例：戦争，迫害，私的犯罪〔crimes privés〕，決闘，喧嘩など）

「すべてを吟味しようとする」こと事態が悪いわけではない気がします．デカルトのいわゆる「方法的懐疑」もまたそれをめざすわけですから．しかし，それを言い換えて「判断されたいかなる種類の事物をも認めない」となるとどうでしょうか？　もちろん，ここでは「判断」というものがどんなものなのかが問題なのです．「判断された〔jugé〕」という動詞の語源に遡ってみると，ラテン語のjudicoになるわけですが，それは，jus + dico で，〈法〔正しいこと〕を述べる〉というニュアンスが伴っていることが分かります．また，フランス語の1200年代後半の用法では，"porter

---

★039──G.W. Leibniz, *Principe de la nature et de la grâce fondés en raison : Principe de la philosophie ou Monadologie*, par André Robinet, P.U.F. 1954, p85
★040──G. W. ライプニッツ『人間知性新論』(拙訳) pp.111-112
★041──同書, p.112
★042──アラン『人間論』p.253
★043──アラン『思索と行動のために』p.231〔引用者改訳〕

une appréciation sur les choses" とあり，apprécier という高評価のニュアンスを含んだ意味を持っているようです。要するに今回の定義のいう「判断された事物」というのは，〈そういうものだと高評価を伴って認められた事物〉という感じなのです。アランは，「判断」と「推論」とを区別して，「判断」が意志に関わるものだということをしばしば強調します。そういう姿勢をもここに読み込むならば，〈意志的にそれを高評価と共に受け入れた事物〉だと言えばいいでしょう。懐疑主義は，そういうことを認めないのです。懐疑主義を抱く人は「皆が信じている」し，だからこそ安んじてそのように「言っている事柄」を疑い，はたまた「自分自身が信じているし言っている事柄」をも，それも何度も，ことあるごとに，疑うのです。「神聖な諸事物，言い換えれば吟味することを禁じられている諸事物に，とりわけ食ってかかる」のは，皆が信じ切って疑わず「神聖な」ものとする，つまり「吟味すること」を許さないという態度が気にくわなくて仕方がないのです。それゆえに，「食ってかかる」ことになります。〈なんでそんなに能天気に信じたりできるのか!?〉，〈神聖だなんて言うけれども，どこがなんだ!?〉といった感じです。しかし，アランが「この，吟味し，疑う喜びが懐疑主義を定義する」と記すとき，何が言いたいのでしょうか？　私が「喜び」と訳したフランス語は bonheur で，普通は「幸福」と訳されることになるでしょう。実際，神谷訳も「幸福」としています。私はここで「喜び」と訳すことで，懐疑主義者の態度が，「食ってかかる」とか言われるような，少し浮ついたものでありそうなことを示したいのです。人は，自分が正しいことをやっていると信じ込むと，それを基に他人を攻撃し始めたりするものなのです。ましてや，ある態度について，自分もその態度にどっぷり浸かっていた記憶があり，やっとのことでそこから抜け出せたと思ったりしているような場合，その態度にまだ陥っている人物に辛くあたるものだったりします。〈まだそんなことをやっているのか?!〉というわけです。言わば，上から目線で，見下すような態度をとるのです。「**論争**(POLÉMIQUE)」(▶p.612) の定義の中で引用した次の文章はそれが子どもの態度として語られていました．

> 君も気づいていると思うが，年端も行かぬ者たちがはじめて議論の仕方の味をおぼえると，面白半分にそれを濫用して，いつももっぱら反論のための反論に用い，彼らを論駁する人々の真似をして自分も他の人たちをやっつけ，そのときそのときにそばにいる人々を議論によって引っぱったり引き裂いたりしては，小犬のように歓ぶものだ．★044

しかし，これは子どもだけが採るような態度ではありません．これまでも何回か引用した「羨望」に関する次の文章はそのことを物語ります．

> 羨望には体がある．力ばかりか，大きさもある．これは一個の狂信であり，熱烈な伝道でさえあろう．羨望は，いつわりの善ではなく，真の善にむけられている．すなわち，人は意欲しうると信ずること，これである．羨望する人は，人は勇気をもちうるということを理解せず，なんぴともけっして信念をもって働くべきでなく，満足すべきでないということを，自分自身にたいして証明すると同様に他人にたいしても証明しようとする人である．羨望のなかには恥辱がある．外面的な利益のまえでの愚かな驚きではない．むしろ，自己自身を信ずる人々，敢然として自己の本性を伸ばしてゆく人々にたいする憤激である．★045

つまり，〈そんなことはできるはずがないじゃないか！〉と言って自分ではやらないでいて，人がそのことをやろうとしていると，〈ばかなことを！　やめなさい！〉と言うのです．注意しなければならないのは，その時，もう自分は正しいところにいるのだと，自分では信じ込んでいることです．「自分自身が信じている

し言っている事柄」をも吟味しているはずなのに，どこか自分のことは棚に上げる傾きを持つ．だからこそ，食ってかかることもできるのではないでしょうか？　アランは「可能な人間的悪のすべてが独断論に由来すると推測してしまう」傾向を懐疑主義について語りました．〈独断論なんていう態度に留まるから人間的な悪が生じるんだ！〉と言わんばかりなのです．そうやって，「戦争，迫害，私的犯罪〔crimes privés〕，決闘，喧嘩など」を断罪する．しかし，懐疑主義が，自らもまた独断論の一種であることにも気づかないで，「判断されたいかなる種類の事物をも認めない」という判断留保を続けることによって生じる悪にまでは考えが及んでいないのです．

　主義として懐疑を掲げることが「**独断論（DOGMATISME）**」（▶p.277）に陥るかも知れないこと．それを，心底，考えてみなければなりません．例えば，モンテーニュは懐疑主義者といわれる場合さえあるのですが，彼の懐疑は，疑うことによってその場にうずくまるといったようなものではありませんでした．〈私は何を知っているのか？〔Que sais-je?〕〉と歩み出すのです．自分が正しいと決めて，相手を攻撃するのでもなく，何も正しいものは無いと嘆いて何もしないのでもない．そうではなくて，問題をオープンなままにして，探究を続けるのです．

　　むしろわたしは，モンテーニュ流に，ひとの語るところはすべて，ごく些少の細部に至るまでも，これを信じるようにしたいと思う．ただし，つねに留保つきでであり，信じがたいものと信じうるものとに対して，おなじ不信を，お望みなら，おなじ信頼を保持してである．これは問題を開いたままにしておくことである．★046

それをも，もし懐疑主義と言いたいのなら，それは〈前進する懐疑主義〉でしょう．なぜなら「知られること最も少ないものこそ，最も固く信じられるものである」★047からです．真に疑うのは，楽な仕事ではありません．

　　彼〔モンテーニュのこと〕は，他人たちのためにではなく，自分自身のために，真の意味で考え，自分の思考の総目録をつくり，それらの重さを衡り，それらを打ち伸ばし，情け容赦なく批判の火に通す人物なのだ．疑うためにはどれほど人間としての力が必要であるかをひとが痛感するのは，彼のあとを追うときである．疑うとは，鉄を鍛えるのとおなじように，力仕事なのである．★048

　自分の立場は正しいと決め込んで，他人の信じ込んでいることや行っていることを攻撃して，喜んでいられるほど楽な立場ではない．デカルトも，普通は「暫定的道徳」などと言われているのですが，実際には〈準備のための「**道徳（MORALE）**」（▶p.495）〉とでも言った方がいい生活規則を掲げて，この力仕事を成し遂げようとするのです．

　　ロディス＝レーヴィスも指摘していることだが（『デカルトの著作』），原文の par provision という言葉には「暫定的」などという意味はない．それはある計画を実行に移す前の準備，たとえば，旅に出る前の食糧や資金や装備のことなのである．ジルソンの権威のおかげで，今なお暫定的道徳とか暫定的四準則とか呼びならわされているものは，実は，正しくは，準備としての生活規範とでも訳すべきものだったのである．★049

　そんな準備もしようともせず，ことあるごと

★044──プラトン『国家』539B, pp.553-554〔傍点引用者〕．cf.『ソクラテスの弁明』23C, p.66／『ピレボス』15D-16A, pp.179-180
★045──アラン『人間論』p.243〔傍点引用者〕
★046──アラン『神々』p.18〔傍点引用者〕
★047──アラン『人間論』p.331
★048──アラン『プロポ 1』p.92〔傍点引用者〕
★049──田中仁彦『デカルトの旅／デカルトの夢──「方法序説」を読む』p.148〔傍点引用者〕

731

に自分以外のものを攻撃していれば済むような生易しいものではないのです．これはこれまでも何度も引用したように，方法的懐疑とはほど遠い，「懐疑論者の懐疑」でしかないのです．

「理にかなった」懐疑とは，「疑う主体」が傷つかぬように庇護されている条件のもとでなら，あらゆることについて疑うことができる，それゆえ疑わぬこともできる，という意味であろう．それこそは，デカルトが自らの〈方法的懐疑〉と区別した，いわゆる〈懐疑論者の懐疑〉ではなかったか．言い換えるなら，それはわれわれが或る閉じられた場所の中に在って，その外部へ越え出ることができぬという事実を，ありとあらゆる問いを発することによって間接的に説明してみせるような行為と言えよう．これは実は，われわれの日常の生き方そのものの姿なのではあるが，デカルトふうに否定的に表現するなら，「疑うためだけに疑い，いつも不決断でいるふりをする」態度ということになろう．[★050]

SENTIMENT

感情 － これは情感〔affection〕というものの最も高い段階である．最も低い段階は情動〔émotion〕であり，それは外的な刺激とそれが生じさせる本能的な〔instinct〕反応（震える，泣く，赤面する）に基づいて，突然，意に反して，私たちを満たす．中間の段階が情念〔passion〕である．それは情動について考えるところに成立する．情動に対する怖れ，情動への欲望〔désir〕，予言〔prédiction〕，呪い〔malédiction〕〔などである〕．例えば，恐怖〔peur〕は情動であり，卑怯〔lâcheté〕は情念である．そうしたもの〔恐怖や卑怯〕に対応する感情は勇気〔courage〕である．いかなる感情も意志を取り戻すことによって生じる（例えば，愛〔amour〕は愛することを誓う）．そして，基本的な感情，それは自由意志という感情（あるいは尊厳という，あるいはデカルトが言ったように高邁という，感情）である．この感情は何か崇高な〔sublime〕ところを持っており，〔そういう崇高なところをもつある一般的な感情として〕個々の感情の中に〔入り込んで〕見出される．感情というレベルにおいては，人は自分の欲するがままに感じることを望むのだが，もちろんそこまでは決して達しない．感情の中には，乗り越えられてはいるが，ざわめきつつ残っているような，情動的なそして情念的なものがあり，それこそは感情の質料なのである．例：勇気の中の恐怖，愛の中の欲望，博愛〔charité〕の中の傷つく怖れ．感情は最も深い諸々の確信の源泉であることが見出される．

アランが「感動・情念・感情という，あの美しい上昇系列[★051]」という言い方をしていることにはすでに触れました．人間の心に生じる「**情感（AFFECTION）**」（▶p.051）にはそういう段階があるということを，ここでアランは明確に述べるのです．最も低い段階である「**情動（ÉMOTION）**」（▶p.299）では，「外的な刺激とそれが生じさせる本能的な〔instinct〕反応」が語られます．情感は言わば外的なものから刺激がもたらされて始まるのです．外的な刺激に反応するのはまずは身体ということになります．身体が，「突然，意に反して」反応してしまう．物体の衝突のように，作用に対して反作用が生じるようなものです．言い方を換えれば，そこでは物体のメカニズムに関する自然法則が支配しているわけです．それこそ，放っておけばそうなる，とでもいう段階です．アランが本能というものをそういうメカニックな仕方で理解していると言ってもいい．例として掲げられている「震える，泣く，赤面する」は，そうしようとして意志して起こるものではないですよね．本書の「**本能（INSTINCT）**」（▶p.416）の定義の註解の中で，そういう点について述べてお

きましたので，参考にしてください．たとえ人間であっても，そういう段階では機械的に反応しているということです．デカルトがいわゆる「動物機械論」を語ったことをもう一度ここで思い出してほしいのです．そして人間の身体について考察するときには，この動物機械論を人間にまで及ぼす必要があるということを考えてほしいのです．次の言葉も思い出しておきましょう．

> 人間は身体の動きに流されてしまうと，自分がどれ程陰気な自動人形に堕してしまうか，十分自覚してないのだ．[★052]

〈動物は機械である〉と言った途端に反撥を招くのはよく経験することです．しかし，ここではさらに人間をも機械として捉えなければならない段階があることを知らなければならないのです．デカルトはそのことを十分に知っていて，『情念論』もその基礎の上に語られます．次の指摘はよく吟味されて然るべきものです．

> 大人の認識とは，デカルトの認識である．それは分析し，すべての物を，形と運動との関係に還元する認識である．もちろんすべての物である．動物界の物も，また動物界の物である限り人間界の物も，すべての物である．なぜなら「動物機械論」は人間を解く鍵の一つであるからだ．夢の背後に隠れている仕組みと，情念の雄弁とを理解することは，まさに，それから解放されることであり，人間たることなのだ．[★053]

もちろん，動物機械論が「人間を解く鍵の一つである」と言っても，〈人間も機械に過ぎない〉などという「人間機械論」をデカルトが主張したわけではありませんし，アランもそうではありません．あくまで二元論なのです．物体・身体というものに対峙する心・思考とでも言うべきものがある．それゆえにこそ「**情念（PASSION）**」（→p.544）というものがある．アランが情念は「情動について考えるところに成立する」と述べるのもそのためです．〈考える〉ということがなければ情念は無い，情動があるだけです．本能的な反応があるだけなのです．情念の例として掲げられている「情動に対する怖れ，情動への欲望〔désir〕，予言〔prédiction〕，呪い〔malédiction〕」は，いずれも情動について考えるところに生じている．ただし，当の情動に引きずられるようにして思考は主導権を失っています．そういう情動に対して，もっと言えば身体的なメカニズムに対して受動的になっている．それこそ，「受動的〔passif〕」という意味で「情念〔passion〕」なのです．「恐怖〔peur〕は情動であり，卑怯〔lâcheté〕は情念である」というのも，「**恐怖（PEUR）**」（→p.582）は考えること以前に成立するものであり，それに引きずられるように心が弱くなったとき，人は「**卑怯（LÂCHETÉ）**」（→p.432）と言われる行動を起こすということです．しかし，そういう動きに抗する場合がある．そこに成立するのが「**勇気（COURAGE）**」（→p.196）という感情だとアランは書いています．そして，それには意志が必要である，と．彼は「**魂（ÂME）**」（→p.069）の定義の中で，次のように述べていたのでした．

> 魂，それは身体を拒否するところのものである．例えば，身体が震えるときに逃げるのを拒否するもの，身体が苛立つときにひっぱたくのを拒否するもの，喉が渇いているときに飲むことを拒否するもの，身体が欲望しているときに取ることを拒否するもの，身体が恐れているときに放棄するのを拒否するものである．

〈抗する意志〉，〈拒否する意志〉が必要なのです．「いかなる感情も意志を取り戻すことに

★050──福居純『デカルト研究』p.77〔傍点引用者〕
★051──アラン『芸術についての二十講』p.114〔ただし，私としては「感動」と訳されている émotion は「情動」と訳したいと思います〕
★052──アラン『裁かれた戦争』p.122〔傍点引用者〕
★053──O. ルブール『人間的飛躍──アランの教育観』pp.76-77〔傍点引用者〕

よって生じる」とアランは書くのですが，それはとりもなおさず，情動や情念に譲ってしまえば，人間の意志は失われることを意味しているのは明らかでしょう．そうしたものに譲ってしまうことは，それ自体，不道徳とさえ言いうる．

> 食欲，あるいは恐怖，あるいは怒りのため，やろうと決意していたことを思いとどまったら，われわれは義務を怠ったのである．われわれにおける低劣な力を，それがどんなに強くても，われわれはそれらを感じ取り，つねに低劣なものとして判断する．ストア派の人びとがいったように，指導原理たる理性，あるいは精神こそが，人間を統御すべきものなのである．動物的な力にゆずること，メカニズムのなすがままになること，それは不道徳であり，そのことをわれわれはよく知っている．[★054]

もちろん，人間だから不道徳たりうるのであって，動物はそもそもそういう境位にない．アランは，次のような面白いことを書いています．

> 動物は放心〔distrait〕はしない．目をまわす〔étourdi〕だけだ．[★055]

情感の段階を上昇することのできる人間であってこそ生じる「**愚かさ（SOTTISE）**」（▶p.766）というものがあるのです．アランが今回の定義で掲げている「卑怯」はその一例でしょうし，次の引用にある「怠惰」もまたそうでしょう．「**徳（VERTU）**」（▶p.850）を持ちうるからこそ，「**悪徳（VICE）**」（▶p.854）も手にしうる．

> 人間のもつ，自分の内なる動物を征服する力を勇気と呼ぶなら，勇気は徳である．勇気があるというのは，意志が強いということだ．なぜなら意志とは，本能，気分，情念の動きに対する理性の力にほかならないからだ．人間は，この力があるからこそ人間なのだ．したがって，怠惰くらい軽蔑されるものはないことがわかる．[★056]

そして重要なのは，アランが「自由意志」を感情と呼び，それをデカルトの言う「高邁の徳」と言い換えていることです．「高邁」とは何かについては，もう，くどいほどに何回も述べてきたことですからここでは繰り返しませんが，この徳を「感情」と呼び，しかも，「この感情は何か崇高なところを持っており，〔そういう崇高なところをもつある一般的な感情として〕個々の感情の中に〔入り込んで〕見出される」と指摘することは，吟味を必要とします．私は，見ての通り，この一文を解釈して訳者として補足を訳文本体に入れ込みました．少々，解説しておきましょう．自由意志という感情を，私は個々のすべての感情に伴うものと解釈したのです．なぜなら，「いかなる感情も意志を取り戻すことによって生じる」のですから，情動から情念へ，そして感情への上昇を遂行しようとするときに，意志はそうした上昇系列の最後に位置する成立要件と考えられるからです．素材となる情動や情念に応じて種々の感情が成立するには違いないとしても，意志は常にそれら感情に伴っていると私は思うのです．こうして，感情はその成立に必要な〈働き〉と〈素材〉を持つ．アリストテレス風の「質料－形相論」の言い方を借りれば，その〈働き〉を「形相」と呼び，〈素材〉を「質料」と呼ぶことができる．事実，アリストテレスでも，形相は現動〔actus〕の側に位置するのでした．ここで言えば，意志という働きが関わるのです．しかし，神ならぬ人間は，純粋現動〔actus purus〕たりえないのです．エネルゲイア〔ἐνέργεια〕としての働きは認められても，究極のエンテレケイア〔ἐντελέχεια〕としての「**神（DIEU）**」（▶p.263）にまでは行きつけない．アランがここで，「感情というレベルにおいては，人は自分の欲するがままに感じることを望むのだが，もちろんそこまでは決して達しない」と記しているのもそのためです．言い方を換えれば，そこには，質料的な要

素，潜勢態的な要素が残っているわけです．こう解釈すればこそ，「感情の中には，乗り越えられてはいるが，ざわめきつつ残っているような，情動的なそして情念的なものがあり，それこそは感情の質料なのである」という指摘も十分に理解されるでしょう．「勇気の中の恐怖，愛の中の欲望，博愛の中の傷つく怖れ」がそういうものだというのです．それらは次の引用に登場する「動物的で盲目的なもの」と言い換えることもできる．

確かに，精神のなかにはなにか機械的なもの，言い換えれば，本能に見られるような，動物的で盲目的なものが存在する．[★057]

しかしながら，そういう質料的な部分があってこそ，確実に手に入れられるものもあるのでしょう．「最も深い諸々の確信」とはそういうものに違いありません．

SÉRIEUX
真面目さ — 〔事の〕重大さ〔gravité〕が予見される瞬間に，人は真面目になる．真面目さにはいくらかの希望〔espoir〕が伴っているが，それを失うことを怖れてもいる．真面目さは警告しているのだ．そして，真面目さのそうしたニュアンスは，人がもし望むならば，〔そんな真面目さなどかなぐり捨ててしまって〕ふざける〔être frivole〕ことだってまだできることを示している．真面目さは吟味を要する．それに対して重大さはもはや吟味の要など無い〔くらいそこにどっしりとある〕のだ．そうだからこそ，真面目さはコートのように脱ぎ去れる．私は真面目である．なぜならそれを私が望んでいるから．そして私が長い間そうであることはないだろう．〔それなのに〕またなんと真面目さには注目が集まるものだこと！

本書には「**ふざけること**（FRIVOLITÉ）」（▶p.381）の定義があり，今回の定義「真面目さ」との密接な関係の下に定義が下されています．実際，例のフランス語類語辞典でも，le contraire de plaisant et de frivole[★058]とあり，反対に位置するものとして書かれていますし，今回の定義の中で「ふざける〔être frivole〕」という言い方が使用されてもいるのです．また，その類語辞典には次のような記述もあります．

> Sérieux indique une humeur naturelle qui fait qu'on ne rit pas, qu'on ne considère pas ce que l'on fait comme une chose de peu d'importance ; et se dit aussi des choses qui ne font pas rire, ou qui révèlent du sérieux chez celui qui les fait ou qui les traite.[★059]（真面目さは人が笑わないようにする

自然的な気分を指し，それは，為されることが重要性のない事柄とは考えさせないようなそういう気分である．そしてそれはまた，笑わせない諸事物，あるいはそれを為す者あるいはそれを扱う者において真面目さを知らしめるようなそういう諸事物についても言われる．）

「笑い」の話がここで触れられていることに私は注目したいと思います．後で喜劇の話をしたいからです．真面目さには笑う余裕が無いのです．確かに「〔事の〕重大さが予見される瞬間」には，人は真面目になるものですし，それはほとんど避けられない．そこに出来（しゅつたい）した事柄への対処が緊急の問題として課されるからです．〈真面目に対処しなければ，それこそ大変なことになるぞ！〉というわけです．「真面目さは警告し

[★054] —— G. パスカル『アランの哲学』p.213〔傍点引用者〕
[★055] —— アラン『思索と行動のために』p.266
[★056] —— G. パスカル『アランの哲学』p.215〔傍点引用者〕
[★057] —— アラン『プロポ 2』p.277
[★058] —— H. Bénac, *op.cit.*, p.875〔下線引用者〕
[★059] —— *Ibid.*

ている」のです．そこには，〈真面目に対処すればなんとかなるかも知れないが，ダメかも知れない〉というある種の不安な状態がある．「真面目さにはいくらかの希望が伴っているが，それを失うことを怖れてもいる」ということです．さて，その時，ただただ真面目に対処するしかないでしょうか？　こんなことを問うのも，「ふざけること」の定義にあるように，「深刻に取りすぎたり，諸問題について重大視しすぎたりすること」はないだろうかと問いたいがためです．もしそんなことがあるとすれば，間違った対処だって採りうるのではないか？　真剣になりすぎて，自分を追い込んでしまうような誤りだって生じうるのではないか？　アランは次のように記しました．

　　まじめな人がおちいる罠の一つは悲しくなりやすいことだ，という点によく注意する必要がある．★060

　そういう罠，言い換えれば間違った対処を恐れるべきではないのか？　実際，「ふざけること」の定義では，そんなふうになってしまう恐れを語っていました．それゆえにこそ，「意図的で，あえて装われてさえいるような軽さや気移り」として「ふざけること」の可能性があるのだ，と定義されていたのです．こうした可能性を拓くという「この意味で，ふざけることは深遠な技である」とまで言われるのです．その考え方を受けていると考えれば，今回の定義では「人がもし望むならば，〔そんな真面目さなどかなぐり捨ててしまって〕ふざける〔être frivole〕ことだってまだできる」と述べられていることも理解できます．「真面目さは吟味を要する」というのです．「重大さはもはや吟味の要など無い〈くらいそこにどっしりとある〉のだ」としても，それに全面的に飲み込まれてしまう義理などないと言いたいのです．「〔事の〕重大さが予見される瞬間に」は，自ずから真面目になってしまいます．あたかもそれしか可能性はないかのようにして．そして，そのとき，私はそういう唯一の可能性にコミッ

トするかのように，その可能性を「望んでいる」とも言いうるでしょう．しかしながら，「私が長い間そうであることはないだろう」と言えるようにもなりうる．〈その可能性は真に唯一のものか？〉と問えるならば，です．ここにこそ，デカルト的な懐疑の重要性の一つがあるでしょう．私は，〈あえて身を引き離す〉と言いたい．そういうことが容易でない場合として情念という状態があることもおわかりでしょう．アランは次のように書きました．

　　自分の過失，自分の悔恨，反省がひきおこすあらゆる悲惨から身をひきはなすことだ．★061

　　かれら〔ストア派の賢人たちのこと〕の思想は，周知のように，たえがたい感情から身をひきはなして，それを品物〔objet〕のようにみなすことにあった．★062

　そういう「悲惨」から，そういう「たえがたい感情」から，身を引き離して，言わば手玉に取ることが必要なのです．「ふざけること」はその一歩を踏み出したものでした．これが見事に展開されれば，それが，「悲劇〔TRAGÉDIE〕」（▶p.822）に対する喜劇を位置づけることになるでしょう．アランは面白い言い方をしています．

　　喜劇とは，「それがわたしにどうしたというんだ？」という，おそらくいっさいの思考を中断させてしまうあのことばによって克服された悲劇である．★063

　「喜劇は悲劇の反省もしくは倫理」だとも書きます．そういうものが成立するのは，私が上に述べたように〈身を引き離す〉ことだと示唆してもいます．

　　作者も，俳優も，ほんの自然な動き一つでたやすく喜劇へ移行するだろうし，その動きとは，自我と自我とのあいだのへだたり

をもう少しはっきりさせること，要するに悲劇を拒否することにほかなりません。★065

自己批判ができるほどにです。

悲劇は思考を思考することを退ける．悲劇は悲劇自体の自己批判を退ける．喜劇は喜劇自体の自己批判を行ない，みずからを両刃の刃たらしめる．★066

しかし，それなのに，人々は真面目さを好み，ふざけることを拒否しがちです．どちらがいいのでしょうか？ アランは少なくとも真面目さに注目が集まりすぎることに「警戒(ALARME)」(➡p.058)を語っていることは確かだと，私は今回の定義の最後の言葉を頼りに考えるのです．それは「狂信(FANATISME)」(➡p.338)に対する警戒なのです．

わたしは，非真面目さ(frivolité)はひとが信じるほど軽はずみでも無頓着でもないと言いたいのだ．それは生真面目をその発生時に正確に監視し，まなざしのなかにはやくもそれを読み取り，生真面目さに含まれている狂信をはるか遠くから識別する．★067

思考の自由さを失っているかもしれない悲劇的状態に対して，喜劇は，笑いは，それをほぐすのです．「笑いのなかに最高次の思考が結ばれてはほぐれている〔les plus hautes pensées sont nouées et dénouées dans le rire〕」のです．次のようにまでアランは言います．★068

つまり私たちは，笑いなしには極度の真剣さ〔l'extrême sérieux，つまり「極度の真面目さ」です〕に耐えられないのであって，それが私たちの自衛手段なのです．★069

確かに，真面目に対処しなければならないかもしれない．けれども，それに囚われすぎてはならない．疑わなければならないのです．次の一文は，その点を見事に言い切っているでしょう．

愛と信念とをもって疑うことだ．真剣に疑うべきであるが，陰気になってはいけない〔Douter sérieusemment, non tristement〕．★070

SERVILITÉ
卑屈さ – これは現に働いているへつらい〔flatterie〕である．〔へつらいの相手の意向が何であろうと，それが〕実行されるであろうこと，そして是認されるであろうことを，〔卑屈な人の〕すべてが物語っている．卑屈さは命令を待たない．それは命令を期待し，先んじて駆けつける．卑屈さは愛されてなどいない．暴君はすでにあまりに多くの服従を手にしており，そのことがすべて〔の事柄は先回りして遂行されてしまうので，それら〕を取り消しできないようにしている．卑屈さは暴君〔の自由さえ奪うという形で当の暴君〕を巻き添えにしているのだ．おそらく卑屈さは自分が愛されてなどいないことを知っている．そこからあの辛そうな顔が生じるのである．

servilité を例のフランス語類語辞典で引いてみると，"Servilité, esprit de servitude, de basse

---

★060──アラン『人間論』p.266
★061──アラン『幸福論』p.202
★062──同書，p.200
★063──アラン『芸術について』p.129
★064──アラン『芸術についての二十講』p.123
★065──同書，p.121〔傍点引用者〕
★066──アラン『感情 情念 表徴』p.48
★067──アラン『プロポ 1』p.192〔傍点引用者〕
★068──アラン『芸術についての二十講』p.123
★069──同前〔下線引用者〕
★070──アラン『思索と行動のために』p.290〔下線引用者〕

737

soumission.〔卑屈さ，隷属状態の，服従の心〕"★071と出てきます．ついでにservitudeを調べると，"État de soumission absolue, de dépendance extrême où on ne jouit plus de sa liberté.★072〔絶対的な服従の状態，そこでは自分の自由などもはや味わうことのない極端な依存〕"とあります．それが，辞書的な定義なわけです．

そういう言葉を，アランはここで「へつらい〔Flatterie〕」と関連づけて定義している．この「へつらい(FLATTERIE)」(►p.370)という言葉も定義がありますので参照してください．結構，この類語辞典にある説明には読み解きのヒントがあります．「絶対的な服従」といい，「極端な依存」という表現です．どういうことかというと，「**絶対的(ABSOLU)**」(►p.024)なのですから，服従しないということがありえないあり方です．また「極端な依存」ということは，服従の対象がいなければ，自分が存続できないような状態だということです．そういう状態においてこそ「へつらい」は現に働く〔en action〕ことになるとアランは言っているわけです．「〔へつらいの相手の意向が何であろうと，それが〕実行されるであろうこと，そして是認されるであろうこと」は，当の卑屈な人間の言動を見ればすぐわかるというのです．その人物のあり方のすべてがそれを物語っている，と．具体的な一例を，アランは「命令」に関して掲げています．卑屈な人間は相手の命令など待たずに，先回りして，相手の意向を実現しようとするというのです．意向を推し量って，何でもやってしまうのです．アランは「へつらい」の定義の中で，それが「陶酔と気に入られる嬉しさでしかない」と書いていました．自分には相手の意向が見事に推し量れるという陶酔「**酔うこと(IVRESSE)**」(►p.422)があり，だから，それが実現されれば相手に気に入られるに違いないと信じているからそういう言い方ができるのです．実際にそれが成功した場合，褒められることも確かにあるのかも知れない．けれどもアランはこの定義の中で，そういう推量の陥る罠とでも言うべきものについて記しています．ひとことで言い切っている．「卑屈さは愛されてなどいな

い」，と．なぜでしょう？　それは，推量が，相手の自由を奪うからです．もちろん，「絶対的服従」や「極端な依存」の状態にあるのですから，自分自身に自由など語る余地はほとんど無い．しかし，それに留まらず，相手を「巻き添えに」するのです．それをこの定義はきちんと記しています．暴君を例にしてです．私が説明的な訳者挿入をして訳した部分は，その解釈に基づいています．「暴君はすでにあまりに多くの服従を手にしており，そのことがすべて〔の事柄は先回りして遂行されてしまうので，それら〕を取り消しできないようにしている」という事態です．服従する人間は，へつらう人間へと容易に変貌することがあるでしょう．意向は先回りされて実現されてしまうわけですから，〈こういう時，あの方はこういう意向をお持ちのはずだ〉と断定されてしまうようなもので，服従される当の人間における変更の余地が狭められてしまう．いや，変更の余地が無くなりさえしてしまうのです．つまりは，自由が無くなってしまう．「卑屈さは暴君〔の自由さえ奪うという形で当の暴君を〕を巻き添えにしている」のです．そもそも，そういう推量というものは，〈物事を法則的に知ろう〉とするようなもので，物の振る舞いについて科学が見事に遂行し，成功してきたことではあるのです．しかし，それを人間へと及ぼすというのはどういうことか？　それは，言い方を換えれば，人間を物のように認識しようということでもある．自然法則的な「**必然性(NÉCESSITÉ)**」(►p.502)の下に，とでも言っておきましょうか？　それは，おそらく，愛することとは違う．本来の意味でのプラトン的愛とはまったく掛け離れている．なぜなら，プラトンは「愛する相手が自由で幸福であれと，天性に従って成長し，特長を生かし，他人から支配されずに行動できるようにと，願う愛」★073を語ったでしょうから．人や意向を物の振舞いのように推量しようというとき，そうした「**愛(AMOUR)**」(►p.076)は存立できない．当然，そうした間柄に，愛は無い．

もちろん，人を物として扱った方がいい場合

が，無いとは言えません．そのことは強調しておいた方がいい．なぜなら，当の人間が，自分を物のようにしてしまった方がいい場面が，現に，情念的な状態としてあるのですから．次の引用はそのことを明確に指摘しています．

> 人間を物として私はとりあつかう．だからといって，むろん軽蔑しているわけではない．それどころか私は，人間にとって外的なもの，無縁のものを，人間に関係したものと考えないようにしている．意志の働いていないさまざまな徴候を割り引きして考える，この種の評価を試みてみるがいい．そうすればまもなく，人間が姿をあらわすのが見られよう．★074

そうやってこそ，「私たちの情念は事物の領域〔l'ordre des choses〕に帰せられる」★075からです．心の領域にではなく．しかしながら，今回の定義に関連して，人を物として扱ってしまうことを，あえて言えば誤りを述べたいのは，そういう場面ではない．なぜなら，意志が働く場面が問題だからです．上の引用にも「意志」の話が出てきていることに注意してください．今回の定義では，へつらいの相手から「自由」を奪っていましたよね．つまり，その相手における自由意志の行使そのものを，先回りして，阻んでしまっている．〈いつものあれですね？〉と推量されて，どんな場合も提供されてしまうのです．それは必ずしも愉快なものではない．そんな間柄に愛など求める方が間違っている場合さえある．それには容易に気づくはずです．それゆえにこそ，「おそらく卑屈さは自分が愛されてなどいないことを知っている」と書かれることになる．

自分では，相手の為を思っていろいろなことをしているのに，相手からは愛されない．そんなことは，過干渉の親にだってありうることですし，相手が好きでたまらない恋する人間にもありうる．知らぬ間に相手の自由を奪っていることに気づき始めてはいても，どうしたらいいのかがわからない．呆然として，「辛そうな顔」をするしかないのです．

SINCÉRITÉ
誠実さ — 最も分かりにくい〔obscurs〕言葉の一つである．隠すことのできない人間の最初の動きを誠実さと名づけたいと人は考えるだろう．しかし，それはできない．なぜなら，最初の動きというものは，しばしば完全に人を欺くものだからであり，そして隠すことは本能〔instinct〕によるものだったりするからである．ちょうど，臆病な人において見られるように．臆病な人は，全然思ってもいないことを慌てて口走ってしまったりするものなのだ．誠実さは，もっと熟考を要するものだし，何よりもまず安心を要するものである．自分が話す相手に疑いを抱かず，また自分には心ゆくまで説明する時間があると思えるときしか，人は誠実ではない．友情〔amitié〕といってもいいこうした状況を外れると，最も誠実な人は，作法として〔comme règle〕，誤ったことは何も言わないこと，誤解される危険のあることは何も言わないこと，そして，結局，自分の考えていることのほとんどについて黙っていることを，心がける．そして，もちろん，〔自分がきちんと〕考えているかどうかが確実でない事柄については黙ることを心がける．そんなわけなので，誠実さは，誰かを判定する〔juger〕ことに関わるときとか，誰かに賛同したり反対したりする証言をするようなときには，〔人を〕慎重にする．そして，軽率な人〔l'étourdi〕について

★071 — H. Bénac, *op.cit.*, p.878
★072 — *Ibid.*, p.879
★073 — アラン『感情 情念 表徴』p.30
★074 — アラン『思索と行動のために』p.382〔傍点引用者〕
★075 — アラン『イデー（哲学入門）』p.166〔傍点引用者〕

739

言えば，そういう人は思い浮かんだあらゆることを口に出してしまうのだが，それは誠実とは言えない．要するに，誠実さ〔と一般に言われれていること〕は周到に準備されている〔étudiée〕か，あるいは何ものでもない．

まず最初に登場する「分かりにくい〔obscurs〕」というアランの言葉を解釈しなければならないでしょう．obscur には，いろいろな訳語が可能ではあります．神谷訳は「曖昧な」と訳しています．私が，その訳語を避けた理由を述べておきましょう．私は，訳語を選ぶときに，訳語の候補としての日本語の単語からフランス語に対応するものを，逆に，考えてみるのです．例えば，この「曖昧な」という日本語から出発して，それに対応するフランス語を考えてみると，私の頭に真っ先に浮かんだのは équivoque という単語なのです．そしてそれにまとわりついているニュアンスは，ただただその単語自体が不明確というか，はっきりしないという意味で，良くないものなのです．参考のために，例の類語辞典を引いてみます．すると，こう出てくる．

> **Équivoque**, qui a deux sens entre lesquels on hésite, et souvent qui a été rendu tel à dessein, marque un défaut toujours fâcheux et se dit surtout des mots. ★076 (**曖昧な**，それは二つの意味を持ち，人がその間で迷うようなことであり，そしてしばしばそれは故意になされる．それは常に厄介な欠陥を示しており，特に語について言われる．)

もう一つ，ambigu という単語も思い浮かびますが，こちらはメルロ゠ポンティが，そのいわゆる「両義性(Ambiguïté)」をポジティヴに理解しようとしたのとも関連させて，あまり悪い感じは受けません．これも類語辞典を引いてみましょう．

> **Ambigu**, en parlant des pensées, des discours, des actions, qui présente deux ou même plusieurs sens possibles de sorte que l'esprit ne saurait se déterminer clairement pour aucun. ★077 (**多義的な**，思考，言説，行動について言われ，二つのあるいはいくつものさえ可能的な意味を差し出してきて，精神がそのどれとも明確に決定しえないことである．)

この二つのフランス語は，いずれも，単語自体が私たちに複数の意味を提示しているために私たちが迷ってしまう感じを表わしています．つまり，単語がすでに複数のニュアンスを担っていることは，私たちに分かっているわけです．ところが，この obscur は，どちらかというと私たちの姿勢や性向によってこそ〈分かりづらくなっている〉という感じを受けるのです．つまり，初めから誤解や思い込みなどに基づいて，一定の意味を人々が了解してしまっているように思えるのです．理由が明確に解っているわけでは全然ないのに，すなわち，ライプニッツの認識論的な小論『認識，真理，観念についての省察〔*Meditationes de Cognitione, Veritate et Ideis*〕』で言えば明晰〔clara〕の反対に位置づけられるものであるのに，一般には一定の了解がある．その了解に反したことを言えば，理解しがたいかも知れないという意味でも〈分かりづらい〉のです．ライプニッツの場合は，この二つを分けた上で，明晰な認識にはどんなものがあるのかの分類に話を移してしまいます．デカルトの明晰判明知の話が念頭にあるのですから，当然と言えば当然です．しかし，ここでのアランの議論は違うと私は思うのです．つまり，obscur ということの正体に少し迫ろうとしているのです．要するに，分かりにくい〔obscurs〕ということについて考えてある．それが，まず，人々の一般的な傾向としての「誠実さ」の了解が，これから書こうとしていることの理解が邪魔をするという事態だというのです．そういう事態があるために，「誠実さ」という単語に〈分かりにくさ〉がまとわりつくのだということです．それを指摘するのが，

冒頭近くの「隠すことのできない人間の最初の動きを誠実さと名づけたいと人は考えるだろう」という一文です。「しかし、それはできない」、と、日本語でもそういう事態はまぬがれていない。なぜでしょうか？ それこそ、次に続く文で書かれていることです。「最初の動きというものは、しばしば完全に人を欺くものだからであり、そして隠すことは本能によるものだったりするから」というのです（「**本能**(INSTINCT)」（►p.416））。例として「臆病な人」があがっていますが、分かりやすいでしょう。「臆病な人は、全然思ってもいないことを慌てて口走ってしまったりする」とアランは指摘するのです。上司に怒られている「**臆病**(TIMIDITÉ)」（►p.815）の人でも思い浮かべてください。そういう人は、恐いから、ほとんど防御反応とでも言うべき「本能」的な動きを以て、「全然思ってもいないことを慌てて口走ってしまったりする」のです。こうして、〈思ったままを言うのが誠実なのだ〉という一般的な理解は「誠実さ」というものの理解に関して、あえて言えば、間違っているとアランは言いたいのです。こうした立場の理解のために次の引用を吟味してみてください。

> 最初の衝動のままに動く人間、思いついたことをなんでも言い、最初の感情に身をゆだね、自分がなにを実際に感じているのかがわからぬうちに、驚きや嫌悪感や歓びを遠慮なくあらわにする人間は、無作法な人間である。このような人間はかならず言いわけを言う羽目になる。その意図もなく、自分の意図に反して、他人を混乱させたり、不安がらせたりしてしまうからである。★078

「思ったことをみんな言おうとすると、思っている以上のことをしゃべってしまう」★079とすれば、それは誠実と言えるだろうか？「正真正銘」と言えるだろうか？ そんなふうに考えてみてください。そこには「誠実」のかけらも無いはずです。こうして、「誠実さは、もっと熟考を要するものだし、何よりもまず安心を要するものである」と言われる。慌てていては、誠実にはなれないと考えるべきです。それゆえにこそ、「自分が話す相手に疑いを抱かず、また自分には心ゆくまで説明する時間があると思えるときしか、人は誠実ではない」と記される。そして、真に率直でありうる状況、それは「**友情**(AMITIÉ)」（►p.073）と言い換えてもいい状況なのです。もちろん、そういう状況はそうざらにはない。だからこそ、アランの言う意味での誠実をめざす人は、「作法として〔comme règle〕、誤ったことは何も言わないこと、誤解される危険のあることは何も言わないこと、そして、結局、自分の考えていることのほとんどについて黙っていることを、心がける」ことになる。ましてや、「〔自分がきちんと〕考えているかどうかが確実でない事柄については黙ることを心がける」、と.

そういう人間であれば、「誰かを判定する〔juger〕」ことなどには慎重になるでしょう。なぜなら、真の友人関係においてならまだしも、そうでない場合、その判定が当の判定される人間や周囲の人間に及ぼす影響は、前以て予想されないことが多いでしょうから。ところが、「軽率な人」は、その慎重さが持てないのです。「そういう人は思い浮かんだあらゆることを口に出してしまう」し、実は、それを誠実と考えているのです。さあ、このようにアランは、「誠実さ」の理解を〈分かりにくさ〉をも含めて書き記してきました。あなたは、この「軽率な人」と、アランのいう慎重な「誠実な人」との、どちらの解釈を採るでしょうか？ その選択は、こうして説明された上で、周到に準備されている〔étudiée〕「誠実さ」と、あるいは何ものでもない「誠実さ」と、そのどちらをあなたが採るかということなのです。

★076――H. Bénac, *op.cit.*, p.41
★077――*Ibid.*
★078――アラン『プロポ 1』p.70〔傍点引用者〕
★079――アラン『思索と行動のために』p.394〔傍点引用者〕

SOCIALISME
社会主義 – 理性に従って社会〔société〕を構築しようとするどんな教説もそうである．それには，〔当の〕理性に由来する諸々の不確実性〔incertitudes〕がまず抵抗し，次に自然に由来する諸々の困難〔difficultés〕が抵抗する．それゆえ社会主義は，常に，参加者たちを理性の支配に服従させようとする傾向を持つ．社会主義は個人の諸権利〔droits〕をとても厳しく制限するのである．しかしながら，一つの社会が受け入れられ，あるいは必要とされる〔voulue〕限り，それは社会主義的である．反対に，強制された〔imposée〕どんな社会も専制的である．

アランはこの『定義集』の中で「理性〔raison〕」を定義していません．その未定義語である「理性」を使ってここでは「社会主義」を定義しているわけで，読み解こうとしている私たちとしてはなかなか大変です．アランが理性について語っている箇所を他のプロポからいくつか取り上げて参考にするしかないでしょう．それも，「理性に従って社会を構築しようとする」と，「理性に由来する諸々の不確実性」が出てくるとこの定義の中で言っているのですから，社会を構築するに際し「理性」だけで事が済むとも考えていないようなので，かなりの注意が必要です．では，理性だけでは何かが足りないのでしょうか？いったい，何が足りないのでしょう？そういう考察を始めるヒントとなる引用は前にも引用した次のものです．

> 近代の分析は一般にあの第三の項すなわち気概〔la colère〕を忘れて，人間をただ欲望と理性だけで組み立てることに努めている．それは名誉を忘れることであり，愛と戦いの双子の戯れを忘れることである．★080

古代ギリシア哲学者のプラトンが，人間を，三つの部分から構成されているものと考え，それらの部分を「欲望〔DÉSIR〕」（▶p.223）「気概〔「怒り〔COLÈRE〕」（▶p.180）〕」「理性」と考えたのに対して，近代の人々の考え方は，その「気概」を忘れているというのです．「気概」は，上の引用にもあるように「名誉」の座であり，colère が「怒り」でもあるのを考えれば，「情念〔PASSION〕」（▶p.544）とも深く関わります．「気概」こそが「愛と戦いの双子の戯れ」が展開する「情念」の場面に他なりません．要するに，そういうことを忘れて理性と欲望とだけで人間を考えていたのでは足りない．具体的な人間を扱うことができないというのでしょう．そうした欠落を放置し続ければ，理性は情念から離れたままであるし，欲望は「情動〔ÉMOTION〕」（▶p.299）というレベルに閉じこめられるとでも言いましょうか．そこには，人間の「社会〔SOCIÉTÉ〕」（▶p.748）を構築するには欠けたものがあるというわけです．アランは「抽象的知性」という言葉でそれを表現する場合もあります．

> 情念からあまりにもかけ離れ，情念からけっして生まれず，情念のなかに根をおろしもしない，抽象的理性というやつが，たしかに存在するという，ことを，いいたいだけなのだ．この理性は，苦労を要求せず，肉体の乱れによっても，たしかに，かき乱されはしない．だが，そのかわり，この理性は，肉体の乱れを変えることもなければ，おしとどめることもけっしてない．嵐に対して呼びかける言葉のように，無力なのである．★081

歯痛を忘れるために数学に没頭したと言われるパスカルを私は思い出します．彼が問題を解き終わると歯痛はなくなっていた，なんていう話もあるのですが……．苦しみを忘れるために抽象的な事柄に没頭するということは，例えば，この世の中の汚さに嫌気が差して数学の美しい世界へと逃避するようなものだと言ったら酷でしょうか？また，その逆も考えてみてください．抽象的に思い描かれた美しい世界を無理や

りこの地上に実現しようという姿勢です．実を言えば，社会主義の陥りやすい態度にこういうものがあると，コントもアランも考えたようです．それは，〈上なるもの〉としての理性が，無理やり〈下なるもの〉としての現実の社会を創ろうとすることだからです．「社会主義者を名乗ろうとしなかった」アランは，社会主義に関連して，実際，批判的な見解をもつ記述を残しているのです．

> 『批判〔Critique〕』に照らして，党派としての社会主義が，概念から存在へ〔du concept à l'existence〕いこうとする，最初の錯誤〔erreur〕によっていることはたしかである．

ここに引かれる『批判〔Critique〕』とは，カントの『純粋理性批判〔Kritik der reinen Vernunft〕』のことです．彼のこの著作は，彼独自の認識批判の文脈において神の存在論的証明を批判することでも有名ですが，それはこの「概念から存在へ」の道をある意味で遮断しようとする．カントは「先験的弁証論〔Die transzendentale Dialektik〕」の箇所で，感性的に与えられるものを離れて，概念だけで〔例えば神の存在の〕「証明〔PREUVE〕」（▶p.655）を遂行しようとすれば，当の証明が空虚なものになることを示そうとするのです．「神〔DIEU〕」（▶p.263）など存在しないという反対側の証明もまた展開でき，決着がつかない．二律背反〔Antinomie〕というものです．理性では決着が付かないにもかかわらず，他方を排除するような仕方でどちらかを押し付けようとするとき，当の決着をつけられないものの片方を受け入れるよう理性の名で強制することが始まるのです．確実性は手に入れられていないのに，それを押し付けるという誤りです．今回の定義に登場する「理性に由来する諸々の不確実性」のひとつが，こんなところに顔を出しているのでしょう．アランは，カントのこの議論をひとことで「知覚を伴わないあらゆる推理は，さきに進むにしたがって確実に誤りを含む」と言い切ります．ところが，社会主義には，そういうことをまさにやっているところがあると解釈される．ジョルジュ・パスカルは次のように述べます．

> なぜなら，社会主義には，賢明な発想にそって人間的秩序を組織しようとか，合理的計画にそって新しい国を築こうとかいう，野望があるからだ．しかしそれでは，秩序が実在していること，秩序が事実であり，実在するすべてのものと同じように，その根本は非合理的であることが忘れられている．「すべてを理性によって規制しようという，おみごとな努力〔l'honorable effort de tout régler par la raison〕」（E. H., LXXXIII〔一九三〇年二月二二日〕; PL., II）は，たとえばソヴィエト・ロシアの特徴でもあって，かならず挫折するだろう．

人間の合理的計画以前に先在するという仕方で「秩序が実在していること」とジョルジュ・パスカルは述べ，またアラン自身が，「理解することなく受け入れなければならないものが存在する」と断言するのです．「宇宙はひとつの事実である．この点では理性は頭(こうべ)を垂れねばならない」とまで書くのです．そして，宇宙だけでなく，社会もそうだ，と．

> 外的秩序には，それがなんの尊厳をも持たないとしても，私たちはまずは従わなければならない．それを手直しするために従わなければならない．自然の一事実である社会的秩序が，なぜ別のようでありえようか．

★080──アラン『イデー〔哲学入門〕』p.99〔傍点引用者〕
★081──アラン『芸術に関する101章』p.130〔傍点引用者〕
★082──G. パスカル『アランの哲学』p.293
★083──Alain, Lettres à Sergio Solmi sur la philosophie de Kant, p.32
★084──アラン『思索と行動のために』pp.190-191
★085──G. パスカル『アランの哲学』pp.293-294〔傍点引用者〕
★086──アラン『プロポ 1』p.14
★087──同前

「先在している秩序をしか，人は修正しない」，と彼〔オーギュスト・コント〕は言う．要するに，思考の役割とは，彼の見るところ，秩序を修正することにあるのであって，それを創ることにではない．[088]

こうしたアランの立場を解説して，ジョルジュ・パスカルは次のように書きます．

> つねに，与えられているものからこそ出発しなければならない．それに満足するためでないのはもちろん，行動の基礎を，抽象的な体系ではなく実証的な認識におくためである．たとえば，思考は実在から本質へ進む．たとえば，自然に対する命令は，自然に従うことによってのみ可能である．たとえば，意志は創造することにあるのではなく，持続することにある．たとえば，愛は選択しないで，自然によって決められた選択を守る．たとえば，芸術家は抵抗する素材をよりどころにする．これらの例と同じように，真の政治は「合理化された秩序」(POU., 35 [一九三一年一二月三日]; PL., D)を夢見るのではなく，与えられている秩序のなかに理性と正義を導入しようと努める．それは，体系的精神を退け，論証よりも判断が優越することをつねに強調する．社会主義者の体系は論証のもたらしたものである．ラディカルな政治は判断の政治である．[089]

プラトンにおいても語られ，コントにおいては実証的な批判の上に扱われた考えは，ひとことで言えば，次のようなものです．

> 進歩についての誤った見方は，いつも，欲望と，心と，理性との均衡の実現，情念から魂の救済という同じ困難と戦う人間の本性を理解していないことからくる．[090]

ここに登場する「欲望と，心と，理性」を，さきの〈欲望と気概と理性〉に重ね合わせてみてください．響き合っていることは確かでしょう．

さて，今回の定義の検討に戻ります．以上の解説で触れた議論と，今回の定義における「理性に由来する諸々の不確実性」とはどんなふうに関わるのでしょうか？ それを私は，上の解説でも示唆されているように，〈理性の抽象性のゆえに決着がつかないという不確実性〉と解釈してみたい．それでは，「次に自然に由来する諸々の困難〔difficultés〕が抵抗する」とはどういうことでしょうか？ 今度は理性の場合とは違って「困難」〔ないし，難しさ〕とアランは書いています．どういう困難なのでしょう？ ジョルジュ・パスカルの次の言葉は参考になるかも知れません．

> あらゆる行動においていえることだが芸術においても，意志は，御託宣や計画よりも，歩を進めるなかで生じる困難を克服する確固たる実行によってあらわれる．そして，ほかのものを夢見て不平をこぼしたりしないで，いまあるものを生かすこの運動は，働きながら自分の生活を生み出す自由な人間の運動そのものである．[091]

「いまあるものを生かす」とあります．さきほどからの話で言えば，〈潜在している秩序〉を基礎にして何事かを成し遂げることでしょう．その潜在している秩序が，潜在している社会でもあり，また，私たちの眼の前に広がっている自然でもあるということです．社会なら，それを構成する人間たちの間で話を交わすこともできるかも知れない．しかし，自然では，それはできない．自然を相手にした労働とはそういうものです．私たちに一顧だに与えてくれない自然の力が相手なのです．

基礎的な労働においては，すべての人間が農夫であり，すべての人間が，自分に一顧

だに与えてくれない諸力にたいして困難な戦いを挑む.[★092]

このことを一番鮮明に解明してくれるのが,「海」についてのアランの考察です. それはただただそこにある「純粋な実存」に近いのです.「純粋な実存についてなんらかの観念をもとうとするならば, ながめるべきはむしろ海である」とアランが言う所以です. そこに顕わになるものこそ, 自然であり, 世界であり, そして, その存在の外的必然性なのです.[★093]

> 外的必然性, それは労働の対象でありまた支えでもあるのだが, ここにあるのが私たちが世界と呼ぶ事柄なのだ〔la nécessité extérieur, objet et appui du travail, voilà ce que nous appelons le monde〕.[★094]

その「**必然性**（NÉCESSITÉ）」（▶p.502）に従わなければならない. その上で, いかにそれが困難であろうと, それを利用しなければならない. そうでなければ, 海をわたることもできはしない.

> 人間は大洋より弱いにかかわらず, 横断に成功する. 波や流れを利用するのだが, 彼の望むがままに利用するのではない. 流れや波の望むがままにでもない.[★095]

これは心身二元論における,「**精神**（ESPRIT）」（▶p.322）による身体の統御にも似ています. 生身の身体を, まさに物体として突き放して捉え, その物体的な自然法則に従いながら, それを利用する. それによってこそ, 実は, 芸術創作も可能なのです. 言い方を換えれば, その突き放しに失敗すれば, 見事になど生きられないのです. 身体を崇拝してはならず, それを利用すべきなのです.

> 人間は波を崇拝しないことを学び取ったのだ. 単に波を計算に入れたうえで, ためらわずに, できるかぎりそれを自分の目的のために用立てるのだ. 必然は非情である. それを憎むことは馬鹿げているが, それを愛することもおなじように馬鹿げている.[★096]

社会や政治に関してもそうあるべきだとアランは考えているようです.

> 政治という大きくて恐ろしい仕組みのなかをわたしは用心しながら行動しようとはねがうが, それを崇拝したりはしない. それはいずれ劣らぬ敵なのだ. ここでのわたしの唯一の目的は, 風や波にたいしてするように, 服従しながら征服することである. それがわたしの市民としての憲章だ. わたしは人間には負うところがある. もちろん. しかし, 必然にはなにも負うてはいない.[★097]

もし, 社会や政治を崇拝してしまえば, アランが今回の定義で「社会主義は, 常に, 参加者たちを理性の支配に服従させようとする傾向を持つ」と述べたように, 強制が始まり,「個人の諸権利〔droits〕をとても厳しく制限する」ことが始まる.「強制された〔imposée〕どんな社会も専制的」なのです. しかし, アランは「ひとつの社会が受け入れられ, あるいは必要とされる〔voulue〕限り, それは社会主義的である」とも書くのです. だとすれば, その意味での「社会主義的」とはどういうものなのでしょうか？ 私としては, 意外と思われるかもしれませんが, ここにアラン

★088──Alain, *Propos sur les pouvoirs — Éléments d'éthique politique*, §71, p.193〔傍点引用者〕
★089──G. パスカル『アランの哲学』pp.294-295〔傍点引用者〕
★090──同書, p.300〔傍点引用者〕
★091──同書, p.208〔傍点引用者〕
★092──アラン『プロポ 2』p.364〔傍点引用者〕
★093──アラン『人間論』p.307
★094──Alain, *Entretien au bord de la mer*, in *P. S.*, p.1344
★095──アラン『人間論』p.30〔傍点引用者〕
★096──アラン『プロポ 2』p.43〔傍点引用者〕
★097──同前〔傍点引用者〕

の芸術論との関わりを観ます．「理性」の扱いの類似を機縁にです．抽象的理性の専制を許さないという仕方です．さきに引用した文章の中でジョルジュ・パスカルは「体系的精神を退け，論証よりも判断が優越すること」の大切さを述べ，さらに「社会主義者の体系は論証のもたらしたものである」と指摘していたことを思い出してください．「悟性〔entendement〕は，抵抗する自然と分かれると理性となり，証明にしか出会わなくなる」ということです．論証(ないし推論)は，言わば〈上から下への〉強制的な手続きなのです．判断は違う．論証が力を持ちすぎてはならない．理性そのものが，「暴力(VIOLENCE)」(➤p.856)へと変貌するからです．そうではなくて，具体的なものから出発する〈下から上への〉動きが，社会においても，また芸術においても必要なのです．

> 悪評頻りな推理という名は，上から下へと向う想念に任せておいて，判断は常に下から上に向い，刻々に幼さから円熟に向う，と言おう．[099]

そうだとすれば，芸術における理性の位置づけは次のようになる．

> 芸術家の仕事とは，胎児の状態にある理念を認め，それを注意深く解き放ってやることにあるのですが，その際充分に気をつけるのは，この神秘的な作業，森羅万象と通じ合う人体のこの反応を，理性が掻き乱さないようにすることです．[100]

もちろん，ここにいう「理性」とは，抽象の理性に堕したものであって，だからこそ，強制とか専制とかが支配することになる．次のことを忘れているからです．

> 理性は現実的な内容を離れては規定されないということ，そして，結局思索者たちはあらゆる意味で対象によってとらえられて

いなければけっして良識をもちえないということ…〔後略〕[101]

理性が要らないなどという話をしているのではないことは分かりますよね．ただ，抽象的な理性が，それこそ越権行為をすることを良しとしないのです．理性は「理想(IDÉAL)」(➤p.402)を語る限りはおそらく正しい．しかし，理想はそのままの形では存在しない「価値(VALEUR)」(➤p.841)であるにもかかわらず，人はその点において思い違いをして，価値と存在とを混同するのです．

要するに，理性は，事物を超越するものであり，事物をたゆみなく照らすものである．理性のこの世界におけるありかたは，こうしたものでなければならない．それは，燈台のようなものだ．風向きをも，波のうねりをも，濃霧の嵩をも変えるわけではないが，しかも，ひたすら数理と定木とに従いながら，明るい閃光を投じる，あの燈台のようなものだ．[102]

「理性」が精神の別名であるときもある．しかし，それは身体や物体と切り離されたときのことなのです．そうであればこそ，理性は理想を語るかも知れない．けれども，それは「真理」と主張してはならないものなのです．

> 精神の別名である理性は格率〔maxime〕によってことを処理するが，格率が真理ではないということを示したのはカントが最初だとわたしは思う．格率は調整機能なのだ．[103]

国家を神格化してはならない．そうなれば，強制は避けられないのです．

この教義は，アランの思想において極めて重要な役割を演じている．この教義があるからこそ，彼は，ヘーゲルがやるように国家を神格化したりはしない．今日，あるマ

746

ルキストの国々に見られるような権力と理性との同一化に対し，彼が対置するのは，権力を伴わない精神だ．これこそ完全な精神である．したがってこれはまたプラトンの有名な，「哲人が王となるか，さもなければ王が哲人とならなければならない」(第七書簡，三二六B，長坂訳，プラトン全集第十四巻，岩波書店)という命題を拒否することにもつながる．[★104]

もう一度，問います．「ひとつの社会が受け入れられ，あるいは必要とされる〔voulue〕限り，それは社会主義的である」と言われる「社会」とは，どんなものなのでしょうか？ 「共和政」です．

「アクション・フランセーズ」など極右の動きだけでなく，極左マルクス主義もしりぞけながら，「共和政」を作り出して維持すること，それがアランの生涯をつらぬく最も重要な課題だったのです．[★105]

しかも，それこそがアランの「ラディカリズム」だったのです．

アランは，「自由・友愛・平等」というフランス革命の理念にもとづき，普通選挙によって代表が選ばれるが，できる限り直接的民主制に近い政体を「共和制」として求め，それを創出し，維持することに人生をかけた哲学者でした．「君主制」はもとより，「社会主義」とも「マルクス主義」とも袂を分かった彼の立場は，自分でも言っているように，「ラディカリズム」と呼ばれます．[★106]

〈ああ，あの共和制ね！〉ぐらいの軽い気持ちでアランの共和制を考えてはちょっとまずい．もっと大変な，決意に基づいた共和制を彼は考えているのです．

共和制が存在する，ないしは存在するらしいから共和派だというのであれば，あなたは共和派ではない．真の共和制とは，ひとつの決意，ひとつの定められた規則であって，それに合わせて経験をねじまげるべきなのだ．共和制が事実において，脆弱で，不正で，腐敗しているなら，そのときこそ理念(イデー)のために耐え抜かねばならないときなのだ．さもなければ，もはや思考する人間ではなく，風のまにまに揺れるぼろ切れにすぎない．[★107]

そして，こういう点こそ，アランが社会主義と袂を分かつ地点なのです．

「私は自分がラディカルだと言いつづけてきた．けっして社会主義者ではない」とアランはあえていう(H.P. in A. D., p. 43)．たしかに彼が発表した最初の政治的著作は，『急進党綱領入門(ラディカル)』(Éléments d'une Doctrine radicale)と題されていた．しかしすでに述べたところから十分明らかなのは，彼がラディカルと呼ぶこの政治が，党派の政治ではないことだ．この政治は，教義と同じく姿勢をも定義づけるものであり，この姿勢は道徳的な，すなわちけっきょく，哲学的な姿勢なのである．アランの政治は選挙の公約とは別ものである．[★108]

このラディカルな共和制，それをもっと芸術に近いところでイメージできないでしょうか？

★098──Alain, *Entretien au bord de la mer*, in *P. S.*, p.1275
★099──アラン『思想と年齢』p.391〔傍点引用者〕
★100──アラン『芸術についての二十講』p.265〔傍点引用者〕
★101──アラン『イデー(哲学入門)』p.353〔傍点引用者〕
★102──アラン『芸術に関する101章』p.111
★103──アラン『プロポ 2』p.369
★104──O. ルブール『人間的飛躍──アランの教育観』p.27
★105──合田正人『心と身体に響く，アランの幸福論』p.26
★106──同書, p.213
★107──アラン『プロポ 1』p.124
★108──G. パスカル『アランの哲学』pp.292-293

私自身は，それを自ら〈ポリフォニックな「**美学 (ESTHÉTIQUE)**」(➤p.324)〉という形で展開しつつあり ますが，それは別の著作に譲りましょう．[109]

SOCIÉTÉ
社会 – 私たち同類〔semblables〕の一群との，一部は自然的な，一部は意志的な，連帯〔solidarité〕の体制である．社会の絆というものは，一部は事実的なものであり選択されたものではなく，一部は課せられたものであり，一部は，意志によって，選択されあるいは確認されたものである．社会生活の全てのパラドクスはこの混合から帰結するものである．そして，一方で偶然的なところ他方で友愛〔amitié〕的なところを持たない集まり〔association〕を社会と名づけることはできない．社会契約とは，甘受されている〔subi〕ことを愛されている〔aimé〕こととして意志的に捉え直しているにすぎない．契約に基礎づけられた〔fondées〕諸社会は真の社会ではない．ある銀行が破綻に瀕するやいなや，皆がそこから自分の資金を引き出し，その銀行を見棄てる．真の社会は家族の上に，友愛の上に(アリストテレス)，そして家族の拡大の上に，創設される〔fondée〕．

この定義に登場する「同類〔semblables〕」については，これまでも何回も他の定義の解説の中で触れてきました．多くの場合，それは人間同士について言われるのですが，必ずしもそれに限られない場合があります．例えば「**自白 (AVEU)**」(➤p.110)についての註解を参照してください．しかし今回の定義では，人間同士の話です．社会というものは，人間について語りうるものであって，動物には厳密な意味では社会はないという見解を，アランは，コントを参考にしながら，採用します．そういう見解は，この定義ではあからさまに主張されるわけではありませんが，背後でこの定義を支えているものです．見ていきましょう．

そもそも最初の一文からして，優れて人間的な働きだと言っていい「意志」の話が出てくるのです．「私たち同類〔semblables〕の一群との，一部は自然的な，一部は意志的な，連帯〔solidarité〕の体制である」，と．デカルト的な，そしてアランもそれを認めるいわゆる「動物機械論」では意志を動物に認めることはできません．「動物は思考しない」とアランも言ってしまうわけで[110]，意志とは，この場合デカルト風に言えば，「思惟(思考)の様態」[111]なのですから．こうした考え方が反撥を招くことくらいアランはよく知っています．

それゆえにこそ，次のように書くことだけをここでは確認して，先に進みたいと思います．

> わたしはかならず，どこでも，「なぜ」から「どのように」にたどりつかずにはいられない．したがって，方法上の予防策として，わたしならず，動物はけっして思考しないとするデカルトの厳格な観念を指定するにちがいない．この観念はあらゆるひとの反発を買う．だが，ひとつの思考からある行為を説明するとき，そのひとはなにを語っているというのか．鳥は卵を産み，それをかえすために巣をつくると言うとき，そのひとはそれでなにを説明しているというのか．鳥がどのようにするかを見なければならない．つまり，鳥の形態，その動き，周囲の事物を観察しなければならない．[112]

さて，アランは「一部は自然的な，一部は意志的な，連帯〔solidarité〕の体制」と書いていました〔「**連帯 (SOLIDARITÉ)**」(➤p.751)〕．どういうことでしょう？　この「体制」を神谷訳は「状態」と訳しています．確かに原語の"état"は状態とも訳せる言葉です．けれども，ここは組織や社会や政治の「体制」という意味を強調して，「各部分が統一

748

的に組織されて一つの全体を形づくっている状態[113]」というふうに少し限定して考えておきましょう．そして，その体制はどのようにして成り立つのかの考察をアランは始めて，「一部は……，一部は……」と繰り返すのです．「自然的」が「意志的」に対立させられ，また，〈事実的であって選択されていない〉と「課せられた」と〈意志によって，選択されあるいは確認された〉が分けられます．そして，これらが「混合〔mélange〕」されているというのです．「自然的」と〈事実的であって選択されていない〉とは実質的に同じことだと私は解釈します．上述した動物機械論的な姿勢からすればそれは理解できます．機械論的（メカニック）な世界に意志は語れないのです．アランの弟子の一人モーロワは次のように書いていました．

> 自由意志を証明することはできない．証明しようとすれば，証明そのものが自由意志を機械的体系のなかに組み入れることになろうから[114]．

ここにはもちろん，「自由は，いかにこれを機械的に一対象として表象してみても，よくその観念を伝ええないという意味において，たしかに超自然的なものである[115]」というアラン自身の言葉が響いています．さらに掲げれば「自然はなにも欲していないのだ．自然は機械的で盲目なのだ[116]」という言葉もあります．そして，また「意志的」が〈意志によって，選択されあるいは確認された〉と対応するのもおわかりでしょう．では，「課せられた」とはどういう意味なのでしょうか？〈初めは意志的になされるものであっても，それが惰性化したときに訪れること〉だと私は解釈します．官僚組織がその最たるものでしょう．つまり意志的なものが機械的なものに堕するのです．それをよく表わす文章がアランにあります．

> 行政機構は機械的理性に似ている．そこでは，すべてが非の打ちどころがなく，すべてが非人間的である[117]．

思惟し行動する人間をきわめて力強く措定したヘーゲルは，一国民（プープル）の精神を口にするまでにいたった．しかし，それは隠喩にすぎない．わたしはこのような隠喩を拒否する．なぜか？　各個人を結ぶ生きた組織，一個の存在としての思惟する一国民（プープル）をつくり出し得るような生きた組織は見出せないからである．利益，産業，建築，交通路，備蓄，記録，これらは事物にすぎない．そのように配置されているが，別様に配置されることだってできたはずの，金や紙や鉄や石の断片にすぎない．人間を道具に従属させてはならない．一国民をつくり出しているこれら機械的な関係から，思惟なり作品なりを期待してはならない．頭部が欠けているからだ．統一

★109──拙著『情報学の展開──情報文化研究への視座』; cf. "Monadologie polyphonique — pour succéder à l'esthétique de Leibniz" in Milieux modernes et reflets japonais — Chemins philosophiques, Presses de l'Université Laval, Canada, 25 septembre 2015 ; "Beautiful Lotuses, Beautiful Roses — Towards the construction of a polyphonic, monadological, creative space — Before Pangaea — NEW ESSAYS INTRANSCULTURAL AESTHETICS — Literature and Aesthetics (The Journal of the Sydney Society of Literature and Aesthetics Volume15, Number1 Special Issue 2005) pp.220-251 ; Verso l'estetica del luogo — Per una monadologia polifonica in European Journal of Japanese Philosophy, No.1, July 2016, pp.203-215, Charleston, SC. USA
★110──アラン『人間論』p.124
★111──もっとも，デカルトが意志について，単に「思惟の様態」としか考えていなかったかどうかは問題です．例えば，福居純氏は次のように書きます．「「観念」に付加されて「別の或る形相」が語られるという場合には，知性の働きについての意識として，知性の〈受動〉に対する何らかの〈能動〉としての意志の働きが明かされるのである．むろん，ここに言う〈意志〉は思惟の様態としての意志，〈任意の〉意志であって，あの〈コギト〉において規定された意志，知性と絶対的に一致するかぎりでの意志ではない．知性と意志とは分離可能なものとして，別個に把握されるのが通常であって，そのかぎり知性の受動と意志の能動とは相関的な概念でしかない．知性は受動的に働くように，意志は能動的に働くのである」（福居純『デカルトの「観念」──「省察」読解入門』p.89）．しかし，この場合は，むしろ神の方へと上昇した場合の言わば神的意志の話をしているのですから，人間と動物との区別の方向とは別です．
★112──アラン『プロポ 1』p.333〔傍点引用者〕
★113──『デジタル大辞泉』
★114──A. モーロワ『アラン』p.31
★115──アラン『神々』p.261
★116──アラン『プロポ 2』p.214
★117──同書，p.95〔傍点引用者〕

は集積にすぎない．将来，大国民とは，大兵営ないしは大工場となるだろう．いずれにせよ，大行政機構となるだろう．団体が定款を持つようになると，その内部ではたちまち発意は失われ，機構が人間を無にしてしまうのが見られるように，そこにおいてはすべての発意は失われてしまうだろう．[★118]

ヘーゲルが「民族精神〔Volksgeist〕」とか「世界精神〔Weltgeist〕」とか「絶対精神〔der absolute Geist〕」とか言い出すことの危険性を観てとっている．そう言った途端に，それらが課せられると考えたのでしょう．統合しようと思うあまり，自由が消えるのです．このあたりにアランが「社会生活の全てのパラドクスはこの混合から帰結するもの」とあえて述べることの理由が隠れています．そして，それが「友愛〔amitié〕」の議論につながる所以もそこにあるのです〔「友情〔AMITIÉ〕」（▶p.073）〕．そこでは「社会契約」的な考え方への批判まで垣間見ることができます．続けましょう．

「一方で偶然的なところ他方で友愛〔amitié〕的なところを持たない集まり〔association〕を社会と名づけることはできない」とアランは書きました．「偶然的なところ」とはどういうことでしょう？　例えば，社会の基本を成す家族について考えてみましょうか．あなたがこの世に生まれる．しかし，「人は生まれることを選ぶわけではなく，もちろん自分の両親を選ぶわけでもない」[★119] わけですよね．偶然ここに生まれたというのが，あるいは受精に伴う生物学的「**必然性（NÉCESSITÉ）**」（▶p.502）によってここに生まれたというのが，少なくとも，私の実感です．そしてそこが出発点です．愛を育てるか否かの出発点です．社会を定義するに当たって，アランはこの自分の意志ではない（つまり，文句を言っても仕方がない）出発点から，意志的にどのように社会を創るかを問うているのでしょう．

生物学的必然性によって強制された構造に即して生きなければならないのとおなじように，政治的にも，自分が選んだのではない人間関係の現状に即して生きなければならない．このことに腹を立てるのは，寒さや霧や雨水をののしるのに等しい．[★120]

罵るだけで「**愛（AMOUR）**」（▶p.076）の無いところに社会も無いとアランはいうのです．「社会契約」に対して辛辣な言葉が記されるのはこの考え方に基づいています．〈「契約」に，愛はあるだろうか？〉と問うてみてください．契約は交換の論理の中にある，と私は思います．社会契約には「権利」の概念が必ず伴うでしょうが，当の「権利の観念は交換から生まれたもの」[★121] なのです．それは「商人の正義」[★122] のレベルにある．あくまで等価交換の原理が支配し，そこには愛のかけらも無い．ホッブズのリヴァイアサンとしての国家にせよ，各個人が自らの自然権をそこに委譲し，代わりに庇護を受けるということでしょう．ところが，そこにあるのは言わば絶対王政の合理化に他なりません．それを甘受する〔subir〕しかなくなる．「社会契約とは，甘受されている〔subi〕ことを愛されている〔aimé〕こととして意志的に捉え直しているにすぎない」と書かれる所以です．アランは，そういう生き方に抵抗するのです．そこに彼のラディカリズムがある．次のように．

レヴァイアサンに抵抗するのは，象牙の塔にこもることではない．たゆまず政治を行うことである．しかしそれは，参加の政治よりも制御の政治である．真の社会契約は反社会的契約であり，社会的な獣の衝動に対し，個人の自由と個人の思想とを守る契約である．[★123]

こうして「契約に基礎づけられた〔fondées〕諸社会は真の社会ではない」と断じられ，銀行の〈取り付け騒ぎ〉の例が掲げられるのです．信用破綻です．銀行の経営は，経済学の初歩で習う「信用創造」に基づいているわけですが，当の信用が無くなるのです．そうなると，愛もなにも

無い．「皆がそこから自分の資金を引き出し，その銀行を見棄てる」のです．ドイツの社会学者テンニースの述べた社会類型のひとつ「ゲゼルシャフト〔Gesellschaft〕」の一典型で，そこに集まるのはほとんど利益に対する興味からのみだからです．打算しか無い．それをアランは「真の社会」とは呼ばないのです．当然のように，アランはテンニースの言う「ゲマインシャフト〔Gemeinschaft〕」的な定義を真の社会に下して終わります．「真の社会は家族の上に，友愛の上に（アリストテレス），そして家族の拡大の上に，創設される〔fondée〕」，と．では，その友愛はどこにあるのか？　この位置づけを巡って，左翼と右翼が争う．しかし，アランは別の道を行くのです．

ペギーは，政治へと堕落していく神憑りを槍玉に上げた．アランは，また別の考え方，すなわち神憑りと化す政治をやっつける．国粋主義的で交戦的な右翼の非合理的な神憑りと，「住民を変えるためには，まず家を変え」〔Souvenirs concernant Jules Lagneau in P.S., pp.738〕なければならないと考える左翼の合理的な神憑りである．アランの矛先は，多くの知識人を夢中にさせる大神話にも向けられる．それはどこかよその神話である．どこかよそでは，正義，自由，友愛が支配していると言う．だから今住んでいる社会をひとまとめにして断罪することができる．またそれは，のちのちの神話である．これが，この正しく，友愛に富んだ社会を，バラ色の未来へ先送りする．だから，さし当たり，不正も戦争も我慢して受け入れられる，と言う．とんでもない．今，ここ，「塹壕のなか」でこそ，正義と自由を救わなければならない．あとまわしにするのは裏切ることだ．[★124]

では，私たちとしてはどうしたらいいのでしょう？　確かに，古き良き時代と思われているものに戻るわけにもいかない，かといって史的唯物論のさきに描かれたユートピアの幻想は打ち砕かれたように思える〔**唯物論（MATÉRIALISME）**（▶p.463）〕．それにもかかわらず，現に今，始まりつつある高度情報インフラを利用しつつ，安易に社会契約を信奉するのでもなく，未来社会を思い描くしかないでしょう．それが「家族の拡大の上に，創設される」とは，正直なところ，私は信じていません．しかし，考察を放棄することはできない．その新たな社会への考察について述べることは，この場に相応しくないでしょう．私の書物や翻訳などを参照してもらうしかありません．

SOLIDARITÉ
連帯 ― 隠喩的に理解された揺るぎのなさ〔solidité〕であり，それは私たちの運命〔sort〕を誰それの運命と結びつけるものである．私たちは，ペストや洪水や火災や略奪の脅威を前にして私たちの同類と連帯する．そしてそれは私たちがそのことを望もうと望むまいとそうである．私たちはまた誰それの誓い〔serment〕によって連帯するに至るということもありうる．その人物と不運を共にすると固く心に決める〔jurer〕ことによって．要するに，他者たち，あるいは諸々の法律は，私たちと血縁関係にあったり，友情〔amitié〕を抱いていたり，あるいは協力関係にある者たちと，私たちの意に反して，私たちを連帯させうるのだ．連帯は必ずしも正しくないし，必ずしもいいわけではない．

[★118]――同書，pp.241-242〔傍点引用者〕
[★119]――アラン『人間論』p.135．もっとも江原啓之氏の言うスピリチュアルな世界では，自分で両親を選んで生まれるそうですが，私にはそれは分からないので，実感でアランの方を採ります．
[★120]――アラン『プロポ 1』p.225〔傍点引用者〕
[★121]――アラン『人間論』p.62
[★122]――同前
[★123]――O. ルブール『人間的飛躍――アランの教育観』p.51
[★124]――同書，p.34〔補足引用者〕

「隠喩的に理解された揺るぎのなさ〔solidité〕」とは，これまた難しい始まり方です．「隠喩的に」をまず解釈しなければなりません．語源に還ってみると少しはイメージが湧くでしょう．隠喩とはフランス語の原語では métaphore であり，その語源は古代ギリシア語の μεταφορά にあります．μεταφέρειν という動詞から来ているのですが，意味は，μετά〔変化〕+ φορά〔運ぶ〕というもので，要するに，意味を別のところに持っていって変化させることなのです．例えば，〈奴はキツネだ！〉などと言う場合，この「キツネ」はもともとの動物のキツネではなくて，キツネの〈人をだます〉とか〈ずる賢い〉というイメージを，人間について言う場合に使うのです．

では，この定義での隠喩の使い方はどんな感じでしょう？　それについては，神谷訳が「堅牢性」と訳している solidité をもっと語源に近いところで理解するとわかります．Solide に関わっているです．「固体」です．Solide は冠詞が付いていると名詞ですが，それが無くて形容詞として理解した場合，まさに「堅固な」とか「固体的な」という状態なのです．そのあたりを例のフランス語類語辞典で調べてみましょう．

> ***Solide*** marque que l'état absolu et parfait d'une chose dont les particules demeurent naturellement dans la même situation par rapport les une aux autres. ★125 （堅固な〔あるいは固体的な〕とは，ある事物の絶対的で完全な状態を指し，それの〔それを構成する〕微粒子たちが自然的には互いに同じ状況に留まるような状態である．）

「物質の三態〔ないし三相〕」を想い出してみればいい．固体・液体・気体でしたね．固体では分子間の相互配置が定まっていて，液体では分子相互は接触してはいても相互の位置は定まっていないのに対し，気体では分子同士はかなり離れているのでした．このように，「固体〔solide〕」の〈定まっている〉つまり〈同じ状況に留まる〉という点を，人間の間の関係に持っていった時に語られるものが「連帯」だとアランは言いたいのでしょう．そのように，固体で理解される「揺るぎのなさ〔solidité〕」を，人間のところに移行させて理解したときにそれは「連帯〔solidarité〕」と呼ばれると言いたいわけです．もちろん，そうなったときに新たに語られる事柄がある．それは当の solidarité の説明を辞書で見たときにも，以下のように，出てきます．

> ***Solidarité***, en parlant des personnes et des choses, ajoute l'idée que les unes ne peuvent être heureuses ou se développer que si les autres le peuvent aussi : d'où souvent l'idée d'un devoir, d'une aide apportée par chacun à l'ensemble : les répercussions des guerres prouvent nettement l'*interdépendance* des nations, mais leur *solidarité* ne sera effective que le jour ou chaque nation aura compris ses devoirs envers la collectivité. ★126 （連帯，人々や諸事物について言われ，〔interdépendance にさらに〕次の観念を付け加える．すなわち，一方のものたちが幸福であったりあるいは発展したりするのは，他方のものたちもまたそうであるというときでしかありえないという観念である．そこからしばしば義務の観念，各々によって総体に対してもたらされる援助といった観念が出てくる．戦争の影響は諸国家間の相互依存を明瞭に示すが，しかし，諸国家の連帯というものは各々の国家が〔自分たちが形成する〕集団性への自らの義務を理解したときにしか実効のあるものとはならないだろう．）

単なる「相互依存」では「連帯」とは言わないというわけです．その意味で，隠喩的に理解された「揺るぎのなさ」は「相互依存」を超えている．アランは，そのことを「私たちの運命〔sort〕を誰それの運命と結びつける」と表現しているのです．いま引いた類語辞典の説明の中に出てくる言葉を使えば，「**義務(DEVOIR)**」(▶p.249)とか「援助〔aide〕」とかいうものが語られるに至る．「固体」としての物体には，そんなものはありえないでしょう．そして，連帯というものがほとんど否

応なく生じる場面を，アランは「ペストや洪水や火災や略奪の脅威を前に」した場合として掲げます．「望もうと望むまいと」そうなるのが自然に見えるのです．しかしまた，そんなふうに自然ではない場合だってある．「誓い」によって連帯が生じる場面です．ある人物と「不運を共にすると固く心に決める〔jurer，これは「誓う」とも訳せます〕こと」がある．誓いというと，何かすべて良いことのように思う人もいるかも知れませんが，必ずしもそうではない．〈意に反して誓わされる〉ということもありうる．「私たちと血縁関係にあったり，友情を抱いていたり，あるいは協力関係にある者たち」との連帯に，「他者たち，あるいは諸々の法律」が私たちを引きずり込むということもありうる．第二次世界大戦当時の日本のあり方を思い出してもいい．「非国民」とかいう言葉が使われながら，「一億玉砕」というスローガンに全国民は引きずり込まれていったなどといったら酷でしょうか？　アランが最後に「連帯は必ずしも正しくないし，必ずしもいいわけではない」という言葉を添えていることを，私はそんなふうに受けとめたのです．

SOMMEIL
睡眠――活動中の生物では老廃物が自分が生産したよりも少なくしか排泄されないので，十分な睡眠が必要である．言い換えれば，緊張緩和と休息とが必要である．それも，諸々の思考さえも十分な眠りが必要なのだ．そういう睡眠こそ〔嫌なことなどの〕織り成し〔tissus〕を洗い流すことを可能にする．眠りを欠くと，人は機能低下を起こし，半睡状態〔somnolence〕の中で生きることになる．十分な眠りは，それゆえ，思考の条件である．それは人間にとって第一に必要なもの〔besoin〕であって，食欲よりも差し迫ったものでさえある．そして睡眠は，社会と，当番制の夜警を前提としている．そこから警察的な〔police〕すべての制度ができてくる．睡眠は情念〔passions〕を鎮め，精神〔esprit〕を休息させることで思考をはっきりさせ，つまるところ頭にこびりついて離れないすべての事柄，疲労の諸結果を解消する．思うがままに，そして巧みに眠る術は，最も大切なものであり，かつまた最も稀なものである．心配事を先延ばしにして眠ることは魂の偉大さ〔grandeur d'âme〕の見事な結果である．

　この定義でもアランはまず身体的なところから始めます．老廃物の排泄の話です．生きている限り，老廃物を生物は生産するけれども，「活動中」にそれを十分には排泄できない．当の活動によってどんどんと老廃物が増えているからです．それで，〈活動を停止した〉状態である睡眠が必要だというわけです．そうかもしれません．ここで私が「緊張緩和」と訳したフランス語は détente で，日本語でもカタカナにして「デタント」という言葉が，外交用語として，たまに使われていますよね．戦争勃発の危険さえある国々の間での緊張緩和を意味するものとしてです．英和辞典を引いても，また，フランス語から来た言葉として載っています．戦闘態勢にあるものをほぐすというか，そういう感じです．人間が，普段，生活しているときも，緊張し，戦闘態勢に近い状態にあると言えなくもない．情念にでも囚われると，その典型が現出します．

　　　臆病な情念はすべて，全筋肉が好戦的身ぶりを求めて反乱を起こし，硬直し，それら情念を縛り上げ，いやがうえにも苛立たせることによって激越な状態に達する．[127]

　そこまでいかなくても，日常的に注意を払うことでさえ，ある種の緊張感を伴います．そう

★125――H. Bénac, *op.cit.*, p.888〔傍点引用者〕
★126――*Ibid.*, p.500
★127――アラン『プロポ 1』pp.174-175〔傍点引用者〕

いう緊張を緩和することが眠りだというわけです．まあ，眠るためには，まずは身体の緊張を取るというか，身体をほぐすというか，そういうことが必要だということです．いわば，力みを取る．強ばりを解く．それはかなり重要で，ヨーガなんかでもその技法をいろいろ使います，私がたまに眠るときに使うのが「死体のポーズ」です．完全に力を抜くんですね．アランも次のようにそれを表現しています．

> 体の形が許すかぎり流動的になるのでなくては，真に寝ているとは言えない．平衡した流動体にあっては，すべての仕事は既に為されている．重力はそのすべての効果を及ぼし終っている．もはや山はないのである．これと同様に，寝ている人においては，——真に寝ている人をいうのだが——もはや落ち得るものはない．手一本にせよ，指一本にせよ．[★128]

> 眠りにたいする真の準備は，ほんとうに横になること，すなわち，もうこれ以上は落ちようがないという位置に体を置くことにある．この配慮を欠くと，わずかな努力といくぶんの自己監視とによって体の平衡を保つことになるが，これはすでに眠りとは反対のものである．それどころか，すこし不安定な姿勢で眠りこむと，眠りによって体が弛緩する結果，その人はすこし下へ落ち，そこで目がさめてしまう．腰かけて居眠りしている人が一瞬ごとに頭が落ちて目をさます様子はだれしも見たことがあろう．[★129]

それは眠りについての建築的考察でさえある．

> 谷というものは，すでに，建築的である．重力によって，建築的なのである．偶有的なものは，すべて，なくされてしまっている．落ちる可能性のあるものは，すべて，落ちてしまっている．[★130]

さて，そこからアランは，精神的なところに上昇する．「思考さえも十分な眠りが必要なのだ」というのです．しかも，身体の眠りこそが，思考の眠りの条件だと，いや相即する，とさえアランは考えています．

> 身体の休息は，ただちに精神の眠りなのである．私たちはときに心配事を忘れようと努めるものだが，これではかえってそのことを考えてしまう．だが，私たちの身体が戦いをやめさえすれば，平和は想念のうちにもすぐ来るのである．[★131]

ここにも心身の深い関わりを見落してはなりません．

> 恋のために眠れない男とか，当てのはずれた野心家とかがなにに苦しんでいるのか考えてみるといい．この種の苦しみはもっぱら思考のなかにあるが，その反面，もっぱら身体のなかにあると言うこともできる．眠りを奪うその煩悶はなにごとも決められないかの空しい決断からのみ生まれるが，その空しい決断はそのたびごとに身体のなかに投じられ，草のうえの魚のように身体を跳びはねさせるのである．[★132]

そのための手法を今回の定義では「織り成しを洗い流すこと〔le lavage des tissus〕」と表現していますが，同じような表現を用いたアランの文章があります．引いておきましょう．やはり眠ることについて彼が書いている箇所です．しかも『感情 情念 表徴〔Sentiments, passions et signes〕』という書物の序文の中の文章です．

> 医者の言うように，水脈に浸した布切れのように海の潮で自分の身体の内と外を洗う人は，幸いである．自分の力で洗い落とすことのできない忌まわしい想念を精神から

洗い落とす人は〔qui lave aussi son esprit de cette funeste idée que l'on ne peut se laver de rien〕，幸いである．なぜなら，それこそが，眠るすべを知るということなのであり，何よりもたいせつな知恵なのだから．[133]

そのためにもまた自分を信じなければならないことは強調しておきましょう．

眠くなりたいと思っているなら，眠れると信頼すべきだ．要するに，いかなる人間もこの世のなかに，自分自身より手ごわい敵は見出しえないのだ．[134]

とにかく眠ることに成功すればいいのですが，それに失敗すると「人は機能低下を起こし，半睡状態〔somnolence〕の中で生きる」ことになる．そんな状態では思考は見事に成立しないのです．「十分な眠りは，それゆえ，思考の条件である」と書かれる所以です．「それは人間にとって第一に必要なもの〔besoin〕であって，食欲よりも差し迫ったものでさえある」という文を，他の動物と同じただ生物としての「人間にとって」という意味であると私は思いません．「思考」という優れて人間的な営みに必要なものだと解釈します．アランは「行動するか，さもなければ眠るかだ．半睡状態〔demi-sommeil〕は悪い．これが実践道徳の第一条だ」[135]とまで書きました．それゆえにこそ，アランは，見事な思考を成立させるための「**社会**（SOCIÉTÉ）」（➡ p.748）と制度とを語り始めるのです．「警察的なすべての制度」がそれです．これについての詳しい考察は，「**警察**（POLICE）」（➡ p.617）の定義とそれへの註解に譲りたいと思います．いずれにせよ，眠りについて，個人的に自分の身体に対してできることと，社会的に皆でできることを語ったのち，アランは，「睡眠は情念を鎮め，精神を休息させることで思考をはっきりさせ，つまるところ頭にこびりついて離れないすべての事柄，疲労の諸結果を解消する」ことを確認した上で，「魂の偉大さ」という今回の定義の最後にある言葉へと議論を集約します．つまり，見事に思考することは，見事に眠ることを前提とするというのです．「思考」というものについての確認をしながら，そこへと考察を移しましょう．

アランは，デカルトと同じように，「思考〔pensée〕」を厳密に取ります．確かに，思考には程度がありそうにも見えるのですが，その最高度のものをとにかくめざすのです．それゆえにこそ，次のように書かれる．

ほとんど想念〔pensées，「想念」と訳されているが，「思考」と訳すことも可能な語です〕とは言いがたいこのような薄明の想念〔pensées crépusculaires〕が存在する以上，どうやら犬や猫や牛や兎もそういうものに満たされているらしい．つまり，半睡状態〔demi-sommeil〕，ほとんど夢の状態に満たされているのである．人間も，疲れていたり，眠りに入ろうとしている場合は，この種の想念をいだく．そういう瞬間には，人間も犬や猫である．このことから，全自然界のなかには，意識，下意識，無意識の無限の段階があり，われわれ人間のなかにもおなじ無限の段階があることがわかる．そして，もっとも不分明なそれらの最低段階は，ひとは想念をいだいているとは知らずに想念を持つことができるとか，愛しているとは知らずに愛することができるとか，憎んだり，害を与えたがっているとは知らずに，憎んだり，害を与えたがったりすることができるとか言わせ得るほどのものなのである．これはかな

★128──アラン『思想と年齢』p.21〔傍点引用者〕
★129──アラン『人間論』p.31〔傍点引用者〕
★130──アラン『芸術に関する101章』p.233〔傍点引用者〕
★131──アラン『人間論』p.32〔傍点引用者〕
★132──アラン『プロポ 1』p.412〔傍点引用者〕
★133──アラン『感情 情念 表徴』p.13
★134──アラン『プロポ 1』p.228
★135──同書，p.101

り気をそそらされる説であり，弱い精神を〔esprits faibles〕大いにとらえることにもなる．弱い精神もさまざまな意図や計画を深く隠し持っているものなのだから．★136

この引用の最後に出てくる「弱い精神」という言い方が，「魂の偉大さ」との対比を浮上させることは見やすいでしょう．**度量の広さ（MAGNANIMITÉ）**（▶p.452）の定義にも出てくるこの"grandeur d'âme"〔そちらでは「魂の大きさ」と訳しました〕が，ある種の強さを意味していることは分かるはずです．「弱い精神」はどんなものかを述べることで，対比を具体化しましょう．例えば，こうです．

> 弱い精神は，想像上の場面について思いめぐらす．これは，すでに説いたように，まったく外的な生活だ．力強い精神〔esprit vigoureux〕は，物をまえにしたときにしか熟考しない．★137

「心配事を先延ばし」にできない精神こそ「弱い精神」であることが分かるでしょう．対象（物）を眼の前にせずに寝床の上でつらつら考えても，たいていは良い考えなど浮かばない．それならば，寝床で考えるのをきっぱりとやめて眠ることができるのが「魂の偉大さの見事な結果」なのです．アランはロダンの「考える人」を例示しつつその大切さを述べました．

> 具体的な対象がなければ着実に有効にものを考えることができないのだと知らなければならない．ロダンが作った，あのしっかりと目をひらき物に直結した「考える人」を思い描いてほしい．そこにあるのは新しい観念なのである．目を閉じて考える人がなんと多いことであろう．何もせずに考える人がなんと多いことであろう！★138

いや，具体的な物を観ないで考察する場合など，次の引用にあるように，いくらでも転がっています．

> よい精神とは強い精神だ〔un bon esprit est un esprit ferme〕ということになる．普通の言い方でも，慣習や前例にしたがって判断するひとをさして，精神の弱いひと〔un faible d'esprit〕と言う．★139

そういう人は，本当に判断などしているのでしょうか？　知覚などせずに，推論しているだけではないでしょうか？　眠っていると言ってはいけないでしょうか？　次のような言葉があります．

> なんら知覚しない人は，自分自身の観念にゆだねられるのではない．それどころか，もはや観念をもたないのである．眠るのである．★140

> 私が経験というのは，実際に感覚の検査にかけられた知覚のことである．つまり，このとき始めて一つの認識が行われ得る，言葉をかえれば，私は一つの観念を作り得る，と言うのである．このとき始めて，私は疑い，求め，立て直し得るのであり，このとき始めて，眼ざめて考え得るのである．その他はすべて習慣による眠りであり，機械的な暗誦であるに過ぎない．★141

きちんと眠ることを知らない者は，むしろ，惰眠を貪る者と言われても仕方がないのです．

SOMNOLENCE
半睡状態 – 眠り〔sommeil〕ではない状態であり，それは眠りに近づいてはおり，しばしば眠りに至らせるが，しかし，いつもそうであるというわけではない．半睡状態が意志的〔volontaire〕であることがあり，そのときそれは徴(しるし)に対して完全に開かれつつ休息す

756

る一つのやり方である.

　この定義,後半が何とも厄介な文です.かなりの解釈を要すると思います.前半は何ということはない.半睡状態は「眠り〔sommeil〕ではない状態」というのは何の異論もないでしょう.「眠りに近づいてはおり」というのもその通りです.「しばしば眠りに至らせるが,しかし,いつもそうであるというわけではない」という部分はどうでしょう.問題は無さそうなのですが,しかし〈なぜこう書いたのだろう?〉とは問うてもいいかも知れません.私としては「半睡状態」を眠りへ向かう単なる中間段階と捉えずに,それ独自のあり方をもつものとして取り出そうとしたのではないかと解釈します.そして,そう解釈すると,定義の後半へと話がつながるように思えるのです.最終的には,そういう半睡状態を(単に認識論的な考察のためだとしても)「意志的〔volontaire〕」に創り出すことまで,アランは念頭に置いているかも知れない.

　とにかく,関連する文章を探してみましょう.こんな文章があります.

　　純粋な感覚〔sensation pure〕というものをとらえるには,いわば考えずに考えること〔penser sans penser〕が必要である.夢とか半睡状態とか目ざめどきなどのある種の説明しがたい状態がこれに近いものだということができよう.★142

　面白い言い方です.少し,この「純粋な感覚」というものを追ってみましょう.次のようにも言われます.そしてこうまでアランは言うのですから,純粋感覚を捕まえることはけっこう難しい.

　　ひとが絶対的に屈服した恐怖は認識されないのだ.これは経験的事実である.おそらく,いわゆる純粋感覚〔sensation dite pure〕にしても,ひとはこれに絶対的に屈服しているわけだから,同様に認識されないと考えるべきだろう.★143

　逆の言い方をすれば,西田幾多郎が次の文章で書くように,「純粋感覚」という状態を捕まえようと思うと,「知覚」になってしまうということです.

　　我々の直接経験の事実に於ては純粋感覚なる者はない.我々が純粋感覚といって居る者も已に簡単なる知覚である.而して知覚は,いかに簡単であっても決して全く受働的でない,必ず能働的即ち構成的要素を含んで居る.★144

　アランは純粋感覚を捉えようと思うなら「いわば考えずに考えること」が必要だと言い,西田の場合は,それは容易ではなく,どうしても考えてしまうと言う.能動的すなわち構成的要素を含んでしまうのだ,と.要するに,「考える」という能動性が入り込んでしまうわけです.その能動性を差し引いて理解したものが純粋感覚だということです.西田の場合は,それでも彼のいわゆる「純粋経験」を求める限りは,通常の「我々の直接経験の事実」をさらにその基礎へと超え出ていくはずです.アランの場合は,カント的な認識論を下敷きにして次のように書くのです.

　　私が物を知覚するのは,物が身体に物理的な作用をおよぼすのを感じるからだ.そして,

★136——アラン『プロポ 2』pp.101-102〔傍点引用者〕
★137——アラン『思索と行動のために』p.376〔傍点引用者〕
★138——アラン『感情 情念 表徴』p.214〔傍点引用者〕
★139——アラン『プロポ 1』p.136〔傍点引用者〕
★140——アラン『人間論』p.293
★141——アラン『思想と年齢』p.89
★142——アラン『思索と行動のために』p.48〔傍点引用者〕
★143——アラン『わが思索のあと』p.287〔傍点引用者〕
★144——「善の研究」(『西田幾多郎全集 1』1947年) p.58〔傍点引用者〕

この最初に与えられたもの，知覚に際して不可欠なもの，これが感覚作用と呼ばれる。[*145]

西田的な「純粋経験」にせよ，カント－アラン的な「純粋感覚」にせよ，まずは能動性を差し引いていくような営みとしては同じです。作為をさしあたって排除していく，そういう営みです。アランは〈思考しないで感覚すること〔sentir sans penser〕〉という言い方で，それを次に掲げる引用のように述べます。それは，いわば〈能動性を排除して，受動的になること〉でしょう。そしてこの「能動性」に関わる議論が実は今回の定義に直結します。それがこの定義の後半の文章だと私は思うのです。「徴に対して完全に開かれつつ休息する一つのやり方」という言い方を理解するために，次の引用を機縁に能動性との関わりで追ってみましょう。ちなみに，「徴」とは原語では signes であり，アランの「**哲学**(PHILOSOPHIE)」（▶p.587）にとって根本的に重要性をもつ概念であることは他の定義の箇所でも何度も説明したことです。

純粋に感覚的な人間〔l'homme purement sensible〕が自分の欲求を感ずるがけっして判断しない，すなわち思考によって自分を普遍的なものとしてとらえないという例を考えることによって，思考のない感覚〔sentir sans penser〕がどういうものかということの把握に近づくことができよう。そういうのが人間の動物的な存在である。[*146]

「思考によって自分を普遍的なものとしてとらえ」るのか否かが，区別の重要な指標になっています。「感ずる」ことと「判断する」こととの違いが重要なのです。これは後で「学」の話に関わるので，憶えておいてください。とにかく，ここではまず，〈「思考のない感覚」をもつというあり方が，なぜ「人間の動物的な存在」といわれるのか？〉，そう問うてみてください。それは次のような理由からなのです。

私が或る意味ではすべてでありながら，また或る意味では私であるにすぎないということによって，感覚には自我と世界の対立が含まれている。この対立は動物ではそのようには考えられない。この対立がただ感じられるだけであって，動物の感じるこの不均衡が欲求である。[*147]

「私が或る意味ではすべてでありながら，また或る意味では私であるにすぎない」というのも難しい言い方ですが，以下の説明で追々分かってきますから読み進めてください。とにかく，この「対立」が「動物ではそのようには考えられない」けれども，人間では考えられるわけですよね。そこには，確かに，感覚というレベルを離れて知覚というレベルに移行しはしないけれども，感覚に過ぎないのではない，という微妙なあり方が語られる。感覚に過ぎないのではなく，人間にとって，「感覚するとは，感覚するのを知ることである」ということです。[*148]こうしたことができてこそ，人間は，知覚へと上昇しはじめるとも言えそうです。実際，この引用の直前に，アランはヘーゲルの哲学を解説しながら次のように書いていました。

まったく学〔science,「知」とも訳せます〕をともなわない知覚は，まだ対象のない目ざめのようなものになり，そういう目ざめは十分な目ざめによってのみ存続する。感覚するということ自体が，もし絶対に感覚することだけしかしないならまったく感覚しないという法則に従っている。[*149]

もともと知覚することはできるのに，まだ感覚というレベルに留まっている。安らっている。休息しているのです。そうであってこそ，あえてそういう状態へと意志的に持ち込むことも人間にはありうる。「**睡眠**(SOMMEIL)」（▶p.753）の定義にもあるように，「十分な眠りは，それゆえ，

思考の条件」なのであってみれば，あえて思考の働きを低下させて，リフレッシュすることが必要なときもあるのです．そして「徴に対して完全に開かれつつ休息する」ならば，できあがってしまったステレオタイプすらも取り外す機縁を手にすることもできるかも知れない．もう一度，まっさらな気持ちで歩み始めることもできるかも知れない．それは半睡状態に似たものを意志的に創り出すことから始まるかも知れない．アランは「眠っている人は，或る意味ではいっさいを知っている」とまで書きました．[★150]
半睡状態というのは，そこから踏み出す第一歩であり，「徴に対して完全に開かれ」るとは，そういう意味で新たに知の階梯を上りはじめる出発点だと考えてはいけないでしょうか？ 次のような，「純粋な感覚」から出発することだ，と．

> 純粋な感覚にあっては，増えたり減ったりということも，本来の意味での大きさということもけっしてなく，あるのはただ，変化と新しさだけであろう．[★151]

実際，〈知る〉ということに関わって，この箇所と微妙に関連した叙述が知覚についても書かれています．

> 星のことを知っても，子供のころ知覚〔perception〕したことは増えなかった．ただそれによって子供のころ知覚したことが明らかになっただけだ．言ってみれば，なにもつけ加えられずに内側から大きくなっただけだ〔elle l'a grandie, si l'on peut dire, du dedans, sans y rien ajouter〕．それゆえ，あらゆる意識あるいは思考は，すべてを含む，したがってなにものにも含まれない一個の宇宙である，と言わねばならぬ．[★152]

「なにもつけ加えられずに内側から大きくなっただけ」とは，これもまた面白い言い方です．いわば，最初にすべてが与えられているのに，そのすべてには区別がない．だから，区別を付けていこうとするのですが，それは，すでにあるものに何かを付け加えるという作業ではない．むしろ分けていくのです．分けることによって，かえって全体としては大きくなる．繰り返しますが，一，二，三と数えるように増えていくのではない．足し算のように大きくなっていくのではないのです．ベルクソン風に言えば，「数えられる〔mesurable〕」ものである「外延量〔quantité extensive〕」ではなく，「数えることを許容しない〔qui ne comporte pas la mesure〕」ものとしての「内包量〔quantité intensive〕」の話でしょう．つまり，度〔degré〕の上昇です．ライプニッツは，表象〔perception〕の明晰さや判明さなどの増大と，それを述べました．ヘーゲルの『精神現象学』風な言い方をすれば，そこには「**意識（CONSCIENCE）**」（→p.191）の発展の学を語れる，というわけです．即自的なものとして，眠り，安らっていたものが，目ざめていくのです．そして，それは〈半睡状態の夢〉から〈目ざめ〉へ至ることです．確かに半睡状態にあっても，上述したように，何らかの感覚は持っているわけです．しかし，そこには際立ったところがない．ライプニッツが次のように言うのはそういうことです．

> こうしてそれ〔魂，âmeのことです〕は半睡状態〔un état d'assoupissement〕のことがありうるとしても，それでもそのとき，何らかの感覚〔sentiments〕を持ち，幾つかの器官の何らかの使用が行われていることには違いはないでしょう．それらの器官が十分に強い印象も十分に秩序を持った印象も受け取ること

★145──アラン『思索と行動のために』p.47〔傍点引用者〕
★146──アラン『イデー〔哲学入門〕』p.257〔傍点引用者〕
★147──同前〔傍点引用者〕
★148──同書，p.266
★149──同前〔傍点引用者〕
★150──アラン『人間論』p.82
★151──アラン『思索と行動のために』p.49〔傍点引用者〕
★152──同書，p.148〔傍点引用者〕
★153──H. Bergson, *Essai sur les donnés immédiates de la conscience*, p.2

がないために，魂は，錯綜していたり，あるいはあまりに微小でほとんど同じであるか，あるいは相互に釣り合ってしまっていて際立っているところがなく，注意を引くに十分なほど区別されておらず，したがってそれを覚えてもいないような，表象だけを持つことになるでしょう。[*154]

そんなとき，ライプニッツの術語を使えば，「魂〔ÂME〕」（➡p.069）は「微小表象〔petites perceptions〕」だけを持っているというわけです。そして，彼一流の「弁神論〔Théodicée〕」をベースにして，「死とか，あるいは何か他の事故がそれ〔魂〕を置くかもしれない」そういう半睡状態から「必ず目覚めうる〔ne peuvent manquer de se réveiller de l'état d'assoupissement〕」[*155]とまで書くのです。死さえも，微小表[*156]象しか持たない状態の例として用いるライプニッツなのですから，そこにはキリスト教的な「復活」まで視野においた記述です。それを認めるか否かは，ここでは措きましょう。

いずれにせよ，「目覚めるとは，受け身で応じるのを拒むことだ。感官にもとづく証拠を吟味する〔examiner〕ことだ」[*157]という段階に至る。それは，おそらく動物には認められないような〈思考の様態としての意志〉を前提とします。次のように。

真に考えるとは，夢から知覚へ，想像力から悟性へ移ることだ，目覚めることだ。しかし，目覚めるにも，目覚めたままでいるにも，意志の働きを必要とする。判断における意志についてのこの教義は，アランがラニョーから学び，ついでデカルトとストア派の人たちのなかにも認めたものであるが，もしかしたら彼の哲学の核をなすものかもしれない。[*158]

意志の話は，半睡状態にまで少々関わってくるのです。

SOPHISTE
ソフィスト – それは知者ではない。かといって愚者でもまたない。それは思考をどんな目的にも役立てようとする者である。そして，より根底的に言うなら，思考というものは他のいろいろな道具と同様な一つの道具にすぎないと教え，また真なるもの〔le vrai〕とは有用なことにすぎないと教える者である。ソフィストのなかにはしばしばもっともなところがある。そしてそれこそが精神〔esprit〕を誤ったものにするのである。

ソフィストという言葉の語源は，古代ギリシア語の σοφιστής です。もちろん，σοφία〔知，知恵〕という単語との類縁語ですから，もともと「知」と深く関わってはいます。哲学〔φιλοσοφία〕という言葉が，〈知を愛する〉という意味の，φιλέω + σοφία という言葉であることも，ここで想い出しておきましょう〔「哲学」〕。そして，プラトンの著作の中には σοφιστής という題名の本があり，その中で，ソフィストの操る弁論術が哲学的に批判されていることも，忘れてはなりません。プラトンの著作に登場するソフィストは，まさに批判される側なのですが，その著作に批判する側として登場するソクラテスの方が嫌な奴だと感じる読者も結構いるようです。例えば，清水幾太郎氏は次のように書いています。

正直のところ，私には，対話篇に登場するソクラテスの方が，口先だけ達者で，底意地の悪い，愛嬌のない人物で，彼こそ悪い意味のソフィストのように思われ，昔から嫌いであるが，しかし，世間の見方は違うようである。[*159]

とにかく，プラトン以来，ソフィストやレ

トリックの教師は悪役になった．何分にも，ソフィストの意見や行動は，彼ら自身の著作を通してではなく，プラトンによる戯画化を通して今日に知られているのであるから，思えば，全く不運な人たちである．しかし，プラトンの学説などに何の義理もない後代の人たちまでが，ソフィストおよびレトリックに対するプラトンの軽蔑をそのまま受け容れている様子を見ると，この伝統は，プラトンの思想などとは関係なく，広くインテリに共通の或る態度に支えられているのであろう．[★160]

非常に示唆的な文章です．経済学における厳密性の追求がいかに人間を価値判断から遠ざけ，学そのものを変なところに追いやったかを，この引用元の書物『倫理学ノート』で清水氏は指摘しました．インテリの典型としてのブルームズベリー・グループが槍玉に挙げられ，批判されると共に，イタリアの修辞学者ジャンバッティスタ・ヴィーコに触れながらレトリック(修辞法)の復権が狙われているのです．言わばレトリックを駆使したソフィストへの追悼の気分がさきの引用にはある．しかしながら，今回のアランによる定義も，基本的な雰囲気はソフィストに批判的です．最後に「精神を誤ったものにする」という言葉まで出てくるくらいですから，ソフィストを批判の対象にしていることに関してアランはプラトンと同じです．では，どうして批判の対象となるのか？　そのあたりを追ってみましょう．

ソフィストは「知者ではない」とアランは冒頭に書きます．しかし，「愚者でもまたない」と続けるのです．そして「教える者」である，と．実際，ソフィストは，授業料とでも言うべき謝礼・報酬をとって教えたのです．教師です．ある程度，きちんと思考できなければ，そんな教師業は無理でしょう．しかし，ソフィストはその思考を「どんな目的にも役立てようとする」とアランは言う．こう書かれるとき，例えば，どんなことが念頭にあるのでしょう？　定義はこのことをめぐって，「より根底的に言う〔plus profondément〕」とどういうことだかを語り始めます．まさに思考の「目的」に関わってです．そもそも思考を何に役立てるというのでしょうか？　そしてそのために何を教えるのでしょう？　清水幾太郎氏の文章の中にもあるように，ソフィストたちは，言論の能力を，すなわちある種のレトリックを教えたのです．何のためのものでしょうか？　それこそ，今回の定義にあるように，道具として用いるためにです．ざっくり言ってしまえば，主として議論に勝つための道具です．実際，直接民主制であったアテネで自分の意見を通そうとすれば，見事な弁論を使って，さらに言えばたとえ詭弁を使っても，議論に勝たなければならないように見える．そのとき，議論に勝てるならば，その道具は有用であると一般には理解されるわけです．そして「有用なこと」こそが「真なるもの〔le vrai〕」である，と．要するに，レトリックは役に立つという主張です．

こういう点をめぐって，実を言うとプラトンの創立した学校であるアカデメイアとは別の，いわゆる「弁論・修辞学校」を創ったイソクラテス(プラトンの師であるソクラテスと混同しないように！こちらはイソクラテスです)は，プラトンとは明確に対立します．〈ドクサ〉(「思い込み」，δόξα)と〈エピステーメー〉(学術知，ἐπιστήμη)との違いに関わる議論においてです．〈ドクサ〉は真であったり偽であったりするのに対して，〈エピステーメー〉は常に真でなければならないものとして，プラトンではそれらは理解されています．だか

★154── *Lettre de Leibniz à la princesse Sophie Charlotte*, C. I. Gerhardt, *Philosophischen Schriften von Gottfried Wilhelm Leibniz*, vol.vi, S.515
★155── G. W. ライプニッツ『理性に基づく自然と恩寵の原理』p.253
★156── G. W. Leibniz, *Principes de la Nature et de la Grâce, fondés en raison*, §12
★157── G. パスカル『アランの哲学』p.82〔傍点引用者〕
★158── 同書，p.93
★159── 清水幾太郎『倫理学ノート』pp.246-247
★160── 同書，p.246〔傍点引用者〕

らこそ，〈ドクサ〉を去って，〈エピステーメー〉に赴かなければならないのだ，と．イソクラテスはそれには反対なのです．次のように．

　　私たちはここで，彼〔イソクラテス〕の言う思慮〔φρόνησις〕が，つねに，あらゆる場合において妥当する絶対的な真実にではなく，むしろたいてい，多くの場合に「真」であるものにかかわるものとすることができる．『平和について』にみられる考えは，たとえば，「有益なことがらについて，ありうる仕方でドクサをもつ（＝健全な判断をなす）ことは，役にも立たない事がらについて厳密な仕方で知識をもつ（＝エピステーメーをもつ）ことよりもはるかによいこと」という言葉のうちに先鋭なかたちで語られている．[★161]

　直接プラトンを名指しにしてはいないのですが，イソクラテスは，「自然哲学・論理学の専門家アルクマイオン，パルメニデス，メリッソらを引き合いに出して，その種の空理空論ともいうべき，私たちの生き方にいかなるかかわりももたぬ理論のための理論は，これをすべて人びとの関心から追放すべきである」[★162]とするのです．そんな空理空論にうつつを抜かすのではなくて，現実的な「私たちの生き方」に，さらに言うなら政治の場面で役に立たなければ，何の意味もないというのです．実際，「むしろ有力な市民の若くて優秀な子弟が政治的指導者としての教育を受けるためにソフィストたちのもとに赴いたことはプラトンの対話篇の多くの箇所からも明らか」[★163]なのですから．イソクラテスが多くを学んだソフィストにゴルギアスがいるのですが，その周辺の事情は次のようなものなのです．

　　ゴルギアスがつねに主張していたといわれる，「説得の技術は，強制によらずにすべてのものを自発的に自分の下に隷属させるがゆえに，あらゆる技術よりもはるかにまさる」（『ピレボス』五八AB）とか，「弁論術が生み出すものはこの世の真に最高最善のものであり，人はそれによって自分自身に自由をもたらすとともに，自分の住んでいる国家において他人を自分のために支配することができる」（『ゴルギアス』四五二D）とかいった言葉は，けっしてゴルギアスのひとりよがりや空威張りにとどまるものではなく，人々は自分の周囲に，こういった言葉をうらづける事実を数多く認めなければならなかったであろう．[★164]

　そういう点では今回の定義にあるように，「ソフィストのなかにはしばしばもっともなところがある」わけです．
　しかし，プラトンはこういう考え方に嚙みついた．アランも，そんな有用さは「精神を誤ったものにする」というのです．弁論家から学べるのは次のようなものだから，と．

　　私は次のように聞いています．つまり，将来弁論家となるべき者が学ばなければならないものは，ほんとうの意味での正しい事柄ではなく，群衆に──彼らこそ裁き手となるべき人々なのですが──その群衆の心に正しいと思われる可能性のある事柄なのだ．さらには，ほんとうに善いことや，ほんとうに美しいことではなく，ただそう思われるであろうような事柄を学ばなければならぬ．なぜならば，説得するということは，この，人々になるほどと思われるような事柄を用いてこそ，できることなのであって，真実が説得を可能にするわけではないのだから，とこういうのです．[★165]

　　弁論家が，何が善であり悪であるかを知らないでいながら，同じように善悪をわきまえぬ国民をつかまえて，説得しようとする場合を考えてみよう．…〔中略〕…悪について，それを善と信じながらそうするのである．もしこの弁論家が，群衆の思わく〔ドク

サ〕というものを研究しつくすことによって，善い事柄のかわりに悪い事柄を行なうように説得するとしたら，君はどう思う？彼の弁論術は，こうして蒔いた種からあとでどのような収穫をおさめるだろうか？」[★166]

こうして，ついには「そもそも弁論術とは，これを全体としてみるならば，言論による一種の魂の誘導であるといえるのではないだろうか」[★167]とまで言われることになります．くわしい議論は省きますが，こうしてプラトン的には，弁論術はディアレクティケー（問答法）に至らなければならないことになるのです．

要するに，弁論術がひとつの完全な技術であろうとすれば，その方法においても目的においても，通常言われているようなかたちでの弁論術にとどまることはできない，「知を充分に愛し求めるのでなければ（哲学を充分に修めなければ）また何ごとについても，話す力を充分に持った者にはけっしてなれない」（二六一A）——これが『パイドロス』における弁論術批判の論旨である．[★168]

言い方を換えれば，もし弁論術を授けるにしても，「魂（ÂME）」（▶p.069）への配慮がなくては，それはかなわないだろうというのです．

明らかに，もしひとが技術にしたがって誰かに弁論を授けようとするならば，その弁論が適用されるべき対象の本性がいかなるものであるかを，正確に教え示すべきである．ところで，その対象とは何かといえば，魂にほかならないであろう．[★169]

そして，そうした探究の上に，初めて次のようなことが可能になる．

正義その他に関する事柄が，真剣な熱意のもとにあつかわれるとしたら，もっともっと美しいことであろうと．それはほかでもない，ひとがふさわしい魂を相手に得て，哲学的問答法の技術を用いながら，その魂の中に言葉を知識とともにまいて植えつけるときのことだ．その言葉というのは，自分自身のみならず，これを植えつけた人をもたすけるだけの力をもった言葉であり，また，実を結ばぬままに枯れてしまうことなく，一つの種子を含んでいて，その種子からは，また新なる言葉が新なる心の中に生まれ，かくてつねにそのいのちを不滅のままに保つことができるのだ．そして，このような言葉を身につけている人は，人間の身に可能なかぎりの最大の幸福を，この言葉の力によってかちうるのである．[★170]

「「魂への気遣い」，つまり自己自身をできるかぎり最善のものにするための問答吟味」[★171]，それをソフィストはできているのでしょうか？もし，それができていないのだとしたら，「それこそが精神を誤ったものにする」のではないでしょうか？

SORCELLERIE
魔法 – 自分自身の身体に働きかけるように，生物や無生物にさえも働きかけようとすることになるナイーヴな実践．意志によって麦を生長させたりその反対にしたり〔つ

★161──廣川洋一『ギリシア人の教育——教養とはなにか』p.156
★162──同書, pp.162-163
★163──同書, p.167
★164──藤沢令夫『プラトン『パイドロス』註解』p.15
★165──プラトン『パイドロス』259E-260A, p.213
★166──同書, 260C-D, p.215

★167──同書, 261A-B, p.217
★168──藤沢令夫『プラトン『パイドロス』註解』p.37
★169──プラトン『パイドロス』270E, p.245
★170──同書, 276E-277A, pp.260-261〔傍点引用者〕
★171──井上忠『モイラ言語——アリストテレスを超えて』p.6

まり萎れさせたり〕できるとか，あるいは岩を落下させたりできるといったこと，人間を押し留めたり駆り立てたりできると信じている者が魔法使いである．そんな能力を信じさせうるような偶然の一致以外に，魔法使いの意志というものについても観察する必要がある．そういうもの〔があること〕に気づくや否や，それは一つの予言〔prédiction〕として働くのである．人々は魔法使いたちや，そのように想定される者たちに対してひどく苛立つのだが，そういうことは当の人々がこの怒り〔colère〕自体が〔実は〕魔法使いの意志を完遂することを発見するや否や〔生じる〕，ということなのである．

「ナイーヴな実践〔pratique naïve〕」です．ナイーヴという言葉のニュアンスが日本語とフランス語では少々ずれていて，フランス語では悪いニュアンスを含むことについては，「素朴さ（NAÏVETÉ）」（▶p.500）や「欲求（APPÉTIT）」（▶p.093）や「夢（RÊVE）」（▶p.716）の定義に関する註解も読んでください．「自分自身の身体に働きかけるように，生物や無生物にさえも働きかけよう」などというのは，まともな実践ではないと言いたいのです．当然のことながら，まともな実践とはどんなものか，問われることになりますよね．それは労働の問題として明確になることを，あとでみましょう．ここでは，まず，アランが魔法を人間の子ども時代に位置づけていることを確認します．「魔法使いたる幼児〔l'enfant magicien〕」★172なんていう表現まであります．では，次の引用から．

> 子どもは，叫ぶことによって食べものを手に入れるかぎりにおいて，魔法使いであり神話人である．★173

要するに，赤ん坊はお腹が空けば泣くのです．するとおっぱいがもらえる．オムツが濡れたりして気持ち悪ければ，また泣く．するとオムツは替えてもらえる．いずれも，泣き叫ぶことによって，欲しいものを手に入れているわけです．泣くということは，ある徴〔signe〕を送るということです．すると何かが実現する．言葉をまだ知らない赤ん坊は，知らず識らず，自分に可能な徴を発信しているのです．赤ん坊から少し成長した幼児になっても実はこの行動は厳然としてある．お伽話に出てくる「呪文」を思い出してください．「アブラカダブラ」でも「開けゴマ」でもいいのですが，それらは言葉や徴が何ものかに働きかけて結果を生じることでしょう．ここでは，言葉が力を持っているのです．

> 子供はたえず経験をしているうちに，むしろ，ほほえみと涙がもっとも世界を動かすものだと考えるようになる．それは子供の生きている世界が，徴が全能の世界であるからだ．いつも泣き叫びながら自分の欲しいものを手に入れてしまう．徴によって行動し，未開の人びとに認められる呪術がここから生まれる．呪術師〔magicien〕が呪文と踊りによって雨乞をするのは，子供が泣いたり，だだをこねたりして，母乳を乞うのと同じである．★174

言わば，徴による説得が成功する世界なのです．言葉で物が手に入る世界です．さらに言ってしまえば，奇蹟の起こる世界です〔「奇蹟（MIRACLE）」（▶p.485）〕．そういう世界には，物と格闘する労働は無い．

> 子どもは奇跡の世界に生きている．それも，たえず呪文を唱えることによって．子どもは要求し，懇願し，説得する．そうやって獲得する．これが子ども固有の労働だ．これが子どもの生計の立て方だ．どうしてもそうせざるを得ない．子どもは自分の労働で生きることはできないし，事物を征服してゆくこともできない．できるのは事物と遊ぶことだけだ．その反面，子ども

764

は大人たちをまともに信じている．信じすぎるくらいに．すべての安全とすべての食糧は大人たちからくる．大人たちに気に入られることこそ重要だ．手に入れるとは気に入られることだ．[175]

　子どもの相手は，物ではなくて，人間なのです．生まれ落ちて即座に人間が身を落ち着かせるのは，人間的な世界なのです．人間を相手に説得することしか子どもにはできないのです．だからこそ，次の引用にあるように，真の労働からはほど遠い．

　　人間的秩序は最初の秩序であるが，ある意味で，子供に大人の仕事の準備をさせるには，ほとんど役に立たない．この秩序によって子供は，あまりにも簡単に，すべてが祈り，脅し，ほほえみ，ことばにかかっていると，信じ込むようになる．労働という概念は子供にとって自然のものではない．[176]

　今回の定義に戻っていきましょう．「意志によって麦を生長させたりその反対にしたり〔つまり萎れさせたり〕できるとか，あるいは岩を落下させたりできるといったこと，人間を押し留めたり駆り立てたりできると信じている者が魔法使いである」とある．そこでは，意志を使うのは，大人の行なう労働という仕方においてではない，と言い換えることができるでしょう．「**運命**(DESTIN)」(▶p.240)や「**進化**(ÉVOLUTION)」(▶p.330)や「**財産**(FORTUNE)」(▶p.376)の定義への註解の中で述べたことですが，アランは，この労働に関わる考察から，「ブルジョワ」と「プロレタリア」を区別しているのです．少々確認しておきましょう．一人の人間の中においても，両者はありうる．

　われわれはだれも，あるときにはブルジョワであり，あるときにはプロレタリアである．バスの運転手も，切符を売る場合はブルジョワである．木に引っ掛かって見失ったボールを探している子供はプロレタリアであり，隣家の女の人にもらいに行く場合はブルジョワである．[177]

　この区別が，いわゆるマルクス主義者のものと同じではないことに注意してください．

　アランがブルジョワとプロレタリアと名づけた二つのタイプの人間を，とり急ぎ学ぶことにしよう．

　この区分は，アランの人間学において，何よりも重要である．コントとヘーゲルの影響を受けたこの区分は，マルキストのものと，かなり違っている．「プロレタリア」とは，物についての自分の労働によって生活している人間のことである．したがって闘う相手は，外的世界であり，魂のない必然性である．この必然性に対して徴(しるし)は何もできない．プロレタリアは，物が情に流されたりしないこと，われわれのお願いに動じず，弁舌に耳を貸さないことを知っている．「ブルジョワ」とは，説得によって生活している者である．その固有の労働とは，やらせること，したがって納得させること，他人の気に入ること，おもねること，命じること，いずれにせよ，話すことである．[178]

　さて，では今回の定義の後半はどういう話なのでしょうか．「偶然の一致」が魔法使いの能力を信じさせそうになるかも知れないが，それに加えて，言わば魔法使いを相手にしている人々の心理にも魔法を信じさせる機縁があるとアランは言うので

---

[172]——アラン『人間論』p.18
[173]——アラン『プロポ 2』p.293
[174]——G. パスカル『アランの哲学』p.193〔傍点引用者〕
[175]——アラン『プロポ 2』pp.236-237〔傍点引用者〕
[176]——G. パスカル『アランの哲学』p.193〔傍点引用者〕
[177]——O. ルブール『人間的飛躍——アランの教育観』p.81
[178]——同書, pp.80-81

765

す．それは予言の効果に関わっているのです．このあたりについてはまさに「**予言**（PRÉDICTION）」（▶p.643）の定義についての註解で述べました．予言を気にする人が，予言に相応しいような態勢を自らで創ってしまうということです．今回の定義の最後に「苛立ち」とか「**怒り**（COLÈRE）」（▶p.180）という「**情念**（PASSION）」（▶p.544）が語られていることにも注意が必要です．私たちは，情念によって，魔法に巻き込まれていくと言えるのかも知れませんね．魔法使い自身も，そしてそれを気にする人々も．

子供は，心理学者や魔法使いとして世界に近づく．その最初の認識は情念の認識である．彼の最初の経験は支配の経験である．「彼はまず，王さまとして考える」(PE no 31)．[★179]

私たちは，お伽話を楽しむようにそこに戻ることはいいとしても，情念に翻弄されていつの間にかそこに戻ってしまってはならないのでしょう．次のように．

情念とは，幼少年期へ戻ることなのだ．人間は，未熟，早とちり，怠惰のため，労働と努力による理性的なやり方で困難を克服することに失敗するとき，おのずと幼少年期の態度に舞い戻る．そうなると，アランと同じくサルトルも言うとおり，その行動は，「魔法的な行動」…〔中略〕…であり，絶えず徴(しるし)に頼ることになる．[★180]

要するに，「情念に駆られた者の世界は，徴が万能の魔法の世界，護符，呪物，予兆，偶像の世界，すなわち子供の世界」なのです．[★181]

SOTTISE

愚かさ

— それは叡智〔sagesse〕の反対である．私たちをすべての誤りに投げ込むのは悪徳〔vice〕であり，諸々の情念〔passions〕がそういう誤り〔erreurs〕に陥りやすい．しかしながら，私たちを愚か〔sots〕にする諸情念というのは，もっと正確に言えば，私たちの判断そのものに関わる諸情念であり，そしてそれら判断についての私たちの意見に関わる諸情念である．例えば，自惚れだとか，権威の尊重，模倣〔imitation〕，慣習だとかである．愚かさの中には常に何らか機械的なところがあり，そしてきちっと結びつけられていない理由の諸断片がある．

sottise を例のフランス語類語辞典で引いてみると次のように書かれています．

> **Sottise**, faute de jugement commise en générale par celui qui a une confiance prétentieuse en lui-même et qui consiste à parler ou à se conduire d'une façon qui choque la raison, le bon sens ou les bienséances ; aussi qu'est-ce parfois une injure ou une parole obscène. [★182]（**愚かさ**，自惚れの強い自信をもった人物によって犯される判断の誤り一般のことであり，理性，良識，作法を傷つける仕方で話したり行動したりすることにある．また，往々にして，それは罵詈雑言ないし淫らな言葉である．）

「判断の誤り一般」であるとか，「自惚れの強い自信をもった人物」とかいう，アランの定義と共通の言葉を含むこの辞書的な説明は，かなりのヒントを私たちに与えていると思います．こういう辞書的な共通理解を基に哲学的考察をおこなっているのがアランの定義であることはもうおわかりのことでしょう．その際，ここで重要な役割を演じているのが，アランの「**哲学**（PHILOSOPHIE）」（▶p.587）における基本概念と言ってもいい「**情念**（PASSION）」（▶p.544）であり，さらにまた「機械的」という表現です．

まず「それは叡智の反対である」と書かれています．叡智とは知恵のこと．「**知恵**（SAGESSE）」（▶p.721）については，『定義集』でも定義されてい

ますからそれを参照しながら進みましょう。そこでは、叡智(知恵)が「判断する際の〔精神の〕高ぶり〔emportement〕を克服する徳である」とされています(この emportement を私は、「キリスト教(CHRISTIANISME)」(➡p.160)の定義のところでは「我を忘れること」と訳しています。ここでも、そういうニュアンスをも加味して理解してください)。その上で、今回の定義の続きに「私たちをすべての誤りに投げ込むのは悪徳であり」とあることを見ると、そこに「徳(VERTU)」(➡p.850)と「悪徳(VICE)」(➡p.854)との対比があることがわかるでしょう。悪徳が私たちを誤りに投げ込む。ここで「誤り」と訳したのは原語では erreurs です。神谷訳のように「誤謬」と訳しても、もちろん、いい。単に、やさしい言葉を私は使いたかっただけです。さらに「諸々の情念がそういう誤りに陥りやすい」とあるのを見れば、情念が悪徳に近いところに位置してしまいがちなこともわかるでしょう。実際、アランは、「情念の、いや悪徳さえも[★184]」と、両者を近いところに置く記述を残していますし、「徳とは、たださまざまな情念にうちかつこと、悪徳とは情念に身をまかすことにある[★185]」という説明もしています。

さて、まさに今回の定義にあるように、情念は「私たちを愚か〔sot〕にする」のですが、そういう諸情念を「私たちの判断そのものに関わる諸情念であり、そしてそれら判断についての私たちの意見に関わる諸情念である」とはっきり書いているところが重要なのです。しかも、「判断は意志に関すること[★186]」であってみれば、意志と関わらせて、今回の定義の続きを読み解くことができます。「自惚れだとか、権威の尊重、模倣〔imitation〕、慣習だとか」が、意志とどのように関わっているかということです。こうしたものが、例えばデカルト的な、つまりは意志的な懐疑とは遠いことがわかるでしょう。自惚れてしまえば、自分のことをあえて吟味することなど忘れる。権威を尊重してしまえば、それを疑うなどとんでもないと信じてしまう。「模倣(IMITATION)」(➡p.413)することにかまければ、それに合わせることしかしなくなる。慣習に従うだけなら、同じことが繰り返されるだけになる。自分が普段行っていることを意志的に吟味することを忘れ、物事を迅速に処理することしか念頭になくなるのです。ところが、「知恵」の定義のところでは、「真理への愛そのものによってや、体系に酔うことによって、狂信によって、あるいは情念に駆られた先入見によって、精神は性急なあり方〔précipitation〕に陥りやすい」と書かれていました。だからこそ、「知恵というものは、すべての種類の性急さ〔précipitation〕や先入見に対して常に目覚めている用心である」ともいうのでした。その用心が今回の定義である「愚かさ」には無い。知恵のように、「周知でありかつ皆が受け入れているような事柄を問い直し、より確かなものとすることをめざして、主義として〔par principe〕、懐疑する」ということが無いのです。こうして、愚かさの中では、懐疑し、意志的に自分の考えを結びつけるという営みは無く、「常に何らか機械的なところ」があって、そこでは事柄があたかも自然法則に従って必然的に結びついているように受け取られ、まさに自分の責任で決断して結びつけていないという意味で、「きちっと結びつけられていない理由の諸断片がある」ことになるのです。ちなみに、神谷訳では私が「機械的」と訳した mécanique が「無意識的」となっていますが、私はそれを採りません。また「理由の諸断片〔fragments de raison〕」は神谷訳では「知の断片」となっています。それも採用しません。

ひとりでに、そしてあたかもつごうのいい

★179──同書、p.68
★180──同書、pp.68-69
★181──同書、p.69
★182──H. Bénac, *op.cit.*, pp.892-893
★183──デカルトは「誤謬論」を彼の主著である『省察』の中で展開しています。それについての素晴らしい解釈が私の恩師である福居純先生の著作の中にあります。読み解くのは大変ですが、是非ともチャレンジしてみてください。福居純『デカルト研究』pp.96-106, 176, 192-201；福居純『デカルト「観念」論──「省察」読解入門』p.90など
★184──アラン『思想と年齢』p.33
★185──アラン『思索と行動のために』p.248
★186──アラン『教育論』p.83

機械仕掛けのようにして作られるまともな判断〔jugement droit〕などない．すべて，機械的なもの，放っておいてもそのままできてしまうものは，間違っているし，悪い．[*187]

そういうことに心底気づかない限りは，愚かさから私たちは抜け出せないのでしょう．

SOUHAIT

願い — これは礼節〔politesse〕を帯びた一つの思考である．他者たちに対してに向けられるにせよ，あるいは私たち自身に対して向けられるにせよ．こういう思考によって私たちは，すべてがうまくいくだろうと告げつつ，歓びを絶やさないようにしようとただただ意志するのだ．願いは欲望〔désirs〕ほどには限定されて〔déterminés〕いないけれども，希望〔espérances〕よりは限定されている．願いはかなり隠れているあの真理を表わしており，〔その真理とは〕結果に先だって人が幸福であるときには，人は〔当の〕結果そのものを手にするための可能な限り最善の態勢にあるということである．

「礼節」あるいは「**礼儀（POLITESSE）**」（▶p.620）は，共にフランス語原文では politesse ですが，どちらもアランが頻繁に用いる言葉です．そして，興味深いのは，この言葉を例のフランス語類語辞典で引いてみると，「civilité〔市民性〕のところを見よ」という指示があり，要するに，その civilité と類似の意味領域に位置づけられていることです．そこで，その部分の記述を取り出してみましょう．

Politesse tend de nos jours à remplacer *civilité* ou même *correction*, mais implique en réalité une qualité plus exquise et regarde le mérite personnel plutôt que le rang : c'est l'art de faire et de dire tout ce que réclame la bienséance pour faire plaisir à une personne : *Ce que l'âge mûr est à l'enfance, ce que la politesse est aux premières leçons de la civilité* (Voltaire)[*188]（礼節は，今日では，市民性やあるいはきちんとしていることにとって代わる傾向にある〔言葉である〕．しかし，実際には〔礼節は〕より上品な美点を含んでおり，地位とかいうものよりもむしろ人格的な長所に関わっている．〔すなわち〕それは一人の人物を喜ばせるために礼儀に要求される全てのことを為し，また言う術のことなのである．壮年にとっての幼少期は，礼節にとっての，市民性の最初の数課のようなものだ〔ヴォルテール〕）

要するに，礼節の方が「**市民性（CIVILITÉ）**」（▶p.173）よりもずっと多くのことを意味しているわけですね．類語辞典のこの説明の中に登場する *correction*〔きちんとしていること〕も，やはり同じ civilité〔市民性〕の説明と並べられています．

Correction, conformité à ce que la convenance exige dans un cas donné, se dit aussi de la conduite morale, spéc. de la tenue, de l'habillement, et, appliqué aux relations sociales, dit moins que *civilité* et suppose le respect des usages les plus élémentaires.[*189]（きちんとしていること，与えられた場面で礼儀作法が要求する事柄に合致していることであり，とりわけ行儀，服装などといった慣習的な振舞いについてもまた言われる．そして社会関係にも応用されて，市民性よりはその語るところが少なく，もっとも初歩的な慣例の尊重を想定している．）

この記述を見ると，correction は，civilité よりもさらに少ないことしか語らないことがわかります．politesse は correction や civilité よりも，言わば個人の人格にまで踏み込んだ上での振る舞い方に関わるのです．慣習や「**社会（SOCIÉTÉ）**」（▶p.748）がただ維持されることには留まらない何かをそれはめざすのでしょう．

こうした前提の下に，今回の定義にやっと私た

ちは踏み込むことができます。「礼節を帯びた一つの思考」と私が訳した"une pensée de politesse"を解釈できる準備が整ったのです。神谷訳は「儀礼的な思い」と訳していますが、それとは少し違うニュアンスを私は読み込んでいきます。現代日本語で「儀礼的」という言葉は「儀礼の形式だけを重んじて物事を行うさま」とあるように，形式だけで内容が伴わないといった響きを持つのですが、アランがここで言いたいのはそういうことではないだろうと私は思うのです。

「要するに，本当の礼儀〔la vraie politesse〕とは自分の義務〔なすべきこと〕を感じることだ」というアランの言葉があります。その「義務〔DEVOIR〕」(▶p.249)，つまり「なすべきこと」は，どこに由来するのかという問題です。慣習や社会から来るのなら，わざわざ私がここまで述べてきたことなど考える必要もないように思えます。個人の意志などにはほとんど関係なく，集団や社会が押しつけてくるものをただただ自動的に繰り返すだけだからです。しかし，アランが言いたいのは，おそらくそういうことではない。彼は、はっきりと，「こういう思考によって私たちは，すべてがうまくいくだろうと告げつつ，歓びを絶やさないようにしようとただただ意志するのだ」と今回の定義で書いているのですから。意志こそが，その「なすべきこと」の由来するところなのです。あえて言ってしまえば，慣習がどう言おうと，あるいは社会がどう要求しようと，自分の意志で抱く「願い〔souhait〕」こそが重要なのです。フランス語で，この souhait の動詞 souhaiter が使われる典型的な例として，新年の挨拶の言葉があります。Je vous souhaite une bonne année！です。相手に対して、良い年になるようにと，私が願っているのです。「すべてがうまくいくだろうと告げつつ，歓びを絶やさないようにしようとただただ意志する」ことを，相手に向けて，実際に行なっているのでしょう。すべてがうまくいくだ

ろうと信じつつ，意志しているのです。それが，年頭に当たって、まさに「なすべきこと」だからです。もちろん、「なすべきこと」があるのは，年頭においてだけではありません。いつだって，ありうることです。しかし、人は生活に追われたり，「情念〔PASSION〕」(▶p.544)に翻弄されて，そういうことを忘れたりもする。だからこそ，普段から，あえて意識し，あえて意志しなければならないのです。「願い」を意志的に成立させなければならないのでしょう。

ここで、なぜ、アランが、次に、願いを「欲望〔DÉSIR〕」(▶p.223)や「希望〔ESPÉRANCE〕」(▶p.314)から区別するのかが分かります。この二つの語もアランは定義していましたね。先回の講義も十分に検討してください。少しだけ，それらの定義を参照してみると，例えば，「欲望」の定義のなかでは，具体的な対象が語られています。「飛行機，ラジオ，テレビ，月旅行」などといった．これらの例は，発明について語るときに挙げられているのですが，それこそ，まだ実現していない物事についても「欲望」は，ある程度限定された形で向かうわけです。しかも、あえて意志せずとも、欲望は生まれてくる。しかし、今回の定義にあるように「願いは欲望ほどには限定されていない」し，また、放っておいても成立するものであるわけでもないのです。

「希望」の定義では，「希望とはより良い将来への一種の信仰（それゆえ，ある意志的な信念）のようなものである」と書かれます。ですから意志が密接に関わってはきます。しかし、それに加えて、「すなわち正義と善意に場所を残しておくだろうものである」とアランは続けるのですから、とにかく限定することよりも、生き方の姿勢に焦点が当たっていると言っていいでしょう。さらに、「希望というものは，その前に信仰を前提とし，結果として博愛があると想定している」と言う。「希望の対象というものは、欲

★187──Alain, *Propos I*. p.744
★188──H. Bénac, *op.cit.*, p.152
★189──*Ibid*.
★190──『デジタル大辞泉』
★191──アラン『幸福論』p.115

すること〔が実際にできるというそういうこと〕の有効性である」ともアランは書くのですが，そのすぐ後に「神(DIEU)」(▶p.263)の話になる．「できる」のは神かも知れないわけです．それに対して，今回の定義である「願い」は，まさに人間の側の意志の問題に他なりません．神にその実現を預けてしまうのではなく，自らの意志で以て，その実現へと自分を整えつつ行動するのです．そのためには，「願い」は「希望よりは限定されている」必要があるわけです．こうして，この議論は，今回の定義の最後へとつながります．

「願いはかなり隠されているあの真理を表わして」いるというのです．その真理が，「結果に先だって人が幸福であるときには，人は〔当の〕結果そのものを手にするための可能な限り最善の態勢にあるということ」です．「態勢にある」と訳したのは，être disposé です．名詞にすると disposition なのですが，これについては何回も触れてきました．とにかく，〈妨げられなければ，何かが実現するような状態にあること〉を，「態勢」という言葉は表わしています．それを，この文脈で解釈してみましょう．「結果に先だって人が幸福である」とは，おそらく，その結果に背反するものがないときのことでしょう．当の結果に到達するために準備不足でも，また到達することに反対する人物・事物も無い．言い方を換えれば，心の準備もできているし，物事の成り行きを顧慮してスムーズに実現するような状態にも持ち込めている．逆に，そういうすべてを整えておかずしては，最善の態勢にはないわけです．真に幸福であると結果に先だって思えるのは，為すべき事をすべて為し終えた人でしょう．幸福は，それにふさわしい態勢へと自分自身が意志を以てもたらしたとき，揺るぎないものとして，そこにすでにあるのです．願いは，意志と共に，幸福をすでに実現しているのかもしれないのです．人がそれに価する者となりえているという意味で．

SPIRITUALISME
唯心論 – これは唯物論〔matérialisme〕の対極にある独断論〔dogmatisme〕である．そして，それによると，人間は身体であるだけでなく，また自由な意識〔conscience〕でもあり，そしてこの意味で不死だというのである（なぜなら，もしその自由な意識が身体から独立であったなら，どうして死ぬなどということがありうるだろうか？）．そして，すべての自由な意識は一定の諸法則〔lois〕を共通して持っているのだから，唯心論は，諸世界を支配する，一つの，共通で完全な意識を想定している．諸々の信仰〔croyances〕というものは自らの意志によるものだし，そうであるべきでさえある．もし神〔Dieu〕が一つの事実として確実〔に存在する何か〕であったら，善意〔bonne volonté〕は機械的な必然性になってしまうだろうし，もはや善〔bien〕も悪もなくなってしまうだろう．人は時として，一つの普遍的〔universel〕で永遠〔éternel〕で必然的な精神〔esprit〕というこの教説を観念論〔idéalisme〕と名づけたりする．そして，それは実際上は唯物論と同等のものである．

この spiritualisme を，神谷訳は「スピリチュアリスム」とそのままカタカナにして訳しています．確かに，それは不可能ではない．「**哲学(PHILOSOPHIE)**」(▶p.587)の分野でも，スピリチュアリスムという言葉は確かに使われています．増永洋三先生の『フランス・スピリチュアリスムの哲学』（創文社，1984）という本もありました．メーヌ・ド・ビランとか，モーリス・ブロンデルとか，ジュール・ラシュリエや，さらにはアンリ・ベルクソンといった，まさに今回の定義に出てくるような「**意識(CONSCIENCE)**」(▶p.191)についての哲学が展開されているのです．けれども，現代日本語の語感からすると，スピリチュアリスムは，少しオカルト的な響きを伴ったり，

あるいは江原啓之さんが登場しそうな世界になってしまいます。もちろん、だからいけないと言っているのではありません。そうではなくて、アランの言いたいこととズレてしまわないか少々心配になるということです。ただただそういうことを避けるために、私は「唯心論」と訳しておきました。

こうしておくと、実は、今回の定義の冒頭部分も見通しが良くなります。「これは唯物論〔matérialisme〕の対極にある独断論〔dogmatisme〕である」とアランは書きました。まさに「物」と「心」〔「心(CŒUR)」(►p.176)〕との対立がはっきりと浮かび上がるのです。人間は心と身体を持っているというのが普通の考え方です。「**唯物論(MATÉRIALISME)**」(►p.463)では、存在するのは物だけであり、心とか「**精神(ESPRIT)**」(►p.322)とかいうのは極端なことを言えば存在しないと考えるのです。それに対して、アランがここで定義しているような唯心論は、「人間は身体であるだけでなく、また自由な意識でも」あることを認める。つまり「二元論」的な出発点がそこにはあります。しかも、その「意識」は不死だというのです。心身二元論を明確に立てた人として有名なデカルトは、その主著『省察』(正確には、『第一哲学についての省察』)は、第一版では、『神の存在と霊魂の不死性とを論証する第一哲学についての、ルネ・デカルトの諸省察』とされていたのです。もっとも、第二版で『神の存在、および人間的霊魂の身体からの区別を論証する第一哲学についての、ルネ・デカルトの諸省察』と変えられるところもまた興味深いことなのです。いずれにせよ、デカルトは、物と心との「実在的な区別」を語ることによって、「自由な意識が身体から独立」であることを主張し、そうだとすれば、アランの書いたように、「どうして死ぬなどということがありうるだろうか」という議論を立てるのです。もう少し詳しく言うと、「身体の死は或る種の分割もしくは形状

の変化にのみ依存する」けれども、精神にはそれはないのだから、「精神は、自然哲学によってそれが認識されうるかぎりでは、不死であると結論するのには十分」であるというわけです。★192
『方法序説』においても次のように書かれています。

> 精神を破壊しうる原因として、身体の死以外に何も見あたらぬのであるから、ひとはおのずからに、精神が不死であると判断するにいたるのである。★193

しかし、こうしたデカルト的な端緒は、今回の定義ではずっと推し進められて、ついには心身二元論を越えて、唯心論へと至るとアランは言いたげなのです。その移行を後押ししているのが「すべての自由な意識は一定の諸法則を共通して持っているのだから、唯心論は、諸世界を支配する、一つの、共通で完全な意識を想定している」という一文です。「すべての自由な意識は一定の諸法則を共通して持っている〔toutes les consciences libres ont en commun certaines lois〕」とはどういうことでしょうか？ まず、「自由な意識」というものが複数で語られていることに注意してください。デカルト的な「我〔ego〕」を、ライプニッツ的な「モナド〔monade, 単子〕」という無数の単純実体へと拡大解釈する話がここで始まる、とでも言っておきましょうか。デカルトでは、私以外の我、つまり「他我」が能天気には前提とされないけれども、ライプニッツでは即座にモナドは無数あると言われてしまいます。まるで実体の多数あることから出発するかのようなのです。その上で、モナドは被造的であることが前面に出てくる。「**神(DIEU)**」(►p.263)によって創造されたということが、かなり強調されてくるのです。無数の個々のモナドは、その存在の初めから、神の予定調和を個別的に体現している法則を持つものとして創造されるとまで言われるのです。

★192——R. デカルト「第二答弁」(『〔デカルト著作集 2〕省察および反論と答弁』) p.186

★193——R. デカルト『方法序説』p.72

771

「神の命令によって刻印されている内在的法則〔lex insita〕」です.もちろん,それに対して「神の諸法則の内のもっとも一般的なもの〔la plus générale des lois de Dieu〕」も別に語られるし,もう少し譲っても神の知性の内にある無数の可能的世界の各々について「この可能的宇宙の一般的秩序の法則〔lois de l'ordre général de cet univers possible〕」もが語られるのです.言わば個別的法則と一般的法則があるわけです.いずれにせよ,そうした法則を持つということにおいて,諸個体(モナド)間に,あるいは「すべての自由な意識」にとって,それら個体的法則の調和的関係を創り上げ,それを各々のモナドに課した「一つの,共通で完全な意識」が想定されているというのです.それはライプニッツの語ったような,「諸世界を支配する」神と言い換えられるに至る.ライプニッツの場合は,この神を,いわゆる「世界霊」のようなものとは区別します.実際,「プラトンの言う世界霊魂は無いことを私は認めます.というのも,神は世界を超えて〔au-dessus de〕いる extramundana intelligentia(世界外知性体),ないしむしろ supramundana intelligentia(超世界的知性体)なのです」とはっきり書くのです.「神は世界霊魂ではなく,作者」だからです.こうした神の存在を認める限りでは,「普遍的精神の教説はそれ自身としては良い〔la doctrine d'un esprit universel est bonne en elle-même〕」とライプニッツはいいます.神の存在を認めているからだというのです.そして,そういう主張をする人たちとして,「カバラ主義者」や「ヘンリー・モアや(普遍的アルケーないし世界霊魂があるとする)化学者たち」が例示されるのです.実際,モアたちケンブリッジ・プラトン主義者はそういう方向へと進んだのでした.

ケンブリッジ・プラトン派は自然を機械的にではなく,形成的に見ようとする.複雑な働きを単純な要素に分解するのではなく,全体から部分へと進み,自然を支配している一つの根源的な生命エネルギーがそのエネルギーを失うことなく,いかにして果てしなく個別化していくかを明らかにしようとする.この点においても彼らはまたプロティノスと彼の世界霊魂説へたち返る.

そして,アランが今回の定義の中で「諸世界を支配する〔régit les mondes〕」と書いたように,その唯一のものに世界は管理されるのです.こうした考え方は,もちろんプラトンの『パイドロス』にもその端緒はあるのですが,はっきりと新プラトン派のプロティノスによって展開されたようです.

魂とは一般的に言えば生命の始元であって,それ自身では生きる力のないものを生かす機能をもっている.個々の人間はもちろん,動物のそれぞれも,植物のそれぞれも,何らかの魂をもっているし,また天体のそれぞれも,地球も魂をもっている.そればかりか全感性界が世界霊魂(宇宙霊魂)によって管理されているのである.

こうした世界霊魂といったものついては慎重な取り扱いをしていたライプニッツには,ですから,諸個体と神との区別には慎重な顧慮があります.しかし,そんなライプニッツを含めたすべての伝統を知悉しているはずの例えばヘーゲルに至ればどうでしょうか? 私は,今回の定義に登場する「自由な意識」というアランの言い方に少々ヘーゲル哲学的なニュアンスを読み取っているのです.ヘーゲルのあの『歴史哲学講義』の中の「世界史は,自由の意識における進歩である〔Die Weltgeschichte ist der Fortschritt im Bewußtsein der Freiheit〕」という言葉がそれを表わすようなものを連想しているのです.ここには,やはり,「**キリスト教**(CHRISTIANISME)」(▶p.160)的な「**神学**(THÉOLOGIE)」(▶p.807)をある意味で前提とした議論が展開されているのではないでしょうか? あるいは,そこまで言わないとしても,後のフッサールにも残存する,「歴史の目的論」が…….

そもそも歴史に「意味」を——「統一的な意味」を——想定すること自体，還元不可能な〈他者への関係〉としての歴史を，理性の〈自己への関係〉の鋳型に押し込んでしまうことではないか．普遍的理性の歴史への冒険は，〈歴史の目的論〉として現われるかぎり，理性が自己を歴史化するというよりは，歴史を自己化しようとする企てであって，ヘーゲル的歴史哲学とは一線を劃するにせよ，理性による〈他者への関係〉の再自己固有化（réappropriation）に帰着するのではないか．[203]

さらには，次の文章も吟味しておくべきでしょう．

　フッサールが，「他のあらゆる人間性のヨーロッパ化」を「絶対的意味の支配」として正当化し，〈ヨーロッパの他者〉の文化的・精神的「消滅」を欲することになったのは，彼が人間存在の本質を〈理性への意志〉と定義した，まさにそのかぎりにおいてである．まず初めに「広い意味」での理性を人類一般に認め，「パプア人でさえも」理性的動物だとしたことは，たしかに人類一般に「真の人間性」をもちうる権利を付与したことではあるが，まさにこの権利付与そのものによって，つぎにヨーロッパ的人間性を特権化することが可能になる．すなわち，この普遍的権利そのもののもとで，ひとたび事実としてヨーロッパ的人間性が無限の課題に目覚めたならば，「他のあらゆる人間性のヨーロッパ化」は，権利として正当化されざるをえないのである．[204]

アランが今回の定義で展開した議論が，こうした立場と同じところに帰着してしまうのか，それともそうではないのかについて，これ以上に深入りすることはやめておきます．ただ，次の引用にあるように，ヘーゲルの「すこし形而上学的にすぎる」立場とは一線を画したかったのは確かでしょう．オーギュスト・コントの「**実証主義**（POSITIVISME）」（▶p.624）に深い共感を抱くアランとしては，もっともなことです．

　私は，「人間の歴史」のなかに「美」の占める場所を与えたかった．「芸術．宗教．哲学」というヘーゲルのみごとな序列が，私を，この考えに導いた．それは，自然のうちに再発見された「世界精神」の理論の一部であった．私は，私の好みとしてはすこし形而上学的にすぎる，この学説を，再現させるつもりはなかった．[205]

ヘーゲル的な「世界精神」の説，それはもはや「**信仰**（FOI）」（▶p.372）であって，確かに「諸々の信仰〔croyances〕というものは自らの意志によるものだし，そうであるべきでさえある」のだから〔「**信念**（CROYANCE）」（▶p.205）〕，フランス革命以来，追い求めてきた laïcité（ライシテ，宗教からの独立）からすれば個人の信仰の自由は認められるべきところではあるけれども，それを他者に強制することはできません．しかし，「世界精神」は存在するとか，「諸世界を支配する，一つの，共通で完全な意識」が存在するとか，言ってしまうと，人は，すぐにそれに寄り掛かってしまう．身をあずけてしまうのです．人が「〜主義者」になるのも，

★194——G. W. Leibniz, *De ipsa natura sive de vi insita actionibusque Creaturarum, pro Dynamicis suis confirmandis illustrandisque*, §12 Giv 512
★195——G. W. Leibniz, *Discours de Métaphysique*, §7
★196——G. W. Leibniz, *Nouveaux Essais sur l'entendement humain*, 1765, vol.3, ch.1o, §14
★197——W. ライプニッツ『人間知性新論』(拙訳) p.340
★198——*Lettre de Leibniz à Des Bosses*, Gii 324
★199——*Lettre de Leibniz à Des Bosses*, Gvi 530-531
★200——*Ibid.*, Gvi 530-531
★201——E. カッシーラー『英国のプラトン・ルネサンス——ケンブリッジ学派の思想潮流』p.66〔傍点引用者〕
★202——田中美知太郎・水地宗明『新プラトン主義の成立と展開』（『世界の名著』プロティノス ポルピュリオス プロクロス』）p.65〔傍点引用者〕
★203——高橋哲哉『逆光のロゴス——現代哲学のコンテクスト』p.29
★204——同書, pp.50-51
★205——アラン『芸術に関する101章』p.86〔傍点引用者〕

そういうときでしょう．そして他人に対しての強制が始まる．しかし，アランは，「**プラトン主義**(PLATONISME)」(▶p.601)を理解する．キリスト教を理解する．デカルト主義を理解する．コントの実証主義を理解する．ヘーゲルの「**弁証法**(DIALECTIQUE)」(▶p.258)を理解する．マルクス主義を理解する．自分自身，ラディカリズムとでも言うべき立場を採りもする．こうして理解はするけれども，それでも完全に身をあずけはしないのです．デカルトについて，「この師匠の要求するところは尊敬ではなくして，むしろ注意なのである」★206 と指摘する．「**尊敬**(ESTIME)」(▶p.326)ではなく，十分な注意を伴う吟味こそが，どんなときにあっても思考の条件だからです．デカルトが政治に対してどんな態度を取ったかに触れながらアランは次のように書くのです．

> デカルトは，不決断こそ最大の悪と書くことによって，人間というものを大いに解明している．しかし，ほとんど乱暴にすべての政治を拒んだこの人物のうちには，確乎たる懐疑が残っていた．★207

そして，こうした懐疑を不可欠とした態度は，科学に対してさえ信仰のようにしてそれに身を任せることを許しません．私としては，科学理論を信奉して，人間の意志など無いものとするような立場を「科学主義」と呼んでおきたい．次のように言われる意味を含みこんで，です．

> 科学主義というのは，科学の進歩がそのまま人類の幸福を約束するという信仰のもとに，科学の対象である自然の物質・物体の局面こそが世界の真の姿である，と主張するイデオロギーである．★208

思えば，マルクス主義も，科学的社会主義といった言葉を使っていたのでした．いや，過去3世紀の科学そのものが唯物論的なのです．ホワイトヘッドは，「ヨーロッパの知性が過去三世紀の間に身にまとっていた特殊な宇宙論の思想」★209 について次のように書いたのでした．

> この宇宙論は，配列が絶えず変動しながら空間全体に拡がっている，原理にまで還元し難い非情の物または物質を，究極の事実として前提している．そのような物質はそれ自身としては無感覚，無価値，無目的である．それは，その存在の本質から発生しない外的関係によって課せられた一定の軌道を辿って動いているにすぎない．わたくしは，まさにこのような考えを「科学的唯物論」(scientific materialism)と呼ぶのである．そしてまた，わたくしは，まさにこの考えが，現在われわれの到達した科学の状態にまったくふさわしくないものとして，排撃するであろう．★210

さて，こうして，長々と科学主義や唯物論に寄り道してきたのも，そこには，それこそ自由とか意志とか言ったものの入る余地が無さそうに見えるからです．そして，それはアランがこの定義で書いたように，神にせよ，世界にせよ，「一つの事実として確実」だとしてしまうときに，生じる事柄だろうと私が思うからです．実際，アランは，「もし神が一つの事実として確実[に存在する何か]であったら，善意[bonne volonté]は機械的な必然性になってしまうだろうし，もはや善[bien]も悪もなくなってしまうだろう」とこの定義で書いたのでした．プラトンのイデアについてさえ，次のような「性急なイデア論」をアランは避けようとするのです．

> イデアが存在し，ものであること，イデアは事物のように限定しあい，ぶつかりあい，混じりあい，事物のように相似し，相違し，さらに事物のように併置されていること，一言でいえば，イデアは事物が存在するように存在すること，こういう想定はあまりに性急なイデア論である．★211

そして，イデアを(それこそ石ころのような)存在としては捉えない可能性を「示唆(SUGGESTION)」(▶p.784)するのです．

> 理解することはただ動きと進みによって私たちを教える．そのとき思考が発見するのは対象ではない．むしろ思考が移行において，移行の連鎖において，解放において，通過する瞬間の継起において発見するのは，思考自身である．そして，この思考の動きがイデアのすべてであって，知的な対象も，イデアの名に値するような存在も所与もまったくない，ということもありうる．[★212]

アランは，これほどに「価値(VALEUR)」(▶p.841)と実在とを峻別したのです．「価値とは，精神に属するものであり，実在といっしょにしてはいけない」[★213]のであり，「価値は実在するとか，実在には価値があるという主張くらい致命的な錯誤はない」[★214]と書き，次のようにまでいうのです．

> この取り違えは，あらゆる宗教がおかしており，真の宗教的精神をあやめる．たとえばキリスト教は，精神と，精神の保持者たる人間との崇拝なのであるが，神は実在すると主張するがゆえに，いつも自らを裏切っている．[★215]

なぜでしょう？　それは，神が，価値であり，「理想(IDÉAL)」(▶p.402)だからでしょう．理想は実在ではない．価値を，そして理想を，眼の前にある石ころと同じように，それを観る私の意志とは関わりの無いかのように存在すると考えてはならない．そう考えた途端に，価値は存在へと消え去るのです．アランが「善意〔bonne volonté〕

は機械的な必然性になってしまうだろうし，もはや善も悪もなくなってしまう」と書いたのはそのせいです．そもそも，自由意志について彼は次のように書いていたのでした．

> 自由意志の存在についてなにか証明があったとすれば，それできみたちに説明しただろうが，そんなものはないのだ．[★216]

モーロワも次のように書いています．

> 自由意志を証明することはできない．証明しようとすれば，証明そのものが自由意志を機械的体系のなかに組み入れることになろうから．[★217]

それこそ，大森荘蔵氏が『言語・知覚・世界』の中の論文「決定論の論理と，自由」の冒頭近くに引いているように，「私は自由だ，それでおしまい」(ジョンソン博士)[★218]なのです．ところが，人は，事実を楯にして，何でも証明し，説明したがる．そして，いつの間にか，「機械的な必然性」に取り込まれていくのです．「ひとつの普遍的〔universel〕で永遠〔éternel〕で必然的な精神」を追い求めたはずの唯心論が「観念論〔idéalisme〕」と名づけられ，自由とは対極にあるその「必然性(NÉCESSITÉ)」(▶p.502)のものとして精神を説明しようとする．しかし，そのイデアリスムの「イデア」が，実在すると言ってしまったその途端，当の観念論は唯物論へと転化してしまう．なぜなら，それらは，これまで述べてきた理由によって，実は「同等のもの」となってしまうからです．まさに「自由な意識」を見失うという，その点において，です．マルクスが「ヘーゲルの弁証法は逆立ちしている」と指摘したことは周知のことで

★206──アラン『デカルト』p.7
★207──アラン『思想と年齢』p.305〔傍点引用者〕
★208──藤沢令夫『プラトンの哲学』p.7
★209──A. N. ホワイトヘッド『科学と近代世界』p.23
★210──同書, pp.23-24
★211──アラン『イデー(哲学入門)』p.37〔傍点引用者〕
★212──同書, p.49
★213──G. パスカル『アランの哲学』p.219
★214──同前
★215──同前〔傍点引用者〕
★216──アラン『思索と行動のために』p.279
★217──A. モーロワ『アラン』p.31
★218──大森荘蔵『言語・知覚・世界』p.121

す.〈逆立ちしているだけだから,ひっくり返せばいい〉と,そんなふうに観ていたのかも知れませんね.しかし,それはヘーゲルが信じたままの「精神」を,「物質」へとひっくり返したにすぎず,信じること自体は揺るがされていない.それこそが,問題なのです.それは次のような事態を,物質の場面で繰りひろげることになる.

霊的〔spiritual〕なものと地上的なもの〔temporel〕とがごた混ぜになると,どんな政体でもろくなことはない.★219

こういう場面にこそ,優れて懐疑が必要なのです.だからこそ,アランはこの引用に続けて,次のように書くのでしょう.

これに反して,諸精神〔esprits〕の社会,精神〔esprit〕への服従のない社会は,一種の礼儀正しい軽蔑によって,あらゆる政体をよくするに違いない.★220

SPONTANÉITÉ
自発性 – これは自然のままの動き〔mouvement de nature〕であり,熟慮〔réflexion〕もなく,探究〔recherche〕もなく,用心〔précaution〕も予見〔prévision〕もない運動である.しかし,それはさらに,その運動が生き方で内側に由来するのであって状況に由来するのではないというあのニュアンスを含み,そして,それゆえに,賞讃に値すると常に見なされている.少なくとも自由の似像〔image de la liberté〕でもあるかのようにである.

私は,de nature を「自然のままの」と訳してみました.「自然の」よりもアランの執筆意図が明確になるような気がしたのです.要するに〈放っておいてもそうなる〉というニュアンスを,私はそこに読み取っています.そして,アランにとっては,それは必ずしも良いこととは思われていない.むしろ,続いて掲げられる「熟慮〔réflexion〕」や「探究〔recherche〕」や「用心〔précaution〕」そして「予見〔prévision〕」といった,思考に関わる事柄を伴った方が(もちろん,思考が空回りしてしまう場合には違うとしても)概して良いことであって,「自発性」の方はそもそもそれを欠いているとアランは言いたいのでしょう.そうでなければ,次のような言葉は記されようもないと私は考えます.

自然的〔naturellement〕かつ自発的に〔spontanément〕生きることへの拒否,および,みずからを認め,拒み,あるいはつくりなおすために自己に頼るという考えは,まさしく,対立や拒否や判断のなかではたらく意識によって人間を完全なものにする…〔中略〕….ここに,自己意識に関する記述的な探究をも含めたあらゆる探究〔investigation〕の秘密がある.★221

ここに掲げられているのは「自然的かつ自発的に生きる」ことへの拒否の話なのですが,実を言えば,ここから「自然的な思考」というものについても考えてみることができます.その際に第一級の重要さを持つと私が思う文章を引用しましょう.次のものです.

というのは,或る自然な思考〔une pensée naturelle〕,すなわちデカルト的な思考よりももっと透徹しもっと真実である自然な思考があるという観念は,破壊的な観念であって,それは狂気そのものがありふれたもので,快い伴侶になるような自然性においてでなければ,支持されない観念だからである.★222

なぜここに狂気の話が登場するのでしょうか? 実は,それが大事なのです.この文章はアランの『イデー(哲学入門)』という本のオーギュスト・コントについて語る部分に記されているのであって,デカルト論の部分ではありま

せん．つまり，コントが一度ならず陥った精神衰弱というか「心の病気」についてアランが語るところに記されたのです．少し説明が必要でしょう．上に引用した文の直前にある長い文章を引用する必要があります．

　　人間の問題の全体へ無謀に延長された冥想のあとで，コントは何か心の病気を思わせるような悲劇的な疲労状態に投げ込まれた．けれどもこの賢者は医者たちに勝った．彼がこの発作について自分で書いたものは，ほとんどまったくの狂気であるような狂気じみた様子について，またこの危険な混乱状態のなかで思考がなお思考自身のうちに見いだしうる療法について，最も美しい読みものである．この苦い経験から，彼はおそらくどの時代のどの賢者よりも直接に，対象も規準もない精神がゆだねられる無政府的な放浪と，あらゆる種類の夢想〔rêveries〕に自然な不条理とを認識した．この教訓はすべての人に役立つものである．[★223]

まさにこの文章の後に，さきのデカルトの思考が語られるのは，この引用にあるような「無謀に延長された冥想〔méditations imprudemment prolongées〕」（私としては〈不用意に拡げられた省察〉と訳したいところです）は，人を容易に「夢想」へと導いてしまうことに鑑みて，アランが次のようにデカルトを捉えているというのがその理由でしょう．

　　デカルトは，真実への愛こそ人に屁理屈を言わせる主要な原因であると言い切っている．精神は，対象を捉えはするがそれによって捉えられないというところまで対象を統御するときに，はじめて力をもってく

るのである．[★224]

いや，そもそも「夢想」とはどんなものとアランは考えているのでしょうか？　次のような文章があります．

　　わたしは思考し，まるで事物をながめるように，思考している自分をながめる！　これはよい思考方法とは申しかねる．観念は，いわゆる連合によってつながってゆく．わたしは夢想から夢想へとおもむく．これでは無秩序，喧嘩，支離滅裂にほかならない．当然のことだ．思考するとは，訂正すること，矯正すること，秩序立てる〔ordonner〕ことなのだから．[★225]

「夢想するとき，われわれは表象〔イマージュ images〕を受け取るだけ」であり，「夢想することは意識的に生きることではない．労働することでもない」[★226]のだけれど，それに対して，上の引用にあるように「思考するとは，訂正すること，矯正すること，秩序立てること」なのです．単に受動的ではなく，行為・思考・労働，何と言ってもいいのですが，とにかく能動的になることです．この点が重要です．コントは自らの「実証主義〔POSITIVISME〕」（▶p.624）哲学を創始しようという努力の中で，まさにアランの言うように「人間の問題の全体へ無謀に延長された冥想」へと身を投じるのですが，そのとき，あまりに広大な題材を前にして，自分の思考だけでことを遂行しようとしたときに出会う落とし穴に，おそらくはまったのです．確かに，フランス革命の混乱を自らの目の前にして，何とか「社会〔SOCIÉTÉ〕」（▶p.748）を再構築しなければならないという「真実への愛」に突き動かされる形で，彼はかなり「無謀〔TÉMÉRITÉ〕」[★228]

★219──アラン『思索と行動のために』p.419
★220──同前〔引用者改訳〕
★221──アラン『思索と行動のために』pp.226-227〔傍点引用者〕
★222──アラン『イデー（哲学入門）』p.315〔傍点引用者〕
★223──同前〔傍点引用者〕
★224──アラン『教育論』p.188〔傍点引用者〕

★225──アラン『プロポ 1』p.100
★226──同書, p.325
★227──アラン『プロポ 2』p.304
★228──実際，コントには『社会再組織に必要な科学的作業のプラン』という作品があります．

（▶p.787）な人間の問題全体についての省察という試みに着手したのでした．ところが，その広大な対象に一度ならず言わば溺れそうになってしまった．それこそ「対象を捉えはするがそれによって捉えられないというところまで対象を統御する」ということができない状態に陥ったのでしょう．そうなると，今度は，対象を捉えるどころか，むしろ対象自体を実質的には見失い，どのようにそれら広大な対象を処理したらいいのかの基準も確立できない状態に至る．いわば，思考は引きずり回されて，ほとんど思考という名に値しない「夢想」と言うべき状態の中を放浪するしかなくなるのです．しかし，コントはそんな状態の中でも思考が自分自身を救い出す何かをつかんだのでしょう．後に『実証哲学講義』に結実する事柄です．私としては，そこで重要なのが引用にも出てきた「秩序立てる」ということだと考えています．彼の有名な「三段階の法則〔loi des trois états〕」も，おそらくはそういう地盤に立って理解されるべきものでしょう．「神学〔THÉOLOGIE〕」（▶p.807）的な段階があってこそ次の形而上学的な段階も成立する．また形而上学的な段階があってこそ，さらにその次の実証的な段階も成立するのです．つまりは，それら諸段階をきちんと位置づけることができてこそ，「進歩〔PROGRÈS〕」（▶p.665）もまた語られうる．なぜなら，次のようなことを忘れてはならないからです．

> 頭のなかでどんなにりっぱなことを思いめぐらしたところで，まず服従することからはじめねばならない．オーギュスト・コントの言葉にしたがえば，進歩は先立って存在する秩序の上にはじめて成り立つものだからだ．★229

そういうわけですから，コントにとって，秩序とは，まず以て，優れて社会秩序のことでしょう．また，デカルトの場合は近代科学の黎明期にあって「一生に一度は〔断固として〕すべてを抜本的に覆してしまって，最初の土台からあらためて始めなければならない」★230とするのですから，眼の前にある諸々の秩序のすべてを壊そうとしたようにも見えます．しかし，彼は，自分の「方法」による思考の大きな変革を遂行するための「準備としての生活規範」を定めました．一般には「仮の道徳」ないし「暫定的道徳」と言われてきたものです．そこでは，眼の前の社会秩序を壊すことなど主張されず，むしろ当の秩序に服従することが表明されます．その点については，もう一度，次の指摘を念頭に置いて進む必要があるでしょう．

> ジルソンがこのいわゆる暫定的四準則を「決定的道徳」との関係で考えてしまったのは，デカルトの言葉の単なる読み誤りの結果にすぎない．彼は『方法序説』の言う morale par provision を morale provisoire（暫定的道徳）と言うのと同じだと思ってしまい，かくして必然的に四準則は「決定的道徳」に対する「暫定的」な，しかし「ほぼ決定的な道徳」だということになってしまったのである．だが，ロディス゠レーヴィスも指摘していることだが（『デカルトの著作』），原文の par provision という言葉には「暫定的」などという意味はない．それはある計画を実行に移す前の準備，たとえば，旅に出る前の食糧や資金や装備のことなのである．ジルソンの権威のおかげで，今なお暫定的道徳とか暫定的四準則とか呼びならわされているものは，実は，正しくは，準備としての生活規範とでも訳すべきものだったのである．★231

現に今その中で自分が生きている現存の秩序を壊すことから始めるのではなく，まずは当の秩序を思考するために，しっかりとそれを対象として見定めるのです．そしてその対象を「捉えはするがそれによって捉えられないというところまで対象を統御する」ための方法を練り上げる．現存する眼の前の秩序を軽視して壊すのではない．そうではなくて，それをしっかりと捉える「方法」を自らの意志で形づくるのです．

そのための慎重な準備をデカルトは整えていた．そして，思考の領域で，まずはすべてを覆してみるのです．

> 私の書くすべてのものにおいて，題材の秩序(ordre des matieres)に従わず，ただ推理〔理由〕の秩序(ordre des raisons)に拠っていることにご注意ください．…〔中略〕…より容易なるものからより困難なるものへという順序にしたがって推理していって，或るときは一つの題材に対して，また或るときは他のものに，という風に，私の推理し得るものをそこから引き出すのです．…〔中略〕…この〔私の推理(理由)の〕力と申すものは，大部分の反駁が引き出されてくるらしい感覚的事物から，思惟を外らさねばならぬということに，主として依拠しているのです．[★232]

ここに掲げられる「秩序」は，まさに自分が思考をどのように導くかに関わっているわけです．〈放っておいても眼の前に成立しているかのような〉秩序ではない．眼の前にある秩序を対象として捉え，徹底して思考する中で，代わりの新たな秩序を自ら考え出そうとするわけです．眼の前にある秩序を壊すのに躍起になるのではなく，です．そうして意識的に創られる新たな秩序は自然なものではない．意志的なものです．今回の定義にあるような「自発性」によって，「自然のままの動き」によって生じるとは，到底，言えそうにない．〈放っておいても秩序など生じる〉などとは言えない場面です．

さて，いよいよここから今回の定義の続きを解釈することができます．アランは，自発性の動きが「全き仕方で内側に由来するのであって状況に由来するのではないというあのニュアンスを含み，そして，それゆえに，賞讃に値する

と常に見なされている」と書いています．内から生じるのであって，状況といった外からではないということが，自分で動きを生じさせているようにみえるがゆえに，「少なくとも自由の似像〔image de la liberté〕でもあるかのように」見えるのです．ここで「でもあるかのように」と私が訳したのは，comme étant ... という原文なのですが，私はそれを，ほぼ，comme si と同じ意味合いと解釈しました．普通は，comme si が半過去や大過去といった時制を伴うことは承知の上で，あえて試みとして，こう訳してみたのです．すると，どんなふうに議論を進められるでしょうか？例えば，現存する社会秩序が，責務として課すようなものを，それこそ自発的に遂行することだってある．その社会のなかで生きるには，その方が自然に見えたりするからです．しかし，そんな行為は自由でしょうか？　私は違うと思います．ベルクソン的には，カントやプラトンを念頭に置いて，次のように解釈ができるのです．

> 主知主義者の定言命令がひっきょう社会的責務の正当化にすぎなかったと同じく，プラトンの「善」の思想は，社会的責務の美的な装飾にすぎない．[★233]

確かに，コントは「代わりがないうちは，壊すものではない〔On ne détruit que ce qu'on remplace〕」という言葉を好んだようです．そしてそれは，清水幾太郎氏が書いたように「フランス革命は，壊しただけで，代りになるものを生み出しはしなかった」[★234]からでしょう．秩序は意志的に産み出さなければならない．しかしまた，自分が考え出した秩序であっても，それに囚われることはあるのです．だからこそ，たとえ自分が創造する秩序であっても，それを崇拝してはならない．それを疑う自由を確保しなくてはならない．

★229——アラン『思索と行動のために』p.417〔傍点引用者〕
★230——R. デカルト「第一省察」(『〔デカルト著作集 2〕省察および反論と答弁』) p.29
★231——田中仁彦『デカルトの旅／デカルトの夢——『方法序説』を読む』pp.147-148
★232——Lettre de Descartes à Mersenne, 24 décembre 1640?, AT t.III. pp.266-267〔福居純『デカルト研究』(pp.6-7)に引用されたものを簡略化してあります〕
★233——中田光雄『ベルクソン哲学——実在と価値』p. 55
★234——清水幾太郎『オーギュスト・コント——社会学とは何か』p.101

779

次のような注意が必要なのです．

秩序は低次のものである．それは必要にすぎない．必要には警戒こそ要求されるが，尊敬は要求されない．こう言ったのはおそらくオーギュスト・コントだけだ．他の連中は，秩序の創造者である一つの霊を想定して，かならず秩序をありのまま崇拝するように逆戻りしてしまうからだ．★235

自発性は，この崇拝を免れるでしょうか？ 自発性は「賞讃に値すると常に見なされている」けれども，本当に賞讃に値するのでしょうか？ それに関する疑問，ないし問題提起こそ，今回のアランの定義が，「少なくとも自由の似像でもあるかのように」という留保的な表現をもって終わる理由だと私は考えます．

崇高さ SUBLIME – 崇高さは，自然の諸々の大きさを凌駕するような大きさの秩序という感情〔sentiment〕によって経験される（人は自分が嵐を超えていると，暴君を超えていると，死を超えていると感じたりするのだ）．詩人は次のことにおいて崇高である．詩法によって崇高さを表現しつつ，詩人は奇蹟的な出会いに従い，自分が自然によって奉仕されているということを経験し，また同時に〔詩を味わう人に〕経験させているということにおいてである．こうして，読者においては讃嘆〔admiration〕は二重である．読者は，英雄の崇高さと詩人の崇高さとが同一の事柄を証明しているということを発見するのだ．すなわち〔英雄と詩人との両者における〕意志の勝利〔を発見するの〕である．崇高さは常に人間の一能力という内的な感情である．美は内省を欠いている．美〔beau〕という感情は対象の現われに内属しているように思われる．

崇高さについて語るには，カントの学説を避けて通ることはできません．彼が主として『判断力批判』〔*Kritik der Urteilskraft*〕において述べた説です．実際，今回の定義の冒頭部分からして，カントを参照すると見通しが良くなるに違いありません．引用してみましょう．

無条件に大なるものをわれわれは崇高と呼ぶ．ところが大きくあることと，ある大きさであることとは全然異なった概念である．同様に，あるものが大きいと単純に言うことは，それが絶対的に大きいと言うのとはまったく異なったことである．後者は，あらゆる比較をこえて大きくあるところのものである．（*Erhaben nennen wir das, was schlechthin groß ist. Groß-sein aber, und eine Größe sein, sind ganz verschiedene Begriffe (magnitudo und quantitas). Imgleichen schlechtweg* (*simpliciter*) *sagen, daß etwas groß sei, ist auch ganz was anderes als sagen, daß es schlechthin groß* (absolute, non comparative magnum) *sei. Das letztere ist das, was über alle Vergleichung groß ist.*）★236

要するに，大きさといっても，「秩序〔ordre，「次元」と訳してもいいと思います〕」がもう違ってしまっている大きさ，自然の諸々の大きさを超えてしまっている大きさに直面したときに経験されるのが崇高さだというのです．さて，それではその崇高さはどこに位置づけられるのでしょうか？ 自然やその他の対象の内部に，あるいは私に襲いかかる出来事にでしょうか？ 違うのです．アランが掲げている例を観てください．「人は自分が嵐を超えていると，暴君を超えていると，死を超えていると感じたりするのだ」という部分です．「嵐」という自然の現象も，「暴君」という他人も，「死」という私を襲う出来事も，超えた何かを，私は自分の内に感じると

780

アランは言うのです．自然というものに関連した例を頼りに，このあたりを解明しましょう．やはりカントを参照しつつです．

　　自然がここに崇高と呼ばれるのは一に自然が構想力を高めて，心情〔Gemüt〕が自己の本分のもつ，自然をも超えた固有の崇高性をみずからに感知させうる事例の，表出にまでいたらせるゆえである．[★237]

「心情〔Gemüt〕」というドイツ語に注意してください．それが人間において語られる事柄であることはお分かりでしょう．「崇高とは，単にそれを考えうるだけでも，感官のあらゆる標準を凌駕した心情の能力を提示するものである〔Erhaben ist, was auch nur denken zu können ein Vermögen des Gemüts beweiset, das jeden Maßstab der Sinne übertrifft〕」[★238]とカントは言うのです．さらに言えば，「崇高と判定されるものは，対象であるよりも，むしろ対象を評価するときの心情の状態〔Gemütsstimmung〕なのである」[★239]ということです．このへんをさらに分かりやすくするために，少しずれることにはなりますが，パスカルのあの「考える葦」の一節をここで思い浮かべることも許されるでしょう．次のものです．

　　人間はひとくきの葦にすぎない．自然のなかで最も弱いものである．だが，それは考える葦である．彼をおしつぶすために，宇宙全体が武装するには及ばない．蒸気や一滴の水でも彼を殺すのに十分である．だが，たとい宇宙が彼をおしつぶしても，人間は彼を殺すものより尊いだろう．なぜなら，彼は自分が死ぬことと，宇宙の自分に対する優勢とを知っているからである．宇宙は何も知らない．[★240]

パスカルはここで「思考」の問題として，宇宙に対する人間の優越を捉えており，カントの場合は，fühlbar〔感知される，はっきりそれと感じられる〕という語をさきの引用では使ってはいるのですが，それが思考態度〔Denkungsart〕に関わることはカントでも明言されます．次のようにです．

　　自然の美しいものに対しては，われわれはそれの根拠をわれわれの外部に求めねばならないが，しかし崇高なものに対してはその根拠をわれわれの内部に，しかも崇高性を自然の表象へ持ち入れる思考態度〔Denkungsart〕に求めねばならない．[★241]

要するに，何らかの力を私たち自身の内に感じるとき，私たちは崇高さを感じ取るのでしょう．パスカルは宇宙を眺めて，その後に自分に帰還します．アランは，それを嵐や暴君や死を介して行なおうとします．カントは，例えば自然の猛威とでもいうものを念頭に置きつつも，当の自然から自分たちに還ってくることで崇高を味わうというそのことを次のように表現しました．

　　自然は，われわれの美〔直感〕的判断において，恐怖を起こすかぎり崇高と判定されるのではなく，かえって，われわれの力（自然ではないもの）をわれわれの内部に喚起するかぎり崇高と判定されるのである．[★242]

これら多くの引用を次の文章でまとめておけば，十分でしょう．

　　崇高性は自然のどのような事物にも含まれているのではなくて，われわれがわれわれの内なる自然に優越し，このことによってまたわれわれの外なる自然（われわれに影響を

★235──アラン『プロポ 2』pp.137-138
★236──I. カント『判断力批判』p.209
★237──同書，p.220〔傍点引用者〕
★238──同書，p.211
★239──同書，p.215
★240──B. パスカル『パンセ』p.204
★241──I. カント『判断力批判』p.208
★242──同書，p.220

781

ふるうかぎりにおいての)にも優越しているこ
とを意識しうるかぎりにおいて，ただわれ
われの心情に含まれている．★243

　さて，今回の定義の続きを解釈しましょう．
詩人が登場します．詩人が崇高であるのはどの
ようにしてかという議論です．これまでの解説
でもお分かりのように，崇高には，眼の前にあ
る事物を超えていく動きがあります．いや，そ
れどころか上の引用もあったように，私たちの
「内なる自然〔Natur in uns〕」をも超えていくところ
があります．そのことをアランは詩人を頼りに語っ
ているのだと私は思います．そのあたりの議論
を展開してみましょう．「詩法によって崇高さ
を表現しつつ，詩人は奇蹟的な出会いに従い，
自分が自然によって奉仕されているということ
を経験」するという箇所です．「詩法〔l'art des
vers〕」についてアランが語るところを参照しな
ければなりませんね．これまでも本書のいろい
ろな定義への註解の中で，それについては述べ
てきましたが，復習しておきましょう．崇高と
いう言葉が登場する，次の引用から．

　　真の詩人が解放するのは，こうしたまった
　　く生理的な歌声にほかならぬ．この小鳥の
　　歌声が，この生命の音が，なんの気どりも
　　なしに，それでいて，われわれの思想より
　　ももっとみごとに構成された一つの思想を
　　つくるとき，それは崇高の域に達する．★244

　では，どうやって，この「崇高の域に達する」
思想を創るのでしょう？　次のようにしてです．

　　恣意的な，しかも，まったく形式的な規則を，
　　みずからに課すること．そして，喜んで，そ
　　の規則に忠実に従うこと．最後には，単語と
　　いうものの機構〔メカニック〕に，意味を従属せしめること．
　　これらは，すでに，詩人にふさわしいことで
　　ある．なぜなら，意味に応じて単語と語順と
　　構成とを選ぶ，といった正反対の操作におい

ては，予見されなかったすべてのものは殺さ
れ，教わるべきなにものも残されないからで
ある．しかしながら，このように，自分のい
うことをいうという場所は，幾何学のなかだ
けである．これに反して，詩人の特異性は，
韻律によってであれ脚韻によってであれ，思
いもかけなかった単語を，それに調子を合わ
せてゆかなければならない単語を，湧出せし
めることである．★245

　はじめに考えてしまっていては，こういうこ
とはできない．おそらく「詩人は，あらかじめ
思想を用意しておくことはしない」のです．「詩
人に特有な点，詩人というものが散文を韻律に
合わせるだけの人間と異なっている第一の点は，
理念から表現へと赴くのでなしに，反対に表現
から理念へと赴くことである」と言われる所以
です．だからこそアランは「脚韻の困難さとい
うものは，なんとすばらしい思考の延期だろ
う！」と書くのです．そういう姿勢がないと，
詩人のように「絶えず自然と精神とを和解させ」
るということができない．「真の詩人の文体は，
拒否を繰り返した後で，見出されるもの」なの
です．ありふれた文体では，ありきたりの思想
を超えていくことなどできないのです．その超
えていくところにこそ，詩法の秘密を探らなけ
ればならないのですが，それこそアランが「奇
蹟的な出会い」とこの定義のなかで表現したこ
とです．次の言葉を想い出しましょう．

　　詩人にとっての大仕事は，理性を偏重もし
　　ないし知識にたよりすぎもしない自分をよ
　　く保ちつつ，リズムにまずまず合っている
　　という程度の語をしりぞけ，長さ，響き，
　　意味の三拍子そろった語，ぴたっとくる語
　　の，あの奇蹟を待ちつづけることである．★251

　「言葉の自然さ単純さが意味の豊かさと合し
て奇蹟をつくり出す」，そういう瞬間を待つの
です．それは待つのであって，自分の意志だけ

でどうなるというものでもありません．自分の意志だけではどうにもならないものが，与えられるというか，降りてくるというか，降りかかってくるというか，そういうものなのでしょう．それこそは，「自分が自然によって奉仕されている」ことでしょうし，インスピレーションとはそんなものだと言っていい．もちろん，それは「詩(POÉSIE)」(➡p.606)だけに留まるものではありません．アランは彫刻について次のように書いています．

> 人は自分の望むものを彫り上げるのではない．むしろ事物の望むものを彫り出すというべきであって，そこからあの，非人間的な素材と人間的なしるしとのひそかな一致が生まれ，事物がしるしを巧みに支えたり事物がしるしをつくり出したりする，そういう奇蹟的な出遇いへの讚嘆の念も生まれるのです．★253

この引用に登場する「事物」は，彫刻では大理石かも知れませんが，詩人にとっては自らの身体なのでしょう．アランは次のように言います．

> 美しい詩句は自然の奇蹟である．それは，われわれの身体が思考の敵でないことを証明している．★254

そこに現に成立する「美(BEAU)」(➡p.120)，自然の奉仕を受けて奇蹟的に成立する美，それはまさに「奇蹟(MIRACLE)」(➡p.485)と感じられるほどに私たちを「高めて[relever]」くれるのです．そのことを詩人自身が「経験し，また同時に[詩を味わう人に]経験させている」のでしょう．「読者においては讚嘆[admiration]は二重である」という言葉

も，こうしてやっと近づきうるものとなる[「讚嘆(ADMIRATION)」(➡p.041)]．詩人が英雄をうたったとき，それが見事にうたわれるならば，その英雄の英雄たる所以そのものが見事に表現されているはずです．その「英雄の崇高さ」とはどんなものでしょうか？　おそらく次のように表現されるようなものです．

> 宇宙が私たちに加えるこれらの苛酷な試練のゆえに宇宙をたたえるのは，戦争が英雄を出現させるとの理由で戦争をたたえるのと大差あるまい．私がたたえるのは克服する英雄であって，襲いくる戦争ではない．★256

ここには，まさに「意志の勝利」がある．そして，その意志の勝利を(例えば，ホメーロスの『イリアス』のように)叙事詩はうたうでしょう．しかも，その歌い方は，短音・長音，脚韻などといった厳密な規則にあえて従ったものなのです．つまり「まったく形式的な規則を，みずからに課する」ことをあえてしているのです．そこにもまた強烈な意志が必要であり，それが勝利したところにこそ，見事な詩が成立するといった具合なのです．「読者においては讚嘆は二重である」のは，このようにしてです．

最後に，アランは，やはりカントも重視していた区別，すなわち「美」と「崇高」との区別を掲げてこの定義を締めくくります．さきほどから何度も述べてきましたように，「崇高」は「常に人間の一能力という内的な感情」であるのに対して，「美という感情は対象の現われ[apparence]に内属しているように思われる」というわけです．私の方に帰還するということが薄い．「美は内省を欠いている[sans réflexion]」のです．カントが「反省的判断力[reflektierende Urteilskraft]」を持

★243——同書, p.222〔傍点引用者〕
★244——アラン『芸術に関する101章』p.229〔傍点引用者〕
★245——同書, p.280
★246——アラン『文学折りにふれて』p.20
★247——アラン『芸術について』pp.99-100
★248——アラン『プロポ 2』p.357
★249——アラン『芸術についての二十講』p.94
★250——アラン『バルザック論』p.168
★251——アラン『文学折りにふれて』p.20
★252——アラン『思索と行動のために』p.415
★253——アラン『芸術についての二十講』p.198〔傍点引用者〕
★254——アラン『プロポ 2』p.216
★255——アラン『芸術についての二十講』p.272〔傍点引用者〕
★256——アラン『人間論』p.185〔傍点引用者〕

ち出して合目的性の議論をするときでさえ，当の合目的性は，「自然の合目的性〔Zweckmäßigkeit der Natur〕[★257]」なのです．彼が，ほんの小さな註のなかで指摘する「花，たとえばチュウリップなどが美しいとされるのは，それを知覚するときに，ある種の合目的性――判定においてまったく何の目的にもかかわらせられぬところの――が見出されるからである」[★258]という具体例はこのへんの理解のために役立つかも知れませんね．ただし，カントは当の合目的性を客体そのものに位置づけているわけでもないのです．

> ある事物の合目的性も，これが知覚のうちに表象せられるかぎりにおいては，――たとえ合目的性は事物の認識から推論しえられても――客体そのものの性状ではない（なぜなら合目的性というようなものは知覚されえないから）．[★259]

また，当の「合目的性」そのものが次のような事情を伴った概念であったことには十分な注意が必要です．

> 十八世紀の言語使用では「合目的性」は，…〔中略〕…多様なものの諸部分が一つの統一へと調和していることのすべてに対する一般的表現として用いられる．その際，この調和が何に基づき，いかなる源泉から由来するかは問われない．この意味で「合目的性」という言葉は，ライプニッツが彼の体系の中で「調和〔ハルモニー〕」という表現で示した概念の，その書き換えとドイツ語への翻訳とを表わしているにすぎない．[★260]

いずれにせよ，「崇高なものの理念を自然の合目的性の理念からまったく分離[★261]」することが必要だとカントは考えています．こうして，「崇高」が「美」と区別される際に重要な点として次のように言われる．

> 美しいものについての趣味が静穏な観照のうちにある〔in ruhiger Contemplation〕心情を前提し，維持するのと異なり，崇高の感情は，対象の判定と結ばれているところの，心情のある動揺〔Bewegung〕をその性格としてともなっている．[★262]

これ以上，カントの学説の解説はやめますが，この「**動揺（ANXIÉTÉ）**」（→p.089）こそが，調和の内に安らうのとは違って，超え出る動きを導くものであることは理解しやすいでしょう．

SUGGESTION
示唆 – この語の医学的な意味〔sens médical〕を把握するには，そのごく普通の意味に従えばいい．助言を与える〔conseiller〕というのは，一つの考え〔idée〕を提供し，それを提案し，それを明らかにし，そしてそれを言うことである．示唆する〔suggérer〕というのは，ただ徴〔signe〕，語，ジェスチュアあるいは単なる対象を提供するだけである．他の穂よりも高く伸びている穂を切り倒していたあの有名な僭主は，何も助言を与えているわけではなかった．彼は示唆していたのである．単なる一つの語は示唆する．何の説明も無しに．それどころか，示唆することを拒否することにおいて，より良く示唆していることしかしていない〔場合さえある〕．典型的な道化師〔fou du roi〕は安んじて示唆する．なぜなら，誰も彼のことを信じようという気にはならないからだ．そこから〔逆に〕礼節〔politesse〕の規則が出てくる．それは慣用の言葉しか使わないということだ．さて今度は示唆の影響力〔pouvoir〕を，子どもの場合，弱者の場合，病人の場合，模倣者の場合に移し替えてみよう．毎日繰り返される一つの語の抗いがたい力〔puissance〕が解るだろう．半睡状態の人

〔somnolent〕になら，なおさらだ．そして特に眠っている人に対しては，もしその人を起こさずに聞かせることができるなら〔影響力は大きい〕．その時，人は一つの夢〔rêve〕を示唆するのであり，しかもそれを，徹頭徹尾，操っているのであって，強大な影響力を行使している．それゆえ，自由に抵抗するだろうことが予見されうる者を相手にしてしか自由に語ることは許されないのである．ソクラテスは対話相手を助けに来ていたのである．

　この定義，冒頭が難しい．なぜ「医学的な意味〔sens médical〕」という言い方をアランはしたのかの解釈が必要だからです．確かに今回の定義の後半には「病人」の話も出てきますが，定義全体を眺めても，表だって医学的な話題のようにはまず見えないのです．しかし，あえて「医学的」という語をアランは使ったのですから，解釈を提示しなくてはならないでしょう．私の解釈はこうです．〈示唆というものが生身の人間にもたらす医学・生理学的影響を，さらに言えば「精神(ESPRIT)」(▶p.322)・心理的な影響を，アランは書きたかったからだ〉ということです．

　まず冒頭の一文で，この「医学的意味」を把握するには，「そのごく普通の意味に従えばいい」とアランは書きます．私としては，その「ごく普通の意味」を，「助言を与える〔conseiller〕」ことと「示唆する〔suggérer〕」こととの違いを頼りにアランが説明しているのだと解釈します．「助言を与える」というのは，ある一つの考えをはっきりと表明しつつ伝えることでしょう．この「考え」と訳した言葉の原語は idée であり，「観念」とも「思想」とも訳せるものです．そういうものを明確な形と共に，相手にきちんと伝達することが「助言を与える」ことだというのでしょう．それに対して，「示唆する」というのは，そういう思想とでも言うべきまとまりを明確には持たない何か，アランは「徴」とか「語」とか「ジェスチュア」とか，単に指し示されるような対象とかを提供することだと言います．彼が実例として掲げているものは，結構，わかりやすい．「他の穂よりも高く伸びている穂を切り倒して

いたあの有名な僭主」という例です．しかし，この例については，少々，説明が必要でしょう．

　あの僭主とは，古代ギリシア，ミレトスの僭主トラシュブロスのことでしょう．もう一人の僭主コリントスのペリアンドロスが〈僭主としての統治の心構え〉をトラシュブロスに使者を送ってきこうとしたところ，トラシュブロスは何も直接的には答えず，使者と連れ立って麦畑を歩きながら，他の穂より高く伸びている穂を見つけるたびにそれをちぎり捨てることを繰り返し，そのまま使者を帰国させたといいます．アランはその話を使っているのです．トラシュブロスは教えを請うたペリアンドロスに〈何も直接的には答えてはいない〉のですから，助言を与えたのではありません．しかし，使者は，〈他の穂より高く伸びている穂を見つけるたびにそれをちぎり捨てることを繰り返し〉たということを，ペリアンドロスに伝えます．実は，当のペリアンドロスはその意味を理解するのです．〈僭主としての統治の心構え〉というのは，この麦の穂の例のように，〈他の者より目立つ人間をいちはやく抹殺すること〉だというわけです．トラシュブロスは明確な表現で助言を与えずに，ジェスチュアで示唆したのです．それは示唆するということをも拒否するようでいながら，強烈に示唆していると言ってもいい．「示唆することを拒否することにおいて，より良く示唆している」ということがありうるのです．

　では，次の「典型的な道化師〔le classique fou du roi〕」の例はどうでしょう？　神谷訳はこの部分

★257──I. カント『判断力批判』p.171
★258──同書, p.200
★259──同書, p.166〔傍点引用者〕
★260──E. カッシーラー『カントの生涯と学説』pp.305-306
★261──I. カント『判断力批判』p.208
★262──同書, p.209

785

を「王様の典型的な愚かさ」と訳していますが，私はそれを採りません．道化師は「安んじて示唆する〔suggérer en sécurité〕」とアランは書きます．どういう意味でしょう？　シェイクスピアの戯曲『リア王』に登場する道化〔Fool〕や『お気に召すまま』のタッチストーン，そして『十二夜』のフェステを想い出すのもいいかも知れませんね．「嘘〔MENSONGE〕」（▶p.472）をつき，からかい，辛辣なことを言い続けるような登場人物です．要するに，「誰も彼のことを信じようという気にはならない」から，明確に物事を言うのではなく，勝手気ままに示唆を遊ぶのです．しかし，普通の社会生活はそれでは勤まらない．だからこそ，それと対峙するものとして「礼節の規則」が出てくるとアランは言いたいのでしょう．示唆を遊ぶような即興的な隠喩を楽しんだりする言葉づかいではなく，「慣用の言葉しか使わない」というのがその規則だというのです．シェイクスピアの道化が，時に，無礼な者として鞭で打たれるのとは違う，礼儀正しい言葉づかいとはどういうことかがここで問われはじめる．示唆ではなく，助言が真の意味で成立する基盤を確かめようとしているのだと私は思います．そのためにも「示唆の影響力〔pouvoir〕」，それも言わば悪影響についてアランは語り始める．相手として，子ども・弱者・病人・模倣者が挙がっています．なぜだかわかりますか？　私は，そうした人々を，健全な意味で自分の意志で思考したり行動したりできない者たちだと思うのです．言わば，自分以外のものからの助けを必要としている．そういう者を相手にして，明確な説明も無く「一つの語」による示唆をそれこそ「毎日繰り返」したらどうなるでしょう？　例えば，次のようなことです．

　　もしもきみが或る子供にたいして，おまえはばかとくりかえすならば，子供は実際そうなるであろう．また腹のすわった男でも，その人をばかと判定する陰謀にながく抵抗しうるかどうか，わかるものではない．*263

「半睡状態の人〔somnolent〕」の話が続くのも，もうその理由はお分かりと思います〔「**半睡状態**〔**SOMNOLENCE**〕」（▶**p.756**）〕．それこそ意志的な活動は弱まっているはずですから．さらには眠っている人となると，これはもう，自由意志どころではない．「眠っている人に対しては，もしその人を起こさずに聞かせることができるなら」，眠っている当の人物の言動を操ると言ってもいいことまで，できてしまうのです．催眠術などというものはそれを利用しているのです．それは，もしかしたら，操る方の人物にとっては面白いかも知れない．自分が相手を誘導できることに伴う優越感まで味わえるかも知れない．しかし，注意して欲しいのは，そこには，両者間の対話など無いということです．最後にアランがなぜソクラテスを登場させているのかが，ここでわかるでしょう．人間は，目覚めて思考していると思っているときでも，実はそう簡単に思考できているものではないのです．ソクラテス的な対話が見事に成立するためには，対話に携わる両者に自由が確保されなくてはならない．それゆえにこそ，アランは「自由に抵抗するだろうことが予見されうる者を相手にしてしか自由に語ることは許されない」とまで書いたのでしょう．

　　私は精神に話しかける．それになんどか話しかける，深く眠った人にたいするように．精神は夢のなかで私に答え，見当ちがいの答えをする．もしきみが会話の浅い楽しみしか求めないのであれば，この試験はきみに優越感を与えるに足りる．だがその優越感は，眠っている人を揺りおこしてみないかぎり不確かだ．これは神様かもしれぬ，神様がぼくをからかっているのかもしれぬ，とこう考えるがよろしい．精神に思いをいたすやいなや，優越感は消える．*264

プラトンが対話篇のなかで，「真の討論」をイ

メージしながらソクラテスに「きみが言っていることは，まだ完全にきみが考えていることではない〔原文は，Ce que vous montrez ce n'est pas vous encore．であり，私なら〈君が提示していることは，まだ君ではない〉と訳すところです〕」と言わせているのもそのためです．〈考えているつもりでいるかもしれないけれども，実は君はまだ眠りを脱していないのだ〉とソクラテスは言っているのです．そういう相手を目覚めさせるためにソクラテスはやってくる．しかもそれは，ソクラテス自身もが目覚めたいからでした．真に創造的なソクラテス的対話は，こうして相手に勝とうという意図など毛頭なく，真に知を愛するがゆえに，その対話という営みに参加する相手をも愛するということそのものであったのです．次の引用が示すように．

> わたしは君を助けるだろう．だが，君を助けるだろうものは，君自身である．というのも，自由な人はただ自由な人をしか愛することはできないから．[★266]

T

TÉMÉRITÉ
無謀 ── これは諸々の悪徳〔vices〕のうちで〔悪徳であるにもかかわらず〕最も尊重されているものであり，また最も危険なものである．無謀は一種の陶酔〔ivresse〕であって，人は熱狂的な行動によってそれへと身を委ねてしまう．そんなふうにして，人は馬をギャロップで走らせるようになる．それは，慎重であることが理に適っているだろうときに，真っ直ぐに危険へと赴くことである．無謀というのは，騎兵隊にぴったり〔の言葉〕である．無謀というものの行使の熟慮された一例：モスクワ〔遠征〕に際して採られた〔ナポレオンの〕騎兵隊による角面堡〔redoute〕攻略．それは狂気への道を疾走することだ．戦闘法というものは実にずる賢いものである．なぜなら無謀を拒否するように見えながら，実際には，実行する者たちに当の無謀を託すといった代物なのだから．無謀な者（そして勝利者！）の処罰は，──ローマの伝説ではその父親によってなされるのだが──，軍人たちの虚偽のすべてを取り集めている．

témérité というフランス語は常に「**軽蔑**（**MÉPRIS**）」（►p.474）的な意味合いで使われる言葉のようです．[★001]過度に「**大胆**（**AUDACE**）」（►p.106）の振舞いとしてです．アランはそれを「**悪徳**（**VICE**）」（►p.854）の一つに数えています．いや，それどころか，最も危険なものだと言うのです．それにもかかわらず，「最も尊重されている〔honoré〕」ものとして．どうして人はそんなふうに無謀を好むのか？　そして，どうして人は無謀というものに行き着くのかを考えてみましょう．私としては，人々が容易にそういう無謀に行き着いてしまうがゆえに，その心理を追体験できるからだと思っています．そしてそれは，過度ということを除けば，一見すると「**大胆**」というものに近いところにあるがゆえに，それこそ〈格好良く〉見えたりもするのでしょう．

今回の定義には「熱狂的な行動によって〔par

★263 ── アラン『人間論』pp.297-298
★264 ── 同書，pp.261-262
★265 ── 同書，p.254
★266 ── アラン『神々』p.264

★001 ── H. Bénac, *op.cit.*, p.446

l'action frénétique]」人は無謀へと身を委ねるとあります。また，「慎重であることが理に適っているだろうときに，真っ直ぐに危険へと赴く」ともアランは書いています。ところで，そもそも熱狂するとはどういうことでしょうか？ frénétique の語源を追ってみると，古典ラテン語の phreneticus や古典ギリシア語の φρηητικός が出てきます。いずれも，「過度」という事態をニュアンスとして含みます。TLFi には，はっきりと1544年の用例として，animé d'une passion excessive〔過度の情念によって煽られた〕というものが載っているのです。そういう意味合いを背負い込みつつ現代語となった frénétique という単語に注意して読み進めましょう。とにかく，〈情念に完全に身を委ねている〉ことによって「熱狂的な行動」もありうるのですが，それは，やはりアランにとっては，そのまま認められるものではない．では，なぜ，人々は「**情念(PASSION)**」(▶p.544)に完全に身を委ねることになってしまうのでしょうか？ そのメカニズムとでもいうべきものについてアランの書いている文章があります。次のものです．

> だれしもよく知っているとおり，原因を軽蔑しようとする心は，ほとんど思いもうけなかった働きによって，結果にたいしても働くのである．愚かしく滑稽に苦しんでいると思うと，ますます憤慨されてくる．…〔中略〕…いらだつべきでないという理由によって，ますますいらだつわけだ．そこで，人々はとかく，小さな苦しみに耐えきれぬところから，大きな苦しみに飛びこむのである．★002

「小さな苦しみに耐えきれぬところから，大きな苦しみに飛びこむ」というのは，心当たりがある人も多いのではないでしょうか？「えーい，面倒くさい！ どうにでもなれ！」といって，慎重に考えることもなく自分が次にできると思っている行動を取ってしまうようなノリが生じる場面です．私はここで「どうにでもなれ！」と書きましたが，それは，上の引用で言えば，いま起こっていることの原因の探究などを放棄し，ただ自分ができそうなことに賭けてしまうことです．そこには引用にあるように「原因を軽蔑しようとする心」とでも言うべきものが働いている．自分が何事かをできると信じていれば信じているほど，人はそういう態度に出るのです．どこかで自分を信じ切っているところがある．いや，信じること一般がいけないとまでいっているのではありません．懐疑を欠いた軽信がいけないと私は言いたい．つまりは，今回の定義で言う「**陶酔**〔ivresse〕」が，まずい仕方で働く場合です〔「**酔うこと(IVRESSE)**」(▶p.422)〕．「信じることは快い．それはわれとわが身に禁じなければならない陶酔である．それができないなら，自由，正義，平和にさようならを言うべきだ」★003 とまでアランは書きます．ここに「自由」の話が出てきていることを憶えておいてください．以下で展開することと関わっています．とにかく，このへんの事情はかなり誤解されやすいので，次の引用を掲げてから進みたいと思います．

> デカルト，ないしはデカルトの子たる人間の努力のすべては，信じることに陶酔するよりはむしろ，信じることを拒否するためのものだ．モンテーニュがすでに言ったように，法律とか，礼儀作法とか，さらには社会通念とかの場合のように，慣行としては信じなければならないものであっても，彼らはそれには行為しか貸し与えないし，必要とあればだれでもやっていることをやるが，その行為を証(あか)しとみなしたり，おこなうのが適当と判断したことを真実と考えたりするのはさし控えるのだ．モンテーニュがたわみやすく，自分自身に甘い精神にみえるのはこのためだが，実際にはそんなところはまったくない．逆に内面においては剛直であり，ドアを閉ざし，自分自身以外には証人を持たずに判断を下すのだ．★004

これは「**法律(DROIT)**」(▶p.281)や「礼儀作法」や

「社会通念」について述べられている箇所ですが、自分自身を軽信し、陶酔することにも当てはまると私は思います。上の引用では、最後の「判断を下す」という言葉にそれは表れているのですが、選択の場面がここにもある、ということなのです。選択にまつわる陶酔。それは以下のようなことです。アランは、職業の選択と結婚について語っています。

> 一つの職業があるとする。どうやってそれを選ぶだろうか。それを知る前に選ぶのである。そこにはまず軽い投げやりと〔alerte négligence〕、ときどき結婚の場合に見られるような、自分をあざむく一種の陶酔〔une sorte d'ivresse de se tromper〕がある。しかし人は一つの職業を長いあいだやってみてはじめてよく知るのだから、それは自然な条件でもある。★005

職業の選択にしろ、結婚にしろ、何らかの選択をするに当たって、大抵は当の職業や結婚をまだよく知りはしないで決断するのですから、「投げやり」も「陶酔」も「自然な条件」では確かにあるのです。しかし、問題は、その自然な条件に全面的に身を委ねることの善し悪しです。次の引用がヒントとなるでしょう。

> 高邁な心、すなわち自己の自由を知る陶酔のもつ逆説は、まさしく自己自身の存在を中傷し、いかなる徳も重力のなすままに身を横たえたのではないかと懸念する義務を負うことである。★006

陶酔にあっても「懸念する義務を負う」こと、自由であっても当の自由の成立基盤を吟味する「義務（DEVOIR）」（→p.249）を負うこと、それがなくてはそもそも陶酔が軽信に堕してしまうということ。そういうことを言いたいのです。これを心に留めておく慎重さがなければ、人は、「自分」をも、「法律」や「礼儀作法」や「社会通念」をも、信じ切って、吟味をやめてしまうのです。「慎重であることが理に適っているだろうときに、真っ直ぐに危険へと赴く」ことが起こってしまう。あえて言ってしまいましょう。そこには真に知は成立しないし、見事な行動も成立せず無謀に堕する、と。例えば、物事を一つの知的体系で割り切りたいというのもまた、陶酔だとアランは言うのです。

> たしかにどんな体系でも、世界のなにかをとらえるために利用できる。しかし気をつけなければならないのは、「あらゆることを同じ一つの仮説によって説明」しようとわれわれを駆り立てる「ごく自然な陶酔」（H.P. in A.D., pp.59-60）である。★007

なぜなら、事情は次のようなものだからです。

> 人間は自分が知っている以上のことができるようになると、そのできるというほうを選んで知るというほうを捨ててしまうものである。★008

> 人は知識以上に能力を好む。そして、成功はつねに私たちの理解力を越えるとは、私たちの行動の奇妙な一法則である。そこで、成功によって面目を失わぬ人はないのである。なんの技術であれ、およそ技術とは自己自身をあなどるこの種の思想である。実際に空を飛ぶことができるなら、理論はどうでもかまわないのだ。★009

成功が、知識を軽視させるのです。慎重さを失わせるのです。人を過度に大胆にさせるのです。無謀はそんなところに成立する。

★002──アラン『人間論』p.269〔傍点引用者〕
★003──アラン『プロポ 2』p.251〔傍点引用者〕
★004──アラン『プロポ 1』p.123〔傍点引用者〕
★005──アラン『イデー（哲学入門）』p.112〔傍点引用者〕
★006──アラン『わが思索のあと』p.297〔傍点引用者〕
★007──G. パスカル『アランの哲学』p.59〔傍点引用者〕
★008──アラン『教育論』p.215
★009──アラン『人間論』p.166〔傍点引用者〕

789

さて，今回の定義に戻りましょう．アランは，ナポレオンのモスクワ遠征におけるまさに無謀な行動について書くのです．モスクワ西方で展開された「ボロジノの戦い」に代表されるものです．フランスでは「モスクワ川の戦い〔Bataille de la Moskowa〕」とも言われます．そこに，ロシア側がつくった「ラエフスキー角面堡」や「バグラチオン突角堡」や「シェヴァルジノ角面堡」というものが登場します．基本的には，土を盛り上げたものです．そうしたものにナポレオンは「正面攻撃」を加える．かなり単純な，言うならば無謀な戦略です．これまでの戦争を勝ち抜いてきた自信というか，軽信があったのかも知れませんね．結局，フランス側・ロシア側共に大きな損害を受けつつも，そこでは決着が付きません．そのあとは，みなさんご存じのように，ライフラインを断たれたその軍は冬のロシアで壊滅するのです．

今回の定義は，ここで「戦闘法〔art de la guerre〕」の話へと，一気に話題を転換します．この議論にまで，ナポレオンの議論が尾を引いているとは私は思いません．また，有名な『孫子』の兵法も，フランス語に訳すと「L'Art de la guerre」となるのですが，アランがそれについて書いているようにも思えません．むしろ，戦闘一般に関わる上官と部下との関わりにアランは触れているように私は思います．年齢がかなりいっていたにもかかわらず，その昔デカルトが試みたのと同様に戦争を観るために，アランは第一次世界大戦に志願します．その上で，後に『マルス——裁かれた戦争〔Mars ou la guerre jugée〕』〔邦題『裁かれた戦争』〕という激烈な戦争批判書を著すアランとしては，そこで十分に観察したことの一端を，無謀との関連で，ここに記しているのでしょう．実は戦争に関しても〈信じること〉，つまりは軽信が語られるのです．

　　人間のあらゆる悪は，戦争を例外とせず，
　　あまりにも早く，また嬉々として，信じる
　　ことからくる．　（Min., LXXXIII）[010]

そして，自らの急進的立場を説明するかのように，次の文章を記している．

　　隊長の行動にかんして，それ以上に彼の言
　　辞にかんして，洞察に富んだ，決然とした，
　　仮借なき監視をおこなうことを．権力みず
　　からが批判されていることを知るように，
　　おのれの代表者たちにたいして，抵抗と批
　　判のおなじ精神を伝えることを．なぜなら，
　　尊敬とか，友情とか，思いやりとかがそん
　　なところから忍び込めば，正義や自由は失
　　われ，安全自体も失われるからだ．急進的
　　精神とはこのようなものだ．この精神はよ
　　く名づけられているが，愛さずに服従する
　　ことを知らない弱い人びとからはまだ理解
　　されていない．[011]

このあたりから，今回の定義の最後の部分を検討することが可能になります．「無謀を拒否するように見えながら，実際には，実行する者たちに当の無謀を託すといった代物」とあります．上官は意図を「示唆（SUGGESTION）」（▶p.784）するような仕草を見せながら，実行する者たちにそれを推察させ，成果が上がれば自分のものとするけれども，失敗すれば，無謀な行動を取った者として部下を罰するといった行動を取るものだというのです．だからこそ「ずる賢い」とアランは書く．その処罰には「軍人たちの虚偽のすべて」が詰まっているとでも言いたいのでしょう．権力を握った者は自分では動かない．ボスとして，指令を出すだけです．しかも，いま述べたように曖昧な仕方で．あとは，部下が推測して，勝手に動くのです．責任回避の典型的なやり方でしょう．アランは，さきに述べた戦争批判書の中で，次のように書いたのです．

　　私は学んだ．あらゆる権力の念頭を去らな
　　いものは，自己保存，自己顕示，自己拡大
　　であること，この支配の情念こそ，おそらく，
　　人間諸悪の根源であることを．それがため

奴隷がますます劣悪になるからではない．それどころか奴隷は思い上がりの激しい衝動を抑えることを学び，思わぬことに，幸せな平等に近づく．しかし主人は，絶対的権力の行使により悪人と化す．悪人と化すのはまず，自分より下位のものを手段や道具にするからだ．悪人と化すのは，最後に，怒りからくる．怒りは胃を悪くする．私からみれば好戦的なあらゆる感情は，憎しみが原因ではなく野心が原因なのだ．この野心は，もっとも高い段階の権力にまで及ぶ．この権力は，もし戦争とか戦争の脅威とかによって有無をいわせぬ服従を迫まされていなければ，たちどころに下位の者への依存階層のもっとも高い段階になっているだろう．だからどんな権力も戦争を好み，求め，予告し，長引かせる．確かな予感により，権力にとってはいっさいの良識がうとましくなる極端な好戦志向によって．かつて私は，あまりにも性急に結論しようとした．権力を抑えるため平和を確信しなければならない，と．奴隷の経験でさらに学んだいまとなると，私のいい方はこうだ．平和を望むなら，どんなに副次的な不都合があっても，あらゆる種類の権力を断固として抑えなければならない．(Mars in P.S., pp.610-11) ★012

アランのこの急進主義は「塹壕のなか」で培われたものでしょう．それは，左派的な権力に対しても，右派的な権力に対しても，拒否の姿勢を崩さないのです．

ペギーは，政治へと堕落していく神憑り（かみがかり）を槍玉に上げた．アランは，また別の考え方，すなわち神憑りと化す政治をやっつける．国粋主義的で好戦的な右翼の非合理的な神憑りと，「住民を変えるためには，まず家を変え」(JL 738)なければならないと考える左翼の合理的な神憑りである．アランの矛先は，多くの知識人を夢中にさせる大神話にも向けられる．それはどこかよその神話である．どこかよそでは，正義，自由，友愛が支配していると言う．だから今住んでいる社会をひとまとめにして断罪することができる．またそれは，のちのちの神話である．これが，この正しく，友愛に富んだ社会を，バラ色の未来へ先送りする．だから，さし当たり，不正も戦争も我慢して受け入れられる，と言う．とんでもない．今，ここ，「塹壕のなか」でこそ，正義と自由を救わなければならない．あとまわしにするのは裏切ることだ．★013

「右翼の非合理的な神憑り」も「左翼の合理的な神憑り」も，共に，「神を軽信しているところに成立する．それを断固として拒否したところに，無謀な陶酔を排した，アランの冷静なラディカリズムがあるのでしょう．アランと同じくドレフュス事件において論陣を張り，最後はカトリックに改宗して神秘主義的詩人となったシャルル・ペギー(Charles Péguy 1873-1914)と立場を異にするアランの姿がここにうかがえるでしょう．

TEMPÉRAMENT
体質 ― 諸々の行動，情緒〔affections〕そして思考において体液〔humeurs〕が担っている部分のこと．古代の医者たちは四つの体質を区別した．〔すなわち〕粘着〔リンパ〕質〔lymphatique〕，胆汁質〔bilieux〕，多血質〔sanguin〕，神経質〔nerveux〕である．いかなる人間もそれら四つの体液に与っている．〔食物を〕消化吸収する限りは粘液質的であり，〔老廃物を〕排泄する限り

★010――G. パスカル『アランの哲学』p.257
★011――アラン『プロポ 1』pp.376-377
★012――G. パスカル『アランの哲学』p.275〔傍点引用者〕
★013――O. ルブール『人間的飛躍――アランの教育観』p.34

では胆汁質的である．力に富んでいる限りは多血質的であり，予見する(言い換えれば知覚する)限りは，神経質的である．

もし，これらの可能な組み合わせが理解されるなら，体質〔tempérament〕と節制〔tempérance〕と〔いう二つの言葉〕の間の類縁関係にあまり驚きはしないだろう．なぜなら，体質というものは，ある一つの均衡であり，そして一つの働きを他の一つの働きによって抑えること〔modération〕であるからだ．それは，私たちのすべての思考に〔課されるような〕，私たちのすべての欲望〔désirs〕に〔課されるような〕，私たちのすべての計画に課されるような抑制を勘定に入れずとも，睡眠〔sommeil〕，〔身体器官の〕清浄化，〔栄養の〕摂取そして運動〔exercice〕という身体的な要求によって〔起こることなのだ〕．

人間の為す諸々の行動，人間の持ついろいろな情緒，そして人間が形づくる種々の思考が，当の人間の身体器官の構造や働きにどれだけ影響を受けているかについて吟味することの重要さをアランが今回の定義で述べている，と私は解釈します．デカルトもこうした話題について多くの記述を残していることをご存じの方もいらっしゃるでしょう．次のように書くほどなのですから．

> 精神でさえも体質と身体諸器官の配置とに依存するところまことに大であって，人間をだれかれの区別なしに今までよりもいっそう賢明かつ有能ならしめる手段が何か見いだされうるものならば，それは医学のうちにこそ求むべきである，と私には思われる…〔後略〕★014

かなり素朴な形では，古代ギリシアのヒポクラテスやガレノスを代表者とする医学でも，今回の定義に登場する分類が語られており，西洋ではずっと受け継がれてきました．アランは，これら四つの体液それぞれに関わる定義を，「粘着質(LYMPHATIQUE)」(→p.448)，「胆汁質の人(BILIEUX)」(→p.140)，「多血質の人(SANGUIN)」(→p.726)，「神経質(NERVEUX)」(→p.508)とこの『定義集』に残しているほど，この話題に注目していることは確かです．なぜ人々はそのような区別をしたのかを，まさに人間の身体器官の構造や働きに即して理解しようとしているのだと私は考えます．身体において，そのメカニズムによってなされる新陳代謝・物質代謝に触れつつ，一人一人においてそれら四つの

どれが特に目立つものであるのかといった分類へと繋ごうとしているのです．つまりは，時として何らかの突出した傾向が見出されることがあるわけですが，もしそれがバランスを欠くほどになれば，医学的な治療や節制の対象になることはわかるでしょう．こうして，アランはこの定義の第二段落で，体質〔tempérament〕と「節制(TEMPÉRANCE)」(→p.796)と〔いう二つの言葉〕の間の類縁関係に注意を促すのです．

そこでは，まさに「均衡〔équilibre〕」が語られます．「一つの働きを他の一つの働きによって抑えること〔modération〕」が語られるのです．均衡を欠いていて，それが自動的に調節されないのなら，節制といった意識的な態度が必要になるというわけです．しかしながら，多くの場合，自動的に調節されてしまうのもまた確かです．みなさんの中には，ホメオスタシス(生体恒常性)という生理学の術語を耳にしたことがある人もいるかも知れません．アランがここでそれについて語っているというのでは，もちろんありません．もっと素朴に，「睡眠(SOMMEIL)」(→p.753)と覚醒そして栄養摂取や老廃物の排泄などという〈身体メカニズム〉がそれだけで調節してしまう部分があり，それが，考え・「欲望(DÉSIR)」(→p.223)・計画といった〈思惟の働き〉への抑制など勘定に入れなくても自動的に遂行されるというのです．さて，それでは，話はそこで終わってしまうのでしょうか？　確かに今回の定義で明示的に語られるのは，いま述べてきたような場面です．しかし，「諸々の行動，情緒そして考えにお

いて体液が担っている部分」だけではなく、他の部分があるからこそ、アランは冒頭で「担っている部分〔part〕」という言い方をしたはずです。その〈他の部分〉とは、どんな部分でしょうか？

　アランは1930年の一つのプロポの中で、体液に関連した次のような面白い表現をしています。

　　わたしの体液は、もちろん、狂人が真実であるという意味において、いつでも真実である．しかし、人間の真実〔le vrai d'un homme〕は狂人であることにはない．
　　★015

　健常者も狂人も身体を持ち、そのメカニズムに言わば乗って生きています．それは普通の意味では否定のしようのない「真実」です．この世の生の条件だと言ってもいい．それに、〈怒り狂う〉という言い方もあるように、健常者だってごく簡単に常軌を逸するものなのです．それはメカニズムに身を任せて「**情念**（PASSION）」（→p.544）に翻弄されるときのことだというのも、本書をお読みの方なら解るはずです．けれども、だからといって「人間の真実」が〈身体のメカニズム〉に翻弄されたその姿そのものであるということには必ずしもならないだろうとアランはいうのです．さて、それでは一体、当の「人間の真実」とは何でしょうか？　そういう表現の出てくる文章を追ってみましょう．

　　事物の真実は必要によってわれわれをとらえるが、人間の真実〔le vrai d'un homme〕は美によってわれわれをとらえる．
　　★016

　さきほどの引用で体液が真実であると言われたのは、この引用に言う「事物の真実〔le vrai des choses〕」というものでしょう．今回の定義に関連させて述べるなら、生命を維持する必要から生じる〈身体メカニズム〉の働きであり、また情念をそのままにしておけば陥る激しい〈身体メカニズム〉の状態こそが、その「事物の真実」です．言わば、生命が表わす自然な姿です．しかし、それは「人間の真実」ではないと、ここでもアランは書いている．人間はただ生きるのではないとでもアランは言いたいのでしょう．私の恩師である福居純先生の表現を借りれば、「生命は自己目的となり、いわゆる〈生きるために生きる〉という事態が生ずる」ことなどいくらでもありうることだけれども、それは〈人間など所詮はメカニズムの産物さ！〉とでもいう考え方を蓋然的に認めてしまい、それを超えるものなど求めずに、当のメカニズムに、つまりは「事物の真実」に寄り掛かるようにして生きることなのです．人間の「**精神**（ESPRIT）」（→p.322）があえて遂行することも可能な懐疑や吟味は、そこにはない．

　　懐疑はいっさいの蓋然性を排除するのであって、その限り何らかの確実性へ導くものでなければならない．しかしまさにそれゆえに、蓋然的なものが〈心理的な確実性〉を装って絶えず懐疑に抵抗する．〈生きる〉ということは、通常はそのような事態に他ならぬからである．
　　★018

　しかし、繰り返しますが、「事物の真実」に加えてアランは「人間の真実」を語ります．しかも、それが知られるのは「**美**（BEAU）」（→p.120）によってなのだとまで上の引用では書いているのです．もちろん、だからといって「事物の真実」を無視することなど決してしていません．むしろ、そういうものを見据えることによって、かえってそれを超えようというのです．そもそもデカルトのいわゆる「方法的懐疑」が、そういう営みを取り出そうという努力だったといってもいい．

★014──R. デカルト『方法序説』p.75〔傍点引用者〕
★015──アラン『プロポ 2』p.206〔傍点引用者〕
★016──アラン『プロポ 1』p.252〔傍点引用者〕
★017──福居純『デカルト研究』p.342
★018──同書、p.81

〈問う〉ということから分離してその独自の姿のもとに把えられる〈懐疑〉とは，自然発生的ではなくて意志による作為的な営為であり，心理的ではなくて論理的な考察を要する営為である．それは心理的事実を取捨選択しながら組織的状態に導く〈科学〉をめざすのではなく，そのような事態を吟味する〈思弁〉を純粋なかたちで支持することにある．★019

懐疑をしなくても，問うことはできます．逆から言えば，問うたからと言って，それが必ずしも懐疑であるわけではない．それこそ，上の引用にあるように，心理的事実を組織的状態に導くだけのために立てる問いというものがありうるのです．心理学が，種々の問いを立て，統計的手法を用いながら，〈人間とは事実そのようになってしまうものだ〉と結論づけるのは，よくあることでしょう．その際，そうした事実を超えた地点への眼差などはない．〈そんなものだ〉という議論しかない．「理想(IDÉAL)」(►p.402)など，そしてイデアなど，科学者という立場を楯にとって，放棄するものです．例えば，欲望を例に取るなら，欲望の事実を語るだけでなく，「欲望を欲望として支持しようとする努力，言うなら欲望を統御する努力」が語られなければならないと私は思います．★020「事物の真実」に寄り掛かるだけでは情念という泥沼に落ち込むのが関の山となる欲望を，あえて統御し，それを美へともたらす．そんなことを思い描いていい．さきほど引用したように「人間の真実は美によってわれわれをとらえる」と書かれる所以です．そして，その優れた例をアランは「詩(POÉSIE)」(►p.606)に観ているのです．

　　人間の内なる調和による人間の真実，これが詩の教えであり，賢者たちが大地から出発して展開した教えでもあります．★021

ここに登場する「人間の内なる調和による人間の真実〔La vérité de l'homme par l'harmonie en l'homme〕」

とは，まさに身体のメカニズムに乗りながらそれを超えた精神的美を開示する詩の見事な営みを語っていることは，本書のこれまでの註解で十分に述べたことです．心身が合一しているがゆえに見えてくる美とでも言っておきましょうか．情念を抱くがゆえに，それを統御して入手しうる美です．デカルトの『情念論』を，そんな「美学(ESTHÉTIQUE)」(►p.324)的視点から読んでみることができると思うのです．実際，アランは，その一端を「想像力(IMAGINATION)」(►p.407)を主題化しながら特に『諸芸術の体系』や『芸術に関する二十講』などで十分な仕方で展開してみせたと私は思っています．デカルトの『情念論』もまた，その点で，今でも活き活きとした書物なのです．今回の定義に関連する叙述をそこに探してみましょう．デカルトはこの著作の中で，「憎しみ(HAINE)」(►p.397)という情念に触れながら，それを体液と関連づけた次のような記述を残しています．

　　「憎み」において私の認めるのは，脈搏がふぞろいであり，普通よりも小さく，往々より速いこと，胸に何かはげしい刺すような熱をまじえた冷たさを感ずること，胃はそのはたらきをやめ，食べたものを吐きだそうとし，あるいは少なくとも食べたものを腐らせて有害な体液に変えようとすること，である．★022

憎しみという情念が，〈身体メカニズム〉による調節では追いつかないような不均衡をもたらしうることを述べているのです．詳しいことは当の『情念論』に譲りますが，デカルトを受けてアランの展開した考えを述べてみるなら，「決して自由意志を失うまいという堅い決意と合した★023感情としての「高邁の心」★024を，自らの身体の統御に用いることによって，情念を浄化していくのです．それはもちろん「節制」ということに関わってくるはずです．心が体を，精神が身体を，統御する（支配する，gouverner）のであって，〈身体的メカニズム〉にすべてを委ねるのではないということです．そして，この話題は，一個人に

は留まらず,「社会(SOCIÉTÉ)」(▶p.748)にまで拡げることもできる．次に引用するプラトンの言葉のようにです．ただし，アランは「プラトンの『共和国』〔『国家』〕は主として各人の内面の統治をあつかっている[025]」と解釈していることには注意が必要です．確かに，民主制が語られ僭主独裁制が語られたりもするのですが，いずれにせよ，ここに「節制」が登場する．

〈節制〉は…〔中略〕…国家の場合であれひとりひとりの個人の場合であれ，素質の劣ったものとすぐれたものの間に，どちらが支配すべきかということについて成立する一致協和なのだ．[026]

もちろん，ここには，プラトンの抱いた政治的見解，批判の多いあの「貴族主義」が背後にある．民主主義が独裁制へと移行することを観て取った上での彼の選択です．アランの読みを参考にしながら，それを少し検討してみましょうか．

プラトンは自己の統治にかんしてすばらしいことを語り，この内面の統治は貴族的(アリストクラティック)でなければならない，すなわち，最上のものによる最下のものの支配でなければならないことを示した．彼によれば，最上のものとは，われわれ各人のうちにあって，ものごとを会得し理解する能力を意味する．われわれのうちにある民衆とは，怒り，欲望，必要である．[027]

アリストテレスもまた，プラトンの考えを受けて次のように政体を語ります．

夫婦間の愛情をさらによくながめよう．こ

れに似た体制と政治的正義はどのようなものか．彼〔アリストテレス〕によれば，それは貴族政治，すなわち，最上のもの——というのは，各自の最上の部分を意味する——が統治し，各自に最も適した行為に関して統治する，最も完全な，また最もまれな政体である．[028]

アランはそのような体制が「人間社会においては，おそらく舟の上以外にはあまり見られない[029]」とまで書きつつも，それを次のように具体的に述べます．

舟の上では，当然，最上の水先案内人が航海を指揮し，最上の漁夫が漁獲を指揮し，また，最上の目とは陸地を見つけて告げる目だからである．[030]

カーストのように固定されたのではない，個人の差違をとことん活かそうとする体制だというのでしょう．まさに人間の〈身体的メカニズム〉に乗りつつも，自由意志が培い，育てた差違を，活かすのです．ですから，「節制」といっても，ここまで来れば，単なる禁欲とは区別されるでしょう．あえて言えば，次のようなモンテーニュの姿勢に近いように私は考えます．

モンテーニュの方法は，ストア派のように情念を克服し抑圧するのではなくて，情念を自然のものとして受け入れ，ぎりぎりのところまで享楽した上で，その情念が苦痛に変わらぬ先に，節制を用いてこれを避けるのである．[031]

しかし，単に「避ける」のではなくて，「美」に

---

[019]——同書，p.72〔傍点引用者〕
[020]——同書，p.341
[021]——アラン『芸術についての二十講』p.95〔傍点引用者〕
[022]——R. デカルト『情念論』p.169
[023]——アラン『デカルト』p.82
[024]——同前
[025]——アラン『人間論』p.21
[026]——プラトン『国家』432A-, pp.292-293
[027]——アラン『プロポ 1』p.36〔傍点引用者〕
[028]——アラン『人間論』p.61〔傍点引用者〕
[029]——同前
[030]——同前
[031]——原二郎『モンテーニュ——「エセー」の魅力』pp.150-151

まで持ち込むところにアランの目指すところがあると私は言いたい。そこに「人間の真実」を位置づけるのです。それはまた隷属から解放されることであり、美に遊ぶことなのでしょう。自由意志を信じずに、身体の機械的メカニズムに完全に取り込まれるところには、そういう〈高み〉は成立しないのです。

感情〔affectiones〕を統御し抑制する上の人間の無能力を、私は隷属と呼ぶ。[032]

TEMPÉRANCE
節制 ── あらゆる種類の陶酔〔ivresse〕を乗り越える徳〔vertu〕である。それゆえ、恐怖〔peur〕は節制ではない。なぜならそれは動物的な部分に屈服することだからである。慎重さは一種の節制であり、それは陶酔の一種である無謀〔témérité〕と対照をなす。享楽的な〔voluptueuse〕陶酔はもっとも恐るべきもの〔redoutable〕の一つである。賭けの情念〔passion〕は一種の陶酔である。

アリストテレス〔の著作〕から：慎みそして喜ぶ者は節制ある者である。慎みそして慎むことを嘆く者は不節制な者である。

今回の定義は、前回の「**体質(TEMPÉRAMENT)**」(▶p.791)と、前々回の「**無謀(TÉMÉRITÉ)**」(▶p.787)の定義と、密接に関連しています。実際、今回の定義には「**陶酔**」〔「**酔うこと(IVRESSE)**」〕(▶p.422)が冒頭に登場し、無謀のところでは「無謀は一種の陶酔」であると言われていました。また、「体質」の定義の中にも「節制」という言葉自体が出てきたのでした。それらの定義と付き合わせながら、今回の定義を吟味してみてください。

「陶酔〔ivresse〕」を神谷訳は「酩酊」と訳しています。「酩酊」だと、酒のニュアンスが増すように私は感じます。そこで、それを避けてみました。もう少し一般的な事柄として考えてみたかったのです。もちろん、酔っ払ったときに人はどんなふうになるものかということを出発点として考えてみるのではありますが、いずれにせよ、何らかの事柄に魅了されたり、飲み込まれたりして、抑制が利かなくなる状態としての「陶酔」を乗り越えるところに「節制」という「**徳(VERTU)**」(▶p.850)はあるのだとアランは言うのです。そこで、酒とは違って、〈言語の持つ力〉に陶酔するという場面の一例を引いておきましょう。

近代において再び、ルネサンスが第一に魅了され幾度も酔いしれたものは、言語のもつ本来的「活力」であった。このような陶酔はすでに紀元前五世紀のギリシア精神史に出現していた。ギリシア「啓蒙」の運動全体、ソフィストの運動はその陶酔からもっとも強烈な刺激を受けた。[033]

アランは、この引用に登場する「**ソフィスト(SOPHISTE)**」(▶p.760)の定義も与えていましたね。カッシーラーは、ソフィストが言語の「活力」に酔い痴れたのだと書いているのです。どんなことか、わかりますか？ ソフィストが「詭弁家」というものとして現代では理解されていることは周知のことです。そもそも「詭弁」という語がフランス語でsophismeというぐらいですから。プラトンにとって、ソフィストたちが駆使した弁論術〔ῥητορική〕は、それに対して弁証術〔διαλεκτική〕を彼が主張しつつ攻撃した対象だったわけです。アリストテレスは、弁論術をプラトンのように拒絶するというよりは、むしろ弁論の営みから正しい推論を取り出して「論理学」〔λογική〕という学問を創設する方向に向かったのでした。いずれにせよ、時として批判の対象となるような弁論をソフィストたちが行なったことは確かなのですから、そのあたりを少し追ってみましょう。それは、もう少し具体的には、

〈どんなふうに言語の「活力」に酔い痴れることなどできるのか？〉という問いであると言ってもよい．プラトンは，ソフィストの大家・ゴルギアスをまさに対話篇『ゴルギアス』に登場させ，その中でソクラテスに次のように言わせています．

> 今度こそどうやら，ゴルギアス，あなたが弁論術をどんな技術であると考えておられるかを，ほぼ納得のいくところまで示してくださったように思われます．それでもしわたしに，多少でも理解ができているとするなら，弁論術とは「説得をつくり出すもの〔πειθοῦς δημιουργός ἐστιν〕」であって，それのおこなう仕事のすべてと，その仕事の眼目とは，結局，そのことに帰着するのだと，こう言っておられるわけです．★034

「説得」です．話すことによって相手を納得させることです．では，納得させるには，いわゆる〈論理的に話す〉ことが必要でしょうか？　あるいは，それだけで十分でしょうか？　必ずしもそうではないと私なんかは思います．私の世代では，大学紛争との関連で，「アジテーション演説」などというものを大学の構内で頻繁に聴いたものです．それは，聴く者を演説の力で動かそうとするものです．あるいは，シェイクスピアの戯曲『ジュリアス・シーザー』における，シーザー亡き後のアントニー〔マルクス・アントニウス〕の演説を想い出してもよい．〈言葉の魔術〉とでも言うべきものが十二分に発揮されている姿がそこにはあります．論理的というのとは少々違った言葉の使いようがあるのです．ゴルギアスの『ヘレネ讃』には，次のようにあります．

> 言論は偉大な有力者であって，それは非常に小さな，全く眼につかない身体を以て，非常に神的な仕事を完成する．何故なら，それは恐怖を止めさせ，苦痛を取除き，快楽を作り出し，憐憫を増さしめる力を有しているからである．★035

しかし，こうした言葉の使い方は，使う当の本人を陶酔させ，聴衆をも陶酔させる類のものでしょう．知的な理解と言うよりはパフォーマンスで，人を説得し，納得させてしまう．それこそ，陶酔は伝染のように広まるのです．人々の間で身体が感応してしまうとでも言いましょうか．あえて言ってしまえば，思考の問題ではなくなる．それは，あとで少し説明しますが，むしろ生理的なものだとアランは言うのです．これに類するものには，いろいろなことが考えられます．例えば，「感動が伝染性を帯びてとめどがなくなった状態」として彼は「パニック」★036の例も掲げています．また，ライブ・コンサートで若者が熱狂するのも同じでしょう．酔い痴れるのです．そこには，容易にある種の行き過ぎが生じうる．節制は無い．パニックとはまさにそんなところに成立するものでした．そういう事態をアランはこの定義では「**恐怖**（PEUR）」（▶p.582）の例を以て語っているのです．「それは動物的な部分に屈服すること」だと．冷静な思考など吹っ飛んでしまっています．恐怖に駆られて走り出す群衆を思い浮かべればいいのです．上に一部を引用した「伝染性」に関わる文章を前後を含めてもう一度引用します．この引用の中に，節制と結びつく考察のヒントがあります．

> 演劇というこの強力な芸術は，他のいかなる芸術がおそらくなし得たのにもまして，人間をかたちづけたのだ．なぜなら群衆の最も恐ろしい状態，感動が伝染性を帯びてとめどがなくなった状態（パニックがどんなものであるかを想像せよ）のさなかで，この芸術は人間が情念の極限においてすら自己を制御す

★032──スピノザ『エチカ──倫理学（下）』p.7
★033──E. カッシーラ『英国のプラトン・ルネサンス──ケンブリッジ学派の思想潮流』p.166〔傍点引用者〕
★034──プラトン『ゴルギアス』452E-453A, p.23
★035──『初期ギリシア哲学者断片集』山本光雄編訳, p.101
★036──アラン『芸術について』p.51

るようにと, 訓練するのだからである. ★037

　演劇が登場しています. 劇場での人間あり方です.「劇場で作用している力といったものは, じつは, 感情の伝染であって, これは, 模倣の一つのケースにすぎないのだ」★038 という事態にどう対処するのかが問われているのです. 上の引用の中には「自己を制御するように」とあることに注意してください. なぜなら, これこそ「動物的な部分に屈服すること」を拒否し, 節制へと, つまりは過度を抑えることへと, 結びつくことだからです. 演劇の効果はそこにある. 演劇は, 観る者の「情念(PASSION)」(➡p.544)を次のように整え, 「感情(SENTIMENT)」(➡p.732)へともたらすのです. 繰り返しますが, 一種の節制がそこには成立しているのです. 慎重さとでも言うものをそこで学ぶことになる.

　　若者が感情を学ぶのは, まず最初は模倣され, いまはもう抑制され規則立てられてしまった情念〔une passion d'abord imitée, et déjà modérée et réglée〕によってである…〔後略〕★039

　こうして, 今回の定義にあるように, 「慎重さは一種の節制であり, それは陶酔の一種である無謀と対照をなす」と言われるのです.

　さてここまで, 陶酔の説明にカッシーラーを引きながら〈言語の持つ力〉に陶酔するソフィストを取り上げ, その陶酔から醒めるヒントを示したのでした. よろしいでしょうか？ 言葉の使い方においてさえ, 陶酔がありうるということをソフィストを通して確認しておきたかったのです. そして, そんなふうに陶酔してしまったとき, きちんと考えることにはならないと考えたのがプラトンでした. 要するに, 言葉づかいにも, それこそ「慎重さ」という「節制」が必要だというわけです. それは, 以前にも述べた, 「模倣(IMITATION)」(➡p.413)と理解との相違に関わってくることを想い出しておきましょう. 次のことです.

　　理解するとは, 何よりまず, 模倣することである. …〔中略〕…模倣するとは行動することであり, 思考することではない. この意味で理解するのは, 思考することではない. この時, 人間の言葉は動物の言葉と区別されない. ここを進めば, 動物は思考しないということは充分理解される. しかし, 人間が思考するということは理解されないのである. ★040

　この引用にもあるように, 人間の言葉が動物の言葉と区別されないところに模倣はあるのです. そして, 伝染もそうでしょう. さきにも書きましたように, それはまさに生理的なものなのです.

　　笑う人は笑わせる. 泣く人は泣かせる. 恐れる人は恐れさせる. 非常に簡単であり, 非常によく知られており, 非常に力づよいこれらの効果は, 模倣機能にもとづくが, この機能は生理的なものである. 恐れの徴を私に投げつける人は, 私自身をも恐れに従って排列する. 私は, 徴を反射するということ自体によって, この徴を理解したのである. だが, どんな危険であるのか, 火なのか水なのか, 人なのか獣なのか, これはまだわかっていない. ★041

　さらに次の引用まで検討してもらえれば, 節制というものが言語の場面でいかに大事かが解るはずです.

　　恐慌(パニック)に際しては, 私はまず逃げだす. だから, 私はまず徴を模倣し反射するわけであり, それがなんの徴であるか知らないのみか, 自分が何かを感じていることさえ知らない. 徴を中止し, あるいは短縮してから, 私はそれをもととして感動や探求や認識を作りだすのである. ★042

さて，今回の定義の続きに「享楽的な陶酔はもっとも恐るべきもの〔redoutable〕のひとつである」とあります．「享楽的な」と私が訳したのは，voluptueuse というフランス語で，神谷訳が「官能的」と訳しているように，肉体的な快楽といったニュアンスが含まれています．つまりは，非常に身体的な陶酔なのです．そこに完全に身を任せるということは，精神的なものを軽視し，肉体がすべてといった態度とも言える．では，それはなぜ「恐るべきもの〔redoutable〕」なのでしょうか？ まさに肉体的な快楽主義だからでしょう．プラトンは種々の箇所でそれをいたく批判するわけですが，それは，こうした肉体的な快楽主義が，結局，〈善く生きる〉ことにはならないと彼が考えたからでしょう．〈魂への心遣い〔ἐπιμέλεια τῆς ψυχῆς〕〉を欠いているからです．[043]
ところで，アランはこの「享楽的な陶酔」のすぐ後に，「賭けの情念」をも陶酔の一例として掲げます．なぜでしょう？ 「賭け」というこの例は，身体とか，肉体とかには，さほど関わっていないように見えます．吟味の必要があるでしょう．実は，かなり重要な指摘が次のようにありうるのです．

> デカルトは決断不能こそ最大の不幸であると言っている．彼はなんどもこう言っているが，その理由は説明していない．人間の本性を明るみに出すこれ以上の光をわたしは知らない．すべての情念，すべての不毛なそのあがきはこれによって説明がつく．賭け事は魂を支配する力を有するが，この力についての認識はひどく不足している．だが，それが歓ばれるのは，決断する能力を養ってくれるからにほかならない．事物の本性は，すべてをほとんど同等なものとし，つまらない思案を際限なくつづけさせるところにあるが，賭け事はそのような事物の本性にたいするいわば挑戦である．賭け事においては，すべては文字通り同等であり，しかも選択しなければならない．このような抽象的危険はいわば熟慮反省にたいする侮辱である．したがって，一か八か選択しなければならない．賭け事はすぐに答えを出してくれる．だから，われわれの思考を毒してしまうかの後悔の念などいだきようがない．それをいだきようがないのは，もともとその理由がなかったからである．知ることができないというのが賭けの規則である以上，「もし知っていたら」とは言えないのだ．賭け事が倦怠にたいする唯一の救いであることもわたしには意外ではない．倦怠とは，主として，思案することが無益であると知りながら思案することにあるのだから．[044]

ここに明白に書かれているように，賭けでは，理由など無くとも「一か八か選択しなければならない」のです．熟慮反省など要らないし，「後悔の念などいだきようがない」ところに賭けは人を近づけます．私たちには「思案することが無益であると知りながら思案すること」などいくらでもあるわけで，そこからの解放としての賭けは，人を陶酔へと導く．けれども，十分に注意して欲しいのですが，パスカルも言ったように賭け事は「倦怠〔ennui〕」を避けるための「気ばらし〔divertissement〕」なのです．[045] また，次のようでもある．

> われわれの惨めなことを慰めてくれるただ一つのものは，気を紛らすことである．しかしこれこそ，われわれの惨めさの最大な

★037──同前〔傍点引用者〕
★038──アラン『芸術に関する101章』p.89〔傍点引用者〕
★039──アラン『芸術についての二十講』p.116．「劇場が実際に感情の学校である」(アラン『芸術について』p.123)わけです．
★040──アラン『思想と年齢』p.327〔傍点引用者〕
★041──アラン『人間論』p.223〔傍点引用者〕
★042──同前〔傍点引用者〕
★043──プラトン『ソクラテスの弁明』29E(p.84), 30B(同前)；『パイドン』107C(p.320)その他を参照
★044──アラン『プロポ 1』pp.411-412
★045──B. パスカル『パンセ』p.121

799

ものである．なぜなら，われわれが自分自身について考えるのを妨げ，われわれを知らず知らずのうちに滅びに至らせるものは，まさにそれだからである．[*046]

アランがパスカルについて肯定的に評価することは少ないのですけれども，今回の定義では，気晴らしにうつつを抜かす陶酔から距離を置く点においてパスカルに同意しているかに見えます．それにまたその議論を後押しするかのように，最後にアリストテレスの著作から引用しています．いつものアランのように，おそらくは記憶によって書いているために正確な引用にはなっていません．そこで，その箇所をきちんとアリストテレスの『ニコマコス倫理学』から掲げておくことにしましょう．

肉体的な快楽から遠ざかり，他ならぬ遠ざかったそのことを喜ぶものは節制あるひとである．これに反して，不快を感ずるものはふしだらなひとである．[*047] 〔ὁ μὲν γὰρ ἀπεχόμενος τῶν σωματικῶν ἡδονῶν καὶ αὐτῷ τούτῳ χαίρων σώφρων, ὁ δ᾽ ἀχθόμενος ἀκόλαστος〕

TEMPS
時間
— 変化というものの普遍的な〔universelle〕形式．時間について多くのことを私たちは前以て知っている．例えば，同時的に並行する〔simultanés〕二つの時間は存在しないとか，時間は速度を持たないとか，時間は逆転しないとか，想像上の時間は無いとかである．〔また〕時間はすべての変化とすべての存在にとって共通であるとか，そして，例えば，来週というものになるためには，すべての人々そして宇宙全体が一緒に行かなければならないとか，そういうことである．時間についてはあり余るほど多くの諸公理があるけれども，すべての公理と同じように，難解〔obscur〕である．デカルトは〔次のように〕言った．神自身〔Dieu lui-même〕も，起きてしまったことを起きなかったようにすることはできない，と．

もちろんのこと，この定義それ自体は何も「証明〔PREUVE〕」(►p.655) などをめざしていません．「時間について多くのことを私たちは前以て〔d'avance〕知っている」とアランは述べ，まずはそれを列挙しているのです．しかしながら時間について，そのようにいろいろなことを前以て知っていても，当の時間そのものについてはよくわからない．そんな感じです．ですから，私はこの定義を読んだとき，「哲学〔PHILOSOPHIE〕」(►p.587) の基礎的教義を身につけた者ならほぼ誰でもが想い出す，あのアウグスティヌスの有名な次の言葉を引用したくなるのです．

ではいったい時間とは何でしょうか．誰も私にたずねないとき，私は知っています．たずねられて説明しようと思うと，知らないのです．[*048] 〔quid est ergo tempus? si nemo ex me quaerat, scio ; si quaerenti explicare velim, nescio.〕

しかし，アランは定義の冒頭で，時間について「変化というものの普遍的な〔universelle〕形式」と述べています．なぜ，こんなに難しそうなことをあっさりと断言するのでしょうか？　もちろん，この言葉には，アランが多くのことを学んだカントの時間論が背景としてあります．認識という営みをする主観〔Subjekt〕としての人間が持つ〈感性の形式としての時間と空間〉という話です．ただ，「形式」といっても，一見すると日常語の「形式」とは何だかかなり隔たった言葉の使い方のようにも思えますよね．しかし，何とか具体的な話からその難しさを克服していきましょう．日常語でも，「形式」と「内容」とが対概念としてよく使われます．もっと砕いた言い方をすると，ある具体的な物には，それの元と

800

なる〈材料〉と，その材料が整えられて成立するその物の〈形〉がありますよね．例えば，ある木製の椅子は，木材という素材が組み立てられて成立する特定の形をとって，そこに存在している．アリストテレスのいわゆる〈質料－形相論〉風に言うなら，木材が「質料〔ὕλη〕」であって，まさに実際に椅子の取るはずの形（設計図と言ってもいいです）が「形相〔εἶδος〕」です．これら二つのものが合わさって具体的な個体としての物が成立すると考えるわけです．

そこで今度は，こういう考え方を，人間の「認識」という営みの場面に持ってきたらどうなるでしょうか？ ある物事を知る（認識する）場面で，こういう形式と内容という対概念を考えてみるのです．すると，ある具体的な物事，言い換えれば認識の対象〔Objekt〕が成立するということは，当の物事の素材があって，それが一定の形を取るということではないでしょうか？ では，その素材とは何で，それはどこから来るのか？〈形を取る〉と言うけれども，どのようにして認識という場面でそういうことが起こるのか？ そんなふうに考えてみてください．カントは，そういう事態を解明する仕事を『純粋理性批判』という本の中でやっています．彼は素材が，直観の（それも感性的直観の）「多様〔Mannigfaltigkeit〕」として物自体〔Ding an sich〕から与えられると主張しました．そしてそれを人間が受け取る場面において感性の（時間と空間という）形式が語られるのです．

> 時間は単に直観の形式，したがって現象としての対象の形式にすぎないから，現象としての対象において感覚に対応するものは，一切の対象の先験的質料，すなわち物自体（事物性〔Sachheit〕，実在性）である．★049

「現象としての対象〔Gegenstände, als Erscheinnungen〕」

とカントが書いていることに注意してください．要するに「物自体」ではなくて，当の「物自体」が私たちの感官（感覚器官）を触発して私たちに現われてくる限りでの対象は，かならず時間と空間という枠組を通して与えられるのであって，だからこそ，現象としての対象はその形式を備えているというわけです．カッシーラーの説明を借りれば，「根底に横たわっている」ということです．

> 空間「そのもの」と時間「そのもの」とは，たしかに当初は実体として，つまり自立して存在するものとして受けとられていたが，科学的思考の進歩とともに，次第に理念的総体，つまり関係の体系と認められるようになっている．空間・時間の「客観的」存在ということが意味しているのは，それが経験的直観をはじめて可能にし，経験的直観の原理としてその「根底に横たわって」いるということにほかならない．★050

実際に認識というものが成立するのは，さらに悟性〔Verstand〕の働き（言い換えれば，概念の自発性〔Spontaneität der Begriffe〕）が加わっての話であり，そこに「純粋悟性概念（カテゴリー）」の話をしなければならないのですが，その議論を全面展開することは今回の註解の範囲を超えるでしょう．それでも最低限のことは示しておきます．カッシーラーの次のまとめを吟味してください．例えば，「**神（DIEU）**」（→p.263）とかいう対象は，以下に述べられる「経験的客観」とはならないでしょうし，言い換えれば，「可能的経験の対象」ではないということです．

この批判が突き止めなければならなかったことは，経験の内部で可能であるような，すべての客観的判断と並びにすべての対象

★046──同書, p.136〔傍点引用者〕
★047──アリストテレス『ニコマコス倫理学』1104b5-, p.44
★048──アウグスティヌス『告白』p.414
★049──I. カント『純粋理性批判』p.152〔傍点引用者〕

★050──E. カッシーラー『シンボル形式の哲学（二）』p.180〔傍点引用者〕
★051──I. カント『純粋理性批判』p.85

801

的措定との，普遍的必然的制約であった．批判は，経験的客観をこの制約に還元し制限することによって，この客観をそれとともに「現象」の客観として規定したのである．なぜなら「現象」は，純粋に超越論的意味に解するならば，可能的経験の対象以外の何ものをも意味しないからである．それゆえかかる対象は「自体において」(an sich)，また認識のすべての機能から切り離されて，思惟されるのではなくて，まさしくこの認識機能によって，つまり純粋直観及び純粋思惟の形式によって，これらの形式の媒介と力によってのみ「与えられる」のである．★052

解説自体が難しいですよね．「客観的判断」とはどういうものか，「対象的措定」つまり〈対象というものを立てる〉とはどういうことか，そういうことが語られる際に伴っている「普遍的必然的制約」つまり〈誰でもが認めるであろう必然的な条件〉とは何かをカントは「批判」，つまり『純粋理性批判』における認識批判のなかで行なったのだとカッシーラーは書いているのです．しかも，繰り返しますが，それはあくまでも私たちに現われている限りのこと，つまりは「現象」の話だという．そういう現象が成立する仕組みを認識論的に明らかにしようとしたわけです．そこに，形式が語られる．しかしながら，時間や空間という感性の形式や，純粋悟性概念という悟性の形式は，どこからくるのでしょうか？　そう問うこともできそうに思えます．この問いに深入りすれば，カント以降のドイツ観念論の話をしなければならないので，今は措くことにしましょう．しかし，さらにまた，同じような問いに関連して，ベルクソンのように，カントの認識論に対する進化論的視点からの批判も無視できるものではありません．次のようなものです．

知性があって生命が可能となるのではなく，生命があって知性も生じたのである．カントの認識論は始めから知性を絶対的なものと考えているところに根本的な誤りがあるとベルクソンは言う．進化論を無視して認識論は正しくは成立しないと彼は主張するのである．★053

いずれにせよ，カントはどこかで，与えられたもの(所与)としての形式を語ってはいないかと考えてみることは，どうもできそうです．そして，乱暴な言い方をすれば，そうした悟性の形式は「統覚〔Apperzepzion〕」に，これもまた乱暴な言い換えをしてみると「意識の統一」に，由来するのです．それは Ich denke（我思う）という働きです．しかし，それは自己自身の「意識(CONSCIENCE)」(▶p.191)ではあっても「認識」ではないとカントは言うことも憶えておいてください．★054　とにかく，そういう意識があってこそ，形式も適用されうる．

> あらゆる認識の論理的形式が可能なゆえんの根拠は，必然的に，一つの能力〔Vermögen〕としてのこの統覚に関係するところにあるのである．★055

さて，この話がどうして私がいま強調しつつある所与性の議論に関わるのかを次の文章で理解してほしいと私は思っています．かなり難しい文章ですが，そういう事柄を恩師の福居純先生は次のように述べていると私は理解しているからです．

> 統覚の自発性とは，物自体に対する感性の受容能力の限界を画する概念に他ならず，その限り自発性の許にはむしろ所与性が理解されるべきである．純粋統覚は，それ故に，ア・プリオリな明証の次元を構成し得るのであり，従ってまた，その明証の次元は，「現象」という同種の実在の秩序のみにかかわる因果律と，いわば一体をなすのである．★056

これも少し解説が必要でしょう．要するに，カントも「統覚の自発性」というものの下で，吟

味するまでもなく確実だと思い誤られた「明証の次元」を受け入れ，それに平伏しているというわけです．それは，実は，認識しようともせずに信仰を受け入れるのと変わりはない．そうした態度をこそ，デカルトは拒否し，「方法的懐疑」を実行したのだという福居先生のデカルト理解が，時代的には後のカントに対する批判をさえ可能にする形で提示されていると私は思うのです．補足的な引用をしておきます．デカルトが『省察』の中で提出している「欺く神」というものを，まともに解釈しようとしたらどうなるのかという話です．そして，実を言うと，この話こそが，上の引用にあった「同種の実在の秩序のみにかかわる因果律」を批判し，そこにデカルトが時間における瞬間の独立性を語り，「永遠真理被造説」をまで語る所以があるのです．カントが「因果性」のカテゴリーを語り，まさにそれによって成立する「現象」の内部にその使用領域を限っていることに注意してください．しかし，福居先生によると「因果律の使用領域を現象のみに限るということは，因果の関係における内在性を絶対化するものに他ならなかった」★057ということになる．デカルトの意図は「通常は同種の実在の間に適用される因果律を異種の実在間に適用することによって，伝統的な因果律の概念を批判するとともに，依って以て通俗的な等質的な持続としての時間概念をも斥ける」★058ことにあったと解釈されうるからです．なぜデカルトは，時間における「瞬間の独立性」★059を語り，「永遠真理被造説」まで主張するのかがまさに時間の問題に関わっていたのです．時間の理解の仕方によって，原因を問う仕方も変わる．〈我思う，ゆえに，我在り〉として定められた出発点としての私の存在の原因がたずねられることになる．なぜなら，次の瞬間にも私が自分で私を存在させることなどできないからです．もしそ

れができるなら，死なない．そういうことです．

そこで，そのように現に今存在している私が少し後にも存在するであろうようにすることのできる何らかの力が私に具わっているかどうか，を尋ねてみなければならない．ところが，私は厳密な意味で思惟する事物であるがゆえに，「いかなる仕方でも私が意識していないようないかなるものも，私のうちにはありえない」．それゆえ，そのような力を自らのうちに有するなら当然それを意識したはずであるが，実はしかし現に意識していないのである．★060

神の存在に関するいわゆる第二のアポステリオリな証明が，ここに開始されることになる．

時間における瞬間の非連続性は公理として立てられ，自然的明証とみなされるが故に，その明証そのものを超えるためには，当の非連続性の何故であるかが問われなければならない．〈神の観念をうちに有する我の存在〉なる観念は，こうしてその原因を尋ねられることになるのである．★061

詳しいことは，これ以上書くのを控えますが，神の観念の「思念的実在性〔realitas objectiva〕」を出発点にした「神存在のア・ポステリオリな第一の証明」が，当の神の観念を持つ私の存在を出発点とする「神存在のア・ポステリオリな第二の証明」へとつながり，さらにはいわゆる「存在論的証明」と呼ばれる「神存在のア・プリオリな証明」へとつながる「**論理（LOGIQUE）**」（▶p.439）を取り出すことによって，最終的に明らかになるのは，〈所与と明証との関わり〉の徹底した吟味であったことを確認するために次の引用を熟考し

★052——E. カッシーラー『カントの生涯と学説』pp.225-226
★053——澤瀉久敬『ベルクソンの科学論』p.23
★054——I. カント『純粋理性批判』p.124
★055——同書, p.140
★056——福居純『デカルト研究』pp.46-47〔傍点引用者〕
★057——同書, p.32
★058——同書, p.92
★059——同書, p.48
★060——同書, pp.184-185
★061——同書, p.28

てみてください．

　　デカルトにあっては，〈悪しき霊〉の仮説は「全体的狂気」や「全体的狂乱」といった問題ではない．徐々に明らかになってゆくように，当の仮説は〈永遠真理被造説〉に結びつき，とりわけ〈矛盾律の無化〉という論理を展開することになるのである．[★062]

　　「矛盾律の無化」とは，とんでもない議論だと思われる方もいらっしゃるでしょう．しかし，まさにあのデカルトが「永遠真理被造説」で展開したのはそういうことなのであり，しかもそれが原因を問うということに関して，まったく新たな道を切り拓いたのです．

　　われわれが〈矛盾〉と呼ぶものにおいては二つの判断が前提されるが，それらは時間の間隙によって相互に分離され，あるいは相継起する判断である．そして，時間の諸部分が相互に独立であり，本質についても存在についてもその保存は一つの自由な連続創造に他ならぬから，神はその第一の判断と第二の判断とを分離する時間の間隙において事物の秩序を全く変えることができる，と考えられるのだ．これがデカルトにおける因果律批判の真の意味であった．[★063]

　　通常は，事実とか「**習慣**(HABITUDE)」(▶p.393)とか責務といった形で眼の前に突き出された明証に，あえて懐疑という営みを施さないのが，大人の振舞いであるかのように考えられています．しかしながら，それにあえて「否！」と言ってみるところにしか，思考はないのです．その意味で，「思考するとは拒否することだ〔penser c'est refuser〕」[★064]と言ってもいい．時間について考えることがどれほど難しくとも，そして通俗的時間概念の誘惑がどれほど強くとも，あえて拒否しなくては思考が死ぬのです．それを知っていればこそ，デカルトは「方法的懐疑」を遂行する中で，「欺く神」や「悪しき霊」といった，常識から観れば極端な仮説を立てたのでした．なぜなら，素朴な（つまりは吟味無しの）「**信仰**(FOI)」(▶p.372)を楯に取った「反省」という行為ですら，私たちを次のようなところに誘うからです．

　　通常の意味での反省とは，過去から未来へ向かって経過してゆく時間の先端で，いわば後向(うしろむ)きになって当の時間を引きのばそうとするような行為である．たしかに，反省は，その通常の意味においてすら，生起するものに目を奪われるようにして消滅するものを無視しようとする，われわれに極めて自然な行為への批判である．そのようにして，消滅するものをも生起するものとともに活かさねばならない．〈時間〉なるものが本質的に〈変化〉を担うものであるのなら，それは〈一の消滅と他の生起との継起〉として表現されるべきであり，いわば〈存在と非存在との絶対的綜合〉である．しかし，反省という行為はまさに〈振り返る〉という点で，通常は不覚にも〈非存在〉に背を向けてしまうのである．そのようにして，反省者は自らの〈存在〉を〈変化させる〉ことなく，却って〈強化する〉．〈悪しき霊〉として働く意志はそのような通常の事態に反抗し，知性に真なる時間を回復させようとするであろう．[★065]

　　つまりは，「心理的事実」に圧倒されるようにして，懐疑を無にすることを周到に避ける手立てが「方法的懐疑」の中に用意されたということです．

　　〈欺く神〉の含意する〈懐疑理由〉をいつも「心に留めおく」，ことが要請されるわけであって，その役割を担うものとして援用されるのが〈悪しき霊〉の仮説に他ならない．それは或る明証の次元に服さざるを得ぬかに思われるがゆえに服さぬふりをするという，意志的な，作為された，いわば自然に反して導入される懐疑である．明証的事実

804

を前にして〈実際には〉それを受け容れぬことが如何に不可能であるにもせよ，〈権利上は〉それが常に可能なのである．それゆえ，この仮説はわれわれが自らに何ものをも強いることのないように，新たな明証全体を意識的に創出しようとする，いわば〈純粋にア・ポステリオリな〉営為であり，心理的事実を吟味する〈思弁〉を支持して「認識」そのものを基礎づける〈形而上学的〉懐疑である．[★066]

　時間についての考察がどれだけ大問題を含んでいるかの片鱗ぐらいは解っていただけたでしょうか？

　さて，アランの今回の定義に戻ります．その中で列挙しているような事柄についてもカントは『純粋理性批判』の中で触れています．そのことを分かってもらうための解説をしておかなければならないでしょうが，その前に，まず冒頭の「普遍的な形式」というところを，もう一度，確認しておきます．上に述べたようなカントの考え方からすれば，「経験的客観」は必ず時間という枠組の中において成立するのであり，それは，例えば，〈授業がつまらなくて長く感じる〉とかいった個々人の心理的・体験的時間の話とは違うわけです．それを，カッシーラーのように「時間感覚」と「時間概念」という対比で表わしてもいいでしょう．

　　ごく一般的に言えば，時間感覚から時間概念への進展には〔im Fortschritt vom Zeitgefühl zum Zeitbegriff〕三つの異なる段階が区別される．この三段階は，言語のうちに見いだされる時間意識の反映にとっても決定的に重要なものである．第一段階では意識は単に「今」と「今でないもの」との対立によって支配されており，この対立はそれ自身ではまだそれ以上のいかなる差異化もとげてはいない．第二段階では幾つかの時間「形式」がたがいに区別されはじめ，完成された行為がまだ完成されていない行為から，持続する行為が一時的な行為から分かたれ始める．こうして，時間的な行動の種類の一定の区別が形成されてくる．そして最後には抽象的な秩序概念としての時間という純粋な関係概念〔der reine Relationsbegriff der Zeit als abstrakter Ordnungsbegriff〕が獲得され，さまざまな時間の段階が，互いに対立し相互に規定しあいながら，はっきりと姿をあらわしてくるのである．[★067]

　ですから，「すべて経験的な時間規定は普遍的な時間規定の規則の下にしたがわねばならない」[★068]と言われる．言い換えれば，まさに形式である時間は，「時間そのものは変化せず，変化するのは時間のうちにある或るもの」[★069]といった類のものだとカントは言うわけです．アランは次のような面白い一節を残しています．

　　周知のように，時間というのは，抽象的な，純化された観念である．時間によって，われわれは物の上に引き上げられる．つまり，どんな出来事も時間を停止させることができない．

　　　　時よ，汝の歩みをとめよ！

　　これは詩人の願いだが，この願いは，次のように問われれば，矛盾して自滅する．「どのくらいの間，時間は停止したらいいのか．」　もっと純粋な時間が，停止している時間のあいだを流れよう．われわれの歴史だの時計だのにまったく依存しない，時

★062──福居純『デカルトの「観念」論──『省察』読解入門』p.42
★063──福居純『デカルト研究』p.47
★064──アラン『宗教論』p.157
★065──福居純『デカルト研究』pp.88-89
★066──同書, pp.84-85〔傍点引用者〕
★067──E. カッシーラー『シンボル形式の哲学（一）』p.286〔傍点引用者〕
★068──I. カント『純粋理性批判』p.170
★069──同書, p.76

についてのきわめて自然な思考が，つまりは永遠についての思考であろう。[076]

〈永遠としての時間〉とでも言っておきましょうか。それが個々の具体的時間がそこにおいてこそ語られる時間であるなら，「同時的に並行する〔simultanés〕二つの時間は存在しない」とも，「時間は速度を持たない」とも，「時間は逆転しない」とも，言えそうに思えます。「時間そのものは恒存して変易することがない」[071]のであり，「時間は唯一」である〔es ist nur Eine Zeit.〕とカントは書くのです。[072]「真の時間とは，すべての時間を比較する基準になる唯一の時間のことなのである」[073]と考えているのです。「唯一にして普遍的な時間」[074]なわけです。さらに言えば，次のようになる。

　時間は一次元のみを有する。すなわち別々の時間は同時的ではなく，継時的である（ちょうど別々の空間が継時的でなく，同時的であるように．）[075]

　別々の時間とはまさに同一の時間の部分にすぎない。[076]

では，「想像上の時間は無い」というのはどうでしょう？　想像と対象そして感覚との関わりについて語られるアランの見解を確認すればそれは解ります。

　想像するとは，いつも或る対象を考えて，われわれの全感覚に対する，そのものの考えうるかぎりの作用を心に描くことだ。[077]

いつも「対象」が出発点となる。それも上に述べたような「可能的経験の対象」でしょう。つまり，やはり，どんなに現実から離れた想像をするように思えても，どこかで可能的経験とつながっているのです。だとすれば，想像している場面においても，上述の〈永遠としての時間〉は厳然としてあるということです。ですから，ど

んな変化や存在を知覚しようが，どんな変化や存在を想像しようが，そこには「時間はすべての変化とすべての存在にとって共通である」という事態があるということです。変化や存在がそこにおいて語られるような時間だからです。だからこそ，次のように言われる。

　変化の概念及びそれとともに，運動（場所の変化としての）の概念が時間表象によってのみ，また時間表象の中においてのみ可能である…〔後略〕[078]

「来週というものになるためには，すべての人々そして宇宙全体が一緒に行かなければならない」というのも，そもそも宇宙という対象が成立する場面で，時間はその基礎として使われているからだということになるでしょう。以上，とにかくアランが掲げたことを説明してみようと私は努力してきました。ですが，アランはさらに追い打ちをかけるように，「時間についてはあり余るほど多くの諸公理があるけれども，すべての公理と同じように，難解〔obscur〕である」と言い放ちます。アリストテレスが掲げた〈数としての時間〉の議論が，「数える数」と「数えられる数」との区別に関わっているとか，そんな例を挙げればその難解さは一目瞭然だと思います。[079]

では，最後の，デカルトが言ったという「神自身も，起きてしまったことを起きなかったようにすることはできない」という話はどうなのでしょう？　今回もアランの引用は記憶に頼ったものです．確かにインターネットで検索してみると，デカルトからの引用としても出てはくるのですが，どの著作のどの箇所かの指示がありません．それと同時に，実はこの文章は，アリストテレスの『ニコマコス倫理学』に出てくることもわかりました．それも，紀元前5世紀末から4世紀初めの悲劇詩人アガトンの断片からの次の引用です．

　神にさえ拒まれているのはただこの一つ，

なされてしまったことをなかったことにすること[★080]

〔μόνον γὰρ αὐτοῦ καὶ θεὸς στερίσκεται,ἀγένητα ποιεῖν ἅσσ' ἂν πεπλαγμένα.〕

内容的には，過去に生じてきたことを無しにはできないということなのかなとは思いますが，もしそうだとすると，それは「過去における明証の圧倒的な実在感[★081]」に心を奪われるといった事態ではないのでしょうか？　しかしながら，デカルトの方法は，そういうものを批判するところにあるという解釈も提出されているのです．

世界について，カオスからコスモスへの進化を想定することは，過去の各瞬間を次々と実在化することによって可能であった．しかし，それは所与を明証とみなす，いわば偏見の積分に他ならない．従ってまた，われわれの存在に関する不安がもっぱら未来の考察からくるかのようにみえるのは，まさしく，われわれの過去の実在感に圧倒された一つの偏見にすぎぬ，ということになる．われわれが真正の直接的明証に到達しようとするならば，その所与とみえるほどまでに実在化された過去に，真正の時間秩序を導入しなければならない．ここにこそ，神の存在証明のうちに具体化された，デカルト的方法の核心がみられるのである．[★082]

そうだとすると，アランはカントに近づきすぎて，デカルトによる因果律批判に伴う通俗的時間概念の拒否を見抜けなかったのかも知れませんね．

THÉOLOGIE
神学
－これは神話への一つの批判であり，当の神話を理性にとって受け入れうるものにすることをめざしている．例えばストア派の人々は，オリンポスの神々〔dieux〕の各々が，一つの広大無辺な神の，つまり世界の，諸力の一部分を指し示す名前でしかないと説いていた．別の例〔としては〕，旧約聖書（ユダヤ的一神教）と新約聖書（福音書と神の子）とを両立させること．それら二つの事例とも，整頓〔arrangements〕，論証〔arguments〕，反駁〔réfutations〕にすぎず，まったく根柢には触れていない．証明〔preuves〕は信仰〔foi〕を正当化することしか決してしないのである．

アランは『宗教論〔Propos sur la religion〕』，『神話入門〔Préliminaire à la Mythologie〕』そして『神々〔Les Dieux〕』という作品があるほどですし，また『神々』をアラン自身の思想への入門として自ら薦めているほどなので，[★083] 彼における神話の位置はかなり大きいと思います．

★070──アラン『思索と行動のために』p.96
★071──I. カント『純粋理性批判』p.173
★072──同書, p.177
★073──アラン『思索と行動のために』p.94
★074──アラン『芸術についての二十講』p.79
★075──I. カント『純粋理性批判』p.70
★076──同書, p.71
★077──アラン『思索と行動のために』p.69〔引用者改訳〕
★078──I. カント『純粋理性批判』p.71
★079──せっかくなので，引用しておきましょう．「前と後を知覚する場合には，われわれはそこに時間があると言う．というのは，時間とはまさにこれ，すなわち，前と後に関しての運動の数であるから．／だから，時間は，ただの運動なのではなくて，数をもつものとしてのかぎりにおける運動なのである．その証拠はここにある，すなわち，われわれは，ものの多い少ないを判別するのに数をもってするが，運動の多い少ないを数で判別している，だから，時間は或る種の数である．ところで，数というのにも二義があるが，（すなわち，われわれは，数えられるものおよび数えられうるものを数と言うとともに，また，それでわれわれが数えるところのそれも数と言うが，）たしかに，時間は，数えられるものとしての数であって，われわれがそれで数えるところのそれとしての数ではない．そして，われわれがそれで数えるところのそれと数えられるものとは，異なるものである」（アリストテレス『自然学』219b, pp.170-171）
★080──アリストテレス『ニコマコス倫理学』1139b10, p.186
★081──福居純『デカルト研究』p.50
★082──同書, p.53
★083──アラン『神々』の表紙に自薦の文言が記されています．

807

彼はフランスの人ですから，幼児洗礼という形で〔「**洗礼**(BAPTÊME)」(▶p.116)〕カトリックの信者として子どものころからキリスト教信者〔「**キリスト教徒**(CHRÉTIEN)」(▶p.155)〕ではあったはずですが，のちに教会に行くことをやめてしまいます。しかし，それは「**キリスト教**(CHRISTIANISME)」(▶p.160)や，ほかの「**宗教**(RELIGION)」(▶p.676)から多くを学んでいないということでは全然ありません。例えば，こんなふうに．

> エミール少年が信じ込まされていた数々の幻影や妄想や作り話も，それらがなぜ生じたのかということを認識するとき，単なる虚偽ではなくなります．これが，キリスト教の信仰を捨てたアランに，1934年，『神々』を書かせた動機といえるでしょう。★084

『宗教論』，『神話入門』，あるいは『神々』が，アランの哲学全体と区別された作品でもなければ区別できる作品でもないということだ．『芸術に関する一〇一章』，あるいは『諸芸術の体系』についても同じことが，それも同じ理由からいえる．なぜなら，『諸芸術の体系』が示しているのは，人間がどのようにして自分の形を自分の作品に刻み込んでいるかということであるからだ（cf. H.P. in A.D., p.163）．精神の哲学，すなわち人間のなかに，精神であるという意識を目覚めさせ，呼び起こすことをねらう哲学は，音楽とか絵画に無関心ではいられないのと同様，異教とかキリスト教にも無関心ではいられない．★085

このあたりの事情は，例えば，エルンスト・カッシーラーが，新カント派と言われる立場から出発しつつも，自らの『シンボル形式の哲学』を創っていった事情とも重なります．彼は，カントの展開した数学・自然科学に関する主として『純粋理性批判』の考え方を，言語や神話そして芸術といった領域にまで拡げようとしたのでした．この話題に関して参考になるであろう彼の文章も引用しておきます．

> 純粋な認識機能と並んで，言語的思考の機能，神話的・宗教的思考の機能，芸術的直観の機能についても，いかにしてこれらすべてにおいて，まったく特定の形態化——世界の形態化というよりはむしろ世界への形態化，つまりある客観的な意味連関，ある客観的な直観的全体像への形態化——がおこなわれるのかが明らかになるような仕方で，それらを理解することが肝要なのである．
>
> こうして，理性の批判は文化の批判〔Kritik der Kultur〕となる．★086

宗教を含めて，文化というものがどのようにして形成されてきたかを明確な形で理解することが，アランにとってもカッシーラーにとっても重要な問題として浮かび上がっていたわけです．そして，こういう探究のなかで顕わになってくることは結構あります．例えば，キリスト教に対するアランの態度を解りやすく解説したジョルジュ・パスカルの次の言葉は一考に値します．「**信仰**(FOI)」(▶p.372)・「**希望**(ESPÉRANCE)」(▶p.314)・「**愛**(AMOUR)」(▶p.076)というキリスト教の三神徳を踏まえた考察です．

> キリスト教のこの三神徳に，もう一つの徳を加えなければならない．キリスト教は，この徳にふさわしい位置を見つけることができなかった．その徳とはすなわち喜び〔la joie〕である．宗教のもっぱらの過ちは，おそらく悲しみをはぐくんだことにある．人間の偉大さよりも人間のみじめさを強調し，人間に，自分はつまらないものだという感情を与え，この人生とは，たんなる通過にすぎず，苦しみは必要な手段であると繰り返すことによって，聖職者たちはこの世に，すべてのものから味わいと美しさとを取り

808

上げる悲しみのベールのようなものを覆いかぶせてしまった．人間を，その弱さの重圧のもとに打ちひしぐのは，キリスト教精神のなかにはなかったはずだ．しかし人生を暗いものにするのが，宗教の影響であることはしばしばである．宗教は人間を慰めるといわれる．しかし，慰められる必要のないようにするほうがいいではないか．★087

もちろん，アラン自身の言葉も引くべきでしょう．次のものです．

> われわれは宗教によって毒されている〔empoisonnés〕．人間の弱点や苦しみをねらって，人々を考えこませるような説教の一撃で死にかけている人間にとどめを刺す司祭は，よく見かけるところだ．わたしはこういう葬儀人夫の雄弁をにくむ．説教すべきは生についてであって，死についてではない．注ぐべきは希望であって，恐れではない．だからこそ，人類の真の宝であるよろこびを，共同して育成すべきだ．これこそ，偉大な賢者の秘訣であり，明日を照らす光明であろう．情念はどれも悲しい．憎しみは悲しい．よろこびは情念をも憎しみをも，退治するだろう．だが，さしあたっては，悲しみは決して気高くも，美しくも，有用でもない，とだけいっておくことにしよう．★088

こうした批判的辞を観てもわかるように，アランはキリスト教とその神学をそのまま認めることなどありません．神学とは別の仕方で，宗教について考察しているわけです．逆に，そういう視点から神学を観るとどういうことになるのかが，この定義では語られています．確かに，神学が「神話への一つの批判」であって，「当の神話を理性にとって受け入れうるものにすることをめざしている」とは言えるのでしょう．そして，この「批判」という言葉にカント的な意味合いを読み込んでもいい．そもそも「批判〔Kritik〕」というドイツ語の語源，古代ギリシア語の語源にまで遡って，「分ける」というニュアンスを持つことをこれまでも何回か説明しておきました．言い換えれば，「理性にとって受け入れうるもの」とそうでないものとを分けることがめざされるわけです．しかし，実は，ここには落とし穴がある，と私は思います．アランはそれに気づいている．理性を称揚するあまり，いわゆる合理的と判断されるような言葉とか「論理(LOGIQUE)」(▶p.439)とかですべてを済まそうとしてはいないかということです．「合理主義」への反省というか熟考が必要だということです．しかし，それについては，もう少しあとで説明しましょう．まずは，アランの定義の運びを追うことにします．

神話に対する批判としてアランは神学を定義しはじめるのですが，そのへんを古代ギリシアにおける「哲学(PHILOSOPHIE)」(▶p.587)の始まりと関連づけることができます．ギリシア神話的な世界観から哲学的な世界観への移り行きに一瞥を投ずればいいのです．例えばホメーロスの叙事詩『イリアス』を読んでも，そこでは人間のいろいろな言動に「神(DIEU)」(▶p.263)が容易に介入してくる．言わば，原因・理由として神々が後ろで糸を引いているのです．まるで「機械仕掛けの神」です．すなわちギリシア悲劇で内容が錯綜して解決困難になるとクレーンのような仕掛けで神を演ずる役者が登場し物語を解決してしまうという手法が用いられたのですが，どこかその雰囲気を持つ神の登場なわけです．それに対して，哲学の始まりは，物事の原因・理由に関して，即座に神を登場させないで，自然の内部にそれ(つまり，「もとのもの〔アルケー，ἀρχή〕」)を求めたところにある，と言われます．古代ギリシアにおける哲学の始まりが〈現在の小アジ

★084──合田正人『心と身体に響く，アランの幸福論』p.146〔傍点引用者〕
★085──G. パスカル『アランの哲学』p.66〔傍点引用者〕
★086──E. カッシーラー『シンボル形式の哲学 (一)』p.31〔傍点引用者〕
★087──G. パスカル『アランの哲学』pp.269-270〔傍点引用者〕
★088──アラン『幸福論』p.178

アの一部イオニア地方のミレトス市で活躍した自然学者〉と言われる人たちだったことを，アリストテレスは哲学史的な最初の記述と言われる『形而上学』の第一巻・第三章の中で述べています．タレスはそれを「水」といい，アナクシメネスは「空気」といったとかいう話は，実際，現在でも哲学史の教科書の最初に登場するものです．つまりは，神話的に説明されてきた世界の物事に関する合理的な説明が求められたのだと言っていい．時代は下ってストア派になっても，基本的にはそれは同じであって，アランが今回の定義の中で述べているような「オリンポスの神々」についての合理的な理解に至るのです．次のような，ディオゲネス・ラエルティウスの断片が伝わっています．

> 神は，理性とも，運命とも，ゼウスとも同じ一つのものであるし，またそれは他の多くの名でも呼ばれている．〔Ἐν τ᾽εἶναι θεὸν καὶ νοῦν καὶ εἱμαρμένην καὶ Δία· πολλαῖς τ᾽ ἑτέραις ὀνομασίαις προσονονάζεσθαι.〕★089 ★090

しかも，ストアにおいては，その神が「火〔πῦρ〕」と同一視される．もちろん，神についてのそうした理解はキリスト教の立場からすれば批判されることになります．そこでは「"神"は理性的で完全で知的な生命体である」といった理解に留まるからです．★091

> ストアの神は本質的に自然であった．…〔中略〕…活きた人格としての個人が活きた神聖なる絶対的人格としての神と相向い立つ宗教的体験の集中と緊張とにはストアはついに達し得なかった．★092

では，当のキリスト教では，事情はどのようなものだったのでしょうか？ アランは旧約聖書と新約聖書とを両立させることを，今回の定義の中で，神学の一例として掲げています．しかもそれをも批判的に取り上げているのです．

ストアの事例と共に，「それら二つの事例とも，整頓〔arrangements〕，論証〔arguments〕，反駁〔réfutations〕にすぎず，まったく根柢には触れていない」というのです．どういうことでしょう？ この定義の最後の文，「証明は信仰を正当化することしか決してしない」という部分が，以下で述べるように，それをさらに説明することになります．「整頓」という言葉でアランが言おうとしているのはどういうことでしょうか？ 日常語で〈整頓する〉というのは，例えば〈眼の前に散らかっている物事をきちんと整理する〉ことですよね．それでは学という場面において整頓とはどういうことでしょうか？ 学説を整理するとはどのようにして遂行される事柄でしょうか？ そう考えていくと，これまで私がいくつもの註解の中で述べてきた「体系」という話に帰着することが解ると思います．ヨーロッパ中世のキリスト教神学がスコラ哲学と言われる神学体系を構築したことはよく知られています．そして，その時に哲学的基礎として用いられたのがアリストテレスの哲学(特に論理学)であったことを知る人もみなさんの中には多いでしょう．またアリストテレスの著作のほとんどは，西ローマ帝国崩壊後の混乱のためにヨーロッパ世界から一度失われ，中世においては論理学的著作(オルガノン)のみが伝承され影響を与えたと言われます．まさに，アランがこの定義で触れる「整頓〔arrangements〕，論証〔arguments〕，反駁〔réfutations〕」は，言わば論理的な整序と言うべきものとして果たされることになる．そういうことをめざして，スコラ哲学がアリストテレス的な三段論法の羅列に見えるほどに煩瑣な体系を創ったと揶揄されるのが普通なのです．また，有名なトマス・アクィナスの『神学大全』を少しでも読んでみると分かることですが，そこでは，ある問いが立てられ，その問いに関わるいろいろな資料が引用されつつ，論証と反駁が続くのです．例えば，第一部・第一問は「聖なる教について，それはいかなるものであり，いかなる範囲に及ぶか」というものであり，その第一項は「哲学的諸学問以外に別

の教を持つ必要があるか」というふうにブレーク
ダウンして議論がさらに展開されます。そして，
掲げられた問いに対する否定的見解がまず提示さ
れてその理由を述べる資料が引用され，そののち
その見解と資料とを反駁する議論が展開され，言
わば否定を一度通った肯定が展開され，最後に言
わばその綜合として体系化がめざされるのです。
少し，意地悪な言い方をすれば，問いに対する答
えは実は決まっているのに，わざわざ否定的見解
へと人を泳がせて，最後には戻ってこさせるよう
な議論の展開です。こういう展開そのものが論理
というか「**証明(PREUVE)**」(▶p.655)というものの「**性
格(CARACTÈRE)**」(▶p.146)なのだと，アランはどこか
言いたげです。以前にも引用したと思いますが，
次の言い方を確認しておきましょう。

> 論理学とは，一つあるいはいくつかの命題
> から，対象を考えずただ言葉だけによって
> 新しい言い方を引き出すには，どうしたら
> いいかを検討するものだ…〔中略〕[★093]

ところが，当の「対象を考えずに言葉だけ」で
精緻な神学を展開すると，あたかもその議論の
対象物が存在するかのようにだんだん思えてき
たりする。しかし，「われわれは，完全な弁論
の対象物が存在する，などという神学的な論理
を，信用しない」とアランはきっぱりと断言し[★094]
ます。それと同時に，注意しなければならない
のは，次のようにも書いているということです。

> そのくせ，われわれは，弁論において不可
> 能なものは，事実においても不可能である，
> と結論する，もうひとつの論理については，
> 点があまい。ところが，後者の論理も，同
> じく，誤りなのである。[★095]

両者とも，今回の定義にあるように，「まっ
たく根柢には触れていない」のでしょう。アラ
ンは「私は論証を，ほとんど反証とおなじくら
い憎む」と語っていたといいます。証明したい[★096]
ことは実は最初に決められてあって，それをい
ろいろに言い換えながら，自分をも聴く相手を
も説得してしまうのが論理であり，証明だとい
うことです。だからこそ「証明は信仰を正当化
することしか決してしない」と断言される。昔
は多くの神学者がそういう態度を採り，現在で
は多くの科学者が似たようなことをしている。
共通することは，懐疑がないということではな
いでしょうか？　信仰であり，イデオロギーに
関わる「**狂信(FANATISME)**」(▶p.338)がそこにはある。
特に科学研究を覚えたての学生などがそれこそ
無邪気に「科学信仰」に陥っているのはよく出会
う事例です。しかし，そんなものは初恋に夢中
になるのと同じ程度のものだと言い放っておき
ましょうか。科学研究の実際は，次のようなも
のなのでしょう。そうであってほしいと私は思
います。

> 科学的真理は現代社会では最も強固な「客
> 観的真理」であると奉られているが，それ
> は「科学信仰」の表向きのドグマにすぎない．
> 科学者社会の実践では実はファジイな真理
> 条件に従って物語り評価がなされているよ
> うにみえる．[★097]

それこそ「神学が，想像力と論理とによって
すべてをだいなしにした」などというのと同じ[★098]
ようなことが科学の領域では起こらないでほし
いからです。科学のスコラ哲学化など，考える
だけでもおぞましいではありませんか。

★089──『後期ギリシア哲学者資料集』山本光雄・戸塚七郎訳編, p.73
★090──Diogenes Laertius, Βίοι καὶ γνῶμαι τῶν ἐν φιλοσοφίᾳ εὐδοκιμησάντω VII 135(https://www.mikrosapoplous.gr/dl/dl07.html より)
★091──ジャン・ブラン『ストア哲学』p.61
★092──波多野精一『原始キリスト教』pp.87-89
★093──アラン『思索と行動のために』p.188〔傍点引用者〕
★094──アラン『芸術に関する101章』p.220〔傍点引用者〕
★095──前同〔傍点引用者〕
★096──A. モーロワ『アラン』p.8
★097──大森荘蔵『時は流れず』p.223
★098──アラン『思索と行動のために』p.282

THÉOSOPHIE
神智学 — これは一つの神学〔théologie〕であるが，礼拝〔culte〕や秘蹟〔sacrements〕からは切り離された神学である．そしてそのことが神智学をとめどないものにしている．気に入るもののすべてがそこに放り込まれる．すべては見事であり，すべては整えられる．一千年か一万年かのちょっとした遅れがあるだけだ．何ものも一瞬のうちにはなされない．それなのに，神学的には，すべては一瞬のうちに，一連の不可能なことどもを乗り越えて，なされる．人間は自由ではない，けれども自由となるはずである．悪は打ち負かされるはずだ，それでいて一歩も退かない．神〔Dieu〕は困惑している．神智学的な神は，この優しい名前が告げているように，とてつもない完璧さである．神智学的な推論というものは，絶対に，酒を飲まない人間のそれである．そういう人間は人がアルコールを飲むことが理解できない．酒を決して飲まない人間は人が相変わらず酒を飲むだろうことを否定し，この解決を将来へ持ち越す．なぜなら，酒を飲むことは不条理なのだから，いつの日か人はそれをやめるはずだから〔と考えるのである〕．しかし，不条理というもの，それが現存するものなのである．

　神智学というと，ブラヴァツキー夫人を中心とした，かなりオカルト的な雰囲気を持つ19世紀末から20世紀にかけての活動を思い浮かべる方がいらっしゃるでしょう．あるいはルドルフ・シュタイナーの「人智学〔Anthroposophie〕」を想い出す人もおられるかも知れません．アランは今回の定義でそういう具体的な運動には言及していませんし，神智学と言われるものは昔から，それこそ古代・中世からあるものなのです．代表的な人物としてアレクサンドリアのフィロン(B.C.20頃-A.D.50頃)を挙げることもできるでしょう．プラトンの「**哲学(PHILOSOPHIE)**」(▶**p.587**)とユダヤ教とを結びつけようとした人物です．他にも，新プラトン主義やキリスト教的グノーシス，さらにヤーコプ・ベーメなどのドイツ神秘主義，そしてユダヤ教神秘主義のカバラまで，その系統と考えることは可能です．まあ，しかし，そうしたことに深入りすることはやめておきます．アランの定義から読み取れるところに定位しましょう．

　アランは最初に「礼拝〔culte〕や秘蹟〔sacrements〕からは切り離された神学である」と言い切ります．「**キリスト教(CHRISTIANISME)**」(▶**p.160**)を思い浮かべればいいのですが，ミサを行い，そこでは例えば「**洗礼(BAPTÊME)**」(▶**p.116**)・聖体拝領・婚姻などといった「**秘蹟(SACREMENT)**」(▶**p.718**)が執り行われますし，それらについても神学的な議論を展開します．ところが，神智学はそういうものから切り離して「**神(DIEU)**」(▶**p.263**)について学的な考察をしようという立場だとアランは言っているのです．神智学の語源は，〈神(θεός)＋智(σοφία)〉なわけで，言わば神秘的な直観智によって神を知ろうとしているわけです．いわゆるグノーシスの異端が神智学系統に位置づくのもこうして考えると当然として理解できるでしょう．グノーシスとは，古代ギリシア語でγνῶσις，まさに「智」・「認識」であり，それも〈神と人間との本質的同一性〉とでも言われうるものの「認識」なのです．それをめざすことは，いわゆる正統派キリスト教からは異端と位置づけられたのです．そこで，そんな異端的認識が可能だと考える人たちがいるのは，まさに「礼拝や秘蹟からは切り離された」として「**神学(THÉOLOGIE)**」(▶**p.807**)を考えたからではないのかとこのへんを読んでみましょう．もう少し説明すると，〈「礼拝」はどのようにして行われるものか？〉，そして〈秘蹟とは，どういうものとして執り行われるものか？〉と問うてみるのです．礼拝については，次の引用がとても参考になります．

身体の構造によっておこなうもの〔ce que nous faisons par structure〕にかんしては，われわれは思考せずにそれをおこなう．しかし，しるしをまえにして，宗教と礼拝とによっておこなうもの〔ce que nous faisons devant le signe, par religion et culte〕にかんしては，われわれは真の注意をもってそれを思考するのだ．これは蜜蜂たちにおいてはけっして見られないものである．それが見られるためには，古い巣が礼拝の対象とならなければならない．要するに，コントの有名な表現にしたがえば，死者が生者を支配しなければならない．ただし，ここをよく理解していただきたい．遺伝される構造によってではなく，神殿，道具，図書館といった衣装によって．伝統はものであって，観念ではないのだ．★099

この引用で特に注意しなければならないのは，（物体的・身体的な）「構造によっておこなう」のではないにしても，「宗教(RELIGION)」(➤p.676)と礼拝とによっておこなう」場合にも，身体が使われるということです．最後の「伝統はものであって，観念ではない」という一文も，実はここに関わっている．逆から言うと，身体的な活動から離れて観念だけで，つまりは「智」だけで何とかなると考える立場もあるわけで，「神智学」の立場もその一つだと疑う余地がありそうなのです．それこそ，新プラトン主義の代表者である神秘主義的哲学者プロティノスは「自分が肉体をまとっていることを恥じている様子であった〔ἐφκει μὲν αἰχυνομένῳ, ὅτι ἐν σώματι εἴη〕」★100と伝えられているのが，こういう立場との関連で非常に興味深いことなのです．例の20世紀の神智学運動においても，様々な変容を通して人間の精神を物質から解放して神の知恵に還るといったテーマがあるようです．そこでは，認識や思★101

考は，身体を離れても可能であるかのように考えられているのではないか？　アランが次のように書いていたことを思い出しましょう．

　　自分の肉体からあまりに離れて考えることは，天使の真似をするにひとしい．たちまち，獣性が，われわれをつかまえる．★102

アランは，普通，人間が心と体を持つという意味での身体・肉体の話をしています．しかしながら，人間ではなく「天使(ANGE)」(➤p.082)は「精妙な身体〔corps subtil〕」を持つと伝統的には言われてきました．しかも，人間においてもそういうことが語られることさえあるのです．大陸合理主義の哲学者として有名なライプニッツでさえ，人間の「魂(ÂME)」(➤p.069)は死後どうなるのかといった議論に絡めて，魂が死ぬことはなく，微細な身体を伴って存続するのだとして，次のように書いているのです．

　　というのも，魂が，それぞれの仕方で有機化されて微細な身体〔corps subtil〕を常に保持していると言えないはずはないからである．しかもこの魂はまた，いつの日か〔死後の〕復活に際して然るべき可視的身体〔corps visible〕を再び獲得することであろう．福者には栄光の身体が許されているのだし，古代の教父は天使にも微細な身体を認めているからである．★103

みなさんにはあまりうまくイメージできないかも知れませんが，ライプニッツは例えば火葬して残る灰の中にさえ，魂は残るというのです．「灰だろうが他の物塊だろうが，私には，有機体を含むことができないものとは思われない〔ni cendres ni autres masses ne me paraissent incapables de

---

★099──アラン『プロポ 1』p.330〔傍点引用者〕
★100──ポルピュリオス『プロティノスの一生と彼の著作の順序について〔プロティノス伝〕』(『[世界の名著] プロティノス ポルピュリオス プロクロス』) p.89
★101──こうしたことと関連して，ベルクソンの「生の跳躍」(élan vital)

という観念が神智学からきてきたイメージであると言われるのも興味深いことです．(J.-L. ヴィエイヤール=バロン『ベルクソン』p.89)
★102──アラン『芸術に関する101章』p.130
★103──ライプニッツ「唯一の普遍的精神の説についての考察」(佐々木能章訳, 『[ライプニッツ著作集 8] 前期哲学』) p.127

contenir des corps organisés]」とまでライプニッツは書いています．人間，動物，草木そして鉱物もが「実体の核を〔einen Kern seiner Substanz〕持ち」，それは「死んでも〔capite mortuo〕」，そして「微細であって焼かれた灰の中にも留まる〔Dieser Kern ist so subtil, daß er auch in der Asche der verbrannten Dinge übrig bleibt〕」というのです．[105]

繰り返しますが，アランがこの定義で展開しようとしているのは，そうした煩瑣な神学的議論ではなく，私たちが普通理解している自分の身体です．神智学者たちからすれば，「**堕落**（**CHUTE**）」（▶p.163）した，粗雑な身体を使って，現に私たちは生活しているのです．ライプニッツは「粗雑な実体は神よりもむしろ世界を表出する，しかし精神は世界よりもむしろ神を表出する〔les substances brutes expriment plutôt le monde que Dieu, mais que les Esprits expriment plutôt Dieu que le monde〕」[106]と書くわけで，カバラ主義者とも交流を持っていたライプニッツの認識観がうかがえます．そういうあまりに神学的ないし形而上学的な認識観とは別の出発点を採ろうとするのがアランの一貫した姿勢です．「とめどない〔sans frein，つまりブレーキの利かない〕」神学的議論は避けるのです．それこそ，アランがコントから学んだ形而上学的段階から実証的段階への踏み出しを実行する．そうでないと，「気に入るもののすべてがそこに放り込まれる」からでしょう．〈魂の不滅〉も，「気に入るもの」のひとつでしょうし，ライプニッツ風の「最善観〔optimisme〕」は，「すべては見事であり，すべては整えられる」と考える典型的な姿勢です．ライプニッツによれば，神による世界の創造から絶滅に至る長い時間をすべて勘案して（つまり，予定調和として）なされるのが創造というものだからです．「一千年か一千万年かのちょっとした遅れがあるだけだ」とアランがこの定義で書いているのも，頷けるでしょう．プラトンもまた，想起説を語りながらこの地上とイデア界とを往還する魂を，それこそ万年の単位で語ったのでした．例えば，こんなふうに．

それぞれの魂は，自分たちがそこからやって来たもとの同じところへ，一万年の間は帰り着かない．それだけの時がたたないと，翼が生じないからである．

ただし，誠心誠意，知を愛し求めた人の魂，あるいは，知を愛するこころと美しい人を恋する想いとを一つにした熱情の中に，生を送った者の魂だけは例外である．これらの魂たちは，一千年の周期が三回目にやって来たとき，もし三回続けてそのような生を選んだならば，それによって翼を生ぜしめられ，三千年目にして立ち去って行く．[107]

この現実の世界では，「何ものも一瞬のうちにはなされない」のであって，それこそ生身の身体を用いた継続的な努力が必要です．しかし，そういう身体的努力など無視する神学的立場を採れば，「すべては一瞬のうちに，一連の不可能なことどもを乗り越えて，なされる」わけです．例えば，身体に閉じこめられたとでも言いうる人間は「自由ではない」のが現実だとしても，「自由となるはずである」と即座に肯定される．現実世界では悪は「一歩も退かない」のに，「悪は打ち負かされるはずだ」と主張されるのです．では，なぜ「神は困惑している〔Dieu est perplexe〕」のでしょう？　完璧なものがあるはずなのに，現実ではそうでないからでしょう．「神智学的な神は，この優しい名前が告げているように，とてつもない完璧さである」からです．言わば〈完璧なもの〉の方からの視線ですべてを観ているのです．プロティノスのいわゆる「流出論」は，すべてが「完全なる一者〔τὸ ἕν〕」から流れ出て，またそこに還っていくという，上からの哲学であったのです．しかし，上からの哲学には危険もあります．出発点として置かれた完璧さに照らして，そうでないものを切るという態度が生じうるのです．そして，この態度は決して普段の私たちから遠いところにはない．これまで何回も述べてきたような「体系」を前提とする考え方は，体系に照らして，それに合わないものを

切り捨てるのです．思想や政治の場面で言えば，異端審問であり，独裁政党による粛清です．ここに，科学まで読み込んで，ノーマル・サイエンスによる別の立場の断罪をも含めていいかも知れない．そこには寛容がない．この「**寛容（TOLÉRANCE）**」（→**p.818**）の無さをアランも今回の定義の最後で述べています．それが「神智学的な推論というものは，絶対に，酒を飲まない人間のそれである」という断言であり，「そういう人間は人がアルコールを飲むことが理解できない」という指摘です．しかし，「不条理というもの，それが現存するものなのである〔l'absurde c'est l'existant〕」という言葉は，アランの立場を見事に表しているものだと思います．不条理という言い方を，矛盾と言い換えてみると，アランの立場は，〈ある物事について考えることが矛盾に至るから当の物事は存在しない〉とは考えない立場ですし，また，〈ある物事について考えても矛盾しないなら当の物事は存在する〉とする神学的な考え方からも遠い．そうではなくて，むしろ，矛盾を立脚点とするかのような立場をここで想定するのもまんざら「**間違い（FAUTE）**」（→**p.350**）ではないでしょう．アランは，「一つの言辞が不条理だということから物事自体が不条理だとは結論せず，一つの言辞が不可能だということから物事自体が不可能だとは結論せぬ」★108 のです．「**信仰（FOI）**」（→**p.372**）に関してさえ次のように言います．

わたしは自分が信仰あつく，また真の敬虔というものを体していると思っている．なにも不条理を受け容れることを誓うというのではない．そうでなく，不条理の外見を克服しよう〔surmonter l'absurde apparence〕とつとめるがゆえであって，このことは，もしわたしがまずこれを修正してかかる〔je la corrige〕ならば，わたしには不可能なことなのである．★109

繰り返しますが，コント的な実証的段階への移行は，こうして生じるのです．体系を前提として，それに矛盾する事柄を切り捨てるのではなく，まさにそこにこそ，人間として考える事柄があると認めるのです．「不条理は私たちのあらゆる想念の発生の法則である」★110 とアランは書くのです．ですから，アランは出発点としての幼児を大切にします．完璧な大人から出発するのではないのです．アランがあくまでも「外界にたいする信頼」「**信頼（CONFIANCE）**」（→**p.189**）〕とでも言うべきものを抱き続けたのはそのようにしてでしょう．

外界にたいする信頼というものは，おそらく，アラジンの幻想的な世界に立脚しているのであろう．なぜそうかもわかっている．つまり，ここではもはや，ことがらの不条理さもそのことが存在しない理由とはならないからである．★111

TIMIDITÉ
臆病
— これは対象を欠いた恐怖〔peur〕，言い換えれば，想像されるような多くの危険を越えている恐怖である．人は，コンサート〔で演奏する〕前には，出撃の前の兵士と同じような，あるいは死刑執行の前の囚人と同じような，恐怖を抱くものである．それは，恐怖というものは，それがどんなに小さなものでも，それに注意を向けるや否や増大し

★104——*Lettre de Leibniz à Arnauld*, Gii 124（ただし，原文の綴りは現代風に改めた）
★105——*Brief von Leibniz an den Herzog Johann Friedrich*, Gi 53，ただし，原文の綴りは現代風に改めた）
★106——*Lettre de Leibniz à Arnauld*, Gii 124（ただし，原文の綴りは現代風に改めた）
★107——プラトン『パイドロス』248E-249A, p.186
★108——アラン『思想と年齢』p.92
★109——アラン『神々』p.246〔傍点引用者〕
★110——アラン『人間論』p.285
★111——同書, p.15

てしまうことに起因する．そして〔その増大は〕特にそれを諸々の理由〔raisons〕を用いて克服しようとするときに〔はなはだしい〕．〔その努力が〕当の恐怖を考えてしまうのである．臆病というものは，行動を前にした筋肉や気分の動揺にすぎないのだから，〔心で考えることではなく，身体の〕体操によってしか絶対に回復しない．休息という態度を取ることが肝要なのであって，あるいは，もしそれができないのなら，身体を実際の仕事に従事させることが肝要なのである．

　　臆病についても，これまでも随所で触れてきました．その註解をお読みになった方には，この定義が良いまとめとなるでしょう．
　　アランはまず臆病を「対象を欠いた恐怖〔peur sans objet〕」とします．そこで，〈対象を欠く〉とはどういうことかを少し具体化して，「想像されるような多くの危険を越えている恐怖」と述べるのです．「想像される〔s'imaginer〕」ならば，つまり〈イメージ〔像，image〕がしっかりと描ける〉ならば，それに対処する方策をそれなりに準備することもできるかも知れません．けれども，そういうことさえできないときに，人は「**恐怖**（PEUR）」（→p.582）を抱くわけです．対処のしようが無いという恐怖でしょう．いままでに経験したことがなかった事柄が，今，まさに生じようとしている場合には，こうしたことが容易に起こります．アランが「コンサート〔で演奏する〕前には」という例を挙げているのは，私には痛いほどわかります．高校生のころ，私はクラシック・ギターを習っていたのですが，その発表会で演奏を待つときには，それこそ観客の具体的な視線が想像もできず，手は強ばり，暗譜は飛んでいってしまいそうでした．実際，普段の「**練習**（EXERCICE）」（→p.333）のときの半分の実力も出せないで終わったのです．「出撃の前の兵士」や「死刑執行の前の囚人」の心理状態など，全然，私には想像もつきませんが，大変なものでしょう．ところが，ここで，アランは「同じような〔autant ... que ...〕」という言葉を使います．冷静な傍観者からすれば，「コンサート」と「出撃の前の兵士」や「死刑執行の前の囚人」との間には，重大さに関して歴然とした違いがあるはずです．しかしながら，当人してみれば，同じほどの激しい恐怖が感じられるのです．自分の想像を越えている事態に対する無力さという点では同じなのです．そもそも，想像ができる場合ですら，次のようなのですから，それを越えている場合の心の混乱はどれほどかということです．

　　　恐怖を感じさせるのは，まさしく想像なのである．それは，想像上の物の不安定さ〔l'instabilité des objets imaginaires〕のためであり，外観の結果でもあると同時に原因でもある性急な，中断された心の動きのためである．要するに，物の力によるよりも，物がわれわれに提供する貧弱な手がかりによる行動上の無力のためである．★112

　　それでも，当の恐怖そのものは私たちを放っておいてはくれません．とにかく，注意を引きつけて放さないのです．気がかりというか，今はそれしか考えられないといった事態なのですから．しかし，「恐怖というものは，それがどんなに小さなものでも，それに注意を向けるや否や増大してしまう」のです．気にすればするほど，恐怖は募るわけです．そういうスパイラルに取り込まれれば，もう「コンサート前」も「出撃の前」も「死刑執行の前」も，大した違いが見出せないほどに狼狽えるに至る．そういう混乱状態にありながら，それでもなお何とかしようとするとき，人はどんなことをするのかが次の話です．多くの場合，冷静になろうと思い直した上で，「諸々の理由〔raisons〕を用いて克服しようとする」ものなのです．★113 ところが，これが間違った対処だったりする．というのも，そうした諸理由の探求に失敗することが往々にして

あるからです．なぜなら，それは諸理由をただ頭で考えるだけだからです．実際，アランは，「〔その努力が〕当の恐怖を考えてしまうのである」と記しています．理由の探求における「**間違い(FAUTE)**」(▶p.350)などしばしばあるもので，アランの『幸福論』の最初のプロポにしてからが，そういう話題だったのです．赤ん坊が泣いているという話でした．

> 幼い子供が泣いてどうにもなだめられない時には，乳母はよくその子の性質〔原語はcaractèreなので，「性格」と私だったら訳したいと思います〕や好き嫌いについてこの上なく巧妙な仮説をたてるものだ．遺伝までひっぱり出してこの子はお父さんの素質を受けついでいるのだと考えたりする．そんなお手製の心理学にふけり続けているうちに乳母はピンを見つけたりする．そのピンが幼い子供を泣かせた本当の原因だったのである．[114]

実際には，安全ピンか何かの留め具が外れて幼い子どもの肌を刺していたわけです．それにもかかわらず，そういう物を探すことなく，「心理学」的考察だけを展開して乳母は問題を解決できない．それもそのはずです．「**性格(CARACTÈRE)**」(▶p.146)とか「遺伝」とかの話ではなくて，現実のピンの刺す痛みこそが原因だったのですから．今回の定義でもそれと同じような取り違えをしないようにアランが方向を指し示しているのが今回の定義の後半にある文章なのです．「臆病というものは，行動を前にした筋肉や気分の動揺にすぎない」というふうに，まず臆病の正体を見定め，だからこそそれに応じて可能な解決法を提示するのです．「体操によってしか絶対に回復しない」，と．体操なのですから，きちんと型を備えた，秩序だった行動が必要なのです．狼狽えてバタバタと無効な行動を取るのではありません．さらに，「休息という態度を取ることが肝要」だと断言します．しかし，〈休息なんて，そんな悠長なことを言ってはいられない〉のが，狼狽えた人の実際でしょう．それゆえにこそ，アランは，もしそれ〔つまり休養のことです〕ができないのなら，「身体を実際の仕事に従事させることが肝要なのである」と締めくくる．「実際の仕事」というのは，原語がtravaux réelsであることからもわかるように，réelつまり〈物に関わる〉ことこそが重要だということです．乳母が心理学に耽っているときに，ピンという物を見つけ出して，〈物としての原因〉が特定されるようにです．また，仕事とはtravauxなのですが，それはまさに物を相手にした「労働」なのです．臆病という事態に対処するのに必要なのは，考えることよりもむしろ行動であり，しかもその「行動する力は，まず絶えざる意志と，体操的な労働〔travail gymnastique〕とによって訓練される」といった類のものです．探求の努力をするにも，さらにまた解決の努力をするにも，そのやり方を間違ってはならないのです．

> だが努力を，メーヌ・ド・ビランがいったように，認識だけで考えてはいけない．同時にアランがよく労働という，厳密な意味における行動においても，考えなければならない．なぜなら，労働においてこそわれわれはもっとも，世界の実在を実感するからだ．[116]

そして，いかに自分が無力であっても，こうした「労働」を基礎に一歩一歩進まなければならないのです．「**神(DIEU)**」(▶p.263)でも，「**天使(ANGE)**」(▶p.082)でもない，人間にはそれしか道は無い．大人になってまで「**魔法(SORCELLERIE)**」(▶p.763)を当てにしてはならない，神話に身を

★112──アラン『思索と行動のために』p.336
★113──ちなみに，神谷訳はraisonsを「理性」と訳していますが，私はそれに従いません．単数のraisonならそう訳したかも知れませんが，ここは複数なので，「諸々の理由」とする方が相応しいと考えました．
★114──アラン『幸福論』p.10
★115──アラン『思索と行動のために』p.279〔傍点引用者〕
★116──G.パスカル『アランの哲学』p.113〔傍点引用者〕

任せてはならないのです．

労働と現実の試練とが欠けているところでは，世界も一つの夢に過ぎず，精神はまるごと，規則のない幻影に悩まされる．認識は想像力に支配される．すなわち世界は，情動，偏見，物語の，形をいびつにするプリズムを通して眺められる．スピノザの述べたところによれば想像力の認識は，たまたま真実に出会ったときでさえ決してほんものではない．なぜなら，その真実は，その場合，理解されることなく甘んじて受け入れられるに過ぎないからだ．外的な対象と闘わない思考は狂っている．精神は自分自身に任せられると，自分自身の奴隷となり，自分で自分の言葉にしばられ，自分の夢にだまされる．情念と狂気は本来まさにそういうものである．と同時に，不寝番をしたり頑張ろうとしたりしないで，なりゆき任せにするようなあらゆる思考もまた本来そういうものである．幼少年期の世界，他人が陰で糸をひいているこの純粋の見世物，これこそプラトンの洞窟である．★117

臆病を乗り越えるには，体操が必要なのです．

TOLÉRANCE
寛容 – 狂信〔fanatisme〕を，〔すなわち〕真理というものへのあの恐るべき愛〔amour〕を，克服する一種の賢明さ〔sagesse〕．

アランは『定義集』のなかで，「**狂信（FANATISME）**」（▶p.338）をも定義していました．そこには「真なるもの〔le vrai〕への愛を探究と調和させるのは難しい」という表現が登場します．今回の定義では「真理〔la vérité〕」ですが，同じくそういうものに対する「**愛（AMOUR）**」（▶p.076）が語られます．実質的には同じことを言いたいのでしょう．もちろんこうした「愛」は，今回の定義で言われるように，克服されなければならない．それこそ，それに囚われて身動きがとれなくなるような「恐るべき愛〔redoutable amour〕」だからです．〈この愛しかないのだ！〉，〈この愛を否定する者は許さない！〉といった愛です．まるでストーカーの抱くような愛．仏教風に言えば，〈囚われの愛〉，〈煩悩としての愛〉です．それこそ「愛別離苦」を強烈にもたらす愛．しかし，それを本当に愛と言っていいでしょうか？　とにかく，そうした愛に身を投ずることが「狂信」と断言されるわけで，それは克服されなければならないとアランは言いたいのでしょう．それを克服するところに「賢明さ」があるのだ，と．「賢明さ」とここで訳したのは sagesse です．「**知恵（SAGESSE）**」（▶p.721）とか「叡智」とか訳すことも可能な言葉です．実際，神谷訳は「叡知」と訳しています．私としては，「賢明さ」と訳した方がアランの真意に少し近づくような気がしたのです．では，もう少し具体的にはどういう「賢明さ」なのでしょう？　当然，真理にさえ囚われずにいるような賢明さでしょう．真理という何かできあがった絶対的なものが，自分の働きとは別のところにすでにあると信じるのをやめる賢明さと言ってはいけないでしょうか？　アランは「理性のほうが真理より重要だと私は信ずるのである〔la raison passe avant la vérité〕」と書きました．★118 ここでいう理性は，まさに〈思考という働き〉なのです．関連して，次の言葉も想い出しておきましょう．理性が，「**精神（ESPRIT）**」（▶p.322）という言葉に置きかえられていると考えれば，すんなりと理解できるはずです．

デカルトは，真実への愛〔l'amour du vrai〕こそ人に屁理屈を言わせる主要な原因であると言い切っている．精神は，対象を捉えはするがそれによって捉えられないというとこ

ろまで対象を統御するときに，はじめて力をもってくるのである．[119]

ところが，人間の理性・精神・思考のそういう働きや力など信じないで，むしろ自分とは関わりの無いところでできあがっているかのような真理の方を信じるという態度がありうるのです．例えば，次のように．

> 絶対的なものを求め，諸条件の総体を思い描き，こうして，あらゆる出来事は細大漏らさず定義づけられており，高度の知力があれば予測できるはずだとの結論に達するのが理性である．このように，観念の必然性を物にもち込むことによって，自由が否定される．[120]

いわば理性の探究こそが物の「**必然性(NÉCESSITÉ)**」(▶p.502)を明らかにするのですが，それによってかえって理性そのものが必然性の中に取り込まれるといった事例です．ジョルジュ・パスカルは，いま引用した文章のすぐ後にアラン自身の次の言葉を引用します．

> 人間は，どんどんこの罠にはまり，突然致命的な観念にとらわれる．つまり，人間が，これこれのことに遭遇した場合，死ぬか救われるかは，三角形の内角の和は二直角に等しいとか，円周率では小数点以下第何位

のこれこれの数字のあとには，これこれの数字がくるとかが必然であるのと同様に必然である，というのだ．彼らにはすべてが計算され，計量され，計測されているように見えるので，自分が積極的にここにいるということも自分自身が起こす行動も，もはや無視されてしかるべきものとなって，ゲームから降り，意欲をなくす．この意欲こそが大切なのに．それは，世界が実在するということを知らないからだ．それは実在するとはなにかということを知らないからだ．(E.B.M., in P.S., p.1329)[121]

ここには，狂信によって意欲を無くす人間の姿があります．そして，自分が意欲を無くすと同時に，いまだに意欲を棄てていない人間をあざ笑う．〈馬鹿なことを信じているものだ！〉，と．そこには断罪がある．寛容は無いのです．それは自分が自由を信じていないからといって，相手からも自由を剥奪しようといった態度なのです．そんな人間からは，私だったら逃げだしたい．それこそが賢明な態度だと思いますし，自分がそんな狂信を抱かないようにと「**警戒(ALARME)**」(▶p.058)することこそ賢明だとも思います．

あなたは，真理を選びますか？　それとも，自由を選びますか？　寛容というこの定義が問いかけているのは，そういうことでもあるのです．

TORTURE
拷問 ― 復讐するためにせよ，あるいは自白〔aveu〕を得るためにせよ，意図的に用いられる苦痛である．暴君は自分に刃向かう〔braver〕者をどうしても拷問するに至ってしまう．なぜならそれが刃向かう者を屈服させる唯一の手段だから．裁判官もまた，〔心の内をうかがわせないような〕不可解な人間によって挑戦を受けている〔braver〕と感じて，少なくともその者を動揺させたいと望む．あらゆる権力を一つの機能というレベルに引き下ろすことが，こうした残虐なやり方を自然に取り除くが，ほんの少しでも暴政が戻って

★117――O. ルブール『人間的飛躍――アランの教育観』pp.78-79〔下線引用者〕
★118――アラン『人間論』p.315
★119――アラン『教育論』p.188
★120――G. パスカル『アランの哲学』p.108
★121――同書, pp.108-109〔傍点引用者〕

819

くると途端にそういう残虐なやり方を復帰させてしまう．

　冒頭の文章は何の説明も要らないでしょう．拷問とは「復讐するためにせよ，あるいは自白〔aveu〕を得るためにせよ，意図的用いられる苦痛である」と言われれば，なるほどそんなものだろうなと誰でもが思うはずです．興味深いのは，この「復讐」と「**自白（AVEU）**」（►p.110）を，どうもアランは「暴君」と「裁判官」とに対応させて語っているようにも見えることです．「暴君は自分に刃向かう〔braver〕者」を拷問する．なるほど．しかし，「それが刃向かう者を屈服させる唯一の手段」だというのはなぜでしょう？　いや，次のように問うてみましょう．屈服させる（はずかしめる）〔humilier〕には一般にどんな手段があるのか，と．そもそも屈服させるということは，〈相手を低いところに落とすこと〔abaisser〕〉でしょう．例のフランス語類語辞典には次のような記述があります．

　　Humilier, abaisser quelqu'un devant l'opinion d'autrui ou dans l'opinion qu'il a de lui-même, en lui faisant sentir sa faiblesse, son indignité, ou ce qui, dans le sentiment qu'il avait de sa valeur, était excessif.[★122]（**はずかしめること**，誰かを，他人の見解に照らして，あるいはその当人の抱く見解において，自分の弱さ，自分の欠格，あるいは当人が自分について持っていた感情において行きすぎていた事柄を知らしめることで，貶めること．）

　暴君は〈自分に刃向かうなんて思い上がりだ〉ということを拷問という苦痛を与えることで相手に知らしめようとするわけです．暴君というのは，まさに力で支配しようという人物なのですから，刃向かう者に対して復讐的に力によって知らしめるのが唯一の手段というのも分かる気がします．では裁判官はどうなのでしょう？　検察の取り調べではないのですから，自白を強要するとかいうことがここで話題になるのではありません．しかしながら，「〔心の内をうかがわせないような〕不可解な〔impénétrable〕人間によって挑戦を受けている〔braver〕」感じは，裁判官としても抱くかもしれないものでしょう．すると「少なくともその者を動揺させたい〔émouvoir〕と望む」とアランは書きます．平気な態度を取っている被告を動揺させてみたい，というわけです．さて，こういう事態が，どうして拷問と関わってくるのでしょうか？　つまり，裁判官はそういう人物に〈意図的に苦痛を与えている〉などと，言えたりするのでしょうか？

　もちろん，ここで思い出すべきは，これまでも何回か触れてきた「**論理（LOGIQUE）**」（►p.439）であり，「**証明（PREUVE）**」（►p.655）であり，「**雄弁（ÉLOQUENCE）**」（►p.294）というものです．復習しましょう．アランはそういうものについて次のような見解を持っていました．

　　打破されることのないものと想定された一つの原理から出発する証明，議論または演繹，要するに論理のすべての方法は，この論理という言葉がよく表わしているように，もともと雄弁の方法に属するという考え方である．[★123]

　　雄弁が時間のうちに展開されるものであり，またそれだけの理由によって，原理から帰結への進行を**強要する**…〔後略〕[★124]

　例えば，法廷で議論をはぐらかすような態度を取る被告に対して，裁判官が論理を駆使して追い詰めるといったシーンを思い浮かべるのもいいでしょう．論理を駆使されている方の被告は，はぐらかそうとする自分の言い様が裁判官の論理的な問い詰めによって維持できなくなり，ついには，さきほどの類語辞典にあったように，「自分の弱さ」・「自分の欠格」を認めて，屈服させられてしまうということがありうる．そういうことです．

　暴君は政治的権力を，まさに力で行使する．裁判官は法的な論理の「**必然性（NÉCESSITÉ）**」（►p.502）とでも言うべきものを推論によって明らかにし

つつ司法的権力を行使する．両者とも権力を行使しているのですが，重要なのは，その権力を行使する人物が，当の権力を笠に着て必要以上のことをやってしまいがちだとアランが考えていそうなことです．それゆえにこそ，今回の定義の続きには，「あらゆる権力を一つの機能というレベルに引き下ろすことが，こうした残虐なやり方を自然に取り除く」と書かれるのです．権力はあくまでも「機能〔fonction〕」だと考えることの重要性をアランは主張したいようなのです．このことを理解させてくれるためのヒントとなる文章を，例えば原亨吉氏はアランの『人間論』の訳註の中に記しています．次のものです．

> アランによれば，政治の本来の目的は衣食住という基本的な生活の保証にあり，秩序はその条件となる．そして，この線にとどまるかぎり，政治はとくに人々の関心をひくものではない．けれども，人間の本性，とくに情念の本性から，政治はこの正しい線にとどまりえないというのが事実であり，ここにアランの政治批判が始まるのである．[★125]

「政治はこの正しい線にとどまりえない」で，どこに行くのでしょうか？　もちろん，繰り返しますが，権力を笠に着て強要する態度へです．そして，そういう態度の下で用いられる手段こそは広い意味での拷問であることを，今回の定義は示しているのです．時として，論理が人を圧迫することに思い至れば，このことは理解しうるはずです．それに従わざるを得ないかのように人々に感じさせるのです．例えば，アランは次のように書いていましたよね．

> ギリシア人およびローマ人は，雄弁という形式で，ものを考えた．理性と言葉．これはギリシア語では，ロゴスという同一の単語

であった．そして，ロゴスが，神であった．時代の隔絶によって，われわれは，そのことを，ようやく，知り始めた．彼らの「然り」「否」の論理は，あきらかに，法廷の論理である．このため，いまなお，われわれは，同じ事象について，「然り」「否」の二つを同時に答える羽目に陥った者は，まちがっているのだ，というふうに，一方，自分の言葉の前後の辻褄を合わせている者は正しい，というふうに信じている．信じていないまでも，ともかく口では，そういわざるをえなくなっている．しかし，冷静に考えてみれば，これは奇妙な思想である．弁護士の思想か，さもなければ，裁判官の思想である．[★126]

もちろんのこと，そういうものではない思想がありうると考えているからこそ，こんなふうに彼は書いたのです．では，論証とかを第一とは考えないような思想などあるのでしょうか？　あると思います．それは，論証とか推論とかに対して，判断をこそ第一と考える思想です．それが，アランの政治的な立場である「ラディカリズム」とも関わっていることに触れておきましょう．**社会主義（SOCIALISME）**（➡p.742）を批判するときにアランの考えていることは，まさに「論理」と関わっていることに注意が必要なのです．「社会主義者の体系は論証のもたらしたものである．ラディカルな政治は判断の政治である」[★127]とジョルジュ・パスカルは述べましたが，そのことです．論証は，まさに証明という仕方で，論理的必然性を強要するのでした．つまりそれを駆使する者は，論証・推論の前提の位置に置かれるものを，相手の人間に強制するのです．それはそれで，やはり力を行使することであるというのはわかりますよね．次の引用にあるように「上から下に」なのです．

★122——H. Bénac, *op.cit.*, p.461
★123——アラン『諸芸術の体系』p.6〔傍点引用者〕
★124——同書, p.7〔傍点引用者〕
★125——アラン『人間論』p.270 註3〔傍点引用者〕
★126——アラン『芸術に関する101章』p.220
★127——G. パスカル『アランの哲学』p.295〔傍点引用者〕

821

悪評頻りな推理という名は，上から下に向う想念に任せておいて，判断は常に下から上に向い，刻々に幼さから円熟に向う，と言おう。[128]

そうであればこそ，アランは独自の，「判断をあくまで推論より上に置くデカルトの解釈〔l'interprétation de Descartes qui met le jugement tellement au-dessus du raisonnement〕」[129] を重要視もし，「なんら推論のたすけをかりずに判断〔juger sans aucun secours du raisonnement〕」[130] せねばならないとまで書くのです。「判断力〔原語は jugement です。私なら，「判断」と訳したい〕」という観念はアランの哲学と，アランが哲学についていだく考え方そのものとの中心にある」[131] とも言えそうです。アランの方法そのものに関わるのです。

「なにか，理論や証拠をはるかに超えるものがある。それは判断だ。力である判断だ」(Préface à la *Politique* de René Château, p.V).

これによってアランの方法の説明がつく。彼は，哲学者たちが習慣としてやるような，論拠に論拠を重ねて自分の観念を打ち立てることをまったくやろうとしない。それよりも，自分の観念を，あたかも現実がもっとよく見える眼鏡のように示す(cf.*C.P.*, p.148; *PL II*).[132]

アランのこの『定義集』が，まさにそういう眼鏡のような観念の集まりだということがわかります。

さて，拷問にまで手を出しがちな権力というものをあくまで拒否すること．それがアランの姿勢です。そういう権力から身を引いて「異議申立てをする」というスタンスが，次の文章のように，アランのラディカリズムにはあるのです。

どんな力もないこと，どんな権力もないこと，それこそが精神的権力にとって異議申立てをする力のすべてになっている．要職にある人間を批判できるには，その地位を狙わないという条件がなければならない．勝負の審判をする者は，この勝負に参加しないという条件がなければならない．精神は支配しようとすると，激して制御の利かなくなった情念によって，自分自身が支配されてしまう．精神の唯一の役割は，光を，あらゆる光を，当てることだ．[133]

その立場は，政治的ではなく哲学的姿勢と言うべきものなのです。

彼がラディカルと呼ぶこの政治が，党派の政治ではないことだ．この政治は，教義と同じく姿勢をも定義づけるものであり，この姿勢は道徳的な，すなわちけっきょく，哲学的な姿勢なのである．[134]

そして，そのラディカリズムは「彼の個人主義」[135] であって，それは時として宗教的とも言えるようなものなのです。

はっきりしているのは，アランのラディカリズムが，社会主義的というよりもキリスト教的であるということ，いい方を換えれば，マルクス主義的というよりもプラトン的であるということだ．ちなみに彼自身，「それはまさしく宗教である」(*P. N.* 〔一九一一年六月二五日〕)といった．[136]

あくまでも，「下から上に」，判断を下しつつ，自らを「刻々に幼さから円熟に向」わせること，それこそは，まさにプラトン的なあり方ではありませんか？

TRAGÉDIE
悲劇 – 悲劇とは，不安，絶頂，落着から成る一つの危機〔crise〕である．この危機は言葉によってますます激しくなる．黙っているべきである事柄を急き立てられるかのよう

に言ってしまうところに，すべては起因する．息をする暇さえもそこでは必要としない〔かのよう な〕のだ．〔しかし〕一晩も経てば，あるいはちょっと休息でもとるだけでも，諸情念〔passions〕は鎮まるだろう．悲劇を少々継続させる〔faire durer〕ものとしては，詩句しかない．こうした危機に際しては，報復的な言葉やあからさまな口論を疑ってかかるべきである．そこから，沈黙という修道士的な規則が理解される．結局のところすべてのうちで最も危険なのは独白である．そこから〔当の独白に対立するものとして〕歌と祈り〔prière〕とが出てくる．詩〔poésie〕は宗教歌と叫びとの中間である．

　悲劇を一つの危機〔crise〕と捉え，しかもそれは三つの構成要素から成るという構造を持つとアランは書いています．悲劇的な実際の出来事も，また芝居としての悲劇をも，アランは語ろうとしているのでしょう．どちらにしても，漠然とした予想が不安をもたらし，それが嵩じて絶頂に到り，そして，予想通りにせよそうでないにせよ，ついには出来事が決着をつける．そういう構造です．そこには「**時間**(TEMPS)」(▶p.800)の経過に伴う進行と解決がある．しかも，そこに「**情念**(PASSION)」(▶p.544)が絡んでくるのです．「あらゆる悲劇において，情念が質料であり，時が形式である，ということもできよう[137]」という言葉もそこにおそらく位置づくはずです．しかし，もしそうだとすると，どんなふうに情念が絡んでくるかが問題ですよね．私は，アランがそこに言葉というものを位置づけていると考えます．「この危機は言葉によってますます激しくなる」と彼が指摘する理由を観たいのです．実際，演劇はそれをこそ利用するのでした．その一例を，彼は次のように掲げています．

　　そこで情念がどのように時をみたすかを吟味しなければならない〔Il faut donc examiner comment les passions remplissent le temps〕．まず第一に，情念自身に対する命令，予言によって，または前兆と夢の解釈によって，とくに神託，予言の力によって．こうしたものが現われてからは，情念は宿命論的観念の下に大胆に展開するのである．「マクベスどの，ゆくゆくは王さまとならっしゃる」[138]．

　神託であれ，「**予言**(PRÉDICTION)」(▶p.643)であれ，言葉が情念に働きかけて〈時を満たしていく〉のです．演劇ではない現実の生活においても，自分で自分に対して予言とでもいうべきものを与えて，その中に取り込まれ，そうして自分の時を満たしていくことなどいくらでもある．予言をしておいて，それを待ち受ける態勢を創ってしまうのです．そのようにして予言をすれば，恐れは募るのです．アランが次のように書いていたことを思い出しましょう．

　　恐れに対する恐れははてしなく恐れをつのらせるが，反対に，この恐れを恐れなくなり，結局，恐れに思いをよせなければ，恐れもたいしたことにはなるまいからである．自分の将来を予言しないことだ[139]．

　　恐るべき想念，自己から自己への不吉な予言の実行者となること，これが私たちのあやまちのふつうの姿なのである．

　情念は一個の予言であり，人間の身体か

★128——アラン『思想と年齢』p.391〔傍点引用者〕
★129——アラン『人間論』p.321
★130——アラン『芸術論集』p.152
★131——G. パスカル『アランの哲学』p.59
★132——同書, p.61
★133——O. ルブール『人間的飛躍——アランの教育観』p.28
★134——G. パスカル『アランの哲学』pp.292-293
★135——同書, p.300
★136——同書, p.305
★137——アラン『諸芸術の体系』p.183
★138——同前
★139——アラン『人間論』p.211

823

らたちのぼる神託とも言える。[140]

　演劇の中では，そうした予言的な台詞の遣り取りが効果的に用いられるでしょうし，主人公の独り言においてさえ用いられるでしょう。例えば，シェイクスピアの『ロミオとジュリエット』で，二人が最初に出会う舞踏会のシーンに現われる次の言葉のように。

> ROMEO : I fear, too early, for my mind misgives
> Some consequence yet hanging in the stars
> Shall bitterly begin his fearful date
> With this night's revels, and expire the term
> Of a despisèd life, closed in my breast
> By some vile forfeit of untimely death.
>
> ロミオ：いや早すぎるのかも知れない．胸騒ぎがする．今のところまだ星にかかっている何らかの重大事が，今夜のこの宴をきっかけに恐ろしい約束の時を激しく働かせはじめ，俺の胸に閉じこめられている忌まわしい生命の期限を，早すぎる死という卑劣な剥奪という形で満了させることになるのではないか．[141]

　言葉に出してしまうという仕方で，今の時を満たせば，それに応じた瞬間が次々に訪れる．情念が嵩じていく各瞬間のことです．情念は，私たちを引きずり，「息をする暇さえもそこでは必要としない」かのように，急き立てられていく．「苦痛がひどくなるのは，われわれが苦痛についてのありとあらゆる理由を考え，そうすることでいわば急所にさわるからこそ生じるものに他なるまい」[142]といった瞬間が続いていくのです．しかも，それを言葉に出していけば，確認するかのような手続きを遂行していることになるに違いありません．急き立てられた人物は情念に対応した言動に走るのが常なのですから．だからこそ，走らないで，休むことが必要だとアランは言うのです．今回の定義で，次に

「一晩も経てば，あるいはちょっと休息でもとるだけでも，諸情念〔passions〕は鎮まるだろう」と記されるのはそのためです．

　ところが，アランはそれに続けて「悲劇を少々継続させる〔faire durer〕ものとしては，詩句しかない」という話をします．これはどういうことでしょう？　神谷訳は faire durer を「長引かせる」という日本語にしています．こう訳すと，私には少々ネガティヴなニュアンスが感じ取られてしまうのです．しかし，そうだとすると，「詩句」はネガティヴな働きをするとアランは言いたいのでしょうか？　そうではないと思います．アランは「詩(POÉSIE)」(▶p.606)について語るときに，叙事詩を典型として掲げるのですが，そのあたりを少し追ってみましょう．ホメーロスの『イリアス』です．それはトロイア戦争の記憶をまずは保存するものでさえあったのです．「詩は記憶術〔mnémotechnie〕である」とまでアランは書いています．[143]

> トロイア戦争のことは忘れられる運命にあった．忘れたくなければ，歌にしなくてはならなかったのだ．詩というものは記憶の努力であり，そして記憶の勝利なのであった．[144]

　それでは，記憶することで，その過去の事柄の脇にずっとたたずんでしまうのでしょうか？そうではありません．それは過去にこだわり続けることですから．そうではなくて，過去をしっかりと見据え，しかもそこから身を引くことが必要なのであり，それをこそ見事に叙事詩はやってみせるのだとアランは言いたいのです．過去を水に流すかのように忘れるのではなく，過去を見据えた上でそれを透明化するとでも言いましょうか．

> 追憶を改めて見直し，追憶に別れを告げること，それが人生の均衡そのものを保つことである．それは自己を認めながらも自己から退くことである．そこから，この進み行

く追憶のうちにひそかな崇高の感情が生まれる．それはすでに叙事詩的な動きである．★145

こういうことに成功するのは，言葉が詩句という形式を採るからでしょう．叙事詩の韻律としてのヘクサメトロンに厳密に従いながら，詩は進行していくのです．それこそ次のような動きがそこでは感じ取られる．

> 詩的な動きがわれわれを押し流す．決してとどまることのない，しかも注意すべきことには，決して急ごうともしない，あの時間の足音を聞かせてくれる．われわれはふたたび，あらゆる人間やあらゆる事物の行列の中におかれる．普遍的法則にふたたび従う．すべての事物の結びつきや必然性を体験する．われわれは不幸を乗り越え，不幸をうしろに置き去りにする．新しい時間，不幸がすでに過去のものとなった時間の中へ，いやおうなしに送り込まれてしまう．それだからこそ，詩の中には常に慰めの響きが聞こえるのだ．★146

詩的な動きは，情念に駆られた人間のように急ごうとなどしないのです．今回の定義に登場する「報復的な言葉やあからさまな口論」がどんな進み方をするか想像してください．急き立てられ，相手がいたところでその人物にはしゃべらせるものかといった姿勢が眼に浮かぶと思います．それゆえにこそ，そこで発せられる言葉を疑ってかかるべきなのです．「沈黙という修道士的な規則」は，言葉を発することに伴う危険を知り尽くしてこそ理解されるものでしょう．私はカトリック系のミッションスクール出身なのですが，そういう「沈黙」という修行の実際を観察したこともあります．まさに沈黙と「祈り〔PRIÈRE〕」（→p.660）と労働こそが修道士の生活なのです．それに対して，沈黙せずに，それこそ相手もいないのに言葉を発することが「独白〔monologue〕」でしょう．それが「最も危険」だとアランは言う．さきほど私が，〈自分で自分に対して予言とでもいうべきものを与えて，その中に取り込まれ，そうして自分の時を満たしていく〉と述べたまさにそのことを，つまりは〈確認するかのような手続き〉を，独白は遂行するでしょうから．それはノイローゼ患者の悲劇でもあるのです．

> ノイローゼ患者とは何だろう．それは考えこむ人間である．つまり，知識があり，自分の意見や感情に細心の注意を払う人である．注意を払うという意味は，自分の意見や感情の見物人になるということだ．ここにこそ，自分の意見を自主的に選び，積極的に持とうとする代りに，ただ確認しようとする狂気が存在する．★147

「歌と祈り」はそれに対立する．歌い，祈る人間は，もはや見物人ではないのです．表現へとコミットしている．しかも，整えられた表現へとです．「報復的な言葉やあからさまな口論」のような，美しくもない表現に加担しているのではない．詩は，そういう見事な表現を独自の仕方でとことん推し進めるのです．「宗教歌と叫びとの中間」にありながらです．

> 脚韻が折よく音をとらえ直す．律動が希望を担う．抵抗する散文はもういちど征服される．これが，音楽においては計画のみにとどまっていた〔n'était qu'en projet dans la musique〕叙事詩というものの真実である．こうして詩人は，二重の言語を用いて不幸の真近まで近づくが，そのなかに身を投じることはない．★148

★140──同書，p.247
★141──引用者試訳
★142──アラン『幸福論』p.23
★143──アラン『思想と年齢』p.336
★144──アラン『文学折りにふれて』p.83
★145──アラン『芸術について』p.88〔傍点引用者〕
★146──同書，p.95〔傍点引用者〕
★147──アラン『裁かれた戦争』p.116〔傍点引用者〕
★148──アラン『プロポ 2』pp.178-179〔傍点引用者〕

825

U

UNIVERSALITÉ
普遍性 ― 〔人々が物事を〕理解するや否や，そして情念〔passion〕に囚われなくなるや否や，当の物事について万人によって認められるような特性〔caractère〕である．幾何学は普遍性の一例である．契約〔contrat〕というものはそれを締結する者の一方が他方に比して無知であるならば無効となることも，また普遍的に認められている．勇敢な人間が高く評価されるということも，普遍的にそうである．勇敢な人とは，言い換えれば，危険があろうとも，そのことが自分の決断したことを実行するのを思い留まらせたりはしないような人のことである．普遍性は理性に劣らず感情〔sentiment〕においても理解される．美〔beau〕は概念無しに普遍的に喜ばせるものである（言い換えれば，直接的な感情によって，理性によってではなく）と，カントは言う．

「理解する〔comprendre〕や否や」とは言っても，いわゆる知的な理解だけには留まらず，さらにまた「感情（SENTIMENT）」（►p.732）の領域についても言われることは，この定義の最後のあたりで，明確に指摘されます．そこではカントの名が挙げられるのですが，「美（BEAU）」（►p.120）についての考察，つまり「美学（ESTHÉTIQUE）」（►p.324）においても普遍性は語られるとカントは考えるのです．「蓼食う虫も好き好き」とか言って，変な相対的立場に身を置いてこと足れりというふうにはしない．そうでなければ，美学も何もあったものではないでしょう．ただしアランは即座に「そして情念に囚われなくなるや否や」とも書いていることに注意してください．例えば，知的な場面で言えば，次のようなアランの言葉があります．

　注目すべきことだが，ひとは，道理にささえられ〔appuyée de raisons〕，明瞭な言葉で表わされた〔en paroles explicites〕意見に対しては，無言の意見に対するよりも強く抵抗するものだ．[★001]

　この言葉と，「情念にかられた人に限って，情念について書かれたことを一語も信じないものである」[★002]というアランの一文とを合わせて考えてみてください．物事について書かれ・語られることが正しいかどうかなど，「情念（PASSION）」（►p.544）に囚われている人間にとってはどうでもいいことなのです．その正しさを確かめる気もないし，それができる状態にもないのですから．

　頭を両手でかかえて，知覚せずに事物について考えることこそ，情念固有の狂気である．そのとき思考は，すべてを信じるかいっさいを信じないかのあいだで揺れ動き，なにひとつ検証する〔s'assurer〕ことはできない．[★003]

　他人など，存在しないも同様なのです．まして，〈万人〔tous les hommes〕がどうのこうのなど，自分には関係がない，放っておいてくれ！〉といった状況です．自分に閉じこもった心理状態と言うべきでしょう．〈普遍性だって？　そんなものはただ君が信じている程度のことだ！〉と，そういう人間は言うかも知れない．前にも引用したニーチェの言葉のように，「真理とは，それなくしては特定種の生物が生きることができないかもしれないような種類の誤謬である」[★004]とうそぶいていればいいのかという態度選択がこ

826

こにはあります．アランはむしろ，モンテーニュと同じように，すべてを信じる方を採るのです．

> すべてを信じることの方がいっそう安全なのだという帰結を，わたしはここから引き出す．これは信ずるすべを学ぶことであり，また自分の信じることのなかに決して閉じこめられてしまわないことである．[★005]

注意してほしいのは，「普遍性」を楯にして，それとの比較の下に，普遍性からは外れると考えられるものを断罪してはならないということです．実際，今しがた引用した文章の直前に，アランはまさにモンテーニュの名を挙げながら次のように述べていたのでした．

> むしろわたしは，モンテーニュ流に，ひとの語るところはすべて，ごく些少の細部にいたるまでも，これを信じるようにしたいと思う．ただし，つねに留保つきでであり，信じがたいものと信じうるものとに対して，おなじ不信を，お望みなら，おなじ信頼を保持してである．これは問題を開いたままにしておくことである．[★006]

普遍性や客観性を楯に，人に自分の信じるところを押し付けてはならないとでも言っておきましょうか．真理の名の下に，他人に改宗を迫っても無理なのです．

> 証拠にたいしては，――柄をつかめるような証拠を言うのだが――用心せねばならぬ．証拠というものは，つねに一個の武器にすぎない．人は悪い証拠のまえから逃げ出す以上によい証拠のまえから逃げだし，自明の理にたいして殻を閉じる．[★007]

確かに，アランが今回の定義の中で書いているように，「幾何学は普遍性の一例である」と言えるかも知れません．さらに，もっと一般的に数学は誰もが認める「永遠真理」の一例であると言われるかも知れません．しかしながら，それをさえも「方法的懐疑」の対象にするデカルトの姿勢の理由を，少なくとも問うてみる必要はあるでしょう．それは信じるということそのものをさえも吟味にかけるような徹底した姿勢なのです．何も普遍性に食ってかかろうというのではない．そうではなくて，普遍性を笠に着て方人という圧力を個人に加えても，何にもなるまいということです．それくらいなら，モンテーニュのように「問題を開いたままにしておく」方が，よほどマシなのではないか？　もちろん，日常生活において，そこまで徹底した懐疑を遂行する暇も必要もないことは，デカルト自身，十分知っていたことです．そうであればこそ，あれほど周到な準備をした上での懐疑だったわけです．アランが，今回の定義でそれほどまで議論を深追いしているとは私も考えていません．けれども，情念と普遍性という対比は，看過できないものとして，少々触れておいたのです．

さて，実際，アランは日常生活を送る際に重要な「契約〔contrat〕」の例に普遍性を持ち込みます．「契約というものはそれを締結する者の一方が他方に比して無知であるならば無効となること」は，社会生活において「**平等**〔**ÉGALITÉ**〕」（►**p.288**）を語るには不可欠の事柄でしょう．ここまで述べてきたことと密接に関連することをアランは「契約」に絡めて書いています．

> なん人かの賢者は，どのような平等が自分たちをより正しく，完璧に正しくできるのかを追い求めた．たとえば彼らは，契約と

U
★001――アラン『幸福論』p.243
★002――アラン『思想と年齢』p.231
★003――アラン『プロポ 1』p.407〔傍点引用者〕
★004――F. ニーチェ『権力への意志（下）』p.37
★005――アラン『神々』p.18〔傍点引用者〕
★006――同前〔傍点引用者〕
★007――アラン『人間論』p.129

いうものが，契約当事者の一方の側の無知とか無力とかによって不公平が助長されることに気がつき，知識と力の平等ということによって定義される公正な契約という考えをもつようになった．以来彼らは，実在しない，またこれからもけっして実在しそうもない完璧な契約というものに注目する．そしてこれを手本とし，率直に，奴隷は不正であった，農奴は不正であったなどと述べる．いいかね，正確に描写するのが好きな君のことだ，人間という動物を記述するとき観念を忘れないように．それこそ人間の鉤爪であり，人間の吠え声である．(P.N. [一九一〇年六月十五日])★008

　この文章が引用される著書の中でジョルジュ・パスカルは，その引用に続けて次のように書くのです．

　　観念とは理想だ．そして日常使われていることばの意味で理想とは，完全なものであると同時に，実在しないものである．価値とは，精神に属するものであり，実在といっしょにしてはいけない．★009

　ところが，普遍性を主張する者たちの中には，理想は実在すると言ってしまいたくなる人が多い．アランはそういう立場には立たないのです．そうであればこそ，**理想**(**IDÉAL**)(➡p.402)の典型のようにも見えるプラトンのイデアについてさえ，「イデアは事物が存在するように存在する」と考えるのは「性急なイデア論〔un idéalisme trop prompt〕」だと言ったのでしたよね．20世紀に盛んに問題とされた，プラトンにおけるいわゆる〈イデア論放棄問題〉にも光を投じる解釈が実はアランの中にはあるのです．少しだけ確認しておくと，分析哲学に大きな影響を受けた西洋古典研究者が次のような議論を展開したのでした．★010

　『パルメニデス』のテクストに忠実にしたがいながら，そのイデア論批判を分析哲学者らしく記号的に整理し，イデア論の含む論理的な誤りを「セルフ・プレディケイション」(self-predication)という言葉で指摘して学界をにぎわしたのはG・ヴラストス(Gregory Vlastos)である．★011

　もちろん，こういうヴラストスらの議論に同意しない人々はいくらでもいるわけで，日本の藤沢令夫もそのひとりです．彼は，プラトンに対する，アリストテレスによる誤解・無理解を指摘しつつ次のように書いたのでした．

　　プラトンのイデア論の思想を，ほかならぬ「主語・述語＝実体・属性」の記述方式をはじめとして，そういうまったく異質の概念的枠組を通して解釈する傾向が抜きがたくあって，そのために，イデア論は大きな誤りを犯しているとか，あるいはプラトンが自分のイデア論の誤りに気づいて，のちになってそれを捨てたとかいったような議論が横行する…〔後略〕★012

　しかしながら，だからといって，次のように言ってしまえば，イデアが今度は吟味なく立てられてしまうことにはならないかと考える必要もあります．

　　「これは美しい」と語られる事態を哲学的に正式に記述する命題は，もはや『パイドン』で表明され『パルメニデス』で批判されたような，「この或るもの(X)が〈美〉のイデア(Φ)を分けもつことによって，美しい(F)」という命題ではありえず，窮極的には，「場のここに〈美〉のイデア(Φ)の似姿(F)が現われている」という，「場の描写」的な記述でなければならない…〔後略〕★013

　年代的にも思考のスタイル的にもそんな学界の議論など知るよしもないアランは，さらっと

次のように書いたのです.

> 思考の動きがイデアのすべてであって, 知的な対象〔objet intellectuel〕も, イデアの名に値するような存在〔existence〕も所与〔donnée〕もまったくない, ということもありうる.[★014]

対象としてイデアを立てた途端に思考の動きは止まってしまうと言ったらいいかも知れません. それゆえにこそ, 理想という観念の動きを実在から区別したのだ, と. そう考えれば, 例の〈イデア論放棄問題〉は, 次のように語られることになるのです.

> たぶん『パルメニデス』の反省のような『ソフィステス』のきびしい分析は, イデアは存在者〔êtres〕であるという意見から私たちを永久に切り離すためのものだろう.[★015]

こうした分析は, 「イデア」を近代において「観念(idée)」という仕方で吟味したとも言えるデカルトについて福居純先生が次のように書くのと一致するように私には思われるのです.

> 何であれ事物を思惟する際の〈働き〉そのものの〈完成態〉としての思惟が問題なのであって, 当の思惟を事物という仕方で規定する——思惟が事物を外的対象として志向する——ことが問題なのではない.[★016]

「完全な契約」もそうであるように, 実在しない「理想」を, 実在しない「完全なもの」を, 追い求める思惟の働きこそが, デカルトにとってもアランにとっても出発点なのでしょう. そう思うと, アランが今回の定義で, 次に「勇敢な人間」に触れることを, つい深読みしたくなってしまう私がいます.「勇敢な人とは, 言い換えれば, 危険があろうとも, そのことが自分の決断したことを実行するのを思い留まらせたりはしないような人のことである」とは, まさに例えばあるかどうかもわからない〈「徳(VERTU)」(►p.850)そのもの〉を追い求め続けたソクラテスの姿に重なってくるのです. そういうものが, 「イデア」と呼び換えられるかどうかはどうでもいいことのように私には思えます. そして, 彼のその生き様そのものが, 書物ひとつ著しはしなかったソクラテスの言わば〈人格美〉を表わすものとして, 多くの人に感銘を与え, 西洋哲学のおおきな流れを創っていったのでしょう. そういう美も,「美は概念無しに普遍的に喜ばせるものである(言い換えれば, 直接的な感情によって, 理性によってではなく)」と言ってはならないでしょうか? もちろん, カントが主として掲げる美は自然美であったことは承知しています. しかしながら, カントの次の言葉を読めば, そこに「勇敢な人間が高く評価されるということも, 普遍的にそうである」とアランがいう事態そのものを見てしまうのは, 私だけでしょうか?

> 享楽をかえりみず, 完全な自由にあって, 自然が受動的に(leidend)も与えうるであろうものに依存することなく, 彼が為すことをとおしてだけ, 人間は一個の人格の存在としての自己の生存に絶対的な価値を与えるのである.[★017] (Nur durch das, was er tut, ohne Rücksicht auf Genuß, in voller Freiheit und unabhängig von dem, was ihm die Natur auch leidend verschaffen könnte, gibt er seinem Dasein als der Existenz einer Person einen absoluten Wert.)

★008──G. パスカル『アランの哲学』p.218〔傍点引用者〕
★009──同書, p.219〔傍点引用者〕
★010──アラン『イデー(哲学入門)』p.37
★011──斎藤忍随『プラトン』p.96
★012──藤沢令夫『ギリシア哲学と現代——世界観のありかた』p.123
★013──同書, pp.144-145
★014──アラン『イデー(哲学入門)』p.49〔傍点引用者〕
★015──同書, p.51〔引用者改訳〕
★016──福居純『デカルトの「観念」論——『省察』読解入門』p.87〔傍点引用者〕
★017──I. カント『判断力批判』p.178

これと同時に「尊敬なるものは常に人格にだけ関係し、事物には決して関係しない〔Achtung geht jederzeit nur auf Personen, niemals auf Sachen〕」という★018『実践理性批判』の中の言葉を思い起こせば、そこにはアランの言う「価値(VALEUR)」(▶p.841)と実在との峻別までが浮かび上がってくるでしょう。

URBANITÉ

都会人らしさ – これは都市〔villes〕の住人に固有の礼節〔politesse〕である．都市の住人はいつも説得をし続けている．説得をすることで生計を立てているのだ．場末の労働者は礼節など少しも持ちあわせていない．それは，彼の仕事にはどんな礼節も含まれてはいないということだ．農民は別種の礼節と非礼とを身につけている．父親と年齢とに起因する礼節である．田園の神々に対する礼節である．しかし，馬たちに対してははなはだしい非礼〔暴力〔violence〕〕によって自分の思うようにする習慣〔habitude〕〕だ．こうしたことが，都会らしさではない，ある混合的なものをなす．例えば，農民は微笑む習慣を少しも持っていないし，人の言うすべてのことに賛成するかのようなふりをしたりはしない．

urbanitéを神谷訳は「優雅さ」と訳しています．確かにその通りで、フランス語の類語辞典でも、urbanité は atticisme と同義とされ、（言葉や文体などの）「典雅」とか「洗練」を意味しています（ちなみに、atticismeの語源は古代ギリシアの「アッティカ」で、アテネを中心とする地方の名前です。そこの作家たちの洗練された文体を「アッティカ語法」といい、それがatticismeなのです）。しかしながら、今回の定義におけるアランの注目点は、言葉や、文体とかの話ではなくて、住民のもっと一般的な振舞い、つまり「礼節〔politesse〕」「礼儀(POLITESSE)」(▶p.620)の話であることは、一読してわかります。しかも、それを主として農村との対比において示そうとしているのです。例のフランス語類語辞典には、次のような記述があります。

> **Urbanité**, qualité des Romains : *L'atticisme des Grecs et l'urbanité des Romains* (L.B.). De plus, l'*atticisme* n'est qu'une qualité du style, l'*urbanité* est beaucoup plus large (→ Civilité) et, même en parlant du style, implique une certaine perfection du ton, du geste jointe à la finesse du sentiment : *L'urbanité répondait à l'atticisme, mais elle tenait plus aux mœurs qu'au langage* (MARM.). ★019 （**都会人らしさ**，〔古代〕ローマ人たちの性質：〔古代〕ギリシア人たちの典雅と〔古代〕ローマ人たちの都会人らしさ〔ラ・ブリュイエール〕．それに，典雅さはスタイル〔文体〕の性質にすぎないけれども、都会らしさはもっとずっと広い（→市民性）、そしてスタイルについて語るに際してさえも、それは語調のある種の完成や、感情の繊細さに結びついた身のこなしのある種の完全さを含んでいる：都会らしさは典雅さに対応するが、しかし言語よりも生活態度に関わっている〔マルモンテル〕．)

要するに、「優雅さ」と訳してしまうと〈文体なのか、それとも生活態度なのか、つまり何の優雅さなのか？〉がはっきりしないし、urbanitéという言葉に含まれるurbain〔都会の〕という要素が生きてこないと私は感じたのです。そこであえて「都会人らしさ」と訳してみました．アランのこの『定義集』には、上の類語辞典にも関連語として示されている「市民性(CIVILITÉ)」(▶p.173)も定義されており、今回の定義と関連していると思われます．その定義を参照しながら、解釈をしていきましょう．実際、その「市民性」の定義には、「都市生活や都会風の生き方に固有の礼節の一種である」という言葉が冒頭に出てきており、その関連をうかがわせます．しかも、こう述べたすぐ後に、「農民は例えば歓待するといった場合や、家族的、宗教的あるいは政治的な儀式においては、深い礼節を身につけている．

しかし彼らは市民性を知らない」と続いていたのです．農民に関するこうした記述の意味を少し考察してみましょう．まずは，以前にも引用したことのある次の文章を再確認します．

> ひとを説得することで生活する人間はだれでも，ブルジョワである．司祭，教授，商人は，ブルジョワである．これに反して，プロレタリアとは，通常の仕事において，ひたすら事物と格闘する人間である．農業労働者，土木作業員，仕上げ工などがこれに属する．ナット，小石，クローバーは説得できない．[★020]

この引用にもあるように，「ブルジョワ」と「プロレタリア」という区別が，今回の定義には関わっているのです．そのように区別される人々が携わる仕事の違いです．そして，その区別は，当の仕事が相手にするものの違いです．人間が相手であるか，あるいはそうでないか，という区別です．人間なら言葉を使って説得することもできるでしょう．けれども，物を説得することは不可能です．それゆえ，今回の定義でも，冒頭近くで即座に「都市の住人はいつも説得をし続けている．説得をすることで生計を立てているのだ」と書かれます．次のような次第なのです．

> ブルジョワとは説得によって生活しているもののことである．店舗をはっている商人，教師，僧侶，弁護士，大臣といったものは，これとは違ったものではない．[★021]

こういう人々のあり方と，アランが定義の続きで「場末の労働者は礼節など少しも持ちあわせていない．それは，彼の仕事にはどんな礼節も含まれてはいないということだ」と述べることとを比較してみてください．ここで「労働者」と書かれている人たちが仕事で相手にするものは何でしょうか？　いわゆる工場労働者をイメージした場合，その相手にするものはまさに「物」ではないでしょうか？　自動車の製造工場であれば，自動車の車体，部品などを思い浮かべてみればいいのです．それらは鉄であり，その他の金属であったりする．そして「鉛や銅は説得のきくものではない」[★022]のです．さらに言えば，次のようなことです．

> 「プロレタリア」とは，物についての自分の労働によって生活している人間のことである．したがって闘う相手は，外的世界であり，魂のない必然性である．この必然性に対して徳（しるし）は何もできない．プロレタリアは，物が情に流されたりしないこと，われわれのお願いに動じず，弁舌に耳を貸さないことを知っている．[★023]

物に礼節を尽くしたところで「われわれのお願いに動じず，弁舌に耳を貸さない」のであって，場末の労働者の「仕事にはどんな礼節も含まれてはいない」のはそのためです．それが労働者の「性格（CARACTÈRE）」（▶p.146）をつくる．仕事を離れても，説得に類する事柄は苦手であるという性格です．礼節をつくる必要を生活の中でほとんど感じていないからです．それは，アランが「宗教（RELIGION）」（▶p.676）について語る次の言葉が象徴的に表す事柄でしょう．

> プロレタリヤは現実の労働，事物と格闘する労働に準じて生活し，かつ思考するだけ，本来的に非宗教的である．しかしまた，純粋のプロレタリヤなどというものがいるわけではない．それにやはりいっておかねばならぬが，純粋のプロレタリヤの危険は，

[★018]──I. カント『実践理性批判』p.68
[★019]──H. Bénac, *op.cit.*, p.70
[★020]──アラン『プロポ 2』p.222〔傍点引用者〕
[★021]──アラン『神々』p.62
[★022]──アラン『人間論』p.143
[★023]──O. ルブール『人間的飛躍──アランの教育観』p.80〔下線引用者〕

831

礼節や表徴や信用や説得について，ひとことでいえば宗教そのものについて，誤解するということである．これは，彼が宗教を真実だと考えないからである．[024]

職業によって，人の性格が形づくられるというのも，何となくわかる話ではありませんか？ アランは次のように言い切っています．

> ひとりの人間の考え方，ものの言い方や解決の仕方，その人間がいだく敬意，配慮，慎重さや大胆さの質，こういったものはすべて，かならず，その人間が現に従事している職業に左右される．[025]

都市の中心部で働くブルジョワたちが相手にするのは主として人間であり，学校や商店や教会を運営する人たちの仕事は，広い意味での説得なのです．言葉によって人間を動かすことなのです．「教師もまた叫ぶことによって食べものを手に入れる」とさえ書かれうるものなのです．[026]
さて，それでは，農民はどうでしょう？ 農民の相手にするものはなんでしょう？ 次のような言葉があります．

> 基礎的な労働においては，すべての人間が農夫であり，すべての人間が，自分に一顧だに与えてくれない諸力にたいして困難な戦いを挑む．この世界は優しくはないのだ．[027]

「自分に一顧だに与えてくれない諸力」とは，どういうものでしょうか？ 例えば，作物を見事に実らせるためには雑草を取り除かなければならないでしょう．それは工場労働者の相手にするような，〈手を触れなければそこにそのままほとんど変化せずにあるような金属〉といったものではありません．雑草は，自然に生長してしまうのです．農民はそれに対処しなければならない．「よい農夫はアザミにたいして泣きごとは言わない．それを刈り取るのである」と[028]

いうことです．また，その雑草との戦いを何とか切り抜けても，突然，遅霜が降りたり，雹が降ったりすれば作物は台無しになってしまう．「農夫は，〔水夫のように〕自分の富を港へ運ぶわけにゆかぬ．富はつねにひろげられ，さらされている．だから，あたたかい火も霜の心配を消しはしない」というわけです．要するに，人間の思うままにはならない自然の諸力を相手にするのが農民なのです．そこには，工場労働者とは違って，「つねに自然に密着し，抽象的な工作にはけっしてひきずられぬ農民精神」があるのです．それは，もちろん，ブルジョワたちのあり方とも違う．やはり，そういう諸力には説得など効かないのです．[029][030]

あなたは農民の聴衆を説得しようとしたことがあるだろうか？ あなたが証明しようとすればするほど，彼らは自分を閉ざす．あなたが熱弁を振るえば振るうほど，氷のような冷淡さに陥る．雄弁は都市の産物だ〔L'éloquence est un produit urbain.〕．[031]

しかしながら，農民には礼節など全くないというのではありません．「別種の礼節と非礼とを身につけている」のです．それは，「父親と年齢とに起因する礼節」であり，「田園の神々に対する礼節」であるという．どういうことでしょう？ 〈田園の生活にとって必要なものは何か？〉と考えてみればわかります．それは自然との間に形成される経験です．

敬虔(ピエテ)とはまず子の親に対するものであった．そして言葉づかいがこのことをわれわれに喚起してくれる．けだし，田園の生活にあっては，多く知るためには，すでにながく生きているというだけで充分だからである．そして大地の労働とは，そこでは即興よりもむかしの証言の方がいっそう価値ありとされる，そうした仕事である．というのも，成功ということのためには長い歳月

832

が必要なのだから．されば，家族のうちもっとも年長のものが，精神によって王として君臨する．彼は死んでも相談を受ける．のみならず，いっそうみごとに，かつて実際に生きていた以上に優れたものとして，彼は相談を受ける．というのも，残された生者たちの方で選ぶのだから．[*032]

　この引用の最後の部分には，田園における宗教というものさえもが，「示唆〔SUGGESTION〕」（▶p.784）されていることがお分かりのこととと思います．「祖先崇拝」です．しかし，それは確かに祖先を崇拝するのかも知れませんが，間接的には，自然崇拝といった方がいいでしょう．「自然宗教〔religion de la nature〕」[*033]と呼ばれうるものなのです．なぜなら，父親や祖先の持つ〈自然についての知識〉こそが重要なのですから．そして，それに対比されるのが，次の引用にあるような人間崇拝の「都市の宗教」です．

　ついでわが西洋にあっては，もっともわたしには西洋だけでこと足りるわけだが，オリンポスの宗教がやって来た．ここでは，わたしの見るところ，ただ人間のかたちだけが崇拝の対象となり，またここでは世界がひとつの王国のように支配される．この征服者たちの宗教を，わたしは政治宗教〔religion politique〕と呼ぼう．わたしはまたこれを，明らかに田園のものである前者と対立させて，都市の宗教〔religion urbaine〕と呼んでいいだろう．[*034]

　田園の宗教に対して，都市の宗教があるのです．そして，それは農民の生き方をも強く規定している．主として相手にするものは，人間ではない生き物です．しかし，そういう生き物はまさに人間ではないがゆえに説得はだいたい効かない．そういう相手には礼節を尽くしても仕方がない．家畜などは力で従わせるしかないのです．「馬たちに対してははなはだしい非礼〔暴力〔violence〕によって自分の思うようにする習慣〔habitude〕〕」が指摘される所以です．

　確かに，工場労働者のように生命の無い物体を主として相手にしているわけではないけれども，また都市生活者のように人間を主として相手にしているわけでもないのです．それにこそ，「都会らしさではない，ある混合的なもの」が形成されるのです．都市生活者のように「微笑む習慣」を農民は持っていないし，「人の言うすべてのことに賛成するかのようなふり」をする必要も感じないのです．「市民性」の定義にあるように，「農民は例えば歓待するといった場合や，家族的，宗教的あるいは政治的な儀式においては，深い礼節を身につけている」けれども，「彼らは市民性を知らない」と言われるのは，いわゆる〈よそ者〉に礼節を尽くす必要を感じていないからです．「市民性というのは歩道上での徳である．知り合いではない人たちに対する徳」であり，「この徳にとっては，よそ者というものはいない」のに対して，農民には〈よそ者〉が厳然と存在するのです．「都会人らしさ」は，そこにはないのです．

USURE
暴利 — これは自分が経営に従事していない企業活動〔entreprise〕から取り出される利益のことである．暴利は，しばしば現実にそう〔いうことが起こりがち〕であるようなあの虚構

★024──アラン『神々』p.65〔傍点引用者〕
★025──アラン『プロポ 2』p.222
★026──同書，p.293
★027──同書，p.364〔傍点引用者〕
★028──アラン『プロポ 1』p.105
★029──アラン『人間論』p.153
★030──同書，p.150〔傍点引用者〕
★031──アラン『プロポ 2』p.367〔傍点引用者〕
★032──アラン『神々』p.168〔傍点引用者〕
★033──同書，p.102
★034──同前〔傍点引用者〕

833

に基づいている。〔すなわち〕貸されたお金は，貸し手のいかなる労働も無しに，利子を生むという虚構である．会社〔affaire〕のことなど全然考えない株主というのは，暴利を貪る者の典型である．暴利は一般に罰せられる．なぜならいかなる会社も何もしない金貸したちから逃れようとはするものなのだが，彼らにしばしば行き着いてしまうからである．

　アランが経済学という学問にどれほど興味を持ち，それを学んだかについて私にはよく分かりません．ただ，マルクスについてはかなり読み込んでいるようなので，その批判対象であるいわゆる古典派経済学の基本については知っていたはずです．もちろん「交換価値」とか「労働価値」といった説などについても充分に知っていたでしょう．そして，「労働」という概念がアランにとってかなり重要な位置を占めることも彼のプロポを読めばまた明らかです．例えば，いわゆる「不労所得」についてはかなり厳しい見方をしていると思います．今回の定義を見ても，ある種の「嘘(MENSONGE)」(▶p.472)とまで言えそうな事態をそこに見ている感じが私にはします．

　さてusureは「暴利」と訳すほかはありません．しかし，利子を取ることは現在の資本主義社会では一般に認められています．「高利貸し」というものは規制されますが，ある程度の適正とでも言われそうな利子そのものは否定されない．そもそも功利主義の創始者でもあり，経済学者でもあるジェレミー・ベンサムには『高利の擁護〔Defense of Usury〕』などという著作もあることは憶えておいてもいいかも知れません．

　しかし，知っておいてほしいのは，その昔，ユダヤ教でも「キリスト教(CHRISTIANISME)」(▶p.160)でも，またイスラム教でも，利子を取ることは禁止されていたということです．次のような指摘もあるくらいです．

> 煉獄の思想は，利子をとることが禁止されていた中世キリスト教社会で，商人たちにも救いの道を開くためにつくられたものと考えることもできます．★035

　少々，寄り道をしておくと，この「煉獄〔フランス語では，purgatoireといいます〕」というのは，〈恩寵を失わずに死んだ者が天国の幸いを受ける前に浄化と償いを果たす場所〉のことです．そんなものがあるのかどうかということ自体，「神学(THÉOLOGIE)」(▶p.807)的に盛んに議論されたのです．当然のこと，古くから，その存在の典拠となる聖書の記述が探し求められ，旧約聖書の中にある記述にカトリックはそれを認めますが，ギリシア正教は煉獄の存在を認めませんし，プロテスタントも否定します．興味深いのは，この煉獄の存在を，「再確認」したのが，まさにフィレンツェ・ルネサンスの時期とほぼ同じ時に開催された「フィレンツェ公会議」と「トリエント公会議」であったことです．前者の開催には，例のメディチ家のコジモ・デ・メディチが一役買っています．まさにメディチ銀行の繁栄と大きく関わっていることが推測されますよね．このメディチ銀行こそ，ほとんど高利貸しのような所業を合法的に遂行する手段を率先して使っていたのですから．それでも「天国(PARADIS)」(▶p.533)に行きたいとすれば，「慈善(BIENFAISANCE)」(▶p.133)をし，寄附をし，芸術家を保護し，そして煉獄での浄化の火に焼かれた後でもいいから天国に行ける道を拓きたかったわけです．そして，それに，ローマ教皇庁は加担したわけです．

　さらに言うと，実は，時代的にもっとずっと前に，そのための基礎固めはできていた．次の引用にあるように，利子を取ることを許したときに資本主義が成立したとも言われたりするのです．

> 一二一五年の第四回ラテラノ公会議でローマ教会が金利(利子)をつけることを認めたことをもって実質的な資本主義の成立としている(併せて所有権が認められ合資会社，銀行ができた)．★036

フィレンツェ・ルネサンスの大きな後ろ盾となったあのメディチ家が，実質的な高利貸しを巧みな仕方で運営していたとき，ヴァチカンにそれを指摘され，逆にメディチ家はローマ教皇庁の金を運用して利益をあげることを条件に，それを切り抜けたという話もあるのです．事実，そこから「メディチ銀行」は，免罪符などでローマ教皇庁が得た金を任されたといいます．フィレンツェはローマを抱き込んだのです．そして，そのことが，資本主義の発展をもたらしたとも言えそうなのです．

しかも，こうした一連の動きを神学的に観てみれば，それは中沢新一氏の指摘したように，「聖霊論」という形で展開することができそうです．

一二〜一三世紀になって，ヨーロッパでもようやく商人の活動が活発化してくるようになると（イスラム教の世界では，それよりもずっと前から商人が大活躍をして，その世界に莫大な富を集めていたのですが），キリスト教会ははじめはしぶしぶと，あとになるとむしろ積極的に高利貸の存在を認めるようになりました．高利貸は利子の形で，お金を増殖させていく行為です．イスラム教が厳禁したこの利子を，キリスト教はあっさり承認するようになります．これも一貫した態度と言えるでしょう．キリスト教はその正統教義の中で，すでに聖霊の組み込みという形で，生産的な無意識の働きを，自分の内部にセットしてあったのですから，その生産的無意識の世俗的な形態である「自力で殖えていくお金」というものを，一神教の原則に背いてまでも，ついには承認してしまうだろうということは，じゅうぶんに予想されたことであったからです．★037

中沢氏は，この点をかなり追っているので，参考までにさらに引いておきましょう．というのも，彼が旧約聖書の「レビ記」を引きながら説明する事柄の中に，今回の定義語 usure の語源である Usura が登場するからです．

あなたと共にあるある兄弟が困窮し，あなたに頼らねばならぬ身となったときは，異邦人や滞在客を助けるようにその人を助け，共に生活させなければならない．労を強いても，利子を取ってはならない．あなたの神を怖れ，あなたの兄弟をあなたと共に暮らさせなければならない．利を引き出そうとして金を貸してはならず，得を取ろうとして食料を与えてはならない．（レビ記二五・三五－三七）

この「レビ記」の最後のフレーズを，中世に絶大な影響力をもったヒエロニムスのラテン語訳聖書（ウルガタ聖書）は，こう訳した．「彼にウスラ（Usura）を目当てに金を貸してはならない，また過剰の糧を要求してはならない」．重要なのは，ここに出てきた「ウスラ」という言葉である．この言葉は単数形で文字どおり「高利」を意味する．『旧約聖書』のウスラ禁止の律法には，イスラエルがまだハベル（ならず者）の形成する新しいタイプの共同体として，周囲の敵意に取り囲まれていた時代に，共同体内部の人間関係に亀裂を発生させないため，利付きの貸借を禁じたという社会学的な事情が反映されている．しかし，中世ヨーロッパのキリスト教社会に，もはやそのような新しいタイプの共同体としての性格を見出すことはできない．★038

ご存じの方もいらっしゃるかも知れませんが，「利子・利潤の禁止に関して，ユダヤ教はその

★035──阿部謹也『自分のなかに歴史を読む』p.130
★036──広井良典『ポスト資本主義──科学・人間・社会の未来』p.23
★037──中沢新一『対称性人類学』pp.103-104〔傍点引用者〕
★038──中沢新一『緑の資本論』pp.63-64

規定を同じユダヤ民族にだけは適用して、同族や同親族から利子を取ることを禁じたかわりに、異教徒、異民族からはむしろ積極的に取り立てることを推奨した[*039]」のです。キリスト教は、そういう区別をせずに、初めは利子を取ることを禁じ、後にはかえって容認するのです。それに対して、イスラム教は今でも利子を取ることを禁じていますから、いわゆる「無利子銀行」の試みまでが成立しているわけです。

近代経済学の銀行論の基本では「信用創造」というものを学びます。英語では、money creationというものです。どういうことかというと、銀行が受け入れた預金の貸し付けによってマネーサプライ（通貨供給量）を創造できる仕組みです。例を挙げてみると、例えば、100万円がある銀行に預けられたとします。するとその銀行は、その100万円をそのまま持っているわけではなく、預金引き出しに応ずるための準備だけを保存しておき、後は利子を取って貸し付けるでしょう。その銀行からある企業が借りたお金は、まずは（大抵は別の銀行でしょうが）銀行に預けて順次使うはずです。ここでも、銀行は預金を受け入れることになるわけですし、そこでも同じようにして貸し付けが行なわれます。簡単に考えて、引き出しに対応するための準備金を預金された金額の10%としましょう。すると、100万円の内の10万円はその銀行に残り、他は貸し出されます。90万円は銀行外に一度出るのです。しかし、その90万円はまた差し当たって銀行に預金される。今度はその10%である、9万円が銀行に確保され、残りの90%は貸し出される。こうして、初めは100万円であったものが、実際に社会では等比数の和である、a/(1-r)〔ただし、aは初項、rは貸出の比率〕で計算される通貨量が流通することになるのです。今回の例で言えば、100/(1-0.9)=1000で、100万円のお金が1000万円のお金として動くわけです。つまり、900万円は銀行制度によって創造されたことになる。しかし、これはあくまでその制度への信頼・信用があってのことで、いわゆる「取り付け」が起これば、

破綻してしまいます。ここでは利子も、そういう制度の上にのって機能しているわけです。当の信用が崩壊すれば、それがアランの言うように「虚構」であったことが、明るみに出るのです。実際に、労働によって、物を相手に、物をつくるのとはまったく違うのです。いやそれどころか、物を作るといっても、工業生産と農業生産とは違うのだと考えた人がいたのです。『経済表』で有名なフランスの重農主義者ケネーです。

ケネーは経済の流通を血液として生きる社会が、自分自身を維持（再生産）しながら富を増殖していくプロセスの秘密を知ろうとしました。ケネーは貨幣そのものは富の本体でないことを、よく知っていました。貨幣がいくら増えても、社会の実際の富は少しも増えないのです。それに商人が自分のもっている商品を実際よりも高い値段で売ったからといって、それで社会全体の富が増えるということもありません。こっちで得をする人があれば、向こうでは損をした人が出て、結局差し引きゼロで富の増殖はおこっていません。

職人や工業労働者の仕事も富を増やさない、というのがケネーの考えでした。その仕事は労働を投入して、モノを別の形をしたモノに変形するだけで、実質的な増殖がおこっていないという考えです。ケネーの考える「増殖」は、実際にモノの価値や量が増えなければ意味はないのです。[*040]

こうして、純粋に物が増えるということは、農業生産においてのみだという考えにいたる。

農業労働だけは、プロフィットを創造できるのだ。農業では、地球が価値の創造をおこなうからだ。大地に春蒔いた百粒の小麦種は、秋にはその千倍の小麦種に増殖をおこなう。この増殖分から、労働に必要だったさまざまな経費や賃金をさっぴいても残

るものがある．ケネーが「純生産物」と呼んだ，この増殖分こそが，農業における剰余価値の生産をしめしている．たしかに，ここでは絶対的な剰余価値の創造がおこっているのである．あとは，収穫された小麦は，商業にまかせればいい．そこでは，すべてが等価交換の「ゲームの規則」にしたがって，商品となった小麦は貨幣に姿を変え，またその貨幣が別の商品に姿を変えていくというプロセスがつづいていく．しかし，そこではすべては等価交換の規則にもとづいて事がはこぶので，純粋な富の生産ということは，おこらない．富の生産，価値の増殖ということがおこるのは，唯一，大地においてなのだ．★041

別にアランがケネーのような重農主義者であるなどと言いたいのではなりませんが，基本線においては似たような姿勢があるように感じるのは私だけでしょうか？　工業も商業も，実は富を産み出すものではないと考えてみると，私たちは，現在とはまったく違う世界を遠望することができるのではないでしょうか？　それはアランが今回の定義で触れる「会社〔affaire〕のことなど全然考えない株主」のあり方が，実際には何の富も産み出してはいないのだ，と考える方向性を示します．バブルと言われるものが，そんな株主の典型であるヘッジファンドの跋扈する金融資本主義社会で膨らむわけです．それらを無視して経営など成り立たないのが大企業経営でしょうから，「いかなる会社も何もしない金貸したちから逃れようとはするものなのだが，彼らにしばしば行き着いてしまう」というのは当然の成り行きなのです．こういう風なところに行き着いてしまうことをアランは「罰せられる」と言うのですが，本当の「罰〔CHÂTIMENT〕」（▶p.152）はそこにあるのでしょうか？

UTILITARISME
功利主義 ― それによれば，どんな合理的な行動も，あるいはどんな尊敬に値する制度も，効用〔utilité〕を目的として持っているはずだとされる，イギリスの学説である．この学説は，諸情念〔passions〕に真っ向から対立する．例えば，罰することを知らないで罰するのは有益〔utile〕ではない．小さな過ち〔fautes〕をとても厳しく罰するのは有益でない．報復は無益〔inutile〕である．この意味では功利主義は真実である．しかし，功利主義は人間が常に有益なもの〔l'utile〕のために行動すると言おうとしている．〔けれども〕人間は怒り〔colère〕ないし高ぶり〔emportement〕によって，あるいは恐怖〔peur〕によって，それともまた暇つぶしに〔pour s'occuper〕だって行動する．もし人々が有益なもののためにしか行動しなかったら，何もかもうまくいくだろう．しかし，実際にはそうではないのだ．

　この utilitarisme は，英語では utilitarianism です．だからどうだというのではありませんが，一応，綴りが違うということは知っておいてもいいでしょう．この定義の重要な点は最後の「しかし，実際にはそうではないのだ」という部分にあると私は考えています．冒頭にある「どんな合理的な行動も，あるいはどんな尊敬に値する制度も，効用〔utilité〕を目的として持っているはずだ」という考えを押し通そうとするところに，アランは人間というものに対する無理解と，それに基づく無理強いとを観ているように思うのです．功利主義者は，心身問題を忘れて，〈頭だけで考えている〉とでも言いましょうか……．こういう印象と共に私の念頭に浮かんでくるの

★039――同書, p.62
★040――中沢新一『愛と経済のロゴス』p.128〔傍点引用者〕
★041――中沢新一『純粋な自然の贈与』p.96〔傍点引用者〕

837

は，イギリスのブルームズベリー・グループの雰囲気です．清水幾太郎氏が「精神的貴族の閉鎖的なグループ」と呼んだそれに属していた人物たちの代表格が，哲学者のバートランド・ラッセルであり，経済学者のJ. M. ケインズでした．そしてそこに倫理学者のG. E. ムアもからんでくるのです．このグループと作家のD. H. ロレンスとの関わりを中心に書かれた「ケインズ，ロレンス，ムア」という清水氏の一文は，次の一節が登場することで非常に示唆的です．

　　ケインズは，「人生や事件に関する私たちの批評は，明るい楽しいものであった……」と言いかけて，ロレンスの前で行った自分とラッセルとの会話を思い出して，「しかし，他愛ないもの(brittle)であった」と書き加えている．なぜ「他愛ないもの」であったのか．「批評の基礎になる人間性の確実な診断がなかったから．」自分たちは，人間を動かす深い盲目的なパッションを忘れていた．

　『チャタレー夫人の恋人』を書くようなロレンスが，そんな立場に同意できるはずもないのは一目瞭然でしょう．ケインズは後になってやっとそれに気づくのです．

　　ケインズは，今は亡きロレンスと会った日のこと，ロレンスがケインズたちに与えた評価のことを更めて思い出す．自分たちの学問や自分たちの愛情などを別にすれば，自分たちは，「空気のように軽く冷たく，底の渦巻や流れには少しも触れずに，川の表面を優雅に滑る水すまし」であった，とケインズは考える．あの日，ロレンスの前に，閉鎖的なグループとして，高い塔として，一つの文明として現れたものは，実は，一群の水すましであった．それが，「ロレンスの無智で嫉妬深く傷つき易い敵意ある眼」で見られたのだ．「野生的なパッションのリアリティも価値も無視して，溶岩の表面を跳躍する皮相な合理主義……．一九一四年，ロレンスが，自分たちのことを駄目だ(were done for)と言ったのには，一片の真理があった……．」

　アランが，今回の定義で，功利主義を指して「この学説は，諸情念〔passions〕に真っ向から対立する」というのはとても重要だと私は思うのです．なぜ**情念(PASSION)**（▶p.544）に対立し，そしてなぜ「駄目」なのか？　それを考察しなければなりません．アランはまず，功利主義が真実である点を指摘します．「罰することを知らないで罰するのは有益〔utile〕ではない．小さな過ち〔fautes〕をとても厳しく罰するのは有益でない．報復は無益〔inutile〕である」，と．そういうことは，功利主義という立場を採ろうが採るまいが真実であるということでしょう．問題は，功利主義という「主義」になってしまうと，「人間が常に有益なもの〔l'utile〕のために行動する」と言いたくなってしまうことなのです．そうなると，当の「有益なもの」の正体の探究が浮上してきます．功利主義のスローガンは「最大多数の最大幸福〔the greatest happiness of the greatest number〕」でした．いわゆる「幸福計算」ないしは「快楽計算〔calculation of pleasure〕」が課題となる．けれども，人が計算を始めたらどんなことになるか，考えてみてください．計算されるものの内容は捨象され，単位として加算されることは眼に見えています．「幸福」とか「快楽」〔「**快感(PLAISIR)**」（▶p.597）〕とかいうものが，実は人間と物との関わりの中で語られるものであるにもかかわらず，それがあたかも物と同じようにそこにあるとするからこそ，加算できると考えられるのではないでしょうか？　アランの次の言葉を思い出しておきましょう．

　　快楽というものは，商品のように並べられていて，取る取らぬは勝手，といったものではないからである．たとえば，本を読む

楽しみも，読む修練をしなかった人にとってはなきに等しい．絵をかく楽しみも，山にのぼる楽しみも同じこと．各自が自分の楽しみを獲得しなければならないのである．それどころか，努力を重ねて自分自身から楽しみを引きださねばならないのだ．[045]

そういう，個人の努力とは別のところに「有益なもの」も「幸福」も「快楽」もあるとすれば計算も楽でしょう．しかしそうではないことがだんだん気づかれていく．それこそが経済学における「効用〔Utility〕」概念をめぐる一連の学問的考察だったのです．詳しいことは，清水幾太郎氏の『倫理学ノート』に必要にして十分な記述がありますので，それを参照していただきたいと思います．最低限のことだけ提示しておきましょう．功利主義の主導者であったジェレミー・ベンサム[046]の「効用」という概念にどのような変容が訪れるかということです．

ジェヴォンズは，多くの点でベンサムに従いながら，しかし，ベンサムでは必ずしも明瞭でなかった utility の関係的性格を強調している．「……効用というのは，物の性質には違いないけれども，物に属する性質ではない．人間の必要との関係から生れる物の意味(a circumstance of things)と考えた方がよい．」彼は，N・シーニアの言葉を引く．「効用というのは，私たちが useful と呼ぶ物に含まれる性質のことではない．それは，物と人間の苦痛や快楽との関係を表わすものに過ぎない．」こうして，ベンサムにおける客観的な物の性質としての効用から，物と人間との関係としての効用への推移が行われる．[047]

振返ってみると，効用というのは，ベンサムでは，客体の属性であった．ジェヴォンズでは，主体と客体との関係であった．そして，ピグーでは，意識の状態であった．この流れは，効用の観念が次第に主観化されて来るプロセスであった．しかし，主観化のプロセスを通じて，効用はいつも実体性を失わなかった．それは，オープン・システムとしての人間の欲望との関係において，そこに存在するものであった．それに対して，今，私が立ち会っているのは，効用が思い切って客観化されると同時に，その実体性が一挙に失われるという局面である．人々は，効用について説く代りに，選好や選択について説き始める．[048]

つまり「快楽や苦痛の単位というのは，考えることさえ困難である[049]」のに，何とか計算をしようとしていたのに対し，それができないと感じ，断念し始めるのです．それと同時に，経済学における人間は全体性をいまだ保持していた具体的人間から離れて，抽象的ないわゆる「ホモ・エコノミクス」へと変貌します．企業という経済主体は利益の極大化をめざし，個人という経済主体は効用の極大化をめざすとされながら，当の効用というものについては語ることを避け，同じレベルの効用をもたらすと考えられる〈財やサービスの組み合わせ〉をプロットした「効用関数」や「無差別曲線」について語り始め，そしてついにはサミュエルソンによって「顕示選好理論」へと落ち着くことになる．「とにかく，一九三〇年代末，功利主義との縁を切り，効用の個人間比較を避けて，すなわち，幸福計算の夢を諦めて，厚生経済学は新しい方向へ進むこ

★042──清水幾太郎『倫理学ノート』p.5
★043──同書, p.16〔傍点引用者〕
★044──同書, pp.16-17〔傍点引用者〕
★045──アラン『人間論』p.238〔傍点引用者〕
★046──ちなみに，このベンサムについて，アランはヘーゲルが情念について述べたこととの関連で，「情念についてのこの見解がラ・ロシュフコーやベンサムのような貧弱な悟性の体系を越えることを

みとめよう〔Convenons que ces vues sur les passions vont bien au delà des faibles systèmes de l'entendement, telles qu'on les trouve dans La Rochefoucauld ou Bentham.〕」（アラン『イデー（哲学入門）』p.273）などと書いているのは，私には非常に興味深いことです．
★047──清水幾太郎『倫理学ノート』pp.98-99〔傍点引用者〕
★048──同書, p.116〔傍点引用者〕
★049──同書, p.108〔傍点引用者〕

とになった」★050，その到達点です．それを，〈功利主義のなれの果て〉と呼んではならないでしょうか？　功利主義が手を付けたのは，次のような方向性だったのです．

　　功利主義は，道徳を快楽計算によって基礎づけたのではなく，道徳を，重さや強さといった数値計算の中へ解体したのである．ケインズの慧眼がこのことを見逃すはずはなかった．「私は，ベンサム主義の伝統こそ，近代文明の内部をむしばみ，現代の道徳的退廃に対し責務を負うべき蛆虫だと考える」と彼は言うのである．★051

　しかしながら，ベンサムに別れを告げようとした近代経済学の行き着いた先が今しがた述べたような事態であったのには，計算という操作に常に伴う「厳密性」の要求がありました．次のような事態です．

　　リットルの書物には，too precise という言葉が頻繁に現れて来る．この言葉は，過度の厳密性の追求によって或る大切なものが失われることへの危惧を暗示し，また，非厳密性も時に一つの美徳であるという予想を暗示している．功利主義の場合がそうであった．「功利主義が曖昧で非厳密であるある限り，また，『加算』とか『総和』とかいう数学的な操作や概念を避けている限り，功利主義には何物かがある．しかし，それを厳密科学のような学説にしようという努力があまり極端に行われると，功利主義はナンセンスになる．」★052

　なぜ，こんなことになってしまうのか？　それは，上述の「ホモ・エコノミクス」をベースに構築される世界観が，あのロレンスに「駄目」だと言わせるような姿勢のなれの果ての代物であったからではないでしょうか？　そこに欠けていたのは，〈「有益なもの」とは何か？〉，さらに言えば〈「善(BIEN)」(▶p.131)とは何か？〉という問いを問い続けることではないでしょうか？　しかし，さきに触れたムアの姿勢は，どうだったでしょう？　次のようなものだったのです．

　　最後にムアが与える解答は，次のようなものである．「『善とは何か』と聞かれるなら，善は善である，というのが私の解答で，これで問題は終りである．また，『善はいかに定義されるか』と聞かれるなら，善は定義することが出来ない，というのが私の解答で，これで私の言うべきことは終りである．右の解答は失望を招くであろうが，極めて重要な意味を持つものである．」★053

　そんな悠長なことを言っていられるのは，「人間を動かす深い盲目的なパッション」からは遠いところで生きる「空気のように軽く冷たく，底の渦巻や流れには少しも触れずに，川の表面を優雅に滑る水すまし」なのではないでしょうか？　アランは，もっと人間の具体的な行動を観ていたのです．「人間は怒り〔colère〕ないし高ぶり〔emportement〕によって，あるいは恐怖〔peur〕によって，それともまた暇つぶしに〔pour s'occuper〕だって行動する」ことを嫌というほど知っていた．もし，「有益なもの」とは何かが解っていたとしても，そのもののために人間が行動するとは必ずしも言えないことを知っていたのです．実を言えば，このあたりを機縁として，「ホモ・エコノミクス」をベースとしない世界観を探究することさえできるでしょう．例えば，人類学的視点からは次のように書かれるのです．

　　モースの『贈与論』が主な批判対象として前提にしているのが，近代経済学の功利主義的な「交換」論だ，ということを十分認識するならばよく理解できる．功利主義的な交換論は，人間は各人が自己の最大の物理的利益を求めて自律的かつ合理的に判断し行動する「ホモ・エコノミクス」だ，という観

840

点に立つ．しかしモースは『贈与論』を通じて個人主義的でも功利的でもない交換形態の存在を，つまりは，けっして「ホモ・エコノミクス」に還元され得ない人間存在の在りかたを明らかにしようとする．[★054]

出発点を誤ったとき，人はとんでもないところまで行き着くのです．現代の経済優先主義とでも言われるものは，功利主義のなれの果てとして，そのとんでもないところに私たちを導くのではないのでしょうか？

V

VALEUR
価値 ― その完全な意味においては，それは勇気〔courage〕を意味する．言い換えれば，ひとりの人間における最も立派なものを意味する．そして実際，〔人間において〕勇気を欠いた別の諸々の徳〔vertus〕など〔いったい〕何であろうか？　しかしながら，誠実，聡明〔intelligence〕，記憶力，健康，体力も，また価値ではある．すべての徳は価値である．そして，実行するために人間に力を与えるものはなんであれ，それゆえ貯えられるに価するものはなんであれ，また価値と呼ばれている．美しいもの〔le beau〕も，また価値である．すべての価値は蓄えることに由来する．お金や力から勇気に至るまでの，諸価値の秩序は道徳的な教説〔doctrine morale〕を構成する．その教説におけるどんな変革も，諸価値の秩序における変化であるか，あるいはその変化の試みである．

最初の一文は現代の日本人には少し唐突に見えるかも知れませんが，例のフランス語の類語辞典を引くと，このアランの見解もはっきりと支持されます．valeurを引くと，いくつもの別の語への指示があり，そのうちの一つは「**勇気（COURAGE）**」（▶p.196）なのです．そこに移動してみると，次のようにあります．

Valeur, manifestation de la vaillance dans l'ordre des faits et spéc. au combat.[★001]（価値，諸事実の秩序の中で，特に戦いにおいて，勇気を示すこと．）

実際の事実の中で示すことがポイントです．

例えば，口先だけで〈自分には勇気がある〉などと言っていても，実際にそれを示しもしない人間には本当の意味では勇気など語れませんし，そこには何の価値も無い．他にも，例えばある人が〈自分には文才がある〉などと言ったところで，その人が作品を書きもしないのでは空しいのと同じです．アランが「その完全な意味においては」と冒頭に書いたのは，「諸事実の秩序の中で」示してみなければ，勇気にせよ才能にせよ，価値は顕わにならないのだと言いたいためでしょう．それこそ，人間であるからこそ手にしうる「最も立派なもの〔le plus admirable〕」として，それらを示してみなければならないのです．今

★050――同書，p.113〔傍点引用者〕
★051――佐伯啓思『隠された思考――市場経済のメタフィジックス』p.191〔傍点引用者〕
★052――清水幾太郎『倫理学ノート』p.122
★053――同書，p.21

★054――嶋田義仁『異次元交換の政治人類学――人類学的思考とはなにか』p.232〔傍点引用者〕

V
★001――H. Bénac, *op.cit.*, p.198

841

回の定義の中ほどで,「実行する〔exécuter〕」という動詞が出てくるのはそのためです. 価値はいろいろに語られますけれども, そのどれもが, 実際に示されなければ何ものでもないのです. アランが掲げる「誠実, 聡明, 記憶力, 健康, 体力」も, みんなそういうものですよね. それゆえにこそ,「〔人間において〕勇気を欠いた別の諸々の徳〔vertus〕など〔いったい〕何であろうか？」と書かれるのです.「徳(VERTU)」(➤p.850) には勇気が必ず伴っている. そういう意味で,「すべての徳は価値である」のです. しかし, 実行するにも, 何の準備もなくがむしゃらに実行するのでは, 勇気というよりも蛮勇といった方がいい. 見事な勇気には, それに対する準備も必要かも知れない. アランが「貯えられる〔être amassé〕」とか「蓄え〔épargne〕」という物事へと話題を展開するのもそういう理由でしょう.「実行するために人間に力を与えるもの」もまた価値と呼ばれるというようになる, というわけです. お金が話題に上ることは, それでわかるはずです. では, 少々唐突に「美しいもの〔le beau〕も, また価値である」と言われるのはなぜでしょう？　さきに,「徳」とか「実行するために人間に力を与えるもの」とか人間の「実行」に関わるものとして価値が語られたことから, その準備のための蓄えの話に移行したとき, 勇気という人間のあり方から物の世界へと話題は拡がったと私は考えてみました. そこに「それゆえ貯えられるに価するものはなんであれ, また価値と呼ばれている」という一文は位置づくと思うのです.「美しいもの〔le beau〕」の典型であろう芸術作品も収集の対象になるのは明らかです. 投資対象として絵画を買い漁るなどといった, 情けない話とは違います. 私は,「美しいもの」は人間に勇気を与えるのではないかとさえ思います. 生きる勇気を与えるとでも言いましょうか.

そうした,「お金や力から勇気に至るまでの」幅広い範囲を持つ「諸価値の秩序」は「道徳的な教説〔doctrine morale〕を構成する」とアランは指摘します. 人がどう生きたらいいのかに関わる考え方のまとまりとでも言うべきものができあがるというわけです. さらに言うなら, そうして人々が「社会(SOCIÉTÉ)」(➤p.748) を維持していく拠り所が形成される. 価値観の総体としてのイデオロギーが生まれると言ってもいい. 人々はそれにすがって生きてしまおうとする. アランの書く通り「その教説におけるどんな変革も, 諸価値の秩序における変化であるか, あるいはその変化の試みである」のでしょうが, 人々はその変化を嫌ったりするのです. 人類の歴史上何度も繰り返されてきたその変革者の処刑は (ソクラテスの死刑しかり, イエスの処刑しかり), 価値というものが人間の勇気と関わり, 徳と関わり, そして「美(BEAU)」(➤p.120) と関わることを忘れて, ただただ安寧に生きることへと価値を切り縮めた結果なのではないでしょうか？　勇気を示すために使われうる手段としてのお金が, 目的となってしまう姿はその典型だと私は思います. そういう姿を破壊するものが現われると, 人々はそれを排除してしまおうとするのです. 日常的な価値を破壊しようとするものを, 力で排除する. ところが, 実は, 日常的な価値を破壊してまでも,〈力とは完全に区別された価値〉があることを求め, あるいは示そうとしたのがソクラテスやイエスだったのではないのか？　実際, ソクラテスは次のような事態をもたらしたのです.

　　例えば「人間」「赤」も, 眼前のものが人間であるかないか, 赤いか赤くないかを区別できればよいので, これが日常言語の場面で「人間とは何か」「赤とは何か」と一義性の定義を問われると, 日常言語の使用法そのものが破壊される.[002]

さらに言えば, イエスの次のような激烈な言葉は, どのように解したらいいのでしょうか？

　　「わたしが来たのは地上に平和をもたらすためだ, と思ってはならない. 平和ではなく, 剣(つるぎ)をもたらすために来たのだ.

わたしは敵対させるために来たからである.
　人をその父に,
　娘を母に,
　嫁をしゅうとめに.
　こうして,自分の家族の者が敵となる.
　わたしよりも父や母を愛する者は,わたしにふさわしくない.わたしよりも息子や娘を愛する者も,わたしにふさわしくない.また,自分の十字架を担ってわたしに従わない者は,わたしにふさわしくない.
　自分の命を得ようとする者は,それを失い,わたしのために命を失う者は,かえってそれを得るのである.」★003

VANITÉ
虚栄 ── これはある善いものごと〔un bien〕を享受することにあるのだが,〔その享受は〕他の人々が当の善いものごとについて考えるだろうと想定することに基づいている.例えば,某大富豪に似ているとか,某俳優に,あるいは某ボクサーに似ているとかで,嬉しいと感じたりすることである.勇敢であると見なされているとか,あるいは学識があると見なされているとか〔もそうである〕.完璧な虚栄は,自分が持っていないある善いものごとを享受するのである.しかしながら,人は〔実際に持っている〕自分の財産〔fortune〕や,自分の馬たち,自分の健康,自分の力,自分の知性,自分の知識について,虚栄を抱くことがありうる.他人がそういうものについて語ってくれることを喜ぶかぎりで.貧しくなってしまっている守銭奴〔avare〕は虚栄というものを少しも持っていない.口論に際して〔自分は何も言わずに〕おとなしく従うボクサーには,少しも虚栄がない.コントは虚栄のうちに社会的な一つの徳〔une vertu de société〕の始まりを見てとった.なぜなら,これ〔虚栄〕は何ものかについて一般的意見〔opinion〕を考慮することだからである.そもそも,一般的意見をまったく考慮しない者など,一種の〔自分勝手な〕怪物である.

bienをアランは「**善(BIEN)**」(▶p.131)と定義していますが,ここで私はun bienを〈ある善いものごと〉と訳してみました.今回の定義の内容には〈もの〉も〈こと〉も関わってくるからです.そのことを念頭に置いて,定義を追ってみましょう.誰かが「某大富豪に似ているとか,某俳優に,あるいは某ボクサーに似ているとか」は,別にその人が大富豪であるわけでもないし,俳優でもボクサーでもないわけですから何ということはないのですが,それでも有名人に似ているだけで,何となく嬉しい感じがする人もいるということです.〈あっ,あの俳優に似てる!〉とか言われたりすると,(たとえ心の中のつぶやきだとしても)〈へへへー,そうでしょ!〉という思いが動くみたいな感じです.自分がその俳優とは別人なのだからその俳優のような見事な演技もできないにもかかわらず,似ているということのゆえに,あたかもそんな才能がある人物であるかのような視線を向けられることに満足感を持つわけです.この〈自分には無いにもかかわらず,あるかのようにとられる〉という点に注意してください.この点こそが虚栄の本質に関わるのです.「某大富豪に似ている」ことだったり,あるいは「**財産(FORTUNE)**」(▶p.376)というものを持っていたりという,ものごとが虚栄には関わるのですが,実は,虚栄の中心点は当のものごとではなくて,そのものごとについて〈他の人々が考えること〉にあるのです.アランが冒頭近くで,「〔その享受は〕他の人々が当の善いものごとについて考えるだろうと想定することに

★002 ── 井上忠『超=言語の探究──ことばの自閉空間を打ち破る』p.36　　★003 ── 新約聖書「マタイによる福音書」10-34~39〔傍点引用者〕

843

基づいている」と書くのはそのためです。他人が、〈そういうものごとを自分も手にしていたらいいのに……〉と思うことが重要なのです。極端なことを言えば、他人にそう思わせればいいのであって、実際には当人がそういうものごとを手にしていなくてもそう思わせることはありうるわけです。「勇敢であると見なされているとか、あるいは学識があると見なされているとか」の「見なされている[se faire passer pour]」という部分は、このように読んでみればわかるはずです。実際には勇敢ではないとしても、あるいは学識があるわけではないとしても、そんなふうに見えるだけでいい気持ちになるという話です。そうであればこそ、アランは即座に「完璧な虚栄は、自分が持っていないある善いものごとを享受するのである[La vanité parfaite jouit d'un bien qu'elle n'a pas]」と書くのです。彼は別の著作の中で、次のような例を挙げています。

> 虚栄心の強い人[le vaniteux]は、或る作家が他の作家から剽窃(ひょうせつ)したものでほめられる場合のような、いつわりの徴(しるし)[signes menteurs, まさに〈嘘をつく徴〉ですね]でも満足する…[後略]。[★004]

> 自分にはそれだけの価値がなかったのに、武勲章をさげていい気持になっている人は、虚栄心の強い人である。[★005]

さて、ここまでは実際には自分のものごとではない話が中心でしたが、アランはさらに話を展開して、「人は[実際に持っている]自分の財産[fortune]や、自分の馬たち、自分の健康、自分の力、自分の知性、自分の知識について、虚栄を抱くことがありうる」と書き始めるのです。確かに、自分はそういうものごとを持ってはいるのだけれども、当の〈持っていること〉よりも、〈他人によって、考えられ、あるいは語られること〉によって、いい気持ちになる。それこそ、考えられも語られもしなければ、ただそういうものごとを持っているだけなのに、持っている

という事実以上のことが〈他人によって、考えられ、あるいは語られること〉によって、感じ取られる。その意味で、そこには、いわば「嘘(MENSONGE)」(►p.472)が混じっているとも言えるでしょう。それに対して、次に掲げる引用に登場する賢者にはそんな嘘などないのです。

> 或る老齢の賢者は、もう休息の権利をもっていたにかかわらず、むずかしいことが問題となったとき、言ったものである、「昔は私もそれを理解したのだが」と。[★006]

もう自分には、その難しい問題に対処するだけの力が無くなっていることを率直に認めている。過去の栄光のゆえに、まだそんな力があるなどと虚栄を張らないからこそ、賢者というに値する人物なのでしょう。

それでは、アランが次に出す「守銭奴は虚栄というものを少しも持っていない」という例はどういうことなのでしょうか？ 守銭奴というのは〈お金が欲しくてたまらず、貯め込んでいる、「ケチ(AVARICE)」(►p.108)な人〉のことです。お金が好きなわけですよね。しかし、その守銭奴が「貧しくなってしまっている」というのは、お金が無い状態です。そんな場合、自分の持っているお金を見せびらかすこともできないし、〈あの人はお金をたくさん持っている〉と誰かに思われて悦に入ることもできないのです。虚栄の成立のしようがないということですよね。その次のボクサーの例はどうでしょう？ 口論[querelle]というものはボクサーが自分の力を発揮する場面では全然ありません。自分はボクシングというスポーツの場面で突出すればいいのであって、口論に勝つことなど、いわば自分の守備範囲に無いのです。ボクシングが強いから口論にも勝ちたいなどとは思わないかぎり、そこには虚栄はないというのです。自分の守備範囲にないものを誇ろうなどと思っていないわけですから。

さて、アランは一見すると意外な方向にここから議論を進めます。虚栄と「社会(SOCIÉTÉ)」

(→p.748)との関わりです．「コントは虚栄のうちに社会的な一つの徳の始まりを見てとった」というのです．虚栄を持つということは，「一般的意見〔opinion〕を考慮すること」だからというのが理由です．虚栄〔vanité〕というと，ネガティヴな印象を抱くことはフランス語でも日本語でも同じはずです．けれども，ここまでこの観念について考察してきて明らかになったことは，虚栄には必ず他人が必要だったことです．他人が自分に関わるものごとについて考えなければ虚栄そのものが存在しないといってもいい．虚栄は他人との関わりあってこその観念なのです．他人があるものごとについてどう考えるかを考慮するところにしか虚栄は無い．それをアランは，「一般的意見を考慮すること」と書いたのでしょう．そこから逆にアランは，「一般的意見をまったく考慮しない者など，一種の〔自分勝手な〕怪物である」という結論を引きだすのです．「怪物〔monstre〕」という言葉までアランは使っています．人間ではないと言いたいのでしょう．実を言うと，この「一般的意見」をもっと積極的に語ることができると私は考えています．個人を人類に参与させるものとしてです．例えば，アランは「我々は人類によって人間となるのであり，それまでは動物なのである」と書きます．「人類の存在をいわば全身で実感できなくなっている人は，もはや人間とはいえない」とも書いています．「社会が考える〔c'est la société qui pense〕．…〔中略〕…人類が考える〔c'est l'humanité qui pense〕」とまで彼は言います．私の大好きな次の一節もここに関わっています．

　　コントは感嘆すべきことを言った．時の試練を経た古代の作家たちは，自分たちひとりでなく，目に見えない讃美者たちの無限の行列に支持され，支えられて，読者の前に姿を現わすのだ，というのである．古代の作家を読むとき，わたしは大ぜいの仲間といっしょである．まさにこうした意味で，古代の作家の中には全人類がふたたび生きているのだ．

　人間は言葉を操る存在者なのですが，当の言葉を習得するということでさえ，社会の中に産み落とされ，言葉という徴を他人たちと擦り合わせなければ不可能なのです．それにもかかわらず，あたかも自分ですべてを創ったかのように振る舞う者がいたとしたら，それを恩知らずの自分勝手な怪物というほかはない．たとえ，大森荘蔵氏が次の引用で語るように，自分の使う言葉を「私的言語」〔private language〕と言いたい者がいたとしても，そうなのです．

　　わたくしは他人の言葉を，わたくしが与えた意味において了解し，またそれ以外の了解の方法はない．そして，他人が同じ言葉にいかなる意味を与えているかを知らないし，またそれを知らないで了解しているのである．つまり，わたくしは日常言語を私的言語として使っており，またそれ以外の使い方はない．しかも，私的言語として使うことによって他人と交信しているのである．

　なぜこんなことが可能かと言えば，他人との交信のなかで，言葉が通じるように擦り合わせが行なわれるからでしょう．大森氏は「調整する」と書いています．

　　わたくしの経験の中に閉鎖された私的言語でどうして交信の成功，正しい交信が保証できるのか．それは，わたくしが自分の私的言語を適宜に調整するからである．

　もっと前の，言語の習得の場面に定位するな

★004──アラン『人間論』p.221
★005──同前
★006──同前
★007──アラン『裁かれた戦争』p.169
★008──同書, p.170
★009──アラン『イデー（哲学入門）』p.330
★010──アラン『芸術について』pp.121-122
★011──大森荘蔵『言語・知覚・世界』p.193
★012──同前

ら，次のようになります．

書物の上ではなく生活の現場での「言葉」を習得するのは声の振り方，つまり身の振り方を習得することである．またそれは人に声で触れるその触れ方を習得することである．だからそれはダンスを習い行儀作法を習うのと同じくただ実地訓練でしか習えない．雛鳥が翼の振り方を親鳥に習う仕方で声の振り方を成人に習うのである．[★013]

こうして習得された，ある社会に共通な声振りの様式，それがその社会の「言葉」なのである．それはまたその社会での肉体的接触の様式でもある．[★014]

言語の習得から，当の言語の現実の場面での修正まで，アランの言う「一般的意見」を考慮せずには，そもそも不可能なのであって，それを認めない存在者がいるなら，それはワガママというか，駄々をこねている身勝手な怪物と呼ばれても仕方がないということでしょう．

VÉLLÉITÉ

淡い望み – これは，失敗すると諦めてしまうような，意志の試みである．淡い望みの中にはいくらかの実行はあるのだが，後が続かない．そして，人々においても，また自然においても，すべては意志に対立しているのだから，もし人が一度しか試みないのなら成功することなど不可能だということを，淡い望みというものはとてもうまく表現している．

前にも引いた *TLFi*（*Trésor de la Langue Française informatisé*）というインターネット上の辞書には，velléité について，非常に分かりやすい辞書的な定義が載っています．

> Amorce d'acte de volonté, intention fugitive généralement non suivie de réalisation.（意志的な行為の発端，一般に実現が伴わないようなつかの間の意向．）

アランの定義と付き合わせてみると，理解が深まるでしょう．何かをしようと思っても，ちょっとした妨げにあうと，やめてしまうような事態です．「失敗すると諦めてしまうような，意志の試み」とアランは書きました．むしろ，こういう言い方から意志というものが逆照射されるように私は思います．どういうことかというと，ちょっとした失敗ぐらいで諦めてしまうようなものは意志(volonté)とは言わないのだ，という姿勢です．velléité という語を日本語にするとき，神谷訳のように「思いつき」と訳すことも可能なのかも知れませんが，こう訳すと意志との関わりが稀薄になる気がして私は採用しませんでした．確かに，フランス語では velléité という一つの語なので，和訳としても一語であることが望ましいのですが，どうもピッタリする一語が私には思い浮かばなかったので「淡い望み」と訳しておきました．たとえば，淡い恋が，ちょっとした障害によって，まるで降り始めの雪のように消えてなくなるイメージを借りてみたかったのです．

さて，「淡い望みの中にはいくらかの実行はあるのだが，後が続かない」のは，全身を投げ出して意志しないからです．*TLFi* の辞書的定義の中に fugitive という言葉が出ており，私は「つかの間の」と訳してはありますが，逃げるというニュアンスを含む言葉です．Fuga（フーガ）という楽曲を思い出してもいい．メロディが次々に逃げ，そして追いかける様式です．「つかの間の意向」とは，逃げて行ってしまう意向であり，なぜ逃げるか言えば，逃がすからです．逃がすとは，諦めるからです．私の大好きなアランの文章の一つに次のものがあります．

怒りがきみのうちに病気のように頭をもたげるときには，わざと笑うという試みだけでもしてみたまえ．じつを言えば，怒りにまったく身をゆだねる者，吐き気や歯痛を待つように怒りを待つ者は，狂人である．そして，どうにもならぬ宿命という感じがあらゆる種類の狂気に共通しているということは，深い事実である．いずれにせよ，健康な人間は自分の体を支配することを欲し，また，支配しうることを確信する．不覚をとっても，また，不覚をとったことを恥じつつも，彼はなお信ずる〔croire〕．なお信じようとする．ここに意志の発条が認められるのだ．★015

この引用は，「怒り（COLÈRE）」（▶p.180）という「情念（PASSION）」（▶p.544）を例に取りながら，心が身体を統御することの難しさを述べた箇所なのですが，そこに意志が語られています．「不覚をとっても，また，不覚をとったことを恥じつつも」，その統御の成功を「なお信じる」ところにしか，「意志の発条」は無いというのです．ところが，人は，容易に「諦め（RÉSIGNATION）」（▶p.710）てしまう．しかし，ここで，「あり得る唯一のあやまりとは何か．おそらくそれはあきらめというものでしょう」★016という言葉を，もう一度，私は掲げておきたいのです．諦めるのではなくて，自分を信じなければならない．けれども，この信じるということが容易でないこともまた確かです．croireからきた名詞であるcroyance（信心）〔「信念（CROYANCE）」（▶p.205）〕をアランが次のようにfoi（信仰）〔「信仰（FOI）」（▶p.372）〕と対立させるのを観てもそれはわかるでしょう．

信仰〔foi〕はすべて，意志と勇気とからなり，信心〔croyance〕とは真っ向から対立する．信仰は運命を否定する．信仰はいっさいの反証を否定する．信仰とは，いわば突風によって吹き払われ，踏みにじられる正義を，毎瞬のように立て直そうと努力するものだ．なにものも信仰を疲れさせることはない．なにものも信仰を擦り減らしてしまうことはない．そして，信仰にあってもっともうるわしいのは，信仰がこのこと自体を誓っていることである．★017

現世利益の信心などというものはいくらでもある．他力信仰を一概に否定するのではありませんが，他力が安易な信心に流れてしまう例は枚挙に暇がない．自分で努力することなどすっかり忘れて，ただ，都合のいいように何かにすがる．ストア派の強烈な意志に共感を持つアランとしては，それは認められないのでしょう．そして，自力的なニュアンスの文章を書くことが多いのも事実です．私自身もそういう姿勢を好ましいと思うひとりであることは告白しておきましょう．諦めないで継続すること．とにかく，それをアランは高く評価しているのです．実際，アランは継続ということを強調します．「淡い望み」を最初に抱くどころか，最初にあるのが自分の思いでさえないところから出発することにこそ意志を観ているのが次の文章です．

ダ・ヴィンチは芸術家に，壁の亀裂やその他自然にできたものによく注意を払うように忠告している．それは，始めようとむなしく努めるかわりに，続けようと心がけることである．意志することなしに為（な）したものから出発しようと意志すること，これは意志そのものである．芸術家は，あるところのものに助言をもとめ，また自分が為したところのものに助言をもとめる．この判断が，動かない諸芸術を絶えず導いているのだ．★018

★013──大森荘蔵『流れとよどみ──哲学断章』p.84
★014──同前
★015──アラン『人間論』p.140
★016──アラン『彫刻家との対話』p.39
★017──アラン『プロポ 2』p.195
★018──アラン『芸術について』p.208

847

試みを継続すること．それは，「一度しか試みない」のではなく，繰り返し，繰り返し，試みることなのです．仕事もそう，楽しみもそうなのです．

デッサンの上手な先生をながめているだけでデッサンを学ぶことはできない．名演奏家の演奏を聞くだけでピアノを学ぶことはできない．同様に，これはよく自分に言い聞かせてきたことだが，上手にしゃべり上手に考えるひとの話を聞くだけで，書いたり考えたりするのを学ぶことはできない．ひとも言うように，仕事がからだに入るまで，繰り返し試み，実行しなければならない．[★019]

アランは，そこに「魂(ÂME)」(→p.069)をさえ見定めています．

魂とは，けっして発見されるべきものでもなければ，叙述されるべきものでもない．それはまったく，くりかえし行なうべきものである．[★020]

幸福もまた，こうした繰り返す努力によって手に入れられるものであることも，また分かるはずです．そのことを，ジョルジュ・パスカルは，アランの「哲学(PHILOSOPHIE)」(→p.587)を念頭に置きながら，次のように書くのです．

幸福はけっして与えられるものでない．つねに，征服されるものである．幸福は，征服そのものにある．だがそれにはつきがあるとか運があるとかいわれることがよくあるが，それはその人が，このためになすべきことをやったからである．運のない人とは，自分は成功しないだろうと確信したうえで，やらずに待っている人である．この人は，運命が果敢な者にほほえむことを知らないのだ．なぜなら人間にとって幸福であるためには，欲望ではなく意志があれば十分であるからだ．[★021]

VÉNIEL
赦されうる ― 裁定され，かつ問題にされなかった一つの過ち〔faute〕の性質〔caractère〕．そしてそれは〔キリスト教で言えば〕外なる悪魔〔diable〕のせいにされる．それは，人が赦される術(すべ)を心得ているということだ．それに，罪の赦し〔absolution〕を必要としない者など，そもそもいるだろうか？　生を裁断してしまう後悔〔remords〕というものは耐えがたい．例えば，自分は救いようがないと判断してしまう悪徳〔vice〕がそれだ．

神谷訳は「軽罪」と訳しています．これだと名詞のように見えますが，véniel は形容詞です．『ロワイヤル仏和中辞典』には，péché véniel で「(恩寵をまったく失うには至らない)小罪」とか，faute véniel で「許せる過失」という名詞を載せています．

冒頭でアランは，「裁定され，かつ問題にされなかった〔jugée et méprisée〕」という言い方をします．「一つの過ち〔faute〕」を犯したことは確かだとしても，それがきちんと裁かれるという事態があって，しかも〈もうそれでよし！〉とでもいうような決着がついている状態がここでは述べられているのです．「悪魔(DIABLE)」(→p.255)という言葉まで登場させているのですから，「キリスト教(CHRISTIANISME)」(→p.160)的な意味での「罪(PÉCHÉ)」(→p.561)の判定と許しが念頭にあることは間違いないでしょう．カトリックには，信者が司祭に自分の犯した罪を告白することで，司祭を介して「神(DIEU)」(→p.263)の「赦し(PARDON)」(→p.538)を請うという「告解(CONFESSION)」(→p.187)の「秘蹟(SACREMENT)」(→p.718)というものがあります．もちろん，それはカトリックの信者として「信仰(FOI)」(→p.372)と共に生きるためのものではあります．赦しを制度化していると言っていい．制度化されているからこそ，そこでの信者

の営みは，信者の日常を安定させる効果さえ持つのです．「赦される術」がそこには現に存在することが十分に知られているからです．〈悪魔の誘惑に負けてしまったね！ 負けないように努力しなさい．わかった．今回は，これで解決だ！〉というわけです．信者はそれで安心して，信仰生活を送れる．それこそ，「人が赦される術を心得ているということ」でしょう．

　しかし，「罪の赦し(ABSOLUTION)」(▶p.026)を「必要としない者など，そもそもいるだろうか？」とアランは書きます．日本人であり，カトリックの信者でもない私にも，話を拡大することがここで可能になります．誰でもが抱くことのあるはずの「後悔[remords]」が取っ掛かりです．この『定義集』にも，「後悔(REMORDS)」(▶p.687)は被定義語として入っています．そちらも参照してください．「後悔」と「悔い改め(REPENTIR)」(▶p.695)そして「心残り(REGRET)」(▶p.673)といった関連する言葉との相違についてそちらの註解で述べてありますので繰り返しませんが，とにかく，後悔は自分が赦されると信じないところに成立し続けるのです．それは繰り返し繰り返し，自分を断罪することです．「だれもがすぐに自分を断罪してしまう」というのが，人間の常なのです．そういう「生を裁断してしまう後悔というものは耐えがたい」わけですが，その例としてアランが挙げているのが，まさに「自分は救いようがない[incurable]と判断してしまう悪徳」なのです．後悔は，そういう判断を自分で，自分に，下してしまっている．

　では，カトリックのように，その判断を実在する神に任せればいいのか？　おそらくアランは，そう言わないのです．彼がカトリックの信仰から離れていることは知られています．それには，こうした神を実在とみることへの反対が根底にある．神を否定するのではありません．「価値(VALEUR)」(▶p.841)としては認めるのです．イデアと同じように．しかし，イデアも物のように実在するのではないとアランは強調してい

ました．ところが，「宗教(RELIGION)」(▶p.676)は，神を実在として認め，崇めるのです．次の引用は，そのことを明確に語っています．ジョルジュ・パスカルが引用したままを，以下に掲げましょう．

　　これほどまでの大きな変化の原因はなにか．それは現実のものとなった神話である．どう理解しようと，神とは，われわれのだれにとってもつねに裁き手であり，鑑である．それは人間の完璧さであり，われわれは崇め，仕えなければならない．それは慎みであり，勇気であり，正義である．それは情念に対する知恵である．この完璧さはすでにそのあらましは描かれており，また文明はそのとおりに定義されているのだから，真の宗教のもっとも重要な点は，思想，ことば，行動によって，できるかぎり自らの実現に取り組まなければならないということだ．あとまわしにしないで，なぜならあとまわしは許されないからだ．絶望しないで，なぜなら絶望は許されないからだ．これは革命的精神であり，そっくりそのまま宗教的精神である．だが神話が信徒を呪縛し眠らせてしまった．もし完璧というものが実在し，その完璧にとって不可能はないとすれば，あとは，ただ直立不動のまま，この完璧を崇めるだけでいい．動物のようなこんなに重い体と，あまりにも狭い思考との，あわれにもちっぽけなわれわれなのに，僭越にもこの広大な宇宙を支配しようとするのか．「神さまにお任せすればいい」．正直な人間が苦しみ，悪人が勝つというのか．不平等，不正，戦争だというのか．そんなものは，いっときの混乱であり，永劫の罰と比べればほとんど無視していい．そして市民がこのように，こうした神話にしびれさせられ金縛りにされているうちに，

★019——アラン『プロポ 2』p.274
★020——アラン『思索と行動のために』p.379
★021——G. パスカル『アランの哲学』p.231
★022——アラン『人間論』p.251

849

策士と野心家たちが，薪の山や，剣や，武力によって，恐ろしい組織を指揮する．免罪符があがなわれる．「神への賛美の歌〔テ・デウム〕」が，あらゆる武力の勝利をことほぐ．そして精神的権力は，人の手から手へと移っていく．宗教が宗教を断罪する．神がないのは学校ではない．神がないのは教会だ．物となった神，その完璧さにおいてなんの反応もない神，これがいまもこれからもあらゆる宗教をあやめる．立像を拝むなら，もう，バアルであれ，黄金の子牛であれ，本物の神であれ，名前などどうでもいい．人間の精神はそのとき，主導的な観念，かくあるべきものという観念を失っている．実在がすべてをむさぼり食ってしまった．(P.N. [一九一三年三月一一日] P.R., V) [★023]

まさに，この引用の後にジョルジュ・パスカルは「ここに，アランがプラトンのイデアを物と見なさなかったと同じ発想が認められる」[★024]と正当にも注意するのです．さらには，「神が実在するという確信があるなら，信仰とはなんなのか」[★025]とまでジョルジュ・パスカルは書いています．そうだとすれば，赦しを制度化したカトリックから神の実在だけを差し引いて，価値を称揚する道がありそうな気もします．実は，そこにアランがストア主義者に共感する理由があるのだろうと私は踏んでいるのです．

VERTU

徳 — これは〔自分の〕気に入ったり気に入らなかったりすることに〔あえて〕抗して意志し，行動する力〔puissance〕である．これはあらゆる痙攣，あらゆる高ぶり〔emportement〕，あらゆる酔うこと〔ivresse〕，そしてあらゆる恐れに抗して獲得される力である．徳，これは陸上競技〔athlétisme〕〔と同じようなもの〕なのだ．ランナーは走ることに酔ってしまうことを克服しなければならないし，ボクサーは殴ることの陶酔を克服しなければならない．徳とは実効〔efficacité〕でしかない．そこでは〔実際に行動することこそが必要なのであって，そこまで到ることのない〕心積もり〔intention〕など何ものでもない．外科医の徳は〔手術を前にして〕震えたり，〔途中でうまく行かなくなりそうになって〕泣いたり，〔現にいま，実際にやるべきことを放り出して手術室を〕飛び出すことではない．古代の人々は四種の高ぶりを基に四つの主要な徳を定義した．恐怖〔peur〕という高ぶりは，それと対置されるものとしての，勇気〔courage〕という徳を定義する．酔うこと，それは欲望〔désir〕の絶頂なのだが，それが節制〔tempérance〕を定義する．貪欲〔convoitise〕という高ぶりは正義〔justice〕を定義する．口論好きな者たちの高ぶりは知恵〔sagesse〕を定義する．

人は，普通，どのような理由（ないし原因）で行動するのでしょうか？　自分が好きだと感じる方向に進み嫌いな方向を避けるとか，自分が快い方向に進み不快な方向を避けるとかいうのは，ひとつのありうる答えです．感覚を頼りに進む方向を決める「快楽主義」とでも言いうる立場がそれです．いや，自分で決めるまでもなく，放っておけばそんなふうな方向に流れていく傾向すら私たちにはあるように思えます．しかし，それはなぜでしょう？　それはおそらく，人間が動物としてそもそも持っている傾向だとは考えられないでしょうか？　例えば，アメーバが「仮足（偽足，pseudopod）」を伸ばして食物を取り込む「食作用」から，そしてミドリムシの「正の走光性」，さらには多くの動物にその存在が確認されている生理活性物質のフェロモンによる誘引作用などを念頭に置いてみましょう．これらは人間が主義として選び取る「快楽主義」とは程遠いところで，すでに感覚に従って行動がほぼ決定される事例です．それこそ，自分で決める

のではなく，「**本能**(INSTINCT)」(➡p.416)的に決定されるのです．自然が，あるいは自然法則が，決定するという言い方も可能でしょう．私がさきほど〈理由(ないし原因)〉と書いておいたのはそのためです．自然法則とでも言うべきものによって因果的に決定されているというわけです．もちろん，人間だってそのような自然に身を委ねるような仕方で生きることはありうる．それどころか，多くの場合，そのように生きてしまっているのではないでしょうか．しかし，そこに〈人間の徳はあるのか？〉とアランはこの定義で問うているように私は思うのです．「徳(ἀρετή)」という言葉は，古代ギリシアでは非常に広い概念なので，少し確認しておきます．プラトンから引用しましょう．事物の〈はたらき〉に対応して〈徳〉が語られるのです．

　　「ではどうだろう——葡萄の蔓を刈り取ることは，短剣を用いてもできるし，ナイフを用いてもできるし，そのほかいろいろ多くの道具を用いてもできるだろうね？」
　　「むろん」
　　「しかし思うに，何を用いても，とくにその目的のために作られた刈込み用の鎌ほどには，うまくできないだろう」
　　「たしかに」
　　「それならわれわれは，その仕事を，刈込み鎌の〈はたらき〉であると考えるべきではないだろうか？★026」

こう述べた後でプラトンは，「それぞれのものには，それが本来果すべき〈はたらき[ἔργον]〉が定まっているのに対応して，〈徳〉(優秀性)というものもあるとは思わないかね？」と問い，「目には特定の〈はたらき〉がある」のに応じて「目の〈徳〉」を，「耳にも特定の〈はたらき〉がある」のに応じて「耳の〈徳〉」を語るのです★027．こう

した議論が展開される前にもすでにプラトンは「犬としての善さ(徳, ἀρετή)」や「馬としての善さ」を語っていました★028．では，〈人間としての徳〉とは何でしょうか？　「刈込み用の鎌」や「目」や「耳」や「犬」や「馬」について語られる徳は，それに固有の優秀性のことでした．そうだとすれば，〈人間に固有の優秀性〉であるはずの徳とはなんでしょうか？　それは，アメーバやミドリムシが持つような優秀性とは違うでしょう．では，いったい何でしょうか？　それをこそ，アランはこの定義で明らかにしたいのだと私は思います．それは自然法則的な因果によって説明できるものでは，おそらくない．もうお気づきの読者が多いと思いますが，それこそは意志なのでしょう．今回の定義の冒頭でアランはそれを述べていますよね．「これは〔自分の〕気に入ったり気に入らなかったりすることに〔あえて〕抗して意志し，行動する力〔puissance〕である」，と．しかも，「これはあらゆる痙攣，あらゆる高ぶり〔emportement〕，あらゆる酔うこと〔ivresse〕，そしてあらゆる恐れに抗して獲得される力である」，と．ここで私は，ソクラテスによる〈(アナクサゴラスの)自然学への絶望〉を思い出します．これまた，プラトンから引用しておきましょう．

　　ところがああ，これほどの期待からも，友よ，わたしはつき放されて，むなしく遠ざからざるを得なかったのだ．この書物を読みすすんでいくにつれ，ヌゥス(知性)をなんら役立てず，もろもろのものごとをひとつに秩序づけるいかなる原因も，それに帰することなく，かえって気(空気)とかアイテールとか水とかその他にも多くのまさに場外れなもの！　を持出して，それらを原因だとする，そのような男を見つけたときにはねえ．

　　これでは，たとえば次のようなことをい

★023——G.パスカル『アランの哲学』pp.219-220
★024——同書，p.220
★025——同書，p.221

★026——プラトン『国家』353A, p.96
★027——同書，353B, pp.96-97
★028——同書，335B, p.45

851

う人と，すこしも変らないではないかと，わたしは思った．それはまず，

　——ソクラテスは，そのすべての行為を，ヌゥス（知性）によってなしている——といっておきながら，さてわたしのなす個々の行為についてその原因を語ろうとするくだりになると，まず，いまここに坐っていること，の原因について，こう語るとしてみたまえ．

　——ソクラテスの身体（からだ）をつくっているものに，骨と腱がある．骨は，固く，各片は分離されて，関節のところでつながっている．他方，腱は伸縮自在なものであり，それが，肉やまた以上の全部をひとつに保持する皮膚とともに，骨を包んでいる．さて，そこで骨が，その結合部において自由な動きをなすときに，腱が伸縮して，わたしがいま四肢を曲げるようなことを可能にするのであり，そしてじつにこの原因によって，わたしはいまここに脚をまげて坐っているのである…〔中略〕…

　たしかにそれがもし，そういう種類のものをもつことなしには，つまりは骨とか腱とかその他わたしが持っているかぎりのものなしには，わたしがよいと思ったことをなすことはじじつできない，という主張なら，その言い方は真であろう．しかしながら，

　——そのような種類のものを原因として，わたしはわたしのなしていることをなしている．しかもそのなしていることは知性によってである．しかしけっしてもっとも〈よい〉ということを，選択することによってではない——

　というのは，これはもう投げやりに，ただことばをつらねた言論にすぎないのだ．なぜなら，そういう人は，

　——一方では，真に原因であるものがあり，他方では，それがなくてはその原因がじっさい原因たることはできないというもの（必須条件）があり，この両者はまった

く別のものである——

　と，はっきり分別できないのだからねえ．★029

　要するに〈「善（BIEN）」（▶p.131）とは何であるか？〉といったことにアナクサゴラスが全然応えていないことが，彼の絶望の根底にあることはわかりますよね．自分は〈善く生きる（善く死ぬ）〉ためにこそ，逃げもせずにここに座っているのに，人間として善く生きること，つまりは「徳」には，アナクサゴラス的な説明は少しも触れていないのです．ただただ，身体の機構による，それこそアメーバにも語られるような自然法則的因果の説明に終始しているのであって，人間としての優秀性になど擦りもしていないのですから．もちろん，そういう説明が必要な場面はいくらでもあるわけですが，それは，たかだか放っておいてもそうなる程度の自然の条件でしかない．そういうものに「抗して」成立させることができる優秀性が，つまりは徳が，人間にはあると言いたいのです．それを説明するために，アランは，「徳，これは陸上競技〔athlétisme〕〔と同じようなもの〕なのだ」という言い方をします．「ランナーは走ることに酔ってしまうことを克服しなければならない」とアランは言います．それこそ「ランナーズハイ」を思い浮かべてもいいのですが，その原因が「βエンドルフィン」であるか「内在性カンナビノイド」であるかの議論はさておき，ある種の物質の麻薬作用による因果的な帰結です．そういうことが起こる因果的なレベルとは別に，アランは意志を確保しておきたいのです．「ボクサーは殴ることの陶酔を克服しなければならない」のも，殴ることに夢中になってしまえば，それは単なる喧嘩と区別はつかなくなるのであって，本物のボクサーの優秀性を離れるだろうというわけです．

　さて，ここで一気にアランは議論を転換し，深めます．「徳とは実効〔efficacité〕でしかない」というのです．すでに「意志」が登場したことでも予想はついたでしょうが，徳は実際に何かをするところにあるのであって，したいと思ってい

る「心積もり〔intention〕」の段階とはまったく違うものなのです。意志も、〈半分だけ意志する〉なんてできませんよね。〈意志するか、意志しないか〉、〈するか、しないか〉でしかない。意志は現動〔actus〕なのです。可能態（δύναμις）に対しての現実態（ἐνέργεια）と言ってもいい。何か可能性があって、それを〈したいと思っている〉けど〈しない〉ということがありうる「心積もり」とは完全に別物なのです。心積もりでは徳は成立しない。実際に何かを、それもそれを見事に為しつつあるところにしか、徳は成立していない。アランは外科医の例を掲げます。分かりやすくなるよう、新米の外科医を念頭に置いて訳者補足をしてあるのが、定義中の次の文章です。「外科医の徳は〔手術を前にして〕震えたり、〔途中でうまく行かなくなりそうになって〕泣いたり、〔現にいま、実際にやるべきことを放り出して手術室を〕飛び出すことではない」、と。ほとんど実際の手術の経験が無くて、まだ不安を抱きながら手術をしようとしている外科医を思い浮かべてくだされば、この訳者補足が容易に理解できるでしょう。そして、そこには、まだ「外科医の徳」が成立していないことも。そうした震え、焦りなど「に〔あえて〕抗して意志」するところにしか、徳は成立しないのです。

最後にアランは、古代の人々が徳を定義するときに、「高ぶり〔emportement〕」を基にしていることを述べます。「**高ぶり(EMPORTEMENT)**」（▶p.302）の定義もこの本の中にありますから、詳しくはそちらを参照してくださると幸いです。森訳が「興奮〔状態〕」と訳し、神谷訳が「熱狂・激情」と訳しているこの emportement をあえて「高ぶり」と訳した理由もそこには書きました。ひとことだけ繰り返しておけば、〈主として語られているのは身体的な事柄であり、思考ではなく行動だから〉です。そのことが「高ぶり」と訳すことによって、少なくとも「**示唆(SUGGESTION)**」（▶p.784）されるだろうと考えたのです。「恐怖〔peur〕という高ぶりは、それと対置されるものとしての、勇気〔courage〕という徳を定義する」というのも、「**恐怖(PEUR)**」（▶p.582）という〈身体が主導権を取ってしまっている情念的な状態〉から、〈自らの意志によって行動している〉という「**勇気(COURAGE)**」（▶p.196）という徳を成立させる動きが理解されてこそ、当の勇気の定義となるからです。「酔うこと、それは欲望〔désir〕の絶頂なのだが、それが節制〔tempérance〕を定義する」のも、「**欲望(DÉSIR)**」（▶p.223）という身体的なメカニズムの絶頂にあって、あえてそれに抗した意志を発動させるところにしか節制など成立しないことを語っています。「貪欲〔convoitise〕という高ぶりは正義〔justice〕を定義する」という箇所で、私は convoitise という語を「貪欲」と訳しました〔「**貪欲(AVIDITÉ)**」（▶p.113）〕。「貪欲」とは〈よこしまな所有欲〉とでも言うべきものだということから正義というものが言わば逆照射されるのです。そういう仕方で正義が定義されるというわけです。まさに、正しくないほどの、道を外れた所有欲というものもありそうだからです。そして、そういうところへ人を走らせてしまうのは、〈なぜ所有するのか？〉などという思考から離れて所有それ自体が目的となってしまうからでしょう。所有の欲望は嵩じるばかりなのです。少しでもそういうことに思いが到れば、おそらく次のようになる。

> 自分に当然帰すべきものを受取った人は、自分の権利と共に他人の権利も重んずべきである。ここに精神の正義が存し、これを離れては、所有の喜びは不純かつ不安定となる。[★030]

では、「口論好きな者たちの高ぶりは知恵〔sagesse〕を定義する」とはどういうことでしょうか？「口論好きな者たち」は何を好んでいるのでしょうか？　それは、口論に勝つことでしょ

★029──プラトン『パイドン』98B-99B, pp.286-288　　★030──アラン『裁かれた戦争』p.149

853

う．しかし，アランは，「議論に勝つことでなにか真理がうち立てられるなどと考えるのは，子供ぐらいのものだ[031]」と断言します．口論に勝つなどということは，「**知恵**(SAGESSE)」(▶p.721)とはほど遠い姿なのです．

こうして，アランは，「高ぶり」という，徳から遠いところにある情念的状態を出発点にして，それとの対比で徳を理解し，さらにはそれを創り出す必要を人間に見ているのです．善く生きるためにです．

道徳の問題は人間と彼自身とのあいだ，彼の意志と彼の生来の性質とのあいだにあるし，徳とは，ただざまざまな情念にうちかつこと，悪徳とは情念に身をまかすことにある[032]．

そしてまた，それは自分自身を愛することでもある．「徳とは英雄的な自己愛」であって，「なんぴとといえども他人の完全さによって自分を救うことはできないし，彼は自分の誤謬からこそ真理を作り出すべき[033]」だからです．

VICE
悪徳 ― 〔これは高ぶり（ないし酔うこと）である．〕よく知られており，恐れられており，予期されており，そして要するに宿命論的な考え〔idée fataliste〕に基づいて引き起こされる高ぶり〔emportement〕（ないし酔うこと〔ivresse〕）である．四つの主要な悪徳が四つの主要な徳〔vertus〕に対応している．それらは，卑怯〔lâcheté〕，不節制，不正そして愚かさ〔sottise〕である．宿命論者（賭け事の好きな人）の判断の結果として，悪徳の内には，ほとんど常に，癒しようのない静けさがある．

当然のことですが，「**徳**(VERTU)」(▶p.850)の定義も参照してください．そこにも「**高ぶり**(EMPORTEMENT)」(▶p.302)の話は重要な話題として出てきます．そういうところから出発して徳を創り出すべきものとしてです．今回の「悪徳」の定義では，そういう高ぶりが引き起こされるに際しての「宿命論的な考え」にまずアランは注目しています．そういう考えに基づいて引き起こされる〔provoqué〕高ぶりというものがあるというのです．どういうことでしょうか？ emportement は動詞の emporter に由来します．この動詞は，「（感情が）押し流す」とか「（情熱が）突き動かす」とかいう意味合いを含んでいる言葉に他なりません．ですから，emportement は〈押し流されること〉であり，〈突き動かされること〉です．しかも，森訳が「興奮（状態）」と訳し，神谷訳は「熱狂・激情」と訳しているように，この言葉に，嵩じる，つまり程度がひどくなるとでもいうようなニュアンスを観ても「**間違い**(FAUTE)」(▶p.350)ではないでしょう．そして，そうしたことを引き起こす〔provoquer〕のが「宿命論的な考え」だということです．この種の高ぶりは「よく知られており〔connu〕，恐れられており〔redouté〕，予期されて〔attendu〕」いるのだとアランは指摘し，それを「要するに宿命論的な考えに基づいて引き起こされる」とまとめていると解していい．言い換えれば，「宿命論的な考え」が抱かれる姿がここには書かれているのです．こうした「高ぶり」が，よく知られているのは，たびたび経験したからでしょう．恐れられているのは，その帰結が望ましくないからでしょう．それにもかかわらず予期されているのは，結局はそういうところに到達してしまうのだと人が思っているからでしょう．マイナス面が十二分に知られているのに，そこに落ち込むことが避けられそうにないと信じ込まれている．そんな感じです．それをこそ「**宿命論**(FATALISME)」(▶p.342)というものでしょう．次に言葉を思い出しておきたい．

宿命論とは，将来この世で起こることはす

べて書かれている，もしくは予言されていると信ずる心的状態〔disposition〕にほかならない．[★034]

こんなふうに信じてしまうために，出来事がまさに予期され（あるいは待たれ）てしまうのです．すべて書かれ，「**予言(PRÉDICTION)**」(➡p.643)され，決定されているのだからどうしようもないのだと考えて，未来に関わる自分の意志を萎えさせてしまう．あたかも，自分の意志が物事を変化させるなどということがありえないかのように信じてしまう．要するに，諦めているのです．やってみもしないのに，できないと決め込む姿が，ここにはあります．決め込んでしまって，行動しないのです．私は，そうした姿勢とは逆の，次の言葉が好きです．

> もしも私たちが，木を切る人のようにしなやかで，冷静で，慎みがあるならば，宿命観はもはやなんの力ももたないであろう．このとき，私たちは落ち着いて未来を変えるのである．[★035]

この引用には「しなやかで，冷静で，慎みがある」という状態が語られています．それと対照的な状態こそが，人が「**情念(PASSION)**」(➡p.544)に囚われているときの状態だとは思いませんか？　ジョルジュ・パスカルは，「どんな情念にも宿命論的なところがある．それは，行動することをあきらめるからだ」[★036]と書きました．そういうことです．「**宿命(FATALITÉ)**」(➡p.346)というものを立てて，それに照らすことで，自分の無力を確認するに留まる．自縄自縛に陥っているのです．

自分が弱く無力だと思いこむかぎり，実際にそのとおりになる．そんなふうに思いこんだところで，苦しむのに役立つだけで行動の役には立たない．[★037]

苦しむのは，できないと信じているからです．そして，人は信じていることを確認しようとするのです．言ってしまえば，それは一種の絶望という状態なのです．

不幸にして，絶望には確信〔certitude〕が，つまりは強い確認〔affirmation〕が，ともなう．[★038]

そこには，人間としての「高み」に到達できると信じる姿はありません．そんな到達を実現するためには自己統御がおそらく必要なはずですが，そもそもその可能性を信じていないのですから，統御する必要も無い．〈どうせ……人間なんて……の程度のものだ〉といった，「**諦め(RÉSIGNATION)**」(➡p.710)・絶望があるのです．今回の定義の中で，「高ぶり〔emportement〕（ないし酔うこと〔ivresse〕）」という言い換えがされていることに注目してみましょう．本書の「**酔うこと(IVRESSE)**」(➡p.422)の定義を参照してみるのです．すると，冒頭から，「欲せられ，また求められた高ぶり〔emportement〕であり，それは自分を統御することから私たちを解き放つ」という一文に出会います．また，「酔うことは，常に，尊ばれるべき部分を卑しいものとしてしまうことに関わる」ともアランは指摘しています．そして，その定義は「節度の無さを讃えること」という辛辣な言葉で終わっているのです．今回の「悪徳」の定義が，「四つの主要な悪徳が四つの主要な徳に対応している」とし，「**卑怯(LÂCHETÉ)**」(➡p.432)，「不節制」，「不正」，そして「**愚かさ(SOTTISE)**」(➡p.765)が掲げられることに注意してください．もちろん，これに対応する主要な徳とは「**勇気(COURAGE)**」(➡p.196)，「**節制(TEMPÉRANCE)**」(➡p.796)，

★031——アラン『思索と行動のために』p.184
★032——同書, pp.247-248
★033——アラン『教育論』pp.193-194
★034——アラン『思索と行動のために』p.262
★035——アラン『人間論』p.248
★036——G. パスカル『アランの哲学』p.171
★037——アラン『思索と行動のために』p.321
★038——アラン『幸福論』p.98

「正義〔JUSTICE〕」（▶p.429），「知恵〔SAGESSE〕」（▶p.721）のことです．「卑怯」に関しての次の文章は非常に示唆的です．

> 動物にとっては何ものでもなく人間にとってはいっさいである卑怯ということは，行なう意志のあることを行なわぬこと以外にどんなことを言うのだろう．だから，本来人間のものである自己超越と脱皮とがある．私は魂を身体から分離せねばならぬと言った．人間を動物から分離せねばならぬと言っても同じことである．★039

卑怯が悪徳であるのは，まさにこの意志を信じていないところにあるのでしょう．自己超越や脱皮など不可能と信じているところにあるのでしょう．「勇気を欠いている〔manque de courage〕」★040のです．不節制は「節度を欠いている〔manque de mesure〕」し，不正は「正義の不在〔absence de justice〕」であるし，愚かさは「知恵を欠いている〔manque d'intelleigence〕」のです．★041人によっては手に入れられる徳を，自分には不可能と信じ込むところに悪徳はあるのです．

> 情念の，いや悪徳さえもの根本はこの屈辱，すなわち，何もできぬということであり，何もできぬと判断して絶望を最高度にしてしまうこと…〔後略〕★042

なぜそう信じ込むのかについて理解するには，「あらゆる悪徳の根底には怯懦と無気力がある」★043という指摘だけで十分でしょう．アランが今回の定義を「宿命論者〔賭け事の好きな人〕の判断の結果として，悪徳の内には，ほとんど常に，癒しようのない静けさがある」と締めくくるのは，行動へと一歩踏み出すことをせず，他人の徳を観ようともしないし，耳を傾けることもしないで，自分の今ある地点に留まり続ける「静けさ」を語りたいからだと私は思います．しかし，なぜ「宿命論者」が「賭け事の好きな人〔joueur〕」に言い換えられるのでしょう？　両者には似たところがあるのでしょうか？　あります．宿命は決まっていても知ることができない．賭け事も同じような構造をもっているのです．

> 賭け事においては，すべては文字通り同等であり，しかも選択しなければならない．このような抽象的危険はいわば熟慮反省にたいする侮辱である．したがって，一か八か選択しなければならない．賭け事はすぐに答えを出してくれる．だから，われわれの思考を毒してしまうかの後悔の念などいだきようがない．それをいだきようがないのは，もともとその理由がなかったからである．知ることができないというのが賭けの規則である以上，「もし知っていたら」とは言えないのだ．★044

宿命論も，賭け事も，こうして人を熟慮反省からは遠いところに位置づけるのです．前者は，そうして諦めをもたらし，後者は，その諦めに伴う倦怠を賭博の空騒ぎへとつなぐのです．しかし，共に，未来を変える行動へとは結びつかず，それを準備するような精神的な事柄については「癒しようのない静けさ」が支配していることには変わりないのです．徳が欠け，悪徳が支配しているのはそういうところにおいてでしょう．

VIOLENCE

暴力 — これは一種の力〔force〕であるが，情念に駆られた〔passionnée〕力であり，恐怖〔terreur〕を与えることによって抵抗を粉砕することをめざすものである．暴力が犯罪〔crime〕を定義するのだが，それは暴力が〔尊重されるべき人格を備えた具体的〕人間〔personne humaine〕に対して行使されるときである．そして処罰の定め〔loi〕は，反対に，暴力からは

完全に浄化されている.

　力〔force〕が, どういう仕方で, 何に向けて, 行使されるかが問題なのです. 力があることそのものはいけないわけではおそらくないし, だからこそ力を見事に制御できれば, それこそ力があればこそできる事柄を成し遂げたり, 力強い作品を生み出せるでしょう. しかし, 力があったとして, 今回の定義にあるように「情念に駆られた〔passionée〕」場合の, 当の力の行使はどんなものとなるのだろうかという考察が始まるのです. 暴力は「恐怖を与えることによって抵抗を粉砕することをめざす」と書かれています. その時に力を行使する相手方は主として人間であり, 最低限でも動物でしょう. 事実, すぐ後で, 犯罪を定義するものとして暴力が語られ, それは「人間〔personne humaine〕に対して行使されるとき」とされるのです. しかしながら, サーカスで使われる動物たちに種々の芸を教える場合, 鞭や棒・杖といったものが使われ, それを日本語的には「暴力」と理解することも可能であると私は思います. 動物虐待と言えるような教え方もありうるということです. ところが, アランはここでそこまでの議論は展開しません. 彼は, 議論を「情念に駆られた力」というふうに限定しつつ, 犯罪が問題となる場面へと暴力を定位させてしまうのです. サーカスにおいて調教師が「情念に駆られた力」を行使しているかというと, 確かに場面は異なると言うべきでしょう. こうして, 現代的には問題を残す議論だとは言え, 彼は問題とする論点として, ただ暴力というものを力が「人間〔personne humaine〕」に対して行使されるとき」へと限定して書いている点に焦点を当てて進むことにします.

　私は, この personne humaine というフランス語には少々の説明が要るだろうと考え, 訳者挿入として〔尊重されるべき人格を備えた具体的〕

という長い補足をしておきました. もちろん私の解釈が色濃く出ている部分です. 「犯罪〔crime〕」を構成する要件は何かということに関わっているのです〔「重罪（CRIME）」（▶p.203）〕. しかしながら, 刑法上の構成要件論に入り込むことは私にはできませんので, アランのこの定義の中でそれに類することを記していることに対して, 私なりの補足をしておいたに過ぎないと理解してください. どう解釈したかというと, personne humaine という表現における personne は「人格」と訳した方が適切だと私は考えたのですが, かといって「人間の人格」とこの部分を訳してしまうと, ストレートに「人格」という言わば精神的なものだけに暴力が加えられると読まれてしまう危険性がある. そうではなくて, 身体を備えた生身の「人間」に加えられる力として「暴力」を語りたいので, personne humaine の訳語としては「人間」としておき〔尊重されるべき人格を備えた具体的〕という長い補足的訳者挿入をしておいたという次第です. そういう生身の人間に, 暴力は「恐怖を与えることによって抵抗を粉砕することをめざす」というわけです. ここで「恐怖を与えることによって」と訳したのは, par terreur です. peur〔「恐怖（PEUR）」（▶p.582）〕といったレベルではなく, もっと強力なものです. 「情念（PASSION）」（▶p.544）に駆られた人間がもたらす〈激しい恐れ〉です. 〈手に負えない〉というか, そんな力を前にした恐怖でしょう. 受け手がそんなふうになってしまうのは, 暴力をふるう者の側において, もはや制御など利いていない状態がそこにあるからではないでしょうか? 「怒り（COLÈRE）」（▶p.180）に我を忘れているような……. そして, そういう状態には, 意志的に入り込むのではないとアランは言います. 「ほっておけば」そうなってしまう底のものなのだと.

★039――アラン『わが思索のあと』pp.286-287
★040――*TLFi*
★041――*Ibid.*
★042――アラン『思索と年齢』p.33
★043――アラン『プロポ 1』p.341
★044――同書, pp.411-412

857

物事をほっておけば必然的に機械仕掛と暴力の次元に陥るだろう．精神のみが平和を築きうるが，しかしそれも意志が伴った場合である．[★045]

またもや意志の登場です．まあ，そういうものでしょう．それくらい，暴力へと傾くのは簡単なことであり，それに対抗するには次に掲げられる引用にあるように「全力」が必要なのです．

雨は人間がつくり出すものではないし，日光にしてもそうだ．だが，平和は人間がつくり出すものである．戦争はだれがつくり出すものでもない．平和への努力が欠けるところには，たちまち戦争が姿を現わすのだ．いわばピアニストにとっての狂った音，綱渡り芸人にとっての落下のようなものだ．不正義は外力がつくり出すものである．この点われわれは心安んじていていい．暴力にしてもそうだ．力はわれわれに惜しみなく与えられる．戦争はけっしてつくり出されるものではない．それはつねに被らされるものだ．全力をもって平和を意欲しない者は，戦争を被らされるだろう．[★046]

こうして，暴力は意志の敗北のさきに必ず現われるとさえ言えそうです．敗北してしまえば，「偉大な感情」〔「感情(SENTIMENT)」(▶p.732)〕すら消え去る．「愛(AMOUR)」(▶p.076)も消え，心〔「心(CŒUR)」(▶p.176)〕も消えるとアランは言いたいのでしょう．

偉大な感情のすべては，けっして逃亡することなく，挑戦し，おのれ自身の暴力を克服することによってつくられる．これは，愛と勇気とを心〔cœur〕という同一単語でくくることによって，言語がみごとに表現していることなのである．[★047]

さて，では今回の定義の最後に登場する「処罰の定めは，反対に，暴力からは完全に浄化されている」という一文はどんなことを意味するのでしょうか？　それは，「処罰」が，意志的に選び取られたものであって，復讐といった対抗暴力ではないことを意味するでしょう．さらに言えば，処罰される側での意志の取り戻しをも期待するものとして，「恐怖を与えることによって抵抗を粉砕すること」など決して求めずに犯罪者に課せられるものだとするならば，「浄化」という表現もあながち大げさなものとは言えないのかも知れません．

最後に，暴力が私たちのごく身近にあることを述べておきましょう．〈食べる〉という営みにアランは暴力を見てとり，それゆえにこそ，食べる際の人々の礼節がどうしても必要になることを語ります〔「礼儀(POLITESSE)」(▶p.620)〕．礼節は，意志の勝利であり，食欲という動物にも共通のレベルですでに人間の意志が見事に発動できない限り，礼節が失われると共に，暴力ははっきりと前面に出てくるというのです．

力でねじ伏せようという考えこそ最初に頭に浮かぶ考えである．この考えは，いわば本能から発し，つねに力に結びついているわれわれの身振り自体から生まれる．生物はおいしいと思われるものを，引き裂き，砕き，消化して，横暴をきわめるが，この自然の暴力には快楽が伴っている．あの背肉を食べている男を見てみたまえ．自分自身の骨格をつくるために羊の骨格を猛然と破壊しているではないか．それでも，ものを食べている人間のなかに，ある動物の他の動物にたいする勝利しか現われていないとしたら，われわれはいささか恥ずかしい思いを味わうことになる．あらゆる民族が食べるにあたっての規則を定めてきた．その規則はつねに，ものを食べる際しては別のことを考え，力の身振りを統御し得ることを示さねばならぬということを骨子と

858

している．行儀正しく食べることが大きな試験とされるゆえんはここにある．その人間が自己統御の前提としての統御能力があるかどうかを見わめられるのは，まさにそのとき，牛肉のひと切れやウミザリガニのはさみをまえにしたときなのだ．[★048]

食べるということについて，「哲学(PHILOSOPHIE)」(►p.587)するなどということをみなさんはしたことがないかも知れません．しかし，私は次の言葉と共に，是非とも食べることについて哲学してほしいのです．

何かを喜んで食べる場合，それを愛していると言えばよいのか，憎んでいると言えばよいのか．それを欲している以上，愛しているのだが，破壊している以上，憎んでいるのだ．[★049]

Z

ZÈLE
熱意 ── 熱意は，最低限やらなければならないところよりも多くをなすところにある．〔例えば会社などでは〕部下として，人は〔自分の〕務めを心〔cœur〕に留め置き，〔それと他人の務めとの区別を認識しつつ，上司の意向に沿ってそれに応じた仕事をするのが身のためという意味で〕自分自身のために物事をなすというふうにして，〔上司の意向を間接的に実現するという仕方で〕上司のために行動しなければならいというのはその通りである．〔しかし，そういう程度を越えた〕熱意の過剰は当の上司が忘れたがっていたという事柄を思い起こさせたりする．熱意の反対は，〔かつて〕緊急ではあったが，〔今では〕もはやそれほど緊急ではなくなってしまっている事柄を，放置することである．そしてもちろん〔熱意が残っていればこそ，こうして放置されていた事柄を〕片付けようとするあの〔部下の側の〕振舞い方は，当の部下のなかでは大切なものである．なぜなら，その熱意が〔当の部下の側の〕情熱〔passions〕を長引かせ，雇い主の一挙手一投足を〔実際の〕行動へと変えるからであり，そのことが雇い主に〔個々の事柄についての〕決断〔décisions〕を迫るものなのである．

「最低限」と訳したのは，原語では strictement です．神谷訳は「厳密を期す」といった意味で取っていますが，私は仕事といったもののなすべき範囲とか量とかのニュアンスを定義の中心に観て，こう訳しました．実際，定義の続きでは，部下として上司の実際の指示に応じた働きをするのは当然であることが，まず確認されます．原文ではかなり分かりにくい書き方をしているように私には思えるので，多くの訳者補足をしてあります．ですから，この部分について説明をしておくと，通常，上司は部下に仕事を指示するわけで，その際，誰の仕事であるかは他の部下の仕事との区別の下で指示が出されるでしょう．部下としては，出された指示を理解し，他の仕事ではなくまさに自分の仕事として遂行することで上司の意向を実現するわけで，

★045 ──アラン『裁かれた戦争』p.166
★046 ──アラン『プロポ 1』p.277
★047 ──アラン『プロポ 2』pp.113-114
★048 ──アラン『プロポ 2』pp.410-411
★049 ──アラン『人間論』p.118

それは自分のためでもあるけれども，上司の任務を実現するために自分でも行動しているという意味では，上司のためにも行動しています．しかしながら，それだけに留まるならば，それはただただ命令を実行するといったレベルです．ざっくり言ってしまえば，指示されたことをやっているだけです．別に熱意などそれほど無くても語れる程度の事柄だと言いましょうか．

しかし，仕事へのありあまる熱意は，指示された仕事との関連で多くの事柄を浮かび上がらせ，上司に影響を与えます．「上司が忘れたがっていたという事柄を思い起こさせたりする」のです．実は，上司が放置しておいた事柄です．上司には，もう熱意など無くなりかけていたからです．上司は「緊急ではあったが，〔今では〕もはやそれほど緊急ではなくなってしまっている事柄を，放置」してきたのです．それが（おそらくは上司より若いであろう）部下の熱意によってふたたび浮上してくる．上司自身は「忘れたがっていた」としても，熱意を持った若者にはそれを放置できない．片付けようとするのです．そういう振る舞い方を部下がしたとき，当の部下は雇い主〔le maître〕の一挙手一投足に片付けるべき事柄を見出し，それに関わる決断〔décisions〕を仰ぐに到ります〔「**決断（RÉSOLUTION）**」（▶p.715）〕．そうやってこそ，事柄は見事に進み始める．熱意は無駄ではないのです．何事にも熱意を以て当たるとき，少しずつではあっても，自分も，周りの人々も，ついには「**社会（SOCIÉTÉ）**」（▶p.748）も変わっていくのかも知れない．それを信じるしかないのでしょう．アルファベット順に辿ってきたこの『定義集』ですが，この最後の「熱意」は，私たちが最後の最後まで失ってはならないもののように感じられ，感慨深いものがありますね．次の引用を見てください．

> 知恵は知性固有の徳である．だがそこから，知恵というのが他のすべての徳の共通の呼び名である，と解してはならない．さまざまな徳が知恵によってだけあるとすれば，

多くの場合そこには，大胆さと創意に富んだ火〔l'audace et le feu inventeur〕が欠けることになる．★001

この引用にも表われているように，この本にまとめられることになった，いろいろな言葉に関するアランの考察は，単に知的なものではない何かを私たちに指示しているように思えてなりません．主知主義に対する批判はアランの文章の随所に見て取れるものです．かといって神秘主義に定位しようというのではもちろんない．そうではなくて，知性にあぐらをかいて懐疑を忘れることがあってはならないことこそ，デカルトを受け継いだアランにとっては強調してもしきれないほどのことであり，人間の「**徳（VERTU）**」（▶p.850）というものをそういった懐疑においてこそ顕わになる営みに見たかったのでしょう．「大胆さと創意に富んだ火」〔「**大胆（AUDACE）**」（▶p.106）〕が，知性という名の下に，無くなってしまうことを誰よりも嫌ったのがアランだったように私は思います．それは「**神（DIEU）**」（▶p.263）をもラディカルな仕方で捉える彼の姿勢なのです．

> この世のなにも正しくない．どんな対象も神ではない．だが正しい人間とは，いつも正しさを思い，たえずこれを守り，またこれを求める者である（…）．そのような人間は，物の秩序を信用しないし，判断の矛先はつねに，既存の，敬されている正義の攻撃に向かい，実在しない手本にならって，この正義を正す．道徳的判断のこの炎(ほむら)，破壊せんとするこの熱意〔ardeur〕，ただ愛されるだけでなんの飾りもない，なんの権勢もない神に対するこの崇拝，これこそ宗教がよって立って生き，よみがえる所以のものである．(P.R., LVII［一九二三年十二月二〇日］; PL., I)★002

確かに，この引用で「熱意」と訳されているのは，zèle ではなくて，ardeur です．今回の定義にあるような，部下が上司や雇い主の意図の実

現へと向かう場面での「熱意」だけではなく，もっと人間的な秩序において「熱意」を語るとするならば，それはardeurという言葉に結実するように私は考えます．例のフランス語類語辞典には，実際，次のようにあるのです．

> **Ardeur** enchérir parfois sur chaleur en parlant de l'amour.[003]（熱意は，しばしば愛を語りつつ熱気以上のことをする．）

意気込みを越えて，意志として成立するようになって初めて，人は「いつも正しさを思い，たえずこれを守り，またこれを求める」に到るのではないでしょうか？　そこによみがえってくるのは，この現代において，アランの先の引用で言うような「宗教(RELIGION)」（►p.676）なのかどうか，それは開いた問いにしておきましょう．

---

[001]──アラン『思索と行動のために』p.362〔訳文を少し改めた．具体的には「悟性」と訳されていたl'entendementを「知性」とし，propreを「固有の」と，さらにle feu inventeurを「創意に富んだ火」へと変更した〕

[002]──G. パスカル『アランの哲学』p.309

[003]──H. Bénac, *op.cit.*, p.135

講義を終えて

　はっきり言って重荷を下ろした感じです．辛かった．でも，同時に，幸せを味わいました．
　もうあと10年間こういう講義をやってほしいと言われても，体力的に無理なような気がします．連載小説を抱えている作家とはこんな気持ちなのかなぁと思うくらい，講義準備に追われてとにかくハードな日々だったのです．そんななかでも味わいうる幸せとはどんなものなのかを少しだけ書いておきましょう．それは，やはり〈書く歓び〉に他なりません．

　〈書く歓び〉とはアランの言う「表現の幸福」の一つです．書き始める時には思いもよらなかった内容とその表現を，自分が最終的には手にするにいたったのを知る歓びです．講義草案の作成途上からして私はそういうものをずっと味わい続けてきました．学術論文を執筆する時にも，もちろん，その種の歓びはあります．けれども講義という場で使うことを念頭に置いた文章を創った上で，それを実際に自分の声にする場合，〈同類としての人間〉が受講生として眼の前に存在して聴いているという事態を，アドリブを交えて，最大限に利用できるという違いがあります．アランが「絶対的言語」と呼んだものの成立を頼りにすることができるのです．つまり，私の語る言葉の「意味」を十全に理解するというよりも，言い換えれば授業の内容までは受講生に明確には理解できなくても，教師と受講生という同類が講義室というその場に現存するというだけで伝わる何か生理的な事柄があると言っていい．それこそ伝染といった類のものです．知的な理解よりも前にそういう何かが伝わるという意味では，講義というものは散文的ではなく，雄弁です．生身の身体の現存に大きく与っているのです．実際，私の講義は，聴いている最中には，一瞬，わかった気になるそうです．ただ，「家に帰るとわからなくなっているのが不思議だ」という感想を何度ももらっています．しかし，それは上述の事柄からすればもっともなことですよね．授業中はいわば教師の雄弁に導かれて（乗せられて！）わかった気になるのです．でも，受講生は自分の力（思考）でそういうところまで行ったわけではない．プラトン風に言えば，一瞬，教師にイデアを観せてもらったかのように思えるわけです．そして，授業が終わると，まるで忘却の河の水でも飲まされたかのようにして，日常へと降下してしまう．〈そこから自分で這い上がることができたときに，本当にわかるんだよ〉，と私は答えることにしています．

さて，本書の元となったのは，名古屋大学の全学教育科目（いわゆる一般教養科目）である「哲学」の講義プリントです．アランのいわゆる定義の本文は短いものですから，それをただひとつだけ90分間の大学の講義に利用するには，かなりの程度，話を膨らませなければなりません．しかし，膨らませるにしても，高校まで哲学という科目が日本には存在していない現状では，哲学史的な基礎知識の伝授も盛り込む必要があります．いや，それだけではありません．これまでは，とにかく教科書に書いてあるような事柄を，たとえ断片的であろうと何であろうと記憶することこそが入試突破には重要であるという学び方をしてきたであろう学生さんたちが相手なのです．そういう，〈哲学するとは単に既存の知識を憶え込むのとは違うのだ〉という理解すらほとんど持ち合わせていない，主として大学1年生の諸君に向けて〈知ることを愛する〉という話をしなければなりません．しかも，哲学なんて小難しい話ばかりしていて自分とは縁遠いものだというイメージをあらかじめ持っている学生さんたちが受講生のほとんどでした．単位を揃えるために受けることにした，面倒くさい科目なんだという出発点です．そういう人たちを相手に，〈そうではないのですよ〉と私は言いたかったし，言う必要を感じていました．詰め込み教育だけでは人間を解放できないと私が今でも思っているからです．そんなとき，それこそ難しい哲学的な学術用語を羅列した講義をしたところで，失敗は目に見えています．日常的な事柄から採った具体的な例を掲げるところから出発して，深いところに到達することをめざすしかない．アランは，それにふさわしい哲学者でした．心身問題というフランス哲学に特徴的な出発点を駆使した彼の具体的な語り口は実に魅力的なものです．私自身が彼の著作を読みつつ，そういう出発点から思いがけない深みにまで導かれているのに驚くことがしばしばだったのです．自分も，できればそんな文章が書きたい．そう考えたのでした．もちろん，プロポという短文を代表とするアランの散文と，講義草案とでは，上述のような性質の違いがあります．それでも，彼の書くもののように読者に（あるいは受講生に）思索を促す文章を曲がりなりにも実現させようとしたのが，本書の元となった講義草案なのです．雄弁から散文への通り道を付けてみようとしたと言ってもいい．実際，アラン自身が『芸術についての二十講』という本でそういう試みをしているように，私には思えます．この著作は，パリのセヴィニェ女学院での講義が元となっているのですから．とにかく私はそんな努力を重ねながら，毎回のように，次回の講義草案はきちんと書けるのだろうかと一抹の不安を抱きつつ，4月からの15回ほどの授業をこなしてきたというのが正直なところです．

そんな努力の甲斐あってか，幸いにして，考える歓びとでも言うべきものに目覚める学生さんもかなりいました．1年生の時に単位は取得したのでもう単位にもならないのに次の年もこの講義に参加してくれた人，それどころか学部生の4年間だけでなく大学院生になっても続けて出席した人，さらには教員になってもたまに顔を出してくれた人までいます．そんな皆の顔が浮かんできます．教師としての幸福というものでありましょう．本書はそんな素晴らしい思い出の記念碑なのです．今，私は，そうした皆への感謝の気持ちでいっぱいです．そして，もちろん，予想以上に大部なものとなりそうな本書の出版を提案してくださった幻戯書房の中村健太郎さんに，心から感謝いたします．

2018年8月

米山　優

引用文献

プラトンやアリストテレスからの引用に当たっては，西洋古典学の一般的なやり方に倣った．

アランの著作

●──原著

- Alain, *La théorie de la connaissance des stoïciens*, PUF, 1891 (publié en 1964)
- Alain, *Esquisses de l'homme*, Gaillmard, 1927
- Alain, *Propos sur le Bonheur*, Gallimard, 1928 (renouvelé en 1955)
- Alain, *Lettres à Sergio Solmi sur la philosophie de Kant*, Paul Hartmann, 1946
- Alain, *Définitions*, Gallimard, 1953
- Alain, *Propos I*, Bibliothèque de la Pléiade, Gallimard, 1956
- Alain, *Vingt leçons sur les beaux-arts* in *Les Arts et les Dieux*, Bibliothèque de la Pléiade, Gallimard, 1958
- Alain, *Les Aventures du Cœur*, in *Les Passions et la Sagesse*, Bibliothèque de la Pléiade, Gallimard, 1960
- Alain, *Entretien au bord de la mer*, in *Les Passions et la Sagesse*, Bibliothèque de la Pléiade, Gallimard, 1960
- Alain, *Lettres sur la Philosophie première*, PUF, 1963
- Alain, *Propos sur les pouvoirs — Éléments d'éthique politique*, Gallimard, 1985

●──邦訳書

- 『思想と年齢』原亨吉訳，角川文庫，1955.6
- 『芸術について』矢内原伊作・安藤元雄訳，［アラン著作集 第5巻(旧版)］白水社，1960.3
- 『芸術に関する101章』(『世界教養全集 12』)斎藤正二訳，平凡社，1962.6
- 「教育について」(『アラン　人生論集』)八木冕訳，白水社，1964
- 『幸福論』宗左近訳，［現代教養文庫］社会思想社，1965.9
- 『バルザック論』岩瀬孝・加藤尚宏訳，冬樹社，1968.9
- 『神々』井沢義雄訳，［彌生選書］彌生書房，1970.10
- 『デカルト』桑原武夫・野田又夫訳，みすず書房，1971.5
- 『芸術論集』(『［世界の名著］アラン　ヴァレリー』) 桑原武夫訳，中央公論社，1974.11
- 『諸芸術の体系』桑原武夫訳，岩波書店，1978.10
- 『精神と情熱とに関する八十一章』小林秀雄訳，［創元選書］東京創元社，1978.12
- 『ラニョーの思い出』中村弘訳，白井成雄解説，筑摩書房，1980.7
- 『イデー(哲学入門)』渡辺秀訳，［アラン著作集 6］白水社，1980.10
- 『人間論』原亨吉訳，［アラン著作集 4］白水社，1980.12
- 『思索と行動のために』中村雄二郎訳，［アラン著作集 1］白水社，1981.2
- 『文学折りにふれて』杉本秀太郎訳，［アラン著作集 8］白水社，1981.4
- 『感情　情念　表徴』古賀照一訳，［アラン著作集 3］白水社，1981.6
- 『宗教論』渡辺秀訳，［アラン著作集 9］白水社，1981.10
- 『教育論』八木冕訳，［アラン著作集 7］白水社，1981.12
- 『わが思索のあと』田島節夫訳，［アラン著作集 10］白水社，1982.2
- 『芸術についての二十講』安藤元雄訳，［アラン著作集 5］白水社，1983.4
- 『考えるために』仲沢紀雄訳，小沢書店，1986.1
- 『裁かれた戦争』白井成雄訳，小沢書店，1986.2

- 『彫刻家との対話』杉本秀太郎訳，彌生書房，1988.5
- 『定義集』森有正訳，所雄章編，みすず書房，1988.5
- 『プロポ 1』山崎庸一郎訳，みすず書房，2000.2
- 『プロポ 2』山崎庸一郎訳，みすず書房，2003.6
- 『定義集』神谷幹夫訳，岩波文庫，2003.8
- 『アラン、カントについて書く』神谷幹夫編訳，知泉書館，2003.10
- 『小さな哲学史』橋本由美子訳，みすず書房，2008.7

アランに関する著作

- ジョルジュ・パスカル『アランの哲学』橋田和道訳，吉夏社，2012
- アンドレ・モーロワ『アラン』佐貫健訳，みすず書房，1964
- オリヴィエ・ルブール『人間的飛躍——アランの教育観』橋田和道訳，勁草書房，1996
- 加藤邦宏『アランからのメッセージ——ビジネスマンのための人間学』春秋社，1990
- 合田正人『心と身体に響く、アランの幸福論』宝島社，2012

その他

- Henri Bénac, *Dictionnaire des synonymes*, Hachette, 1981
- H. Bergson, *L'Évolution créatrice*, PUF, 1969
- H. Bergson, *La pensée et le mouvant*, PUF, 1969
- H.Bergson, *Essai sur les données immédiates de la conscience*, 1970
- H. Bergson, *L'énergie spirituelle*, PUF, 1972
- H. Bergson, *Les deux sources de la morale et de la religion*, PUF, 1973
- R. Descartes, *Mediationes de prima philosophia, Meditatio 4, Œuvres de Descartes*, publiées par Charles Adam et Paul Tannery, Vrin, 1964-1974 Tome VII
- *Lettre de Descartes à Elisabeth* 1645/5 ou 6, R. Descartes, *Œuvres de Descartes*, publiées par Charles Adam et Paul Tannery, Tome I, 1974
- *Lettre de Descartes à Mersenne*, 24 décembre 1640?, *Œuvres de Descartes*, publiées par Charles Adam et Paul Tannery, Tome III, 1971
- M. Heidegger, *Nietzsche I, Dritte Auflage,* Verlag Günter Neske Pfullingen, 1961
- M. Heidegger, *Wegmarken*, Vittorio Klostermann, Frankfurt am Main, 1967
- I. Kant, *Kritik der reinen Vernunft*, Nach der ersten und zweiten Original-Ausgabe neu herausgegeben von RAYMUND SCHMIDT, Felix Meiner Verlag Hamburg, 1971
- I. Kant, *Kritik der praktischen Verniunft*, Kants Werke Akademie-Textausgabe Band V, Walter de Gruyter & Co. Berlin, 1968
- I. Kant, *Kritik der Urteilsgraft*, Kants Werke Akademie-Textausgabe Band V, Walter de Gruyter & Co. Berlin, 1968
- I. Kant, *Grundlegung zur Metaphysik der Sitten*, Kants Werke Akademie-Textausgabe Band IV, Walter de Gruyter & Co. Berlin, 1968
- Diogenes Laertius, Βίοι καὶ γνῶμαι τῶν ἐν φιλοσοφίᾳ εὐδοκιμησάντῶν VII 135 (https://www.mikrosapoplous.gr/dl/dl07.html)
- G. W. Leibniz, *Discours de Métaphysique*, C.I.Gerhardt, Philosophischen Schriften von Gottfried Wilhelm Leibniz, Berlin 1875-1890, Band II, Georg OLMS Verlagsdurchhandlung Hildesheim, 1960
- G. W. Leibniz, *De ipsa natura sive de vi insita actionibusque Creaturarum, pro Dynamicis suis confirmandis illustrandisque*, C. I. Gerhardt, Philosophischen Schriften von Gottfried Wilhelm Leibniz, Berlin 1875-1890, Band IV, Georg OLMS Verlags-

- durchhandlung Hildesheim, 1960
- G. W. Leibniz, Nouveaux Essais sur l'entendement humain, Chronologie et introduction par Jacques Brunschwig, Garnier-Flammarion, 1966
- *Lettre de Leibniz à Des Bosses*, C.I.Gerhardt, Philosophischen Schriften von Gottfried Wilhelm Leibniz, Berlin 1875-1890, Band II, Georg OLMS Verlagsdurchhandlung Hildesheim, 1960
- *Lettre de Leibniz à Hartsoeker*, C.I.Gerhardt, Philosophischen Schrien von Gottfried Wilhelm Leibniz, Berlin 1875-1890, vol.iii
- *Lettre de Leibniz à Malebranche* in *C.I.Gerhardt, Philosophischen Schrien von Gottfried Wilhelm Leibniz*, vol.1
- *5è lettre de Leibniz à Clarke*, §113, *C.I.Gerhardt, Philosophischen Schrien von Gottfried Wilhelm Leibniz*, Berlin 1875-1890, vol.ii
- G. W. Leibniz, *Principe de la nature et de la grâce fondés en raison : Principe de la philosophie ou Monadologie*, par André Robinet, PUF, 1954
- *Brief von Leibniz an den Herzog Johann Friedlich*, C.I.Gerhardt, *Philosophischen Schriften von Gottfried Wilhelm Leibniz*, Berlin 1875-1890, Band I, Georg OLMS Verlagsdurchhandlung Hildesheim, 1960
- *Lettre de Leibniz à Arnauld, C.I.Gerhardt, Philosophischen Schriften von Gottfried Wilhelm Leibniz*, Berlin 1875-1890, Band II, Georg OLMS Verlagsdurchhandlung Hildesheim, 1960
- J. Locke, *An Essay concerning human understanding*, Edited with an Introduction by John W. Yolton, Everyman's Library 1971
- K. Marx: *Zur Kritik der politischen Ökonomie* (1859), Vorwort, MEW Bd.13, Diet Berlin, 1971
- Spinoza, *Ethica*, Texte Latin traduction nouvelle avec notice et notes par Charles Appuhn, J.Vrin, Paris, 1977
- Masaru Yoneyama,"*Beautiful Lotuses, Beautiful Roses — Towards the construction of a polyphonic, monadological, creative space — Before Pangaea —*

NEW ESSAYS INTRANSCULTURAL AESTHETICS
— Literature and Aesthetics(The Journal of the Sydney Society of Literature and Aesthetics Volume15, Number1 Special Issue 2005)

- Masaru Yoneyama, "*Monadologie polyphonique — pour succéder à l'esthétique de Leibniz*" in *Milieux modernes et reflets japonais — Chemins philosophiques*, Presses de l'Université Laval, Canada, 25 septembre 2015
- Masaru Yoneyama, *Verso l'estetica del luogo— Per una monadologia polifonica* in European Journal of Japanese Philosophy, No.1, July 2016, Charlestone, SC. USA

- アウグスティヌス『告白』山田晶訳(『[世界の名著]アウグスティヌス』)中央公論社，1968
- マルクス・アウレリウス『自省録』神谷美恵子訳，岩波文庫，1956
- アリストテレス『自然学』出隆・岩崎允胤訳，[アリストテレス全集 3]岩波書店，1968
- アリストテレス『ニコマコス倫理学』加藤信朗訳，[アリストテレス全集 13]岩波書店，1973
- フェルディナン・アルキエ『永遠への欲望』野田又夫・布施佳宏訳，以文社，1979
- フェルディナン・アルキエ『デカルトにおける人間の発見』坂井昭宏訳，木鐸社，1979
- J. -L. ヴィエイヤール＝バロン『ベルクソン』上村博訳，[文庫クセジュ]白水社，1993
- シモーヌ・ヴェイユ『科学について』福居純・中田光雄訳，みすず書房，1976
- エピクテトス『語録』『要録』(『[世界の名著]キケロ エピクテトス マルクス・アウレリウス』) 鹿野治助訳，中央公論社，1980
- J. オルテガ・イ・ガセット『個人と社会』A. マタイス・佐々木孝訳，白水社，1969
- J. オルテガ・イ・ガセット『大衆の反逆』桑名一博訳，白水社，1985
- フランコ・カッサーノ『南の思想──地中海的思考への誘い』ファビオ・ランベッリ訳，

- ［講談社選書メチエ］講談社，2006
- エルンスト・カッシーラー『カントの生涯と学説』門脇卓爾・高橋昭二・浜田義文監修／岩尾龍太郎・小泉尚樹・銭谷秋生・高橋和夫・牧野英二・山本博史訳，みすず書房，1986
- エルンスト・カッシーラー『シンボル形式の哲学（一）』生松敬三・木田元訳，岩波文庫，1989
- エルンスト・カッシーラー『シンボル形式の哲学（二）』木田元訳，岩波文庫，1991
- エルンスト・カッシーラー『英国のプラトン・ルネサンス——ケンブリッジ学派の思想潮流』花田圭介監修／三井礼子訳，工作舎，1993
- エルンスト・カッシーラー『シンボル形式の哲学（三）』木田元・村岡晋一訳，岩波文庫，1994
- エルンスト・カッシーラー『シンボルとスキエンティア——近代ヨーロッパの科学と哲学』佐藤三夫・根占献一・加藤守通・伊藤博明・伊藤和行・富松保文訳，ありな書房，1995
- エルンスト・カッシーラー『人間——シンボルを操るもの』宮城音弥訳，岩波文庫，1997
- マッシモ・カッチャーリ『必要なる天使』柱本元彦訳，人文書院，2002
- 「マッシモ・カッチャーリに聞く アナロジーの論理学(聞き手：田中純)」(『批評空間』第III期第4号) 八十田博人訳，太田出版，2002
- イマヌエル・カント『純粋理性批判』(『[新装版・世界の大思想]カント 上』)高峯一愚訳，河出書房新社,1974
- イマヌエル・カント『実践理性批判』『判断力批判』(『[新装版・世界の大思想] カント 下』) 坂田徳男訳，河出書房新社，1974
- ケネス・クラーク『ザ・ヌード——理想的形態の研究』高階秀爾・佐々木英也訳，ちくま学芸文庫，2004
- リチャード・ゲルウィック『マイケル・ポラニーの世界』長尾史郎訳，多賀出版，1982
- オーギュスト・コント『社会再組織に必要な科学的作業のプラン』(『[世界の名著]コント スペンサー』)霧生和夫訳，[中公バックス]中央公論社，1980
- オーギュスト・コント『実証精神論』(『[世界の名著]コント スペンサー』) 霧生和夫訳，[中公バックス]中央公論社，1980
- オーギュスト・コント『社会静学と社会動学』(『[世界の名著]コント スペンサー』)霧生和夫訳，[中公バックス]中央公論社，1980
- ウラジミール・ジャンケレヴィッチ『アンリ・ベルクソン』阿部一智・桑田禮彰訳，新評論，1988
- ジャック・シュバリエ『ベルクソンとの対話』仲沢紀雄訳，みすず書房，1969
- スピノザ『エチカ——倫理学（上・下）』畠中尚志訳，岩波文庫，2011
- ミシェル・セール『生成——概念をこえる試み』及川馥訳，[叢書・ウニベルシタス]法政大学出版局，1983
- ミシェル・セール『北西航路——ヘルメスV』青木研二訳，[叢書・ウニベルシタス]法政大学出版局，1991
- ミシェル・セール『五感——混合体の哲学』米山親能訳，[叢書・ウニベルシタス]法政大学出版局，1991
- ルネ・デカルト『方法序説』(『デカルト著作集1』)白水社，1973
- ルネ・デカルト『省察 および反論と答弁』(『デカルト著作集2』)白水社，1973
- ルネ・デカルト「デカルトからエリザベートへの手紙」(『デカルト著作集 3』)竹田篤司訳，白水社，1973
- ルネ・デカルト『方法序説・情念論』野田又夫訳，中公文庫，1974
- フリードリッヒ・ニーチェ「この人を見よ なぜ私はこんなに利口なのか」(『この人を見よ・自伝集』)川原栄峰訳，[ニーチェ全集 14]理想社，1967

- フリードリッヒ・ニーチェ『悦ばしき知識』信太正三訳，［ニーチェ全集 8］ちくま学芸文庫，1993
- フリードリッヒ・ニーチェ『権力への意志 下』，［ニーチェ全集 13］ちくま学芸文庫，1993
- マルティン・ハイデガー『存在と時間』(『[世界の名著]ハイデガー』)原佑・渡辺二郎訳，中央公論社，1971
- マルティン・ハイデガー『ニーチェ Ⅰ・Ⅱ』薗田宗人訳，［白水叢書］白水社，1976
- マイケル・ハイム『仮想現実のメタフィジックス』岩波書店，1995
- ブレーズ・パスカル『パンセ』(『[世界の名著]パスカル』)前田陽一・由木康訳，中央公論社，1966
- オノレ・ド・バルザック『ツールの司祭・赤い宿屋』水野亮訳，岩波文庫，1945
- マルシーリオ・フィチーノ『恋の形而上学——フィレンツェの人マルシーリオ・フィチーノによるプラトーン『饗宴』注釈』左近司祥子訳，国文社，1985
- マルシーリオ・フィチーノ『『ピレボス』注解——人間の最高善について』左近司祥子・木村茂訳，国文社，1995
- プラトン『エウテュプロン』今林万里子訳，［プラトン全集 1］岩波書店，1975
- プラトン『ソクラテスの弁明』田中美知太郎訳，［プラトン全集 1］岩波書店，1975
- プラトン『クリトン』田中美知太郎訳，［プラトン全集 1］岩波書店，1975
- プラトン『パイドン』松永雄二訳，［プラトン全集 1］岩波書店，1975
- プラトン『クラテュロス』水地宗明訳，［プラトン全集 2］岩波書店，1974
- プラトン『テアイテトス』田中美知太郎訳，［プラトン全集 2］岩波書店，1974
- プラトン『ピレボス』田中美知太郎訳，［プラトン全集 4］岩波書店，1975
- プラトン『パイドロス』藤沢令夫訳，［プラトン全集 5］岩波書店，1974
- プラトン『饗宴』鈴木照雄訳，［プラトン全集 5］岩波書店，1974
- プラトン『プロタゴラス』藤沢令夫訳，［プラトン全集 8］岩波書店，1975
- プラトン『ゴルギアス』加来彰俊訳，［プラトン全集 9］岩波書店，1974
- プラトン『メノン』藤沢令夫訳，［プラトン全集 9］岩波書店，1974
- プラトン『国家』藤沢令夫訳，［プラトン全集 11］岩波書店，1976
- プラトン『ティマイオス』種山恭子訳，［プラトン全集 12］岩波書店，1975
- プラトン『法律』森進一・池田美恵・加来彰俊訳，［プラトン全集 13］岩波書店，1976
- プラトン『第七書簡』水野有庸・長坂公一訳，［プラトン全集 14］岩波書店，1975
- ジャン・ブラン『ストア哲学』有田潤訳，［文庫クセジュ］白水社，1959
- ジャン・ブラン『プラトン』戸塚七郎訳，［文庫クセジュ］白水社，1962
- ジャン＝クロード・ブリスヴィル『デカルトさんとパスカルくん——劇的対話』竹田篤司・石井忠厚訳，工作舎，1989
- アラン・ブルーム『アメリカンマインドの終焉——文化と教育の危機』菅野盾樹訳，みすず書房，1988
- フェルナン・ブローデル『都市ヴェネツィア——歴史紀行』岩崎力訳，［同時代ライブラリー］岩波書店，1990
- G. W. F. ヘーゲル『法の哲学』(『[世界の名著]ヘーゲル』)藤野渉・赤澤正敏訳，中央公論社，1967
- G. W. F. ヘーゲル『美学講義 上』長谷川宏訳，作品社，1995
- アンリ・ベルクソン『創造的進化（上・下）』真方敬道訳，岩波文庫，1954/1961
- アンリ・ベルクソン『時間と自由』平井啓之訳，［ベルグソン全集 1］白水社，1965
- アンリ・ベルクソン『形而上学入門』坂田徳

男訳(『[[世界の名著]ベルクソン』)[中公バックス]中央公論社, 1979
- アンリ・ベルクソン『哲学的直観』三輪正訳(『[[世界の名著]ベルクソン』)[中公バックス]中央公論社, 1979
- アンリ・ベルクソン『意識と生命』池辺義教訳(『[[世界の名著]ベルクソン』)[中公バックス]中央公論社, 1979
- アンリ・ベルクソン『道徳と宗教の二つの源泉』森口美都男訳(『[[世界の名著]ベルクソン』)[中公バックス]中央公論社, 1979
- デヴィッド・ボーム『全体性と内蔵秩序』井上忠・伊藤笏康・佐野正博訳, 青土社, 1986
- ホメロス『イリアス(上)』松平千秋訳, 岩波文庫, 1992
- ポルピュリオス『プロティノスの一生と彼の著作の順序について(プロティノス伝)』(『[世界の名著]プロティノス ポルピュリオス プロクロス』)水地宗明訳, 中央公論社, 1980
- アルフレッド・ノース・ホワイトヘッド『科学と近代世界』上田泰治・村上至孝訳, [ホワイトヘッド著作集 6]松籟社, 1981
- マーシャル・マクルーハン『グーテンベルクの銀河系——活字人間の形成』森常治訳, みすず書房, 1986
- ジャック・モノー『偶然と必然——現代生物学の思想的な問いかけ』渡辺格・村上光彦訳, みすず書房, 1972
- G. W. ライプニッツ『人間知性新論』米山優訳, みすず書房, 1987
- G. W. ライプニッツ「序文(第八節)」「神の大義(第四五節)」(『[ライプニッツ著作集 6]宗教哲学『弁神論』上』佐々木能章訳, 工作舎, 1990
- G. W. ライプニッツ「唯一の普遍的精神の説についての考察」(『[ライプニッツ著作集 8]前期哲学』)佐々木能章訳, 工作舎, 1990
- G. W. ライプニッツ『理性に基づく自然と恩寵の原理』(『[ライプニッツ著作集 9]後期哲学』)工作舎, 1989
- ファビオ・ランベッリ「はじめに」(フランコ・カッサーノ『南の思想——地中海的思考への誘い』ファビオ・ランベッリ訳), [講談社選書メチエ]講談社, 2006
- ピエール・レヴィ『ポストメディア人類学に向けて——集合的知性』米山優・清水高志・曽我千亜紀・井上寛雄訳, 水声社, 2015
- G. E. R. ロイド『アリストテレス——その思想の成長と構造』川田殖訳, みすず書房, 1973
- ジョン・ロック『人間知性論(一)』大槻春彦訳, 岩波文庫, 1977
- 山本光雄訳編『初期ギリシア哲学者断片集』岩波書店, 1958
- 山本光雄・戸塚七郎訳編『後期ギリシア哲学者資料集』岩波書店, 1985

───

- 東宏治『ムーミンパパの「手帖」——トーベ・ヤンソンとムーミンの世界』鳥影社, 1991
- 安達功『知っていそうで知らないフランス——愛すべきトンデモ民主主義国』平凡社新書, 2001
- 阿部謹也『中世の星の下で』ちくま文庫, 1986
- 阿部謹也『自分のなかに歴史をよむ』[ちくまプリマーブックス]筑摩書房, 1988
- 阿部謹也『ヨーロッパを見る視角』岩波現代文庫, 2006
- 井筒俊彦『イスラーム哲学の原像』岩波新書, 1980
- 井筒俊彦『コスモスとアンチコスモス——東洋哲学のために』岩波書店, 1989
- 井上忠『哲学の現場——アリストテレスよ 語れ』勁草書房, 1980
- 井上忠『哲学の刻み 2——言葉に射し透されて』法藏館, 1985
- 井上忠『モイラ言語——アリストテレスを超えて』東京大学出版会, 1988
- 井上忠『超=言語の探究——ことばの自閉空間を打ち破る』法藏館, 1992
- 井上忠『究極の探究——神と死の言語機構分析』法藏館, 1998
- 今道友信『ダンテ『神曲』講義』みすず書房,

- 2004
- 今村仁司監訳『哲学のポスト・モダン』ユニテ, 1985
- 岩崎武雄『カント』[思想学説全書 4]勁草書房, 1958
- 上野俊哉・毛利嘉孝『カルチュラル・スタディーズ入門』ちくま新書, 2000
- 上村忠男『ヴィーコの懐疑』みすず書房, 1988
- 遠藤周作『沈黙』新潮社, 1966
- 遠藤周作『イエスの生涯』新潮社, 1973
- 遠藤周作『キリストの誕生』新潮社, 1978
- 遠藤周作『[新装版]わたしが・棄てた・女』講談社文庫, 2012
- 大澤真幸『身体の比較社会学 I』勁草書房, 1990
- 大原えりか「萩尾望都　愛のために凍結した時間」(『ユリイカ』臨時増刊 総特集「少女マンガ」)青土社, 1981
- 大森荘蔵『言語・知覚・世界』岩波書店, 1971
- 大森荘蔵『物と心』東京大学出版会, 1976
- 大森荘蔵『流れとよどみ──哲学断章』産業図書, 1981
- 大森荘蔵『新視覚新論』東京大学出版会, 1982
- 大森荘蔵『知識と学問の構造──知の構築とその呪縛』放送大学教育振興会, 1985
- 大森荘蔵『思考と論理』放送大学教育振興会, 1986
- 大森荘蔵『時間と自我』青土社, 1992
- 大森荘蔵『時間と存在』青土社, 1994
- 大森荘蔵『時は流れず』青土社, 1996
- 岡田斗司夫『ぼくたちの洗脳社会』朝日新聞社, 1995
- 「オペラ対訳プロジェクト」(https://www31.atwiki.jp/oper/pages/106.html)
- 澤瀉久敬『フランス哲学研究』勁草書房, 1960
- 澤瀉久敬「ベルクソン哲学の素描」(『[世界の名著]ベルクソン』)[中公バックス]中央公論社, 1979
- 澤瀉久敬『ベルクソンの科学論』中公文庫, 1979
- 澤瀉久敬『アンリ・ベルクソン』中公文庫, 1987
- 梶山雄一『[仏教の思想 3]空の論理〈中観〉』角川書店, 1969
- 川喜田二郎『発想法──創造性開発のために』中公新書, 1967
- 川喜田二郎『KJ法──渾沌をして語らしめる』中央公論社, 1986
- 川田順造『ブラジルの記憶──「悲しき熱帯」は今』NTT出版, 1996
- 神崎繁『プラトンと反遠近法』新書館, 1999
- 木田元『メルロ＝ポンティの思想』岩波書店, 1984
- 北川敏男・川喜田二郎・中山正和『創造工学──模索から展望へ』中公新書, 1971
- 旧約聖書(「出エジプト記」)新共同訳, 日本聖書教会, 1991
- 黒崎宏『科学と人間──ウィトゲンシュタイン的アプローチ』勁草書房, 1977
- 黒田亘『経験と言語』東京大学出版会, 1975
- 桑原武夫「高邁の哲人　アラン」(『[世界の名著]アラン ヴァレリー』)[中公バックス]中央公論社, 1974
- 高坂正顕『カント』弘文堂書房, 1939
- 駒城鎮一『普遍記号学と法哲学』ミネルヴァ書房, 1993
- 小林秀雄『古典と伝統について』講談社文庫, 1972
- 斎藤忍随『プラトン』[人類の知的遺産 7]講談社, 1982
- 齋藤正彦『超積と超準解析──ノンスタンダード・アナリシス』東京図書, 1976
- 佐伯啓思『隠された思考──市場経済のメタフィジックス』筑摩書房, 1985
- 佐伯啓思『擬装された文明──大衆社会のパラドックス』TBSブリタニカ, 1988
- 佐伯啓思『産業文明とポスト・モダン』筑摩書房, 1989
- 佐々木力「唯物論」(『岩波 哲学・思想事典』)岩波書店, 1998

- 佐々木能章『ライプニッツ術──モナドは世界を編集する』工作舎，2002
- 塩野七生『男たちへ──フツウの男をフツウでない男にするための54章』文春文庫，1993
- 塩野七生『ルネサンスとは何であったのか』〔塩野七生ルネサンス著作集 1〕新潮社，2001
- 志賀隆生「エクリチュール ディスクール」（『別冊宝島 わかりたいあなたのための現代思想・入門』）JICC出版局，1984
- 柴田翔『贈る言葉』新潮文庫，1971
- 澁澤龍彦『世界悪女物語』河出文庫，1982
- 澁澤龍彦『三島由紀夫おぼえがき』中公文庫，1986
- 澁澤龍彦『黒魔術の手帖』文春文庫，2004
- 嶋田義仁『異次元交換の政治人類学──人類学的思考とはなにか』勁草書房，1993
- 清水幾太郎『倫理学ノート』岩波書店，1972
- 清水幾太郎『昨日の旅』文藝春秋，1977
- 清水幾太郎『オーギュスト・コント──社会学とは何か』岩波新書，1978
- 清水幾太郎『コントとスペンサー』〔〔世界の名著〕コント スペンサー〕，中央公論社，1980
- 清水博『生命と場所──意味を創出する関係科学』NTT出版，1992
- 清水義夫『記号論理学』東京大学出版会，1984
- 新約聖書「コロサイの信徒への手紙」「コリントの信徒への手紙」「エフェソの信徒への手紙」「マタイによる福音書」「ルカによる福音書」「マルコによる福音書」「ヨハネによる福音書」新共同訳，日本聖書教会，1991
- 新約聖書 口語訳「マタイによる福音書」
- 下村寅太郎『ルネサンス研究──ルネサンスの芸術家』〔下村寅太郎著作集 4〕みすず書房，1989
- 末木剛博『論理学概論〔第二版〕』東京大学出版会，1969
- 管啓次郎『コヨーテ読書──翻訳・放浪・批評』青土社，2003
- 管啓次郎『オムニフォン──〈世界の響き〉の詩学』岩波書店，2005
- 管啓次郎『斜線の旅』インスクリプト，2009
- 管啓次郎『ストレンジオグラフィ』左右社，2013
- 管啓次郎・小池桂一『野生哲学──アメリカ・インディアンに学ぶ』講談社現代新書，2011
- 高田康成『キケロ──ヨーロッパの知的伝統』岩波新書，1999
- 高橋哲哉『逆光のロゴス──現代哲学のコンテクスト』未來社，1992
- 田中仁彦『デカルトの旅／デカルトの夢──『方法序説』を読む』岩波書店，1989
- 田中美知太郎『哲学談義とその逸脱』新潮選書，1986
- 田中美知太郎・水地宗明「新プラトン主義の成立と展開」（『世界の名著 プロティノス ポルピュリオス プロクロス』）〔中公バックス〕中央公論社，1980
- 多和田葉子『エクソフォニー──母語の外へ出る旅』岩波書店，2003
- 辻邦生『美しい夏の行方──イタリア、シチリアの旅』中公文庫，1999
- 戸塚真弓『暮らしのアート──素敵な毎日のために』中公文庫，2000
- 中沢新一『東方的』せりか書房，1991
- 中沢新一『純粋な自然の贈与』せりか書房，1996
- 中沢新一『緑の資本論』集英社，2002
- 中沢新一『［カイエ・ソバージュ 1］人類最古の哲学』〔講談社選書メチエ〕講談社，2002
- 中沢新一『［カイエ・ソバージュ 2］熊から王へ』〔講談社選書メチエ〕講談社，2002
- 中沢新一『［カイエ・ソバージュ 3］愛と経済のロゴス』〔講談社選書メチエ〕講談社，2003
- 中沢新一『［カイエ・ソバージュ 5］対称性人類学』〔講談社選書メチエ〕講談社，2004
- 中沢新一『森のバロック』講談社学術文庫，2006
- 中沢新一『ミクロコスモス Ⅰ』四季社，2007
- 中沢新一・波多野一郎『イカの哲学』集英社新

- 書, 2008
- 中田光雄『ベルクソン哲学——実在と価値』東京大学出版会, 1977
- 中村桂子『自己創出する生命——普遍と個の物語』哲学書房, 1993
- 中村良夫『風景学入門』中公新書, 1982
- 西田幾多郎「善の研究」『西田幾多郎全集 1』岩波書店, 1947
- 西田幾多郎「一般者の自覚的体系」『西田幾多郎全集 5』岩波書店, 1947
- 西田幾多郎「私と汝」『西田幾多郎全集 6』岩波書店, 1948
- 西田幾多郎「生の哲学について」『西田幾多郎全集 6』岩波書店, 1948
- 西田幾多郎「哲学論文集 第六」『西田幾多郎全集 11』岩波書店, 1949
- 西田幾多郎「哲学論文集 第七」『西田幾多郎全集 11』岩波書店, 1949
- 西田幾多郎「日本文化の問題」『西田幾多郎全集 12』岩波書店, 1966
- 西田幾多郎「哲学概論」『西田幾多郎全集 15』岩波書店, 1966
- 西部邁『大衆の病理——袋小路にたちすくむ戦後日本』[NHKブックス]日本放送出版協会, 1987
- 西部邁『批評する精神』PHP研究所, 1987
- 西部邁『ニヒリズムを超えて』日本文芸社, 1989
- 西部邁『批評する精神 続』PHP研究所, 1989
- 野家啓一「大森哲学の航跡」(野家啓一編『哲学の迷路——大森哲学・批判と応答』)産業図書, 1984
- 橋爪大三郎『言語ゲームと社会理論——ヴィトゲンシュタイン・ハート・ルーマン』勁草書房, 1985
- 橋爪大三郎『仏教の言説戦略』勁草書房, 1986
- 波多野精一『原始キリスト教』[岩波全書セレクション]岩波書店, 1950
- 原二郎『モンテーニュ——『エセー』の魅力』岩波新書, 1980
- 広井良典『ポスト資本主義——科学・人間・社会の未来』岩波新書, 2015
- 廣川洋一『ギリシア人の教育——教養とはなにか』岩波新書, 1990
- 福居純『デカルト研究』創文社, 1997
- 福居純『デカルトの「観念」論——『省察』読解入門』知泉書館, 2005
- 福田恆存『常識に還れ』新潮社, 1960
- 藤沢令夫『イデアと世界——哲学の根本問題』岩波書店, 1980
- 藤沢令夫『ギリシア哲学と現代——世界観のありかた』岩波新書, 1980
- 藤沢令夫『プラトン『パイドロス』註解』岩波書店, 1984
- 藤沢令夫『哲学の課題』岩波書店, 1989
- 藤沢令夫『プラトンの哲学』岩波新書, 1998
- 松岡正剛『花鳥風月の科学——日本のソフトウェア』淡交社, 1994
- 松岡正剛『知の編集工学』朝日新聞社, 1996
- 松岡正剛『情報の歴史を読む——世界情報文化史講義』NTT出版, 1997
- 丸山圭三郎『ソシュールの思想』岩波書店, 1981
- 丸山圭三郎『文化のフェティシズム』勁草書房, 1984
- 丸山圭三郎『生命と過剰』河出書房新社, 1987
- 丸山圭三郎『欲動』弘文堂, 1989
- 三木清『パスカルにおける人間の研究』岩波書店, 1968
- 光野桃『個人生活——イタリアが教えてくれた美意識』幻冬舎文庫, 2000
- 宮沢賢治『氷河鼠の毛皮』(『宮沢賢治全集 8』)ちくま文庫, 1986
- 宮本映子『ミラノ 朝のバールで』文藝春秋, 2008
- タカコ・半沢・メロジー『イタリア式恋愛力で幸せになる!』[知恵の森文庫]光文社, 2002
- 矢島羊吉編『西洋倫理思想史』尚学社, 1968
- 柳宗悦『柳宗悦コレクション 2 もの』ちくま学芸文庫, 2011

- 山内得立『ギリシアの哲学 II』弘文堂，1960
- 山崎正一『西洋近世哲学史（二）——カントからロマン派の人々まで』[岩波全書セレクション]岩波書店，1962
- 山田鋭夫『レギュラシオン理論——経済学の再生』講談社現代新書，1993
- 養老孟司『唯脳論』青土社，1989
- 養老孟司・森岡正博『対話 生命・科学・未来』ジャストシステム，1995
- 米山優『モナドロジーの美学——ライプニッツ／西田幾多郎／アラン』名古屋大学出版会，1999
- 米山優『情報学の展開——情報文化研究への視座』昭和堂，2011
- 渡邊十絲子『今を生きるための現代詩』講談社現代新書，2013

索引

[凡例]
◎事項および人名を50音順に配列しました.
◎アラン(ALAIN)およびアラン著作については，本書に頻出するため省略しました.
◎[ ]は，索引項目ないし人名の原語です(ギリシア語の概念など，慣例的に使用される翻訳語がある場合，訳語を併記しています).原語は，フランス語表記を中心としました.
◎ゴシック体の事項はアラン『定義集』の定義語を，ゴシック体の数字は定義語の講義ページを指します(その他の言葉は，本文ないし脚註に登場する事項・人名です).
◎「▶」は参照されたい他の定義語，他項目を指します.

あ

愛[AMOUR]　044, 051, 062, 063, 067, 070, **076-080**, 082, 118, 120, 126, 133, 143, 145, 146, 151, 152, 156-158, 163, 164, 166, 176, 177, 180, 182, 185, 187, 189, 194, 209, 222, 226, 229, 239, 242, 253-255, 263-267, 286, 287, 291, 309, 310, 316, 317, 320, 321, 323, 324, 327-330, 338, 339, 344, 346, 349, 350, 356, 367, 373, 398, 399, 403, 405, 406, 424, 430, 450, 451, 456-458, 479, 493, 494, 497, 511, 517, 522, 531, 533, 542, 543, 552, 559, 562, 563, 566, 573, 586, 590, 591, 593, 595, 596, 601, 602, 605, 606, 608, 614, 668, 673, 696, 697, 703, 704, 721, 722, 732, 735, 737, 738, 739, 742, 744, 750, 767, 777, 808, 818, 858, 861, 863
　▶快活さ[ALLÉGRESSE]｜感情[SENTIMENT]｜心残り[REGRET]｜情念[PASSION]｜魂[ÂME]｜憎しみ[HAINE]
愛[caritas]　316, 456, 495, 681
　▶愛[AMOUR]
愛[ἔρως]　077
　▶愛[AMOUR]
愛[erōs]　120
　▶愛[AMOUR]
アインシュタイン，アルベルト[EINSTEIN, Albert]　025, 170
アウグスティヌス[AUGUSTINUS]　154, 155, 188, 537, 800, 801
アガトン[AGATHON]　806
秋本治　726
諦め[RÉSIGNATION]　007, 055, 056, 058, 071, 092, 118, 123, 195, 315, 386, 426, 434, 499, 547, 563, 640, 642, 688, **710-715**, 839, 846, 847, 855, 856

悪徳[VICE]　007, 055, 056, 058, 071, 092, 118, 123, 195, 315, 386, 426, 434, 499, 547, 563, 640, 642, 688, 839, 846, 847, **854-856**
　▶諦め[RÉSIGNATION]｜愚かさ[SOTTISE]｜宿命[FATALITÉ]｜宿命論[FATALISME]｜情念[PASSION]｜正義[JUSTICE]｜節制[TEMPÉRANCE]｜高ぶり[EMPORTEMENT]｜知恵[SAGESSE]｜徳[VERTU]｜卑怯[LÂCHETÉ]｜間違い[FAUTE]｜勇気[COURAGE]｜酔うこと[IVRESSE]｜予言[PRÉDICTION]
悪魔[DIABLE]　158, 216, **255-258**, 437, 496, 497, 526, 650, 847, 848
　▶価値[VALEUR]｜神[DIEU]｜決断[RÉSOLUTION]｜徳[VERTU]｜卑怯[LÂCHETÉ]｜間違い[FAUTE]｜欲望[DÉSIR]
東宏治　121
遊び[JEU]　220, 350, **427-429**, 558, 708, 709
　▶快感[PLAISIR]｜期待[ESPOIR]｜希望[ESPÉRANCE]｜情動[ÉMOTION]｜情念[PASSION]｜魂[ÂME]
安達功　095
アッティカ語法[atticisme]　830
アナクサゴラス[ANAXAGORE]　851, 852
アナクシマンドロス[ANAXIMANDRE]　587
アナクシメネス[ANAXIMÈNE]　587, 810
アニミズム[animisme]　055, 477, 528-530
ア・プリオリ[a priori]　250, 441, 658, 802, 803
阿部謹也　439, 539, 835
アベ・プレヴォー[l'abbé PRÉVOST]　384
ア・ポステリオリ[a posteriori]　036, 803
アリストテレス[ARISTOTE]　012, 013, 033-037, 048, 148, 169, 184, 194, 232, 239, 241, 260, 266, 284,

索引　875

305-307, 318, 340, 353, 364, 365, 409, 411, 414, 416, 435, 439-441, 451, 464, 465, 490, 491, 524, 527, 528, 530, 532, 571, 572, 586-589, 601, 604, 605, 613, 616, 697, 705, 710, 711, 725-727, 734, 748, 751, 795, 796, 800, 801, 806, 807, 810, 828

アリストパネス[ARISTOPHANE] 601, 692

アルキエ，フェルディナン[ALQUIÉ, Ferdinand] 023, 101, 103, 163, 181, 217, 221, 280, 281, 347, 487, 671, 696, 697

アルキメデス[ARCHIMÈDE] 118, 151

アルクマイオン[ALCMÉON De Crotone] 762

アルノー，アントワーヌ[ARNAULD, Antoine] 188

アレクサンダー（アレクサンドロス）大王[ALEXANDRE LE GRAND] 070, 073, 174, 587, 710

淡い望み[VÉLLÉITÉ] 846-848

▶諦め[RÉSIGNATION] ‖ 怒り[COLÈRE] ‖ 情念[PASSION] ‖ 信仰[FOI] ‖ 信念[CROYANCE] ‖ 魂[ÂME] ‖ 哲学[PHILOSOPHIE]

アンジェリコ，フラ[ANGELICO, Fra'] 461

アンセルムス[ANSELMUS Cantuariensis] 451

安東 次男 610

安藤 元雄 002

い

イエス[JÉSUS] 083, 155-157, 160, 161, 163, 196, 208, 215, 228, 229, 257, 268, 286, 287, 320, 321, 351, 372-374, 416, 438, 495-497, 532, 552, 562, 703, 704, 718, 842

怒り[COLÈRE] 051, 052, 066-069, 084, 088, 092, 097, 099, 108, 109, 119, 140, 142, 149, 152, 153, 156, 157, 163, **180, 181**, 184-187, 196, 198, 200, 201, 208, 209, 211, 213, 231-235, 264, 286, 293, 299, 301, 303, 305, 309-311, 313, 321, 323, 335, 351-353, 383-385, 389, 396-398, 407, 408, 411, 419, 420, 423, 426, 427, 430, 437, 443, 446, 447, 450, 453, 454, 461, 462, 465, 492, 507, 516, 517, 533, 543, 544, 547, 548, 550, 552, 554, 558, 573, 583, 598, 623, 624, 650, 652, 665, 668, 685, 719, 721, 726, 728, 734, 742, 766, 791, 793, 795, 837, 840, 847, 857

▶エネルギー[ÉNERGIE] ‖ 恐怖[PEUR] ‖ 情念[PASSION] ‖ 精神[ESPRIT] ‖ 反射[RÉFLEXE] ‖ 勇気[COURAGE]

意気消沈[ABATTEMENT] 013, **022-024**, 037, 407, 409

▶打ちひしがれていること[ACCABLEMENT]

意志[volonté] 023, 024, 026, 039, 050, 052, 061-063, 066, 071-073, 075, 085, 086, 088, 089, 100-102, 108, 117, 118, 123, 124, 126, 128, 130, 138-140, 146, 149, 150, 152, 158, 164, 166, 168, 182, 190, 192, 195, 199-201,

203, 205, 206, 208, 210, 213-216, 225, 227, 231-235, 240, 248, 252, 254, 255, 262, 264, 270-272, 274, 283, 292, 293, 299, 300, 304, 305, 309-312, 316, 321, 325, 330-334, 342, 345, 346, 349, 352-356, 367, 368, 370, 372, 374-376, 379, 383, 384, 386, 389, 392, 396, 408, 410-412, 418, 420-422, 428, 433-435, 439, 449, 453, 456, 461, 465, 467, 470, 471, 474, 478, 482, 486, 491, 492, 497-501, 503, 511-513, 515, 525, 526, 532, 536, 542, 545, 548, 551, 552, 562, 566-569, 573, 576, 577, 580-583, 588, 595, 620, 622, 623, 625, 635, 636, 638, 641, 643, 646, 652, 654, 659, 662-666, 668-671, 675, 679, 686, 688, 698-700, 702, 711-716, 718, 720, 729, 730, 732-734, 739, 744, 748-750, 757, 760, 763-765, 767-770, 773-775, 778, 780, 782, 783, 786, 794, 804, 817, 846-848, 850-856, 858, 861

石井 威望 388

石井 忠厚 189

意識[CONSCIENCE] 003, 036, 050, 062, 070-073, 075, 096, 100, 102, 103, 115, 133, 156, 157, 159, **191-193**, 209, 215, 217, 250, 283, 286, 292, 300, 325, 331, 356, 389, 393-395, 408, 416-418, 424, 438, 467, 475, 482, 489, 502, 519, 532, 540, 545, 589, 592, 617, 625, 642, 664, 674, 686, 688, 699, 701, 749, 755, 759, 770-773, 775-777, 792, 802, 805, 808, 839

▶道徳[MORALE]

イスラム教[islam] 562, 591, 834-836

イソクラテス[ISOCRATE] 761, 762

一なるもの[τὸ ἕν] 537, 703

一切衆生悉有仏性 361

一神教[monothéisme] 451, 523, 524, 562, 591, 665, 807, 835

井筒 俊彦 534, 535, 589, 655

イデア[ἰδέα] 031-034, 036, 037, 042, 099, 100, 232, 266, 329, 330, 435, 505, 525, 534, 535, 537, 592, 603-605, 673, 674, 692, 703, 707, 774, 775, 794, 814, 828, 829, 849, 850, 862

イドラ(偶像)説 442

井上 忠 008, 009, 030, 031, 033-035, 153, 154, 271, 649, 763, 843

祈り[PRIÈRE] 044, 102, 137, 155, 188, 228, 275, 340, 344, 365, 438, 494, 532, 539, 567, 596, 649, **660-665**, 699, 713, 719, 765, 823, 825

▶神[DIEU] ‖ 期待[ESPOIR] ‖ 希望[ESPÉRANCE] ‖ キリスト教[CHRISTIANISME] ‖ 詩[POÉSIE] ‖ 時間[TEMPS] ‖ 社会[SOCIÉTÉ] ‖ 証明[PREUVE] ‖ 信仰[FOI] ‖ 精神[ESPRIT] ‖ 徳[VERTU] ‖ 卑怯[LÂCHETÉ] ‖ 欲望[DÉSIR]

衣服［vêtement］ 148, 247, 248, 396
ε - δ（イプシロン－デルタ）論法 656, 657
戒め［REMONTRANCE］ 039, **684-687**, 700, 708
　▶嘘［MENSONGE］｜情念［PASSION］｜精神［ESPRIT］
　｜善［BIEN］｜魂［ÂME］｜哲学［PHILOSOPHIE］
　｜貪欲［AVIDITÉ］｜非難［REPROCHE］｜間違い［FAUTE］
　｜唯物論［MATÉRIALISME］｜欲望［DÉSIR］
今道 友信 012, 013, 153, 310, 311, 537
今村 仁司 219
意味論［semantics］ 010, 177, 657
意欲［vouloir］ 024, 032, 069, 071, 139, 190, 199, 206, 211, 216, 305, 306, 307, 311, 335, 344, 355, 356, 374, 379, 380, 392, 393, 402, 409, 421, 422, 426, 439, 470, 488, 512, 515, 522, 535, 547, 581, 582, 588, 643, 676, 686, 716, 730, 819, 858
岩崎 武雄 027
因果［causalité］ 103, 105, 245, 250, 443, 454, 455, 482, 528, 566, 637, 641, 653, 802-804, 807, 851, 852
慇懃［COURTOISIE］ 201-203
　▶快感［PLAISIR］｜好意［BIENVEILLANCE］｜情念［PASSION］｜模倣［IMITATION］｜礼儀［POLITESSE］
インスピレーション［inspiration］ 006, 216, 218, 361, 362, 378, 452, 488, 683, 783
隠喩［métaphore］ 337, 338, 749, 751, 752, 786

う

ヴァレリー，ポール［VALÉRY, Paul］ 061
ヴィエイヤール＝バロン，ジャン・ルイ［VIEILLARD BARON, Jean Louis］ 813
ヴィーコ，ジャンバッティスタ［VICO, Giambattista］ 761
ウィットカウアー，ルドルフ［WITTKOWER, Rudolf］ 216, 606
ヴィトゲンシュタイン，ルートヴィヒ［WITTGENSTEIN, Ludwig］ 169, 630
ヴェイユ，シモーヌ［WEIL, Simone］ 671
上野 俊哉 095
ヴェーバーフェヒナーの法則 632
上村 忠男 177
ヴェルディ，ジュゼッペ［VERDI, Giuseppe］ 522, 624
ヴォルテール［VOLTAIRE］ 407, 492, 516, 768
ヴォルフ，クリスティアン［WOLFF, Christian］ 277
嘘［MENSONGE］ 074, 144, 145, 189, 213, 270, 326, 344, 356, 357, 365, 370, 378, 380, **472-474**, 539, 541, 568, 587, 589, 590, 636, 678, 687, 786, 834, 844
　▶神［DIEU］｜告解［CONFESSION］｜殺人［MEURTRE］｜社会［SOCIÉTÉ］｜信頼［CONFIANCE］｜哲学［PHILOSOPHIE］｜赦し［PARDON］｜理想［IDÉAL］
内なる自然［Natur in uns］ 042, 043, 686, 781, 782
打ちひしがれていること［ACCABLEMENT］ 022, **037**, **038**
　▶意気消沈［ABATTEMENT］
宇宙［Univers］ 154, 166, 167, 343, 362, 376, 445, 466, 469, 478, 563, 587, 618, 626, 649, 698, 714, 726, 743, 759, 772, 781, 783, 800, 806, 849
美しさ［BEAUTÉ］ **122-124**, 324, 345, 355, 382, 405, 414, 423, 435, 459, 487, 548, 601, 602, 605, 608, 609, 704, 808
　▶臆病［TIMIDITÉ］｜激昂［FUREUR］｜失寵［DISGRÂCE］｜間違い［FAUTE］｜醜さ［LAIDEUR］
海［mer］ 053-055, 086, 110, 178, 256, 319, 375, 393, 484, 504, 512, 553, 554, 587, 593, 597-599, 603, 682, 745, 754, 795
ヴラストス，グレゴリー［VLASTOS, Gregory］ 828
占い師［DEVIN］ **244-249**, 253, 348, 726
　▶好意［BIENVEILLANCE］｜社会［SOCIÉTÉ］｜魔法［SORCELLERIE］｜模倣［IMITATION］
運動［mouvement］ 024, 025, 072, 084, 085, 088, 091, 092, 099, 101, 103-107, 117, 139, 143, 184, 188, 191, 192, 198, 208, 209, 232, 233, 235, 236, 251, 266, 282, 283, 292, 299-301, 304-308, 314, 321, 333, 340, 353, 363, 364, 385, 389, 394-396, 407-409, 417, 418, 445, 454, 463-465, 469, 482, 510, 521, 528, 531, 540, 544-548, 550, 574, 582, 583, 617, 623, 641, 666, 669-671, 697, 708, 719, 723, 725, 727, 733, 744, 776, 792, 796, 806, 807
運命［DESTIN］ 054, 178, 194, 217, 229, **240-244**, 296, 315, 316, 336, 342- 346, 356, 360, 365, 368, 372, 373, 385, 395, 406, 581, 638-640, 642, 644, 694, 751, 752, 765, 810, 824, 847, 848
　▶愛［AMOUR］｜神［DIEU］｜決断［RÉSOLUTION］｜時間［TEMPS］｜宗教［RELIGION］｜宿命［FATALITÉ］｜信仰［FOI］｜美学［ESTHÉTIQUE］｜勇気［COURAGE］
運命愛［amor fati］ 343, 344, 581

え

永遠［éternité］ 123, 154, 157, 241, 287, 309, 310, 328-330, 342-346, 382, 445, 486, 536, 543, 581, 582, 605, 643, 648, 674, 698, 806
永遠真理［vérités éternelles］ 280, 329, 330, 345, 485, 487, 503, 699, 803, 827
永遠真理被造説［thèse cartésienne de la création des vérités éternelles］ 330, 345, 346, 487, 503, 698, 713, 803, 804
永遠な［ÉTERNEL］ 032, **328-330**, 345, 346, 398, 648, 674, 770, 775

索引　　877

▶愛[AMOUR]｜神[DIEU]｜時間[TEMPS]｜崇高さ[SUBLIME]｜プラトン主義[PLATONISME]｜友情[AMITIÉ]

叡智　▶知恵[SAGESSE]

英雄[héros]　151, 263, 402, 403, 452, 453, 456, 485, 500, 532, 676, 680, 681, 780, 783, 854

エーコ，ウンベルト[ECO, Umberto]　524

エゴイズム[ÉGOÏSME]　062, 063, 067, 179, 212, **291-294**, 312, 626

▶悪徳[VICE]｜快感[PLAISIR]｜情感[AFFECTION]｜情念[PASSION]｜精神[ESPRIT]｜魂[ÂME]｜徳[VERTU]｜卑怯[LÂCHETÉ]

エネルギー[ÉNERGIE]　060, 061, 181, 258, **305-309**, 426, 555, 583, 688, 772

▶神[DIEU]｜キリスト教[CHRISTIANISME]｜高ぶり[EMPORTEMENT]｜道徳[MORALE]｜暴力[VIOLENCE]｜勇気[COURAGE]

エネルゲイア
　▶現勢態(現実態)[ἐνέργεια / acte]

江原 啓之　751, 771

エピクテトス(エピクテートス)[ÉPICTÈTE]　455, 489, 491, 493, 513, 589, 685, 687

エピクロス[ÉPICURE]　312, 313, 315, 587

エピクロス主義[ÉPICURISME]　312-314
　▶怒り[COLÈRE]｜エゴイズム[ÉGOÏSME]｜情念[PASSION]｜善[BIEN]｜魂[ÂME]｜平和[PAIX]｜唯物論[MATÉRIALISME]｜友情[AMITIÉ]

エポケー(判断中止)[ἐποχή]　635, 701

エレウシス[ÉLEUSIS]　703

エロティシズム[érotisme]　484, 485

演繹[déduction]　047, 048, 261, 297, 504, 534, 535, 616, 705, 820

縁起　637, 653, 654

延長[étendue]　116, 163, 183, 539, 574, 666, 667, 777

遠藤 周作　156, 157, 160, 189, 286, 287, 373, 375, 416, 662-664

お

応和[ACCORD]　**039-041**, 182-184
　▶知恵[SAGESSE]｜美[BEAU]｜平和[PAIX]

嗚咽[SANGLOT]　231, 607, **723-726**
　▶詩[POÉSIE]｜情念[PASSION]｜涙[LARMES]｜美[BEAU]

大澤 真幸　389, 477

大原 えりか　297

大森 荘蔵　029, 031, 048, 049, 074, 075, 169, 207, 209, 339, 347, 372, 477, 504, 505, 528, 529, 536, 537, 573,

615, 617, 629, 632, 633, 635-637, 648, 677-679, 681, 775, 811, 845, 847

岡田 斗司夫　673

臆病[TIMIDITÉ]　090, 107, 140, 180, 181, 286, 387, 389, 584, 586, 714, 739, 741, 753, **815-818**
　▶神[DIEU]｜恐怖[PEUR]｜性格[CARACTÈRE]｜天使[ANGE]｜間違い[FAUTE]｜魔法[SORCELLERIE]｜練習[EXERCICE]

小椋 佳　023

おしゃべり[BAVARDAGE]　118-120
　▶情念[PASSION]｜必然性[NÉCESSITÉ]｜論理[LOGIQUE]

オースティン，J. L.[AUSTIN, John Langshaw]　074

オッカムの剃刀[Rasoir d'Ockham]　630

オプティミズム　▶楽観主義[OPTIMISME]

重々しさ[GRAVITÉ]　390-392
　▶時間[TEMPS]｜必然性[NÉCESSITÉ]｜ふさけること[FRIVOLITÉ]｜法[LOI]｜間違い[FAUTE]

澤瀉 久敬　179, 269, 585, 671, 803

オルテガ・イ・ガセット，ホセ[ORTEGA Y GASSET, José]　121, 173, 290, 291, 606, 607, 629

愚かさ[SOTTISE]　348, 371, 424, 434, 436, 582, 634, 693, 734, **766**, **767**, 785, 853, 855
　▶悪徳[VICE]｜キリスト教[CHRISTIANISME]｜情念[PASSION]｜知恵[SAGESSE]｜哲学[PHILOSOPHIE]｜徳[VERTU]｜模倣[IMITATION]

愚かな事柄[BÊTISE]　128-131
　▶情念[PASSION]｜精神[ESPRIT]｜魂[ÂME]

音楽[musique]　039, 041, 122, 129, 137, 184, 195, 202, 203, 214, 235, 243, 266, 273, 298, 305, 326, 335, 338, 353- 355, 395, 405, 409, 434, 437, 438, 448, 488, 530, 552, 592, 593, 674, 704, 725, 726, 808, 825

恩寵[grâce]　095, 121, 166, 267, 269, 361, 362, 475, 494, 495, 498, 499, 562, 580, 695, 698, 699, 719, 834, 848

か

絵画[peinture]　184, 215, 266, 298, 305, 332, 353, 359, 409, 461, 537, 592, 725, 808, 842

快活さ[ALLÉGRESSE]　**060-062**, 076, 078, 138, 140, 583
　▶エネルギー[ÉNERGIE]｜感情[SENTIMENT]｜情動[ÉMOTION]｜情念[PASSION]｜欲望[DÉSIR]

快感[PLAISIR]　476, 533, 567, **597-601**, 602, 706, 838
　▶情感[AFFECTION]

懐疑主義[SCEPTICISME]　279, 340, 413, 486, 573, 722, **729-732**
　▶重罪[CRIME]｜道徳[MORALE]｜独断論[DOGMATISME]｜論争[POLÉMIQUE]

878

諧謔［PAILLARDISE］ 520-524
▶悪徳［VICE］｜神［DIEU］｜義務［DEVOIR］｜キリスト教［CHRISTIANISME］｜社会［SOCIÉTÉ］｜宗教［RELIGION］｜重罪［CRIME］｜宿命［FATALITÉ］｜情念［PASSION］｜罪［PÉCHÉ］｜反射［RÉFLEXE］｜猥褻［LUXURE］

懐疑論［scepticisme］ 055-058, 208, 225, 230, 231, 277, 279, 280, 340, 413, 732
▶懐疑主義［SCEPTICISME］

懐疑論者［sceptique］ 055-058, 230, 231, 279, 280, 340, 413, 732
▶懐疑主義［SCEPTICISME］

解析学［analysis］ 656, 657

概念［notion］ 005, 028-030, 033, 036, 040, 047, 051, 054, 067, 103, 133, 134, 136, 141, 153, 172, 176, 192, 246, 247, 251, 281, 282, 295, 299, 306, 322, 323, 330, 334, 342, 345, 346, 349, 367, 383, 398, 407, 417, 441, 442, 466, 468, 482, 502, 505, 519, 559, 560, 562, 580, 590, 611, 626, 631, 633, 634, 645, 654, 657-659, 670, 681-683, 715, 718, 743, 749, 750, 758, 765, 766, 780, 784, 800-807, 826, 828, 829, 834, 839, 840, 851

快楽主義［hédonisme］ 173, 312, 799, 850

カエサル［CÉSAR］ 155, 255, 257, 258, 268, 446

科学主義［scientisme］ 178, 466, 467, 608, 671, 672, 774

果敢さ［HARDIESSE］ 108, **400-402**
▶大胆［AUDACE］

かくあらざるべからずの意識［opinio necessitatis］ 281

隠すこと［DISSIMULATION］ 270-274, 739, 741
▶嘘［MENSONGE］｜価値［VALEUR］｜好意［BIENVEILLANCE］｜情念［PASSION］｜徳［VERTU］｜間違い［FAUTE］｜模倣［IMITATION］｜理想［IDÉAL］｜礼儀［POLITESSE］

仮言（的）命法［hypothetischer Imperativ］ 278, 283, 480, 568

過去［passé］ 039, 044, 082, 083, 105, 125, 126, 142, 160, 206, 237, 238, 241, 242, 274, 296, 297, 315, 343, 346, 348, 368, 371, 381, 401, 403, 404, 470, 488, 532, 558, 560, 565, 580, 581, 593, 616, 627, 642, 646, 663, 673, 674, 680, 684, 687, 688, 693, 695-700, 714, 715, 804, 807, 824, 825, 844

梶山 雄一 653

価値［VALEUR］ 024, 025, 042-044, 046, 076, 114, 155, 158-160, 163, 173, 180, 194, 195, 199, 204, 205, 213, 231, 237, 239, 249-251, 255-258, 263, 265, 268-270, 290, 325-327, 379, 380, 404, 410, 414, 425, 427, 433, 466, 481, 530, 541, 562, 588, 604, 631, 633, 660, 672, 676, 681, 709, 714, 718, 746, 775, 828-830, 832, 834, 836-838, **841-843**, 844, 849, 850

▶社会［SOCIÉTÉ］｜徳［VERTU］｜美［BEAU］｜勇気［COURAGE］

学校［école］ 414, 511, 549, 550, 623, 709, 712, 713, 761, 832, 850

カッサーノ，フランコ［CASSANO, Franco］ 256, 257, 519

カッシーラー，エルンスト［CASSIRER, Ernst］ 041, 055, 103, 147, 170, 171, 173, 177, 179, 609, 625, 773, 785, 796-798, 801-803, 805, 808, 809

カッチャーリ，マッシモ［CACCIARI, Massimo］ 217, 318, 319

加藤 邦宏 329

カードボックス・アラン［le fichier ALAIN］ 010

カバラ［kabbale］ 167, 772, 812, 814

下部構造［Unterbau］ 158, 172, 302, 322, 467

神［DIEU］ 031, 035, 041, 042, 043, 045, 046, 055-067, 074, 076, 093, 102, 116, 118, 123, 124, 127, 129, 150-152, 154-157, 159, 163, 166, 167, 185, 186, 188, 194-196, 199, 214, 216, 218, 222, 224, 240, 242-244, 252, 258, 259, 261, 262, **263-267**, 268, 269, 273, 277, 278, 286, 287, 294, 307, 310, 315, 317, 320-324, 328, 330, 339, 342-345, 351, 355, 358, 361, 362, 367, 372-375, 398, 399, 406, 411, 413, 415, 440, 444, 445, 446, 450, 451, 454, 455, 474, 475, 480, 481, 485-487, 489, 494, 498, 499, 503, 506, 514, 515, 518, 523, 524, 527, 528, 530, 532, 533, 535-537, 539, 542, 553, 554, 556, 561-563, 566, 569, 580, 591, 593-595, 598, 626, 638, 640, 642, 649, 651, 657, 662-665, 670, 679, 680, 683, 695, 698, 699, 701, 703, 706, 707, 718-720, 727, 734, 743, 749, 770-772, 774, 775, 786, 791, 800, 801, 803, 804, 806, 807, 809, 810, 812-814, 817, 821, 835, 848-850, 860
▶愛［AMOUR］｜怒り［COLÈRE］｜価値［VALEUR］｜感情［SENTIMENT］｜キリスト教［CHRISTIANISME］｜決断［RÉSOLUTION］｜情動［ÉMOTION］｜情念［PASSION］｜心（しん）［CŒUR］｜精神［ESPRIT］｜道徳［MORALE］｜博愛［CHARITÉ］｜勇気［COURAGE］｜欲望［DÉSIR］｜理想［IDÉAL］｜論理［LOGIQUE］

神谷 美恵子 685

神谷 幹夫 002, 010, 011, 026, 039, 046, 056, 058, 061, 063, 081, 084, 093, 094, 096, 098, 107, 108, 114, 117, 118, 127, 129-131, 142, 144, 149, 155, 163, 173, 176, 180, 183, 185, 209, 219, 274, 281, 302, 317, 322, 327, 331, 341, 376, 378, 390, 425, 428, 446, 452, 479, 482, 495, 503, 520, 521, 524, 532, 533, 541, 544, 549, 551-553, 561, 567, 570, 576-578, 582, 583, 588, 589, 591, 601, 621, 631, 639, 654-656, 661, 662, 669, 671, 674, 675, 681, 684, 688, 698, 700, 704, 706, 708, 710, 711, 721,

索引　879

730, 740, 748, 752, 767, 769, 770, 785, 796, 799, 817, 818, 824, 830, 846, 848, 853, 854, 859

カミュ，アルベール［CAMUS, Albert］519
鴨長明　438
カラス，ジャン［CALAS, Jean］407
ガリレイ，ガリレオ［GALILEI, Galileo］340, 364, 442
ガレノス［GALIEN］141, 792
川喜田二郎　169, 535
川田順造　621
姦淫の女［femme adultère］373, 497, 580, 703
還元主義［réductionnisme］671
神崎繁　225
観察［observation］060, 068, 096, 111, 112, 119, 142, 145, 161, 164, 234, 245, 248, 273, 276, 285, 313, 327, 332, 353, 363, 364, 384, 385, 404, 417, 437, 438, 458, 462, 475-478, 503, 504, 514, 531, 534, 598, 611, 619, 626, 627, 648, 668, 670, 672, 690, 723, 724, 727, 729, 748, 764, 790, 825
感情［SENTIMENT］038, 041, 045, 046, 059, 061, 063, 066-070, 072, 075-079, 086, 090, 106, 108, 117, 121, 122, 127, 133, 134, 136, 151, 152, 158, 164, 184, 189, 194, 197, 200, 202, 203, 209, 211, 217, 220, 243, 246, 252, 253, 266, 267, 269, 271, 284, 296, 299, 300, 302, 322, 325-327, 331, 335, 341, 351, 354, 360, 367, 372, 397, 398, 404, 406, 423, 431, 438, 444, 448, 462, 468, 472, 478, 479, 500-503, 516, 517, 540, 544, 545, 548, 552, 569, 582, 586, 590, 591, 596, 624, 628, 690-692, 720, 725, 728, **732-735**, 736, 741, 780, 783, 784, 791, 794, 796, 798, 799, 808, 820, 825, 826, 829, 830, 854, 858
　▶愛［AMOUR］｜愚かさ［SOTTISE］｜神［DIEU］｜恐怖［PEUR］｜情感［AFFECTION］｜情動［ÉMOTION］｜情念［PASSION］｜崇高さ［SUBLIME］｜魂［ÂME］｜徳［VERTU］｜呪い［MALÉDICTION］｜博愛［CHARITÉ］｜卑怯［LÂCHETÉ］｜本能［INSTINCT］｜勇気［COURAGE］｜予言［PRÉDICTION］
慣性［inertia］282, 464, 471, 482, 668, 681, 690
感性［Sinnlichkeit / sensibility］121, 250, 324, 399, 441, 510, 637, 657, 658, 678, 743, 800-802
完全現実態［actus purus］307, 308
完全性［perfection］077, 204, 345, 362, 424-426, 434, 470, 498, 515, 593, 594
間テクスト性［間テクスト性］［intertextualité］003, 004
カント，イマヌエル［KANT, Immanuel］025, 026, 040-043, 056, 057, 102, 105, 121, 122, 170, 171, 177, 205, 232, 250- 252, 277-279, 283, 320, 321, 324, 340, 370, 371, 373, 399, 400, 412, 429, 431, 439, 441, 442, 450, 454, 455, 480, 481, 484, 524, 568-571, 595, 657-659,

743, 746, 757, 758, 779-781, 783-785, 800-803, 805-809, 826, 829, 831
感動［émotion］041, 061, 068, 184, 190, 196, 200, 203, 243, 246, 266, 295, 299, 300, 302, 325, 327, 410, 423, 424, 438, 468, 487, 503, 516, 532, 544, 547-549, 582, 583, 607, 664, 697, 725, 732, 733, 797, 798
　▶情動［ÉMOTION］
観念連合［ASSOCIATION DES IDÉES］099-105
　▶意識［CONSCIENCE］｜決断［RÉSOLUTION］｜習慣［HABITUDE］｜精神［ESPRIT］｜法［LOI］｜夢［RÊVE］｜論争［POLÉMIQUE］
寛容［TOLÉRANCE］528, 815, **818, 819**
　▶愛［AMOUR］｜狂信［FANATISME］｜警戒［ALARME］｜精神［ESPRIT］｜知恵［SAGESSE］｜必然性［NÉCESSITÉ］

き

記憶術［mnémotechnie］824
機械［machine］061, 085, 088, 099, 103, 115, 130, 134, 135, 198, 213, 214, 236, 288, 304, 333, 354, 379, 415, 417, 419, 526, 545, 546, 549, 579, 641, 727, 728, 733
気概［colère］066-068, 186, 187, 201, 264, 429, 430, 447, 533, 546, 742, 744
　▶怒り［COLÈRE］
機械論［mécansime］445, 469
キケロ［CICÉRON］318, 613
記号論理学［logique symbolique］169, 218, 260
ぎこちなさ［GAUCHERIE］387-390, 622
　▶臆病［TIMIDITÉ］｜感情［SENTIMENT］｜義務［DEVOIR］｜恐怖［PEUR］｜社会［SOCIÉTÉ］｜想像力［IMAGINATION］
儀式［cérémonie］062, 116, 118, 135-138, 173, 175, 185, 187, 201, 202, 246, 337, 338, 404, 424, 437, 460, 461, 462, 532, 554, 596, 597, 718, 719, 830, 833
奇蹟［MIRACLE］026, 156, 189, 190, 286, 312, 326, 327, 362, 366, 367, 471, **485-489**, 541, 551, 608, 683, 764, 782, 783
　▶神［DIEU］｜希望［ESPÉRANCE］｜詩［POÉSIE］｜習慣［HABITUDE］｜精神［ESPRIT］｜美［BEAU］
基礎的存在論［Fundamentalontologie］639
期待［ESPOIR］320-322, 495, 660, 661, 688
　▶愛［AMOUR］｜神［DIEU］｜感情［SENTIMENT］｜希望［ESPÉRANCE］｜義務［DEVOIR］｜キリスト教［CHRISTIANISME］｜社会［SOCIÉTÉ］｜情念［PASSION］｜信仰［FOI］｜徳［VERTU］｜法［LOI］
木田元　171, 219, 701
北川敏男　535
気遣い［Sorge］639
気に入ること［FAVEUR］354-356

880

▶感情［SENTIMENT］｜決断［RÉSOLUTION］｜功労［MÉRITE］｜美［BEAU］

キニャール，パスカル［QUIGNARD, Pascal］675
キーネーシス［κίνησις］　▶運動［mouvement］
記念［commémoration］246, 532, 718
帰納［induction］032, 047, 504, 505, 534-536
気分［humeur］051, 072, 101, 138, 139-141, 164, 165, 200, 213, 233, 234, 238, 254, 270, 272, 283, 334, 352, 353, 379, 380, 385, 418, 454, 493, 507, 509-512, 546, 581, 590, 595, 596, 639, 668, 734, 735, 761, 816, 817
希望［ESPÉRANCE］**314-317**, 320, 322, 335, 342, 344, 372, 375, 456, 457, 488, 494, 557, 661, 662, 680
　▶愛［AMOUR］｜運命［DESTIN］｜神［DIEU］｜キリスト教［CHRISTIANISME］｜地獄［ENFER］｜宿命［FATALITÉ］｜宿命論［FATALISME］｜情念［PASSION］｜証明［PREUVE］｜信仰［FOI］｜正義［JUSTICE］｜善［BIEN］｜徳［VERTU］｜博愛［CHARITÉ］｜理想［IDÉAL］
希望［spes］316, 456, 495, 681
　▶希望［ESPÉRANCE］
義務［DEVOIR］073, 131-133, 205, 208, 227, **249-252**, 289, 290, 304, 320, 322, 323, 388, 439, 440, 472, 474, 480, 497, 521, 538, 539, 540, 542, 568, 573, 599, 606, 617, 618, 627, 652, 680, 684, 685, 734, 752, 769, 789
　▶価値［VALEUR］｜財産［FORTUNE］｜時間［TEMPS］｜精神［ESPRIT］｜徳［VERTU］
木村茂 012
急進主義（ラディカリズム）［radicalisme］162, 666, 747, 750, 774, 791
糾弾［RÉPROBATION］**704-708**, 710
　▶決断［RÉSOLUTION］｜証明［PREUVE］｜徳［VERTU］｜非難［REPROCHE］｜雄弁［ÉLOQUENCE］｜論理［LOGIQUE］
教育［éducation］048, 122, 131, 168, 212, 289-291, 314, 337, 375, 404, 414, 415, 506, 511, 559, 665, 709, 712, 713, 762, 863
狂気［folie］077, 078, 086, 149, 164, 165, 218, 220, 234, 258, 312, 379, 383, 384, 423, 424, 444, 521, 668, 776, 777, 787, 804, 818, 825, 826, 847
行儀のよさ［BIENSÉANCE］135-138
　▶祈り［PRIÈRE］｜詩［POÉSIE］｜社会［SOCIÉTÉ］｜善［BIEN］｜美［BEAU］
恐慌　▶パニック（恐慌）［panique］
教師［professeur］006, 027, 047, 048, 152, 226, 242, 291, 294, 327, 328, 333, 358, 375, 415, 444, 457, 459, 463, 472, 474, 502, 530, 573, 591, 618, 623, 685, 709, 761, 831, 832, 857, 862, 864
狂信［FANATISME］056, 058, 211, **338-342**, 426, 547, 552,

559, 646, 648, 649, 676, 721, 722, 730, 737, 767, 811, 818, 819
　▶愛［AMOUR］｜懐疑主義［SCEPTICISME］｜神［DIEU］｜激昂［FUREUR］｜決断［RÉSOLUTION］｜習慣［HABITUDE］｜信仰［FOI］｜信頼［CONFIANCE］｜精神［ESPRIT］｜哲学［PHILOSOPHIE］｜憎しみ［HAINE］
狂人［fou］070, 071, 148, 149, 151, 234, 258, 378-380, 520-522, 668, 793, 847
恐怖［PEUR］047, 048, 052, 054, 072, 076-078, 090, 091, 106, 107, 109, 111, 115, 152, 153, 155, 166, 172, 180, 181, 198, 208, 209, 213, 220, 236, 267, 272, 292, 299-302, 318, 325, 335, 381, 382, 389, 407, 418, 420, 428, 432, 437, 451, 473, 491, 506, 507, 508, 517, 544, 545, 548, 577, **582-586**, 625, 645, 685, 688, 689, 711, 722, 732-735, 757, 781, 796, 797, 815-817, 837, 840, 850, 853, 856-858
　▶怒り［COLÈRE］｜臆病［TIMIDITÉ］｜快活さ［ALLÉGRESSE］｜感情［SENTIMENT］｜社会［SOCIÉTÉ］｜情動［ÉMOTION］｜精神［ESPRIT］｜勇気［COURAGE］
共和制［république］579, 617, 620, 747
虚栄［VANITÉ］158, 185, 187, 221, 222, 271, 324, 372, 524, 587, 693, **843-846**
　▶嘘［MENSONGE］｜ケチ［AVARICE］｜財産［FORTUNE］｜社会［SOCIÉTÉ］｜善［BIEN］｜徳［VERTU］
虚数［imaginary number］656
キリスト教［CHRISTIANISME］042, 055, 067, 077, 116, 126, 127, 133, 158, 159, **160-163**, 166, 167, 188, 189, 215, 229, 240, 241, 267, 309, 316, 317, 320, 330, 344, 351, 360-362, 375, 438, 440, 446, 451, 453, 455, 456, 467, 475, 490, 491, 494, 495, 506, 515, 521, 523, 524, 527, 530-533, 535, 537, 541, 542, 561, 562, 571, 587, 590-592, 616, 662, 665, 672, 680, 698, 699, 703, 718-720, 767, 772, 774, 775, 808-810, 812, 834-836, 848
　▶価値［VALEUR］｜キリスト教徒［CHRÉTIEN］｜傲慢［ORGUEIL］｜精神［ESPRIT］｜高ぶり［EMPORTEMENT］｜魂［ÂME］
キリスト教徒［CHRÉTIEN］043, **155-160**, 269, 286, 456, 523, 532, 543, 808
　▶価値［VALEUR］｜神［DIEU］｜奇蹟［MIRACLE］｜恐怖［PEUR］｜キリスト教［CHRISTIANISME］｜軽蔑［MÉPRIS］｜信仰［FOI］｜精神［ESPRIT］｜魂［ÂME］
近代経済学［Économie moderne］431, 451, 538, 578, 595, 631, 836, 840
禁欲主義［ascétisme］092, 272, 293, 453, 491, 597, 684

く

悔い改め［REPENTIR］027, 194, 196, 309, 311, 438, 532,

540, 570, 651, 673, 674, 675, 688, 691, **695-700**, 849
　▶愛［AMOUR］｜神［DIEU］｜キリスト教［CHRISTIANISME］
　｜苦行［PÉNITENCE］｜後悔［REMORDS］｜心残り［REGRET］
　｜情念［PASSION］｜信仰［FOI］｜信頼［CONFIANCE］
　｜魂［ÂME］｜論理［LOGIQUE］

空（くう）637

偶像崇拝［IDOLÂTRIE］　404-407, 464, 525, 630
　▶愛［AMOUR］｜美しさ［BEAUTÉ］｜精神［ESPRIT］
　｜欲求［APPÉTIT］

寓話［FABLE］　336-338
　▶哲学［PHILOSOPHIE］｜礼儀［POLITESSE］

苦行［PÉNITENCE］　566-570, 695, 700
　▶祈り［PRIÈRE］｜快感［PLAISIR］｜神［DIEU］
　｜感情［SENTIMENT］｜悔い改め［REPENTIR］｜後悔
　［REMORDS］｜慈善［BIENFAISANCE］｜重罪［CRIME］
　｜証明［PREUVE］｜正義［JUSTICE］｜道徳［MORALE］
　｜徳［VERTU］｜法律［DROIT］

串田孫一　002

クセノフォン［XÉNOPHON］　601, 692

グノーシス［Gnosticisme］　167, 812

苦悶［ANGOISSE］　054, **083-087**, 089, 090, 172
　▶心（しん）［CŒUR］｜必然性［NÉCESSITÉ］｜勇気
　［COURAGE］

クラーク，ケネス［CLARK, Kenneth］　189

倉田令二朗　657

クレッチマー，エルンスト［KRETSCHMER, Ernst］
　448, 449

黒崎宏　075, 467

黒田亘　033

桑原武夫　002, 359

け

警戒［ALARME］　041, 045, **058-060**, 137, 349, 357, 409, 427,
559, 588, 695, 704, 737, 780, 819
　▶示唆［SUGGESTION］｜模倣［IMITATION］

敬虔［PIÉTÉ］　031, 043, 045, 058, 152, 237, 240, 259, 263,
280, 358, 369, 402, 429, 455, 524, 568, **590-597**, 603,
649, 815, 832
　▶愛［AMOUR］｜祈り［PRIÈRE］｜神［DIEU］｜感情
　［SENTIMENT］｜キリスト教［CHRISTIANISME］｜詩
　［POÉSIE］｜宗教［RELIGION］｜情念［PASSION］
　｜信仰［FOI］｜高ぶり［EMPORTEMENT］｜平和［PAIX］
　｜法律［DROIT］｜理想［IDÉAL］｜礼儀［POLITESSE］
　｜練習［EXERCICE］

敬虔主義［Pietismus］　043, 455, 524, 568, 595

経済［économie］　044, 160, 204, 205, 238, 239, 255, 256,
274, 451, 467, 510, 538, 540, 544, 559, 578, 579, 587,

591, 617, 620, 627, 631, 634, 836, 839, 841

警察［POLICE］　204, **617-620**, 753, 755
　▶意識［CONSCIENCE］｜社会［SOCIÉTÉ］｜睡眠［SOMMEIL］
　｜徳［VERTU］｜文明［CIVILISATION］

計算［calcul］　032, 452, 510-512, 535, 540, 573, 593, 642,
745, 819, 836, 838-840

形式論理学［logique formelle］　048, 168, 169, 260, 440,
571, 572, 615, 705

形而上学［métaphysique］　033, 036, 096, 150, 162, 172,
277, 340, 408, 467, 479, 578, 626, 627, 633, 639, 642,
713, 773, 778, 805, 814

形而上学的段階［stade métaphysique］　625, 626, 633,
814

芸術［art］　004, 024, 037, 038, 040, 045, 049, 086, 087,
122, 129, 130, 136, 137, 171, 178, 183, 184, 195, 202,
203, 205, 214-216, 239, 243, 257, 262, 266, 273, 289,
290, 296, 298, 299, 302, 305, 308, 325, 332, 338, 353-356,
359, 362, 366, 368, 372, 375, 379, 385, 397, 401, 404,
406, 408-410, 414, 415, 434, 438, 452, 468, 475, 476,
487, 488, 503, 516, 524, 539, 540, 552, 558, 592, 604,
605, 607, 610, 620, 621, 623, 625, 626, 655, 664, 683,
718, 719, 725, 744-747, 773, 794, 797, 808, 842, 847

形相［εἶδος / forme］　241, 288, 398, 435, 586, 734, 749,
801

軽薄さ［IMBÉCILE］　**410-413**, 446, 854, 855
　▶怒り［COLÈRE］｜懐疑主義［SCEPTICISME］｜神
　［DIEU］｜習慣［HABITUDE］｜情念［PASSION］｜哲学
　［PHILOSOPHIE］｜道徳［MORALE］｜法［LOI］｜欲望
　［DÉSIR］

軽蔑［MÉPRIS］　093, 094, 155, 304, 371, 432, 433, 452-455,
474-479, 483, 761, 776, 787
　▶愛［AMOUR］｜感情［SENTIMENT］｜情念［PASSION］
　｜博愛［CHARITÉ］

契約［contrat］　074, 112, 115, 239, 373, 429, 430, 748,
750, 751, 826-829

ケインズ，J. M.［KEYNES, John Maynard］　838, 840

劇場のイドラ　442

ゲゼルシャフト［Gesellschaft］　751

ケチ［AVARICE］　051, 093, 095, **108-110**, 113, 146, 185,
186, 321, 323, 399, 490, 544, 549, 573, 668, 844
　▶感情［SENTIMENT］｜恐怖［PEUR］｜情動［ÉMOTION］
　｜情念［PASSION］｜大胆［AUDACE］｜反射［RÉFLEXE］
　｜保険［ASSURANCE］｜野心［AMBITION］

激昂［FUREUR］　087, 123, 338, 339, **383-387**, 393, 395, 434,
436, 650, 652
　▶怒り［COLÈRE］｜情念［PASSION］｜性格［CARACTÈRE］
　｜高ぶり［EMPORTEMENT］｜哲学［PHILOSOPHIE］｜

882

美［BEAU］
決断［RÉSOLUTION］　051, 057, 075, 101, 108, 110, 134, 198, 229, 241, 243, 252, 254, 255, 265, 266, 280, 296, 310, 343, 354, 355, 367, 369, 390, 391, 403, 470, 482, 486, 490, 543, 573, 575, 581, 634, 639, 643, 679, 699, 704, **715, 716**, 718, 720, 727, 754, 774, 799, 860
▶心残り［REGRET］｜時間［TEMPS］｜精神［ESPRIT］
ゲーテ，ヨハン・ヴォルフガング・フォン［GOETHE, Johann Wolfgang von］　123, 329, 436
決定論［déterminisme］　347, 641, 775
ケネー，フランソワ［QUESNAY, François］　836, 837
ゲマインシャフト［Gemeinschaft］　751
ゲルウィック，リチャード［GELWICK, Richard］　467
権威［autorité］　027, 042, 151, 159, 207, 217, 242, 279, 348, 369, 442, 466, 472, 589, 641, 700, 710, 731, 766, 767, 778
限界効用逓減の法則［law of diminishing marginal utility］　631, 632
言語［langue］　029, 030, 033-035, 040, 059, 060, 074, 103, 111, 112, 120, 165, 171, 174, 177, 178, 197, 224, 246, 247, 255, 257, 298, 338, 347, 365, 366, 419, 420, 475, 477, 501, 537, 552, 556, 560, 606, 608-612, 625, 629, 648, 656, 784, 796-798, 805, 808, 825, 830, 845, 846, 858
言語学［linguistique］　075, 177, 223, 295, 553, 611, 612
言語ゲーム［Sprachspiel］　169
顕示選好理論［revealed preference theory］　634, 839
原始的両性具有人間［ἀνδρόγυνος］　077
現象学［Phänomenologie］　054, 217, 218, 635, 701
現象学的還元［phänomenologische Reduktion］　218, 701
原子論［atomisme］　227, 312, 314, 616
現勢態（現実態）［ἐνέργεια / acte］　306, 307, 363, 528, 697, 853
言説［discours］　010, 048, 285, 287, 294, 295, 571, 612, 656, 659, 705, 740
現世欲［CONCUPISCENCE］　184-187
▶怒り［COLÈRE］｜虚栄［VANITÉ］｜ケチ［AVARICE］｜傲慢［ORGUEIL］｜情念［PASSION］｜高ぶり［EMPORTEMENT］｜魂［ÂME］｜必要［BESOIN］｜法［LOI］｜野心［AMBITION］｜友情［AMITIÉ］｜欲望［DÉSIR］｜欲求［APPÉTIT］
現存在［Dasein］　241, 343, 382, 383, 582, 639, 643
建築［architecture］　123, 136, 137, 184, 266, 298, 305-308, 353, 355, 409, 467, 725, 749, 754
〈現場満足言語〉　030

こ

恋［ἔρως］　077, 120, 701

▶愛［AMOUR］
小池 桂一　557
行為［action］　025, 026, 029, 039, 047, 050, 054, 057, 070, 073, 074, 112, 123, 133, 134, 144, 145, 153, 172, 179, 210, 217, 219, 222, 230, 232, 233, 239, 241, 243, 249, 252, 255, 259, 263, 280, 282, 284, 291, 293, 294, 300, 304, 305, 317, 319, 325, 335, 349, 350, 352, 357, 360, 363, 364, 373, 381, 383, 384, 395, 400, 404, 408, 411, 419, 422, 423, 431, 434, 441, 444, 453, 481, 482, 484, 485, 487, 490, 491, 495, 501, 510, 528, 541, 554, 561, 562, 567-570, 581, 592, 595, 620, 622, 625, 626, 635, 663, 678, 684, 703, 708, 732, 746, 748, 777, 779, 788, 795, 804, 805, 835, 846, 852
好意［BIENVEILLANCE］　041, 043, 054, 063, 064, 075, 077, 097, 099, 121, **138-140**, 148, 151, 152, 172, 189, 201, 202, 211, 248, 267, 270-272, 291, 314, 326, 328, 337, 445, 456, 463, 494, 499, 502, 512, 515
▶臆病［TIMIDITÉ］｜快活さ［ALLÉGRESSE］｜悲観主義［PESSIMISME］｜楽観主義［OPTIMISME］
行為遂行的［performative］　074
後悔［REMORDS］　038, 077, 078, 081, 084, 125, 126, 196, 342, 346, 352, 427, 435, 436, 450, 532, 535, 566, 570, 650, 652-675, **687-691**, 695, 697-699, 714-716, 799, 848, 849, 856
▶諦め［RÉSIGNATION］｜戒め［REMONTRANCE］｜エネルギー［ÉNERGIE］｜期待［ESPOIR］｜恐怖［PEUR］｜悔い改め［REPENTIR］｜傲慢［ORGUEIL］｜心残り［REGRET］｜示唆［SUGGESTION］｜重罪［CRIME］｜宿命論［FATALISME］｜情念［PASSION］｜精神［ESPRIT］｜徳［VERTU］｜罰［CHÂTIMENT］｜反射［RÉFLEXE］｜間違い［FAUTE］
交換［échange］　077, 078, 111, 115, 204, 205, 236, 238, 239, 247, 256, 284, 288, 429-431, 475, 476, 480, 538-540, 543, 544, 562, 578, 579, 621, 750, 834, 837, 840, 841
工業［industrie］　376, 377, 559
高坂 正顕　279, 455
駒城 鎮一　535
嵩じる［se sentir intense］　209, 301, 409, 437, 548, 596, 853, 854
厚生経済学［Welfare Economics］　631, 632, 839
構造主義［structuralisme］　467
合田 正人　127, 455, 511, 579, 621, 645, 747, 809
上妻精　425
幸福［bonheur］　025, 026, 039, 040, 073, 075, 077, 078, 082, 122, 126, 139, 164, 176, 179, 184, 212, 216, 217, 219, 226, 234, 253, 285, 289, 297, 302, 314, 322, 332, 346, 356, 358-360, 362-364, 369-371, 378, 382, 398, 419,

索引　883

423, 427, 444, 448, 462, 466, 480, 494, 506, 509, 510,
512, 520, 523, 528, 533, 536, 537, 568, 570, 581, 582,
597, 599-601, 605, 606, 610, 619, 621, 632, 633, 663,
690, 726, 730, 738, 752, 763, 768, 770, 774, 838, 839,
848, 862, 864
構文論[syntax] 656, 657
高邁の徳[générosité] 117, 127, 134, 150, 166, 734
傲慢[ORGUEIL] 026-028, 093, 094, 096-098, 143, 160,
185, 187, 198, 224, 309, 311, 426, 447, 498, 499, **516-519**,
552, 558, 563, 566, 646, 647, 687-690
　▶怒り[COLÈRE]｜感情[SENTIMENT]｜恐怖[PEUR]
　｜魂[ÂME]｜知恵[SAGESSE]｜哲学[PHILOSOPHIE]
拷問[TORTURE]　167, **819-822**
　▶自白[AVEU]｜社会主義[SOCIALISME]｜証明
　[PREUVE]｜必然性[NÉCESSITÉ]｜雄弁[ÉLOQUENCE]
　｜論理[LOGIQUE]
豪勇[INTRÉPIDITÉ]　**420-422**
　▶怒り[COLÈRE]｜恐怖[PEUR]｜心(しん)[CŒUR]
　｜哲学[PHILOSOPHIE]｜勇気[COURAGE]
功利主義[UTILITARISME] 173, 632, 834, **837-841**
　▶怒り[COLÈRE]｜快感[PLAISIR]｜恐怖[PEUR]｜
　情念[PASSION]｜善[BIEN]｜高ぶり[EMPORTEMENT]
合理主義[rationalisme] 218, 809, 813, 838
功労[MÉRITE]　**479-481**, 497, 499
　▶価値[VALEUR]｜義務[DEVOIR]
古賀 照一　002, 494
ゴーギャン、ポール[GAUGUIN, Paul]　565
〈こころ〉言語　030
心残り[REGRET]　078, **673-676**, 687, 688, 691, 695, 699,
715, 716, 849
　▶永遠な[ÉTERNEL]｜悔い改め[REPENTIR]｜後悔
　[REMORDS]｜時間[TEMPS]｜宗教[RELIGION]｜
　証明[PREUVE]｜友情[AMITIÉ]｜理想[IDÉAL]
心の平安(アパテイア)[ἀπάθεια]　065, 312, 313, 315,
492, 684, 685
個人主義[individualisme]　162, 256, 257, 558, 672, 822,
841
個人的自我[le moi individuel] 148
悟性[Verstand / understanding]　040, 052, 168, 250, 324,
362, 395, 399, 400, 408, 412, 441, 657, 667, 746, 760,
801, 802, 839, 861
個体[individu]　034, 035, 133, 204, 228, 309, 317, 321,
388, 484, 562, 704, 772, 801
告解[CONFESSION]　**187-189**, 472, 474, 718, 848
　▶キリスト教[CHRISTIANISME]｜傲慢[ORGUEIL]｜
　自白[AVEU]｜秘蹟[SACREMENT]｜必要[BESOIN]
小林 秀雄　002, 238, 607-609

誤謬[erreur]　027, 047, 049, 081, 145, 165, 214, 225, 262,
299, 350, 400, 419, 420, 443, 473, 489, 491, 492, 578,
590, 593, 594, 609, 629, 634, 635, 646, 651, 687, 709,
714, 722, 767, 826, 854
ゴルギアス[GORGIAS]　612, 613, 762, 797
コルノー、アラン[CORNEAU, Alain]　675
コンスタン、バンジャマン[CONSTANT, Benjamin]
185, 384
コント、オーギュスト[COMTE, August]　043, 044,
063, 065-067, 136, 137, 160-162, 173, 177, 220, 222,
223, 263, 264, 287, 404, 456, 457, 464, 518, 558-560,
570, 574, 575, 578, 619, 620, 624-630, 633, 663, 664,
719, 743, 744, 748, 765, 773, 774, 776-780, 813-815,
843, 845

さ

財産[FORTUNE]　128, **376-378**, 765, 843
　▶宝くじ[LOTERIE]
最善観[optimisme]　515, 814
　▶楽観主義[OPTIMISME]
斎藤 忍随　829
齋藤 正彦　657
サヴァン、モーリス[SAVIN, Maurice]　010
サヴォナローラ、ジローラモ[SAVONAROLA, Girolamo]　524
佐伯 啓思　173, 205, 225, 257, 519, 635, 841
左近司 祥子　012
佐々木 力　279
佐々木 英也　189
佐々木 能章　105, 813
さだまさし　523
殺人[MEURTRE]　031, 142-144, 204, 424, 443, 474, **481-485**,
650
　▶軽蔑[MÉPRIS]｜決断[RÉSOLUTION]｜事故[ACCIDENT]
　｜重罪[CRIME]｜罪[PÉCHÉ]｜哲学[PHILOSOPHIE]
サミュエルソン、ポール[SAMUELSON, Paul]　634,
839
サルトル、ジャン=ポール[SARTRE, Jean-Paul]　387,
388, 766
残酷さ[CRUAUTÉ]　**208-210**, 422, 446, 447, 552, 558
　▶怒り[COLÈRE]｜恐怖[PEUR]｜情動[ÉMOTION]｜
　情念[PASSION]｜高ぶり[EMPORTEMENT]｜酔うこと
　[IVRESSE]
サン・シモン[SAINT-SIMON, Comte de]　559, 625
讃嘆[ADMIRATION]　040, **041-045**, 046, 062, 064, 249, 402,
413, 415, 552, 558, 780, 783
　▶祈り[PRIÈRE]｜価値[VALEUR]｜神[DIEU]｜感情

｜［SENTIMENT］｜社会［SOCIÉTÉ］｜宗教［RELIGION］｜崇高さ［SUBLIME］｜人間嫌い［MISANTHROPIE］｜論理［LOGIQUE］

三段階の法則［la loi des trois états］　625, 778

三段論法［syllogisme］　260, 440, 496, 503, 504, 571, 572, 615, 810

散文［prose］　002, 004, 006, 007, 011, 040, 047-049, 122, 174, 244, 261, 262, 287, 295, 297- 299, 308, 325, 366, 419, 420, 488, 606, 608, 610, 615, 664, 707, 782, 825, 862, 863

散漫［DISSIPATION］　055, 086, **274-277**, 292, 351, 383, 423
　▶思考すること［PENSER］｜文明［CIVILISATION］

し

詩［POÉSIE］　024, 039, 054, 061, 086, 093, 121, 130, 137, 174, 177, 184, 202, 203, 262, 266, 295-299, 305, 313, 353, 355, 356, 362, 366, 368, 385, 404, 406, 409, 487, 488, 531, 537, 552, 593, 603, **606-612**, 626, 628, 663, 664, 725, 780, 783, 794, 823-825
　▶嗚咽［SANGLOT］｜時間［TEMPS］｜情念［PASSION］｜心（しん）［CŒUR］｜精神［ESPRIT］｜魂［ÂME］｜動揺［ANXIÉTÉ］｜美［BEAU］｜雄弁［ÉLOQUENCE］

仕合わせ［FÉLICITÉ］　359-362
　▶運命［DESTIN］｜神［DIEU］｜感情［SENTIMENT］｜キリスト教［CHRISTIANISME］｜功労［MÉRITE］｜詩［POÉSIE］｜宝くじ［LOTERIE］｜美［BEAU］｜美学［ESTHÉTIQUE］

シェイクスピア, ウィリアム［SHAKESPEARE, William］　786, 797, 824

ジェヴォンズ, ウィリアム・スタンレー［JEVONS, Willian Stanley］　633, 839

塩野 七生　064, 065, 451, 453

自我［ego］　148, 626, 736, 758

志賀 隆生　295

時間［TEMPS］　023, 048, 049, 053, 079, 131, 133, 134, 154, 162, 166, 174, 178, 182, 206, 207, 238, 241, 250, 259, 261, 262, 296-299, 329, 330, 342, 343, 346, 363, 392, 399, 429, 431, 437, 455, 483, 505, 514, 522, 529, 537, 563, 564, 566, 592, 599, 607, 610, 614-616, 618, 634, 635, 638, 639, 641, 642, 646, 653, 655, 658, 663-665, 673, 697, 703, 705, 715, 726, 739, 741, **800-807**, 814, 820, 823, 825
　▶意識［CONSCIENCE］｜神［DIEU］｜習慣［HABITUDE］｜証明［PREUVE］｜信仰［FOI］｜哲学［PHILOSOPHIE］｜論理［LOGIQUE］

時間性［Zeitlichkeit］　383, 639

事故［ACCIDENT］　**038, 039**, 105, 254, 346, 347, 351, 481, 482, 577, 760
　▶宿命［FATALITÉ］｜宿命論［FATALISME］

思考すること［PENSER］　022, 049, 060, 071, 111, 149, 245, 276, 304, 332, 375, 418, 477, 548, **570-576**, 591, 657, 672, 723, 737, 755, 798
　▶キリスト教［CHRISTIANISME］｜決断［RÉSOLUTION］｜習慣［HABITUDE］｜神学［THÉOLOGIE］｜精神［ESPRIT］｜哲学［PHILOSOPHIE］｜必然性［NÉCESSITÉ］｜平和［PAIX］

地獄［ENFER］　081, 153, 164, **309-312**, 315, 339, 533, 537, 563, 651
　▶怒り［COLÈRE］｜悔い改め［REPENTIR］｜決断［RÉSOLUTION］｜傲慢［ORGUEIL］｜自発性［SPONTANÉITÉ］｜宿命論［FATALISME］｜情念［PASSION］｜精神［ESPRIT］｜赦し［PARDON］

示唆［SUGGESTION］　029, 033, 055, 060, 065, 068, 083, 095, 117, 134, 164, 207, 209, 235, 248, 304, 321, 331, 375, 378, 388, 429, 478, 581, 645, 691, 700, 703, 744, 775, **784-787**, 790, 833, 838, 853, 856
　▶嘘［MENSONGE］｜精神［ESPRIT］｜半睡状態［SOMNOLENCE］｜夢［RÊVE］｜礼儀［POLITESSE］

事実確認的（コンステイティブ）［constative］　074

死者［mort］　044-046, 137, 156, 161-163, 237, 238, 247, 304, 338, 403, 404, 542-544, 680, 719, 813

自性（じしょう）　637, 638, 653, 654

市場のイドラ　442

自然［nature］　023, 024, 035, 037, 041-043, 052, 054, 055, 066, 075, 079, 082, 086, 095, 102, 129, 130, 133, 136, 138, 140, 154, 164, 166, 171, 172, 182, 183, 193, 214, 218, 224, 244, 245, 255, 257, 258, 263, 273, 302, 309, 315-317, 320, 323, 331, 340, 346, 349, 350, 354-356, 358, 360, 362-364, 368, 372, 375, 377, 386, 406, 409, 421, 427, 437, 442, 443, 445, 453-455, 457, 464, 466, 468, 485, 487-489, 492, 502, 511, 513, 523, 527, 530-532, 550, 551, 553-555, 560, 563, 569, 570, 575, 580, 589, 590, 593, 599, 609, 618, 623, 667, 669, 676, 680-682, 686, 687, 704, 713, 724, 742-746, 749, 772-774, 776, 779-783, 795, 804, 809, 810, 829, 832, 833, 846, 851, 852, 858

慈善［BIENFAISANCE］　126, **133-135**, 136, 567, 834
　▶感情［SENTIMENT］｜善［BIEN］｜徳［VERTU］

自然学［physique］　036, 282, 340, 364, 365, 465, 851

自然宗教［religion de la nature］　527, 528, 530, 833

自然崇拝　▶自然宗教［religion de la nature］

自然選択説［sélection naturelle］　331

自然の合目的性［Zweckmäßigkeit der Natur］　784

自然法則［Loi de la nature］　054, 340, 442-444, 454, 455, 487, 504, 521, 569, 619, 627, 668, 672, 690, 724, 732,

索引　885

738, 745, 767, 851, 852
自尊心［AMOUR-PROPRE］ 080-082, 721
　▶愛［AMOUR］｜人間嫌い［MISANTHROPIE］
実験［expérimentation］ 068, 096, 145, 161, 194, 218, 276, 297, 439, 467
実在論［réalisme］ 030, 100
実証主義［POSITIVISME］ 063, 177, 178, 263, 404, 456, 466, 558, 559, 619, **624-630**, 633, 663, 690, 773, 774, 777
　▶エゴイズム［ÉGOÏSME］｜神［DIEU］｜社会［SOCIÉTÉ］｜宗教［RELIGION］｜進歩［PROGRÈS］｜道徳［MORALE］｜理想［IDÉAL］｜論理［LOGIQUE］
実証的段階［état positif］ 625, 627-629, 633, 814, 815
実数［real number］ 656
叱責［RÉPRIMANDE］ 125, **700-704**
　▶愛［AMOUR］｜戒め［REMONTRANCE］｜示唆［SUGGESTION］｜社会［SOCIÉTÉ］｜善［BIEN］｜非難［REPROCHE］｜法律［DROIT］｜欲望［DÉSIR］
実存哲学［philosophie existentielle］ 382
実体［substance］ 033-035, 038, 065, 171, 173, 330, 464, 564, 596, 604, 605, 634, 637, 651, 656, 666, 668, 670, 771, 801, 814, 828, 839
失寵［DISGRÂCE］ 267-270
　▶価値［VALEUR］｜神［DIEU］｜キリスト教［CHRISTIANISME］｜キリスト教徒［CHRÉTIEN］｜道徳［MORALE］
実直［DROITURE］ 285-287
　▶愛［AMOUR］｜臆病［TIMIDITÉ］｜神［DIEU］｜奇蹟［MIRACLE］｜キリスト教徒［CHRÉTIEN］｜嫉妬［JALOUSIE］｜信頼［CONFIANCE］｜ふりをすること［FEINTE］
嫉妬［JALOUSIE］ 145, 148, 149, 287, **424-427**, 447, 450, 838
　▶愛［AMOUR］｜怒り［COLÈRE］｜エネルギー［ÉNERGIE］｜後悔［REMORDS］｜傲慢［ORGUEIL］｜情念［PASSION］｜証明［PREUVE］｜想像力［IMAGINATION］｜熱意［ZÈLE］｜悲嘆［AFFLICTION］｜理想［IDÉAL］
私的言語［private language］ 030, 845
指導理性（ヘーゲモニコン）［ἡγεμονικόν］ 093, 226, 294, 358, 413, 444, 446, 542, 685, 698, 688, 703, 711
死に臨む存在［Sein zum Tode］ 382, 639
篠田節子 630
支配［MAÎTRISE］ 457-460
　▶美しさ［BEAUTÉ］｜証明［PREUVE］｜哲学［PHILOSOPHIE］｜理想［IDÉAL］
自白［AVEU］ **110-112**, 188, 748, 819, 820
　▶恐怖［PEUR］｜精神［ESPRIT］｜間違い［FAUTE］
柴田翔 141

自発性［SPONTANÉITÉ］ 309, 441, 454, **776-780**, 801, 802
　▶実証主義［POSITIVISME］｜社会［SOCIÉTÉ］｜神学［THÉOLOGIE］｜進歩［PROGRÈS］
澁澤龍彦 167, 208, 209
資本主義［capitalisme］ 204, 262, 344, 349, 484, 490, 554, 579, 672, 834, 835, 837
嶋田義仁 841
清水幾太郎 067, 163, 349, 453, 519, 579, 581, 615, 617, 624, 627, 629, 631, 633, 635, 760, 761, 779, 838, 839, 841
清水博 135
清水義夫 572, 573
市民性［CIVILITÉ］ **173-176**, 560, 768, 830, 831, 833
　▶徳［VERTU］｜必然性［NÉCESSITÉ］｜礼儀［POLITESSE］
下村寅太郎 217, 607
社会［SOCIÉTÉ］ 002, 012, 013, 028, 043, 044, 059, 062, 065, 066, 076, 079, 094, 105, 115, 117, 118, 132, 133, 135-137, 142, 150, 158, 161, 168, 169, 172-175, 197, 204, 228, 229, 238, 239, 246, 247, 253, 256-259, 267, 275, 284, 289, 290, 293, 309, 317, 318, 320, 321, 323, 329, 333, 335, 339, 372, 374, 387, 388, 404, 419, 442-445, 464, 467, 472, 474-478, 481, 497, 501, 518, 519, 521, 539, 540, 542, 553, 558-560, 566, 569, 578, 579, 583, 590, 610, 617, 620, 625-628, 632, 649, 663-665, 679, 692, 702-704, 708, 712, 720, 729, 742-747, **748-751**, 753, 755, 768, 769, 774, 776-779, 786, 788, 789, 791, 795, 811, 827, 834-836, 842, 844-846, 860
　▶自白［AVEU］｜必然性［NÉCESSITÉ］｜唯物論［MATÉRIALISME］｜友情［AMITIÉ］｜連帯［SOLIDARITÉ］
社会学［sociologie］ 065, 066, 160, 161, 344, 389, 404, 456, 464, 477, 518, 519, 540, 558, 578, 619, 620, 624, 628, 630, 751, 779, 835
社会契約説［Le contrat social］ 443
社会主義［SOCIALISME］ 158, 262, 519, 559, 579, **742-748**, 774, 821, 822
　▶怒り［COLÈRE］｜価値［VALEUR］｜神［DIEU］｜社会［SOCIÉTÉ］｜情動［ÉMOTION］｜情念［PASSION］｜証明［PREUVE］｜法律［DROIT］｜美学［ESTHÉTIQUE］｜必然性［NÉCESSITÉ］｜暴力［VIOLENCE］｜欲望［DÉSIR］｜理想［IDÉAL］
社会的自我［le moi social］ 148
社会法則［loi social］ 442-445
写経 006, 235, 274, 275
ジャンケレヴィッチ，ウラジミール［JANKÉLÉVITCH, Vladimir］ 643
ジャンセニスム［Jansénisme］ 188, 535
主意主義［volontarisme］ 344, 698, 699, 711, 714, 716

886

自由[liberté]　004, 038, 073, 076, 093, 102, 104, 114, 126-128, 148, 150, 162, 163, 173, 199, 209, 217, 227, 229, 230, 240, 242, 243, 252, 256, 257, 261, 267-269, 292-294, 300, 308, 309, 311, 314, 318, 322-324, 330, 334, 335, 339-341, 347, 358, 359, 372-375, 389, 399, 418, 422, 438, 444, 445, 454, 455, 469, 471, 491, 508, 526, 540, 542, 544, 576, 579, 595, 601, 613, 615, 641, 642, 660, 662, 665, 666, 671, 680, 682, 707, 713, 723, 737-739, 747, 749-751, 762, 772-776, 779, 780, 786, 788-791, 819

シュヴァリエ，ジャック[CHEVALIER, Jacques]　581, 615, 703

自由意志[libre arbitre]　046, 075-079, 093, 117, 134, 166, 188, 243, 253, 267, 269, 282, 283, 301, 323, 324, 335, 340, 341, 358, 367, 374, 453, 454, 482, 486, 491, 542, 574, 631, 665, 666, 695, 698, 700, 720, 732, 734, 739, 749, 775, 786, 794-796

自由意思　▶自由意志[libre arbitre]

習慣[HABITUDE]　073, 099, 102, 103, 105, 111, 163, 169, 178, 199, 205, 206, 217, 227, 229, 247, 248, 261, 262, 299, 321, 339, **393-397**, 410-412, 415, 422, 456, 463, 485-488, 497, 503, 523, 546, 575, 580, 589, 623, 646, 647, 706, 756, 804, 822, 830, 833
　▶意識[CONSCIENCE]｜感情[SENTIMENT]｜激昂[FUREUR]｜情念[PASSION]｜進化[ÉVOLUTION]｜睡眠[SOMMEIL]｜美[BEAU]｜本能[INSTINCT]｜礼儀[POLITESSE]

宗教[RELIGION]　026, 042, 044-046, 052, 066, 076, 079, 082, 106, 112, 127, 137, 158, 159, 163, 166, 171, 189, 194, 222, 240, 244, 253, 263, 267, 269, 274, 302, 324, 333, 335, 350, 363, 404, 413, 416, 463, 464, 467, 480, 488, 494, 498, 521, 523, 527, 529, 530, 539, 556, 558, 559, 580, 589, 591-593, 596, 620, 625-627, 675, **676-684**, 703, 718-720, 773, 775, 808, 809, 813, 822, 823, 825, 831-833, 849, 850, 860, 861
　▶価値[VALEUR]｜神[DIEU]｜奇蹟[MIRACLE]｜希望[ESPÉRANCE]｜義務[DEVOIR]｜狂信[FANATISME]｜キリスト教[CHRISTIANISME]｜決断[RÉSOLUTION]｜社会[SOCIÉTÉ]｜神学[THÉOLOGIE]｜信仰[FOI]｜哲学[PHILOSOPHIE]｜動揺[ANXIÉTÉ]｜徳[VERTU]｜博愛[CHARITÉ]｜汎神論[PANTHÉISME]

重罪[CRIME]　203-205, 498, 522, 567, 650, 857

修辞学[rhétorique]　169, 259, 571, 613, 615, 761

自由の因果性[Kausalität durch Freiheit]　454, 455

祝福[BÉNÉDICTION]　124-127, 460, 461
　▶愛[AMOUR]｜後悔[REMORDS]｜宗教[RELIGION]｜宿命[FATALITÉ]｜宿命論[FATALISME]｜信仰[FOI]｜信頼[CONFIANCE]｜善[BIEN]｜天使[ANGE]｜博愛[CHARITÉ]｜非難[REPROCHE]｜理想[IDÉAL]

宿命[FATALITÉ]　027, 038, 053, 086, 125, 126, 149, 234, 240, 242, 302, 309, 312, 315, 316, 342, 344, **346-350**, 372, 472, 521, 581, 638, 641, 643, 644, 668, 847, 854-856
　▶愛[AMOUR]｜運命[DESTIN]｜警戒[ALARME]｜宿命論[FATALISME]｜性格[CARACTÈRE]｜必然性[NÉCESSITÉ]｜弁証法[DIALECTIQUE]｜論理[LOGIQUE]

宿命論[FATALISME]　027, 038, 039, 126, 211, 309-312, 315, 316, **342-346**, 347, 348, 393, 422, 432, 433, 502, 505, 638, 640-642, 645, 689, 854, 856
　▶運命[DESTIN]｜永遠な[ÉTERNEL]｜神[DIEU]｜キリスト教[CHRISTIANISME]｜時間[TEMPS]｜宿命[FATALITÉ]｜精神[ESPRIT]｜魂[ÂME]｜美[BEAU]｜論理[LOGIQUE]

種族のイドラ　442

主体[sujet]　036, 046, 057, 159, 230, 257, 279, 280, 388, 451, 525, 557, 565, 631, 638, 672, 702, 708, 732, 839

シュタイナー，ルドルフ[STEINER, Rudolf]　812

主知主義[intellectualisme]　029, 345, 699, 716, 779, 860

述語論理学[logique des prédicats]　503, 571, 572

受動[passion]　041, 051, 052, 065, 091, 180, 230, 282, 283, 398, 426, 427, 449, 451, 548, 607, 638, 670, 685, 696, 702, 749, 758
　▶情念[PASSION]

受動的[passif]　041, 051, 061, 091, 180, 181, 192, 231, 236, 266, 283, 300, 363, 421, 422, 425-427, 450, 451, 453, 463, 507, 573, 684, 724, 733, 749, 757, 758, 777, 829

趣味判断[Geschmacksurteil / jugement de goût / judgement of taste]　704

純粋感覚[sensation pure]　115, 757, 758

純粋経験[expérience pure]　757, 758

純粋悟性概念[reine Verstandesbegriffe]　251, 399, 801, 802

止揚(する)[aufheben]　349, 682, 683

浄化[κάθαρσις / catharsis]　044, 152-154, 184, 203, 235, 237, 305, 325, 326, 355, 397, 403, 423, 434, 436, 543, 552, 557, 590, 596, 624, 725, 792, 794, 834, 857, 858

情感[AFFECTION]　051-053, 432, 544, 545, 548, 576, 578, 597, 732, 734
　▶愛[AMOUR]｜感情[SENTIMENT]｜恐怖[PEUR]｜決断[RÉSOLUTION]｜情動[ÉMOTION]｜情念[PASSION]｜想像力[IMAGINATION]

証拠[preuve]　082, 106, 122, 151, 189-191, 205, 206, 211, 220, 254, 268, 274, 311, 314-316, 326, 327, 372-374, 392, 396, 405, 421, 422, 435, 525, 538, 546, 576, 577,

602, 605, 614, 634, 649, 650, 655, 656, 660, 676, 677, 679, 693, 707, 722, 760, 807, 822, 827
▶証明［PREUVE］
小乗仏教［le petit véhicule］360, 361
情態性［Befindlichkeit］639
情動［ÉMOTION］041, 052, 060, 061, 067, 068, 078, 089, 090, 108, 109, 130, 200, 208, 209, 213, 266, 268, 273, **299-302**, 325, 354, 355, 379, 424, 427, 432, 433, 436-438, 476, 544, 545, 547-549, 552, 582, 583, 586, 732-735, 742, 818
▶怒り［COLÈRE］｜感情［SENTIMENT］｜恐怖［PEUR］｜警戒［ALARME］｜情念［PASSION］｜宗教［RELIGION］｜心（しん）［CŒUR］｜涙［LARMES］｜美［BEAU］
商人［marchand］115, 116, 239, 242, 284, 288, 333, 345, 377, 431, 712, 750, 831, 834-836
情念［PASSION］023, 027, 038, 051, 052, 055, 061, 065-069, 071, 073, 075-079, 085, 087-089, 091, 092, 095, 099, 101, 106, 108, 109, 119, 127, 130, 136, 137, 140-146, 153, 163-165, 168, 173, 180, 181, 183, 184, 186, 198, 200-203, 208-210, 212, 213, 220, 221, 231-238, 252-254, 262, 266, 267, 269-272, 282, 283, 291-294, 297-305, 309, 310, 312-314, 316, 320-323, 325, 326, 335, 341, 351-353, 355, 365, 378, 379, 384-386, 397-399, 407, 409-411, 417-419, 423-425, 427, 428, 432-434, 437, 443, 446, 450-456, 461, 462, 464, 465, 468, 472, 473, 478, 492, 493, 506-508, 510, 511, 520, 526, 530, 532, 533, 543, **544-549**, 550-552, 557, 563, 566, 573, 576, 583, 584, 586, 590, 596, 604, 607-609, 623, 624, 627, 644-649, 651, 652, 663, 668-670, 684-689, 696, 697, 706, 707, 719, 721, 722, 724, 725, 732-736, 739, 742, 744, 753, 755, 766, 767, 769, 788, 790, 793-799, 809, 818, 821-827, 837-839, 847, 849, 854-857
▶愛［AMOUR］｜怒り［COLÈRE］｜快活さ［ALLÉGRESSE］｜感情［SENTIMENT］｜恐怖［PEUR］｜ケチ［AVARICE］｜情感［AFFECTION］｜情動［ÉMOTION］｜野心［AMBITION］
上部構造［Überbau］173, 467
証明［PREUVE］047-049, 056, 057, 104, 121, 122, 183, 184, 190, 193, 205, 207, 229, 244, 259-262, 279, 295-297, 299, 314, 324, 328, 330, 373, 374, 426, 428, 439, 440, 450, 451, 453, 459, 469, 470, 485, 487, 504, 523, 525, 534, 536, 557, 558, 566, 569, 571, 573, 616, 649, 650, **655-660**, 662, 672, 676, 677, 704-707, 727, 743, 746, 749, 775, 800, 803, 807, 810, 811, 820, 821
▶神［DIEU］｜信頼［CONFIANCE］｜精神［ESPRIT］｜哲学［PHILOSOPHIE］｜法律［DROIT］｜予断［PRÉJUGÉ］｜論理［LOGIQUE］
職業［métier］128, 191, 241, 242, 244, 249, 252, 329-332,

400, 449, 463, 618, 692, 789, 832
叙事詩［épopée］054, 296-298, 312, 447, 448, 663, 726, 783, 809, 824, 825
所有［POSSESSION］**630-634**
▶愚かさ［SOTTISE］｜価値［VALEUR］｜決断［RÉSOLUTION］｜功利主義［UTILITARISME］｜実証主義［POSITIVISME］｜社会［SOCIÉTÉ］｜正義［JUSTICE］｜平和［PAIX］｜法律［DROIT］
ジョルジョーネ［GIORGIONE］606
白井成雄 101, 507, 649, 712, 713
ジルソン，エティエンヌ［GILSON, Étienne］369, 731, 778
死をもたらすもの［MORTEL］497-500
▶悪魔［DIABLE］｜決断［RÉSOLUTION］｜傲慢［ORGUEIL］｜功労［MÉRITE］｜魂［ÂME］｜罪［PÉCHÉ］｜罪の赦し［ABSOLUTION］｜法［LOI］｜間違い［FAUTE］
心（しん）［CŒUR］084, **176-180**, 405, 417, 422, 435, 492, 608, 668, 771, 858
▶愛［AMOUR］｜エゴイズム［ÉGOÏSME］｜勇気［COURAGE］
進化［ÉVOLUTION］003, 229, **330-333**, 395, 565, 665, 669, 694, 765, 802, 807
▶恐怖［PEUR］｜示唆［SUGGESTION］｜社会主義［SOCIALISME］｜宗教［RELIGION］｜進歩［PROGRÈS］｜礼儀［POLITESSE］
神学［THÉOLOGIE］030, 076, 100, 153, 166, 185, 187, 188, 194, 240, 244, 259, 263, 267, 277, 278, 324, 330, 364, 375, 440, 451, 464, 537, 562, 571, 616, 625-627, 641, 679, 698, 727, 772, 778, **807-811**, 812, 814, 815, 834, 835
▶愛［AMOUR］｜神［DIEU］｜希望［ESPÉRANCE］｜狂信［FANATISME］｜キリスト教［CHRISTIANISME］｜キリスト教徒［CHRÉTIEN］｜宗教［RELIGION］｜証明［PREUVE］｜信仰［FOI］｜性格［CARACTÈRE］｜哲学［PHILOSOPHIE］｜論理［LOGIQUE］
神学的段階［état théologique］625, 626
進化論［évolutionnisme］331, 394, 802
蜃気楼［MIRAGE］**489-492**, 715
▶キリスト教［CHRISTIANISME］｜ケチ［AVARICE］｜心（しん）［CŒUR］｜精神［ESPRIT］｜善［BIEN］｜徳［VERTU］｜欲望［DÉSIR］
神経質［NERVEUX］348, **508-511**, 729, 791, 792
▶愛［AMOUR］｜情念［PASSION］｜体質［TEMPÉRAMENT］｜魂［ÂME］｜無頓着［NÉGLIGENCE］｜礼儀［POLITESSE］
信仰［FOI］044, 087, 126, 127, 136, 148, 149, 151, 159, 163, 166, 170, 183, 189, 190, 205, 208, 222, 237, 240, 242-244, 274, 275, 278, 314-317, 320, 326, 339, 367, 369, **372-376**, 399, 404, 450, 451, 455, 456, 466, 487, 488, 494, 495, 504-506, 523, 528, 533, 536, 538, 555,

559, 593, 595, 620, 649, 661, 662, 664, 672, 676, 679-681, 683, 695, 698, 699, 721, 769, 770, 773, 774, 803, 804, 807, 808, 810, 811, 815, 847-850
▶運命［DESTIN］｜希望［ESPÉRANCE］｜宿命［FATALITÉ］｜博愛［CHARITÉ］

心情［Gemüt］ 042, 176, 177, 688, 725, 781, 782, 784

心身一如 408

心身二元論［dualisme de l'âme et du corps］ 080, 089, 446, 510, 563, 725, 727, 745, 771

心身問題［problème âme-corps］ 061, 184, 448, 666, 672, 688, 837, 863

身体［corpa］ 023, 038, 042, 051, 059, 060, 067, 069, 070, 072, 073, 077, 079, 080, 084-087, 089-091, 095, 101, 109, 111, 112, 117, 124, 128, 129, 137-139, 141, 143, 160, 164-166, 181, 184, 186, 187, 197, 199, 201, 209, 214, 223, 224, 231, 233-235, 245, 254, 255, 266, 271, 273, 274, 291-295, 299-302, 304, 305, 316, 321, 322, 326, 331, 335, 338, 339, 352-354, 356, 362, 379, 383-388, 407-409, 414, 418, 419, 423, 424, 432, 434, 436, 437, 446, 448, 449, 452, 453, 464, 468, 476, 477, 509, 510, 530, 532, 540, 549, 555, 563, 564, 573, 581-586, 606-608, 621-623, 625, 646, 668-672, 683, 688, 689, 716, 717, 719, 723-725, 727, 729, 732, 733, 745, 746, 754, 755, 757, 763, 764, 770, 771, 783, 792-794, 796, 797, 799, 813, 814, 816, 817, 823, 847, 852, 853, 856, 857

神智学［THÉOSOPHIE］ 812-815
▶寛容［TOLÉRANCE］｜キリスト教［CHRISTIANISME］｜宗教［RELIGION］｜神学［THÉOLOGIE］｜信仰［FOI］｜信頼［CONFIANCE］｜洗礼［BAPTÊME］｜魂［ÂME］｜堕落［CHUTE］｜哲学［PHILOSOPHIE］｜天使［ANGE］｜秘蹟［SACREMENT］｜間違い［FAUTE］

人智学［Anthroposophie］ 812

心的状態［disposition］ 310, 347, 645, 855

信念［CROYANCE］ 071, 139, 157, 196, **205-208**, 211, 287, 314, 315, 393, 426, 466, 467, 512, 515, 524, 526, 548, 570, 627, 652, 659, 675, 676, 730, 737, 769, 773, 847
▶義務［DEVOIR］｜証明［PREUVE］｜信仰［FOI］｜模倣［IMITATION］｜欲望［DÉSIR］｜理想［IDÉAL］

神秘主義［mysticisme］ 133, 537, 587, 629, 703, 791, 812, 813, 860

新プラトン主義［Néo-platonisme］ 012, 225, 266, 536, 587, 589, 606, 703, 812, 813

進歩［PROGRÈS］ 066, 162, 168, 171, 173, 228, 231, 330, 331, 333, 374, 376, 404, 456, 466, 467, 532, 620, 625, 626, **665-669**, 744, 772, 774, 778, 801
▶怒り［COLÈRE］｜情念［PASSION］｜進化［ÉVOLUTION］｜精神［ESPRIT］｜知恵［SAGESSE］｜平和［PAIX］

ジンメル，ゲオルク［SIMMEL, Georg］ 205, 255

信用創造［money creation］ 204, 750, 836

信頼［CONFIANCE］ 026, 058, 071, 073, 076, 108, 110, 125, 138, 140, 157, 182, **189-191**, 210-212, 215, 216, 239, 240, 242, 285, 286, 291, 313, 317, 326-328, 341, 452, 456, 471, 472, 484, 486, 541, 578, 579, 614, 644, 655, 659, 676, 681, 694, 695, 698-700, 731, 755, 815, 827, 836
▶愛［AMOUR］｜感情［SENTIMENT］｜奇蹟［MIRACLE］｜恐怖［PEUR］｜宗教［RELIGION］｜証明［PREUVE］｜信仰［FOI］｜魂［ÂME］｜博愛［CHARITÉ］｜理想［IDÉAL］

親鸞 024

真理［vérité］ 054, 081, 101, 102, 106, 110, 122, 150, 160, 172, 199, 202, 219, 229, 248, 257, 276, 279, 301, 303, 329, 336, 337, 339, 343, 345, 348, 354, 370, 378, 402, 439, 440, 458, 479, 485-487, 506, 578, 579, 587, 612-614, 646, 648, 649, 653, 659, 660, 678, 679, 697, 698, 705, 712-714, 721, 746, 767, 768, 770, 811, 818, 819, 826, 827, 838, 854

心理的［pscychologique］ 033, 036, 085, 094, 192, 193, 258, 261, 290, 303, 472, 487, 496, 564, 565, 641, 642, 647, 679, 715, 785, 793, 794, 804, 805

人類［humanité］ 041, 043, 044, 077, 102, 132, 133, 160, 161, 168, 173, 223, 286, 287, 309, 317, 329, 356, 368, 372, 376, 402-404, 456, 466, 483, 527, 552, 553, 558, 575, 608, 622, 627, 680, 704, 713, 773, 774, 809, 842, 845

人類学［anthropologie］ 840

人類教［Religion de l'Humanité］ 043, 066, 160, 404, 558, 559, 620, 624, 627

神話［mythe］ 054, 076, 077, 171, 172, 187, 240, 451, 477, 478, 483, 484, 524, 526, 532, 534, 625, 727, 751, 791, 807-810, 817, 849

す

睡眠［SOMMEIL］ 093, 094, 225, 394, 591, 617, **753-756**, 758, 792
▶警察［POLICE］｜社会［SOCIÉTÉ］｜精神［ESPRIT］｜魂［ÂME］｜度量の広さ［MAGNANIMITÉ］｜半睡状態［SOMNOLENCE］｜必要［BESOIN］

推理［raisonnement］ 154, 161, 168, 218, 258, 259, 400, 496, 497, 658, 706, 717, 728, 743, 746, 779, 822

推論［raisonnement］ 047, 048, 089, 169, 262, 299, 342, 346, 347, 412, 440, 496, 504, 534, 572, 616, 620, 706, 728, 730, 746, 756, 784, 796, 812, 815, 820-822

数学［mathématiques］ 161, 170-172, 345, 364, 366, 370, 399, 440, 442, 457, 459, 464, 485, 496, 503, 518, 574,

索引　889

595, 615, 628-631, 648, 656-658, 698, 742, 808, 827, 840
崇敬［ADORATION］　025, **045**, **046**
　▶神［DIEU］｜感情［SENTIMENT］｜讃嘆［ADMIRATION］
　｜尊敬［ESTIME］
崇高さ［SUBLIME］　041, 296, 302, 468, 530, 552, 586, **780-784**
　▶感情［SENTIMENT］｜奇蹟［MIRACLE］｜讃嘆［ADMIRATION］
　｜詩［POÉSIE］｜動揺［ANXIÉTÉ］｜美［BEAU］
末木 剛博　571
管 啓次郎　175, 177, 553, 555, 557, 561
スコラ哲学［scolastique］　364, 398, 645, 810, 811
スタンダール［STENDHAL］　384
ストア派［école stoïcienne］　027, 064, 065, 092, 093, 159, 168, 179, 225, 226, 232, 263, 272, 293, 294, 358-360, 362, 378, 412, 413, 429, 444, 446, 453-455, 473, 482, 489-492, 499, 513, 541-543, 571, 587-590, 624, 651, 684-688, 698, 703, 711, 734, 736, 760, 795, 807, 810, 847, 850
スパイ行為［ESPIONAGE］　215, **317-320**
　▶社会［SOCIÉTÉ］｜信頼［CONFIANCE］｜平和［PAIX］
　｜友情［AMITIÉ］
スピノザ［SPINOZA, Benedictus De］　023, 045, 079, 080, 164, 284, 332, 346, 397-399, 421, 450, 455, 462, 473, 496, 563, 582, 690, 797, 818
スピリチュアリスム　▶唯心論［SPIRITUALISME］
スミス，アダム［SMITH, Adam］　538, 578, 579

せ

性格［CARACTÈRE］　023, 030, 034, 046, 050, 056, 058, 141, **146-148**, 183, 219, 257, 268, 306, 307, 313, 315, 348, 383, 384, 390, 391, 411, 419, 427, 448-450, 465, 472, 490, 501, 510, 511, 577, 595, 596, 601, 605, 629, 638, 640, 641, 645, 661, 726-729, 784, 811, 817, 831, 832, 835, 839
　▶ひけらかすこと［AFFECTATION］
正義［JUSTICE］　031, 046, 115, 116, 121, 159, 162, 238, 239, 259, 280, 281, 283, 284, 288, 291, 310, 314, 315, 334, 377, 423, **429-431**, 445, 447, 470, 477, 498, 513-515, 541, 568, 579, 585, 593, 631, 712, 744, 750, 751, 763, 769, 788, 790, 791, 795, 847, 849, 850, 853, 856, 858, 860
　▶怒り［COLÈRE］｜時間［TEMPS］｜魂［ÂME］
　｜知恵［SAGESSE］｜平等［ÉGALITÉ］｜勇気［COURAGE］
　｜欲望［DÉSIR］
政治宗教［religion politique］　527, 529, 833
誠実さ［SINCÉRITÉ］　024, 026, 212, 693, **739-741**
　▶臆病［TIMIDITÉ］｜本能［INSTINCT］｜友情［AMITIÉ］

政治的［politique］　115, 116, 158, 167, 173, 175, 204, 239, 241, 284, 288, 296, 431, 450, 467, 530, 617, 627, 707, 747, 750, 762, 795, 820-822, 830, 833
精神［ESPRIT］　013, 023, 039, 041, 042, 044, 047, 048, 051, 054, 055, 061, 064, 066, 071, 073, 076, 079, 085-091, 093-095, 099, 100, 102, 104, 106-108, 111, 116-118, 120, 125-129, 137, 139, 140, 150, 155, 158-163, 165, 166, 171, 178, 181, 183, 184, 190, 193, 195, 197-199, 205, 210, 213, 220, 223, 226, 231-233, 237, 249-251, 257, 262, 264, 267, 268, 274, 288, 289, 292, 294, 299, 304, 308, 309, 314, **322-324**, 332, 333, 338-341, 344, 349-353, 357-359, 367, 370-372, 375, 377, 379, 383, 386, 398, 401, 402, 404, 405, 407, 408, 410, 439, 440, 442, 444-446, 449, 452, 453, 463, 464, 466, 468-471, 486, 488, 489, 492, 498, 500, 506-508, 513, 518, 525, 526, 530-532, 535, 538, 541, 542, 557, 559-564, 570, 574, 576, 578, 579, 582, 584, 592, 593, 595, 599, 604, 605, 607, 609, 619, 620, 623-627, 629, 631, 635, 642-644, 646, 648, 655, 659, 660, 664, 666-668, 676, 681-683, 685, 689, 693, 706-709, 711-714, 716-718, 720-722, 724, 725, 728, 734, 735, 740, 744-747, 749, 753-756, 759-763, 767, 770-772, 775-777, 782, 785, 786, 788, 790, 792-794, 796, 808, 809, 813, 814, 818, 819, 822, 828, 833, 849, 850, 853, 858
　▶愛［AMOUR］｜怒り［COLÈRE］｜神［DIEU］｜義務
　［DEVOIR］｜ケチ［AVARICE］｜社会［SOCIÉTÉ］｜情念
　［PASSION］｜証明［PREUVE］｜徳［VERTU］
精神の宗教［religion de l'Esprit］　527, 530
制度［institutions］　066, 078, 105, 136, 153, 158, 168, 169, 244, 282, 335, 336, 357, 396, 473, 579, 596, 620, 628, 753, 755, 836, 837, 848, 850
生の跳躍［élan vital］　813
生物［êtres vivants］　055, 062, 079, 182, 307, 309, 331, 356, 363, 394, 395, 474, 478, 484, 504, 553, 554, 591, 714, 753, 755, 763, 764, 826, 858
聖フランチェスコ［FRANCESCO d'Assisi］　477, 483
生命［vie］　079, 080, 094, 114, 176, 182, 195, 225, 229, 232, 263, 302, 308, 321, 394, 395, 420, 421, 453, 478, 484, 504, 531, 542, 553, 555, 562, 607, 618, 625, 636-638, 669, 671, 672, 678, 694, 702, 723-725, 772, 782, 793, 802, 810, 824, 833
生理(学)的［physiologique］　089, 090, 093, 094, 111, 112, 208, 209, 233, 235, 247, 249, 292, 299, 300, 331, 366, 387, 432, 476, 489, 548, 606-608, 671, 690, 691, 723, 782, 785, 792, 797, 798, 850, 862
聖霊［Esprit］　125, 127, 562, 563, 835
世界［monde］　023, 042, 052, 054, 055, 081, 083, 094,

100, 117, 125, 161, 162, 165, 171, 172, 174, 177, 178, 184, 193, 194, 198, 205, 207, 208, 212, 217, 218, 236, 238, 248, 249, 255, 257-259, 262, 266, 278, 290, 292, 305, 312, 314, 318, 329, 330, 333, 347, 353, 360, 365, 408, 409, 412, 418, 445, 448, 454, 455, 459, 466, 468, 473, 482, 483, 485, 490, 515, 516, 525-532, 534, 537, 542, 545, 551, 554-556, 560, 565, 579, 587, 593, 600, 610, 612, 616, 620, 625, 639, 654, 665, 667, 668, 672, 674, 676, 678, 698, 701, 722, 725, 726, 742, 745, 746, 749, 758, 764-766, 770-774, 789, 807, 808, 810, 814, 815, 817-819, 831-833, 835, 837, 842

世界外知性体［extramundana intelligentia］ 772
世界精神［Weltgeist］ 750, 773
世界内存在［In-der-Welt-Sein］ 639
世界霊魂（宇宙霊魂）［anima mundi］ 772
咳［toux］ 084, 085, 198, 235, 236, 292, 418, 465, 468, 545, 547, 550
責務［obligation］ 132, 227-229, 289, 320, 321, 388, 461, 469, 471, 472, 497, 521, 702, 779, 804, 840
　▶義務［DEVOIR］
節制［TEMPÉRANCE］ 334, 423, 424, 517, 531, 532, 549, 585, 792, 794, 795, **796-800**, 850, 853-856
　▶感情［SENTIMENT］｜恐怖［PEUR］｜情念［PASSION］
　｜ソフィスト［SOPHISTE］｜体質［TEMPÉRAMENT］｜
　徳［VERTU］｜無謀［TÉMÉRITÉ］｜模倣［IMITATION］｜
　酔うこと［IVRESSE］
絶対精神［der absolute Geist］ 676, 680, 681, 683, 684, 750
絶対的［ABSOLU］ **024-026**, 236, 260, 454, 476, 495, 502, 505, 512, 641, 664, 738, 752, 773, 791, 804, 810, 862
　▶悪徳［VICE］｜価値［VALEUR］｜徳［VERTU］
説得［persuasion］ 007, 048, 049, 067-070, 075, 083, 089, 106, 166, 167, 241-244, 295, 296, 312, 328, 332, 333, 369, 377, 401, 473, 500, 501, 587, 612, 613, 615, 646, 705-707, 722, 762-765, 797, 811, 830-833
ゼノン［ZÉNON de Citium］ 064, 684
セール，ミシェル［SERRES, Michel］ 179, 218, 219, 614
善［BIEN］ 012, 024, 050, 063, 102, 124-126, **131-133**, 134, 136, 142, 143, 153, 179, 180, 186, 210, 211, 220, 225, 226, 232, 233, 259, 262, 294, 304, 313, 314, 340, 346, 352, 358, 361, 371, 372, 374, 375, 411, 426, 444, 463, 481, 486, 490, 492, 506, 519, 528, 537, 539, 540, 542, 547, 567, 568, 570, 587, 588, 624, 638, 676, 686, 698, 702, 713, 730, 762, 763, 769, 770, 774, 775, 779, 789, 840, 843, 852
　▶義務［DEVOIR］｜キリスト教［CHRISTIANISME］｜
　時間［TEMPS］｜社会［SOCIÉTÉ］｜博愛［CHARITÉ］

先駆的決意性［vorlaufende Entschlossenheit］ 639
先験的（超越論的）弁証論［Die transzendengtale Dialektik］ 657, 743
先験的論理学［transzendentale Logik］
　▶普遍性［UNIVERSALITÉ］｜超越論的（先験的）論理学
専制主義［DESPOTISME］ 236-240
　▶愛［AMOUR］｜情念［PASSION］｜正義［JUSTICE］｜
　精神［ESPRIT］｜知恵［SAGESSE］｜平等［ÉGALITÉ］｜
　法［LOI］
潜勢態（可能態）［δύναμις / puissance］ 306, 307, 363, 528, 697, 735, 853
戦争［guerre］ 114, 132, 143, 150, 162, 167, 198, 236, 255, 257, 258, 262, 282, 285, 303, 304, 314, 315, 327, 407, 409, 479, 483-485, 515, 525, 526, 546, 552, 557, 558, 576, 579, 594, 595, 634, 729, 731, 751-753, 783, 790, 791, 849, 858
前兆［PRÉSAGE］ 232, 313, 365, 411, **652-654**, 823
　▶警戒［ALARME］｜予言［PRÉDICTION］｜予定説
　［PRÉDESTINATION］｜論理［LOGIQUE］
専念［APPLICATION］ 096, 097
　▶悪徳［VICE］｜意識［CONSCIENCE］｜思考すること
　［PENSER］｜徳［VERTU］
羨望［envie］ 051, 052, 091, 092, 148, 149, 188, 189, 211, 212, 311, 393, 419, 422, 426, 497-499, 547, 548, 676, 690, 730
洗礼［BAPTÊME］ **116-118**, 634, 718, 808, 812
　▶社会［SOCIÉTÉ］｜精神［ESPRIT］｜秘蹟［SACREMENT］

そ

総合［Syn-these］ 150, 681-683
宗 左近　▶古賀 照一
操作主義［operationalism］ 634
創造［création］ 044, 086, 102, 133, 137, 154, 160, 166-168, 179, 184, 204, 268, 269, 302, 308, 309, 317, 325, 330, 340, 341, 345, 375, 414, 420, 451, 467, 486, 488, 501, 503, 515, 533, 558, 594, 626, 627, 695, 698, 699, 703, 704, 713, 725, 744, 771, 779, 780, 787, 804, 814, 836, 837
想像力［IMAGINATION］ 038, 040, 052, 081, 106, 121, 165, 166, 233, 352, 399, 401, **407-410**, 412, 423, 433, 446, 447, 460, 461, 607, 643, 644, 667, 719, 760, 794, 811, 818
　▶怒り［COLÈRE］｜意気消沈［ABATTEMENT］｜警戒
　［ALARME］｜情念［PASSION］
贈与互酬関係［donation réciproque］ 539
惣領 冬実 451
即自［an sich］ 150, 193, 681, 759

即自かつ対自［an und für sich］681
即時取得［possession vaut titre］281, 282
速断［PRÉCIPITATION］258, 290, 565, 574, 575, **634-638**, 646, 647, 721-723
▶重々しさ［GRAVITÉ］｜時間［TEMPS］｜間違い［FAUTE］
ソクラテス［SOCRATE］008, 009, 031, 034, 058, 064, 111, 153, 154, 157, 162, 163, 216, 217, 259, 280, 287, 315, 320, 343, 348, 391, 415, 416, 431, 458, 460, 496, 503, 504, 508, 530, 555, 556, 587, 592, 593, 601, 603, 613, 678, 692, 701-703, 707, 710-712, 760, 761, 785-787, 797, 829, 842, 851, 852
祖国［PATRIE］159, 317, 318, **552-561**
▶愛［AMOUR］｜怒り［COLÈRE］｜神［DIEU］｜感情［SENTIMENT］｜希望［ESPÉRANCE］｜残酷さ［CRUAUTÉ］｜讃嘆［ADMIRATION］｜実証主義［POSITIVISME］｜社会主義［SOCIALISME］｜宗教［RELIGION］｜情念［PASSION］｜信仰［FOI］｜精神［ESPRIT］｜知恵［SAGESSE］｜哲学［PHILOSOPHIE］｜道徳［MORALE］｜憎しみ［HAINE］｜勇気［COURAGE］
率直さ［FRANCHISE］337, **378-380**
▶嘘［MENSONGE］｜価値［VALEUR］｜示唆［SUGGESTION］｜情念［PASSION］｜夢［RÊVE］｜礼儀［POLITESSE］
素読 274
外なる自然［Natur außer uns］042, 043, 781
ソフィスト［SOPHISTE］530, 587, 612, **760-763**, 796-798
▶精神［ESPRIT］｜魂［ÂME］
粗暴さ［BRUTALITÉ］113, **142-144**
▶重罪［CRIME］｜情念［PASSION］
素朴さ［NAÏVETÉ］**500-502**, 764
▶感情［SENTIMENT］｜社会［SOCIÉTÉ］｜重罪［CRIME］｜道徳［MORALE］｜模倣［IMITATION］
尊敬［ESTIME］042, 043, 046, 126, 137, 150, 155, 159, 162, 193, 254, 278, 279, 320, **326-328**, 329, 372, 405, 445, 450-455, 471, 480, 483, 595, 602, 604, 692, 718, 774, 780, 790, 830, 837
▶価値［VALEUR］｜奇蹟［MIRACLE］｜好意［BIENVEILLANCE］｜信頼［CONFIANCE］｜友情［AMITIÉ］｜論理［LOGIQUE］
存在者の存在［das Sein des Seienden］217, 382, 639, 701
尊大［ARROGANCE］**097-099**
▶怒り［COLÈRE］｜傲慢［ORGUEIL］

た

体系［système］025, 040, 047, 048, 066, 082, 083, 101, 104, 136, 170, 177, 248, 249, 258, 261, 262, 277, 279, 281, 288, 295, 299, 301, 312, 324, 345, 363, 432, 433, 439, 440, 451, 496, 501, 534, 540, 571, 576, 578-580, 616, 624-627, 634, 657, 667, 678, 703, 705, 712, 721, 722, 744, 746, 749, 767, 775, 784, 789, 801, 810, 811, 814, 815, 821, 839
対自［für sich］230, 681
体質［TEMPÉRAMENT］093, 094, 141, 448-450, 511, 584, 640, 726, **791-796**
▶詩［POÉSIE］｜社会［SOCIÉTÉ］｜情感［AFFECTION］｜情念［PASSION］｜神経質［NERVEUX］｜睡眠［SOMMEIL］｜精神［ESPRIT］｜節制［TEMPÉRANCE］｜想像力［IMAGINATION］｜多血質の人［SANGUIN］｜胆汁質の人［BILIEUX］｜憎しみ［HAINE］｜粘着質［LYMPHATIQUE］｜美［BEAU］｜美学［ESTHÉTIQUE］｜欲望［DÉSIR］｜理想［IDÉAL］｜練習［EXERCICE］
対象［objet］028, 029, 032, 033, 038, 042, 043, 046, 048, 052, 057, 059, 070, 073, 077, 088, 096, 097, 101, 103-105, 107, 108, 111, 113, 120, 124, 137, 138, 141, 145, 148, 160, 166, 169, 172, 178, 180, 183, 184, 192-194, 197, 199, 210, 221, 224, 230, 231, 233, 246, 250, 251, 260, 266, 274-277, 280, 299, 302, 304, 305, 314, 315, 317, 322, 323, 329, 339, 341, 352, 353, 362, 363, 365, 366, 368, 370, 381, 382, 387, 397, 399, 400, 402, 404, 406, 409, 412, 415, 422, 423, 425, 429, 439-441, 456, 457, 466, 475, 486, 487, 490, 492, 503, 505, 506, 509, 510, 525, 527, 529, 535, 537, 543, 554, 559, 565, 572-574, 580, 583, 588, 589, 600, 601, 603-605, 610, 616, 630, 635, 636, 638, 642, 643, 645, 647, 649, 656-658, 661, 664, 670, 683, 698, 702, 707, 716, 717, 721, 725, 738, 745, 746, 749, 756, 758, 761, 763, 769, 774, 775, 777-781, 783-785, 792, 796, 801, 802, 806, 811, 813, 815, 816, 818, 819, 827, 829, 833, 834, 840, 842, 860
大乗仏教［le grand véhicule］361, 589
態勢［disposition］041, 043, 095, 138, 139, 189, 205, 206, 211, 295, 326, 398, 509, 510, 587-590, 597, 600, 644-646, 652, 654, 753, 766, 768, 770, 823
対他存在［être-pour-autrui］387
大胆［AUDACE］056, **106-108**, 109, 118, 134, 150, 183, 400, 401, 491, 498, 787, 789, 823, 832, 860
▶果敢さ［HARDIESSE］｜恐怖［PEUR］｜精神［ESPRIT］｜勇気［COURAGE］
対話［διάλογος］008, 031, 044, 064, 111, 118-120, 163, 237, 259, 319, 348, 404, 458, 460, 519, 528, 592, 598, 601, 603, 613, 695, 703, 705, 707, 760, 762, 785-787, 797
ダーウィン, チャールズ［DARWIN, Charles Robert］060, 111, 245, 477, 729
高階 秀爾 189
高島 俊男 611, 612

高田 博厚　692, 693
高田 康成　613
高橋 哲哉　260-262, 773
高ぶり［EMPORTEMENT］　163, **302-305**, 352, 422, 423, 596, 652, 721, 767, 837, 840, 850, 851, 853-855
　▶怒り［COLÈRE］｜情動［ÉMOTION］｜情念［PASSION］｜精神［ESPRIT］
高み（アクメー）［ἀκμή］　072, 073, 075, 089, 116, 151, 160, 166, 205, 209, 220, 221, 273, 290, 323, 327, 380, 386, 402, 403, 415, 416, 424, 434, 453, 456, 461, 462, 465, 468, 478, 511, 523, 528, 543, 593, 651, 672, 683, 711, 714, 720, 729, 796, 855
宝くじ［LOTERIE］　105, 360, 361, **444-446**
　▶好意［BIENVEILLANCE］｜財産［FORTUNE］｜心（しん）［CŒUR］｜魂［ÂME］｜法［LOI］｜法律［DROIT］｜保険［ASSURANCE］｜論理［LOGIQUE］
竹田 篤司　189
多血質の人［SANGUIN］　**726-729**, 792
　▶神［DIEU］｜決断［RÉSOLUTION］｜性格［CARACTÈRE］｜体質［TEMPÉRAMENT］｜胆汁質の人［BILIEUX］｜反射［RÉFLEXE］｜必要［BESOIN］｜野心［AMBITION］｜赦し［PARDON］
多神教［polythéisme］　451, 523, 529
田中 純　319
田中 仁彦　369, 487, 731, 779
田中 美知太郎　179, 467, 773
田辺 元　485
他人の心［other minds］　030, 358, 632, 633, 648
他人本位［ALTRUISME］　**062-067**, 068
　▶愛［AMOUR］｜怒り［COLÈRE］｜エゴイズム［ÉGOÏSME］｜感情［SENTIMENT］｜讃嘆［ADMIRATION］｜社会［SOCIÉTÉ］｜精神［ESPRIT］｜友情［AMITIÉ］｜欲望［DÉSIR］
魂［ÂME］　033, 050-052, 055, 056, **069-073**, 077, 079, 080, 101, 129, 131, 133, 154, 155, 159, 160, 163, 164, 168, 172, 185, 186, 189, 194, 196, 197, 199, 200, 214, 226, 228, 233, 254, 255, 266, 273, 283, 294, 309, 313, 317, 321, 326, 344, 352, 358, 375, 388, 398, 399, 405, 406, 417, 418, 428-430, 444, 446, 452-454, 456, 465, 468, 489-491, 497, 498, 500, 506-508, 512, 517, 530, 533, 534, 538, 546, 548, 551, 588, 589, 601, 602, 605-607, 613, 685, 686, 690, 691, 694, 698, 704, 719, 733, 744, 753, 755, 756, 759, 760, 763, 765, 772, 799, 813, 814, 831, 848, 856
　▶意識［CONSCIENCE］｜情念［PASSION］｜道徳［MORALE］｜度量の広さ［MAGNANIMITÉ］｜勇気［COURAGE］｜理想［IDÉAL］

堕落［CHUTE］　039, 120, 159, **163-167**, 195, 236, 292, 399, 414, 418, 424-426, 447, 505, 538, 693, 701, 751, 791, 814
　▶愛［AMOUR］｜神［DIEU］｜恐怖［PEUR］｜キリスト教［CHRISTIANISME］｜習慣［HABITUDE］｜宗教［RELIGION］｜情念［PASSION］｜信仰［FOI］｜精神［ESPRIT］｜想像力［IMAGINATION］｜哲学［PHILOSOPHIE］｜必要［BESOIN］
ダランベール［d'ALEMBERT, Jean Le Rond］　065
タレス［THALÈS］　587, 810
多和田 葉子　421
探究［recherche］　033, 035, 056, 058, 154, 159, 172, 240, 246, 312, 338-340, 395, 402, 406, 479, 482, 515, 530, 587, 592, 612, 646, 653, 679, 731, 763, 776, 788, 798, 808, 818, 819, 838, 840
断罪［condamnation］　026, 027, 195, 212, 220, 270, 272, 469, 470, 563, 731, 751, 791, 815, 819, 827, 849, 850
胆汁質の人［BILIEUX］　**140-142**, 448, 726, 792
　▶社会［SOCIÉTÉ］｜情念［PASSION］｜体質［TEMPÉRAMENT］｜徳［VERTU］｜醜さ［LAIDEUR］
ダンテ［Dante ALIGHIERI］　012, 047, 153, 310, 537, 651

ち

知恵［SAGESSE］　040, 080, 087, 088, 106, 149, 170, 173, 184, 191, 192, 212, 223, 225, 236, 238, 336, 353, 360-362, 429, 456, 513, 514, 518, 533, 561, 562, 586, 613, 614, 665, 669, 694, 712, 714, **721-723**, 725, 755, 760, 766, 767, 813, 818, 849, 850, 853, 854, 856, 860
　▶愛［AMOUR］｜懐疑主義［SCEPTICISME］｜狂信［FANATISME］｜傲慢［ORGUEIL］｜思考すること［PENSER］｜精神［ESPRIT］｜速断［PRÉCIPITATION］｜高ぶり［EMPORTEMENT］｜徳［VERTU］｜罰［CHÂTIMENT］｜間違い［FAUTE］｜酔うこと［IVRESSE］
チェーザレ・ボルジア［CESARE BORGIA］　450
チェスタトン，G. K.［CHESTERTON, Gilbert Keith］　162, 238
知覚［perception］　030, 036, 040, 054, 055, 057, 096, 103, 166, 171, 172, 198, 230, 236, 251, 276, 280, 292, 325, 330, 331, 381, 382, 393, 398-400, 411, 412, 418, 488, 528, 532, 537, 545, 555, 586, 604, 605, 632, 635-637, 657, 658, 660, 677, 716, 717, 743, 756-760, 784, 792, 806, 807, 826
注意［attention］　274-277
忠実さ［FIDÉLITÉ］　**367-370**
　▶愛［AMOUR］｜遊び［JEU］｜神［DIEU］｜感情［SENTIMENT］｜決断［RÉSOLUTION］｜詩［POÉSIE］｜信仰［FOI］｜精神［ESPRIT］｜徳［VERTU］｜雄弁［ÉLOQUENCE］
中傷［CALOMNIE］　**144-146**, 252, 469, 789

索引　893

▶愛［AMOUR］｜嘘［MENSONGE］｜人間嫌い［MISAN-THROPIE］｜悲観主義［PESSIMISME］｜非難［REPROCHE］｜フェティッシュ［FÉTICHE］｜楽観主義［OPTIMISME］

抽象［ABSTRACTION］ 028-037, 065, 204, 218, 310, 349, 419, 464, 535, 558, 619, 626, 628, 684, 742, 744

▶永遠な［ÉTERNEL］｜神［DIEU］｜敬虔［PIÉTÉ］｜殺人［MEURTRE］｜示唆［SUGGESTION］｜神学［THÉOLOGIE］｜哲学［PHILOSOPHIE］｜必然性［NÉCESSITÉ］｜模倣［IMITATION］｜理想［IDÉAL］｜論理［LOGIQUE］

抽象的知性［intelligence abstraite］ 742

忠誠［DÉVOUEMENT］ 115, 252-255

▶愛［AMOUR］｜占い師［DEVIN］｜決断［RÉSOLUTION］｜情念［PASSION］｜熱意［ZÈLE］

超越論的(先験的)論理学 441

彫刻［Sculpture］ 040, 184, 266, 273, 298, 305, 308, 353, 359, 409, 489, 530, 537, 603, 605, 725, 783

超準解析［non-standard analysis］ 657

超人［Übermensch］ 404, 625, 714

超世界的知性体［supramundana intelligentia］ 772

挑発［DÉFI］ 210-212

▶エゴイズム［ÉGOÏSME］｜信頼［CONFIANCE］｜徳［VERTU］｜勇気［COURAGE］

調和［harmonie］ 039-041, 079, 117, 123, 124, 182, 281, 283, 335, 338, 339, 360, 389, 453, 468, 479, 530, 570, 575, 606, 608, 771, 772, 784, 794, 814, 818

直観［intuition］ 004, 096, 101, 111, 171, 250, 251, 399, 441, 442, 484, 581, 625, 656-658, 801, 802, 808, 812

つ

痛悔［CONTRITION］ 194-196, 199

▶価値［VALEUR］｜神［DIEU］｜感情［SENTIMENT］｜悔い改め［REPENTIR］｜決断［RÉSOLUTION］｜後悔［REMORDS］｜魂［ÂME］｜徳［VERTU］｜罰［CHÂTIMENT］｜間違い［FAUTE］｜理想［IDÉAL］

辻邦生 257

罪［PÉCHÉ］ 026, 447, 474, 482, 498, 521, 561-566, 567, 650, 848

▶愛［AMOUR］｜諦め［RÉSIGNATION］｜神［DIEU］｜キリスト教［CHRISTIANISME］｜傲慢［ORGUEIL］｜時間［TEMPS］｜社会［SOCIÉTÉ］｜重罪［CRIME］｜情念［PASSION］｜神学［THÉOLOGIE］｜精神［ESPRIT］｜哲学［PHILOSOPHIE］｜法律［DROIT］｜間違い［FAUTE］｜理想［IDÉAL］

罪の赦し［ABSOLUTION］ 026-028, 497-499, 718, 848, 849

▶悔い改め［REPENTIR］｜後悔［REMORDS］｜傲慢［ORGUEIL］｜宿命論［FATALISME］｜情念［PASSION］｜罪［PÉCHÉ］

て

ディオゲネス［DIOGÈNE］ 710

ディオゲネス・ラエルティウス［DIOGÈNE LAËRCE］ 810

定義［définition］ 002, 003, 005, 007-011, 022-028, 032, 034, 037-039, 041, 043-047, 050-058, 060-070, 073, 075, 078, 079, 082, 084-086, 088, 090, 092-100, 103-105, 107-114, 116-119, 121-127, 129-136, 138, 140-145, 147-150, 153-155, 159, 160, 163-165, 167, 169-174, 177, 179, 180, 182, 185-190, 192-195, 197-202, 204-208, 210-213, 215, 216, 219-225, 227, 230, 232, 235-238, 240-242, 244, 248-251, 253, 254, 257, 259, 260, 262-266, 268, 269, 271, 272, 274, 277-279, 281-289, 291-295, 299, 300, 302, 306-308, 310, 311, 313-318, 320, 321, 326, 327, 329, 331, 334, 337, 340, 344, 346-350, 354, 360, 361, 368, 370-376, 378, 380, 381, 383, 384, 389-396, 398, 400, 402-404, 406-409, 412-414, 416-418, 420-423, 425, 427, 428, 430, 434, 436, 439, 441, 443, 445, 446, 450, 452, 453, 455-457, 459, 462, 464, 467, 469, 471-473, 475, 478-483, 489, 490, 492-496, 499-505, 507, 509, 512, 515-517, 519-524, 527, 533, 535-537, 540, 542, 544, 545, 547, 548, 550, 551, 557, 559, 561, 562, 564, 566, 567, 572, 574-578, 580-593, 595-597, 600, 601, 605, 606, 608, 610, 612, 615-622, 626-628, 630, 631, 633, 634, 638-640, 642, 644, 646, 648, 650, 652-662, 664-666, 668-672, 674, 675, 677, 679-684, 687-692, 695, 698-701, 703-706, 708, 711, 713-716, 718, 720, 721, 723-727, 729, 730, 732-739, 742-745, 747, 748, 750-758, 761, 762, 764-774, 779, 780, 782, 783, 785, 787, 788, 790, 792-794, 796-800, 805, 809-812, 814-819, 821, 822, 824-831, 833-835, 837, 838, 840, 842, 843, 846, 849-851, 853-860, 863

定言(的)命法［kategorischer Imperativ］ 252, 278, 320, 373, 431, 455, 480, 568, 569

ディスクール ▶言説［discours］

ディドロ, ドゥニ［DIDEROT, Denis］ 065, 523

ディープエコロジー［Deep Ecology］ 227

定立［These］ 348, 681, 683

テオプラストス(テオフラストス)［THÉOPHRAST］ 147, 185

デカルト, ルネ［DESCARTES, René］ 023, 035, 051, 052, 056-058, 064, 065, 070, 080, 085, 088, 089, 100-103, 117, 118, 127-129, 139, 141, 143, 150, 151, 166-168, 172, 185, 188, 190, 198, 206-211, 213, 217, 218, 225-227, 229, 230, 232-234, 242-244, 248, 257-259, 268, 269, 276, 279, 280, 282, 293, 300, 304, 305, 311, 314, 316, 317, 323, 330, 337, 341, 345, 346, 352, 353, 359, 364, 365,

369, 374, 385, 386, 392, 398, 407, 408, 410, 412, 413, 417-419, 421, 434, 435, 439-442, 445, 446, 448-450, 453, 454, 456, 457, 464, 465, 468, 470, 482, 485-487, 491, 494, 498, 502, 503, 506, 510, 518, 530, 545, 546, 548, 556, 563-566, 571, 573-575, 580, 581, 583-586, 590, 594, 595, 598, 599, 614-616, 634, 635, 641, 647-649, 659, 666-668, 670-672, 685, 695, 698, 699, 701, 711-715, 721, 722, 727-729, 731-734, 740, 748, 749, 755, 760, 767, 771, 774, 776-779, 788, 790, 792-795, 799, 800, 803, 804, 806, 807, 818, 822, 827, 829, 860

テクスト［texte］ 002-004, 006, 274, 275, 277, 299, 367, 368, 596, 695, 828

哲学［PHILOSOPHIE］ 002, 003, 008, 013, 028, 031, 035, 037, 043, 051, 056, 058, 064, 065, 079, 080, 096, 099, 100, 121, 124, 138, 142, 147, 166, 169-171, 177, 178, 196, 207, 215, 216, 232, 256, 259, 262, 266, 272, 275, 277, 284, 288, 289, 295, 297, 299, 306, 312-314, 318, 319, 324, 337, 339, 340, 343, 348, 350, 353, 354, 364, 365, 371, 382, 384-386, 397, 398, 404, 408, 411, 413-415, 420, 422, 435, 441, 442, 453, 455, 458, 466, 468, 473, 483-485, 496, 497, 503, 504, 515, 518, 528, 530, 541, 555, 557, 563, 565, 571, 573, 574, 580, 586, **587-590**, 592, 604, 605, 613, 627, 629, 638, 645, 647, 655, 657, 665, 667, 676, 683, 684, 686, 694, 698, 714, 715, 722, 758, 760, 763, 766, 770, 771, 773, 800, 808-810, 812, 814, 822, 828, 829, 848, 859, 863

▶嘘［MENSONGE］｜虚栄［VANITÉ］｜キリスト教［CHRISTIANISME］｜警戒［ALARME］｜習慣［HABITUDE］｜善［BIEN］｜魂［ÂME］｜悲観主義［PESSIMISME］｜欲望［DÉSIR］

哲学的問答法［διαλεκτική］ 613, 763

デモクリトス［DÉMOCRITE］ 312

デーモン［DÉMON］ **216-218**, 642

デュナミス ▶潜勢態（可能態）［δύναμις/puissance］

デリダ，ジャック［DERRIDA, Jacques］ 318

テルトゥリアーヌス［TERTULLIANUS］ 240

天国［PARADIS］ 252, 312, 344, 491, **533-538**, 539, 834
▶愛［AMOUR］｜怒り［COLÈRE］｜快感［PLAISIR］｜神［DIEU］｜キリスト教［CHRISTIANISME］｜情念［PASSION］｜証明［PREUVE］｜信仰［FOI］｜魂［ÂME］｜堕落［CHUTE］｜知恵［SAGESSE］｜美［BEAU］｜必然性［NÉCESSITÉ］｜名声［RENOMMÉE］｜野心［AMBITION］｜欲望［DÉSIR］｜論理［LOGIQUE］

天使［ANGE］ 067, **082**, **083**, 125, 461, 651, 813, 817
▶時間［TEMPS］｜勇気［COURAGE］

伝説［légende］ 044, 045, 052, 163, 208, 237, 403, 404, 490, 543, 787

伝染［contagion］ 085, 203, 291, 292, 296, 407, 500-503, 797, 798, 862

テンニース，フェルディナント［TÖNNIES, Ferdinand］ 751

と

同一物の永劫回帰［Die Ewige Wiederkunft des Gleichen］ 241, 343, 350, 372, 581, 642

道具［outils］ 007, 022, 036, 137, 224, 246, 332, 333, 404, 408, 439, 442, 462, 464, 579, 625, 628, 638, 672, 702, 718, 719, 722, 749, 760, 761, 791, 813, 851

洞窟のイドラ 442

どうでもいい事柄［ἀδιάφορα / choses indifférentes］ 226, 294, 358, 491, 492, 588, 686

道徳［MORALE］ 024, 025, 046, 056, 058, 063, 072, 094, 112, 132, 135, 166, 167, 192, 193, 205, 225, 228, 229, 257, 263, 267, 268, 277, 278, 306, 307, 320, 324, 325, 333, 350, 369, 370, 372-374, 410, 413, 419, 431, 450, 455, 464, 467, 474, 480, **495-497**, 501, 503, 505, 542, 556, 561, 564, 568-570, 579, 580, 618, 626, 627, 647, 709, 731, 747, 755, 778, 822, 840-842, 854, 860
▶愛［AMOUR］｜義務［DEVOIR］｜社会［SOCIÉTÉ］｜哲学［PHILOSOPHIE］｜非難［REPROCHE］｜理想［IDÉAL］

道徳律（道徳法則）［das moralische Gesetz］ 025, 026, 278, 320, 370, 373, 455, 480, 568

動物［animal］ 034, 044, 059-061, 083, 085, 111, 128-130, 135, 170, 187, 197, 198, 200, 201, 209, 213, 214, 223, 244-247, 249, 254, 255, 263, 265, 266, 273, 305, 336, 337, 355, 378, 394, 395, 404, 416-419, 429, 430, 440, 449, 462, 476-478, 483-485, 516, 526, 527, 529, 544, 545, 547, 553-556, 586, 591, 627, 678, 685, 689, 718, 719, 727-729, 733-735, 748, 752, 755, 758, 760, 772, 773, 796-798, 814, 828, 845, 849, 850, 856-858

動物機械［animal-machine］ 198, 236, 292, 418, 545

動物機械論［théorie de l'animal-machine］ 085, 198, 213, 417, 727, 733, 748, 749

動物性［ANIMALITÉ］ 087-089, 131, 507
▶情念［PASSION］｜知恵［SAGESSE］

動物的な徴［signe animal］ 059, 060, 111, 112, 245, 476, 477

動揺［ANXIÉTÉ］ 053, 056, 057, 086, **089-091**, 210, 304, 305, 316, 352, 354, 375, 421, 599, 607, 608, 682, 784, 816, 817, 819, 820
▶恐怖［PEUR］｜苦悶［ANGOISSE］｜情念［PASSION］｜精神［ESPRIT］

動揺［Bewegung］
▶動揺［ANXIÉTÉ］

同類[semblable]　045, 046, 060, 063, 067, 069, 110-112, 125, 148-151, 159, 245, 372, 375, 429, 474-479, 481, 483, 484, 511, 515, 603, 748, 751, 862

ドゥルーズ，ジル[DELEUZE, Gilles]　696

都会人らしさ[URBANITÉ]　830-833
　▶示唆[SUGGESTION]｜市民性[CIVILITÉ]｜習慣[HABITUDE]｜宗教[RELIGION]｜性格[CARACTÈRE]｜暴力[VIOLENCE]｜礼儀[POLITESSE]

徳[VERTU]　009, 024, 077, 081, 091-093, 096, 097, 117, 123, 125, 134, 135, 140, 142, 148, 150, 155, 173, 174, 176, 179, 194-196, 199, 211, 212, 225, 249, 252, 255, 268, 270, 280, 291, 292, 294, 316, 320, 322, 323, 337, 358, 360, 367, 370, 398, 452, 453, 455, 456, 459, 492, 495, 508, 510, 517, 542, 549, 550, 567, 569, 587, 596, 617-619, 624, 631, 662, 663, 681, 686, 687, 690, 691, 701, 707, 711, 714, 715, 719, 721, 734, 767, 789, 796, 808, 829, 833, 840-843, 845, **850-854**, 855, 856, 860
　▶恐怖[PEUR]｜示唆[SUGGESTION]｜正義[JUSTICE]｜節制[TEMPÉRANCE]｜善[BIEN]｜高ぶり[EMPORTEMENT]｜知恵[SAGESSE]｜貪欲[AVIDITÉ]｜本能[INSTINCT]｜勇気[COURAGE]

独断論[DOGMATISME]　056, 058, 277-280, 729, 731, 770, 771
　▶懐疑主義[SCEPTICISME]｜神[DIEU]｜行儀のよさ[BIENSÉANCE]｜敬虔[PIÉTÉ]｜決断[RÉSOLUTION]｜宗教[RELIGION]｜証明[PREUVE]｜神学[THÉOLOGIE]｜正義[JUSTICE]｜尊敬[ESTIME]｜哲学[PHILOSOPHIE]｜道徳[MORALE]｜徳[VERTU]｜法[LOI]｜唯物論[MATÉRIALISME]｜礼儀[POLITESSE]｜論理[LOGIQUE]

独白[monologue]　137, 664, 823, 825

所 雄章　693, 709

都市[cité / ville]　058, 167, 174, 175, 310, 527, 560, 830-832

閉じた社会[société close]　132, 136, 229, 290, 388, 521, 702-704

都市の宗教[religion urbaine]　527, 529, 833

戸塚真弓　621

戸塚七郎　811

トマス・アクィナス[THOMAS d'AQUIN]　012, 810

トマス・ア・ケンピス[THOMAS A KEMPIS]　415

トラシュブロス[THRASYBULE]　785

度量の広さ[MAGNANIMITÉ]　073, **452-457**, 506, 756
　▶愛[AMOUR]｜怒り[COLÈRE]｜希望[ESPÉRANCE]｜キリスト教[CHRISTIANISME]｜キリスト教徒[CHRÉTIEN]｜軽蔑[MÉPRIS]｜実証主義[POSITIVISME]｜情念[PASSION]｜信仰[FOI]｜精神[ESPRIT]｜魂[ÂME]｜哲学[PHILOSOPHIE]｜徳[VERTU]｜憎しみ

[HAINE]｜博愛[CHARITÉ]｜不信[DÉFIANCE]｜唯物論[MATÉRIALISME]｜赦し[PARDON]

ドレフュス事件[l'affaire Dreyfus]　791

貪欲[AVIDITÉ]　056, **113**, 152, 153, 429, 490, 555, 589, 686, 850, 853
　▶ケチ[AVARICE]｜粗暴さ[BRUTALITÉ]｜欲望[DÉSIR]

な

内化[Erinnerung]　683, 684

内観[introspection]　096

内省[réflexion]　090, 096, 102, 712, 780, 783

内世界的存在者[Das innerweltlich Seiende]　639

内属性[inherence]　034, 035

中沢新一　467, 469, 477-479, 483, 485, 540, 541, 555, 563, 673, 835, 837

中島みゆき　297, 298, 493, 598, 599, 601

中田光雄　029, 331, 779

中村桂子　673

中村雄二郎　663

中村良夫　055, 177

中山正和　535

七つの大罪[sept péchés capitaux]　446, 447
　▶怒り[COLÈRE]｜キリスト教[CHRISTIANISME]｜ケチ[AVARICE]｜傲慢[ORGUEIL]｜嫉妬[JALOUSIE]｜罪[PÉCHÉ]｜猥褻[LUXURE]

ナポレオン[Napoléon Iᵉʳ]　066, 106-108, 787, 790

涙[LARMES]　111, 299, 301, 354, 355, 435, **436-439**, 552, 555, 557, 621, 724, 764
　▶怒り[COLÈRE]｜情動[ÉMOTION]｜情念[PASSION]｜崇高さ[SUBLIME]｜反射[RÉFLEXE]｜勇気[COURAGE]

に

憎しみ[HAINE]　051, 056, 077, 078, 156, 339, **397-400**, 402, 403, 409, 456, 493, 552, 558, 646, 647, 791, 794, 809
　▶怒り[COLÈRE]｜神[DIEU]｜感情[SENTIMENT]｜時間[TEMPS]｜信仰[FOI]｜想像力[IMAGINATION]｜魂[ÂME]｜堕落[CHUTE]｜哲学[PHILOSOPHIE]

二元論[dualisme]　070, 080, 117, 139, 314, 446, 465, 466, 468, 672, 725, 733, 771

西田幾多郎　232, 233, 279, 408, 409, 485, 556, 557, 757

西部邁　163, 239, 519

似像(にすがた)[imago]　036, 037, 605, 776, 779, 780
　▶模倣[IMITATION]

ニーチェ，フリードリッヒ[NIETZSCHE, Friedrich]　241, 319, 321, 343-345, 350, 372, 581, 642, 714, 715,

826, 827
ニッコロ・マキャベッリ［NICCOLÒ MACHIAVELLI］450, 451
ニュートン，アイザック［NEWTON, Issac］ 025, 282, 364, 464, 482, 579, 668
如来蔵思想 361
二律背反［Antinomie］ 278, 399, 454, 657, 743
人間［être humain］ 009, 010, 012, 023-025, 027, 028, 032, 038-040, 042-046, 052-056, 058, 060, 061, 064, 066-073, 075, 077, 079-083, 086-090, 093, 096, 102, 105-107, 110-115, 118-120, 122-131, 136-139, 141-144, 146-155, 157-167, 169-171, 174, 177, 179, 181-183, 185, 187-189, 191, 193, 195-205, 208-215, 218, 220, 221, 223-225, 232-237, 239, 240, 242-251, 253, 255-257, 259, 260, 263-267, 269-274, 276, 278, 282-285, 287, 289-291, 293, 294, 297, 300, 303, 309-311, 313, 315-317, 321, 323, 326-329, 331-334, 336, 337, 340, 342, 344, 345, 347-349, 351-356, 358-360, 363-365, 367, 370-375, 377, 379, 381-388, 391, 393, 395-399, 401-404, 406-411, 413, 415-419, 421, 423, 429, 430, 433, 434, 436, 438, 440, 442-445, 447, 448, 450-454, 456, 458, 459, 461-463, 465, 467-472, 474, 476-479, 481-490, 492-500, 502-508, 511-513, 515, 516, 518, 521, 524-537, 539, 541, 543-551, 553-556, 559, 560, 562, 563, 566, 567, 570, 579-582, 584, 585, 589, 591-595, 598-600, 603, 604, 607, 609, 610, 614, 615, 618-621, 624-628, 632-634, 636, 637, 639-641, 644, 646, 647, 649, 651, 654, 661, 663, 664, 666, 668-670, 672, 675, 676, 678-685, 687, 689-691, 693, 694, 696-699, 705-707, 711-714, 717, 718, 720-729, 731-734, 738, 739, 741-745, 747-750, 752, 753, 755, 758, 761, 763-766, 770-778, 780-783, 785, 786, 788-790, 792-801, 808, 809, 812-815, 817, 819-823, 825, 826, 828, 829, 831-833, 837-842, 845, 847-852, 854-860, 863
人間嫌い［MISANTHROPIE］ 041, 043, 045, 082, 144-146, **492-495**, 512
▶愛［AMOUR］｜祈り［PRIÈRE］｜神［DIEU］｜期待［ESPOIR］｜希望［ESPÉRANCE］｜キリスト教［CHRISTIANISME］｜好意［BIENVEILLANCE］｜宗教［RELIGION］｜憎しみ［HAINE］｜博愛［CHARITÉ］
人間崇拝 ▶都市の宗教［religion urbaine］
人間中心主義［anthropocentrism］ 204, 227, 317, 524
認識論［épistémologie］ 056, 102, 170, 278, 487, 604, 740, 757, 802
忍耐［PATIENCE］ 075, 160, 276, 334, 508, 524, 526, **549-552**, 643, 644
▶愛［AMOUR］｜怒り［COLÈRE］｜ケチ［AVARICE］｜情動［ÉMOTION］｜情念［PASSION］｜崇高さ［SUBLIME］｜体質

［TEMPÉRAMENT］｜魂［ÂME］｜涙［LARMES］｜美［BEAU］

ね

願い［SOUHAIT］ 095, 126, 150, 211, 329, 425, 426, 471, 526, 595, 663, 673, 765, **768-770**, 805, 831
▶神［DIEU］｜希望［ESPÉRANCE］｜義務［DEVOIR］｜市民性［CIVILITÉ］｜社会［SOCIÉTÉ］｜情念［PASSION］｜欲望［DÉSIR］｜礼儀［POLITESSE］
熱意［ZÈLE］ 046, 254, 425, 763, **859861**
▶神［DIEU］｜決断［RÉSOLUTION］｜社会［SOCIÉTÉ］｜宗教［RELIGION］｜情念［PASSION］｜心（しん）［CŒUR］｜大胆［AUDACE］｜徳［VERTU］
ネルヴァル，ジェラール・ド［NERVAL, Gérard de］696, 697
粘着質［LYMPHATIQUE］ 448-450, 792
▶性格［CARACTÈRE］｜体質［TEMPÉRAMENT］｜胆汁質の人［BILIEUX］

の

能動［action］ 027, 051, 061, 065, 091, 180, 192, 250, 449, 468, 473, 548, 590, 651, 670, 685, 687, 689, 749, 757, 758
能動的［actif］ 041, 051, 181, 192, 236, 283, 383, 384, 421, 422, 463, 521, 749, 757, 777
野家啓一 637, 679
野田又夫 002
呪い［MALÉDICTION］ 389, **460-463**, 470, 582, 586, 644, 645, 732, 733
▶怒り［COLÈRE］｜祝福［BÉNÉDICTION］｜情念［PASSION］｜想像力［IMAGINATION］｜美［BEAU］｜暴力［VIOLENCE］｜赦し［PARDON］｜予言［PRÉDICTION］｜礼儀［POLITESSE］

は

ハイデガー，マルティン［HEIDEGGER, Martin］ 241, 343, 382, 383, 425, 581, 639, 642, 643
ハイパーテキスト（ハイパーテクスト）［hypertext(e)］004
ハイム，マイケル［HEIM, Michael］ 004
バウムガルテン［BAUMGARTEN, Alexander Gottlieb］121, 324
萩尾望都 297
博愛［CHARITÉ］ 027, 067, 069, 077, 108, 110, 125, 126, 131, 133, 134, **148-152**, 163, 189, 190, 222, 263, 265, 314-317, 326, 372, 374, 452, 456, 457, 468, 470, 474, 478, 479, 492, 495, 585, 586, 676, 680, 681, 687, 688, 732, 735, 769
▶好意［BIENVEILLANCE］｜信仰［FOI］｜欲望［DÉSIR］

博愛［ἀγάπη］077
　▶博愛［CHARITÉ］
バークリ（バークリー），ジョージ［BERKELEY, George］103, 207, 208, 528
橋爪大三郎　169, 361
パスカル，ジョルジュ［Pascal, Georges］043, 047, 053, 067, 073, 128, 129, 137, 141, 145, 147, 159, 161, 541, 547, 549, 559, 587, 593, 597, 601, 605, 615, 623, 637, 669, 685, 713, 723, 735, 743-747, 761, 765, 775, 789, 791, 808, 809, 817, 819, 821, 823, 828, 829, 848-851, 855, 861
パスカル，ブレーズ［PASCAL, Blaise］067, 118, 150, 166, 167, 185, 188, 382-384, 506, 507, 512, 523, 535, 553, 563, 565, 618-620, 742, 781, 799, 800
波多野一郎　483-485, 555
波多野精一　811
罰［CHÂTIMENT］152-154, 688, 723, 837
　▶怒り［COLÈRE］｜恐怖［PEUR］｜時間［TEMPS］｜情念［PASSION］｜魂［ÂME］｜貪欲［AVIDITÉ］｜酔うこと［IVRESSE］｜欲望［DÉSIR］
発想［invention］032, 073, 168, 349, 534, 535, 681-683, 743, 850
バッハ，ヨハン・セバスティアン［BACH, Johann Sebastian］195, 196, 548
パニック（恐慌）［panique］197, 198, 203, 235, 245, 246, 282, 283, 292, 443, 512, 545, 593, 797, 798
原亨吉　002, 045, 570, 821
原二郎　795
バルザック，オノレ・ド［BALZAC, Honoré de］107, 277, 650, 651
バルト，ロラン［BARTHES, Roland］295
パルメニデス［PARMÉNIDE］012, 762, 828, 829
パレート，ヴィルフレド［PARETO, Vilfredo］631-634
パレート最適［Pareto efficiency］631, 633, 634
バンヴェニスト，エミール［BENVENISTE, Émile］295
反射［RÉFLEXE］070, 087, 102, 108, 110, 180, 181, 197, 206, 245-247, 292, 417, 418, 436, 437, 476, 521, 526, 647, **669-673**, 689, 727, 798
　▶情念［PASSION］｜信仰［FOI］｜本能［INSTINCT］｜論理［LOGIQUE］
汎神論［PANTHÉISME］041, 317, **527-531**, 676, 680, 681, 682
　▶悪魔［DIABLE］｜神［DIEU］｜宗教［RELIGION］｜信仰［FOI］｜崇高さ［SUBLIME］｜精神［ESPRIT］｜哲学［PHILOSOPHIE］｜美［BEAU］
半睡状態［SOMNOLENCE］753, 755, **756-760**, 784, 786
　▶意識［CONSCIENCE］｜睡眠［SOMMEIL］｜魂［ÂME］

哲学［PHILOSOPHIE］
反省［réflexion］025, 045, 081, 096, 189, 191, 192, 201, 208, 209, 217, 218, 251, 272, 275, 302, 326, 338, 368, 596, 669-672, 722, 728, 736, 783, 799, 804, 809, 829, 856
判断［jugement］004, 005, 023, 024, 040, 042, 046, 047, 049, 066, 067, 071, 073, 076, 077, 087, 088, 099, 102, 106-108, 112, 117, 119-122, 125, 126, 132, 134, 138, 139, 141, 146-148, 151, 159, 167, 168, 170, 171, 177, 183, 189, 191, 192, 194, 196, 198, 199, 203, 205, 210-214, 220-222, 225, 226, 233, 235, 242, 250, 251, 259, 262, 263, 270, 277, 281, 299, 304, 316, 322, 325, 326, 333, 337, 347, 351, 352, 356, 359, 366, 369, 371, 381, 384, 406, 410-413, 429, 430, 449-453, 473, 474, 478, 486, 491, 495-498, 500, 501, 511-513, 517, 524-526, 538, 542, 546, 557, 563, 569, 570, 574-578, 581, 583, 589, 590, 595-597, 601, 631, 635, 636, 638, 640, 641, 645-648, 655, 660-662, 664, 685, 688, 691, 698, 701, 702, 704, 707, 709, 712, 713, 715-717, 721, 729-731, 734, 744, 746, 756, 758, 760-762, 766-768, 771, 776, 781, 783, 788, 789, 801, 802, 804, 809, 821, 822, 840, 847-849, 854, 856, 860
反定立［Anti-these］348, 681, 683
万有在神論（万有内在神論）［panenthéisme］527
範例（パラディグマ）イデア論　031, 673, 674

ひ

美［BEAU］031, 033, 036, 040-042, 044, 087, **120-122**, 134, 136, 151, 182-184, 189, 208, 273, 287, 289, 302, 305, 308, 324, 325, 344, 345, 355, 361, 364, 385, 397, 403-405, 419, 435, 461, 462, 468, 469, 487-489, 508, 517, 530, 534, 540, 543, 548, 552, 602, 603, 605-608, 622, 664, 680, 725, 768, 773, 780, 783, 784, 793-796, 826, 828, 829, 842
　▶感情［SENTIMENT］｜詩［POÉSIE］｜証明［PREUVE］｜正義［JUSTICE］｜想像力［IMAGINATION］｜美学［ESTHÉTIQUE］
ヒエロニムス（聖ヒエロニムス）［Saint JÉRÔME］835
美学［ESTHÉTIQUE］040, 121, 243, **324-326**, 353, 468, 469, 748, 794, 826
　▶悪徳［VICE］｜情念［PASSION］｜哲学［PHILOSOPHIE］｜道徳［MORALE］｜美［BEAU］｜論理［LOGIQUE］
悲観主義［PESSIMISME］138, 139, 146, 511-513, **576-582**, 589
　▶運命［DESTIN］｜愚かさ［SOTTISE］｜感情［SENTIMENT］｜宿命［FATALITÉ］｜証明［PREUVE］｜唯物論［MATÉRIALISME］｜楽観主義［OPTIMISME］
卑怯［LÂCHETÉ］191, 255, 291, 294, **432-434**, 661, 732-734,

854-856
　▶価値［VALEUR］｜恐怖［PEUR］｜軽蔑［MÉPRIS］｜
　宿命論［FATALISME］｜情感［AFFECTION］｜情動
　［ÉMOTION］｜情念［PASSION］
ピグー，アーサー・セシル［PIGOU, Arthur Cecil］
　632, 839
卑屈さ［SERVILITÉ］　737-739
　▶愛［AMOUR］｜絶対的［ABSOLU］｜必然性［NÉCESSITÉ］
　｜へつらい［FLATTERIE］｜酔うこと［IVRESSE］
悲劇［TRAGÉDIE］　448, 736, 822-825
　▶祈り［PRIÈRE］｜詩［POÉSIE］｜時間［TEMPS］｜
　情念［PASSION］｜予言［PRÉDICTION］
ひけらかすこと［AFFECTATION］　046-051, 148
　▶思考すること［PENSER］｜性格［CARACTÈRE］｜必然
　性［NÉCESSITÉ］｜論理［LOGIQUE］
微小表象［petites perceptions］　760
秘蹟［SACREMENT］　116, 188, 194, 495, 718-721, 812, 848
　▶怒り［COLÈRE］｜祈り［PRIÈRE］｜神［DIEU］｜
　キリスト教［CHRISTIANISME］｜決断［RÉSOLUTION］｜
　告解［CONFESSION］｜宗教［RELIGION］｜魂［ÂME］｜
　罪の赦し［ABSOLUTION］｜法［LOI］
悲嘆［AFFLICTION］　053-055, 084, 378, 427, 448
　▶運命［DESTIN］｜キリスト教［CHRISTIANISME］｜動揺
　［ANXIÉTÉ］
必然性［NÉCESSITÉ］　047, 049, 050, 055, 086, 168, 174,
　281, 283, 292, 297, 346, 349, 370, 383, 390, 392, 395,
　445, 455, 470, 471, 502-506, 533, 573, 614, 615, 663,
　705, 738, 745, 750, 765, 770, 774, 775, 819-821, 825, 831
　▶習慣［HABITUDE］｜宿命論［FATALISME］｜信仰
　［FOI］｜道徳［MORALE］
必要［BESOIN］　093, 127, 128, 223
　▶財産［FORTUNE］｜精神［ESPRIT］｜欲望［DÉSIR］｜欲
　求［APPÉTIT］
美徳［vertu］　024, 148, 179, 291, 292, 294, 510, 550, 631,
　840
　▶徳［VERTU］
非難［REPROCHE］　056, 062, 064, 080, 081, 125, 144, 221,
　256, 344, 350, 414, 471, 495, 496, 510, 684, 700, 704,
　708-710
　▶戒め［REMONTRANCE］｜糾弾［RÉPROBATION］｜間違
　い［FAUTE］
批判哲学［kritische Philosophie］　056, 170, 277
ヒポクラテス［HIPPOCRATE］　141, 448, 792
百科全書［encyclopédie］　065, 066, 161, 464, 630
ヒューム，デイヴィッド［Hume, David］　102, 103
ピュロン［PYRRHON］　049, 573
表象［perception］　037, 042, 062, 148, 241, 250, 251, 268,
323, 395, 657, 667, 728, 749, 759, 760, 781, 784, 806
表層的自我［le moi superficiel］　389
表徴［signe］　203, 243, 244, 246, 247, 271, 333, 338, 419,
　487, 609, 621, 832
平等［ÉGALITÉ］　288-291
　▶愛［AMOUR］｜義務［DEVOIR］｜社会［SOCIÉTÉ］｜
　正義［JUSTICE］｜精神［ESPRIT］｜哲学［PHILOSOPHIE］
　｜平和［PAIX］｜法律［DROIT］
広井良典　835
疲労［fatigue］　051, 072, 075, 101, 119, 163, 164, 165, 180,
　181, 201, 234, 283, 284, 301-303, 330, 331, 352, 384,
　407, 418, 462, 512, 546, 582, 624, 690, 724, 753, 755,
　777
廣川洋一　763
廣松渉　388
品位の低下［AVILISSEMENT］　113-116
　▶価値［VALEUR］｜正義［JUSTICE］｜忠誠［DÉVOUE-
　MENT］｜友情［AMITIÉ］｜理想［IDÉAL］

ふ

フィチーノ，マルシリオ［FICINO, Marsilio］　012
プィロン（フィロン）［PHILON d'Alexandrie］　812
夫婦［couple］　008, 079, 095, 115, 116, 182, 239, 253, 254,
　284, 335, 431, 511, 528, 720, 795
フェティシズム［fétichisme］　362-364
　▶フェティッシュ［FÉTICHE］
フェティッシュ［FÉTICHE］　145, 178, 362-367
　▶祈り［PRIÈRE］｜奇蹟［MIRACLE］｜詩［POÉSIE］｜
　時間［TEMPS］｜宗教［RELIGION］｜情念［PASSION］｜
　哲学［PHILOSOPHIE］｜唯物論［MATÉRIALISME］
フーガ［Fuga］　846
不可知論［AGNOSTICISME］　055-058, 208
　▶神［DIEU］｜狂信［FANATISME］｜証明［PREUVE］｜
　魂［ÂME］｜哲学［PHILOSOPHIE］｜動揺［ANXIÉTÉ］｜
　平和［PAIX］
不機嫌［humeur］　044, 138-142, 164, 237, 403, 512, 543,
　622, 654
福居純　037, 057, 193, 219, 231, 259, 281, 291, 331, 347,
　487, 503, 505, 565-567, 575, 594, 595, 639, 649, 679,
　698, 703, 733, 749, 767, 779, 793, 802, 803, 805, 807,
　829
福田恆存　173, 238
フーコー，ミシェル［FOUCAULT, Michel］　279, 318
ふざけること［FRIVOLITÉ］　381-383, 390, 735-737
　▶恐怖［PEUR］｜想像力［IMAGINATION］｜哲学
　［PHILOSOPHIE］
藤沢令夫　008, 032, 033, 037, 075, 307, 467, 535, 605,

613, 763, 775, 828, 829
不信［DÉFIANCE］ 026, 058, 190, **212-214**, 234, 353, 385, 452, 456, 471, 541, 668, 731, 827
▶怒り［COLÈRE］｜恐怖［PEUR］｜情念［PASSION］｜信頼［CONFIANCE］｜誠実さ［SINCÉRITÉ］｜精神［ESPRIT］
復活祭［PÂQUES］ **531, 532**
▶キリスト教［CHRISTIANISME］｜悔い改め［REPENTIR］｜後悔［REMORDS］｜精神［ESPRIT］
仏教［bouddhisme］ 024, 083, 138, 149, 360, 361, 408, 443, 478, 483, 492, 512, 534, 588-591, 604, 637, 653, 654, 690, 818
フッサール，エトムント［HUSSERL, Edmund］ 217, 260, 701, 772, 773
物質［matière］ 025, 041, 055, 061, 076, 080, 106, 113, 124, 158, 172, 173, 175, 183, 256, 282, 296, 308, 314, 317, 372, 375, 385, 388, 417, 440, 456, 464, 466-468, 487, 510, 544, 554, 555, 559, 560, 564, 587, 621, 629, 666-668, 690, 727, 752, 774, 776, 792, 813, 850, 852
物心二元論［dualisme du corps et de l'âme］
▶心身二元論［dualisme de l'âme et du corps］
ブローデル，フェルナン［BRAUDEL, Fernand］ 065
ブーバー，マルティン［Buber, Martin］ 054
不服従［DÉSOBÉISSANCE］ **227-231**
▶祈り［PRIÈRE］｜義務［DEVOIR］｜決断［RÉSOLUTION］｜傲慢［ORGUEIL］｜社会［SOCIÉTÉ］｜習慣［HABITUDE］｜進歩［PROGRÈS］｜勇気［COURAGE］｜友情［AMITIÉ］
普遍性［UNIVERSALITÉ］ 122, 439, 440, 569, 608, **826-830**
▶価値［VALEUR］｜感情［SENTIMENT］｜性格［CARACTÈRE］｜徳［VERTU］｜美［BEAU］｜美学［ESTHÉTIQUE］｜平等［ÉGALITÉ］｜理想［IDÉAL］
普遍論争［problème des universaux］ 030
不名誉［DÉSHONNEUR］ **218-220**
▶恐怖［PEUR］｜性格［CARACTÈRE］
ブラヴァツキー夫人［BLAVATSKY, Helena Petrovna］ 812
プラトン［PLATON］ 008, 009, 012, 031, 032, 034-037, 056, 057, 064, 077, 099, 100, 111, 120, 126, 154, 155, 157, 158, 163, 186, 187, 200, 201, 216-219, 224, 232, 259, 264, 266, 267, 284, 287, 318, 329, 330, 335, 348, 391, 414-416, 423, 429-431, 435, 447, 458, 460, 466, 504, 505, 515, 518, 527, 530, 533-537, 555, 557, 587, 588, 592, 601-606, 613, 615, 616, 618, 619, 673, 674, 687, 692, 694, 695, 701-703, 707, 712, 727, 731, 738, 742, 744, 747, 760-763, 772, 774, 779, 786, 795-799, 812, 814, 815, 818, 822, 828, 850, 851, 853, 862
プラトン主義［PLATONISME］ 225, 329, **601-606**, 674, 703, 772, 774

▶愛［AMOUR］｜快感［PLAISIR］｜性格［CARACTÈRE］｜魂［ÂME］｜哲学［PHILOSOPHIE］｜美［BEAU］｜欲望［DÉSIR］｜理想［IDÉAL］
ブラン，ジャン［BRUN, Jean］ 120, 121, 455, 537, 811
ブリスヴィル，ジャン＝クロード［BRISVILLE, Jean Claude］ 189
ブリッジマン，パーシー［BRIDGMAN, Percy］ 634
ふりをすること［FEINTE］ 285, **356-359**
▶嘘［MENSONGE］｜警戒［ALARME］
ブルジョワ［bourgeois］ 242-244, 333, 377, 765, 831, 832
プルースト，マルセル［PROUST, Marcel］ 384
ブルーム，アラン［BLOOM, Allan David］ 169
ブルームズベリー・グループ［Bloomsbury group］ 761, 838
プロティノス（プロチノス）［Plotin］ 012, 266, 536, 537, 589, 703, 772, 813, 814
プロポ［Propos］ 419, 420, 465, 680, 721, 742, 793, 817, 834, 863
フロマンタン，ウジェーヌ［FROMENTIN, Eugène］ 185, 384
プロレタリア（プロレタリアート）［prolétariat］ 243, 332, 377, 559, 560, 765, 831
ブロンデル，モーリス［BLONDEL, Maurice］ 770
憤怒［COURROUX］ 106, 196, 198, **200, 201**, 447, 719
▶怒り［COLÈRE］｜恐怖［PEUR］｜情念［PASSION］｜勇気［COURAGE］｜欲望［DÉSIR］
文明［CIVILISATION］ 159, 161, **167-170**, 171-173, 176, 256, 275, 604, 617, 618, 628, 838, 849
▶情念［PASSION］｜進歩［PROGRÈS］｜法［LOI］｜論理［LOGIQUE］
文明化すること［CIVILISER］ **170-173**
▶信仰［FOI］｜進歩［PROGRÈS］｜知恵［SAGESSE］｜文明［CIVILISATION］｜理想［IDÉAL］

へ

平和［PAIX］ 039, 056, 057, 058, 126, 150, 182, 190, 205, 288-290, 312, 314, 318, 471, 484, 498, **524-527**, 558, 570, 576, 595, 615, 631, 665, 754, 762, 788, 791, 842, 858
▶情念［PASSION］｜信仰［FOI］｜忍耐［PATIENCE］｜反射［RÉFLEXE］｜本能［INSTINCT］｜理想［IDÉAL］
ペギー，シャルル［PÉGUY, Charles］ 751, 791
ヘーゲモニコン
▶指導理性（ヘーゲモニコン）［ἡγεμονικόν］
ヘーゲル，G. W. F.［HEGEL, Georg Wilhelm Friedrich］ 064, 079, 110, 122-124, 150, 168, 182, 193, 257, 259,

262, 348-351, 353, 408, 425, 439, 442, 450, 479, 532, 627, 681-683, 698, 746, 749, 750, 758, 759, 765, 772-776, 839

ベーコン，フランシス［BACON, Francis］ 439, 442

ペシミズム ▶悲観主義［PESSIMISME］

へつらい［FLATTERIE］ 370-372, 737-739
　▶嘘［MENSONGE］｜酔うこと［IVRESSE］｜礼儀［POLITESSE］

ベナック，アンリ［BÉNAC, Henri］ 011, 063, 085, 090, 091, 093, 095, 113, 117, 131, 134, 135, 145, 182, 183, 185, 194, 195, 205, 221, 237, 249, 253, 254, 285, 323, 325, 351, 357, 391, 421, 433, 435, 445, 447, 453, 457, 463, 469, 509, 517, 523, 549, 553, 561, 585, 597, 661, 701, 715, 735, 739, 741, 753, 767, 769, 787, 821, 831, 841, 861

ベーメ，ヤーコプ［BÖHME, Jakob］ 812

ペリアンドロス［PÉRIANDRE］ 785

ベルクソン，アンリ［BERGSON, Henri］ 028, 029, 054, 055, 062, 063, 096, 097, 111, 132, 133, 136, 148, 149, 179, 227-229, 246, 247, 289, 308, 309, 317, 321, 330, 331, 375-377, 388, 389, 394, 395, 497, 500, 501, 521, 581, 614, 641-643, 670, 671, 695, 702-704, 717, 759, 770, 779, 802, 813

ヘルダー，J. G.［HERDER, Johann Gottfried］ 103

ベルニーニ，ジャン・ロレンツォ［Bernini, Gian Lorenzo］ 537

ベルヌーイ，ヤコブ［BERNOULLI, Jakob］ 487

ベンサム，ジェレミー［BENTHAM, Jeremy］ 633, 834, 839, 840

弁証法［DIALECTIQUE］ 168, 258-263, 346, 348, 349, 408, 463, 467, 681-683, 774, 775
　▶神［DIEU］｜敬虔［PIÉTÉ］｜社会主義［SOCIALISME］｜時間［TEMPS］｜神学［THÉOLOGIE］｜証明［PREUVE］｜正義［JUSTICE］｜善［BIEN］｜雄弁［ÉLOQUENCE］｜論理［LOGIQUE］

弁証法的論理学［dialektische Logik］ 442

ベンツ，エルンスト［BENZ, Ernst］ 589

弁論術［ρητορική］ 613, 614, 760, 762, 763, 796, 797

ほ

法［LOI］ 100, 237, 281, 282, **442-444**, 720
　▶怒り［COLÈRE］｜社会［SOCIÉTÉ］｜情念［PASSION］｜法律［DROIT］

忘我恍惚境［extase］ 703

法則［loi］ 025, 026, 038, 047, 048, 054, 099, 100, 102, 106, 137, 139, 140, 142, 145, 169, 171, 184, 214, 262, 277, 278, 282, 285, 294, 296, 298, 300, 301, 311, 312, 319-321, 340, 350, 401, 417, 424, 431, 436, 438, 442-445,

454, 455, 458, 464, 480, 482, 487, 488, 497, 499, 504, 521, 534, 568, 569, 572, 616, 619, 625-627, 630-632, 641, 646, 653, 663, 664, 668, 672, 683, 690, 724, 725, 732, 738, 745, 758, 767, 770-772, 789, 815, 825, 851, 852
　▶法［LOI］

方法的懐疑［le doute méthodique］ 056, 057, 065, 101, 207, 217, 230, 231, 248, 259, 280, 340, 365, 386, 408, 413, 440, 485, 494, 564, 565, 574, 635, 638, 729, 732, 793, 803, 804, 827

暴利［USURE］ **833-837**
　▶嘘［MENSONGE］｜キリスト教［CHRISTIANISME］｜慈善［BIENFAISANCE］｜神学［THÉOLOGIE］｜天国［PARADIS］｜罰［CHÂTIMENT］

法律［DROIT］ 070, 112, 115, 128, 167, **281-285**, 288, 327, 350, 410, 443, 444, 463, 498, 566, 567, 580, 595, 630, 631, 650, 656, 700, 702, 706, 751, 753, 788, 789
　▶情念［PASSION］｜正義［JUSTICE］｜想像力［IMAGINATION］｜必然性［NÉCESSITÉ］｜必要［BESOIN］｜法［LOI］｜無秩序［DÉSORDRE］｜理想［IDÉAL］

暴力［VIOLENCE］ 158, 179, 190, 205, 219, 260, 261, 294, 396, 460, 461, 462, 525, 576, 630, 746, 830, 833, **856-859**
　▶愛［AMOUR］｜怒り［COLÈRE］｜感情［SENTIMENT］｜恐怖［PEUR］｜重罪［CRIME］｜情念［PASSION］｜心［しん］［CŒUR］｜哲学［PHILOSOPHIE］｜法［LOI］｜礼儀［POLITESSE］

保険［ASSURANCE］ **105, 106**, 108, 110, 444, 446
　▶宝くじ［LOTERIE］

菩薩［bodhisattva］ 149, 361

ボッティチェリ［BOTTICELLI］ 606

ホッブズ，トマス［HOBBES, Thomas］ 443, 750

ボーム，デヴィッド［BOHM, David Joseph］ 641

ホメーロス（ホメロス）［HOMÈRE］ 054, 224, 312, 313, 338, 365, 514, 625, 726, 783, 809, 824

ホモ・エコノミクス［homo economicus］ 451, 578, 579, 839, 840

ポルピュリオス［PORPHYRE］ 813

ホワイトヘッド，アルフレッド・ノース［WHITEHEAD, Alfred North］ 218, 219, 467, 774, 775

本能［INSTINCT］ 051, 054, 063, 072, 073, 101, 132, 164, 200, 223, 224, 234, 245, 246, 283, 290, 352, 388, 395, **416-420**, 512, 526, 546, 669-671, 702, 732-735, 739, 741, 851, 858
　▶愛［AMOUR］｜意識［CONSCIENCE］｜恐怖［PEUR］｜社会［SOCIÉTÉ］｜情念［PASSION］｜心［しん］［CŒUR］｜魂［ÂME］｜道徳［MORALE］｜反射［RÉFLEXE］｜友情［AMITIÉ］

翻訳［traduction］ 003, 004, 011, 013, 040, 083, 085, 156,

175, 281, 350, 401, 425, 458, 459, 490, 560, 576, 578, 579, 611, 642, 655, 675, 708, 723, 724, 751, 784

ま

マキャベリズム［MACHIAVÉLISME］ 450-452
　▶愛［AMOUR］｜怒り［COLÈRE］｜神［DIEU］｜恐怖［PEUR］｜後悔［REMORDS］｜嫉妬［JALOUSIE］｜信仰［FOI］
マクルーハン，マーシャル［McLUHAN ,Herbert Marshall］ 275, 609
真面目さ［SÉRIEUX］ 140-142, 390, 520-522, 524, **735-737**
　▶重々しさ［GRAVITÉ］｜期待［ESPOIR］｜狂信［FANATISME］｜警戒［ALARME］｜悲劇［TRAGÉDIE］｜ふざけること［FRIVOLITÉ］
増永洋三 770
間違い［FAUTE］ 112, 123, 195, 201, 254, 256, 257, 272, 286, 303, 312, 313, 340, **350-354**, 391, 405, 412, 468, 471, 492, 530, 544, 555, 561, 602, 638, 687, 690, 709, 721, 815, 817, 848, 854
　▶遊び［JEU］｜怒り［COLÈRE］｜後悔［REMORDS］｜情念［PASSION］｜精神［ESPRIT］｜高ぶり［EMPORTEMENT］｜罪［PÉCHÉ］｜美学［ESTHÉTIQUE］
松尾芭蕉 055
松岡正剛 173, 275, 361, 438, 439, 559
魔法［SORCELLERIE］ 077, 079, 167, 244, 249, 256, 363, 365, 461, 645, **763-766**, 817
　▶怒り［COLÈRE］｜運命［DESTIN］｜奇蹟［MIRACLE］｜財産［FORTUNE］｜情念［PASSION］｜進化［ÉVOLUTION］｜素朴さ［NAÏVETÉ］｜夢［RÊVE］｜予言［PRÉDICTION］｜欲求［APPÉTIT］
マルクス，カール［MARX ,Karl］ 158, 262, 463, 467, 579, 633, 690, 775, 834
マルクス・アウレリウス［MARCUS AURELIUS ANTONINUS］ 093, 179, 181, 227, 295, 358, 359, 413, 445, 446, 455, 490, 491, 493, 513, 541, 589, 591, 624, 625, 685, 687
マルクス・アントニウス［MARCUS ANTONIUS］ 797
マルクス主義［marxisme］ 158, 262, 349, 466, 467, 519, 579, 747, 765, 774, 822
マルティーニ，シモーネ［MARTINI, Simone］ 461
マルブランシュ，ニコラ・ド［MALEBRANCHE, Nicolas de］ 100
マルモンテル［MARMONTEL, Jean François］ 830
丸山圭三郎 223-225, 259, 367

み

三木清 535, 537
ミクロ経済学［micro-économie］ 451
ミケランジェロ［Michelangelo BUONARROTI］ 489
水地宗明 773
水野亮 651
密告［DÉLATION］ 215, 216
　▶信頼［CONFIANCE］｜スパイ行為［ESPIONAGE］｜欲求［APPÉTIT］
光野桃 329
醜さ［LAIDEUR］ 122, 123, 142, 325, **434-436**, 446, 447, 517, 622
　▶愚かさ［SOTTISE］｜激昂［FUREUR］｜後悔［REMORDS］｜心(しん)［CŒUR］｜涙［LARMES］｜美［BEAU］
身ぶり言語［langage du geste］ 059, 197
宮崎駿 421
宮沢賢治 477, 483
宮本映子 517
ミュロン［MYRON］ 603
ミル，J. S.［MILL, John Stuart］ 633
民族精神［Volksgeist］ 750

む

ムア(ムーア)，G. E.［MOORE, George Edward］ 838, 840
無感動［APATHIE］ 091-093
　▶詩［POÉSIE］｜情念［PASSION］｜徳［VERTU］｜理想［IDÉAL］
無限［infini］ 044, 155, 156, 166, 193, 207, 223, 241, 287, 343, 382, 455, 504, 508, 536, 563, 581, 587, 642, 643, 711, 755, 773, 845
無限小［infinitesimal］ 657
無私無欲［DÉSINTÉRESSEMENT］ 220-223
　▶快感［PLAISIR］｜虚栄［VANITÉ］｜情念［PASSION］｜信仰［FOI］｜博愛［CHARITÉ］｜非難［REPROCHE］
夢想［rêverie］ 099, 100, 127, 128, 191, 206, 275, 366, 379, 521, 597, 598, 600, 777, 778
無秩序［DÉSORDRE］ 165, **231-236**, 282, 443, 777
　▶怒り［COLÈRE］｜恐怖［PEUR］｜情念［PASSION］｜哲学［PHILOSOPHIE］｜酔うこと［IVRESSE］
ムッソリーニ，ベニート［MUSSOLINI, Benito］ 190
無頓着［NÉGLIGENCE］ 083, 189, 326, **506-508**, 510, 512, 737
　▶神［DIEU］｜キリスト教［CHRISTIANISME］｜情念［PASSION］｜魂［ÂME］｜徳［VERTU］｜度量の広さ［MAGNANIMITÉ］｜美［BEAU］｜模倣［IMITATION］
無謀［TÉMÉRITÉ］ 162, 196, 198, 423, 470, 592, 777, **787-791**, 796, 798
　▶悪徳［VICE］｜義務［DEVOIR］｜軽蔑［MÉPRIS］｜示唆［SUGGESTION］｜情念［PASSION］｜大胆［AUDACE］｜

法律［DROIT］｜酔うこと［IVRESSE］

め

迷信［superstition］　099, 105, 232, 312, 313, 332, 363, 364, 379, 411, 521, 529, 544, 547, 598, 645

名声［RENOMMÉE］　359, 447, 538, 606, **691-695**
　▶感情［SENTIMENT］｜虚栄［VANITÉ］｜警戒［ALARME］｜尊敬［ESTIME］｜堕落［CHUTE］｜哲学［PHILOSOPHIE］

明晰判明知の規則　280, 440, 564, 740

冥想［méditation］　777

命題論理学［logique propositionnelle］　260, 503, 571, 572, 615

メーヌ・ド・ビラン［MAINE DE BIRAN］　770, 817

メリッソス［MÉLISSOS］　762

メルロ＝ポンティ，モーリス［MERLEAU-PONTY, Maurice］　740

メロジー，タカコ・半沢　517

メンガー，カール［MENGER, Carl］　633

も

モア，ヘンリー［MORE, Henry］　772

毛利 嘉孝　095

目的論　444

モース，マルセル［MAUSS, Marcel］　540

本居 宣長　013

モナド［monade］　771, 772

モノー，ジャック［MONOD, Jacques Lucien］　467

物自体［Ding an sich］　056, 801, 802

モーパッサン，ギ・ド［MAUPPASANT, Guy de］　509

模倣［IMITATION］　036, 037, 059, 060, 076, 111, 112, 123, 129, 197, 202, 203, 205, 206, 214, 220, 221, 245-247, 267, 270-273, 292, 324, 326, 355, 402, 405, **413-416**, 419, 434, 475, 477, 500, 503, 506, 508, 546, 552, 599, 766, 767, 784, 798
　▶愚かな事柄［BÊTISE］｜価値［VALEUR］｜神［DIEU］｜キリスト教徒［CHRÉTIEN］｜讃嘆［ADMIRATION］｜宗教［RELIGION］｜哲学［PHILOSOPHIE］｜勇気［COURAGE］

モラリスト［moraliste］　067, 167, 184-186, 384, 506

森 有正　002, 003, 011, 026, 039, 045, 046, 056, 058, 061, 063, 081, 084, 087, 093, 094, 096, 098, 107, 108, 114, 117, 118, 127, 129-131, 142, 144, 149, 155, 163, 173, 176, 180, 183, 185, 219, 274, 281, 302, 317, 322, 327, 331, 341, 376, 378, 390, 428, 446, 479, 482, 495, 503, 520, 521, 525, 532, 533, 541, 544, 549, 551-553, 561, 562, 567, 576-578, 583, 588, 589, 601, 621, 631, 639, 654, 655, 661, 662, 669, 671, 674, 675, 681, 684, 692, 693, 708, 709, 853, 854

森 鷗外　651

森岡 正博　135, 161

森 進一　002

モーロワ，アンドレ［MAUROIS, André］　049, 066, 067, 079, 136, 137, 165, 185, 195, 203, 245, 253, 267, 305, 333, 335, 353, 359, 409, 461, 506, 507, 563, 579, 581, 615, 707, 721, 725, 749, 775, 811

モンテーニュ［MONTAIGNE, Michel Eyquem de］　058, 147, 167, 185, 206, 280, 301, 384, 473, 679, 731, 788, 795, 827

問答法　▶哲学的問答法［διαλεκτική］

や

矢島 羊吉　571

野心［AMBITION］　051, 056, **067-069**, 093-095, 108-110, 185, 187, 232, 313, 321, 371, 399, 411, 490, 492, 533, 540, 544, 573, 726, 754, 791, 850
　▶怒り［COLÈRE］｜感情［SENTIMENT］｜情動［ÉMOTION］｜情念［PASSION］｜尊敬［ESTIME］｜他人本位［ALTRUISME］｜博愛［CHARITÉ］｜欲望［DÉSIR］

柳 宗悦　051

山内 得立　453

山崎 正一　569

山田 鋭夫　579

山本 光雄　797, 811

ヤンセン，コルネリウス［JANSEN, Cornelius］　188

ゆ

唯心論［SPIRITUALISME］　**770-776**
　▶意識［CONSCIENCE］｜永遠な［ÉTERNEL］｜価値［VALEUR］｜神［DIEU］｜キリスト教［CHRISTIANISME］｜示唆［SUGGESTION］｜実証主義［POSITIVISME］｜心（しん）［CŒUR］｜神学［THÉOLOGIE］｜信仰［FOI］｜信念［CROYANCE］｜精神［ESPRIT］｜善［BIEN］｜尊敬［ESTIME］｜哲学［PHILOSOPHIE］｜独断論［DOGMATISME］｜必然性［NÉCESSITÉ］｜プラトン主義［PLATONISME］｜弁証法［DIALECTIQUE］｜法［LOI］｜唯物論［MATÉRIALISME］｜理想［IDÉAL］

唯物論［MATÉRIALISME］　104, 262, 277, 278, 312, 314, 333, 366, 446, 455, **463-468**, 469, 471, 579, 628, 630, 686, 751, 770, 771, 774, 775
　▶宗教［RELIGION］｜情念［PASSION］｜神学［THÉOLOGIE］｜崇高さ［SUBLIME］｜性格［CARACTÈRE］｜体質［TEMPÉRAMENT］｜魂［ÂME］｜哲学［PHILOSOPHIE］｜美［BEAU］｜美学［ESTHÉTIQUE］｜弁証法［DIALECTIQUE］

｜法［LOI］｜勇気［COURAGE］｜欲求［APPÉTIT］　　　　788, 796, 850, 851, 853-855

唯名論［nominalisme］　030, 033

友愛［φιλία］　077

勇気［COURAGE］　013, 073, 077, 079, 082, 083, 106, 107, 111, 125, 126, 151, 152, 176, 177, 179-181, 186, 191, **196-200**, 201, 210-212, 227, 229, 243, 263-265, 304, 305, 307, 311, 334, 374, 393, 413-415, 420-422, 423, 426, 429, 439, 463, 464, 470, 515, 526, 541, 547, 552, 558, 563, 576, 582, 585, 586, 608, 643, 661, 676, 714, 730, 732-735, 841, 842, 847, 849, 850, 853, 855, 856, 858

▶怒り［COLÈRE］｜恐怖［PEUR］｜精神［ESPRIT］｜魂［ÂME］｜痛悔［CONTRITION］｜徳［VERTU］｜憤怒［COURROUX］｜無謀［TÉMÉRITÉ］

友情［AMITIÉ］　044, 054, 062, 065, 066, **073-076**, 087, 114-116, 150, 162, 172, 182, 183, 185, 187, 189, 211, 227, 237, 267, 312, 314, 315, 318-320, 326-330, 416, 418, 479, 596, 638, 664, 673, 739, 741, 750, 751, 753, 790

▶決断［RÉSOLUTION］｜情念［PASSION］

雄弁［ÉLOQUENCE］　048, 049, 119, 121, 203, 206, 214, 261, 262, **294-299**, 368, 606, 609, 610, 613-616, 705, 706, 733, 809, 820, 821, 832, 862, 863

▶詩［POÉSIE］｜時間［TEMPS］｜証明［PREUVE］｜崇高さ［SUBLIME］｜哲学［PHILOSOPHIE］｜論理［LOGIQUE］

ユークリッド（エウクレイデス）［EUCLIDE］　047, 110, 260, 329, 496, 505, 641, 658

ユークリッド幾何学　047, 260, 496, 505, 641, 658

ユゴー，ヴィクトル［HUGO, Victor］　147, 470

夢［RÊVE］　099, 100, 379, **716, 717**

▶精神［ESPRIT］

赦されうる［VÉNIEL］　848-850

▶悪徳［VICE］｜悪魔［DIABLE］｜価値［VALEUR］｜神［DIEU］｜キリスト教［CHRISTIANISME］｜悔い改め［REPENTIR］｜後悔［REMORDS］｜告解［CONFESSION］｜心残り［REGRET］｜宗教［RELIGION］｜信仰［FOI］｜性格［CARACTÈRE］｜罪［PÉCHÉ］｜罪の赦し［ABSOLUTION］｜間違い［FAUTE］

赦し［PARDON］　309, 456, 463, 470, 474, **538-544**, 848

▶愛［AMOUR］｜怒り［COLÈRE］｜嘘［MENSONGE］｜義務［DEVOIR］｜キリスト教［CHRISTIANISME］｜キリスト教徒［CHRÉTIEN］｜悔い改め［REPENTIR］｜決断［RÉSOLUTION］｜宗教［RELIGION］｜情念［PASSION］｜魂［ÂME］｜罪［PÉCHÉ］｜悪口［MÉDISANCE］

ユング，カール・グスタフ［JUNG, Carl Gustav］　194

よ

酔うこと［IVRESSE］　153, 371, **422-424**, 721, 722, 738, 767,

788, 796, 850, 851, 853-855

▶怒り［COLÈRE］｜美しさ［BEAUTÉ］｜愚かさ［SOTTISE］｜快感［PLAISIR］｜殺人［MEURTRE］｜情動［ÉMOTION］｜節制［TEMPÉRANCE］｜高ぶり［EMPORTEMENT］｜欲望［DÉSIR］

用心［précaution］　060, 062, 108, 110, 206, 442, 520, 548, 583, 660, 721, 722, 745, 767, 776, 827

養老 孟司　135, 161, 255

善く生きる［εὖ ζῆν］　008, 032, 154, 227, 289, 290, 369, 415, 504, 544, 584, 702, 714, 799, 852, 854

欲望［DÉSIR］　023, 043, 060, 062, 066-069, 079, 093-095, 099, 113, 127, 128, 152, 153, 161, 184-187, 201, 205, 206, **223-227**, 232, 253, 255, 264-266, 303, 313, 335, 346, 371, 411, 422, 430, 438, 446, 447, 489, 490, 492, 520, 531, 533, 546, 549, 583, 587-590, 602, 638, 650, 651, 684, 686, 702, 720, 722, 732, 733, 735, 742, 744, 768, 769, 792, 794, 795, 848, 850, 853

▶精神［ESPRIT］｜魂［ÂME］｜知恵［SAGESSE］｜必要［BESOIN］｜欲求［APPÉTIT］

予見［prévision］　068, 084, 108-110, 202, 235, 256, 291, 300, 330, 331, 336, 337, 343, 390, 432, 433, 462, 465, 485, 488, 489, 531, 532, 544, 547, 549, 550, 576-578, 580, 585, 610, 617-619, 627, 735, 736, 776, 782, 785, 786, 792

予言［PRÉDICTION］　074, 253, 310, 312, 347, 348, 372, 389, 417, 460, 461, 577, 578, 585, 586, **643-646**, 653, 732, 733, 764, 766, 823-825, 855

▶決断［RÉSOLUTION］｜宿命［FATALITÉ］｜信頼［CONFIANCE］｜性格［CARACTÈRE］｜精神［ESPRIT］｜想像力［IMAGINATION］｜忍耐［PATIENCE］｜呪い［MALÉDICTION］｜勇気［COURAGE］

予言破りの自由　347, 372

吉田 拓郎　403

予断［PRÉJUGÉ］　515, **646-649**, 655, 660

▶祈り［PRIÈRE］｜永遠な［ÉTERNEL］｜神［DIEU］｜狂信［FANATISME］｜敬虔［PIÉTÉ］｜傲慢［ORGUEIL］｜時間［TEMPS］｜習慣［HABITUDE］｜情念［PASSION］｜信仰［FOI］｜精神［ESPRIT］｜速断［PRÉCIPITATION］｜哲学［PHILOSOPHIE］｜憎しみ［HAINE］｜反射［RÉFLEXE］｜非難［REPROCHE］｜論理［LOGIQUE］

欲求［APPÉTIT］　039, 066, 068, **093-096**, 113, 127, 128, 136, 163, 182, 184, 198, 223-225, 281, 283, 300, 303, 335, 378, 405, 406, 417, 462, 465, 480, 588, 605, 628, 686, 726, 758, 764

▶軽蔑［MÉPRIS］｜ケチ［AVARICE］｜傲慢［ORGUEIL］｜体質［TEMPÉRAMENT］｜必然性［NÉCESSITÉ］｜必要［BESOIN］｜野心［AMBITION］｜欲望［DÉSIR］

予定説［PRÉDESTINATION］ 166, **638-643**, 653, 654
　▶諦め［RÉSIGNATION］｜意識［CONSCIENCE］｜運命［DESTIN］｜時間［TEMPS］｜宿命論［FATALISME］｜神学［THÉOLOGIE］｜性格［CARACTÈRE］
予謀［PRÉMÉDITATION］ 649-652
　▶悪魔［DIABLE］｜怒り［COLÈRE］｜神［DIEU］｜悔い改め［REPENTIR］｜後悔［REMORDS］｜殺人［MEURTRE］｜地獄［ENFER］｜重罪［CRIME］｜情念［PASSION］｜証明［PREUVE］｜高ぶり［EMPORTEMENT］｜天使［ANGE］｜欲望［DÉSIR］
読み上げる［vorlesen］ 005, 006, 368
弱さ［faiblesse］ 030, 031, 090, 092, 155, 158, 176, 180, 185, 196-198, 215, 216, 271, 351, 372, 407, 410, 411, 570, 655, 660, 809, 820

ら

ライシテ（政教分離）［laïcité］ 773
ライプニッツ［LEIBNIZ, Gottfried Wilhelm］ 002, 003, 040, 103, 105, 170, 172, 177, 277, 340, 341, 343-346, 364, 450, 503, 515, 516, 639, 698, 727-729, 740, 759-761, 771- 773, 784, 813, 814
ラエルティウス，ディオゲネス［LAERTIUS, Diogenes］ 811
羅漢 360, 361
ラクロ［LACLOS, P. Choderlos de］ 186, 384
ラジカリズム（ラディカリズム）
　▶急進主義（ラディカリズム）［radicalisme］
ラシーヌ，ジャン［RACINE, Jean］ 509
ラシュリエ・ジュール［LACHELIER, Jules］ 770
楽観主義［OPTIMISME］ 138, 139, 146, **511-516**, 577, 581
　▶神［DIEU］｜キリスト教［CHRISTIANISME］｜好意［BIENVEILLANCE］｜信念［CROYANCE］｜正義［JUSTICE］｜人間嫌い［MISANTHROPIE］｜悲観主義［PESSIMISME］｜無頓着［NÉGLIGENCE］｜勇気［COURAGE］
ラッセル，バートランド［RUSSELL, Bertrand］ 284, 838
ラディゲ，レイモン［RADIGUET, Raymond］ 185, 384
ラニョー，ジュール［LAGNEAU, Jules］ 049, 168, 196, 197, 412, 422, 499, 507, 573, 713, 760
ラニョオ ▶ラニョー，ジュール［LAGNEAU, Jules］
ラ・ファイエット夫人［comtesse de LA FAYETTE］ 185, 384
ラファエロ［RAFFAELLO Santi］ 037, 601, 606
ラ・ブリュイエール［LA BRUYÈRE, Jean de］ 167, 185, 830
ラブレー，フランソワ［RABELAIS, François］ 446, 447, 520, 522, 523

ラマルティーヌ［LAMARTINE, Alphonse de］ 182
ラ・ロシュフコー［La ROCHEFOUCAULD］ 167, 185, 384, 839
ランベッリ，ファビオ［RAMBELLI, Fabio］ 519

り

理性［raison］ 010, 011, 026, 061, 066, 067, 083, 087-089, 102, 118, 120, 121, 125, 164, 170, 171, 183, 186, 187, 200, 201, 205, 227, 232, 233-238, 242, 260, 261, 264, 278, 294, 303, 337, 342, 350, 352, 353, 359, 362, 367, 369-371, 384-386, 389, 398, 400, 416, 417, 419, 424, 429, 430, 432, 433, 435, 441, 443, 447, 450, 451, 454, 484, 487-489, 491, 492, 509, 513, 523, 524, 526, 536, 550, 551, 569, 570, 589, 606, 608, 609, 617, 623, 649, 659, 664, 685, 686, 688, 699, 705, 706, 727, 728, 734, 742-747, 749, 766, 773, 782, 807-810, 817-819, 821, 826, 829
理想［IDÉAL］ 011, 032, 042, 043, 054, 055, 065, 072, 073, 092, 093, 116, 123, 126, 159, 172, 190, 191, 194, 195, 199, 206, 218, 265, 273, 281-284, 288, 315, 316, 344, **402-404**, 426, 427, 430, 451, 460, 474, 496, 525, 566, 593, 603, 604, 634, 674, 676, 746, 775, 794, 828, 829
　▶愛［AMOUR］｜決断［RÉSOLUTION］｜讃嘆［ADMIRATION］｜社会［SOCIÉTÉ］｜宗教［RELIGION］｜信仰［FOI］｜精神［ESPRIT］
両義性［Ambiguïté］ 740
リンギス，アルフォンソ［LINGIS, Alphonso］ 176

る

類比［analogie］ 236, 670
ルクレティウス［LUCRÈCE］ 104, 105, 312, 314, 365, 469
ルソー，ジャン＝ジャック［ROUSSEAU, Jean-Jacques］ 066, 073, 191, 443, 691, 692
ルヌーヴィエ，シャルル［RENOUVIER, Charles］ 334
ルネサンス［Renaissance］ 012, 147, 215, 216, 447, 450, 522, 524, 537, 601, 606, 626, 671, 796, 797, 834, 835
ルブール，オリヴィエ［REBOUL, Olivier］ 045, 161, 163, 559, 587, 627, 629, 733, 747, 751, 765, 791, 819, 823, 831

れ

礼儀［POLITESSE］ 075, 079, 112, 135, 136, 137, 139, 173, 182, 202, 220, 222, 243, 254, 270-272, 277, 278, 332, 333, 336-338, 370, 371, 378, 380, 397, 460-462, 511, 555, 595, 596, **620-624**, 664, 665, 768, 775, 785, 788, 789, 830, 858

▶怒り［COLÈRE］｜情念［PASSION］｜涙［LARMES］
礼節［politesse］ 173-175, 244, 270, 272, 277, 278, 333, 338, 378, 380, 590, 595, 596, 621, 623, 624, 768, 769, 784, 786, 830-833, 858
▶礼儀［POLITESSE］
レヴィ，ピエール［LÉVY, Pierre］ 175-177
レヴィ＝ストロース，クロード［LÉVI-STRAUSS, Claude］ 477
レオナルド・ダ・ヴィンチ［LEONARDO DA VINCI］ 215, 216, 461, 606, 713, 847
練習［EXERCICE］ 207, 296, 327, **333-336**, 393, 395, 508, 584, 596, 816
▶感情［SENTIMENT］
連続創造説［théorie de la création continuée］ 330
連帯［SOLIDARITÉ］ 133, 309, 317, 704, 748, **751-753**
▶義務［DEVOIR］｜友情［AMITIÉ］

ろ

ロイド，G. E. R.［LLOYD, Geoffrey Ernest Richard］ 411, 491, 589
労働［travail］ 105, 115, 155, 174, 218, 243, 244, 262, 332, 368, 376, 377, 392, 428, 463, 490, 519, 539, 618, 633, 744, 745, 764-777, 817, 818, 825, 830-834, 836
ロゴス［λόγος］ 032, 048, 118, 120, 178, 261, 535, 571, 613, 705, 706, 821
ロゴス中心主義［logocentrisme］ 261
ロダン，オーギュスト［RODIN, August］ 108, 304, 756
ロック，ジョン［LOCKE, John］ 102, 346, 441, 728
ロディス＝レーヴィス，ジュヌヴィエーヴ［RODIS-LEWIS, Geneviève］ 369, 731, 778
ロビンズ，ライオネル［ROBBINS, Lionel］ 632, 633
ロールズ，ジョン［RAWLS, John］ 631
ロレンス，D. H.［LAWRENCE, David Herbert］ 838, 840
論争［POLÉMIQUE］ 030, 102, 188, **612-617**, 730
▶愛［AMOUR］｜神学［THÉOLOGIE］｜哲学［PHILOSOPHIE］｜必然性［NÉCESSITÉ］｜平和［PAIX］｜雄弁［ÉLOQUENCE］
論理［LOGIQUE］ 002, 033, 047, 048, 115, 118, 119, 168, 169, 205, 256, 258-261, 278, 279, 290, 297, 298, 324, 344, 348-350, 368, 369, 408, **439-442**, 446, 483, 504, 534, 544, 565, 571, 572, 574, 612-616, 624, 629, 630, 632, 642, 647, 648, 653, 654, 656, 659, 672, 679, 682, 683, 698, 704-707, 750, 775, 794, 803, 804, 809, 811, 820, 821
▶自発性［SPONTANÉITÉ］｜証明［PREUVE］｜精神［ESPRIT］｜普遍性［UNIVERSALITÉ］

論理学［logique］ 048, 169, 259, 260, 349, 439-442, 505, 571-573, 615, 616, 682, 705, 762, 796, 810, 811
論理実証主義［Logical Empiricism］ 177, 629, 630, 632

わ

猥褻［LUXURE］ **446-448**, 520
▶怒り［COLÈRE］｜感情［SENTIMENT］｜残酷さ［CRUAUTÉ］｜情念［PASSION］｜正義［JUSTICE］｜想像力［IMAGINATION］｜堕落［CHUTE］｜罪［PÉCHÉ］｜悲劇［TRAGÉDIE］｜悲嘆［AFFLICTION］｜醜さ［LAIDEUR］｜名声［RENOMMÉE］｜酔うこと［IVRESSE］｜欲望［DÉSIR］
和合［CONCORDE］ 039, 073, 075, **182-184**, 202, 468
▶愛［AMOUR］｜応和［ACCORD］｜詩［POÉSIE］｜時間［TEMPS］｜情念［PASSION］｜信頼［CONFIANCE］｜精神［ESPRIT］｜美［BEAU］｜友情［AMITIÉ］
〈わたし〉言語 030, 648
渡邊十絲子 611
悪口［MÉDISANCE］ 144, 403, **468-471**, 543
▶決断［RÉSOLUTION］｜証明［PREUVE］｜中傷［CALOMNIE］｜呪い［MALÉDICTION］｜博愛［CHARITÉ］｜必然性［NÉCESSITÉ］｜非難［REPROCHE］｜間違い［FAUTE］｜唯物論［MATÉRIALISME］｜赦し［PARDON］
我思う，ゆえに，我在り［Cogito ergo sum / Je pense, donc je suis］ 280, 440, 545, 548, 564, 594, 648, 659, 727, 803
ワロン，アンリ［WALLON, Henri］ 476

906

米山 優［よねやま・まさる］

1952年東京生まれ．1981年東京大学大学院人文科学研究科単位取得退学．名古屋大学名誉教授．博士（学術）．著書に，『モナドロジーの美学――ライプニッツ／西田幾多郎／アラン』（名古屋大学出版会，1999），『情報学の基礎――諸科学を再統合する学としての哲学』（大村書店，2002），『自分で考える本――情報から創造へ』（NTT出版，2009），『情報学の展開――情報文化研究への視座』（昭和堂，2011）など．共著に，Internet e le muse（1997, Mimesis, Milano），Il paesaggio dell'estetica（Trauben, Torino, 1997），Le provocazioni dell'estetica（Trauben, Torino, 1999），Frontiers of Transculturality in Contemporary Aesthetics（Trauben, Torino, 2001），Aesthetics & Chaos（Trauben, Torino, 2002），Philosophes japonais contemporains（Les Presses de l'Université de Montréal, Montréal Canada, 2010），Milieux modernes et reflets japonais（Presses de l'Université Laval, Canada, 2015），Le devenir de l'intériorité...（Éditions Le bord de l'eau, Europe, 2018）など．訳書に，ライプニッツ『人間知性新論』（みすず書房，1987），『ライプニッツ著作集 第八巻（前期哲学）』（共訳，工作舎，1990），『ライプニッツ著作集 第九巻（後期哲学）』（共訳，工作舎，1989），ピエール・レヴィ『ヴァーチャルとは何か？――デジタル時代におけるリアリティ』（監訳，昭和堂，2006），ピエール・レヴィ『ポストメディア人類学に向けて――集合的知性』（共訳，水声社，2015）など．

装幀――小沼宏之［Gibbon］

アラン『定義集』講義

2018年12月19日　第1刷発行

著　者　　米山　優
発行者　　田尻　勉
発行所　　幻戯書房
　　　　　郵便番号101-0052
　　　　　東京都千代田区神田小川町3-12
　　　　　岩崎ビル2階
　　　　　電話　03(5283)3934
　　　　　FAX　03(5283)3935
　　　　　URL　http://www.genki-shobou.co.jp/
印刷・製本　精興社

落丁本，乱丁本はお取り替えいたします．
本書の無断複写，複製，転載を禁じます．
定価はカバーの裏側に表示してあります．

© Masaru Yoneyama 2018, Printed in Japan
ISBN978-4-86488-159-3　C0010